广告

心所向 驰以恒

智者，大成

广告

E-Class L Sport Sedan

心所向 驰以恒

# 利星行汽车

LEI SHING HONG AUTO

## 奔驰世家 至诚致远

利星行汽车于1993年进入中国市场，历经23年发展，已成为奔驰在中国乃至全球最大的经销商集团，同时也是中国汽车流通行业著名的经销商集团之一。

作为奔驰的经销商和战略合作伙伴，利星行汽车秉承"奔驰世家 至诚致远"的品牌宣言，专注传承奔驰品牌的精神和价值，用最真诚和最富激情的卓越服务，忠诚而长久地伴随客户，踏实而勤勉地耕耘中国市场，并以务实的行动来回馈社会。

利星行汽车的网络扩展，给更多的客户带去奔驰体验

## 网络优化 更具效率

2016年，利星行汽车在网络发展上进行更为优化和科学的布局，通过整合和优化库存、客户数据库、人力资本等方面的资源来提升运营效率，确保利星行汽车能够敏捷地应对市场环境和客户的需求。

目前，利星行汽车已经在74个城市建设98家4S店、127个服务网点，为全国逾65万奔驰客户提供优质服务。

## 专业团队 国际视野

利星行汽车屡创佳绩、客户数量增长迅速，这离不开高水平的管理团队和高素质的员工团队。目前，利星行汽车员工人数超过13,000人，其中高级管理团队成员的汽车行业服务经验平均达25年，服务梅赛德斯-奔驰品牌的平均经验接近20年。利星行汽车旗下有来自国内外资深的汽车营销管理职业经理人，其国际化的背景和丰富的从业经验保证了利星行汽车能够以前瞻性的视角、高效率的运营和创新性的思维为客户和合作伙伴提供高价值的服务。

为了更具科学性地开展对一线员工和运营管理人员的专业技能培训，储备优秀人才，利星行汽车在2008年成立利星行培训学院，为员工量身打造丰富、实用的培训课程。培训学院一直致力于建立、实施培训和发展体系，用以发展及储备未来领导者和人力资本（管理类，非技术类和技术类），来确保利星行汽车业务的稳固增长。目前，培训学院在北京，上海设有两大培训中心，为集团全网络员工提供180门培训课程，平均每年培训4500人。此外，培训学院与11所专业院校在职业教育领域开展合作，与行业内三家顶级钣金喷漆供应商建立了战略合作伙伴关系。

## 新常态下 值得信赖

5月26日，“2015年度中国汽车经销商集团百强排行榜”在京隆重发布。凭借汽车销量的持续增长及专业水平的不断精进，利星行汽车连续第七年获得榜单前五强。

利星行汽车CEO黄志强先生在发布会上表示：“七年来，百强评比已经成为行业风向标。利星行汽车能够在百强评比中有所斩获，离不开行业的共同发展及自身的持续努力。经销商如何做大做强已经是全行业都在面临和思考的问题，利星行愿继续与汽车流通界的各位同仁一起分享经验，携手前进，为开创中国汽车流通行业的新局面而不懈努力。”

中国汽车流通协会发起的中国汽车经销商集团百强排行榜评选活动，于2010年起正式启动。连续7年的权威发布，此榜单至今已发展完善成为目前国内最具权威性及影响力的汽车经销商排名榜。百强排行榜充分展示了汽车流通企业的最新发展成果，并就新常态下行业的发展方向进行了深入的探讨，为未来我国汽车流通企业的发展提供了战略性的指导，进一步提升了中国汽车企业的竞争力。

**2015年度百强揭晓，利星行汽车连续7年名列五强，利星行汽车CEO黄志强先生（左三）领取十强奖牌**

百强报告指出：经销商应实现由“大”到“强”的转变。从仅关注“销售”转向为“销售+服务”双向并重；从关注“规模”转向全面关注经销商的“盈利能力、盈利潜力、有效规模”；从关注“单体业务”转向关注“以客户为中心”的业务组合/协同。在后续的经营中，利星行汽车也将把注意力投向提升企业可持续发展的战略中。

星耀未来·惠泽桃李

## 公益之火，薪火相传

4月8日，江西省吉安市新安利星行希望小学竣工礼圆满落幕，利星行汽车邀请来自中国汽车流通协会、北京青少年发展基金会、江西省青少年发展基金会、利星行慈善基金会的公益合作伙伴，与吉安市当地政府代表和爱心车主们一起，共同出席了新安利星行希望小学的竣工礼活动，共同见证第24所利星行希望小学的顺利建成。

此次捐款修建的新安利星行希望小学，位于吉安青原区富田镇。利星行汽车经销商南昌东之星汽车维修服务有限公司，积极践行集团公益理念，捐资帮助修建新安小学新的教学楼和学生食堂，并捐赠大量爱心物资，全面改善了学校基础设施和硬件水平，从而更方便教师开展教学活动，为同学们创造全新的学习环境。

利星行汽车董事长庄国邦先生在竣工礼上表示：吉安自古以来人才辈出，而如今勤奋好学的传统依旧在延续，令人感动不已。"春回吉安，星耀井冈"公益之行的成功，不仅是对长期支持和帮助学校各界人士行动的阶段性见证，还是对全社会的一次号召，这将为更多孩子们重启梦想大门，插上腾飞的翅膀。

竣工礼上，来自中国汽车流通协会、利星行慈善基金会、北京青少年发展基金会和江西省青少年发展基金会的各位嘉宾与庄国邦先生一起，为学生们发放了爱心礼物，并鼓励他们好好学习，早日成为栋梁之才；爱心车主和随行媒体记者们也向孩子们送上了书包、文体用品等精美礼物。为表达感谢之情，同学们为各位来宾献上了《正气歌》等正能量歌曲，表达出勇于担当、奋发向上的信念与决心。

其中，"薪火相传"这一特殊环节让利星行汽车的公益理念与井冈山的革命精神得到了完美的结合与诠释。各位嘉宾与学生代表将点亮的电子火把排成心形，整齐地插放在红布遮盖下的校牌周围插槽内，寓意着众人合力定会使星星之火代代相传。在火把的环绕下，新校牌的正式亮相将典礼推向高潮。时至午时，在新安小学新落成的食堂内，各位嘉宾与同学们共进"爱心午餐"。

不仅如此，利星行汽车的公益事业一直都离不开爱心车主的大力支持。参与此次竣工礼活动的南昌车主表示："今天能够和利星行汽车一起来到新安小学践行公益，我感受到了强烈的荣誉感和使命感。通过这次活动我认识到，公益应当是常青藤，而不是一现的昙花。今后我们还会一如既往地投身公益，为家乡的教育发展做出应有的贡献。"

利星行爱心食堂的第一餐

今年是利星行汽车进入中国的第23年。23年间，利星行自身业务持续壮大，却也不忘积极投身公益事业以回馈社会。"星耀未来　惠泽桃李"的理念一直用实际行动在进行诠释，利星行汽车在捐赠公益学校、扶助患病儿童、校企合作培养汽车行业专业人才等方面取得了突出成就，受到社会各界广泛好评。截至2015年12月，北京利星行慈善基金会援建学校24所，并多次荣获中国汽车流通协会颁发的"中国汽车流通行业企业品牌最具影响力奖"、"公益事业贡献奖"等。随着中国汽车行业的持续发展，利星行汽车也将承担更大的社会责任，凭自身在商业的不懈追求和公益上的坚定践行，成为中国汽车流通行业卓越的合作伙伴。

## 助力教育 培养英才

利星行汽车与培黎合作，合影留念

作为中国汽车流通行业著名的经销商集团，利星行汽车不仅持续关注汽车专业人才的培养，并且对从基础教育到高等教育的各个环节都提供了多层次、多角度的全面支持，将资助中国教育事业和青少年成长发展作为非常重要的企业社会责任内容。在"星耀未来　惠泽桃李"的公益理念指导下，利星行汽车承诺将以更大的热忱扶助青少年的健康成长和教育事业，脚踏实地的践行责任承诺，力争成为中国汽车流通行业最佳合作伙伴和履行企业社会责任的业界楷模。

利星行汽车与北京培黎技术职业学院合作的四年来，来自全国各地221位学子加入利星行专班，2012、2013级毕业生有88位同学进入实习岗位，占比在90%以上，最终加入利星行大家庭的已有接近30人，其他毕业生也多在中国汽车流通企业中任职。每一年，我们会为学习成绩优异以及家庭贫困的同学提供奖助学金，我们以"星耀未来　惠泽桃李"的企业公益理念将利星行的爱送至每一位需要的同学；每一年，我们会举办利星行汽车知识竞赛，邀请行业内最权威的领导担任评委，既丰富了课余生活也使同学们在比赛中收获更多的知识；每一年，我们会在利星行培训学院为同学们提供实训的机会，将课堂上的知识在实践中得以运用。

2016年5月12日，第三届北京培黎职业学院利星行汽车基础知识竞赛的决赛在培黎学院图书馆隆重举行。利星行汽车领导、中国汽车流通协会领导、校方领导以及媒体老师均出席了此次活动，同时又一次见证了学子们在利星行汽车知识大赛上的精彩对决。赛场上，选手们为大家带来了一场知识与智慧的较量，利星行专业学生们勇于挑战，突破自我的精神，无论输赢与否，利星行汽车的理念都已在每一届学生们的身上得到了传承，这一直都是利星行汽车致力于人才培养源源不断的动力。

深耕中国市场23年，作为奔驰经销商与战略合作伙伴的利星行汽车，在传承奔驰品牌的价值与精神的过程中始终信念如一，坚守不变。专业的国际化团队通过优化网络布局、提升运营效率，在继续为客户提供优质服务的同时积极适应行业新常态，并从未停下回馈社会的脚步。用诚心经营企业，用诚意奉献社会，利星行汽车"奔驰世家　至诚致远"的品牌宣言在2016年得到切实彰显，这一宣言还将继续促使利星行汽车在未来发展过程中更精益求精，不断向卓越大步迈进！

中国最大的乘用车经销与服务集团

中国领先的豪华乘用车经销与服务集团

中国最具规模的乘用车融资租赁提供商

股票代码: 600297.SH

www.chinagrandauto.com

一站式服务:

- 售前服务、买车、租车
- 融资租赁
- 保险代理
- 延保、养护、修车
- 二手车

广汇汽车服务股份公司

我们具备覆盖汽车服务全生命周期的业务体系

追 求 卓 越 科 学 发 展

# 广汇汽车服务股份公司

## 荣获中国汽车流通协会“2015年中国汽车经销商集团百强排行榜”第一名

广汇汽车服务股份公司（以下简称：广汇汽车）是中国最大的乘用车经销与服务集团、中国领先的豪华乘用车经销与服务集团、中国最具规模的乘用车融资租赁提供商及最大的二手车交易代理商。拥有行业领先的业务规模、突出的创新能力，是中国乘用车经销与服务行业中的领先企业。

2015年公司实现营业收入937.00亿元，新车销量约63.26万台。2016年上半年，公司实现营业收入约537.43亿元，新车销售约34.68万台。截止2016年6月30日，建立了覆盖27个省、自治区及直辖市的全国性汽车经销网络，拥有670家营业网点（其中包含609家4S店），经销57个乘用车品牌。2015年6月，广汇汽车成功登陆A股市场，证券代码600297.SH。2016年6月，成功要约收购了香港上市公司宝信汽车集团有限公司，证券代码1293.HK。

■ 2015年全年营业收入
**位居全国同业第一**
**937 亿元**

■ 2016年上半年营业收入
**位居全国同业第一**
**537 亿元**

### 全国布局、业务创新 >>>

广汇汽车不断完善在全国的网点布局，从乘用车市场增长较快的中西部地区扩张至经济发达、人口稠密、市场成熟的长三角及华东、华北等东部区域。同时，广汇汽车拥有从中高端到豪华及超豪华的全品牌覆盖，其中14个汽车品牌销量位列全国第一。

广汇汽车在快速发展的乘用车融资租赁行业率先布局，业务快速发展，具备较高的盈利能力。依托乘用车经销和售后服务平台，乘用车融资租赁业务亦能进一步促进各业务间的协同效应。

广汇汽车抓住中国二手车市场的发展机遇，大力发展二手车交易代理服务业务。同时公司推出了“广汇认证二手车”品牌服务及“广汇二手车线上交易平台”等多项创新业务，增强了公司的综合实力。

### 行业领先 >>>

依托广大的业务规模及广泛的销售网络，广汇汽车有实力为客户提供覆盖汽车服务生命周期的一站式综合服务，包括整车销售、汽车租赁及融资租赁、二手车、维修养护、佣金代理等在内的全方位服务。通过综合业务组合，公司的业务及经营业绩得到稳步增长，进一步加强了公司于中国乘用车经销及服务市场的领先地位，并赢得了业界的广泛认可。

长久物流
CHANGJIU LOGISTICS

北京长久物流
首次公开发行
股票代码：603569

北京长久物流股份有限公司

北京长久物流股份有限公司（简称长久物流）注册资本40001万元，系吉林省长久实业集团有限公司核心子公司，总部设立在北京。公司涵盖汽车供应链中的整车物流、零部件物流、国际物流、二手车物流及仓储物流；提供汽车行业专业的物流规划、运输、仓储、配送等相关服务，长久物流在全国设有多家全资、控股子公司，业务网点40余处，形成以东北、华北、华东、华中、华南、西南为基地的全国大循环汽车物流资源网络布局；乘用车和商用车综合运输能力超过260万辆，服务团队数千人，年产值超过三十亿元。长久物流还先后与长安民生物流、奇瑞汽车、大连港、哈尔滨铁路局、DSV等多家国内知名外企业成立合资公司，建立了深层战略合作关系。经过二十多年的专业积累，长久物流通过一整套严谨、科学的物流管理体系和运营流程，在业内赢得了广大客户的高度赞誉。

www.changjiulogistics.com

行天下 长久远

股份有限公司
股票成功上市

长久物流合作伙伴

地址：北京市朝阳区东三环北路霞光里18号佳程广场B座7层　电话：010-57355999　传真：010-57355800

深業
深业车城
SHUM YIP AUTO CITY

构建国际消费中心
创办永不落幕车城

深圳市深业车城有限公司，隶属于香港联交所优质红筹股深圳股控（0604）旗下深业泰富物流集团的全资子公司，致力于汽车有形市场开发运营的大型国营企业，成立于2010年。自2000年成功运营深圳华南汽车交易中心以来，具有超过15年以上汽车城开发管理经验。

项目总占地8万平方米，总规划建筑面积约52万平方米，总投资70亿元，打造集汽车交易全功能（4S店、独立品牌展厅、综合展厅、平行进口车专区、房车展示体验区、新旧车置换和二手车O2O线下交易、上牌“一站式”服务等）、驾乘体验全接触（驾乘体验，O2O线下体验、新能源服务体验、模拟驾驶体验）、创意文化全方位（汽车研发创意总部基地及梅地亚会议中心 、汽车生活全融合（主题餐饮和茶室、汽车公寓、汽车精品、户外用品、卡丁车娱乐、主题公园休闲）、汽车消费全业态（全面展示汽车主题文化，全面满足市民汽车消费需求，全面提供汽车消费精准服务，全面实现汽车服务贸易各项功能。）于一体的综合汽车商务文化服务园区。深业车城作为深圳市重大项目之一，是市政府规划唯一国营永久性汽车市场。

深业车城一期、二期、三期项目入驻品牌主要有宾利、奥迪、沃尔沃、凯迪拉克、讴歌、进口大众、一汽大众、别克、雪佛兰、荣威、斯柯达、JEEP、平行进口车等30个品牌；四期预计2017年投入使用；五期正在规划中。建成后，将成为深圳区域规模最大、品牌最全、档次最高的汽车展示交易中心。

## 经营思路

根据深圳深业车城的优势和特点，为构建“互联网+汽车+文化”和“B2B”、“O2O”的基本商业模式，提供完善便利的汽车消费服务，建设一流的产品展示和体验环境；架构领先的“互联网+”服务模式，打造城市中心区域全业态的汽车产业典范项目。

## 项目定位

以汽车主题创意文化为核心，突出汽车主题休闲和汽车体验，展现汽车品牌文化的生活品味，引领汽车流通业时代新潮，打造汽车主题的时尚文化环境，激发创意思维，推进汽车业的创业、创新，成为全国乃至全球的汽车流通业经典项目。

## 主要内涵

### 汽车主题的“五全”社区

- **汽车交易全功能**——4S店、独立品牌展厅、综合展厅、平行进口车专区、房车展示体验区、新旧车置换和二手车O2O线下交易、上牌“一站式”服务等。
- **驾乘体验全接触**——驾乘体验，O2O线下体验、新能源服务体验、模拟驾驶体验
- **创意文化全方位**——汽车研发创意总部基地及梅地亚会议中心（创意研发、创业孵化、创新会展，专题展览、专业网站、专刊媒体、创客聚集）。
- **汽车生活全融合**——主题餐饮和茶室、汽车公寓、汽车精品、户外用品、卡丁车娱乐、主题公园休闲。
- **汽车消费全业态**——全面展示汽车主题文化，全面满足市民汽车消费需求，全面提供汽车消费精准服务，全面实现汽车服务贸易各项功能。

## 功能设置

### 1、汽车交易

- 4S集群（聚集18家4S店）
- 独立品牌展厅（品牌独立门店展示销售专区）
- 综合展厅（多品牌聚集展示销售）
- 平行进口车展销专区
- 房车展示体验专区（在休闲公园设置房车体验专区）
- 新能源汽车展示销售：新能源车是未来汽车发展的主要方向，设立新能源汽车展示服务中心，主要是为了配合政府开展节能环保政策，推广新能源汽车，宣传、普及节能环保知识，提高人们节能意识，为迎接新能源汽车时代到来培育新市场。这里主要展示新能源汽车技术，云集新能源汽车品牌和车型，集展示、体验、交易、售后服务于一体，是新能源环保政策的宣传园地、厂家新能源汽车的展示推广服务中心，消费者学习体验基地。
- 新旧车置换和二手车O2O线下交易
- 新车上牌和二手车过户手续“一站式”服务等

### 2、驾乘体验

- 驾乘体验（设立专门的汽车性能体验专区，充分展现汽车性能的魅力）
- 网上购车O2O线下体验（线上订车，线下体验和办理购车手续）
- 新能源服务体验（新能源车的充电、维护和新能源汽车的知识普及）

### 3、汽车创意文化

- 汽车研发创意总部基地
- 汽车创客俱乐部
- 汽车主题创意咖啡
- 中国汽车流通行业创新会展会址，举办汽车主题论坛、会议、推介和专题展览；专业新车发布中心；深圳汽车信息发布中心；汽车网站、汽车媒体聚集中心。

### 4、汽车生活

- 汽车主题餐饮、茶室
- 汽车公寓
- 汽车精品超市汽车美容装饰
- 户外用品超市
- 卡丁车娱乐
- 汽车主题公园休闲

### 5、汽车消费

- 这是一个全面展示汽车主题文化，全面满足市民汽车消费需求，全面提供汽车消费精准服务，全面实现汽车服务贸易各项功能，全新概念的汽车服务贸易园区。

## 企业介绍

**简介**

通源汽车成立于1992年，是专业的汽车经销商集团,也是西部最大的乘用车经销集团之一，贵州民企百强NO.1。主要投资经营中高端、豪华及超豪华品牌4S店。代理劳斯莱斯、宝马 、保时捷、路虎、奔驰、雷克萨斯、凯迪拉克、沃尔沃、丰田、本田、通用、大众、日产等20多个世界知名汽车品牌，积累了超过40万名客户，拥有4000多名员工。多年来，集团始终秉承“客户第一”的理念，肩负“让人们安心、安全的享受汽车生活，做优秀企业公民”的使命，倡导“尊重、诚信 、沟通、创新”的通源价值观，营造了“沟通源于真诚”的企业文化。

集团连续七年荣膺“中国汽车经销商集团百强”，先后荣获“中国十佳汽车服务商”、“全国五十佳经销商”八连冠企业等奖项。

**业务概览**

拥有九十九个授权品牌店、分店及二级网络直营店

在中西部二三线城市拥有网络优势

开创通源汽车文化广场，豪华汽车品牌集群运营模式

率先开拓汽车后市场，拥有通源品牌全价值链业务，创立通源“车主饰”、通源品牌保险、通源智选二手车、通源品牌“名车广场”

首创通源品牌服务标准，建立通源会员中心，拥有超过40,000名忠实会员

导入先进管理模式，自主开发通源现代汽车管理系统

## 品牌代理

在过去的2015年共建成项目16个，其中8个为4S店项目；2016通源将有23个新建项目，包含路虎、宝马、奔驰、雷克萨斯、沃尔沃、一汽丰田、广汽本田、别克等。

## 网络优势

总部位于贵州省贵阳市，业务范围涵盖广东、四川、重庆、云南、陕西、安徽、河南、浙江等地，在省外已投资建成7家宝马、4家沃尔沃、1家雷克萨斯、1家英菲尼迪品牌4S店及十余家中端汽车品牌店，且在贵州省有绝对主导地位，业务覆盖省内所有州市

通源汽车战略分布在中国中西部2/3线城市，可最大程度的享受到下一轮“汽车热潮”带来的利益

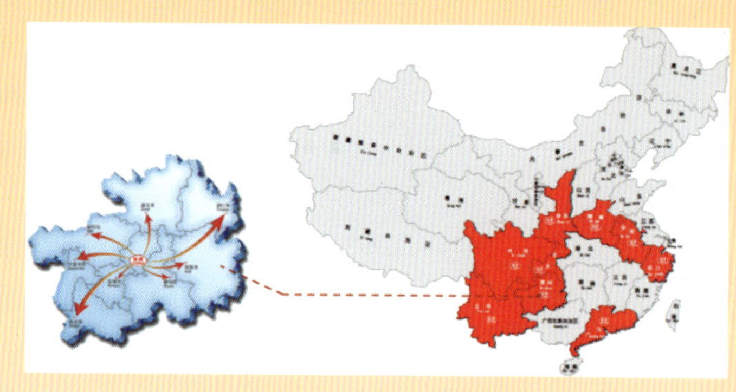

## 公益事业

一直以来，通源热心于公益事业，努力成为优秀企业公民。

2008年通源与媒体及广大爱心志愿者组织了“通源绿丝带爱心车队送温暖活动”，与交警抗战在凝冻受灾第一线。

2010年与贵州省青少年发展基金会共同启动了“希望工程·通源爱心图书室”项目。五年投入100万，捐建100所爱心图书室。

2014年启动“爱心·爱助·行动季”项目：开启爱心学子–贫困助学、通源家庭—关爱员工、青少年–放飞篮球梦三大主题活动。

## 荣誉嘉奖

中国汽车经销商百强

全国十佳营销集团

贵州民营企业及贵州企业双百强

最佳网络营销企业

一汽丰田金牌店

雷克萨斯全国杰出经销商

广汽本田年度优秀销售服务店

广汽本田全国销售冠军店

广汽丰田全国十佳经销商

宝马店被推荐参加全球BMW优秀经销商评选

中国汽车年度盛典
“年度流通企业”

# 贴身金融 你我的第1车贷

上海锋之行汽车金融信息服务有限公司（第1车贷）于2013年11月成立，是中国最早专注汽车后市场的汽车科技金融服务平台,是中国二手车供应链金融的创立者和领航者。第1车贷作为一家汽车金融资产服务平台， 通过专业的金融产品设计、资产配置、风险管理与数据应用,致力于成为资金方(金融机构与类金融机构)与贷款方(汽车B端市场与C端市场)之间的金融服务纽带。

第1车贷创造性的将汽车、科技与金融嫁接,将信息流、资金流、物流、商流四流合一,从而提升汽车后市场尤其是二手车行业的流通效率,与行业同仁共建有生命力的汽车产业链生态圈。

第1车贷目前已推出在途融资、库存融资、物流应收账保理、营运车辆融资、消费分期等覆盖 B 、C 两端的全方位金融服务。第1车贷的业务已经覆盖全国26省83个城市，覆盖城市的70%的中大型二手车商都是该平台合作商。截止到2016年9月，第1车贷的业务规模已突破100亿。

第1车贷将引领中国汽车科技金融的发展,为汽车后市场产业链上的经营者与消费者提供专业可靠、高效便捷的一站式综合解决方案,共建有生命力的汽车产业链生态圈，致力成为中国汽车后市场中最有价值的企业。

## 产品结构

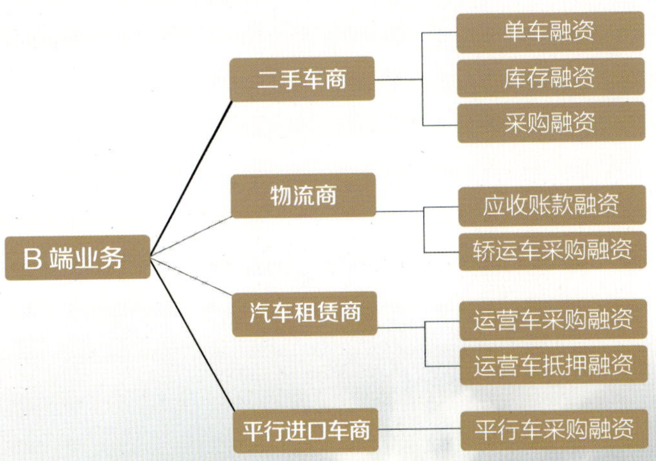

- B 端业务
  - 二手车商：单车融资、库存融资、采购融资
  - 物流商：应收账款融资、轿运车采购融资
  - 汽车租赁商：运营车采购融资、运营车抵押融资
  - 平行进口车商：平行车采购融资
- C端业务
  - 个人购车：诚易融、一证融、全易融

扫描关注公众号

www.dycd.com

TEL:4008-365-111

（周一到周五：9:00—18:00）

上海锋之行汽车金融信息服务有限公司

# 浙江世纪汽车市场

浙江世纪汽车市场是中国汽车流通协会理事单位、全国十大汽车交易市场，也是萧山汽车流通业的领军企业、会长单位。市场位于杭州市萧山区新世纪市场园区，隶属于萧山区商务局。经过20年的高效发展，历经搬迁和多次改造，实现了从小到大，由弱到强的转变，交易范围辐射省内外。

特色一：规模庞大，商家云集。浙江世纪汽车市场位于钱塘江南岸，交通便捷，自1995年开业以来，第一期工程占地100亩，投资1.5亿元，2万平方米的露天展卖场，建有5.5万平方米营业用房和综合服务大楼；第二期工程，占地100亩，投资2亿元，建设品牌汽车4S店。目前已有108家汽车经销商和奔驰、福特、江铃、雪佛兰、奇瑞、三菱6家汽车品牌4S店落户市场。

特色二：理念先进，服务一步到位。市场以科学的经营理念为主旨，推出一条龙服务宗旨，市场于2006年筹建了杭州世纪二手车交易市场，并随着不断发展壮大，又于2014年进行了扩建，实行新旧车联动，促进市场繁荣，发挥社会效益。市场还于2014年新建了机动车检测站，5条环保尾气检测线和2条机动车安全性能检测线，年检测车辆在2万余辆，更好地完善了新旧购车、缴税、保险、检验、办证、评估、过户、上牌等一条龙服务，给消费者带来便利的同时，也获利了经营企业。

特色三：举办展会，加大知名度。市场每年都会举办三次大型汽车展销会，邀请全区的4S店参展，萧山车展在萧山汽车行业内具有很高的知名度，尤其是每年年底举办的国际车展，不但汇集了各类名车展示，还有国际名模前来助阵，萧山国际车展不仅效果好、规模大、档次高，还是全国会展业品牌50强，通过举办车展，市场的知名度得到有效提升。

特色四：销售领先，活力推动经济。市场有从业人员1540余人，2015年销售各类汽车71793辆，销售额94.97亿元，代收车辆购置税5.6亿元，获得了“全国十大汽车交易市场”、“新世纪十年中国品牌展会50强”、“省级四星级文明规范市场”、“浙江省商贸流通业诚信示范企业”、“中国市场创新服务机构”等称号。市场以先进的经营理念为指引，以强劲发展的萧山经济为后盾，以四通八达的公铁交通网和诱人的区域优势，显现出天时、地利、人和的商业氛围，展现了市场的时尚和活力。

浙江世纪汽车市场总经理董沛华热枕欢迎国内外汽车商加盟，欢迎各界人士光顾！

地址：浙江省杭州市萧山区通惠北路兴园路118号　电话：0571-56125168　82839112　传真：0571-56125178

网址：www.xiaoshanqiche.com　邮箱：wed@xiaoshanqiche.com

协信汽车城（中国・重庆・八公里）

# 协信®汽车公园

汽 车 全 产 业 集 群 领 航 者

重庆协信汽车公园公司隶属于重庆协信控股(集团)有限公司，公司专注于汽车业务发展。以创新的汽车商业模式，构建四位一体核心能力，全力打造汽车贸易、汽车金融、汽车信息及汽车地产四大平台，致力于成为汽车领域一流运营商和服务商。公司携手汽车行业战略合作伙伴，借助协信集团长期积累的汽车市场运营优势及资源，努力实现全国战略布局。目前正在重庆运作“协信汽车城”、“协信汽车公园”、“涪陵汽车公园”等项目；在苏州正在与启迪协信合作“苏州吴中科技城项目”等。

## 200万方全产业链汽车公园城

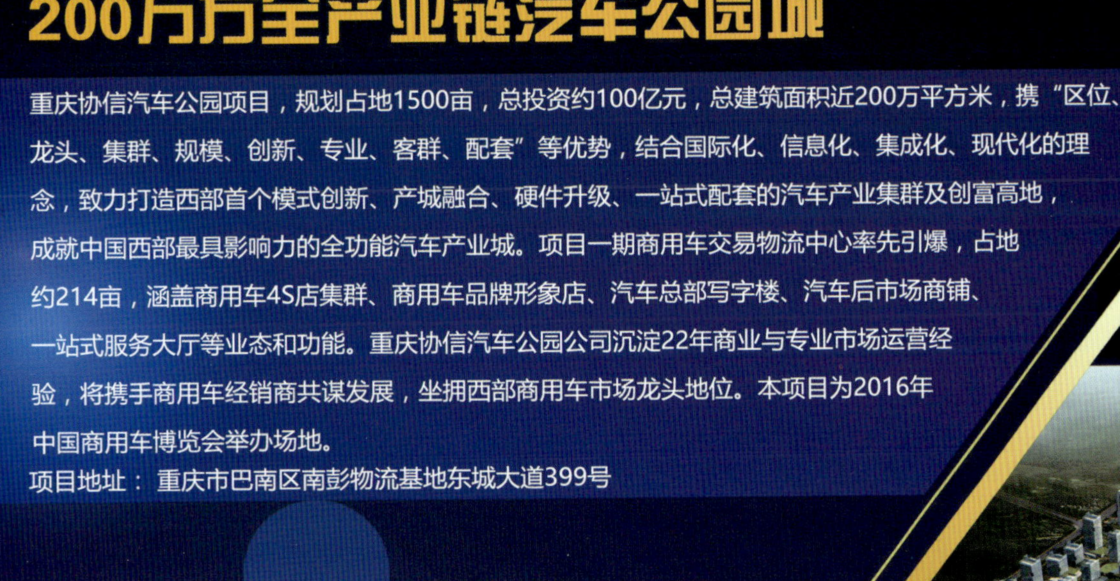

重庆协信汽车公园项目，规划占地1500亩，总投资约100亿元，总建筑面积近200万平方米，携“区位、龙头、集群、规模、创新、专业、客群、配套”等优势，结合国际化、信息化、集成化、现代化的理念，致力打造西部首个模式创新、产城融合、硬件升级、一站式配套的汽车产业集群及创富高地，成就中国西部最具影响力的全功能汽车产业城。项目一期商用车交易物流中心率先引爆，占地约214亩，涵盖商用车4S店集群、商用车品牌形象店、汽车总部写字楼、汽车后市场商铺、一站式服务大厅等业态和功能。重庆协信汽车公园公司沉淀22年商业与专业市场运营经验，将携手商用车经销商共谋发展，坐拥西部商用车市场龙头地位。本项目为2016年中国商用车博览会举办场地。

项目地址：重庆市巴南区南彭物流基地东城大道399号

涪陵汽车公园（中国・重庆・涪

## 重庆主城汽车商业新地标

重庆协信汽车城项目，位于重庆市巴南区渝南大道，占地面积约200亩。规划有豪华轿车品牌4S店集群、进口名车汇、新能源汽车体验中心、精品二手车MALL、汽车精品旗舰店集群、汽车主题酒店等，同时将结合汽车政务配套、汽车文化广场、餐饮娱乐等，打造重庆主城核心汽车商业综合体及地标。项目一期中高端4S店集群已引进北京运通宝马4S店、捷豹路虎4S店；以及与四川新东信合作的凯迪拉克4S店、进口福特4S店、东风悦达起亚4S店等相继落位，形成品牌布局。

项目地址：重庆市巴南区渝南大道20号

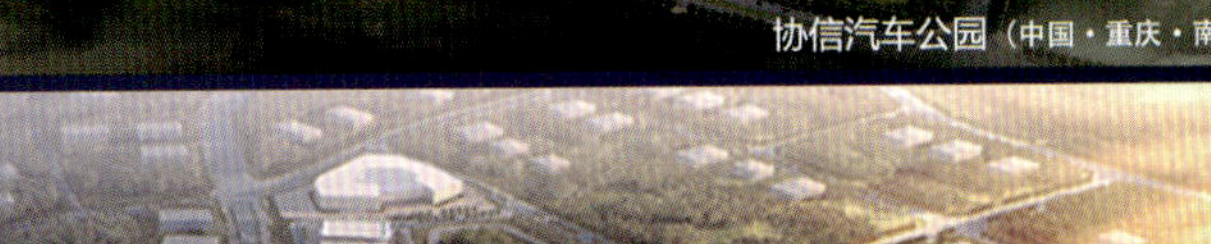

协信汽车公园（中国・重庆・南

苏州吴中科技城（中国・苏州・木

重庆协信汽车公园有限公司
电话：023—62411222
www.xxqcc.com

# 中国汽车市场年鉴

# China Auto Market Almanac

## 2016

中国汽车流通协会　编著

中国商业出版社

图书在版编目（CIP）数据

2016中国汽车市场年鉴 / 中国汽车流通协会CADA编著. -- 1版. -- 北京 : 中国商业出版社, 2016.9
ISBN 978-7-5044-9598-3

Ⅰ. ①1… Ⅱ. ①中… Ⅲ. ①汽车工业－国内市场－中国－2016－年鉴 Ⅳ. ① F724.76-54

中国版本图书馆CIP数据核字（2016）第231187号

责任编辑：姜 仲

中国商业出版社出版发行
010-63180647 www.c_chook.com
（100053 北京广安门内报寺1号）
北京虹之彩印务有限责任公司

* * * * *

889×1194毫米 16开 38.37印张 1000千字
2016年11月第1版 2016年11月第1次印刷
定价 980.00元

* * * *

（如有印装质量问题可更换）

# 《中国汽车市场年鉴》协作单位

（排名不分先后）

北京梅赛德斯－奔驰销售服务有限公司

利星行汽车

广汇汽车服务股份公司

北京长久物流股份有限公司

深圳市深业车城有限公司

贵州通源集团

# 《中国汽车市场年鉴》编辑委员会


编辑委员会

| | | |
|---|---|---|
| 主　　任 | 何黎明 | 中国汽车流通协会名誉会长 |
| 副 主 任 | 陈建国 | 国家发展和改革委员会产业协调司副司长 |
| | 刘　钊 | 公安部交通管理局副局长 |
| | 刘宏伟 | 国家工商行政管理总局市场规范管理司副司长 |
| | 刘学透 | 海关总署综合统计司副司长 |
| | 沈进军 | 中国汽车流通协会会长 |
| | 刁建申 | 中国汽车流通协会副会长 |
| | 肖政三 | 中国汽车流通协会秘书长 |

委　员　（按姓氏笔画排序）

|  |  |
| --- | --- |
| 丁　锋 | 江苏万帮金之星车业集团董事长 |
| 丁宏祥 | 中国机械工业集团有限公司副总裁 |
| 马增荣 | 中国物流与采购联合会汽车物流分会执行副会长 |
| 马湘滨 | 湖南省汽车商会会长 |
| 王　都 | 中国汽车流通协会副秘书长 |
| 王　敏 | 北京鹏龙行汽车贸易有限公司总经理 |
| 王长胜 | 国家信息中心常务副主任 |
| 王东节 | 北京祥龙博瑞汽车服务（集团）有限公司董事长 |
| 王昆鹏 | 中国正通汽车服务控股有限公司执行董事兼首席执行官 |
| 王晓波 | 北京北辰亚运村汽车交易市场中心总经理 |
| 王继存 | 天津市浩物机电汽车贸易有限公司董事长兼党委书记 |
| 韦国志 | 广物汽贸股份有限公司总经理 |
| 方　明 | 浙江物产元通汽车集团有限公司董事长 |
| 龙少海 | 中国物资再生协会会长 |
| 卢载万 | 北京现代汽车有限公司总经理 |
| 代德明 | 湖北恒信德龙实业有限公司董事长 |
| 朴宗沃 | 东风悦达起亚汽车有限公司总经理 |
| 朱　林 | 贵州省汽车汽配行业商会会长 |
| 刘士耀 | 河北省汽车流通协会会长 |
| 刘文姬 | 中国汽车流通协会副秘书长 |
| 庄国邦 | 利星行汽车董事长 |
| 汤金华 | 沈阳汽车流通协会会长 |
| 孙绍先 | 北京运通国融投资有限公司董事长 |

| | |
|---|---|
| 杨　鹏 | 润东汽车集团有限公司董事长 |
| 杨克武 | 湖北省汽车流通协会秘书长 |
| 李　钢 | 国家发展改革委员会产业协调司处长 |
| 李　斌 | 易车公司董事长兼 CEO |
| 李沛熠 | 河北省旧机动车流通协会会长 |
| 李建平 | 广汇汽车服务股份公司董事长 |
| 李　彬 | 深圳市深业车城有限公司董事长 |
| 李振生 | 北京旧机动车交易市场有限公司总经理 |
| 王　昕 | 长久汽车投资有限公司总裁 |
| 李海超 | 车王（中国）二手车经营有限公司董事长兼首席执行官 |
| 严　斐 | 广东省汽车流通协会会长 |
| 束长生 | 江苏省汽车交易管理协会常务副会长 |
| 肖荣臣 | 商务部市场体系建设司处长 |
| 吴绍明 | 中国汽车工业协会副会长兼秘书长 |
| 吴　刚 | 北京市场协会汽车流通分会副会长兼秘书长 |
| 吴东平 | 国家工商总局市场规范管理司处长 |
| 邱建国 | 中国消费者协会投诉部主任 |
| 余　德 | 安吉汽车物流有限公司总经理 |
| 沈　荣 | 中国汽车流通协会副秘书长 |
| 宋　涛 | 中国汽车流通协会副秘书长 |
| 张　维 | 江西恒望集团股份有限公司总裁 |
| 张文义 | 云南省资源再生利用行业协会会长 |
| 张宝林 | 长安汽车（集团）有限责任公司总经理 |
| 张爱群 | 浙江吉利控股集团有限公司副总裁 |
| 张鲁晋 | 润华集团股份有限公司总裁 |

张德安　　永达汽车（集团）董事局主席

尚　阳　　广西汽车流通协会会长

罗　磊　　中国汽车流通协会副秘书长

周　昆　　山东远通汽车贸易集团董事长兼总经理

周小波　　北京百得利汽车进出口集团有限公司首席执行官

周建明　　深圳市佳鸿贸易发展有限公司董事长

周碧华　　湖南二手车流通协会秘书长

周黎明　　湖南汽车城有限公司董事长兼总经理

庞庆华　　庞大汽贸集团股份有限公司董事长

胡先成　　成都金宇控股集团有限公司董事长

赵晓明　　吉林省汽车流通协会会长

姚　杰　　中国汽车工业协会副秘书长

钱景汾　　商务部机电和科技产业司处长

徐长明　　国家信息中心信息资源开发部主任

夏闻迪　　国机汽车股份有限公司总经理

黄　毅　　中升集团控股有限公司集团主席

黄晓军　　海南惠通嘉华汽车销售有限公司董事长

盖　方　　麦特汽车服务股份有限公司董事长

梁树阁　　内蒙古利丰汽车有限公司总裁

章新挺　　江西省汽车流通行业协会秘书长

隋险峰　　山东省汽车流通协会秘书长

葛致诺　　福特汽车（中国）有限公司执行董事长

蔡　宾　　上海市汽车服务行业协会会长

蔡仲民　　上海市二手车行业协会常务副会长兼秘书长

蔡真法　　一汽贸易总公司总经理

薄世久　　北京长久物流股份有限公司董事长

# 《中国汽车市场年鉴》特约编辑

李　巍　国家质检总局检验监管司
栾尽晖　国家统计局服务业统计司
杨　斌　海关总署综合统计司
陈士华　中国汽车工业协会
雷　滨　中国汽车工业协会
龙少海　中国物资再生协会
王　存　国机汽车股份有限公司
马增荣　中国物流与采购联合会汽车物流分会
郎学红　中国汽车流通协会
郝庆丰　中国消费者权益保护学研究会
唐奕奕　上海通用汽车有限公司公共关系部
石　红　中国汽车技术研究中心
周　玮　中国汽车技术研究中心
杨家骐　中国汽车技术研究中心
潘增友　中国汽车技术研究中心
佘振清　中国公路学会客车分会
杨再舜　全国汽车市场研究会
吕树盛　中国农业机械工业协会农用运输车分会
崔东树　中国汽车流通协会市场营销研究分会
钟渭平　中国汽车流通协会商用车商会
王宏昌　中国汽车流通协会有形市场商会
张士立　中国汽车流通协会汽车俱乐部分会

# 《中国汽车市场年鉴》编辑部

主　　编　沈进军

编辑部主任　王　都

编　　辑　杨俊丽　文思婧　李　鑫

# 编辑说明

一、《中国汽车市场年鉴》是由中国物流与采购联合会主管，中国汽车流通协会主办，《中国汽车市场年鉴》编辑部编辑出版。由商务部、国家发改委、国家工商总局、交通部、公安部、海关总署、国家质检总局、国家环境保护部、国家统计局、国家信息中心、中国汽车工业协会、中国机电产品进出口商会、中国消费者协会等国家有关部门、行业组织和中国主要汽车生产、流通企业及各地汽车流通协会共同参与编撰的大型资料性工具书。创办于1995年，已连续出版了1995-2015年各年卷。

二、《中国汽车市场年鉴》的编纂宗旨是：科学、全面、系统、翔实，逐年反映中国汽车行业的发展和汽车市场的变化，内容涵盖中国汽车生产、流通、消费、服务与行业管理的各个方面，以丰富的资料信息为市场、政府、行业和广大消费者服务。

三、《中国汽车市场年鉴》反映的内容都是上一年度的史实和资料信息。2016年卷设有专文、大事记、汽车市场、新能源汽车、二手车市场、汽车进出口贸易、汽车后市场、汽车物流、汽车消费、汽车生产、汽车报废、统计资料、政策法规、名录、附录等共15个部类。在编排上分部类(类目)、栏目、分目、条目4个层次。条目是基本文献形式，除此之外的文献形式还有专文、大事记、统计图表、政策法规等。

四、《中国汽车市场年鉴》所有文稿、资料、数据都经有关部门审该；有关条目的数据以国家统计局、海关总署等部门提供的数据为准；各地方和部门的数据以地方和部门提供的数据为准。由于各地、各部门的统计口径不同，个别数字与全国统计数据可能有出入。

五、香港、澳门特别行政区和台湾省的资料暂缺。

六、《中国汽车市场年鉴》在编辑、出版过程中得到了国家有关部门和相关行业组织、汽车生产、流通企业以及各地汽车流通协会的大力支持与帮助，在此深表感谢。本书在编辑和印装等方面的不足之处，敬请广大读者批评指正。

《中国汽车市场年鉴》编辑部

2016年10月

# 目　录

## 第一部类　专文



## 第二部类　大事记



## 第三部类　汽车市场



## 第四部类　新能源汽车

## 第五部类 二手车市场



## 第六部类 汽车进出口贸易



## 第七部类 汽车后市场



## 第八部类 汽车物流



## 第九部类 汽车消费



## 第十部类 汽车生产



## 第十一部类 汽车报废



## 第十二部类 统计资料

## 第十三部类 政策法规

## 第十四部类 名录



## 第十五部类 附录

# 第1部类 专文

DIYIBULEI | ZHUANWEN

# 2015年我国汽车市场及汽车流通行业的发展变化

中国汽车流通协会会长 沈进军

2015年，世界经济深度调整、复苏艰难，我国发展面临的国内国际环境复杂严峻，经济下行压力持续加大，多重困难和挑战相互交织。李克强总理在2015年夏季达沃斯论坛开幕式的致辞中指出，现在中国经济的走势是缓中趋稳、稳中向好，但稳中有难，总体是机遇大于挑战。中国经济未来会更好，因为我国的经济发展有基础、有条件、有动力。一方面，中国经济有巨大潜力和内在韧性。中国新型工业化、信息化、城镇化、农业现代化进程处在深入推进阶段，蕴含着扩大内需的强劲需求；另一方面，中国推进结构性改革正在源源不断释放改革红利。中国仍是世界上最大的发展中国家，发展是硬道理，是解决中国一切问题的基础和关键。但发展必须是科学发展，是有质量、有效益、可持续的发展。实现这样的发展，必须依靠改革开放。我们正在全面深化改革，加快推进结构性改革，实施创新驱动发展战略，努力把经济潜在增长率充分挖掘出来，保持经济中高速增长、迈向中高端水平。

## 目前我国汽车市场的发展趋势

### 一、低速、微速增长将成为新车市场新常态

作为国民经济支柱产业之一的汽车产业，在前几年的高速发展中，成就了中国的汽车大国地位。但自2011年以来，我国汽车市场由高速发展进入了低速增长期。经过2013年短暂的调整后，目前我国新车市场已进入微幅增长阶段。2015年，我国汽车产销2450.33万辆和2459.76万辆，同比增长3.25%和4.68%，增速比上年同期减缓4.01个百分点和2.18个百分点。其中乘用车产销2107.94万辆和2114.63万辆，同比增长5.78%和7.30%；商用车产销342.39万辆和345.13万辆，

同比下降 9.97% 和 8.97%。

2015 年我国新车产销量小幅增长，新车消费已出现新增需求加置换需求的特点。

## 二、二手车市场规模持续扩大

汽车保有量的大幅度增加和汽车市场及政策环境的不断改善，为二手车市场发展提供了坚实的基础。据协会对全国二手车交易市场的全口径统计，2015 年，二手车共交易 941.71 万辆，同比增长 2.32%，二手车交易规模接近千万辆，同时二手车置换对新车销售的贡献度越来越高。

随着我国汽车保有量的快速增加，国家对二手车交易市场升级改造示范工程有效推进，生产企业及经销商、二手车经销企业、二手车交易市场等经营、服务主体在经营、交易、管理等方面的积极探索创新，市场诚信建设的开展、行业自律作用的发挥以及以互联网技术为基因的二手车电商和各路资本的推动下，我国二手车市场正迈向市场管理规范化、经营模式多样化、交易信息透明化、二手车流通跨区化的快速发展轨道，并迎来一个新的发展阶段。

目前，协会正在积极向国家政府有关部门反映和汇报关于二手车市场流通中存在的税收政策问题、二手车临时产权登记问题、二手车“限迁”问题、二手车交易主体的培育和发展问题、二手车市场的进一步规范问题、诚信经营等问题，相信随着这些问题的逐步解决和突破，一个全国统一的二手车大市场与大流通时代即将来临。

## 三、汽车后市场以及新型服务方式成为车市新的增长点

消费者消费热情的全面升级，使得汽车个性化需求持续呈现旺盛状态。从某种意义上讲，当消费者完成了汽车的购买，则意味着汽车消费新的开端。汽车维修、保险、用品、装饰、改装等后市场服务规模持续扩大，并保有巨大的发展潜力。

数据显示，2015 年，我国汽车后市场总产值已达 7495 亿元，汽车用品生产和销售企业逐年增多。汽车消费时代和城市化进程使得汽车用品行业发展极其迅速，市场规模增速惊人。

我国汽车后市场的服务空间广阔，利润回报丰厚，加之消费者个性化消费的偏好，由此，拓展汽车后服务市场是汽车市场发展的必然，是汽车厂商、经销商与消费者共同的需求，行业企业对汽车后市场业务的重视程度也在不断增加。

## 四、汽车市场由一二线城市向三四五线城市及农村市场拓展

汽车市场由一二线城市向三四五线城市及农村市场拓展，是目前我国汽车市场的主要特征。

从目前市场容量以及厂商关注程度看，一线城市汽车市场容量及销售服务网络相对饱和，近年来部分一二线城市实行的限牌、限购、治堵等措施，加速了汽车市场向三四五线城市及农村市场拓展的进程。未来三四五线城市及农村市场汽车消费潜力巨大，将逐渐成为我国汽车市场发展的关键力量。

随着汽车市场增长的重心向三四五线城市及农村市场转移，众多车企也将渠道拓展的重点放

在了这些区域。合资品牌，营销战线迅速向三、四线城市下沉；自主品牌，网络布局主要放在以县城为代表的三、四、五线城市及农村市场上。因此，今后一段时期，三四线市场将是厂商的主战场。

总的看，我国新车产销已突破2400万辆，处于总量较高的阶段，汽车市场增长已由单一的新增需求驱动，转变为新增需求与置换需求的两轮驱动特征，市场已由产品为主导的卖方市场转为以消费为指导的买方市场，流通的作用将进一步凸显。当前，我国汽车市场及流通行业的健康可持续发展面临着非常严峻的挑战：一是目前汽车产业的发展对环保、交通、能源等方面带来了极大的压力，一线城市和一些大中城市采取的限购、限牌、限行等措施，对汽车市场产生了较大的影响；二是生产厂家产能释放过度与市场需求相对不足的矛盾常态化， 将成为未来一段时间汽车市场的主要矛盾；三是部分地区经营网点过密，局部地区供求严重失衡，导致市场价格混乱；四是汽车市场的内生动力不足。一方面二手车交易量较少、二手车流通不畅；另一方面则是汽车消费信贷、汽车融资租赁等汽车金融服务开展滞后，汽车市场金融渗透率仍处于低位。同时国家鼓励汽车报废和更新的力度不够，等等这些都将制约我国汽车市场的可持续发展。

## 汽车流通行业的发展变化

汽车产业的发展，为我国汽车流通行业带来了深刻的变化。目前，我国约有汽车品牌销售企业近70000家，其中狭义乘用车厂家授权经销商一级网点约有24000家，大部分分布在一线城市和东部沿海地区。从行业看，汽车流通服务链条不断完善，汽车流通服务水平大幅提高。从企业看，众多的汽车经销商已历经风雨，不断壮大。

在2015年复杂多变的市场环境下，我们的汽车经销企业在变幻莫测的风头浪尖上把握住了机遇，迎接了各种挑战，始终开拓进取，稳步发展，取得了骄人的业绩，为推动行业进步和拉动内需，以及促进国民经济增长方式的转变做出了巨大贡献！特别是近几年来行业坚持转型创新，给企业注入了活力，带来了可喜变化。这种发展变化主要体现在以下几个方面：

### 一、汽车流通企业集团化趋势明显，行业集中度进一步提高

随着我国汽车市场完成由卖方市场向买方市场的转变，市场竞争不断加剧，汽车流通行业集中度在持续提高。

从2015年5月份协会发布的百强排行榜相关数据来看，2014年度经销商百强营业收入进一步增长，达到12318亿元，同比增长9.4%，销售汽车624.5万辆，同比增长12.5%；百亿级经销商集团已达38家（2013年度为31家）。其中，位列第一的经销商集团营业收入从上年840亿元增长到905亿元，开始触摸千亿大关；2014年度，乘用车一级网点约24000家，其中，百强企业网点5180家，占比为21.6%，但销售的汽车却达到了全国总销量的25.5%，表明行业集中度增加趋势明显。

目前看，大型经销商集团已成为支撑我国汽车市场健康发展的重要力量。同时，多品牌经营、

跨地域经营、网络化经营正逐步成为国内汽车销售的主流趋势。随着汽车市场越趋成熟，行业集中度不断提高将成为汽车流通行业的发展趋势，大型经销商集团也将成长为支撑我国汽车市场健康发展的重要力量。随着行业集中度的不断提高，千亿级销售规模的超大型汽车经销商集团也将诞生，这不仅在汽车流通行业中的份量加重，而且在汽车产业里的话语权将进一步得到增强。

**二、上市经销商企业2015年上半年的主要指标业绩好于2014年下半年，但经营压力依然较大**

从2015年上半年上市汽车经销商集团半年报可以看出，虽然受汽车市场整体环境影响，各关键业绩指标相比去年同期有所下滑，但经销商通过及时的反应与积极地应对，有效改善了企业的运营状况，整体经营情况较2014年下半年已有所改观。具体表现为：1、部分上市汽车经销商集团战略收缩，企业结构调整步伐加快；2、部分上市汽车经销商集团总收入同比降幅明显；3、上市汽车经销商集团毛利水平普遍下降，大部分经销商集团盈利能力相比上年同期有所下滑，但较去年下半年有所回升；4、上市汽车经销商集团去库存力度加大，汽车销售利润率与真实利润率普遍下滑；5、多数上市汽车经销商集团汽车后市场业务收入同比增长，整体利润率保持稳定；6、上市汽车经销商集团库存有所下降，但库存周转率并未提升，库存压力依然较大。

上市经销商集团普遍经营压力增大，但依然出现许多亮点：1、上市经销商集团零服吸收率高于行业平均水平；2、上市企业收入与利润结构持续优化；3、上市汽车流通企业为国家经济发展做出贡献。

汽车经销商上市公司的业绩好坏，不仅直接关系到社会资本对汽车流通行业的关注热度，同时也在一定程度上反映了我们行业发展的景气度。

# “十三五”我国新能源汽车七大发展趋势

中国能源汽车传播集团董事长、中国汽车报社社长 李庆文

中国新能源汽车发展可以说与世界同时起步，甚至在某些方面还领先于世界。经过“十二五”的发展，中国新能源汽车如喷薄而出的红日，基本完成了起步阶段的任务。

任何一个新兴的战略产业，最难的是起步阶段。在这个阶段中，仅靠市场的力量是不够的，只靠企业努力奋斗也是难以实现起步阶段战略目标的。在中国新能源汽车产业发展过程中，政府发挥了积极作用，不但在产业的研发和准备阶段给予了强有力的倡导和支持，而且在起步阶段支持力度更大，成效更显著。

“十二五”期间，中国新能源汽车产业完成了产业化起步阶段的任务，主要体现为四个方面：

**第一，中国新能源汽车市场增速加快。**截至2015年9月底，中国已经累计生产新能源汽车27.4万辆，其中，2013年生产1.7万辆，与之前的四年产量总和相当；2014年生产8.4万辆，同比增长4倍；今年前三季度生产15.6万辆，同比增长3倍。有研究机构预测，到今年年底中国新能源汽车的累计产销量有可能达到35万～37万辆。这些数据清晰地表明，“十二五”的后两年新能源汽车销量开始明显提速。虽然距离最初确定的50万辆目标还有一定差距，可是在当下经济增长速度趋缓、经济结构调整步履艰难、居民消费能力不强、国际市场不确定因素增多的大环境下，中国新能源汽车还能取得这样的成绩难能可贵。如果“十二五”期间，开头几年也有后两年的增长速度，不但可以实现50万辆的目标，而且还可以大大超过。

**第二，促进新能源汽车产业发展的政策体系已基本建立。**到目前为止，中国十二个部委已相继出台政策20多项，包括购车补贴、车辆购置税和车船税税收优惠，以及新能源汽车国家科技计划重大项目、产业技术创新工程、城市公交车成品油价补贴改革、充电设施建设奖励、充换电优惠电价、新建纯电动车企业管理、电动汽车综合标准化技术体系等。可以说，中国已经形成了比较完备的、系统的支撑新能源发展的政策体系。

**第三，新能源汽车示范城市推广计划虽然不能完成目标，但产生了巨大的示范作用。**从推广数量看，从2013～2015年8月，中国在示范城市共推广新能源汽车15.96万辆，推广任务完成率为47%。其中，今年1～8月推广新能源汽车7.84万辆，占2013年以来推广总量的49%。尽管如此，新能源汽车示范城市对产业发展的示范推动作用是明显的，影响力巨大。

**第四，新能源汽车产业生态基本形成。**可以说，新能源汽车产业各种要素、资源、发展条件

已经基本形成，虽然标准和水平还不高，个别方面仍存在空白或缺项，但总体上，中国新能源汽车产业加快发展的氛围已经形成，基本条件已经具备，产业生态初步形成。

正因如此，从“十三五”开始，中国新能源汽车产业将由起步阶段进入加速阶段。在这个阶段中，将大致呈现以下七大发展趋势。

**一、政府主导让位于市场主导**

刚刚通过的《中共中央关于制定国民经济和社会发展第十三个五年规划的建议》，把新能源汽车推广列入国家的重要计划之中，要求提高电动汽车产业化水平。这表明在“十三五”期间，新能源汽车发展在整个国民经济和社会发展中将处在十分重要的地位，明确了新能源汽车在国民经济和社会发展中的战略定位。

为实现这一重要战略定位，政府鲜明提出了市场主导、创新驱动、重点突破、协调发展的工作方针。这个工作方针的关键变化是由政府主导变成市场主导，新能源汽车的发展要在市场主导下实施创新驱动、重点突破，达到协调发展的目标。在中国新能源汽车准备和起步阶段都是由政府主导的，到了“十三五”要转变成市场主导，这将给新能源汽车产业带来重大的、多方面的、根本性的变革。“十三五”期间新能源汽车的快速成长，主要依靠的力量将逐渐变为市场，而不是政府。如果在快速成长阶段仍然由政府行政力量占主导，而不是市场力量占主导，新能源汽车产业就不会成为在国民经济发展中起到战略支撑作用的新兴支柱产业。

“十三五”的新能源汽车发展仍然以电动汽车为核心，向纯电驱动技术转型，开发电动汽车动力系统技术平台，超前研发下一代技术，完成电动汽车产业链，支撑电动汽车产业化发展。

当然，在顶层设计上也存在争论。最典型的莫过于新能源汽车产业需不需要让那些对产业发展抱有热情，具有自身发展能力和资源的企业进入，也就是说在准入标准、准入门槛上能不能有大的突破。目前，国家发改委已制定了相关政策，这是一个富有改革精神、有众多亮点的政策，其主要特点就是不问出身，只问技术和实力。它改变了过去那种僵化、保守的审批准入的思维模式，不过其中也有一些虽然细微但却重要的认识分歧。例如大家都同意应该放“鲶鱼”进来才能使新能源汽车这池水更加活跃，但到底应该放多少进来，应该具备什么样的起点，却众说纷纭。

事实上，在中国汽车产业发展的过程中，始终存在着允许谁和不允许谁进入汽车产业的争论。谁都不希望没有理想、没有追求、没有技术实力和经济实力的企业进入新能源汽车产业，这是正确的。但如何确认谁是这类企业，谁在浑水摸鱼，是由政府审批还是由市场竞争的选择来确认，这是两个截然不同的思路。实践证明，用市场竞争这把公平的尺子去衡量企业往往比政府审批准确度更高。在中国传统汽车领域，以往被政府认为无所作为的汽车企业，而今已成为骨干企业。比如长城汽车，从一个乡镇企业起步，从改装车学起，从大企业看不上眼的皮卡车入手，如今已成为中国 SUV 市场的领导者，成为被世界汽车界关注的一匹黑马，成为中国汽车自主品牌的旗帜性企业。在新能源汽车发展上，我们不能再犯过去的错误，不能再用传统的思维来看待今天的市场主体，而应该用新思维、新思路，由政府主导转变为市场主导，让市场成为资源配置的决定力量。

## 二、新能源汽车技术将发生重大突破

“十二五”期间，中国新能源汽车在“三纵三横”布局的指导下，得到了迅速发展。预计“十三五”期间，中国新能源汽车在技术上将会发生重大突破。

“十三五”期间，《中国制造 2025》将会得到强有力地实施，这是新能源汽车技术发生重大突破的外力所在。在《中国制造 2025 重点领域技术路线图》中，提出到 2020 年，初步建成以市场为导向、企业为主体、产学研用紧密结合的新能源汽车产业体系，自主新能源汽车年销量突破 100 万辆，市场份额达到 70% 以上；打造明星车型，进入全球销量排名前十；动力电池、驱动电机等关键系统达到国际先进水平，在国内市场占有率达到 80%。到 2025 年，形成自主可控完整的产业链，与国际先进水平同步的新能源汽车年销量 300 万辆，自主新能源汽车市场份额达到 80% 以上。

这个规划强调了自主技术、自主品牌的占有率。自主品牌新能源汽车能否在未来十年中担当起中国汽车市场主力军的重任，关键是在技术上能否有所突破。在“十三五”期间，自主品牌新能源汽车企业在动力电池方面会更积极主动地采用新材料、新技术，解决电动汽车续驶里程问题，更能够抓住石墨烯等先进领先技术带来的技术创新机遇。与过去相比，中国的自主品牌新能源汽车企业对新技术的学习应用和产业化能力，已经产生了本质性的飞跃。无论是在战略敏感性上，还是在确定战略的胆识眼光上；无论是在技术创新的体系能力上，还是在技术工程转化产品、开拓市场的操控水平上，都达到了实现技术创新突破的高度。

特别需要加以强调的是，在目前“互联网 +”的浪潮下，中国新能源汽车企业对于智能化、网络化的认识达到了相当的高度，行动达到了相当的自觉，并且积累了一些经验和做法，在某些技术上也做了大量准备，能够在新能源汽车产业化加速发展阶段，使互联网、大数据等数字技术与新能源汽车融合在一起，有望率先在电动汽车领域实现智能网联汽车的重大突破。

如今，电动化是被国内外汽车行业普遍认可的一个技术战略。但是，在如何电动化，采取什么样的路径进行电动化上，业界还存在分歧。有人认为，插电式混合动力是国际公认的新能源汽车技术路线；也有人认为，当前中国的电池水平决定了现阶段我国应该发展微型低速电动车；还有人认为，中国应该把混合动力汽车当做新能源汽车发展重点。此外，在插电式混合动力和纯电动方面也存在争论。

不同企业也有不同的认识、不同的选择。有的主张新能源汽车发展要高起点、高标准，以先进技术为第一标准；也有企业认为，做新能源汽车不能惟技术论，还要考虑成本、市场需求、消费者接受程度等因素； 还有企业家提出电动汽车要走平民化路线，让老百姓买得起、使用方便、开得便宜，不必追求大型化或跑车化。我个人更同意后两个观点。在以市场为主导的新战略导向下，如果只关注高大上，不关注接地气的产品，新能源汽车产业将失去快速发展的机遇。

技术路线之争虽然是一个技术问题，但当产业进入到快速成长阶段，它也是市场路线的选择之争、商业模式之争。如果先进技术成本过高，让用户难以负担，那再好的技术也不能形成竞争力强的产品。新能源汽车的属性是竞争性产品，不是公益性产品，它要通过市场竞争来实现节能环保的社会公益性，最终的选择权不在企业，也不在专家学者，更不在政府，而在用户能不能买得起、使用方便、开得便宜。如果这三个层面的问题解决了，新能源汽车产业就能够真正成为国民经济的新兴战略支柱产业。

总之，“十三五”期间在巨大的市场推动下，电动汽车在底盘电动化、车身轻量化、智能化、车网融合等方面都会取得突破性进步。一定程度上，新能源汽车产业的技术创新能力将决定中国汽车产业由大变强的战略目标能否实现。

## 三、政府支持新能源汽车的重点将放在社会公共政策上

“十二五”期间，政府对新能源汽车支持力度空前，政策体系基本形成。在扶持新能源汽车发展的政策中，最受人关注的是财政补贴政策。从一定意义上说，当前国内新能源汽车发展主要依靠政府推动，其中巨额的财政补贴成为刺激市场的最强力量。目前国家已出台了补贴退坡政策，未来财政补贴的力度将逐步减弱，直至最后彻底退出。这一选择是必然的，也是正确的，当一个产业进入加速发展阶段，如果再靠纳税人的钱来扶持产业发展既不符合市场经济规律，也不符合产业发展规律。一个健康的、有竞争力的、能够满足消费者需求的产业必将进入依靠自身实力的良性循环发展阶段，依靠自己的力量赚取利润进行技术创新，创造出有竞争力的产品。如果说新能源汽车产业未来将成为新兴的战略支柱产业，那么它必然会走上一条自我积累、自我成长、自我壮大、自我提档升级的轨道。

新能源汽车企业必须把发展重点放在技术创新、产品创新、商业模式创新上，尽快降低产品成本、优化产品性能，以性价比合理、符合消费者需求的标准来开发、拓展、壮大市场，这是新能源汽车企业成长、壮大的惟一出路。当然，由于新能源汽车产业仍处于发展艰难、不确定因素多、技术和产品尚未成熟阶段，政府对于这一新兴产业还应给予强有力的支持。但这种支持不是直接拿财政资金去补贴消费者或生产商，而是转向全面的社会公共政策支持上，这就是“十三五”期间由政府主导转变为市场主导的含义。

在社会公共政策上，政府运作的政策空间仍然很大，比如国务院明确提出的新能源汽车不限行限购政策，不少地方政府正在研究减免停车费及过路过桥费等。如果新能源汽车用户能够享有购买的优先权、使用的优惠权，相信其对市场的促进作用不亚于财政补贴。社会的公共政策还包括基础设施建设的优惠政策。城市的基础设施建设不仅是大投入行业，还受制于土地、环境等因素制约。如果在“十三五”期间，城市基础交通建设方面向新能源汽车倾斜，将给新能源汽车的发展创造良好的外部环境。

对于新能源汽车的扶持政策，要放开思路，用新思维、新眼光、新思路去探讨研究。思路决定政策，有了好的思路就会研究出更有力、更节约、更有效的支持新能源汽车产业发展的新政策。如果不能够进行这样的转变，新能源汽车的政策支持力度将被减弱，新能源汽车前一个阶段获得的大发展局面有可能放缓，甚至出现滑坡和逆转。

## 四、企业竞争格局在变化中稳定

1、骨干企业逐渐形成，并且以自主品牌为主。

“十二五”期间，中国新能源汽车企业成长迅速。比如比亚迪汽车。2015 年 1 ～ 9 月其新能源乘用车累计产量 3.6 万辆，同比增长 210%，在市场上成为领跑者。此外，在企业的战略布局上比亚迪也深谋远虑，明确了“7+4”战略。在新能源汽车技术上，无论是动力电池的研发制造，还是汽车电子智能化，比亚迪均有所建树。同时，它还是实施对外合作战略的典范，与德国戴姆勒公司建立的合资公司创新开发制造的腾势电动汽车，代表了当前电动汽车产品的一流水平。

再比如北汽新能源。2015 年 1 ～ 9 月，北汽新能源累计销售 1.1 万辆，同比增长 17.7 倍，营业收入同比增长 18 倍，扭亏为盈，超额完成挑战目标。北汽新能源把战略着力点放在纯电动汽车上，是目前纯电动汽车研发、生产和市场占有率都处在前列的汽车公司。

再比如江淮汽车。由于采取了独特的新能源汽车发展思路，把为老百姓造买得起的新能源车作为战略目标，2015 年前 9 个月已累计销售纯电动轿车 6087 辆。虽然江淮汽车地处经济发展和财政实力在全国不具明显优势的安徽省合肥市，却在全国市场取得了骄人业绩。

从综合实力看，这三家企业是中国新能源汽车当之无愧的骨干企业。目前，后面追赶者众多，有的还具有相当的技术实力、经济实力、开拓创新实力。我十分乐观地判断，“十三五”期间，这三家企业一定会发展得更快、更好、更强，成为中国新能源汽车产业的中坚力量、带动力量，也会在世界新能源汽车格局中占有重要地位。同时，我也期待涌现出更多、更强的新的骨干企业。

比如长安汽车。作为目前中国自主品牌的领导者，2015 年 3 月长安汽车发布了新能源汽车战略，准备到 2025 年投入 180 亿元，推出 34 款新能源汽车产品，到 2020 年新能源汽车累计销量达到 40 万辆，2025 年累计销量突破 200 万辆。除了销量目标，他们还提出到 2025 年实现新能源汽车“五一八”的性能目标。

再比如上汽集团。2015 年 1 ～ 9 月上汽集团的新能源汽车销量超过 8500 辆，预计今年将超过 1.3 万辆。他们计划到 2020 年在新能源汽车上的投入达到 200 亿元，并实现产销 60 万辆，其中自主品牌为 20 万辆的目标。未来，上汽集团自主板块和旗下的两家合资公司都将在新能源汽车领域发力。

2、产生一批具有新特质的新企业。

新能源汽车已经成为新技术革命和产业革命中的焦点行业，许多有眼光、有实力、有理想的企业家都聚焦在新能源汽车上，特别是一些互联网企业，更是对新能源汽车充满希望、充满信心、充满激情，几乎一流的互联网公司都决心进入新能源汽车行业。“十三五”将是这些企业大显身手的时期。

3、跨国公司在新能源汽车上将发力。

新能源汽车产业是全球汽车产业共同努力打造的新兴产业。在前一个阶段，跨国公司在中国市场上对于新能源汽车说得多做得少。过去，跨国公司在中国市场上没有表现出新能源汽车方面的优势，但这并不代表他们没有实力，恰恰相反，他们在新能源汽车方面做了大量卓有成效的技术研发、产品创新工作。当中国新能源汽车市场启动后，跨国公司表现出了空前高涨的热情，加大了推出新能源汽车的力度，迅速显现出进入新能源汽车市场的能力。“十三五”期间，这种态势将进一步加强。

比如丰田汽车已经出手，在混合动力产品的市场投放上力度空前，它对中国新能源汽车市场和产业产生的影响不容忽视。而“排气门”事件的发酵对大众集团发展新能源汽车产业将是一个正向推动力量，有消息称，大众汽车已把产品战略重点放在电动汽车上。

4、低速电动汽车企业中将涌现出有竞争力的企业。

一些中小型企业从低端新能源汽车切入，以顽强的拼搏精神、超常的市场开发能力、紧贴消费者的草根精神，逐步提高产品品质和技术，勇敢而坚决地进入新能源汽车产业的竞争中。

我们不能忽视目前数量众多的中小型新能源汽车企业，虽然它们是生产低端产品的中小型企业，技术底子薄、产品品质较低、经济实力不强，但却十分接地气，了解低端消费者的需求，对中国三四级市场和农村市场有超强的认知、开发和拓展能力。我们不能以精神代替技术，但有了精神也会学到技术、掌握技术，如果只有技术而没有积极进取、奋力拼搏、开发创业的精神，那么技术就成为无用的摆设，对新能源汽车产业起不了任何作用。

汽车行业的大企业，在不同程度上都存在着有技术没产品，有产品不贴近市场、不贴近用户的问题，而这些中小型企业恰恰相反。虽然它们掌握的技术不多，也不先进，但心中装着用户、眼睛盯着市场，不断学习、创新、开发，在市场中摸爬滚打，在与用户的交往中学习锻炼，在与高端企业合作中练本领。我们已经看到了一批这样的企业正在成长，未来五年，它们的崛起只是时间问题。

## 五、中国将成为世界上最大的新能源汽车市场

“十三五”期间，中国将成为世界最大的新能源汽车市场，成为世界新能源汽车的核心主战场。有数据显示，今年上半年中国新能源汽车总销量为7.27万辆，已超过美国成为世界最大的新能源汽车市场。而且，中国新能源汽车市场不但规模最大，产品品种也最多。经过“十二五”启动阶段的发展，中国已具备了全球最大新能源汽车市场的能量。

“十三五”期间，中国新能源汽车市场将成为竞争的“红海”。当然，它不同于传统汽车的“红海”，而是相对的“红海”。中国的新能源汽车市场不仅是个人消费主导的市场，更是一个多元化市场，其增长重点不局限于私人消费，在城市物流车、城市出租车及租赁领域，市场前景更加广阔。

电子商务有力地拉动了城市物流，目前新能源汽车企业为城市物流市场开发推出了微型电动车、电动物流车。如果中国农村电子商务市场这块肥沃的土地被开发出来，将为新能源汽车进军物流产业提供新的战略市场。

在城市出租车领域，多家出租汽车公司已将纯电动汽车作为运营车辆。如果今后中国的城市出租车行业能够把新能源汽车作为选择重点，将为新能源汽车发展注入强大的市场拉动力。

在城市租赁用车领域，各种新能源汽车租赁公司如雨后春笋般涌现，尤其是分时租赁公司。大力发展新能源汽车租赁公司是实现城市交通便捷化、清洁化的必然选择，如果这些租赁公司能够发展分时租赁，将使汽车分享这个新兴产业发展起来。

中国或将成为世界最大的新能源汽车市场，还因为中国在前一个阶段实行的城市推广计划，摸索出了城市新能源汽车的发展路径。其中北京、上海、深圳等城市的新能源汽车推广相对较好。在这些推广城市中，北京市对于国产新能源汽车的支持力度最大。截至今年 9 月底，北京市已推广纯电动汽车 2.3 万辆，累计建成五座大型换电站及 1.3 万个充电桩，成为国内最大的纯电动汽车市场。未来，北京市将成为全世界新能源汽车推广力度最大、保有量和运行领先的城市。上海市也取得了良好的推广效果，截止到目前，推广总量为 34337 辆，占全国总量的 15%。其中，外省市品牌新能源汽车推广 24571 辆，占总量的 71.6%，这与上海市在新能源汽车推广上具有大局观，开放度较好有关。

## 六、动力电池行业将迈上新台阶，出现具有国际竞争能力的企业

伴随着新能源汽车的发展，中国动力电池产业发展迅猛。经过这些年的发展，已涌现出一批技术创新能力较强、产品质量逐年提高、市场占有率较大的优势骨干企业，如天津力神、深圳比克、哈尔滨光宇、浙江万向等，它们在电池生产、技术开发上都达到或接近世界先进水平。

目前我国已基本掌握车用动力电池的关键技术，和整车基本保持同步。从技术上讲，我国开发的镍氢电池和锂离子电池，关键技术指标达到了国外同类产品的先进水平。从产品层面看，磷酸铁锂电池已趋于成熟，支撑了产业的发展，目前大规模示范应用的新能源汽车电池大多是国产品牌。

当然与发达国家及技术先进的跨国公司相比，中国的动力电池产业还存在不足。从技术层面讲，一是技术的先进性和可靠性不强；二是产品制造装备、工艺水平、检测验证能力、产品质量和一致性与国外相比存在较大差距。从企业层面看，规模和创新竞争力不强，虽然企业数量众多，但大多数企业的经济规模、盈利能力、研发队伍、研发能力、研发体系和日本、韩国企业相比有很大差距。从产业层面看，对于新一代动力电池的技术创新能力不够，国际专利的数量明显低于发达国家，并且对电池的新材料工程研究不足，没有形成工程化开发能力、集中投入机制和产业协同创业机制，在动力电池的技术路线、产品要求、质量体系、电池回收等方面缺乏统一规划。

## 七、汽车分享将率先在电动汽车上实现

汽车分享是世界经济结构调整优化，应对经济发展新常态的一个重要选项，它符合节约、绿色发展的原则。汽车分享将率先在新能源汽车，特别是在电动汽车上实现，因为电动汽车的发展会建立网状的充电设施，这将是分享新能源汽车的基础。它与传统汽车的加油站不同，加油站一般比较集中，而电动汽车的充电桩则比较分散，分散就为分享提供了可能。现在已经取得初步成效的分时租赁形态，为电动汽车的分享模式开辟了道路。

以上七大趋势，虽然未必能全面描绘出“十三五”期间新能源汽车产业的全貌，做出的趋势判断也未必完全准确，甚至会有一些错判，但是，总体发展趋势和总的方向不会出现根本性的误判。如果以上七大趋势都如期发生并且顺利展开，中国新能源汽车产业在未来五年发生的变化，将会令世人瞩目，中国汽车产业的强国梦将会顺利实现。

第2部类
大事记
DIERBULEI
DASHIJI

# 2015 年汽车行业大事记

## 1月

1 月 1 日至 2 日，中国花都汽车场地越野友谊赛在广州花都汽车产业基地隆重举行。此次活动由中国汽车流通协会汽车俱乐部分会、花都区体育局、花都汽车城联合主办，赛车人俱乐部、越野 e 族广东大队承办。该项活动，旨在由汽车产业基地通过举办汽车竞技赛事，逐步引入试乘试驾、房车场地赛、卡丁车赛、俱乐部聚会、业界年会等活动，以及赛车展示、车手培训、汽车改装、O2O 电商平台等业务，丰富花都汽车文化内涵，努力打造具有广泛影响力的花都特色汽车文化。从而推动花都汽车市场发展，促进花都汽车产业转型升级。

1 月 5 日，中国汽车技术研究中心 C-NCAP 管理中心公布：2015 年 7 月 1 日起，中国的汽车安全碰撞标准体系 C-NCAP 将实施 2015 版新规则。新规则根据行业整体产品水平和安全技术水平的提高，将采用更加严格的新标准。现在得到五星评级的车型，在新规则中要被降星，以便体现标准的引领作用。

1 月 7 日，上海市商务委官网发布《关于在中国 ( 上海 ) 自由贸易试验区开展平行进口汽车试点的通知》，正式在上海自贸区启动平行进口汽车试点。该通知明确，除总经销商以外，由其他进口商从产品原产地直接进口，其进口渠道与国内授权经销渠道“平行”。这样，总经销模式被打破，进口车市场迎来竞争机制，加上平行进口商一般向海外汽车经销商直接订货，通过小批量认证方式进口到中国境内销售，使得平行进口的汽车价格低于传统进口汽车价格。

1 月 9 日，易车网、京东和腾讯联合宣布，三方已达成最终战略合作协议，京东和腾讯以现金和独家资源的形式对易车网投资约 13 亿美元。同时，易鑫资本，易车旗下专注汽车金融互联网平台的子公司，获得京东与腾讯共计 2.5 亿美元的现金投资。三方携手合作，致力于为中国购车用户提供优质的汽车电商服务。

1 月 10 日，中国代驾联盟正式成立。该联盟由中国汽车流通协会汽车俱乐部分会发起，并具体运作实施。中国代驾联盟成立后，致力于更好规范代驾行业服务和管理流程，解决目前行业普遍存在的规模小、管理不规范、无序竞争等问题，促进代驾行业的快速发展。

1 月 13 日至 14 日，首届中国电动汽车百人会论坛在北京钓鱼台国宾馆隆重召开。本届论坛由中国电动汽车百人会主办，以产业发展新生态为主题，由闭门会议、大会高端论坛、六个专题论坛组成，围绕“电动汽车大规模进入家庭还远吗”、“动力电池的现状与发展”、“低速电动汽车何处去”、“新能源公交车如何从示范走向产业化”、“电动交通一体化与互联网”和“电动汽车基础”等方面，就中国电动汽车发展的重点、热点和焦点问题进行研讨。旨在为多领域研究、交流整合、协同创新，搭建跨学科、跨行业、跨部门的发展交流平台。

1月17日，2015中国汽车市场发展趋势论坛暨第169期全国汽车信息发布会在北京召开。本次论坛以“新常态•新挑战•新应变”为主题，来自中国汽车工业协会、国家商务部国际贸易经济合作研究院、国家信息中心、北京市环保局、中国汽车流通协会、北京市新能源汽车发展促进中心、国机汽车股份有限公司和北京北辰亚运村汽车市场等单位的嘉宾畅所欲言，一同分析新常态下我国汽车市场的走势、面临的挑战及应对之道。

1月18日，中国SUV趋势发展论坛暨2014SUV颁奖盛典在北京举行。参加嘉宾从行业前景、市场潜力、企业发展、产品技术、营销服务等不同角度，探讨了中国SUV的发展历程和发展趋势。

1月20日，平安银行、第一车网、质新二手车三方联手，宣布共同成立“平安爱车二手车产融发展基金”，以探索二手车行业与金融领域的融合创新的新模式，为优质的二手车企业提供库存融资、零售贷款等金融服务。

1月23日，首届“中国西部惠民汽车巡回展” 在重庆奥林匹克体育中心广场隆重开幕。由中国汽车流通协会主办，庞大汽贸集团股份有限公司协办，九龙坡区政府大力支持。本次巡展以“服务厂商、惠及百姓”为主旨、瞄准西部二三线城市，以展促销，以展拉动汽车消费，帮助国内外汽车生产厂家和汽车销售企业把汽车产品更快更加直接地推向西部城市和广大乡村，让西部更多的家庭尽早过上有车的生活。 展会以年为届，每届以重庆为首站并辗转至西部各省的二三线城市巡回举办，且将在巡展的适当场次同时举办大型开幕式明星慈善演唱会，并将演出净收益的20%捐助地方慈善事业。展会还设置了西部汽车论坛、研讨会，组织专家学者和业界精英为西部汽车行业献计献策。

同日，“汽车-轮胎跨界发展高峰论坛——2015年汽车市场对轮胎市场影响分析”在北京举办。此次论坛由中国汽车工程学会汽车经济发展研究分会主办，轮胎世界网承办，主题为“直面危机，携手共进”，目的是搭建中国最大的汽车-轮胎行业交流平台。

1月24日，国家“千人计划”专家联谊会工程与材料专业委员会汽车组专题会暨第二届“汽车与环境”中国汽车及零部件产业创新论坛在上海嘉定举行。在本届论坛上，院士、学会领导、“千人计划”专家、行业领军人物与政府官员、企业家深入沟通、共同探讨，以互动交流形式畅谈世界汽车及零部件产业现状和发展趋势，探讨能源安全、环境保护所带来的挑战与产业转型升级的机遇。

1月25日，中央和国家机关取消公车的首场拍卖会在北京昌平区北辰亚运村汽车交易市场如期举行。这些公车来自保监会、证监会、国家信访局、全国妇联等6家单位。车辆起拍价最低8000元，最高15万元人民币。经过激烈竞拍，最终106辆公车全部拍出。本次公车拍卖受国务院机关事务管理局、中央直属机关事务管理局委托，由中拓国际拍卖有限公司、车易拍北京汽车服务有限公司和北京北辰亚运村汽车交易市场中心三家联合举办。

同日，北汽新能源2015年（首届）全球价值链大会暨“卫蓝事业计划2.0”主题大会在北京举行。本届大会以“创新、互联、整合、共赢”为主题，与来自全球的千名全作伙伴一起回顾新变化、展望新趋势、谋划新发展。会上，北汽新能源正式发布的“卫蓝事业计划2.0”和充电业务战略成为与会嘉宾关注的焦点。

1月26日， 2015中国首届电动汽车购车节开幕，此次活动由专业电动汽车网站电动邦主办，新浪汽车等媒体、电商平台联合支持，主要面向北京、上海、广州、深圳的用户，通过线上交付定金、线下提车、提供贴身购车服务等形式，实实在在为购买电动汽车的用户带来优惠与周全的服务。北汽新能源、比亚迪、上汽荣威、腾势、宝马等多家企业携11款电动汽车参与抢购。

## 2月

2月3日，中国汽车摩托车检测认证联盟在北京中国科技会堂召开成立发布会。中国汽车摩托车检测认证联盟是由中国机械工业联合会倡导发起，由行业中从事汽车、摩托车及其零部件产品检测、认证的第三方机构及相关单位自愿组成的行业性、非营利性的工作组织。目前，联盟共有32家理事单位、1家观察员单位。中国汽车摩托车检测认证联盟的成立，旨在实现整合资源，集中优势。

2月4日，《北京市进一步促进老旧机动车淘汰更新方案（2015～2016年）》（简称《更新方案》）正式发布，这是北京市实施老旧机动车淘汰政策的第三阶段。从补贴额度来看，受益最大的就是商用车，尤其是重型载货车及大型客车。

2 月 11 日，由北京市新能源汽车中心和北京新能源汽车产业协会主办的新能源汽车“充电体验之旅”在亚运村汽车交易市场启动。一支由北汽、比亚迪、江淮、上汽、腾势、东风日产、长安、奇瑞组成的 8 个品牌 25 辆纯电动车队，带领着用户、车企、媒体等对北京建设并完成调试的典型充电设施进行体验。

2 月 14 日，滴滴打车与快的打车联合发布声明称实现战略合并。双方表示，新公司实施联合 CEO 制度，滴滴打车 CEO 程维及快的打车 CEO 吕传伟同时担任联合 CEO。两家公司在人员架构上保持不变，业务继续平等发展，并将保留各自的品牌和业务独立性。

2 月 15 日，广东省环境保护厅发布《关于广东省提前执行第五阶段国家机动车大气污染物排放标准的通告》，要求自 2015 年 3 月 1 日起，在珠三角地区实施轻型汽油国五标准。新规实施后，办理新车注册登记、外地转入的变更登记和转移登记不符合国五标准的汽车，交管部门不予办理登记手续。

2 月 26 日，交通运输部在其官网上公布了《汽车维修技术信息公开实施管理办法》(征求意见稿)。《管理办法》最大的变化是对汽车维修技术信息公开时间进行推迟，其中新车给予 6 个月缓冲期。《管理办法》是推动《指导意见》有效落地的第一个实施细则。

## 3 月

3 月 7 日，中国国际汽车用品展览会（CIAACE）在北京国际展览中心举办。本届展会有 16 个场馆，8 大产品分区，展览面积共计 25 万平方米。来自美国、德国、日本、韩国、以色列、中国台湾等国家和地区的 6000 多家汽车服务器生产商参展。

3 月 10 日，由中国汽车工业协会召集的“2015 年汽车界两会代表、委员座谈会”在京召开。全国政协副主席、科技部部长万钢，中国电动汽车百人会理事长陈清泰、中国机械工业联合会会长王瑞祥，及 20 多位两会代表、委员、部委领导出席。会上，代表、委员围绕“新能源汽车发展、汽车节能目标与路径及汽车产品管理”的主题踊跃发言，万钢听取发言并做了重要讲话。

3 月 12 日，上汽集团与阿里集团共同宣布，合资设立 10 亿元的“互联网汽车基金”。双方以资本为纽带，连接各自优势资源，共同打造“跑在互联网上的汽车”(Car on the Intemet)。“互联网汽车基金”主要用于推进互联网汽车的开发和运营平台建设，其开放式的资本平台，吸纳着更多参与者。

3 月 13 日，二手车交易平台——车易拍，在北京 798 艺术区举行了“易进化”的新闻发布会，联手互联金融企业人人分期，推出针对直接消费者的“268 元用车计划”。同时高调宣布挺进 C 端，实现战略转型。车易拍平台从原来只服务于车商的 B2B、C2B 模式，向同时为车商和终端消费者提供服务转变。

3 月 17 日，中国客车业首个 NGO 组织——中国客车精英沙龙在北京正式宣布成立。来自宇通、艾里逊、安洁利德等龙头客车企业及零部件企业代表，与来自《中国汽车报》、《中国交通报》、《中国工业报》等行业主流媒体的代表，及其行业知名专家等 17 人共同见证了沙龙的成立。精英沙龙是一个由客车行业知名专家、行业资深从业人员及行业主流媒体代表共同组成的联谊沙龙，致力于成为中国客车行业更好更快发展的重要推动力量。精英沙龙是一个具有公益属性的民间组织，成员加入和退出完全自愿，且不采用会员制，也不常设组织机构。目的就是“实实在在地为推动行业健康发展做点事”。

3 月 18 日，交通部发布了《关于加快推进新能源汽车在交通运输行业推广应用的实施意见》。明确到 2020 年，新能源汽车在城市公交、出租汽车和城市物流配送等领域的总量将达到 30 万辆。

同日，福建省物价局公布了《福建省财政厅关于核定低速电动车牌证工本费及安全技术检验收费问题的复函》，规定低速电动车牌证工本费和安全技术检验收费参照汽车牌证工本费及机动车安全技术检验费收费标准执行。今后低速电动车将获得合法牌照，并可以在福建省内范围上路行驶。这是我国首个在全省范围实施低速电动车上牌的政策。

同日，二手车电商平台 - 优信拍对外宣布成功获得由百度领投，KKR、Coatue 等投资机构跟投的 1.7 亿美元新一轮投资。优信拍官方表示，这一轮融资的核心目的是为了进军二手车 B2C 领域。

3 月 18 至 19 日，“2015 年中国新能源汽车推广应用高峰论坛”在江苏省盐城市举行，论坛以“聚焦商业化瓶颈、推动市场化转型”为主题。参会代表围绕新能源汽车前沿技术、政策环境、商业模式、运营安全、充换电设施等我国新能源汽车推广应用中涉及的主要问题进行深入研讨。

3月22日，戴姆勒与北汽集团签署协议，双方将合作扩展至在华汽车金融服务领域。依照协议，北京汽车以增资方式参股戴姆勒大中华区投资有限公司旗下子公司梅赛德斯-奔驰租赁有限公司（MBLC），持股比例为35%。戴姆勒在MBLC的持股比例为65%。

3月23日，北京汽车与乐视控股在香港正式签订战略合作协议，旨在将北京汽车在汽车方面研发制造的经验和能力，与乐视控股在互联网技术与理念、软硬件一体化的能力、用户运营与价值挖掘能力相结合，共同打造互联网智能汽车生态系统。

同日，富士康科技集团、腾讯及和谐汽车三方在河南郑州签订《关于“互联网+智能电动车”的战略合作框架协议》，展开“互联网+智能电动车”领域的创新合作。此项合作，腾讯负责提供互联网开放平台，富士康聚焦高科技移动终端与智能电动车整合的设计与生产制造技术，和谐汽车的作用突出表现在高端汽车营销及服务领域的积累。

3月29日，“图雅诺杯”——2015（第七届）福田奥铃中国勒芒轻卡耐力赛在北京启动。此赛事由中国汽车联合会主办、江苏省汽车摩托车运动联合会承办。这是原福田奥铃事业本部与原福田商务汽车事业本部整合为福田轻型商用车事业本部（LCV）之后的第一次集中亮相。本届勒芒赛最大看点是首次整合亮相的福田轻型商用车。

3月31日，工信部在网站公示《2014年度乘用车企业平均燃料消耗量情况》。此次公示是按照《乘用车企业平均燃料消耗量核算办法》（公告2013年第15号）和《关于加强乘用车企业平均燃料消耗量管理的通知》（工信部联装［2014］432号）要求，将企业递交的2014年企业平均燃料消耗量执行情况年度报告、企业平均燃料消耗量改善计划承诺书递交情况进行公示。

## 4月

4月2日，“建立平行进口汽车市场售后服务系统研讨会”在天津举办。会议由中国汽车流通协会有形汽车市场分会和电商与车联网分会主办，天津滨海盛世汽车园承办。来自全国各地的有形汽车市场、汽车维修企业、平行进口汽车进口商和经销商、汽车零配件供应商、汽车品牌经销商、相关网站、汽车售后服务机构、相关媒体以及行业协会的专家、相关政府部门等关注平行进口汽车市场的人士160余人参加了会议。与会者围绕着如何建立平行进口汽车的售后服务系统进行了深入研究和交流。

4月9日，“2015中国汽车产业数据研究峰会”在天津举行。本次峰会由中国汽车技术研究中心、天津港保税区管理委员会、天津空港经济区管理委员会和中国汽车流通协会共同举办，旨在顺应当前经济发展新形势，适时打造汽车产业“互联网+”交流平台。

4月13日，汽车共享租车平台宝驾租车宣布，“羽泉”组合成员胡海泉成为公司的投资人和形象代言人。这是国内第一家启动明星代言人的汽车共享租车平台，胡海泉也成为国内第一位代言并投资同一家公司的娱乐明星。

4月14日，北京北辰亚运村汽车交易市场中心（以下简称“亚市”）举行了平行进口车经销商与中国人保财险公司签订三包服务协议签约仪式。自此，亚市成为自贸区之外第一家全面提供平行进口车售后三包服务的汽车交易市场。

4月17日，在美国总统贸易代表团的见证下，康明斯与广州第一巴士有限公司在中国广州美国领事馆签署了战略合作备忘录，旨在加强清洁天然气发动机在广州及中国南方地区的应用和推广。此次签约后，广州第一巴士新增60辆配装康明斯天然气发动机的公交车。

4月20日，2014～2015中国汽车年度人物暨全明星阵容颁奖盛典在上海举行。本届活动以“创新驱动发展，自主引领未来”为主题，由《中国汽车报》社主办，天津天海同步集团有限公司独家协办。中国汽车咨询委员会副主任安庆衡、清华大学汽车产业与技术战略研究院院长赵福全、中国齿轮专业协会秘书长李盛其等行业领导与嘉宾出席活动。

4月21日，全球商用车行业制动系统供应商克诺尔在上海车展召开新闻发布会，展示了欧洲最新批量使用的盘式制动器SM7。据介绍，该产品实际使用制动力矩达3万N•m，是目前质量最轻、性能最优的产品。

4月21日至23日，“2015中国汽车论坛”在上海召开。此次论坛以“新常态、新思维、新视野——经济常态下的中国汽车产业”为主题，由中国汽车工业协会主办、世界汽车组织（OICA）支持。论坛聚集国内外汽车领域著名专家、学者，以及各大汽车企业负责人，就经济常态下的中国汽车产业发展展开论道。

4 月 22 日，中国汽车人才研究会携手中国汽车技术研究中心开启的首个电动汽车人才培训项目——“2015 国际电动汽车测试开发人员高级培训班”在国内唯一的电动汽车国际示范区上海嘉定区成功举办。本次培训班聚焦电动汽车测试开发，共邀请八位国内电动汽车测试和开发领域行业专家，围绕电动汽车及关键部件的测试评价与开发技术进行深入探讨，以主题演讲、现场互动的方式，从电动汽车技术现状及趋势、产品准入条件及流程、整车开发和匹配、电池电机系统测试标准要求、充电基础设施标准要求以及电驱动系统电磁兼容性能测试评价等研发技术人员重点关注的领域进行详细解析，以此提升电动汽车测试开发人员的技术水平，为电动汽车行业的规范化健康发展和人才培养助推添力。

4 月 23 日，江苏省物价局通过其官方网站公布了对奔驰汽车垄断案所做的行政处罚结果。依据《反垄断法》第四十六条、第四十九条规定，江苏省物价局对奔驰公司处以上一年度市场销售额 7% 的罚款，计 3.5 亿元，对在奔驰公司组织下达成并实施垄断协议的南京、无锡、苏州三地奔驰经销商，处以上一年度市场销售额 1% 的罚款，共计 786.9 万元。这是继奥迪、克莱斯勒后，又一家车企违反《反垄断法》被罚，也是国内对汽车企业最大的一笔反垄断罚款。

4 月 23 至 24 日，中国汽车工程学会在上海举办了第七届国际汽车变速器及驱动技术研讨会。在这届研讨会上，来自国内外汽车行业的诸多企业家和专家深入讨论了节能环保对汽车变速器及驱动技术发展的深入影响，最后达成共识：节能环保正在激发汽车变速器及驱动技术潜力。

4 月 24 日，辽宁省朝阳市正式通过《朝阳市新能源低速四轮电动车管理办法（试行）》，成为 2015 年继福建、成都和山西大同等地之后，又一个解禁低速电动车上路上牌的城市。

4 月 27 日，上汽车享拍 AICS 钟磊总经理到中国汽车流通协会与罗磊副秘书长进行了“行”认证签约仪式。会上，罗磊副秘书长指出：“行”认证有条不紊的推行，其目的就是为了让二手车交易更安全、让“行”认证与二手车的交易更接地气，让更多有保障的服务体系可以与“行”认证有机结合在一起而更好地服务于广大二手车消费者。而此次上汽车享拍 AICS 的加入，更进一步加强了从生产企业层面对国标“行”认证的推广工作，同时其在上海市也是首家独立授权机构，车享拍的加入能为上海这样一线城市的二手车消费者提供更多放心、优质的服务。

4 月 28 日，中国汽车流通协会在北京组织召开了《平行进口汽车市场售后服务规范》（送审稿）的审查会议。会议审查委员会听取了标准起草组关于标准编制工作的汇报后，对标准的内容进行了全面审查，与会专家依次从各自的专业角度对《平行进口汽车市场售后服务规范》（以下简称《规范》）中不完善之处提出了建设性的意见和建议，并进行了热烈讨论。

4 月 28 日，陕西汽车控股集团有限公司、厦门金龙汽车集团股份有限公司、金龙联合汽车工业（苏州）有限公司三方，在陕西省西安市合资组建西安金龙汽车有限公司，致力于客车整车、汽车底盘及汽车零部件的设计、开发、生产、销售和售后服务及自营进出口。三方共同出资 15 亿元，旨在将西安金龙打造成西北地区最大的新能源客车生产基地。

4 月 29 日，国内首例采用完整人体样本进行的静态气囊点爆试验在位于重庆市的中国人民解放军交通医学研究所碰撞实验室成功实施。此次试验是针对臀部气囊概念的研究与验证，以检测这种超前设计的气囊在主动推动驾乘人员的过程中，对人体骨骼、脏器等造成的操作程度。

## 5 月

5 月 5 日，浙江亚太机电股份有限公司（简称“亚太股份”）与深圳前向启创数码技术有限公司（简称“前向启创”）签订了《投资意向协议》，亚太股份拟以增资方式参股投资人民币 2790 万元取得本次增资扩股后前向启创 15% 的股权。届时，亚太股份成功迈出无人驾驶布局的关键一步，后续将完成无人驾驶的产业链布局。

5 月 6 日，中国电动汽车百人会（以下简称“百人会”）在北京召开课题研究媒体通气会。面对与会的三十余家主流媒体，百人会介绍了目前正在进行的六大课题研究工作，分别为：电动汽车的技术路线、公交车电动化应用趋势研究、出租车领域如何推动电动化、充电基础设施建设、为发展电动汽车提供“政策工具包”及“互联网 + 汽车”。在互联网与电动汽车两者结合方面进行的研究，力求为“车不能联网、路不能联车”所造成的资源浪费找到解决方法，从而打破边界、实现兼容。同时，逐步实现由研究平台向数据平台进行转变，成为中国电动汽车行业进入关键“拐点”的推动力量。

同日，嘀嗒拼车CEO宋中杰宣布，该公司已完成C轮融资，本轮融资由崇德投资领投，挚信资本、易车网、IDG等跟投，规模达到1亿美元，为当前拼车行业的最大规模。

5月7日，北京市发改委发布《关于本市电动汽车充电服务收费有关问题的通知》，主要有两项内容：第一，6月1日起电动汽车充电可以在电费外额外收服务费；第二，对充电服务费限定最高限额。通知中还明确，自2020年1月1日以后，充电服务收费实行市场调节价，而居民自用充电设施将不执行这一收费标准。

同日，“2015第十六届国际天然气汽车、加气站设备展览会”在中国国际展览中心（新馆）开幕。来自全球30多个国家和地区的600多家企业参展，展出面积达9万平方米。展品包括天然气汽车、天然气汽车零部件、燃料转换系统、加气站设备、净化设备、控制元器件等。

同日，一汽集团召开中层以上管理人员大会，中共中央组织部干部五局局长毛定之宣布了党中央、国务院关于中国第一汽车集团公司主要领导变动的决定：徐平同志任中国第一汽车集团公司董事长、党委书记。董事长职务的任免，按有关法律和章程办理。

5月8日，由中国汽车流通协会组织的全国省、市二手车流通协（商）会第一次工作会议在郑州圆满召开。来自全国22个省市流通协（商）会的50余位代表参加此次会议。中国汽车流通协会秘书长肖政三参会并发言。参会人员结合各地方的流通行业发展状况、开展工作遇到的问题及未来行业发展方向、建立全国省市协(商)会联动机制等议题进行了探讨，分享、交流了各地协会的工作经验。

同日，2015“丝绸之路中国越野拉力赛”推介暨启动仪式在北京举行。国家体育总局汽车摩托车运动管理中心副主任、中国汽车运动联合会副主席、中国摩托运动协会副主席林洁，信中利资本集团董事长等近150人出席了会议。本届赛事于2015年8月30日正式开赛，从西安大明宫发车，途径陕西、甘肃、内蒙古等省市自治区，总行程近6000余公里，包含十余个特殊赛段，最后在丝绸之路古城敦煌收车，共需14天。

5月10日，长安福特杯·2015（第十届）中国高校汽车联盟校园行活动暨中国高校汽车辩论赛（华东区）在浙江大学全面启动。该活动由长安福特汽车有限公司、汽车族杂志社和中国高校汽车联盟共同主办，这已是《汽车族》杂志连续十年主办该活动。华东理工大学代表队战胜了同济大学代表队，成功拿到华东赛区的冠军，同时将会代表华东赛区进军全国八强赛。

5月11日，“2015北京国际道路运输、城市公交车辆及零部件展览会”在京开幕。本会为期3天，参展的整车企业有宇通客车、安凯客车、黄海客车、少林客车等。面积最大的展台是金龙集团，约有3800平方米，面积最小的展台也有100平方米。

5月12日至13日，“2015中国汽车保险发展论坛”在北京召开。论坛由清华大学经济管理学院中国保险与风险管理研究中心主办，上海士研广告传媒有限公司承办。会上，车险行业的相关从业者聚集在一起共同探讨大数据时代车险的变革与创新。

5月13日至18日，“第十四届青岛国际汽车展览会”在青岛国际会展中心举行。展会以“绿色，未来之路”为展示主题，吸引了全球近千家汽车厂参展，奔驰、宝马、大众、丰田等众多汽车业巨头携最新车型亮相，中国自主品牌比亚迪、北京汽车等新能源汽车备受关注。在本届青岛车展上，进口品牌、合资品牌与自主品牌都展示了自己的最新产品。

5月14日，国家质检总局发布召回公告称，天津一汽丰田汽车有限公司决定自6月12日起，召回2004年1月1日至2007年3月31日生产的威驰、花冠汽车，共计30.27万辆。

5月15日，中国汽车流通业有形市场发展论坛暨2015中国汽车流通协会有形市场商会年会在北京召开。年会上，原先的“中国汽车流通协会有形汽车市场分会”在通过会员表决后正式更名为“中国汽车流通协会有形市场商会”，同时与汽车有形市场的各方力量展开了深度的战略合作。

同日，世界500强物产元通集团旗下元通二手车与全球领先的创新科技企业Uber（优步）浙江签署战略合作协议。元通二手车总经理孙中平先生、优步杭州总经理汪莹女士出席签约仪式，并代表双方正式签约。双方已经就初步对Uber（优步）浙江车主买车、卖车、置换、金融按揭的一站式服务的推出达成一致，同时元通也将正式加入优步“U 智青年”计划。本次元通二手车与优步签署战略合作协议，标志着元通二手车成为优步在浙江首家、全省范围内合作的品牌二手车经销战略合作伙伴。双方充分发挥各自专业领域的优势、资源共享、强强联手，积极打造“互联网＋汽车＋金融＋社交”的商业模式。

同日，二手车电商平台——车易拍在上海开往韩国济州岛的邮轮上举办了年度盛典，来自全国 15 个城市的 300 余位汽车经销商集团代表参加了此次盛典。年会上，车易拍宣布斥资 1 亿元全面将去年 4 月建立的易置换联盟升级至 2.0 版本，意在为联盟内经销商成员升级服务的同时，更助力联盟成员盈利能力的提升。

5 月 18 日上午，财政部、国家税务总局、工业和信息化部联合发布《关于节约能源，使用新能源车船车船税优惠政策的通知》。《通知》表示，对节约能源车船，减半征收车船税；对使用新能源车船，免征车船税。免征车船税的新能源汽车是指纯电动商用车、插电式（含增程式）混合动力汽车、燃料电池商用车。纯电动乘用车和燃料电池乘用车不属于车船税征税范围，对其不征车船税。

5 月 22 日，《汽车售后服务规范》四项国家标准启动会在北京西郊宾馆召开。国家标准委服务业标准部段炼主任指出，提升汽车售后服务的质量、增强服务功能是汽车市场发展的关键环节。对于四项标准的建立形成，需要系统筹划，组建合理的起草队伍、抓好研制质量、加强起草过程的跟踪与指导。中国标准化研究院王宗龄书记提出，标准起草单位应高度重视标准制定的重要意义、调研工作中要征求消费者及组织的意见，确保标准的预期成效。标准制定过程中，要秉着公平公正的原则，针对行业内普遍存在的问题和现状构建合理的可实施应用的编制体系。强调中国汽车流通协会和中国标准化研究院发挥各自作用共同做好标准起草的带头工作，起草过程中会积极调研，公开透明地征求意见。

5 月 24 日，“图雅诺杯”2015（第七届）中国勒芒轻卡耐力赛北部大区决赛在古都西安拉开战幕，来自北部大区的 17 家大型物流公司直接组队角逐于 2015 年 11 月在上海举行的全国总决赛名额。最终，经过近 3 个小时的比赛，来自陕西的胜途物流爱驿站车队勇夺北部大区冠军。

5 月 25 日，浙江温州红旭集团经过中国汽车流通协会“行”认证办公室的系列严格考核，终于取得了“行”认证授权服务机构的准入资格，正式成为“行”认证浙江区域新成员。此次浙江温州红旭集团加入“行”认证使浙江省范围内的“行”认证授权机构达到四家，其他三家分别是：浙江元通二手车，宁波途众二手车鉴定评估有限公司，浙江方林二手车。

5 月 27 日，一场名为“探索的春天”的首届北京新能源汽车租赁论坛在北京汽车博物馆举行。论坛由北京市新能源汽车发展促进中心联合 10 余家单位发起，吸引了包括新能源汽车租赁运营企业、充电设施建设及运营企业、租车平台与技术开发单位、新能源整车企业，以及相关行业组织约百余位人士参加。通过对新能源汽车租赁模式及市场前景、国内外新能源汽车租赁发展比较、新能源汽车租赁平台模式推广等一系列热点问题的探讨，与会代表一致认为：新能源汽车租赁需要高效示范引领，需要创新消费观念，需要探索租赁新模式，需要政策倾斜，需要行业内的互促互利、共同发展，更需要舆论的支持。

同日，天津市商务委员会等五部门联合签发《中国（天津）自由贸易试验区开展平行进口汽车试点实施方案》，天津市平行进口汽车试点工作正式启动。至此，天津成为继上海和深圳之后的第三座试点城市。

5 月 28 日，中国汽车流通协会在温州举行了以“拥抱变革，跨界共赢”为主题的“2014 年度中国汽车流通行业经销商集团百强报告发布会”。本届百强发布会是以一种自我审视、解析、分离、论道的方式，传递出行业急于由大变强、转型求变的呼声。百强榜作为检验中国汽车流通行业年度“发育”情况的指标，从过去、现在、未来三个维度，整体规模、百强结构、行业集中度、业务结构、盈利能力、盈利潜力、运作风险、社会价值八个方面，对 2014 年百强经销商的整体运营情况作了剖析，并诠释出数字背后所蕴含的强方能胜的道理。

5 月 29 日，北京新能源汽车产业协会二届二次会员大会暨理事会在北京理工大学召开。此次大会得到了工信部、北京市政府及北京市各委办局等部门的全力支持，北京工业大学、北京航空航天大学、大洋电机新动力科技有限公司、比亚迪汽车销售有限公司、奇瑞汽车北京销售公司等百余家会员单位积极参与。北京新源汽车产业协会是国内首个新能源汽车产业专业协会。

## 6月

6月1日，中韩两国政府正式签署中韩自由贸易协定。商务部相关负责人表示，这是中国迄今为止涉及国别贸易额最大、领域范围最为全面的自贸协定。自贸协定签定后，韩国对中国出口增加的部分主要是汽车零部件、精细化工、电子元器件等，这其中就包括目前电动汽车必不可少的动力锂电池。

同日，北京纯电动汽车不限行政策正式执行。根据政策，北京核发号牌的纯电动小客车，将不受工作日高峰时段区域限行措施限制。政策中的车辆也包括了进口纯电动小客车，至此，进口电动车也终于可以享受新能源汽车利好政策了。

同日，捷豹路虎中国和奇瑞捷豹路虎共同任命毕少朴为联合市场销售与服务机构总裁，同时任命胡俊为常务副总裁。二人将共同管理联合市场销售与服务机构，负责捷豹品牌、路虎品牌和奇瑞捷豹路虎合资自主品牌营销和服务。

同日，滴滴快的宣布正式推出定位于“共享出行”的拼车产品—滴滴顺风车。从即日起，北京、上海、广州、深圳、杭州等全国26个城市的用户，在本月内陆续通过滴滴打车APP内嵌的“顺风车”，找到愿意顺路搭乘的车主。“顺风车”是滴滴快的两公司合并后，继“便捷出行”的快车后推出的第二款产品。

6月4日，国家发改委、工信部联合发布《新建纯电动乘用车企业管理规定》，并明确自7月10日起实施。规定明确，新建企业投资项目的投资总额和生产规模将不受《汽车产业发展政策》有关最低要求限制，由投资主体自行决定。新建企业生产的纯电动乘用车产品应使用该企业拥有所有权的注册商标和品牌，具有纯电动乘用车产品从概念设计、系统和结构设计到样车研制、试验、定型的完整研发经历。

6月9日，工信部发布《汽车有害物质和可回收利用率管理要求》（以下简称《要求》）的公告，提出自2016年1月1日起，对总座位数不超过九座的载客车辆（M1类）有害物质使用和回收利用实施管理。要求汽车生产企业作为有害物质控制责任主体，积极开展生态设计，遵循易拆解、易回收的设计原则，从源头管控有害物质使用。《要求》强调，在汽车全产业链实施有害物质管控，这为我国汽车产品绿色制造提供了制度保障。

6月11日，广州市商务委、自贸区南沙片区管委会联合发布了关于在中国（广东）自由贸易试验区广州南沙新区片区开展汽车平行进口试点的通知。届时市民可以在南沙买到平行进口汽车，价格或比目前进口车便宜两成。平行进口汽车计划在7月底前落地。

6月11至14日，2015年全国职业院校技能大赛中职组“北京现代杯”汽车营销赛项的决赛，在苏州市建设交通高等职业技术学校举行。通过层层选拔，来自全国34个省、市、自治区及计划单列市的64所院校128名选手参赛。全国职业院校技能大赛由教育部等30多个部委主办。

6月15日，以“绿色环保，安全出行”为主题的首届“6•15中国绿色轮胎安全周”在大连启动，并与上海同时展开为期一周的绿色轮胎安全宣传活动。同期在大连还举办了“2015全球轮胎技术论坛”。

6月16日，国家质检总局办公厅发布“汽车售后服务质量提升”行动通知。其中共突出了10项重点，主要涉及开展汽车售后服务质量测评、实施汽车今后服务质量对比提升、探索推行汽车“三包”责任险、构建汽车售后服务领域“互联网+”模式等内容。

同日，2015第二届环青海湖(国际)电动汽车挑战赛在西宁国际会展中心拉开帷幕。本届电动汽车挑战赛的比赛线路延伸到了门源、祁连两县。此项赛事为期三天，具有较高的参与度、关注度和观赏性。

6月17日，中澳正式签署《中华人民共和国政府和澳大利亚政府自由贸易协定》。根据协定，澳方锂离子电池现行进口税率为5%，协定生效之日起即降为零，这也为中国电池企业进军澳大利亚提供了契机。

同日，国家发改委公示了第二批国家节能产品惠民工程节能环保汽车推广目录，其中19家车企共计110款车型入选。

同日，第三届“中国汽车高新技术发展国际论坛“（AUTOTEC 2015）在中国科技会堂开幕。该论坛由中国汽车技术研究中心（简称”中汽中心“）主办，北京卡达克汽车技术开发有限责任公司承办。论坛前一天，由中汽中心发起、筹建的中国汽车科技创新委员会（AUTOTEC委员会），召开了首次理事会研讨会。会议推举中心主任赵航为首任理事长。理事会通过了委员会章程，确定委员会的宗旨为：依托汽车技术交流、推广和应用的行业平台，打造汽车技术全新生态圈，推动安全、环保、智能汽车技术的加速应用。

6 月 24 日至 26 日，由中国汽车流通协会主办的首届二手车行业大会在陕西西安举行。会议以“大势趋 新万象”为主题，来自政府、经济学界、全国二手车交易市场、二手车商、主机厂二手车、经销商集团二手车、二手车电商、二手车服务商、二手车金融、二手车投融资等部门、行业近 800 名嘉宾参会。大会采取主论坛和分论坛结合的形式，并举办了全国首届品牌认证二手车联合展销会。主论坛锁定二手车领域的焦点、热点、难点，有效整合资源，实现政策、法规、市场、消费与服务等各链条间的有机互动。二手车投融资、二手车电商、二手车金融、二手车经营模式等几大分论坛围绕互联网 +、一带一路等带来的新机遇、新挑战这些行业最热门问题进行探讨。二手车展销会，给参会的各经营主体搭建了一个交流洽谈及合作的平台。同时，大会首发《2015 年中国二手车经销商生存状况调查报告》，多维度解读国内二手车发展现状，展示 2014 ～ 2015 中国二手车市场的最新发展变化和未来的走势特征。这是国内首届二手车行业大会，中国汽车流通协会已确定将其固态化，每年举办一次，并努力将其打造成行业最具影响力的盛会。

6 月 25 日，由中国汽车技术研究中心主办的“2015 中国汽车生态设计国际论坛”在北京国家会议中心举行，《中国生态汽车评价规程》（C-ECAP）也于同期正式发布。本届论坛以“汽车产业生态转型趋势”为主题，来自国内外的政府、行业和企业领导、专家就汽车产品生态设计及汽车业的转型升级进行了深入探讨。

6 月 26 日，中国首家电动汽车超市——联合电动汽车超市在北京卓展购物中心正式开业。联合电动是互动新能量（北京）电动科技发展有限公司打造的一个电动汽车跨界运营平台，其旗下融合了电动汽车销售、电动汽车分时租赁、充电桩智能化管理和运营等业务领域，可以通过各板块业务的有效互动和资源整合，为电动汽车上下游厂商以及消费者提供市场开发、推广、服务和衍生产品开发等多元化解决方案。

6 月 26 日至 7 月 1 日，“2015 沈阳国际汽车工业博览会”（以下简称“沈阳汽博会”）在沈阳新国际会展中心举行。本届沈阳汽博会有来自 17 个国家和地区的 210 家中外展商参展，展会规模达 18 万平方米，展出车型 1521 辆。经过连续 6 天的现场展示和交易，累计成交及预订车辆 8706 辆，意向成交金额近 25.2 亿元人民币。车展期间百余家新闻媒体的近千名记者到现场采访报道，观众达 50.3 万人次。

6 月 29 日，互联网代驾信息服务平台 e 代驾联合互联网保险公司众安保险，在北京发布了专门针对代驾司机的人身意外险种—e 代驾平台司机意外险。e 代驾同时宣布，将旗下平台投保的代驾责任险最高额从 200 万元提升至 1000 万元。

6 月 30 日，滴滴宣布将用车服务延伸至公务车市场。滴滴公司联合创始人吴睿表示，滴滴快的将在现有的“滴滴企业版”基础上，根据不同地方政府机关的用车特性，进行个性化订制和功能更改，推出更适合政府机关公务用车的“滴滴政府版”。

## 7 月

7 月 1 日起，《上海市电动汽车充电设施建设管理暂行规定》将开始实施。根据规定，新建住宅小区、交通枢纽等相关停车场应按照不低于总停车位 10% 的比例预留充电设施安装条件。未来上海新建小区每 10 个停车位中，将至少有一个充电设施。

7 月 2 日，由深圳充电网科技有限公司（以下简称“充电网”）发起的“驭电先行 • 共建生态——电动车后服务市场专家论坛暨充电网产品发布会”在京召开。会上，充电网发布了其电动汽车公共场合充电行业解决方案、个人充电产品（PMC 便携充电器）及用户承载平台“充电网 APP3.0”。

7 月 3 日，在北京市发改委、科委、经信委、交通委、环保局的共同见证下，北汽新能源与北京石油签订战略合作协议，双方合作开展新技术、新产业在企业生产和管理的应用。此次与中国石化北京石油合作利用加油站场地资源建设换电站，是北汽新能源在新能源汽车领域的又一重大模式创新，不但解决了换电设施建设场地资源问题，同时通过为出租车提供换电服务，大大提高出租车的运营效率，使北京电动出租车成为最大受益者。

7 月 10 日，我国《新建纯电动乘用车企业管理规定》正式开始实施。该政策打开了进入新能源汽车产业的大门。从政策制定的目的来讲，该政策摒弃了行业界限，以动员市场最优科研力量参与电动汽车产业竞争为目的，把中国电动汽车打造成为具有较强竞争力的优势产业。7月14日，美国国际贸易委员会公布对原产于中国的乘用车和轻型卡车轮胎反倾销反补贴调查损害终裁的投票结果，6名委员以3：3的投票结果裁定中国输美产品对美国内产业造成实质性损害。这意味着，在2009年美国“轮胎特保案”之后，美国政府再次针对中国汽车轮胎征收惩罚性“双反”税。

7月14日，人保财险与亚运村汽车交易市场(以下简称“亚市”)及润东集团签署平行进口车三包保险服务框架协议。润东集团入驻亚市开卖平行进口车，并承诺其所售平行进口车都将带有三包险。至此，润东集团成为全国第一家全面落实平行进口车三包险的经销商集团。

7月16日，北汽新能源、青岛特来电、冀东物贸三家企业代表，在北京签署了充电合资公司合作协议，这标志着中国第一家充电合资公司正式成立。其中，青岛特来电出资占比85%，北汽新能源占比10%，冀东物贸占比5%。此次三方合资旨在集合各自优势，针对充电难题提供一揽子解决方案，快速完成充电网络建设，提升建桩服务生产力。同时，新能源车企、经销商和充电运营商三方联合，有利于打通产品和消费者的使用障碍，形成“以车为中心，车和桩互动”的模式。

同日，广汽菲亚特克莱斯勒销售有限公司在上海举行成立发布会，宣布将Jeep、菲亚特、克莱斯勒三大品牌所有进口和国产车型的销售权揽入囊中，涵盖产品规划、市场推广、销售管理、售后服务、网络开发等业务。以广汽菲亚特克莱斯勒汽车销售有限公司总经理郑杰、广汽菲亚特克莱斯勒汽车销售有限公司执行副总经理陈道宏为主的销售团队首次公开亮相。广汽菲克销售公司启用职业经理人团队，郑杰成为首位执掌跨国汽车企业在华业务的中国本土职业经理人。公司人事也不同于合资公司流行的派遣模式，新合资销售公司将全权掌握副总以下人员的管理权。

7月17日，平行进口车电商网站海淘车网在北京召开战略合作发布会，宣布与天津天保国际物流集团、天津英莲帮实业公司达成三方战略合作联盟，共同联手拓展平行进口车电子商务业务。

7月21日，交通运输部与国家发改委联合下发《关于开展多式联运示范工程的通知》，开展多式联运示范工程。示范工程确定后，由交通运输企业负责具体实施，推广应用快速转运装备技术，探索创新多式联运组织模式。

同日，国机汽车发布公告，拟以不低于29.99元/股的价格非公开发行不超过1.07亿股，募集资金不超过32亿元。本次募集资金分别投入汽车融资租赁、汽车租赁、高性能汽车配件及服务互联网拓展、福特汽车进口配套系统建设等汽车后市场项目。

7月22日，国家质检总局发布召回公告，奇瑞汽车股份有限公司、安徽江淮汽车股份有限公司、东风柳州汽车有限公司和广汽长丰汽车股份有限公司根据《缺陷汽车产品召回管理条例》的要求，向国家质检总局备案了召回计划。其中包括：奇瑞汽车股份有限公司2005年7月至2013年12月期间生产的部分A5、瑞虎、瑞麒G5、瑞麒G6汽车；安徽江淮汽车股份有限公司2007年11月至2013年6月期间生产的部分宾悦、同悦、瑞鹰、和悦汽车；东风柳州汽车有限公司2007年3月5日至2011年5月25日期间生产的景逸1.8L汽车；广汽长丰汽车股份有限公司2007年7月25日至2009年12月31日期间生产的部分骐菱汽车，四家车企共计召回527245辆汽车。

同日，由中国汽车工程学会牵头发起的“中国汽车文化产业与运动协同组织”成立大会在北京召开，发起成员单位包括华夏幸福基业股份有限公司、北京汽车博物馆、上海汽车博物馆、山东荣和国际赛车场、北京理工大学和上海力盛赛车文化股份有限公司等汽车研发、制造、改装、文化及运动产业链上相关企业及机构。

7月24日，“2015第六届中国自主品牌汽车博览会”在北京国家会议中心召开。展会以“绿动科技 智享未来”为主题，由中国机械工业联合会和中国欧洲经流畅技术合作协会联合举办，北汽、长安、广汽、江淮、华晨等10余家国内主流自主品牌汽车企业，携120余款车型及多项最新科技成果亮相。其中，小排量车型占参展汽车总量的40%，新能源汽车占20%。展会融入了自主品牌汽车在新能源领域的创新理念和智能化技术优势，让观众更深层地了解并认可自主品牌汽车。

7月24日至8月2日，“2015北京新能源汽车促销季”举办。本次活动由北京市商务委员会、北京市科学技术委员会、北京市发展与改革委员会共同主办，目的为宣传普及新能源汽车相关知识，促进新能源汽车销售。本次活动在位于北京南四环路的北京汽车博物馆和位于北五环路的北京北辰亚运村汽车交易市场同步展开，汇集了拥有新能源汽车的所有厂商，包括目前在京获得市场销售资格的全部9个品牌的电动车，方便市民一站式了解新能源汽车政策、知识及观展、体验、购车。

7月27日，中国汽车报首届新能源车型试驾评选活动在京圆满落幕。本次参与评选车型包括北汽EV200、腾势、江淮iEv5、特斯拉Model S 85D、宝马之诺1E、长安逸动等多款具备一定示范运营的新能源车型。

7月29日，赛迪顾问发布了《中国锂电子电池隔膜行业白皮书（2015）》。赛迪顾问此次发布的白皮书涵盖了全球和中国锂离子电池隔膜产业的市场规模和竞争格局，并通过各种指标的对比分析对国内锂电池隔膜企业的竞争力进行了评价，对未来锂电池隔膜的发展趋势进行了预测。

同日，“2015第六届中国汽车维修保养市场发展论坛”在上海市举行，由中国汽车咨询中心网主办，正时汽车赞助。论坛重点围绕在当前环境下，维修保养汽配企业如何求生存谋发展展开深入研讨，数据成为了串联整场论坛的金钥匙。

7月30日，北京市、天津市、河北省召开京津冀充电设施协同建设联合行动启动会，签署了《京津冀新能源小客车充电设施协同建设联合行动计划》。今年，京津冀区域内将率先完成四条高速公路服务区充电设施建设，形成联通北京、天津及河北主要城市平均服务间距不超过50公里的充电设施服务走廊。

7月31日，“2015《新能源汽车蓝皮书》发布暨产业发展研讨会”在京召开，由中国汽车技术研究中心、日产（中国）投资有限公司、东风汽车有限公司和社会科学文献出版社联合举办。会上，来自新能源汽车领域和社会科学领域的资深专家齐聚一堂，就新能源汽车产业发展现状与趋势、技术与产品，以及产业发展面临的问题开展了研讨，提出了建议措施。

同日，“汽车防撞安全系统技术运用研讨会”在郑州举行。此次研讨会由中国汽车工业协会制动器委员会、上海市汽车工程学会联合举办。与会代表就汽车防撞系统国内外技术发展现状、存在问题，以及如何推广等进行了讨论。

## 8月

8月1日，由中国电动汽车百人会和中国信息化百人会举办的“互联网＋汽车＋交通”高峰论坛在京举行。论坛认为“互联网＋”是我国汽车产业转型升级和弯道超车的战略机遇，由“互联网＋汽车＋交通”产生的创新与整合，会对汽车产业产生重大变革，引发的服务业态会成为新的经济增长点和创新创业的聚焦点，并引发交通运输业的深刻变革。在这些变革之中，新能源汽车作为互联化、智能化最好的载体，面临前所未有的发展机遇。

8月3日，诺基亚宣布，将公司旗下数字地图业务HERE以28亿欧元出售给由包括奥迪集团、宝马集团和戴姆勒集团（梅德赛斯）多家汽车厂商组成的联盟。三家车企将平均持有HERE的股份。诺基亚的高清实时数字地图技术将帮助德国汽车制造商有能力研发自动驾驶汽车，并且将服务连接到下一代汽车中。

8月5日，永达汽车与阿里汽车共同宣布，双方正式签署战略合作协议。本次合作中，双方通过资源整合在专营定制车、平行进口车销售，分时预约保养服务，全国交车服务，二手车业务以及汽车金融业务等方面开展全方位的战略合作，为阿里汽车8000万车主提供全方位、立体化、便捷式的汽车相关服务。

8月6日，北京环卫集团与比亚迪汽车在北京会议中心举行合作签约仪式，双方将联手打造全球首个专注于纯电动环卫领域的专用车公司。此外，该公司打造的全球首款16吨T8纯电动洗扫车在北京正式上市，并交付客户进行路面作业。此批T8纯电动洗扫车会用于9月3日举行的中国人民抗日战争暨世界反法西斯战争胜利70周年阅兵典礼，承接活动的路面清扫作业，并向世界展示中国绿色科技和高端制造业水平。

8月11日，国家发改委、财政部、国土资源部等七部委联合下发《关于加强城市停车设施建设的指导意见》，明确：通过各种形式广泛吸引社会资本投资建设城市停车设施，大力推广政府和社会资本合作（PPP）模式；鼓励企事业单位、居民小区及个人利用自有土地、地上地下空间建设停车场，允许对外开放并取得相应收益。同时，各地相关部门完善市场准入制度，降低停车设施建设运营主体和投资规模的准入标准。企业和个人均可申请投资建设公共停车场，原则上不对泊位数量做下限要求。改革停车设施投资建设、运营管理模式，消除社会参与的既有障碍。

同日，由国家发改委、财政部、工信部、商务部、质检总局组织实施的再制造产品“以旧换再”试点工作正式在全国启动。财政部现已向各地预拨补助资金。“以旧换再”政策实施，不仅有利于促进再制造旧件回收，拓展旧件来源，而且有利于扩大再制造产品影响，支持再制造产品市场推广，实现再制造产业规模化、规范化发展。

8月12日，“韩红爱心•百人援贵”公益行动在北京举行启动仪式，吉利汽车为本次公益行动捐助30辆吉利SUV作为医疗巡诊专用车，帮助贵州地区改善当地医疗条件，并提供全程车辆保障。此外，吉利汽车还组织当地经销商，号召车主共同组成援贵爱心团，参与到此次公益活动中

8月13日，陕德龙X3000牵引车专题培训会在西安举办。来自全国各地办事处的X3000市场推广顾问和主力经销商50余人参加了此次培训。8月16日，由国家质量监督检验检疫总局指导、中国质量万里行促进会主办、诸葛修车网协办的“2015中国正品汽配质量万里行”活动在北京举办，迈出了中国汽配向“正品化”跨越的关键一步。本次“中国正品汽配质量万里行”历时5个月，走遍全国八大汽配生产基地，覆盖32个省市自治区，并于年底召开针对调研、推广结果的行业研讨会，揭晓全国首份“正品汽配名录”。

8月17日，“国际电动汽车学术研讨会暨中美清洁汽车联盟（CERC-CVC）2015技术年会”在北京举行。作为CERC-CVC第一期的最后一次会议，本次会议总结回顾了CERC-CVC1.0的成果，并探讨了中美新能源汽车发展趋势与CERC-CVC2.0的技术合作。

8月18日，电动汽车充电系统测评工作组成立暨测评项目启动研讨会在中国科技会堂召开，80多位业内人士聚集一堂，围绕“互联互通与充电安全”两大主题展开讨论。还审议通过了工作组工作内容、工作章程、运行模式和总体规划以及2015～2016年度工作计划。

同日，“第五届中国能源物流产业大会”在北京举行。该大会由中国交通运输协会主办，来自政府和企业的300余名代表参加会议。会议以“转型时期的产业重塑”为主题，深入分析了当前我国能源流通产业的发展现状与趋势，交流了极具可行性的战略转型与创新解决方案。

8月19日，中国汽车流通协会、中国标准化研究院和三家祥龙博瑞集团旗下的4S店在北京召开首批4S店服务标准自我声明公开现场会。建立完善汽车售后服务企业服务标准自我声明公开与监督制度，是2015年“汽车今后服务质量提升”行动的重要内容。中国汽车流通协会汇集4S店制定的汽车售后服务标准自我声明的内容并向社会公开，倡导广大汽车经销商参与到企业标准自我声明公开的行动中来，塑造诚信经营、放心消费的行业环境。

8月21日，中国新能源汽车首个海外研发中心——北汽新能源硅谷研发中心正式挂牌成立。该研发中心初期科研人员20余人，每年研发4～6款车型，将为北汽新能源了解海外市场需求，树立中国品牌影响力起到关键性的作用。

8月21至22日，“第十八届中国电动车辆学术年会”在湖北武汉东风汽车公司举行。会议由中国汽车工程学会电动汽车分会、中国电工技术学会电动车国内专业委员会主办，旨在促进中国电动车国内产业的技术创新和技术进步，促进电动车国内领域学术与技术的交流合作。

8月25日，“中国人民抗日战争暨世界反法西斯战争胜利70周年纪念活动外事用车使用权赞助协议”签约仪式在北京瑞吉酒店举行，外交部部长助理钱洪山、北京市副市长隋振江等相关领导出席仪式。在签约仪式上，钱洪山为北京福田汽车授予了“中国人民抗日战争暨世界反法西斯战争胜利70周年纪念活动外事用车支持赞助单位”荣誉铭牌。

8月26日，交通运输部在其网站上公布了《交通运输部关于修改<机动车维修管理规定>的决定》（交通运输部令2015年第17号），对2005年发布的《机动车维修管理规定》提出十项修改意见。

8月29日，第三届丝绸之路中国越野拉力赛（CGR）开幕式暨发车仪式在西安举行。丝绸之路中国越野拉力赛自2013年举办以来，逐步发展成为国内赛程最长、跨越省份最多和难度最大的越野拉力赛事。本届比赛于2015年8月29日由西安首发，9月11日于敦煌结束，将历时14天。共有35辆国内汽车、12辆摩托车共同参赛。

同日，安徽江淮汽车股份有限公司与武汉盟盛人新能源汽车产业园发展股份有限公司在武汉签订协议。协议明确江淮汽车新能源汽车基地落户武汉蔡甸经济开发区，初期计划形成1万辆国

内电动汽车的生产销售服务能力。至此，武汉成为江淮汽车走出安徽，发展全国新能源汽车战略的首家试点基地。

## 9月

9月3日，宝马西安培训中心正式开业。该培训中心是继北京、上海、广州后建立的第4家，规模是目前BMW在中国培训中心之最，这也是宝马在全球范围内除了德国慕尼黑之外第二大培训中心。

9月5日至13日，“2015年（第十八届）成都国际汽车展览会”在成都世纪城新国际会展中心举行。本届成都车展由成都世纪城新国际会展公司和汉诺威米兰展览（上海）公司承办，以“缤纷车展•炫动蓉城”为主题，吸引了国内外106个汽车品牌参展，展出总面积达15万平方米。为期10天的车展接待观众超过68万人次。成都车展已经举办了十八届，成为继北京、上海和广州之后的中国第四大车展。如今，在“一带一路”的国家战略下，成都车展还承担起了促进西部汽车市场发展的重任。

9月9日，“第十四届青岛秋季国际车展”在青岛国际会展中心开幕。本届车展以“绿色，未来之路”为主题，在历时六天的展会中，共有国内外100多个汽车品牌在此亮相，展示车型近千辆，新车发布超30款，总展出面积超10万平方米。与以往车展不同的是，本届车展首次将5号馆开辟为新能源与电动汽车展馆。奇瑞、吉利、江淮、上汽、蓝海、东风、众泰等新能源车型亮相。

同日，互联网代驾公司e代驾在“全国拒绝酒驾日”公益活动中宣布，投入1亿元请各地市民免费使用代驾服务，助力“拒绝酒驾”公益活动。同时，由e代驾发起、中国烹饪协会牵头、东来顺等全国百强餐饮企业参与的全国首个“拒绝酒驾联盟”也宣告成立。“全国拒绝酒驾日”公益活动以“拒绝酒驾，安全到家”为主题，是在中国广播电影电视社会组织联合会和公安部交通管理局指导下，由中国道路交通安全协会、中广电联合会交通宣传委员会主办，中广电联合会交宣委交通电视分会和e代驾承办。

9月10日，中国汽车流通协会、中国标准化研究院在天津标顺汽车销售有限公司召开“全国汽车经销商售后服务质量标杆单位对比提升暨企业服务标准自我声明公开现场会”。此次活动旨在倡导企业诚信经营，强化企业自律，完善汽车今后服务质量的标准化、品牌化、规范化发展。

同日，滴滴快的宣布与客车制造企业宇通客车达成战略合作关系，双方在新能源巴士及无人驾驶等客车智能化等方面进行合作探索。此次双方合作除了在产品和业态方面合作外，还实现了资源共享、优势互补、共同推动新能源巴士在城市居民出行中的渗透发展。滴滴快的推动加盟汽车租赁公司选用宇通新能源产品，推动新能源巴士的发展。宇通公司也为滴滴巴士平台加盟企业提供车辆购置的定制绿色通道，进一步推动互联网巴士生态圈的扩张。

9月11日，中国汽车技术研究中心在天津发布2015年度C-NCAP第三批车型评价结果。这是按照《C-NCAP管理规则（2015版）》进行的第一次碰撞测试评价。参与本次评价的共有7款车型，包括1辆A类车、1辆B类车、5辆SUV车型。不同以往的全面五星，此次仅有3款车型获得五星成绩。

9月11日至13日，“中国汽车产业发展（泰达）国际论坛”在天津召开，国家部委领导、企业集团高层、汽车行业协会和企业专家学者等共计700余位国内外汽车行业嘉宾齐聚天津，围绕年度主题“新常态•2020产业愿景与路线图”，就中国进入经济发展新常态后，汽车产业的发展愿景和路线进行战略性和前瞻性探讨。工信部装备工业司副司长瞿国春表示，我国汽车行业在今后相当长一段时间内将呈现中低速增长。受“互联网+”、无人驾驶等技术影响，产业结构调整也将更为频繁。

同日，“2015中国汽车流通协会汽车俱乐部行业年会”在广州召开。来自全国各省市的经销商集团、汽车俱乐部及汽车后服务市场相关企业代表，共同探讨了新形势下中国汽车俱乐部发展面临的挑战以及未来的发展机遇。

9月17日，神州租车发布公告称，公司参与了神州专车运营主体优车科技的B轮融资，向其投资5000万美元。公告显示神州专车B轮融资规模达到5.5亿美元，公司估值达到35.5亿美元。此轮认购完成后，在A、B轮融资以1:1转化的前提下，神州租车将拥有优车在外发行股份总额的9.85%。公告还显示，除神州租车外，Tourmaline Gem、融庆、陆正耀及HaodeInvestmen也参与了神州专车B轮融资。

9月18日至19日，“2015第五届杭州国际新能源汽车产业展”在杭州召开，本届展会以“示范推广”和“商业模式创新”为主题，旨在推动中国新能源汽车产业发展与创新。展会同期举行“2015新能源汽车市场化推动高峰论坛”、“新能源汽车商业模式创新论坛——智能化与共享化浪潮”等会议活动。会上，行业专家和政府部门领导，从各自角度介绍了新能源汽车产业发展过程中的现状和目前整体推动计划，以及“互联网+”背景下的新能源汽车商业模式创新发展。

9月19至20日，“2015重点汽车出口市场政策法规宣讲会”在上海举行。该宣讲会由商务部和国家发改委支持，上海、长春、重庆、武汉、厦门、芜湖、天津、合肥、广州、保定、柳州、台州12个国家汽车及零部件出口基地主办，中国汽车技术研究中心（汽车产业政策研究室）承办，中国国际汽车商品交易会组委会协办。12个国家汽车及零部件出口基地有关负责人、100多家汽车及零部件出口企业的代表200余人参加了会议。本届宣讲会紧紧围绕“加快开拓沿线国家汽车市场，加强国际产能合作”的主题，邀请了欧盟、俄罗斯、印度、伊朗、马来西亚等国外专家来华演讲；同时借中国国际汽车商品交易会召开之机同期举办，方便更多企业参与，提高培训效果和质量。

9月19日至22日，“第九届中国国际汽车商品交易会”在上海国家会展中心举行。此次展会聚焦汽车全产业链服务，共设整车、改装车、摩托车、零部件、电子及信息化、清洁燃料、加工技术装备、3D打印技术、检测维修设备、汽车影音、轮胎与轮毂、清洁柴油、汽车用品、润滑油14大展区，以促进不同链条企业协同发展。会上，加拿大、匈牙利、秘鲁、古巴、厄瓜多尔、缅甸、越南、老挝等国家分别介绍了本国的开放政策，以图加强与中国车企及相关零部件企业合作。

9月20日，上汽集团在上海城市雕塑中心举行品牌发布会，推出覆盖养车、用车、卖车以及车务服务的“全生命周期”连锁实体服务品牌——车享家，宣布全面进军汽车后市场。上汽集团董事长、党委书记陈虹，上汽集团总裁陈志鑫，上汽集团副总裁张海亮等出席了品牌发布会。

9月23日，二手车电商优信与微众银行联合宣布，双方就二手车融资业务，包括审核、签约、支付等开展“互联网+”汽车金融业务合作。首先推出了全新购车方案“付一半”。用户使用“付一半”方案购车，买车时只需要支付车款的一半，在两年之内，不用支付月供，两年之后，可选择支付另外一半，也可以选择不支付，把车归还。此外，两家的合作实现了金融贷款申请、审批等一系列流程的在线完成。用户通过优信二手车APP申请购车贷款，申请简单，审批快速。只需要身份证、驾驶证、储蓄卡就可以提交申请，且最快30分钟就可以得到审核结果。

9月23至24日，“2015电动汽车科技创新国际论坛”在京举办。本届论坛由中国汽车技术研究中心主办，以“电动汽车无忧驾驶”为主题，聚焦我国电动汽车产业链中遇到的关键技术和资源组织管理问题。

9月24日，“2015年第七届中国汽车维修保养发展论坛（北京站）”开幕。与会嘉宾指出，现在包括维修保养在内的汽车后市场都没有真正独立，但市场、政策都已出现有利于汽车维保市场发展的变化，后市场企业要抓住机遇，实现“破局”。

9月26日，深圳市发改委在其官网发布了《深圳市新能源汽车推广应用扶持资金管理暂行办法》，明确了新能源车辆购置、使用（公交车使用环节除外）及充电设备投资补贴标准和实施细则。其中，车身长度≥10米的纯电动客车和燃料电池商用车给予的补贴最高，每辆可达50万元。

9月29日国务院召开常务会议，确定支持新能源和小排量汽车发展措施，促进调结构扩内需。对新能源汽车发展，国务院常务会议决定：一、完善新能源汽车扶持政策，支持动力电池、燃料电池汽车等研发，开展智能网联汽车示范试点。机关企事业单位要落实车辆更新中新能源汽车占比要求。创新分时租赁、车辆共享等运营模式。各地不得对新能源汽车实行限行、限购，已实行的应当取消。二、从2015年10月1日到2016年12月31日，对购买1.6升及以下排量乘用车实施减半征收车辆购置税的优惠政策。三、加快淘汰营运黄标车，开展清理整顿专项行动。对进度严重滞后省份要强化问责。

同日，交通部、环保部等八部委联合发布《汽车维修技术信息公开实施管理办法》，自2016年1月1日起正式实施。要求汽车生产者无差别、无歧视、无延迟地公开所销售汽车车型的维修技术信息，不得通过设置技术壁垒排除、限制竞争，封锁或者垄断汽车维修市场。

## 10月

10月8日，在由中国互联网协会、滴滴出行公司主办的《约租车（专车）模式上海创新与实践》论坛上，上海市交通委正式宣布，向滴滴快的专车平台颁发网络约租车平台经营资格许可。这是国内乃至全球范围内第一张专车平台的资质许可，滴滴出行也成为第一家获得网络约租车平台资质的公司。

10月9日，国家发改委价格监督检查与反垄断局主持召开了汽车领域反垄断指南工作会议。来自国家相关部委、汽车行业协会、整车企业、配件企业、经销商、法律事务所等近50家单位相关负责人参会并发言。与会人士围绕9月发放的汽车领域反垄断指南调查问卷（二）展开讨论，具体探讨了基于《反垄断法》第15条主张豁免的纵向价格限制的具体情形，包括新车型推广期、老车型清库期、纵向价格限制等。

同日，《电动汽车充电基础设施发展指南（2015～2020年）》（以下简称《发展指南》）发布。《发展指南》指出，根据需求预测结果，按照适度超前原则明确充电基础设施建设目标。到2020年，新增集中式充换电站超过1.2万座，分布式充电桩超过480万个，以满足全国500万辆电动汽车充电需求。

10月12日，国家能源局会同有关部门在江苏省常州市组织召开“全国电动汽车充电基础设施促进联盟成立暨建设经验交流现场会”，宣布国家电动汽车充电基础设施促进联盟正式成立。国家能源局副局长郑栅洁对联盟提出了三点希望：一是加快完善充电标准；二是积极整合各个单位资源；三是做好服务工作。会上，北京市、浙江省、深圳市、常州市政府，以及国家电网公司、中国普天集团公司、万帮新能源公司等单位交流了电动汽车充电基础设施建设经验。

10月15日，中国汽车流通协会在北京组织召开了《汽车救援服务管理规范》（以下简称《规范》）审查会议，审查委员会听取了标准起草组关于标准编制工作的汇报后，对标准的内容进行了全面审查，与会专家依次从各自的专业角度对《规范》提出了建设性的意见和建议，并进行了讨论。《规范》将为汽车救援企业提供统一的经营管理体系，对救援企业的服务管理体系、安全保障体系等方面进行规范。

同日，“第十六届中国杭州国际汽车工业展览会”（简称杭州车展）在杭州市国际会展中心启幕。本届车展采取两季办展模式，其中第一季时间为10月15日～19日，以亚洲品牌为主，参展品牌包括日韩合资品牌和国产自主品牌；第二季时间为10月28日～11月1日，以欧美品牌为主，参展品牌包括欧美合资品牌、高端进口品牌和新能源汽车。两季室内、室外展区共汇聚了近90个整车及商用车品牌，2500余款展车亮相，首发新车达30多款，总展览规模达16万平方米。展会以“展示＋销售”为主线，以“品质＋服务”为新口号，以“车展＋互联网”为亮点，为消费者打造全新的观展体验。

同日，国内首家致力于推动汽车科技进步、创新发展，鼓励创新人才的非盈利公益组织——北京华汽汽车文化基金会（以下简称“华基金会”）宣布成立。同一天，华基金会官网正式开通。华汽基金会成立后，主要关注并参与汽车文化领域的公益项目、支持汽车科技创新项目、积极培育人才及传播科技理念这三方面的工作。

10月20日，北京新能源汽车股份有限公司与鸿海科技集团共同组建的电动汽车分时租赁公司——北京恒誉新能源汽车租赁有限公司，与宝驾租车正式达成战略合作，北汽新能源提供车辆，宝驾租车拥有强大的P2P在线分享平台，并结合中国客户的消费习惯，为客户提供分时租赁、短租、长租及融资租赁等租赁与配套服务。绿狗和宝驾平台打通，可以分别发挥绿狗分时租赁、宝驾长租的优势，并利用北汽新能源的技术优势推动传统燃油车用户向新能源车用户转换。

10月20日，航盛电子携旗下车联网、智能驾驶、新能源汽车电子产品，在法国PSA的Velizy技术中心举办专场展会。这是PSA历史上第一次由中国供应商举办的专场展会，体现了PSA对中国领先型供应商的重视和期待。在20余年的发展历程中，航盛电子已成为东风标致-雪铁龙、日产全球、中国南北大众、斯柯达、上汽通用五菱等车厂的全球配套体系。

10月21日，“2015节能与新能源汽车产业发展规划成果展览会”在北京国家会议中心举行。展会以“选择•行动——未来从现在开始”为主题。24家新能源汽车产业技术创新工程参与企业，携25个项目、上百项技术和产品成果首次集中亮相。此次展会共4天，为企业总结和交流节能与新能源汽车应用经验、展示最新科技成果提供一个良好的平台，对于加快发展节能环保产业具有积极作用。

10月22日，由天津港保税区管理委员会主办、天津市汽车后市场行业协会承办的中国（天津）自贸区平等进口汽车试点启动暨售后市场建设研讨会在天津滨海新区举行。会议公布了首批5家试点平台和30家试点企业名单并举行了授牌仪式，平行进口车综合服务平台也随即启动。

10月23日，特斯拉中国旗下汽车产品车载系统软件的更新正式发布，本次更新的软件版本为V7.0版车载系统，即日起特斯拉车主可通过Over The Air (OTA) 空中升级技术进行系统升级，本次升级主要包括了自动车道保持、自动变道和自动泊车等功能。

10月26日，“2015安行中国领袖峰会”在北京举行。会议以汽车安全为主题，由中国汽车技术研究中心主办。国内众多汽车生产企业、部分零部件生产企业代表围绕关于汽车主被动安全的问题进行了交流。当下，汽车安全配置不断增加，安全技术持续提升，但国内标准却参次不齐，因此关于如何加强对汽车产品安全配备的监管力度成为本届峰会的主要议题。

同日，“2015安亭国际汽车金融论坛”在上海嘉定举行，由上海汽车金融港、上海国际汽车城、平安银行交通金融事业部、建元资本、《汽车商业评论》联合主办。论坛主题是“融合与共生——中国汽车金融发展的可持续之路”，来自地方政府、行业协会、汽车及金融产业链上下游各类企业及媒体共500余人参与。现场，与会者就汽车行业在转型浪潮中的重组并购、“互联网+”的汽车金融、数据交换和征信体系等话题进行了交流。

10月27日至29日，“2015中国汽车工程学会年会暨展览会”在上海汽车会展中心举办。本届展会以“中国汽车业如何面对世界范围的制造业转型升级”为主题，汇聚国内外行业技术专家和企业高层，共同探讨汽车智能化和网联化、节能环保等热点问题。

10月27日，第十七届中国专利奖评审结果公示揭晓，比亚迪股份有限公司的“混合动力专利技术”获得中国专利金奖，这是汽车厂商首次在新能源领域获此殊荣。此外，比亚迪秦外观设计、电动汽车电池专利技术、储能系统专利技术三项专利获得优秀奖。

10月28日，上汽集团与上海黄浦区政府签署战略协议，同时上汽集团宣布成立上汽安悦充电科技有限公司。上汽集团董事长陈虹表示，未来五年，上汽将在新能源汽车领域投入超200亿元，投放30款以上全新产品。

## 11月

11月2日，“第十四届中国国际内燃机及零部件展览会”（EngineChina 2015）在北京国家会议中心开幕，由中国内燃机工业协会主办，玉柴、潍柴、锡柴、云内动力、江淮等车用发动机企业及零部件企业参展。内燃机及零部件企业积极应对行业行情，对市场和产品结构、企业自身、发展战略做出及时调整。

同日，汽车经销商、售后服务商和谐汽车与阿里巴巴汽车事业部在郑州签署战略合作框架协议，双方宣布将在“互联网+汽车销售及服务”领域展开全方位战略合作。

11月3日，《中共中央关于制定国民经济和社会发展第十三个五年规划的建议》（以下简称《建议》）发布。《建议》提出：推进交通运输低碳发展，实行公共交通优先，加强轨道交通建设，鼓励自行车等绿色出行，实施新能源汽车推广计划，提高电动车产业化水平。国务院发展研究中心市场研究所研究员王青认为，此次国家性战略规划建议的公布，从根本上讲是在市场发展和趋势要求的基础上制定，其属性将具有高度引导性与前瞻性。

11月4日，“第六届亚太天然气汽车协会国际会议与展览”（ANGVA2015）在成都开幕，由中国汽车技术研究中心（CATARC）（以下简称中汽中心）举办。这是中汽中心继2011年承办第四届亚太天然气汽车协会国际会议与展览后，第二次获得该项活动的主办权。本届ANGVA2015大会以“天然气汽车-清洁运输的现实选择”为主题，吸引了来自20多个国家和地区的近150家参展商，展出面积达22000平方米，是亚太地区乃至全世界最大规模的天然气汽车展览。在为期三天的国际会议部分，组委会邀请了来自十多个国家的40位演讲嘉宾进行演讲。演讲主题覆盖了天然气的供应、加气站建设、车辆及零部件开发生产、替代燃料、安全标准、政策法规等天然气汽车产业链各个环节。

11月5日至7日，“2015中国汽车流通业年会暨博览会”在厦门国际会展中心举行。年会由中国汽车流通协会主办，以“秉信思变、互联共赢”为主题，意指行业企业，秉持诚信，深思变革，多业态联动，携手共赢。年会内容从解读行业政策、分析宏观经济环境走势到探讨二手车、渠道规划、汽车金融、有形市场等涉及流通行业方方面面的问题，除主论坛外同期举办的分论坛多达20余场。本届年会具有高规格、高品质、高聚焦的特点，吸引了经济学家、汽车流通行业全产业链企业投资人、职业经理人、汽车经销商、二手车经销商、汽车金融保险等2000余人参会。本届博览会也是历届博览会中规模最大的一届，展区面积达一万平方米，覆盖了整车生产企业、零部件制造商、金融保险服务机构、二手车交易及服务商等行业生态链上多家企业。

11月6日，“第五届中国（澳门）- 亚太汽车首脑峰会暨‘一带一路’全球发展战略高峰论坛”在澳门威尼斯人度假村酒店金光会展中心隆重举行。论坛以“融合、发展、共赢”为主题，汇聚了政府各级领导、国内外汽车行业专家、企业大佬及媒体人士，共同探讨“一带一路”战略背景下中国汽车企业海外发展的难点与机遇。

11月9日，中国汽车流通协会发布公告，《二手车流通企业经营管理规范》（以下简称《规范》）将于2016年9月1日正式实施。经过长期广泛的市场调研和严谨周密的研讨，中国汽车流通协会已完成《规范》的编制工作。《规范》的发布与实施，有助于解决二手车流通企业准入与规范经营问题，有助于建立竞争有序的二手车市场秩序，进一步激发二手车市场活力，促进我国汽车市场健康发展。

11月10日，“面向未来环保挑战的先进混合动力技术研讨会”在北京召开，由清华大学汽车产业与技术战略研究院主办。北京市环保局机动车排放管理处处长李昆生表示，京六排放正在加速制定，节能减排车型需加速推广。

11月12日，“2015中国国际商用车展”在武汉开幕，该展会逢单年举办。本届展会在工业和信息化部的支持下，由湖北省人民政府、武汉市人民政府、中国国际贸易促进委员会汽车行业分会主办，以“新常态、新机遇”为主题，展出面积8万平方米，参展商包括国内外主流卡车、客车、专用车及零部件企业，产品覆盖重卡、中卡、轻卡、专用车、特种车、房车、客车、新能源汽车等众多车型及零部件。该展会是国内唯一一个国家级的商用车展会，也是目前国内及亚洲规模最大的商用车展会。从本届展会开始，该展会将与具有百多年历史的、全球最大的商用车展——德国汉诺威商用车展（IAA）形成合作、互动机制，在商用车最发达地区和商用车最大的市场形成两大商用车展的格局。

同日，上海市召开“高污染货运车治理暨绿色物流发展推进会”，决定自2016年1月1日起，签约的第三方配送货运车必须达到国Ⅳ及以上排放标准，或选用新能源货运车，货运车市区通行证仅向排放达到国Ⅳ及以上标准的货运车发放。与此同时，上海积极鼓励第三方配送企业投放新能源物流车开展业务，并进一步加大新能源物流车的投放力度，初期计划发展3000辆新能源物流车。

11月14至15日，2015中国皮卡大会（第二届）暨自驾与露营大会（首届）在广东省清远市举办。大会由中国汽车报社、中国汽车新闻工作者协会、清远市清城区人民政府主办，中国皮卡风、中国旅居车网、嘀嘟车友承办。来自各地的百余名越野车手、皮卡车手汇聚风清城区石角镇石角大堤沙滩。中国皮卡大会始创于2014年，以打造中国首个皮卡快乐体验营为活动主题，旨在将热爱皮卡、越野及户外生活的爱好者聚集一起，成为每年中国皮卡的盛大节日和越野狂欢节，推动全国皮卡文化的发展。2015年在原有内容的基础上又增加了自驾与露营大会活动。

11月20日，“第十三届中国（广州）国际汽车展览会”正式开幕。本届广州汽车展以“新科技、新生活”为主题，聚焦环境保护、节能降耗，将绿色车辆技术与可持续发展理念相融合，汇聚行业力量。参展规模达22万平方米，参展企业达603家，其中乘用车企业85家，电动车企业22家，汽车零部件及用品企业496家，共展出车辆1000台，全球首发车36台，其中跨国公司首发车7台。1730家海内外媒体的8491名记者参与报道了展会盛况。

11月20至23日，“第十四届中国汽车产业发展高峰年会暨2016中国汽车及零部件市场分析预测会”在沈阳召开。此次峰会由中国机械工业联合会主办，中国汽车动态网承办。主题为“微增长、新机遇、新格局中寻求发展方向”，分为主会场会议、分会场会议和交流会三种形式。内容涵盖宏观经济、汽车产业及政策法规，汽车发动机及其它零部件细分行业等领域。与会专家和代表将共同总结2015年汽车行业发展状况，探讨2016年汽车行业发展趋势。

11月23日，广州市商务委官方网站发布了中国（广东）自由贸易试验区广州南沙新区片区开展第二批汽车平行进口试点企业认定的通知。据悉，开展汽车平行进口试点业务是指注册在自贸区南沙片区内的汽车经销商，经商务部进口许可，从事进口或代理进口国外汽车的经营活动。申请开展汽车平行进口试点的企业注册地点需在自贸区南沙片区内，注册资本不低于2000万元。

11月25日，工信部发布了第六批《免征车辆购置税的新能源汽车车型目录》。本次目录中包含比亚迪、北汽、东风、长安、上汽、吉利、力帆等车企旗下的多款新能源车型。

同日，58赶集集团正式对外宣布集团旗下创新孵化项目瓜子二手车直卖网已经完成分拆，保持独立运营。杨浩涌卸任58赶集集团CEO，担任瓜子二手车CEO并投资6000万美元。

11月26日，北京市环保局就北京第六阶段机动车排放地方标准（以下简称“京六”）正式面向社会征求意见，并计划于2017年12月1日开始实施。

北京市环保局发布的“京六”征求意见稿包括《轻型汽车（点燃式）污染物排放限值及测量方法(北京第VI阶段)》(征求意见稿)、《压燃式、气体燃料点燃式重型车排气污染物排放限值及测量方法（北京第VI阶段）》(征求意见稿)和《重型车用压燃式、气体燃料点燃式发动机排放污染物排放限值及测量方法（北京第VI阶段）》（征求意见稿）三项意见稿。

同日，由中国客车业系列活动组委会主办，安凯客车承办的“影响中国客车业2015发展论坛暨安凯美丽中国行第三季收官站”活动在海口开幕，这是今年“安凯中国行”的最后一站。

同日，“中国新能源汽车推广应用经验交流与发展研讨会”在深圳坪山召开。来自国家主管部门及北京、上海、深圳等典型示范城市推广单位负责人，针对目前新能源汽车在推广应用领域存在的瓶颈，围绕“推广应用最新政策”、“示范城市推广应用经验分享”展开交流。

11月27日，河北省提出在全省扩大公共服务领域范畴，将党政机关公务车、机要通信车、执法执勤巡逻车、公交车（含农村客运车）、城市物流配送车、出租车等九个方面的新能源汽车纳入公共服务领域，九类新能源汽车购车补贴比例由1 ∶ 0.5提高到1 ∶ 1。

11月28日，交通部发布《深化出租汽车行业改革两个文件征求意见总体情况分析报告》，系统梳理和总结了各界对《关于深化改革进一步推进出租汽车行业健康发展的指导意见（征求意见稿）》，以及《网络预约出租汽车经营服务管理暂行办法（征求意见稿）》的意见建议。

## 12月

12月5日，“汽车零配件、维修检测诊断设备及服务用品展览会——Automechanika Shanghai”（以下简称“上海法兰克福汽车配展”）在上海虹桥国家会展中心圆满结束。展会总展出面积28万平方米，来自全球39个国家、地区和5395家参展企业，超过10万家汽车维修企业及知名品牌授权服务中心的优质买家，80家主要汽车制造商及数以千计4S店受邀观展，同期举办了50余场专业论坛。

12月11日，2015第三届中国汽车企业社会责任论坛暨益轩奖颁奖典礼举行，来自汽车企业、社会责任研究机构及基金会的专家共聚一堂，为我国汽车行业如何提升社会责任水平建言献策。

12月12日，北汽绅宝X25在北京正式上市，新车共推出5款车型，售价区间为5.58万——7.58万元。该车定位小型SUV，与绅宝D20基于同平台打造，将提供1.3L和1.5L两种动力选择。

12月14日，百度正式宣告了自动驾驶事业部的成立，并对外公布阶段性计划，即1年内实现系统的全面搭建、3年内实现自动驾驶汽车的商用化，5年内实现量产。

12月15日，万丰奥威与途虎养车在北京举行战略合资合作新闻发布会，正式成立万丰途虎汽车服务（上海）有限公司。这一实体制造企业与互联网企业的强强联合，将开启“互联网+”与中国制造协同发展的新篇章。

12月19日，中国电动汽车百人会和交通运输部公路科学研究院在北京共同主办“城市公交新能源相关政策解读与趋势研讨会”。会议主要解读关于完善城市公交车成品油价格补助政策，加快新能源汽车推广应用政策及相关考核办法。

12月21日，国家质检总局通报了2015年缺陷产品召回工作基本情况，并发布《缺陷消费品召回管理办法》。调查结果显示，截至12月18日，共有76家企业开展了226次召回，涉及缺陷汽车554.85万辆，2015年汽车召回数量达历年最高。

12月23日，北京市发改委发布了《北京市新能源小客车公用充电设施投资建设管理办法》。该办法指出，到 2017 年，北京将在全市范围建成平均服务半径 5 公里的公用充电网络。同时，北京发改委还要求充电收费必须支持银联卡支付方式，确保一卡通用；今后新建小区必须按照停车位的数量全部配建充电桩或预留建设安装条件，以达到 100% 的配建规划。

12 月 25 日，由中国皮卡网主办的皮卡行业精英论坛——2015(第五届)皮卡沙龙盛大举行，总结年度皮卡行业的市场发展。会上主办方公布了《年度皮卡市场分析》和《年度皮卡市场调研报告》，为企业制定第二年的发展策略提供参考。迄今皮卡沙龙活动已成功举办四届。

12 月 28 日，车猫二手车的自主金融产品“喵喵速贷”上线。作为认证二手车 O2O 交易平台，车猫计划在 2016 年拓展全国 30 座城市，成交突破 13 万辆，届时其金融业务收入有望突破 15 亿元。

12 月 29 日，广汇汽车发布公告，其全资子公司广汇汽车服务有限责任公司拟以 13,800 万元受让自然人殷小亮所持上海爱卡的 13,800 万元的合伙份额(占上海爱卡合伙份额 6%)，广汇汽车开始逐步把上海爱卡装入上市公司。

# 第3部类

# 汽车市场

DISANBULEI | QICHESHICHANG

# 汽车销售市场

## 2015 年汽车行业发展分析

中国汽车流通协会市场营销研究分会 崔东树

2015 年是全面深化改革的关键之年，是全面推进依法治国的开局之年，也是稳增长调结构的紧要之年。按照总体要求和工作重点，国家及时进行宏观经济政策调整，不断推出新政策，其中有些涉及到汽车产业相关政策的推进和完善，对汽车产业发展发挥重要作用。按照保持中高速增长和迈向中高端水平的双目标，我们党和政府对中国汽车行业的发展寄予拉动中国经济增长的期待，因此，推动国内车市的消费转型升级，尤其是强力推动新能源车健康、规范、有序的市场环境，是推动汽车市场发展的不二选择。

2015 年是十二五的收官之年，随着保持稳增长与调结构的平衡原则，2015 年汽车市场的内部剧烈分化走势是各类因素综合的结果。首先是中国经济增长的动力发生变化，由前期的投资驱动向消费驱动转型，近两年形成的乘用车强、卡车弱的局面延续。其次是随着消费购买力的积累和升级，消费购买中高端的 SUV 等车型的需求强劲，形成轿车和 SUV 的分化现象。第三是随着培育和催生经济社会发展新动力的政策导向，网上购物和电子商务的发展，车辆共享经济和单车运输效率的提升，高效载客车辆和物流车辆的快速发展，对车辆的结构性需求也提出了更高要求。

### 一、2015 年汽车行业状态

#### 1. 2015 年汽车销量增速微放缓

根据中国汽车工业协会数据，14 年汽车总计销量 2350 万台，累计增速 7%；2015 年汽车产销 2450.33 万辆和 2459.76 万辆，同比增长 3.25% 和 4.68%，增速比上年同期减缓 4.01 个百分点和 2.18 个百分点。2015 年乘用车增速的较强，这主要是乘用车与卡车的分化，经济下行导致卡车较差，体现了外部环境的转型和变化的压力持续。（见图 1）

#### 2. 2015 年汽车销售呈现季节波动加剧

2015 年汽车市场呈现 1 季度开局较稳，2 季度 -1%，3 季度负增长加剧到 -2%，4 季度强势回暖的特征。尤其是 4 季度的车市增速达到 16% 这也是近期少有的超强增长。2013 年和 2014 年的汽车销量的季度间增速波动较小，在经济等外部环境相对稳定下的车市波动一般不会太大。例如 2013 年的二三季度的增速 11% 和 14% 与年度增速 14% 的差距很小，2014 年也是二三季度的增速为 8% 和 4%，与年度增速 7% 的差距很小。这也说明 2015 年的外部环境是剧烈波动的。（见表 1）

#### 3. 汽车及油品消费占比下降

2015 年的消费增长主要体现在住房和装修等消费增长，2015 年的住宅购买和装修家具的总体销售额是 11.8 万亿元，相对于总体的社会消费占比达到 39%，

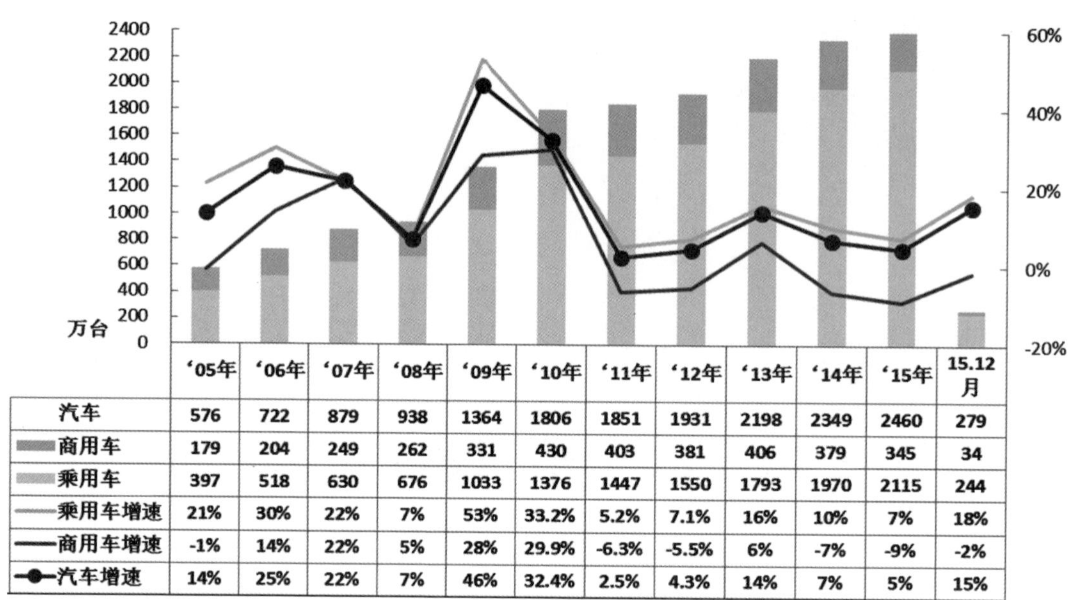


| | '05年 | '06年 | '07年 | '08年 | '09年 | '10年 | '11年 | '12年 | '13年 | '14年 | '15年 | 15.12月 |
|---|---|---|---|---|---|---|---|---|---|---|---|---|
| 汽车 | 576 | 722 | 879 | 938 | 1364 | 1806 | 1851 | 1931 | 2198 | 2349 | 2460 | 279 |
| 商用车 | 179 | 204 | 249 | 262 | 331 | 430 | 403 | 381 | 406 | 379 | 345 | 34 |
| 乘用车 | 397 | 518 | 630 | 676 | 1033 | 1376 | 1447 | 1550 | 1793 | 1970 | 2115 | 244 |
| 乘用车增速 | 21% | 30% | 22% | 7% | 53% | 33.2% | 5.2% | 7.1% | 16% | 10% | 7% | 18% |
| 商用车增速 | -1% | 14% | 22% | 5% | 28% | 29.9% | -6.3% | -5.5% | 6% | -7% | -9% | -2% |
| 汽车增速 | 14% | 25% | 22% | 7% | 46% | 32.4% | 2.5% | 4.3% | 14% | 7% | 5% | 15% |

**图 1　中国汽车市场历年销量增长分析**

**表 1**

| 汽车销售 | | 销量－万台 | | | | | 增速－% | | | | |
|---|---|---|---|---|---|---|---|---|---|---|---|
| 类型 | 年 | 1 季度 | 2 季度 | 3 季度 | 4 季度 | 年度 | 1 季度 | 2 季度 | 3 季度 | 4 季度 | 年度 |
| 狭义乘用车 | 2013 年 | 390 | 382 | 386 | 470 | 1629 | 25% | 16% | 21% | 30% | 23% |
| | 2014 年 | 447 | 438 | 423 | 528 | 1837 | 15% | 15% | 9% | 12% | 13% |
| | 2015 年 | 498 | 449 | 422 | 632 | 2001 | 11% | 2% | 0% | 20% | 9% |
| 微车 | 2013 年 | 67 | 55 | 44 | 50 | 217 | － 15% | － 19% | － 24% | － 32% | － 22% |
| | 2014 年 | 54 | 51 | 41 | 40 | 186 | － 20% | － 9% | － 6% | － 20% | － 14% |
| | 2015 年 | 46 | 44 | 35 | 40 | 165 | － 15% | － 13% | － 16% | － 1% | － 12% |
| 大中轻客 | 2013 年 | 12 | 15 | 13 | 16 | 56 | 6% | 18% | 1% | 14% | 10% |
| | 2014 年 | 13 | 15 | 15 | 17 | 60 | 10% | － 1% | 16% | 9% | 8% |
| | 2015 年 | 13 | 15 | 14 | 18 | 60 | 4% | － 1% | － 12% | 5% | － 1% |
| 重中轻卡 | 2013 年 | 73 | 83 | 66 | 75 | 298 | － 5% | 18% | 13% | 6% | 8% |
| | 2014 年 | 78 | 72 | 52 | 63 | 265 | 7% | － 14% | － 22% | － 16% | － 11% |
| | 2015 年 | 58 | 62 | 49 | 61 | 231 | － 25% | － 13% | － 6% | － 3% | － 13% |
| 汽车总体 | 2013 年 | 542 | 536 | 510 | 611 | 2199 | 13% | 11% | 14% | 17% | 14% |
| | 2014 年 | 592 | 576 | 532 | 649 | 2349 | 9% | 8% | 4% | 6% | 7% |
| | 2015 年 | 615 | 570 | 519 | 752 | 2456 | 4% | － 1% | － 2% | 16% | 5% |

较 2014 年的 26% 增长迅猛。说明住房消费的金额占压较大，吸纳社会资金较多。而汽车及油品的消费是 5.44 万亿元，占比仅有 18%，这也是油价暴跌带来的消费放缓问题。消费增长具有持续性的是医疗和住房，尚未延伸到出行的购车消费上。2015 年的油价下跌导致油品消费下降较多，而购车消费增长也是较慢的。

表 2

| | 消费占比 | 11 年 | 12 年 | 13 年 | 14 年 | 15 年 |
|---|---|---|---|---|---|---|
| 消费金额 | 食品饮料烟酒 | 10323 | 12406 | 14833 | 17111 | 13553 |
| | 服装鞋帽针纺 | 7955 | 9778 | 11414 | 12563 | 13484 |
| | 中西药品 | 3718 | 4814 | 5924 | 6960 | 7895 |
| | 购房家具装修 | 51201 | 57049 | 72157 | 67484 | 117911 |
| | 汽车及油品 | 35275 | 40460 | 47438 | 53372 | 54456 |
| | 金银化妆手机 | 6777 | 8453 | 10583 | 11873 | 13430 |
| 消费总额占比 | 食品饮料烟酒 | 5.7% | 6.0% | 6.3% | 6.5% | 4.5% |
| | 服装鞋帽针纺 | 4.4% | 4.7% | 4.9% | 4.8% | 4.5% |
| | 中西药品 | 2.1% | 2.3% | 2.5% | 2.7% | 2.6% |
| | 购房家具装修 | 28.3% | 27.5% | 30.8% | 25.7% | 39.2% |
| | 汽车及油品 | 19.5% | 19.5% | 20.2% | 20.3% | 18.1% |
| | 金银化妆手机 | 3.7% | 4.1% | 4.5% | 4.5% | 4.5% |

4. 2015 年汽车销售额总体表现平稳

表 3

| 销售额－亿元 | 1 月 | 2 月 | 3 月 | 4 月 | 5 月 | 6 月 | 7 月 | 8 月 | 9 月 | 10 月 | 11 月 | 12 月 | 累计 |
|---|---|---|---|---|---|---|---|---|---|---|---|---|---|
| 2014 年 | 2439 | 2439 | 2669 | 2619 | 2602 | 2769 | 2610 | 2527 | 2919 | 2821 | 2835 | 3746 | 33397 |
| 2015 年 | 2775 | 2775 | 2684 | 2732 | 2813 | 2960 | 2721 | 2758 | 3076 | 3117 | 3368 | 4165 | 36006 |
| 增速 | 14% | 14% | 1% | 4% | 8% | 7% | 4% | 9% | 5% | 10% | 19% | 11% | 8% |

根据国家统计局的权威统计数据：2015 年的汽车销售额达到 3.6006 万亿元，同比增速达到 8%，相对于其他消费品的消费增速并不快。2015 年的汽车销售表现不理想，在 3 月出现仅有 1% 的增速，4 － 7 月的销售额也在 2800 亿左右，相对偏低。

在 2015 年 9 月末推出的购置税减半政策的推动下，4 季度的消费增速达到 10% 以上的高位，甚至是 11 月达到 19% 的销售额增速高位，这也是很好的增长表现。这体现的是社会消费的能力较强，关键在于政策与环境的匹配，只要环境好，车市有较好的增长潜力。

5. 中国汽车进出口走势进口车反差较大

根据全国海关统计，2015 年进口车的波动远大于出口市场，今年的进口萎缩就很严重。根据全国海关统计，2015 年 1 － 12 月的中国汽车累计进口 110 万台，累计增速 -23%。总体看今年的进出口累计增速走势均有下滑，进口增速下滑到 -23%，出口下降到 -20%，均较为严峻。

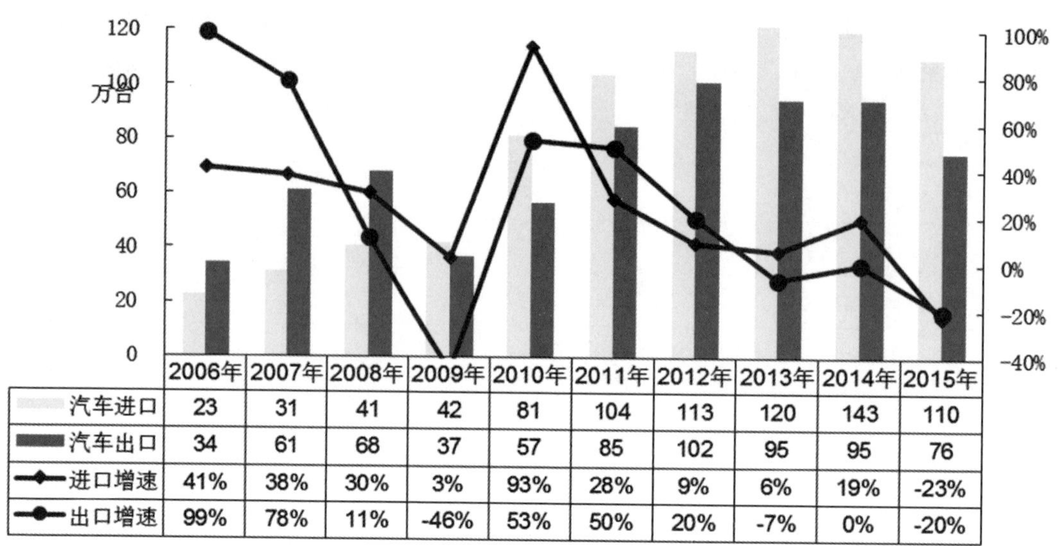


| | 2006年 | 2007年 | 2008年 | 2009年 | 2010年 | 2011年 | 2012年 | 2013年 | 2014年 | 2015年 |
|---|---|---|---|---|---|---|---|---|---|---|
| 汽车进口 | 23 | 31 | 41 | 42 | 81 | 104 | 113 | 120 | 143 | 110 |
| 汽车出口 | 34 | 61 | 68 | 37 | 57 | 85 | 102 | 95 | 95 | 76 |
| 进口增速 | 41% | 38% | 30% | 3% | 93% | 28% | 9% | 6% | 19% | -23% |
| 出口增速 | 99% | 78% | 11% | -46% | 53% | 50% | 20% | -7% | 0% | -20% |

**图 2　2006 － 2015 年中国汽车整车进出口走势**

6. 汽车整车进口月度走势

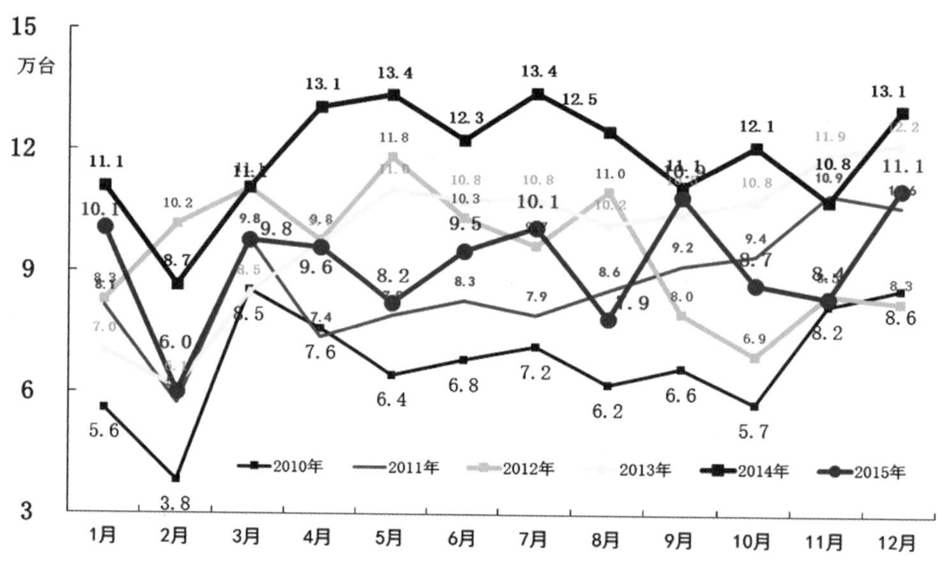


**图 3　2010 － 2015 年汽车进口量月度走势**

2011 年进口受到日本地震影响，出现 2 季度大幅跳水的走势，随后 2012 年的进口创出新高，在 2012 年 9 月开始的日系进口车出现剧烈的调整，因此 2013 年的 9 月就出现增速暴增的局面，一直延续暴增局面到 2014 年 7 月。2014 年 3 季度后的进口处于高位回落趋势。2015 年进口出现高基数的低迷，2015 年 2 季度的进口受到国内经济疲软而进一步下行低迷。3 季度的进口受到天津港的爆炸影响较大，2015 年 9 月进口反弹，12 月的进口增长也较猛。

7. 2015 年逐月出口车销量增速乏力

从月度走势看，前两年的出口仍呈现季节性特征，呈现夏季走高过山车的见顶回落走势特征，但 2015 年车市出口开局就出现高位下滑的局面。2014 年尚有走强向上的趋势。2015 年的上半年出口量低迷，且 3 季度在 6 － 7 万辆徘徊，历年常见的夏季创出年度新高的现象没有出现。随后的 2015 年 4 季度下滑加速，已经低于 2010 年的出口水平。

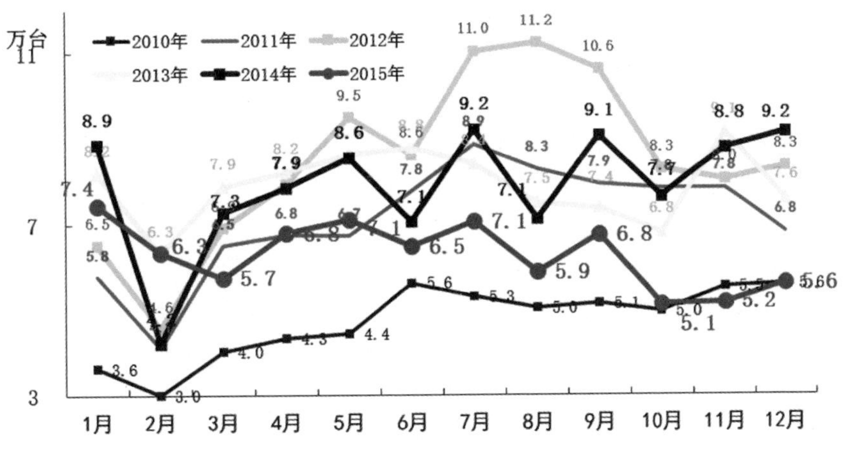


图 4　2010 － 2015 年汽车出口量月度走势

8. 汽车整车行业总体状态

表 4

| 整车企业状态 | 2015 年 1 － 12 月 | | | 2014 年全年 | | |
|---|---|---|---|---|---|---|
| | 本期 | 同期 | 增幅 | 本期 | 同期 | 增幅 |
| 主营业务成本 | 28150 | 27110 | 4% | 27248 | 24489 | 11% |
| 主营业务收入 | 34362 | 33838 | 2% | 34128 | 30459 | 12% |
| 营业费用 | 1245 | 1405 | -11% | 1409 | 1297 | 9% |
| 管理费用 | 1519 | 1474 | 3% | 1490 | 1304 | 14% |
| 财务费用 | 83 | 5 | 1564% | 2 | 13 | -85% |
| 利息支出 | 139 | 149 | -7% | 149 | 116 | 28% |
| 应收帐款净额 | 3129 | 2423 | 29% | 2450 | 2504 | -2% |
| 产成品 | 972 | 1016 | -4% | 1038 | 864 | 20% |
| 流动资产 | 16768 | 15103 | 21% | 15370 | 14310 | 7% |
| 资产总计 | 30099 | 27209 | 11% | 27648 | 25178 | 10% |
| 负债总计 | 17889 | 15919 | 12% | 16110 | 14694 | 10% |
| 主营业务税金 | 1244 | 1276 | -3% | 1269 | 1195 | 6% |
| 应交增值税 | 1196 | 1118 | 7% | 1123 | 1070 | 5% |
| 利润总额 | 3432 | 3639 | -6% | 3672 | 3074 | 19% |
| 销售利润率 | 10.0% | 10.8% | -0.8% | 10.8% | 10.1% | 0.7% |
| 毛利率 | 18.1% | 19.9% | -1.8% | 20.2% | 19.6% | 0.6% |
| 期间费用率 | 8.3% | 8.5% | -0.2% | 8.56% | 8.6% | -0.1% |
| 资产负责率 | 59.4% | 58.5% | 0.9% | 58.3% | 58.4% | -0.1% |

国家统计局的行业经济运行总体数据是全口径的，是最佳的跟踪汽车整车总体运行状态的数据。国家统计局统计的 2014 年的主营业务收入 3.4 万亿元，增长 12%，而成本增长 11%，生产运营处于较好水平。2015 年的 1 － 12 月的收入增长 2%，成本增长 4%，利润增减－ 6%，总体看汽车整车行业的利润表现下滑较大，虽然其中以税收 2440 亿元增长，出现小幅增长，但汽车销售利润率降到 10% 的幅度下滑是较剧烈的。

## 二、中国汽车市场结构分析

### 1. 主要汽车集团 2015 年销量表现偏弱

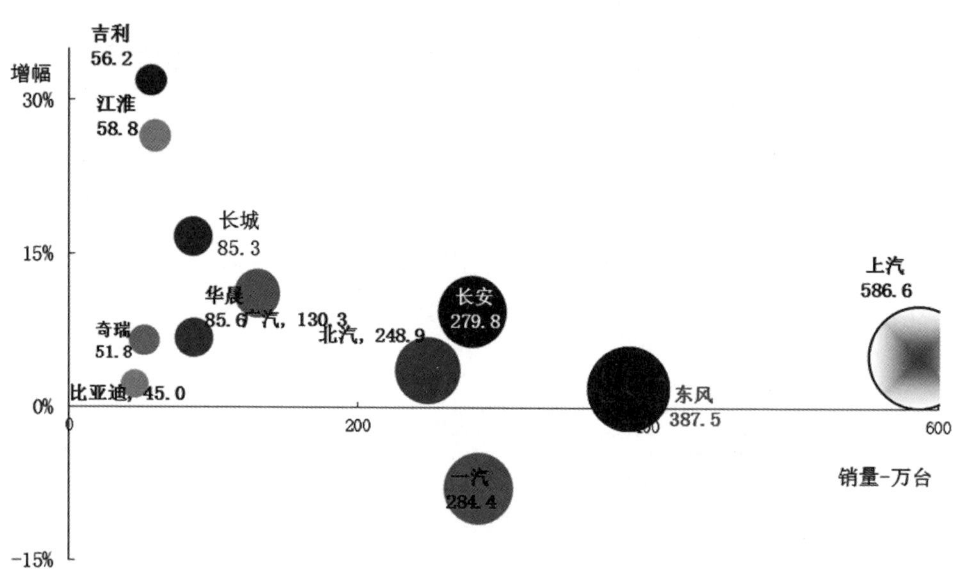


图 5　2015 年 1 － 12 月各汽车集团销量 \ 份额、增速表现

2015 年的大集团走势分化严重，主力车企偏弱，二线集团走强。从主力车企看，上汽处于领军地位，但上汽和东风走势偏弱，一汽仍是持续多年的负增长。近期长安和广汽表现较好。吉利、江淮、长城等中小集团都不错。一汽和东风等大集团因为商用车的比重较大，经济下滑影响卡车表现，因此表现稍差可以理解。

### 2. 汽车企业批发销量走势

2015 年从集团角度看的前 10 车企中六大集团占

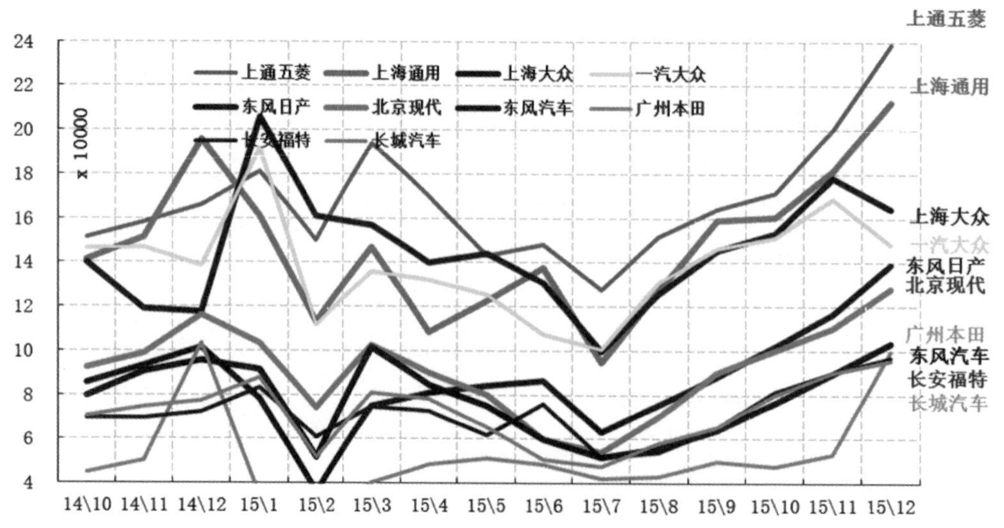


图 6　2014 年－ 2015 年 12 月各汽车集团销量 \ 份额、增速表现

据 10 席，车企分化明显，上汽三家，东风两家，长安、北汽、一汽仅有一家，广汽一家，长城回归前 10 阵容。上汽三家车企都是主力企业；东风的东风日产和东风汽车两家，一汽有大众，长安主力是长安福特，长安汽车 12 月调整；北汽主力厂家有北京现代。2015 年内资企业有东风汽车、长安、长城汽车进入车企销量前 10 阵容。近期汽车主力企业的优势依旧相对明显，2015 年的上通五菱仍处于领军地位，上海通用环比回升较快，上海大众、一汽大众主动调整。长安的走势较稳，北京现代与东风日产相近，表现不错。

3. 行业销量状态分化

2015 年国产汽车销量 5% 增速较低，但乘用车的

**表 5**

| | | 销量 | | | | | | | | | |
|---|---|---|---|---|---|---|---|---|---|---|---|
| 年份 | | 2006 年 | 2007 年 | 2008 年 | 2009 年 | 2010 年 | 2011 年 | 2012 年 | 2013 年 | 2014 年 | 2015 年 |
| 汽车总计 | | 722 | 879 | 938 | 1364 | 1806 | 1851 | 1931 | 2198 | 2349 | 2456 |
| 狭义乘用车 | 合计 | **426** | **531** | **569** | **844** | **1133** | **1232** | **1326** | **1638** | **1843** | **2020** |
| | 轿车 | 383 | 473 | 498 | 745 | 956 | 1014 | 1072 | 1203 | 1248 | 1179 |
| | MPV | 19 | 23 | 19 | 25 | 44 | 54 | 53 | 131 | 186 | 212 |
| | SUV | 24 | 36 | 49 | 73 | 133 | 164 | 201 | 304 | 409 | 629 |
| 微型车 | 合计 | **121** | **130** | **129** | **234** | **294** | **256** | **252** | **208** | **181** | 162 |
| | 微客 | 92 | 99 | 106 | 194 | 242 | 216 | 216 | 155 | 127 | 107 |
| | 微卡 | 29 | 32 | 23 | 40 | 52 | 40 | 36 | 53 | 53 | 55 |
| 客车 | 合计 | **29** | **35** | **34** | **35** | **44** | **49** | **51** | **56** | **60** | **60** |
| | 大中客 | 10 | 12 | 12 | 13 | 16 | 17 | 17 | 17 | 16 | 16 |
| | 轻客 | 19 | 23 | 22 | 22 | 28 | 32 | 34 | 39 | 44 | 43 |
| 卡车 | 合计 | **146** | 183 | **192** | 251 | **334** | 314 | **302** | **297** | **265** | **214** |
| | 中重卡 | 51 | 72 | 75 | 89 | 129 | 117 | 93 | 106 | 99 | 76 |
| | 轻卡 | 95 | 110 | 131 | 162 | 206 | 197 | 209 | 191 | **166** | **138** |
| | | 增速 | | | | | | | | | |
| 汽车总计 | | 25% | 22% | 7% | 46% | 32% | 2% | 4% | 14% | 7% | 5% |
| 狭义乘用车 | 合计 | **35%** | **25%** | **7%** | **48%** | **34%** | **9%** | **8%** | **24%** | **13%** | **10%** |
| | 轿车 | 37% | 23% | 7% | 49% | 28% | 6% | 6% | 12% | 4% | -5% |
| | MPV | 23% | 18% | -11% | 27% | 77% | 13% | -2% | 147% | 42% | 14% |
| | SUV | 21% | 50% | 33% | 50% | 82% | 23% | 23% | 51% | 34% | 54% |
| 微型车 | 合计 | **14%** | **8%** | **5%** | **76%** | **26%** | **-13%** | **-2%** | **-17%** | **-13%** | **-11%** |
| | 微客 | 10% | 8% | 8% | 80% | 25% | -11% | | -28% | -18% | -16% |
| | 微卡 | 25% | 8% | -4% | 62% | 30% | -22% | -10% | 46% | 1% | 3% |
| 客车 | 合计 | **7%** | **21%** | **-3%** | **4%** | **25%** | **10%** | **4%** | **10%** | **8%** | **-1%** |
| | 大中客 | 6% | 18% | 4% | 5% | 23% | 4% | | 1% | -4% | 0% |
| | 轻客 | 8% | 23% | -6% | 3% | 26% | 13% | 6% | 14% | 13% | -1% |
| 卡车 | 合计 | **14%** | **25%** | **4%** | **27%** | **33%** | **-6%** | **-4%** | **-2%** | **-11%** | **-19%** |
| | 中重卡 | 18% | 42% | 3% | 20% | 44% | -9% | -21% | 14% | -7% | -23% |
| | 轻卡 | 11% | 16% | 11% | 32% | 27% | -4% | 6% | -9% | -13% | **-17%** |

10% 增速相对超强，客车表现较平稳，而卡车系列相对较弱，这是经济环境下滑的影响。

2015 年的卡车下滑 19%，其中以重卡下滑 23%，而轻卡在连续三年下滑后依旧在 2015 年下滑 17%，形成较严峻的下滑特征。

2015 年客车市场的新能源车很强，大量赚补贴的购车需求导致新能源大客的市场空前繁荣，但数量增长远低于补贴金额的增长。

2015 年的微车市场继续受到乘用车市场的分流影响。但微卡市场逐步回暖，形成较强的增量拉动。

4. 国内狭义乘用车销量走势分化

2015 年全年的全国狭义乘用车市场累计零售 1963

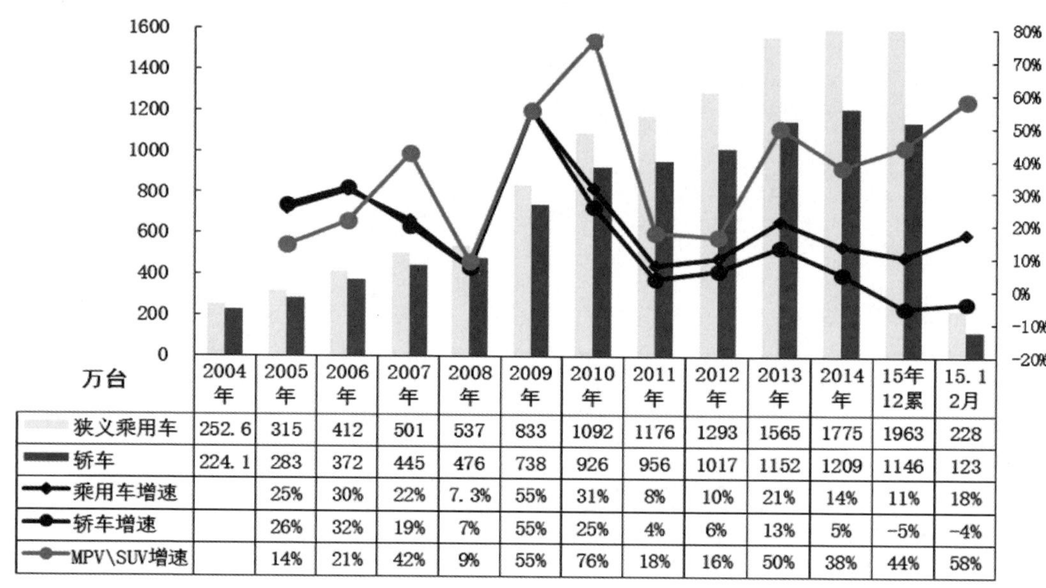


| 万台 | 2004年 | 2005年 | 2006年 | 2007年 | 2008年 | 2009年 | 2010年 | 2011年 | 2012年 | 2013年 | 2014年 | 15年12累 | 15.12月 |
|---|---|---|---|---|---|---|---|---|---|---|---|---|---|
| 狭义乘用车 | 252.6 | 315 | 412 | 501 | 537 | 833 | 1092 | 1176 | 1293 | 1565 | 1775 | 1963 | 228 |
| 轿车 | 224.1 | 283 | 372 | 445 | 476 | 738 | 926 | 956 | 1017 | 1152 | 1209 | 1146 | 123 |
| 乘用车增速 |  | 25% | 30% | 22% | 7.3% | 55% | 31% | 8% | 10% | 21% | 14% | 11% | 18% |
| 轿车增速 |  | 26% | 32% | 19% | 7% | 55% | 25% | 4% | 6% | 13% | 5% | -5% | -4% |
| MPV\SUV增速 |  | 14% | 21% | 42% | 9% | 55% | 76% | 18% | 16% | 50% | 38% | 44% | 58% |

**图 7 2005 － 2015 年狭义乘用车国内零售**

万辆，相比上年同期增长 11%，呈现增速持续回落的态势。在十一五的高增长后，2011 年车市出现增速 8% 的低迷情况，尤其是北京市场的销量影响较大。2012 － 2013 年狭义乘用车增速持续回升，2013 年增速达到 21% 的超高增速，这也是合资反弹的促进。而 2014 年和 2015 年的车市限购影响较大，导致增速放缓。尤其是 2015 年的 12 月的车市增速是多种因素的打压而低迷。

2015 年乘用车市场的轿车和多功能车的需求严重分化，而多功能车的增长走强与轿车负增长加剧。2015 年轿车销量 1146 万台，同比增长 -5%，这也是在轿车持续低迷后的 2015 年严重下滑的特征。而 2015 年的多功能车快速高增长的趋势更明显，也是自主品牌抓住 SUV 的趋势形成新突破的特征，而自主的分流轿车影响也延伸到 SUV 的增速提升中。

5. 乘用车自主品牌份额走势

2015 年自主份额高企主要也是合资的市场表现较差，换购需求不足，自主的新购需求相对较稳，导致自主的表现借助 SUV 异常超强。2015 年各车系零售同比销量增速差距较大，自主厂家同比增速较快。日系 2015 年后期较强，而德系和韩系相对表现偏保守，只有自主品牌较突出。在 2014 年开始的自主品牌提升较大的基础上，2015 年 6 － 8 月自主增长幅度放缓，9 － 12 月的自主品牌进一步强力拉升，形成较强的增长特征。（见图 8）

2015 年前 10 个月的自主表现超强，12 月的自主份额超强增长有所放缓，这也是同期自主品牌处于历年高点，2014 年末的自主求稳，导致 2015 年的自主份额达到近 40% 峰值，但 2015 年 10 － 12 月的份额仍低于年初的份额，增长动力实际放缓。

6. 乘用车自主品牌份额走势

乘用车企业的市场表现严重分化，大众等合资品牌表现较差，而自主的走势较强。排名前三的上海大众、一汽大众和上海通用的增速都是低于行业平均增速的，

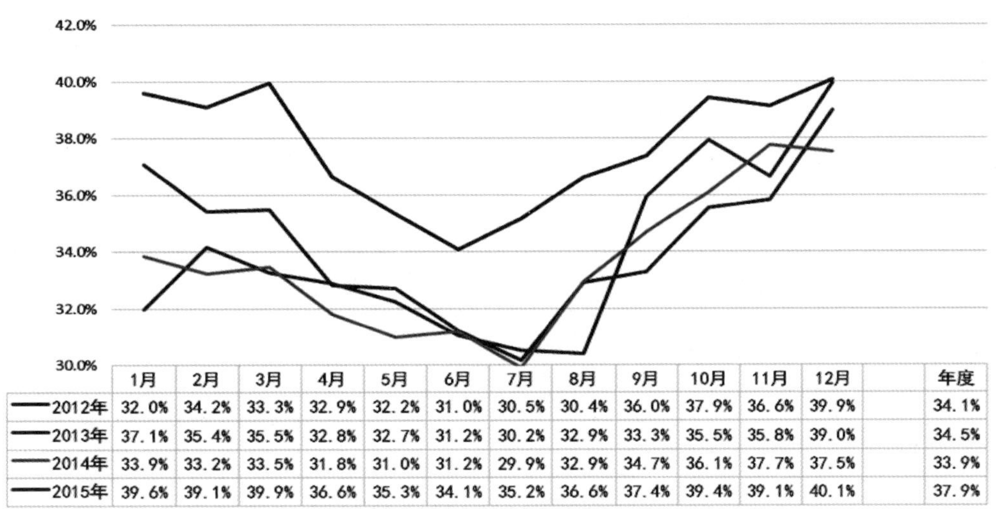


| | 1月 | 2月 | 3月 | 4月 | 5月 | 6月 | 7月 | 8月 | 9月 | 10月 | 11月 | 12月 | 年度 |
|---|---|---|---|---|---|---|---|---|---|---|---|---|---|
| 2012年 | 32.0% | 34.2% | 33.3% | 32.9% | 32.2% | 31.0% | 30.5% | 30.4% | 36.0% | 37.9% | 36.6% | 39.9% | 34.1% |
| 2013年 | 37.1% | 35.4% | 35.5% | 32.8% | 32.7% | 31.2% | 30.2% | 32.9% | 33.3% | 35.5% | 35.8% | 39.0% | 34.5% |
| 2014年 | 33.9% | 33.2% | 33.5% | 31.8% | 31.0% | 31.2% | 29.9% | 32.9% | 34.7% | 36.1% | 37.7% | 37.5% | 33.9% |
| 2015年 | 39.6% | 39.1% | 39.9% | 36.6% | 35.3% | 34.1% | 35.2% | 36.6% | 37.4% | 39.4% | 39.1% | 40.1% | 37.9% |

**图 8　2012 － 2015 年狭义乘用车国内零售**

这也是合资主力车企没有有效对应市场变化的结果，尤其是一汽大众原汁原味的德国车型的表现很差，大众品牌与奥迪的表现有明显反差。而北京现代和东风日产的表现也均不理想。包括神龙等合资表现也是较弱。形成风潮的趋势是二线的自主表现较强。长安和长城表现较强，但江淮汽车和众泰汽车、广汽乘用车等表现更强。

**表 5**

| 狭义乘用车 | 销量 | 增速 | 狭义乘用车 | 销量 | 增速 |
|---|---|---|---|---|---|
| 上海大众 | 180.6 | 5% | 广州本田 | 58 | 21% |
| 上海通用 | 172.5 | 1% | 广州本田 | 40.3 | 8% |
| 一汽大众 | 165 | -7% | 江淮汽车 | 34.6 | 77% |
| 上通五菱 | 118.2 | 27% | 东风本田 | 40.3 | 32% |
| 北京现代 | 105.9 | -5% | 东风柳州 | 25.3 | 5% |
| 东风日产 | 100.1 | 5% | 华晨宝马 | 28.7 | 3% |
| 长安汽车 | 93.8 | 32% | 北汽乘用车 | 27.7 | 35% |
| 长安福特 | 86.9 | 8% | 一汽轿车 | 22.2 | -20% |
| 长城汽车 | 75.3 | 23% | 众泰汽车 | 22.3 | 36% |
| 神龙汽车 | 70.5 | 0% | 北京奔驰 | 25 | 72% |
| 东风悦达起亚 | 61.6 | -5% | 一汽海南 | 18.1 | 2% |
| 一汽丰田 | 60.7 | 4% | 长安铃木 | 12 | -27% |
| 吉利汽车 | 52.3 | 23% | 华晨汽车 | 18.4 | 20% |
| 奇瑞汽车 | 45.8 | 2% | 长安马自在 | 14.6 | 43% |
| 比亚迪 | 45.5 | 4% | 广汽乘用车 | 19 | 63% |

## 三、2015年汽车区域市场结构性增长

### 1. 2015年中部市场表现较强

中国车市的增长是呈现梯度发展的，从发达的东部直辖市起步，逐步向各类地区转移。2015年的车市增长动力从东部转到中部地区，尤其是中部的黄河地区和长江地区的市场增长动力很强。

从上图看出，东部直辖市的销量占比一路下行，

表6

| 份额 | 2005年 | 2006年 | 2007年 | 2008年 | 2009年 | 2010年 | 2011年 | 2012年 | 2013年 | 2014年 | 2015年 |
|---|---|---|---|---|---|---|---|---|---|---|---|
| 东部-华北 | 13.7% | 14.2% | 14.0% | 14.5% | 14.4% | 14.5% | 16.2% | 15.8% | 16.2% | 16.5% | 16.4% |
| 东部-华东 | 18.2% | 17.9% | 18.6% | 15.9% | 16.6% | 17.2% | 17.2% | 16.5% | 16.1% | 15.8% | 15.0% |
| 中部-长江 | 6.8% | 7.3% | 7.9% | 8.7% | 9.4% | 9.6% | 10.4% | 13.7% | 11.7% | 12.1% | 13.9% |
| 西南 | 10.6% | 10.5% | 11.6% | 11.4% | 12.5% | 12.4% | 12.1% | 11.7% | 12.5% | 13.7% | 13.7% |
| 东部-华南 | 15.1% | 15.2% | 13.1% | 13.8% | 11.0% | 11.9% | 11.5% | 9.1% | 11.1% | 12.2% | 11.7% |
| 中部-黄河 | 6.4% | 6.9% | 6.8% | 8.0% | 7.6% | 7.4% | 8.2% | 8.3% | 8.8% | 8.9% | 9.2% |
| 西北 | 4.8% | 6.8% | 6.6% | 7.5% | 9.0% | 8.4% | 9.5% | 9.7% | 9.0% | 8.6% | 8.2% |
| 东北 | 7.2% | 7.0% | 7.2% | 7.3% | 7.9% | 7.2% | 7.7% | 7.6% | 7.2% | 7.1% | 6.9% |
| 东部直辖市 | 17.1% | 14.2% | 14.1% | 12.8% | 11.6% | 11.2% | 7.1% | 7.6% | 7.3% | 5.1% | 5.1% |
| 全国 | 100.0% | 100.0% | 100.0% | 100.0% | 100.0% | 100.0% | 100.0% | 100.0% | 100.0% | 100.0% | 100. 0% |

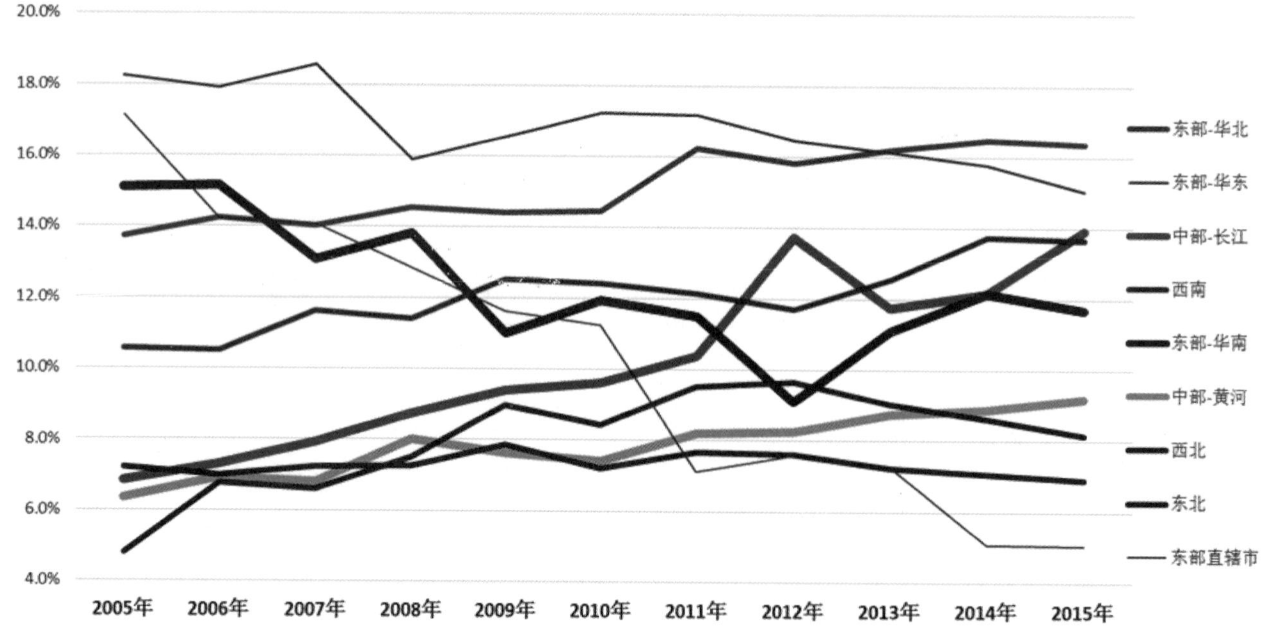


图9 区域销售份额走势

从2005年的17%，一路下滑到2015年的5%，下滑了12个百分点的份额。提升最快的是中部长江地区，前期的普及率低，但人口多，产业聚集好，近期的增长较快。而东部的华东和华南地区的份额下滑趋势出现差异化。受到广州和深圳限购的影响，华南地区的车市份额在2012年达到谷底的9.1%后逐步回升，2014年的深圳限购没有严重影响华南地区的2015年车市销量。

东北地区的车市表现持续较差，相对于西北的车市拉升后的回落特征，东北基本就没有太强的增长。西北地区从2007年的6.8%增长到2012年的9.7%，增长较强，随后出现一路的下行，2015年份额为8.2%。而东北的份额下降较慢，始终维持在7%左右。

2. 轿车市场的变化

轿车市场的需求变化主要是特大城市的需求萎缩

**表7**

| 城市分类 | 品牌归类 | 2010年 | 2012年 | 2013年 | 2014年 | 2015年 |
|---|---|---|---|---|---|---|
| 1特大 | 超豪华 | 0.1% | 0.1% | 0.0% | 0.2% | 0.3% |
| | 豪华 | 10% | 15% | 15% | 19% | 26% |
| | 中高端 | 70% | 71% | 71% | 69% | 61% |
| | 内资 | 20% | 14% | 14% | 11% | 13% |
| **1特大 汇总** | | **17%** | **13%** | **12%** | **10%** | **8%** |
| 2大型 | 超豪华 | 0.0% | 0.0% | 0.1% | 0.1% | 0.1% |
| | 豪华 | 7% | 10% | 10% | 11% | 12% |
| | 中高端 | 70% | 73% | 74% | 74% | 73% |
| | 内资 | 23% | 17% | 16% | 15% | 14% |
| **2大型 汇总** | | **20%** | **20%** | **21%** | **22%** | **23%** |
| 3中型 | 超豪华 | 0.0% | 0.0% | 0.1% | 0.1% | 0.1% |
| | 豪华 | 6% | 9% | 9% | 10% | 11% |
| | 中高端 | 69% | 72% | 74% | 75% | 75% |
| | 内资 | 25% | 19% | 17% | 15% | 14% |
| **3中型 汇总** | | **23%** | **25%** | **22%** | **23%** | **23%** |
| 4小型 | 超豪华 | 0.0% | 0.0% | 0.0% | 0.0% | 0.0% |
| | 豪华 | 3% | 4% | 4% | 5% | 5% |
| | 中高端 | 62% | 67% | 69% | 72% | 74% |
| | 内资 | 35% | 29% | 27% | 23% | 21% |
| **4小型 汇总** | | **21%** | **22%** | **23%** | **23%** | **23%** |
| 县乡 | 超豪华 | 0.0% | 0.0% | 0.0% | 0.0% | 0.0% |
| | 豪华 | 2% | 3% | 4% | 4% | 5% |
| | 中高端 | 61% | 67% | 70% | 73% | 74% |
| | 内资 | 37% | 30% | 27% | 23% | 22% |
| **县乡 汇总** | | **19%** | **21%** | **22%** | **22%** | **24%** |

和县乡市场的需求增长。2015年的特大城市的轿车份额占全国的8%，较2014年的份额下降两个百分点。而县乡市场占全国的份额从2014年的22%上升到24%，份额是提升的。在特大城市中的自主品牌的轿车分额是提升的，从2014年的11%提升到13%，恢复到2013年的份额。而合资品牌的份额下降很快，从2014年的69%下降到61%，这其中也是豪华车的分流问题，也有自主SUV的分流问题。

而县乡市场的总体轿车占比是提升的，说明县乡市场的总体需求很强，而自主品牌轿车在县乡市场并未获得超强增长。豪华车的需求在县乡市场也是持续高增长的。

3. SUV 的市场结构变化

SUV市场的需求也是趋于县乡市场的高增长，特

**表 8**

| 城市分类 | 品牌归类 | 2010年 | 2012年 | 2013年 | 2014年 | 2015年 |
|---|---|---|---|---|---|---|
| 1 特大 | 超豪华 | 0.0% | 0.0% | 0.0% | 0.0% | 0.0% |
| | 豪华 | 19% | 28% | 28% | 29% | 32% |
| | 中高端 | 70% | 59% | 57% | 55% | 53% |
| | 内资 | 11% | 13% | 15% | 16% | 15% |
| **1 特大　汇总** | | **18%** | **14%** | **13%** | **12%** | **8%** |
| 2 大型 | 超豪华 | 0.0% | 0.0% | 0.0% | 0.0% | 0.0% |
| | 豪华 | 15% | 21% | 20% | 18% | 16% |
| | 中高端 | 64% | 57% | 55% | 52% | 47% |
| | 内资 | 21% | 22% | 25% | 30% | 37% |
| **2 大型　汇总** | | **20%** | **20%** | **21%** | **23%** | **23%** |
| 3 中型 | 超豪华 | 0.0% | 0.0% | 0.0% | 0.0% | 0.0% |
| | 豪华 | 14% | 19% | 19% | 17% | 15% |
| | 中高端 | 66% | 57% | 55% | 53% | 50% |
| | 内资 | 20% | 24% | 26% | 29% | 35% |
| **3 中型　汇总** | | **26%** | **27%** | **24%** | **24%** | **23%** |
| 4 小型 | 超豪华 | 0.0% | 0.0% | 0.0% | 0.0% | 0.0% |
| | 豪华 | 8% | 12% | 11% | 10% | 8% |
| | 中高端 | 65% | 57% | 54% | 50% | 45% |
| | 内资 | 28% | 32% | 35% | 40% | 48% |
| **4 小型　汇总** | | **17%** | **18%** | **18%** | **18%** | **19%** |
| 县乡 | 超豪华 | 0.0% | 0.0% | 0.0% | 0.0% | 0.0% |
| | 豪华 | 5% | 9% | 9% | 8% | 6% |
| | 中高端 | 62% | 56% | 54% | 50% | 44% |
| | 内资 | 33% | 35% | 37% | 42% | 50% |
| **县乡　汇总** | | **19%** | **21%** | **23%** | **23%** | **26%** |

大城市的下滑更明显。特大城市的 SUV 在全国占比从 2014 年的 12% 下降到 8%，萎缩严重。而小型城市的 SUV 的全国占比从 18% 上升到 19%。县乡市场的 SUV 全国占比也是达到 26%。说明市场的需求仍是小城市和县乡市场的 SUV 拉动较强。

而在县乡市场的自主品牌的 SUV 的占比提升较快，达到 50%，说明自主品牌的中低价 SUV 战略很成功。

4. 限购城市销量

限购城市的销量滑坡对汽车市场影响巨大，尤其是 2014 年的杭州和深圳限购拉低了 2015 年销量。从 2010 年底开始，中国的车市限购风潮较严重，从北京限购开始，2012 年广州限购、2013 年天津限购、2014 年的杭州和深圳限购，导致这些城市的销量均出现一定的下滑问题。尤其是 2014 年深圳限购导致 2015 年的深圳销量下滑 33 万台，占到全国销量的 1.5% 的增速。

**表 9**

| 市 | 年 | 1 季 | 2 季 | 3 季 | 4 季 | 总计 | 市 | 年 | 1 季 | 2 季 | 3 季 | 4 季 | 总计 |
|---|---|---|---|---|---|---|---|---|---|---|---|---|---|
| 北京 | 2012 年 | 12.3 | 10.4 | 9.6 | 13.7 | 46.0 | 天津 | 2012 年 | 6.0 | 6.2 | 7.0 | 7.7 | 27.0 |
| | 2013 年 | 12.4 | 12.9 | 12.3 | 13.7 | 51.4 | | 2013 年 | 7.1 | 9.1 | 8.7 | 8.6 | 33.5 |
| | 2014 年 | 12.6 | 12.0 | 11.6 | 13.1 | 49.2 | | 2014 年 | 4.8 | 3.1 | 4.3 | 5.3 | 17.5 |
| | 2015 年 | 11.6 | 12.2 | 12.8 | 12.0 | 48.6 | | 2015 年 | 3.7 | 4.1 | 4.3 | 4.9 | 17.0 |
| 上海 | 2012 年 | 7.4 | 7.0 | 7.8 | 7.4 | 29.6 | 杭州 | 2012 年 | 5.7 | 5.1 | 6.6 | 6.9 | 24.2 |
| | 2013 年 | 7.8 | 6.9 | 7.7 | 7.1 | 29.5 | | 2013 年 | 6.5 | 6.8 | 7.4 | 7.9 | 28.6 |
| | 2014 年 | 7.7 | 6.6 | 7.8 | 7.7 | 29.9 | | 2014 年 | 8.4 | 4.0 | 3.4 | 4.2 | 20.0 |
| | 2015 年 | 8.2 | 8.8 | 9.9 | 11.3 | 38.2 | | 2015 年 | 3.5 | 3.8 | 4.4 | 3.6 | 15.4 |
| 广州 | 2012 年 | 5.9 | 4.4 | 2.4 | 2.7 | 15.4 | 深圳 | 2012 年 | 5.1 | 4.7 | 4.7 | 7.1 | 21.6 |
| | 2013 年 | 3.4 | 3.8 | 4.6 | 4.2 | 16.0 | | 2013 年 | 6.9 | 7.4 | 8.7 | 10.2 | 33.2 |
| | 2014 年 | 3.9 | 4.2 | 3.9 | 3.7 | 15.7 | | 2014 年 | 10.4 | 12.0 | 13.2 | 14.6 | 50.3 |
| | 2015 年 | 4.0 | 3.9 | 4.5 | 4.7 | 17.1 | | 2015 年 | 4.6 | 3.5 | 4.2 | 5.3 | 17.6 |

## 四、新能源车市场状态

1. 2015 年新能源车销量增长较猛（见图 10）

2015 年狭义乘用车销量 17.7 万台，同比增长 2 倍。其中 12 月的新能源车销量 37137 台，同比 2014 年 12 月的 14008 台增长 1.6 倍，增速仍保持较高水平。从 8 月以来的新能源车销量进入拉升轨迹，近几个月都是月度环比增长 4000 台左右水平，12 月更是环比暴增万台左右，市场热度快速升温。总体看，2015 年新能源车形成三段的增速，1 － 2 月开局低迷，3 － 7 月市场低迷，8 － 12 月疯狂拉升。

2. 新能源车销售结构快速变化（见表 10）

2015 年的插电混动的开局表现较强，随后逐步被电动车挤压。12 月的新能源乘用车中插电占比达到 25%，相对年度占比 36% 的比例稍有下降。近期纯电动乘用车中基本全部是轿车产品，前期的 MPV\SUV 逐步萎缩。而插电混动的车型组合多元化，SUV 等表现较强。

3. 新能源车销售级别变化（见表 11）

2015 年纯电动车中的 A00 级车占比达 63%，且 A0 级成为纯电动乘用车的绝对主力，这两类组合的经济型电动车成为主力。但 2015 年末的 A 级电动车爆发增长到 18%，这是暂时的缺货和抢年度数量的特殊状态，同时也是 A0 级电动车的缺货影响。

插电混动主要是以 A 级车为主，比亚迪秦、唐和

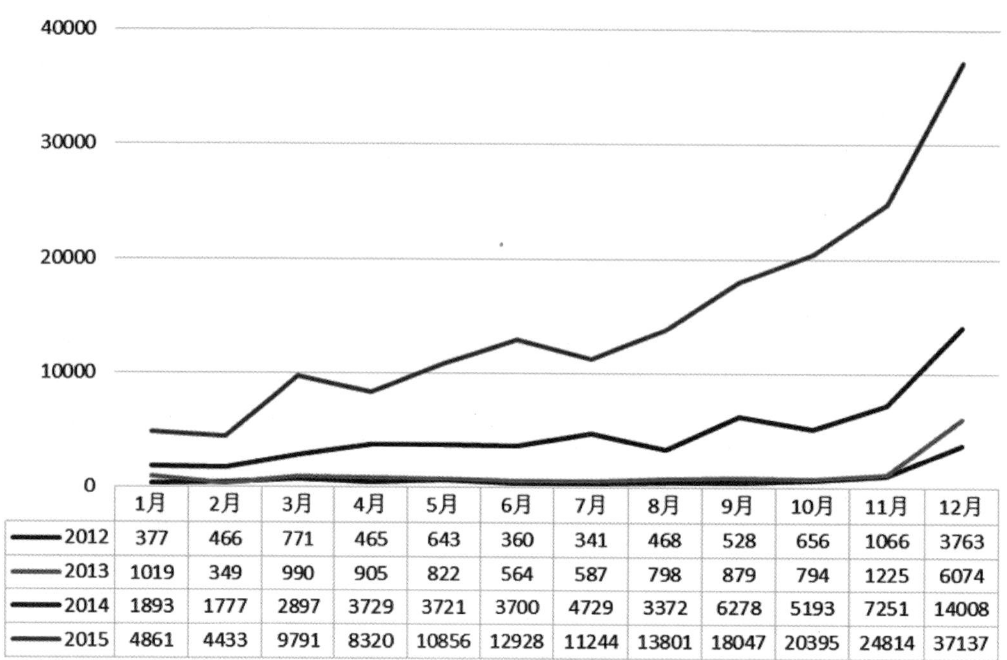


**图 10　新能源乘用车销量**

**表 10**

| 动力类型 | 类别 | 2014 | | | | 2014 | 2015 | | | | | 2015 |
|---|---|---|---|---|---|---|---|---|---|---|---|---|
| | | 1 季度 | 2 季度 | 3 季度 | 4 季度 | 汇总 | 1 季度 | 2 季度 | 3 季度 | 4 季度 | 12 月 | 汇总 |
| 纯电动 | CAR | 100% | 100% | 100% | 100% | 100% | 100% | 100% | 100% | 100% | 100% | 100% |
| | MPV | | | 0% | 0% | 0% | | | 0% | 0% | | 0% |
| | SUV | | | 0% | 0% | 0% | | | | | | |
| **纯电动 汇总** | | **64%** | **72%** | **66%** | **73%** | **70%** | **58%** | **60%** | **54%** | **72%** | **75%** | **64%** |
| 插混 | CAR | 100% | 100% | 100% | 100% | 100% | 100% | 97% | 74% | 44% | 41% | 71% |
| | SUV | | | | | | | 3% | 26% | 56% | 59% | 29% |
| **插混 汇总** | | **36%** | **28%** | **34%** | **27%** | **30%** | **42%** | **40%** | **46%** | **28%** | **25%** | **36%** |
| **总计** | | **100%** | **100%** | **100%** | **100%** | **100%** | **100%** | **100%** | **100%** | **100%** | **100%** | **100%** |

**表 11**

| 动力类型 | 类别 | 2014 | | | | 2014 | 2015 | | | | | 2015 |
|---|---|---|---|---|---|---|---|---|---|---|---|---|
| | | 1 季度 | 2 季度 | 3 季度 | 4 季度 | 汇总 | 1 季度 | 2 季度 | 3 季度 | 4 季度 | 12 月 | 汇总 |
| 纯电动 | A00 | 81% | 82% | 81% | 54% | 69% | 63% | 56% | 56% | 68% | 69% | 63% |
| | A0 | 4% | 7% | 10% | 34% | 20% | 22% | 31% | 34% | 19% | 13% | 24% |
| | A | 15% | 10% | 9% | 11% | 11% | 14% | 13% | 9% | 13% | 18% | 12% |
| | B | | | | 0% | 0% | 1% | 0% | 0% | 0% | 0% | 0% |
| **纯电动 汇总** | | **64%** | **72%** | **66%** | **73%** | **70%** | **58%** | **60%** | **54%** | **72%** | **75%** | **64%** |
| 插混 | A | 100% | 100% | 100% | 99% | 100% | 96% | 97% | 97% | 95% | 93% | 96% |
| | B | | | | 1% | 0% | 3% | 3% | 2% | 4% | 6% | 3% |
| | C | | | | | | 1% | 2% | 1% | 1% | 1% | 1% |
| **插混 汇总** | | **36%** | **28%** | **34%** | **27%** | **30%** | **42%** | **40%** | **46%** | **28%** | **25%** | **36%** |
| **总计** | | **100%** | **100%** | **100%** | **100%** | **100%** | **100%** | **100%** | **100%** | **100%** | **100%** | **100%** |

荣威 550 是绝对的主力。而以宝马 5 系为代表的合资品牌的高端插电混动车型表现也很理想。4 季度的 B 级插混的销量增长较快，这也是未来的趋势。

4. 2015 年新能源车主力车型销量增长较猛

2015 年插电混动总量表现弱于纯电动轿车，但插

**表 12**

| 销量 | 乘联会名称 | 13-12月 | 14-12月 | 15-11月 | 15-12月 | 本月同比 | 本月环比 | 15年累计同比 | 14年 | 15年 |
|---|---|---|---|---|---|---|---|---|---|---|
| 国产电动 | 北汽 E 系 | 710 | 2615 | 2104 | 1696 | -35% | -19% | 198% | 5534 | 16488 |
| | 康迪熊猫 | 2619 | 981 | 4153 | 4701 | 379% | 13% | 138% | 8564 | 2039 |
| | 吉利知豆 | | | | 6164 | | | | 0 | 6164 |
| | 云 100 | | 2224 | 3730 | 2582 | 16% | -31% | 569% | 2311 | 15467 |
| | 江淮 IEV | 1029 | 684 | 1452 | 1581 | 131% | 9% | 387% | 2694 | 1042 |
| | 众泰 E20 | 0 | 1497 | 159 | | -62% | 260% | -13% | 7341 | 6385 |
| | 芝麻 E30 | | | | 572 | | | | 0 | 572 |
| | QQ 电动 | 909 | 994 | 710 | 924 | -7% | 30% | -24% | 9096 | 6885 |
| | eQ 电动车 | | 406 | 923 | 1868 | 360% | 102% | 1240% | 542 | 7262 |
| | 比亚迪 e6 | 357 | 1128 | 499 | 2255 | 100% | 352% | 87% | 3767 | 7029 |
| | 江铃 E100 | | | 900 | 1143 | | 27% | | 0 | 5268 |
| | 腾势 | | 132 | 715 | 872 | 561% | 22% | 2088% | 132 | 2888 |
| | 晨风 | 0 | 221 | 121 | 295 | 33% | 144% | 119% | 582 | 1273 |
| | 比亚迪 e5 | | | 379 | 783 | | 107% | | 0 | 1426 |
| | 逸动 | | | 91 | 980 | | 977% | | 0 | 1500 |
| | 风神 E30 | | | 100 | 104 | | 4% | | 0 | 511 |
| | 荣威 E50 | 301 | 118 | 16 | 119 | 1% | 644% | 116% | 191 | 412 |
| | 绅宝 D50 | | | 150 | 159 | | 6% | | 0 | 329 |
| | 绅宝 D70 | 52 | | 1 | 51 | | 5000% | 1520% | 15 | 243 |
| | 比亚迪 T3 | | | 65 | | | -100% | | 0 | 106 |
| | 赛欧 | | | 1 | 1 | | 0% | 84% | 37 | 68 |
| | 众泰 TT ev | | | 946 | 1143 | | 21% | | 0 | 2092 |
| 国产电动 汇总 | | 6074 | 11008 | 17215 | 27993 | 154% | 63% | 176% | 41059 | 113178 |
| 插电混动 | 秦 | 0 | 1819 | 2021 | 1512 | -17% | -25% | 117% | 14704 | 31898 |
| | 唐 | | | 4049 | 5503 | | 36% | | 0 | 18375 |
| | 荣威 550 | | 1120 | 1207 | 1611 | 44% | 33% | 296% | 2705 | 10711 |
| | 传祺 GA5EV | | 61 | 56 | 250 | 310% | 346% | 1483% | 80 | 1266 |
| | 宝马 5 系 | | | 85 | 85 | | 0% | | 0 | 8 |
| | 沃尔沃 S60L | | | 181 | 289 | | 60% | | | 470 |
| | 奔驰 C350 | | | | 1 | | | | | 1 |
| 插电混动 汇总 | | 0 | 3000 | 7559 | 9251 | 208% | 22% | 263% | 17489 | 63556 |
| 新能源乘用车总计 | | 6074 | 14008 | | | 166% | 50% | 202% | 58548 | 176734 |

混2015年速度增速较快。插电混合动力走势较强，比亚迪仍是一枝独秀，而比亚迪唐的推出也给比亚迪的新增长增添动力。纯电动车的销售主要是中低端电动车的崛起，随着北汽E系列、QQ、众泰EV等的销量处于领军水平，电动车的市场进一步活跃，这也体现了低速电动车的市场潜力巨大。但12月最该旺销的A0级北汽E系和江淮IEV表现都较差，这体现了市场需求没有有效满足。2015年1－12月的新能源乘用车销量17.68万台，远超过相当于2014年的5.8万台的年销量。

总体看，2015年的中国汽车市场呈现多层次的分化走势，无论是进出口与国内车市的分化，还是乘用车与卡车的分化，乘用车中的轿车与SUV的分化，新能源车与常规车型的分化，都体现出车市剧烈变化的特征。这样的变化体现了市场的结构性增长的机遇，也使中国车市的未来充满新的预期。

# 各类汽车市场

## 2015年全国轿车市场

罗力铭

### 中国轿车市场历史回顾与展望

从中国乘用车市场发展伊始，轿车市场就作为乘用车市场的主力不断推动国内汽车市场的发展。在中国汽车市场发展起步的关键时期，轿车车型一直占据了市场超过九成的份额。轿车的高保有量进一步影响了发展初期的中国汽车市场，不少消费者直接产生轿车就是汽车的观念。

2000-2008年，轿车市场处于发展初期，除已经在市场站稳脚跟的桑塔纳、捷达、夏利等车型外，宝来、蒙迪欧、索纳塔、Polo等如今耳熟能详的名字也开始逐渐加入，轿车市场开始给消费者提供越来越多的选择，推动轿车市场的初期发展。2009-2010年中国乘用车市场在国家“保增长”政策的推动下出现井喷增长，增长率分别达到了54.9%和28.7%。对着政策效应的减弱，2011年汽车市场进入井喷之后的调整期，提前消费，尤其是以首次购车为主的轿车需求透支，使2011年的轿车市场增长率回落到4.7%。随着乘用车市场在2012及2013年的复苏，轿车市场迎来调整期之后的新一轮增长，2013年增长率一度达到12.3%。2014年中国汽车市场产品多样化，轿车市场增长率下跌至5.0%。2015年SUV和MPV竞争加剧，轿车市场面临着严峻的挑战，轿车市场份额受到严重挤压，增长率近几年来第一次出现负增长，负增长-5.6%。

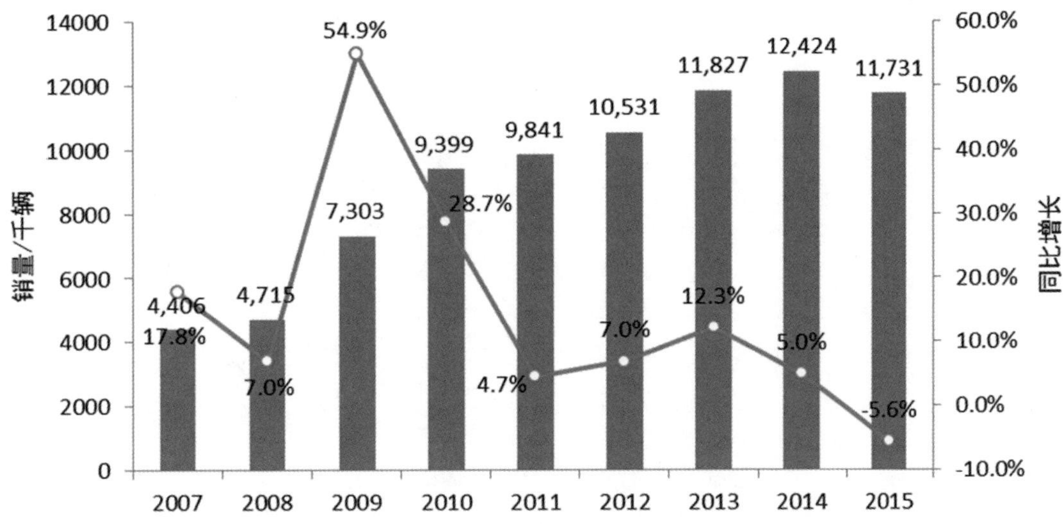


**图 1　2007 － 2015 年轿车市场销量走势及增长率**

（数据来源：全国乘用车市场联席会）

2015 年，SUV 与 MPV 市场产品的密集投放给轿车市场带来很大的压力。A 级 SUV 哈弗 H6、长安 CS75，哈弗 H2，途观、昂科威，A0 SUV 瑞风 S3、长安 CS35、缤智、XR-V 以及 MPV 市场宝骏 730, 等产品逐步进入消费者视野并抢占份额，传统轿车的统治地位进一步被打破，从 2014 年占比的 69.7% 下降到 60.6%（见图 2）。SUV 的市场份额从 2007 年的 6.8% 快速飙升到 2015 年的 34.9%（见图 2），SUV 市场显著增长，主要受益于 A 级自主及 A0 级 SUV 增长迅猛。未来几年内，随着城镇化率的提高，二胎政策的开放，更多的消费者开始关注空间大、坐姿高、泛用性强的 SUV 车型以及适合家用的 MPV 车型，市场中 SUV 和 MPV 的新产品将会越来越多，市场份额还会继续攀升。就 SUV 来看，参考发达国家成熟汽车市场，尤其是与中国情况较为接近的美国汽车市场的发展轨迹，中国 SUV 的市场份额将持续增长到 40% 左右。相应的，未来几年的轿车市场的份额，将继续缓慢下降，到 2020 年占比将从 2007 的 88.1% 下滑到 49.2% 左右，但绝对销量仍能保持约 1% 左右的增长，依然占据了乘用车市场最大的细分市场。

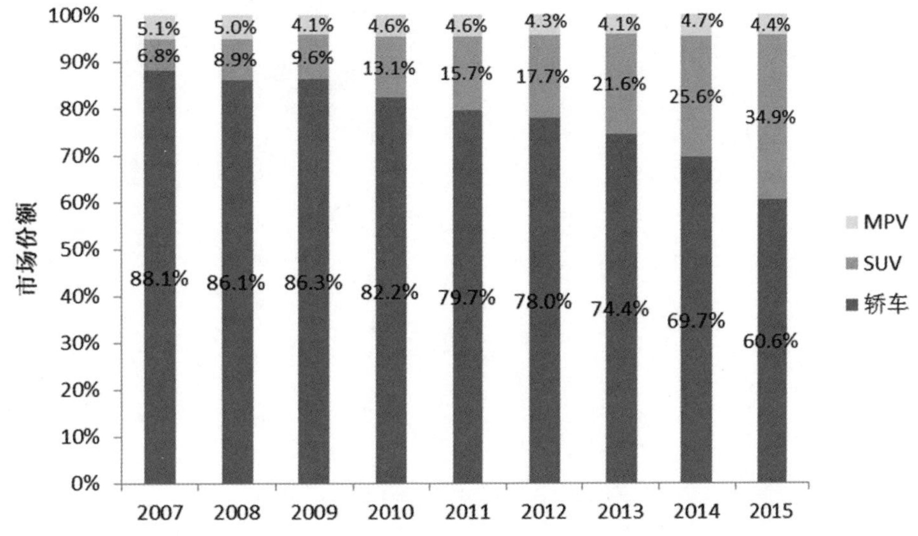


**图 2　2007 － 2015 年各车身形式占总体市场份额走势**

（数据来源：全国乘用车市场联席会）

## 一、2015年国内外经济环境及汽车市场概况

2015年全球经济复苏乏力，总体表现低迷。新兴市场和发展中经济体增长总体减缓，部分经济体出现负增长。全球经济仍将处于深度调整期。国内宏观经济增速继续下滑，全年GDP增速6.9%。实体经济整体走势疲软，企业效益下降，投资和出口增速大幅下滑，股市大起大落，财政收入低速增长。受宏观经济的影响，国内汽车市场增速也低于预期，较前一年有所下降。

2015年汽车市场批售2,510.3万辆，同比增长4.2%，增速较2014年的同比增长8.3%继续回落。其中商用车市场受经济影响较大，下降明显，全年批售415.3万辆，同比下降10.5%。乘用车市场增长平稳，批售2,094.9万辆，同比增长7.8%

2015年中国乘用车市场增长的主要推动力

（1）2009-2010年的井喷增长在2014-2015年带来大量的更新需求。

（2）对于排量小于等于1.6L的乘用车实施减半征收购置税优惠政策，有效时间：2015年10月1日-2016年12月31日。该政策推动乘用车需求释放，有利于中低端、小排量车型销售。

（3）新产品投放力度持续加大，尤其是大量的SUV及MPV的新产品吸引大量目光，给消费者带来新的选择。

（4）促销力度加大，及各地地方车展增多，也对汽车市场起到推动作用。

2015年中国乘用车市场有如下特点

（1）全年SUV显著增长，2015年同比增长46.9%，市场占比从2014年的25.6%上升到34.9%。其中A级SUV市场同比增长36.7%，A0 SUV得益于新产品的推动，同比增长114.6%。

（2）一二线城市经济发展较好，市场逐渐趋于饱和，同时受环境、道路交通等各种因素制约，纷纷采取限购、限行措施，2015年一二线城市同比增长4.0%。然而，随着城镇化的推进及经济的发展，三四五线城市将维持较高速度的增长，2015年三四五线城市同比增长16.7%。

（3）2015年，以长城、长安、五菱为代表的自主品牌，得益于核心SUV产品的火爆，市场份额持续提升。日系品牌略有提升，欧美韩系品牌出现不同程度的回落。

## 二、2015年轿车市场发展特点

2015年乘用车中轿车的同比增速近几年第一次出现同比负增长，负增长5.6%，和国内乘用车总体市场增速8.5%相比低了14个百分点，是历年来落后整体市场差距最大的一年（见图3），而不同级别，不同国别，不同品牌的境遇也各有好坏。

各级别市场：高档车和小型车数量下降，中级车份额增长

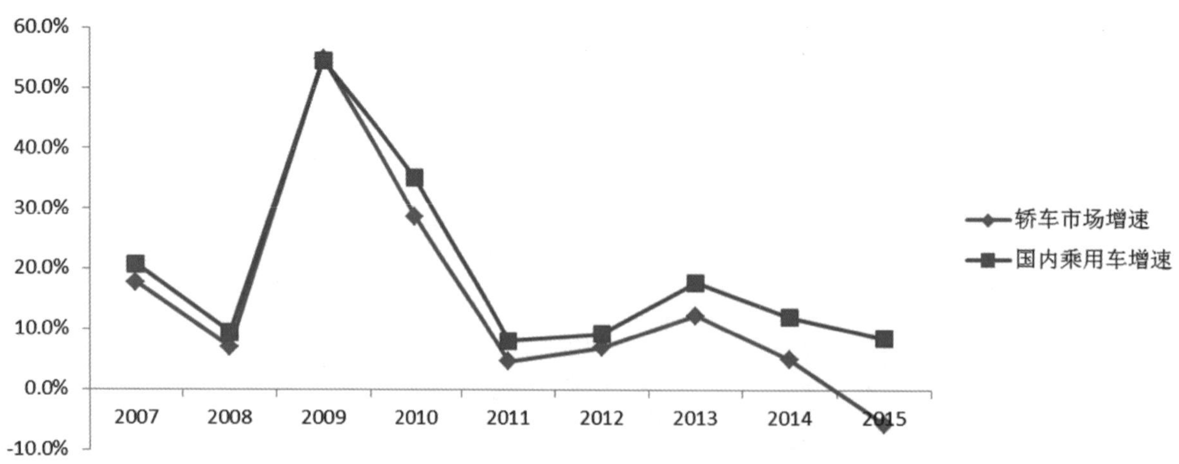


**图3 轿车市场与国内乘用车市场同比增速变化趋势**

（数据来源：全国乘用车市场联席会）

从轿车市场各级别的情况来看，2015 年的轿车市场延续了过去几年“两头低，中间高”的趋势，入门级轿车以及中大型轿车的市场份额继续下滑，而家用热门的 A 级轿车则受益最多（见图 4）。

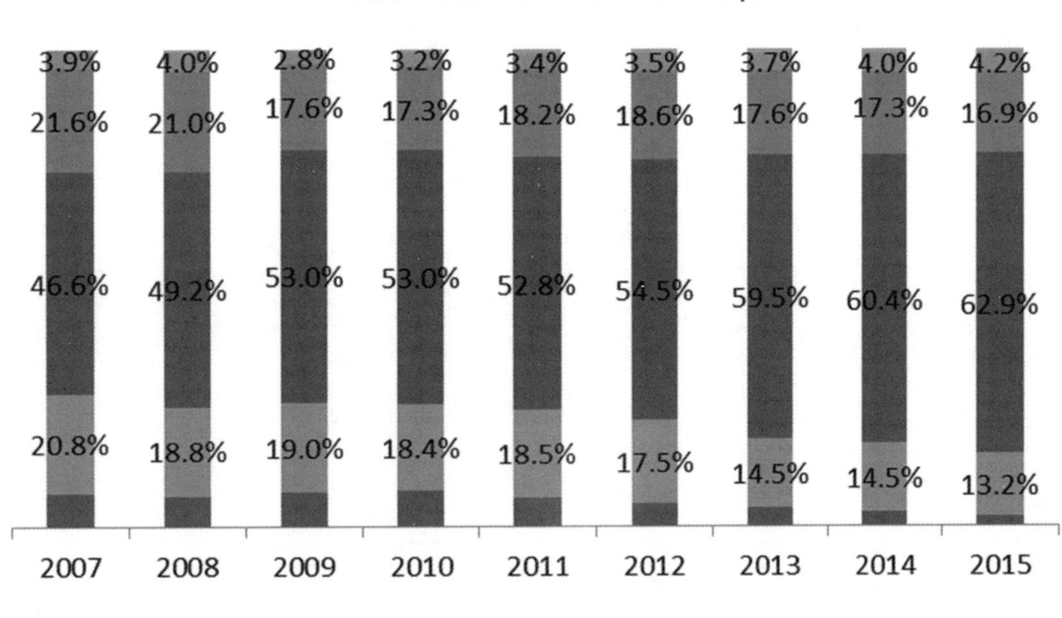


**图 4　轿车市场各细分市场占有率走势**

（数据来源：全国乘　用车市场联席会）

相比 2014 年，2015 年 A 级车市场占有率上涨 2.5%，同比增速 -2.0%。作为市场占有率上涨最多的轿车市场，同比负增长主要来自于整体轿车市场的低迷。相比于 2014 年众多车企在 A 级轿车市场投放了大量的重量级新品，2015 年 A 级车市场的新英朗、福睿斯等新产品则相对较少；另一方面，越来越多的合资自主品牌厂商更多的将研发重心转移到 SUV/MPV 产品，试图获取更多的市场份额，在轿车产品的尝试，更多的开始推出高端化产品，不再满足于过去掌控 A00 及 A0 级小车市场的情况，开始走“高大上”路线。另外自主品牌加入混战，打破了以前由合资车企掌控的局势，拉低了 A 级车入门价格，加剧了 A 级车市场的价格竞争。目前主流 A 级轿车还是被欧美系车型占据（见表 1）。但值得注意的是，A 级轿车市场开始受到来自 A/A0 级 SUV 以及 A 级 MPV 市场的侵蚀，预计未来增速将进一步下降。

**表 1　2015 年 A 级车市场优势车型**

| A 级 | | | |
|---|---|---|---|
| 排名 | 车型 | 销量 | 市场份额 |
| 1 | 朗逸 | 355,598 | 4.8% |
| 2 | 速腾 | 277,685 | 3.8% |
| 3 | 捷达 | 271,928 | 3.7% |
| 4 | 卡罗拉 | 259,560 | 3.5% |
| 5 | 朗动 | 256,360 | 3.5% |

反观A00、A0市场，由于本身需求越来越少，市场竞争异常激烈，利润空间有限，导致各厂商在该市场的投放力度明显减小，新品的缺失减少了该级别市场对消费者的吸引力。同时，A级车价格的下探，已经开始挤压以往属于A0的安全空间，在价格差距不大的情况下，消费者对大空间高配置的热爱毋庸置疑。

从这两个级别的分车型的情况来看，A00级被自主品牌统治，合资品牌受制于成本及价格因素，在A00级市场的竞争力不如自主品牌，小型车的优势企业奇瑞、昌河与其他竞品相比优势显著，领先地位难以动摇。在A0级市场，随着合资品牌的下探，自主品牌开始丢失份额，前5款车型均为合资车型，合资品牌优势明显。但随着自主品牌开始越来越注重高端化的路线，譬如长安悦翔、北汽E系列等自主品牌产品也开始逐步进入消费者视野。（见表2）

**表2 A00 / A0级车市场优势车型**

| | A00级 | | | A0级 | | |
|---|---|---|---|---|---|---|
| 排名 | 车型 | 销量 | 市场份额 | 车型 | 销量 | 市场份额 |
| 1 | 北斗星 | 64,673 | 18.9% | 瑞纳 | 178,720 | 11.5% |
| 2 | 长安奔奔 | 50,789 | 19.3% | POLO | 178,595 | 11.5% |
| 3 | 铃木奥拓 | 50,695 | 12.7% | 赛欧 | 174,300 | 11.3% |
| 4 | 奇瑞QQ | 39,112 | 6.7% | K2 | 137,205 | 8.9% |
| 5 | 比亚迪F0 | 34,039 | 6.4% | 威驰 | 123,460 | 7.8% |

B级及以上轿车以前作为中高端车的代表，目前正受到来自SUV车型的挑战。在经历了第一次发展狂潮之后，中国车市目前正处于二次购车的兴起阶段，第一辆车选择了轿车的消费者们，在选择第二辆车时，把目光更多的投向了泛用性更强的SUV车型。

**表3 B级车市场优势车型**

| | B级 | | |
|---|---|---|---|
| 排名 | 车型 | 销量 | 市场份额 |
| 1 | 帕萨特 | 197,783 | 10.2% |
| 2 | 迈腾 | 152,330 | 7.8% |
| 3 | 雅阁 | 140,560 | 7.2% |
| 4 | 凯美瑞 | 126,005 | 6.5% |
| 5 | 蒙迪欧 | 120,972 | 6.2% |

从车型来看，南北大众的“双枪”继续霸占B级市场，但市场份额相比去年略有下降；传统日系三强中的凯美瑞延续了去年的优异表现，稳居前四，雅阁则凭借着自身的产品实力，近几年排名一路提升，2015年排名第三。

在整体负增长的轿车市场，各细分级别表现不一，整体上A/B级以上产品正受到来自SUV/MPV各个级别段的竞争。

*车系发展情况*

从不同车系的发展情况来看，欧美车系保持了近几年的增长势头，尤其是欧系的表现十分抢眼；而过去霸占轿车市场的日系在2015年得益于新产品乏力，市场份额也所有提升；近几年推陈出新的韩系保持了稳定的发展势头；自主品牌虽然近几年进步不小，新产品层出不穷，但是在轿车市场的发展道路上依然布满荆棘。（如图5）

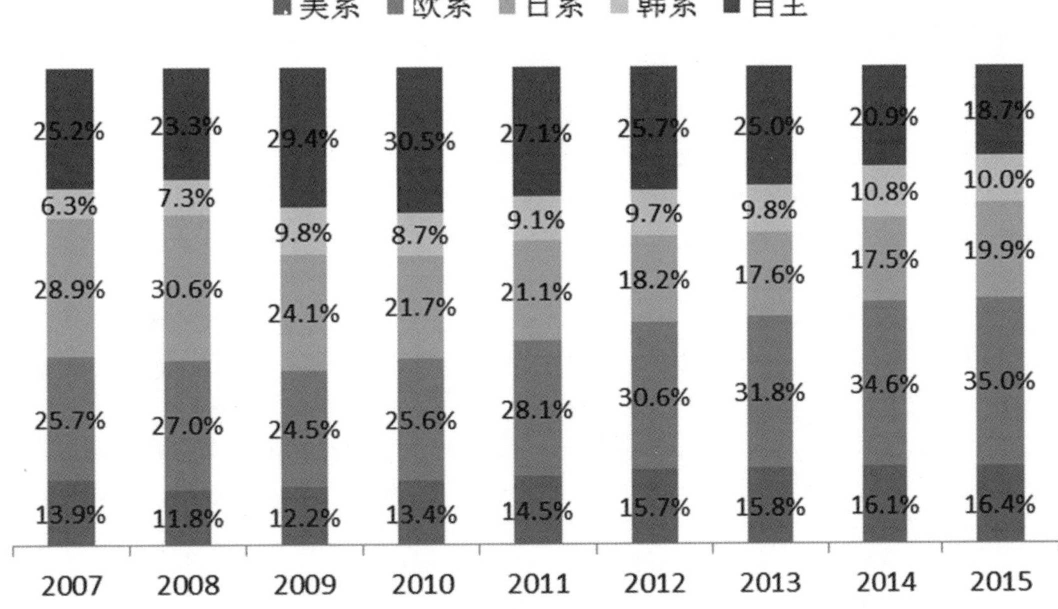


**图 5 各车系近几年占有率走势**

（数据来源：全国乘用车市场联席会）

欧美的强势得益于产品力的强大。新帕萨特与迈腾在上市后持续保持 B 级轿车前两名，占据 B 级车市近 18% 的份额；朗逸、速腾、捷达等传统欧系车型在 A 级车的表现也十分抢眼；第 7 代高尔夫、两厢福克斯、朗行在两厢市场也受到消费者的追捧；而豪华车市场上的德系三强的竞争也是愈演愈烈（见表 4）。欧系车依靠自身的技术优势、优良的消费者口碑继续扩大自己的领先优势，美系也正在改变高油耗的印象，越来越多的被家用消费者所接受。

**表 4 从豪华车市场看德系品牌竞争优势**

| C 级 | | | |
|---|---|---|---|
| 排名 | 车型 | 销量 | 市场份额 |
| 1 | 奥迪 A6 | 147，789 | 30.4% |
| 2 | 宝马 5 系 | 143，600 | 29.5% |
| 3 | 奔驰 E 系 | 58，286 | 12.0% |

日系品牌自 2015 年市场份额有所提升，主要得益于近两年上市的新产品。新卡罗拉、雷凌、新威驰、蓝鸟等新产品上市都采取了激进的价格策略，试图在竞争激烈的轿车市场重新找回自己的优势，目前日系的新产品表现逐步上升，期待着在今后的市场上大展拳脚。

韩系品牌在经历了过去几年的高速发展后保持着稳定的增长，近几年频繁推出的新产品得到了市场的肯定，取得了令人瞩目的成绩。起亚 K4、K3S、现代名图的上市进一步丰富了韩系品牌的产品线，让消费者有了更多的选择。

而在经历了 2009-2010 年辉煌时期的自主品牌目前则处于发展的阵痛期。随着越来越多合资品牌车型价格的下探，自主品牌原本的生存空间被不断挤压，过去互不相扰的平行发展模式已不复存在。虽然如绅宝 D50、博瑞、荣威 360 等自主品牌高质量车型一路上市，但是自主品牌的产品竞争力与合资品牌还存在差距，这也是导致2015年自主品牌轿车份额下滑的原因。

2015年各车系发展情况虽然差异较大，但基本都延续了近几年的发展趋势，欧美尤其是欧系车不断走强，韩系依靠自己的新产品在轿车市场稳步发展，日系在经历了前一年的平稳之后又明显提升，而自主品牌受到合资品牌的压力，出现了较大的份额下滑。

各级别城市发展情况

一线城市作为中国最早开始发展的汽车市场，消费者们对汽车的需求已经开始由轿车逐渐转变为多样化、个性化的车型需求。与成熟汽车市场发展的趋势类似，SUV和MPV车型在更为成熟的汽车市场以及二次购车需求更多的一线城市中越来越受到青睐；同时一线城市受到限牌的影响，在城市级别中的份额从去年的17.2%下降到今年的14.6%。二三线城市作为近几年国内汽车市场发展的主力，正处于快速增长的阶段，很多消费者是首次购车，因此需求会更倾向于传统的轿车，但受一线城市消费偏好的影响，二三线城市的需求也有向多样化发展的趋势，这也是近几年来轿车增长趋势放缓的原因。四五线城市的汽车市场还处于导入期阶段，受传统观念的影响最为明显，大多数消费者愿意选择轿车作为自己的第一辆车，轿车市场在四五线城市仍然具备较大的增长潜力。

汽车市场随着发展程度的深入，消费者的需求也趋向于高端化和多样化，对汽车的认识也不再仅仅局限于轿车的范畴。从2015年数据也能看出，千人保有量越高、发展越成熟的汽车市场，轿车份额下降的也越快。一线城市中轿车的份额已经从2007年的87.4%下降到2015年的60.9%，二三线城市按照目前的发展速度，轿车也会很快进入发展的瓶颈，而轿车市场的发展，将要寄希望于四五线新兴市场的动力。

# 2015年多功能乘用车(MPV)市场

全国乘用车市场信息联席会 唐奕奕

## 引言

2015年国产狭义乘用车销量为2,004.71万辆，同比增长9.1%，其中MPV销售210.67万辆，同比增长10.05%，仅高于乘用车一个百分点。MPV占乘用车的比重达到了10.51%，是狭义乘用车市场中的一支不可或缺的重要力量。

## 一、产销及内需

2015年，国产MPV车型全年产量为212.52万辆，同比增长7.73%，销量达210.67万辆，同比增长10.05%，产销率为99.12%，其中国产MPV内销为209.89万辆，同比增长10%；出口为7,755辆，同比增长28.1%，这是自2009年以来的恢复性增长；进口MPV为26.43万辆，同比下降23.19%，是连续多年增长后的首次下降；由此，2015年MPV内需销量达到了236.33万辆，同比仅增长4.93%。国产MPV占内需MPV销量的88.8%，进口MPV占比再次下调到11.2%，为近七年来最低。

表1 MPV国产、出口、进口销量的平衡表

| MPV | | 2009 | 2010 | 2011 | 2012 | 2013 | 2014 | 2015 |
|---|---|---|---|---|---|---|---|---|
| 国产车 | | 248,954 | 445,401 | 497,483 | 493,396 | 1,305,181 | 1,914,255 | 2,106,729 |
| 出口车 | | 3,306 | 8,668 | 13,831 | 5,464 | 6,401 | 6,054 | 7,755 |
| 国产车内销 | | 245,648 | 436,733 | 483,652 | 487,932 | 1,298,780 | 1,908,201 | 2,098,974 |
| 进口车 | | 35,683 | 89,919 | 162,911 | 179,508 | 230,915 | 344,179 | 264,340 |
| MPV内需总量 | | 281,331 | 526,652 | 646,563 | 667,440 | 1,529,695 | 2,252,380 | 2,363,314 |
| MPV内需占比 | 国产 | 87.3% | 82.9% | 74.8% | 73.1% | 84.9% | 84.7% | 88.8% |
| | 进口 | 12.7% | 17.1% | 25.2% | 26.9% | 15.1% | 15.3% | 11.2% |

## 二、市场发展情况

### 1. 国产 MPV 累计销量 210 万辆，同比增长 10.05%

2015 年月度销售曲线失去了往年“高开高走”的气势，呈现与 2014 年曲线交织的走势，整个第三季度全线淹没，低于 2014 年同期，到 10 月 MPV 销量才开始反超，如果没有 929 刺激政策的出台，可能 MPV 销量会继续低靡。受 1.6L 以下减半征收购置税的加入和年底节能惠民政策退出的影响，第四季度销量迅速爬坡，填补了第三季度的负增长。全年 MPV 累计销售 210.67 万辆，累计同比增长 10.05%（高于轿车和乘用车行业平均增长，但远低于 SUV 的增长），国产 MPV 在狭义乘用车中的占比已达 10.51%。

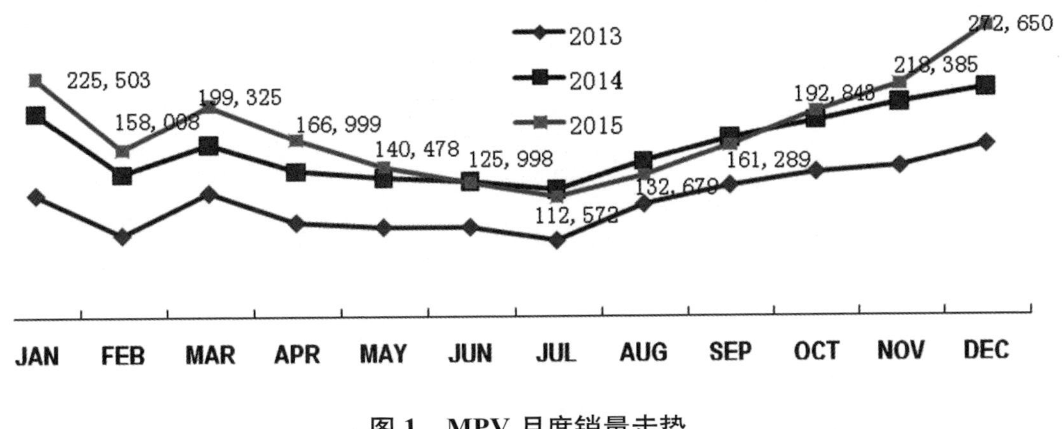


图 1　MPV 月度销量走势

### 2. 前 10 强的集中度达 81.6%

MPV 是个集中度极高的车种，销量排名“前十”的品牌车型集中度高达 81.6%，排名第 11-20 的集中度达 12.7%，第 21-47 的为 5.7%。在 TOP10 中，小型商用 MPV（五菱宏光、北汽威旺 M20 、长安欧诺、东风小康风光、奇瑞 Q26）就占据了 MPV 总销量的 51.8%，小型商用 MPV 的高速增长，得益于原微型车车主消费升级，这与目前我国城镇人均收入的提高有直接关系，也是消费者必然的选择。表二所列是 47 款在售车及 5 款停售车，其中 10 款为新车。

表 2　2015 年 MPV 车型累计销量及同比增长

| No. | 厂家 | 车型 | 2015 1-12 | 2014 1-12 | 增长率 | 市占率 | 集中度 |
|---|---|---|---|---|---|---|---|
| 1 | 上汽五菱 | 宏光 | 655,531 | 750,019 | -12.6% | 31.1% | 81.6% |
| 2 | 上汽五菱 | 宝骏 730 | 321,069 | 120,089 | 167.4% | 15.2% | |
| 3 | 北汽 / 银翔 | 威旺 M20 | 147,399 | 90,440 | 63.0% | 7.0% | |
| 4 | 长安汽车 | 欧诺 | 142,344 | 137,961 | 3.2% | 6.8% | |
| 5 | 东风柳州 | 菱智 | 116,896 | 125,230 | -6.7% | 5.5% | |
| 6 | 东风小康 | 风光 | 99,622 | 81,066 | 22.9% | 4.7% | |
| 7 | 上海通用 | GL8 | 78,985 | 80,476 | -1.9% | 3.7% | |
| 8 | 江淮瑞风 | 瑞风 | 58,706 | 71,267 | -17.6% | 2.8% | |
| 9 | 东风本田 | 杰德 | 52,636 | 63,210 | -16.7% | 2.5% | |
| 10 | 奇瑞汽车 | Q26* | 46,402 | - | \ | 2.2% | |

表 2（续）

| No. | 厂家 | 车型 | 2015 1-12 | 2014 1-12 | 增长率 | 市占率 | 集中度 |
|---|---|---|---|---|---|---|---|
| 11 | 广州本田 | 奥德赛 | 45,230 | 34,839 | 29.8% | 2.1% | 12.7% |
| 12 | 长安汽车 | 欧力威 | 37,522 | 46,002 | -18.4% | 1.8% | |
| 13 | 上海大众 | 途安 | 32,494 | 34,984 | -7.1% | 1.5% | |
| 14 | 东风柳州 | 景逸 | 32,034 | 115,669 | -72.3% | 1.5% | |
| 15 | 金杯汽车 | 金杯 750* | 25,178 | - | \ | 1.2% | |
| 16 | 上汽五菱 | 征程 * | 23,407 | 1,009 | 2220% | 1.1% | |
| 17 | 江西昌河 | 福瑞达 M50 | 20,579 | 7,637 | 169.5% | 1.0% | |
| 18 | 北汽银翔 | 幻速 H2* | 18,818 | - | \ | 0.9% | |
| 19 | 北汽银翔 | 幻速 H3* | 17,537 | - | \ | 0.8% | |
| 20 | 一汽吉林 | 森雅 | 14,159 | 17,666 | -19.9% | 0.7% | |
| 21 | 上汽商用车 | 大通 G10 | 13,985 | 3,380 | 313.8% | 0.7% | 5.7% |
| 22 | 潍柴汽车 | 英致 737 | 12,030 | - | \ | 0.6% | |
| 23 | 华晨金杯 | 阁瑞斯 | 12,014 | 15,041 | -20.1% | 0.6% | |
| 24 | 东风柳州 | S500* | 10,021 | - | \ | 0.5% | |
| 25 | 华晨金杯 | 华颂 7* | 10,007 | - | \ | 0.5% | |
| 26 | 广汽丰田 | 逸致 | 9,414 | 16,896 | -44.3% | 0.4% | |
| 27 | 郑州日产 | 帅客 | 8,899 | 26,737 | -66.7% | 0.4% | |
| 28 | 郑州日产 | NV200 | 7,961 | 18,474 | -56.9% | 0.4% | |
| 29 | 东风本田 | 艾力绅 | 7,404 | 7,634 | -3.0% | 0.4% | |
| 30 | 福田汽车 | 蒙派克 | 5,429 | 6,460 | -16.0% | 0.3% | |
| 31 | 奇瑞汽车 | 威麟 V5 | 4,541 | 128 | 3448% | 0.2% | |
| 32 | 广汽吉奥 | 星朗 | 3,494 | 8,848 | -60.5% | 0.2% | |
| 33 | 福建戴姆勒 | 威霆 | 3,481 | 6,649 | -47.6% | 0.2% | |
| 34 | 比亚迪 | M6 | 2,420 | 6,356 | -61.9% | 0.1% | |
| 35 | 上汽商用车 | 大通 V80 | 2,118 | 1,685 | 25.7% | 0.1% | |
| 36 | 一汽轿车 | M8 | 1,715 | 3,577 | -52.1% | 0.1% | |
| 37 | 福建戴姆勒 | 唯雅诺 | 1,600 | 3,790 | -57.8% | 0.1% | |
| 38 | 奇瑞汽车 | 开瑞优雅 / 二代 | 1,283 | 5,650 | -77.3% | 0.1% | |
| 39 | 长安汽车 | 欧尚 * | 972 | - | \ | 0.0% | |
| 40 | 东风裕隆 | 大 MPV | 576 | 1,031 | -44.1% | 0.0% | |
| 41 | 一汽海马 | 普力马 | 337 | 2,207 | -84.7% | 0.0% | |
| 42 | 江铃汽车 | 风尚 | 226 | 318 | -28.9% | 0.0% | |
| 43 | 福田汽车 | 迷迪 | 120 | 738 | -83.7% | 0.0% | |
| 44 | 比亚迪 | T3 电动车 * | 66 | - | \ | 0.0% | |
| 45 | 东风裕隆 | 纳智捷 CEO | 54 | 29 | 86.2% | 0.0% | |
| 46 | 奇瑞汽车 | 优翼 * | 13 | - | \ | 0.0% | |
| 47 | 郑州日产 | 御轩 | 1 | 184 | -99.5% | 0.0% | |
| 48 | 长安福特 | S-max | - | 603 | -100.0% | 0.0% | |
| 49 | 长城汽车 | 长城 V80 | - | 266 | -100.0% | 0.0% | |
| 50 | 一汽红塔 | 自由风 | - | 8 | -100.0% | 0.0% | |
| 51 | 东风日产 | 骏逸 1.8 | - | 1 | -100.0% | 0.0% | |
| 52 | 湖南江南 | 朗悦 | - | 1 | -100.0% | 0.0% | |
| 合 | 计 | | 2,106,729 | 1,914,255 | 10.05% | 100.0% | 100% |

注：加星号为新车型。

3．小批量MPV成中坚力量，占销量的八成

小排量已成为国产MPV的中坚力量，销量达176.67万辆，同比增长17.7%，也是MPV市场中唯一增长的细分市场，其他排量增长均为负，呈现排量越大，负增长越甚的趋势。1.6L以下排量的MPV占有83.68%份额，2.0-2.5L是稍好的子市场，但也只有9.3%的市场份额。

**表3　MPV排量分布及增长率**

| | 2009 | 2010 | 2011 | 2012 | 2013 | 2014 | 2015 | 2015年增长率 |
|---|---|---|---|---|---|---|---|---|
| 1.0-1.6L | 30,590 | 150,994 | 235,497 | 46,466 | 982,295 | 1,501,660 | 1,766,757 | 17.7% |
| 1.6-2.0L | 70,689 | 93,851 | 75,667 | 62,437 | 106,633 | 149,828 | 117,953 | -21.3% |
| 2.0-2.5L | 113,545 | 167,445 | 154,845 | 56,717 | 197,249 | 228,180 | 197,885 | -13.3% |
| 2.5-3.0L | 34,119 | 33,117 | 31,699 | 26,861 | 34,105 | 34,041 | 23,942 | -29.7% |
| >3.0 | - | - | - | 915 | 534 | 546 | 192 | -64.8% |
| 合计 | 48,943 | 445,407 | 497,708 | 493,396 | 1,320,816 | 1,914,255 | 2,106,729 | 10.1% |

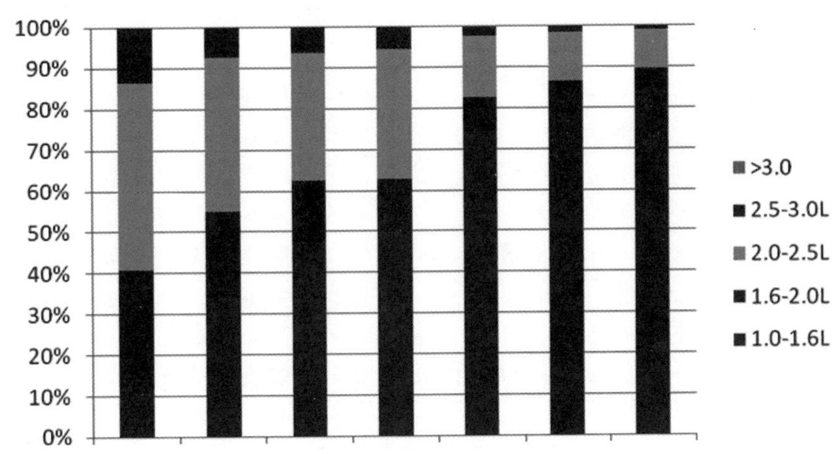


**图2　MPV历年排量销量走势**

4．中系车成中流砥柱

中系品牌MPV销量在MPV市场中占有绝对优势。2015年全年中系车销量达186.58万辆，同比增长13.55%，占有率88.56%，比去年同期提高2.73个百分点；德系车销量3.75万辆，同比下降了17.28%，市占率为1.78%；美系车销量7.89万辆，同比下降2.58%，市占率为3.75%；日系车销量12.43万辆，同比下降了14.02%，占有率5.90%。从中看出，现在中国品牌在MPV市场中占有近90%的份额（见表四）。在中国，低价位的MPV产品被赋予了国外市场所没有的意义，即演化成一种既可家用又可商用的移动工具，它趸拥国内普通阶层千万粉丝，是国外市场所不具备的特性和优势。

**表 4　2015 年国产 MPV 车系销量及市场占有率**

| 来源地 | 2015 1-12 | 2014 1-12 | 增长率 | 2015 份额 | 2014 份额 | 份额变化率 |
|---|---|---|---|---|---|---|
| 中系 | 1,865,809 | 1,643,122 | 13.55% | 88.56% | 85.84% | 2.73% |
| 德系 | 37,575 | 45,423 | -17.28% | 1.78% | 2.37% | -0.59% |
| 美系 | 78,985 | 81,079 | -2.58% | 3.75% | 4.24% | -0.49% |
| 日系 | 124,360 | 144,631 | -14.02% | 5.90% | 7.56% | -1.65% |
| 合计 | 2,106,729 | 1,914,255 | 10.05% | 100% | 100% | 0.0% |

5．MPV 进口 26.43 万辆，占进口乘用车四分之一

进口 MPV，是我国 MPV 市场的重要力量，也是我国进口车中的重要品类，它约占进口乘用车销量的 25%。2015 年以来，随着经济走势不断下压，进口车也同步进入了深度调整期。全年 MPV 进口量达 26.43 万辆，同比下降 23.20%；同期，进口轿车负增长为 24.95%，进口 SUV 负增长为 19.90%（见表五）。

**表 5　进口 MPV 与进口轿车、SUV 等车种的销量对比**

| 进口 | 2009 | 2010 | 2011 | 2012 | 2013 | 2014 | 2015 | 2015 增长率 |
|---|---|---|---|---|---|---|---|---|
| 轿车 | 164,837 | 343,653 | 410,270 | 446,992 | 423,439 | 469,639 | 352,460 | -24.95% |
| MPV | 35,693 | 89,919 | 162,911 | 179,508 | 230,915 | 344,179 | 264,340 | -23.20% |
| SUV | 207,381 | 351,408 | 430,886 | 456,362 | 505,343 | 588,921 | 471,750 | -19.90% |
| 狭义乘用车 | 407,911 | 784,980 | 1,004,067 | 1,082,862 | 1,159,697 | 1,402,739 | 1,088,550 | -22.40% |

6．各系别 MPV 终端销量排名前五的省份

2015 年总销量排名前五的省份有河南、广东、山东、广西和江苏。从系别看，各地对不同技术来源地的车型喜好差异较大，如广东喜好日系车已是不争的事实，上海喜欢欧美系车，河南喜爱中规中矩的中系车。列表中，四个系别均上榜的是江苏，尤以青睐欧系和日系车最甚（排名靠前）；上海和山东最相像，上榜三次（见表六），而且都是青睐美欧日系车；广东也是上榜三次，但已偏移到美日中系；往年需求量排名靠前的还有浙江和北京，都遭遇大城市限牌之苦，排名靠后甚至不能上榜了；中系车排名前列的多以中国的中南部和西部区域，这与经济水平密不可分。

**表 6　各系别 MPV 终端销量排名前五的省份**

| 销量排名 | 美系 | 欧系 | 日系 | 中系 |
|---|---|---|---|---|
| 1 | 上海 | 上海 | 广东 | 河南 |
| 2 | 北京 | 江苏 | 江苏 | 云南 |
| 3 | 山东 | 北京 | 山东 | 广东 |
| 4 | 江苏 | 山东 | 河南 | 江苏 |
| 5 | 广东 | 河北 | 上海 | 湖南 |

三、细分市场发展情况

1．自主商用 MPV 增长势头减弱，取而代之的是自主兼用 MPV

该文把 MPV 市场分为五大细分市场（合资商务、合资兼用、自主商务、自主兼用、自主商用），其中只有自主兼用和自主商用 MPV 的细分市场是正增长，其他细分市场皆为负增长。从数据中还可以看出自主商用 MPV 的猛涨势头已经褪色，取而代之的是自主兼用 MPV 的大幅度增长（见表七）。

合资商务 MPV 累计销量达到了 14.63 万辆，同比下降 5.83%，市场占有率为 6.95%；合资兼用 MPV 累计销售 9.45 万辆，同比下降 18.28%，市场占有率为 4.49%；自主商务 MPV 累计销售 23.57 万辆，同比下降 8.57%，市场占有率为 11.19%；自主兼用 MPV 累计销量 42.09 万辆，同比大幅增长 55.22%，市场占有率为 19.98%；自主商用 MPV 累计销量已达 120.91 万辆，同比增长 8.53%，市场占有率为 57.40%，对比 2014 年，占有率微降 0.81%。

**表 7　五大品类车型销量及市场占有率对比**

| 功能 | 2015 1-12 | 2014 1-12 | 增长率 | 2015 份额 | 2014 份额 | 15' vs 14' 份额 |
|---|---|---|---|---|---|---|
| 合资商务 | 146,376 | 155,439 | -5.83% | 6.95% | 8.12% | -1.17% |
| 合资兼用 | 94,544 | 115,694 | -18.28% | 4.49% | 6.04% | -1.56% |
| 自主商务 | 235,712 | 257,802 | -8.57% | 11.19% | 13.47% | -2.28% |
| 自主兼用 | 420,923 | 271,186 | 55.22% | 19.98% | 14.17% | 5.81% |
| 自主商用 | 1,209,174 | 1,114,134 | 8.53% | 57.40% | 58.20% | -0.81% |
| **合计** | **2,106,729** | **1,914,255** | **10.05%** | **100.0%** | **100%** | \ |

我国独具特色的交叉车型，在 2015 年销量同比下降了 17.47%，市场规模约 110 万辆。据推测，大部分需求转移到了自主商用 MPV 和自主兼用 MPV，两者才有了 8.53% 和 55.22% 的增长率。从销售发展轨迹看，2013 － 2014 年是自主商用 MPV 的蓬勃发展高速增长时期；2014 － 2015 年时，市场转而关注自主兼用型 MPV 了。

上汽通用五菱是具有创新竞争精神的企业，他们不断推出升级换代的车型，抓住了一大批用户。值得行业学习的是其企业战略，五菱在生产“高度自动化、高度少员化”管理中达到产品的最佳性价比，成为国内厂家的标杆企业。

2. 传统 MPV 需求量达 78.2 万辆，高于商用 MPV 的增长

如果我们按 2012 年时的口径来划分 MPV 市场的话，很容易观察到传统 MPV 全年销量是 97.01 万辆，同比增长 15.4%，高于现在统计口径的增长率（10.05%），而非传统 MPV（自主商用 MPV）的销量是 113.65 万辆，同比增长 5.8%（见表八），其低增长率拖累了整体 MPV 市场。现在是宝骏 730、金杯 750 等新车旺售带动了传统 MPV 市场的增长，由于大城市限牌的原因，这些新车比较适合东部郊县或中西部中小城市的居民，这个需求的基数很大，由此也建议企业适时加大开发普通家用 MPV 车型的力度，特别是一对夫妻可生二孩政策在 2016 年全面落实后，国内乘用车市场需求结构将会有所变化，我国将开启家用 MPV 的新时代。

**表 8　传统 MPV 与非传统 MPV（自主商用 MPV）销量对比**

|  | 2015 1-12 | 2014 1-12 | 增长率 | 占比 |
|---|---|---|---|---|
| 商用 MPV | 1,136,580 | 1,073,782 | 5.8% | 54% |
| 传统 MPV | 970,149 | 840,473 | 15.4% | 46% |
| 合计 | 2,106,729 | 1,914,255 | 10.1% | 100% |

## 四、主要企业销售情况及市场份额

### 1. 国内集团公司 MPV 销售排名及启发

2015 年，国内主流集团公司的销量排名如下：上汽集团，凭借旗下三家企业的当红产品，拔得了头筹，占有国产 MPV 销量的半壁江山（见表九），其五菱宏光和宝骏 730 两款产品一上市就得到热捧，销量一骑绝尘，约占上汽集团 MPV 的八成以上；其次是拥有 10 款 MPV 产品的东风集团公司，2015 年销售达 33.54 万辆，市占率为 15.9%；值得称道的是北汽集团，2015 年销量急剧攀升，同比增长率达 93.9%，新增的 2 款车北汽银翔 H2 和 H3 都很大卖；与北汽相比较而言，长安的产品投放有效性似乎更高一筹，3 款 MPV 的平均单车销量是 5.99 万辆，仅次于上汽集团，后续产品还有欧尚，有潜力可挖；广汽和一汽的年销量都低于 10 万辆，集团需要更重视对 MPV 的投入了。自“二孩政策”出台后，2015 年其他品牌企业合计已经增加了 5 个新产品，销量也从 2014 年的 11.81 万辆，迅猛增加到 20.01 万辆，同比增长 69.4%，市占率接近 10%，所以政策导向在我国汽车市场上还是起到关键和基础作用。

### 2. 国产 MPV 车型销售前 10 强排名

**表 9　主流集团公司 MPV 销量对比**

| 集团 | 2015 | 2014 | 增长率 | 市场占有率 | 车型数 | 平均单车销量 |
|---|---|---|---|---|---|---|
| 上汽 | 1,127,589 | 991,642 | 13.7% | 53.5% | 7 | 161,084 |
| 东风 | 335,474 | 438,205 | -23.4% | 15.9% | 10 | 33,547 |
| 北汽 | 189,303 | 97,638 | 93.9% | 9.0% | 5 | 37,861 |
| 长安 | 179,866 | 184,566 | -2.5% | 8.5% | 3 | 59,955 |
| 广汽 | 58,138 | 60,583 | -4.0% | 2.8% | 3 | 19,379 |
| 一汽 | 16,211 | 23,458 | -30.9% | 0.8% | 4 | 4,053 |
| 其他品牌 | 200,148 | 118,163 | 69.4% | 9.5% | 15 | 13,343 |
| 合计 | 2,106,729 | 1,914,255 | 10.1% | 100.0% | 47 | 44,824 |

由于二孩政策全面放开，MPV 注定是备受关注的车型，现在虽然没有这么快速传递到市场消费行为中，但是厂家、媒体、业内人士和消费者都已经非常关注多座位多功能 MPV 车型了。

2015 年国内 MPV 前 10 强综合排名如下，其中仅两款合资品牌车型榜上有名（别克 GL8 和本田杰德），位列第七和第九名，其余 8 款均来自自主品牌企业。

自主品牌车型前 10 强合计销量 165.75 万辆，占

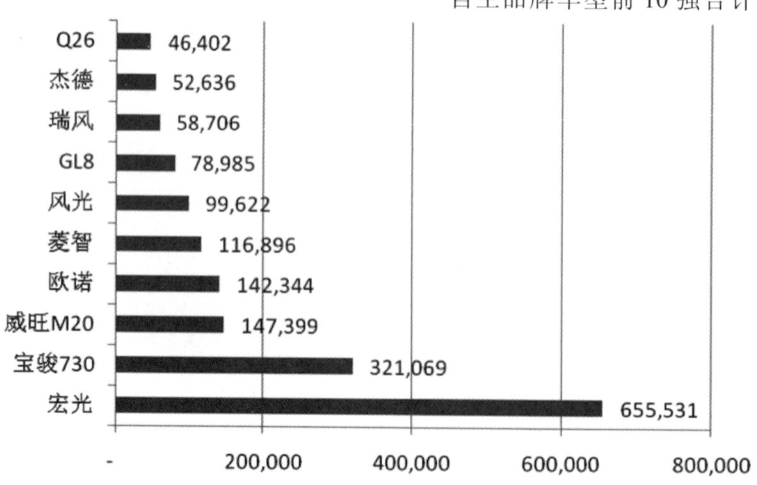


图 3　MPV 前 10 强综合排名榜单

自主品牌销量的 88.8%，其中上汽通用五菱的宏光和宝骏 730 销量合计就达 97.66 万辆。

在国内销售的合资品牌车型也就只有 10 个车型品牌，所以是占了合资品牌的全部销量，合计销量 24.09 万辆，其中上汽通用别克 GL8 销量占合资品牌销量的三分之一弱。

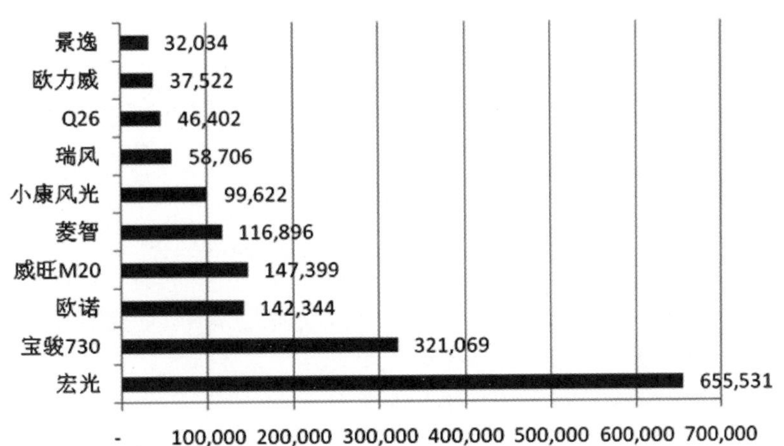


**图 4　自主品牌 MPV10 强榜单**

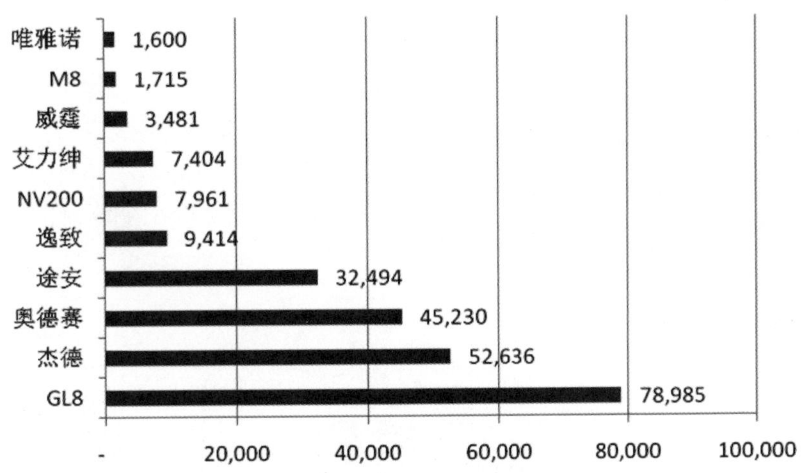


**图 5　合资品牌车型 10 强排名榜单**

## 五、影响市场发展的因素

*1．促进 MPV 市场发展的有利因素*

2015 年，我国人均 GDP 已达 7,904 美元，达到了世界中等水平，私人购车进入普及后期，现阶段换购或增购已然成为消费升级的主流，自主商用 MPV 为基盘较大的交叉车型升级换代提供了选择，这是刚需的必然结果，有利于 MPV 的销售。

二孩政策的全面开放，将逐步激发对家庭类 6~7 座车型的需求，其中也包括对 MPV 的需求，精明的车企已经嗅到了市场气氛，2015 年 MPV 的新品较前几年有明显增加，特别是在 2015 年上海国际车展期间，不少厂商纷纷把车内第二排座位作多种灵活变动设计，更多体现人性关怀，多功能车还特别受到年轻用户的青睐。

消费模式互联网化：推动网购快递业务进一步发展，延伸了商用型 MPV 的需求；生活模式休闲化：

促使自驾游普及，提升用户对“大空间多座位”的消费倾向。

据统计，在外务工的农民工有1.68亿人，在“大众创业、万众创新”形势的推动下，如果其中有2%返乡创业的话，也将有330万人，如果他们购车，一般要求车辆具有生活兼生产资料的功能，这些对商用型MPV的销售都是有利的。

2. *MPV市场中存在的问题*

从市场角度看，MPV产品存在结构性供应失衡的问题。近年来，国内厂家投放的产品以10万元以下的低端MPV为主，这正是小型商用MPV所在的细分市场，占据了MPV八成以上的市场，竞争十分激烈；而价格在10-20万元之间的中端MPV产品不够丰富，兼用型的MPV产品太少，消费者选择余地不大；20万元以上的均为商务型MPV，以GL8为首，奥德赛、艾力绅均有不错表现，主要是合资品牌，国产品牌再挤入这块市场也有困难。

从营销角度看，厂家对中端MPV的宣传不够多，对消费者家用宣传引导不够，导致日产俊逸、福特S-max等都停车，期望2016年大众途安L上市对市场起示范效应，带动其他品牌中端MPV再起步。其实MPV的大空间、灵活布局、宽视野等特点，应该是多子女家庭的不错选择，所以对消费者的消费趋势引导还是未来厂家的营销工作重点之一。

# 2015年全国微型客车（交叉型乘用车）市场

长安汽车 曹阳

## 一、市场发展分析

1. *2015年交叉型乘用车市场销量分析*

2015年，交叉型乘用车（不含跨界新微客，即小MPV）共销售109.91万辆，同比下降17.47%，与2014年降幅接近。2015年几乎所有的传统微客企业都在下滑，一些新进入者已停产。

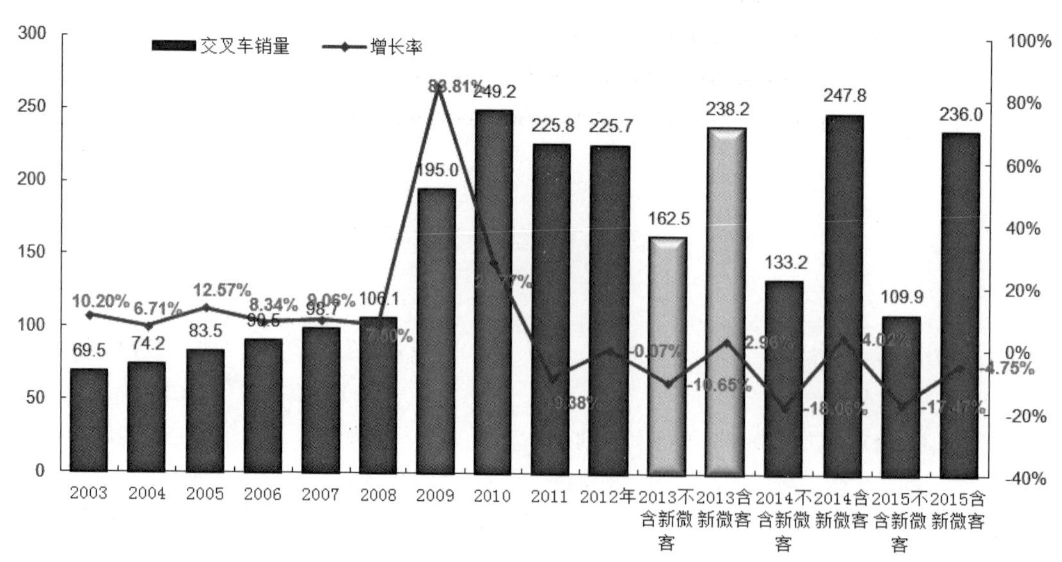


**图1　近年交叉型乘用车整体销量走势**

数据来源：中汽协数据

从企业表现来看，销售排名前五家的企业分别是上汽通用五菱、重庆长安、东风小康、华晨汽车和重庆力帆，分别销售61.58万辆、17.49万辆、6.33万辆、6.10万辆和5.88万辆。除华晨汽车增长5.55%外，行业排名前五名的其它企业同比均下滑，五菱、长安、小康、华晨分别下滑5.81%、33.52%、45.49%和1.25%。

2015年，上述五家企业共销售97.38万辆，占交叉型乘用车销售总量的88.60%，集中度稍有提升。

**表1　2015年国内交叉型乘用车企业销量情况**

| 企业 | 2015年 | 2014年 | 同比增长(%) | 2015年所占比重(%) |
|---|---|---|---|---|
| 上汽通用五菱 | 615798 | 653770 | -5.81 | 56.03 |
| 长安汽车 | 174879 | 263046 | -33.52 | 15.91 |
| 东风小康 | 63315 | 116145 | -45.49 | 5.76 |
| 华晨 | 60984 | 52293 | 16.62 | 5.55 |
| 重庆力帆 | 58811 | 59555 | -1.25 | 5.35 |
| 北汽股份 | 46827 | 71478 | -34.49 | 4.26 |
| 一汽集团 | 22705 | 17776 | 27.73 | 2.07 |
| 昌河 | 11567 | 22900 | -49.49 | 1.05 |
| 福建新龙马 | 11257 | 8534 | 31.91 | 1.02 |
| 北汽福田 | 10322 | 57 | | 0.94 |
| 北汽有限 | 6508 | 9891 | -34.20 | 0.59 |
| 奇瑞 | 5741 | 15390 | -62.70 | 0.52 |
| 浙江飞蝶 | 2714 | 47 | | 0.25 |
| 广汽吉奥 | 2209 | 3587 | -38.42 | 0.20 |
| 北汽银翔 | 1846 | 24426 | -92.44 | 0.17 |
| 郑州日产 | 1155 | 1357 | -14.89 | 0.11 |
| 东南 | 950 | 1175 | -19.15 | 0.09 |
| 海马商务 | 768 | 3861 | -80.11 | 0.07 |
| 航天圆通 | 342 | 1280 | -73.28 | 0.03 |
| 湖南江南 | 325 | 2627 | -87.63 | 0.03 |
| 陕汽集团 | 94 | 115 | -18.26 | 0.01 |
| 东风股份 | 11 | 1097 | -99.00 | 0.00 |
| 哈飞 | 0 | 1308 | -100.00 | 0.00 |
| 合计 | 1099128 | 1331715 | -17.47 | 100.00 |

数据来源：汽车工业协会，不含新型微客，不含微货

2015年，从交叉型乘用车细分品种销量来看，中置后驱的传统微客主力车型，从窄体的五菱之光、长安之星、小康K系列等车型，到宽体大微客如荣光、新长安之星等都出现了明显下降。

2. 交叉型乘用车市场发展特点及趋势

随着微车企业的重心转移，跨界小MPV车型（新型微客）越来越多，微车企业产品呈多元化发展趋势，需要指出的是，在2015年，小MPV车型销量超过了交叉型乘用车销量，而传统微客市场进一步持续萎缩。

面对持续大幅下滑的传统微客市场，厂家对开发传统微车新品投入较少，并已开始减产、停产部分车型系列。实际上，近几年，小MPV车型迅猛增长，逐步挤压传统微客市场，传统微客的产品种类和销量逐渐减少，市场趋势已发生了明显变化，厂家对微客的资源投入减少行为已不可避免。

除向小MPV发展外，微车厂家还在发挥传统微车延伸平台价值，开发中置后驱结构的轻客化的产品，努力拓展新市场，如长安推出睿行（数据统计在轻型车中），五菱推出征程（数据统计在MPV中），此类产品打开了一定市场，它们为轻型商用客车市场将注入新的活力。

预计2016年交叉型乘用车（不含小MPV）将继续下滑，全年预计销售75万辆，比2015年累计下滑31%左右。

## 二、新产品发展情况分析

2015年，交叉型乘用车行业新品很少，主要新品以大型化车型为主。

五菱宏光V

五菱之光S

长安之星3

咖途V3/V5

佳宝V75/V77

海狮X30L

**图2　2015年上市交叉型乘用车车型**

宏光V是五菱引入微客市场的前置动力车型(2015年底改名为荣光V），长安之星3和五菱之光S是的厂家低端微客的换代车型，其它车型以大型化微客居多。2015年，在传统微客市场，主要的窄体、宽体微客销量减小，而以小MPV车型延伸的前置动力车型宏光V取得了19.41万辆的较好销量。

## 三、重点生产企业发展分析

上汽通用五菱：

上汽通用五菱在2015年微客销量为61.58万辆，下滑5.81%；主力产品五菱之光22.80万辆，下降26.14%，五菱荣光销售19.37万辆，下降43.88%。2015年五菱继续在向乘用车拓展转型，其宝骏730、560车型取得了较大成功，而微客在五菱总量的占比进一步减少。

长安汽车：

2015年，长安实现微客销售17.49万辆，下滑33.52%；主力产品长安之星2销售9.47万辆，下降29.76%。2015年，长安汽车在乘用车领域发展突出，2015年长安自主狭义乘用车销量超过100万辆，成为中国汽车的里程碑，排名自主乘用车第一。预计未来，长安汽车商用板块将加大向乘用车的转型力度，力推新品上量，其在2015年底推出了欧尚MPV，2016年还将推出7座SUV车型CX70，继续促进产品结构优化调整。

东风小康：

2015年，东风小康实现销售6.33万辆，下滑45.49%；其主力微客东风小康K系为4.86万辆，下降45.06%。东风小康继续在努力向乘用车拓展转型，其推出了风光370系列车型，上市后取得了不错的销售反响，2016年还将推出SUV车型风光580，预计2016年，东风小康狭义乘用车将实现更多销量。

至此，主要微车企业已实现向乘用车领域转型。

## 四、交叉型乘用车进出口分析

2015年交叉型乘用车出口总量为57632辆，同比下降5.94%。其中，行业前三强的五菱出口16182辆，华晨10660辆，小康出口5786辆，前三强合计出口32628辆，占比56.61%，优势明显。

**表2　2013年交叉型乘用车出口量情况**

| 企业 | 车型 | 2015年累计 | 2014年累计 | 同比增长(%) |
|---|---|---|---|---|
| 一汽集团 | 佳宝 | 2755 | 3751 | -26.55 |
| 东风小康 | 东风小康 | 5786 | 5727 | 1.03 |
| 北汽有限 | 交叉乘用车 | 311 | 283 | 9.89 |
| 北汽福田 | 伽途 | 521 | 0 | |
| 奇瑞 | Q22开瑞优优 | 2573 | 2311 | 11.34 |
| 哈飞 | 交叉乘用车 | 0 | 276 | -100.00 |
| 昌河 | 交叉乘用车 | 1599 | 2060 | -22.38 |
| 东南 | 希旺 | 179 | 261 | -31.42 |
| 华晨 | 交叉乘用车 | 10660 | 12706 | -16.10 |
| 长安汽车 | 交叉乘用车 | 2455 | 3570 | -31.23 |
| 湖南江南 | 交叉型乘用车 | 159 | 746 | -78.69 |
| 上汽通用五菱 | 交叉乘用车 | 16182 | 14863 | 8.87 |
| 郴州吉奥 | 星旺 | 1405 | 2170 | -35.25 |
| 重庆力帆 | 力帆丰顺 | 7663 | 9595 | -20.14 |
| 郑州日产 | 俊风新CVO3 | 250 | 150 | 66.67 |
| 陕汽集团 | 交叉乘用车 | 0 | 25 | -100.00 |
| 海马商务 | 福仕达2 | 37 | 258 | -85.66 |
| 北汽股份 | 交叉型乘用车 | 3575 | 1165 | 206.87 |
| 东风股份 | 俊风CVO3 | 0 | 501 | -100.00 |
| 北汽银翔 | 威旺205 | 87 | 104 | -16.35 |
| | 威旺206 | 1435 | 747 | 92.10 |
| 合计 | | **57632** | **61269** | **-5.94%** |

## 五、行业运行存在的问题和发展建议

微车企业的重心已向乘用车转移，拓展方向主要是对品牌敏感度暂不高、竞争还不是非常激烈的 MPV 和 SUV 领域，目前，微车企业的小 MPV 和中型 MPV 车型越来越多，SUV 车型也越来越多，微车企业产品呈多元化发展趋势，成为行业新品亮点，而整个传统微客市场进一步持续萎缩。

2014 年工信部 4 5 3 号文件《关于加强小微型面包车、摩托车生产和登记管理工作的通知》导致传统微客成本提高，价格优势降低；同年公布的“6 年免上线检验”等年检新规使传统微客不能享受“6 年免检”，有关政策加速了传统微客市场萎缩，促进小 MPV 市场发展。

2015 年，1.6 升的普惠政策使小 MPV、微客都可享受，但曾经的激励政策表明，更符合市场趋势的产品受益更大，因此该政策将更有效促进小型 / 中型 MPV 发展，而对传统微客市场提振有限，其相关市场将被挤压。

2015 年交叉车销量扣减前置动力车型宏光 V（荣光 V）后，其余的传统微客仅 90.5 万辆，首次跌下百万辆，相比 2014 年的 133 万辆少了 40 多万辆，同比大幅下降 32%。

2015 年底至 2016 年初，小 MPV 车型开始进一步降价并强化商用功能，将进一步替代传统微客。如长安欧诺大幅官降，预计主流车型的降价将带来连锁反应，此举将促进行业小 MPV 车型竞争力提升，加速挤压传统微客市场。

# 2015 年纯轻型客车市场

全国汽车市场研究会 杨再舜

近几年来，由于受到大城市货车限行的影响，以及部分用户需求升级的影响，国内轻型客车的发展趋势比较稳健，总体发展比较良好。2015 年，国内广义轻型客车（含底盘）的销量占据整体广义客车（含底盘）销售 72.56%，可谓是客车行业的绝对主力。

## 一、2015 年轻客整体市场分析

2015 年，全国整体广义客车（含底盘）销售 595382 辆、比同期累计增长 -1.9%，其中广义大型客车（含底盘）销售 84531 辆、比同期累计增长 0.33%；广义中型客车（含底盘）销售 78854 辆、比同期累计增长 -0.95%；广义轻型客车（含底盘）销售 431997 辆、比同期累计增长 -2.50%；广义微型客车（含底盘）销售 1099128 辆、比同期累计增长 -17.47%。

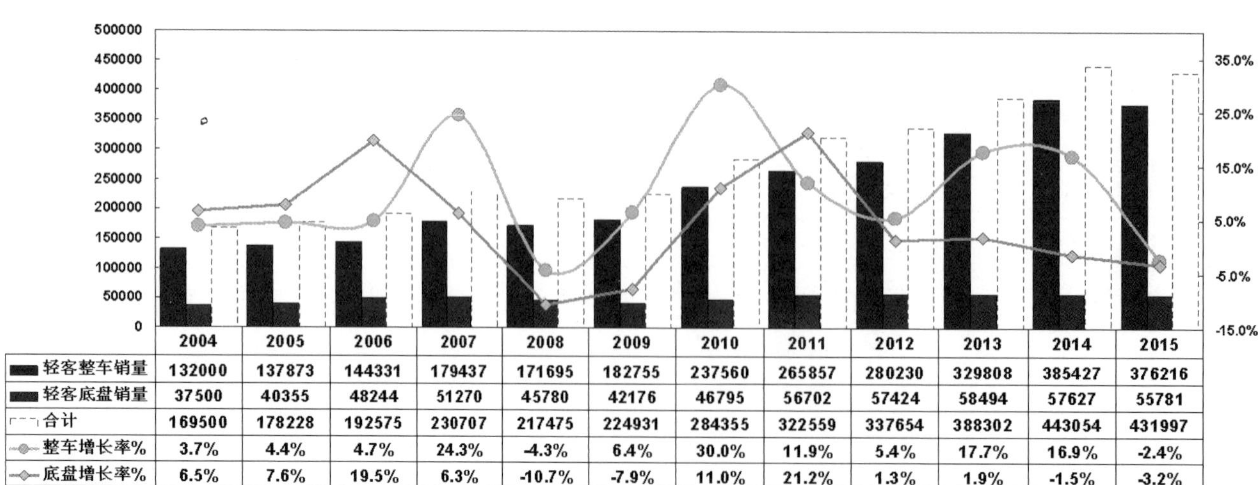

| | 2004 | 2005 | 2006 | 2007 | 2008 | 2009 | 2010 | 2011 | 2012 | 2013 | 2014 | 2015 |
|---|---|---|---|---|---|---|---|---|---|---|---|---|
| 轻客整车销量 | 132000 | 137873 | 144331 | 179437 | 171695 | 182755 | 237560 | 265857 | 280230 | 329808 | 385427 | 376216 |
| 轻客底盘销量 | 37500 | 40355 | 48244 | 51270 | 45780 | 42176 | 46795 | 56702 | 57424 | 58494 | 57627 | 55781 |
| 合计 | 169500 | 178228 | 192575 | 230707 | 217475 | 224931 | 284355 | 322559 | 337654 | 388302 | 443054 | 431997 |
| 整车增长率% | 3.7% | 4.4% | 4.7% | 24.3% | -4.3% | 6.4% | 30.0% | 11.9% | 5.4% | 17.7% | 16.9% | -2.4% |
| 底盘增长率% | 6.5% | 7.6% | 19.5% | 6.3% | -10.7% | -7.9% | 11.0% | 21.2% | 1.3% | 1.9% | -1.5% | -3.2% |

**图 1　历年广义轻型客车整车 / 底盘销量及增长率图表**

2004年至2015年的十一年期间，广义轻型客车与各类底盘的增幅基本处于此消彼涨的发展态势中。近年来对轻客底盘影响较大因素一是新进入轻客领域的车企基本上都能自制底盘；二是一些电动轻客车企也在自制底盘，除前桥和后桥外购外，车架也能自制。此外，拿轻客各类底盘做改装车和专用车的，也绝对多数限于欧式轻客，而日系轻客较少。因此，上述原因是导致轻客底盘市场下滑的主要原因。

**2015年狭义轻型客车分品牌销量及增长率情况**

| | 车企 | 品牌 | 车型 | | 12月销量 | | | 1-12销量 | | |
|---|---|---|---|---|---|---|---|---|---|---|
| | | | | | 销 量 | 同期销量 | 同比增长% | 销 量 | 同期销量 | 同比增长% |
| 1 | 江铃汽车 | 全顺 | 经典型 | VE83 | 7384 | 5854 | 26.10% | 55678 | 57874 | -3.80% |
| | | | | 新世代 | 1408 | 2081 | -32.30% | 11137 | 14216 | -21.70% |
| | | | **合计** | | **8792** | **7935** | **10.80%** | **66815** | **72090** | **-7.32%** |
| 2 | 北汽福田 | 风景海狮 | 风 景 | | 1847 | 2398 | -23.00% | 25842 | 32232 | -19.80% |
| | | | 图雅诺（V1） | | 507 | | | 2591 | | |
| | | | **合 计** | | **2354** | **2398** | **-1.80%** | **28433** | **32232** | **-11.80%** |
| 3 | 江淮汽车 | 星 锐 | 四 系 | | 121 | 170 | -28.82% | 2967 | 2550 | 16.35% |
| | | | 五 系 | | 37 | 499 | -92.59% | 921 | 1680 | -45.18% |
| | | | 六 系 | | 28 | 89 | -68.54% | 1283 | 1517 | -15.43% |
| | | | 出 口 | | 64 | 48 | 33.33% | 976 | 544 | 79.41% |
| | | | **合 计** | | **250** | **806** | **-68.98%** | **6147** | **6291** | **-2.29%** |
| 4 | 华晨金杯 | 金杯海狮 | 海 狮 | | 5789 | 8614 | -32.80% | 83221 | 96293 | -13.58% |
| | | | 大海狮 | | 742 | 2093 | -64.55% | 12767 | 20249 | -36.95% |
| | | | 其中含出口 | | 3062 | 831 | 268.47% | 17006 | 21036 | -19.16% |
| | | | **合 计** | | **6531** | **10707** | **-39.00%** | **95988** | **116542** | **-17.64%** |
| 5 | 南汽跃进 | 依维柯 | 得 意 | | 2944 | 3440 | -14.42% | 24124 | 25295 | -4.63% |
| | | | 都 灵 | | 2202 | 2209 | -0.32% | 16564 | 18713 | -11.48% |
| | | | 含出口 | | 1 | 18 | -94.44% | 420 | 616 | -31.82% |
| | | | **合 计** | | **5146** | **5649** | **-8.90%** | **40688** | **44008** | **-7.54%** |
| 6 | 东南汽车 | 得利卡 | 新得利卡 | | 398 | 186 | 113.98% | 1414 | 1915 | -26.16% |
| | | | 合 计 | | 398 | 186 | 113.98% | 1414 | 1915 | -26.16% |
| 7 | 厦门金旅 | 金旅（海狮） | 汽 油 | | 1652 | 899 | 83.76% | 9222 | 9099 | 1.35% |
| | | | 柴 油 | | 108 | 67 | 61.19% | 724 | 706 | 2.55% |
| | | | 出 口 | | 1003 | 1266 | -20.77% | 7747 | 8681 | -10.76% |
| | | | **合 计** | | **2763** | **2232** | **23.79%** | **17693** | **18486** | **-4.29%** |
| 8 | 厦门金龙 | 金龙（海狮） | 金龙海狮 | | 1581 | 1201 | 31.64% | 13188 | 10518 | 25.39% |
| | | | 出 口 | | 1931 | 1506 | 28.22% | 8295 | 9947 | -16.61% |
| | | | 其中小海狮标准型 | | 811 | 1693 | -52.10% | 11535 | 12539 | -8.01% |
| | | | **合 计** | | 3512 | **2707** | **29.74%** | **21483** | **20465** | **4.97%** |

### 2015 年狭义轻型客车分品牌销量及增长率情况（续）

| | 车企 | 品牌 | 车型 | 12 月销量 | | | 1-12 销量 | | |
|---|---|---|---|---|---|---|---|---|---|
| | | | | 销 量 | 同期销量 | 同比增长 % | 销 量 | 同期销量 | 同比增长 % |
| 9 | 江苏九龙 | 九龙大马 | A5 | 86 | 72 | 19.44% | 849 | 1453 | -41.57% |
| | | | A6 | 125 | 152 | -17.76% | 2207 | 3262 | -32.34% |
| | | | **合 计** | **211** | **224** | **-5.80%** | **3056** | **4715** | **-35.19%** |
| 10 | 上汽商用车 | 大 通 | V80 | 1658 | 1623 | 2% | 19412 | 15365 | 26% |
| | | | 专用车 ( 柴油） | 92 | 520 | -82% | 3722 | 2837 | 31% |
| | | 含出口 | | 308 | 442 | -30% | 3415 | 2078 | 64% |
| | | **合 计** | | **1750** | **2143** | **-18.34%** | **23134** | **18202** | **27.10%** |
| 11 | 奇瑞汽车 | 威 麟 | H3 | 0 | | | 17 | 59 | -71.19% |
| | | | H5 | 4 | | | 32 | 92 | -65.22% |
| | | | H6 | 1 | | | 7 | | |
| | | | H7 | 655 | | | 1715 | | |
| | | **合 计** | | **660** | | | **1771** | **151** | **1072.85%** |
| 12 | 长安客车 | 长 安 | | 2312 | 1353 | 70.88% | 23453 | 17613 | 33.16% |
| 13 | 福建戴姆勒 | 梅赛德斯 - 奔驰 | 凌 特 | 94 | 118 | -20.34% | 675 | 829 | -18.58% |
| 14 | 桂林客车 | 轻客 | | 641 | 400 | 60.25% | 4215 | 3769 | 11.83% |
| 15 | 广汽客车 | | | 12 | 24 | -50.00% | 168 | 232 | -27.59% |
| 16 | 四川现代 | | | 24 | 7 | 242.86% | 247 | 82 | 201.22% |
| 17 | 宇通客车 | | | 1283 | 1103 | 16.32% | 12288 | 8120 | 51.33% |
| 18 | 江淮安凯 | 安凯 | 宝斯通 | 70 | | | 827 | | |
| 19 | 东风御风 | 轻客 | 轻 客 | 959 | 197 | 386.80% | 5095 | 3340 | 52.54% |
| | | | 底 盘 | 2375 | 2452 | -3.14% | 30281 | 30352 | -0.23% |
| | | | **合 计** | **3334** | **2649** | **25.86%** | **35376** | **33692** | **5.00%** |
| 20 | 潍柴亚星 | 轻客 | 欧 睿 | 142 | | | 557 | | |
| **总 计** | | | | **40279** | **40641** | **-0.89%** | **384985** | **399434** | **-3.76%** |

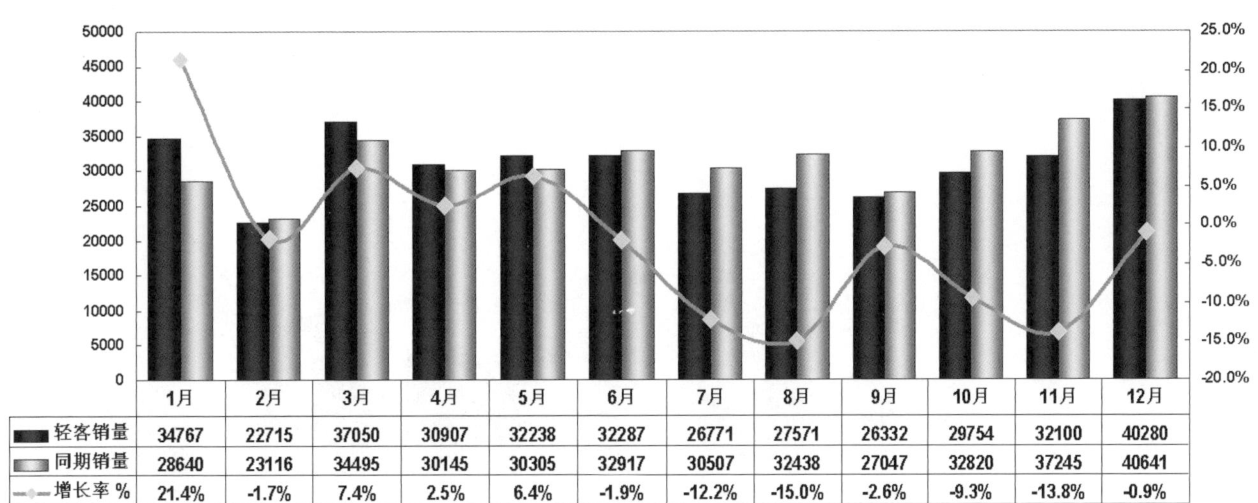

| | 1月 | 2月 | 3月 | 4月 | 5月 | 6月 | 7月 | 8月 | 9月 | 10月 | 11月 | 12月 |
|---|---|---|---|---|---|---|---|---|---|---|---|---|
| 轻客销量 | 34767 | 22715 | 37050 | 30907 | 32238 | 32287 | 26771 | 27571 | 26332 | 29754 | 32100 | 40280 |
| 同期销量 | 28640 | 23116 | 34495 | 30145 | 30305 | 32917 | 30507 | 32438 | 27047 | 32820 | 37245 | 40641 |
| 增长率 % | 21.4% | -1.7% | 7.4% | 2.5% | 6.4% | -1.9% | -12.2% | -15.0% | -2.6% | -9.3% | -13.8% | -0.9% |

**图 2　2015 年主流狭义轻客逐月销路走势图**

根据对 20 家狭义纯轻型客车车企产销数据统计，2015 年共销售 384428 辆，累计同比增长率为 -3.76%。今年整体商用车增长率呈负 -8.97% 的跌幅，相对来说，轻型客车的销量下滑与增长率的下降还算是好的。销量下滑最严重的为日系轻客，欧系轻客和纯电动轻客对 2015 年整体轻型客车市场的贡献率最大。

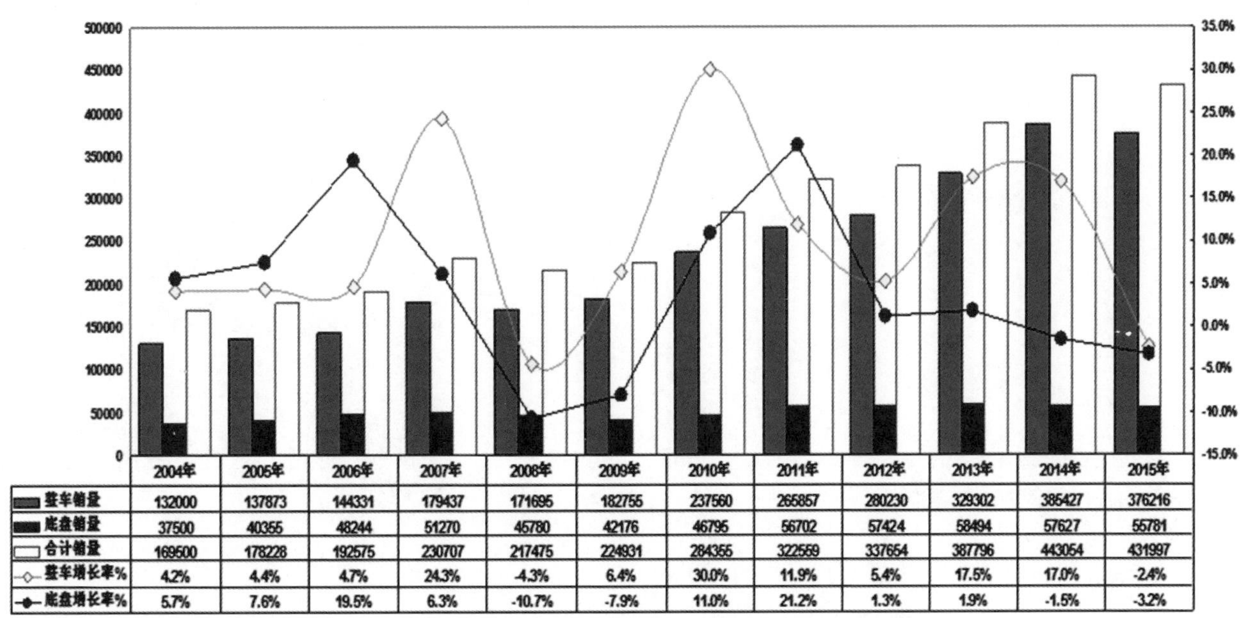

| | 2004年 | 2005年 | 2006年 | 2007年 | 2008年 | 2009年 | 2010年 | 2011年 | 2012年 | 2013年 | 2014年 | 2015年 |
|---|---|---|---|---|---|---|---|---|---|---|---|---|
| 整车销量 | 132000 | 137873 | 144331 | 179437 | 171695 | 182755 | 237560 | 265857 | 280230 | 329302 | 385427 | 376216 |
| 底盘销量 | 37500 | 40355 | 48244 | 51270 | 45780 | 42176 | 46795 | 56702 | 57424 | 58494 | 57627 | 55781 |
| 合计销量 | 169500 | 178228 | 192575 | 230707 | 217475 | 224931 | 284355 | 322559 | 337654 | 387796 | 443054 | 431997 |
| 整车增长率% | 4.2% | 4.4% | 4.7% | 24.3% | -4.3% | 6.4% | 30.0% | 11.9% | 5.4% | 17.5% | 17.0% | -2.4% |
| 底盘增长率% | 5.7% | 7.6% | 19.5% | 6.3% | -10.7% | -7.9% | 11.0% | 21.2% | 1.3% | 1.9% | -1.5% | -3.2% |

**图 3　历年广义轻客及底盘盘销量及增长率图表**

2015 年，主流品牌欧系轻客和日系轻客出口情况，除上汽大通 V80 和江淮星锐轻客大幅正增长外，其余五家出口量呈现出小降、中滑和大跌之态势。这与我国 2015 年以来的经济低迷不振，投资、消费、出口“三驾马车”的全部沦陷导致进口全面下滑的大气侯休戚相关。预期明年轻型客车的出口市场也不容乐观。

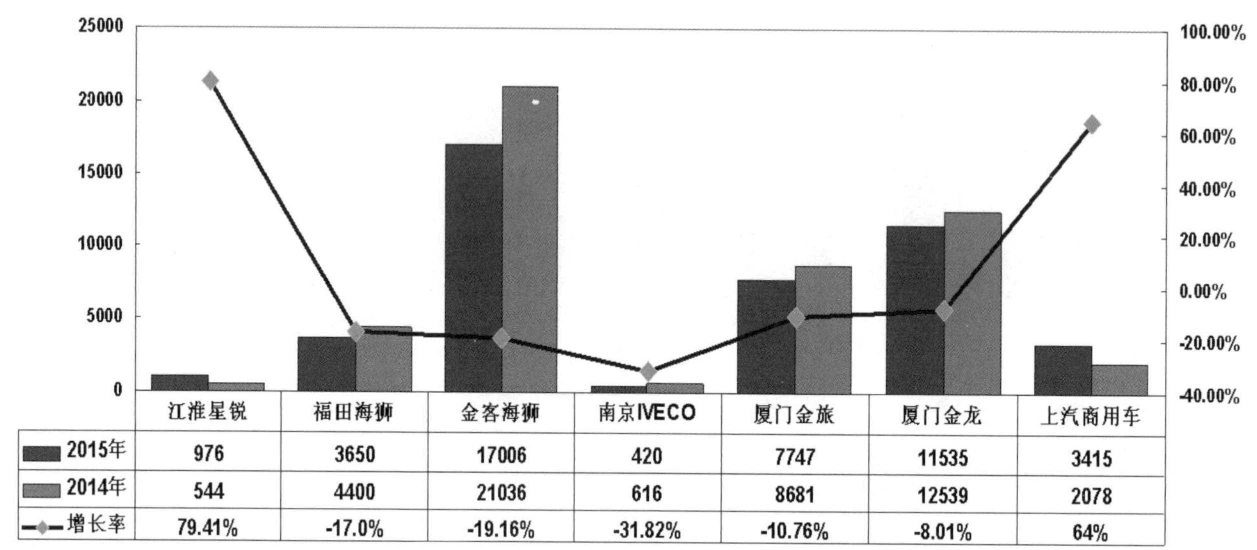


| | 江淮星锐 | 福田海狮 | 金客海狮 | 南京IVECO | 厦门金旅 | 厦门金龙 | 上汽商用车 |
|---|---|---|---|---|---|---|---|
| 2015年 | 976 | 3650 | 17006 | 420 | 7747 | 11535 | 3415 |
| 2014年 | 544 | 4400 | 21036 | 616 | 8681 | 12539 | 2078 |
| 增长率 | 79.41% | -17.0% | -19.16% | -31.82% | -10.76% | -8.01% | 64% |

**图 4　2015 年主要轻客车企出口情况**

2015 年，传统老品牌纯欧系轻客江铃全顺、南京依维柯和福建戴姆勒奔驰凌特的销量全部呈下滑之势，只有新进入欧系轻客阵营的上汽大通 V80、东风御风及一些纯电动轻客车企的销量及增长率呈快速增长之势。此外，潍柴扬州亚星欧睿与福田新锐轻客图雅诺今年刚上市，也取得了不错的成绩单。

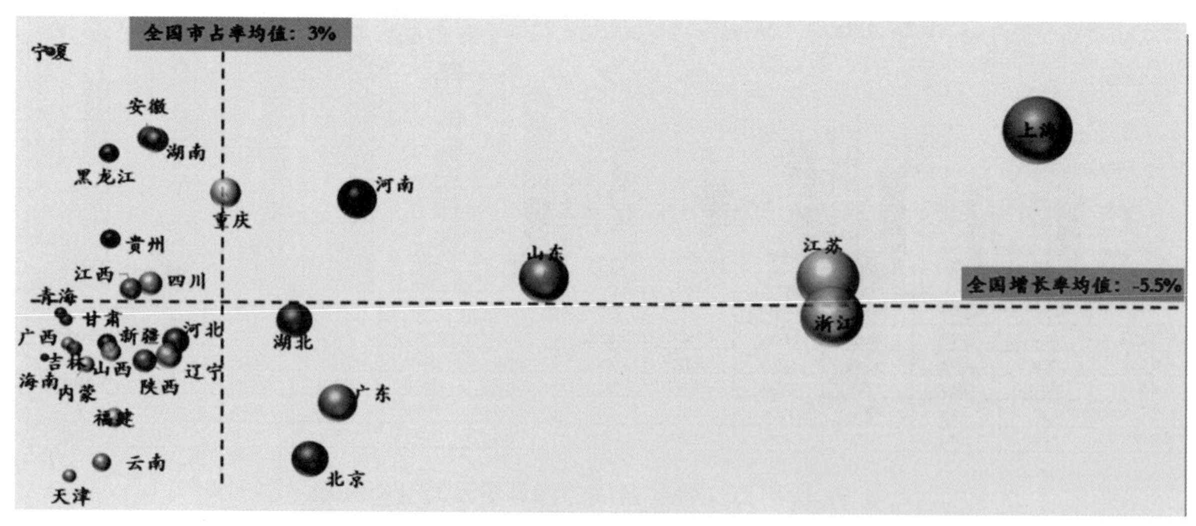


**图 5　主流欧系品牌轻客区域市场占比及增长率分布图**

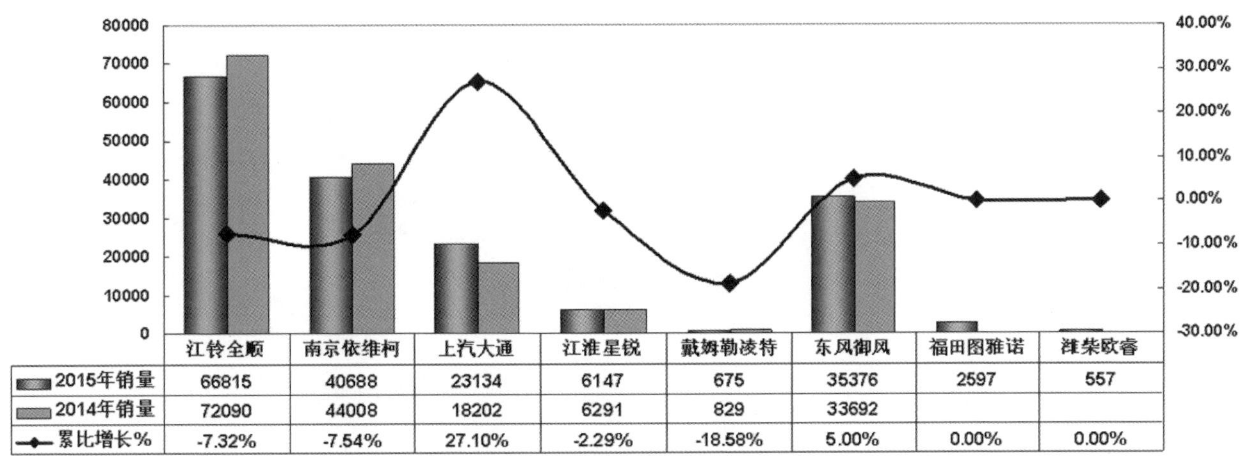

| | 江铃全顺 | 南京依维柯 | 上汽大通 | 江淮星锐 | 戴姆勒凌特 | 东风御风 | 福田图雅诺 | 潍柴欧睿 |
|---|---|---|---|---|---|---|---|---|
| 2015年销量 | 66815 | 40688 | 23134 | 6147 | 675 | 35376 | 2597 | 557 |
| 2014年销量 | 72090 | 44008 | 18202 | 6291 | 829 | 33692 | | |
| 累比增长% | -7.32% | -7.54% | 27.10% | -2.29% | -18.58% | 5.00% | 0.00% | 0.00% |

图 6　2015 年欧系八大轻客车企销量及增长率情况

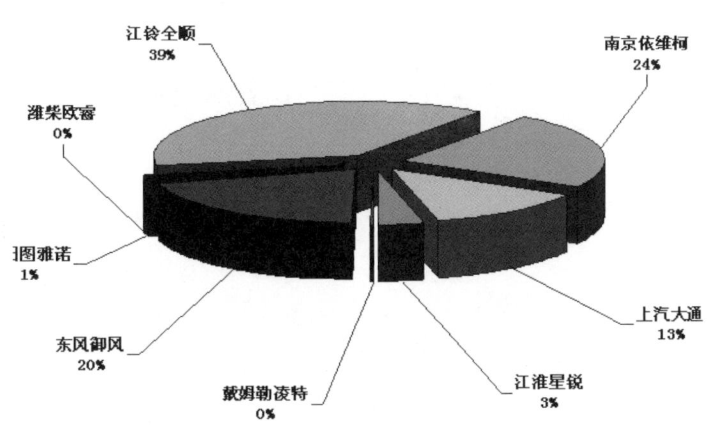


图 7　2015 年八大欧系轻客车市场占有率

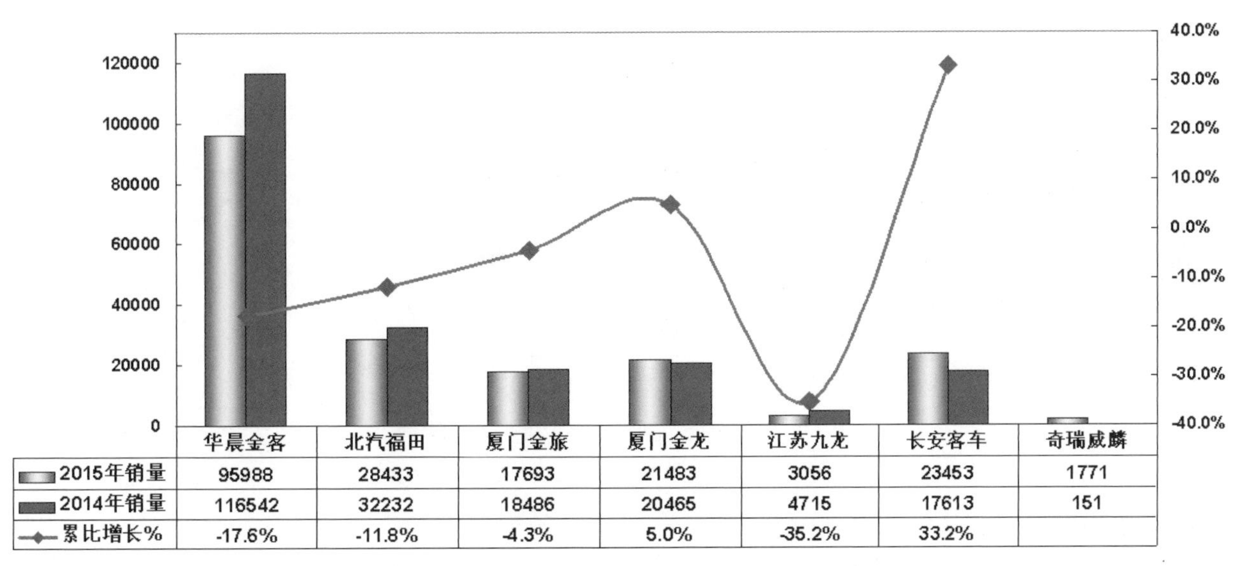

| | 华晨金客 | 北汽福田 | 厦门金旅 | 厦门金龙 | 江苏九龙 | 长安客车 | 奇瑞威麟 |
|---|---|---|---|---|---|---|---|
| 2015年销量 | 95988 | 28433 | 17693 | 21483 | 3056 | 23453 | 1771 |
| 2014年销量 | 116542 | 32232 | 18486 | 20465 | 4715 | 17613 | 151 |
| 累比增长% | -17.6% | -11.8% | -4.3% | 5.0% | -35.2% | 33.2% | |

图 8　2015 年七大主流日系海狮轻客销量及增长率情况

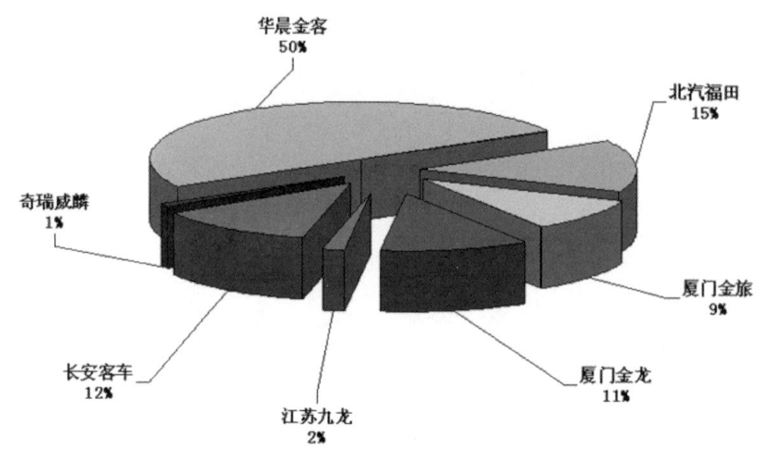


**图 9　2015 年七大日系海狮轻客市场份额**

2015 年，日系海狮轻客和准日系海狮轻客分品牌销量，虽有三涨四跌，但其市场集中度仍然较高，近年来几乎没有再进入此领域的其他车企。此外，由于受“453”号政策法规的严重影响，今年以来日系小海狮轻客受到的打击较大，直接影响了销售。细分品牌来看：华晨日系海狮轻客的销量依然占居首位，由于其销量基数较大，虽只有不到一个百分点的增长率，但对整个日系海狮轻客市场占比起着关键的作用。长安汽车与奇瑞汽车今年以来的轻客和轻卡都呈现出行内“黑马”的气势，值得业内关注。此外，今年以来江苏九龙轻客与同期相比下滑严重，这与其出口量的大降和将主要营销业务放在乘用车 MPV、纯电动轻客市场以及对苏州金龙海格轻客的代工结束等不无关系。

## 二、细分轻客品牌销量及增长率分析

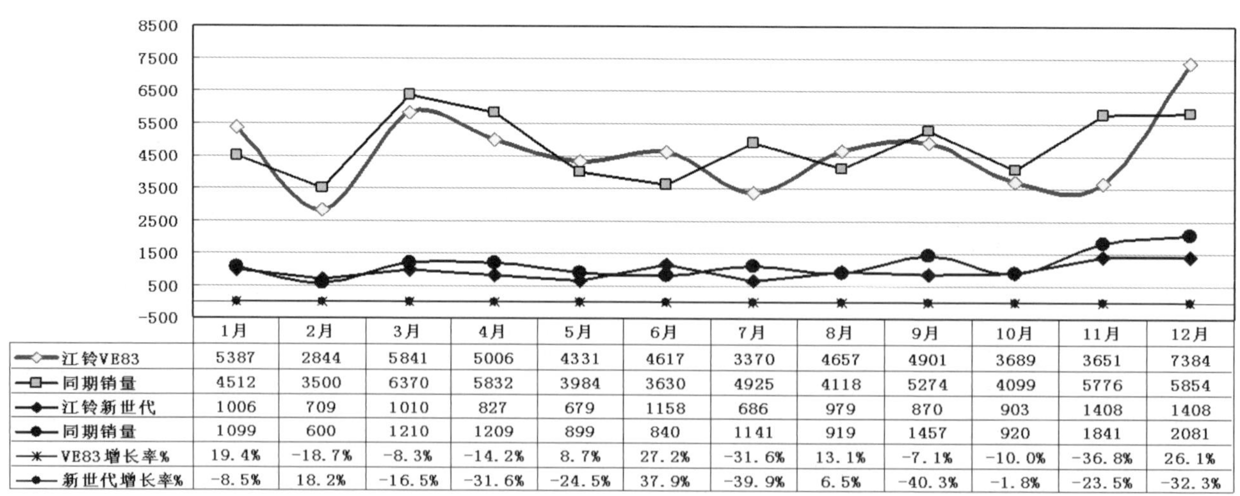

| | 1月 | 2月 | 3月 | 4月 | 5月 | 6月 | 7月 | 8月 | 9月 | 10月 | 11月 | 12月 |
|---|---|---|---|---|---|---|---|---|---|---|---|---|
| 江铃VE83 | 5387 | 2844 | 5841 | 5006 | 4331 | 4617 | 3370 | 4657 | 4901 | 3689 | 3651 | 7384 |
| 同期销量 | 4512 | 3500 | 6370 | 5832 | 3984 | 3630 | 4925 | 4118 | 5274 | 4099 | 5776 | 5854 |
| 江铃新世代 | 1006 | 709 | 1010 | 827 | 679 | 1158 | 686 | 979 | 870 | 903 | 1408 | 1408 |
| 同期销量 | 1099 | 600 | 1210 | 1209 | 899 | 840 | 1141 | 919 | 1457 | 920 | 1841 | 2081 |
| VE83增长率% | 19.4% | -18.7% | -8.3% | -14.2% | 8.7% | 27.2% | -31.6% | 13.1% | -7.1% | -10.0% | -36.8% | 26.1% |
| 新世代增长率% | -8.5% | 18.2% | -16.5% | -31.6% | -24.5% | 37.9% | -39.9% | 6.5% | -40.3% | -1.8% | -23.5% | -32.3% |



**图 10　2015 年江铃轻客销路走势图表**

2015 年，江铃全顺轻客销量比同期下降 7 个百分点，其中以新世代的降幅最明显，整体月度销路走势呈波浪状态。

在新产品研发上，2016 年江铃全顺轻客将迎来第三次垂直断涯式的新产品升级换代，并以产品优势与各品牌欧系轻客品牌竞争。

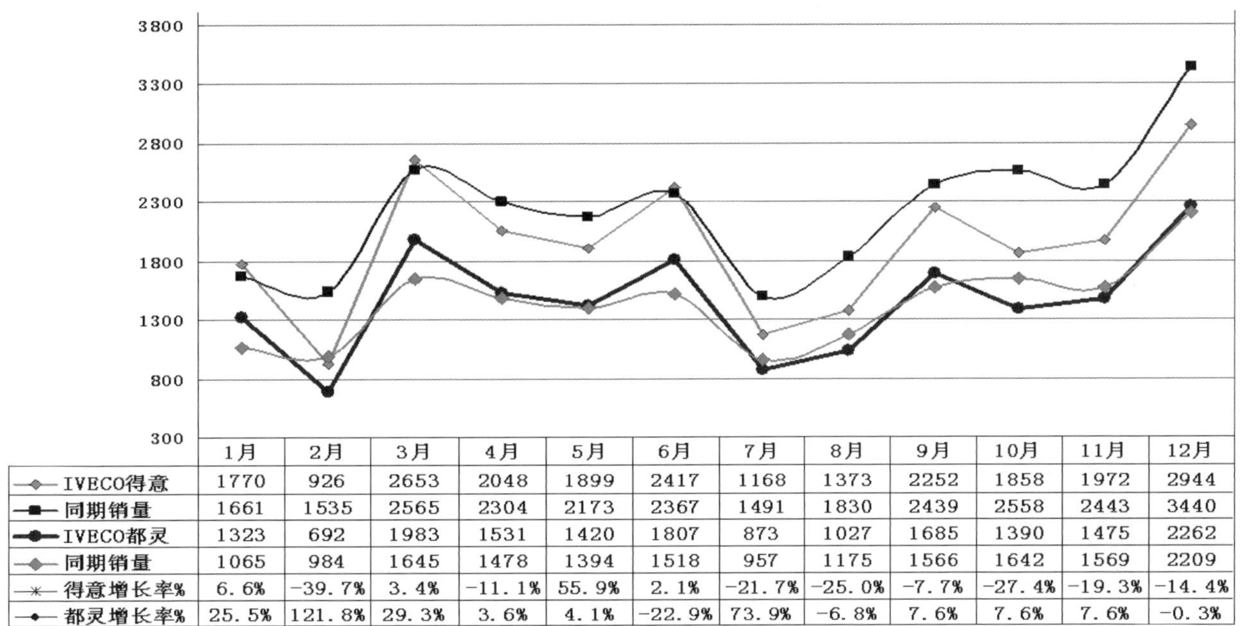


| | 1月 | 2月 | 3月 | 4月 | 5月 | 6月 | 7月 | 8月 | 9月 | 10月 | 11月 | 12月 |
|---|---|---|---|---|---|---|---|---|---|---|---|---|
| IVECO得意 | 1770 | 926 | 2653 | 2048 | 1899 | 2417 | 1168 | 1373 | 2252 | 1858 | 1972 | 2944 |
| 同期销量 | 1661 | 1535 | 2565 | 2304 | 2173 | 2367 | 1491 | 1830 | 2439 | 2558 | 2443 | 3440 |
| IVECO都灵 | 1323 | 692 | 1983 | 1531 | 1420 | 1807 | 873 | 1027 | 1685 | 1390 | 1475 | 2262 |
| 同期销量 | 1065 | 984 | 1645 | 1478 | 1394 | 1518 | 957 | 1175 | 1566 | 1642 | 1569 | 2209 |
| 得意增长率% | 6.6% | -39.7% | 3.4% | -11.1% | 55.9% | 2.1% | -21.7% | -25.0% | -7.7% | -27.4% | -19.3% | -14.4% |
| 都灵增长率% | 25.5% | 121.8% | 29.3% | 3.6% | 4.1% | -22.9% | 73.9% | -6.8% | 7.6% | 7.6% | 7.6% | -0.3% |

图 11　2015 年 IVECO 轻客销路走势图表

2015 年，南京依维柯轻客销量下挫的百分点与江铃全顺差不多。较新款都灵替代老款得意已经势在必行。预期随着新款 Daily 车型的进入，依维柯“New Daily”厢货、半封闭厢货、双排座车型、一类和二类通用改装底盘，将会增加其市场竞争的筹码和克敌之利器。

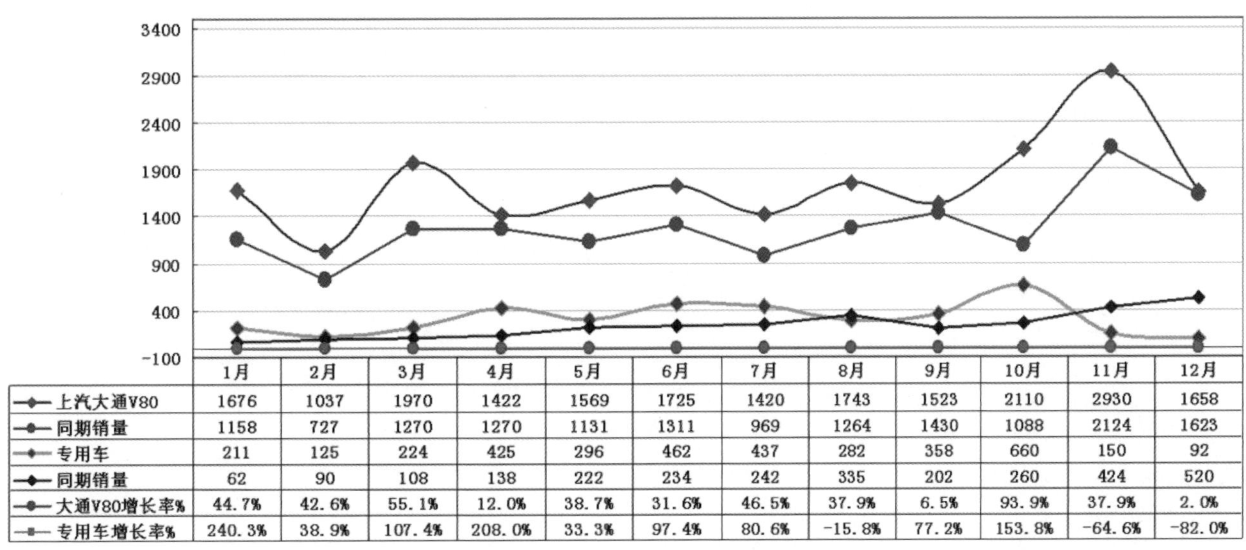


| | 1月 | 2月 | 3月 | 4月 | 5月 | 6月 | 7月 | 8月 | 9月 | 10月 | 11月 | 12月 |
|---|---|---|---|---|---|---|---|---|---|---|---|---|
| 上汽大通V80 | 1676 | 1037 | 1970 | 1422 | 1569 | 1725 | 1420 | 1743 | 1523 | 2110 | 2930 | 1658 |
| 同期销量 | 1158 | 727 | 1270 | 1270 | 1131 | 1311 | 969 | 1264 | 1430 | 1088 | 2124 | 1623 |
| 专用车 | 211 | 125 | 224 | 425 | 296 | 462 | 437 | 282 | 358 | 660 | 150 | 92 |
| 同期销量 | 62 | 90 | 108 | 138 | 222 | 234 | 242 | 335 | 202 | 260 | 424 | 520 |
| 大通V80增长率% | 44.7% | 42.6% | 55.1% | 12.0% | 38.7% | 31.6% | 46.5% | 37.9% | 6.5% | 93.9% | 37.9% | 2.0% |
| 专用车增长率% | 240.3% | 38.9% | 107.4% | 208.0% | 33.3% | 97.4% | 80.6% | -15.8% | 77.2% | 153.8% | -64.6% | -82.0% |

图 12　2015 年上汽大通轻客销路走势图表

2015 年，上汽大通 V80 销量超高速增长 27 个百分点，市场占有率也不断上升中，尤其是出口量竟然达到近 3500 辆。

此外，专用车和新能源轻客也在同步良性快速发展中，今年全年上汽大通 V80 电动轻客已经销售了 1256 辆。

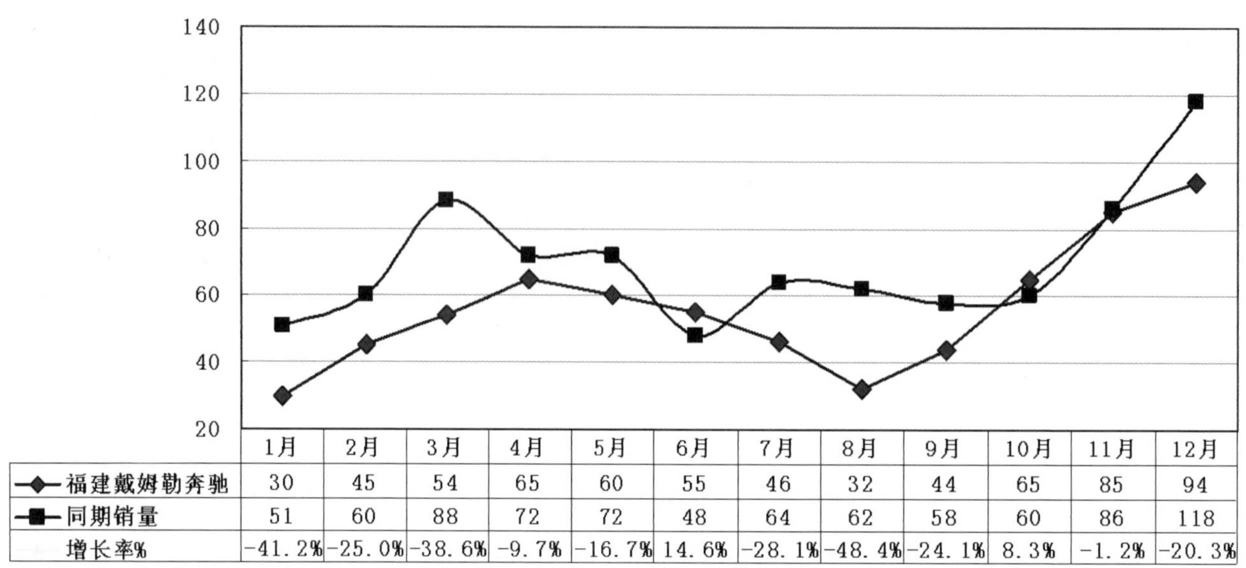


| | 1月 | 2月 | 3月 | 4月 | 5月 | 6月 | 7月 | 8月 | 9月 | 10月 | 11月 | 12月 |
|---|---|---|---|---|---|---|---|---|---|---|---|---|
| 福建戴姆勒奔驰 | 30 | 45 | 54 | 65 | 60 | 55 | 46 | 32 | 44 | 65 | 85 | 94 |
| 同期销量 | 51 | 60 | 88 | 72 | 72 | 48 | 64 | 62 | 58 | 60 | 86 | 118 |
| 增长率% | -41.2% | -25.0% | -38.6% | -9.7% | -16.7% | 14.6% | -28.1% | -48.4% | -24.1% | 8.3% | -1.2% | -20.3% |

**图 13　2015 年戴姆勒奔驰轻客销路走势图表**

2015 年，福建戴姆勒奔驰凌特轻客销量逐月走势呈现出“W”状态。九月份销量开始快速爬升。2016 年福建戴姆勒奔驰将会引进新款凌特车型，其基本技术参数：车身：5910 X 1993 X 2840 ；7110 X 1993 X 2870；7345 X 1993 X 2870 ；轴距：3665/4325 mm ；座位数：14、17、 20 座 ； 动力配置：2.2L OM651 柴油发动机 6 速手动变速箱。预期这款新车型一拿到中国后，又必将成为众多非主流轻客或中客车企争先恐后拷贝克隆的对标模仿车型。

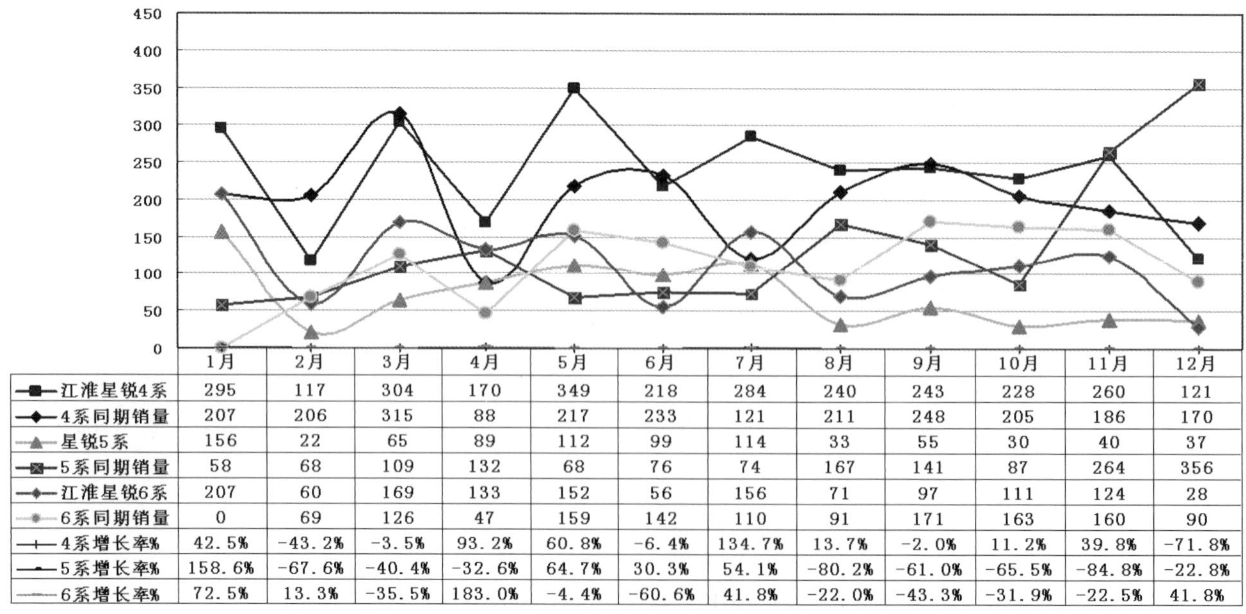


| | 1月 | 2月 | 3月 | 4月 | 5月 | 6月 | 7月 | 8月 | 9月 | 10月 | 11月 | 12月 |
|---|---|---|---|---|---|---|---|---|---|---|---|---|
| 江淮星锐4系 | 295 | 117 | 304 | 170 | 349 | 218 | 284 | 240 | 243 | 228 | 260 | 121 |
| 4系同期销量 | 207 | 206 | 315 | 88 | 217 | 233 | 121 | 211 | 248 | 205 | 186 | 170 |
| 星锐5系 | 156 | 22 | 65 | 89 | 112 | 99 | 114 | 33 | 55 | 30 | 40 | 37 |
| 5系同期销量 | 58 | 68 | 109 | 132 | 68 | 76 | 74 | 167 | 141 | 87 | 264 | 356 |
| 江淮星锐6系 | 207 | 60 | 169 | 133 | 152 | 56 | 156 | 71 | 97 | 111 | 124 | 28 |
| 6系同期销量 | 0 | 69 | 126 | 47 | 159 | 142 | 110 | 91 | 171 | 163 | 160 | 90 |
| 4系增长率% | 42.5% | -43.2% | -3.5% | 93.2% | 60.8% | -6.4% | 134.7% | 13.7% | -2.0% | 11.2% | 39.8% | -71.8% |
| 5系增长率% | 158.6% | -67.6% | -40.4% | -32.6% | 64.7% | 30.3% | 54.1% | -80.2% | -61.0% | -65.5% | -84.8% | -22.8% |
| 6系增长率% | 72.5% | 13.3% | -35.5% | 183.0% | -4.4% | -60.6% | 41.8% | -22.0% | -43.3% | -31.9% | -22.5% | 41.8% |

**图 14　2015 年江淮星锐轻客销路走势图表**

2015 年，准纯欧系江淮星锐轻客销量累计同比增幅 -2.3%，其中以主销短轴四系车型增长率最大，五系短悬和六系长轴增幅略有下降。出口量近千辆，同比增幅近 80%。

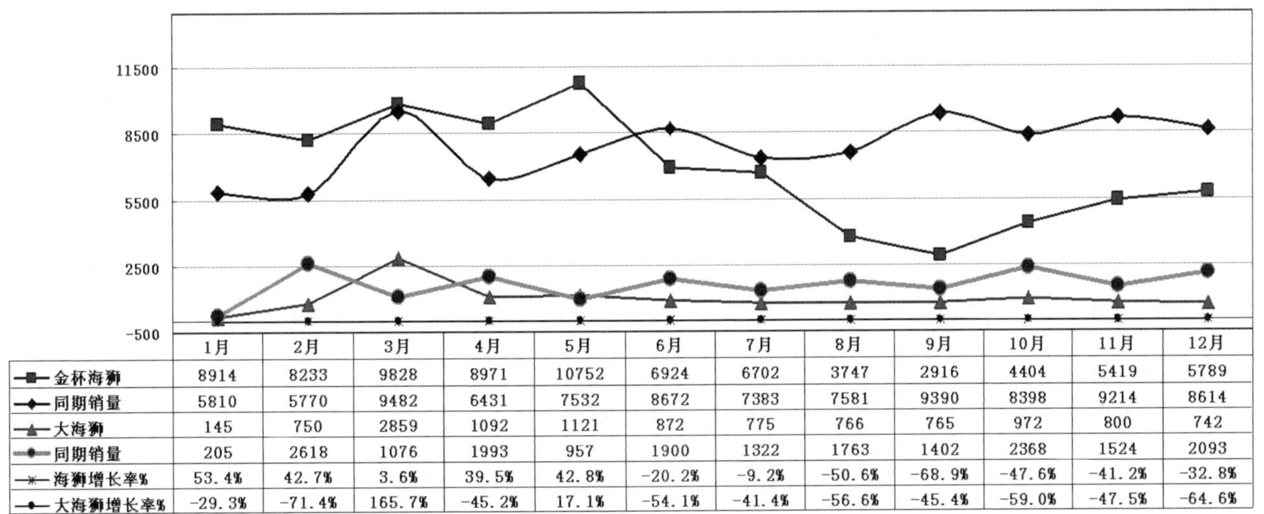


| | 1月 | 2月 | 3月 | 4月 | 5月 | 6月 | 7月 | 8月 | 9月 | 10月 | 11月 | 12月 |
|---|---|---|---|---|---|---|---|---|---|---|---|---|
| 金杯海狮 | 8914 | 8233 | 9828 | 8971 | 10752 | 6924 | 6702 | 3747 | 2916 | 4404 | 5419 | 5789 |
| 同期销量 | 5810 | 5770 | 9482 | 6431 | 7532 | 8672 | 7383 | 7581 | 9390 | 8398 | 9214 | 8614 |
| 大海狮 | 145 | 750 | 2859 | 1092 | 1121 | 872 | 775 | 766 | 765 | 972 | 800 | 742 |
| 同期销量 | 205 | 2618 | 1076 | 1993 | 957 | 1900 | 1322 | 1763 | 1402 | 2368 | 1524 | 2093 |
| 海狮增长率% | 53.4% | 42.7% | 3.6% | 39.5% | 42.8% | -20.2% | -9.2% | -50.6% | -68.9% | -47.6% | -41.2% | -32.8% |
| 大海狮增长率% | -29.3% | -71.4% | 165.7% | -45.2% | 17.1% | -54.1% | -41.4% | -56.6% | -45.4% | -59.0% | -47.5% | -64.6% |

**图 15　2015 年金杯海狮轻客销路走势图表**

2015 年，沈阳华晨汽车金杯纯日系海狮轻客销量接近十万辆，累计同比下挫 -18%。尽管大幅下滑，但以其较大的销量基数，继续领衔市场而稳坐轻型客车市场的大佬位置不可动摇。

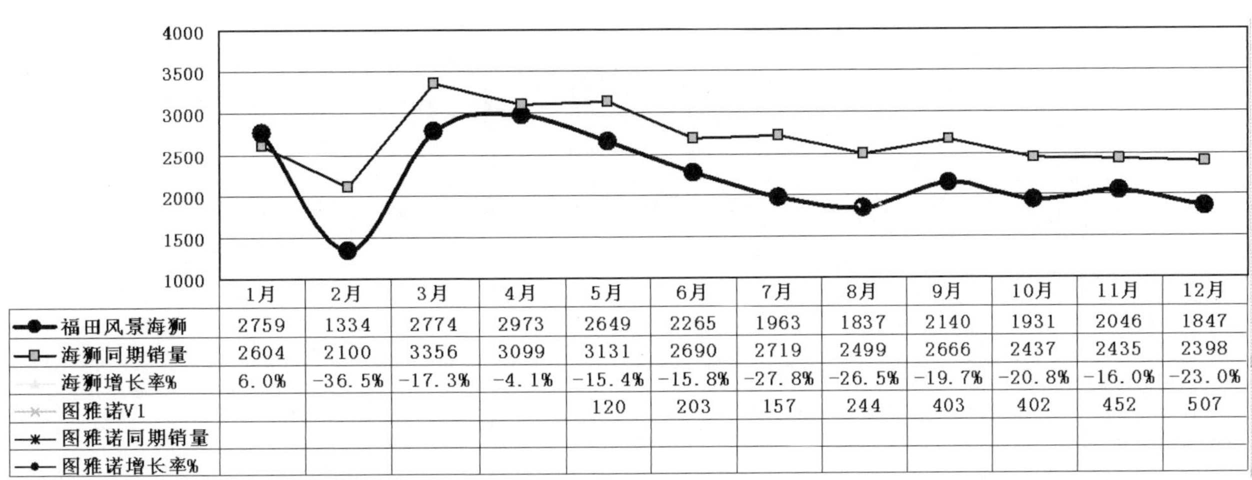


| | 1月 | 2月 | 3月 | 4月 | 5月 | 6月 | 7月 | 8月 | 9月 | 10月 | 11月 | 12月 |
|---|---|---|---|---|---|---|---|---|---|---|---|---|
| 福田风景海狮 | 2759 | 1334 | 2774 | 2973 | 2649 | 2265 | 1963 | 1837 | 2140 | 1931 | 2046 | 1847 |
| 海狮同期销量 | 2604 | 2100 | 3356 | 3099 | 3131 | 2690 | 2719 | 2499 | 2666 | 2437 | 2435 | 2398 |
| 海狮增长率% | 6.0% | -36.5% | -17.3% | -4.1% | -15.4% | -15.8% | -27.8% | -26.5% | -19.7% | -20.8% | -16.0% | -23.0% |
| 图雅诺V1 | | | | | 120 | 203 | 157 | 244 | 403 | 402 | 452 | 507 |
| 图雅诺同期销量 | | | | | | | | | | | | |
| 图雅诺增长率% | | | | | | | | | | | | |

**图 16　2015 年福田海狮轻客销路走势图表**

2015 年，北汽福田风景海狮轻客销量虽下滑了近 -20%，但今年下线上市的准欧系轻客图雅诺以销量 2600 辆的傲人业绩，阻止了其下滑的速度。预期 2016 年北汽福田图雅诺（V1）的市场表现肯定要好于预期的市场目标值，而让人拭目以待中。

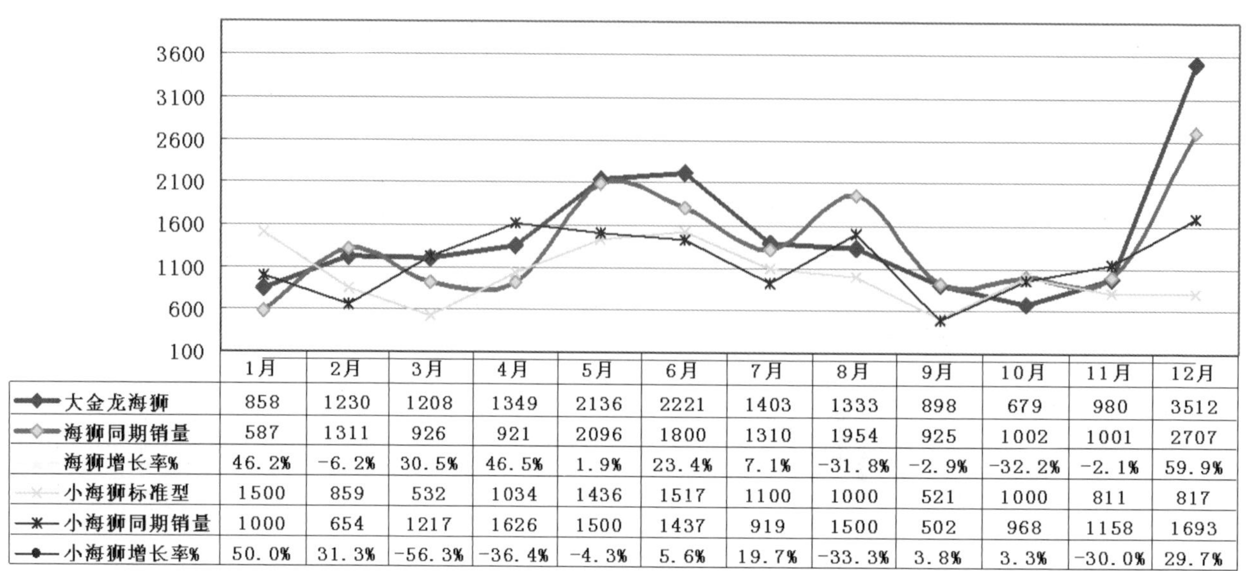


| | 1月 | 2月 | 3月 | 4月 | 5月 | 6月 | 7月 | 8月 | 9月 | 10月 | 11月 | 12月 |
|---|---|---|---|---|---|---|---|---|---|---|---|---|
| 大金龙海狮 | 858 | 1230 | 1208 | 1349 | 2136 | 2221 | 1403 | 1333 | 898 | 679 | 980 | 3512 |
| 海狮同期销量 | 587 | 1311 | 926 | 921 | 2096 | 1800 | 1310 | 1954 | 925 | 1002 | 1001 | 2707 |
| 海狮增长率% | 46.2% | -6.2% | 30.5% | 46.5% | 1.9% | 23.4% | 7.1% | -31.8% | -2.9% | -32.2% | -2.1% | 59.9% |
| 小海狮标准型 | 1500 | 859 | 532 | 1034 | 1436 | 1517 | 1100 | 1000 | 521 | 1000 | 811 | 817 |
| 小海狮同期销量 | 1000 | 654 | 1217 | 1626 | 1500 | 1437 | 919 | 1500 | 502 | 968 | 1158 | 1693 |
| 小海狮增长率% | 50.0% | 31.3% | -56.3% | -36.4% | -4.3% | 5.6% | 19.7% | -33.3% | 3.8% | 3.3% | -30.0% | 29.7% |

**图 17　2015 年金龙海狮轻客销路走势图表**

2015 年，厦门金龙大、小海狮系列产品微增长近 5.0%，出口下滑近 16 个百分点。今年以来，厦门金龙的纯电动凯特轻客下线上市后，销量一直在上升中，全年已经销售了近 1800 辆。

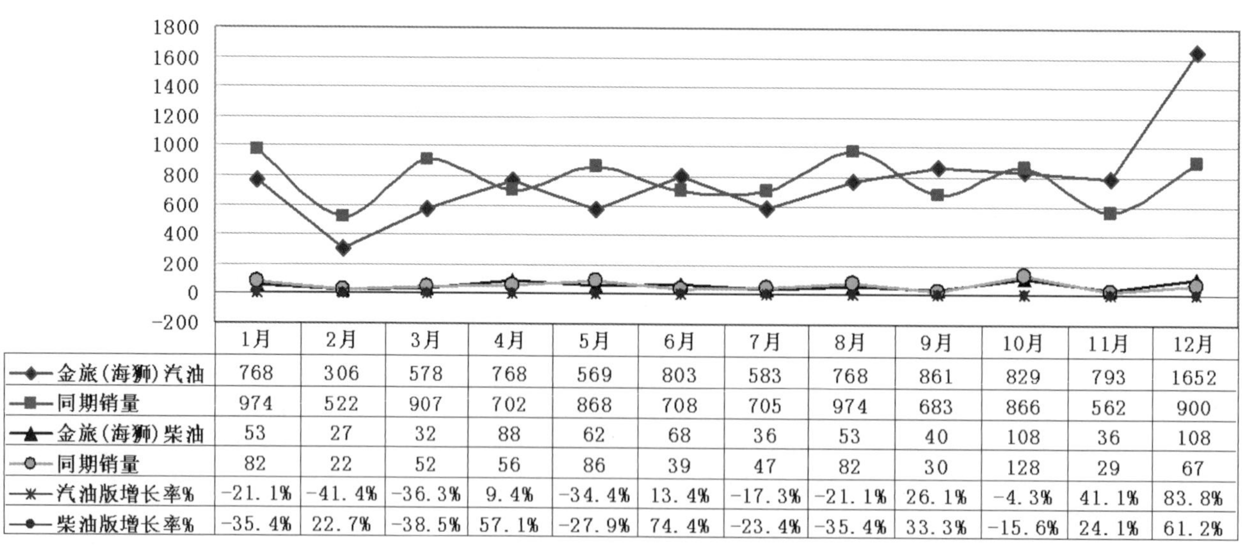


| | 1月 | 2月 | 3月 | 4月 | 5月 | 6月 | 7月 | 8月 | 9月 | 10月 | 11月 | 12月 |
|---|---|---|---|---|---|---|---|---|---|---|---|---|
| 金旅(海狮)汽油 | 768 | 306 | 578 | 768 | 569 | 803 | 583 | 768 | 861 | 829 | 793 | 1652 |
| 同期销量 | 974 | 522 | 907 | 702 | 868 | 708 | 705 | 974 | 683 | 866 | 562 | 900 |
| 金旅(海狮)柴油 | 53 | 27 | 32 | 88 | 62 | 68 | 36 | 53 | 40 | 108 | 36 | 108 |
| 同期销量 | 82 | 22 | 52 | 56 | 86 | 39 | 47 | 82 | 30 | 128 | 29 | 67 |
| 汽油版增长率% | -21.1% | -41.4% | -36.3% | 9.4% | -34.4% | 13.4% | -17.3% | -21.1% | 26.1% | -4.3% | 41.1% | 83.8% |
| 柴油版增长率% | -35.4% | 22.7% | -38.5% | 57.1% | -27.9% | 74.4% | -23.4% | -35.4% | 33.3% | -15.6% | 24.1% | 61.2% |

**图 18　2015 年金旅轻客销路走势图表**

2015 年，厦门金旅销量微滑坡 -4.3%，柴、汽油机下挫微不足道。出口下滑 -10.8%，对其打击的负面影响是巨大的。厦门金旅与厦门金龙一样，轻客的年出口量较大，出口量的锐减进而对整体销售业绩的损失肯定是较大的。

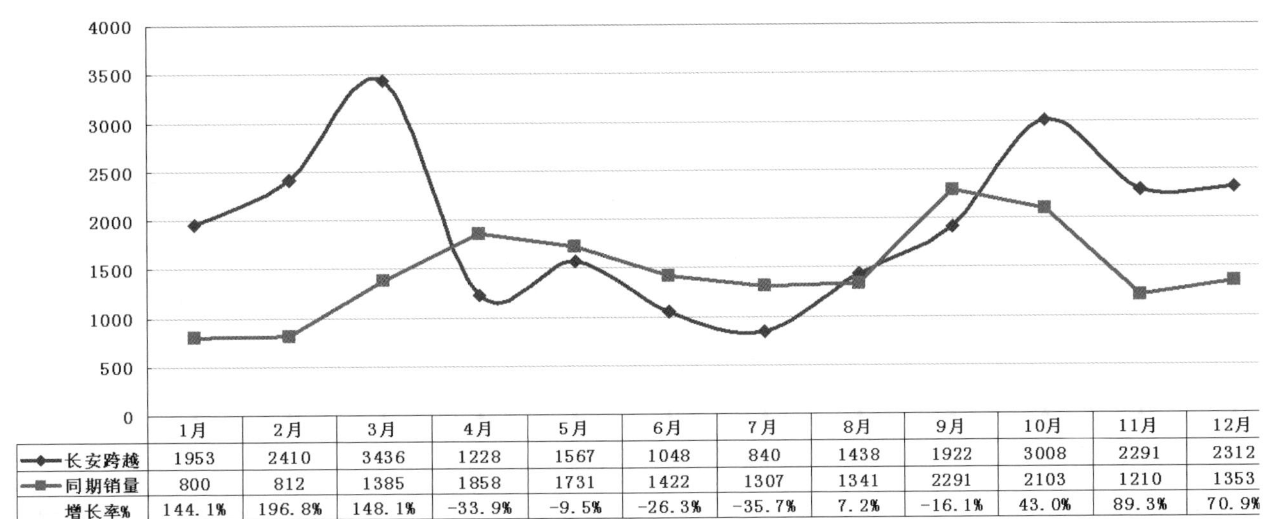

| | 1月 | 2月 | 3月 | 4月 | 5月 | 6月 | 7月 | 8月 | 9月 | 10月 | 11月 | 12月 |
|---|---|---|---|---|---|---|---|---|---|---|---|---|
| 长安跨越 | 1953 | 2410 | 3436 | 1228 | 1567 | 1048 | 840 | 1438 | 1922 | 3008 | 2291 | 2312 |
| 同期销量 | 800 | 812 | 1385 | 1858 | 1731 | 1422 | 1307 | 1341 | 2291 | 2103 | 1210 | 1353 |
| 增长率% | 144.1% | 196.8% | 148.1% | -33.9% | -9.5% | -26.3% | -35.7% | 7.2% | -16.1% | 43.0% | 89.3% | 70.9% |

**图 19　2015 年长安跨越轻客销路走势图表**

2015 年，长安睿行销量增长率为 33%，成为近年进入轻型客车市场的一匹“黑马”。长安睿行具备物流与客运的双重功能，6 立方米大空间既可以满足物流运输的需求，2-9 座自由转换也可满足客运与货运的多功能市场的需求。

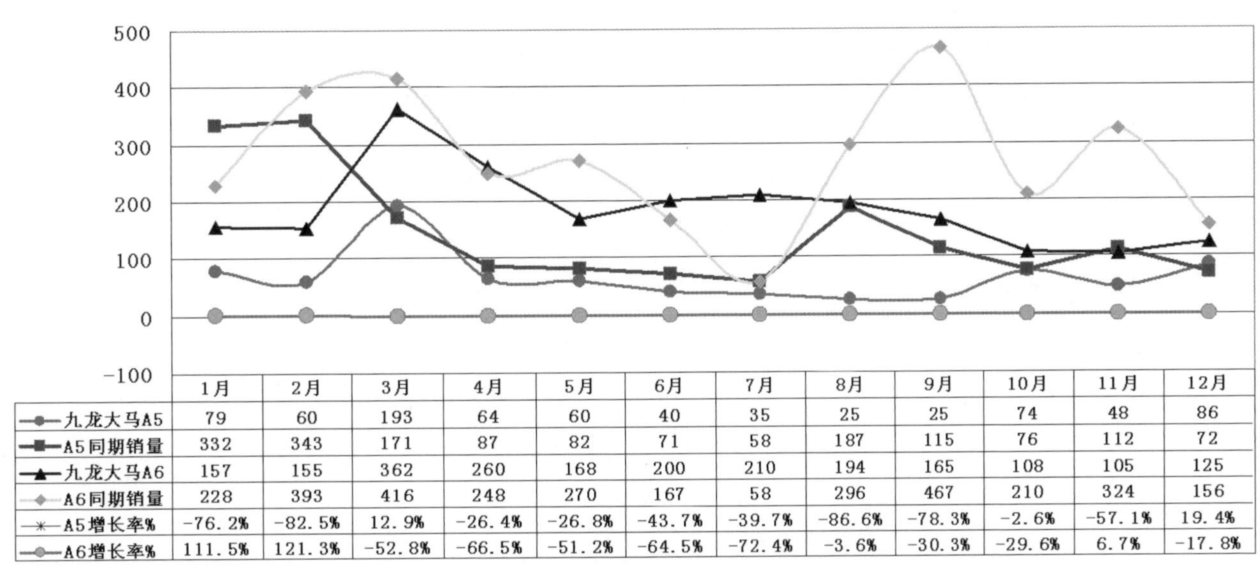

| | 1月 | 2月 | 3月 | 4月 | 5月 | 6月 | 7月 | 8月 | 9月 | 10月 | 11月 | 12月 |
|---|---|---|---|---|---|---|---|---|---|---|---|---|
| 九龙大马A5 | 79 | 60 | 193 | 64 | 60 | 40 | 35 | 25 | 25 | 74 | 48 | 86 |
| A5同期销量 | 332 | 343 | 171 | 87 | 82 | 71 | 58 | 187 | 115 | 76 | 112 | 72 |
| 九龙大马A6 | 157 | 155 | 362 | 260 | 168 | 200 | 210 | 194 | 165 | 108 | 105 | 125 |
| A6同期销量 | 228 | 393 | 416 | 248 | 270 | 167 | 58 | 296 | 467 | 210 | 324 | 156 |
| A5增长率% | -76.2% | -82.5% | 12.9% | -26.4% | -26.8% | -43.7% | -39.7% | -86.6% | -78.3% | -2.6% | -57.1% | 19.4% |
| A6增长率% | 111.5% | 121.3% | -52.8% | -66.5% | -51.2% | -64.5% | -72.4% | -3.6% | -30.3% | -29.6% | 6.7% | -17.8% |

**图 20　2015 年九龙大马轻客销路走势图表**

2015 年，江苏九龙汽车大马轻客销量大滑 -35.2%。目前，九龙汽车的主营业务已经放在纯电动轻客和乘用车 MPV 上。

# 2015 年皮卡市场

全国汽车市场研究会 杨再舜

由于皮卡市场的需求量与传统基础设施投资关联度很大，受到基础设施建设萎缩的影响，2015 年国内皮卡市场受到波及。

## 一、整体市场走势分析

2015 年 1 — 12 月全国十六家主流品牌皮卡车企共累计销售 328933 辆，同比下降 -16. 3%，为近年以来最大下滑幅度。2015 年与皮卡车相关的车型除微卡微增长外，皮卡和轻卡都以二位数的速率下跌，市场滑坡惯性可能延续至 2016 年上半年，形势不容乐观。

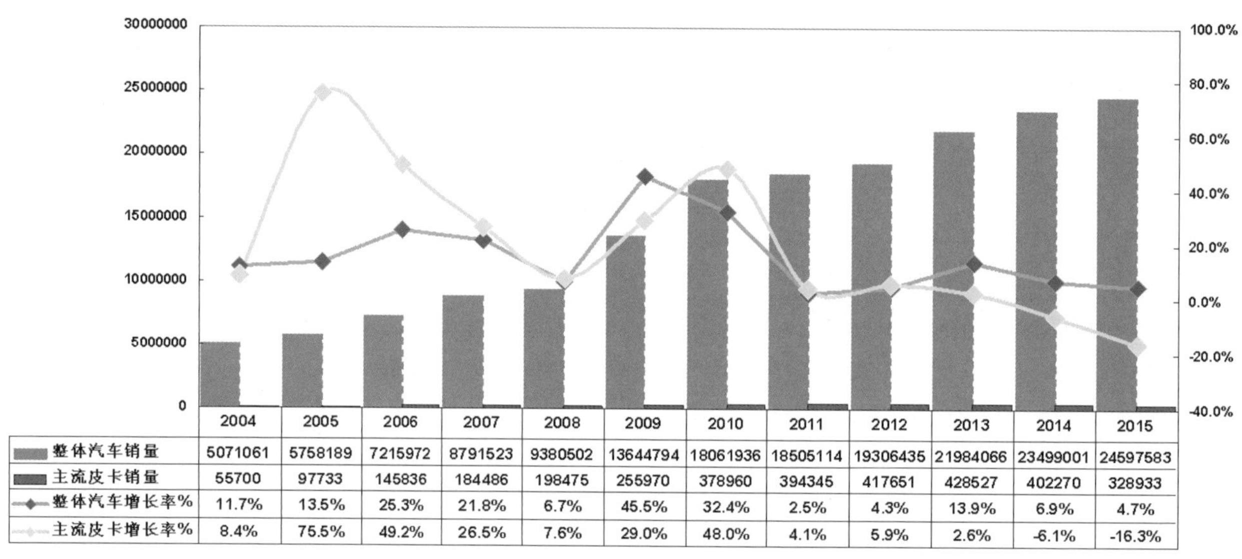

| | 2004 | 2005 | 2006 | 2007 | 2008 | 2009 | 2010 | 2011 | 2012 | 2013 | 2014 | 2015 |
|---|---|---|---|---|---|---|---|---|---|---|---|---|
| 整体汽车销量 | 5071061 | 5758189 | 7215972 | 8791523 | 9380502 | 13644794 | 18061936 | 18505114 | 19306435 | 21984066 | 23499001 | 24597583 |
| 主流皮卡销量 | 55700 | 97733 | 145836 | 184486 | 198475 | 255970 | 378960 | 394345 | 417651 | 428527 | 402270 | 328933 |
| 整体汽车增长率% | 11.7% | 13.5% | 25.3% | 21.8% | 6.7% | 45.5% | 32.4% | 2.5% | 4.3% | 13.9% | 6.9% | 4.7% |
| 主流皮卡增长率% | 8.4% | 75.5% | 49.2% | 26.5% | 7.6% | 29.0% | 48.0% | 4.1% | 5.9% | 2.6% | -6.1% | -16.3% |

图 1 2004 年－ 2015 年整体汽车与皮卡销量及增长率图表

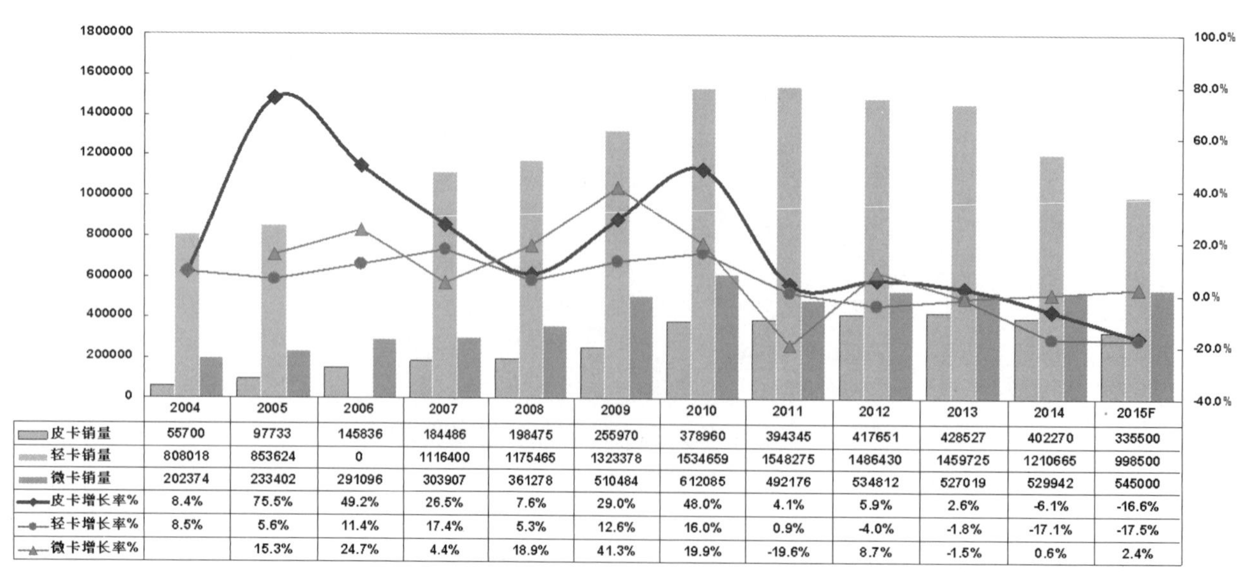

| | 2004 | 2005 | 2006 | 2007 | 2008 | 2009 | 2010 | 2011 | 2012 | 2013 | 2014 | 2015F |
|---|---|---|---|---|---|---|---|---|---|---|---|---|
| 皮卡销量 | 55700 | 97733 | 145836 | 184486 | 198475 | 255970 | 378960 | 394345 | 417651 | 428527 | 402270 | 335500 |
| 轻卡销量 | 808018 | 853624 | 0 | 1116400 | 1175465 | 1323378 | 1534659 | 1548275 | 1486430 | 1459725 | 1210665 | 998500 |
| 微卡销量 | 202374 | 233402 | 291096 | 303907 | 361278 | 510484 | 612085 | 492176 | 534812 | 527019 | 529942 | 545000 |
| 皮卡增长率% | 8.4% | 75.5% | 49.2% | 26.5% | 7.6% | 29.0% | 48.0% | 4.1% | 5.9% | 2.6% | -6.1% | -16.6% |
| 轻卡增长率% | 8.5% | 5.6% | 11.4% | 17.4% | 5.3% | 12.6% | 16.0% | 0.9% | -4.0% | -1.8% | -17.1% | -17.5% |
| 微卡增长率% | | 15.3% | 24.7% | 4.4% | 18.9% | 41.3% | 19.9% | -19.6% | 8.7% | -1.5% | 0.6% | 2.4% |

图 2 历年轻卡 / 皮卡 / 微卡销量及增长率图表

从 2004 年至 2015 年，国产十六家主流品牌皮卡销路走势基本上呈现出抛物线的发展态势。2009 年在国家汽车“上山下乡”政策刺激下，市场开始发力，当年的高增长率达到近 30 个百分点，2010 年随着此政策持续发酵，当年的超高增长率竟达到近 50 个百分点。2011 年至 2013 年，随着汽车“上山下乡”政策的退坡与完全取消后，虽超高速增长率持续下滑，但皮卡车市场的容量已达到 42.85 辆的历史最高峰。2014 年整体皮卡车市场呈全面下跌之势，下滑幅度仅为个位数。

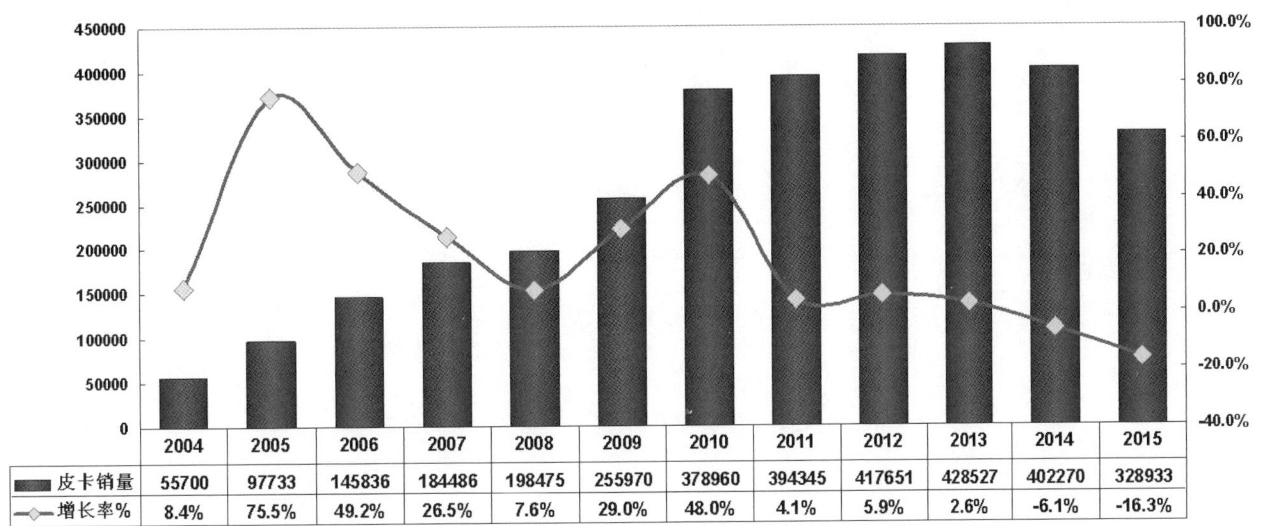


| | 2004 | 2005 | 2006 | 2007 | 2008 | 2009 | 2010 | 2011 | 2012 | 2013 | 2014 | 2015 |
|---|---|---|---|---|---|---|---|---|---|---|---|---|
| 皮卡销量 | 55700 | 97733 | 145836 | 184486 | 198475 | 255970 | 378960 | 394345 | 417651 | 428527 | 402270 | 328933 |
| 增长率% | 8.4% | 75.5% | 49.2% | 26.5% | 7.6% | 29.0% | 48.0% | 4.1% | 5.9% | 2.6% | -6.1% | -16.3% |

**图 3　2004 年－ 2015 年主流皮卡销量及增长率图表**

从 2011 年至 2015 年，国产品牌主流皮卡车市场销路走势为五年来最低迷的一年，尤其是 2、7、8 月份销量跌落谷底，9 月份销量又开始反弹，月环比与月同比均出现正增长，市场有所回暖，这与三季度和四季度一些主流皮卡车企投放新车和降价促销不无关联性。

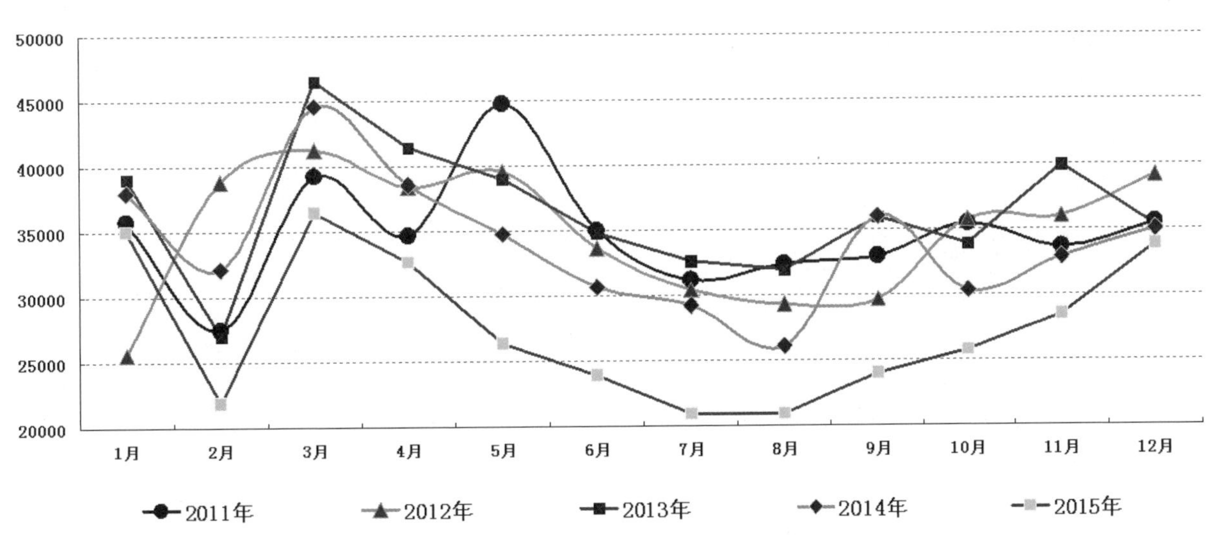


**图 4　2011 年－ 2015 年皮卡分月份销路走势图**

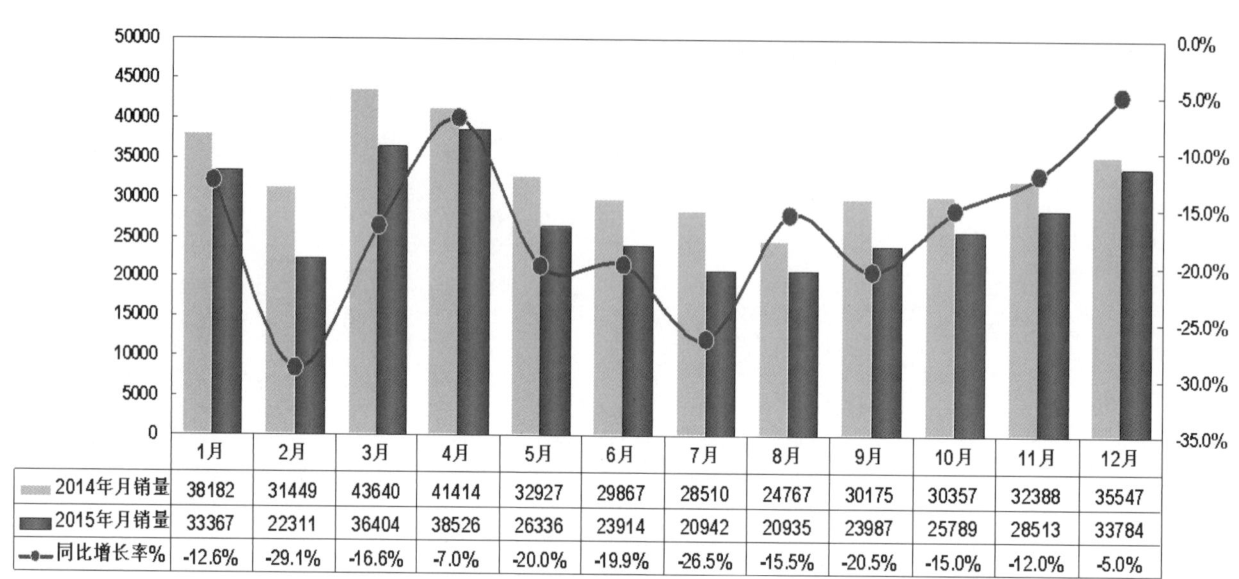


| | 1月 | 2月 | 3月 | 4月 | 5月 | 6月 | 7月 | 8月 | 9月 | 10月 | 11月 | 12月 |
|---|---|---|---|---|---|---|---|---|---|---|---|---|
| 2014年月销量 | 38182 | 31449 | 43640 | 41414 | 32927 | 29867 | 28510 | 24767 | 30175 | 30357 | 32388 | 35547 |
| 2015年月销量 | 33367 | 22311 | 36404 | 38526 | 26336 | 23914 | 20942 | 20935 | 23987 | 25789 | 28513 | 33784 |
| 同比增长率% | -12.6% | -29.1% | -16.6% | -7.0% | -20.0% | -19.9% | -26.5% | -15.5% | -20.5% | -15.0% | -12.0% | -5.0% |

**图 5 2015 年主流皮卡环比及增长率图表**

从 2012 年－2015 年，位列皮卡车市场前五名的依旧是长城皮卡、江铃皮卡、中兴皮卡、郑州日产皮卡、北汽福田皮卡，其市场格局比较稳定。而后六位皮卡车企以传统老品牌的市场萎缩和新兴皮卡车企新品牌的崛起为其特征，其市场格局正每月每天都在发展变化中。以江铃轻汽皮卡、江淮皮卡和江西五十铃皮卡为代表的自主或合资品牌后起之秀，这些闯入皮卡领域的“黑马”近年来不俗表现的成绩单，正在改写中国皮卡车市场的格局，一些传统老品牌皮卡车企也许在五年之后，逐渐消亡而退出被新入者所取代。

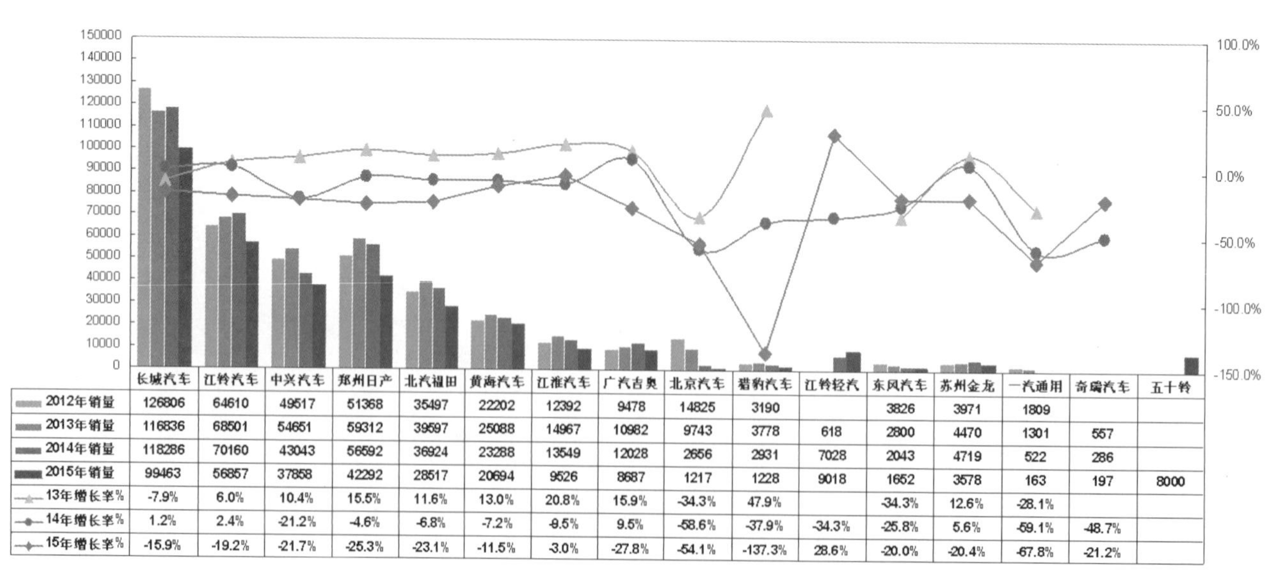


| | 长城汽车 | 江铃汽车 | 中兴汽车 | 郑州日产 | 北汽福田 | 黄海汽车 | 江淮汽车 | 广汽吉奥 | 北京汽车 | 猎豹汽车 | 江铃轻汽 | 东风汽车 | 苏州金龙 | 一汽通用 | 奇瑞汽车 | 五十铃 |
|---|---|---|---|---|---|---|---|---|---|---|---|---|---|---|---|---|
| 2012年销量 | 126806 | 64610 | 49517 | 51368 | 35497 | 22202 | 12392 | 9478 | 14825 | 3190 | | 3826 | 3971 | 1809 | | |
| 2013年销量 | 116836 | 68501 | 54651 | 59312 | 39597 | 25088 | 14967 | 10982 | 9743 | 3778 | 618 | 2800 | 4470 | 1301 | 557 | |
| 2014年销量 | 118286 | 70160 | 43043 | 56592 | 36924 | 23288 | 13549 | 12028 | 2656 | 2931 | 7028 | 2043 | 4719 | 522 | 286 | |
| 2015年销量 | 99463 | 56857 | 37858 | 42292 | 28517 | 20694 | 9526 | 8687 | 1217 | 1228 | 9018 | 1652 | 3578 | 163 | 197 | 8000 |
| 13年增长率% | -7.9% | 6.0% | 10.4% | 15.5% | 11.6% | 13.0% | 20.8% | 15.9% | -34.3% | 47.9% | | -34.3% | 12.6% | -28.1% | | |
| 14年增长率% | 1.2% | 2.4% | -21.2% | -4.6% | -6.8% | -7.2% | -9.5% | 9.5% | -58.6% | -37.9% | -34.3% | -25.8% | 5.6% | -59.1% | -48.7% | |
| 15年增长率% | -15.9% | -19.2% | -21.7% | -25.3% | -23.1% | -11.5% | -3.0% | -27.8% | -54.1% | -137.3% | 28.6% | -20.0% | -20.4% | -67.8% | -21.2% | |

**图 6　2012 年－ 2015 年皮卡分品牌销量及增长率情况**

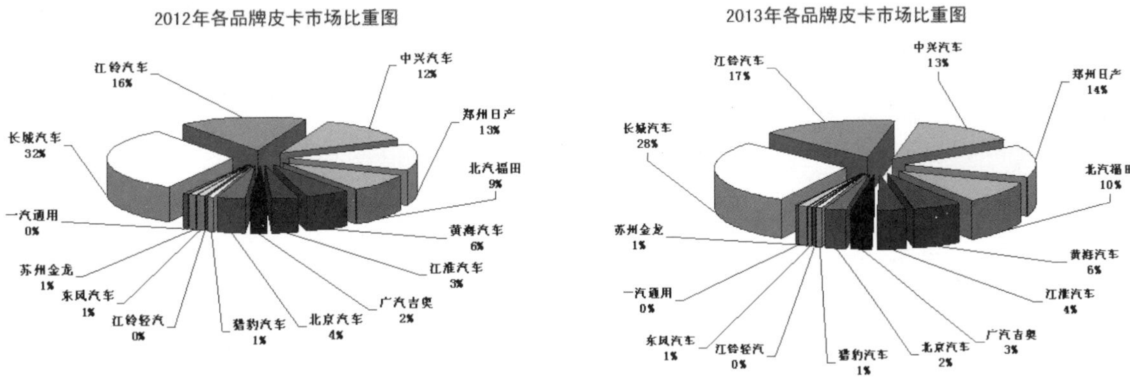


图 7 2012 年 -2015 年主要品牌皮卡市场份额图

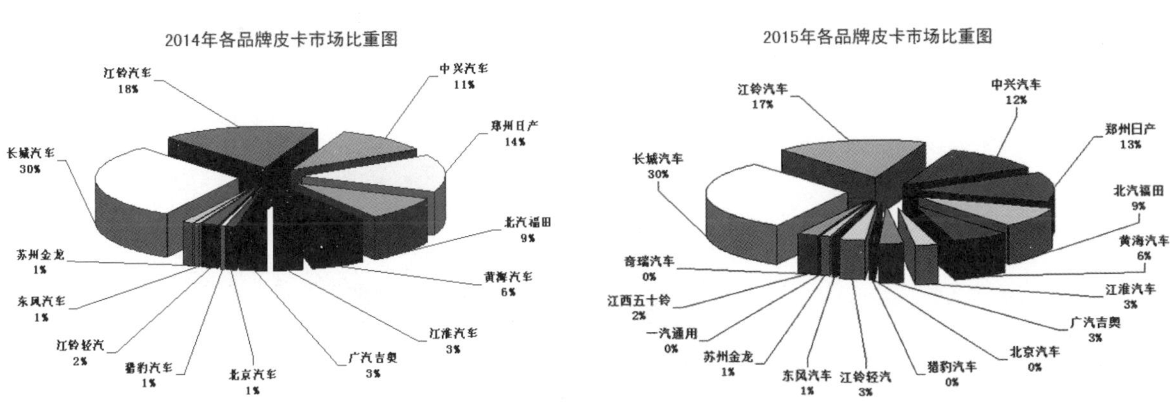


图 8 2012 年—2015 年主要品牌皮卡市场销量排序图

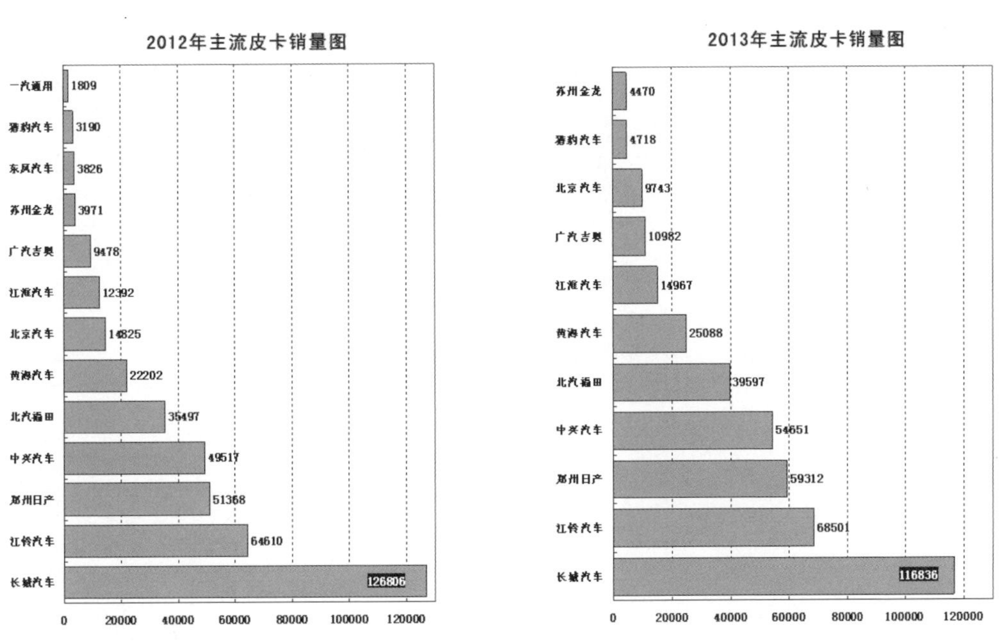


图 9

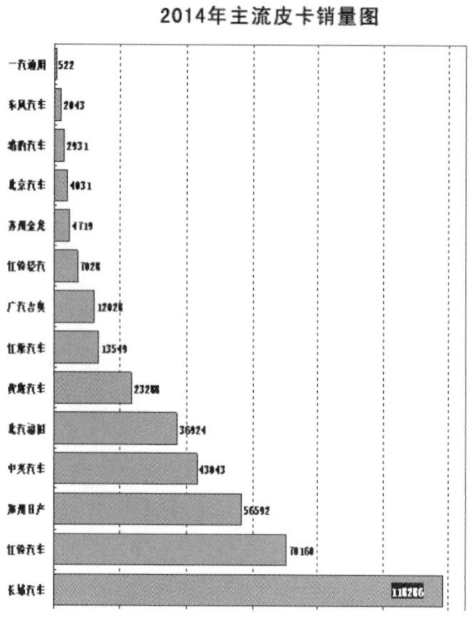


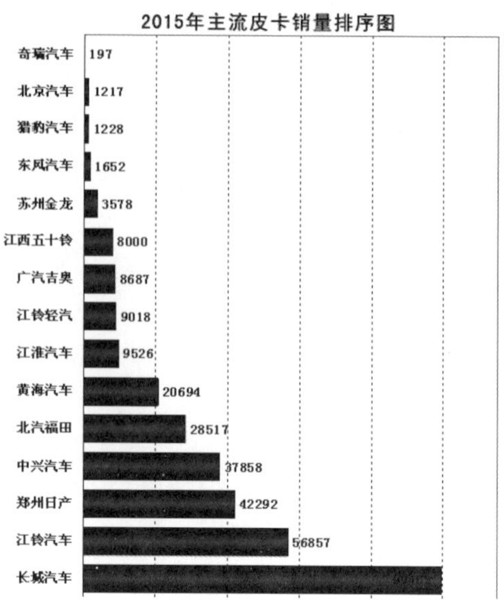


**图 9（续）**

从以上 2012 年—2015 年主要品牌皮卡市场份额图和 2012 年—2015 年主要品牌皮卡市场销量排序图可以看出，各品牌皮卡的市占比与销量排序都在发展变化中。以黄海皮卡为划分线的话，位列前五名的皮卡车企基本市场份额和销量排序没有发生大的变化，市场集中度也高；但位列后十名的皮卡车企市场格局动荡变化较大，销量排序也是此消彼涨中，新进入皮卡领域者已有快速取代传统老牌车市之势。

## 二、分品牌市场情况分析

### 1. 长城皮卡车

**表 1**

| 车企 | 品牌 | 品系 | 12 月销量 | | | 1-12 月销量 | | |
|---|---|---|---|---|---|---|---|---|
| | | | 销量 | 同期销量 | 同比增长 % | 销量 | 同期销量 | 同比增长 % |
| 长城汽车 | 风骏 5 | 两驱柴油 | 4399 | 4379 | 0% | 41330 | 56226 | -26% |
| | | 两驱汽油 | 1847 | 1997 | -8% | 20010 | 32778 | -39% |
| | | 四驱柴油 | 1151 | 1336 | -14% | 12710 | 15879 | -20% |
| | | 四驱汽油 | 1000 | 1175 | -15% | 10085 | 13403 | -25% |
| | 风骏 6 | 两驱柴油 | 979 | | | 8603 | | |
| | | 两驱汽油 | 185 | | | 1691 | | |
| | | 四驱柴油 | 433 | | | 2502 | | |
| | | 四驱汽油 | 378 | | | 2532 | | |
| | 合计 | | **10372** | **8887** | **16.71%** | **99463** | **118286** | **-15.91%** |
| | 其中出口 | | 342 | 836 | -59% | 7198 | 16962 | -58% |

2015 年长城风骏皮卡车月销量与累计销量如上图表所示。长城皮卡作为国内皮卡行业的领头羊，风骏系列产品皮卡销量逆势增长，对于整个皮卡行业有着很强的借鉴与助推作用。长城风骏皮卡的主销车型为两驱柴油机和两驱汽油机，其他为四驱柴油机和四驱汽油机。老款迪尔两驱汽柴油机型皮卡基本已经停产。

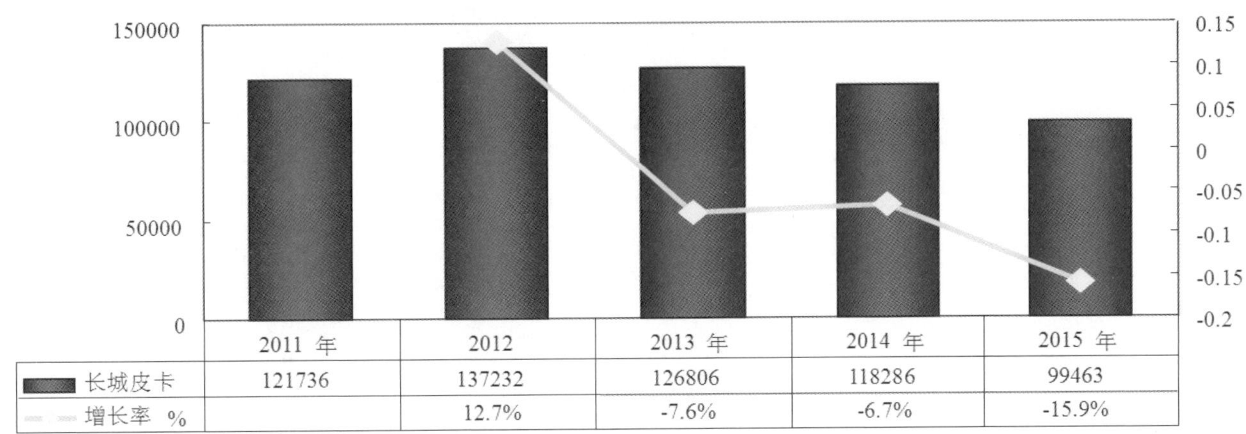


图 10 历年长城皮卡销量及增长率

2015 年 10 月 13 日，全新风骏 5 皮卡正式上市，新车经过了 8 项内饰升级，但整车售价与目前车型保持一致，售价为 5.68-10.68 万元。风骏 5 新内饰变更涉及 491QE、2.8TC、4D20B、4D20C 四个动力五款车型，中控台、门芯板、座椅等内饰主体颜色由浅灰色变更为黑灰双色搭配，空调风口面罩以及中控面罩搭配深钛银色，同时更换座椅面料，并对座椅骨架、发泡进行工艺改进，提升座椅舒适性，风骏 5 内饰变更后风格更趋向于轿车化。风骏 5 车型于 2010 年上市。新车前脸采用 U 型中网配以百叶窗式进气格栅，搭配双筒型水晶前大灯和整体式保险杠，具有较高的识别度。而其接近角达到 32°，通过性更好。

2. 江铃汽车皮卡

表 2

| 车企 | 品牌 | 品系 | 12 月销量 | | | 1-12 月销量 | | |
|---|---|---|---|---|---|---|---|---|
| | | | 销量 | 同期销量 | 同比增长 % | 销量 | 同期销量 | 同比增长 % |
| 江铃汽车 | 宝典 / 域虎系列 | 宝典 | 5948 | 5476 | 8.60% | 45516 | 57695 | -21.10% |
| | | 域虎 | 1236 | 1414 | -12.60% | 10196 | 10754 | -5.20% |
| | | 出口 | 167 | 448 | -62.70% | 1145 | 1711 | -33.10% |
| | | **合计** | **7351** | **7338** | **0.20%** | **56857** | **70160** | **-19.00%** |

2015 年，江铃汽车皮卡车月销量与累计销量如上图表所示。其主打主销车型依然为宝典，但较新款域虎皮卡这五年来市场发展较快。2015 年以来其出口量锐减二十三个百分点。

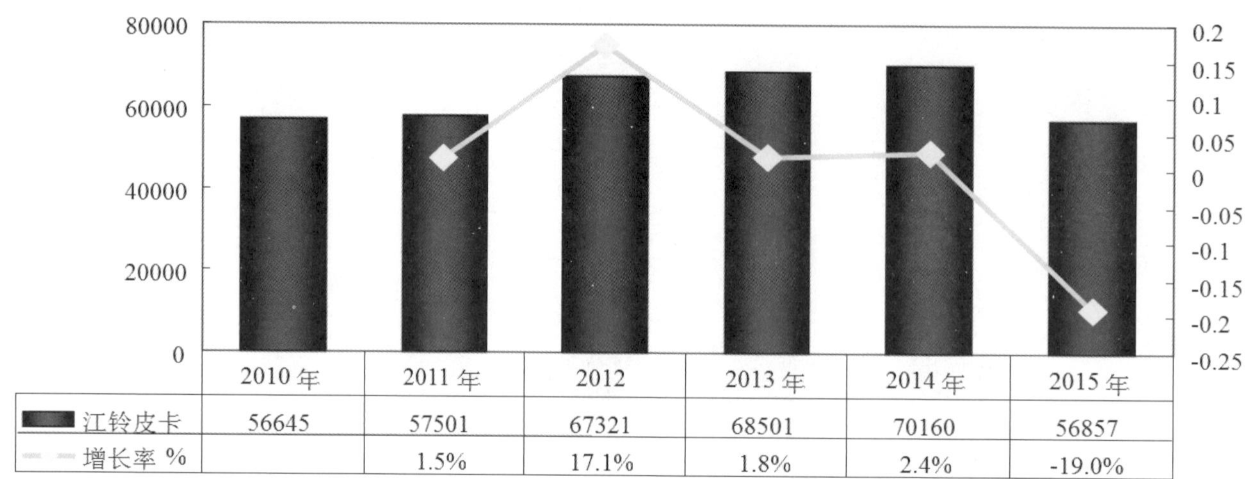


| | 2010 年 | 2011 年 | 2012 | 2013 年 | 2014 年 | 2015 年 |
|---|---|---|---|---|---|---|
| 江铃皮卡 | 56645 | 57501 | 67321 | 68501 | 70160 | 56857 |
| 增长率 % | | 1.5% | 17.1% | 1.8% | 2.4% | -19.0% |

**图 11 历年江铃皮卡销量及增长率**

2015 年 6 月，江铃汽车宝典 PLUS 正式上市，全新皮卡宝典 PLUS 作为宝典的升级版，外观和内饰都发生了明显变化，其中内饰变化幅度更大。宝典 PLUS 的前脸有采用两条横向的镀铬装饰条，JMC 车标比原车标更为大气饱满，配合黑色蜂窝式进气格栅，使得前脸与宝典形成明显差异。中控台空调出风口和空调调节旋钮之间配备了具有 MP5 功能的大屏幕。宝典 Plus 搭载全新的腾豹 3.0L 柴油发动机，低速高扭的特性，无论拉货、加速还是过坑过坎都游刃有余，同时保证用车的燃油经济性。

新车采用了双横幅镀铬进气格栅，下辅助进气口也进行了细微调整，车尾部分主要体现在一款与外绳钩一体的新样式龙门架。新车内饰主要以黑色和橙色为主，且在适当位置还有暖色系的缝线，比较显档次。另布局方面，空调出风口下方还有尺寸可观的液晶显示屏，并具有 MP5 功能。新车配备了防眩目内后视镜、倒车雷达、GPS、前排安全气囊、驾驶员安全带未系提醒、ABS+EBD 等装备，让宝典 PLUS 具有更好的行车安全。

3. 北汽福田皮卡

**表 3**

| 车企 | 品牌 | 品系 | 12 月销量 | | | 1-12 月销量 | | |
|---|---|---|---|---|---|---|---|---|
| | | | 销量 | 同期销量 | 同比增长 % | 销量 | 同期销量 | 同比增长 % |
| 北汽福田 | 萨普 / 拓陆者系列 | 萨普 | 1063 | 1520 | -30.10% | 12381 | 26084 | -52.50% |
| | | 拓陆者 | 1359 | 1484 | -8.40% | 16136 | 10840 | 48.90% |
| | | **合计** | **2422** | **3004** | **-19.37%** | **28517** | **36924** | **-22.77%** |

2015 年北汽福田皮卡车月销量与累计销量如上图表所示。北汽福田老款萨普皮卡销量自 2014 年大幅下降而逐步被较新款拓陆者皮卡所替代，今年拓陆者皮卡产销量已经超过萨普皮卡，预期未来五年之后可能会停产。

2015 年 4 月 20 日，在第十六届上海国际车展上，北汽福田拓陆者掀背版亮相，拓陆者掀背版是在后货箱的基础上进行改装，改装后的车型线条更加流畅，整体车身有大型 SUV 车型的感觉。本次推出的拓陆者掀背版动力采用康明斯 2.8T 柴油发动机，轮胎采用大尺寸设计，轮胎尺寸到达 17 寸，整车相比之前要更加高大。北汽福田拓陆者掀背版内饰采用了萨瓦娜平台，新内饰整体采用深色色调，内饰选材采用硬塑材质并配有搪塑装饰板，内饰配有大尺寸液晶显示屏、多功能方向盘、蓝牙电话、定速巡航等高科技配置。拓陆者皮卡自2012年上市以来，相继推出了福田拓陆者E5皮卡和福田拓陆者掀背版皮卡。

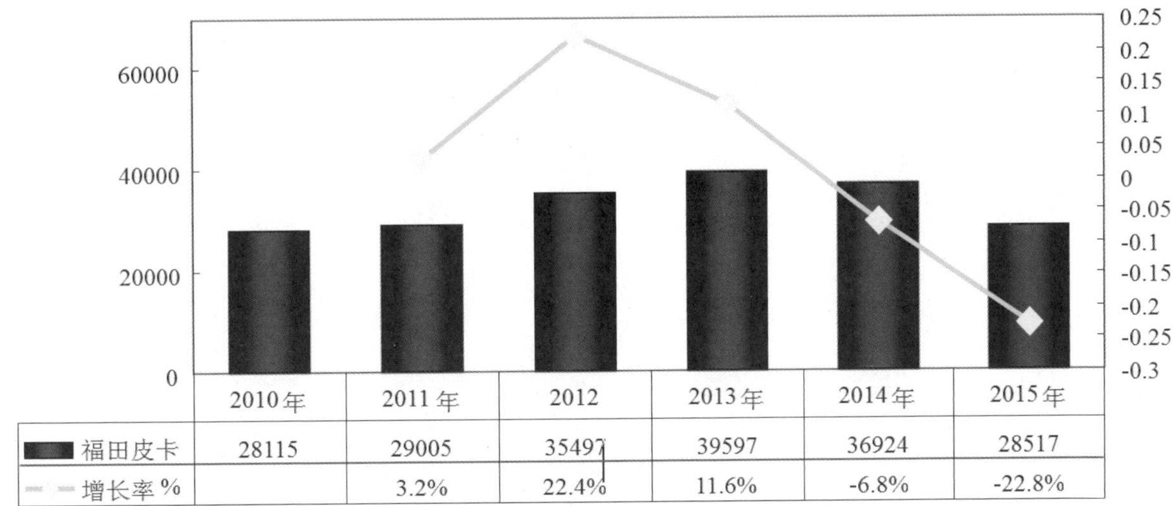


| | 2010年 | 2011年 | 2012 | 2013年 | 2014年 | 2015年 |
|---|---|---|---|---|---|---|
| 福田皮卡 | 28115 | 29005 | 35497 | 39597 | 36924 | 28517 |
| 增长率 % | | 3.2% | 22.4% | 11.6% | -6.8% | -22.8% |

**图 12 历年北福田联皮卡销量及增长率**

4. 郑州日产皮卡

**表 4**

| 车企 | 品牌 | 品系 | 12 月销量 | | | 1-12 月销量 | | |
|---|---|---|---|---|---|---|---|---|
| | | | 销 量 | 同期销量 | 同比增长 % | 销 量 | 同期销量 | 同比增长 % |
| 郑州日产 | 锐骐 / 尼桑 D22 系列 | 尼桑 D22 | 1613 | 1599 | 0.88% | 12323 | 12506 | -1.46% |
| | | 其中出口 | 0 | 3 | -100.00% | 4 | 8 | -50.00% |
| | | 东风锐骐 | 2656 | 3785 | -29.83% | 29969 | 44086 | -32.02% |
| | | 其中出口 | 42 | 503 | -91.65% | 1905 | 7665 | -75.15% |
| | | **合 计** | **4269** | **5384** | **-20.71%** | **42292** | **56592** | **-25.27%** |

2015年郑州日产皮卡车月销量与累计销量如上图表所示。其主打主销车型为自主品牌锐骐，合资车型尼桑D22销量正在逐年减退中，预计明年尼桑D22将会有新锐大型皮卡下线或上市。今年以来郑州日产皮卡与其他皮卡车企一样出口量大减。

2015年6月16日，郑州日产锐骐长货箱(柴油版9.5W)上市。锐骐长货箱皮卡拥有1.8米货箱，能够满足用户装载更多货物的需求，这也体现了大容量、高效装载的产品特性和多拉快跑的产品优势。锐骐长货箱皮卡柴油版上市，售价为9.5万元起。从外观上看，锐骐柴油长货箱皮卡车头部分延续了此前的经典版造型，同时配备了电动后视镜、卤素大灯、大灯高度可调等配置。亮点则集中在车身长度方面，新车的货箱长度由原先的1.4米增加至1.8米，载重780公斤，货箱容积可达1076L。长货箱皮卡的长 / 宽 / 高分别为5395×1690×1650（mm），轴距为3365mm。其货箱尺寸为：180×1390×430mm，兼顾载货与操控性的最佳尺寸。

锐骐柴油长货箱皮卡标配前后电动车窗（前门车窗一键降）、高度电动可调前大灯、单碟CD、收音机+USB、前后电动车窗(前门车窗一键降)等。动力方面，该车搭载了一台2.5L涡轮增压柴油发动机，最大功率

85kW/3800rpm，最大扭矩 280Nm/1800-2600rpm。与发动机匹配的将是 5 挡手动变速器。锐骐柴油长货箱皮卡采用前双叉臂独立悬挂 + 后钢板式非独立悬挂，简单可靠的结构符合皮卡车的使用定位。

郑州日产锐骐经典新增 2.8T 柴油兴业版车型，预售价格为 8.58 万起，而锐骐新一代则对车款进行了调整，原先的 3.0T 柴油领航版被赛事版取代，并额外增添两款豪华版，预计售价为 10.68 万起。锐骐经典 2.8T 柴油兴业版提供两驱和四驱版本可选，动力部分搭载了一台 2.8T 柴油发动机，最大输出功率为 116 马力(85kW)，峰值扭矩为 260Nm。配置方面，两款车型配备前后电动车窗、电动后视镜、中控锁等配置，同时还可选装真皮座椅倒车雷达等。

锐骐新一代赛事版则提供四款车型选择，相比停售的领航版，赛事版增添了两款豪华版选择(原先只有超豪华版)，配置方面相比超豪华版减少了副驾驶安全气囊、行李架、侧踏板等。动力方面，新车仍搭载的是 3.0T 柴油发动机，最大输出功率为 131 马力(96kW)，峰值扭矩达到 280Nm。

5. 广汽中兴皮卡

**表 5**

| 车企 | 品牌 | 品系 | 12 月销量 | | | 1-12 月销量 | | |
|---|---|---|---|---|---|---|---|---|
| | | | 销量 | 同期销量 | 同比增长 % | 销量 | 同期销量 | 同比增长 % |
| 河北中兴 | 威虎 F1、威虎 CUV、旗舰系列 | 旗舰汽油二驱 | 389 | 855 | -54.50% | 6381 | 8002 | -20.26% |
| | | 威虎汽油二驱 | 724 | 398 | 81.91% | 5341 | 6171 | -13.45% |
| | | 威虎汽油四驱 | 323 | 281 | 14.95% | 2086 | 1313 | 58.87% |
| | | 旗舰柴油二驱 | 573 | 553 | 3.62% | 5987 | 8196 | -26.95% |
| | | 威虎柴油二驱 | 894 | 1258 | -28.93% | 12207 | 18131 | -32.67% |
| | | 威虎柴油四驱 | 360 | 141 | 534.04% | 2418 | 1230 | 96.59% |
| | | 威虎 CUV | | | | 407 | | |
| | | 出口 | 182 | 1124 | | 3031 | 5493 | -44.82% |
| | | **合计** | **3445** | **4610** | **-25.27%** | **37858** | **48536** | **-22.00%** |

2015 年中兴皮卡车月销量与累计销量如上图表所示。全新威虎 CUV 车型今年下线上市后，仅销了 407 辆，并未取得市场预期，这可能与售价偏高有关。此外，今年出口锐减三成多，这对于以出口为重点的中兴汽车来说，其损失较大。

2015 年 7 月中兴汽车全新皮卡小老虎正式上市，目前仅推出一款车型，售价 6.68 万元。全新皮卡小老虎基于威虎平台打造，搭载一台 2.5T 涡轮增压柴油发动机。外观造型方面，与威虎 G3 有着较高的相似度，整体设计方正硬朗，双横幅进气格栅较为宽厚。内饰方面，整体设计同样与威虎 G3 相似，布局简洁。空调控制改为旋钮式，使用更加便利。配置方面，配备了 ABS+EBD 系统、前雾灯、倒车雷达、货厢防滚架等。舒适性方面，配备了手动调节冷暖空调、四门电动车窗、遥控钥匙等。动力方面，搭载 4D25U/2.5T 轮增压柴油发动机，最大功率 84 马力，最大扭矩为 225Nm，与之匹配 5 挡手动变速箱。悬架方面，采用前双横臂独立悬架，后钢板弹簧式非独立悬架，弹性元件为 5 片钢板。

中兴威虎 TUV 澳洲版年底上市。该车搭载丰田动力 DK4 发动机，底盘由 PRODRIVE 公司进行了专业调教。威虎 TUV 澳洲版，通过了严苛的澳大利亚 ADR 法规、新西兰 2693:2007AS/NZS 标准、ECE 欧规标准，并获得了 RDW 荷兰交通部颁发的欧规证书以及零部件单品欧规证书等。

6. 丹东黄海皮卡

表 6

| 车企 | 品牌 | 品系 | 12 月销量 | | | 1-12 月销量 | | |
|---|---|---|---|---|---|---|---|---|
| | | | 销量 | 同期销量 | 同比增长 % | 销量 | 同期销量 | 同比增长 % |
| 曙光黄海 | 大柴神、傲骏系列 | 大柴神柴油 | 44 | 1222 | -96.40% | 3051 | 13265 | -77.00% |
| | | 大柴神汽油 | 112 | 281 | -60.14% | 1374 | 3354 | -59.03% |
| | | 大柴神至尊版柴油 | | 189 | -100.00% | 346 | 2318 | -85.07% |
| | | 大柴神至尊版汽油 | | 262 | -100.00% | 263 | 3019 | -91.29% |
| | | 傲骏柴油 | | 35 | -100.00% | 28 | 599 | -95.33% |
| | | 傲骏汽油 | | 57 | -100.00% | 59 | 733 | -91.95% |
| | | N1 系列柴油 | 279 | | | 8271 | | |
| | | N1 系列汽油 | 154 | | | 3653 | | |
| | | N2 系列柴油 | 668 | | | 2283 | | |
| | | N2 系列汽油 | 427 | | | 1366 | | |
| | | **合计** | **1684** | **2046** | **-17.69%** | **20694** | **23288** | **-11.14%** |

2015 年黄海皮卡车月销量与累计销量如上图表所示。今年黄海 N1 和 N2 新款皮卡车下线上市后，取得了非常引人瞩目的成绩单。 在 2015( 第四届 ) 皮卡中国行暨 SUV 跨界巡展中，新黄海 N2 皮卡首发。黄海 N2 整车长宽高为：5560 毫米 ×1840 毫米 ×1830 毫米，轴距 3405 毫米，货箱尺寸为：1815 毫米 ×1520 毫米 ×515 毫米，与同级别的车型相比，车身宽大，承载空间突出。黄海 N2 采用高刚度安全车身，四门内置双防撞钢梁、车门一次冲压成型，具有良好的抗弯及抗扭性能，可有效保护整车在通过恶劣路况时不会因为车架变形造成损坏，全面保证整车安全。

N2 推出了汽油和柴油两种动力系统供消费者选择，其中汽油版车型搭载技术成熟的三菱动力，柴油版车型采用纯正五十铃动力。矩形前防撞梁 + 可溃式大梁。N2 采用齿轮齿条式转向系统，转向执行机构形成缩短，故障率降低，同时提高转向精度，转向角加大，转弯半径减小，有效提升整车的操控性。吸能式前后保险杠有效缓冲车辆发生碰撞时产生的冲击力。

N2 制动系统采用德尔福 ABS+EBD。双回路四通道油路系统。双缸制动主泵，分别提供制动能量，独立前、后轮分缸式 X 形交叉双管路液压刹车系统，前悬架采用先进的四驱双叉臂结构，将螺旋簧与双叉臂悬架的完美匹配，保证车辆前轮部分的大量空间来布置驱动桥部分，同时保证了行驶中的操控灵活和舒适性、转向角大、转弯半径小、操控稳定性好等优点。后悬挂采用上托式后悬架结构 + 变截面 3+2 钢板弹簧 + 筒式双向减震器。目前国内皮卡后悬架技术仍然多为下挂式结构，后悬架与后桥之间的受力完全靠螺栓支撑，N2 产品的后悬架采用上托式 ( 后桥直接托举钢板弹簧 )，钢板弹簧与筒式减震器融合一体。空载时，筒式减震器起主要的减震作用；重载时二者双重工作，双向筒式减震器起到缓冲制约的效果，提高整车的舒适性。

2015 年下半年，黄海 N1S 推出双燃料版本皮卡，在车身外观有所变化，用户可以选配不同样式的车前中网和保杠样式、轮毂样式以及后部货箱护栏样式，其中选装中网的样式和黄海 n1 皮卡大致相同。新车尺寸为：5350(5370)×1825×1830(1840)mm，货箱尺寸不变，依旧是：1615×1520×465mm。 动力方面，黄海 N1S CNG 双燃料版将搭载由沈阳航天三菱汽车发动机制造有限公司生产的 2.4L 4G69S4N 汽油发动机，汽油状态下发动机额定功率为 105kw，CNG 状态下发动机额定功率为 96kW，同时，该车申报油耗为 9.7L/100km。

# 2015 年轻型卡车市场

全国汽车市场研究会 杨再舜

## 一、轻卡市场发展态势分析

商用车是国民经济的晴雨表、政策法规的风向标和民生民计的体温计。卡车行业的发展与国民经济密切相关，经济发展速度、固定资产投资和大宗物资原材料行业发展状况以及相应的宏观经济及政策等因素对卡车行业发展起着直接或间接的影响。2015 年经济进入下行的通道，GDP 首破 60 万亿，同比增长 7.4%，增速滑落至 1990 年以来的新低。此外固定资产投资增速放缓，产能过剩，市场疲软，大宗物资运输量下降，美元紧缩回流，房地产投资的下滑，导致到建筑建材业持续低迷不振。

物流业特别是公路货运业与卡车市场息息相关，公路货运量走势直接关乎卡车市场走势。由于整体货量的下降，公路运输承担的这类货物运输量也出现下降，进而抑制了货运企业对卡车的市场需求。2015 年 1 － 11 月全国完成公路货运量完成 3036432 万吨，比 2013 年下降 5.91%，2015 年 1 － 11 月全国完成公路货运周转量 554479460 万吨公里，比 2013 年减少 8.67%。此外，值得一提的是，2014 年，全国完成货物周转量 55738.1 亿吨公里，比 2013 年下降 6.38%，公路货运周转量连续两年下降，一方面指示公路运输市场下行趋势。另一方面，由于铁路运力释放，冲击公路货运量。目前，我国铁路货运改革持续进行，高铁基本成网，为释放货运能力创造了有利条件。在大宗物资运输需求不旺的情况下，铁路部门大力开发高附加值“白货”市场，更加深了铁路运力释放对公路货运行业带来的严重冲击，进一步导致公路干线运输对卡车的需求下降。

2015 年部分地区国四落地实施，但由于购车成本、使用成本、配套设施建设等问题的存在，造成众多用户一直处于观望状态。另有许多用户一直在国三车与四车之间徘徊，因终端市场需求走势依旧低迷。另外，国家推出了一系列低碳、高效运输政策法规，对天然气卡车、电动物流车等市场产生了积极影响。

2015 年前 12 月，全国总体载货卡车销 2855881 辆，累计同比 -10.3%。其中重型卡车 ( 含各类底盘、牵引车 ) 销辆 550716、累计同比 -25.98%。

中型卡车 ( 含非完整车辆 ) 销 200414 辆，累计同比 -19.2%。纯轻型卡车销 1104775 辆、累计同比 -8.12%。微型卡车销 546208 辆、累计同比 3.1%。

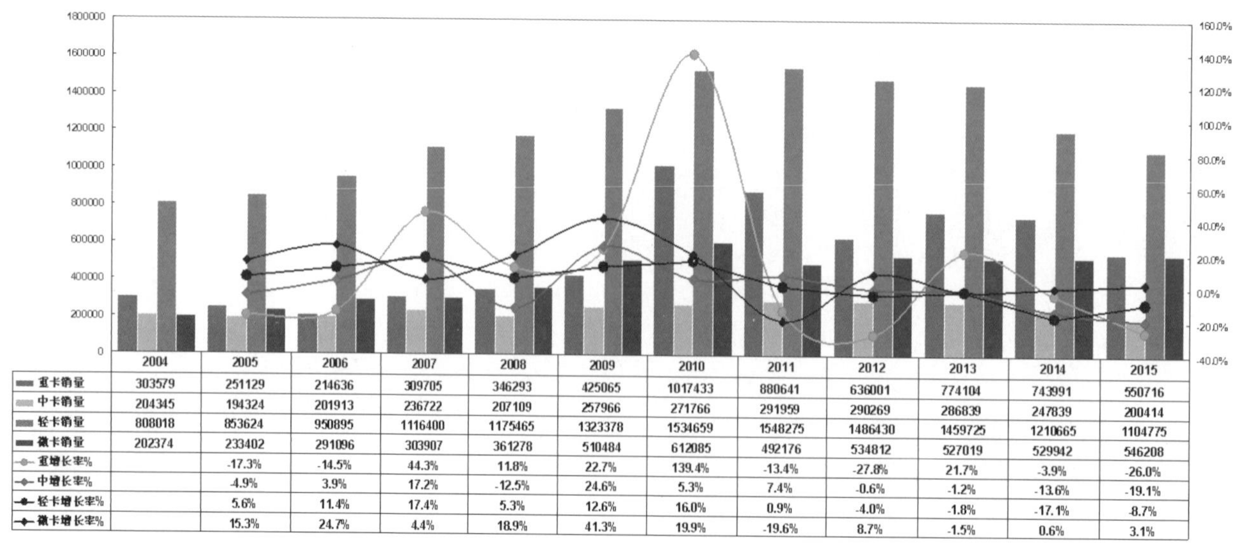

| | 2004 | 2005 | 2006 | 2007 | 2008 | 2009 | 2010 | 2011 | 2012 | 2013 | 2014 | 2015 |
|---|---|---|---|---|---|---|---|---|---|---|---|---|
| 重卡销量 | 303579 | 251129 | 214636 | 309705 | 346293 | 425065 | 1017433 | 880641 | 636001 | 774104 | 743991 | 550716 |
| 中卡销量 | 204345 | 194324 | 201913 | 236722 | 207109 | 257966 | 271766 | 291959 | 290269 | 286839 | 247839 | 200414 |
| 轻卡销量 | 808018 | 853624 | 950895 | 1116400 | 1175465 | 1323378 | 1534659 | 1548275 | 1486430 | 1459725 | 1210665 | 1104775 |
| 微卡销量 | 202374 | 233402 | 291096 | 303907 | 361278 | 510484 | 612085 | 492176 | 534812 | 527019 | 529942 | 546208 |
| 重增长率% | | -17.3% | -14.5% | 44.3% | 11.8% | 22.7% | 139.4% | -13.4% | -27.8% | 21.7% | -3.9% | -26.0% |
| 中增长率% | | -4.9% | 3.9% | 17.2% | -12.5% | 24.6% | 5.3% | 7.4% | -0.6% | -1.2% | -13.6% | -19.1% |
| 轻卡增长率% | | 5.6% | 11.4% | 17.4% | 5.3% | 12.6% | 16.0% | 0.9% | -4.0% | -1.8% | -17.1% | -8.7% |
| 微卡增长率% | | 15.3% | 24.7% | 4.4% | 18.9% | 41.3% | 19.9% | -19.6% | 8.7% | -1.5% | 0.6% | 3.1% |

图 1　历年重卡 / 中卡 / 轻卡 / 微卡销量及增长率图表

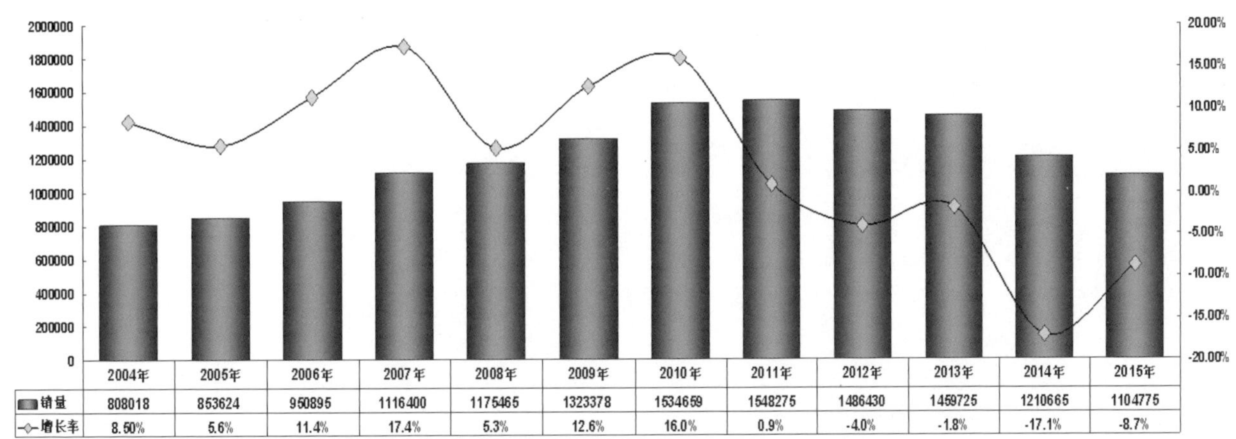


| | 2004年 | 2005年 | 2006年 | 2007年 | 2008年 | 2009年 | 2010年 | 2011年 | 2012年 | 2013年 | 2014年 | 2015年 |
|---|---|---|---|---|---|---|---|---|---|---|---|---|
| 销量 | 808018 | 853624 | 950895 | 1116400 | 1175465 | 1323378 | 1534659 | 1548275 | 1486430 | 1459725 | 1210665 | 1104775 |
| 增长率 | 8.50% | 5.6% | 11.4% | 17.4% | 5.3% | 12.6% | 16.0% | 0.9% | -4.0% | -1.8% | -17.1% | -8.7% |

图 2　2005 － 2015 主流轻卡品牌销路走势图

从以上二张图表可以看出：2004 年至 2015 年以来的十一年间，除中型卡车和微型卡车外，重型卡车与轻型卡车的市场销量走势曲线基本一致，2010 年和 2011 年在汽车“上山下乡”的非正常市场行为强烈刺激政策作用下，都曾达到了历史上的销量高峰后，然后骤然下滑至今年跌入到谷底，而难以“起死回生”。自 2012 年起，重、中、轻、微卡的市场竞争态势表现在市场占比上，即以重卡和微卡的扩张格局与轻卡和中卡市场的相对萎缩而形成当下的现状。

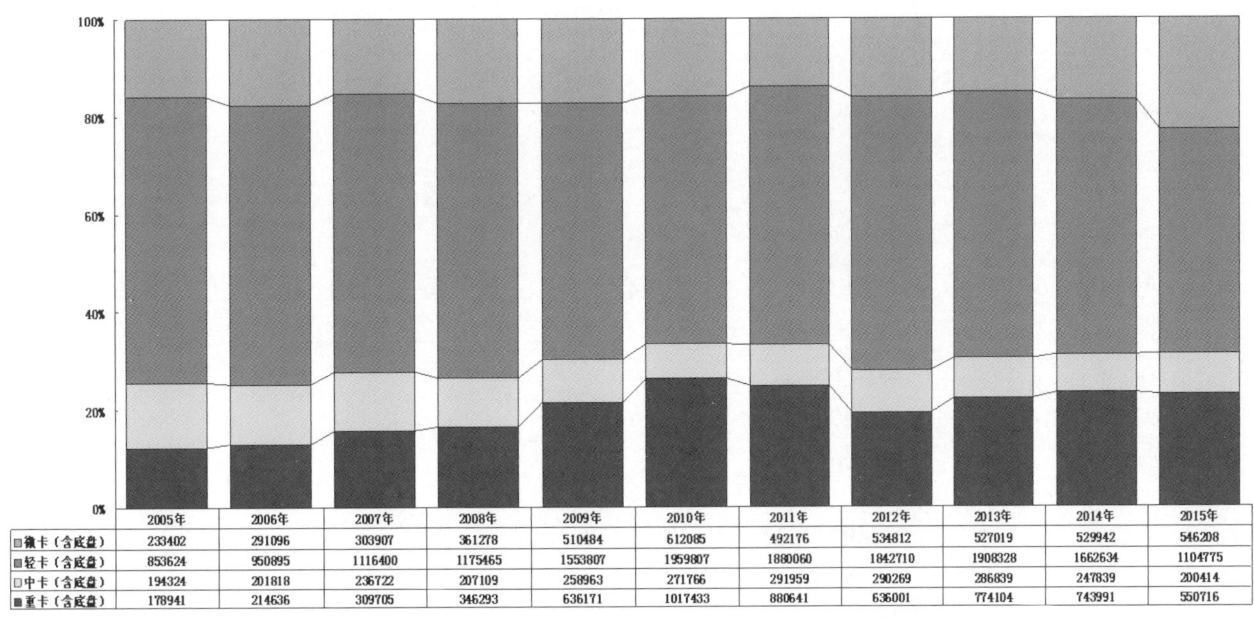


| | 2005年 | 2006年 | 2007年 | 2008年 | 2009年 | 2010年 | 2011年 | 2012年 | 2013年 | 2014年 | 2015年 |
|---|---|---|---|---|---|---|---|---|---|---|---|
| 微卡（含底盘） | 233402 | 291096 | 303907 | 361278 | 510484 | 612085 | 492176 | 534812 | 527019 | 529942 | 546208 |
| 轻卡（含底盘） | 853624 | 950895 | 1116400 | 1175465 | 1553807 | 1959807 | 1880060 | 1842710 | 1908328 | 1662634 | 1104775 |
| 中卡（含底盘） | 194324 | 201818 | 236722 | 207109 | 258963 | 271766 | 291959 | 290269 | 286839 | 247839 | 200414 |
| 重卡（含底盘） | 178941 | 214636 | 309705 | 346293 | 636171 | 1017433 | 880641 | 636001 | 774104 | 743991 | 550716 |

图 3　2005 － 2015 年狭义卡车分车型市场份额图表

若从广义卡车市场占比来分析，因中型卡车至今都产销量不明确，许多车型跨界重卡和轻卡，特别是与轻卡的销量混淆。轻卡因有 40 多万辆皮卡算入其中，其市场比重这六年来，始终保持在整体载货卡车市场的半壁江山以上，重卡市场约为二十个百分点左右；中型卡车在 7 － 8 个百分点上下；微型卡车市场的增量较大，约 5 个百分点前后。

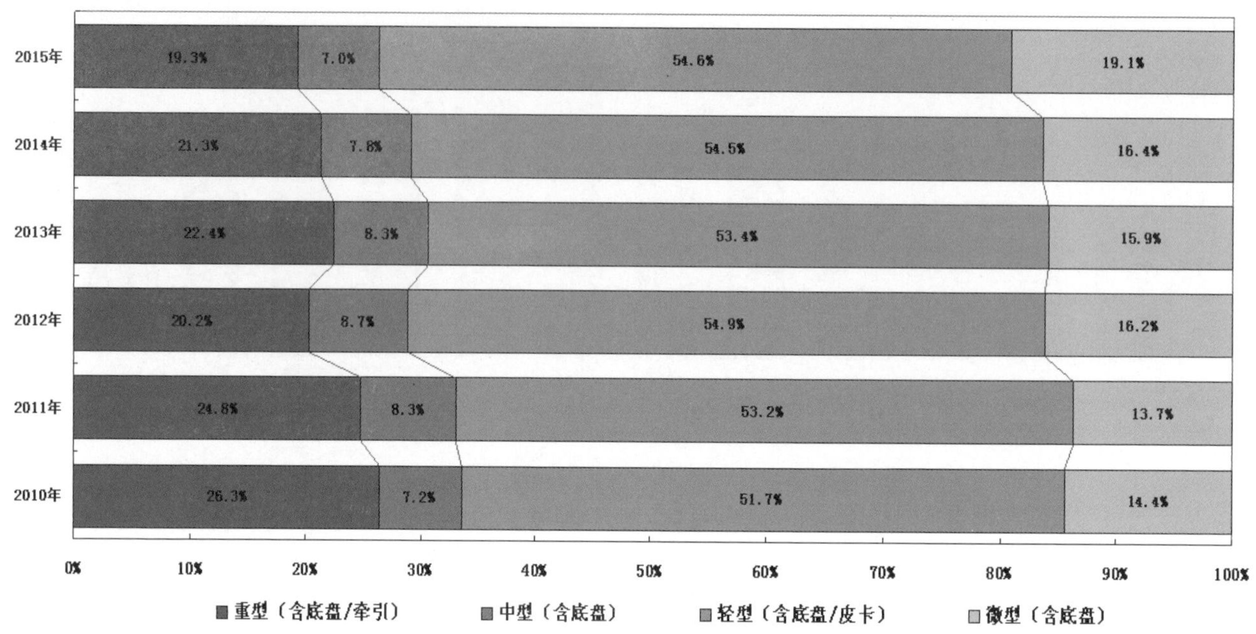


**图 4　2010 － 2015 年广义卡车分车型市场占比图**

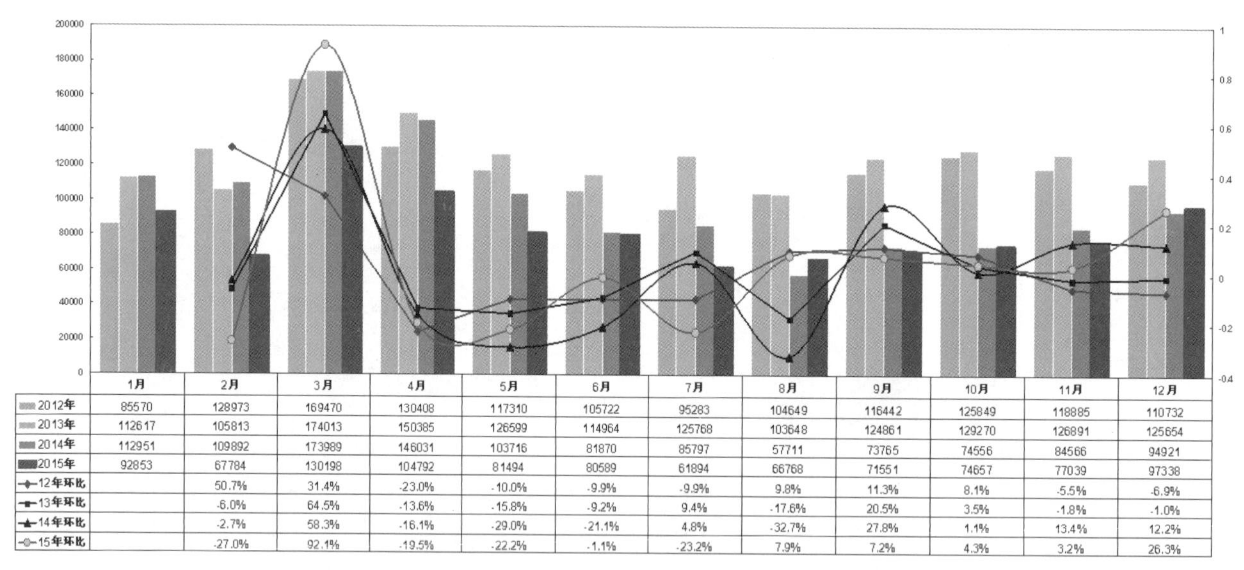

| | 1月 | 2月 | 3月 | 4月 | 5月 | 6月 | 7月 | 8月 | 9月 | 10月 | 11月 | 12月 |
|---|---|---|---|---|---|---|---|---|---|---|---|---|
| 2012年 | 85570 | 128973 | 169470 | 130408 | 117310 | 105722 | 95283 | 104649 | 116442 | 125849 | 118885 | 110732 |
| 2013年 | 112617 | 105813 | 174013 | 150385 | 126599 | 114964 | 125768 | 103648 | 124861 | 129270 | 126891 | 125654 |
| 2014年 | 112951 | 109892 | 173989 | 146031 | 103716 | 81870 | 85797 | 57711 | 73765 | 74556 | 84566 | 94921 |
| 2015年 | 92853 | 67784 | 130198 | 104792 | 81494 | 80589 | 61894 | 66768 | 71551 | 74657 | 77039 | 97338 |
| 12年环比 | | 50.7% | 31.4% | -23.0% | -10.0% | -9.9% | -9.9% | 9.8% | 11.3% | 8.1% | -5.5% | -6.9% |
| 13年环比 | | -6.0% | 64.5% | -13.6% | -15.8% | -9.2% | 9.4% | -17.6% | 20.5% | 3.5% | -1.8% | -1.0% |
| 14年环比 | | -2.7% | 58.3% | -16.1% | -29.0% | -21.1% | 4.8% | -32.7% | 27.8% | 1.1% | 13.4% | 12.2% |
| 15年环比 | | -27.0% | 92.1% | -19.5% | -22.2% | -1.1% | -23.2% | 7.9% | 7.2% | 4.3% | 3.2% | 26.3% |

**图 5　2012 年－ 2015 年狭义轻卡月度销量环比图表**

从 2012 年至 2015 年的月度纯轻型卡车的销量及增长率分析：一、二月份因处于冬季和春节期间，故市场销量基本处于传统的低谷期，3、4、5 月份，随着春季的到来，全国各地许多地区基建工程的开工，轻卡销量骤剧上升。年中再次处于传统的市场销量及增长率的低谷低速期。三季度开始又重新回至传统的增量期，直至年底的降价促销冲量期。不过从去年至今年，轻型卡车的月度销量皆处于历史同期最不景气的发展态势，明年是否能够走出此市场阴霾？预期不太乐观，若整体经济仍处于快速的下行之下，轻卡市场也难以“咸鱼翻身”。

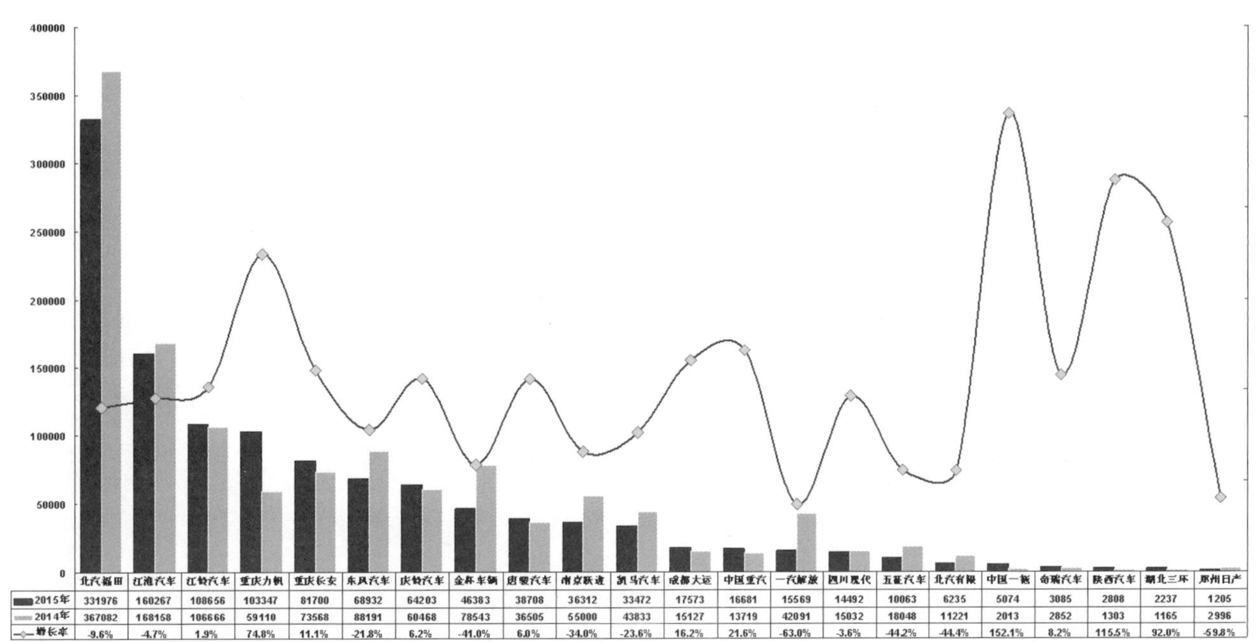


| | 北汽福田 | 江淮汽车 | 江铃汽车 | 重庆力帆 | 重庆长安 | 东风汽车 | 庆铃汽车 | 金杯车辆 | 唐骏汽车 | 南京跃进 | 凯马汽车 |
|---|---|---|---|---|---|---|---|---|---|---|---|
| 2015年 | 331976 | 160267 | 108656 | 103347 | 81700 | 68932 | 64203 | 46383 | 38708 | 36312 | 33472 |
| 2014年 | 367082 | 168158 | 106666 | 59110 | 73568 | 88191 | 60468 | 78543 | 36505 | 55000 | 43833 |
| 增长率 | -9.6% | -4.7% | 1.9% | 74.8% | 11.1% | -21.8% | 6.2% | -41.0% | 6.0% | -34.0% | -23.6% |

| | 成都大运 | 中国重汽 | 一汽解放 | 四川现代 | 五征汽车 | 北汽有限 | 中国一拖 | 奇瑞汽车 | 陕西汽车 | 湖北三环 | 郑州日产 |
|---|---|---|---|---|---|---|---|---|---|---|---|
| 2015年 | 17573 | 16681 | 15569 | 14492 | 10063 | 6235 | 5074 | 3085 | 2808 | 2237 | 1205 |
| 2014年 | 15127 | 13719 | 42091 | 15032 | 18048 | 11221 | 2013 | 2852 | 1303 | 1165 | 2996 |
| 增长率 | 16.2% | 21.6% | -63.0% | -3.6% | -44.2% | -44.4% | 152.1% | 8.2% | 115.5% | 92.0% | -59.8% |

**图 6　2015 年主流轻卡销量排序及增长率图表**

从 2014 年至 2015 年，主流与非主流品牌轻型卡车销量及增长率曲线分析：几乎所有的主流老品牌轻卡车企的销量皆成负增量与呈负增长率（江铃轻卡和三环轻卡除外），而近年来新进入轻卡领域的车企，如中国重汽、长安汽车、大运汽车、力帆汽车、陕汽轻卡、中国一拖全呈现出正增长率，有些竟高达 116% 的超高增长率，有的已经闯入轻卡产销量排序的前五名或前十名，而令人惊悸和刮目相看。

虽然这些所谓的非主流轻卡车企的产品不象一些主流轻卡品牌，在全国各地都能看到，但这些非主流轻卡品牌的产品在各车企所在地的销量与市场占有率却是主流轻卡品牌无法比拟的。甚至在出口市场方面也并不逊色。

## 二、轻卡产品发展趋势分析

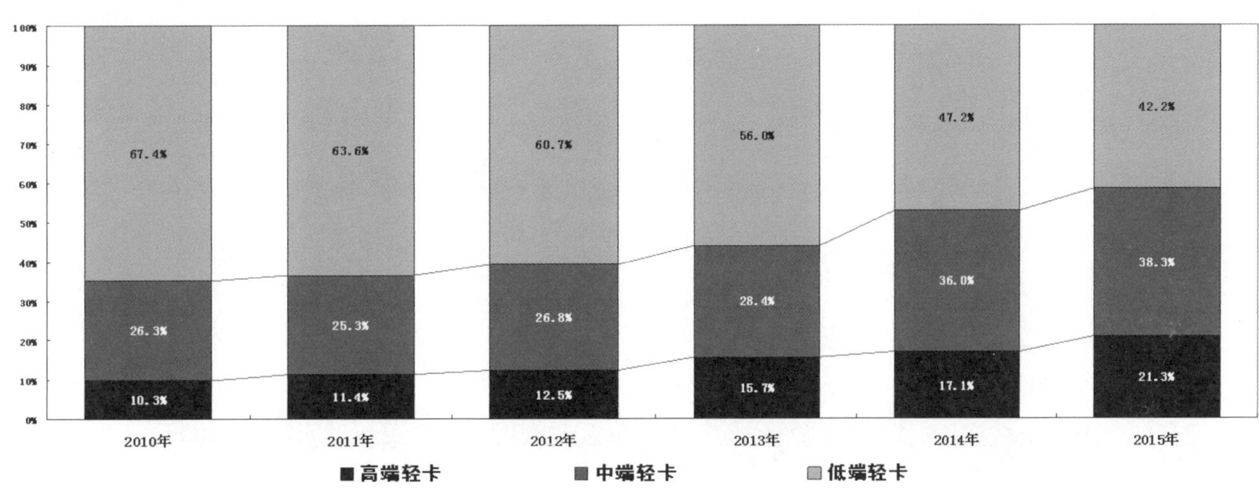


**图 7　2010 年－ 2015 年轻型卡车市场结构图**

从2010年至2015年轻型卡车产品结构分析：由于我国汽车排放标准全面升级，以及物流运输业的发展，经济级低端轻卡市场份额萎缩，中端和高端轻卡市场份额扩大中。高端轻卡的市场份额差不多翻番了一倍；中端轻卡的市场份额也扩张了十个百分点以上；而低端轻卡的市场份额却萎缩了二十个百分点以上。由此市场需要发展趋势证明，现阶段我国轻卡向上升级的趋势已经快速形成，并将成为未来的发展主流方向。

单位：%

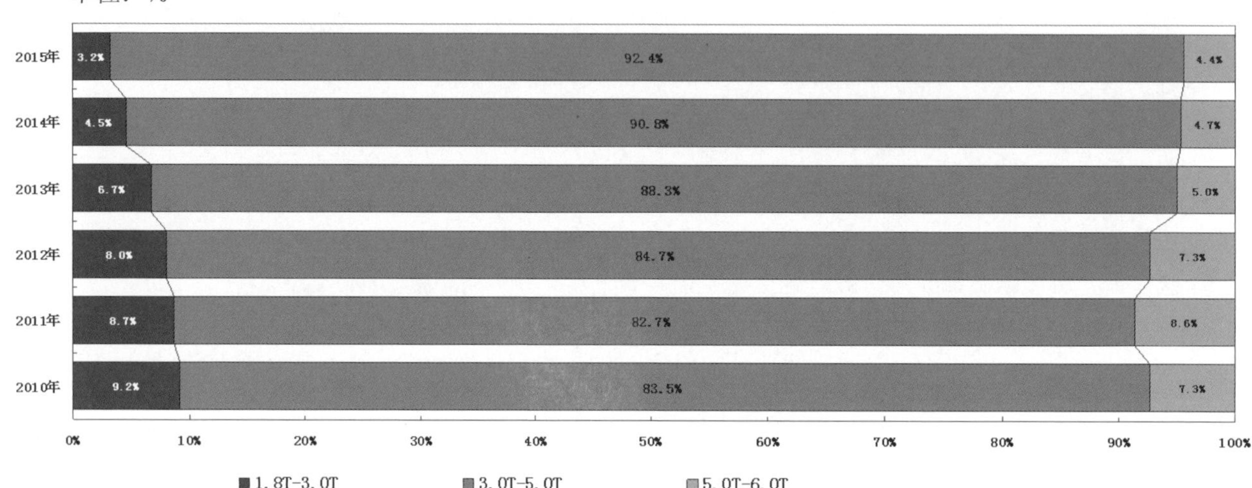


**图8　2010年－2015年轻卡分吨位市场比重图**

从2010年至2015年，轻型卡车市场对载重吨位量的需求量分析：3吨以下和5吨以上的市场比重在逐年缩减中，其市场主要被大微型卡车和中型卡车所侵蚀；但3-5吨位的市场份额却在逐年扩大增加中。不过近年来，2吨左右或2-3吨位的小型城市物流或城市工程车却成快速增长的态势，只不过由于销量较小而显示不出来。这充分说明，小轻卡当前和未来是有很大的市场机会与潜力的。

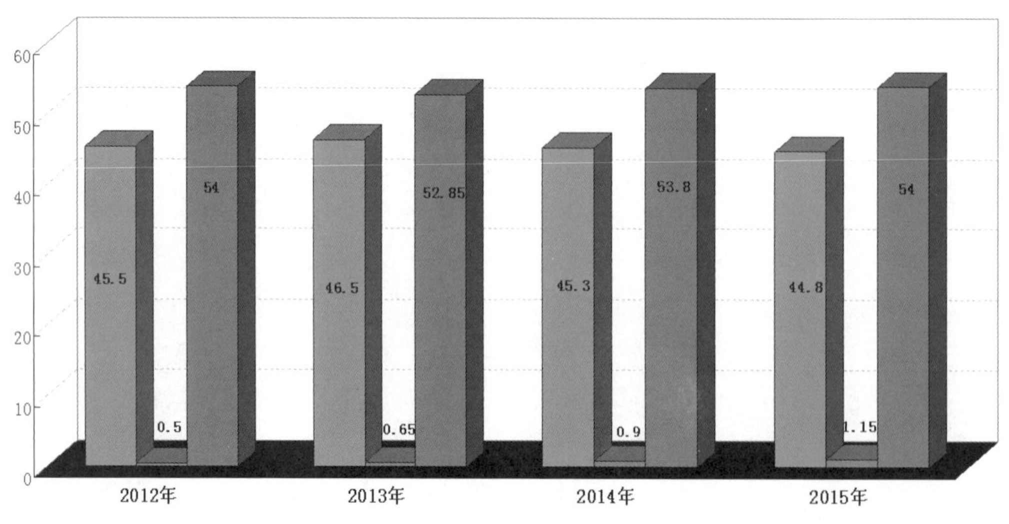


**图9　2012年－2015年轻卡产品结构图解**

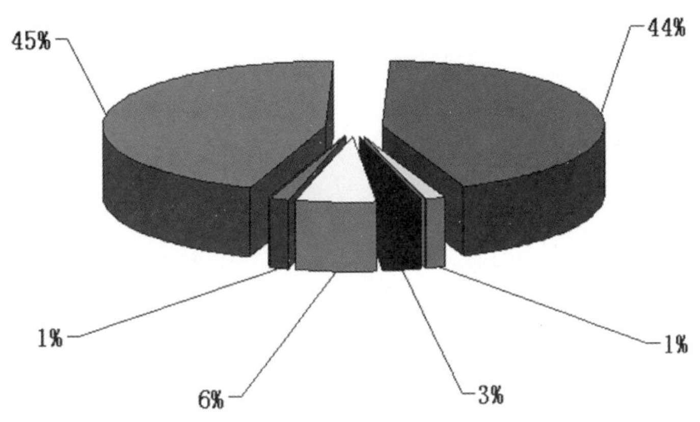


**图 10　2015 年月轻卡分车型市场占比**

近年来，随着中国社会分工的不断细化，助推着运输工具的专业化发展，作为生产资料的商用车，专业化专用车份额逐步增大，专注于物流运输的厢式货运车辆，今年以来其市场需求量及市场比重得到了快速增长与扩大。今年轻型工程自卸车作为轻卡的补充，由于受经济下滑转型投资减少影响，降幅最大，拖累了轻卡整体市场。预期今后五年之中，专用车和改装车将会成为拉动轻型卡车市场发展的助推器与加速器。

单位：%

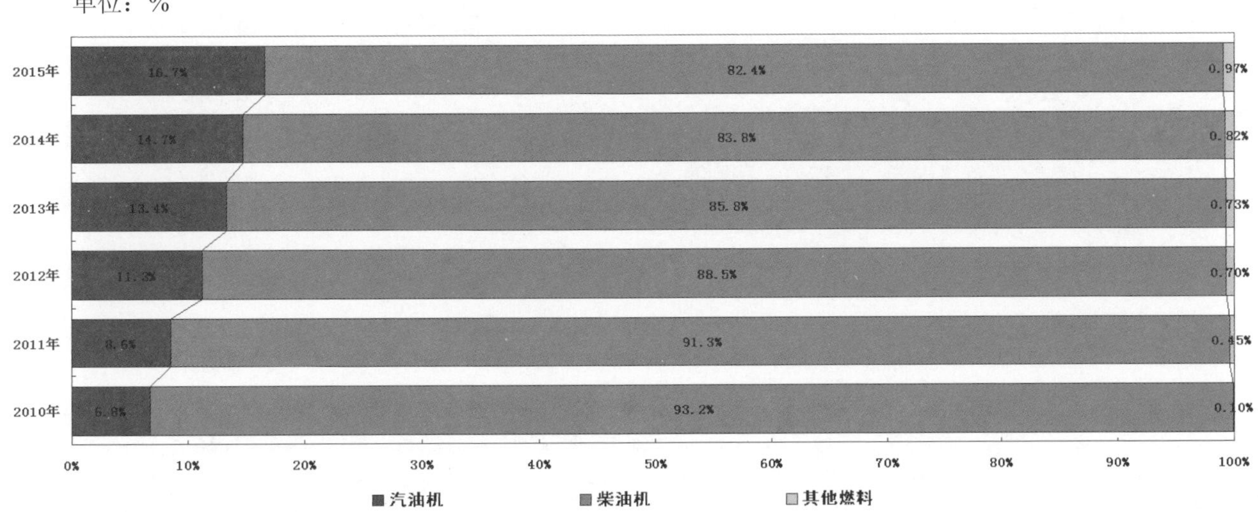


**图 11　2010 年－2015 年轻卡分燃油类型市场占比**

从 2010 年至 2015 年，轻型卡车排放标准升级是汽油轻卡与燃气及混动、电动轻卡市场份额扩大的原因。国家全面升级排放标准之后，一些非主流并无自制发动机的轻卡小型企业无法承担柴油发动机升级的成本，转而力推汽油轻卡。在一些偏远地区，能满足国四排放标准的柴油质次价高，不仅使发动机中毒，进而影响车辆性能，故导致这些地区的用户就会转向购买汽油轻卡。因此，今年以来呈现出汽油轻卡的市场份额有所扩大的态势。此外，一些大城市进一步对柴油机型轻卡在夜间进城限行禁行的车管政策，这也导致了一部分准轻卡用户转而选购汽油机型轻卡。与此同时，虽然大城市淘汰黄标车的力度很大，但是在二、三、四线城市，黄标车淘汰力度依然很弱，黄标车淘而不汰已经成为一种社会现象。因此，淘汰柴油机型黄标车不力，对柴油机轻卡新车替换起到了消极作用。

2015 年以来，虽轻卡柴油机仍占主导地位，但汽油机和双燃料增长迅猛，汽油机产品目前市场份额已达 16% 以上。轻卡柴油机功率段主要分布在 70-90KW，市场份额仍在增长，90 － 130KW 功率段产品市场份额也在增加；轻卡汽油机功率段主要在 30-50KW，但 50-70KW 在快速增长，70KW 以上产品也在不断增长。轻卡柴油车升级国四或国五以后，拥有关键技术的动力总成的合资轻卡品牌企业在不断抢占市场；柴、汽油机市场还将不断有合资或自主车或发动机企业的新动力资源进入市场竞争。

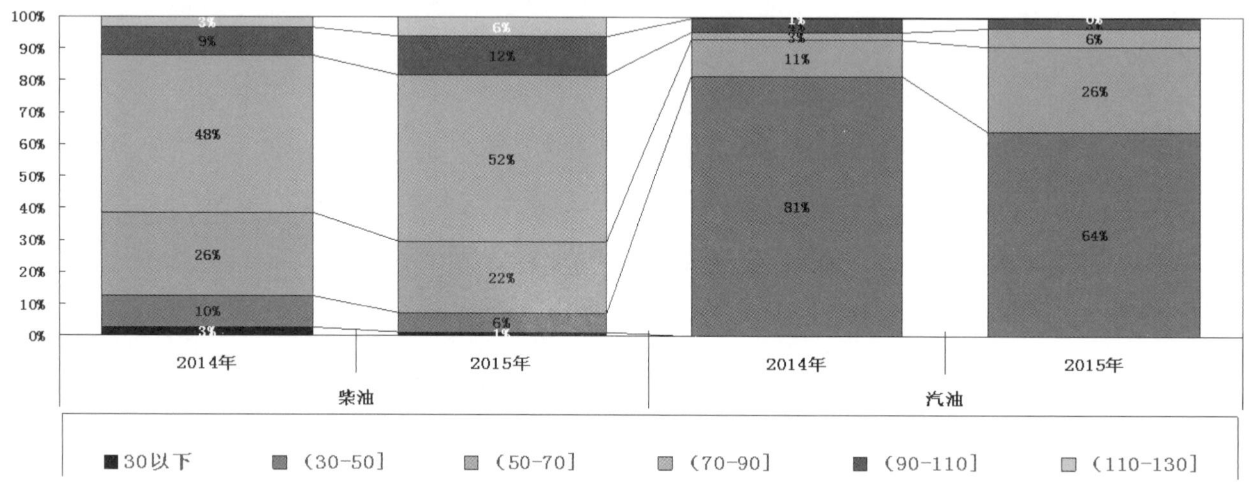


**图 12　2015 年轻卡功率段图解**

从 2010 年至 2015 年，国产轻型卡车产品轴距呈现“向两端分散，向中间集中”现象，既相对较为分散的轴距布局中，33 以上向着中卡靠拢，33 以下的向着大微卡或小轻卡靠拢，而轻卡本身则向 33 集中；在主要轴距产品竞争中，33 轴距是近年来竞争最激烈的产品，所有轻卡和低速汽车（四轮农用车）车企均都在此产品轴踞段上细心布局，展开搏弈之争。

单位：%

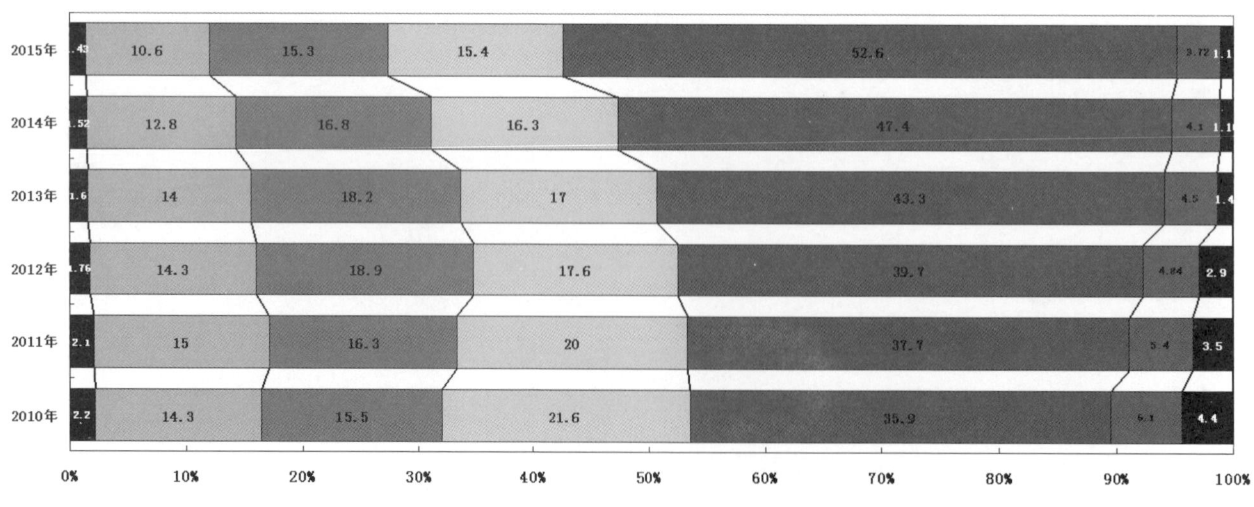


**图 13 2010 年－ 2015 年主流轻卡按轴矩市场占比**

# 2015 年微型卡车市场

全国汽车市场研究会 杨再舜

## 一、2015 微型卡车市场总体概况

2015 年 1 － 12 月，全国十二家主流微型卡车企业共计销售整车和底盘 546208 辆，累计同比增长率 3.1%，成为当年商用载货卡车唯一正增长率的车型与

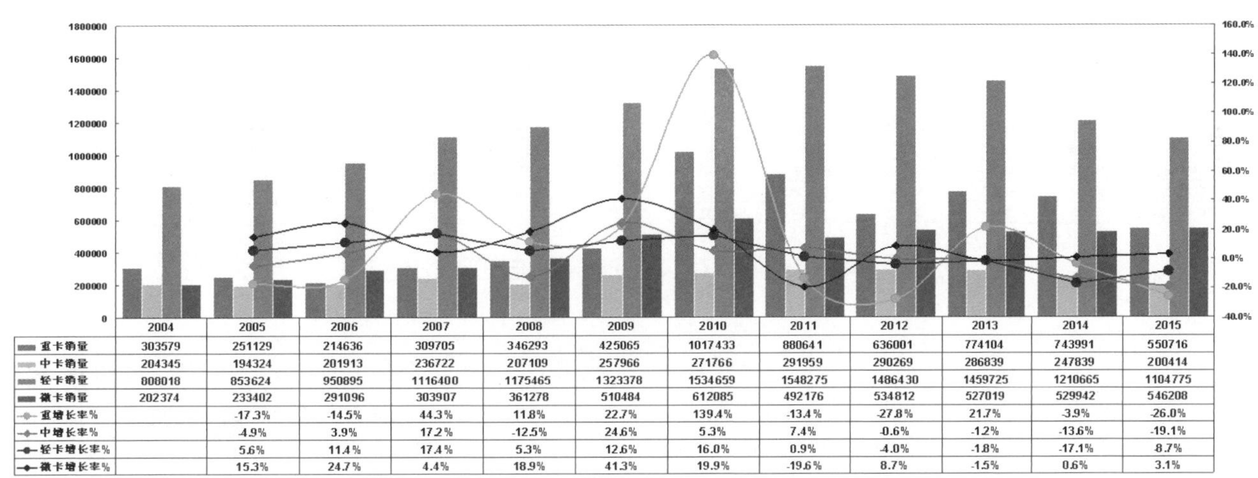

| | 2004 | 2005 | 2006 | 2007 | 2008 | 2009 | 2010 | 2011 | 2012 | 2013 | 2014 | 2015 |
|---|---|---|---|---|---|---|---|---|---|---|---|---|
| 重卡销量 | 303579 | 251129 | 214636 | 309705 | 346293 | 425065 | 1017433 | 880641 | 636001 | 774104 | 743991 | 550716 |
| 中卡销量 | 204345 | 194324 | 201913 | 236722 | 207109 | 257966 | 271766 | 291959 | 290269 | 286839 | 247839 | 200414 |
| 轻卡销量 | 808018 | 853624 | 950895 | 1116400 | 1175465 | 1323378 | 1534659 | 1548275 | 1486430 | 1459725 | 1210665 | 1104775 |
| 微卡销量 | 202374 | 233402 | 291096 | 303907 | 361278 | 510484 | 612085 | 492176 | 534812 | 527019 | 529942 | 546208 |
| 重增长率% | | -17.3% | -14.5% | 44.3% | 11.8% | 22.7% | 139.4% | -13.4% | -27.8% | 21.7% | -3.9% | -26.0% |
| 中增长率% | | -4.9% | 3.9% | 17.2% | -12.5% | 24.6% | 5.3% | 7.4% | -0.6% | -1.2% | -13.6% | -19.1% |
| 轻卡增长率% | | 5.6% | 11.4% | 17.4% | 5.3% | 12.6% | 16.0% | 0.9% | -4.0% | -1.8% | -17.1% | -8.7% |
| 微卡增长率% | | 15.3% | 24.7% | 4.4% | 18.9% | 41.3% | 19.9% | -19.6% | 8.7% | -1.5% | 0.6% | 3.1% |

图 1　历年重卡 / 中卡 / 轻卡 / 微卡销量及增长率图表

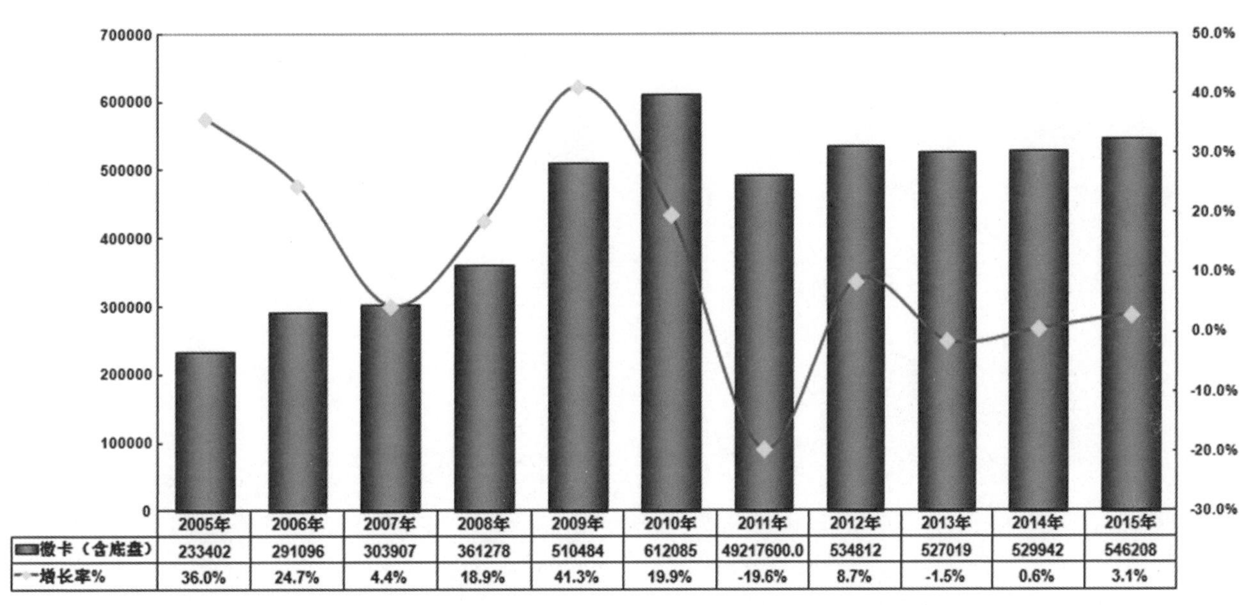

| | 2005年 | 2006年 | 2007年 | 2008年 | 2009年 | 2010年 | 2011年 | 2012年 | 2013年 | 2014年 | 2015年 |
|---|---|---|---|---|---|---|---|---|---|---|---|
| 微卡（含底盘） | 233402 | 291096 | 303907 | 361278 | 510484 | 612085 | 49217600.0 | 534812 | 527019 | 529942 | 546208 |
| 增长率% | 36.0% | 24.7% | 4.4% | 18.9% | 41.3% | 19.9% | -19.6% | 8.7% | -1.5% | 0.6% | 3.1% |

图 2　2005 年 － 2015 年微型卡车销量及增长率

品系。

从 2015 年微型卡车销路走势与去年逐月同期对比，销路走势与去年同期大致雷同，只是在一月、二季度以及七月、八月和最后二个月的销量高于同期外，其他月份均低于同期。在全国实体经济继续低迷不振的情况下和整体汽车市场低迷和整个商用车的销量都呈负增长的情况下，微型卡车能够取得一枝独秀的的成绩单可圈可点。

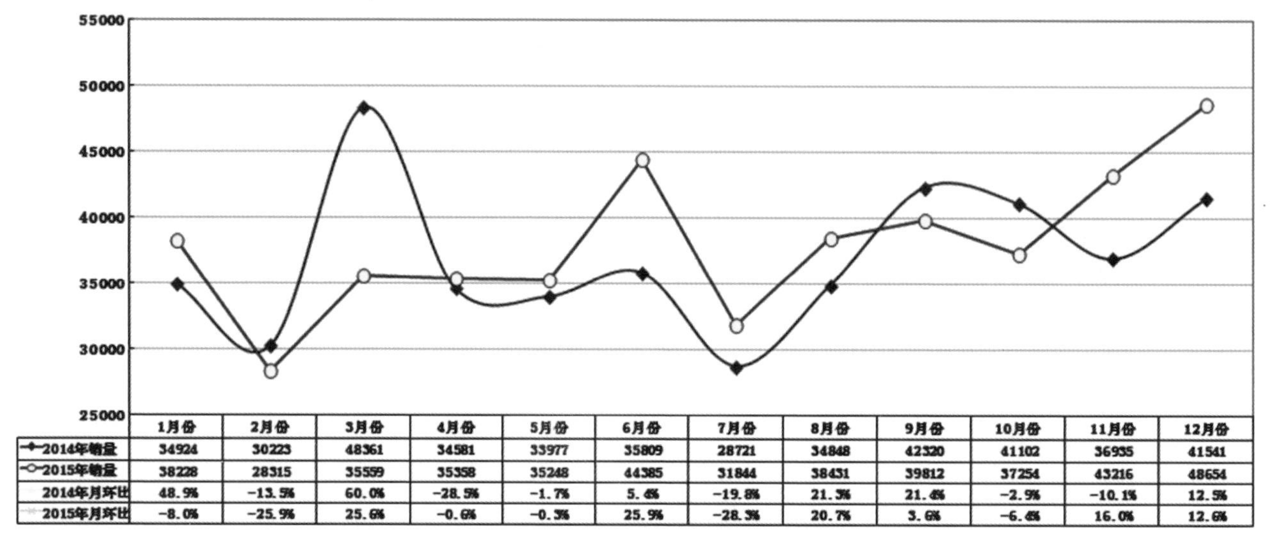


| | 1月份 | 2月份 | 3月份 | 4月份 | 5月份 | 6月份 | 7月份 | 8月份 | 9月份 | 10月份 | 11月份 | 12月份 |
|---|---|---|---|---|---|---|---|---|---|---|---|---|
| 2014年销量 | 34924 | 30223 | 48361 | 34581 | 33977 | 35809 | 28721 | 34848 | 42320 | 41102 | 36935 | 41541 |
| 2015年销量 | 38228 | 28315 | 35559 | 35358 | 35248 | 44385 | 31844 | 38431 | 39812 | 37254 | 43216 | 48654 |
| 2014年月环比 | 48.9% | -13.5% | 60.0% | -28.5% | -1.7% | 5.4% | -19.8% | 21.3% | 21.4% | -2.9% | -10.1% | 12.5% |
| 2015年月环比 | -8.0% | -25.9% | 25.6% | -0.6% | -0.3% | 25.9% | -28.3% | 20.7% | 3.6% | -6.4% | 16.0% | 12.6% |

图 3 2014 年 – 2015 年主流微型卡车销路走势图

2015 年微型卡车各品牌按产销量与市场份额占比而划定市场格局，上汽通用五菱汽车、长安汽车和东风小康稳居市场排名前三甲，凯马汽车、奇瑞汽车、吉轻汽车和昌河汽车的微型卡车位列前七名排序。从近几年来主流微卡车企的销量名次排序看，由于微卡市场主流产品基本稳定，产品形式单一，价格变化不大，市场容量也相对稳定，其市场格局基本上处于一个相对的稳定态势，除新兴车企——华晨鑫源强势进入微卡领域外，基本上没有哪一家车企主动愿意进入这一

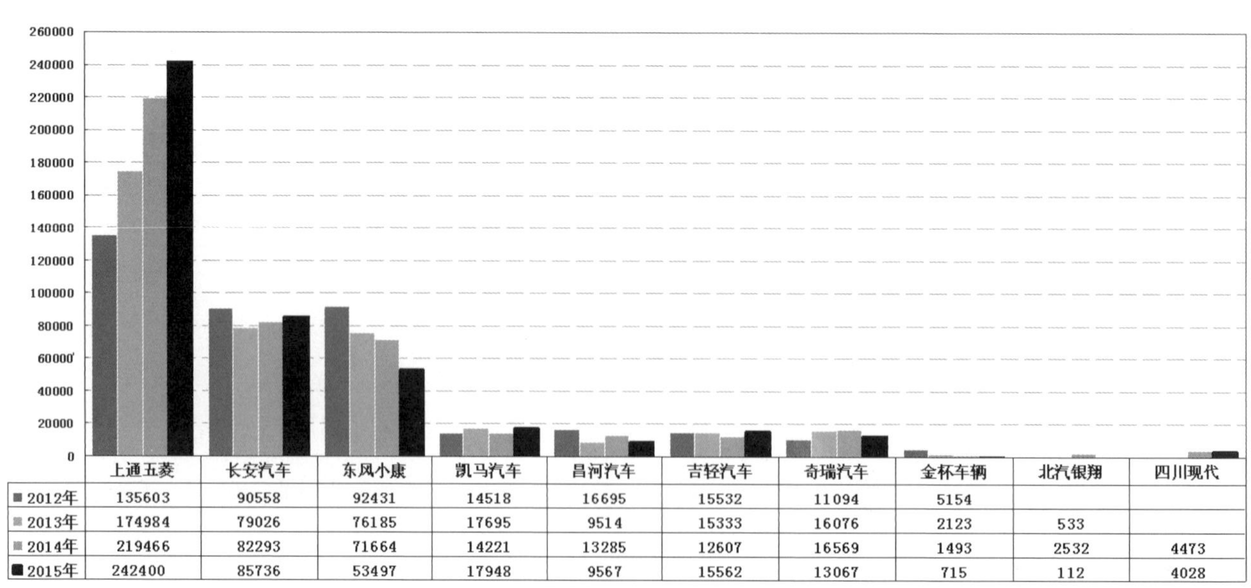


| | 上通五菱 | 长安汽车 | 东风小康 | 凯马汽车 | 昌河汽车 | 吉轻汽车 | 奇瑞汽车 | 金杯车辆 | 北汽银翔 | 四川现代 |
|---|---|---|---|---|---|---|---|---|---|---|
| 2012年 | 135603 | 90558 | 92431 | 14518 | 16695 | 15532 | 11094 | 5154 | | |
| 2013年 | 174984 | 79026 | 76185 | 17695 | 9514 | 15333 | 16076 | 2123 | 533 | |
| 2014年 | 219466 | 82293 | 71664 | 14221 | 13285 | 12607 | 16569 | 1493 | 2532 | 4473 |
| 2015年 | 242400 | 85736 | 53497 | 17948 | 9567 | 15562 | 13067 | 715 | 112 | 4028 |

图 4　2012 年 – 2015 年微型卡车分品牌销量

2012年微卡分品牌市场份额图

36%　24%　24%　0%　0%　1%　3%　4%　4%　4%

□上通五菱 ■长安汽车 ■东风小康 □凯马汽车 □昌河汽车
□吉轻汽车 □奇瑞汽车 ■金杯车辆 □北汽银翔 □四川现代

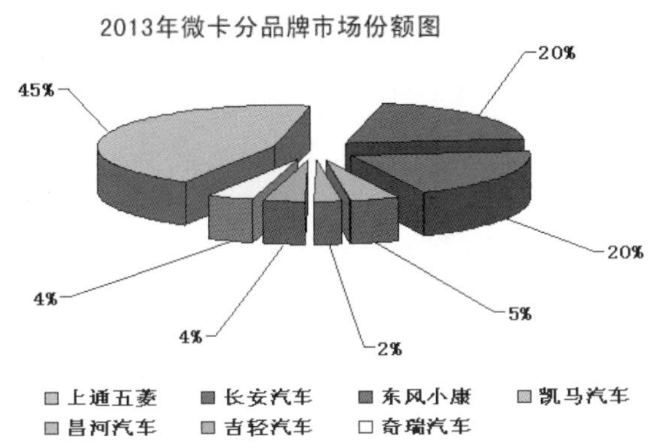


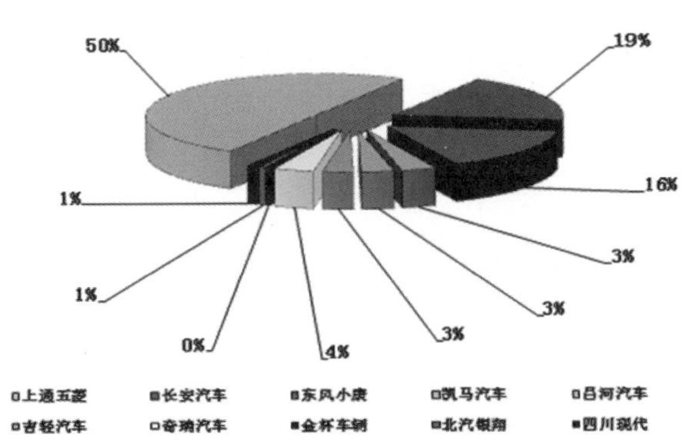


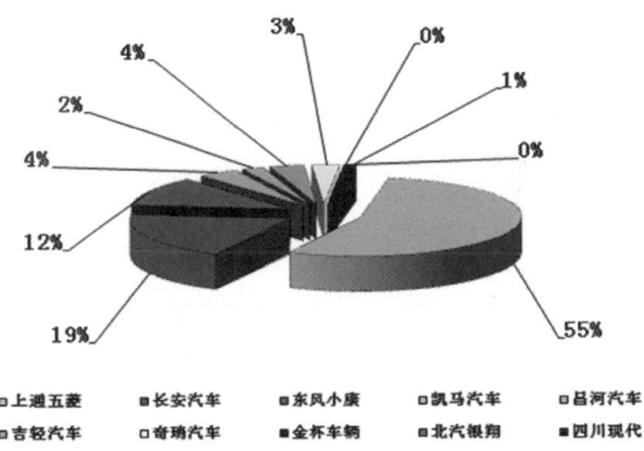


**图 5**

量小利薄的小众行业。

2015 年下线上市微型卡车情况：单排座：小康 C31、华晨鑫源（重庆）T30 和 2016 款奇瑞汽车公司开瑞优劲；双排座：小康 K02L、C32、华晨鑫源 T32（重庆）和 2016 款开瑞优劲。因微型卡车系小众车型，价格低廉且利润微薄，因此进入的车企不仅少，而且因开发费用昂贵，故不象其他车型系大众车型，价高利厚，有大笔研发的金费做支撑，所以微型卡车车企一年能有几款新车型上市已经是相当难能可贵了。

**传统微型卡车分类标准表**

| | 分类 I | 分类 II | 分类 III | 备注说明 |
|---|---|---|---|---|
| 客车底盘，核定载质量在 1.0T 以下（总质量在 1.8T 以下）的小卡车 | D 微卡单排 | D1 窄体 | D1 | 凸头；车身宽度 1.6m 以下 |
| | | D2 宽体 | D2 | 凸头；车身宽度 1.6m 以上 |
| | S 微卡双排 | S1 窄体 | S1 | 凸头；车身宽度 1.6m 以下 |
| | | S2 宽体 | S2 | 凸头；车身宽度 1.6m 以上 |

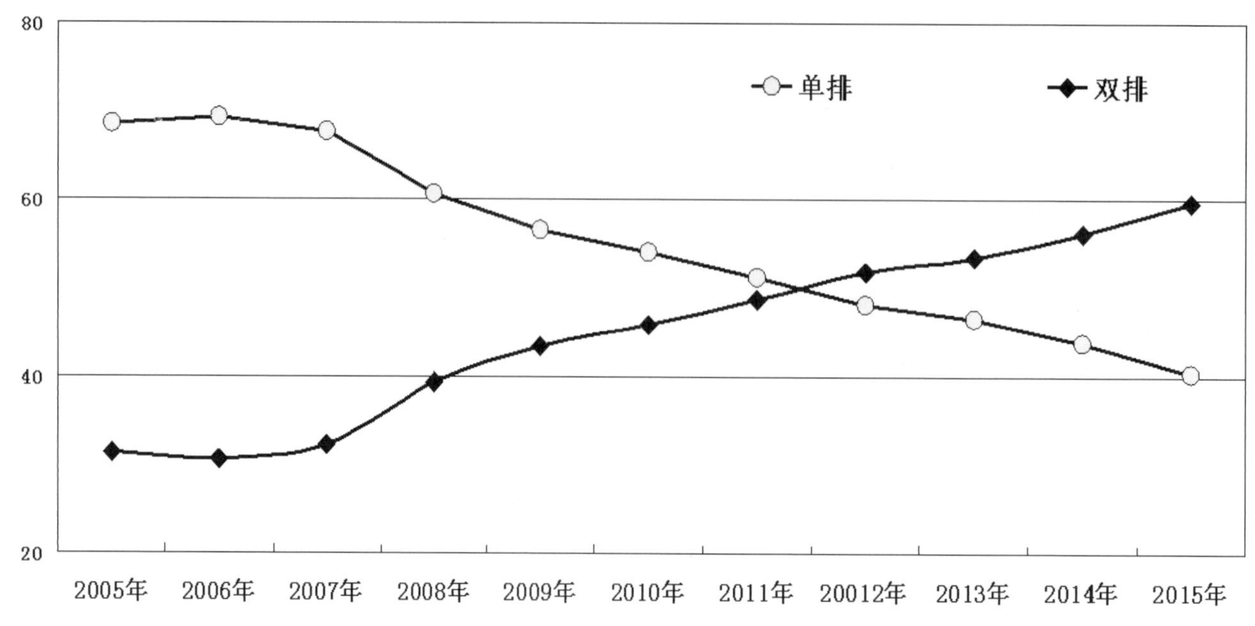


**图 6　2005 年－ 2015 年微型卡车分车型增长率情况**

## 二、2015 年微卡市场细分结构分析

从上述图表中可以发现：自 2009 年至 2015 年的七年时间内，2010 年单排 D2 类进入微卡市场至今 2015 年，其市场占比从 1.8% 扩大至 31%；双排 S2 类市场占比从 2011 年的 9.4% 扩大至近 55%；D1 类、S1 类窄体微卡市场比重已萎缩至 10% 以下，且呈进一步下滑趋势。由此可见，车身宽度在 1.6M 以上的单双排微型卡车的销量增长速率极快，尤其双排 S2 类市场份额扩张速度最快最大，并成为一种发展总趋势。从 2005 年至 2015 年，微型卡车分单双排车型分析，双排座市场比重从 30 个百分点上升至 60 个百分点以上；单排座市场比重从 70 个百分点下降至 40 个百分点以下。宜乘亦载的双排座微型卡车已成为主流产品市场的发展趋势。

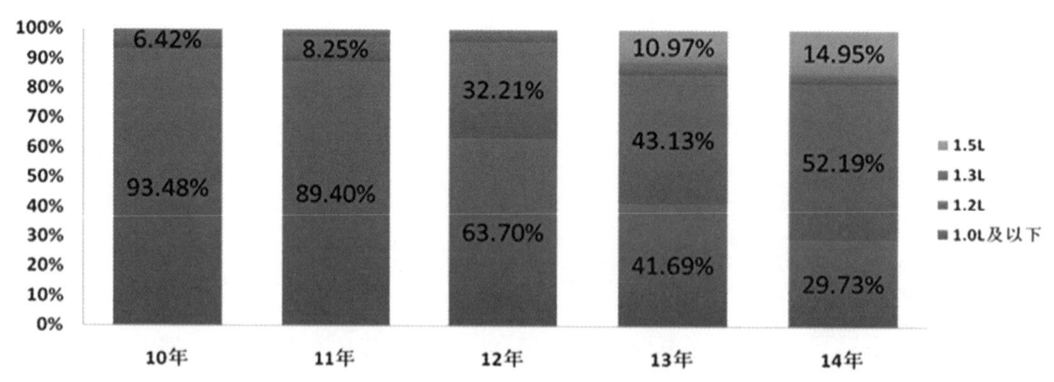


**图 7　近年微货市场动力情况**

2010 年－ 2015 年，微型卡车市场需求趋于向 1.3L 和 1.5L 相对较大马力的轨迹越发明显，而传统 1.0L 和 1.2L 微型卡车的市场比重在逐年萎缩中。与此同时，前置发动机成为市场的主流产品，预期未来发动机前置后驱凸头微卡将会全面替代发动机中置微型卡车。

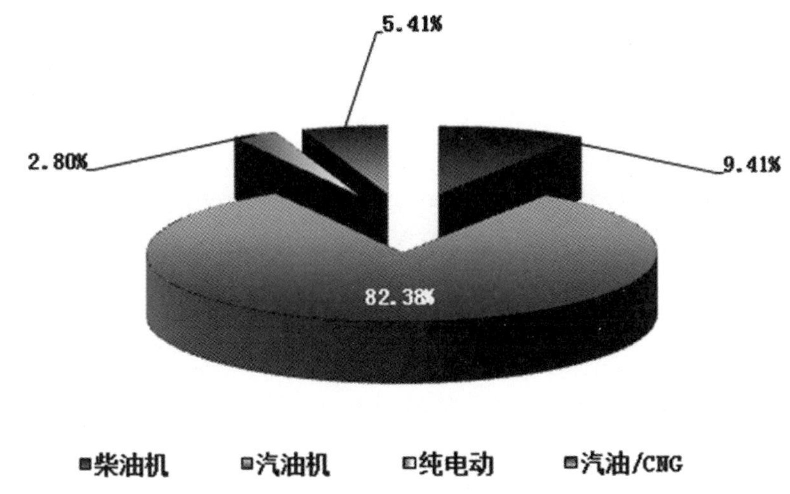


图 8 2015 年微型卡车燃料分类比重

2015 年微型卡车按燃料分类市场占比分析，汽油机型产品份额正在逐年缓慢减小中，而与此同时，柴油机型及其他新能源燃料的市场比重也正在扩大中。

**微卡区域市场表现：** 从 2015 年城乡占比来看，3、4 线城市、地级市及县乡仍然是集中主力市场，但不同区域的分布有所差异，在西南、西北区域主要集中于乡镇；在东北、华东、华南、华中主要集中于县级以下城镇；在华北主要集中于县级城市。

**微货产品价格走势：** 由于微型卡车市场之容量的相对稳定，2015 年虽微卡售价处于小幅波动，但总体价格体系相对稳定，尤其是新投入产品价格与主流价格基本一致，也没有超过 4 万元的产品出现。

# 2015 年重型卡车市场

全国汽车市场研究会 杨再舜

受国家宏观经济形势持续下行影响，2015 年重型卡车市场流年不利，开始进入“渐渐下行阶段”，并且持续性下滑，2015 年已经到了最低值，市场需求萎缩至 2008 年状态。众所周知，中国式的重卡市场是中国经济发展变化的“风向标”与“晴雨表”以及民生民计的“温度表”，历年来大凡重卡市场出现重大波动，当年的经济运行情况则会基本与之匹配，这在过去十多年的发展史中已形成一种规律。导致 2015 年重型卡车市场又出现周期性下滑系由各类因素综合使然，既有主观因素又有客观因素，其原因极其错综复杂。

2015 年我国 GDP、投资等关键指标增幅的不断放缓使得重型卡车下游需求仍将不旺。GDP 增速进一步下降到 7% 以下，2015 年固定资产投资同比增长 10%，创 2015 年新低。房地产业面临泡沫破裂的巨大风险，而城镇化则异化变质为“圈地抢地”运动，这些都对中国工程类重型卡车产生一定负面影响，而重型卡车市场需求量必须是依靠实体经济的支撑才能得以活命和发展壮大。近年来，中国经济的供给侧改革、去产能、去过剩的策划对重卡市场形成了重大影响，自卸车及工程类重卡的销量持续下滑，而牵引车、载货车承担起主角责任。

## 一、重型卡车总体市场发展概述

**表 1　历年重型卡车销量 \ 增长率 \GDP 关系分析**

| | 2005 年 | 2006 年 | 2007 年 | 2008 年 | 2009 年 | 2010 年 | 2011 年 | 2012 年 | 2013 年 | 2014 年 | 2015 年 |
|---|---|---|---|---|---|---|---|---|---|---|---|
| 重型卡车销量 | 236586 | 307296 | 487481 | 540901 | 636171 | 1025336 | 739126 | 648632 | 752950 | 743991 | 550716 |
| 重型卡车增长率 % | -22.2% | 29.9% | 58.6% | 11.0% | 17.6% | 61.2% | -27.9% | -12.2% | 16.1% | -3.9% | -26.0% |
| 国民经济 GDP | 9.9% | 10.7% | 13.0% | 9.0% | 9.5% | 10.3% | 9.2% | 7.8% | 7.5% | 7.3% | 6.9% |

2015 年，重型卡车市场生产量累计 536089 辆，较同期增减 -8.28%；销售累计 550716 辆，较同期增减 -25.98%。各类车型品系数据具体如下：载货整车、各类底盘 ( 自卸车和改装类专用车 ) 及牵引车生产量分别为 122114 辆、165539 辆、248436 辆，同比分别增长 -39.63%、-35.96%、-13.35%；销售量分别为 129995 辆、170541 辆、250180 辆，同比分别增长 -38.36%、-32.89%、-10.33%。牵引车销售比例从去年约 40% 上升至 45%，自卸车占比从去年约 35% 下降至今年约 30%，载货车和专用车占比也下滑至 25% 上下，重型卡车市场销量之惨淡可见一斑。

2015 年 1-12 月，重型卡车市场逐月销量均呈现出二位数的跌幅负增长率，实为历年所罕见。不过 2016 年的经济调整加暖以及我国重卡市场“周期性需求规律”的到来，预期重型卡车市场可能会出现一位数的正增长率，重型卡车市场欲重返百万辆将会成为历史。

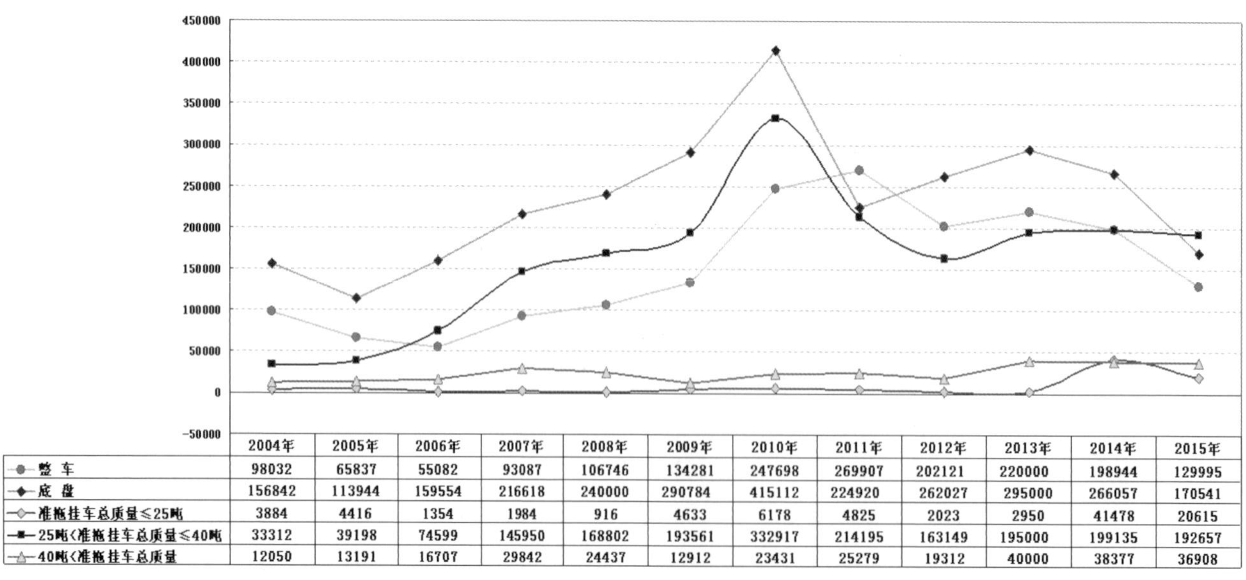

| | 2004年 | 2005年 | 2006年 | 2007年 | 2008年 | 2009年 | 2010年 | 2011年 | 2012年 | 2013年 | 2014年 | 2015年 |
|---|---|---|---|---|---|---|---|---|---|---|---|---|
| 整 车 | 98032 | 65837 | 55082 | 93087 | 106746 | 134281 | 247698 | 269907 | 202121 | 220000 | 198944 | 129995 |
| 底 盘 | 156842 | 113944 | 159554 | 216618 | 240000 | 290784 | 415112 | 224920 | 262027 | 295000 | 266057 | 170541 |
| 准拖挂车总质量≤25吨 | 3884 | 4416 | 1354 | 1984 | 916 | 4633 | 6178 | 4825 | 2023 | 2950 | 41478 | 20615 |
| 25吨<准拖挂车总质量≤40吨 | 33312 | 39198 | 74599 | 145950 | 168802 | 193561 | 332917 | 214195 | 163149 | 195000 | 199135 | 192657 |
| 40吨<准拖挂车总质量 | 12050 | 13191 | 16707 | 29842 | 24437 | 12912 | 23431 | 25279 | 19312 | 40000 | 38377 | 36908 |



**图 1　2004 年－ 2015 年整体重卡销路走势图**

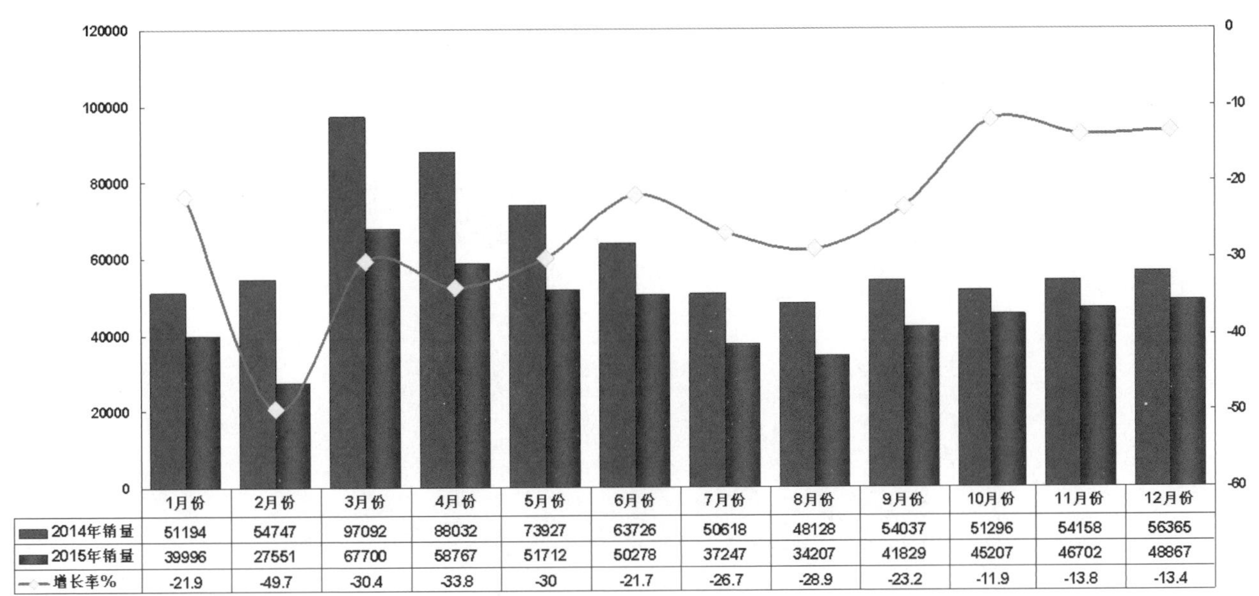


图 2　2014 年 – 2015 年重型卡车分月销量同比图表

二、重型卡车细分市场结构分析

表 2　2010 年—2015 年重型卡车市场销量及份额比重情况

| | 2010 年 | | 2011 年 | | 2012 年 | | 2013 年 | | 2014 年 | | 2015 年 | |
|---|---|---|---|---|---|---|---|---|---|---|---|---|
| | 销 量 | 占比 % | 销 量 | 占比 % | 销 量 | 占比 % | 销 量 | 占比 % | 销 量 | 占比 % | 销 量 | 占比 % |
| 整 车 | 247698 | 24.2% | 269907 | 36.5% | 202121 | 31.2% | 219967 | 28.4 | 198944 | 26.7 | 129995 | 23.6 |
| 底 盘 | 415112 | 40.5% | 224920 | 30.4% | 262027 | 40.4% | 290754 | 37.6 | 266057 | 35.8 | 170541 | 31 |
| 牵 引 | 362526 | 35.4% | 244300 | 33.1% | 184484 | 28.4% | 263383 | 34 | 278990 | 37.5 | 250180 | 45.4 |
| 合 计 | 1025336 | 100.0% | 739127 | 100.0% | 648632 | 100.0% | 774104 | 100% | 743991 | 100% | 550716 | 100% |

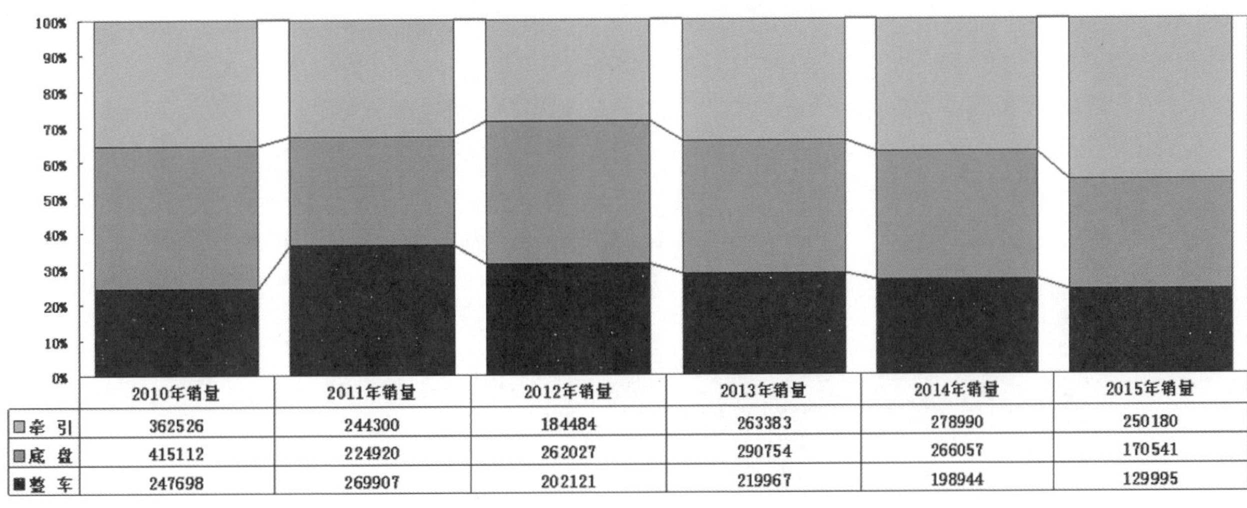


图 3　2010 年 – 2015 年重型卡车市场结构图表

从以上二张图表可以看出，从2010年至2015年的统计显示：重型卡车三大车型品系的市场占比，随着经济发展和社会需求分工的进一步细化，已经发生了较大变化，牵引车市场正在逐年发力中。2010年，重型卡车三类车型中，底盘类(自卸车和改装类专用车)销量贡献率最大，牵引车销量增长振幅相对低于重型车整体市场的振幅，2014年后，重型卡车市场需求变异较大，很大程度上受国家投资结构及货运方式影响，使重型卡车产品结构也发生较大变化，牵引车销售总量贡献率首次超过了底盘类的销量贡献。2015年牵引车市场贡献已经到达了45.4%，牵引车增减率整体高于重型卡车市场增减率，成为重型卡车销售车型的主要核心主销车型。

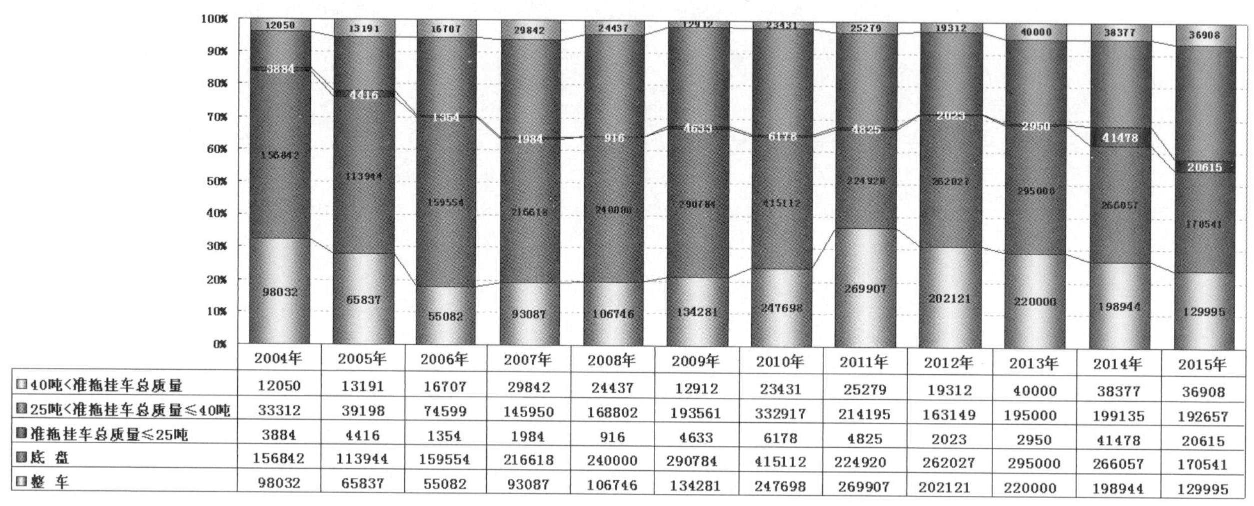

| | 2004年 | 2005年 | 2006年 | 2007年 | 2008年 | 2009年 | 2010年 | 2011年 | 2012年 | 2013年 | 2014年 | 2015年 |
|---|---|---|---|---|---|---|---|---|---|---|---|---|
| 40吨<准拖挂车总质量 | 12050 | 13191 | 16707 | 29842 | 24437 | 12912 | 23431 | 25279 | 19312 | 40000 | 38377 | 36908 |
| 25吨<准拖挂车总质量≤40吨 | 33312 | 39198 | 74599 | 145950 | 168802 | 193561 | 332917 | 214195 | 163149 | 195000 | 199135 | 192657 |
| 准拖挂车总质量≤25吨 | 3884 | 4416 | 1354 | 1984 | 916 | 4633 | 6178 | 4825 | 2023 | 2950 | 41478 | 20615 |
| 底 盘 | 156842 | 113944 | 159554 | 216618 | 240000 | 290784 | 415112 | 224920 | 262027 | 295000 | 266057 | 170541 |
| 整 车 | 98032 | 65837 | 55082 | 93087 | 106746 | 134281 | 247698 | 269907 | 202121 | 220000 | 198944 | 129995 |

图4 2004年－2015年重型卡车分车型市场份额比重图

从2004年到2015年的这十二年期间，正在进入一个市场和产品根本性的结构性的变化时期，我国重型卡车市场的市场结构变化趋势主要体现在各类牵引车在向大吨位和大马力逐年逐渐发展且扩大中，而载货整车因物流的快速发展也在扩张中，唯有底盘因各类上装市场销量需求低迷而呈逐年萎缩中，这与整个国际重卡市场产品结构需求结构相悖。今后这一中国式畸形重型车市场需求结构将会在未来社会经济发展中得到矫正和正常发展。

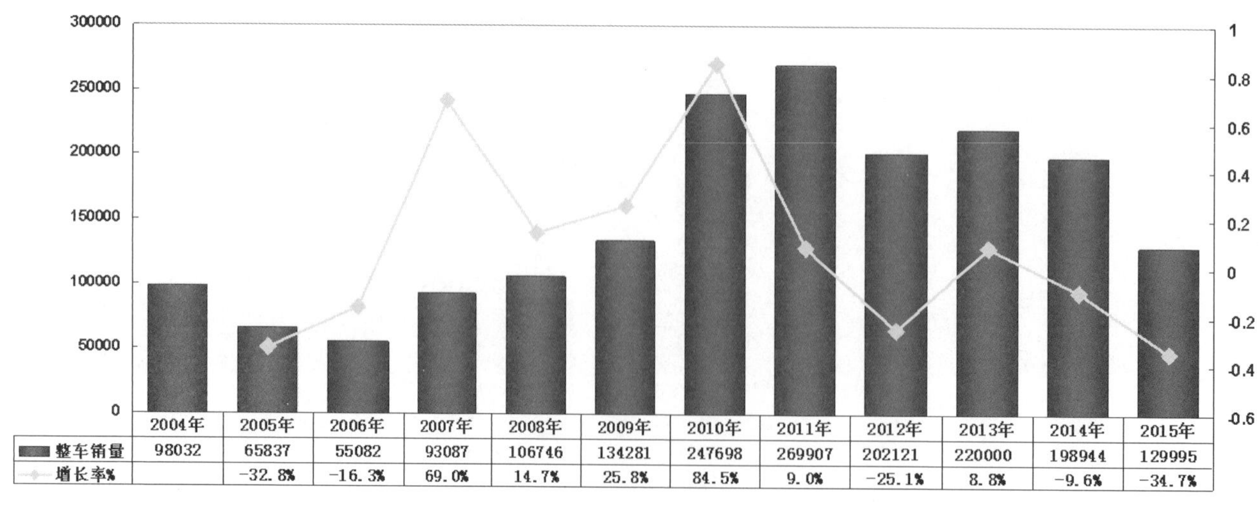

| | 2004年 | 2005年 | 2006年 | 2007年 | 2008年 | 2009年 | 2010年 | 2011年 | 2012年 | 2013年 | 2014年 | 2015年 |
|---|---|---|---|---|---|---|---|---|---|---|---|---|
| 整车销量 | 98032 | 65837 | 55082 | 93087 | 106746 | 134281 | 247698 | 269907 | 202121 | 220000 | 198944 | 129995 |
| 增长率% | | -32.8% | -16.3% | 69.0% | 14.7% | 25.8% | 84.5% | 9.0% | -25.1% | 8.8% | -9.6% | -34.7% |

图5 2005年－2015年整车销量及增长率情况

2004 年至 2015 年期间，载货整车似乎也呈现出抛物线似地“过山车”变化，2011 年市场销量达到了近 27 万辆的顶峰，2015 年又被降至与 2009 年同期基本之水平，而且还出现持续二年的负增长率，市场不容乐观。

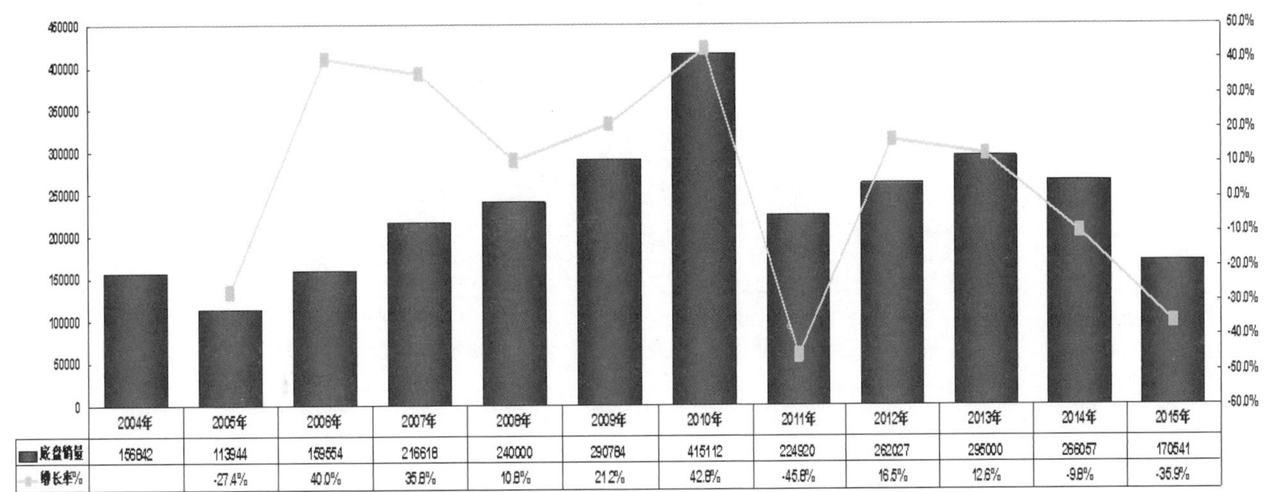


| | 2004年 | 2005年 | 2006年 | 2007年 | 2008年 | 2009年 | 2010年 | 2011年 | 2012年 | 2013年 | 2014年 | 2015年 |
|---|---|---|---|---|---|---|---|---|---|---|---|---|
| 底盘销量 | 156842 | 113944 | 159554 | 216618 | 240000 | 290784 | 415112 | 224920 | 262027 | 295000 | 266057 | 170541 |
| 增长率% | | -27.4% | 40.0% | 35.8% | 10.8% | 21.2% | 42.8% | -45.8% | 16.5% | 12.6% | -9.8% | -35.9% |

图 6　2005 年－ 2015 年重卡底盘销量及增长率情况

从 2004 年到 2015 年期间，重型卡车各类底盘销路走势若以 2010 年为其标志的话，前六年是爬坡逐年递增，当年是爆发增长。但到 2011 年却呈现出“断涯”式下跌，销量似乎减少一半。2012 年市场上再次出现缓慢回升的迹象，但在 2015 年似乎又重现“断涯”式下滑。

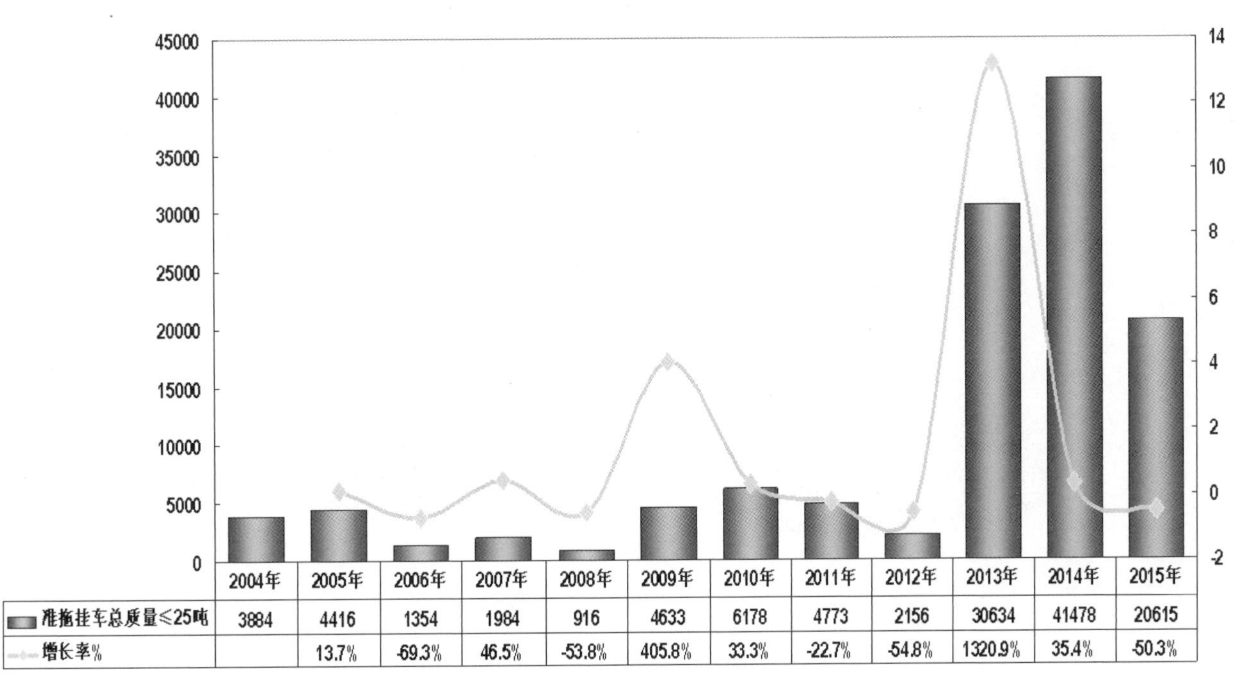


| | 2004年 | 2005年 | 2006年 | 2007年 | 2008年 | 2009年 | 2010年 | 2011年 | 2012年 | 2013年 | 2014年 | 2015年 |
|---|---|---|---|---|---|---|---|---|---|---|---|---|
| 准拖挂车总质量≤25吨 | 3884 | 4416 | 1354 | 1984 | 916 | 4633 | 6178 | 4773 | 2156 | 30634 | 41478 | 20615 |
| 增长率% | | 13.7% | -69.3% | 46.5% | -53.8% | 405.8% | 33.3% | -22.7% | -54.8% | 1320.9% | 35.4% | -50.3% |

图 7　2004 年－ 2015 年≤ 25 吨重卡销量及增长率情况

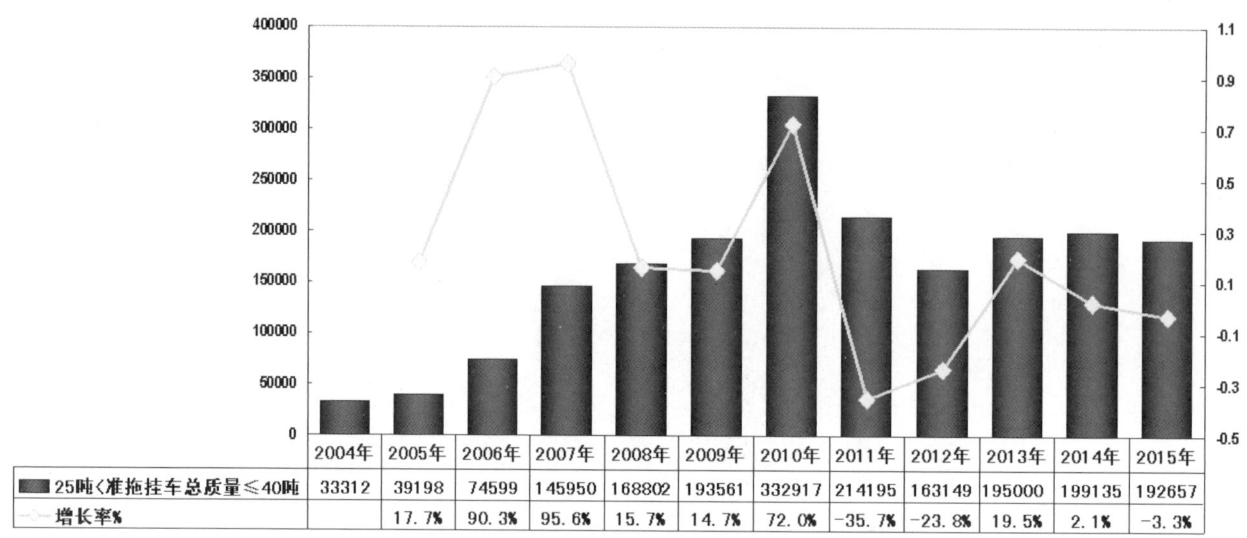


图 8　2005 年－2015 年 25 吨＜准拖挂车总质量≤ 40 吨销量及增长率

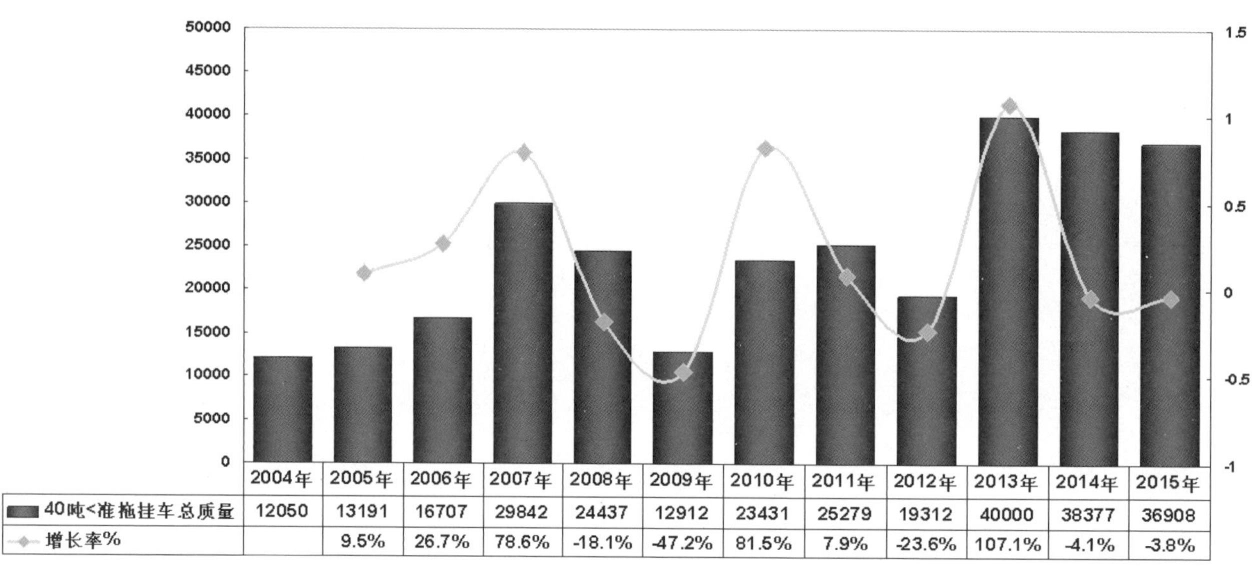


图 9　2005 年－2015 年 40 吨＜重卡销量及增长率

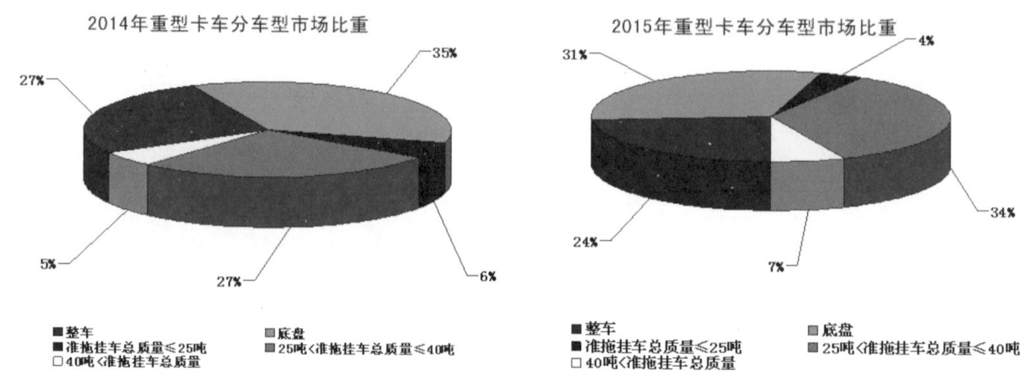


图 10

从以上图表可以发现，这些年来在重卡牵引市场上，大吨位的重型车市场比重逐年上升中。与此同时，随着我国运输业向高速重载的更经济、更高效方向发展，各行各业消费者对悬浮桥提升桥卡车的需求日渐增长。毫无疑问，悬浮桥载货车具有多重优势，有助于实现节能减排，不仅对用户个人，对整个经济发展与社会法制进步都大有裨益。卡车悬浮桥无论是在汽车发达国家还是经济不发达国家都有着比较悠久的历史，在整车稳定性和轻量化的设计上都有比较成熟的经验，在欧美发达国家已经得到了充分的验证，应用极其广泛。

2016 年将出台的 GB1589（《道路车辆外廓尺寸、轴荷及质量限值》）标准将会对重型卡车市场产生较大的影响力，会对单车、半挂列车、全挂列车的外廓尺寸限值要求和对载荷和总质量的限制要求。2004 版 GB1589- 限制超载超限，提倡多轴化，减少单轴载荷对路面的集中破坏。提倡集装箱等高效运输方式。该标准出台后，刺激了单车多轴化，并带动了牵引车和半挂列车的发展，同时也带动了物流厢式车的普及与发展。

## 三、重型卡车细分品牌销量分析

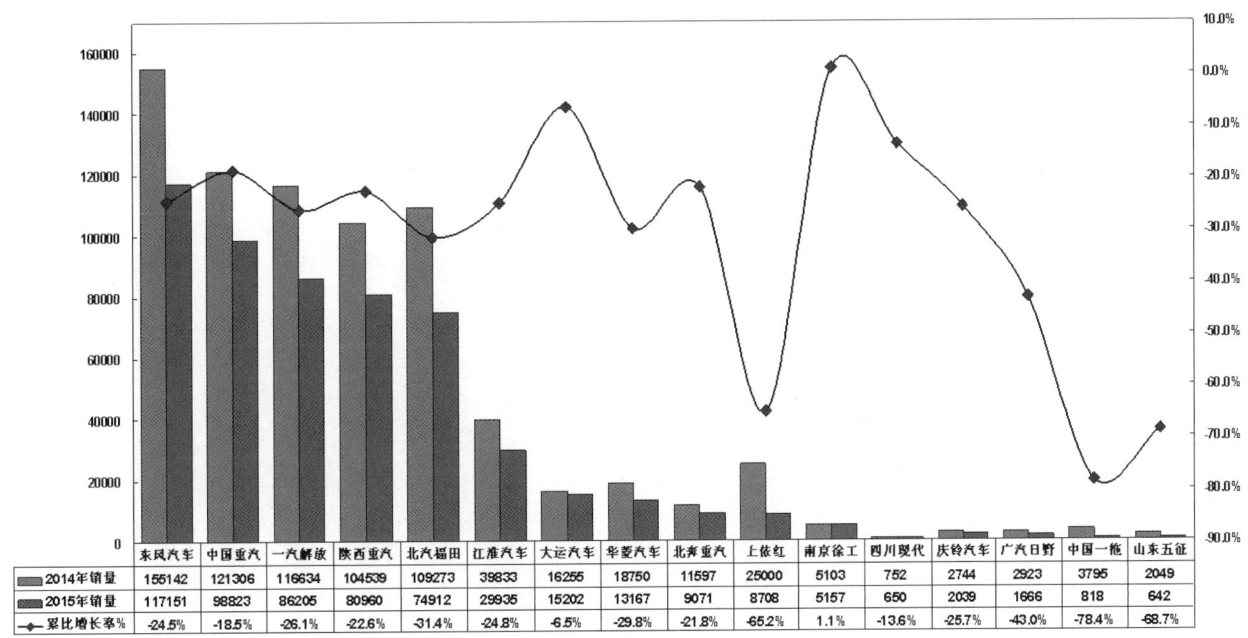


| | 东风汽车 | 中国重汽 | 一汽解放 | 陕西重汽 | 北汽福田 | 江淮汽车 | 大运汽车 | 华菱汽车 | 北奔重汽 | 上依红 | 南京徐工 | 四川现代 | 庆铃汽车 | 广汽日野 | 中国一拖 | 山东五征 |
|---|---|---|---|---|---|---|---|---|---|---|---|---|---|---|---|---|
| 2014年销量 | 155142 | 121306 | 116634 | 104539 | 109273 | 39833 | 16255 | 18750 | 11597 | 25000 | 5103 | 752 | 2744 | 2923 | 3795 | 2049 |
| 2015年销量 | 117151 | 98823 | 86205 | 80960 | 74912 | 29935 | 15202 | 13167 | 9071 | 8708 | 5157 | 650 | 2039 | 1666 | 818 | 642 |
| 累比增长率% | -24.5% | -18.5% | -26.1% | -22.6% | -31.4% | -24.8% | -6.5% | -29.8% | -21.8% | -65.2% | 1.1% | -13.6% | -25.7% | -43.0% | -78.4% | -68.7% |

**图 11　2014 年－ 2015 年主流重卡车企销量及增长率图表**

2015 年重型卡车市场销量前十企业依次是东风汽车、中国重汽、一汽解放、陕汽、北汽福田、江淮汽车、大运汽车、华菱汽车、北奔重汽和依维柯红岩。销量历年位列前五名的重卡企业当年市场份额占比达 83.2%，且市场集中度也在八成以上，进而决定中国重型卡车市场走势与产品未来发展方向。从下图表中，也可清晰地看到这二年来，各重卡品牌在市场上份额变化出现的此消彼涨现象情况，但重型卡车市场基本格局并未发生重大之变化，这与重型卡车技术含量高、产品线复杂和市场竞争激烈而导致其门槛之高有关联性。

从近年来区域经济发展趋势可以发现，区域经济发展决定重型卡车布局正从东部沿海经济发达地区快速向中西部地区转移，这一过程将会对市场区域产生重大影响。东部相对经济发达地区对高端中重型卡车的需求份额将不断加大，中重型卡车中低端产品在中、西部却有广阔的市场。由此也带来了重型卡车产品与市场主体发生较大的变化，随着卡车运输主体正在发生转换，盈利模式也将发生根本性的转变，过去货车车主靠超载才能挣到钱，今后超载这个模式将被综合运输效率所取代。

物流方式的变化决定重型卡车公路车是市场主

角，尤其是高效物流牵引车以及载货车未来的市场机遇会更大。这将会导致低端品质技术级别的重卡将会越来越不适应公路运输的要求，中高端重卡市场已开始快速的成长，尤其是在路网发达和经济总量较大的东部地区率先形成数量级的市场规模。长距离、超长距离、快速运输和商品的配送，对车的质量、可靠性、耐用性提出了更多的要求，这将使低品质技术级别的产品与同质化的产品将逐渐失去竞争力，尤其是在路网发达和经济总量较大的东部沿海经济发达地区，高端重型卡车将率先形成数量级的市场规模群。

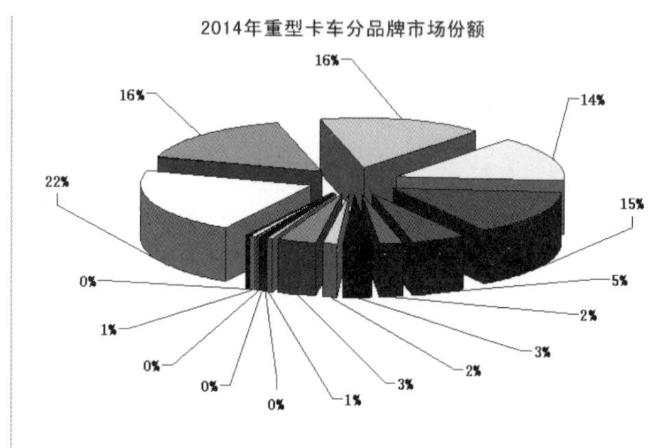


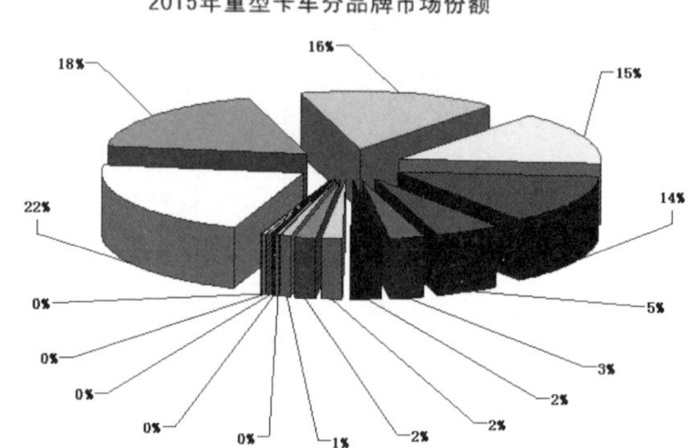


**图 12**

2015 年重型卡车在市场与产品结构上，牵引车市场销量的上涨与份额的扩大与社会物流总量的增长密不可分；自卸车和搅拌车市场受固定资产投资增幅放缓、房地产行业震荡调整、能源矿产行业谷底调整等不利因素影响而出现下降的态势。随着国 V 实施带来的技术升级以及物流用车的大幅提升，将导致车辆的需求逐渐向重型化、大功率、大扭矩、多轴化、轻量化、AT 化、智能化和平台资源整合的趋势转型而高速发展，高技术、高附加值的高端重型卡车将成为中国卡车运输市场的主流产品的发展趋势。

# 2015 年载货汽车市场

中国汽车技术研究中心　潘增友

## 一、行业情况

2015 年国家对经济继续进行产业结构调整，特别是 2015 年上半年希望通过减少对房地产等大规模固定资产投资，促进经济结构转型与发展。房地产等支柱产业的减速导致国家经济发展全面减速，载货车市场需求进一步下降。

2015 年实现载货车生产 2833026 辆，销售 2855881 辆，销售同比下降 10.3%。其中重型载货车生产 536089 辆，销售 550716 辆，销售同比下降 -26.0%；中型载货车生产 204029 辆，销售 200414 辆，销售同比下降 -19.1%；轻型载货车生产 1553734 辆，销售 1558543 辆，销售同比下降 -6.3%；微型载货车生产 539174 辆，销售 546208 辆，销售同比增长 3.1%。

**表 1　2015 年载货汽车细分市场情况**　　单位：辆

| 车型 | 2015 年生产 | 2014 年生产 | 2015 年销售 | 2014 年销售 | 销售同比增长 |
|---|---|---|---|---|---|
| 载货车合计 | 2833026 | 3195901 | 2855881 | 3184406 | -10.3% |
| 重型载货车 | 536089 | 747451 | 550716 | 743991 | -26.0% |
| 中型载货车 | 204029 | 247899 | 200414 | 247839 | -19.1% |
| 轻型载货车 | 1553734 | 1661643 | 1558543 | 1662634 | -6.3% |
| 微型载货车 | 539174 | 538908 | 546208 | 529942 | 3.1% |

1. 重型货车行业

2015 年重型载货车市场受经济结构转型影响最严重，全年 55 万销量仅略高于 2008 年经济危机时期。经济结构转型和经济增速下降，不仅使重型载货车市场需求总量增速放缓，对需求结构也产生深远影响，牵引运输在市场中地位进一步提升。

在细分市场上，2015 年重型载货车走势延续了 2012 年以来的趋势，全年实现销售整车销售 129995 辆，市场份额降至 23.6%；半挂牵引车市场份额继续保持快速增长，全年销售 250180 辆，占重型载货车市场总量的 45.4%；非完整车辆销售 170541 辆，市场份额降至 31.0%。

**表 2　重型载货车细分市场情况**　　单位：辆

| | 2007 年 | 2008 年 | 2009 年 | 2010 年 | 2011 年 | 2012 年 | 2013 年 | 2014 年 | 2015 年 |
|---|---|---|---|---|---|---|---|---|---|
| 重型货车整车 | 93087 | 106746 | 134281 | 247698 | 269907 | 202121 | 219967 | 198944 | 129995 |
| 半挂牵引车总计 | 177776 | 194155 | 211106 | 354623 | 257574 | 190645 | 263383 | 278990 | 250180 |
| 重型货车非完整车 | 216618 | 239547 | 290784 | 415112 | 353160 | 243235 | 290754 | 266057 | 170541 |
| **合计** | **487481** | **540448** | **636171** | **1017433** | **880641** | **636001** | **774104** | **743991** | **550716** |

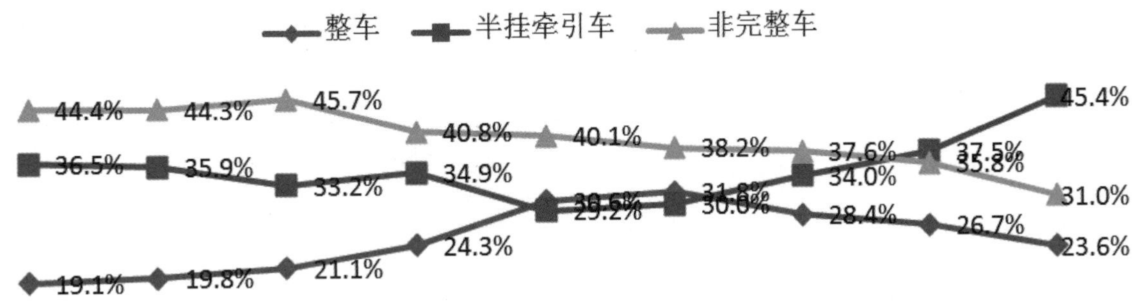


**图 1　2007 年－ 2015 年重型载货车细分市场份额**

2015 年重型载货车市场需求全年弱势，第一季度和第二季度销售同比降幅分别为 33.7% 和 28.8%，平均降幅超过 30%。下半年市场需求下跌趋势减缓，第三季实现销售度同比下降 26%，第四季度同比下降 12.2%。

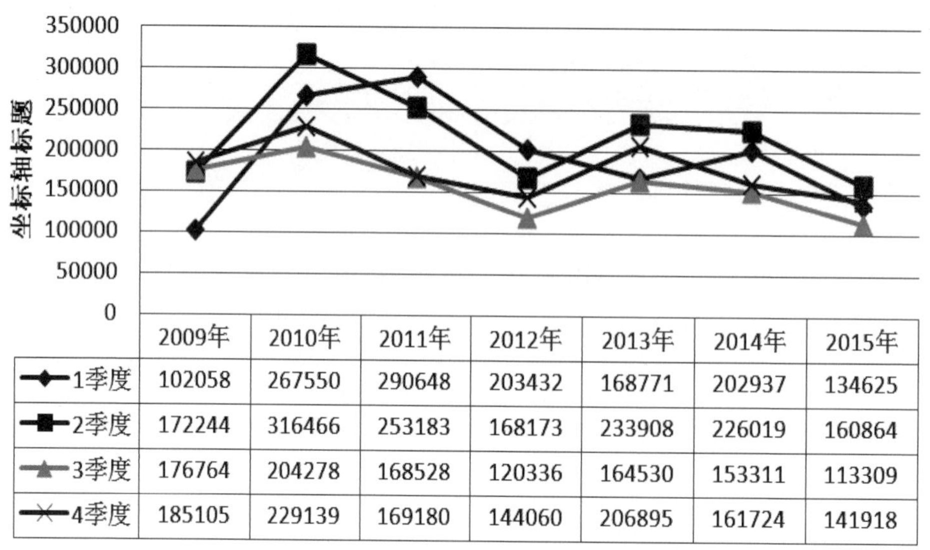


| | 2009年 | 2010年 | 2011年 | 2012年 | 2013年 | 2014年 | 2015年 |
|---|---|---|---|---|---|---|---|
| 1季度 | 102058 | 267550 | 290648 | 203432 | 168771 | 202937 | 134625 |
| 2季度 | 172244 | 316466 | 253183 | 168173 | 233908 | 226019 | 160864 |
| 3季度 | 176764 | 204278 | 168528 | 120336 | 164530 | 153311 | 113309 |
| 4季度 | 185105 | 229139 | 169180 | 144060 | 206895 | 161724 | 141918 |

**图 2　2009 年 – 2015 年重型载货车分季销售情况**

2. 中型货车行业

2015 年中型载货车市场需求进一步下滑，连续 4 年的市场回落，使中型载货车市场需求降至 200414 辆，低于 2008 年经济危机时 207109 辆水平。

在细分市场上，中型载货车整车市场需求下降幅度明显高于非完整车辆，全年整车销售 109905 辆，占中型载货车市场 54.8%，较 2014 年下降 5.8 个百分点；非完整车辆销售 90509 辆，较 2014 年销量减少约 7000 辆，市场份额增至 45.2%，为近年最高点。

**表 3　中型载货车细分市场情况**　　单位：辆

| | 2007 年 | 2008 年 | 2009 年 | 2010 年 | 2011 年 | 2012 年 | 2013 年 | 2014 年 | 2015 年 |
|---|---|---|---|---|---|---|---|---|---|
| 中型货车整车 | 131256 | 124563 | 181577 | 179424 | 191843 | 184050 | 175897 | 150278 | 109905 |
| 中型货车非完整车 | 105466 | 82546 | 76389 | 92342 | 100116 | 106219 | 110942 | 97561 | 90509 |
| **合计** | **236722** | **207109** | **257966** | **271766** | **291959** | **290269** | **286839** | **247839** | **200414** |

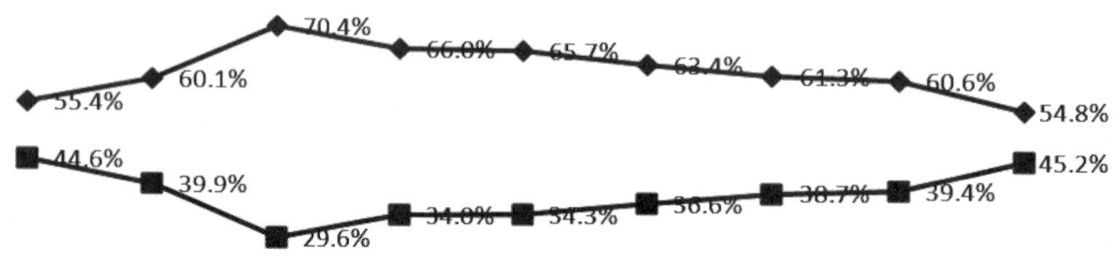


**图 3　2007 年 – 2015 年中型载货车细分市场份额**

从分季度销售情况看，2015 年中型载货车市场需求走势与重型车市场相似，首季销售同比下降 32.3%，第二季度销售同比下降 24%，第三季度和第四季度出现明显的止跌趋势，销售分别同比下降 16.8% 和 3.2%。

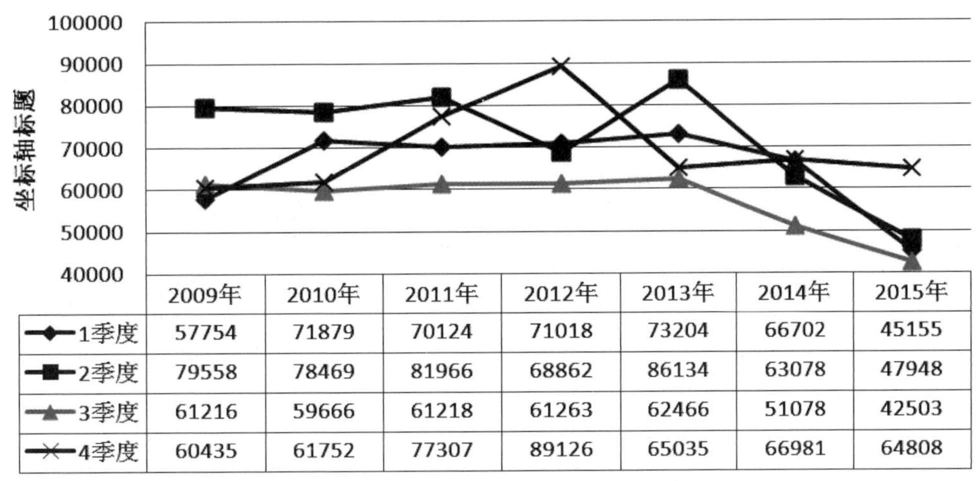


| | 2009年 | 2010年 | 2011年 | 2012年 | 2013年 | 2014年 | 2015年 |
|---|---|---|---|---|---|---|---|
| 1季度 | 57754 | 71879 | 70124 | 71018 | 73204 | 66702 | 45155 |
| 2季度 | 79558 | 78469 | 81966 | 68862 | 86134 | 63078 | 47948 |
| 3季度 | 61216 | 59666 | 61218 | 61263 | 62466 | 51078 | 42503 |
| 4季度 | 60435 | 61752 | 77307 | 89126 | 65035 | 66981 | 64808 |

**图 4　2009 年 – 2015 年中型载货车分季销售情况**

3. 轻型载货车行业

2015 年轻型载货车市场继续下跌，全年销售同比下降 6.3%，但下降幅度小于 2014 年同比 12.9% 的降幅。受排放标准提升和城市物流要求的提高，轻型载货车中高端市场份额进一步提升。

在细分市场上，轻型载货车非完整车辆销售 87642 辆，市场份额 5.6%。轻型载货车整车销售 1470901 辆，市场份额增至 94.4%。

**表 4　轻型载货车细分市场情况**　　单位：辆

| | 2007 年 | 2008 年 | 2009 年 | 2010 年 | 2011 年 | 2012 年 | 2013 年 | 2014 年 | 2015 年 |
|---|---|---|---|---|---|---|---|---|---|
| 轻型货车整车 | 1016787 | 1103597 | 1461371 | 1883634 | 1756188 | 1733974 | 1803504 | 1559520 | 1470901 |
| 轻型货车非完整车 | 99613 | 96306 | 98227 | 141987 | 123872 | 108736 | 104824 | 103114 | 87642 |
| **合计** | **1116400** | **1199903** | **1559598** | **2025621** | **1880060** | **1842710** | **1908328** | **1662634** | **1558543** |

**图 5　2007 年 – 2015 年轻型载货车细分市场份额**

从分季销售情况看，在载货车市场整体不景气的环境下，轻型载货车市场需求开始触底回升。2015 年第一季度轻型载货车销售同比下降达 21.1%，第二季度同比下跌 4.8%，第三和第四季度分别同比增长 4.9% 和 2.3%。下半年销售占全年销量的 48%，为近 5 年来最高比重，表明我国轻型载货车已经先于重中型载货车，进入市场恢复期。

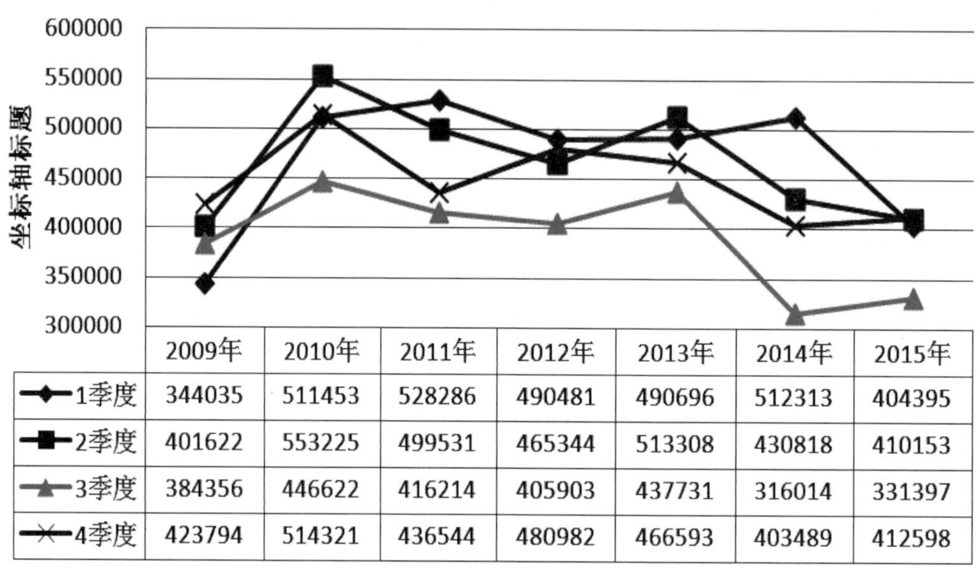


| | 2009年 | 2010年 | 2011年 | 2012年 | 2013年 | 2014年 | 2015年 |
|---|---|---|---|---|---|---|---|
| 1季度 | 344035 | 511453 | 528286 | 490481 | 490696 | 512313 | 404395 |
| 2季度 | 401622 | 553225 | 499531 | 465344 | 513308 | 430818 | 410153 |
| 3季度 | 384356 | 446622 | 416214 | 405903 | 437731 | 316014 | 331397 |
| 4季度 | 423794 | 514321 | 436544 | 480982 | 466593 | 403489 | 412598 |

**图 6　2009 年－2015 年轻型载货车分季销售情况**

4. 微型货车行业

2015 年微型载货车市场与 2014 年一样，是载货车中唯一没有出现下降的车型，全年实现销售 546208 辆，销量同比增长 3.1%。细分市场上，微型载货车非完整车辆全年销售仅有 500 余台，所占比重不足 0.1%。

微型载货车市场需求没有随载货车整体市场低迷而下跌，一方面是因为近年微型载货车在功能上越来越偏向于乘坐与运输相结合的跨界产品。另一方面是因为载货车排放升级，使轻型车价格上升，而微型车在产品向大型化发展后接近低端轻卡功能的同时，在环保约束方面受到的管制相对“宽容”，价格上与轻型载货车比较优势更加明显，也是微型载货车市场需求扩大的原因。

**表 5　微型载货车细分市场情况**　　单位：辆

| | 2007 年 | 2008 年 | 2009 年 | 2010 年 | 2011 年 | 2012 年 | 2013 年 | 2014 年 | 2015 年 |
|---|---|---|---|---|---|---|---|---|---|
| 微型货车整车 | 275245 | 261466 | 472914 | 520539 | 484020 | 533247 | 526527 | 527751 | 545695 |
| 微型货车非完整车 | 28662 | 31186 | 32776 | 25732 | 8156 | 1565 | 492 | 2191 | 513 |
| 合计 | 303907 | 292652 | 505690 | 546271 | 492176 | 534812 | 527019 | 529942 | 546208 |

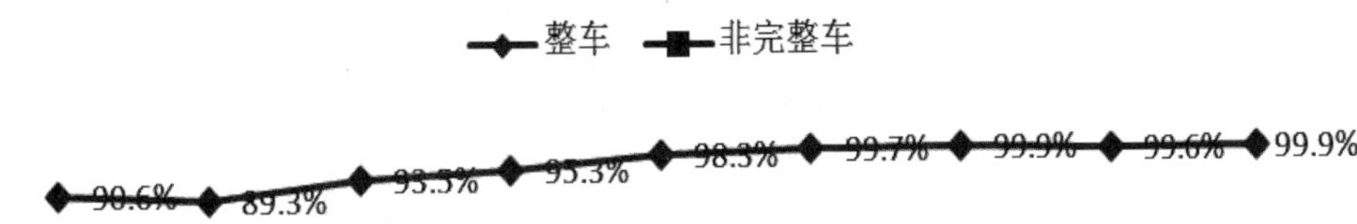

2007年 2008年 2009年 2010年 2011年 2012年 2013年 2014年 2015年

图 7 2007 年－2015 年微型载货车细分市场份额

从 2015 年分季度销售情况看，一至四季度微型载货车销售同比分别增长 -8.2%、9.8%、8.2% 和 4.0%。

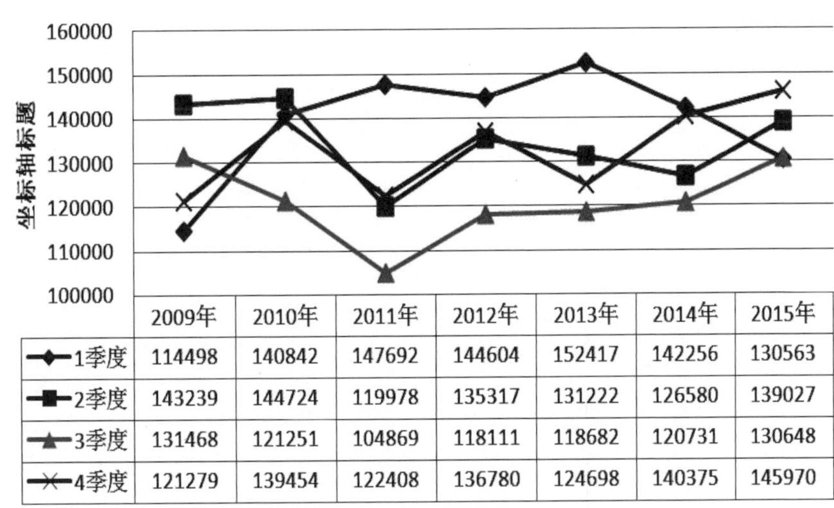


| | 2009年 | 2010年 | 2011年 | 2012年 | 2013年 | 2014年 | 2015年 |
|---|---|---|---|---|---|---|---|
| 1季度 | 114498 | 140842 | 147692 | 144604 | 152417 | 142256 | 130563 |
| 2季度 | 143239 | 144724 | 119978 | 135317 | 131222 | 126580 | 139027 |
| 3季度 | 131468 | 121251 | 104869 | 118111 | 118682 | 120731 | 130648 |
| 4季度 | 121279 | 139454 | 122408 | 136780 | 124698 | 140375 | 145970 |

图 8 2009 年－2015 年微型载货车分季销售情况

## 二、载货车进口情况

2015 年我国进口各类载货类汽车 7664 辆，其中重型载货车进口约 3800 台辆，占进口载货车总量的一半。

表 6 2008 年－2015 年进口重型载货车占国内重型载货车市场比例

| 时间 | 2008 年 | 2009 年 | 2010 年 | 2011 年 | 2012 年 | 2013 年 | 2014 年 | 2015 年 |
|---|---|---|---|---|---|---|---|---|
| 比例 | 1.71% | 1.28% | 1.33% | 1.86% | 2.43% | 0.89% | 0.51% | 0.69% |

**表 7 2008 年－2015 年载货车进口情况**

单位：辆

| 车型类别 | | | 2008 年 | 2009 年 | 2010 年 | 2011 年 | 2012 年 | 2013 年 | 2014 年 | 2015 年 |
|---|---|---|---|---|---|---|---|---|---|---|
| 货车整车 | 柴油 | 车总重≤ 5t | 253 | 119 | 65 | 37 | 81 | 85 | 83 | 104 |
| | | 5t< 车总重≤ 14t | 418 | 213 | 146 | 161 | 209 | 283 | 102 | 108 |
| | | 14t< 车总重≤ 20t | 289 | 140 | 60 | 170 | 144 | 206 | 146 | 135 |
| | | 车总重 >20t | 6461 | 6038 | 11454 | 14630 | 13766 | 5035 | 1812 | 1138 |
| | 汽油 | 车总重≤ 5t | 1268 | 607 | 1599 | 2984 | 3703 | 3750 | 7374 | 3295 |
| | | 5t< 车总重≤ 8t | 10 | 9 | 8 | 16 | 36 | 26 | 18 | 32 |
| | | 车总重 >8t | 6 | 1 | 14 | 18 | 37 | 39 | 22 | 64 |
| | 非公路用自卸车 | 电动轮货运自卸车 | 72 | 87 | 60 | 79 | 61 | 18 | 8 | 0 |
| | | 其他 | 131 | 135 | 124 | 163 | 181 | 216 | 99 | 39 |
| | 半挂车专用的公路牵引车 | | 1249 | 836 | 1443 | 1177 | 1213 | 1537 | 1823 | 2139 |
| | 其他货运机动车辆 | | 14 | 16 | 4 | 18 | 21 | 2 | 14 | 8 |
| | 货车合计 | | 10171 | 8201 | 14977 | 19453 | 19452 | 11197 | 11501 | 7062 |
| 特种车 | 特种车合计 | | 498 | 375 | 333 | 214 | 235 | 224 | 298 | 211 |
| 货车底盘 | 货车底盘 | 车总重≥ 14t | 526 | 510 | 445 | 128 | 105 | 26 | 0 | 2 |
| | | 车总重＜ 14t | 11 | 15 | 0 | 18 | 28 | 60 | 156 | 328 |
| | 汽车起重机底盘 | | 0 | 0 | 0 | 0 | 1 | 0 | 0 | 0 |
| | 非公路用自卸车底盘 | | 0 | 0 | 0 | 0 | 0 | 1 | 0 | 0 |
| | 其它 | | 6 | 31 | 407 | 658 | 205 | 77 | 22 | 61 |
| | 货车底盘合计 | | 543 | 556 | 852 | 804 | 339 | 164 | 178 | 391 |
| **载货类车辆合计** | | | **11212** | **9132** | **16162** | **20471** | **20026** | **11585** | **11977** | **7664** |

## 三、 载货车企业

### 1. 重型载货车企业

2015 年前五家重型载货车企业销售 458051 辆，占重型载货车市场 83.2% 份额，较 2014 年的 81.6% 上升 1.6 个百分点。前十家企业实现销售 534134 辆，占市场份额 97.0%，同比增长 0.4%。

2015 年前十位的重型载货车企业销量全部下跌。东风汽车实现销售 117151 辆，同比下降 24.5%，跌幅小于行业平均水平，市场份额增至 21.3%，保持市场份额第一的位置；中国重汽销售 98823 辆，较 2014 年同比下降 18.5%，市场份额升至 17.9%，排名保持第二位；一汽集团销量 86205 辆，同比下降 -26.1%，市场份额 15.7%，市场排名第三位；2015 年陕汽实现销售 80960 辆，销量同比下跌 22.6%，市场份额增至 14.7%，超越北汽福田排在第四位；北汽福田由于销售出现 31.4% 的降幅，市场份额跌至 13.6%，排在第五位。

上汽红岩因产品定位和价格原因，销量出现 65.2% 的下跌，行业排名跌至第十位。其他前十位企业销量虽然各有下跌，但市场份额变化不大。

表 8 前 10 家重型载货车生产企业销售情况

| 序号 | 企业名称 | 2015 年销售 | 2014 年销售 | 销售同比增长 | 2015 年份额 | 2014 年份额 |
|---|---|---|---|---|---|---|
| | **总计** | **550716** | **743991** | **-26.0%** | **100.0%** | **100.0%** |
| 1 | 东风汽车公司 | 117151 | 155142 | -24.5% | 21.3% | 20.9% |
| 2 | 中国重型汽车集团有限公司 | 98823 | 121306 | -18.5% | 17.9% | 16.3% |
| 3 | 中国第一汽车集团公司 | 86205 | 116634 | -26.1% | 15.7% | 15.7% |
| 4 | 陕西汽车集团有限责任公司 | 80960 | 104539 | -22.6% | 14.7% | 14.1% |
| 5 | 北汽福田汽车股份有限公司 | 74912 | 109273 | -31.4% | 13.6% | 14.7% |
| 6 | 安徽江淮汽车股份有限公司 | 29935 | 39833 | -24.8% | 5.4% | 5.4% |
| 7 | 成都大运汽车集团有限公司 | 15202 | 16255 | -6.5% | 2.8% | 2.2% |
| 8 | 安徽华菱汽车有限公司 | 13167 | 18750 | -29.8% | 2.4% | 2.5% |
| 9 | 北奔重型汽车集团有限公司 | 9071 | 11597 | -21.8% | 1.6% | 1.6% |
| 10 | 上汽依维柯红岩商用车有限公司 | 8708 | 25000 | -65.2% | 1.6% | 3.4% |

### 2. 中型载货车企业

2015 年，前 5 家中型载货车企业共实现销售 164901 辆，占中型货车市场总销量的 82.3%，较 2014 年前 5 家市场份额上升 5.2 个百分点；前十家企业总计销售中型载货车 195140 辆，市场份额 97.4%，同比增长 2.4 个百分点。

前五家企业中，东风汽车实现销售 55168 辆，较 2014 年销量下降 -13.3%，市场份额升至 27.5%，领先居第二位的一汽 6.1 个百分点；一汽实现销售 42813 辆，销量下降 13.9%，市场份额 21.4%，较同期增长 1.3 个百分点；重庆力帆 2015 年中型载货车销售达 40819 辆，同比增长 53.9%，市场份额达到 20.4%，行业排名升至第三位；庆铃汽车销售 15750 辆，销量下降 15.3%，市场份额升至 7.9%；四川现代实现销售 10351 辆，销量同比下降 4.4%，市场份额占 5.2%，排名第五位。

**表 9 前 10 家中型载货车生产企业销售情况**

| 序号 | 企业名称 | 2015 年销售 | 2014 年销售 | 销售同比增长 | 2015 年份额 | 2014 年份额 |
|---|---|---|---|---|---|---|
| | **总计** | **200414** | **247839** | **-19.1%** | **100.0%** | **100.0%** |
| 1 | 东风汽车公司 | 55168 | 63661 | -13.3% | 27.5% | 25.7% |
| 2 | 中国第一汽车集团公司 | 42813 | 49718 | -13.9% | 21.4% | 20.1% |
| 3 | 重庆力帆汽车有限公司 | 40819 | 26529 | 53.9% | 20.4% | 10.7% |
| 4 | 庆铃汽车(集团)有限公司 | 15750 | 18597 | -15.3% | 7.9% | 7.5% |
| 5 | 四川现代汽车有限公司 | 10351 | 10822 | -4.4% | 5.2% | 4.4% |
| 6 | 安徽江淮汽车股份有限公司 | 8017 | 11261 | -28.8% | 4.0% | 4.5% |
| 7 | 成都大运汽车集团有限公司 | 7026 | 6662 | 5.5% | 3.5% | 2.7% |
| 8 | 北汽福田汽车股份有限公司 | 6138 | 10753 | -42.9% | 3.1% | 4.3% |
| 9 | 中国重型汽车集团有限公司 | 5736 | 32651 | -82.4% | 2.9% | 13.2% |
| 10 | 山东唐骏欧铃汽车制造有限公司 | 3322 | 3573 | -7.0% | 1.7% | 1.4% |

3. 轻型载货车企业

2015 年，前五家轻型载货车生产企业实现销售 863565 辆，市场份额合计 55.4%，较 2014 年下降 3.1 个百分点；前十家企业实现销售 1239870 辆，市场份额 79.6%，同比略增 0.2 个百分点。

2015 年主要轻型载货车企业中，前五家企业市场份额变化不大，北汽福田、江铃和江淮依然排在轻型载货车行业前三位，但北汽福田轻型载货车市场份额进一步下降至 17.1%，随着中高端市场的增长，北汽福田在轻型载货车行业的优势进一步减弱。金杯汽车 2015 年实现销售 137617 辆，同比下降 12.6%，由于 2014 年排在第四位的东风汽车销售大幅下降到 123464 辆，降幅达 23.1%，使金杯汽车排到行业第四位，东风则跌至行业第五位。

此外，重庆力帆轻型车销售突破 10 万辆，同比增长 74.8%，市场份额达 6.6% 排在行业第六位；中国重汽销量突破 5 万辆，排到行业第十位。

**表 10 前 10 家轻型载货车生产企业销售情况**

| 序号 | 企业名称 | 2015 年销售 | 2014 年销售 | 销售同比增长 | 2015 年份额 | 2014 年份额 |
|---|---|---|---|---|---|---|
| | **总计** | **1558543** | **1662634** | **-6.3%** | **100.0%** | **100.0%** |
| 1 | 北汽福田汽车股份有限公司 | 266776 | 298478 | -10.6% | 17.1% | 18.0% |
| 2 | 江铃控股有限公司 | 169186 | 179880 | -5.9% | 10.9% | 10.8% |
| 3 | 安徽江淮汽车股份有限公司 | 166522 | 175763 | -5.3% | 10.7% | 10.6% |
| 4 | 金杯汽车股份有限公司 | 137617 | 157439 | -12.6% | 8.8% | 9.5% |
| 5 | 东风汽车公司 | 123464 | 160599 | -23.1% | 7.9% | 9.7% |
| 6 | 重庆力帆汽车有限公司 | 103347 | 59110 | 74.8% | 6.6% | 3.6% |
| 7 | 长城汽车股份有限公司 | 99463 | 118286 | -15.9% | 6.4% | 7.1% |
| 8 | 庆铃汽车(集团)有限公司 | 64203 | 60468 | 6.2% | 4.1% | 3.6% |
| 9 | 重庆长安汽车股份有限公司 | 57621 | 56523 | 1.9% | 3.7% | 3.4% |
| 10 | 中国重型汽车集团有限公司 | 51671 | 20570 | 151.2% | 3.3% | 1.2% |

4. 微型载货车企业

2015 年排名前五家微型载货车企业合计销售微型货车 489351 辆，销量略有增加，但市场份额 89.6%，较 2014 年下降 1.6 个百分点。

2015 年前五家微车企业中，上汽通用五菱市场销量和份额都继续保持增长，全年实现销售 242399 辆，较同期增长 10.4%，市场份额进一步增至 44.4%；北汽福田实现销售 88102 辆，同比下降 3.4%，市场份额跌至 16.1%，排在第二位；重庆长安实现销售 85736 辆，同比增长 4.2%，市场份额升至 15.7%，排在第三位；东风汽车销售 54088 辆，同比下降达 25.8%，市场份额下降至 9.9%，排在第四位；金杯汽车实现销售 19026 辆，市场份额从 2014 年 1% 增至 3.5%，排在第五位。

**表 11　前 10 名微型载货车生产企业销售情况**

| 序号 | 企业名称 | 2015 年销售 | 2014 年销售 | 销售同比增长 | 2015 年份额 | 2014 年份额 |
|---|---|---|---|---|---|---|
| | **总计** | **546208** | **529942** | **3.1%** | **100.0%** | **100.0%** |
| 1 | 上汽通用五菱汽车股份有限公司 | 242399 | 219466 | 10.4% | 44.4% | 41.4% |
| 2 | 北汽福田汽车股份有限公司 | 88102 | 91210 | -3.4% | 16.1% | 17.2% |
| 3 | 重庆长安汽车股份有限公司 | 85736 | 82293 | 4.2% | 15.7% | 15.5% |
| 4 | 东风汽车公司 | 54088 | 72848 | -25.8% | 9.9% | 13.7% |
| 5 | 金杯汽车股份有限公司 | 19026 | 5093 | 273.6% | 3.5% | 1.0% |
| 6 | 山东凯马汽车制造有限公司 | 17948 | 14221 | 26.2% | 3.3% | 2.7% |
| 7 | 中国第一汽车集团公司 | 15563 | 11165 | 39.4% | 2.8% | 2.1% |
| 8 | 奇瑞汽车股份有限公司 | 15428 | 17276 | -10.7% | 2.8% | 3.3% |
| 9 | 四川现代汽车有限公司 | 4028 | 4473 | -9.9% | 0.7% | 0.8% |
| 10 | 广汽吉奥汽车有限公司 | 3261 | 7438 | -56.2% | 0.6% | 1.4% |

# 2015 年低速汽车市场

中国农业机械工业协会农用运输车分会 吕树盛

## 一、低速汽车市场整体情况

虽然低速汽车行业受国家产业政策的不利影响加剧，但低速汽车产品奠定的良好农村市场基础并未因不利的政策而大幅下滑，低速汽车依然保持了良好的生命力。2015 年，低速汽车总产量达到 302.35 万辆，同比增长了 3.33%。其中三轮汽车总产量 259.11 万辆、低速货车总产量 43.24 万辆，同比分别增长了 3.54% 和 2.04%。

低速汽车行业受国家产业政策的不利影响加剧，但低速汽车产品奠定的良好农村市场基础并未因不利的政策而大幅下滑，加上汽车行业受国III事件影响以及低速汽车价格优势的存在，整个低速汽车行业依然保持了良好的发展态势。低速货车的增速再次超过了三轮汽车，同时可喜的是三轮汽车 2014 年增长率仅有 0.13%，2015 年则达到了 3.54%，低速汽车行业未来赖以发展的三轮汽车市场回暖趋势渐涨。

2009 年－ 2015 年低速汽车产量走势见图 1。

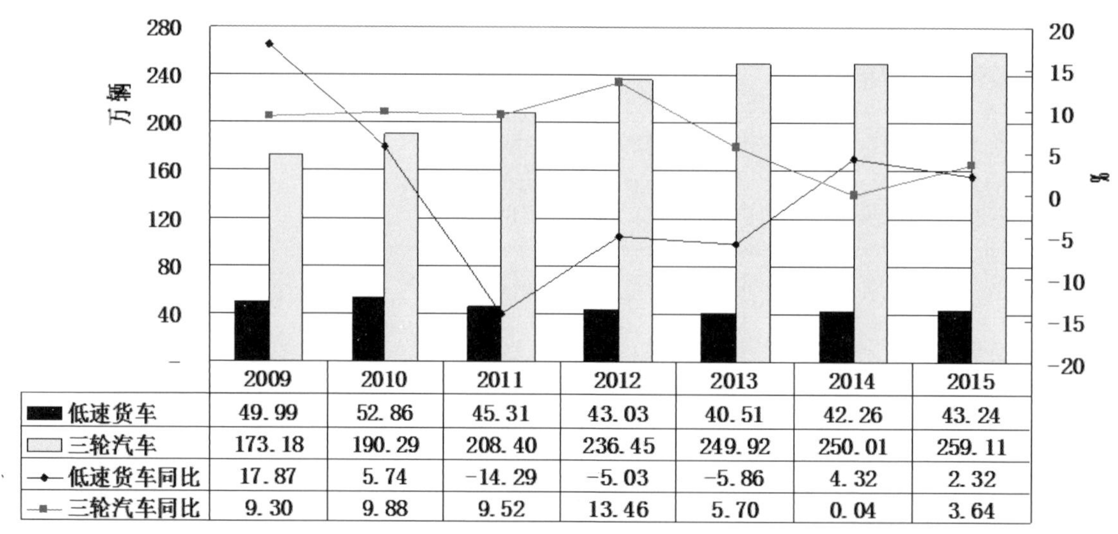


| | 2009 | 2010 | 2011 | 2012 | 2013 | 2014 | 2015 |
|---|---|---|---|---|---|---|---|
| 低速货车 | 49.99 | 52.86 | 45.31 | 43.03 | 40.51 | 42.26 | 43.24 |
| 三轮汽车 | 173.18 | 190.29 | 208.40 | 236.45 | 249.92 | 250.01 | 259.11 |
| 低速货车同比 | 17.87 | 5.74 | -14.29 | -5.03 | -5.86 | 4.32 | 2.32 |
| 三轮汽车同比 | 9.30 | 9.88 | 9.52 | 13.46 | 5.70 | 0.04 | 3.64 |

**图 1　2009 年－ 2015 年三轮汽车和低速货车产量走势图**

## 二、低速汽车产量月度情况

### 1. 低速货车

2015 年低速货车市场实现了开门红，1 月份产量增长 4500 辆，但 2 月份下降了 6000 辆，进入 3 月份低速货车产量实现了持续增长，到 6 月份累计增长了 1.7 万辆，平均增长了 13%，特别是 4 月份，低速货车的增长超过了 20%，为全年低速货车的增长奠定了良好的基础。7 月份到 9 月份，低速货车产量又进入持续下降阶段，但下降的幅度不到，平均每月下降不到 2000 辆。10 月份和 2 月份，低速货车有了小幅增长，但 11 月份的下降也拉低了两个月来的增长数量。（见图 2）

### 2. 三轮汽车

2015 年三轮汽车除 2 月、5 月、6 月略微下降外，均实现了不同程度的增长。特别是 3 月份、4 月份、10 月份和 12 月份，三轮汽车产量增长均超过了 2.2 万辆，其中 4 月份和 10 月份，增幅超过了 13%，12 月份的增幅也达到了 12.3%，这几个月的快速增长，有效地抵消了 2 月份和 5 月份下降导致的不利影响。2015 年三轮汽车月产量走势见图 3。

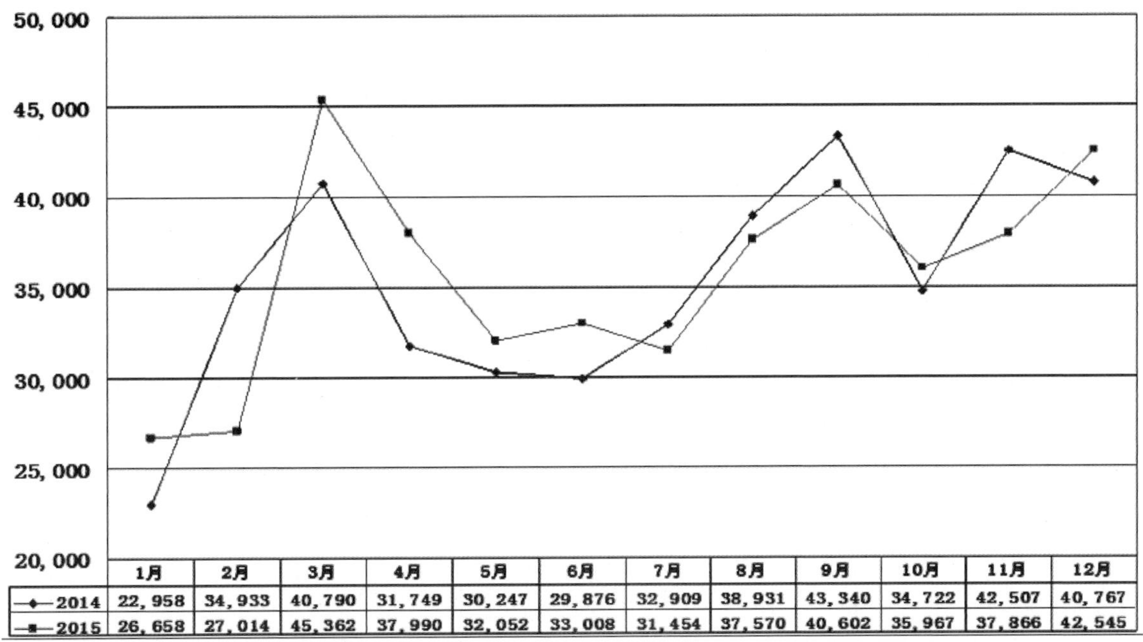


图 2　2014 年－ 2015 年低速货车月产量（辆）走势图

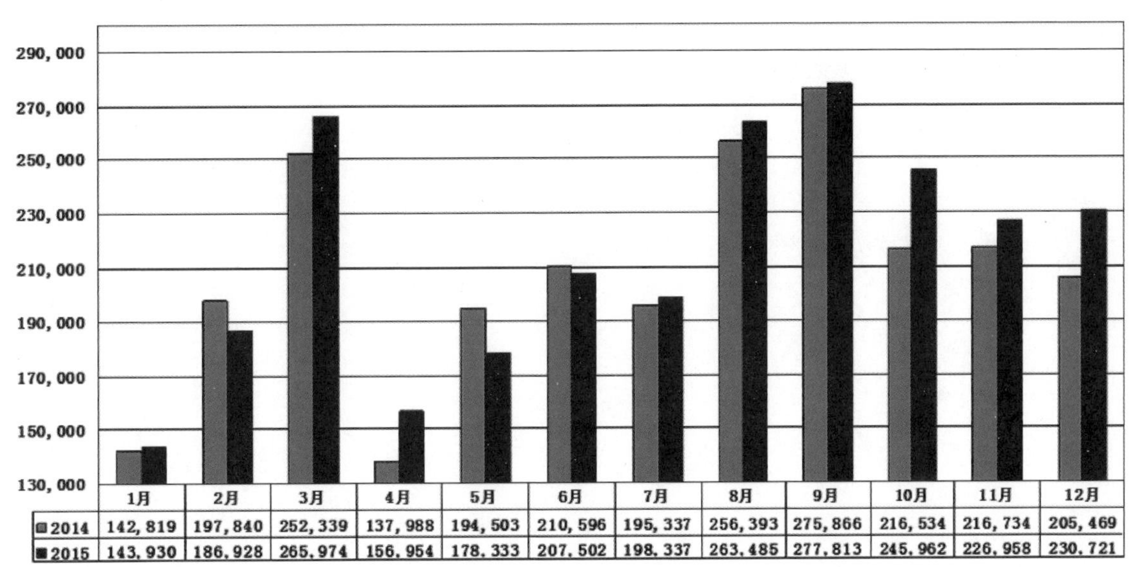


图 3　2014 年－ 2015 年三轮汽车月产量（辆）走势图

## 三、行业生产集中度情况

2015 年低速货车前 10 名企业产量之和占全行业的 86.03%，同比 2014 年增长了 1.27 个百分点。三轮汽车前 10 名企业产量之和占全行业的 99.36%，同比 2015 年略有增长，但增幅仅有 0.36 个百分点。

低速汽车随着市场竞争的区域平衡，大的企业集团已基本形成，并占据较好的竞争位置，如山东时风、河南奔马、山东五征、福田雷沃等大企业集团，小型企业由于市场变化影响产销不稳定，缺乏有效的投入和市场开发，行业竞争明显处于劣势。从企业排名看，前十名的企业基本稳定，但低速货车方面山东东方曼商用车有限公司、广西钦州力顺机械有限公司则退出了竞争，取而代之的山东凯马汽车制造有限公司、山东唐骏欧铃汽车制造有限公司则进入前十名的争夺，排名分别第八位和第九位。三轮汽车方面，河南葛天车辆有限公司则被双峰县五丰机械厂取代，并位居第九位。

## 四、低速汽车行业面临的问题

1. 企业转型速度加快，企业数量减少明显。

2014 年 11 月，工信部发布了低速货车生产企业及产品升级并轨工作的通知。随着通知中并轨时间的临近，低速货车企业加快了转型升级速度，2015 年，有 7 家低速货车企业、1 家三轮汽车企业资质取消。同比2014年增加了4家企业。截止2015年11月列入《公告》低速汽车企业 121 家，其中三轮汽车企业 33 家，低速货车企业 107 家，同时生产三轮汽车和低速货车的企业 19 家。根据企业上报数据统计可以发现，2015 年上报生产统计数据的低速汽车生产企业仅有 50 家，同比减少了 9 家。其中低速货车报数的生产企业 35 家，三轮汽车 15 家，同比分别减少了 15% 和 17%。低速汽车在生产企业的实际数量在减少趋势明显。

2. 国内制造业不景气，企业缺乏外在动力。

2015 年中国经济进入新常态，外部需求收缩、下行压力仍然较大、总需求低迷和产能过剩并存等诸多问题，制造业投资增长明显放缓，销售增长仅有 2.92%，利润增长仅有 0.34%，国内制造业疲软状态明显。特别是对于主要涉农制造企业利润空间原本就小，下降更加明显，企业发展外在动力不足，加上产业结构调整、产品结构调整、市场需求不足等诸多因素的影响，低速汽车制造企业更加困难。

3. 农村汽车市场竞争加大，低速汽车生存空间收缩。

我国具有庞大的农村汽车市场，随着新农村建设的加快，农村对道路运输车辆的需求潜力巨大，与此同时由于低速货车面临退出历史舞台，低速汽车道路受限制，长期积累的优势逐步减弱，给汽车行业留下了巨大的市场空间。同时伴随农村收入的增加，汽车业加快农村市场的步伐逐步更加明显和迅速，低速汽车的生存空间进一步缩小。

4. 排放水平低，提升空间有限。

多年来低速汽车排放水平较一般汽车低已成为不争的事实，特别是《大气污染防治行动计划》、《中华人民共和国大气污染防治法》等关乎人类生存环境的法律法规的陆续出台，低速汽车环保要求面临新的挑战，但由于低速汽车特别是三轮汽车采用的技术有限的单缸柴油机为主，排放提升空间有限，加之各地将淘汰黄标车当作地方政府的工作业绩，三轮汽车排放标准几经易稿迟迟未能快速出台发挥作用，未来三轮汽车的发展不容乐观。

# 各地汽车流通协会

## 中国汽车流通协会

2015 年以来，在理事会的领导下，在全体会员的大力支持下，中国汽车流通协会秘书处按照五届一次理事会提出的工作目标与工作思路，主要做了以下几个方面的工作：

### 一、积极反映行业诉求，努力当好政府助手，充分发挥桥梁纽带作用

一年来，协会积极配合政府收集行业信息、开展市场调查研究、制定行业政策和行业标准等。主要工作有：

（一）协助国家政府有关部门进行行业反垄断事项的调查、调研与《汽车行业反垄断指南》起草工作

1. 配合国家发改委价格监督检查与反垄断局就汽车生产企业限定经销商最低销售价格、限制区域销售等商务政策进行调研，并多次协助政府部门召开有关经销商座谈会，了解相关情况，为政府决策提供依据。

2. 协助发改委进行《汽车行业反垄断指南》起草工作，多次协助政府相关部门召开研讨会，并直接参与了《指南》的编写工作。

3. 协助商务部反垄断局完成对有关汽车流通行业经销商收购、并购等经营者集中反垄断案件的审查。

（二）及时向国家政府部门提出政策建议

1. 多次代表行业向政府部门发声，呼吁《汽车品牌销售管理实施办法》修订版尽快出台。

2. 向环保部提交《关于取消地方省市限制二手车迁入不合理规定的建议》，解决二手车市场发展中所面临的准入、限迁等核心问题，为推动二手车行业有序发展做出了不懈的努力。

3. 多次代表行业就"汽车行业 O2O 企业现状"、《二手车流通管理办法》修订等议题参加政府部门调研座谈，反馈行业与会员单位现状，为政府决策提供依据并作出相关建议。

（三）做好《汽车售后服务规范》、《汽车售后服务测评规范》、《汽车 4S 店管理与服务规范》、《汽车零配件市场服务规范》等四项国家标准编制工作,《二手车流通企业经营管理规范》等八个行业标准的编制工作以及《平行进口汽车市场售后服务规范》等团体标准的编制工作

与国家标准化研究院共同组织编制国家标准化委员会下达的《汽车售后服务规范》、《汽车售后服务测评规范》、《汽车 4S 店管理与服务规范》、《汽车零配件市场服务规范》四项标准编制任务。该四项国标的制定既能规范市场行为、指导企业经营、保护消费者权益，促进汽车售后市场健康发展，又能符合企业和市场的实际需求。目前四项国标处于征集起草单位阶段。

行业标准方面，与商务部共同组织完成了《二手车流通企业经营管理规范》、《汽车交易市场建设与管理规范》、《二手车网上交易与服务企业规范》、《汽车流通企业营销服务能力评价指标》、《汽车流通行业术语》、《汽车经销企业职业经理人执业资格条件》等六项行业标准的编制工作，目前等待商务部的正式颁布与实施。

与此同时，根据 2015 年 3 月 11 日国务院印发的《深化标准化工作改革方案》中的"培育和发展团体标准"这一改革精神，协会完成了《平行进口汽车市场售后服务规范》、《汽车自驾游基地管理服务规范》、《汽车道路救援经营服务规范》等三项团标的编制工作，有的已颁布实施，有的正在通过专家审查；《房车租赁服务规范》、《汽车俱乐部管理服务规范》、《二手商用车鉴定评估规范》三项团体标准正在编写中；有关中国汽车延保市场的服务规范、二手商用车鉴定评估规范等团体标准也列入了明年的标准计划中。

协会还将根据汽车市场的发展需求，制定更多的有效的团体标准，借此服务于汽车市场的健康有序发展。

（四）协助国家工商行政管理总局完成《汽车销售合同（示范文本）》与《二手车买卖合同（示范文本）》的起草与修订工作。

多次组织会员单位、行业企业与专家召开研讨会，就两个合同范本的起草与修订收集行业需求，征求行业意见，按照工商总局的要求提供了相关资料并提出意见及建议，为两个合同范本的起草与修订起到了积极的作用。

（五）完成商务部《国外二手车市场发展经验与借鉴研究》课题任务。

该课题已于今年结题。

（六）努力完成政府主管部门交办的其他工作

1. 协助商务部完成 2014 年度《中国二手车市场行业分析报告》。

2. 由于汽车消费、汽车市场、汽车政策等倍受社会关注，在全国人大、政协"两会"中，有关汽车方面的建议和提案逐年增多。今年 4 月，商务部向协会分别转来了"两会"代表十余条议案，征求协会意见。协会在调研的基础上，及时将意见和建议向商务部作了回复。

## 二、当好行业代言人，维护会员合法权益

维护会员利益，当好行业代言人，是协会落实服务宗旨的具体体现。因此，协会非常注重会员的维权问题。

2015 年，协会多次接到会员单位反映部分生产企业和供应商在供货中存在强制搭售现象、同品牌同批次汽车的商务政策在不同区域不一致及厂家无理取消

品牌授权等问题，协会及时对反映的问题进行核实后与相关厂商进行了充分的沟通，取得了良好的效果，较好地维护了会员单位的权益。

## 三、做好产业协调工作，促进汽车产业和谐发展

为解决汽车流通企业发展中遇到的实际问题，做到厂、商间“平等互惠、和谐共赢”，协会做了大量具体工作，与生产企业建立通畅的沟通渠道，从多方面、多角度协调产业关系。

### （一）走访汽车生产厂家，协调厂、商关系

鉴于今年汽车市场遇冷，经销商普遍反映经营困难的情况，协会领导于今年7月走访了上汽集团，专门就当前汽车市场形势与经销商面临的困难等问题与上汽集团领导及各业务负责人开展座谈，向厂家反映了目前经销商的困境，并共同协商了解决办法。座谈会上协会与上汽集团就厂家应帮助经销商减轻库存压力与厂、商之间未来应建立起更为牢固的合作共同体关系等问题达成了一致，取得了良好的效果。

### （二）做好汽车经销商库存系数和库存预警指数调查和发布

从2012年7月份开始至今，协会的库存预警指数和系数，在每月的汽车流通行业月度形势分析会上发布，引起了社会强烈反响和生产企业的高度关注。

从2015年开始，协会强化了对上报库存数据的会员单位的数据服务，得到了会员单位的积极反馈，保证了库存调查的代表性和样本覆盖。

由于2015年汽车市场低迷，厂家和经销商遭遇了前所未有的严峻挑战。库存预警指数成为市场冷暖变动的重要指标，得到汽车厂家、经销商以及政府部门的高度关注。

### （三）完成质检总局部署的提升售后服务质量专项活动的组织实施

在2014年专项活动的基础上，协会通过遴选标杆、对比提升和企业标准声明公开，将提升汽车售后服务质量工作常态化。在总局的指导和部署下，5月底在京召开“2015年专项活动启动会”。

随后，协会向全体会员和全行业发出企业服务标准声明公开的征集通知，得到了厂家和经销商的积极响应，组织召开了多家会员单位标准声明公开的现场会。专项活动通过电话和面访方式，对1万多个车主进行了售后服务满意度调查，全面了解和掌握汽车售后服务现状和存在的问题，并从中总结售后服务先进经验和案例，在全行业进行交流提升。

### （四）做好汽车经销商满意度调查工作

为了协调供应商与经销商之间的关系，协会自2008年起开始启动的经销商满意度调查工作，从定购、管理、库存、培训、金融等多层面设定指标，考量经销商对供应商的满意情况，收到了良好的社会效应，也得到了汽车生产企业的高度重视。

2015年针对部分豪华汽车品牌开展了经销商满意度调查，取得了良好的效果。

## 四、密切联系企业，加强会员发展和服务工作

### （一）加强与会员企业沟通

2015年，协会领导班子分别多次走访会员单位，与企业交流协会的工作思路，听取对协会工作的意见和建议，拉近了协会与会员企业之间的距离，同时进一步明确了协会的工作方向。

### （二）举办多种形式的会员交流活动

2015年，协会秘书处各职能部门按照业务对应关系开展多种形式的交流活动，增进了协会与会员单位的关系，分别组织了新车经销商之间的交流、二手车交易市场之间的交流、二手车经销商之间的交流、省市汽车、二手车流通协（商）会之间的交流等。形式多种多样，效果很好，大大提升了协会的凝聚力。

### （三）组织“网联会”（汽车品牌网络规划与发展联席会）的沟通交流

组织汽车厂家网络部负责人员，就新常态下厂家与经销商关系、厂家对渠道管理的新思维等议题展开讨论和交流。

### （四）加强会员发展和服务工作

协会采取多种有效方式加强与会员单位的沟通、联系，提高服务质量，以推动协会组织的发展。

随着为会员服务的功能逐步完善和各项工作的渐次深入，会员队伍不断壮大。

截止到2015年10月31日，协会共有会员6303家，比去年增加了420家。

## 五、组织发布“2014年度中国汽车经销商100强”

从2009年起，中国汽车流通协会已连续6年发布中国汽车经销商集团百强排行榜，今年继续发布了

"2014 年度中国汽车经销商 100 强"排行榜。

中国汽车经销商百强的发布，揭示了汽车流通领域里经销企业集团化、规模化发展的大趋势，成为了汽车流通行业的风向标，并能给更多的经销商以启示，从而引领行业向更加健康的方向发展。

## 六、引领汽车流通行业企业全面触网，努力践行"互联网＋汽车流通"

### （一）搭建经销商自己的 O2O 电商平台

2015 年 5 月 28 日，面对基于互联网技术的汽车电商的冲击和实体经销商 4S 店所遇到的困局，协会专门组织召开了会长会议，重点研究了汽车市场的变化，行业面临的问题，以及如何应对互联网电商的冲击和如何做好跨界融合等核心问题。尤其对于汽车电商问题，各位副会长统一形成决议：由中国汽车流通协会牵头、广大经销商集团共同参与，在"汽车街"电商平台基础上进行升级，搭建一个属于汽车经销商自己的汽车 O2O 电商平台。

仅仅 3 个月后，该汽车街平台全新上线。汽车街是经销商自己的电商平台，完全服务于汽车经销商，帮助经销商实现了从线下到线上的资源转换。目前已有 16 家经销商集团与汽车街签订了战略框架协议。

### （二）搭建全国二手车交易服务平台

2015 年，中国二手车市场在经历了二手车行业自身的转型与升级之后，二手车行业的关注中心已由行业内部的整固提升逐步转向终端消费者，"to C"开始成为行业关注的焦点。

为解决行业长期存在的经营服务主体碎片化、小型化、分散化等痼疾，迅速提升行业整体服务能力和水平，迎合二手车市场大发展浪潮的背景要求，协会依托多年在二手车行业的组织管理、信息积累、行业资源储备等基础条件，依靠互联网技术手段，以二手车品牌经销商、二手车交易市场及驻场商户为主要服务对象发起建立全国性二手车经销商服务平台，致力于搭建一个基于平台的诚信管理与服务完善、线上与线下有机互动、经销商与服务商合作共赢、效率与效益兼备的二手车经营服务平台体系。

根据规划，在前期近一年的筹备与技术开发的基础上，全国二手车服务平台将于本次年会期间投入试运行，2016 年下半年进入正式运行阶段。

### （三）搭建售后信息服务评价平台

为规范汽车后市场企业经营行为，保障消费者合法权益，促进行业健康发展，协会根据国家质量监督检验检疫总局发布的《关于开展"汽车售后服务质量提升"行动的通知》中的要求，与"会养车"汽车售后服务手机 APP 合作将汽车售后质量测评体系落地互联网平台发布，将为广大汽车用户提供一个专业、客观、公正的汽车售后服务评价平台。车主可以随时通过手机查询服务门店"便利性、规范性、专业性、价格、人性化"五个维度的评价等级，方便、快捷地找到值得信任的汽车服务门店。

该售后信息服务评价平台将于本届年会期间正式上线运营。

## 七、组织开展行业"反垄断"培训，帮助企业规范经营行为，规避法律风险

为加强行业自律，规范企业销售和售后服务行为，协会组织《反垄断法》专家对宝马、一汽大众、英菲尼迪、广汽本田等品牌经销商进行了 19 个班次的培训，累计培训各品牌经销店管理人员 1000 多名。通过培训和与专家互动交流，经营管理人员了解了在销售和售后等经营方面《反垄断法》禁止的条款，降低了经营风险。

## 八、每月举行"中国汽车流通行业月度形势分析会"

月度形势分析会发布平台的搭建，及时有效地向行业与社会传递行业信息，为汽车流通领域创造更丰富的交流平台，为媒体增加流通领域新闻渠道，为汽车经销商服务并提供流通行业热点动向解读，同时打造出了协会自己的信息发布平台。

## 九、组织完成第三届全国二手车交易市场百强排行榜发布活动

为进一步促进全国二手车市场整体的健康发展，推动二手车交易市场的品牌化、规模化、规范化进程，树立二手车交易市场诚信形象，推动二手车新型经营模式健康成长，中国汽车流通协会于今年 6 月发布了"第三届全国二手车交易市场百强排行榜"，受到了社会各界高度关注。

## 十、成功召开首届中国二手车行业大会

2015 年 6 月 24 日，协会在陕西西安成功举办了首届中国二手车行业大会，得到了业内的热烈反响与广泛好评。此次盛会，全面聚焦创新、变革、电子商务、

金融等二手车业内热点话题，发布了关于二手车行业多个调查研究报告，并展望了我国二手车行业的未来发展。

**十一、发布了2014-2015年度《中国汽车流通行业发展报告》（中国汽车流通行业蓝皮书）**

这是我们揭示中国汽车流通行业发展历程的一项重要工作。《发展报告》全面梳理了2014-2015年度一系列推动汽车流通行业发展政策的内容与作用，系统分析了中国汽车市场的供求关系的最新变化，深入剖析了新车、二手车、进口车、汽车用品等各细分市场的最新特征，多角度展示优秀企业先进经验与风采，权威预测行业未来发展趋势与商机。

**十二、完成会员刊物《中国汽车流通》的编辑和发行**

协会会员刊物《中国汽车流通》的面世，为协会与会员、会员与服务商、会员与会员间的搭建起了一个全新的交流平台。

**十三、完成“二手车交易市场诚信等级评定工作”**

协会于2015年5月在上海组织召开了全国二手车交易市场联席会，探讨评定诚信市场的标准及实施办法，9月正式开展2014-2015全国二手车交易市场诚信等级评定工作，10下旬经过网上注册自评、实地考察测评、社会公众投票和专家评审四个阶段共评选出3A级以上诚信市场95家。这次活动的开展，加强了各地二手车交易市场之间的沟通了解，各市场负责人通过此次交叉互查得到了相互交流的机会，学习到了先进二手车市场的发展经验。

**十四、抓好分支机构建设，为会员提供专业化服务**

*（一）支持分支机构工作，帮助分会组织各项活动。*

协会秘书处定期与不定期听取各分支机构工作进展情况；帮助有形汽车市场商会、汽车营销分会、汽车俱乐部等分支机构组织年会；组织召开各品牌经销商联会2015年度季度工作会议等。

*（二）成立“宝马经销商联会”，按品牌分类加强与品牌汽车经销商会员之间的紧密联系。*

继“奔驰经销商联会”、“进口大众经销商联会”、“保时捷经销商联会”相继揭牌成立后，“宝马经销商联会”也即将成立。相信不久的将来，会有更多的品牌经销商联会陆续成立，成为厂、商间重要的沟通交流平台。

**十五、加强信息工作，及时准确发布行业相关信息**

2015年，中国汽车流通行业信息统计工作迈上新台阶。根据汽车流通行业以及协会会员单位对统计信息内容全面性与时效性提高的新特点，中国汽车流通协会自2015年6月起公布的二手车月度行业数据由原600家重点企业样本扩充至1139家企业的全口径月度统计数据，数据口径与协会发布的年报统计口径保持统一，以消除行业中企业对于数据统计口径方面存在的疑问与误区，同时对辅助宏观管理部门了解行业动态、指导企业经营发挥更积极的作用。加强信息统计手段建设是2015年信息统计工作的一个突破。另外针对汽车流通信息统计工作涉及范围广、数据量大，并且长期存在的覆盖率偏低、及时性不强等问题，协会还加强了资源整合力度，通过协会的汽车营销研究分会与乘用车联席会为同一平台的优势，使得乘用车统计数据的及时性与准确性得到了根本的提高。

经过努力，由国家统计局授权的汽车流通行业信息统计工作得到延续，统计内容更加详实、实用，成为今年汽车流通行业信息统计工作的新特点。

经过近五个月时间的征集、整理、编辑等流程，2014年《中国汽车市场年鉴》已于10月底顺利出版。

由协会组织编纂的《2015中国二手车行业发展报告》（二手车白皮书）已完成编辑工作，将在此次年会上发布。

完成汽车经销商上市公司报告整理分析，通过对财报专业、客观、全面的分析，把握整体行业发展趋势，为经销商集团发展以及行业研究提供研究数据及资料。

每日官方微信推送，系统的组建协会新闻传播渠道，为协会对外宣传树立畅通的端口，对协会工作行业热点进行实时播报，引起行业内对流通行业的高度关注。

协会门户网站，是展示协会形象和对外宣传的窗口，也是广大会员与行业同仁的交流平台。为此，我们对网站进行了多次改版，目标是建立一个向会员提供大容量行业资讯、行业数据、行业标准、法律法规以及行业调查、会员间互动、信息在线发布等相关内容的公共信息查询平台。我们将不断丰富内容，使之更好地贴近行业、贴近会员的需要。

此外，《中国汽车流通月报》等基础信息产品也在之前的基础上提高了其发布的时效性。我们将继续努力，争取使我们所提供的信息真正服务于行业、服务于社会。

## 十六、逐步推进（CADA）培训体系，向行业输送实用人才

### （一）二手车鉴定评估师培训班

“二手车鉴定评估师培训”是协会传统培训项目。自2013年启用结合国家标准《二手车鉴定评估师技术规范》编写的新版教材，对中级二手车鉴定评估师进行职业资格培训，至今已完成培训近2000人，并同时完成了注册工作。

### （二）与各地方协会、培训机构建立合作关系

协会开展二手车鉴定评估师培训得到了各地方协会、生产厂家及培训机构等的多方支持。自2013年开始，陆续在沈阳、长春、天津、徐州、大连、昆明等地开设了培训点，2015年在杭州、银川、哈尔滨、重庆、武汉、厦门、贵阳、西安等地设立了8个新增培训点。随着培训网点的扩大，为来自全国各地的二手车鉴定评估师及有意愿从事二手车行业学员的学习提供更多的选择和便利。

### （三）举办注册培训班

为更好地服务于行业，加强二手车鉴定评估师人才管理，为二手车从业人员提供更多的就业机会，为二手车市场健康发展提供合格人才，协会对已取得二手车鉴定评估师职业资格证书的人员进行注册登记工作，目前已在多地得到实施。

### （四）开展评估师的再继续教育工作

根据国家政策的变化、需要对评估师进行知识更新，开发了网络授课的再继续教育系统，以便于评估师更好地学习并开展工作。

### （五）筹备高级二手车鉴定评估师培训

随着中级二手车鉴定评估师培训如火如荼的开展，高级二手车鉴定评估师培训的需求日渐迫切。协会正积极组织各院校知名教授及二手车行业的从业专家，对原有的高级二手车鉴定评估师培训体系进行调整和完善。调整后的课程中将添加二手车拍卖、营销、财务、管理、培训及商用车、工程机械车辆等的鉴定评估等内容，调整后的课程将更贴合目前汽车行业的发展现状，更有针对性的提高二手车鉴定评估师的专业及技术水平。

### （六）新增二手车销售技巧培训

2015年协会引进了源于德国的二手车销售精英培训计划，推出了《二手车销售技巧提升》系列课程。该系列课程可以让学员不出国门即可亲身体验德国式的教学方式、职业标准及高品质的服务能力，学员通过深度参与，牢固掌握课程内容。培训结束可获得德国汽车行业认可的DEN EN ISO 9001:2008(IAF和DAKKS)证书及中国汽车流通行业协会颁发的二手车销售技巧提升培训结业证书。

二手车销售技巧系列课程的推出是协会培训工作的一种新的尝试，目的是通过新的课程体验方式让我国二手车行业从业者了解国际二手车行业发展的最新动态；借鉴先进国家的发展经验开拓新思路。

在此基础上，协会还将逐步引进国内外优秀的课程体系，为会员单位及汽车流通行业从业者提供更多、更优秀的课程培训。

### （七）筹备成立二手车鉴定评估师分会

协会积极筹备成立二手车鉴定评估师分会，分会成立后将完善《二手车鉴定评估师管理办法》；开展继续教育，推动知识更新；建立二手车鉴定评估师信用档案及可查询系统。分会的成立将进一步规范二手车鉴定评估师执业行为，加强对二手车鉴定评估师的监督管理，促进二手车鉴定评估师队伍素质和执业水平不断提高，促进二手车行业健康有序发展。

## 十七、大力推广“行”认证品牌

“行”认证自2014年8月落地，当年完成认证车辆2185辆，平均每月认证546辆。2015年才是“行”认证正式发展的一年，截止到前3季度，实现认证车辆超过1万辆，“行”认证授权机构17家，其中投资主体为经销商集团4家，二手车交易市场5家，经销商集团5个，第三方服务机构5个，电商平台2个。

“行”认证二手车品牌自发布后，特别是经过2014年年会的推广，在行业有了一定的知名度，但多数企业及广大消费者对“行”认证的了解程度还不是很深。为此我们利用各种机会向行业和社会传播“行”认证的理念。

一是鼓励各授权机构利用自身资源宣传“行”认

证。借助“行”认证优势，陕西公诚取得了陕西省公车改革鉴定评估服务的独家采购商资质；浙江元通分别取得了浙江、江西、江苏等三个省公车拍卖资质，在当地媒体频繁曝光，“行”认证得以频繁出镜。

二是联合淘宝网举办“行”认证购车节。今年6月中旬与淘宝拍卖会合作举办了 “行”认证购车节。此次活动覆盖6个省13个城市，围观人数近百万，起到了很好的宣传效果。

三是举办“行”认证车展。结合全国二手车行业大会，协会组织部分西安市的二手车经销商举办的“行”认证车展，使全国二手车流通行业直观体验和感受到了“行”认证，同时，也为西安市当地消费者提供了购买“放心车”的指引。

四是“行”认证2.0版的推出。2.0版“行”认证的核心是门槛更低、保障更高、价值更大。“行”认证2.0版一经亮相，受到了全行业的积极响应，百余家企业积极申请加入“行”认证的机构行列。

截至2015年9月底，“行”认证共开设检测网点81个，覆盖了全国26个省、54个城市，全国省市覆盖率达到76%。

2015年“行”认证累计检测车辆11513台。其中10141台符合“行”认证标准，同比增长406%与364%。这标志着“行”认证的正在以约4倍的速度进行高速发展。

## 十八、拓展会展业务，活跃汽车市场

我们先后多次与地方政府、地方行业协会、会员企业共同主办了多次汽车文化节、汽车展、博览会、研讨会等行业活动。

2015年开始，协会会展工作尝试采用市场化运作手段，与专业会展企业合作办展，取得了良好的社会效应与经济效应。与沈阳市人民政府及其他单位共同主办的“中国（沈阳）汽车交易博览会”、“中国沈阳国际汽车展览会”，“中国西部惠民汽车系列巡回展”等展会均取得了圆满成功。

## 十九、积极开展国际交流

1. 加强与各国协会的经验交流

向各国协会宣传中国汽车流通行业、中国汽车流通协会、中国汽车流通行业年会。在政府相关政策和法律法规、协会组织架构和工作内容、年会和展会组织开展上，时刻保持与各国协会的顺畅沟通。本次年会成功邀请美国、巴西、德国、法国、意大利、英国、澳大利亚等国的汽车流通协会会长率团出席年会，促进协会国际化交流。

2. 组织流通行业同仁考察国际市场。

协会多次组织会员企业先后赴美国、加拿大、俄罗斯、意大利、澳大利亚参加经销商协会年会，并考察当地企业。同时协会也邀请国外同行到协会进行业务交流，我们的行业年会也迎来了国际同行的参与。这种走出去请进来的国际交流形式，受到会员的一致好评。

## 二十、加强协会自身建设，建立和完善各项内部管理制度

协会在组织建设方面，主要抓了两方面的工作：

一是注重协会工作机构建设。

2015年，协会秘书处在原有的办公室、行业发展部、会员部、信息部、会展部、财务部、国际部、专家工作委员会、产业协调部、二手车专业委员会、二手车鉴定评估管理办公室、中国汽车市场年鉴编辑部等12个部门的基础上，相继增设了法务部、标准工作部、行认证办公室、分支机构管理部等4个部门。目前共有职能部门16个，专职工作人员增加至27名，且人员的配置、年龄的结构、知识的层次相对合理。

分支机构方面，包括今年成立的二手车经销商商会、商用车商会，协会目前拥有市场营销研究分会、二手车流通与鉴定评估专业委员会、汽车有形市场商会、汽车俱乐部分会、汽车美容装饰及用品专业委员会、进口汽车工作委员会、汽车及零部件进出口专业委员会、车联网分会、人力资源分会、汽车金融专业委员会、房车分会等13个分支机构，几乎涵盖了整个汽车流通服务链条。同时，为适应市场和行业的发展，协会又适时按汽车品牌于2012年、2013年2014年分别成立了奔驰经销商联会、进口大众经销商联会、保时捷经销商联会，宝马经销商联会也在筹备中，协会的服务工作进一步得到延伸。

二是注重协会各项制度建设。

为保证协会工作的正常运转，激励专职员工爱岗敬业，调动大家的积极性，规范各分支机构的正常运作等，今年协会修订、完善了多项管理制度、规定，使协会的工作效率与公信力得到了极大的提高。

# 江西省汽车流通行业协会简介

**【协会简况】** 江西省汽车流通行业协会成立于2011年12月30日，是由江西省主流品牌汽车4S店经销商集团发起成立，汽车流通行业相关单位（汽配用品、汽车金融租赁、汽车俱乐部和汽车院校等）自愿组成的，并由江西省商务厅主管、经省民政厅批准注册的行业民间社团组织。现有会员单位200余家，涵盖全省各地市汽车流通服务行业。协会下设“汽车三包技术评估和纠纷调解专家委员会”、“豪华品牌分会”、“教育培训分会”、“汽车俱乐部分会”，近期将筹建成立“新能源汽车分会”。

**【服务宗旨】** 务实服务、反映诉求、自律行为、维护权益、整合资源、共谋发展。

**【工作概况】** 协会成立五年来，在构建江西省汽车流通业交流合作平台、主动沟通政府部门，反映诉求争取政策支持、组织大型车展和论坛讲座、与省内外同行业交流合作、整合相关资源为会员单位服务、提升行业影响力、为汽车院校学生提供实训基地和就业机会等方面做了大量工作，为会员办了以下实事：

1. 主办或协办了多届“南昌国际车展”和“江西省汽车文化节”。

2. 设立客户咨询投诉热线，与省市消协合作对十多起重大客户投诉进行了专业评估与公正调解，受到了消费者和经销商的好评。

3. 协助江西省商务厅在汽车流通行业政策与统计分析、1.6升及以下排量汽车补贴、汽车下乡补贴、汽车置换补贴等实施过程中做了大量工作。

4. 2015年与江西省工商局、江西省消协在联合制定《江西省汽车买卖合同（示范文本）》过程中提出了大量专业规范、务实可操作性的意见方案，并均被采纳，同时在出台实施过程中做了大量宣传培训工作。

5. 2015年10月代表行业向主管部门商务厅提出反映当前汽车经销商面临困难的专题报告和促进江西省汽车市场消费政策的建议。

6. 参与南昌市政协和市商务局联合调研活动，提出了南昌市汽车城规划建议；与江西省发改委和供电部门协调确定了4S店用电类别及收费标准，减轻了车商用电成本；向江西省环保厅申诉了上饶月亮湾汽车城4S店遭当地环保不公正处罚事件，经协调8家店免除四百多万元罚款。

7. 组织举办了一系列行业培训、创新发展论坛和江西首届新能源汽车论坛，为会员单位把握趋势、转变观念、提升素质、推进电商等做了许多活动，受到了省、市相关部门的认可和会员单位的好评。

8. 组织举办了江西省汽车流通行业年度“十佳销售服务之星”技能竞赛，通过“笔试答题+面试抢答+网络投票+现场模拟实测”和初赛、复赛、决赛等测试环节，聘请省内汽车专家、汽车院校教师出题评审，做到了专业务实、规范公平，给逆境中奋战的行业精英以正能量引导，提升了行业的社会影响力。

江西省汽车流通行业协会秉承“务实服务”宗旨和“创新发展”理念，根据会员的共性需求和地区行业特点，整合汽车产业链资源，加强与周边省汽协与车商的交流合作，搭建省级汽车流通行业公共服务互联网平台，为江西汽车流通行业可持续发展和汽车经销商转型升级做出贡献。

# 各地大型汽车交易市场概况

## 2015年有形市场发展概述

中国汽车流通协会有形市场商会 王宏昌

有形汽车市场是随着我国汽车进入家庭，汽车由生产资料转变为消费品的过程中，紧随我国市场经济发展的脚步逐步发展起来的，具有极强的市场适应能力，经历了优胜劣汰，不断升级，不断完善的发展时期，已经成为我国汽车流通业不可或缺的重要组成部分。现在，面临宏观经济向新常态转型的新时期，有形汽车市场也面临着转型升级，以适应新形势发展的需求。

所谓“有形”市场，通俗地来说，就是那些看得见摸得着的交易市场，冠以“有形”是为了区别于那只在经济运行中自动调节的“无形的手”。理论说：在参与经济运行之中，每个企业都会让自己利益最大化，企业自由发展的结果也就会促使社会的整体利益最大化，这就是市场的规律，就是那只“无形的手”，这就是市场调节。而“有形”市场则是那只“手”存在于我们身边的“实体”，“有形市场”其实也就是“实体市场”。

当前，我国以新车交易为主的有形汽车市场约为500余家；以二手车交易为主的有形市场大约1000余家；以汽配用品交易为主的有形市场大约700余家。这些有形市场大都为传统的专业型有形市场，近些年发生了一些变化，正在朝着融合化方向发展。

### 一、融合，成为趋势

有形汽车市场通常是指那些以新车交易为主的有形市场，而以二手车交易为主的有形市场则为“二手车市场”，以此类推，就有“汽配市场”、“汽车用品市场”等。近年来，我国汽车流通业的有形市场正在向“综合”方向发展，“融合”成为了一种趋势。

汽车流通业的有形市场主要业态有：新车交易、二手车交易、汽配用品交易、维修保养和美容装饰服务、新车和旧车交易的车务手续配套服务等汽车相关业态。近年来，这些汽车相关业态已不能满足市场发展的需求，需要现代连锁商业的加入，需要餐厅、酒吧、茶室、咖啡馆、超市、百货等，还需要赛车运动、休闲健身、模拟驾驶、电玩游戏；有的还需要引入度假营地、儿童乐园。传统专业的有形汽车市场正在朝着综合、多元化、多业态融合的方向发展。比如杭州汽车城、重庆汽车博览中心、长沙中南汽车世界、天津空港汽车城等就做了很好的成功示范。

中国汽车流通协会有形市场商会为了各有形市场转型升级的需求，组织了由汽车流通业有形市场、现代商业企业、相关商协会以及相关企业、机构等组成的汽车业与现代商业企业的联盟和交流平台。宗旨就是：联谊交流、创新协作、互补共赢、融合发展，以促进有形汽车市场的发展。

### 二、特色，成为主流

汽车园区的特色就是其品牌内涵，就是其核心竞争能力。有特色才有文化，有文化才有品牌，有品牌才能获得更好的收益，有好的收益才能谋求更大的发展。打造有特色的汽车园区成为当前有形市场开发建设的趋势。

1. 汽车运动

以专业或娱乐的汽车赛道为核心，围绕赛道打造汽车商贸氛围。有的建设F3赛道、有的建设耐力赛赛道、有的建设越野赛道、有的建设汽车性能体验道和场地；有的建设专业性卡丁车赛道、有的建设娱乐性卡丁车赛道。这样的汽车园区凸显了汽车运动文化特点，是以汽车运动拉动汽车商贸的商业模式。

2. 汽车会展

以汽车为主题的商业展览和会议、论坛越来越为人们所关注，以成为社会的热点和焦点。汽车会展带动汽车商贸，汽车商贸促进经济发展成为汽车园区开发建设的又一个特色。

3. 汽车营地

在距离城市较远的地段取得了汽车园区的建设用地该如何开发？建设汽车营地不失为很好的办法。汽车营地是充分利用当地的资源优势，为自驾车消费者打造的度假休闲场所，有自驾游营区、露营帐篷营区、房车营区，由此带动汽车相关的商贸和旅游地产的开发方式，目前处于起步阶段，前景可观。

4. 汽车主题商业综合体

城市中的有形汽车市场，随着城市的扩张和发展，汽车服务贸易业由于其业态的特殊性，近年来不断被“外迁”，出现了汽车销售的城市“空心化”，给消费者看车、选车、购车造成不便，因此，城市展厅集群、汽车超市、汽车主题城市商业综合体应运而生，为我们带来一种新的汽车消费方式。

5. 融入地方文化

每个地方有每个地方的文化，一个地方有一个地方的特色，汽车园区与当地的地方文化和特色融为一体，就很容易形成自己特有的文化氛围和品牌特征，这也是打造品牌文化的一个重要手段。

## 三、精准，成为手段

随着消费者消费品位的提升，精准服务成为消费者对汽车园区提出的更高需求，需要园区为消费者提供便捷舒适的服务，分别服务专区就是精准服务的重要内容。

1. 平行进口汽车市场专区

为消费者提供个性化服务的平行进口汽车市场，现在成为国家鼓励发展的特色市场，为了让这个市场规范、稳定发展，我们引入了售后服务和质量“三包”的保障体系，建立了平行进口汽车市场联盟，并且将建立售后服务标准，为消费者提供放心的消费环境。这个联盟的成员单位，将会在各个汽车园区内见到。

2. 新能源汽车专区

这是一个专门展示新能源汽车魅力的区域，在这里推广新能源汽车的技术。新能源汽车需要消费者认知、需要体验、需要服务，而有形市场能够满足新能源汽车的这些需求，这个专区将逐步成为有形市场的重要专区。

3. SUV 专区

一段时期以来，SUV 受到消费者的追捧，成为关注热点，将热销车型集中展示，可以满足消费者的购车需求，免去消费者奔波于不同品牌之间进行反复比较的辛苦，方便消费者选车购车，同时也可以成为市场的特色和亮点。

4. 快修一条街（专区）

随着汽车售后服务垄断被打破，汽车维修市场将迎来自由竞争的环境，有形市场特别是汽配市场，具有社会影响力强、专业商户聚集等有利条件，易于形成消费者认可的“快修一条街”，这也将成为有形市场的特色专业区域。

5. 美容装饰专区

美容装饰专区将成为汽车用品市场体验专区，是有形市场的一种特色形式。

6. 专业专区

许多市场还设立易损件专区、电瓶专区、轮胎专区、电商专区等等。

## 四、文化，成为内涵

有形汽车市场往往聚集着多种汽车品牌和经销商品牌，有形汽车市场需要一种高知名度、高凝聚力和高影响力的品牌文化，这样才能聚集精英、荟萃强者、活跃消费、提升价值。而有形汽车市场的品牌文化却往往是“投资人文化”或者称之为“老板文化”。有形汽车市场从开发的那一天起，自觉或不自觉地就渗透着投资人的理念、风格、特点。投资人是集团公司，就会打上深深的集团公司的烙印；投资人是个人老板，往往就会做成家族企业，可能就有家族特征。然而这些特征和文化的传承，有助于市场品牌凝聚力的形成，成为极具特点和竞争力的市场品牌，让市场商户感到在本市场的安全、踏实、认同和可持续发展，让入驻企业与市场投资人共同维护市场品牌，共同融入市场文化，共同分享市场品牌所带来的效益。铸就有形市场的品牌文化，已经引起市场投资和运营者的高度重视，这是市场在未来发展中立于不败之地的关键。

## 五、兴市，成为根本

有形汽车市场的开发与建设，其关键在于招商，在于引入什么样的商户，在于引进多少商户，往往也采取多许多方法，整合许多资源，商户稳定地在市场驻下了，“市场”就“立”住了。对于有形市场来说“立市”是起步，“兴市”是关键。所谓“市场”，其“场”花钱就能建成，而“市”则需要培育，需要打造，需要积淀，需要在竞争的环境中历练。想方设法增加对商户的粘性，增加对消费者的粘性则是市场能否成功的根本。当前，宏观经济形势压力很大，各行各业都有深切感受，汽车流通业及有形汽车市场也不能独善其身，正在遭遇严峻的挑战。在地方取得一块地开发出来就能挣钱的局面已经不在。“兴市”已经成为各地有形市场的中心工作。

**六、升级，成为必然**

面对当前的经济形势和行业状况，传统的有形汽车市场几乎都在寻求升级，寻求注入新的活力，开展增值服务，广开财源，以面对当前的经营压力。有形汽车市场纷纷在经营的商业业态上寻求突破，大家在已有的新车交易、二手车交易、汽配用品交易、汽车维修保养服务、汽车装饰美容服务等方面内容以外，根据自身的实际情况增加现代连锁商业的内容，提升市场的品质，引进 COSTA 咖啡、引进 SUBWAY 快餐，增加户外运动商品等等，增加市场对消费者的“粘性”，吸引消费者增加在市场逗留时间，为商户创造更多的商业机会，提高市场的服务质量，提升市场的环境品味，促进市场价值的提升。

有的有形市场已经开设了“新能源汽车专区”、“平行进口汽车专区”，有的已经开始围绕着自己的核心的经营内容进行相应的商业组合，组成新型的商业模块。创新，是有形汽车市场的发展特点，有形汽车市场从上世纪九十年代一直到现在的发展之路，就是创新之路，一路走来，都在不断创新，没有创新之举，就没有有形市场今天的繁荣。

有形汽车市场是一个无限包容的平台，与现代商业结合，就是一个新型的综合性市场；与互联网结合，就是一个线下体验售车服务基地；与金融合作，就是一个金融监管服务平台；与汽车品牌厂家合作，就是一个品牌的展示、交易、服务中心。我们欢迎各行各业都来加入我们，和我们共创美好。我们有形汽车市场将不断丰富自己的内涵，增强抵御风险的能力，迎接新形势的挑战。相信有形汽车市场一定能够创造出更加美好的未来。

# 2015 年部分有形汽车市场（园区）建设情况

**即墨汽车主题公园紧张施工中**

2015 年 1 月 1 日（报道时间），位于山东省青岛即墨市龙泉街道的青岛汽车产业新城的建设，正按照“一核、两轴、三心、五区”的布局结构展开，新城“门户”的 AUTOPARK（即汽车主题公园）渐露雏形，部分场馆已完成主题结构施工，预计 2015 年底完工并投入使用。青岛汽车产业新城规划占地 92.93 平方公里，其中汽车主题公园总面积 1.8 平方公里，一期总投资 4.3 亿元，主要建设入口广场、休闲商业街、滨水休闲区、汽车品牌广场和汽车雕塑等设施，建成后这里将成为一个汽车产业链集群。

**南宁大嘉汇汽车新主题商业城开业**

2015 年 1 月 16 日，南宁市目前唯一一个第四代汽配市场——大嘉汇·汽车新主题商业城正式开业。商业城拥有汽车用品交易版块、汽车配件交易版块、汽车金融、汽车保险和全新规划汽车城市展厅二手车销售版块，还将引入赛车竞技、汽车运动改装、真人射击对战、大型室内卡丁车赛场等与汽车元素相关的消费服务。

**重庆汽车综合体开业**

2015 年 1 月 22 日，重庆市首个集豪车卖场、售后服务中心等为一体的汽车综合体开业。项目由打造过陈家坪机电市场的绅帝富达集团投资建设，总投资 25 亿元。该项目依托老顶坡汽配市场和重庆首个汽车文化主题综合体，未来将整合高九路至老顶坡沿线的 13 家汽车 4S 店，布局专注汽车后市场的服务体验带。

### 乌鲁木齐汇京汽车城开业

2015 年 2 月 1 日，由北京汇京投资集团全资投资的乌鲁木齐市汇京汽车城项目顺利竣工，盛大开业。汇京投资集团是从事汽车贸易行业、并向多元化发展的大规模投资集团，2012 年起在新疆启动了昌吉汇京汽车城和乌鲁木齐汇京汽车城，涵盖了东风日产、启辰、东风本田、东风悦达起亚、英菲尼迪、宝马、凯迪拉克、上海通用别克等 11 个品牌。乌鲁木齐汇京汽车城总投资 8 亿元，第一期规划占地 70 亩。乌鲁木齐、昌吉两地 11 家品牌专营店，预计年销量 15000 台，年售后产值 1.5 亿元，可吸纳 3000 人就业。

### 南山保时捷中心开业

2015 年 2 月 2 日，深圳南山保时捷中心盛大开业。中心由香港锦龙汽车集团投资建设，占地面积达 17000 平方米，硬件软件设备全部德国原装进口，最新版本技术保证。作为福田保时捷中心之后深圳第二家保时捷中心，南山保时捷中心将为本地及周边地区的广大车主及车友在选购全系保时捷跑车时提供诸多便利。

### 芜湖国购商贸城项目启动

2015 年 2 月 5 日，安徽芜湖国购商贸城项目首期工程正式启动。首期项目由 7 家品牌 4S 店，约 21 万平方汽贸区、4 万平方仓储区与一栋办公楼组成。4S 店确定入驻奔驰、林肯、雷诺等品牌。芜湖国购商贸城项目总投资 50 多亿元，占地面积 1169 亩，总建筑面积逾 160 万平方米，项目规划有整车销售、汽车会展中心、二手车市场、汽车主题公园、汽车赛道、星级酒店等 15 个板块。

### 成都摩尔车汇广场引领汽车风尚

2015 年 2 月 5 日，汽车主题商业综合体摩尔国际旗下的成都摩尔车汇广场举行“携梦感恩前行，行悦摩尔车汇”活动，创新网络媒体 + 传统媒体 + 商业载体营销模式，引领 2015 汽车生活新风尚。2014 年投入运营的摩尔车汇广场，有 10 万平方米车汇广场，4 万平方米超大展厅，有 11 万平方米汽车用品广场，400 多个品牌专卖店，有 16 万平方米汽车主题购物中心，将汽车展销、博览、用品、装饰改装等与百货商场、五星级酒店、餐饮休闲、娱乐中心等组合在一起，聚合汽车主题多业态。

### 西安公诚二手车交易市场开始运行

2015 年 2 月 10 日，位于西安鱼化汽车产业园的公诚二手车交易市场即二手车鉴定评估系统建成并投入营业运行，并获得中国汽车流通协会“行”认证。市场占地面积 160 亩，建筑面积 10 万平方米，具备交易、拍卖、查验、展示、等功能。对二手车可以快速查验、同一检测认证、统一鉴定评估、统一经营票据、统一过户转籍，交易流程规范，售后服务有保障。

### 青岛青保国际汽车城打造进出口基地

2015 年 3 月 3 日（报道时间），青保国际汽车城暨进出口商品总部基地，位于山东青岛保税港区，总投资额逾 1.3 亿元，车城建筑面积 2.8 万平方米，一层、三层为进口汽车展销区，以经销平行进口车辆为主；四层为进口商品展销区，经销进口红酒、乳制品、化妆品等；二层设立办公商务区、电商平台展示区、新闻发布区等，是集休闲、购物、娱乐、文化于一体的进口商品贸易展示中心。汽车城目前所经销的进口车辆，涵盖宝马、奔驰、保时捷、路虎、丰田、福特、GMC、玛莎拉蒂等各类高端进口车，另游艇、高档摩托车等也一应俱全。

### 恒泰（唐山）云商产业城招商

恒泰（唐山）云商产业城系恒泰集团重点打造的现代商贸物流项目，位于河北唐山丰润区北方物流园，展示中心 2014 年 10 月投入使用。项目分为两期，一期建设年限 19 个月，二期 48 个月。产业城设计新型立体商业街区，市场内拥有覆盖主要街区的立体交通网络，客户可通过车道直接开车逛市场，商铺门口皆可停车。产业城定位于高端的现代服务业国际物流商贸城，规划建设“五大片区”及一个综合配套，包含商贸市场区、物流仓储加工区、商务配套片区、休闲娱乐片区、教育片区、居住配套生活片区。

### 铁岭海鑫国际汽车城招商

海鑫国际汽车城坐落于辽宁省铁岭市新城区东北物流城汽车产业园区，成立于 2013 年 3 月，占地 17 万平方米，一期营业面积 3 万平方米，一期投资 2.2 亿元，目前继续加大在汽车品牌、配件、维修、财产保险、银行、汽车用品等汽车相关的招商。海鑫汽车城现有车辆缴税、车辆保险、转籍落户、销售、维修等一站式服务，现销售长安商用、依维柯、江铃、金杯、马自达等20个品牌整车。

### 韩城名大国际汽车城项目开工

2015年3月8日，名大国际汽车城项目在陕西韩城市经开区开工建设。项目总投资约2亿元，占地150亩，规划建设汽车品牌4S店10个，约16000平方米；汽车文化博展中心约1000平方米；综合楼一栋约18000平方米；汽车配件和汽车用品装潢门店，砖混结构三层，建筑面积约17000平方米；加油站及生活服务配套设施，约3000平方米。项目工期预计为一年六个月，二年内项目全部完工。

### 烟台国际汽车城落户福山

2015年3月10日，由福山区投资促进局引进的山东烟台国际汽车城项目正式签约。项目由大连鼎城集团、大连良运集团与境外知名汽车服务商共同打造，计划总投资40亿元，在福山空港科技服务区征地300亩，打造总面积达45万平方米的国际汽车城。

### 北海南珠国际汽车城开工

2015年3月16日，位于广西北海市工业园区的北海南珠国际汽车城项目正式开工建设，计划2015年7月正式开业。该项目规划建成北海专业汽车综合交易市场汽车城，打造北海特色汽车文化产业园，未来辐射北海、钦州、防城港和玉林等地区。汽车城规划设立品牌汽车展厅、二手车交易、车管业务、汽车零配件、汽车修理、汽车改装、汽车美容、汽车饰品、汽车租赁、二手车收购置换、抵押、借款、寄售、查验、评估、银行、保险公司、餐饮配置等项目。

### 盘锦泰为汽车文化城招商

2015年3月16日，辽宁盘锦泰为汽车文化城开始招商。汽车文化城由辽宁盘锦博景实业有限公司开发兴建，总投资10亿元，占地200亩，建筑面积30万平方米，是蓝碧源集团既盘锦国际五金机电汽配城后又一力作。泰为汽车文化城由二手车交易市场、4S/2S整车销售集群、汽贸展示厅、汽车用品饰品区、汽配广场、金融街、时尚美食街、汽车服务中心、写字间、居住公寓、商务酒店等区块组成。

### 圣普森汽车一站式体验服务中心开业

2015年3月18日，位于天津市西青区海泰产业园的天津圣普森汽车科技有限公司正式开业。它是一站式汽车服务中心，占地面积8000平方米，按高端汽车4S店标准建设，业务包括车辆清洗、美容装具、改装升级、维修保养、钣金喷漆、保险理赔、承保车务、车辆交易等。

### 河西汽车城平行进口车四店开业

2015年3月22日，湖南长沙河西汽车城二期进口车四店开业(含一个综合展厅)，参与品牌涉及国产、合资、自主八大品牌，涵盖大众、雪铁龙、标致、本田、日产、别克、雪佛兰、启辰等。

### 宜宾德福汽车城开园

2015年3月25日，位于四川宜宾县城北新区的宜宾德福汽车城盛大开园。德福汽车城总投资4亿元，占地30.2亩，是宜宾县人民政府重点招商引资企业，有标准汽车4S店，集中上海通用雪佛兰、一汽马自达、长安铃木、荣威名爵、北京汽车等品牌4S店。

### 宝马在华零部件中心将在沪开业

2015年4月9日，宝马上海新零部件配送中心开业，这是宝马亚太区最大的零部件配送中心，中心的启用将满足中国售后市场日益增长的需求，会派出专业团队严格评估，确保销售、售后服务、市场营销等所有环节达到必要标准。目前，宝马在北京、上海、成都和佛山分别设立零部件配送中心，拥有超过13万原厂配件、500万订单处理能力，能够在24小时内为中国大陆经销商的紧急订单提供配送服务。

### 雷诺性能体验中心在上海开业

2015年4月11日，雷诺性能体验中心在上海博大汽车公园开业，是集销售与推广于一体的创新体验平台，可享炫酷刺激的漂移表演以及激情四射的赛道体验。体验中心总建筑面积600平方米，风格延续了雷诺一贯的运动激情路线，配套设施齐全，四大主题功能区划分明确。

### 重庆纵达国际汽车城启动招商

2015年4月15日，银翔集团斥资打造的纵达国际汽车城启动招商。纵达汽车城位于重庆市渝北空港大道，占地34万平方米，将成为西部地区最大的二手车交易市场（规模是目前暂居西南第一的成都宏盟二手车市场的3倍），其交易额预计3年内可突破100亿元，从而成为全国汽车贸易Mall十强。汽车城还将整合汽车产业的上下游，囊括汽车文化、汽车后市场服务、汽车品牌4S店集团、汽贸会展、汽贸金融、汽贸物流、汽车主题乐园、汽车嘉年华、汽车娱乐及商业配套等在内。

### 武汉汽车公园开启汽车地产新模式

2015年4月17日（报道时间），武汉汽车公园总投资约5.7个亿，总占地面积700亩，囊括了众多知名品牌4S店、汽车超市、汽车专营店、汽车百货店、汽车餐厅、汽车影院、汽车俱乐部、卡丁车馆、汽车电玩、汽车旅馆、汽车公寓和超五星级汽车酒店等与汽车相关的产业，还拥有室内汽车展厅、二手汽车卖场、汽车美容中心，以及普通大众可参与的互动赛道、越野赛道，集万千繁华于一身。

### 星子县德诚汽车城主体封顶

2015年4月17日，江西九江市星子县德诚汽车城项目主体工程封顶，同时举办星子首届车展。项目占地面积约53亩，总投资2亿元，建设周期约2年。建设内容主要是4S店组团、摩托车（电动车）组团、物流中心组团等多个专业市场组团，其中4S组团包括8家汽车合资品牌授权销售代理。汽车城提供展示展览、流通中装、配件销售、维修美容等全方位服务。

### 天津森扬国际汽车城开业

2015年4月18日，位于天津港保税区通达广场的森杨国际汽车城开业。汽车城以国际化、产业化发展思路建设运营，投入巨资，经过高标准建设、高规格装修、高要求筹备，是集展厅、餐厅、茶厅、会议室、接待室、单体别墅办公室于一体的综合性的高端国际化汽车城，是功能强、服务完善、配套齐全的汽车行业交易服务中心，涵盖汽车展示、展销，汽车配件展示展销、进口商品食品等展示展销。

### 甘肃欧美联合汽车开业

2015年4月19日，甘肃欧美联合汽车销售有限责任公司开业。它是兰州市政府2014年“兰洽会”招商引资项目，位于兰州市区商业中心地带，总占地7000多平方米，集品牌进口汽车销售、售后服务、备件供应、信息反馈、二手车置换、主题俱乐部、会员服务等为一体，是目前区域内行业服务集约化程度最高的销售服务终端。公司还与德国博世强强联手，成立省内首家“博世车联”甘肃中心店，引进与国际同步的高精检测、维修设备和配件供应。

### 成都和谐控股豪华汽车维修中心开业

2015年4月25日，由中国和谐汽车控股集团斥资打造的中国和谐控股（成都）豪华汽车维修中心在成都正式开业。这是该集团继北京、上海、广州等一线城市后的又一重要布局。维修中心坐落于成都市高新区益新大道（石羊工业园），中心总服务面积超过3000平方米，拥有维修工位30个。

### 泸州铭兴国际汽车城开业

2015年4月26日，位于四川省泸州龙马潭区迎宾大道的泸州铭兴国际汽车城开业。汽车城集品牌汽车销售、各类国产、进口轿车维修、各类大中小型客货运车辆维修、LNG改装、车辆二级维护保养及检测、汽车装饰、美容、保险、救援等一站式全方位综合服务于一体，未来将向销售多元化、技术开拓型、服务创新型、人员专业型的现代标准化服务企业转型。

### 泰山新能源汽车城开业

2015年4月26日，位于山东省岱岳经济开发区泰山国际采购中心的泰山新能源汽车城盛大开业。汽车城集电动汽车销售、维修、配件供应、充换电服务，以及电动自行车、三轮车销售维修于一体，先后引进奇瑞、北汽源、江淮、众泰、东南新能源，清源电动、东风御荣、航天蓝速、潍动、五星钻豹等新能源汽车。

### 郑州兰博万二手车交易中心开业

2015年4月26日，兰博万二手车交易中心举办开业庆典活动。中心斥资2个亿，首期开发6万平方米室内展厅，2万平方米汽车广场，可容纳2000个汽车展位及600个停车位。兰博万坐落于郑州市郑东新区汽车产业带核心位置，临近京港澳高速圃田站出口，郑州高铁东站。兰博万集中高端二手车和进口汽车展示、销售、分期于一身，交易行为规范，全力打造河南省最具规模化、正规化、品牌化的二手车交易中心。

### 中汽零（长兴）汽车产业博览中心

2015年4月28日（报道时间），位于浙江省长兴县开发区的中汽零（长兴）汽车产业博览中心项目是中汽零全国50多个项目中唯一一个落户县级城市的项目，自去年开工以来稳步推进，三栋主建筑雄姿初展。目前博览中心已与数十家汽车城达成合作协议。

### 红草园区广物汽车城开工建设

2015年5月3日（报道时间），广东汕尾高新区红草园区内的广物汽车城已开始建设，广物福恒长安福特4S店已进驻。汕尾广物汽车城项目由广东物资集团公司属下的广物汽贸股份有限公司投资兴办，项目总投资7亿元，其中固定资产投资6亿元，流动资金1亿元，主要经营汽车展示、贸易、检测、维修、租赁和二手车交易、汽车精品、零部件、汽车金融等，是融整个汽车流通服务产业链为一体的综合性项目。

### 苏州明都林肯中心开业

2015年5月13日，江苏省第二家林肯中心——苏州明都林肯中心开业。中心坐落于繁华的苏州尹山交通枢纽，占地面积14,187平方米。明都林肯中心的开业，进一步推进了其在50个城市开设60家林肯中心的经销商网络计划。2015年7月28日，湖南力天林肯中心在长沙开业，项目总投资6000多万，占地面积达9300多平方米。

### 西部（定西）汽配城加大全国招商

2015年5月17日，中国西部（定西）汽配城全国招商会在广州举行。西部汽配城位于甘肃定西，项目占地面积1362亩，建筑面积约61万平方米，总投资50.5亿元，是中国汽车流通协会重点汽车园区推广工程项目。2014年4月23日中国（定西）西部汽车城开工建设。该项目集汽车销售市场、汽车后市场、汽车主题休闲娱乐、城市商贸、政府职能、住宅等多元化产业于一体，分三期建设，预计2018年全部建成。

### 天津东疆国际汽车城试运营

2015年5月18日，中国（天津）自由贸易试验区东疆国际汽车城开始试运营，项目位于东疆保税港区，该平台不仅可以买到价格相对便宜的平行进口车，还提供一系列配套服务，解决长期以来困扰进口车的售后问题。东疆汽车城将集中展现自贸区政策、海外采购与口岸物流服务、口岸现场展示服务、企业金融类服务、信息类服务等多项功能。

### 台州玉环方林汽车城开业

2015年5月21日，浙江台州玉环方林汽车城正式开业。汽车城总用地面积167亩，建成后将是玉环县规模最大的综合性汽车市场，包含整车交易、二手车交易、检测维修、展示营销等功能于一体。此次开业的是玉环方林汽车城一期工程，工程投资7000多万元，有2个4S店，16个2S店，8个城市多功能展示厅和1个高端品牌大卖场。

### 温州力天汽车梦工场投入使用

2015年5月28日，温州“力天集团•力天汽车梦工场初夏汽车PARTY”大型活动举行，在举办拍车365拍卖会、销售顾问精英大赛的同时，由中国汽车流通协会主办的“中国汽车流通行业经销商集团百强报告发布会”在浙江温州力天汽车梦工场“中国汽车金融论坛永久会址”隆重举行。力天梦工场去年11月定为中国汽车金融论坛永久会址，成为全国汽车园区重点推广项目，目前建有赏车、玩车、试车、购车、扮车、养车、淘车等“一条龙”汽车消费服务，并将引入游艇、直升机、房车，打造陆、海、空“梦幻方阵”。

### 蚌埠国际汽车城一期开业

2015年5月31日，安徽蚌埠（皖北）国际汽车城项目一期举行开业盛典暨首届车展，兰博基尼、玛莎拉蒂、奔驰、宝马等40余款品牌汽车亮相。项目总用地面积1455亩，集展示中心、汽车配件商城、汽车用品（美容）街区、综合仓储物流中心、检测上牌办证中心以及汽车城公共配套服务中心等诸多功能于一体。项目位于蚌埠高新技术产业开发区。

### 大连上亿国际汽车城项目招商

2015年6月15日（报道时间），大连上亿国际汽车城（原亿丰大连国际汽车城），位于大连市新体育中心南侧，距离华南商圈2公里，大连金州湾国际机场4公里，紧邻大连城市主干道西北路，直达沈大高速、哈大高铁站，邻周水子国际机场。项目总占地面积40万平方米，建筑面积90万平方米，总投资约为50亿元，已列为辽宁省、大连市两级政府重点招商引资项目。项目一期已于2014年11月开业。

### 成都新元开利汽车城在蓉开业

2015 年 6 月 19 日，以主营美规平行进口车为主的新元开利汽车城在成都市武侯区益新大道开业，主营宝马、奔驰、奥迪、路虎、丰田、保时捷等美规平行进口汽车，车城将为消费者和经销商提供蕴涵进口汽车及零配件的海外采购、销售服务、售后维修、质量保证、金融、物流、增值服务、会员服务、行业咨询服务、汽车电子商务的多功能综合服务。

### 郑州中牟汽车服务业博览园年底开业

2015 年 6 月 24 日（报道时间），郑州中牟汽车服务业博览园已签约认筹商户 3000 家，计划 6 月试营业，互联网 + 电商群同步集中上线。博览园一期工程已完成建设面积约 101 万平方米，二期工程正在快速建设推进中。园区已建成，于 2015 年底全面开园营业。园区总投资约 50 亿，总建筑面积约 220 万平方米，包括名车广场、汽车用品市场、汽车配件市场、汽车 4S 店、二手车交易市场、一站式服务中心、汽车文化、汽车金融、汽车展示、商务办公、商务酒店等。郑州日昇宏达置业公司宏达车业广场、中牟万儒大德置业公司中部汽贸港等 6 个项目已集中入驻。

### 北京联合电动汽车超市开业

2015 年 6 月 26 日，中国电动汽车超市——联合电动汽车超市在北京卓展购物中心开业，北汽新能源、腾势等多品牌电动车入驻联合电动汽车超市。卓展店开业后，首都机场 T3 航站楼店、金额龙湖长楹天街店也将开业。

### 滁州汽车城战略签约

2015 年 6 月 29 日，中国汽车零部件工业公司（滁州）产业基地暨滁州汽车产业发展基金战略合作协议，在安徽滁州市经济技术开发区签约。滁州经开区与中国汽车零部件工业公司、中国宏泰市镇产业发展有限公司将共同建设“中国汽车零部件工业公司（滁州）产业基地”项目，包括汽车与零部件行业的研发制造专业园区和汽车服务业综合园区等，其中研发制造专业园区规划约 2000 亩，如期建成后，规划占地面积将增至 5000 亩；汽车服务业综合园区初步规划约 500 亩。产业基地一期规划引进总投资规模约 50 亿元以上。

### 申华联手易城打造渭南汽车城项目

2015 年 6 月 30 日（报道时间），申华控股目前正在拓展汽车服务业务的产业链条，首先着手的是打造现代汽车综合服务生态圈。渭南汽车城位于渭南临渭区，申华公司近日宣布联合新三板公司易城股份，双方未来将在智慧城市、汽车城项目、旅游景区、股权融资、第三方支付等多方面展开战略合作。申华控股在陕西渭南开发建设的、黄河金三角地区规模最大的汽车城项目将在 2015 年投入运营，该项目是公司对汽车服务业和房地产业协同发展的全新探索。

### 株洲汽车博览园建设中

2015 年 7 月 3 日（报道时间），湖南株洲汽车博览园项目位于高新区新马创新城和栗雨工业园之间，规划占地面积 5640 亩，总投资 200 亿元。至 2014 年底，汽车博览园项目已投入近 5 亿元。目前，项目引进的部分汽车品牌 4S 店正在建设中，预计年内将有 10 家落成并开业。按照计划，2016 年进入第二个开发阶段，重点建设汽车文化主题公园、汽车小镇、汽车研发基地；2017 年以后全面启动商业、居住项目地块（约 1600 亩）的开发。

### 兰州新区国际汽车城项目开建

7 月 4 日，兰州新区国际汽车城项目正式开工建设，项目总投资约 106 亿元，整体规划开发土地约 3000 亩，规划建设一个以展示、销售、信息、配套服务为主，以汽车展览、城市休闲旅游、面向全省及西北区域的具有国际国内一流水平的汽车、汽配、汽车用品的物流集散地。项目建成后，将成为包括汽车展示、汽车博览、汽车游乐、汽车模拟仿真驾驶、汽车拍卖、汽车改装、汽车竞技体验运动、汽车二手车交易平台等专业市场为一体的汽车产业综合体。

### 洛江平安汽车城接近尾声

2015 年 7 月 8 日（报道时间），洛江平安汽车城位于福建泉州未来环湾时代中心片区，一期工程已经接近尾声，即将开业，建成后洛江平安汽车城将成为一站式汽车文化城。汽车城总占地 81455 平方米，瞄准汽车市场集约化、专业化趋势，汽车城内设置销售区、故障诊断中心、维修美容区、汽车改装中心、二手车交易中心、综合服务中心、生活后勤中心等七大功能区。

### 人民武汉国际汽车城

2015年7月10日（报道时间），人民武汉国际汽车城是武汉市重大引资项目，位于蔡甸区，工程总投资40亿元，占地面积821亩，是集汽车后市场、会展、酒店、金融、研发、二手车、电商、餐饮、娱乐九大功能于一体的高端汽车全产业链综合体。项目周边有神龙公司、东风公司、通用公司等汽车生产基地支撑。工程分三期建成，目前已完成投资15亿元，一期工程将于明年开街。一期以汽车配件、汽车百货、汽车装饰为主，具备休闲、美食、娱乐、商务酒店功能。该工程二期将建设5座“汽车国家主题馆”，销售各种品牌车，展示中、美、德、法、日等各种车型。三期工程将建设世界级汽车主题乐园，配备大型游乐设施和赛车赛道。

### 成都西南平行进口4S中心将开业

2015年7月14日（报道时间），成都七虎行西南地区首家平行进口4S（质保）中心开业在即。原成都畅威行汽车服务是集车辆诊断维修、精品销售、整车改装为一体的高端德系车型服务中心,因配合展厅，更名为七虎行平行进口4S（质保）中心，是西南地区集展厅、维修为一体的平行进口4S中心，总面积超过4500平米。

### 文山国际汽车城加快建设

2015年7月17日（报道时间），云南文山国际汽车城项目总投资12.26亿元，规划用地614.8亩。2014年文山国际汽车城完成投资39065万元，完成年计划目标的195%。目前，已经建成且运营4S店9个，项目累计完成投资9.43亿元。目前项目仍在加快建设中。

### 东阳汽车城二手车市场二期开业

2015年7月18日，浙江东阳汽车城二期市场开业，并对车型和经营户进行了一定调整，新增货车交易区。市场二期经营面积3万平方米，车位超过1500个，市场内经营户近100家。一期在2015上半年取得不错的销售成绩，售出6000余辆车，接待访客50000人次，销售额突破5亿元。

### 无锡神州汽车城开展一站式服务

2015年7月20日（报道时间），江苏无锡神州汽车城总部建筑面积近8万平方米，计划建设成区域性汽车综合市场。目前已入驻标志、风行、江淮、金杯、英伦、比亚迪、奇瑞、日产、金龙电动车等品牌4S店，以及荣尚汽贸展厅的保时捷、奔驰、宝马、大众、凌志、沃尔沃等4S店。无锡神州二手车市场有限公司目前正打造以旧换新、二手车金融、汽车保险等配套服务二手车大市场。

### 上海自贸区平行进口车在合肥开卖

2015年7月21日，上海自贸试验区平行进口汽车展示交易中心授权安徽禄福路华东省级总代理——安徽合肥旗舰店在合肥市经开区开业。

### 深圳前海湾国际汽车交易中心成立

2015年7月21日，深圳前海湾国际汽车交易中心正式成立，推出“前海+”平台理念，以及平行进口车同享“国民待遇”。“前海+”专注于汽车平行进口的实体，是电商化与移动互联化网络平台，还是一个整合线上（Online）与线下（Off-line）的平行进口服务者。前海+与江泰保险经纪公司合作，提供“产品3包险与服务品质险”。

### 德州东北城汽车城开工

2015年7月22日，山东德州东北城汽车城开工仪式盛大启幕，37家汽车4s店参加品牌集中展示，100多家电商企业参加了东北城电商大集，10多家银行现场为企业公司提供金融服务。汽车城将整合现有汽车4S店和零散维修店，形成集汽车贸易、展示、维修、检测、服务于一体的专业汽车交易市场。

### 大同阳光车城汽车服务园区开工

2015年7月22日，山西省重点工程建设项目——大同阳光车城汽车服务园区奠基。阳光车城汽车服务园区位于大同市南环西路，毗邻集聚近50家汽车4S店的大同汽车文化广场。园区占地130亩，建筑面积约21万平方米，由阳光集团海域地产投资7.5亿元兴建，规划建设汽车配件、汽车用品、汽车维修养护等六大中心，集汽车配件、车友俱乐部等七大业态、十八大功能于一城，开创晋冀蒙金三角地区首席国际汽车综合服务园区先河。建成后的阳光车城将成为大同汽车后市场总部基地、大同首席体验式汽车消费中心、大同“互联网+汽车后市场”实践基地、大同汽车后市场“大众创业 万众创新”孵化基地。大同市交警支队的车管所也将迁址该地。

### 沈阳汽车城引入差异性产业

2015 年 7 月 27 日（报道时间），辽宁省沈阳市辽中县沈阳汽车城在大力推进主导产业汽车及零部件发展的同时，沈阳汽车城将引入医疗、教育、商业、健康、环保、金融等差异性产业，以进一步完善区域配套、优化汽车城的发展环境和生活质量。此外，还将进驻汽车保养、装饰等在内的服务业项目，污染治理与能源发电的环保项目也即将落地。沈阳汽车城在软硬件上将采用低碳、智慧模式，比如使用新能源公交车等。

### 顺德南宏汽车文化创意产业园启动招商

2015 年 7 月 27 日（报道时间），佛山市顺德南宏汽车文化创意产业园占地达 5 万平方米，规划建筑面积超 8 万平方米；另外，还将配套一个超 3 万平方米的汽车专业试驾场地。其中一期以 4S 店为主，二期以“汽车超市”的形式建设，可容纳 100 个中高端的汽车品牌。

### 泗洪国际汽车城项目加快建设

江苏省宿迁市泗洪县泗洪国际汽车城自 2013 年底投入使用以来，加快后续建设，至 2015 年 7 月，已有一汽大众、雪佛兰、悦达起亚、别克、北京现代等 8 家 4S 店投入运营，累计投入超过 2 亿元。今年上半年，泗洪国际汽车城 8 家 4s 店销售汽车 1470 辆，实现销售收入 1.62 亿元，客户缴纳车辆购置税 1390 万元，吸纳 300 多人就业。

### 江西恒望汽车文化产业城加快分步开发建设

2015 年 7 月 30 日（报道时间），江西恒望汽车文化产业城位于南昌新建望城新区，目前正在加快分步开发建设，推进多业态建设。汽车城自 2012 年 4S 店相继落户以来，奔驰、捷豹路虎、上海大众、东风雪铁龙、一汽大众、雷诺、克莱斯勒、北京汽车、长安福特等几十家 4S 店投入运营，1.5 万平方米的汽车展示广场近日即将开业。恒望汽车城规划占地 2000 亩，年交易额 150 亿元以上，年创税收 5 亿元，目前已建设 4S 店 47 家。汽车城将打造为涵盖汽车商贸、汽车文化、内聚辐射效能、云信息整合服务等功能，集 4s 店集群、汽车展示广场、二手车交易市场、电子商务、汽车技术培训学校、汽车配件超市、汽车仓储物流等汽车主题板块的汽车后市场文化产业链。

### 南京万宇汽车五金博览中心开工

2015 年 8 月 3 日，总投资 60 亿元的长三角枢纽型专业市场集群——南京万宇汽车五金博览中心在江宁高新园正式开工，万宇商城 O2O 项目，也在同日启动。万宇汽车五金博览中心是江宁高新园与淳化街道“园街联动”以来首个重大产业项目。项目总规划用地 500 亩、总建筑面积 80 万平方米、总投资 60 亿元，包含“五大市场、十大中心”，汇集汽车汽配、汽车用品、二手车、五金机电、工程机械等众多业态，汇集仓储物流、电子商务、金融保险、酒店办公等功能。万宇商城 O2O 项目将通过构建移动终端、实体店、网店的全渠道销售服务平台，实现线上线下有效融合，推动传统市场的全面升级。

### 欧美规汽车厦门自贸区城市展厅开业

2015 年 8 月 6 日，位于厦门自贸区大门口湖里大道的欧美规汽车城市展厅正式开业，是集平行进口车、中规车（4S 店新车）、认证二手车的“三车”合一的综合展厅，目前有宾利、保时捷跑车、美式丰田保姆车、SUV 等平行进口车。采用三“车”合一商业模式，解决客户一站式的现车体验需求，充分平行进口车、中规车的性价比，做到与港口的无缝对接，解决上牌的繁琐及手续风险；即时可到 4S 店提车，售后保修有保障。

### 燕郊城美汽车城 10 月开业

2015 年 8 月 13 日（报道时间），北京京东燕郊城美国际汽车城位于河北省廊坊市三河区，已有 20 多个主流汽车品牌逐步入驻，汽车城在 10 月正式开业。城美国际汽车城由三河市城美房地产开发公司投资建设，商业总建筑面积 50000 平米，展位 1000 余个，经营范围包括：新车交易、二手车交易、汽车配件、汽车装饰、汽车金融、汽车保险，为消费者打造“一站式”服务。同时，汽车城还将在每周末定期举办免费的“汽车大集”活动，数十家 4S 店每周末联合举办，方便经销商进行活动推广，让利于百姓购车优惠。

### 常州常武汽车城招商

2015 年 8 月 9 日，江苏常州市常武汽车城二手车市场开始招商。汽车城地处中吴大道，占地80亩，可容纳128户二手车经销商，配置2000个车位（其中展厅精品车位350个），市场本着“诚信、专业、规范、共赢”的经营理念，合作发展。常武汽车城二手车交易网站，借助C2C，通过“线上线下”模式，压缩中间流程，降低成本，让市场信息透明化。

### 长春凯旋二手车交易市场开业

2015年8月15日，位于吉林省长春市宽城区兴旺路的长春凯旋汽博贸易中心——凯旋二手车交易市场开业。与传统的二手车交易市场相比，凯旋二手车市场集车管所、税务、银行、保险等机构为一体，形成强大的服务体系，实现车辆牌照办理、落籍、转籍、提档、过户、缴税、贷款、保险一站式无缝对接，同时在不断完善二手车查验、展示、评估、交易、办证以及信息发布等功能的基础上，进一步拓展配套服务功能，包括对二手车经销业务的融资贷款、车辆保险、售后质保、汽车仓储、试乘试驾、道路救援、网络平台等便利服务。同时，长春凯旋汽博贸易中心将配置2万平方米的汽车用品城，3万平方米的车辆整备、美容、评估鉴定中心，10万平方米的仓储中心以及5万平方米的试乘试驾体验场，力求为消费者提供全面的配套服务。

### 常州万帮新能源综合店开业

2015年8月16日，江苏常州万帮新能源综合店盛大开业。江苏常州万帮新能源综合店位于常州武进汽车城星火南路，销售主流纯电动汽车，是常州地区唯一集特斯拉、北汽全系、江淮、腾势、奇瑞等新能源车型销售、售后服务、零配件供应及万帮专业配套充电服务为一体的实体店，其严格按照万帮新能源集团最新标准而建成。投资商万帮金之星车业投资集团，旗下16家奔驰品牌4S店，密集覆盖了江苏，安徽，山东省14个城市，已实现一体化联网服务。

### 宣城亚夏汽车文化财富广场启动招商

2015年8月18日，安徽省宣城亚夏汽车文化财富广场项目进一步加大招商力度。项目选址于宣城双桥物流园区内，宁阳路以东、宣广高速以南，项目规划总用地面积约1000亩，项目内容集汽车汽车销售服务、二手车交易、配件广场、精品装潢、仓储物流、汽车商贸、汽车文化、汽车俱乐部会所于一体的综合性汽车服务项目，总建筑面积约150万平方米，总投资约86亿元。

### 全州二手车交易市场营业

2015年8月18日，位于云南省文山市开化南路和文砚公路交叉路恒丰物流城内的全州县致远二手车市场正式试营业。项目总投资3000万元，占地面积92亩，建筑物面积8697平方米，拥有固定车位1120个，临时交易车位320个，服务站占地1000平方米，配套工位65人，市场下辖二手车交易市场、机动车登记服务站、机动车安全技术检测线3个功能区，集二手车交易、评估、鉴定、车辆过户、车辆挂牌、车辆检测、车辆换证为一体。

### 云南凯旋利平行进口车直销中心开业

2015年8月18日，在云南凯旋利集团成立20周年之际，我国首个平行进口汽车直销中心在凯旋利车博汇落地。凯旋利平行车直销中心位于广福路与管南路交汇处，设有专门进口车展厅，目前有奥迪Q7、宝马X5、X6等进口车，可根据顾客要求订车，并且以最精准的服务、最可靠的保障、最时尚的车型、最透明的价格实现口岸到消费者“点对点”的消费服务，实现真正意义上的“直销”。“直销中心”把平行进口汽车进口商、经销商、有形市场以及提供保险和延保的服务商、还有金融服务机构组织起来，构建一个高效率的平行进口汽车市场服务系统。

### 芜湖鸠江区汽车产业园规划建21个4S店

2015年8月19日（报道时间），安徽芜湖市鸠江区汽车产业园一期、二期项目总占地面积约280亩，其中，一期规划建设4S店13个，已建成运营11个；二期规划建设4S店8个，已建成运营4个，保时捷4S店预计8月中旬开工建设。汽车产业园三期项目占地面积约207亩，规划建设4S店14个，已出让6宗地块，其中，宝马、进口大众两家4S店8月份试营业，捷豹路虎和一汽大众两家4S店已开工建设，林肯4S店预计8月中旬开工建设，剩余8宗用地正在积极对外招商。

### 玉林国际汽车城引领汽车经营新模式

2015年8月20日（报道时间），广西玉林国际汽车城位于广西壮族自治区玉林市玉州区常乐路，占地面积 460 亩，总投资 12 亿元，规划建设 14 间标准 4S 店、3 万平方米 2S 店及 10 万平方米的配套商业，是集汽车销售、后市场服务、文化休闲等多功能于一体的汽车专业市场。汽车城整体规划上采用人、车分流设计，巧妙地把专业市场、汽车文化与休闲生活，通过精心规划的园林景观有效串联，成为独具特色的"汽车文化休闲中心"。同时，汽车城重新定义汽车行业"两个一站式"服务的标准：从规划、设计到报建、建设再到推广、融资、物管，"化繁为简"一站式解决经销商建店、经营烦恼，从赏车、购车、信贷到保险、缴税再到上牌、保养，一站式购车让消费者享受尊贵服务。

### 重庆协信汽车公园一期用地已摘牌

2015 年 8 月 20 日，协信汽车公园项目一期 214 亩用地摘牌，并开工建设，预计 2016 年春节前后重庆西部机动车交易市场将搬迁入驻。协信汽车公园项目位于重庆市巴南区国家级物流基地，占地 1500 亩，建设总规模约 200 万平方米。项目将引入"互联网 +"的前沿思维，融合汽车商业与文化、体验与电商、一站式多元化服务等五位一体同步升级的国际概念，以汽车商贸物流与全能后市场服务为双核，按交易展示、综合配套、汽车文化三大体系规划，设置汽车商贸服务、汽车文化运动、汽车总部商务、汽车物流配送、汽车 O2O 电商、汽车小镇等六大板块 21 项功能区。

### 重庆协信国际汽车城项目一功能区正加快建设

协信国际汽车城项目位于重庆市巴南区八公里，其前身为 2006 年建成开业的重庆西部国际汽车城。项目占地 200 亩，建设规模 28 万平方米，为重庆市主城核心唯一的汽车主题商业项目。项目自 2013 年启动提档升级以来，已完成项目方案规划设计。计划 2016 年上半年完成项目一功能区 6 个品牌 4S 店建设，目前已建成凯迪拉克 4S 店和西南地区最大的东风悦达起亚 4S 店，并签约宝马、进口福特等品牌。项目二期汽车 MALL、后市场街商、汽车主题酒店、汽车文化广场等建设，建成后将成为新一代汽车主题商业综合体标杆型项目。

### 安阳平行进口车 7S 城开工

2015 年 8 月 22 日，由河南世贸建设投资有限公司投资建设的安阳平行进口汽车 7S 城、进口商品直营中心项目开工建设。项目位于市城乡一体化示范区，规划占地 1500 亩，其中一期占地 300 亩，将建设汽车销售主、辅中心；进口商品直营中心项目占地 50 亩，以经营进口食品、日用品为主。项目建成后，将成为辐射河南乃至整个中西部地区的国际性高端平行进口汽车 7S 城，将推动安阳汽车产业链向规模化、国际化升级，为广大消费者提供更廉价、更全面的服务。

### 佛山袍江汽配用品城项目将开建

2015 年 8 月 23 日，佛山市中冠投资发展有限公司计划利用原钢材城地块转型建设袍江汽配用品城项目。该项目计划总投资 8 亿元，占地约 180 亩，将于 2015 年下半年开工建设。该汽车用品城可为众多的汽车 4S 店和汽修店提供更及时方便的配套服务，也是一个大型汽车改装基地。袍江还计划另外建设一个以汽车会展、二手车交易及汽车后期服务为主题的综合体，总投资也将近 8 亿元，占地面积约 10 万平方米。

### 宜宾临港区汽车城开业

2015 年 8 月 29 日，作为四川省宜宾市临港经济技术开发区重点培育的项目之一，天立装备城•汽车城正式开业。天立装备城总用地 457 亩，汽车城整合商户资源、"互联网＋"专业市场服务平台，以一流的环境，一流的政策、一流的服务，建成为现代化立体专业市场标杆。天立装备城•汽车城的业态包括汽车销售、二手车交易、汽车配套服务等，目前已引入江淮、昌河汽车等 20 余个汽车品牌商家入驻。

### 株洲天元区规划建汽车文化公园

2015 年 8 月 31 日报道，位于湖南株洲市天元区西北部的汽车博览园内将规划建设一个汽车主题公园，与武广新城西片区（位于汽车博览园南边）的汽车赛事基地，形成汽车主题核心景观，以扩大株洲市汽车产业整体影响力。根据方案，汽车文化公园总占地面积 34 公顷，主要建设汽车山地营地（1.5 万平方米）、汽车乐园（8 万平方米）、试乘试驾赛道（1.5 公里）、汽车文化长廊（800 米）、汽车博物馆（1 万平方米）。汽车博览园是集汽车贸易、二手车贸易、汽配贸易、汽车综合服务、商住配套、汽车物流、汽车赛事等核心功能于一体的综合园区。目前，汽车博览园内部基础设施建设正在稳步推进，园区已签约 30 余家 4S 店，其中，沃尔沃、雪佛兰等 4S 店已进入试营业阶段。

### 淮安国际汽车城

2015年8月31日，江苏淮安国际汽车城二期团购仪式启动。淮安国际汽车城位于江苏省淮安市淮海北路，作为华东地区首个大型汽摩配产业集群化总部基地，不仅是淮安市政府招商引资的重点项目，更是淮安市唯一的汽摩配专业市场。汽车城由整车、配件、上牌检测、二手车、4S店、商住办公、餐饮娱乐、物流等产业组成，形成无缝对接的一条龙服务链条，未来发展空间巨大。汽车城一期已成功运营5年，二期建筑面积共15万平方米。

### 泛亚港鑫汽车城签约

2015年9月15日，云南港鑫实业有限公司就“泛亚港鑫汽车城”项目与昆明汽车摩托车配件行业商会达成战略合作，并在昆明正式签约。云南港鑫实业重点推进位于长城泛亚国际物流园区内的“泛亚港鑫国际汽车城”项目的开发、建设及运营管理工作。港鑫实业拥有巨大的品牌优势和集结汽车行业资源的强大能力，是汽车界的翘楚之一。“泛亚港鑫国际汽车城”位于昆明长城泛亚国际汽车物流区北部核心区汽车功能板块，占地约1400亩，项目以汽车为主题，结合其他产业发展，形成多功能全业态的全新模式，它的建成将带动汽车消费行业新的发展方向。昆明汽车摩托车配件行业商会是云南省历史久、会员多、汽配行业专业度高的社团组织。商会一致认可“泛亚港鑫国际汽车城”项目，相信通过合作，可以把“泛亚港鑫国际汽车城”建设成为符合行业经营、符合行业发展趋势的新一代产业平台。

### 大良新滘打造国际汽车城

2015年9月15日，广东顺德区发展规划和统计局对大良新滘工业区“三旧”改造单元控规进行公示，规划范围总用地96公顷，将打造成国际汽车城。大良新滘工业区根据规划，将通过整合顺德汽车销售与制造产业，填补广佛地区汽车文化体验空缺，打造以汽车销售、零配件销售为基础，以汽车文化体验为亮点，以汽车维修美容、汽车金融及其相关配套等为辅助的广佛最具活力、全国理念领先的一站式汽车购物和多层次汽车文化体验园，即顺德国际汽车城。

### 纵达汽车城开业

2015年9月25日，位于渝北空港开发区的重庆纵达汽车城开业。车城经营二手车和汽车用品等，当日有包括莱斯莱斯幻影、宾利雅致、法拉利FF在内的顶级名车均出现在纵达二手车城的展示区。

### 秦皇岛将建全业态汽车后服务产业化园区

2015年9月26日，路能达国际汽车文化创意产业园项目推介会在秦皇岛市举行，正式确定一座拥有汽车旅馆、汽车影院、汽车主题游乐园、名车博览中心、二手车一条龙交易服务等诸多汽车后服务功能的全产业链园区将落户秦皇岛经济技术开发区。产业园包含城市会展•名车博览中心、旧机动车交易中心、汽车配件用品交易中心、汽车文化娱乐中心、创客中心和功能配套中心等六大板块，其中，经过专业360项检测和专业评估的二手车经营项目，是一大亮点。一期75.48亩的汽配专区、汽车旅馆和创客中心，将于2016年与公众见面。

### 天恒基汽车城开业

2015年9月26日，天恒基国际汽车文化城开业。天恒基汽车文化城位于乌鲁木齐市头屯河区，是兵团第十二师所属国有企业新疆天恒基投资（集团）有限公司权属子公司，于2012年4月正式开建，园区东西总长1.8公里，南北宽600米，总占地面积1550亩，是一座集开发建设、管理运营、多功能综合性的乘用车交易平台。天恒基汽车城一期项目规划了商务中心区、4S店专卖区，汽车品牌综合展厅等，均已建成并投入使用。一站式服务大厅一层设为车辆登记服务站，提供车管业务服务、银行自助服务、车贷服务、保险服务、税收服务等；在品牌4S店专卖区共规划了60个地块，目前已经完成招商地块42个，成功引进了38个汽车品牌。

### 酷车小镇（广州站）项目落户白云金沙洲

2015年9月29日，打造中国汽车改装行业汽车文化主题公园的酷车小镇（广州站）项目，在广州白云区金沙商业中心举行签约仪式，正式落户金沙洲。项目规划占地600亩，总建筑面积超过66万平方米，首期开发28万平方米，计划于2016年年初正式对外营业，首期意向入驻商家500家。

### 克拉玛依国际汽车城二期启幕

2015年10月12日，克拉玛依国际汽车城举办二期启幕仪式。克拉玛依国际汽车城位于新疆维吾尔自治区克拉玛依市，汽车城二期占地 118 亩，总建筑面积 52289 平方米，商铺数量 328 间。与一期不同，二期将以汽修汽配为主营业务，并配有汽车主题酒店等相关住宿娱乐设施，建设集汽车相关服务、旅游、休闲、娱乐、低碳社区为一体的一站式多元现代汽车城。目前，一期已开放营业，商户进驻超过 400 家。国际汽车城是由克拉玛依市富国国际汽车城开发有限公司 2012 年打造的重点项目，位于市区中心东南区块，总占地面积达 7100 余亩，规划总建筑面积 1161260 平方米，总投资约为 50 亿元。

### 常州汽博城卖场落户钟楼汽车城

2015 年 10 月 14 日报道，位于常州钟楼国际汽车城中心区域的“常州汽车博览城”，依托成熟汽车商贸圈的优势，打造常州首家 5 万平方米“汽车超级卖场”，开创了常州汽车消费的新商业模式。常州汽博城，汇集名车展示、品牌车卖场、微型车卖场、新能源车卖场、精品二手车卖场，同时配备配件用品、快修保养、美容改装等后市场服务功能，能有效满足汽车消费一站式服务功能。

### 汽车运动公园落户北京大安山

2015 年 10 月 19 日，樵涧峰越野运动公园揭牌仪式暨樵涧峰摩托车精英挑战赛在房山区大安山乡拉开帷幕，标志着北京市首个汽车运动和休闲旅游综合项目正式迎客。樵涧峰越野运动公园位于大安山国家全山地运动度假公园越野核心区，自 2011 年开工建设以来，已陆续完成规划内的五条赛道和部分徒步登山步道建设。其中，有赛道落差约 500 米、最大坡度 55 度的“天下第一坡”；也有全长 1 公里的难度较低的初级体验赛道，让初级玩家也能毫无顾忌地参与其中。樵涧峰越野运动公园揭牌后，将定期举办越野品牌活动，举办和引进国内外顶尖赛事，普及越野文化，推出登山、徒步、小型越野车体验等多样化的越野项目。

### 柳州汽车城发展势头良好

2015 年 10 月 21 日报道，位于柳州市东北部的广西柳州汽车城，西临柳江，东南至桂海高速公路，北达北环高速公路，南至阳和，以整车基地建设为核心，着力打造汽车全产业链，布局建设百万整车制造先进基地。通过技术引进、研发提升、技术改造、产业调控等方式，汽车城战略性新兴产业呈现集聚发展的态势。目前，柳州汽车城经济指标仍保持两位数增长，两大整车厂继续发挥龙头企业作用，产量涨幅明显。宝骏 560 上市两个月即迈入 SUV 市场全国前三甲，销量呈现出良好的上升态势。

### 清河汽车产业园区已初成规模

2015 年 11 月 6 日报道，位于河北省清河县汽摩工业集聚区的清河汽车产业园，已成为河北省首批省级工业聚集区。清河汽车产业园区规划面积 14.8 平方公里，以汽车整车装备制造及零部件制造为特色产业，主导产业及产品有新能源汽车、各类专用车、密封件、车用拉索、滤清器总成、内饰件、车用仪表台、汽车座椅、汽车灯具等 100 余个品种。其中，车用拉索、密封件、滤清器总成分别占国内市场的 60%，30%，20%，是全国最大的车用拉索和车用密封件生产基地。园区内拥有汽车产业国家级产品测试中心 1 家，省级技术中心 2 家，河北省名牌产品 4 个，省著名商标 5 个，技术专利 50 余项。

### 西部进口汽车城落户五家渠

2015 年 11 月 11 日，中国西部地区平行进口汽车城（开利星空亚欧国际汽车城）落户乌鲁木齐北部新区五家渠青湖经济开发区。汽车城充分利用天津自贸试验区优惠政策，将平行进口汽车海外采购、口岸物流、内地销售及售后服务全产业链综合服务平台落户新疆。目前，展厅销售的平行进口车全部由天津进口再运到新疆，价格与天津港一样。此次汽车城的建成开业，形成高端平行进口汽车优质的客户消费体验和销售新模式，同时还将利用互联网信息技术，运用集大数据、在线客服、在线支付等服务及技术，将以汽车电商为代表的现代汽车物流形态注入到实际业务中，促进平行进口汽车产业向电商主流商业模式的转型升级。预计该汽车城平台投入运营后，3 年内可实现年营业额 60 亿元的规模。

### 广物汽贸汕尾汽车城开业

2015 年 11 月 13 日，广物汽贸汕尾汽车城举行开业仪式。广物汕尾汽车城位于汕尾市城区红草镇，是红草产业园区首个竣工开始营业的项目。项目于 2015 年上半年开工建设，总规划用地面积 13.7 万平方米，其中一期规划约为 47085 平方米，二期规划为 90551

平方米，概算总投资7亿元，主要经营汽车展示、贸易、检测、维修、租赁和二手车交易、汽车精品、零部件、汽车金融等，是融整个汽车流通服务产业链和汽车文化为一体的综合性项目。2016年将开始建设二期项目，未来别克、雪佛兰、上海大众等品牌的汽车将进驻广物汕尾汽车城。

### 张掖市打造互联网＋汽车城创业基地

2015年11月19日报道，张掖市滨河新区绿洲现代物流园区内物流园区汽车城创业基地已建成二手车交易展厅31664平方米，室内外可展示车辆2600多辆。整个汽车市场占地面积1000亩，建筑面积83万平方米，遵循培训＋孵化＋培育的基本模式，建立创业孵化联盟机制，以物流园区雄厚的汽车产业为基础，以汽车城、二手车交易市场、农机装备市场的强大优势为背景，形成集汽车产业、农机装备相关增值服务、展示交流、服务体验、技术服务、金融保险咨询机构、车友俱乐部以及行业协会、企业总部等单位搭建的汽车产业聚集区，构建张掖机动车产业创业样板孵化基地。

### 上海首家超大型综合汽车城落户嘉定

2015年11月23日报道，上海市政府、嘉定区政府全力打造的新江桥汽车园区核心地带——上海王金国际汽车城建设完工。该汽车城东邻京沪高铁、南邻沪宁高速及嘉闵高架、西邻博园路、北邻上海市嘉定区二手车交易市场及东方汽配城，具有地处交通要塞，配套设施完善的优势;具有展示、交易、拍卖，售后服务、质量认证，汽车维修、美容、保养服务功能，商务休闲会所功能，汽车城商业配套服务功能，网络汽车城O2O推助销售服务六大服务功能。上海王金国际汽车城是由上海金金汽车销售有限公司创建，成立于2006年，以汽车商业地产、汽车金融、汽车销售、汽车售后服务等业务为主。

### 斯洛伐克国际汽车公园将落户安次

2015年11月25日报道，在斯洛伐克国际市场合作峰会上，河北省廊坊市安次经济开发区与斯洛伐克投资贸易发展局签署合作协议，双方将共同建设“中国•斯洛伐克国际汽车公园”汽车产业综合体项目。据介绍，该项目是廊坊市第一个正式签约的中国—中东欧产能合作项目。项目配备国际众创空间、工业、商业等多种功能分区，将主要针对中东欧汽车产业及相关配套服务项目进行招商，打造国际化的汽车产业新城。

### 金港汽车公园拟落户库尔勒

2015年11月27日，北京金港汽车投资公司代表到新疆库尔勒上库综合产业园区，就汽车城文化公园旅游项目进行投资考察、调研。库尔勒上库综合产业园具有区位优势、资源优势及良好投资环境，适合建设汽车赛车场、汽车沙漠漂移、自驾游营地、汽车市场物流商贸园集一体的度假、休闲娱乐汽车自驾游营地项目。北京金港汽车投资公司希望该项目能成为丝绸之路经济带上一颗璀璨的文化旅游之星。

### 宜春六星汽车城一期开盘

2015年11月28日，宜春六星汽车城一期开盘。宜春六星汽车城位于宜春市经济开发区，一期推出近600套商铺，占地206亩，总建筑面积约29万平方米。前期，汽车品牌超市、车管所、检测站、一站式办证大厅、事故理赔中心等支撑市场发展的品牌及政府职能部门已纷纷进驻。汽车城将打造成以整车销售、汽车维修、保养、改装、配件用品展销等功能为一体的全产业链，建成服务功能完善、统一运营管理的赣西地区汽车产业综合体。

### 本溪明山汽车园抱团发展

2015年12月4日，本溪鑫通汽车4S店在辽宁本溪明山汽车服务业产业园区开工建设。这一包括别克、雪佛兰、凯迪拉克等品牌的汽车4S店进驻园区，占地面积2.04公顷，计划投资1.2亿元建设。本溪明山汽车服务业产业园区规划用地面积2.45平方公里，集品牌销售、整车发展、维修保养和汽车金融为一体，目前，已引进汽车4S店30家、汽车直营店31家、汽车产业相关企业380多家，园区内汽车集聚效应凸显。

### 青岛汽车主题公园建成

2015年12月15日，位于即墨的青岛汽车主题公园一期工程结束，12座汽车展馆主体建筑、沿线硬地铺装、园林建筑及停车场工程全部完工，免费向市民开放。公园总面积1.8平方公里，包含入口广场、休闲商业街、滨水休闲体验区、汽车品牌广场和汽车雕塑等多个功能区，配套建设景观平台、儿童驾校、3D汽车影院等，是一处以汽车文化展览、体验、休闲为核心的文化滨水休闲公园。

# 2015 年经销商库存预警

## 一、2015 年经销商库存系数分析

2015 年中国汽车经销商平均库存系数为 1.53，相较于 2014 年的 1.57，同比微降 2.6%。全年有 8 个月的库存系数大于 1.5，与 2014 年相同。纵观 2015 年中国车市，上半年在宏观经济形势整体下滑及股市大幅波动等因素影响下，中国车市出现了持续性的销量回落；从 2015 年 10 月 1 日开始，受新一轮车辆购置税优惠政策的刺激，中国车市销量开始实现触底回升，最终促使全年车市呈现 V 型走势。从 2015 年总体经销商库存情况来看，经销商库存压力比 2014 年略微下降。

2015 年经销商整体库存水平较去年略微下降

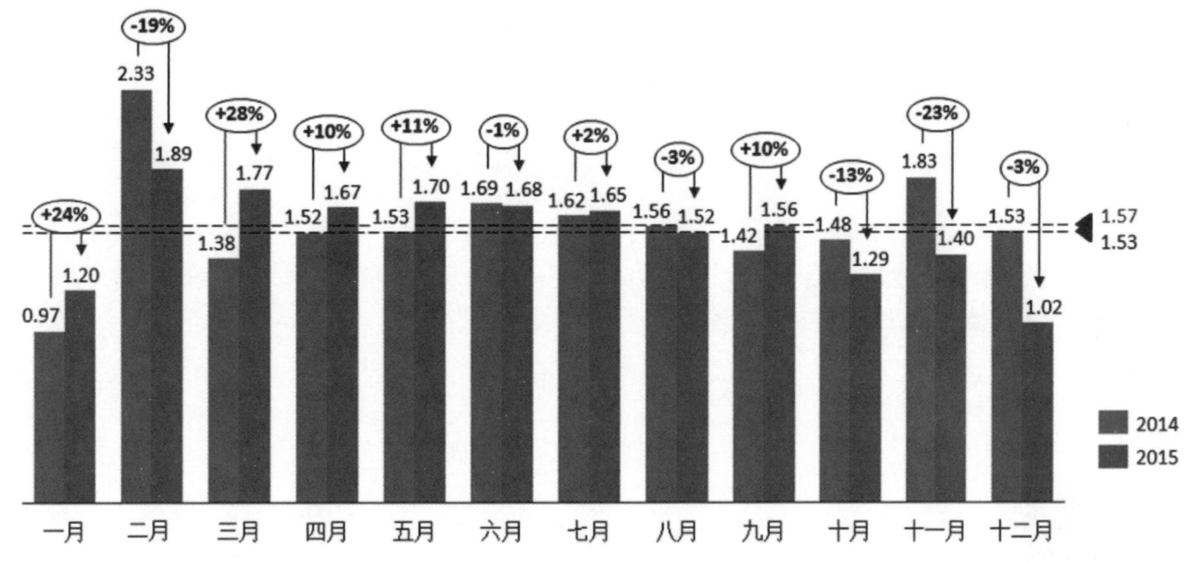


**图 1　2014 年－ 2015 年度中国经销商库存系数**

跟 2014 年相比，2015 年 2 月、6 月、8 月、10 月、11 月、12 月库存系数同比下降；其他月份，库存系数同比上涨。2015 年全年只有四个月的库存系数处于警戒线以下，其中，2015 年 1 月、12 月的库存系数处于合理范围。2015 年 8 月以后，库存系数呈下降趋势。

经销商库存压力大 经营状况不乐观

2015 年，随着整体经济不景气、导致了汽车行业市场状况不好；2015 年多个品牌主机厂展开了官方降价，压缩了经销商的利润空间。在中国汽车流通协会发布的《2015 年度中国汽车经销商对厂家的满意度调查报告》中显示，2015 年，有 29.6% 的经销商对经营状况不满意度，相比 2014 年增加了 7.0 个百分点；仅有 20.2% 的经销商对经营状况满意。2015 年，有 48.5% 的经销商盈利状况为持平，21.8% 的经销商盈利，29.7% 的经销商处于亏损状态，相比 2014 年，经销商的盈利面继续减小，持平的比例增加。

合资、进口品牌的平均库存系数略有下降、自主品牌库存系数持平

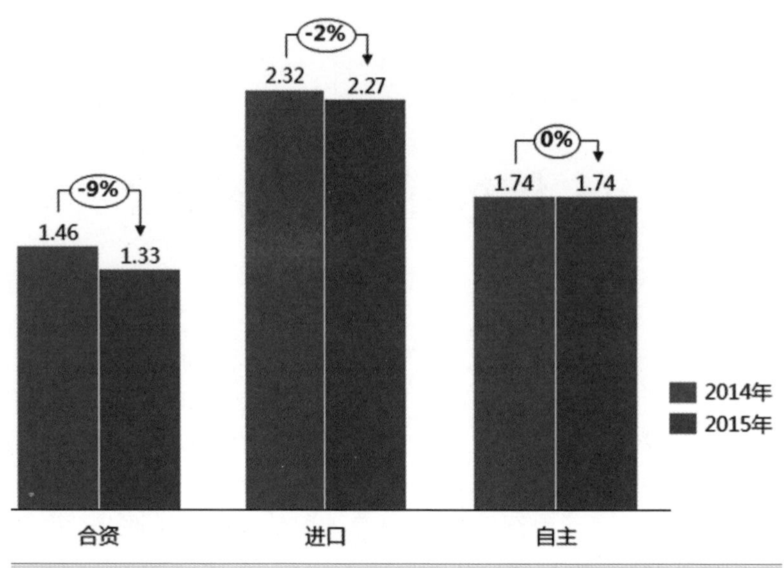


图 2

调查结果显示，2015 年，合资和进口品牌平均库存系数相对 2014 年略有下降，自主品牌的库存系数与 2014 年库存系数持平。合资品牌的库存水平处于警戒线以下，而自主品牌和进口品牌的库存水平较高，超警戒线。

2015 年合资品牌平均库存系数为 1.33，较 2014 年同比下降 9%；进口品牌 2015 年平均库存系数为 2.27，比 2014 年同比微降 2%。自主品牌 2015 年平均库存系数为 1.74，与 2014 年平均库存系数持平。

2015 年，合资品牌的产品价格下探，抢占了部分自主品牌的市场，特别是轿车市场，合资品牌的库存水平相对不高。进口品牌和自主品牌经销商库存系数较高，其中进口品牌库存深度超过 2 个月，经销商经营压力较大。

2015 年捷豹路虎有 9 个月库存系数超 2.5

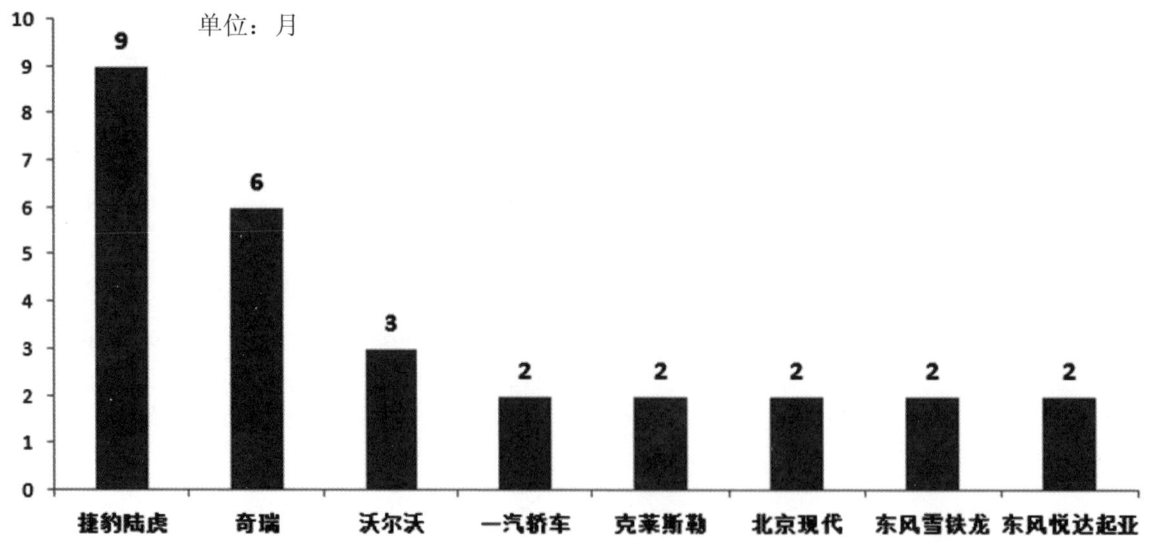


图 3　2015 年库存系数超过 2 的品牌所占月数

2015 年，有众多品牌的库存系数超过 2，处于高库存水平。其中捷豹 - 路虎有 9 个月库存系数超过 2.5，尽管捷豹 - 路虎的销量较好，但因捷豹 - 路虎因在途车辆较多，统计结果显示经销商库存较大；奇瑞有 6 个月库存系数超过 2，沃尔沃有 3 个月库存系数超过 2，一汽轿车、克莱斯勒、北京现代、东风雪铁龙、东风悦达起亚有 2 个月库存系数超过 2。

保持谨慎态度，合理控制库存

2015 年经销商库存水平虽相比 2014 年略有下降，但平均库存系数依然在警戒线以上，经销商库存压力依然较大。

因此，中国汽车流通协会建议，2016 年，厂家应合理制定目标量，合理排产，避免因冲击任务量而造成的经销商库存压力过大。经销商仍要根据实际情况，理性预估实际市场需求，合理控制库存水平，以防库存压力过大，导致经营风险。

库存系数调查对象及范围：2015 年，库存系数的调查对象以中国汽车流通行业百强经销商集团为主，通过组织地方经销商沙龙等活动增加单店样本；2015 年，调查范围涉及 4S 店 1017 家，覆盖全国大部分省份；调查的品牌涵盖国内市场上主要量产销售的品牌 54 个品牌，包括进口品牌，合资品牌，自主品牌。

库存系数指标说明：根据国际同行业通行的惯例，库存系数在 0.8~1.2 之间，反映库存处在合理范围；库存系数 > 1.5，反映库存达到警戒水平，需要关注；库存系数 >2.5，反映库存过高，经营压力和风险都非常大。

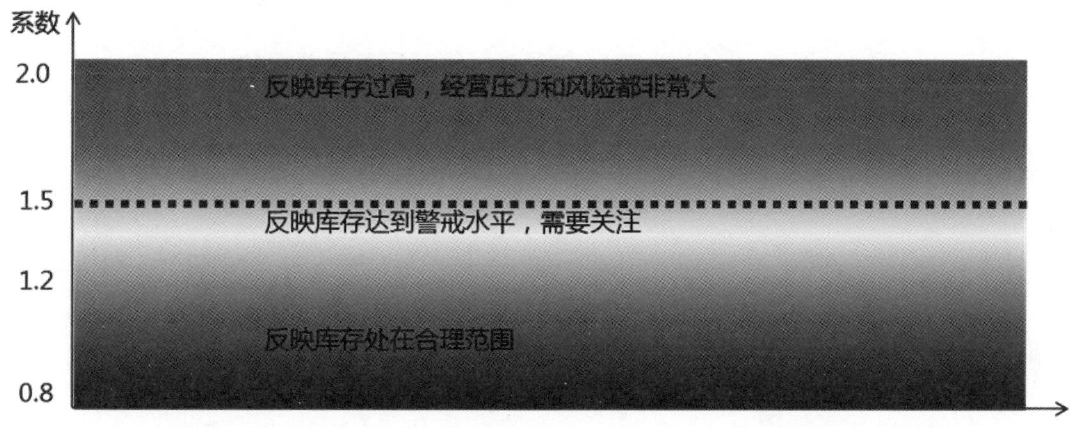


图 4

## 二、2015 年经销商库存预警分析

2015 年，中国汽车经销商库存压力加大。2015 年上半年，经销商普遍认为库存水平高于 2014 年同期；2015 年下半年，经销商普遍认为库存水平回落。2015 年全年，有 11 个月库存预警指数超过荣枯线，且最大值为 67.5%。（见图 5）

从 2015 年库存预警指数图可以看出，只有 8 月的库存预警指数在 50% 以下，其他月份的库存预警指数都超过荣枯线，经销商库存压力相对较大，经销商经营状况不好。特别是 3 月、4 月、6 月和 11 月，这 4 个月的库存预警指数明显高于其他月份。3 月份各厂商年度目标和商务政策明朗，经销商提车量加大，库存增加。6 月进入销量淡季，汽车需求下降，库存预警指数达到 64.6%。到 11 月份，各大厂商开始冲刺全年销量目标，经销商任务量加大，而销量并没有得到很大的提升，造成库存水平偏高，预警指数达到 61.8%。

2015 年，经销商平均库存量指数为 56.9%，相比 2014 年下降 1 个百分点，市场需求指数、平均日销量指数、经营状况指数、从业人员指数均低于 2014 年，主要由于 2015 年上半年各项分指数分数过低，拉低了全年平均数。

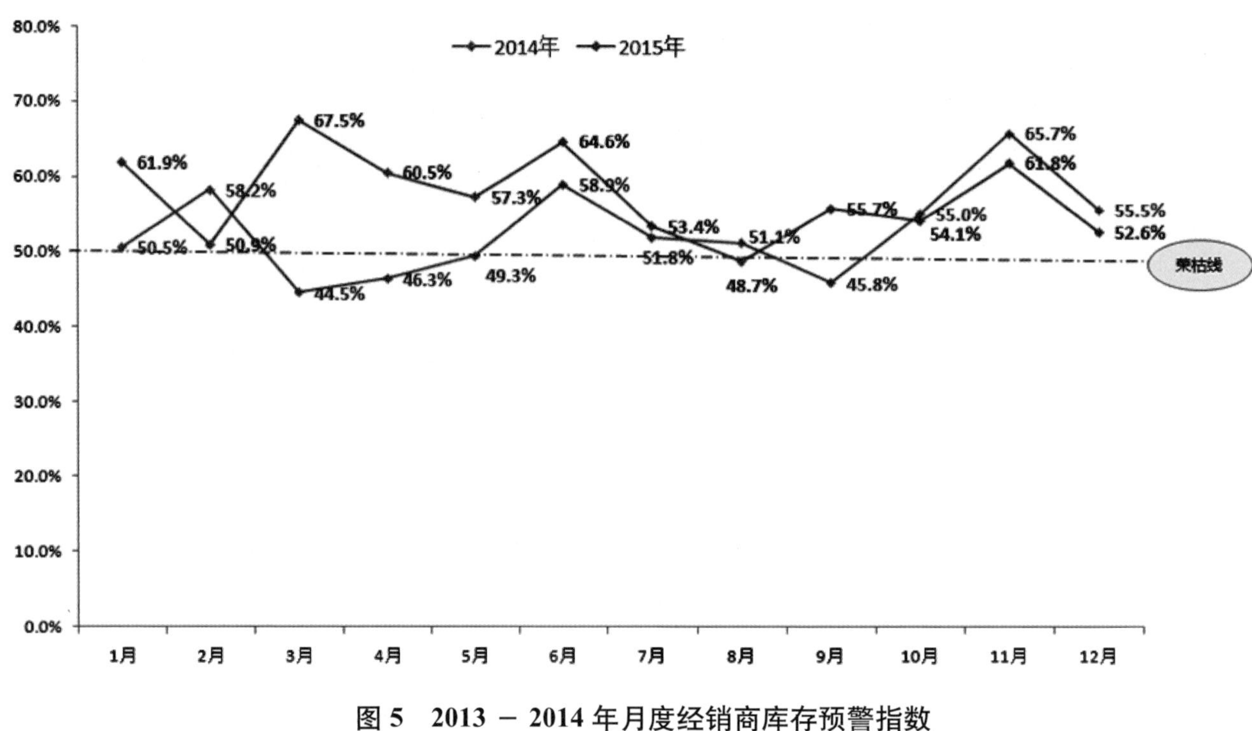


**图 5　2013 － 2014 年月度经销商库存预警指数**

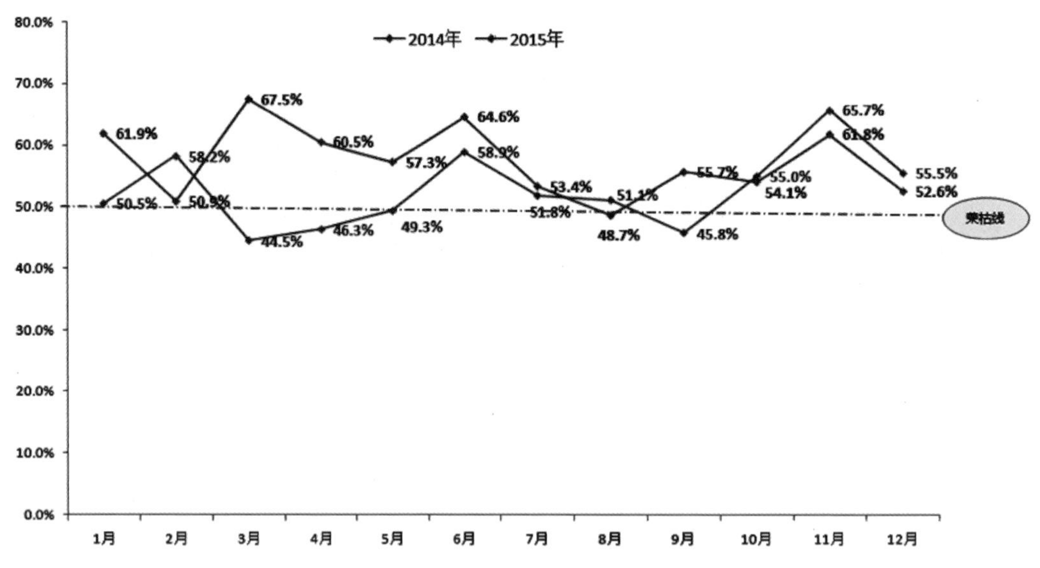


**图 6　2015 年经销商库存预警分指数图**

市场需求、成交率与平均日销量的相关性最好

经销商对平均日销量、市场需求、集客量、成交率的判断基本符合市场规律，其中市场需求、成交率与平均日销量的相关性最好，说明市场需求越好，成交率越高，销量情况越好。集客量指数与销量指数基本相关，但是在部分月份，集客量的变化与销量变化并不相关，2 月份集客量明显下降，主要由于春节假期的影响。

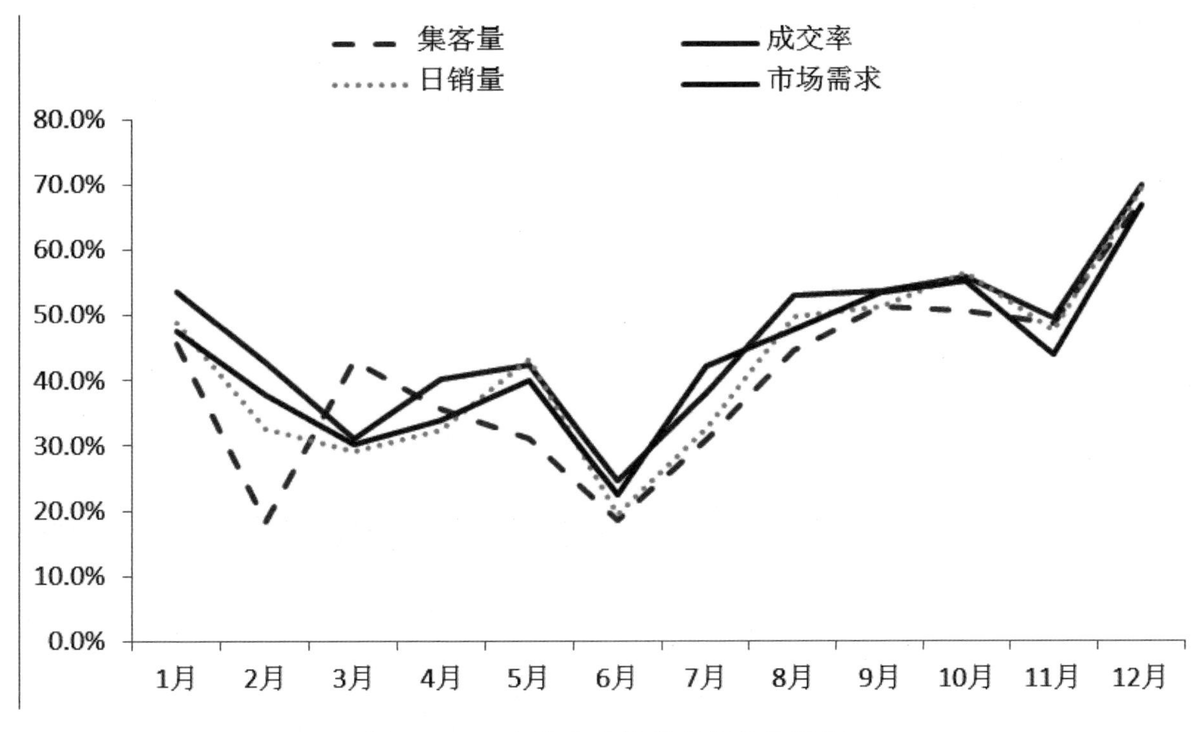


图 7　2015 年汽车市场状况相关指数图

*流动资金、融资状况与经营状况的相关性最好*

经销商经营状况的好坏主要取决于资金状况，在经销商经营压力不断加大新常态下，如何缓解资金压力是一个重要的问题，流动资产轻量化是运营管理上的新思路，合理控制库存量，解决库存占用资金，并利用金融工具，保证融资顺利，解决流动资金问题。

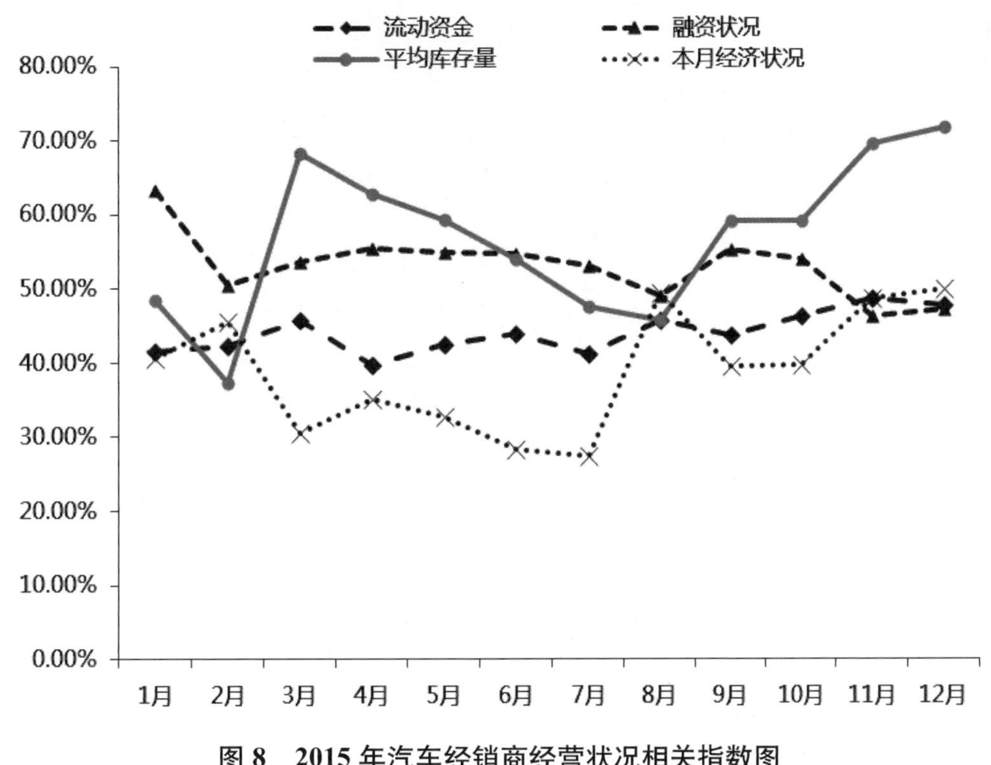


图 8　2015 年汽车经销商经营状况相关指数图

根据以上数据分析，2015 年经销商仍存在一定的库存压力，经销商应对市场保持理性判断，合理调控库存量，减少因库存压力带来的经营风险。

2016 年，中国流通协会继续开展库存预警指数调查工作，旨在帮助经销商判断市场状况，预测未来发展趋势，及时反映经销商销售及库存状况，帮助厂家制定合理的销量目标，控制经销商经营风险。

# 2015 年经销商满意度调查

## 一、全国汽车经销商满意度调查介绍

### （一）调查背景

为了进一步加强经销商与厂家的相互了解，促进双方的和谐共赢，保障汽车市场健康有序和可持续发展，2015 年底中国汽车流通协会联合奥德思国际信息咨询（北京）有限公司共同开展了第八次全国经销商满意度调查。

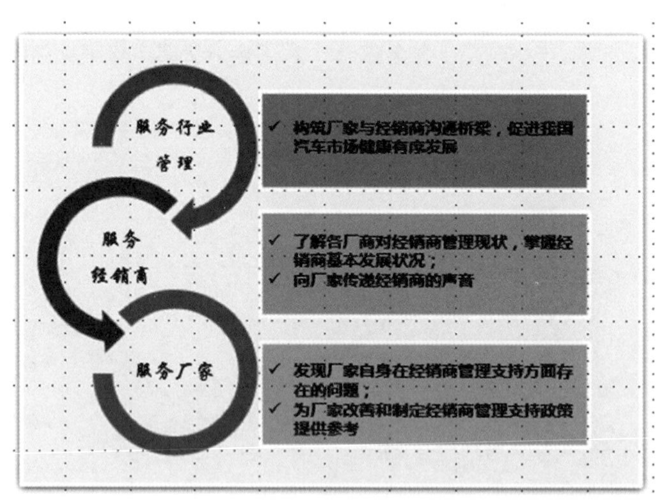


图 1

本次满意度调查结合行业发展现状，针对三大调查模块设立相应问题和评价点，调查得到了主要经销商集团和单店经销商的大力支持和配合。调查结果以其权威性、公正性、准确性和广泛性，得到了广大汽车经销商集团、汽车经销商、汽车生产厂家、政府和协会组织以及新闻媒体的热切关注和广泛认可。

### （二）调查内容及调查方法

2015 年经销商满意度调查沿用历史研究体系设计问卷内容，以调查品牌价值、厂商政策与管理、人员评价及经销商生存现状为目标，设计问卷内容。问卷涵盖产品、渠道、营销、商务政策、金融支持、新业务支持、厂商管理、渠道维护、人员能力、运营状况等 13 个维度，力求全面真实呈现中国汽车流通体系现状。

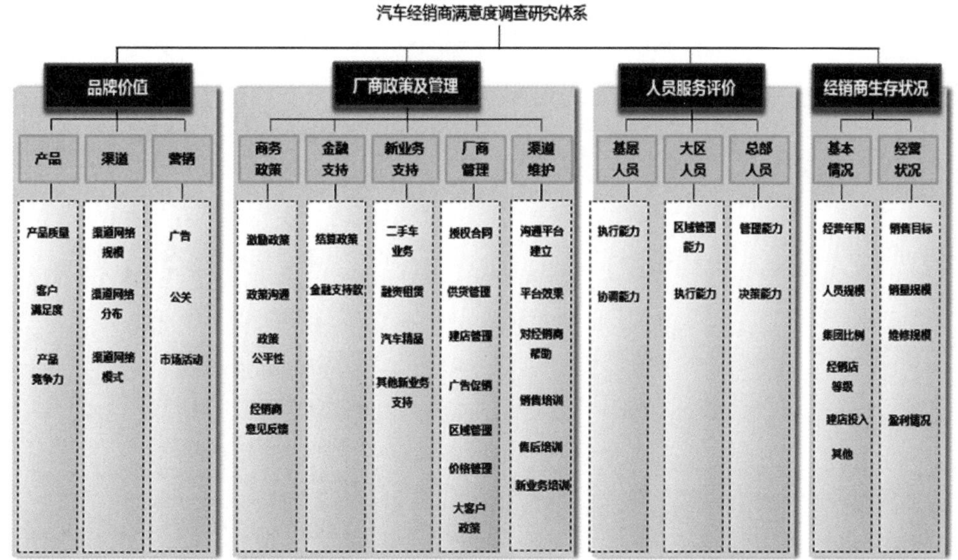


图 2

本次调查问卷分为三大模块，即：汽车厂家满意度、汽车金融满意度以及汽车用品满意度，合计 300 道子问题，以定量评分为主，定性调查为辅，通过品牌、系别、区域等多维度对比调查结果。

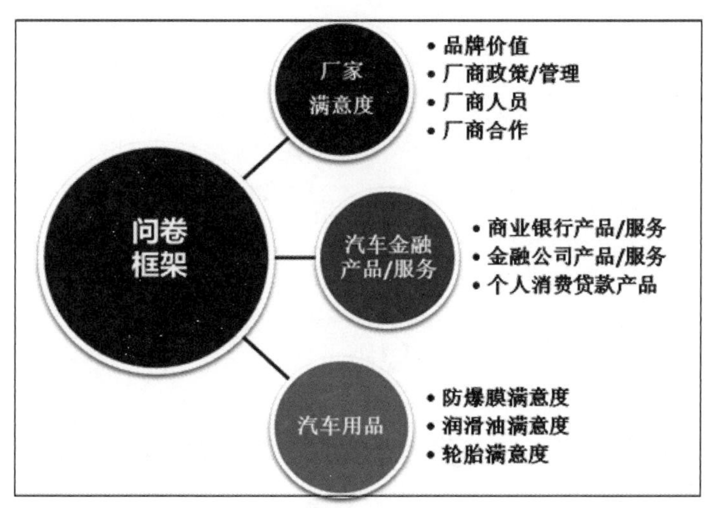


图 3

2015 年经销商满意度调查活动采用电话调查、邮件调查和网络填答相结合的方式，在全国范围内进行问卷调查。为确保调查结果真实有效，本年度满意度调查对象主要针对 4S 店一线运营的中高级管理人员，包括总经理、销售总监、服务总监以及市场总监等重要管理岗位。通过对一线人员的调查，更准确真实的展示经销商运营现状。

本次满意度调查于 2015 年 11 月启动，历时三个月，于 2016 年 1 月发布调查结果，本次调查范围包括汽车经销商集团 30 余家，单店经销商 1500 多个。共计调查国内市场上主要量产销售的品牌 51 个。其中进口品牌 12 个，合资品牌 21 个，自主品牌 15 个。本次调查区域覆盖全国六大区域，31 个省、市、自治区；共回收有效问卷 1040 份，其中进口品牌、合资品牌、自主品牌经销商样本量分别占 18.5%、58.2% 和 23.2%。

## 二、2015 年度全国汽车经销商满意度调查发现

### （一）2015 年经销商对主机厂满意度

1. 2015 年经销商总体满意度提升

调查结果显示，2015 年经销商与厂家的矛盾有所缓和，经销商与厂家的关系向“伙伴式、兄弟式”转变；2015 年经销商总体满意度得分为 79.8 分，相比去年上升 1.6 分。

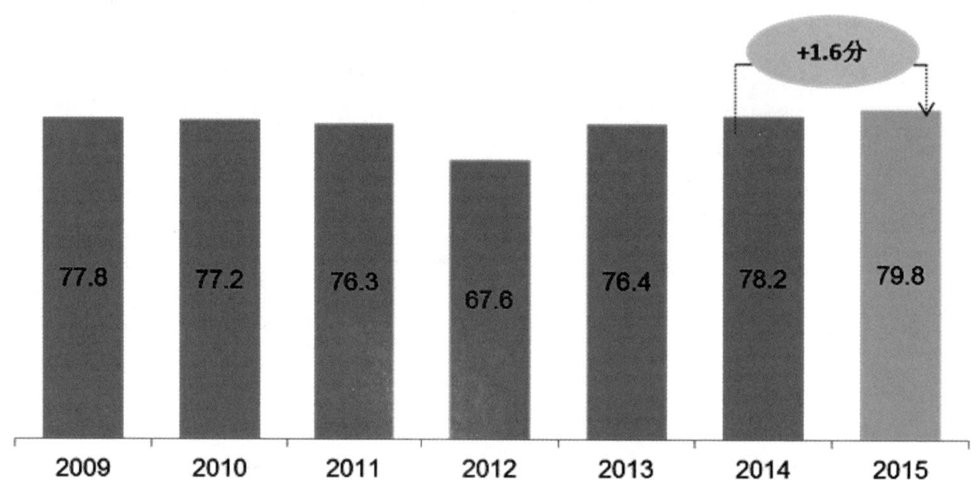


**图 4　2009 － 2015 年经销商总体满意度情况**

数据来源：中国汽车流通协会 奥德思汽车研究

2. 2015 年合资、进口、自主品牌的满意度均有提高

2015 年调查结果显示，合资、进口、自主品牌的满意度均有提升，其中自主品牌的提升幅度最大，上升 5 分；合资品牌仍是经销商最为满意的品牌，为 81.1 分，进口品牌的满意度得分最低，为 75.7 分。

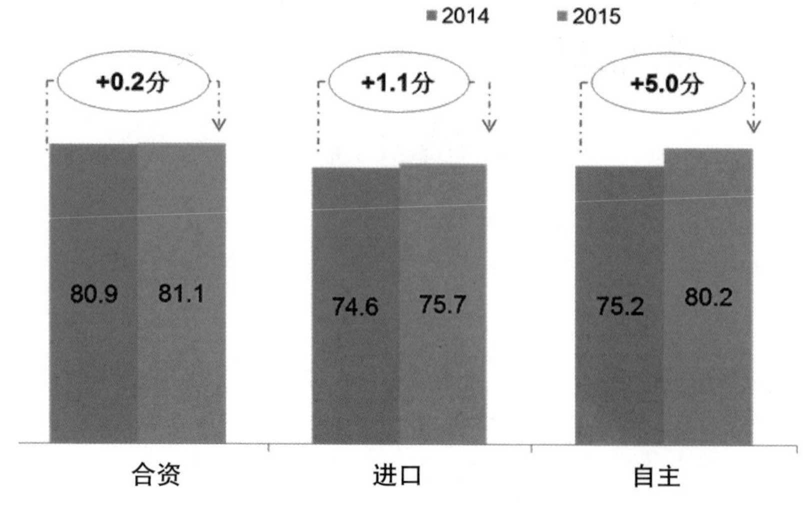


**图 5　2015 年品牌类别经销商总体满意度得分**

数据来源：中国汽车流通协会 奥德思汽车研究

3. 三大模块中厂商政策及管理满意度最低

本次问卷设计结合行业发展现状，共设置品牌价值模块、厂商政策 & 管理模块、厂商人员满意度模块，包含 150 余个子项。调研结果显示，2015 年与 2014 年的调查结果类似，三大模块中经销商对厂家政策及管理满意度得分仍然最低，甚至相较 2014 年又下降了 0.5 分，经销商对厂家人员服务满意度得分最高。

数据来源：中国汽车流通协会 奥德思汽车研究

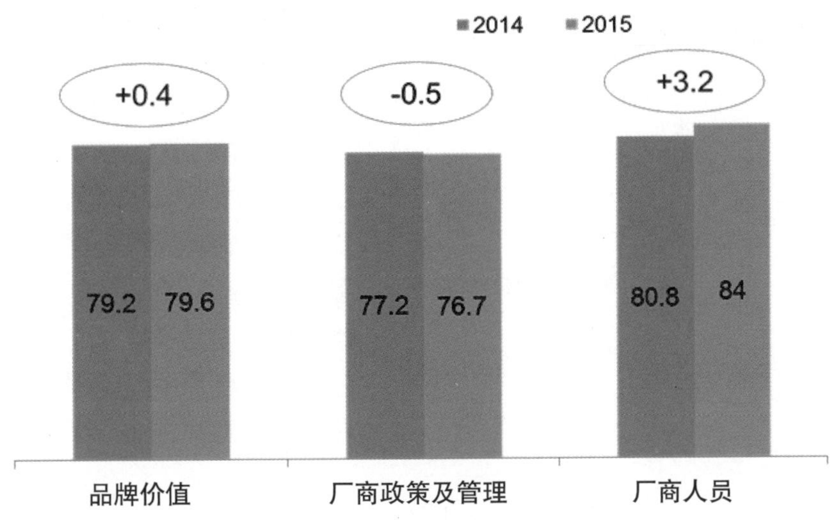


图 6　2015 年满意度子模块得分

数据来源：中国汽车流通协会 奥德思汽车研究

3.1 品牌价值：经销商对传统业务盈利能力满意度最低

2015 年调研结果显示，经销商对厂家品牌质量满意度较高，此项得分为 84.3 分；经销商对营销能力满意度普遍偏低；在品牌价值满意度指标中，传统业务盈利能力的满意度最低，主要因为新车销售亏损面加大，售后服务市场受独立体系冲击造成利润减少。

| 环节名称 | 指标名称 | 得分情况 |
|---|---|---|
| 产品力 | 产品质量 | 84.3 |
| | 新产品规划 | 80.8 |
| 渠道网络 | 当地渠道网络模式 | 77.3 |
| | 当地渠道网络分布 | 76.4 |
| 营销力 | 互联网工具运用 | 76.4 |
| | 公关宣传 | 76.3 |
| | 广告宣传 | 76 |
| | 市场活动 | 75.7 |
| 盈利能力 | 创新业务盈利能力 | 70.6 |
| | 传统业务盈利能力 | 68.4 |

图 7

数据来源：中国汽车流通协会 奥德思汽车研究

3.2 厂家政策及管理

厂商政策模块：经销商对备件返利政策的满意度最低

调查结果显示，经销商对厂家品牌授权期限满意度得分最高，为 82.5 分；对备件返利政策最为不满，得分仅为 73.4 分。

| 环节名称 | 指标名称 | 得分情况 |
| --- | --- | --- |
| 品牌授权政策 | 授权期限 | 82.5 |
| | 授权合同条款 | 82.2 |
| 商务政策 | 新车销售的佣金返利政策 | 74.9 |
| | 备件返利政策 | 73.4 |
| 建店政策 | 建店保证金和资金返还政策 | 80.5 |
| | 建店标准 | 80.2 |
| | 建店的材料和装饰装修政策 | 78.5 |
| 金融支持政策 | 消费贷款 | 80.3 |
| | 为经销商融资提供支持 | 80.2 |
| | 三方信贷（库存融资） | 79.8 |

**图 8**

数据来源：中国汽车流通协会 奥德思汽车研究

厂家管理模块：经销商对库存、价格管理的满意度较低

厂商管理涵盖整车及零部件管理、价格管理、库存管理、售后管理、区域管理、营销管理、培训管理等 9 个子项。调研结果显示，经销商对库存管理、价格管理、营销支持及管理、新业务管理的满意度均不高。

| 环节名称 | 指标名称 | 得分情况 |
| --- | --- | --- |
| 整车及零部件供应 | 备件供应 | 78.9 |
| | 畅销车型供应 | 78.3 |
| | 滞销车型供应 | 73.1 |
| 价格管理 | 新车价格 | 74.7 |
| | 配件价格 | 73.6 |
| 库存管理 | 新车库存 | 74.2 |
| | 配件库存 | 74.2 |
| 售后支持及索赔管理 | 三包索赔 | 80.6 |
| | 售后技术支持 | 80.1 |
| | 非三包索赔 | 79 |
| 区域指导 | 经销商销售区域划分合理性 | 79.6 |
| 营销支持及管理 | 推广活动投入力度、形式及效果 | 76.3 |
| | 对经销商营销费用支持的充足度 | 74.2 |
| 培训支持及管理 | 销售培训 | 80.5 |
| 新业务管理 | 电商业务（新车、二手车、售后服务等） | 79.1 |
| | 汽车金融保险 | 78.9 |
| | 二手车业务支持 | 76.4 |
| | 融资租赁业务 | 75.7 |
| | 汽车精品附件及改装业务 | 73.3 |
| 经销商沟通及渠道维护 | 建立与经销商的沟通机制（或平台） | 80 |
| | 沟通机制（或平台）的效果 | 79.4 |

**图 9**

数据来源：中国汽车流通协会 奥德思汽车研究

在调查中发现搭售及价格倒挂现象是影响厂商管理满意度的重要原因。搭售主要是指厂家将给经销商的返利折算成新车、汽车用品、零部件，作为搭售产品供应给经销商，造成经销商新车及配件的库存结构不合理；价格倒挂主要是因为厂家的销售任务量大，为完成任务目标，经销商不得不降低销售价格，因此经销商盈利进一步减小。

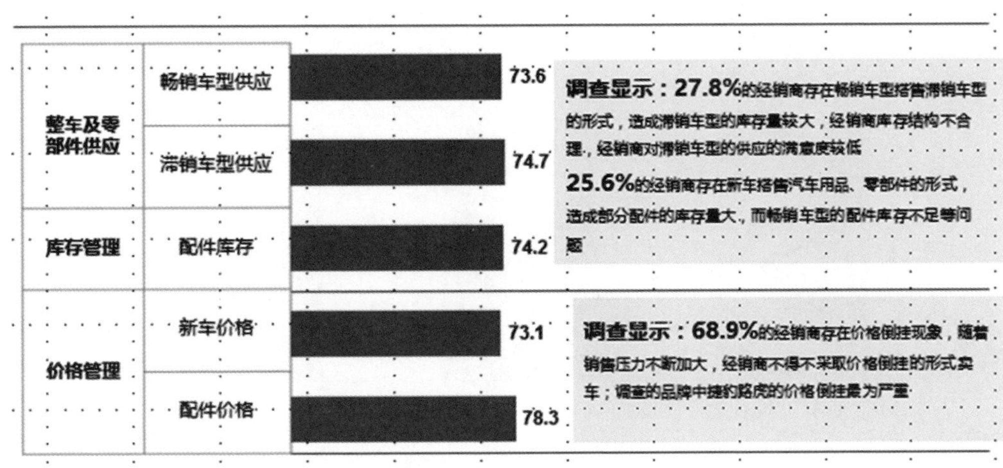


**图 10**

数据来源：中国汽车流通协会 奥德思汽车研究

调查结果显示，2015 年经销商库存压力略有缓解。从 2015 年全年来看，上半年的库存水平比去年同期升高，进入下半年，汽车市场逐渐回暖，经销商库存压力相比去年减小，总体来说，库存压力略有缓解。从满意度调查来看，2015 年，有 23.2% 的经销商库存深度小于 1.5 个月，比 2014 年增加了 4.4 个百分点，库存深度大于 2.5 个月的经销商比例减少。

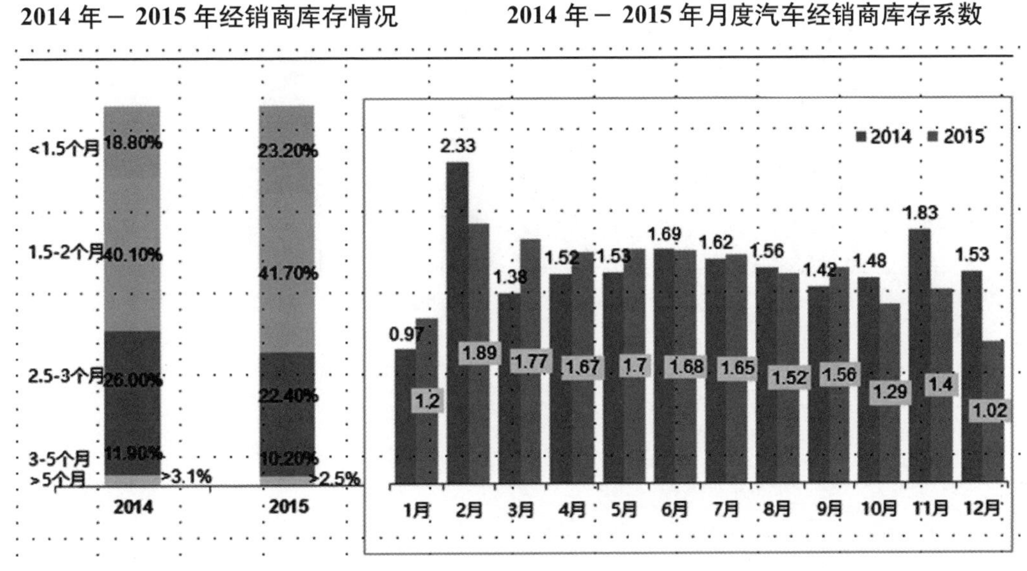


**图 11**

数据来源：中国汽车流通协会 奥德思汽车研究

3.3 厂商人员：经销商对厂家总部管理人员的满意度最低。

厂商人员作为沟通厂家与经销商的桥梁，其管理、沟通能力的强弱，对经销商运营效率产生重要影响。本次调查结果显示，2015 年，经销商对厂商人员的满意度整体提升。其中对大区工作人员的满意度最高，对厂家总部管理人员的满意度最低。

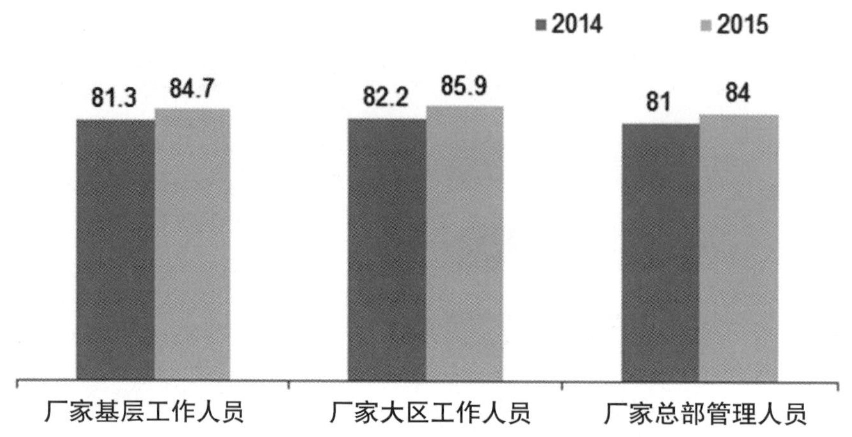


图 12　2015 年厂商人员满意度情况得分

在调研中，经销商反馈，在厂 - 商合作中存在厂家干预 4S 店经营管理的情况。经销商表示，希望厂家能够听取经销商的意见和建议，能够给一定的自主空间。经销商不希望厂家过度干预自身的经营管理。

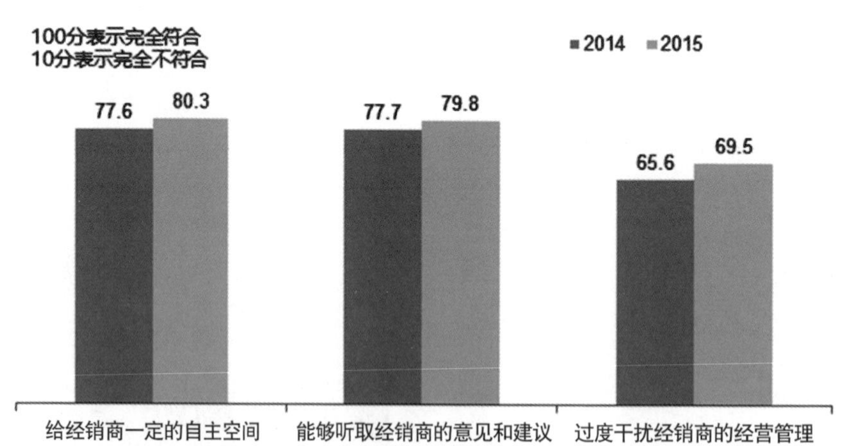


图 13　厂家与经销商的合作情况

数据来源：中国汽车流通协会 奥德思汽车研究

4. 2015 年分品牌满意度得分排名

2015 年满意度得分排名前十的分别是：广汽丰田、长城汽车、雷克萨斯、通用别克、一汽丰田、奔驰、凯迪拉克、上海大众、一汽大众、东风本田；2015 年公布的满意度得分排名的后五位分别是：英菲尼迪、陆虎、东风雪铁龙、斯柯达、东风标致。

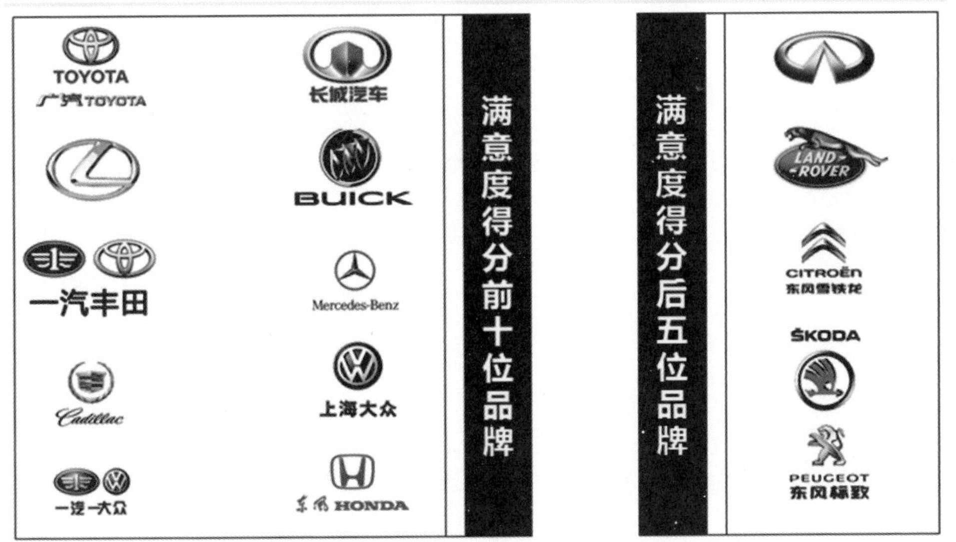


图 14

注：品牌统计范围仅包括 2015 年经销商满意度调查涉及到的乘用车品牌；以上排名不分先后

数据来源：中国汽车流通协会 奥德思汽车研究

从各品牌平均单店销量来看，满意度 TOP10 的品牌的单店销量较高，TOP5 品牌的平均单店销量大于 1000 台；而满意度得分后五位的品牌平均单店销量均低于平均值 824 台。

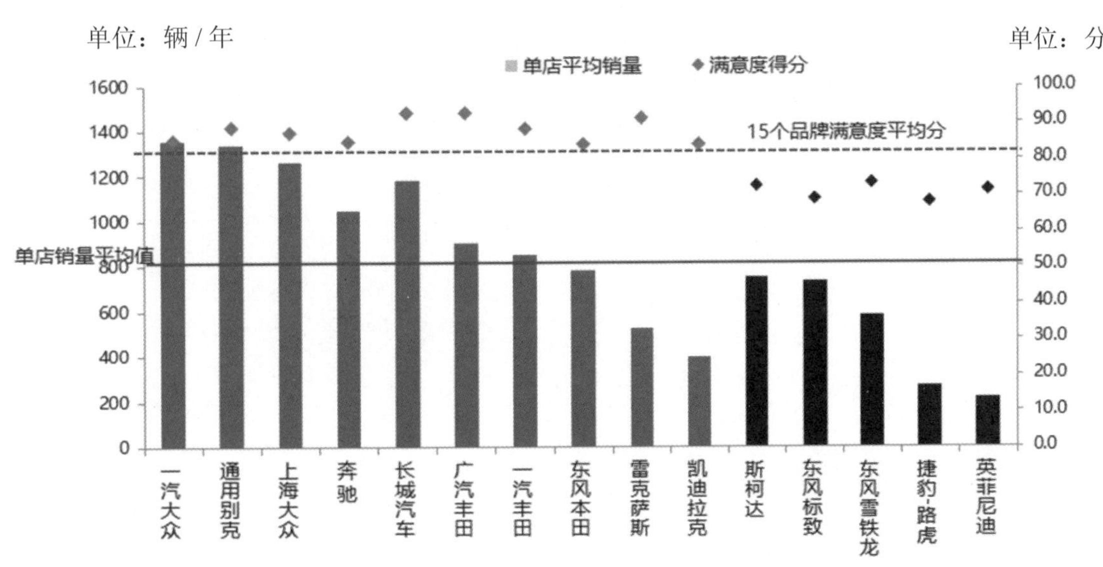


图 15 分品牌平均单店销量及满意度得分情况

从各品牌销量完成率情况看，满意度排名后五位的品牌只有东风标致完成了目标，其余的销量完成率基本低于90%。满意度TOP10的品牌，半数以上都完成甚至超额完成目标。

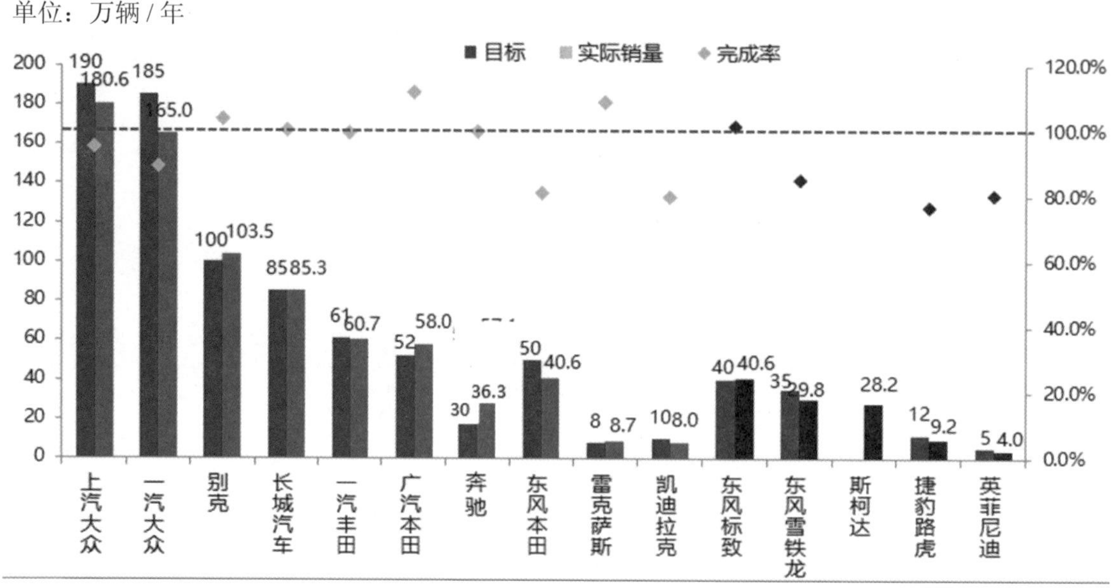


**图16 2015年分品牌销量目标及实际完成率**

数据来源：中国汽车流通协会 奥德思汽车研究

（二）汽车经销商生存状况

1. 经销商经营数据

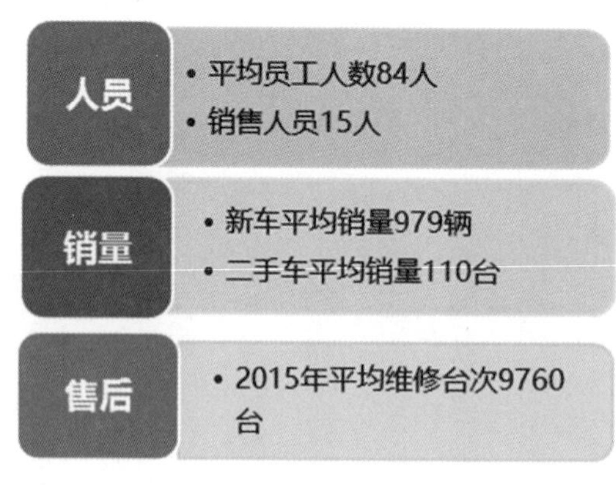


**图17**

2. 2015年对经营状况不满意的经销商比例上升

调查结果显示，2015年经销商普遍经营压力增大，不满意的经销商比例从2014年的22.6%增长至29.6%；对经销状况满意的经销商从2014年的26.7%降至20.2%。

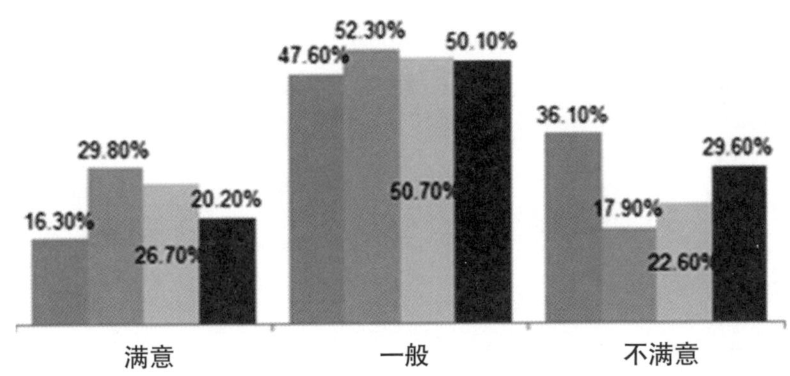


**图 18　2012 年－2015 年全国经销商对经营状况的满意情况**

数据来源：中国汽车流通协会 奥德思汽车研究

3. 半数经销商盈利状况处于持平状态，仅两成经销商盈利

2015 年，有 48.5% 的经销商盈利状况为持平，21.8% 的经销商盈利，29.7% 的经销商处于亏损状态；相比去年，经销商的盈利面继续减小，持平的比例增加。

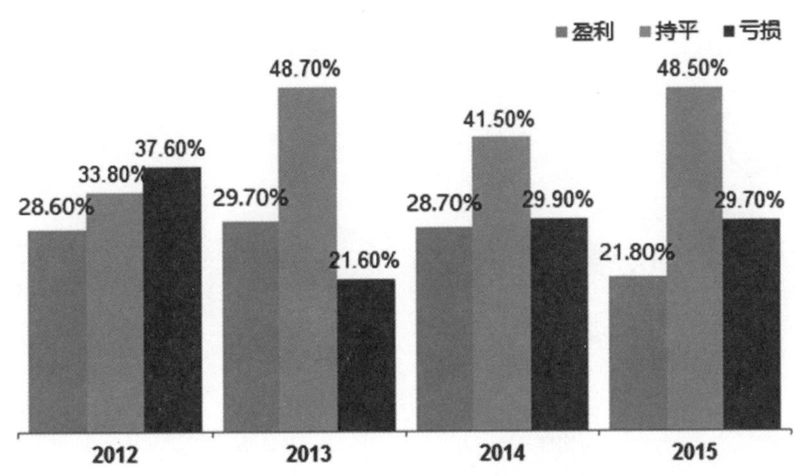


**图 19　2012 年－2015 年经销商盈利经营状况**

数据来源：中国汽车流通协会 奥德思汽车研究

4. 2015 年经销商网络状况

调查结果显示，合资、进口、自主品牌均有超过 40% 的经销商利润率在正负 5% 之间。合资品牌利润率高于进口及自主品牌，合资品牌中有超过 30% 的经销商利润率为 5% － 20%。2014 年进口品牌利润率较差，有接近 20% 的经销商利润为负 20% 以上。

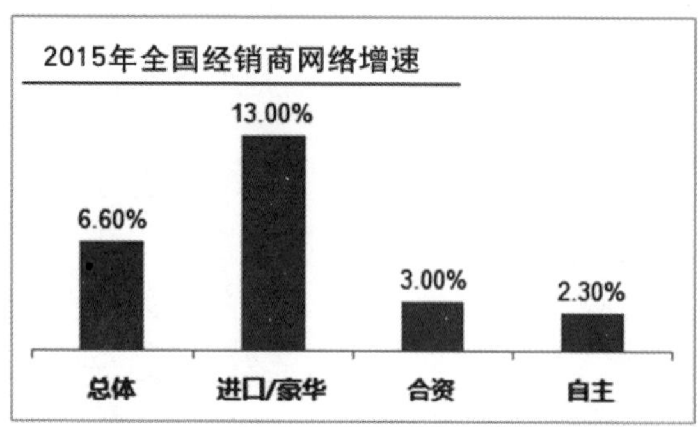


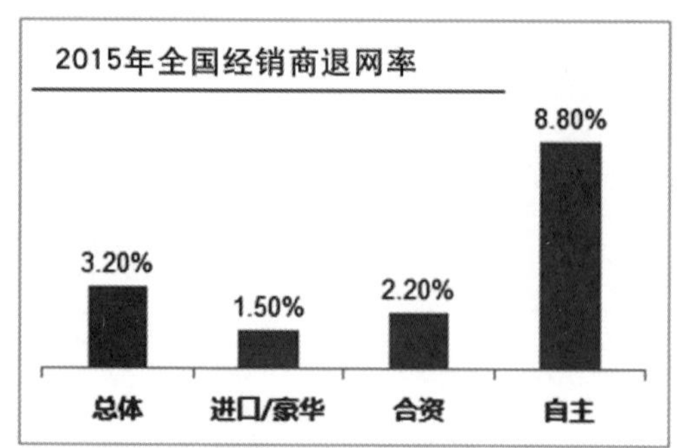


图 20

注：部分网络状况不好的品牌未计入调查范围，因此，实际退网率大于3.2%

数据来源：中国汽车流通协会 奥德思汽车研究

5. 2016 年经销商对经营状况与盈利状况的预期好于 2015 年调查结果显示，经销商对 2016 年经营状况的预期好于 2015 年，有 26.5% 的经销商预计 2016 年的经营状况满意；有 28.8% 的经销商认为 2016 年盈利，认为亏损的比例只有两成。

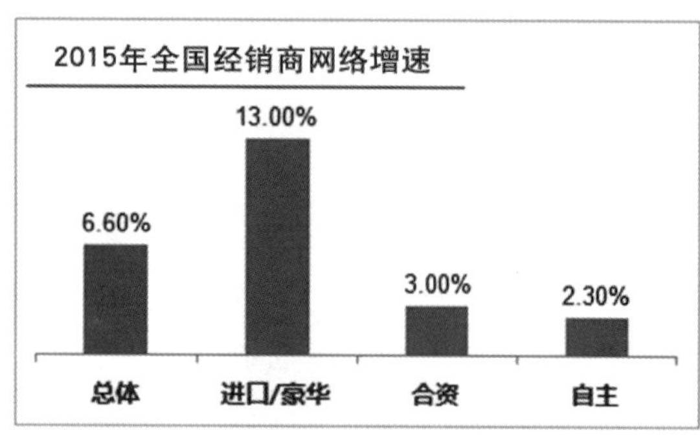


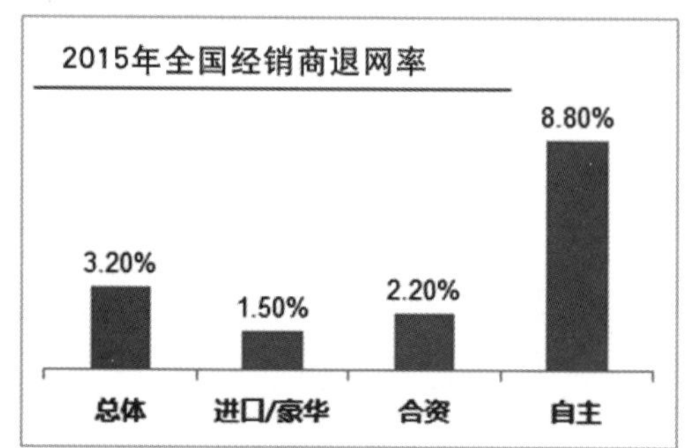


图 21

数据来源：中国汽车流通协会 奥德思汽车研究

（三）2015 年经销商对汽车金融产品 / 服务的满意度

1. 经销商对合作的商业银行总体满意度较高

调查结果显示，经销商对合作的商业银行满意度很高，平均分数为 85.4，其中经销商满意度 TOP5 的商业银行分别为中国光大银行、华夏银行、中国工商银行、中信银行、兴业银行。( 见图 22)

( 四 ) 汽车用品满意度

1. 汽车用品满意度得分情况

汽车用品满意度调查按照防爆膜、润滑油、轮胎进行分类，调查涵盖目前市场主要汽车用品品牌。2015 年调查显示，经销商对防爆膜满意度最高，对润滑油的满意度最低。（见图 23）

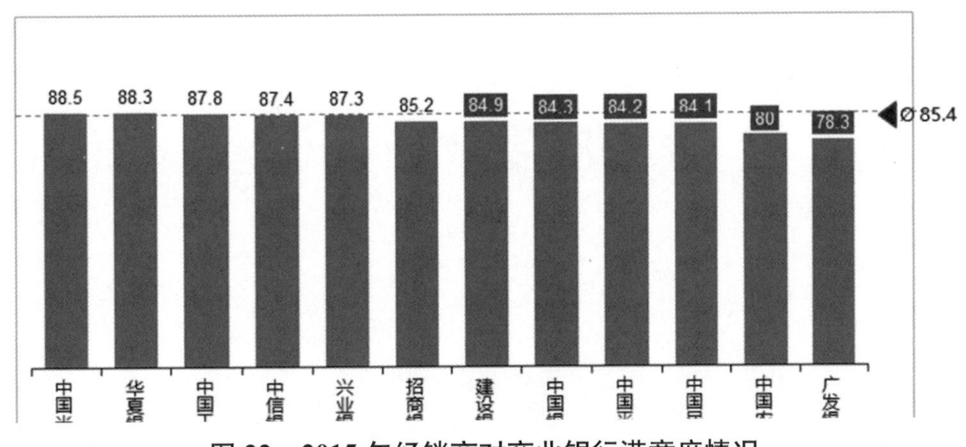


图 22　2015 年经销商对商业银行满意度情况

数据来源：中国汽车流通协会 奥德思汽车研究

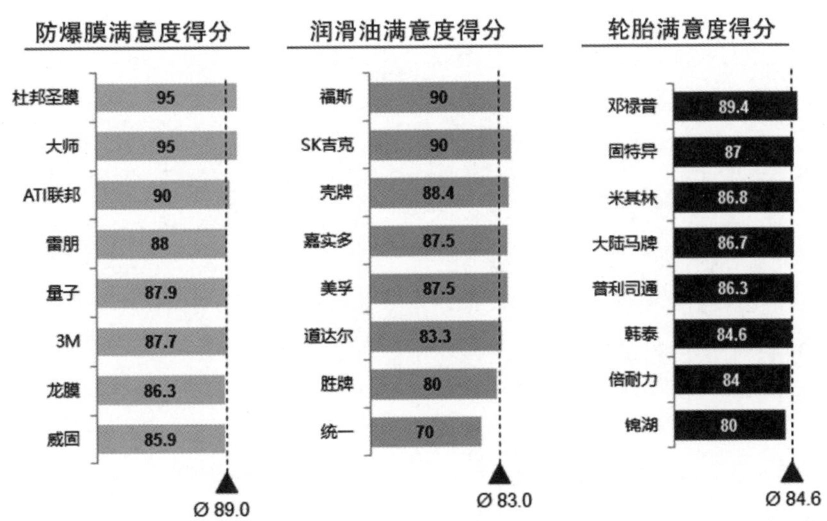


图 23

数据来源：中国汽车流通协会 奥德思汽车研究

# 2015年汽车经销商集团百强专题研究报告

## 一、中国汽车经销商集团百强排行榜发布意义

从2009年至今，中国汽车流通协会已连续七年发布中国汽车经销商集团百强排行榜。该排行榜由中国汽车流通协会打造，吸引了近百家社会媒体的关注，得到了各地汽车流通行业组织及全国汽车经销商集团的大力支持，尤其是得到了国家政府部门及汽车生产厂商、金融机构相关服务机构的广泛认可。在社会与行业内引起了强烈反响。“中国汽车流通行业经销商集团百强排行榜”已成为我国汽车流通行业反映企业实力的最具权威性、最具影响力的全国性品牌活动之一。

作为引领汽车流通行业的风向标，百强排行榜从多层面、多维度、多视角展示了汽车经销商集团过去一年的整体状况，因此排行榜的发布具有重要意义，并对整个行业的持续、健康和稳定发展起到推动作用。

在政府层面，增强政府层面对汽车流通行业和百强企业的关注度，有利于政府部门深度了解汽车流通行业的发展趋势，及新经济环境下的转型状态，加大辅助政府出台与汽车流通行业相关政策的力度。

在经销商与厂商层面，通过汽车品牌联会的建立，构建新型的厂、商关系，帮助经销商全面提升经营及管理能力，设定合理的标杆，控制各方面风险，作为最接近于市场的环节，为整个汽车行业传递准确的信息，促进行业转型。

在资本层面，增强资本市场对经销商的关注程度，构建经销商、资本市场的桥梁，为投资机构和资本市场提供各项关键信息，包括提供体系化、覆盖全面评估体系，有效评估汽车流通企业的价值，并识别各项经营和管理风险。

在社会价值层面，引导流通行业企业持续创造更多的社会经济价值，引导经销商通过观念和服务转型，提高自身的服务能力，提供更多更好的就业环境，为员工提供更多的价值回报。

## 二、百强排行榜全面特征分析

百强排行榜全面特征分析体现在过去、现在及未来三维度，整体规模、百强结构、行业集中度、业务结构、盈利能力、盈利潜力、运作风险、社会价值八个方面。

### 1. 整体规模

从整体规模上看，百强营业收入保持持续增长，但增速有所放缓 。

（1）营业收入：2015年百强企业营业收入12,714亿元，同比增长3.2%，整体增速有所放缓。

（2）销售数量：整车销售数量同比增长5%，数量达到653.4万台，增速亦有所放缓，其中二手车置换96万辆，对新车销售的贡献度持续增长。

（3）4S店数量：企业4S网点数量达到5,526家，同比增长6.7%（自建+并购），门店增长速度保持稳定。

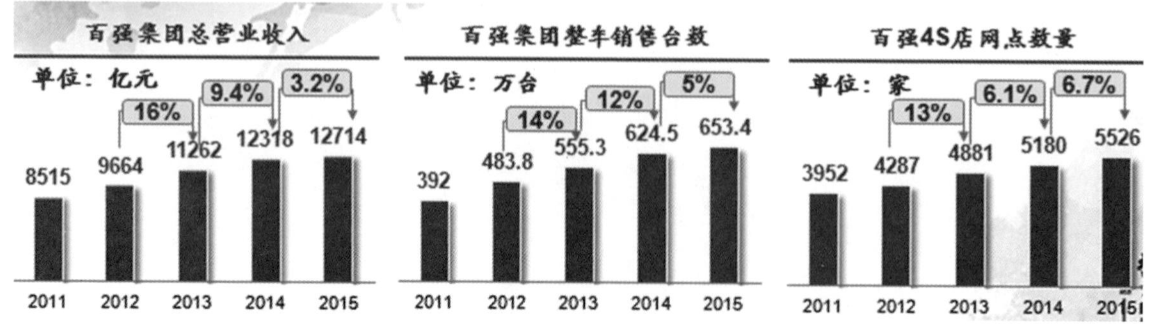


图1

2. 百强结构

从结构上看，百强中百亿经销商数量保持稳定。

（1）2015 年百强中百亿经销商的数量和规模增速放缓。百亿经销商数量从 2014 年的 38 家，减少到 37 家，增速放缓已开始影响流通行业巨头。

（2）百强榜首营业收入从 905 亿元增长到 937 亿元，进一步接近千亿大关。

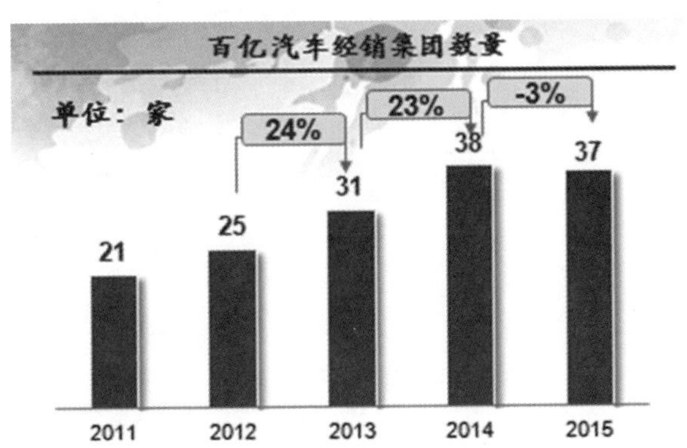


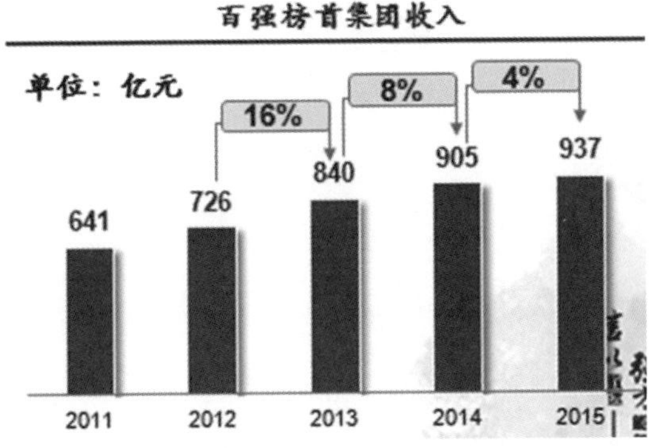


图 2

3. 行业集中度

汽车流通市场的行业集中度保持平稳。

（1）百强：2015 年百强经销商销售数量占市场总销量的比重保持在 25%。

（2）百亿：百亿经销商集团新车销售数量占百强企业总销量的比重略有下降，从 72% 降至 69%，而百亿集团的营业收入占百强总收入比例基本不变（降低 1 个百分点）。

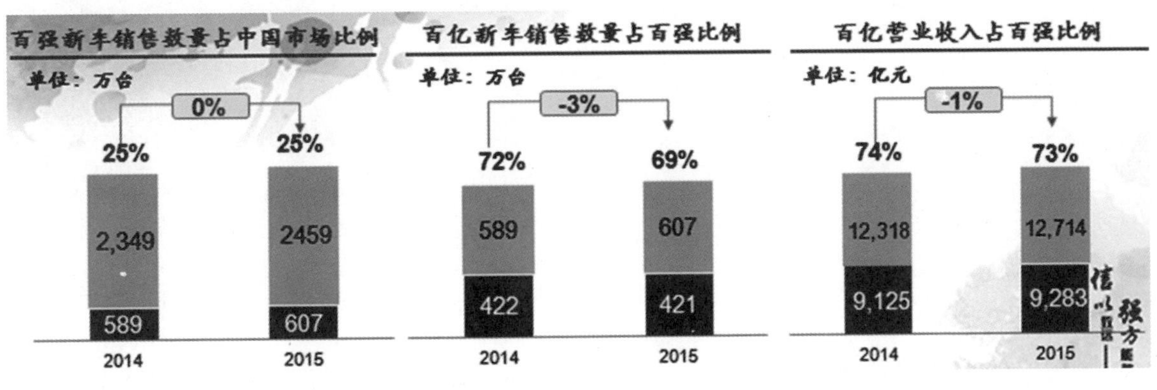


图 3

4. 业务结构

业务结构不断优化，但与成熟市场仍有较大差别。

（1）在保证整体营收增长的前提下，百强企业加速经营业务结构调整，汽车后市场业务收入占比提高了 3 个百分点。

（2）金融保险收入占比有较大提升达到 3.8%，增长了 1.7 个百分点。

（3）二手车、零部件和维修服务的收入占比与去年基本持平。

（4）与美国的差距依然较为明显，但正在不断缩小，但结构优化趋势已经显现。

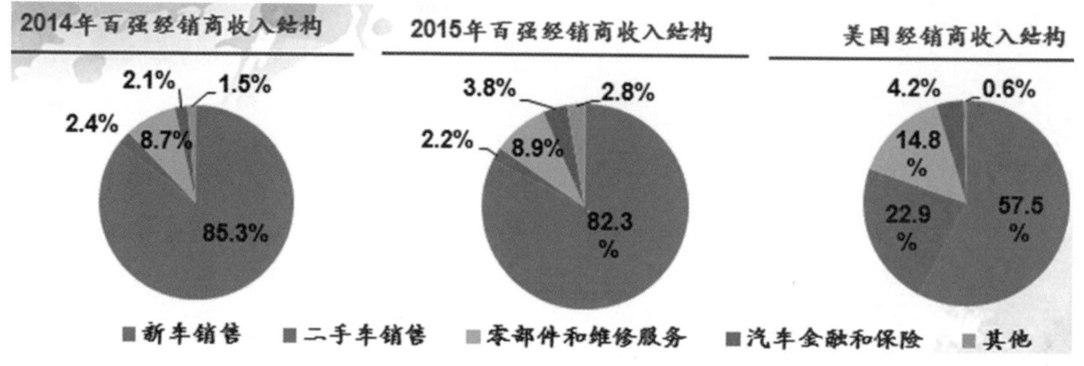


图 4

5. 盈利能力

从整体的综合财务指标看，盈利能力正持续逐步下滑：

（1）业务视角：2015 年相比较于 2014 年有较大程度的下滑，毛利率下滑 1.66 个百分点。

（2）综合管理视角：由于业务毛利下滑较为严重，经销商净利受到较大影响，净利润率下滑 0.3 个百分点。

（3）投资视角：从股东投资回报的角度，经销商集团投资回报率下滑较为明显，在 2013 到 2014 年下滑了 5 个百分点后，2015 年再次下滑了 5.4 个百分点，从 13.1% 下滑至 7.7%。

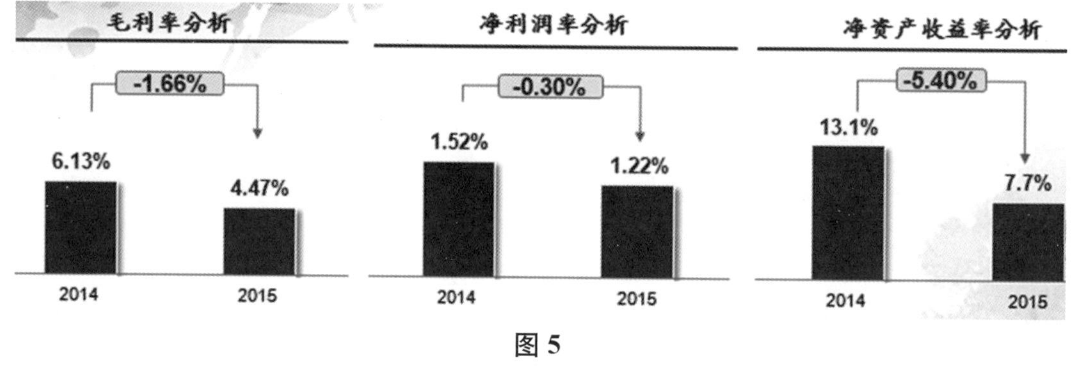


图 5

从连续两年入围百强榜的 84 家经销商集团看，其盈利能力面临巨大挑战，84 家集团从营业收入、毛利金额、净利润、净资产进行对比，可以发现：

（1）营业收入保持增长的同时（5.06%），毛利大幅下降（-25.79%）；

（2）通过业务结构调整、组织管理提升，虽降低了部分成本 / 费用，但整体净利润依然下滑 (-5.26%)。

（3）经销商集团已放慢了扩张的节奏，净资产增长速度减缓到 7.47%，整体投资回报率下降了 1.04 个百分点。

百强可比集团 2014-2015 年业务概况对比（84家）

| 单位：亿元 | 营业收入 | 毛利金额 | 净利润 | 净资产 | 净资产回报率 |
|---|---|---|---|---|---|
| 2014年累计 | 9,992 | 605 | 133 | 1,526 | 8.72% |
| 2015年累计 | 10,498 | 449 | 126 | 1,640 | 7.68% |
| 2015对比2014变化 | 5.06% | -25.79% | -5.26% | 7.47% | -1.04% |

注：仅选取两年同时入围的、可比的经销商集团进行分析，反映行业的实际变化情况。

图 6

6. 盈利潜力

对比美国，中国经销商依然有较大的潜力可以发挥。

（1）相比较于中国经销商的毛利率的快速下滑，美国经销商的毛利率相对保持稳定。由于美国人均销售效能提升、市场推广费用降低、运营效率提升，总体净利润率较为稳定。

（2）资产利用效率方面，美国从 2010 年开始每年稳步提升，远高于中国的利用效率。对比后结论：中国经销商需进一步着力于内部经营管理、资本运作、组织 / 人才管理效率的提升。

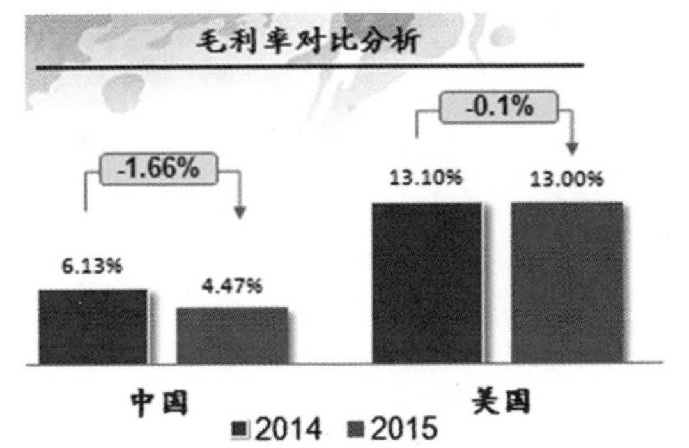


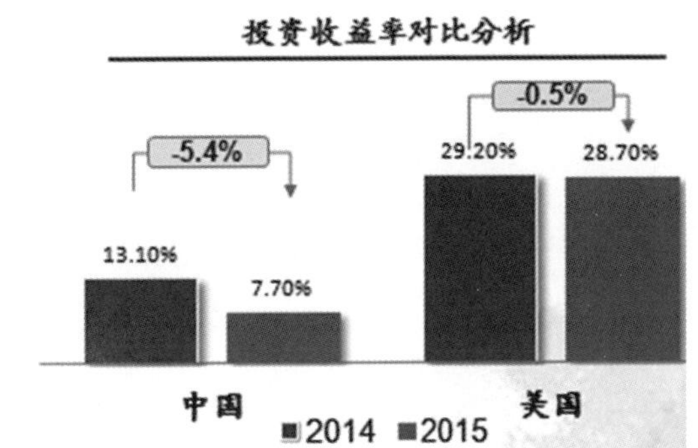


图 7

从盈利的来源上，金融、二手车为主的衍生业务增长较为明显。

（1）新车销售毛利占比同比下滑近 10 个百分点。

（2）金融保险业务毛利占比有大幅提升，该板块已成长为经销商的重大利润来源。

（3）零部件和维修服务收入及毛利占比在保持稳定的情况下略有提升，这主要是得益于 2014 年各大经销商集团在售后运作管理方面的效率提升。

（4）二手车在 2015 年也受到了一定的重视，其毛利占比实现了较大幅度的提升，同比增长了 2.1 个百分点。

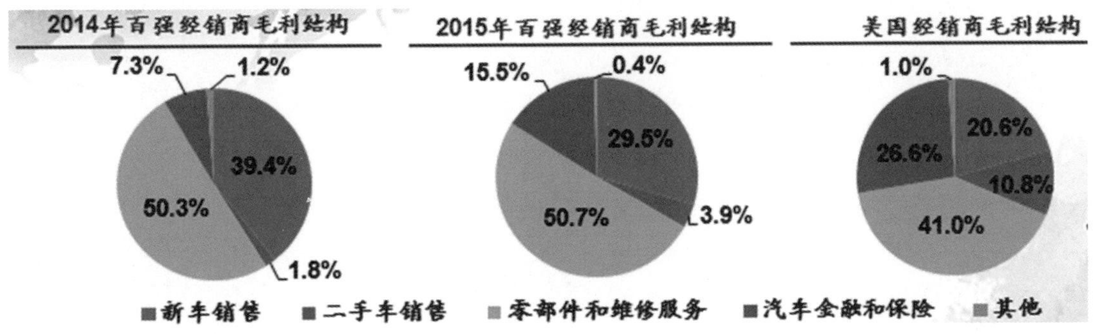


图 8

从门店的运作效率上，也有较大幅的提升空间。

（1）单店人员配置较去年略有上升，从 2014 年的 73 上升到 2015 年的 77。

（2）相比较于美国门店：百强门店人员配置仍有一定程度的提升空间，受整体市场的影响，百强的人均效能（从销量层面）与美国进一步拉开了差距。

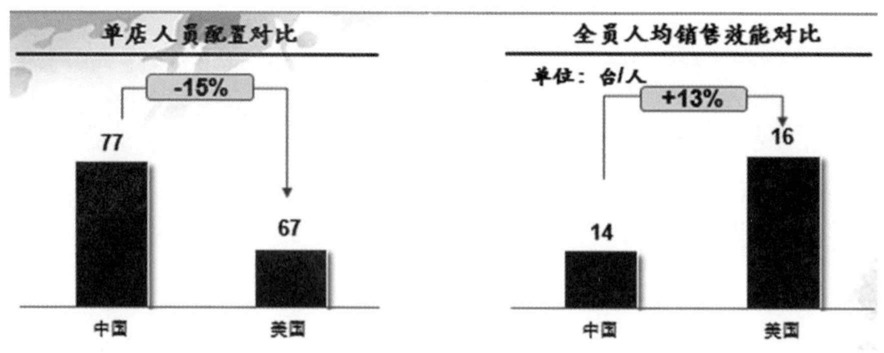


**图 9**

7. 运作风险

整车 / 二手车 / 精品库存周转加快，整体风险有所降低。

（1）整车销售：平均周转天数由 2014 年的 48.65 天降低至 41.38 天，周转率有所改善。

（2）二手车：平均周转天数为 25.8 天，经销商管理水平稍有改善。

（3）精品：精品库存风险和资金占用正在大幅降低，从 2014 年的 31% 降低至 15.2%。

整车库存风险

| 新车 | 平均周转天数 |
|---|---|
| 2015 | 41.38 |
| 优秀 | 27.60 |
| 良好 | 33.55 |
| 中等 | 38.57 |
| 较差 | 46.89 |
| 2014 | 48.65 |

二手车库存风险

| 二手车 | 平均周转天数 |
|---|---|
| 2015 | 25.80 |
| 优秀 | 8.52 |
| 良好 | 16.84 |
| 中等 | 28.65 |
| 较差 | 61.64 |
| 2014 | 25.99 |

精品库存风险

| 精品 | 库存金额/销售收入 |
|---|---|
| 2015 | 15.20% |
| 优秀 | 7.93% |
| 良好 | 11.22% |
| 中等 | 17.49% |
| 较差 | 41.76% |
| 2014 | 31% |

**图 10**

经销商资产在不断固化、同时实际的资金成本也在上升。

（1）净资产：2015 年百强经销商的净资产总额达 2031 亿元，增长 6.3%，较 2014 年的 40% 增幅大幅放缓。

（2）财务费用：财务费用的成本不断上升，平均财务费用占营业收入比例增长了 0.11 个百分点。

（3）客户流失：客户流失的情况较 2014 年有所改善，2015 年客户流失率从 22% 降至 20%。

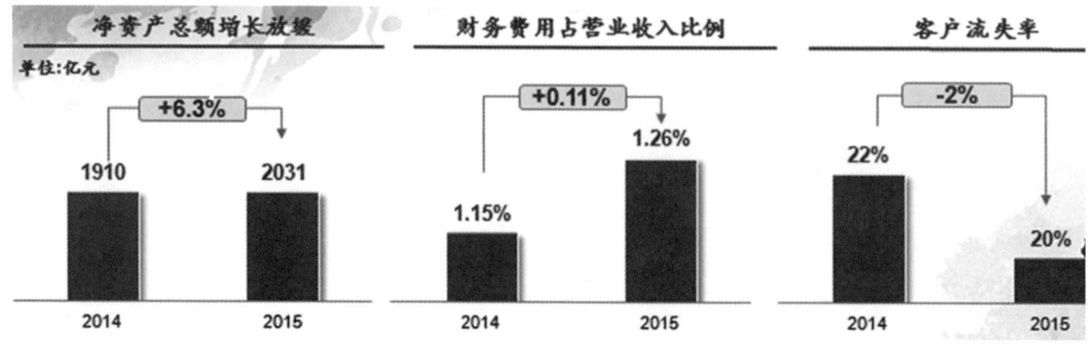


**图 11**

8. 社会价值

我们依然看到汽车流通行业企业对社会的经济贡献：

虽然百强企业营收同比增长 3.2%，低于 2015 年 GDP 涨幅 3.7 个百分点，同时低于汽车类商品零售额增长率 9.1 个百分点，但后服务市场的经济贡献却十分显著，汽车保费、二手车交易额、汽车金融规模将成为未来收入增长的主要来源之一。

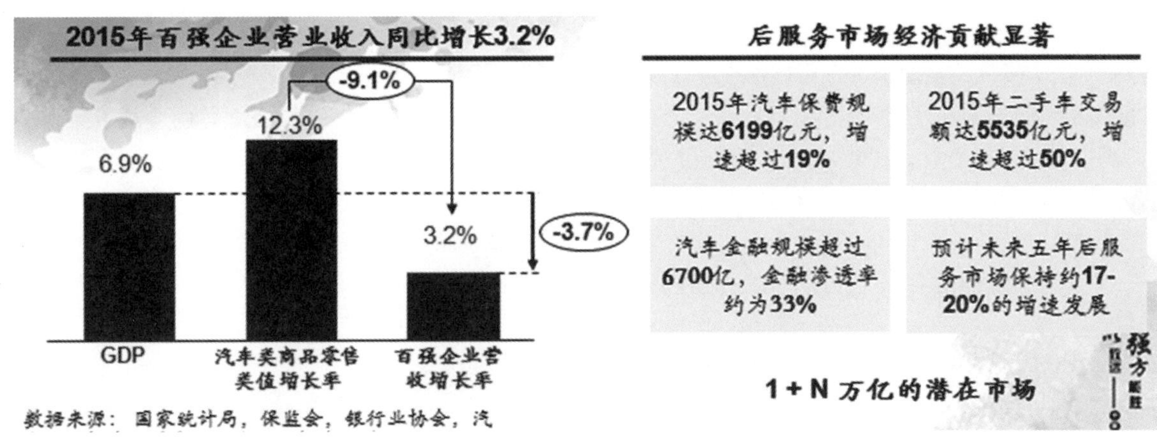


图 12

百强企业在持续为社会提供良好的就业和人才发展机会：

（1）2015 年度百强企业吸纳就业人数达 42 万人，比 2014 年增长约 11%，为社会创造了更多的就业岗位和就业机会。

（2）2015 年度百强企业人均薪酬福利涨幅达 11%，员工收入稳步增长。

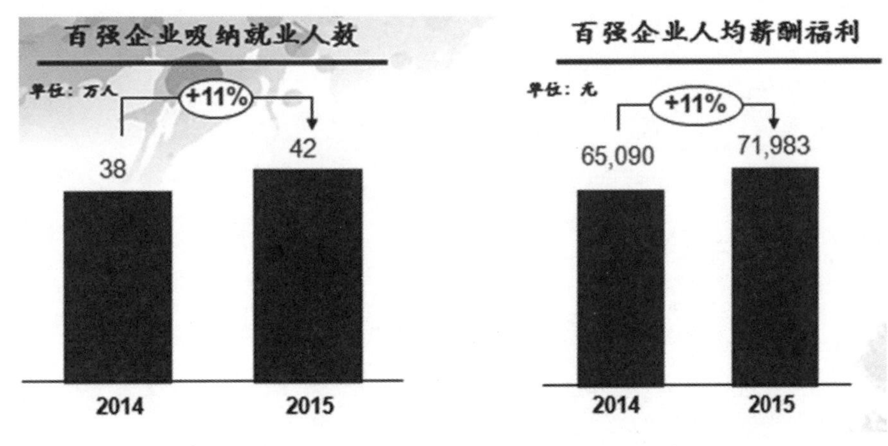


图 13

百强企业引领全行业部分完成商务部“十二五”规划对汽车流通行业的目标。“十三五”规划向全行业提出了新的发展方向。

1.“十二五”指导意见的完成情况

（1）百亿企业目标：“十二五”指导意见目标为百亿企业达到 30 家。

完成情况：目前已有 37 家企业达到了百亿企业的要求，提前超额完成目标。

（2）千亿企业目标：“十二五”指导意见目标为千亿企业达到两到三家。

完成情况：目前百强榜首收入已达 937 亿元，接近千亿元目标。

2.“十三五”重点方向

总理的政府工作报告中已明确：

（1）将二手车、新能源汽车作为十三五规划中重点发展板块。

（2）十三五期间将全面推广车用燃油国五标准，淘汰黄标车和老旧车 380 万辆。

（3）在全国开展消费金融公司试点，鼓励消费信贷产品创新，汽车金融将会得到更大的发展

## 三、2015 年百强综合特征分析对经销商的启示

在对 2015 年度百强企业问题及趋势分析中，百强报告提出三个启示与建议：

1. 业务结构需持续调整

（1）二手车：根据总理工作报告及二手车国八条，积极开展二手车业务。

（2）新型业务探索：积极探索融资租赁、二手车金融等新型业务，增加利润来源。

（3）跨行业合作：立足汽车流通行业，积极面对跨行业竞争，加强行业间合作；

2. 管理效率需不断提升

（1）风险有效控制：强化集团 / 门店业务流程管理，积极面对新型业务板块的风险挑战。

（2）组织效率提升：精细化管理推动企业内部效率提升，有效”开源节流”。人才

（3）人才管理效率：行业转型中既要留住现有人才，同时也要吸引”新型”人才

3. 经销商应由“大”到“强”转变。

（1）从仅关注“销售”转向“销售 + 服务”双向并重。

（2）从关注“规模”转向全面关注经销商的“盈利能力、盈利潜力、有效规模”。

（3）从卖方市场中的“大”经销商转向以买方市场中“大而强”的经销商。

## 四、中国汽车经销商百强综合实力分析

随着市场成熟度的上升，数据日益成为企业管理的重要手段之一。在成熟市场，财务业务一体化的数据可定期生成超过 3,000 项 KPI，帮助经销商定期追踪、对标各项运营指标，直接应用于业务管理。

本章依托于 2015 中国汽车经销商集团百强排行榜收集的 68 项总体指标，衍生出 100 多项 KPI，就各业务板块进行深入分析，主要分析行业趋势及部分重要指标。

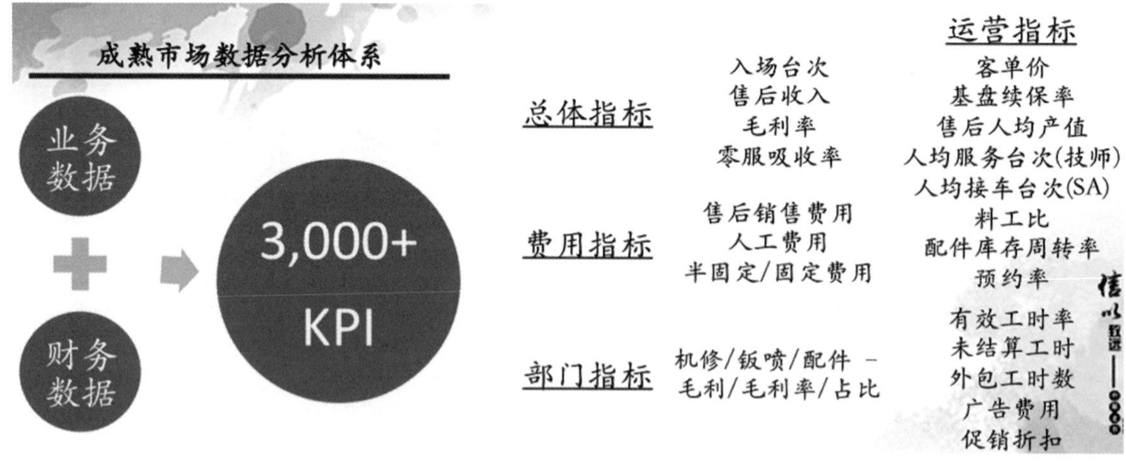


图 14

1. 流通行业总览

（1）尽管市场遇冷，流通行业还在稳步前行并壮大：2015 年经销商数量上升至 26,300 家。

（2）经销商渠道呈下沉趋势。

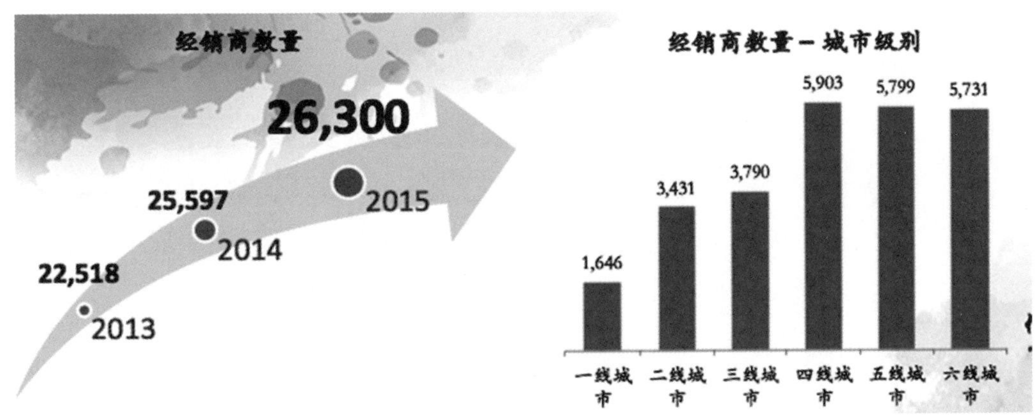


图 15

（3）全年汽车销售总量接近 2,500 万台，增速 4.7%，较 2014 年增速有所下滑。

（4）全年乘用车销量达到 2,115 万台，增速 7.3%，这也是首次国内乘用车销量超过 2,000 万台。

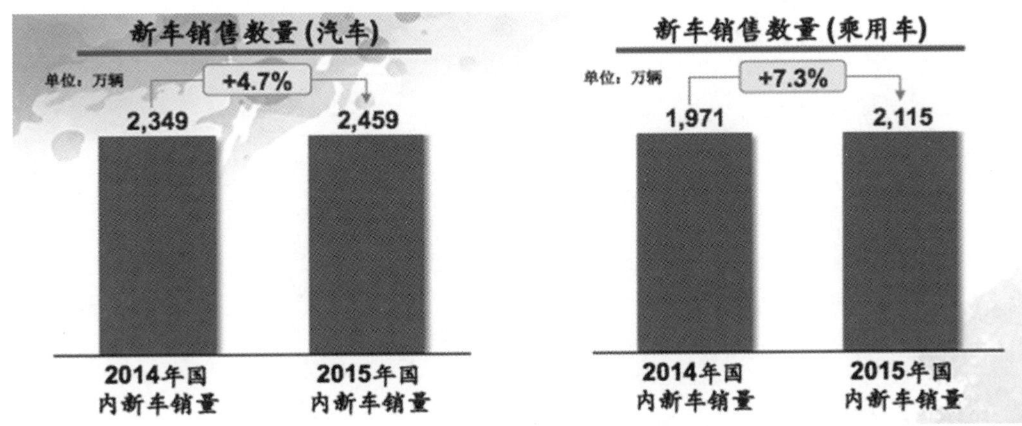


图 16

（5）汽车市场仍未达到饱和状态：汽车保有量与驾驶人数量的差距表明汽车市场仍有巨大的发展空间。

（6）汽车市场进入新常态：保有量增加带动汽车后市场，但部分城市已经进入“成熟市场”。

图 17

（7）7000亿的市场规模让汽车后市场成为业内外的竞争重点，新的行业巨头正在崛起之中。

（8）年均17-20%的增速也将成为汽车流通行业的利润增长点。

图18

2. 经销商业务表现－销售

（1）2015年度百强经销商集团新车销量较去年同期增长约3%，增速大幅放缓，也低于整体行业增速。(新车：+4.7%；乘用车：+7.3%)

（2）2015年度新车单车收入略有下滑，下降约2%。下滑速度较前年有所放缓。

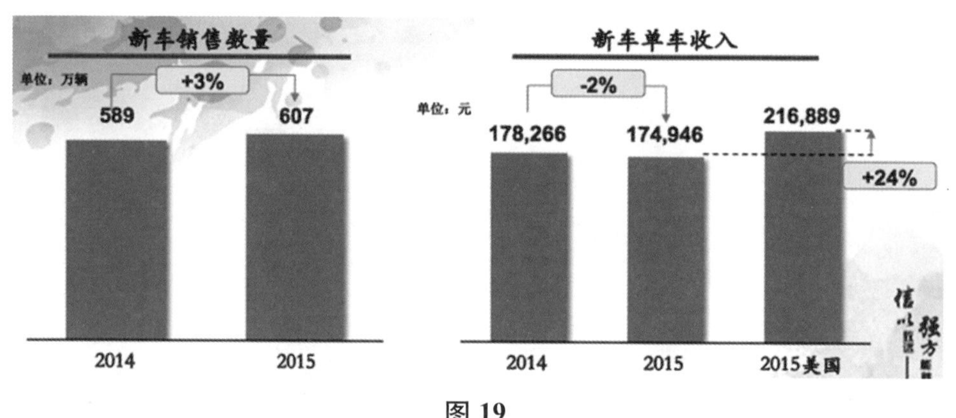


图19

（3）2015年度百强企业中新车收入占总约为82%，较去年下降3%，流通行业从新车销售向后市场转换趋势明显。相比美国市场(57.5%)，这一占比仍高出25%，收入结构仍有上升空间。

（4）2015年度与去年同期相比毛利率下滑约0.9%。新车单车毛利下滑29%。

（5）总体来看，新车销售在绝对数量增长的情况下，盈利状况持续恶化。参考成熟市场情况，这一趋势仍将继续一段时间。

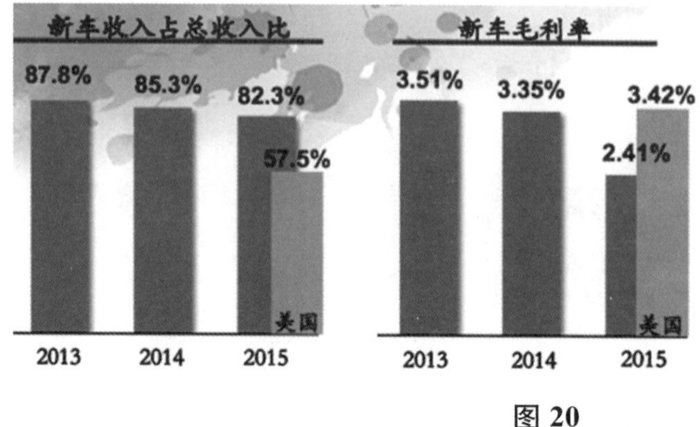


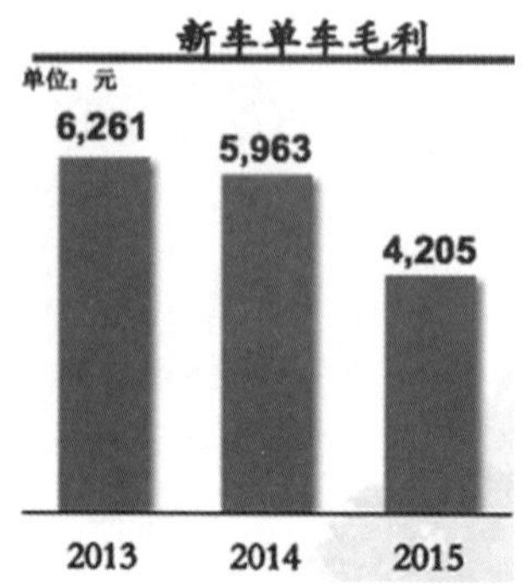


图20

3. 经销商业务表现－售后

（1）2015 年度百强经销商集团入场台次较去年提升约 13%，服务总量上升。

（2）平均单台入场收入下滑约 5%。

（3）综合来看，售后服务收入从 2013 年的 1000 亿降到 2014 年的 900 亿、又回升到 2015 年的 1,000 亿，经销商的售后业务在经历了 O2O 的冲击后站稳了脚跟。

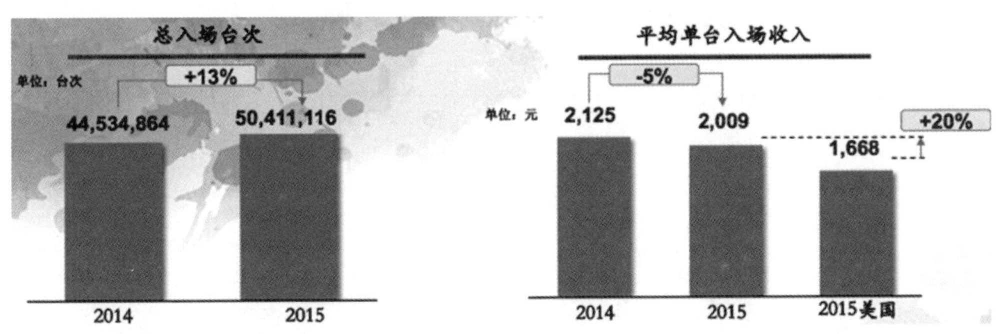


图 21

（4）单个经销商配备的人员数量大致保持稳定。

（5）平均单个经销商的年入场台次有所上升，技师效率 ( 技师人均台次 ) 略有提高。但相较于美国市场仍有较大差距。其中一个主要原因是过半数的美国市场经销商没有钣喷车间并外包相关业务。在资源优化配置的方面值得我们借鉴思考。

（6）另一个值得关注的点在于零服吸收率有所下降。

| 平均单店数据 | 单店人数 | 技师人数 | 技师占比 | 入场台次 | 技师人均台次 | 零服吸收 |
|---|---|---|---|---|---|---|
| 2014年 | 73 | 17 | 24% | 8,597 | 497 | 68% |
| 2015年 | 77 | 18 | 23% | 9,123 | 510 | 65% |
| 对比变化 | +5% | +3% | -1% | +6% | +3% | -3% |
| 美国数据 | 67 | 15 | 22% | 15,621 | 1,041 | |

数据来源：凯达·卓越运营联盟，NADA经销商报告
汇率计算：1美元=6.49人民币

图 22

4. 经销商业务表现－二手车

（1）总体来看，百强经销商的二手车业务在 2015 年有所提升，二手车总体销量较去年增加 7.4%。

（2）值得注意的是，二手车置换数量也有显著上升。在成熟市场，店内置换是经销商二手车的最主要来源，在这方面值得进一步努力。

（3）随着汽车市场的成熟，法规的完善，经销商的二手车业务仍有较大的上升空间。( 见图 23)

5. 经销商业务表现－金融

（1）在 2015 年，经销商端的汽车金融业务保持快速增长的势头，总体毛利较上年增加 36.2%。

（2）其中新车贷款渗透率上升约 5 个百分点，随着金融服务的多样化以及客户接受程度的增加，汽车金融业务必将进一步发展。

（3）同时也需要看到，行业内贷款渗透率有较为明显的分化。( 见图 24)

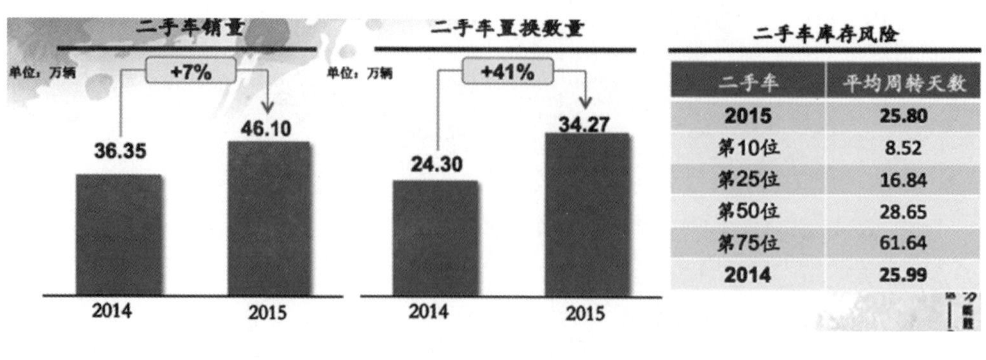


| 二手车 | 平均周转天数 |
| --- | --- |
| 2015 | 25.80 |
| 第10位 | 8.52 |
| 第25位 | 16.84 |
| 第50位 | 28.65 |
| 第75位 | 61.64 |
| 2014 | 25.99 |

图 23

汽车金融毛利
单位：亿
+36%
43.83
59.69
2014
2015
贷款渗透率(新车)
单位：万辆
+5%
27%
32%
2014
2015
贷款渗透率(新车)

| 新车 | 渗透率 |
| --- | --- |
| 平均值 | 32% |
| 第10位 | 48% |
| 第25位 | 39% |
| 第50位 | 32% |
| 第75位 | 25% |

图 24

6. 经销商业务表现－保险

（1）2015 年百强经销商集团保险业务总体毛利大幅上升 26%。

（2）新车投保率、基盘续保率均有所上升，保险业务总体能力有所提高。

（3）另外，百强集团的延保业务总量也出现大幅上升，较去年上涨 29 个百分点。延保业务可能成为下一个兴起的利润增长点。

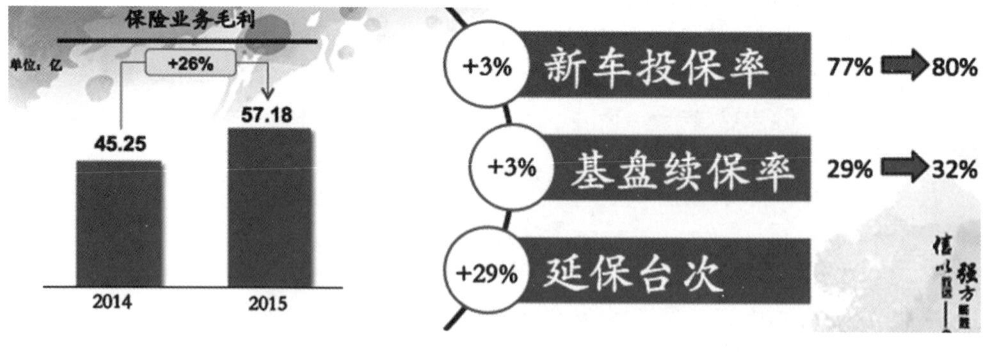


图 25

7. 经销商业务表现－精品

（1）精品业务在 2015 年获得了全面发展， 百强销售总量上升 24%。

（2）同时，精品着装率、毛利率等各方面均较 2014 年有所进步。

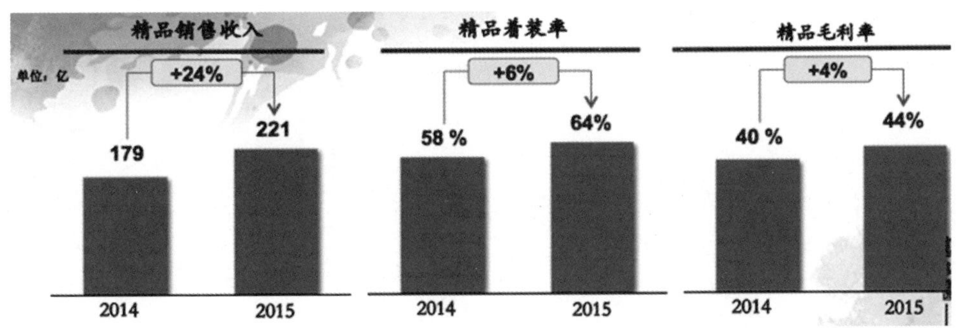


图 26

8. 经销商业务表现－客户

行业低迷迫使经销商更加注重现有客户管理，在2015年百强经销商集团在客户管理方面取得了一定进步。新车售后转化率、客户流失率均有所改善，但行业内各集团间依旧有不小的差异。

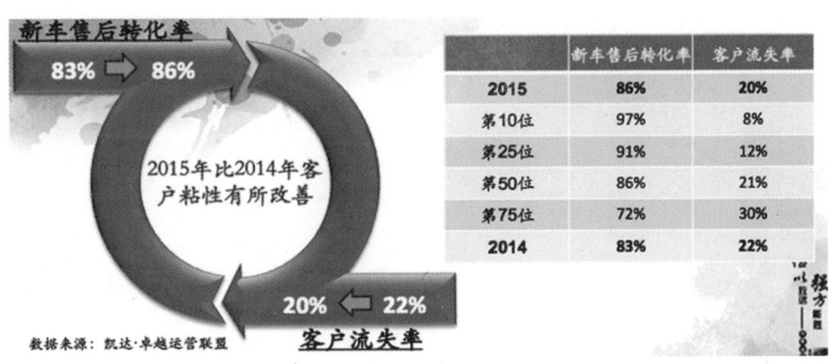


| | 新车售后转化率 | 客户流失率 |
|---|---|---|
| 2015 | 86% | 20% |
| 第10位 | 97% | 8% |
| 第25位 | 91% | 12% |
| 第50位 | 86% | 21% |
| 第75位 | 72% | 30% |
| 2014 | 83% | 22% |

图 27

9. 经销商业务表现－人员效率

（1）新车销量总体上升并未有效带动新车销售业务，单人月均销量呈下滑趋势。

（2）受到新车毛利下降的影响，销售人员单人毛利总额出现大幅度下降。

（3）售后方面，整体人均产值保持稳定。

| | 销售人员单人月均销量(台) | 销售人员单人毛利总额(万) | 技师人均台次 | 售后(含技师)人均产值(万) |
|---|---|---|---|---|
| 2014年 | 4.96 | 35.29 | 497 | 44.60 |
| 2015年 | 4.56 | 23.31 | 510 | 44.91 |
| 对比变化 | -8% | -34% | +3% | +1% |

图 28

10. 经销商业务表现－人力资源

（1）百强企业吸纳就业人数持续上升，较2014年增加11%。

（2）与此同时，经销商的人员流失率有明显上升，行业流动性在增加。

（3）企业在吸纳更多人才的同时，也需要积极应对人才流失的状况。在行业持续低迷的情况下，流通行业在人才管理方面将遇到更多的挑战。

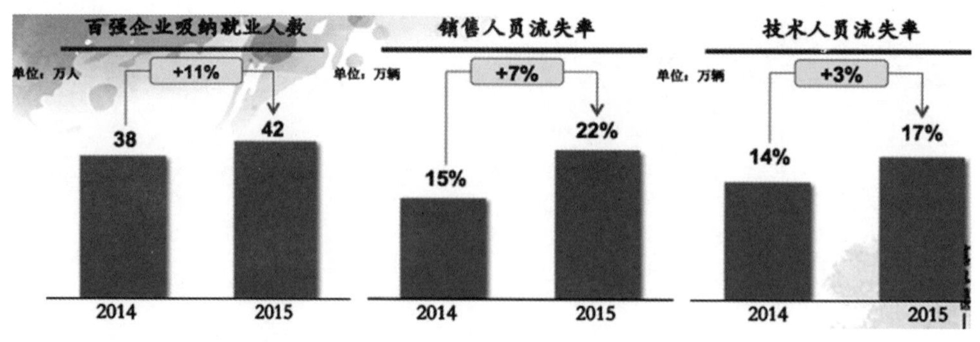


图 29

11. 经销商业务表现－人力资源回报

（1）受大环境的影响，2015 年的人力成本投入回报大幅下降。一元人力成本投入回报由 2014 年的 2.70 元下降到 1.76 元。

（2）其中毛利率下降对于人力成本回报的冲击最大，是下降的最主要原因。

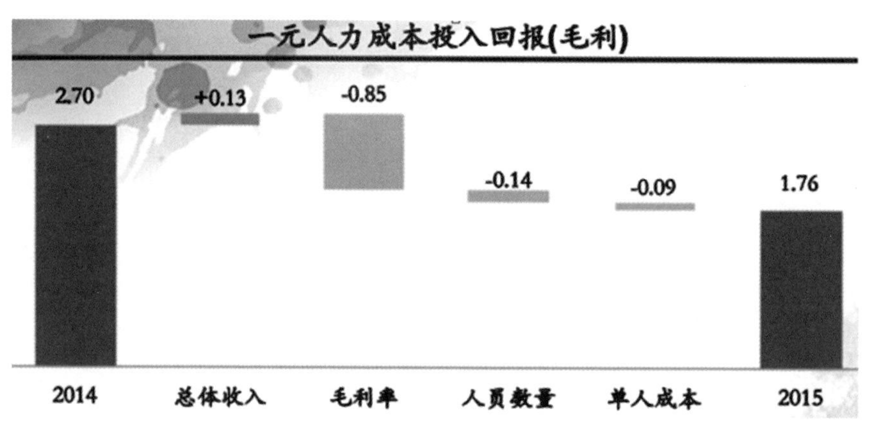


图 30

12. 总结

（1）2015 年经销商集团遇到了诸多挑战

新车销售方面，毛利率连年下滑，严重影响整体盈利能力。

售后方面表现相对稳定，在经历了互联网＋的冲击后有所企稳。

受整体业绩影响，部分人员效率指标不可避免地出现下滑，应理性看待。

同时，流通行业在吸纳更多人才的同时，也面临着人才流失加快的挑战。

（2）经销商集团转型效果初显

经历了 2014 年的寒冷之后，在 2015 年经销商面对低迷的市场已更趋成熟，在守住售后的同时，也已经开始积极探索新的利润增长点。

诸多衍生业务板块（汽车金融、二手车、保险、精品等）均呈现出良好的成长态势，毛利及众多业务指标均有所提高。

客户相关指标有小幅提升，这一点在跨行业冲击愈演愈烈的当下尤为难能可贵。

（3）一些思考

■ 无论是主动还是被动，整个流通行业已经开始转型。在享受初期红利的同时，如何在转型深化期，更进一步。

■ 互联网＋冲击的放缓也意味着商业模式逐渐成熟，未来的竞争对手 / 合作伙伴将更为专业，对流通行业的渗透也更加稳健，如何定位自身。

■ 行业低迷加速优胜劣汰，是获利了结还是坚守阵地。无论如何选择，提升效率，跑赢友商都是必须的功课。

■ 行业的成熟将必然加速数据的运用，如何逐步提升数据质量、颗粒度；如何基于利用现有的数据指导业务运营等。

■ 集团是由众多单店组成的，单店指标体系将更有利于比较与对标。参照成熟市场的做法，适时搭建单店评价体系。

13. 百强综合实力矩阵演进图

（1）综合实力矩阵评价的整体目标

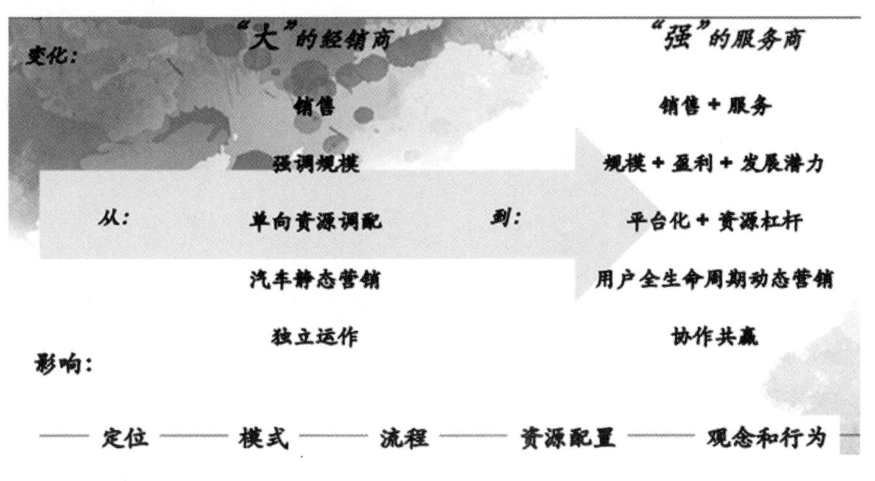


图 31

（2）综合实力评价的维度

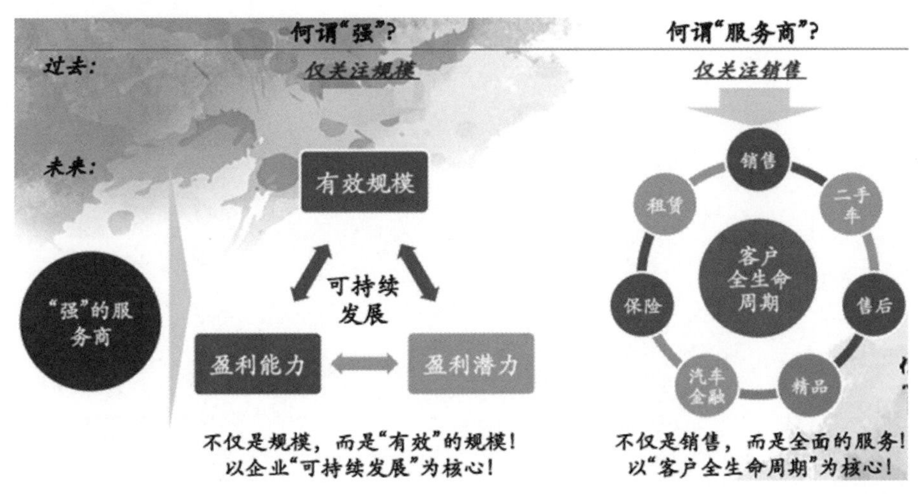


图 32

（3）评价指标：精选超过 68 项指标，全覆盖（见图 33）

14. 2015 年百强综合实力矩阵（部分）

综合实力研究：由规模性指标、盈利性指标和成长性指标，共三类指标组成，并在三类指标得分的基础上，形成综合总得分，用以衡量企业的综合性整体实力。其中：

（1）图中一个圆圈代表一家企业，圆圈大小体现企业规模得分的大小。

（2）横轴表示企业的盈利能力得分，居于实力矩阵偏右代表企业的盈利能力较强。

（3）纵轴表示企业的盈利潜力得分。居于实力矩阵偏上代表企业的盈利潜力较大。（见图 34）

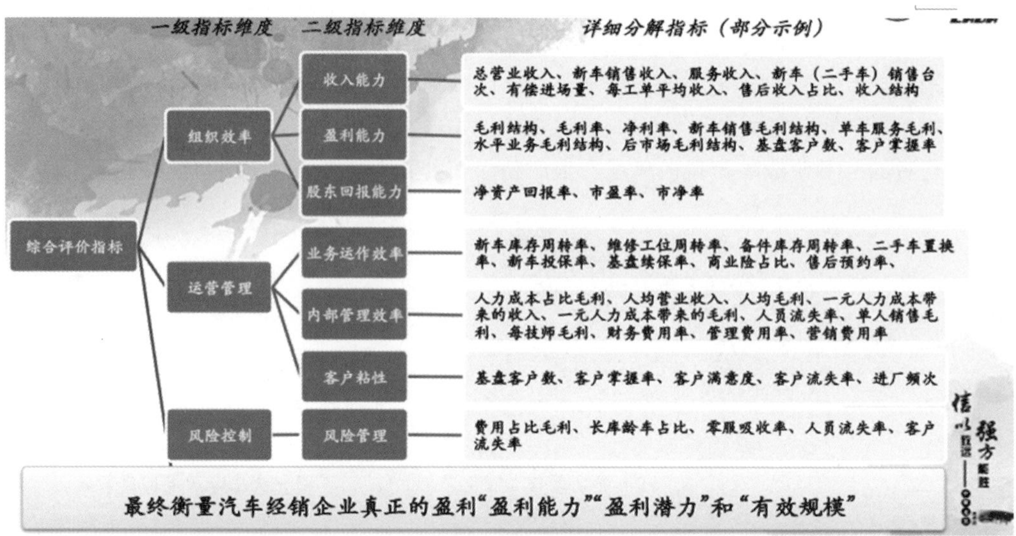

图 33

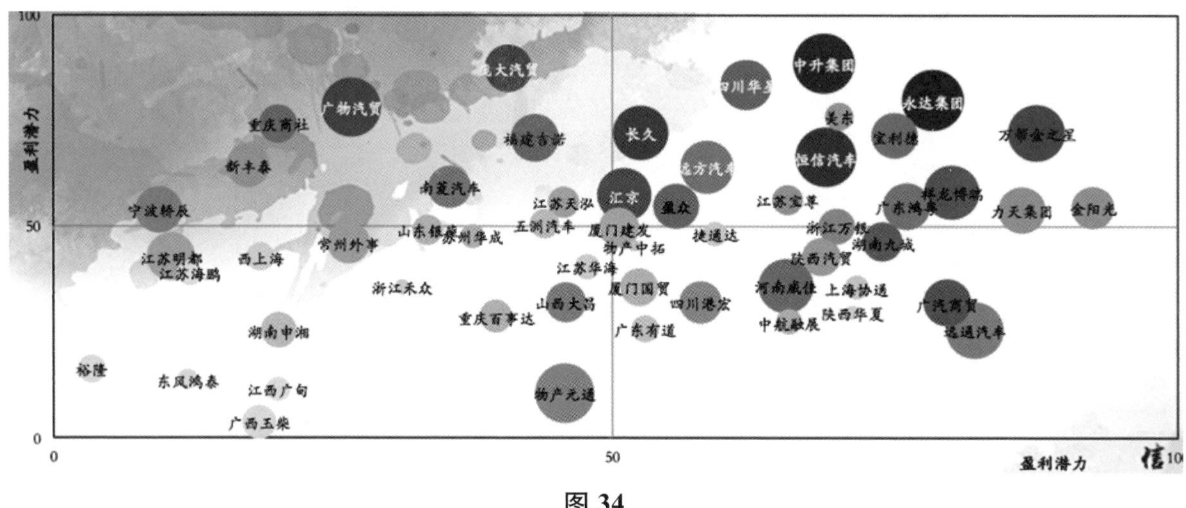

图 34

15. 百强综合排行榜榜单发布

（1）综合排名榜单 — 第一名公司视图

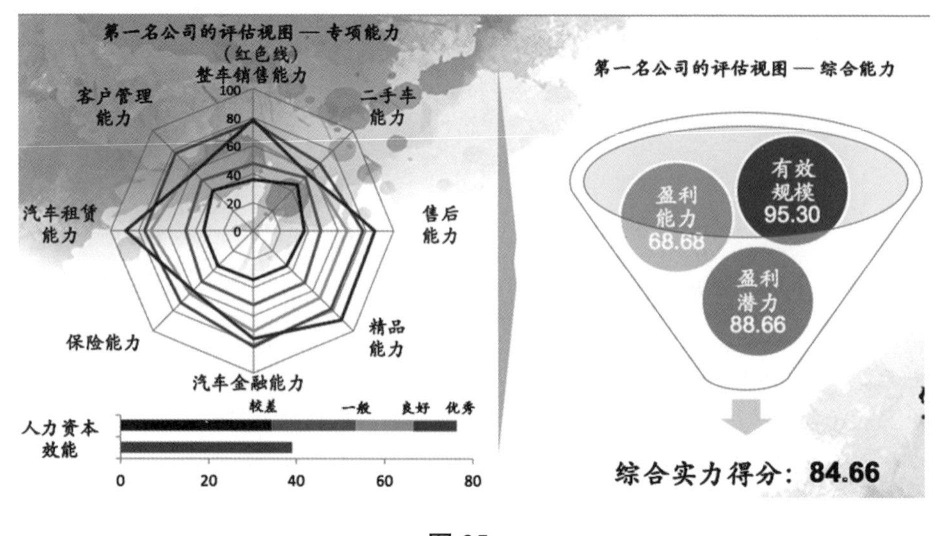

图 35

（2）20-50 亿经销商集团综合能力排行榜单

根据凯达·卓越运营联盟的数据来源，及上述测评方式，2015 年销售额在 20-50 亿经销商集团综合能力排行榜单如下：

**表 1　2015 年销售额在 20 － 50 亿经销商集团综合能力排行榜**

| 排名 | 公司名称 | 盈利能力 | 盈利潜力 | 有效规模 | 综合得分 |
|---|---|---|---|---|---|
| 1 | 江苏宝尊投资集团有限公司 | 65.48 | 56.45 | 24.20 | 49.48 |
| 2 | 成都新元素投资管理有限公司 | 69.58 | 38.68 | 38.76 | 47.97 |
| 3 | 泉州华奥汽车销售集团 | 88.39 | 39.39 | 17.30 | 47.46 |
| 4 | 北京北方新兴投资控股发展有限公司 | 69.53 | 55.30 | 4.00 | 44.18 |
| 5 | 江苏天泓汽车集团有限公司 | 45.60 | 55.69 | 26.20 | 43.82 |
| 6 | 天津捷通达汽车投资集团有限公司 | 59.09 | 48.25 | 15.54 | 41.69 |
| 7 | 五洲汽车集团有限公司 | 43.89 | 50.55 | 22.78 | 40.22 |
| 8 | 上海协通集团汽车管理有限公司 | 71.57 | 35.52 | 15.10 | 40.21 |
| 9 | 常州外事旅游汽车集团有限公司 | 26.32 | 46.05 | 46.24 | 40.19 |
| 10 | 山东银座汽车有限公司 | 33.46 | 49.25 | 23.96 | 36.93 |

数据来源：凯达·卓越运营联盟

（3）50-100 亿经销商集团综合能力排行榜单

根据凯达·卓越运营联盟的数据来源，及上述测评方式，2015 年销售额在 50-100 亿经销商集团综合能力排行榜单如下：

**表 2　2015 年销售额在 50 － 100 亿经销商集团综合能力排行榜**

| 排名 | 公司名称 | 盈利能力 | 盈利潜力 | 有效规模 | 综合得分 |
|---|---|---|---|---|---|
| 1 | 沈阳大众企业集团有限公司 | 85.17 | 62.19 | 47.84 | 64.78 |
| 2 | 力天集团有限公司 | 86.17 | 54.01 | 56.94 | 64.54 |
| 3 | 金阳光汽车集团有限公司 | 92.46 | 54.63 | 47.02 | 63.70 |
| 4 | 华宏汽车集团有限公司 | 74.76 | 57.12 | 53.52 | 61.33 |
| 5 | 成都建国汽车贸易有限公司 | 68.24 | 55.07 | 60.74 | 60.72 |
| 6 | 福建吉诺集团有限公司 | 43.04 | 71.05 | 58.96 | 59.02 |
| 7 | 北京嘉华基业投资有限公司 | 58.02 | 73.50 | 36.90 | 57.88 |
| 8 | 中国美东汽车控股有限公司 | 70.03 | 76.06 | 20.12 | 57.47 |
| 9 | 北京奥吉通投资（集团）有限公司 | 69.52 | 55.22 | 42.76 | 55.77 |
| 10 | 山东广潍集团有限公司 | 73.73 | 32.16 | 66.00 | 54.78 |

数据来源：凯达·卓越运营联盟

（4）100亿综合排名榜单

根据凯达•卓越运营联盟的数据来源，及上述测评方式，2015年销售额在100亿以上综合排名榜单如下：

**表3　2015年销售额在100亿以上经销商集团综合能力排行榜**

| 排名 | 公司名称 | 盈利能力 | 盈利潜力 | 有效规模 | 综合得分 |
|---|---|---|---|---|---|
| 10 | 四川华星汽车集团有限公司 | 61.85 | 83.66 | 66.44 | 71.95 |
| 9 | 利星行汽车 | 66.94 | 60.08 | 94.30 | 72.40 |
| 8 | 润华集团股份有限公司 | 85.19 | 64.57 | 72.64 | 73.18 |
| 7 | 恒信汽车集团股份有限公司 | 68.88 | 66.33 | 92.64 | 74.99 |
| 6 | 贵州通源集团 | 85.70 | 74.73 | 79.14 | 79.34 |
| 5 | 江苏万帮金之星车业投资有限公司 | 87.51 | 72.20 | 83.34 | 80.14 |
| 4 | 中国正通汽车服务控股有限公司 | 76.31 | 78.50 | 90.24 | 81.37 |
| 3 | 广汇汽车服务股份公司 | 84.07 | 74.51 | 97.54 | 84.29 |
| 2 | 永达集团 | 78.33 | 79.84 | 97.1 | 84.57 |
| 1 | 中升集团控股有限公司 | 68.68 | 88.66 | 95.30 | 84.66 |

数据来源：凯达•卓越运营联盟

（5）全榜单

根据凯达•卓越运营联盟的数据来源，及上述测评方式，2015年百强汽车经销商集团综合能力排行榜单综合排名如下：

**表4　2014年百强汽车经销商集团综合能力排行榜**

| 排名 | 公司名称 | 盈利能力 | 盈利潜力 | 有效规模 | 综合得分 | 类型 |
|---|---|---|---|---|---|---|
| 1 | 中升集团控股有限公司 | 68.68 | 88.66 | 95.30 | 84.66 | S1 |
| 2 | 永达集团 | 78.33 | 79.84 | 97.10 | 84.57 | S1 |
| 3 | 广汇汽车服务股份公司 | 84.07 | 74.51 | 97.54 | 84.29 | S1 |
| 4 | 中国正通汽车服务控股有限公司 | 76.31 | 78.50 | 90.24 | 81.37 | S1 |
| 5 | 江苏万帮金之星车业投资有限公司 | 87.51 | 72.20 | 83.34 | 80.14 | S1 |
| 6 | 贵州通源集团 | 85.70 | 74.73 | 79.14 | 79.34 | S1 |
| 7 | 恒信汽车集团股份有限公司 | 68.88 | 66.33 | 92.64 | 74.99 | S1 |
| 8 | 润华集团股份有限公司 | 85.19 | 64.57 | 72.64 | 73.18 | S1 |
| 9 | 利星行汽车 | 66.94 | 60.08 | 94.30 | 72.40 | S1 |
| 10 | 四川华星汽车集团有限公司 | 61.85 | 83.66 | 66.44 | 71.95 | S1 |
| 11 | 北京祥龙博瑞汽车（服务）集团有限公司 | 80.00 | 58.14 | 76.90 | 70.33 | S1 |

表 4 （续 1）

| 排名 | 公司名称 | 盈利能力 | 盈利潜力 | 有效规模 | 综合得分 | 类型 |
|---|---|---|---|---|---|---|
| 12 | 宝信汽车集团 | 50.62 | 71.18 | 88.64 | 70.25 | S1 |
| 13 | 深圳市东风南方实业集团有限公司 | 69.37 | 57.93 | 80.54 | 68.15 | S1 |
| 14 | 利泰集团有限公司 | 40.54 | 85.38 | 72.28 | 68.00 | S1 |
| 15 | 吉林省长久实业集团有限公司 | 52.50 | 72.25 | 77.32 | 67.85 | S1 |
| 16 | 北京运通国融投资有限公司 | 58.15 | 62.31 | 84.40 | 67.69 | S1 |
| 17 | 浙江宝利德股份有限公司 | 74.97 | 71.48 | 54.10 | 67.31 | S1 |
| 18 | 中国和谐汽车控股有限公司 | 85.66 | 52.45 | 67.20 | 66.84 | S1 |
| 19 | 广物汽贸股份有限公司 | 26.58 | 78.10 | 91.24 | 66.59 | S1 |
| 20 | 远方汽车贸易集团有限公司 | 58.42 | 64.13 | 73.50 | 65.23 | S1 |
| 21 | 中国绿地润东汽车集团有限公司 | 60.87 | 59.15 | 76.94 | 65.00 | S1 |
| 22 | 庞大汽贸集团股份有限公司 | 40.67 | 87.45 | 59.34 | 64.98 | S1 |
| 23 | 沈阳大众企业集团有限公司 | 85.17 | 62.19 | 47.84 | 64.78 | S2 |
| 24 | 力天集团有限公司 | 86.17 | 54.01 | 56.94 | 64.54 | S2 |
| 25 | 金阳光汽车集团有限公司 | 92.46 | 54.63 | 47.02 | 63.70 | S2 |
| 26 | 仁孚汽车（中国）有限公司 | 31.08 | 77.74 | 73.10 | 62.35 | S1 |
| 27 | 广东鸿粤汽车销售集团有限公司 | 76.01 | 54.82 | 57.32 | 61.93 | S1 |
| 28 | 华宏汽车集团有限公司 | 74.76 | 57.12 | 53.52 | 61.33 | S2 |
| 29 | 北京汇京融兴投资控股有限公司 | 51.04 | 57.40 | 75.50 | 60.92 | S1 |
| 30 | 欧龙汽车贸易集团有限公司 | 70.77 | 63.38 | 47.40 | 60.80 | S1 |
| 31 | 成都建国汽车贸易有限公司 | 68.24 | 55.07 | 60.74 | 60.72 | S2 |
| 32 | 山东远通汽车贸易集团有限公司 | 82.01 | 25.48 | 84.60 | 60.18 | S1 |
| 33 | 福建吉诺集团有限公司 | 43.04 | 71.05 | 58.96 | 59.02 | S2 |
| 34 | 北京嘉华基业投资有限公司 | 58.02 | 73.50 | 36.90 | 57.88 | S2 |
| 35 | 中国美东汽车控股有限公司 | 70.03 | 76.06 | 20.12 | 57.47 | S2 |
| 36 | 无锡商业大厦集团东方汽车有限公司 | 36.76 | 57.48 | 77.94 | 57.40 | S1 |
| 37 | 河南威佳汽车贸易集团有限公司 | 65.36 | 35.95 | 76.72 | 57.00 | S1 |
| 38 | 海南惠通嘉华投资有限公司 | 25.14 | 67.82 | 74.10 | 56.90 | S1 |
| 39 | 北京奥吉通投资（集团）有限公司 | 69.52 | 55.22 | 42.76 | 55.77 | S2 |
| 40 | 万友汽车投资有限公司 | 53.57 | 36.76 | 81.14 | 55.12 | S1 |
| 41 | 山东广潍集团有限公司 | 73.73 | 32.16 | 66.00 | 54.78 | S2 |

表 4 （续 2）

| 排名 | 公司名称 | 盈利能力 | 盈利潜力 | 有效规模 | 综合得分 | 类型 |
|---|---|---|---|---|---|---|
| 42 | 温州开元集团 | 59.39 | 55.39 | 49.24 | 54.75 | S2 |
| 43 | 盈众汽车集团有限公司 | 55.63 | 54.93 | 53.08 | 54.59 | S2 |
| 44 | 广州汽车集团商贸有限公司 | 79.57 | 31.93 | 57.54 | 53.91 | S2 |
| 45 | 湖南九城投资集团有限公司 | 73.89 | 46.34 | 39.94 | 52.69 | S2 |
| 46 | 绿地汽车服务（集团）有限公司 | 52.02 | 51.95 | 52.08 | 52.01 | S2 |
| 47 | 业乔投资（集团）有限公司 | 81.83 | 39.20 | 38.34 | 51.73 | S2 |
| 48 | 浙江万银汽车集团有限公司 | 69.86 | 50.13 | 33.10 | 50.94 | S2 |
| 49 | 江苏宝尊投资集团有限公司 | 65.48 | 56.45 | 24.20 | 49.48 | S3 |
| 50 | 陕西省汽车贸易公司 | 68.46 | 42.93 | 37.34 | 48.91 | S2 |
| 51 | 广州南菱汽车股份有限公司 | 35.45 | 59.35 | 46.46 | 48.31 | S2 |
| 52 | 广东合诚集团有限公司 | 21.03 | 63.82 | 54.70 | 48.25 | S2 |
| 53 | 成都新元素投资管理有限公司 | 69.58 | 38.68 | 38.76 | 47.97 | S3 |
| 54 | 厦门建发汽车有限公司 | 50.62 | 49.67 | 41.54 | 47.52 | S2 |
| 55 | 泉州华奥汽车销售集团 | 88.39 | 39.39 | 17.30 | 47.46 | S3 |
| 56 | 深圳市佳鸿贸易发展有限公司 | 45.40 | 42.56 | 55.72 | 47.36 | S1 |
| 57 | 重庆商社汽车贸易有限公司 | 20.02 | 74.30 | 38.14 | 47.17 | S2 |
| 58 | 天津市浩物机电汽车贸易有限公司 | 0.90 | 50.88 | 85.60 | 46.30 | S1 |
| 59 | 浙江物产元通汽车集团有限公司 | 45.69 | 10.65 | 92.70 | 45.78 | S1 |
| 60 | 新丰泰（中国）控股有限公司 | 17.34 | 64.41 | 49.24 | 45.74 | S2 |
| 61 | 红旭集团股份公司 | 34.39 | 53.26 | 45.00 | 45.12 | S2 |
| 62 | 四川港宏投资控股集团有限公司 | 57.81 | 32.05 | 47.04 | 44.28 | S2 |
| 63 | 北京北方新兴投资控股发展有限公司 | 69.53 | 55.30 | 4.00 | 44.18 | S3 |
| 64 | 江苏天泓汽车集团有限公司 | 45.60 | 55.69 | 26.20 | 43.82 | S3 |
| 65 | 天津捷通达汽车投资集团有限公司 | 59.09 | 48.25 | 15.54 | 41.69 | S3 |
| 66 | 宁波轿辰集团股份有限公司 | 9.37 | 53.88 | 56.30 | 41.25 | S2 |
| 67 | 厦门国贸汽车股份有限公司 | 52.39 | 35.81 | 37.16 | 41.19 | S2 |
| 68 | 北京鹏龙行汽车贸易有限公司 | 4.40 | 33.80 | 85.58 | 40.51 | S1 |
| 69 | 五洲汽车集团有限公司 | 43.89 | 50.55 | 22.78 | 40.22 | S3 |
| 70 | 上海协通集团汽车管理有限公司 | 71.57 | 35.52 | 15.10 | 40.21 | S3 |
| 71 | 常州外事旅游汽车集团有限公司 | 26.32 | 46.05 | 46.24 | 40.19 | S3 |

表 4 （续 3）

| 排名 | 公司名称 | 盈利能力 | 盈利潜力 | 有效规模 | 综合得分 | 类型 |
|---|---|---|---|---|---|---|
| 72 | 山西大昌汽车集团有限公司 | 45.80 | 32.06 | 42.14 | 39.21 | S2 |
| 73 | 江苏明都汽车集团 | 10.49 | 42.78 | 60.14 | 38.30 | S2 |
| 74 | 山东银座汽车有限公司 | 33.46 | 49.25 | 23.96 | 36.93 | S3 |
| 75 | 中航融展汽车贸易有限公司 | 65.62 | 27.47 | 17.10 | 35.80 | S3 |
| 76 | 江苏华海汽车销售集团有限公司 | 47.72 | 40.44 | 16.76 | 35.52 | S3 |
| 77 | 苏州华成集团有限公司 | 37.43 | 47.75 | 15.32 | 34.93 | S3 |
| 78 | 物产中拓股份有限公司 | 51.92 | 45.46 | 3.60 | 34.84 | S3 |
| 79 | 陕西华夏汽车有限公司 | 71.19 | 29.69 | 5.00 | 34.73 | S3 |
| 80 | 广东有道汽车集团有限公司 | 52.90 | 25.88 | 19.54 | 32.08 | S3 |
| 81 | 重庆百事达汽车有限公司 | 39.54 | 28.71 | 28.68 | 31.95 | S2 |
| 82 | 浙江康桥汽车工贸集团股份有限公司 | 1.70 | 37.15 | 54.90 | 31.84 | S2 |
| 83 | 上海汽车工业销售有限公司 | 1.00 | 18.25 | 78.74 | 31.22 | S1 |
| 84 | 上海云峰集团汽车产业发展有限公司 | 39.16 | 30.06 | 23.62 | 30.86 | S3 |
| 85 | 芜湖亚夏汽车股份有限公司 | 11.40 | 18.14 | 66.60 | 30.66 | S2 |
| 86 | 波鸿集团有限公司 | 25.22 | 46.15 | 11.30 | 29.42 | S3 |
| 87 | 广东新协力集团有限公司 | 14.10 | 44.47 | 23.60 | 29.10 | S3 |
| 88 | 上海西上海集团汽车销售有限公司 | 18.42 | 42.77 | 20.56 | 28.80 | S3 |
| 89 | 江西国力汽车集团有限公司 | 49.72 | 26.68 | 4.20 | 26.85 | S3 |
| 90 | 厦门市信达汽车投资集团有限公司 | 15.32 | 45.79 | 12.72 | 26.73 | S3 |
| 91 | 湖南申湘汽车星沙商务广场有限公司 | 20.05 | 25.39 | 33.28 | 26.16 | S2 |
| 92 | 浙江禾众汽车企业管理集团有限公司 | 31.17 | 35.78 | 6.40 | 25.58 | S3 |
| 93 | 江苏海鹏投资集团有限公司 | 12.12 | 38.97 | 16.54 | 24.19 | S3 |
| 94 | 南京朗驰集团有限公司 | 17.36 | 0.50 | 37.10 | 16.54 | S3 |
| 95 | 广西玉柴物流集团有限公司 | 18.29 | 3.78 | 30.44 | 16.13 | S3 |
| 96 | 江西广甸汽车集团有限公司 | 20.00 | 11.45 | 15.48 | 15.22 | S3 |
| 97 | 裕隆（中国）汽车投资有限公司 | 3.40 | 16.32 | 20.94 | 13.83 | S3 |
| 98 | 东风鸿泰汽车销售有限公司 | 11.92 | 13.74 | 11.04 | 12.38 | S3 |
|  | 国机汽车股份有限公司 |  |  |  |  | S1 |
|  | 湖南力天汽车集团有限公司 |  |  |  |  | S3 |

注：S1 为百亿以上，S2 为 50~100 亿，S3 为百亿以下。

# 2015年汽车经销商集团百强排行榜

| 排名 | 集团名称 | 2015年营业收入（元） | 2015年销量（辆） |
|---|---|---|---|
| 1 | 广汇汽车服务股份公司 | 93,700,035,201 | 678,190 |
| 2 | 国机汽车股份有限公司 | 64,189,320,000 | 222,908 |
| 3 | 中升集团控股有限公司 | 59,142,607,000 | 260,353 |
| 4 | 庞大汽贸集团股份有限公司 | 56,374,978,176 | 450,724 |
| 5 | 利星行汽车 | 52,208,903,075 | 117,422 |
| 6 | 上海永达控股（集团）有限公司 | 45,118,896,000 | 134,441 |
| 7 | 恒信汽车集团股份有限公司 | 38,182,904,877 | 215,998 |
| 8 | 广物汽贸股份有限公司 | 30,750,224,679 | 236,264 |
| 9 | 中国正通汽车服务控股有限公司 | 29,785,763,000 | 95,409 |
| 10 | 宝信汽车集团 | 29,015,725,864 | 71,046 |
| 11 | 浙江物产元通汽车集团有限公司 | 28,867,410,000 | 161,000 |
| 12 | 长久汽车投资有限公司 | 22,740,647,819 | 136,323 |
| 13 | 北京运通国融投资有限公司 | 22,553,275,460 | 79,345 |
| 14 | 江苏万帮金之星车业投资有限公司 | 21,743,268,755 | 91,748 |
| 15 | 北京鹏龙行汽车贸易有限公司 | 21,700,835,953 | 41,367 |
| 16 | 深圳市东风南方实业集团有限公司 | 19,877,938,378 | 160,900 |
| 17 | 天津市浩物机电汽车贸易有限公司 | 19,636,088,315 | 110,918 |
| 18 | 山东远通汽车贸易集团有限公司 | 18,389,795,125 | 133,611 |
| 19 | 上海汽车工业销售有限公司 | 17,235,936,590 | 49,061 |
| 20 | 万友汽车投资有限公司 | 16,705,930,000 | 192,121 |
| 21 | 贵州通源集团 | 15,713,128,692 | 49,397 |
| 22 | 润东汽车集团有限公司 | 15,190,146,000 | 65,659 |
| 23 | 利泰集团有限公司 | 14,590,208,245 | 92,270 |
| 24 | 浙江宝利德股份有限公司 | 14,152,660,183 | 33,615 |
| 25 | 北京汇京融兴投资控股有限公司 | 13,791,763,289 | 72,899 |
| 26 | 北京祥龙博瑞汽车服务（集团）有限公司 | 13,570,921,905 | 69,921 |

（续 1）

| 排名 | 集团名称 | 2015 年营业收入（元） | 2015 年销量（辆） |
|---|---|---|---|
| 27 | 海南惠通嘉华投资有限公司 | 13,545,221,663 | 46,834 |
| 28 | 润华集团股份有限公司 | 13,532,712,016 | 91,829 |
| 29 | 仁孚汽车（中国）有限公司 | 12,986,912,846 | 31,945 |
| 30 | 无锡商业大厦集团东方汽车有限公司 | 12,844,228,621 | 88,684 |
| 31 | 河南威佳汽车贸易集团有限公司 | 12,833,092,023 | 82,059 |
| 32 | 远方汽车贸易集团有限公司 | 11,852,811,513 | 59,512 |
| 33 | 四川华星汽车集团有限公司 | 11,609,738,632 | 29,955 |
| 34 | 欧龙汽车贸易集团有限公司 | 11,004,769,242 | 37,412 |
| 35 | 深圳市佳鸿贸易发展有限公司 | 10,643,321,585 | 17,316 |
| 36 | 中国和谐汽车控股有限公司 | 10,620,244,000 | 23,183 |
| 37 | 广东鸿粤汽车销售集团有限公司 | 10,054,311,864 | 28,940 |
| 38 | 成都建国汽车贸易有限公司 | 9,795,737,908 | 84,442 |
| 39 | 广州汽车集团商贸有限公司 | 9,720,698,867 | 67,190 |
| 40 | 山东广潍集团有限公司 | 9,654,053,877 | 64,621 |
| 41 | 江苏明都汽车集团 | 9,192,144,320 | 49,402 |
| 42 | 安徽亚夏实业股份有限公司 | 9,128,758,218 | 39,565 |
| 43 | 力天集团有限公司 | 8,926,290,150 | 16,999 |
| 44 | 北京奥吉通投资（集团）有限公司 | 8,770,791,305 | 36,513 |
| 45 | 盈众汽车集团有限公司 | 8,713,976,168 | 51,444 |
| 46 | 温州开元集团有限公司 | 8,426,865,821 | 15,107 |
| 47 | 浙江康桥汽车工贸集团股份有限公司 | 8,246,688,712 | 54,400 |
| 48 | 广东合诚集团有限公司 | 8,127,799,650 | 30,818 |
| 49 | 沈阳大众企业集团有限公司 | 8,020,587,270 | 58,531 |
| 50 | 宁波轿辰集团股份有限公司 | 7,965,764,845 | 47,912 |
| 51 | 福建吉诺集团有限公司 | 7,927,913,361 | 48,229 |
| 52 | 新丰泰集团控股有限公司 | 7,626,251,392 | 20,064 |

（续 2）

| 排名 | 集团名称 | 2015 年营业收入（元） | 2015 年销量（辆） |
|---|---|---|---|
| 53 | 四川港宏投资控股集团有限公司 | 7,561,376,791 | 42,843 |
| 54 | 山西大昌汽车集团有限公司 | 6,900,380,416 | 28,264 |
| 55 | 华宏汽车集团有限公司 | 6,612,549,510 | 27,288 |
| 56 | 湖南申湘汽车星沙商务广场有限公司 | 6,533,320,697 | 43,120 |
| 57 | 红旭集团股份公司 | 6,476,578,781 | 27,782 |
| 58 | 广州南菱汽车股份有限公司 | 6,413,699,155 | 30,554 |
| 59 | 厦门建发汽车有限公司 | 6,388,125,226 | 12,002 |
| 60 | 湖南九城投资集团有限公司 | 6,347,894,241 | 37,730 |
| 61 | 业乔投资（集团）有限公司 | 6,325,085,412 | 12,917 |
| 62 | 绿地汽车服务（集团）有限公司 | 6,296,386,624 | 28,553 |
| 63 | 陕西省汽车贸易公司 | 6,225,104,372 | 84,172 |
| 64 | 重庆商社汽车贸易有限公司 | 6,182,204,697 | 33,853 |
| 65 | 重庆百事达汽车有限公司 | 5,939,464,683 | 37,463 |
| 66 | 浙江万银汽车集团有限公司 | 5,502,253,591 | 42,184 |
| 67 | 金阳光汽车集团有限公司 | 5,416,307,575 | 36,363 |
| 68 | 中国美东汽车控股有限公司 | 5,106,753,532 | 24,966 |
| 69 | 北京嘉华基业投资有限公司 | 5,040,549,750 | 15,405 |
| 70 | 厦门国贸汽车股份有限公司 | 5,033,527,323 | 28,112 |
| 71 | 常州外事旅游汽车集团有限公司 | 4,641,579,966 | 38,779 |
| 72 | 苏州华成集团有限公司 | 4,558,087,650 | 27,543 |
| 73 | 五洲汽车集团有限公司 | 4,489,659,297 | 32,822 |
| 74 | 广东有道汽车集团有限公司 | 4,214,469,424 | 33,310 |
| 75 | 裕隆（中国）汽车投资有限公司 | 4,207,867,704 | 29,526 |
| 76 | 江苏天泓汽车集团有限公司 | 4,199,530,586 | 29,231 |
| 77 | 江苏宝尊投资集团有限公司 | 4,136,136,786 | 19,206 |
| 78 | 湖南力天汽车集团有限公司 | 4,047,278,438 | 15,039 |

（续 3）

| 排名 | 集团名称 | 2015 年营业收入（元） | 2015 年销量（辆） |
|---|---|---|---|
| 79 | 厦门市信达汽车投资集团有限公司 | 4,041,401,858 | 17,585 |
| 80 | 江西广甸汽车集团有限公司 | 3,926,906,358 | 19,401 |
| 81 | 广东新协力集团有限公司 | 3,800,817,377 | 30,965 |
| 82 | 山东银座汽车有限公司 | 3,707,507,187 | 20,364 |
| 83 | 江苏海鹏投资集团有限公司 | 3,689,209,974 | 22,940 |
| 84 | 南京朗驰集团有限公司 | 3,592,448,746 | 14,046 |
| 85 | 天津捷通达汽车投资集团有限公司 | 3,559,358,922 | 33,033 |
| 86 | 上海西上海集团汽车销售有限公司 | 3,536,635,454 | 17,582 |
| 87 | 上海云峰集团汽车产业发展有限公司 | 3,416,048,534 | 23,666 |
| 88 | 泉州华奥汽车销售服务有限公司 | 3,399,299,833 | 9,739 |
| 89 | 东风鸿泰汽车销售有限公司 | 3,291,025,265 | 32,799 |
| 90 | 上海协通集团汽车管理有限公司 | 3,290,588,996 | 18,930 |
| 91 | 中航融展汽车贸易有限公司 | 3,278,074,967 | 27,688 |
| 92 | 波鸿集团有限公司 | 3,040,667,239 | 23,686 |
| 93 | 成都新元素投资管理有限公司 | 3,019,095,127 | 7,966 |
| 94 | 江苏华海汽车销售集团有限公司 | 3,002,697,308 | 20,118 |
| 95 | 浙江禾众汽车企业管理集团有限公司 | 2,663,336,150 | 16,867 |
| 96 | 物产中拓股份有限公司 | 2,538,676,842 | 39,642 |
| 97 | 江西国力汽车集团有限公司 | 2,484,731,698 | 19,754 |
| 98 | 广西玉柴物流集团有限公司 | 2,294,375,045 | 9,565 |
| 99 | 陕西华夏汽车控股集团 | 2,277,004,713 | 13,618 |
| 100 | 北京北方新兴投资控股发展有限公司 | 2,081,893,301 | 29,427 |

# 第4部类

# 新能源汽车

DISANBULEI | XINNENGYUANQICHE

# 行业发展分析

## 2015年新能源汽车行业发展分析

中国汽车技术研究中心　周玮　杨家骐

### 一、2015年我国新能源汽车市场继续保持快速增长

2015年，受政策持续发力、社会接受度逐渐提升、配套设施初见规模等因素影响，我国一跃成为全球最大的新能源汽车市场。

（一）我国已成为全球新能源汽车最大市场

2015年，全球新能源汽车累计销售52.3万辆，我国以33.11万辆的成绩超过美国成为全球新能源汽车销量最多的国家，排名2－5位的国家分别为美国、法国、日本、英国。

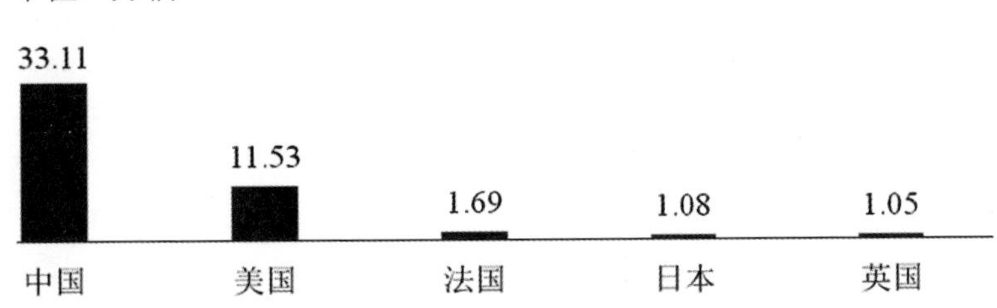


**图1　2015年世界新能源汽车销量前5名国家**

（数据来源：我国数据来自中国汽车工业协会，其他国家数据来自国际知名统计机构）

（二）新能源乘用车产量呈现爆发式增长

2015年我国新能源乘用车产量由2014年的4.86万辆激增至21.48万辆，销量达到20.74万辆。（见图2）

2015年产量前十的新能源乘用车企业中，比亚迪、吉利和众泰这三家之和占到65.70%。其中，比亚迪主推秦、唐这两款插电式混合动力车型，而吉利、众泰则将纯电动汽车作为主力产品。（见表1、图3）

（三）新能源客车产量迅速提升

与2014年相比，我国新能源客车企业由52家增长至2015年的67家企业，产量由2.61万辆提升至11.2万辆。其中，宇通、苏州金龙、中通、南京金龙这四家之和占整个新能源客车行业总产量的43.97%。

（见图 4、图 5）

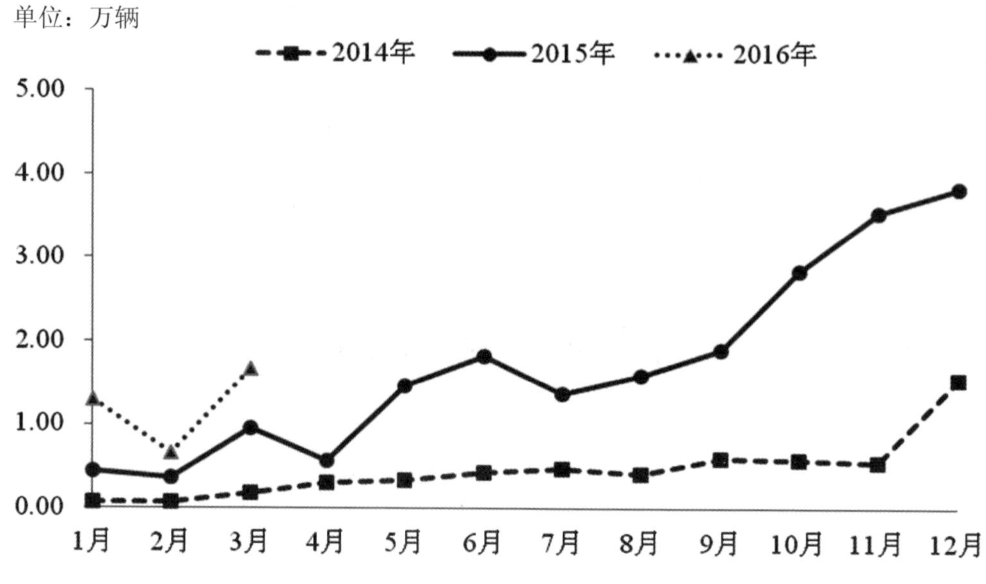


**图 2　2014 年至 2016 年第 1 季度我国新能源乘用车产量**

**表 1　2015 年新能源乘用车总产量前十名企业**

| 序号 | 生产企业 | 2015 年产量（万辆） | 2015 年占比 | 代表车型 |
|---|---|---|---|---|
| 1 | 比亚迪 | 5.90 | 28.5% | 比亚迪唐、比亚迪秦、比亚迪 e6 |
| 2 | 吉利 | 5.12 | 24.7% | 知豆 D 系列、康迪系列 |
| 3 | 众泰 | 2.59 | 12.5% | 众泰云 100、知豆 301 系列、芝麻、T11 |
| 4 | 北汽 | 1.81 | 8.7% | EV-200、EV-200-II |
| 5 | 江淮 | 1.02 | 4.9% | iEV4 |
| 6 | 上汽 | 1.24 | 6.0% | 荣威 550PHEV、荣威 E50 |
| 7 | 奇瑞 | 0.81 | 3.9% | 奇瑞 eQ |
| 8 | 江铃 | 0.55 | 2.7% | E100、E200 |
| 9 | 力帆 | 0.65 | 3.1% | 330EV、650EV |
| 10 | 金华青年 | 0.22 | 1.1% | 迈迪 i3 |
| 11 | 其他 | 0.80 | 3.9% | |

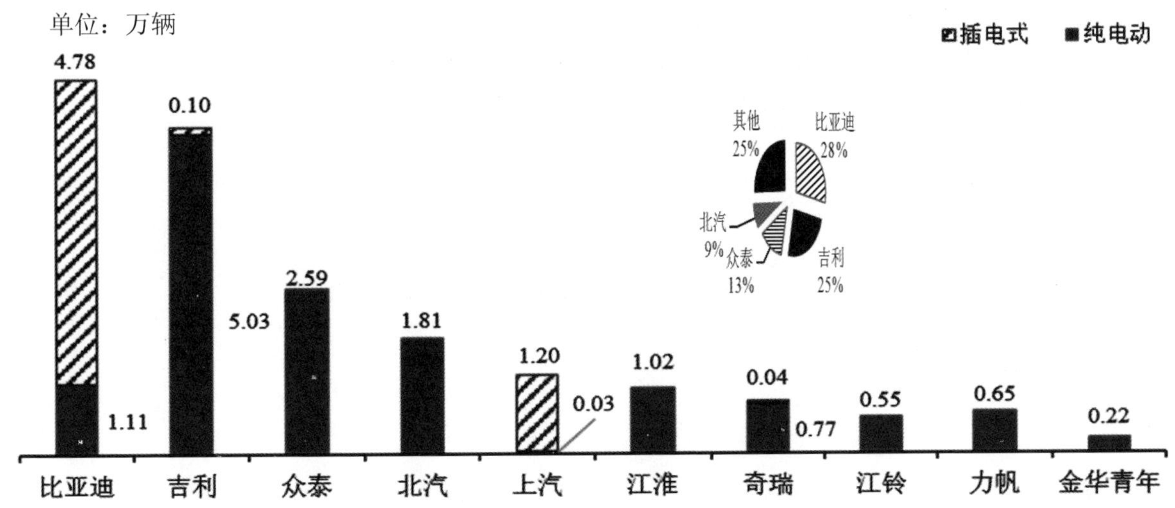


图 3　2015 年新能源乘用车总产量前十名企业

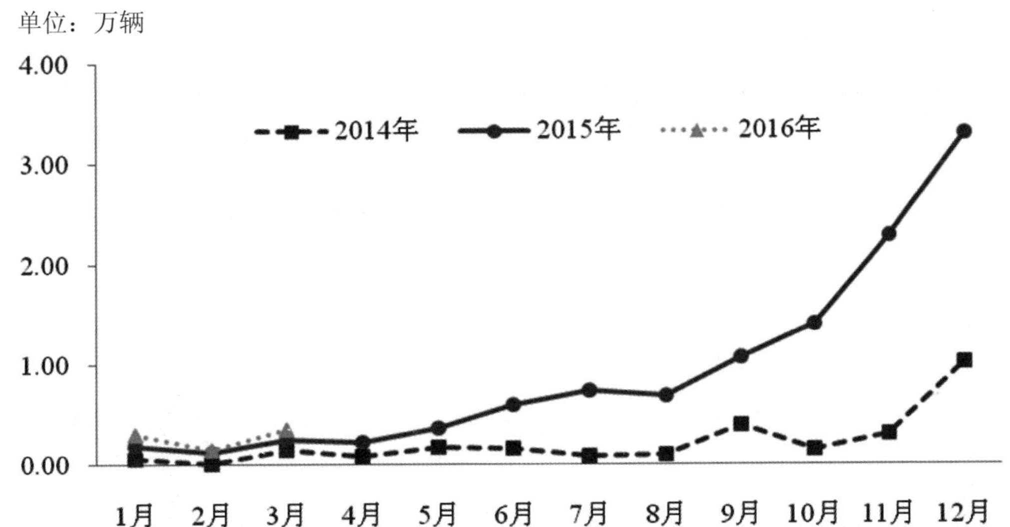


图 4　2014 年－ 2016 年第 1 季度我国新能源客车产量

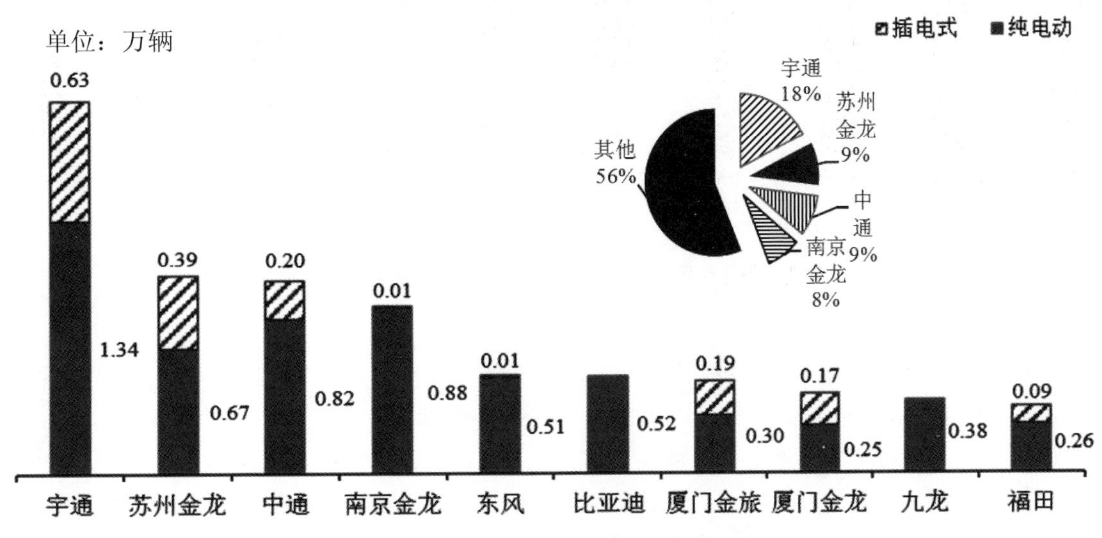


图 5　2015 年新能源客车产量排名前十企业

（四）专用车产量增速较快

与2014年相比，我国新能源专用车企业由31家增长至2015年的66家企业，产量由0.32万辆提升至4.69万辆。其中，东风、重庆瑞驰、陕西通家、力帆和国宏汽车这五家企业的产量之和达到新能源专用车总产量的47.96%。

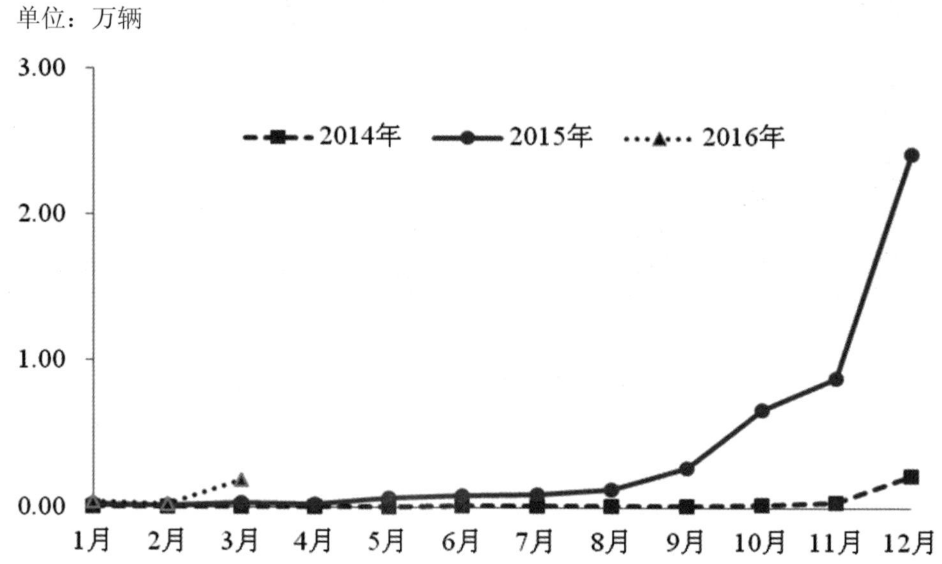


图6 2014年－2016年第1季度我国新能源专用车产量

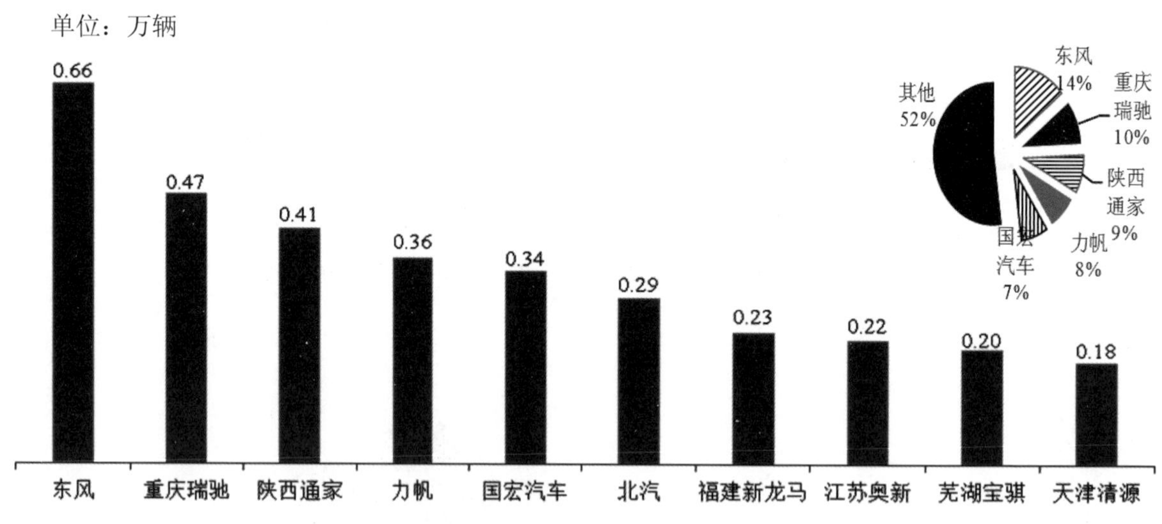


图7 2015年新能源专用车产量排名前十企业

## 二、新能源汽车产品更加丰富成熟

在一批龙头企业创新牵引和国家科技专项助推下，新能源汽车产业技术水平不断提升。目前我国纯电动乘用车最高车速超过140公里／小时，续驶里程超过200公里，百公里加速性能、能耗水平等关键指标大幅进步，整体上看，基本跟上国际新能源汽车产业发展步伐。

随着各企业新能源汽车产品的更新换代，产品性能提升的同时，产品使用舒适型和功能性也在不断升级，成为车型延续产品活力的重要手段。

如比亚迪在2015年推出的升级款车型秦双冠版，其内饰用料和设计较上一代产品有明显升级，整车的内饰与细节的改进十分显著，隔音、气密水平也有了明显的提升。此外，秦双冠版还增加了移动电站、监测和过滤PM2.5的绿净系统等提高车辆使用舒适型和便利性的功能，有效提升了产品的附加值。

北汽的EV系列产品水平近年也取得显著进步。经过E150EV、2014款EV系列产品的升级，产品动力性能获得显著提升，续驶里程逐步增加，车辆功能配置不断丰富完善，产品成熟度获得显著提升。

**表2 北汽EV系列车型参数升级对比**

| 车型 | E150EV | 2014款EV系列 |
|---|---|---|
| 上市时间 | 2013年底 | 2014年四季度 |
| 最高车速 | 110 | 125 |
| 电机最大功率 | 20/43 | 20/43或30/53 |
| 续驶里程（km） | 150 | 160/200 |
| 电池容量kWh | 25.6 | 25.6/30.4 |
| 配置变化 | 动力/经济模式切换<br>电动调节外后视镜<br>后风挡玻璃除霜<br>8寸中控屏（GPS、收音机、音乐视频播放，预留倒车影像后装接口）<br>电动数显空调 | 天窗<br>泊车雷达<br>倒车影像<br>外后视镜电动折叠<br>电加热外后视镜<br>6.2寸液晶组合仪表<br>前风窗玻璃雨量传感器<br>8寸屏中控信息系统（MP5、导航、机屏互联、能量流）<br>手机APP（远程信息查询、远程控制） |

## 三、企业加快产品投放并纷纷确定中长期市场目标

伴随着国内新能源汽车市场的高速稳步增长及相关配套政策逐步完善，此前在华保持观望态度的大众、丰田、福特等外资品牌纷纷在华发布最新新能源汽车战略，并加速产品的导入。内外资整车企业陆续发布新能源汽车产销目标。

### （一）产品密集投放但内外资企业产品重点有所不同

2015年以来，内外资整车企业陆续公布未来在我国新能源汽车产品投放最新计划，从车型数量上来看，未来5年我国市场新能源汽车产品将进入密集投放期。从产品种类来看，企业计划投放车型范围将覆盖从A0级轿车至SUV及商用车产品；从车型技术路线来看，尽管各企业产品均计划投放纯电动及插电式混合动力产品，但从拟投放的车型数量看内资企业产品多选择纯电动与插电式混合动力双重路线并举，而外资企业相对更偏重推广插电式混合动力车型。（见表3）

### （二）各企业均设定了较高的目标

2015年以来，内外资整车企业纷纷发布新能源汽车产销目标。经整理分析可以发现，行业主要整车企业到2020年新能源汽车年销量均在10万辆以上。统计已公布具体销量目标的企业信息，到2020年我国新能源汽车市场规模将接近300万辆，已超过《节能与新能源汽车产业发展规划（2012—2020年）》中提出的2020年生产能力达到200万辆的目标。（见表4）

**表 3　部分新能源汽车企业未来规划新车型情况**

| 企业/集团 | 规划新能源车型数量 | 纯电动汽车（BEV） | 插电式混合动力汽车（PHEV） |
|---|---|---|---|
| 广汽 | 到 2020 年共 6 款 | A0 级：纯电动轿车<br>A 级：GA3S 纯电动版<br>SUV：GS4 纯电动 | B 级：GA6 插电式混合动力版<br>SUV：GS4 插电式混合动力版 |
| 江淮 | 2016 年共 4 款 | A00 级：悦悦 EV<br>SUV：IEV6s<br>轻客：星锐 EV | SUV：瑞风 S5 插电式混合动力版 |
| 比亚迪 | | 全系产品均计划推出纯电、双模版 | |
| 上汽 | 2016 年共 4 款 | A0 级：荣威 E50 MEC<br>A 级：荣威 e550 MEC<br>B 级：荣威 e950 | SUV：荣威 SUV PHEV |
| 长安 | 到 2025 年共 34 款 | 轿车：7 款<br>SUV：2 款<br>MPV：6 款<br>商用车：12 款 | 7 款 |
| 北汽 | 2016 年共 3 款 | A0 级：第三代 EV200。 | 插电混动车型 PH300，ER500 大中型车 |
| 大众 | 到 2020 年共 15 款 | MQB 平台纯电动高尔夫等 | A 级：奥迪 A3 e-tron 插电式混合动力版<br>C 级：A6L e-tron 插电式混合动力版、大众 C 级车 |
| 福特 | 到 2020 年共 13 款 | A 级：福克斯纯电动版； | A 级：C-Max Energi 插电式混合动力车型 |
| 通用 | 到 2020 年不少于 10 款 | | 凯迪拉克 CT6 插电式混合动力 |
| 丰田 | 到 2020 年至少 2 款 | | A 级：卡罗拉插电式混合动力版、雷凌插电式混合动力版 |

（资料来源：根据公开资料整理）

**表 4　部分整车企业未来新能源汽车市场推广目标**

| 序号 | 企业 | 2020 年销量目标 |
|---|---|---|
| 1 | 通用 | 新能源车销量将占上汽通用汽车总销量的 5%（10 万辆以上） |
| 2 | 大众 | 到 2020 年在华年销售新能源汽车 10 万辆 |
| 3 | 广汽 | 新能源汽车产销达到 20 万辆，其中广汽传祺为 10 万辆 |
| 4 | 江淮 | 到 2025 年，江淮新能源汽车总产销量占江淮总产销量的 30% 以上 |
| 5 | 比亚迪 | 2016 － 2018 年产销量每年翻一番 |
| 6 | 长安 | 到 2020 年，累计销量达到 40 万辆 |
| 7 | 北汽 | 年产销达到 50 万辆以上 |
| 8 | 一汽 | 到 2020 年实现新能源汽车市场份额 15% 以上 |
| 9 | 上汽 | 到 2020 年自主品牌新能源汽车产品销量达到 20 万辆 |
| 10 | 吉利 | 到 2020 年新能源汽车销量占吉利整体销量 90% 以上，达 180 万台[1] |

注：1　吉利产销目标中包含非插电式混合动力车型销量。

（资料来源：根据公开资料整理）

## 四、智能网联成为热点并推动行业格局变化

2015 年，在市场高速增长的背景下，我国新能源汽车产业成为政府、大众以及资本关注的焦点，全行业掀起了一轮投资与整合的旋风。以乐视、蔚来汽车为代表的新进势力越发频繁地出现在公众的视野之中，而以北汽为代表的传统整车企业也在国内外掀起了行业资源整合的潮流。

### （一）互联网企业造车潮起

2015 年，互联网企业瞄准智能网联电动汽车市场，互联网公司造车已从此前的屈指可数的个例变成为一种潮流。乐视、腾讯、阿里巴巴等国内互联网巨头纷纷宣布跨界造车并发布超前概念，并从车联网、造车、出行等多个方面展开了布局，未来汽车的电动化、智能化及共享化趋势已日趋明显。

**表 5　部分互联网企业新能源汽车业务开展情况**

| 企业 | 投资方 | 重点产品 | 投资 |
|---|---|---|---|
| 乐视 | 乐视 | 互联网智能电动汽车 | 超过 10 亿美元 |
| 蔚来汽车 | 李想（汽车之家创始人）、李斌（易车网）、刘强东（京东）、腾讯、高瓴资本（将另找两家代工） | 高性能电动汽车研发 | 首轮融资 5 亿美元 |
| 和谐富腾（Future Mobility） | 腾讯、富士康、和谐汽车 | 互联网 + 智能电动车平台 | 未公布 |

（资料来源：根据公开资料整理）

（二）传统汽车厂商加强与科技企业合作

尽管现阶段传统汽车厂商在品牌、渠道、供应链和核心技术等方面依然占据优势，但随着汽车电动化浪潮的来袭，传统汽车的发动机、变速器等核心零部件正逐步被动力电池、电机以及电池管理系统等所取代，传统汽车厂商的核心技术优势和供应链优势将可能被削弱。为了继续保持在汽车产业链中的主导地位，部分传统车企选择与互联网公司结盟，试图通过合作产生互补效应。典型代表有上汽集团与阿里巴巴集团的“互联网汽车”战略合作，华为与东风、腾讯与上海通用等组成的战略联盟等。

**表 6　近年整车、互联网企业合作情况**

| 汽车集团 | 互联网企业 | 简介 |
| --- | --- | --- |
| 上汽集团 | 阿里巴巴 | 阿里与上汽集团共同宣布，将合资设立 10 亿元的互联网汽车基金，并合作开发互联网汽车。按照约定，上汽集团将提供制造支持，阿里则将其自主开发的 YunOS 操作系统嵌入到上汽集团产品中，背靠其云计算平台和互联网大数据，实现“人、车、路和基础设施”全新的交互方式。 |
| 东风 | 华为 | 2014 年 10 月，东风与华为在武汉签署战略合作协议，双方将在汽车电子、智能汽车、IT/ICT 信息化建设等领域，协同创新，展开跨界合作，开启的却是汽车企业与“软硬兼备”的互联网企业全方位合作新模式，由研发互联网汽车向开发智能汽车进军。 |
| 戴姆勒集团 | 百度 | 德国戴姆勒和百度于 2015 年 5 月 25 日共同宣布达成合作关系，长期联合开发车联网技术。戴姆勒旗下梅赛德斯—奔驰计划在未来的车型中安装百度 CarLife 车联网解决方案，未来还将继续同百度地图从街景、本地搜索和 POI 等角度开展合作。通过百度 CarLife，奔驰车主可通过 WiFi 或 USB 将智能手机连接到车载设备，在车内应用各种基于智能手机的服务。 |

（资料来源：根据公开资料整理）

（三）新能源行业开始资源整合

国内新能源行业开始资源整合。在国家强力推动下，我国新能源汽车市场呈现井喷之势，其高额的潜在回报吸引了大量行业投资。整车制造虽然门槛非常高，但由于电动化简化了汽车结构，在产能过剩、互联网思维颠覆传统行业的背景下，整车制造仍然是投资大热门。而部分产业链核心企业表现非常活跃，包括长城华冠、多氟多等为代表的汽车设计公司和电池等关键零部件供应商借助新能源汽车快速发展契机，希望通过投资收购等方式一跃升级为新型整车厂。2015 年国内新能源汽车企业投资项目情况（见表 7）。

国内企业走出国门开始利用全球资源。在经济全球化的大背景下，国内新能源汽车企业也在全球范围内开展资源配置。其中，既有北汽、长安等传统整车企业触角的不断扩张，也有蔚来汽车等新进面孔通过大笔投入招兵买马，迅速在行业内建立并壮大自身实力（见表 8）。

新进企业积极吸引汽车行业高管。新能源汽车企业还通过聚合传统汽车行业的精英人才在研发、制造等方面提升自身实力，并计划借此迅速打造高水平的全球研发制造队伍。

## 五、我国新能源汽车行业发展问题及相关建议

我国新能源汽车行业发展虽然已取得显著成果，并已晋升为世界最大的新能源汽车市场，预计在各方

**表 7　2015 年新能源汽车行业资本合作情况**

| 时间 | 买方 | 卖方 | 交易内容 | 金额 |
|---|---|---|---|---|
| 5 月 | 和谐汽车 | 绿野汽车 | 64.64% 股权 | 2.34 亿元 |
| 5 月 | 天津滨海高新技术产业开发区、北京国研信息科技有限公司 | 瑞典国能（萨博） | 30% 股权 | 2 亿美元 |
| 7 月 | 多氟多 | 红星汽车 | 69% | 1.60 亿元 |
| 7 月 | 极客帮创投，云基金、宽带资本、红杉中国、真格、高瓴等 | 凌云智能 | | 1000 万美元 |
| 7 月 | 隆鑫通用 | 丽驰 | 控股 51% | 出资 1.765 亿元，增资 1.5 亿元 |
| 9 月 | 海源机械、福建省汽车工业集团有限公司、莆田市国有资产投资有限公司、刘心文 | 云驰 | | 9 亿元 |
| 9 月 | 红杉资本与愉悦资本参投 | 蔚来汽车 | | 5 亿美元 |
| 11 月 | 三吉集团 | 中科动力 | 第二大股东 | |
| 11 月 | 何小鹏、李学凌、吴霄光、姚劲波、傅盛、张颖等 | 小鹏汽车 | | 0.5 亿美元 |
| 12 月 | 京威股份 | 五洲龙 | 48% 股权 | 5.52 亿元 |
| 12 月 | 赣锋锂业 | 长城华冠 | 277 万股 | 4986 万元 |
| 12 月 | 和谐富腾 | 绿野汽车 | 55% 股权 | 2.18 亿元 |

（资料来源：根据公开资料整理）

**表 8　近年国内新能源汽车企业海外布局情况**

| 国内企业 | “走出去”方式 | 合作内容 |
|---|---|---|
| | | |
| 北汽 | 收购 | 2014 年北汽集团收购了美国电动汽车设计公司 Atieva 25.02% 的股份，成为 Atieva 第一大股东。 |
| 北汽 | 设立海外研发中心 | 北汽已在美国硅谷、美国底特律、德国亚琛、西班牙巴塞罗那等地建立研发中心，正在筹备在日本东京组建研发中心。 |
| 长安 | 设立海外研发中心 | 英国研发中心主要负责电驱动总成的研发，美国研发中心负责电驱动底盘技术的研发。 |
| 蔚来汽车 | 建立海外研发团队 | 蔚来汽车已在美国硅谷、德国慕尼黑和英国伦敦拥有办公室以及研发和设计团队，其中美国硅谷负责软件系统开发、慕尼黑负责车辆安全系统和安全技术、伦敦中心则负责造型设计。 |

（资料来源：根据公开资料整理）

的大力推进下，新能源汽车产业能力将继续提升，市场规模将不断扩大，但发展基础仍然不牢固，存在诸多应给予高度关注或亟待解决的问题。

*一是我国新能源汽车领域偏重政策拉动、市场驱动偏弱。*目前我国新能源汽车的发展主要依靠政府的财税激励政策来推动，但政策激励只能在短期内加速产业发展，容易导致企业过度依赖补贴，产品开发偏离市场实际需求。

*二是部分自主品牌新能源汽车技术水平较差，核心技术方面亟需重大突破，未来竞争压力巨大。*自主品牌新能源汽车产品与日产、宝马、特斯拉等国际先进企业相比仍存在较大差距，整车性能品质尚不能完全满足消费者需求，部分核心元器件也大多依赖国外企业供应。未来随着跨国汽车企业集团纷纷加大研发推广力度，加快推出新产品和新车型，不断扩大其市场份额，将对国内企业发展构成严峻挑战。

*三是充电基础设施建设及配套服务滞后。*目前，部分地方政府、行业企业对充电基础设施建设运营积极性和主动性不高，主要是因为当前建设运营盈利模式仍不明朗，缺乏依托网络化服务平台提升用户体验和增值服务的实践。

*四是新能源汽车维保体系缺失。*有行业专家表示，目前多数4S店新能源汽车维修服务能力弱，纯电动汽车修理工人大多未取得专业资格，电池的维修更换需要专用设备，且各车型差异较大，维修设备投入极高。在当前4S店效益普遍不佳的背景下，导致大量4S店不愿意向消费者提供新能源汽车维保服务。

此外，还要警惕近期大量业外资本涌入可能导致的虚假繁荣。目前我国新能源汽车行业投资呈现井喷之势，虽然短时间内可以带来前所未有的关注度，但是缺乏关键核心技术与完善的配套服务体系的爆发式发展终究只是金玉其外败絮其中，要警惕个别企业借机炒作概念圈地圈钱。

针对我国新能源汽车行业暴露出的一些问题，建议行业相关各方采取积极措施给予解决完善。一是调整完善政策环境，尽快引导行业向“市场驱动＋政策引导”双轮驱动模式转变，并建立产业、政府、市场良好互动的关系；二是优化扶持机制，着力加强新能源汽车产业链建设，助推形成可持续商业化模式；三是继续搞好新能源汽车重点研发专项，着力突破动力电池等核心技术，加大对电机、电控等关键共性技术研发的支持，提高自主核心零部件水平和系统集成能力。

## 六、小结

2015年我国新能源汽车市场继续保持高速增长，行业领先企业优势地位得到进一步加强，优秀整车产品得到市场广泛认可。2015年以来，国内新能源汽车掀起新一轮发展热潮，智能网联电动汽车已成为各方争夺未来行业发展制高点的重要依托。互联网公司与传统汽车企业发挥各自优势，通过资本运作，整合资源、人才引进等方式，迅速在国内外进行布局，积极增强自身研发生产能力。经过数年的积累，国内外整车企业已全面启动一系列针对不同用户群体的新能源汽车产品上市筹备工作，2015年已成为我国新能源汽车行业由摸索开拓阶段向稳定成长阶段转型的重要节点。

*注：转载自中国汽车技术研究中心、日产（投资）有限公司、东风汽车有限公司编著的《新能源汽车蓝皮书——中国新能源汽车产业发展报告（2016）》*

# 推广应用效果评价

## 新能源汽车推广应用效果评价

中国汽车技术研究中心　石红　杨家骐

2013 年 9 月，财政部、科学技术部、工业和信息化部及国家发展和改革委员会联合发布《关于继续开展新能源汽车推广应用工作的通知》（财建〔2013〕551 号），指出经国务院批准，2013—2015 年继续开展新能源汽车推广工作。而后先后两批批复 39 个新能源汽车推广应用城市或区域，计划共推广 335976 辆新能源汽车 。在三年的推广应用工作中，中央、地方及企业都在努力探索、不断完善推广措施，最终取得了 38 万辆的推广收官成绩，超额完成推广计划。

### 一、2013 年—2015 年推广应用工作总体情况

截至 2015 年 12 月底，2013—2015 年实际完成新能源汽车推广 383285 辆，超额 14% 完成任务。其中，2013、2014、2015 年分别推广 1.8 万辆、6.4 万辆、30.1 万辆，分别占累计推广量的 5%、16%、79% 。

#### （一）公共领域仍是主要推广领域

从应用领域来看，截至 2015 年 12 月底，新能源汽车用于私人领域的比例为 35%，公共领域的比例为 65%，其中租赁用车占 20%，公交车占 17%、通勤车占 8%、物流车占 8%、公务车占 4%、出租车占 3%、旅游客车占 3%、其他占 2%。

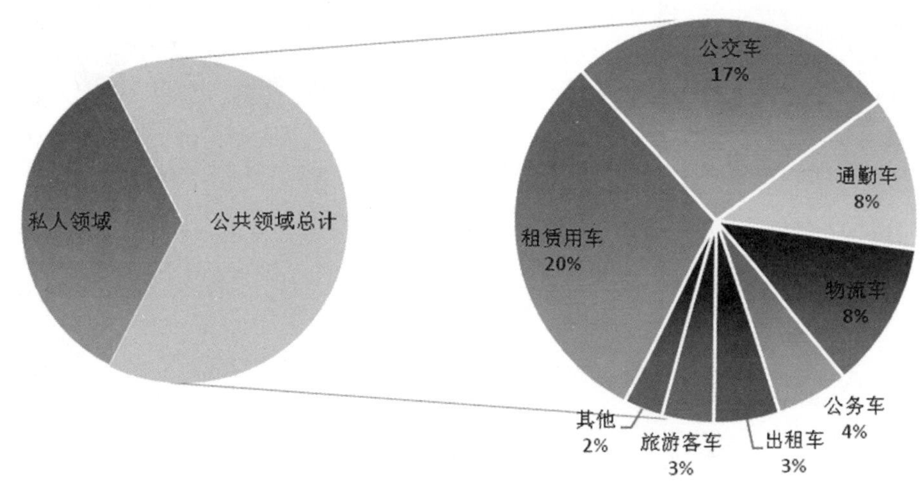


图 1　新能源汽车应用领域分布

（二） 纯电动汽车是推广主力车型

从车辆类型来看（见表 1），截至 2015 年 12 月底，纯电动汽车占比 74.7%，插电式混合动力占比 25.3%，燃料电池汽车占比 0.002%。其中，纯电动乘用车占比最高达 43.9%。

**表 1 新能源汽车推广应用车辆类型占比分布**

| 车辆类型 | | 占比 | 总占比 |
|---|---|---|---|
| 纯电动汽车 | 纯电动乘用车 | 43.9% | 74.7% |
| | 纯电动客车 | 21.2% | |
| | 纯电动特种车 | 9.7% | |
| 插电式混合动力汽车 | 插电式混合动力乘用车 | 18.6% | 25.3% |
| | 插电式混合动力客车 | 6.7% | |
| 燃料电池汽车 | | 0.002% | 0.002% |

（三） 私人领域车辆占比先升后降

2015 年无疑是新能源汽车市场的爆发年，尤其从下半年开始发力，12 月单月推广近 15 万辆。从应用领域来看，公共领域仍是主要的推广领域，占总体的 65%。从车辆类型来看，乘用车占据总体的 62%，其中有近一半的乘用车被用于租赁、出租、公务等公共领域。2013—2015 年 4 月，私人领域新能源汽车占比逐步提升主要是因为，在新能源汽车推广应用初期，新能源汽车技术不够成熟，政策体系不够完善，私人消费者对新能源汽车缺乏了解，公共领域推广新能源汽车的难度低于私人领域，因而公共领域推广的新能源汽车比例高于私人领域，2013 年新能源汽车用于私人领域的比例不足 1/4。但是随着新能源汽车技术水平的逐渐提升，国家政策及地方政策的不断完善及落地，消费者对于新能源汽车的接受程度越来越高，用于私人领域的新能源汽车推广速度逐渐快于公共领域，私人领域新能源汽车比例在 2014 年达到 35%，在 2015 年 4 月份额更是超过公共领域达到最高值 61%。

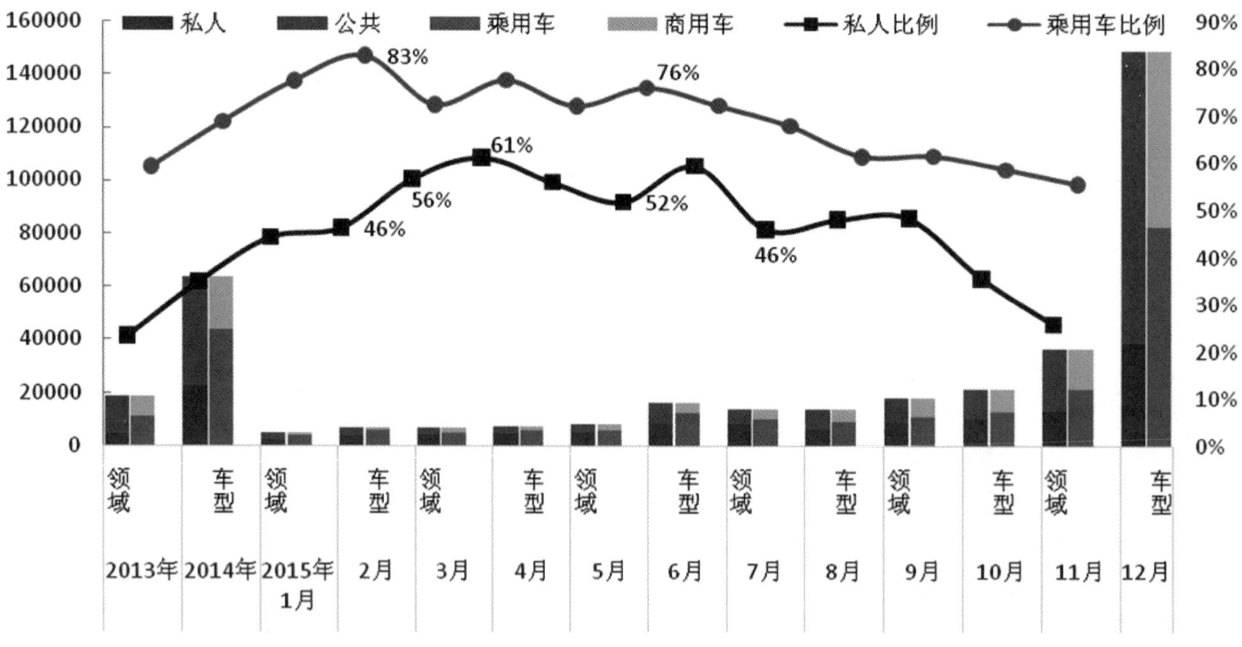


**图 2 2013 年—2015 年新能源汽车推广情况**

但是自 2015 年 8 月开始，私人领域占比回落至 46%，公共领域份额再次超过私人领域，12 月私人领域份额已降至 26%，分析原因如下。

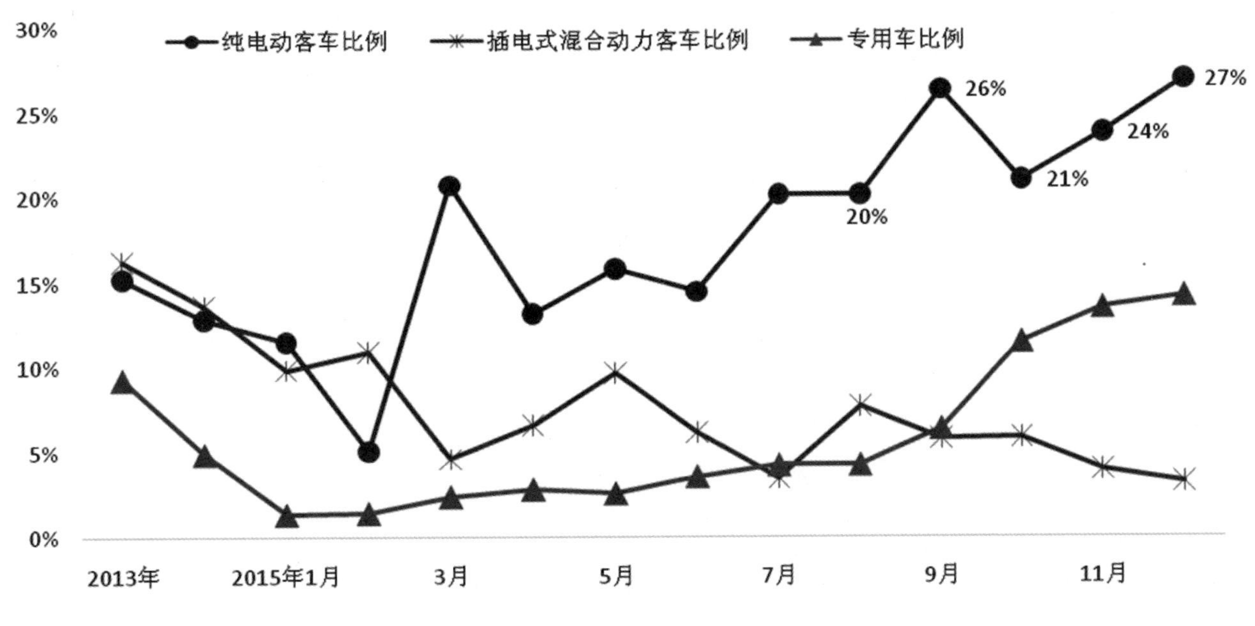


图 3　商用车份额变化情况

第一，自 2015 年 8 月开始，纯电动客车、纯电动专用车的推广量快速增大（图 3）；第二，2015 年 8 月、11 月、12 月，用于租赁的乘用车推广量巨大（图 4）。

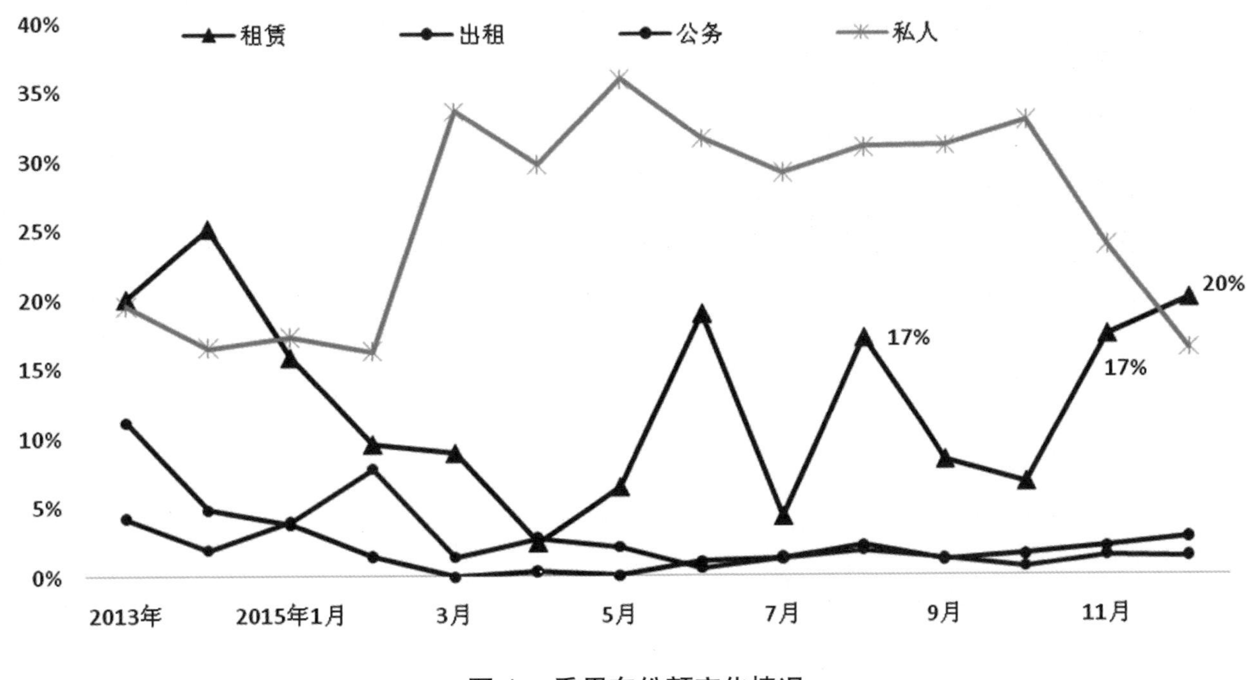


图 4　乘用车份额变化情况

造成以上两种现象的原因主要是2013—2015年国家及地方补贴政策接近尾声，而新一轮的国家补贴政策提高了技术门槛，导致部分产品在2016年将无法获得国家补贴或者补贴标准下降，同时，地方补贴政策大都不明朗。为了最大限度地获取补贴，部分企业利用多种方法大量销售产品，相对容易的公共领域成为这部分企业发展的重点。也有部分生产企业通过自营新能源汽车租赁公司"左手倒右手"，利用政策漏洞销售低技术水平但却符合高补贴标准的产品。

## 二、推广应用城市（或区域）总体推广情况

### （一）17个城市（或区域）完成推广计划

从地方推广情况来看，39个新能源汽车推广应用城市（或区域）中，推广量超过10000辆的城市共12个（如图5），占推广总量的74%，其中，上海推广完成近5.6万辆新能源汽车，推广量、完成比例均居全部推广应用城市（或区域）之首；深圳、北京推广量均突破3万辆，推广计划完成比例分别为98%和93%；江苏、浙江、河北均超过2万辆，且均超额完成推广任务，完成比例分别为148%、251%、162%；湖南、广东（不含深圳、广州）、广州、天津、青岛、武汉推广新能源汽车超过1万辆，完成推广计划比例分别为316%、166%、146%、114%、231%、100%。推广量在3000—10000辆的城市共16个，占推广总量的23%。推广量不足3000辆的城市共11个，其中晋城（推广151辆）为推广量最少城市。完成推广计划的城市共17个，占推广总量的68%。推广量最大的前五名城市（区域）为：上海、深圳、北京、江苏、浙江；推广完成率最高的前五名城市（区域）为：上海、湖南、浙江、青岛、河北。

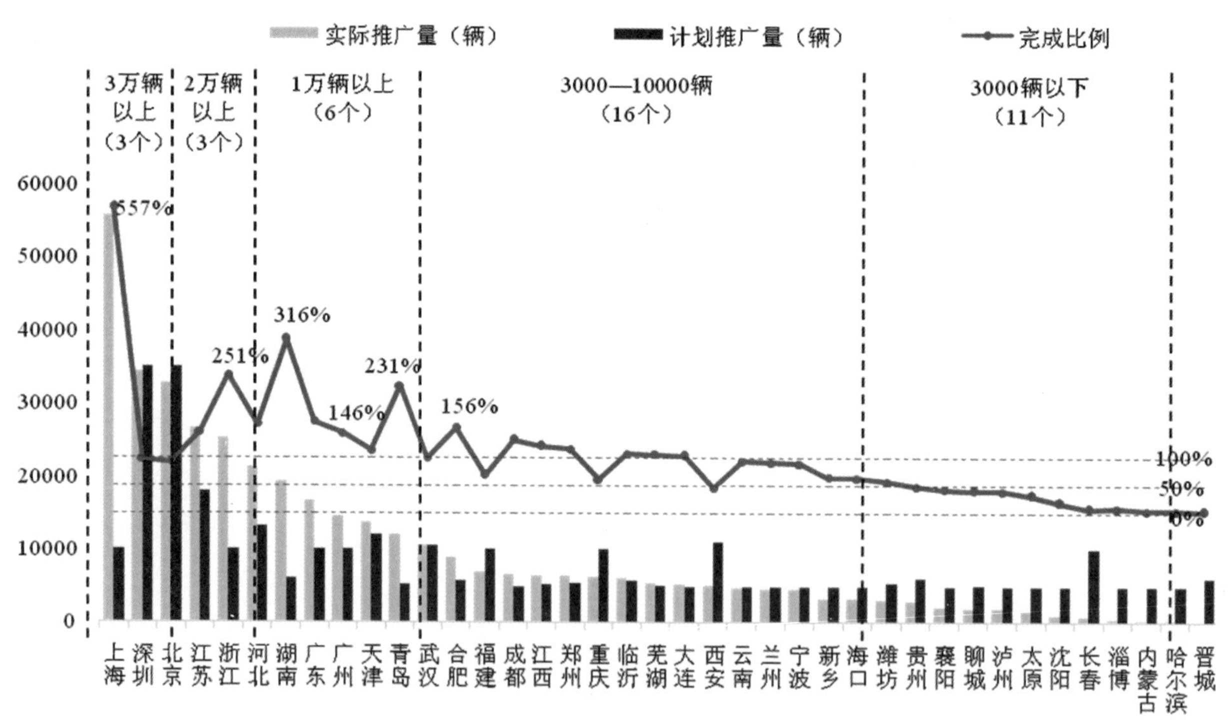


图5 各推广应用城市（或区域）实际及计划推广量

### （二）七成城市（或区域）公共领域车辆推广量占比较高

应用于公共领域的新能源汽车主要包括：用于租赁、出租、公务的乘用车以及全部客车及专用车。由图6显示，在总共39个推广应用城市（或区域）中，有20个城市（或区域）以推广公共领域新能源汽车为主（占比高于80%），包括江苏、浙江、河北、广东（不含深圳、广州）、广州、郑州、重庆、大连等20个城市（或区域）；8个城市（或区域）公共领域占比在50%—80%之间，包括深圳、湖南、天津、福建、成都、

芜湖、新乡；11 个城市（或区域）以推广私人领域新能源汽车为主（公共领域占比低于 50%），包括上海、北京、青岛、武汉、合肥、江西、临沂、西安等。

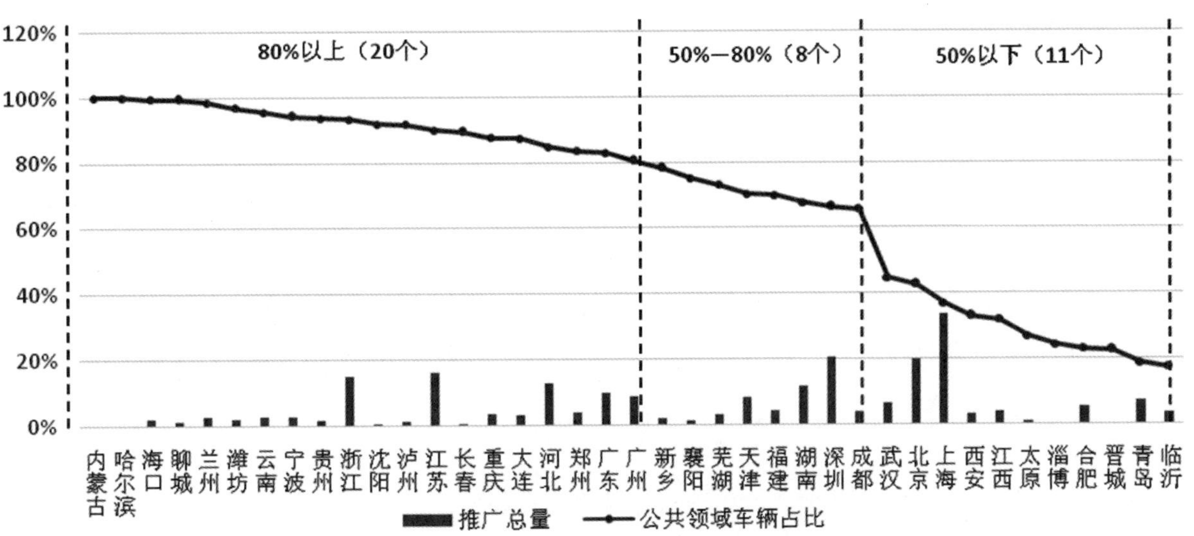


**图 6　各推广应用城市（或区域）公共领域车辆占比情况**

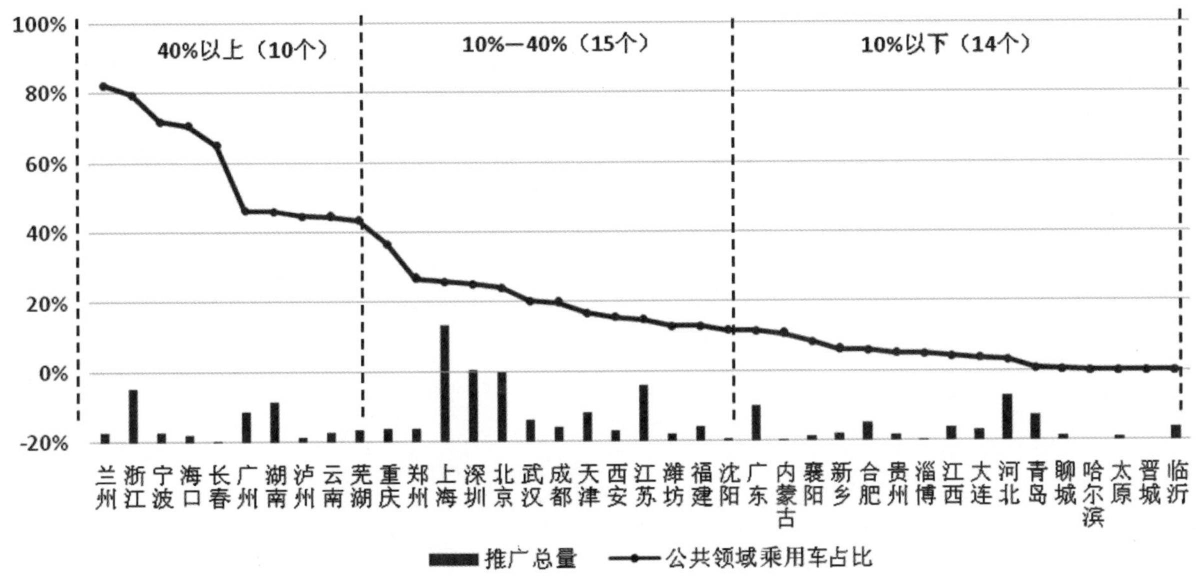


**图 7　各推广应用城市（或区域）公共领域乘用车占比情况**

造成城市公共领域推广比例较高的原因是：第一，公交、出租、公务等领域为政府可控力较大领域，当私人市场不活跃时，公共领域是当地新能源汽车推广的排头兵；第二，城市间新能源汽车商业模式不同，部分城市推广纯电动微型车“租赁”模式，方便市民出行，在图中表现为公共领域乘用车占比较高，如浙江、广州、湖南等（图 7）；第三，如前所述，部分企业利用“公共领域”大量销售产品获取补贴，图中纯电动客车占比可作为识别指标之一，如河北、广东（不含广州、深圳）、江苏等推广量较大省份该指标较高（图 8）。

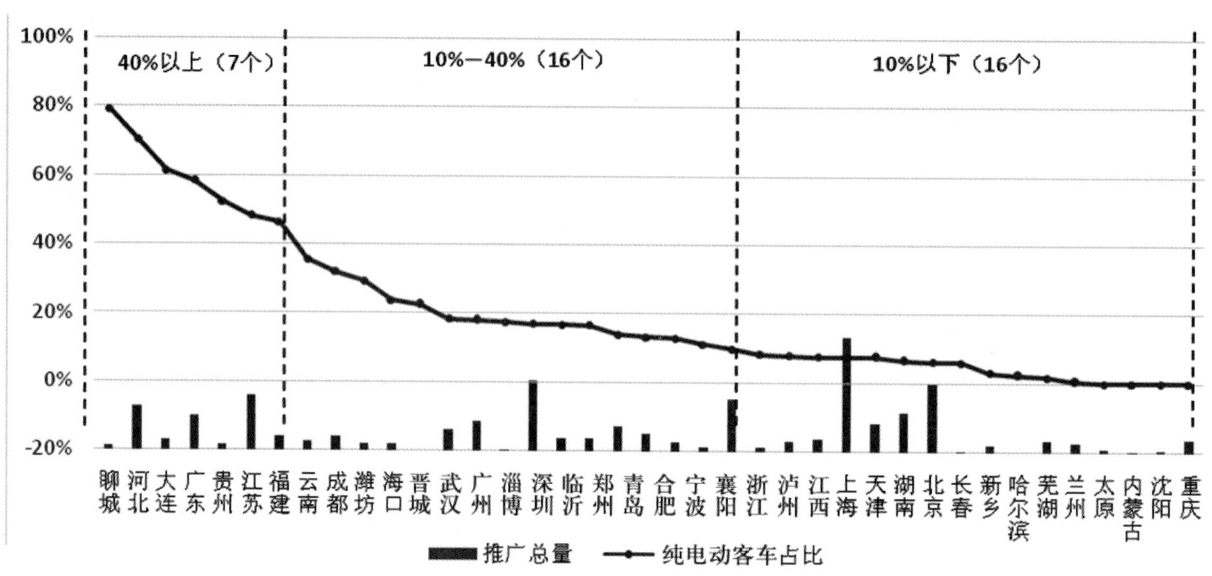


图 8　各推广应用城市（或区域）纯电动客车占比情况

（三）沿海地区推广量占比较高

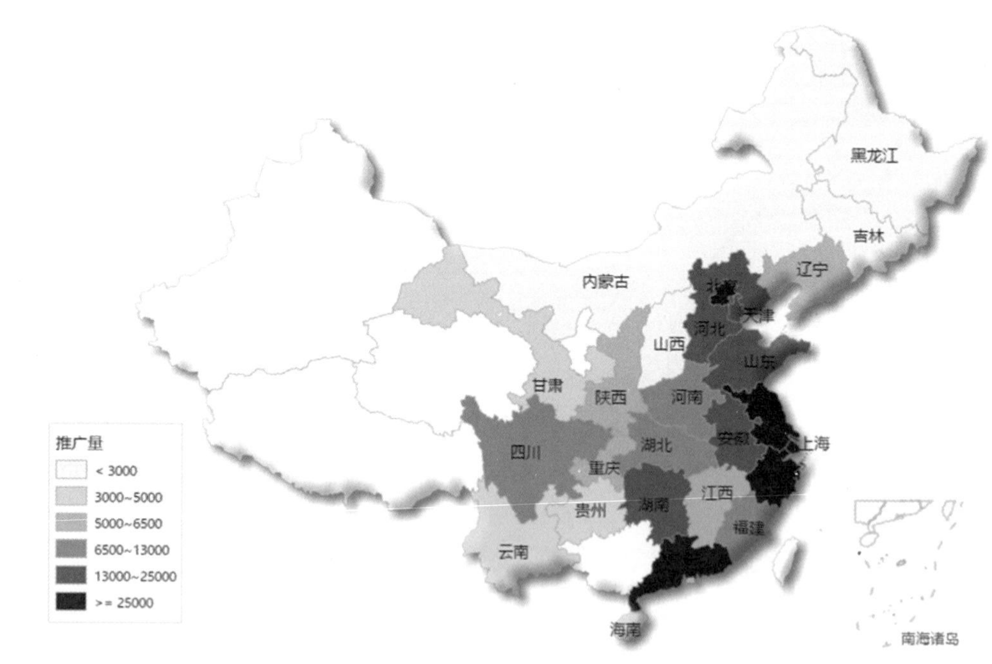


图 9　新能源汽车推广地区分布

表 2 新能源汽车推广地区分布

| 地区 | 省份 | 占比 | 分区域占比 | 地区 | 省份 | 占比 | 分区域占比 |
|---|---|---|---|---|---|---|---|
| 华北 | 北京 | 9% | 18% | 华中 | 河南 | 3% | 11% |
| | 河北 | 6% | | | 湖北 | 3% | |
| | 山西 | 0.5% | | | 湖南 | 5% | |
| | 天津 | 4% | | 西北 | 甘肃 | 1% | 3% |
| | 内蒙古 | 0.1% | | | 陕西 | 1% | |
| 华东 | 安徽 | 4% | 43% | 西南 | 贵州 | 1% | 6% |
| | 福建 | 2% | | | 四川 | 2% | |
| | 江苏 | 7% | | | 云南 | 1% | |
| | 江西 | 2% | | | 重庆 | 2% | |
| | 山东 | 6% | | 东北 | 辽宁 | 2% | 2% |
| | 上海 | 15% | | | 吉林 | 0.2% | |
| | 浙江 | 8% | | | 黑龙江 | 0.1% | |
| 华南 | 广东 * | 17% | 18% | | | | |
| | 海南 | 1% | | | | | |

*注：广东省为全省数据，已包括深圳、广州。

从地区分布来看，华东、华北、华南等沿海地区共占据近 80% 的份额。这些地区推广效果明显优于其他地区的原因是：1）地方政策推广力度较大。地方政策支持力度影响推广效果，如补贴资金是否到位，新能源汽车是否可享受不限行、不限购政策，当地市场产品是否丰富等。2）经济较为发达。经济较为发达地区对汽车的整体需求较高，市场购买力更强。3）气温适宜动力电池发挥性能。动力电池的性能对温度十分敏感，新能源汽车在温度偏低地区的使用体验较差，动力电池会出现无法充电的情况，若车辆没有预装电池加热装置，则无法在寒冷地区正常使用。

（四）多数省份外地品牌车占比高于 30%

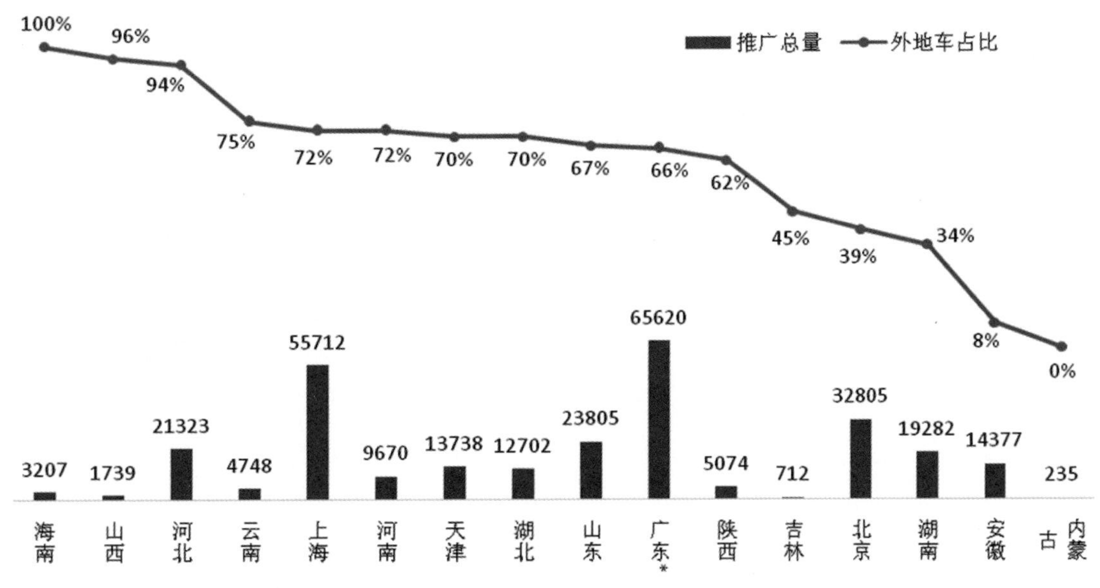


图 10 16 个省（直辖市）外地品牌车占当地推广量的比例

*此处“广东”为全省数据，包括广州、深圳。

《关于继续开展新能源汽车推广应用工作的通知》（财建〔2013〕551号）中明确推广应用的车辆中外地品牌数量不得低于30%。外地品牌的占比可作为衡量当地市场开放程度的指标之一。如图10中显示市场开放程度前五名为海南（100%）、山西（96%）、河北（94%）、云南（75%）、上海（72%）。河南、天津、湖北、山东、广东、陕西等外地品牌比例超过60%。吉林、北京、湖南的比例在30%—40%之间。内蒙古和安徽未达到政策要求的30%：内蒙古无外地品牌车辆，安徽省外地品牌车辆仅占8%。

## 三、推广应用趋势

2015年新能源汽车市场的飞速发展，除国家政策的大力推动外，也得益于大部分推广应用城市在实际工作的不断探索、不断创新、不断改进，制定出许多具有实际可行性的政策。但推广应用中存在的问题也值得高度关注。在新一轮推广应用阶段的开启阶段，做出如下展望及建议：

一是不同地区推广力度将出现分化。部分拥有产业基础地区将鼎力推广，缺乏产业基础地区将退出。拥有产业基础城市将继续支持本地新能源整车企业，本地产品占比仍将占较大比例，沿海地区仍会是推广量较大区域。

二是私人领域新能源汽车比例将逐渐提高。2015年新能源汽车市场反应出消费者正在逐步接受这一新产品，同时随着企业产品的不断升级，技术水平的不断提高，以及外资品牌加入带来更多的产品选择，私人领域将成为下一阶段推广应用的重点领域。

三是公共领域公交车还将持续推广。《关于加快推进新能源汽车在交通运输行业推广应用的实施意见》（交运发〔2015〕34号）中明确到2020年新能源城市公交车达到20万辆；《关于完善城市公交车成品油价格补助政策加快新能源汽车推广应用的通知》（财建〔2015〕159号）也明确公交车成品油涨价补助数额与新能源公交车推广数量挂钩且将对新能源公交车发放运营补助。在政策大力激励下，各地将持续推广公共领域的新能源公交车。

注：转载自中国汽车技术研究中心、日产（投资）有限公司、东风汽车有限公司编著的《新能源汽车蓝皮书——中国新能源汽车产业发展报告（2016）》

# 第5部类

# 二手车市场

DISIBULEI | ERSHOUCHESHICHANG

# 二手车市场综述

## 2015年中国二手车市场运行状况

中国汽车流通协会 沈荣

在宏观经济进入更加稳健的新常态发展阶段，在政策环境及行业发展环境更趋积极，在汽车市场整体发展提供的资源支撑与迅速扩大的市场空间，在消费需求理念开始建立等多重利好因素构建的背景环境下，在二手车行业以树立诚信、打造品牌、强化服务为核心内容的努力实践中，依托互联网与金融服务的双轮驱动，2015年的中国二手车市场呈现了整体运行稳中有升，产业优化进步明显、市场需求渐趋旺盛的良好运行态势。

### 一、二手车交易规模稳定增长

2015年1－12月，全国二手车市场累计交易量941.71万辆，相比2014年微增2.32%，累计交易额5535.40亿元。交易总量与交易金额双双创出新高。

依据2011年开始的全国二手车交易全口径统计结果显示，二手车交易总量保持持续增长态势。5年间，二手车交易总量增加了260万辆，年均增加43万辆；5年间的二手车交易规模增长幅度达到38.1%，年均增幅7.62%。

在交易总量迭创新高的同时，二手车交易的年度增长幅度呈现逐步收窄的迹象。2012年16.4%的最高增幅与2015年的2.32%构成了5年间交易规模增长幅度的高点和低点（见图1）。

二手车市场交易规模的不断扩张显示着二手车市场良好的发展前景，而交易规模增幅的收窄并不代表市场已经趋于成熟，而是由于外部条件影响和行业内部调整造成的整固阶段表现，二手车市场的增速提高与增量提升的局面将很快呈现。

### 二、二手车交易金额持续放大

2015年，全国二手车交易金额达到5535.40亿元，比上年增长50.60%。5年间，二手车交易总规模突破16872.60亿元，显示着二手车产业巨大的成长空间。其在国民经济中的重要地位正在逐步得到印证（见图2）。

### 三、二手车交易季节性特征依然明显

近年的二手车监测结果表明，我国二手车市场年度运行体现着比较明显的季节性波动特征。年初的低点与年终的活跃成为了近年来二手车市场年度运行的共同特征。

2015年，二手车市场的月度监测结果表明，二手车的季节性波动依然明显。其中，12月当月交易量为101.68万辆，环比上升20.13%；12月当月交易额为611.19亿元，环比上升21.51%（见图3）。

单位：万辆

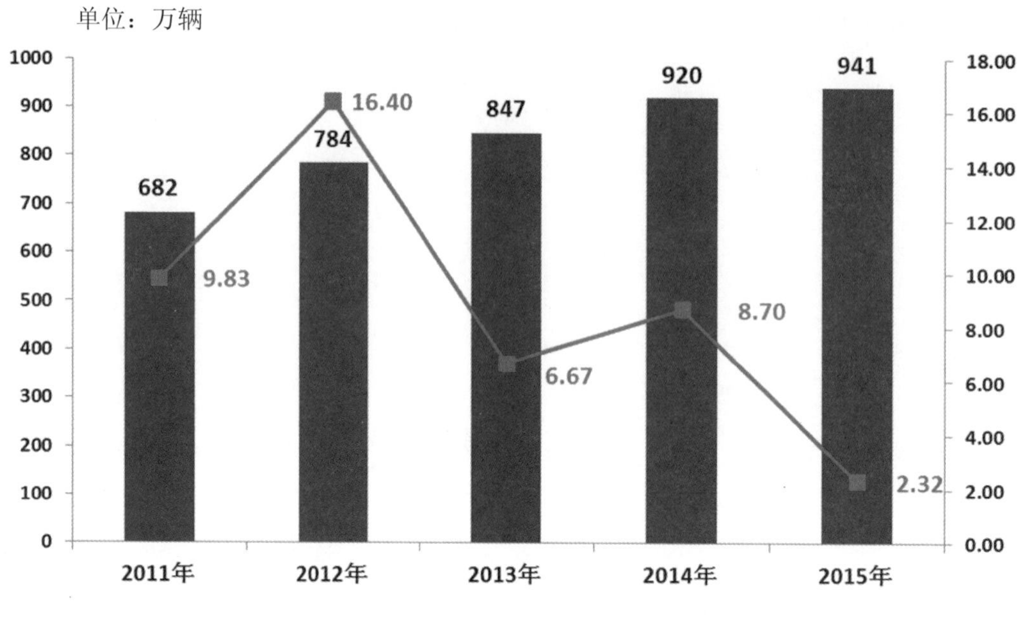


图 1 2011 － 2015 中国二手车交易量

数据来源：商务部 中国汽车流通协会

单位：亿元

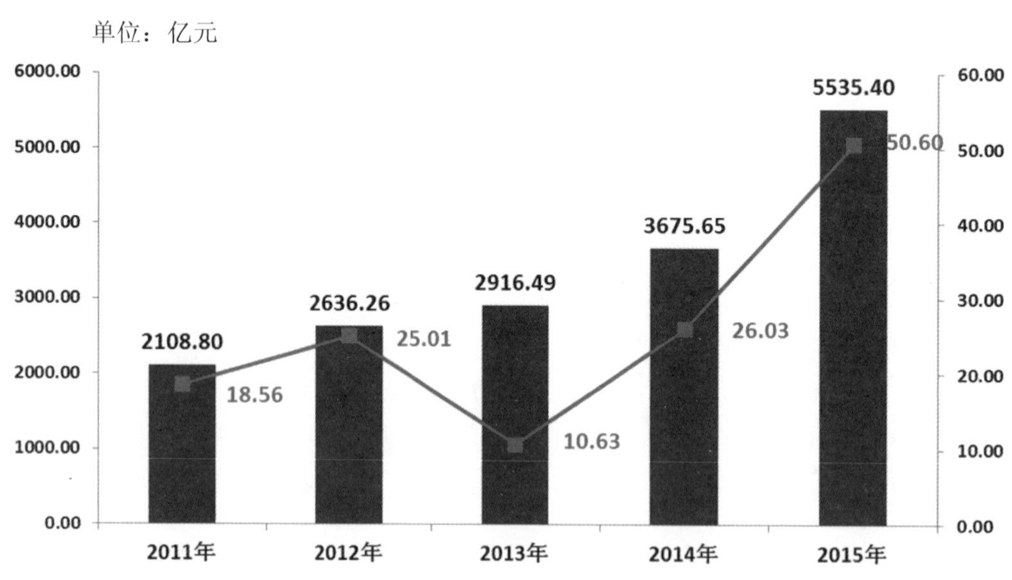


图 2 2011 － 2015 中国二手车交易金额

数据来源：商务部 中国汽车流通协会

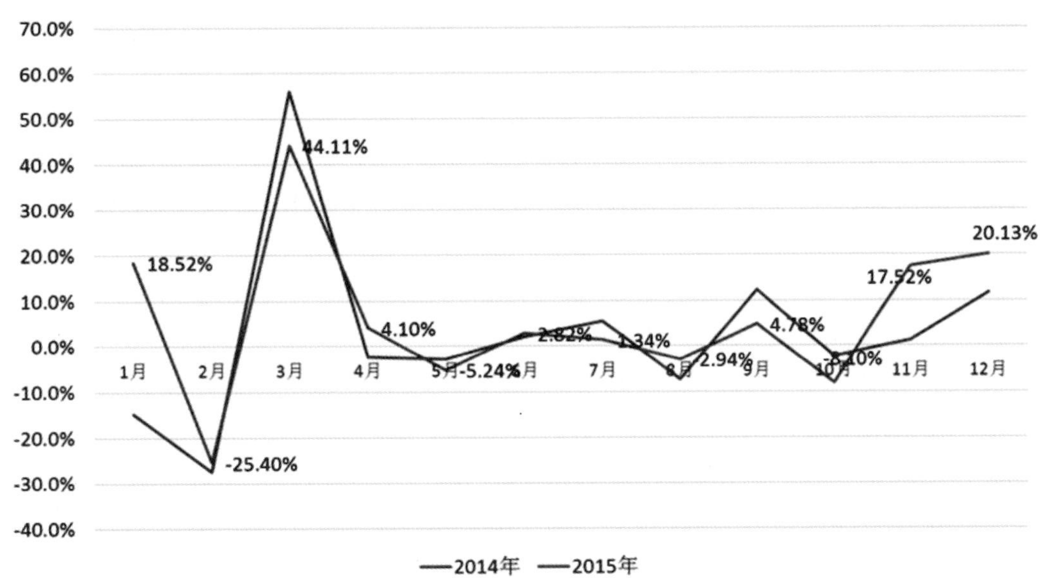


**图 3　2014 － 2015 年－ 12 月份二手车交易市场环比增速趋势图**

数据来源：商务部 中国汽车流通协会

## 四、二手车区域市场差异明显

由于经济发展水平和居民消费能力的差异，我国汽车市场整体显现的区域发展不平衡的状况在二手车市场也呈现着相近的区域发展特征。

2015 年 1 － 12 月，在全国二手车交易情况按经济区域分布统计中，华东区占比最大，占比为 32.38%，其次为中南区 19.98%，华北区 19.55%，西南地区 15.59%，东北地区 7.41%，西北区 5.10%；东部经济发达地区的华东、华北区共占总交易量的 51.92%。

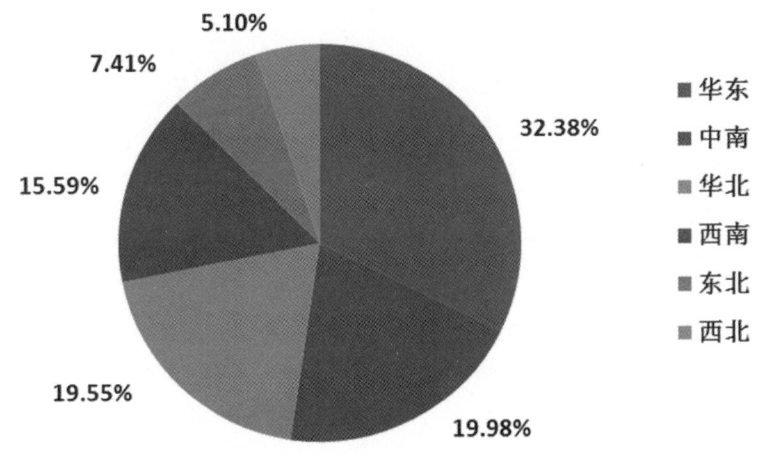


**图 4　2015 年 1 － 12 月六大区域交易量占比图**

数据来源：商务部 中国汽车流通协会

在二手车交易的省市分布统计中，二手车市场的区域发展不平衡以及二手车市场发达程度与经济活跃度高度相关的特征表现同样十分明显。

2015 年 1 － 12 月全国二手车交易情况：广东交易量占比最大，为 9.98%，其次为江苏 7.78%，四川 7.72%，北京 7.20%，山东 7.17%，浙江 7.11%，前 10 大地区占总交易量的 66.23%。

从趋势图来看，广东、江苏、四川、北京、山东、浙江在全国的交易量占比中稳居前列。

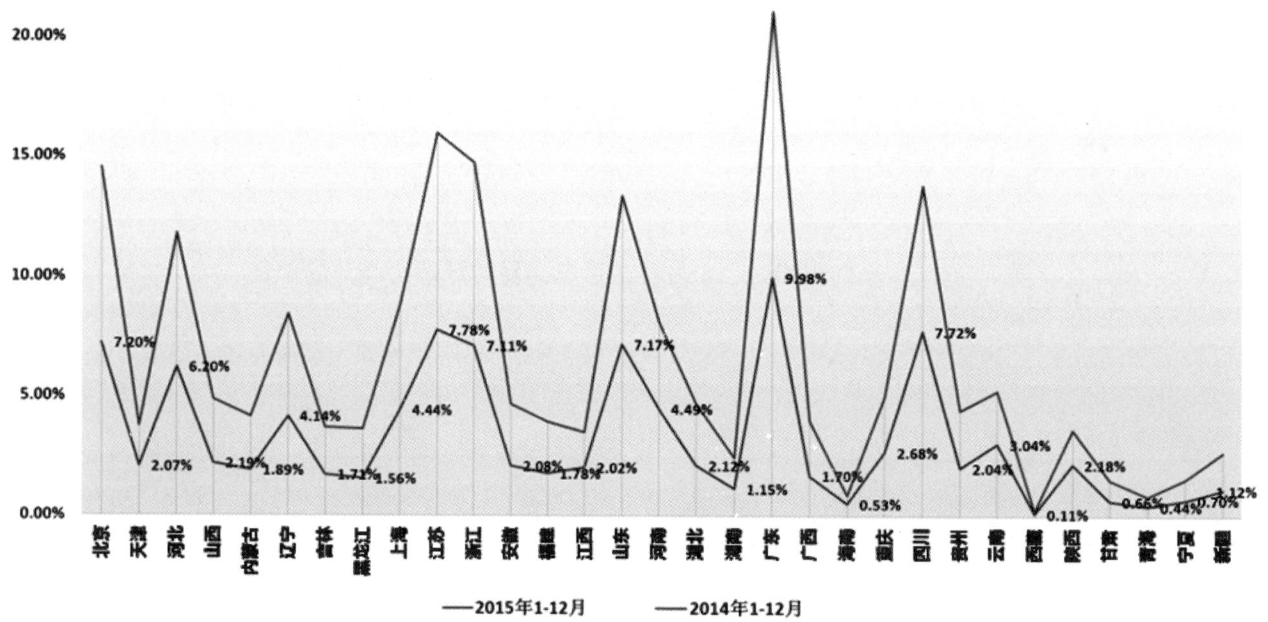


**图 5　2015 年 1 － 12 月 31 个省市二手车交易量占比对比图**

数据来源：商务部 中国汽车流通协会

## 五、车型结构呈现由低端向中高端渐进变化特征

统计显示，在 2015 年全国二手车交易总量中，基本型乘用车（即小客车）仍为主要流通车型，占比为 59.91%，其次为客车 12.49%，货车 11.35%，SUV5.02%，MPV3.77%；相比 2014 年，基本型乘用车、SUV、摩托车、挂车占全部交易的比例均有所增加，客车、货车、MPV、交叉型车、其它车比例均有所下降，低速载货车占比与去年基本持平（见图 6）。

从过去十年的统计监测结果看，二手车市场的车型结构基本维持在相近的比例构成状态下，并未出现明显变化。根据新车市场未来车型结构变动趋势以及我国消费者需求特征，未来二手车市场中的基本型乘用车的比例将会加大。

在二手车市场呈现上述车型结构分布特点的同时，开始关注和注重品牌也成为二手车市场结构变化的一个新标志。

调查结果显示，2015 年，最受欢迎的二手车排行榜依次为：五菱之光、长安之星、捷达、夏利、凯越、雅阁、奥迪 A6L、乐驰、奇瑞 A1、宝来；其中，六款为紧凑型小客车，价格较低，流通性较强；3 款 B 级车（凯越、雅阁、奥迪 A6L）也跻身前十。这种品牌构成也印证了二手车市场现阶段以低端车为主，并开始向中高端转化的初级市场一般特征（见图 7）。

在反映二手车市场结构变化的另一项重要指标即车辆使用年限的结构变化中，也凸显着现阶段二手车

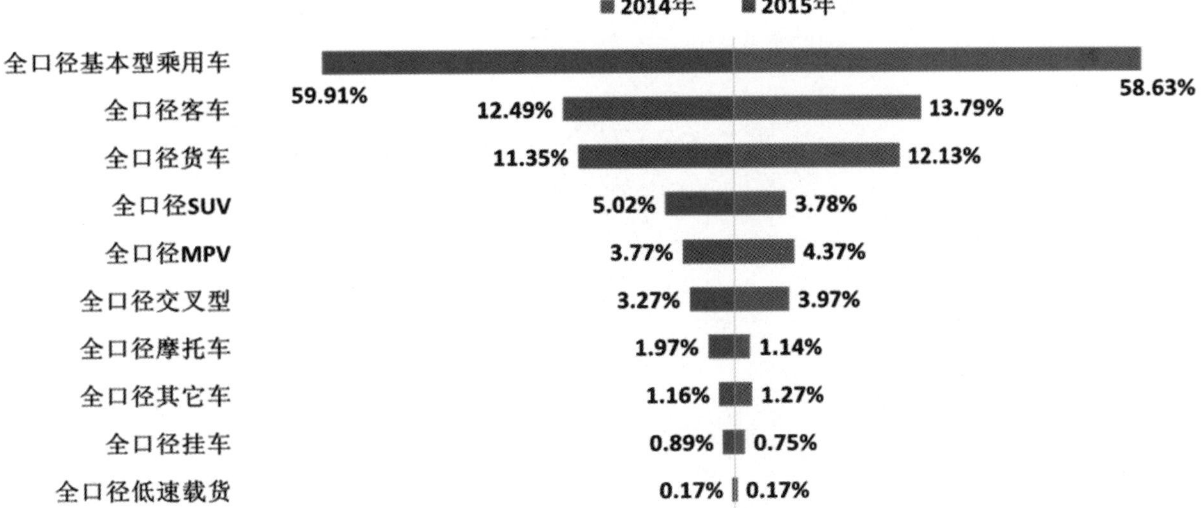


图 6 2014 年－ 2015 年二手车交易车型分析图

数据来源：商务部 中国汽车流通协会

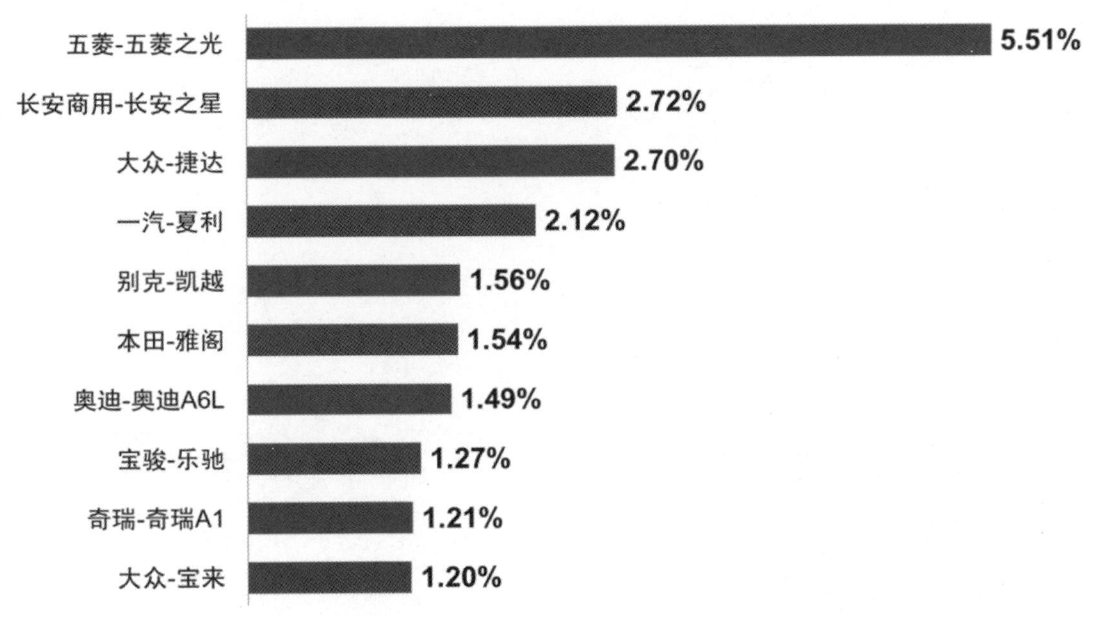


图 7 2015 年二手车市场交易活跃品牌交易量占比

数据来源：中国汽车流通协会

市场的渐变运行特征。

2015 年，二手车交易市场车辆使用年限构成分析显示，使用年限在 3-6 年的交易量最多，占比为 66.97%，其次为 3 年内 18.49%，6-10 年为 5.31%，10 年以上为 9.23%。

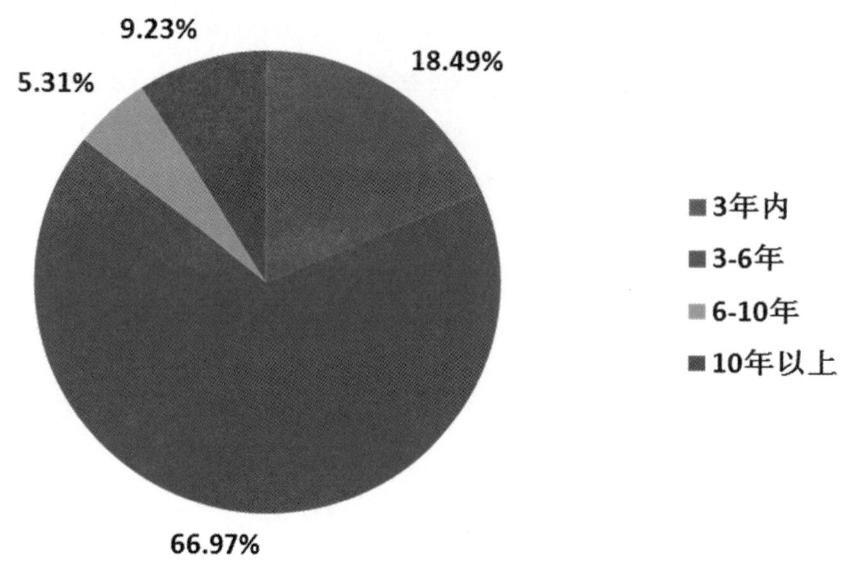


图 8　2015 年交易使用年限分析

数据来源：中国汽车流通协会

车辆使用年限的短期化从一个方面显示了二手车交易频度的提升，另一个方面也反映了二手车车况的趋好。

## 六、二手车交易价格仍有很大回旋空间

2015 年 1-12 月二手车交易市场交易价格分析：交易价格在 3 万以内的占比最大，占比为 43.74%，3-5 万占比 18.97%，5-10 万占比 20.34%，10 万以上占比 16.95%，整体交易量与交易价格呈现线性关系，消费者在 3-5 万和 5-10 万间选择时，选择后者数量更多一些。

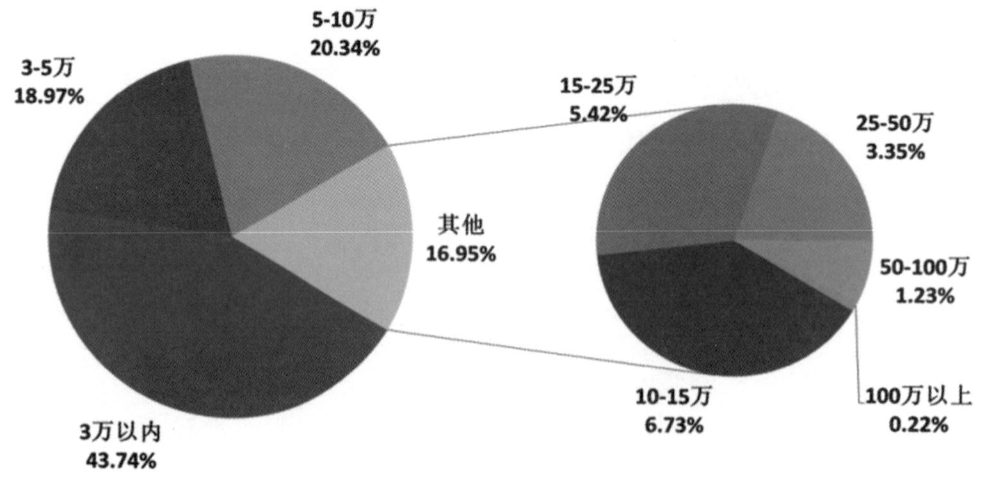


图 9　2015 年全国交易价格分布图

数据来源：中国汽车流通协会

由于多数地区实行二手车限制迁入政策，很多地区出现二手车流转不畅，车辆滞压明显，经营成本上升，促使部分地区二手车成交价格上涨的状况在2015年的二手车市场价格变动中表现明显。但并未改变二手车市场价格总水平稳定的基本态势。

从整体上看，二手车市场价格水平依然偏高，我国汽车市场整体上新车与二手车价格水平比例大体在1:0.7左右。按照成熟汽车市场的一般价格水平表现推断，我国新车与二手车的价格水平之比应该可以达到1:0.5，甚至更低的水平。当二手车市场供求关系发生转变后，当新车价格水平继续下行时，在二手车经营规模、效率普遍提升的基础上，二手车市场价格水平的下行当在情理之中。二手车市场的核心优势——性价比就能更充分地显现出来，并从一个方面带来二手车市场的活跃。

## 七、二手车市场经营主体——有形汽车交易市场能力提升

虽然二手车市场自2010之后涌现了很多新的经营服务模式和经营服务主体，但由于历史原因，二手车市场长期存在的以二手车有形交易市场为主体，以二手车有形交易市场中驻场的二手车经纪公司开展二手车经纪业务依然成为二手车市场的主要经营服务业态与模式。现阶段超过95%的二手车交易在二手车有形交易市场内完成的实际状况表明了二手车有形交易市场的主体地位。

**表　2015年二手车交易市场主要指标**

| 参考指标 | 绝对值 | 增速 (%) |
|---|---|---|
| 市场总数 / 个 | 1139 | 0 |
| 年成交额亿元以上 / 个 | 531 | 2.12 |
| 经营面积 / 万平方米 | 2166.42 | -0.85 |
| 交易大厅面积 / 万平方米 | 149.56 | 9.17 |
| 资产总额 / 亿元 | 921.54 | 1.53 |
| 驻场企业数 / 户 | 40179 | 0.81 |
| 二手车交易量 / 万辆 | 941.71 | 2.32 |
| 二手车交易额 / 亿元 | 5535.40 | 9.42 |
| 市场营业收入 / 亿元 | 133.76 | 8.65 |
| 市场营业利润 / 亿元 | 56.79 | 6.47 |
| 从业总数 / 万人 | 16.55 | 3.83 |
| 市场管理及服务人员 / 人 | 22879 | 1.04 |

2015年，二手车有形交易市场总数维持在1139的数量水平上。市场经营服务能力有微弱增长，年成交亿元以上的市场数量达到531家，增长2.12%；反映交易市场服务能力提升的重要指标—交易大厅面积增长明显，达到149.56万平方米，增幅达9.17%；市场营业收入达到133.75亿元，增长8.65%；市场营业利润达到56.79亿元，增幅为6.47%；超过交易量增幅1.5倍。

## 八、有形交易市场百强凸显市场模式深层变化

自2013年开展的全国二手车有形交易市场百强排行榜发布工作，以全国二手车有形市场为样本，以各地区二手车交易数量在整体市场中份额比例确定地区百强企业入围数量，以各入围市场实际年度完成交易数量顺序排列形成年度二手车有形交易市场百强。

2015年的二手车有形交易市场百强市场显示了当年二手车的基本运行特点，同时也显现了有形市场模式的一些深层变化。

第一，以新车和二手车两大市场最近五年的年均复合增长率比较，新车为7.4%，二手车是8.4%，二手车还高于新车增长。

第二，百强市场交易规模增幅是略高于整体市场，集中度略有上升，2015年二手车百强总交易量426万辆，同比增长3.6%；规模占比全国二手车市场总交易量的45.2%。

第三，2015年，百强市场交易车辆结构中的乘用车和国产车型占比分别为75.3%与84.7%，占比继续提升；分车龄来看，6-10年交易主力车龄的车辆占比微增0.6%，其在百强市场中的主导地位进一步增强。

第四，2015年二手车百强市场区域特征依然明显。华东地区占33.7%，华北占21%，西南占18.7%，华东地区超过华南地区，成为百强占比最大区域。广东省和江苏省百强市场最多，为11家，浙江7家。反映出这些区域的二手车有形市场在全国的领先地位。

第五，2015年，二手车百强市场整体营收27.1亿元，同比2014年增长7.6%；营业利润2.4亿元，同比增长5.4%，利润率为8.7%，二手车行业平均利润率为7%左右，百强市场高于行业平均水平。

第六，百强市场整体经营面积继续增长。2015年，百强市场内经营企业结构中：经纪类企业数量占比增加1.1个百分点，达到95.0%，经销类企业占比有所下

降；鉴定评估类企业占比微增；从经营面积来看，百强市场整体经营面积 662.0 万㎡，同比增长 6.0%，百强市场规模结构继续上移，入门的规模匀速提升，入门级规模年交易量 1.5 万辆以上的企业有 90 家。

第七，百强市场规模集中度也在不断提升，2015 年，交易规模在 10 万辆以上的有 6 家，数量与去年持平，交易量总和为 98.4 万辆，占百强市场总交易量的 23.1%；交易规模在 5 万至 10 万辆区间的有 19 家，交易量总和为 126.3 万辆，占百强企业总交易量的 29.6%；交易规模在 1 万至 5 万辆区间的有 72 家，交易量总和为 199.2 万辆，占百强企业总交易量的 46.7%。

总体上说，2015 年全国二手车市场整体运行保持平稳并呈现温和上升的运行态势，二手车市场依然维持着渐进式量变的主要特征，并没有出现明显的质变。但从二手车市场运行环境、二手车行业整体运营水平、新模式与新技术探索和应用、消费者对二手车的关注与参与，以及二手车在经济生活中的地位与作用体现等诸多方面，都呈现了积极的变化信号，这些征兆都预示了二手车市场在经历了 2015 年的稳定运行的整固之后，有望迎来在量与质两方面同步提升的新发展阶段。二手车市场在经济发展与社会生活中的作用将会得到更大的体现。

# 2015 年广西二手车市场状况

广西旧机动车交易市场有限责任公司成立于 1998 年，隶属广西物资集团有限责任公司，是广西最早经国家和自治区主管部门批准成立的专业从事二手车相关业务的企业，主营二手车市场物业租赁和二手车交易开票、鉴定评估、受托拍卖、汽车金融保险、车管业务代办服务等。

公司 2002 年在南宁市安吉大道 41 号投资兴建的广西二手车市场（一期）展销棚 10000 平方米，2008 年新建展销棚（二期）25000 平方米。广西二手车市场占地面积 37000 平方米，共有 22 幢钢架大棚，7 米宽通道纵横交错直达每个展位，150 家二手车经纪公司在市场内展示销售品牌众多的高级、中级、普及型二手车 2000 余辆。市场配套建设了 700 多平方米交易办证大厅（含检测、评估），消费者在市场内即可完成看车、买车、卖车和办理车辆入户、转户、年检(无检测）等车辆管理手续，以及车贷、抵押、寄卖、代购、代销、检测、置换、租赁、维修等服务，是广西第一家设施较完善、交易活跃、管理规范的“一站式”二手车交易专业市场。

2015 年，在整个行业需求不足、产能过剩，经营场地租赁费大幅攀升使盈利空间进一步被摊薄的严峻经营环境下，公司着眼于市场稳定，齐心协力、迎难而上，采取了一系列稳定市场的措施：通过微信官网、公交车广告、私家车后窗广告等提高市场知名度；引进二手车“先行赔付”企业，完善了市场赔付保障机制，公司与阳光车网（北京）信息技术有限公司合作成立的南宁阳光车网信息技术有限公司于 7 月正式运营，登录“阳光车网”或关注“阳光车网”微信公众号即可查看到广西二手车市场真实车源和车况，通过阳光车网购车，可享专人陪同选车和代办过户手续的 VIP 购车体验，所购认证车辆在 45 天、1800 公里内发现车况与认证不符的，可享受先行赔付保障。南宁阳光车网推出的认证车业务将为广西二手车市场树立诚信市场品牌、帮助商户卖车、提供二手车车况保障发挥重要作用；通过组织商户开展诚信评比、参加中国汽车流通行业协会百强经销商评比等引导经营户诚信经营，引导经营户自觉拒售“泡水车”“事故车”等欺诈行为，市场交易诚信度有所提高。2015 年度综合实力较强的经销商万隆、丰顺、信奇德 、易品淘等 4 家公司还被中国汽车流通行业协会受予“百强经销商”，并获“经营服务模式创新奖”“诚信体系建设最佳组织奖”“5A 级全国二手车交易市场诚信单位”等荣誉称号。

# 第6部类

# 汽车进出口贸易

DIWUBULEI | QICHEJINCHUKOUMAOYI

# 汽车进口贸易综述

## 2015年中国进口汽车市场

国机汽车股份有限公司 王存

**一、进口量深度调整：高库存压力下，2015年中国累计进口汽车107.8万辆，同比下滑24.2%。从月度走势来看，2015年各月的进口量均低于2014年同期进口量，再现了2012年至2013年间的“去库存”调整**

进口车市场供给在经历了2012-2013年的个位数增长之后，于2014年再次加大，全年达到142.2万辆，同比增长21.6%。特别是2014年下半年进口车行业库存深度不断创新高的情况下，海关进口车数量依然处于高位，没有明显的调整迹象。

进入2015年，进口车市场供给开始了深度调整。全年累计进口107.8万辆，同比下滑24.2%，调整态势明显。（见图1）

从季度走势来看，1-4季度海关进口量分别下降17.1%、28.4%、25.1%和25.1%。从月度走势来看，2015年各月的进口量均低于2014年同期进口量，再现了2012-2013年的“去库存”调整。（见图2）

**二、需求大幅下滑：2015年经销商交付客户进口车（AAK）销量为91.86万辆，同比下滑20.6%；进口汽车市场销售上牌112.8万辆，同比下滑10.8%（两者的差距主要因统计口径不同，其中AAK数据不包括平行进口汽车市场数据，且时效性为当月数据；上牌数则包括平行进口汽车销量，且时效性一般延迟1-2个月）；A级车份额逐年上升，份额达33.2%，继续成为最大的细分市场**

2015年，在宏观经济增速下滑、股市大幅波动、进口车国产化等因素的持续影响下，进口汽车市场需求大幅下滑。

根据中国进口汽车市场信息联席会统计的28个品牌经销商交付客户数据来看，2015年进口车交付客户91.86万辆，同比下滑20.6%，需求端出现明显的下滑。（见图3）

据中国进口汽车数据库显示，2015年进口车上牌112.8万辆，同比下滑10.8%，相比2014年全年13.6%的增长，下降了24.4个百分点。（见图4）

经销商交付客户和上牌数据增速之间的差距，主要由于平行进口汽车在销售端出现短期的爆发，带来上牌的增加，而经销商交付客户数据并不统计平行进

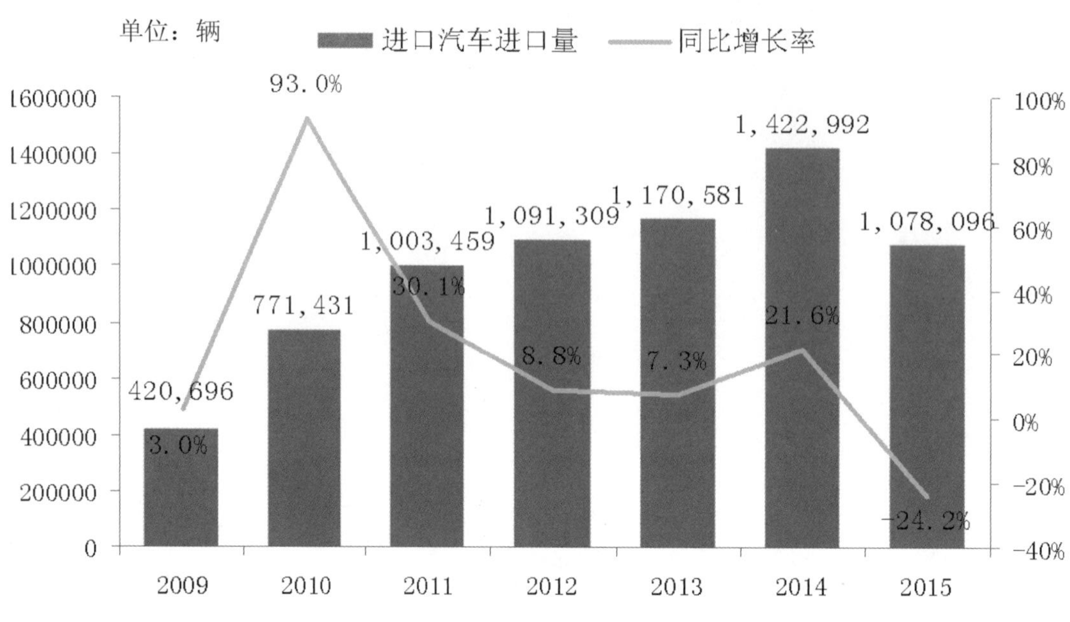


**图 1 2009 年－2015 年海关进口量**

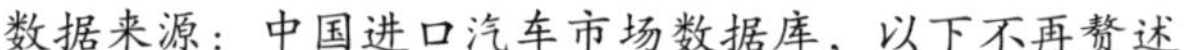
数据来源：中国进口汽车市场数据库，以下不再赘述

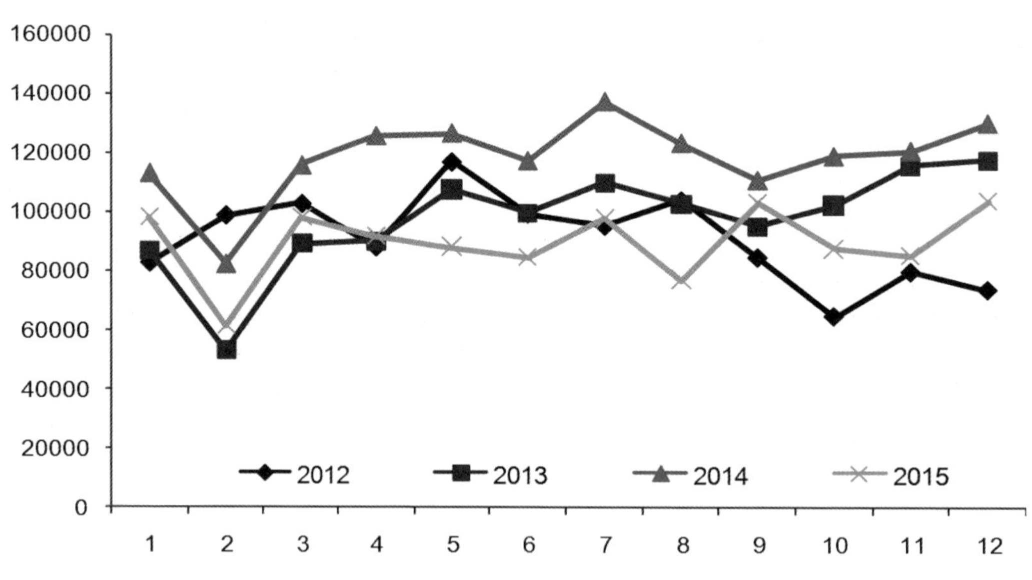


**图 2 2011 年－2015 年 9 月海关进口量月度走势**

口车的交付数量。另一方面，2014 年底开始的厂商关系紧张也造成了部分经销商瞒报情况，影响了经销商交付客户数据的准确性。

进口车上牌量从 2014 年 10 月份开始，增长开始放缓，2015 年二、三季度环比均负增长，反应了进口车市场需求的回落。国产化给进口车整体销量带来一定的影响，此外，厂商与经销商关系的紧张导致经销商卖车积极性不高，也使得销量有所下滑。

从月度走势来看，2015 年 1 月份进口车上牌 13.2 万辆，同比下滑 15.8%；2 月份，受平行进口等因素短

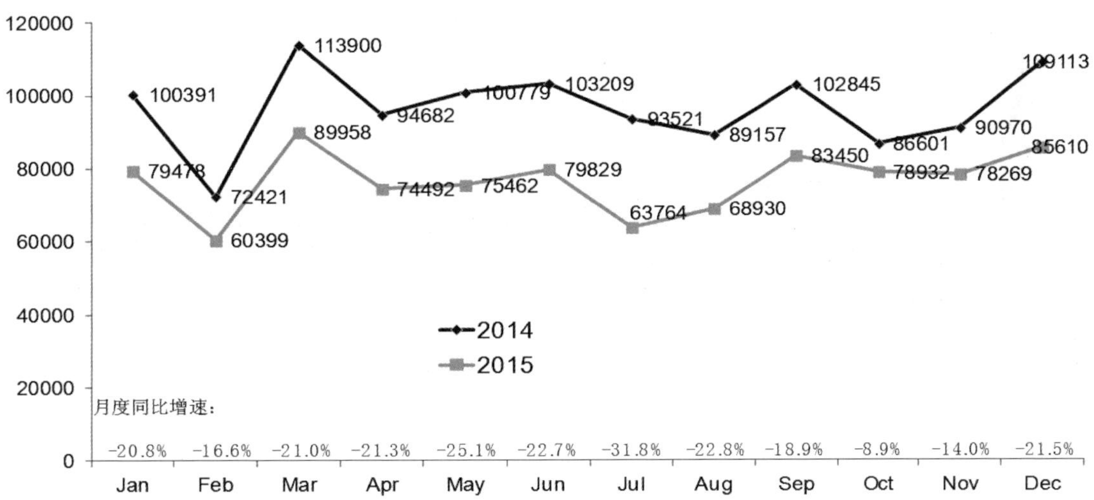


**图 3　2014 年－ 2015 年进口汽车市场月度 AAK 销量**

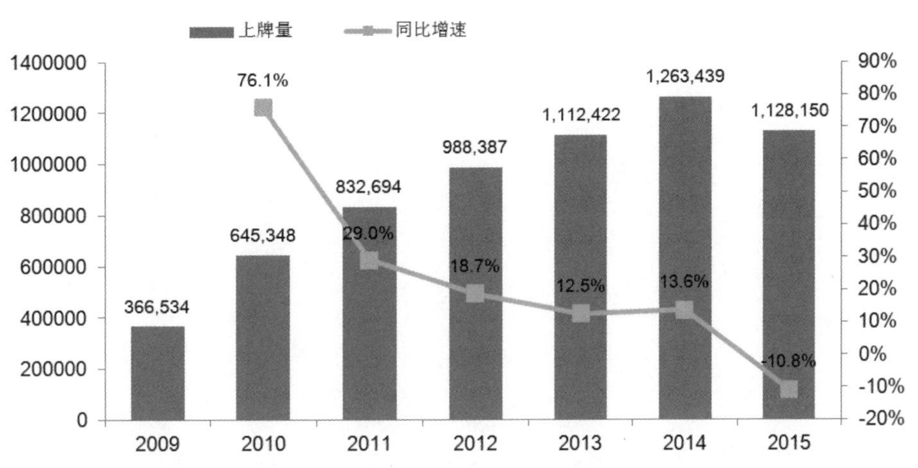


**图 4　2009 年－ 2015 年进口乘用车上牌量情况**

期拉动，进口车上牌 9.1 万辆，同比增长 24.8%；5 月、6 月和 7 月分别上牌 9.2 万、8.7 万和 9.5 万辆，同比下滑 18.6%、13.7% 和 13.5%。8 月降幅回调，同比下降 7.4%, 主要是由于 2014 年 8 月相对基数较小。9 月上牌 9.5 万辆，降幅扩大至 16.6%。四季度每个月也均延续下滑趋势。（见图 5）

从车型来看，受宏观经济下滑等因素影响，进口车消费逐渐回归理性，2015 年进口 A 级车份额达 33.2% 且逐年上升，走势相对稳定，成为拉动进口车需求的主要动力来源。（见图 6）

**三、行业及经销商库存居高不下：2015 年行业库存（厂商库存＋经销商库存）深度不断攀升，从 1 月的 4.4 个月降至 12 月的 4.25 个月，库存水平仍处高位。根据中国汽车流通协会的经销商库存调研显示，2015 年 9 月进口经销商的库存深度为 2.01 个月，显示经销商库存潜在压力仍较大，盈利能力大幅度下降**

根据中国汽车流通协会进口汽车工作委员会信息部采用 20 个品牌的海关进口汽车数量和市场零售数据差值来度量行业库存，进口车行业库存深度是以累计的总经销商与经销商两者的库存量除以月平均零售量计算的，合理的行业库存水平一般为 1.5-2 左右。经调查，2010 年底的行业库存深度为 1.5，统计品牌合计

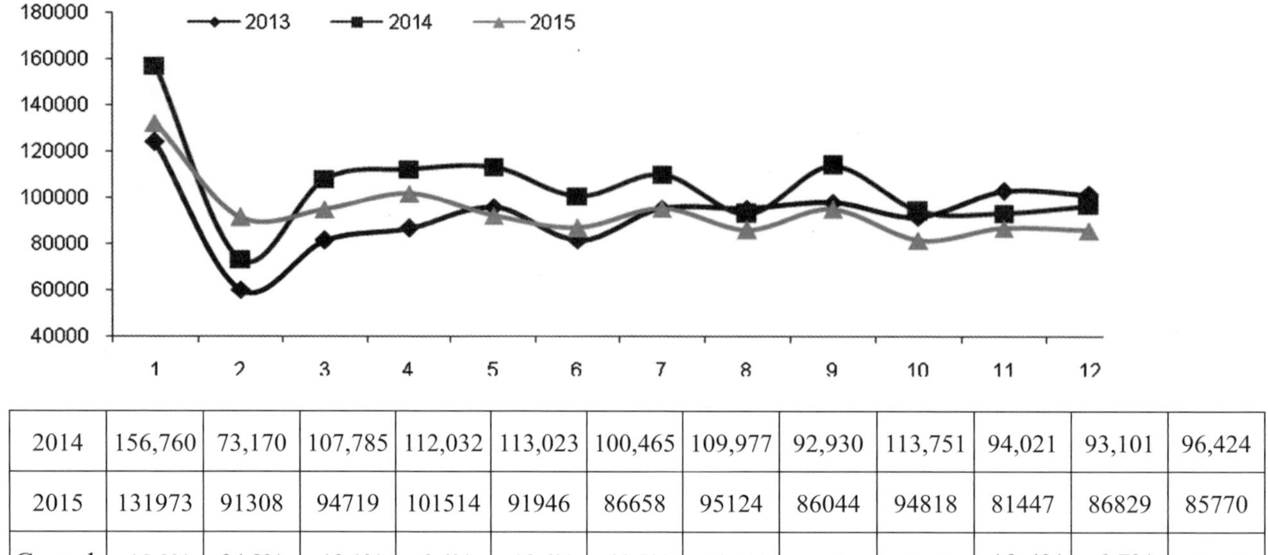


| 2014 | 156,760 | 73,170 | 107,785 | 112,032 | 113,023 | 100,465 | 109,977 | 92,930 | 113,751 | 94,021 | 93,101 | 96,424 |
|---|---|---|---|---|---|---|---|---|---|---|---|---|
| 2015 | 131973 | 91308 | 94719 | 101514 | 91946 | 86658 | 95124 | 86044 | 94818 | 81447 | 86829 | 85770 |
| Growth | -15.8% | 24.8% | -12.1% | -9.4% | -18.6% | -13.7% | -13.5% | -7.4% | -16.6% | -13.4% | -6.7% | -11.0% |

**图 5　2011 年－ 2015 年进口乘用车市场月度上牌量情况**

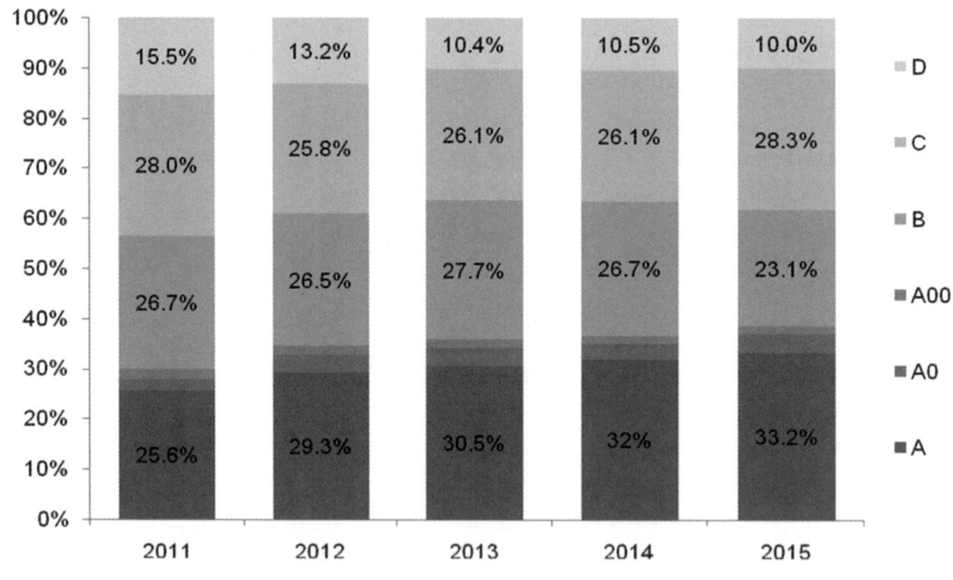


**图 6　2011 年－ 2015 年进口汽车市场销量份额**

的库存数量在 2014 年 10 月超过 2012 年创造的库存新高，随后不断攀升，2015 年 1 月，进口车行业库存达到 4.4 个月，2 月由于春节因素导致行业库存深度进一步攀升到 4.8 个月，随后的 3 月和 4 月库存深度继续攀升，4 月达到最高峰 5.1 个月。在海关进口量持续下滑的影响下，2015 年 5 月行业库存深度下降为 4.8 个月，随后在 7 月行业库存再创新高，在 8 月天津港“8•12”爆炸事件影响下，行业库存在 8-9 月略有下降，为 4.94 个月，之后库存压力快速下降，到 12 月底，行业库存降到 4.25 个月。

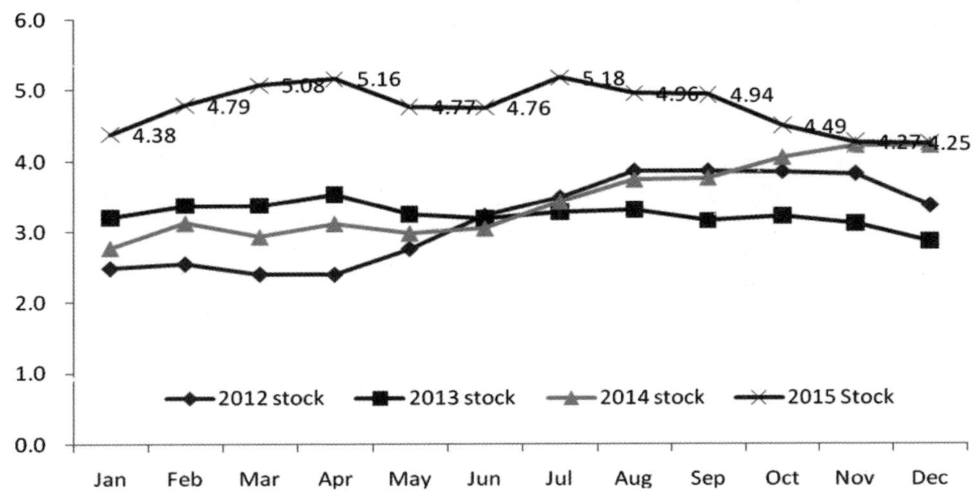


**图 7　2012 年－2015 年进口乘用车市场累计库存深度走势**

注：行业库存包含总经销商和经销商两部分库存

从反映库存绝对量的库存指数上来看，从 2014 年下半年开始行业库存绝对量处于快速上升趋势，从 2015 年 2 月到 5 月份，库存绝对量相比 2014 年底略微有所下降，反映出进口车海关进口量的下滑对去库存产生了一定的作用。但由于市场需求的明显下滑，库存深度仍居高位。

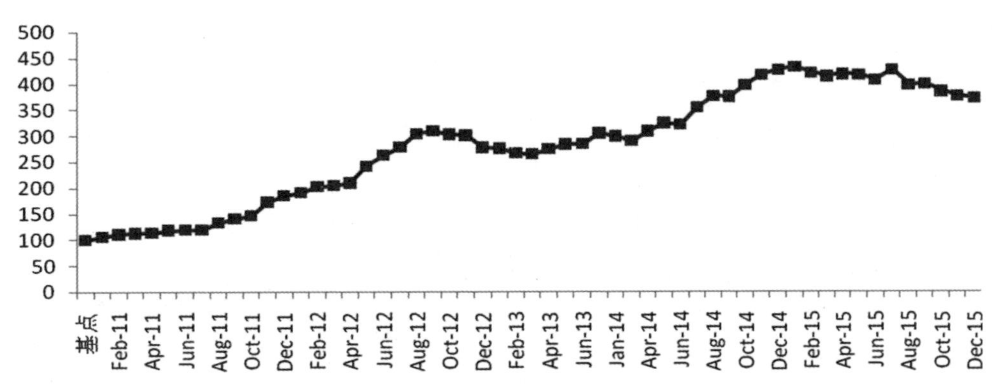


**图 8　2011 年－2015 年进口乘用车市场累计库存指数走势**

注：行业库存包含总经销商和经销商两部分库存

根据中国汽车流通协会的经销商库存调研显示，2015 年 11 月进口经销商的库存深度为 1.9 个月，12 月库存深度为 1.52 个月（注：由于该调查采取经销商抽样调查方式，因此结果与进口汽车工作委员会测算的行业库存，包含厂家和经销商库存有偏差），潜在库存压力仍较大，经销商盈利能力大幅度下降。

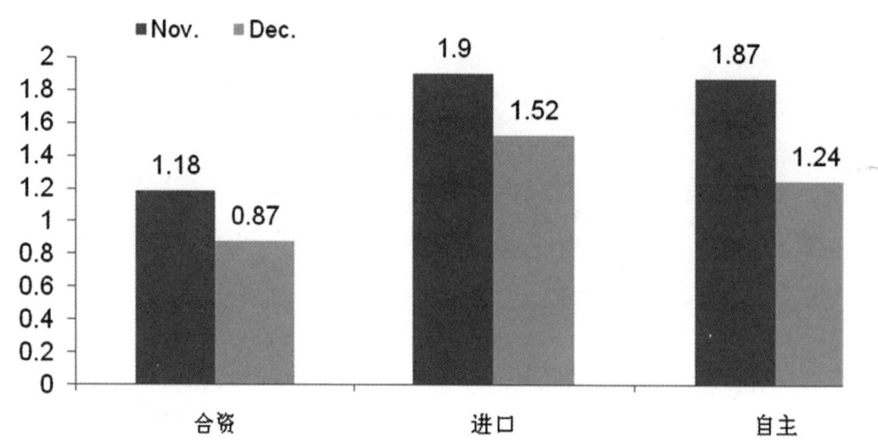


**图 9　2015 年 11 － 12 月进口、合资和自主品牌经销商库存深度**

数据来源：中国汽车流通协会经销商调研

**四、价格优惠幅度持续加大：在“高库存、弱需求”压力下，进口车市场终端优惠幅度持续加大，从 1 月的 10.7% 扩大至 9 月的 14.2%，创历史最高值，随着四季度的去库存力度加大，截止到 12 月份终端优惠幅度缩小为 10.6%**

自 2014 年 9 月份以来，一方面库存压力逐步增强，另一方面市场需求逐渐减弱，使得终端市场销售压力不断增大。加上平行进口汽车的价格冲击，进口汽车经销商不得不继续大幅降价促销。进口车市场终端优惠幅度持续加大，截至 2015 年 9 月，优惠幅度已达 14.2%，超过 2012 年的最大优惠幅度 10.8%，创历史最高值。随着四季度的去库存力度加大，截止到 12 月份终端优惠幅度缩小为 10.6%。

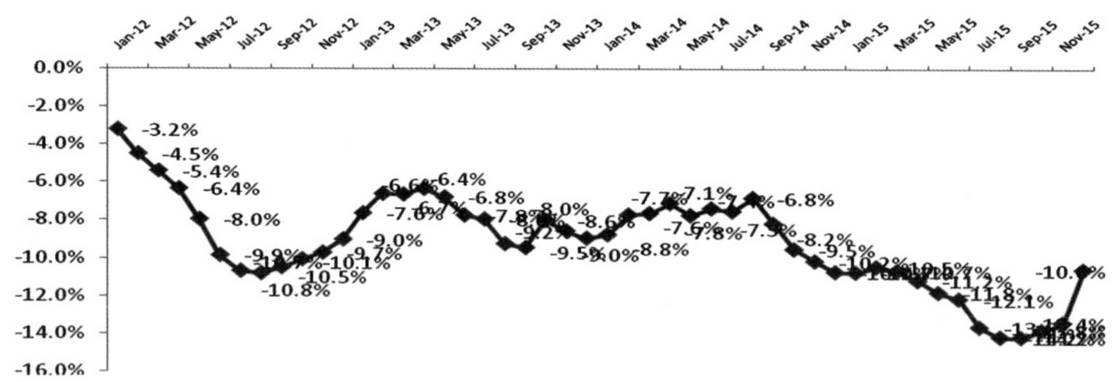


**图 10　2012 年－ 2015 年进口车市场终端价格优惠幅度**

**五、品牌结构调整深化：除奔驰、丰田和保时捷以外，其余品牌的进口量均出现下滑；欧系品牌继续保持进口车主力地位，份额小幅回升；终端销售层面，第二集团竞争格局变化较大**

2015 年，在整体高库存压力下，主流品牌纷纷调整进口节奏，加上部分进口车型国产化的影响，进口汽车市场品牌结构调整继续深化。

2015 年进口量排名前十的品牌当中，只有奔驰、丰田和保时捷的进口量实现正增长。其中，保时捷的进口量在 Macan 快速增长带动下，同比增长 3.2%；奔驰主要受 GLA、GLE 等新车型拉动，同比增长 6.6%；丰田的 Prado 及 Land Cruiser 车型平行进口量持续增长，品牌同比增长 0.8%。前十名中除了这三个品牌之外，其余品牌的进口量均出现下滑，其中，下滑幅度最大的路虎同比下滑 45.3%；奥迪也同比下滑高达 42.7%；斯巴鲁下滑 38.5%。

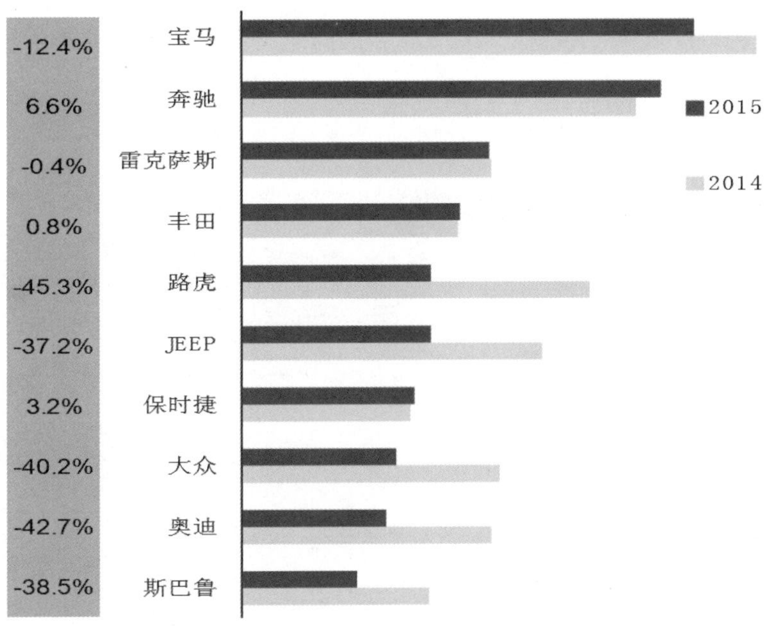


**图 11　2015 年乘用车分品牌进口量与同比增速**

从品牌来源国看，欧系品牌继续保持进口车主力地位，2015 年份额较 2014 年全年提升了 0.3 个百分点，达到 59.1%。其中，主要受奔驰和保时捷的拉动，德系品牌份额大幅回升 4.5 个百分点至 42.4%；而英系及其他品牌受路虎和沃尔沃国产影响，份额继续缩小。日系品牌份额为 22.7%，增长 2.1 个百分点；美系品牌份额比 2014 年全年下降 1.6 个百分点至 14.8%。

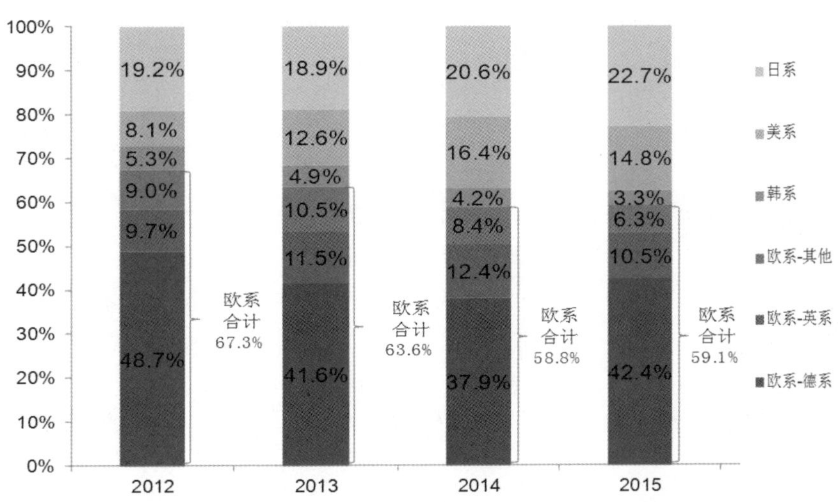


**图 12　2012 年－ 2015 年分来源国海关进口量占比**

从终端销售层面来看，随着市场规模缩小及市场调整深入，进口汽车市场竞争不断加剧，反映在销量排名方面，宝马和奔驰仍稳居前两名，而第二集团竞争格局的变化较大，路虎和大众排名下滑明显，分别降至第七和第八位，而雷克萨斯和保时捷排名有所提升，分别升至第三和第五位，新产品 NX 和 Macan 的拉动作用明显。

**表 1　2012 – 2015 年各品牌进口汽车市场销量排名**

| | 2012 | 2013 | 2014 | 2015 |
|---|---|---|---|---|
| 1 | BMW | BMW | BMW | BMW |
| 2 | MB | MB | MB | MB |
| 3 | VW | VW | Land Rover | Lexus |
| 4 | Audi | Audi | Jeep | Jeep |
| 5 | Lexus | Land Rover | VW | Porsche |
| 6 | Land Rover | Lexus | Audi | Audi |
| 7 | Jeep | Jeep | Lexus | Land Rover |
| 8 | Subaru | Volvo | Subaru | VW |
| 9 | Volvo | Subaru | Volvo | Subaru |
| 10 | Kia | Porsche | Porsche | MINI |
| 11 | Porsche | Kia | Ford | Cadilla |
| 12 | Renault | MINI | Cadillac | Renault |
| 13 | Hyundai | Cadillac | Renault | Kia |
| 14 | MINI | Renault | Kia | Ford |
| 15 | Cadillac | Ford | MINI | Dodge |

**六、车型结构按需调整：乘用车市场份额稳定，2015 年市场份额为 99.2%；三大车型进口量出现不同程度的下滑，但 SUV 主体地位仍然稳固，在乘用车中占比为 62.9%。销量前十名车型中八款车型为 SUV，其中丰田普拉多、宝马 X5、路虎揽胜三款车型分列前三**

乘用车作为进口汽车的绝对主力，长期占总进口量的 98% 以上。2015 年占比为 99.2%，与 2014 年基本持平。

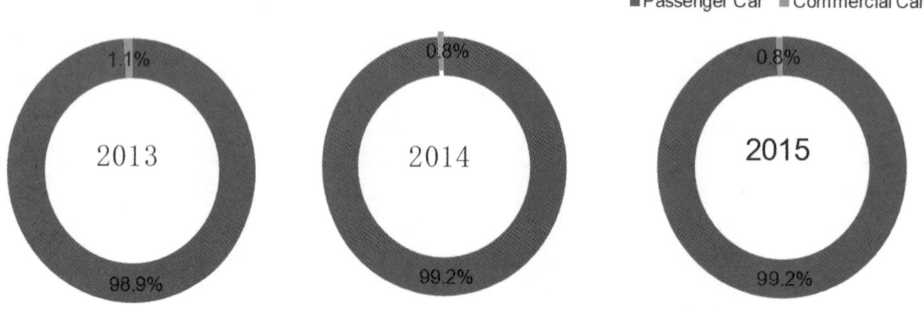


**图 13　2013 年 – 2015 年乘用车与商用车进口占比**

2015 年，乘用车累计进口 107.0 万辆，同比下降 24.2%。其中，轿车进口 35 万辆，同比下降 24.7%，在三大车型中降幅最高；受福特锐界、路虎揽胜极光及英菲尼迪 QX50 等车型的国产影响，SUV 进口 67.3 万辆，同比下降 24.7%；MPV 进口 46961 辆，同比下降 12.5%，是三大车型中降幅最小的车型。

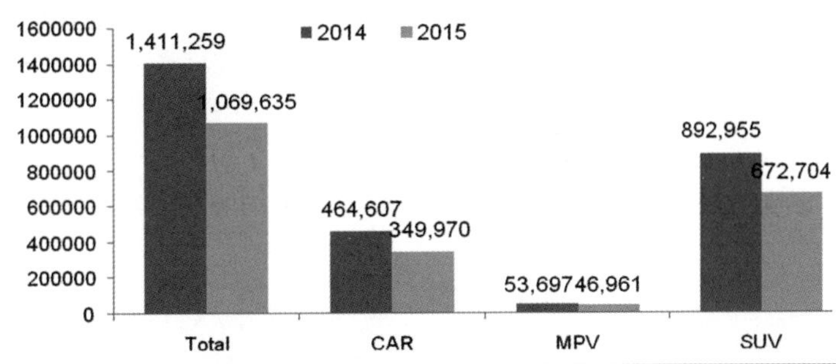


| 同比增长 | -24.2% | -24.7% | -12.5% | -24.7% |
|---|---|---|---|---|
| 占比 | 100% | 32.7% | 4.4% | 62.9% |

**图 14　2014 年－2015 年乘用车分车型进口量**

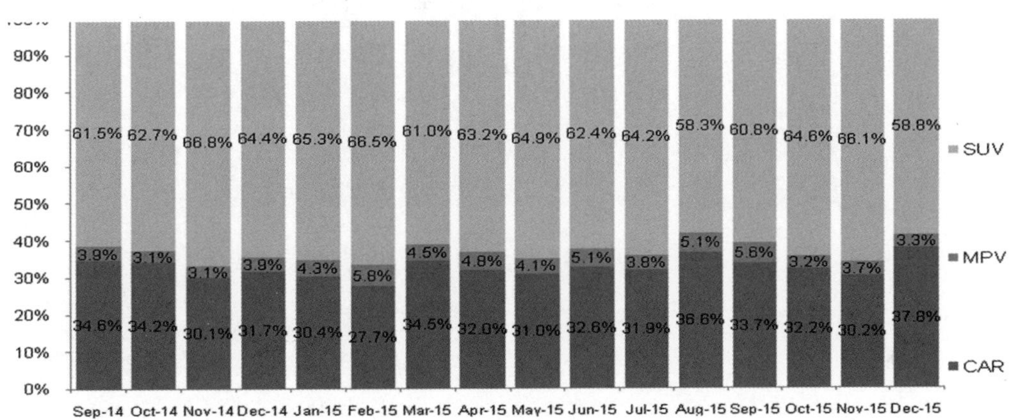


**图 15　2014 年－2015 年分车型市场份额情况**

2015 年，销量前十名车型中 8 款车型为 SUV。其中，丰田普拉多仍然位居榜首，上牌超过 4 万辆；宝马 X5、路虎揽胜两款车型分列第二和第三。销量前三名均为平行进口热门车型。

**表 2　2015 年分车型销售排名**

| 排名 | 车型 | 销量（辆） |
|---|---|---|
| 1 | 丰田 -PRADO | 45537 |
| 2 | 宝马 -X5 | 41398 |
| 3 | 路虎 -RANGEROVER | 38261 |
| 4 | JEEP-COMPASS | 35682 |
| 5 | 雷克萨斯 -NX | 31658 |
| 6 | 雷克萨斯 -ES | 31315 |
| 7 | 奔驰 -ML | 30047 |
| 8 | 宝马 -X3 | 28776 |
| 9 | 保时捷 -MACAN | 28412 |
| 10 | 奔驰 -S | 26842 |

**七、排量进一步下移：3.0L 以下 车型进口份额进一步提升至 93.1%。受新增紧凑型 SUV 拉动，1.5-2.0L 排量区间以 37.5% 的份额重归第一大排量区间；此外，1.0-1.5L 区间也有所提升**

2015 年，进口车排量区间下移趋势更加明显。3.0L 以下车型进口份额达到 93.1%，在 2014 年的基础上进一步提升。其中，1.5-2.0L 以 37.5% 的份额重归第一大排量区间。这一排量区间的份额增长很大程度上是由于新增紧凑型 SUV 所拉动。宝马 X3、雷克萨斯 NX、保时捷 Macan、Jeep 指南者、路虎发现神行等紧凑型 SUV 是 1.5-2.0L 排量区间的主力。

此外，1.0-1.5L 区间份额也有一定提升，从 2014 年全年的 2.0% 升至 6.1%。宝马 2 系、雷诺 Captur 等小型车的导入，扩大了这一区间，并推动进口车排量加速下移。

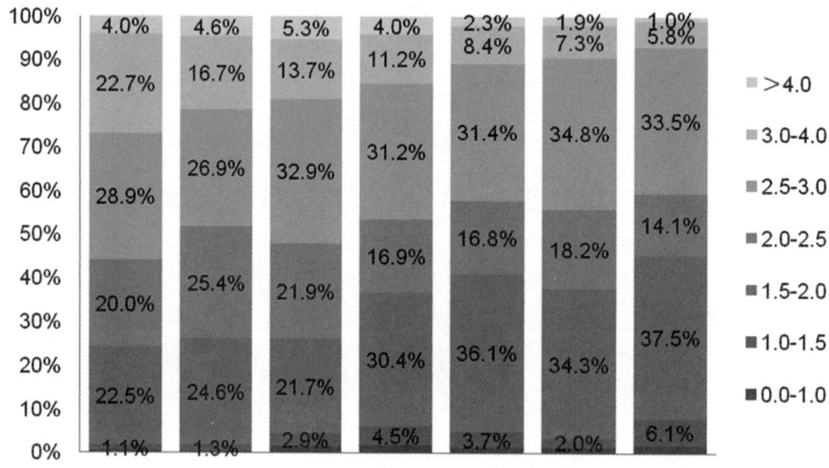


**图 16　2009 年－2015 年进口车市场排量结构变化**

**八、渠道关系紧张："以产定销"的营销模式决定经销商压库现象依然存在，厂商经销商之间对话机制初步建立，经销商不断调整经营重心**

2015 年，车市进入微增长时代，在近 10 年高速增长中掩盖的问题，逐渐浮现。车市的低迷，让处于汽车产业链前端的汽车经销商感受到了直接的挑战，尤其是今年的销售淡季与近年来的销售波谷叠加，车市更为惨淡。

面对汽车市场增长大幅回落的形势，4S 店与厂商由来已久的压库和反压库矛盾局部升级，经销商不得不忍受着价格不断下降带来的单车利润趋薄的危险，以及生产汽车企业强行摊派下来的不能推脱的库存。对某些新产品较少，降价空间不大，性能品牌优势不强的厂商而言，厂商和渠道之间的问题更加严重。但库存并非矛盾的根本原因，目前所有国内厂商采取的"以产定销"的营销模式决定了"压库"的合理性。要从根本上解决厂商与 4S 店在库存上的矛盾，厂商的生产首先必须由需求驱动，其次消费者也必须能接受预定销售方式，但预定销售的模式短期内实行的可能性并不大。2015 年市场形势的变化带来增长速度趋缓以及市场向二三线市场转移，传统经销商模式遭遇到了极大的挑战；所有的外资品牌都遭遇着经销商模式的突破，这种突破必将打破坚守多年的 4S 模式，多渠道多网络经销模式将成为市场的主流。

中国汽车市场增长速度趋缓的最大表现是新车销售增长放慢。在过去的很长一段时间里，中国市场的最大收入与利润来源都以新车销售为主。但这种利益链条分布格局正因为市场增速下滑，以及市场饱和程度越来越高，发生极大的变化。目前进口经销商的困境正是利润增长点单一、市场适应能力弱的表现。为适应新形势，整个汽车产业利益链条发生着转移，收入与利润的重心正在向着售后过渡。解决厂商与渠道目前存在的冲突，一方面需要厂商根据市场特点及自身基本情况，理性设定目标和营销策略；另一方面需要经销商转变目前的经营模式，寻求自身经销体系业务格局的调整，加大售后服务的比重，扩大二手车业务，改变经营重心。

中国汽车市场正在从卖方市场过渡为买方市场，这种改变无疑向着有利于消费者的方向转移。在这种市场转换过程中，更贴近消费者的经销商的地位必然获得提升，话语权也会加大，整个汽车产业链条中，经销商集团也将获得越来越独立、重要的地位。市场营销模式也将向“多渠道、多网络”方向改变，调整业务格局，以顺应在“互联网＋”下不断更新的消费需求。

**九、区域市场波动明显：2015 年，中西部地区份额略有萎缩，较 2014 年全年下滑 1.9 个百分点。重庆、内蒙古、福建和山西等省市下滑最为严重**

进口车上牌数据显示，受宏观经济影响，2015 年，中南、西南、西北区域进口车市场份额均略有萎缩，使得整个中西部地区整体份额下降至 42.8%，较 2014 年全年下滑 1.9 个百分点。

分省市来看，大部分省市进口车市场均出现下滑，其中以重庆、内蒙古、福建和山西等省市下滑最为严重，进口同比分别下滑 23.9%、23.4%、21.0% 和 21.0%。同比实现正增长的只有上海、天津和西藏，增速分别为 9.1%、4.4% 和 39%。

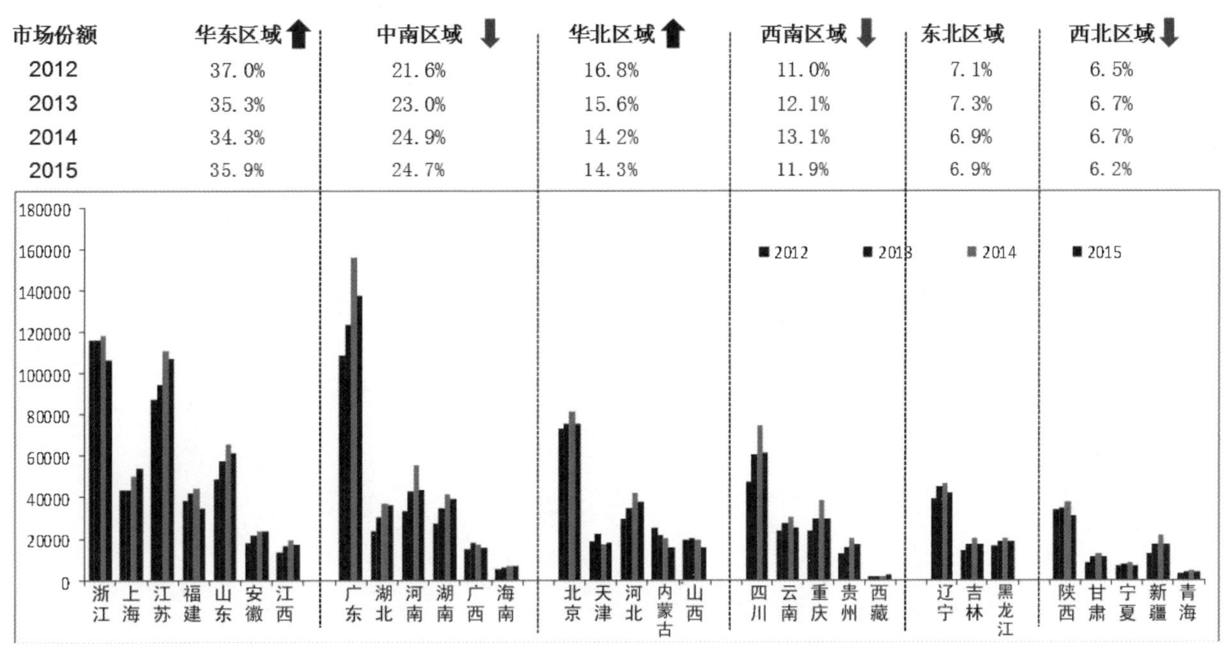


**图 17　2015 年中国进口车市场区域分布及同比变化趋势**

**十、港口份额稳中略有调整：受天津港“8.12”爆炸事件短期影响，天津港市场份额出现下滑，全年份额为 32.8%，较 2014 年全年下降 8 个百分点；在部分品牌转港拉动下，上海港份额提升至 38.3%，较 2014 年增长 5.4 个百分点**

伴随着进口汽车市场日趋稳定，天津港、上海港及黄埔港三港占据 95.6% 的市场份额，“三足鼎立”态势延续。

受爆炸事件的短期影响，天津港份额出现明显下滑。2012 年，天津港累计海关进口量为 41.89 万辆，市场份额为 38.4%。2013 年，天津港累计海关进口量为 47.36 万辆，市场份额为 40.5%。2014 年，天津港累计海关进口量为 58 万辆，市场份额为 40.8%。2015 年，天津港累计海关进口量为 35.4 万辆，市场份额为仅为 32.8%，较 2014 年下滑 8 个百分点，特别是 8 月、9 月单月的份额仅为 27.9% 和 13.5%，之后一直处于逐步恢复中。

在部分品牌迅速转港的拉动下，上海港承接进口量最多，2015 年份额达 38.3%，其中，9 月份额达到 52% 的历史峰值。

华南沿海地区需求日趋稳定，黄埔港市场份额为 24.4%。

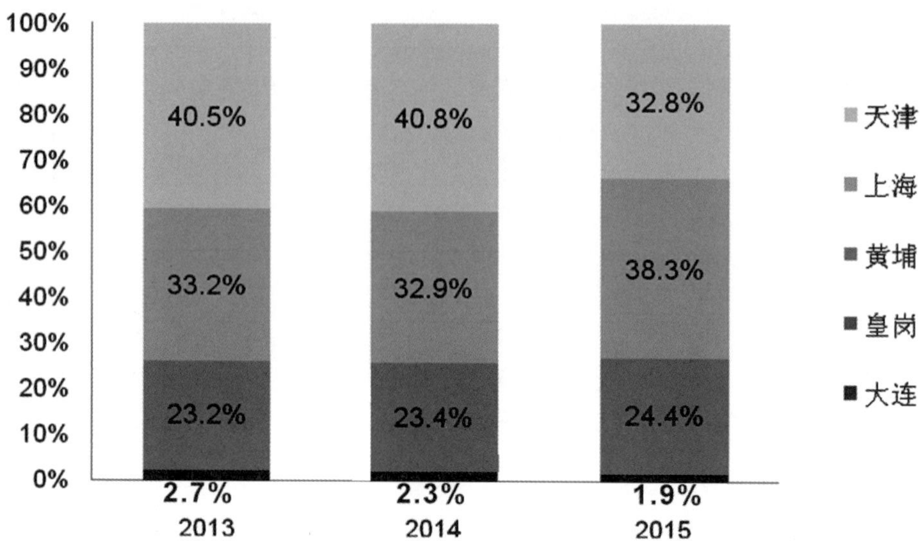


图 18　2013 年－2015 年各港口进口量份额情况

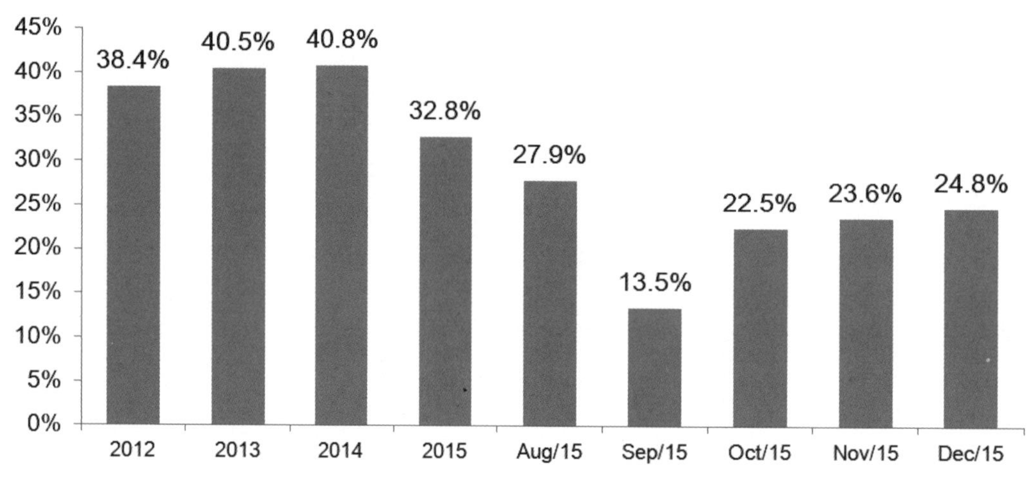


图 19　2012 年－2015 年 9 月天津港进口汽车占比

**十一、天津港“8•12”爆炸事件对进口车市场短期的供求关系和整体终端市场价格的影响不大，部分受损车辆后续处置工作仍尚需时日；若后续处置工作及时、有效，由于天津港进口车业务长久形成的优势，长期来看，事件对其影响有限**

2015 年 8 月，天津港“8•12”爆炸事件对进口车市场造成了一定的影响。据汽车营销分析不完全统计显示，在此次事故中受损车辆总数约 2.6 万辆，其中绝大部分是进口车，共涉及丰田、宝马、大众、雷诺、现代 - 起亚、Jeep、斯巴鲁、马自达、三菱、捷豹路虎、奔驰等多个品牌。

虽然受损车辆数量规模较大，但根据上半年进口车销售上牌总数 59.8 万辆、月均销售 9.97 万辆估算，2.6 万辆进口车约相当于整个进口车市场 0.26 个月，即 7.8 天的销量。而 7 月份进口车行业库存（厂商＋经销商）深度和经销商库存分别为 5.18 个月和 2.16 个月，因此对于进口车终端市场的供给影响不大，8-9 月进口车终端市场价格走势验证了供大于求的局面没有根本改变，

8月和9月进口车终端成交价格优惠幅度均为14.2%，与7月的13.6%相比，优惠幅度进一步扩大，显示进口车市场年初以来的成交价格下滑趋势并未改变。但是事故对进口车行业“去库存”有一定的促进作用，8月和9月，进口车行业库存（厂商＋经销商）深度分别为4.96个月和4.94个月，经销商库存深度为2个月和2.01个月，相比7月份均有一定幅度的下降。因此短期来看，事故对进口车市场供求关系和整体终端市场价格的影响不大，但部分受损车辆后续处置工作仍尚需时日。

短期来看，事件对市场的影响主要体现在港口方面。爆炸致使天津港进口车相关设施受损，尽管港口吞吐能力未受太大影响，但是仓储能力短时间内无法恢复，因此，天津港的进口车业务也从7月日均进口1756辆，下降为8月的日均1026辆，至9月更是降至日均665辆。在此情况下，各进口车品牌纷纷采用转港来保证国内进口车销售业务不受影响。其中宝马品牌迅速转港上海海关，雷诺品牌也将进口车暂时挪至青岛海关进口，此外广州港、大连港的日均进口车数量和份额也均有所提升。

平行进口车市场方面，所受影响较小。据调研，此次爆炸事件中，平行进口车辆的损失较小，且损伤程度为轻度，如玻璃受损。由于天津港平行进口商的库存车充足，车辆的供给未受影响。虽然8月的天津港进口量有所下降，但由于进口商并未将车辆转移到其他港口，9月份数据显示天津港进口已恢复。批售方面，经销商发车未受明显影响；零售方面，由于零售客户出于安全考虑明显减少，短期内将受到一定影响；未来待天津港恢复正常工作和港口处置工作结束之后，平行进口车市场将会很快恢复到原来的状态。

但长期来看，后续处置工作将起到关键性作用。若不能及时、有效处置，天津港将受到一定影响。但另一方面，天津港的优势地位，包括港口能力、地理位置、硬件设施等，都是无法撼动的，跨国汽车企业的转港动作是应急措施，长期来看，其进口车相关业务将会回归天津港，对天津港进口车业务影响有限。

# 进口汽车商检

## 2015年度全国进口汽车质量分析报告

国家质量监督检验检疫总局 李巍

### 一、基本情况

1. 进口汽车检验监管工作概况

⑴构建闭环监管模式，加强事中事后监管

依据总局建立进口汽车闭环监管模式的思路，各直属局牢牢抓住改革主线、努力转变工作职能，在进口汽车缺陷召回管理、进口汽车“三包”监督抽查方面下功夫，以保护消费者合法权益为中心，建立进口汽车经销商档案，加强事中事后监管，逐步健全进口汽车的质量安全监管制度。

⑵进一步推进信息化系统建设

全年继续深化进口汽车信息化建设，大力推动进口机动车智能检验监管平台在全系统的运用。截止目前，除部分国家新批准开放的汽车进口口岸外，各口岸局已经全面实现与总局端互联，同时平台后续监管功能也进一步得到完善。该平台的上线运行，为构建进口汽车全闭环监管机制打下了信息基础。

⑶积极开展第三方采信工作

按照质检总局改革检验监管业务制度以及“管检分离”的精神要求，积极在进口机动车领域试点第三方采信的检验管理新模式。不断完善第三方采信检验管理制度，为确保第三方检测机构能够独立、客观、公正、诚信开展检验检测工作，形成了可复制可推广的创新做法。

⑷响应国家政策，积极支持平行进口

上海、天津等口岸平行进口汽车试点方案相继获得国家有关部委批准，为实现平行进口汽车的健康发展，相关局与地方政府部门共同探索研究，针对平行进口汽车质量安全和售后保障，提出相应方案，在职责范围内及时制定促进平行进口汽车规范化发展的支持政策。在依法把关的同时，实现了检验检疫部门促进外贸健康平稳发展的作用 .。

2．业务统计数据

2015 年全年共计有 15 个直属局开展了进口汽车口岸检验业务，共检验进口汽车 69885 批，1107271 辆，货值 4686431.36 万美元。全年共检出不合格进口汽车 2528 批、9255 辆、38518.5 万美元。各口岸局检验数量见图 1，不合格检出数量见图 2。

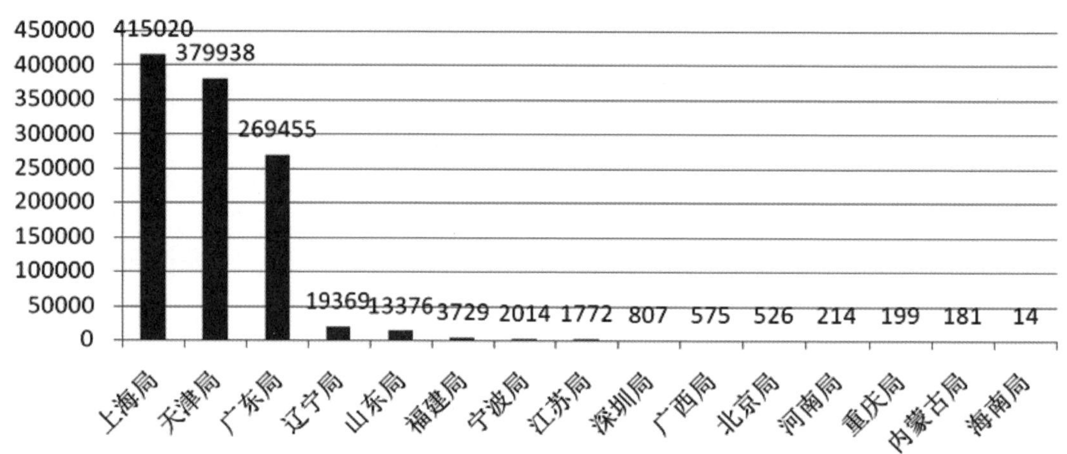


图 1　各口岸局进口汽车检验数量

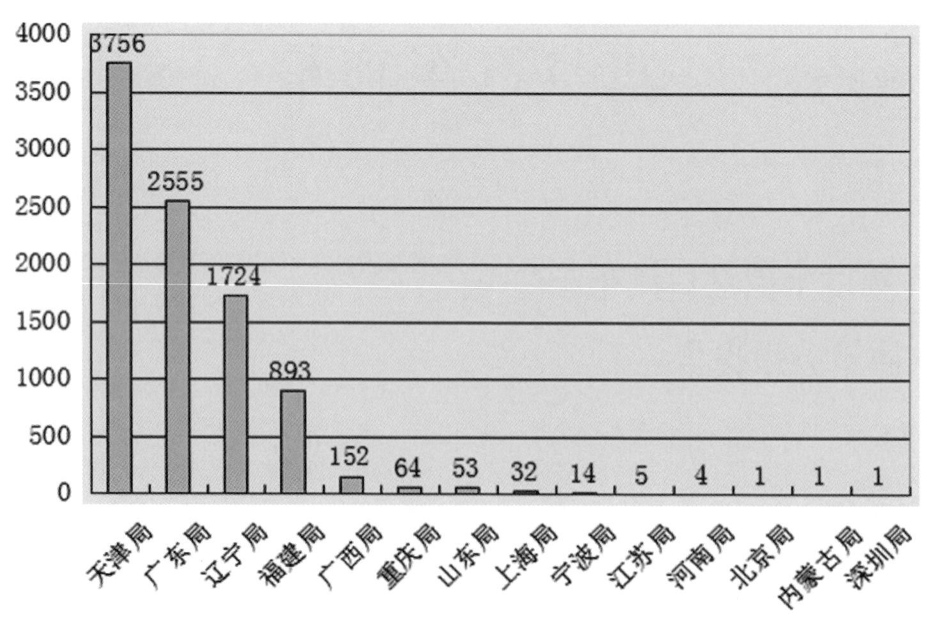


图 2　各口岸局进口汽车不合格检出数量

按照车型统计，进口乘用车 1065725 辆、客车 28346 辆、货车 6115 辆、其它车型 7085 辆（分布见图 3）。

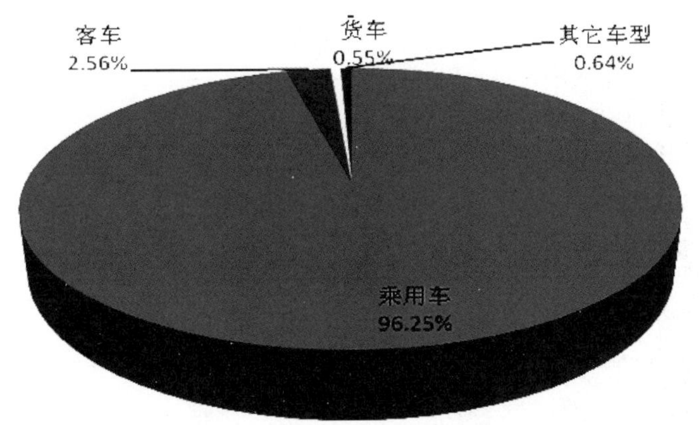


**图 3　车辆类型分布情况**

使用地换证登检方面，19 个直属局共计完成使用地换证登检 132730 辆，涉及金额 4295412.62 万美元。登检工作中发现不合格情况 769 辆，涉及金额 5908.07 万美元。各局登检数量见图 4，登检不合格数量见图 5。

2015 年度，全系统进口汽车后续监管力度进一步加大，实施召回监管数量大幅增加。全年各直属局共对 627652 辆进口汽车实施了召回监督管理，截至年底完成 126040 辆，同比分别增长 1370% 及 457%。召回监管品牌主要有宝马、奔驰、大众、克莱斯勒、路虎、福特等，共涉及到 90 余个召回公告。

3. 业务统计数据对比

与去年相比，2015 年进口汽车批次减少 8.47%、数量减少 21.11%、货值减少 21.85%（详见图 6）。

2015 年进口汽车口岸不合格检出也有所下降，同比批次减少 23.5%、数量减少 63.3%、货值减少 63.9%（见图 7）。

根据总局 520 号文件，各直属局可试点取消登检换证业务。2015 年共有 19 个直属局开展了使用地换证登检业务，比去年减少 3 个，登检数量有所下降。全年登检换证车辆数量减少 55.21%，金额有所增加，增长 25.71%（见图 8）。同时登检换证中发现不合格数量及金额同比分别减少 21.13% 及 27.87%（见图 9）。

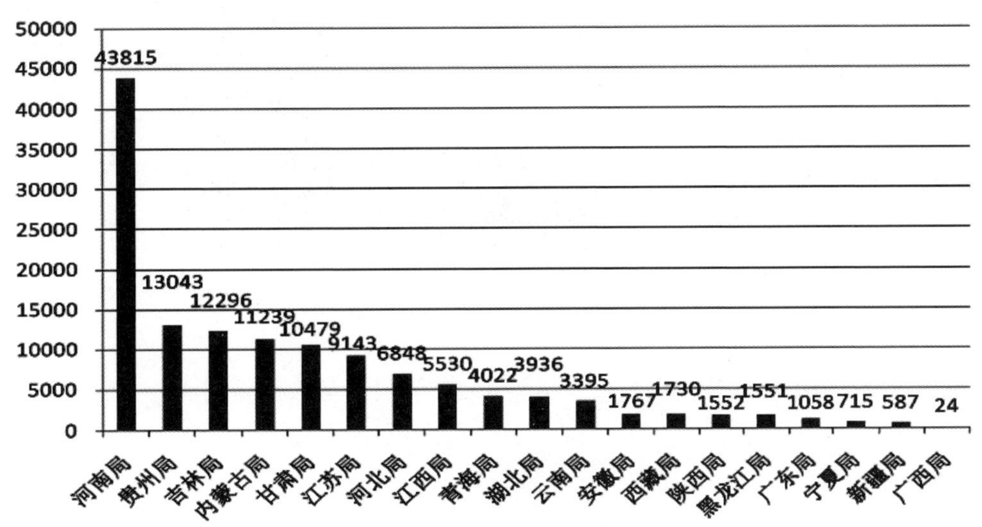


**图 4　各局换证登检数量**

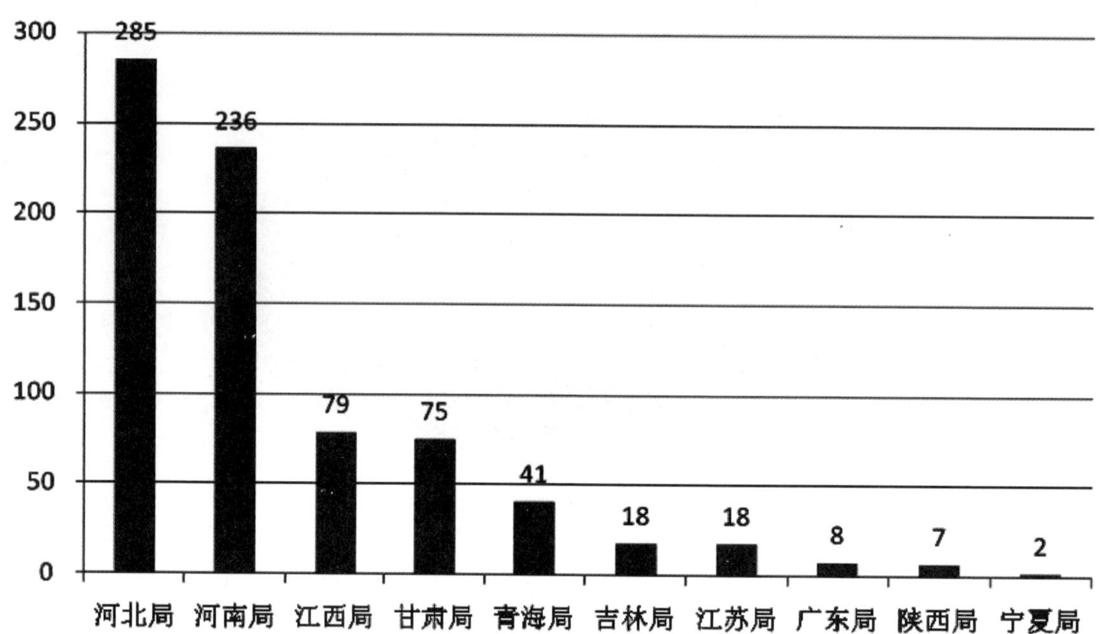


图 5　各局换证登检不合格检出数量

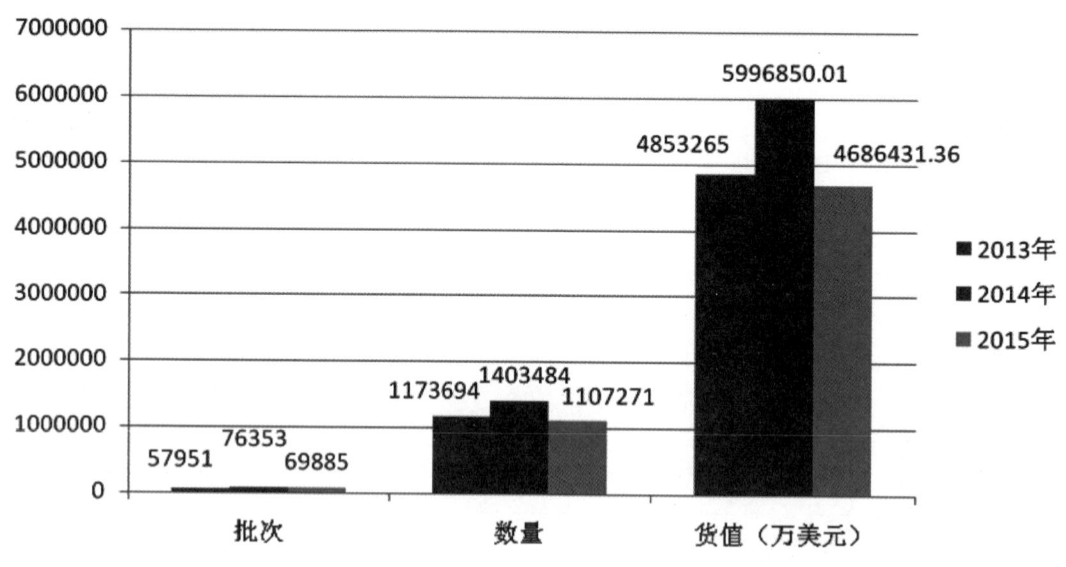


图 6　2013、2014、2015 年全国进口汽车检验量对比

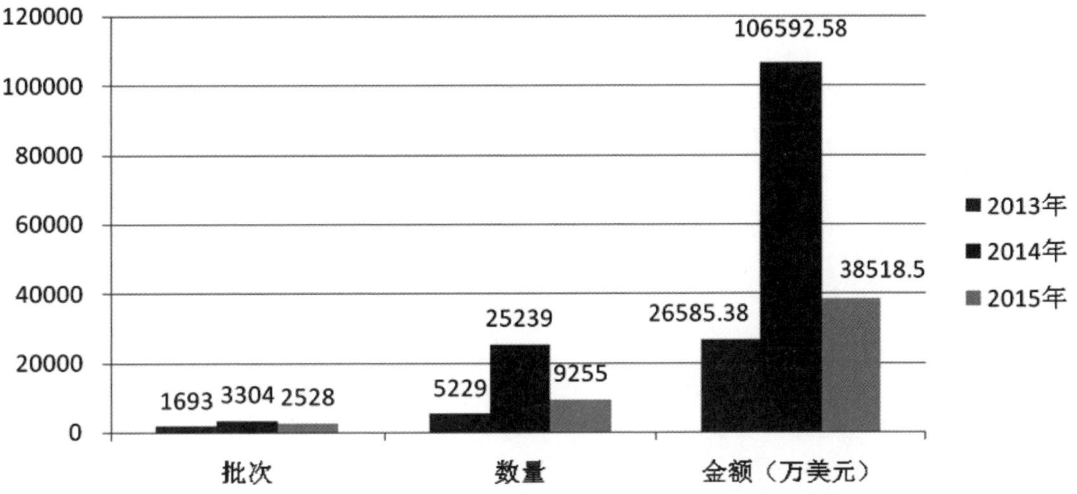


图 7　2013、2014、2015 年口岸不合格检出量对比

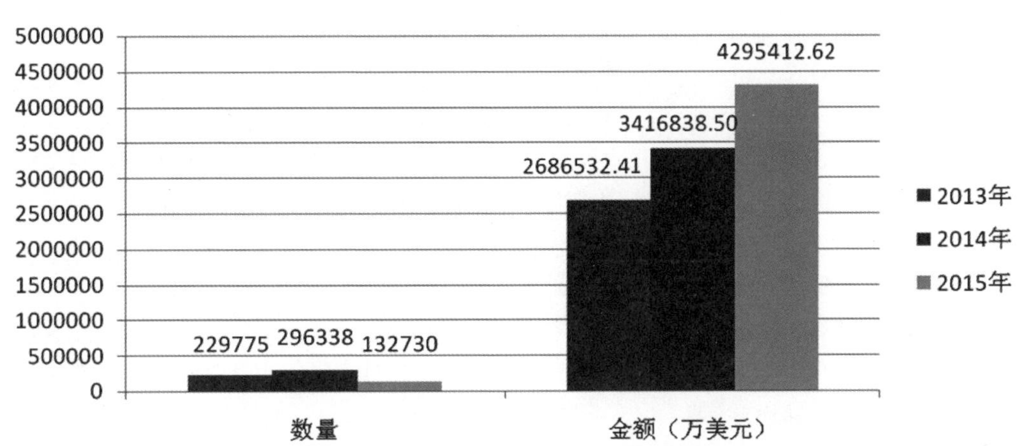


图 8　2013、2014、2015 年全国进口汽车登检量对比

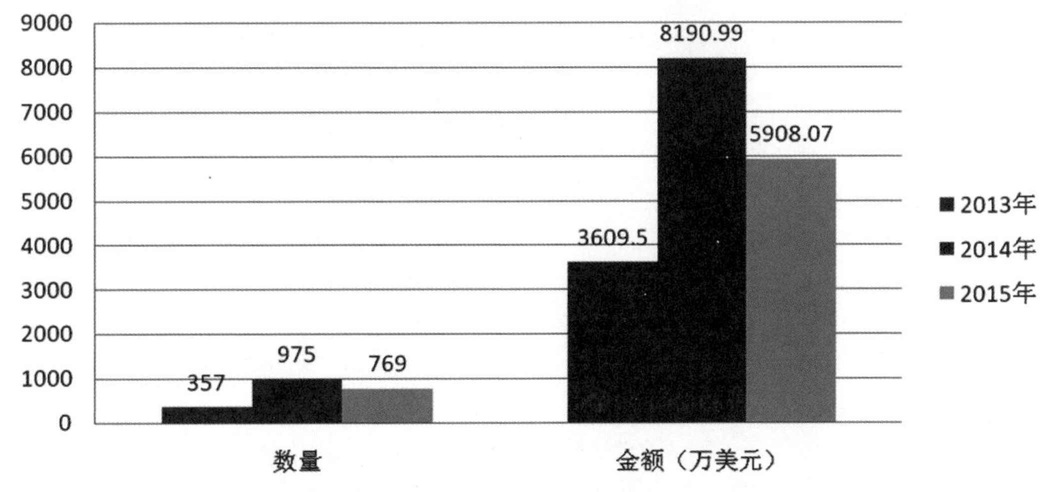


图 9　2013、2014、2015 年全国进口汽车登检不合格情况对比

## 二、综合分析

### 1. 质量状况综述

从口岸检验情况来看，进口汽车不合格数量检出率为 0.84%，总体质量状况较为稳定，进入我国市场的车辆在安全、环保、卫生等方面都能较好地符合国家强制性技术规范的要求。分布上看，仍呈现原厂获证车辆不合格比例较低、而改装车以及特殊处理程序方式进口车辆不合格比例较高的态势。

在换证登检工作中，各直属局结合辖区内进口机动车辆管理实际情况，重点关注中文标识、中文铭牌、灯光信号、外观质量、信号装置以及有无违法改装行为，确保登检汽车符合质量安全要求。

在后续监管方面，随着技术和基础设施的高速发展，汽车性能越来越好，技术越来越先进，其维护维修也越来越繁杂。2015 年总局发布的进口汽车召回公告中，包括路虎、大众等在社会上引起较大反响在内的品牌，绝大部分涉及汽车设计和制造缺陷。许多质量问题需要在使用一段时间之后才能暴露，很难在新车进口检验时发现不合格。国内外屡屡曝出不同车型的安全隐患和问题，社会媒体报道曝光增多、消费者投诉数量不断增加，都是对质量安全风险的反映。在后续监管中，进口汽车质量安全风险主要集中在产品因维修不足导致质量安全问题无法消除，因过度维修导致消费者投诉纠纷增多，因媒体宣传曝光等原因产生进口汽车质量安全突发事件。

### 2. 监管结果分析

2015 年，中国进口汽车市场供需双降，受此影响，汽车进口降幅达 21.11%, 本年度口岸不合格检出同比有较大降幅，主要是随着总局相关措施的出台，在检验检疫部门的一致努力下，各改装车企业更加重视质量问题，绝大部分车辆在进口前就已经完成合规性整改，在口岸检验时较少发现不符合国家强制性标准情况。从口岸检验和换证登检情况中可以看出，在车辆投入使用前，越来越难于发现重大的、批次性的不合格问题，与之相反的是后续使用环节质量问题频发。

在后续监管工作中，各局严格按照《缺陷汽车产品召回管理条例》、《家用汽车产品修理、更换、退货责任规定》以及《进口缺陷汽车后续监督管理工作规范》、《进口家用汽车“三包”监督管理工作规范》的要求，积极开展辖区内的进口汽车缺陷消除的监督管理工作，并结合开展进口汽车三包的监督抽查工作。截止 2015 年底，各直属局共对 96 个召回公告中的 627652 台车辆实施了缺陷消除的监督管理，同时也基本完成了覆盖各个品牌的三包监督抽查工作。后续监管工作成效明显，全闭环管理机制已初步形成。

## 三、不合格情况分析

2015 年的进口汽车不合格情况可以划分为如下情况：

### 1. 在口岸检验方面

（1）CCC 认证车辆 ( 不含改装车 ) 产品质量总体较好，但个别品牌出现的生产、装配等问题，表明这些企业在质量控制方面也存在不足，口岸检验检疫部门不能放松该类车辆的检验监管水平。

（2）免办 CCC 认证特殊处理程序车辆，普遍存在：无中文标牌、无中文警示文字、车辆操纵件、指示器及信号装置的标志不符合我国国家强制性标准的问题。产地来自美国的车辆多存在转向灯颜色为红色、外廓尺寸、轴荷超限；灯具光色、光型不符合我国国标；排气管指向车身右侧等不合格情况。

（3）外商自带或机构自用车辆的不合格情况多是无中文标牌、无中文警示文字、车辆操纵件、指示器及信号装置的标志不符合我国国标要求等情况。这些车辆不合格情况主要是由于车辆来自世界各地，原车生产的标准与我国标准存在差异。

（4）获证改装车的不合格检出显著下降，但私自篡改车辆 VIN 和以旧充新问题比较突出。仅天津局就检出获证改装车以旧充新共计 32 辆，检出私自篡改车辆 VIN 共计 34 辆。

（5）漏贴燃料消耗量标识。随着总局 520 号文件下发，各口岸检验检疫部门，加强了进口乘用车燃料消耗量标识的核查。多个口岸发现了进口乘用车存在漏贴燃料消耗量标识的情况。

### 2. 在登检换证方面

进口汽车登检合格率保持在很高水平，但随着有关直属局不断加大核查力度，也发现了一些不合格项目。如车辆产品标牌与实物不符、警告文字无中文、无后雾灯、VIN 号码系统查询与《随车检验单》不符、一致性证书内容与车辆不符、假冒检验检疫证单等，其中以进口改装车换证存在问题较多。

### 3. 在后续监管方面

（1）部分经营者未严格落实召回责任，发现的主要问题为电话通知记录不健全，相关维修配件供应不足，厂家发货较慢影响召回进度等情况。

（2）进口汽车经营者管理水平不一，对召回工作的重视程度不同。部分品牌生产者对召回工作相当重视，对于经营者召回完成率高的直接给予经济奖励，这就导致该品牌经营者对召回工作也很重视；而个别品牌生产者把召回工作仅仅当作一项任务，重视程度不够，导致经营者服务不到位。

（3）经营者对进口缺陷汽车召回的责任车辆和完成车辆计算口径不一，统计数据混乱。由于目前对经营者的责任车辆没有一个统一的认定标准，致使部分经营者以自身销售车辆作为责任车辆，部分经营者则以维护保养到店车辆作为责任车辆，甚至个别经营者上述情况兼而有之；使得目前获取的数据难以准确反映事实情况。

（4）进口汽车零配件的管理混乱。在专项执法监督检查时，发现进口汽车的零配件未标识产地、型号规格等基本信息，经营者也无法提供零配件的相应进口资料（如进口报关单等）。

## 四、典型案例

*1. 广东局检出某品牌乘用车前照灯组合开关功能失效案例*

2015 年 7 月，广东局检出 6 批次共 933 辆某品牌小轿车前照灯组合控制系统存在风险。该型号车辆在远光开启状态下直接关闭灯光或在远光开启状态下关闭发动机再关闭灯光，会出现前照灯组合开关功能失效现象。总局发布了警示通报，广东局通过约谈企业，发现该车型前照灯组合开关操控功能新增了“安全模式”，设计上不允许从远光灯直接旋转到“0”位置，若直接旋转组合开关，行车电脑会判断为误操作发生，车辆进入安全模式，即近光灯点亮。广东局要求制造商提交了风险消减计划，近期修订用户手册并对经销商进行销售强化培训，通过售后服务热线电话收集用户对新精灵灯光使用方面的反馈意见，并每月向总局汇报；远期研发仪表标识使车辆能够在进入灯光安全模式时提供驾驶员警示。

*2. 天津局发现违规变更车架号及发动机号问题*

2015 年 1 月天津局在对某公司进口 10 批次共计 29 辆某品牌越野车现场查验时发现，车辆车架号均存在人为改动痕迹，不符合 GB7258-2012 中条款 4.1.3 车辆识别代号一经打刻不得更改、变动的规定。根据进一步调查，该车即欧洲产车辆，其 VIN 码编制不符合我国相关标准规定，相关不法企业试图私自更改 VIN 以达到进口中国获取不法利润目的。该批车辆天津局实施退运处理。6 月，该局在对一辆 X5 越野车现场查验时发现，该车打刻在发动机缸体上的发动机号字体形状与其它同款车辆存在明显不同，后经对该车仔细检查，发现该车发动机号经过非法篡改。经进一步了解，企业企图私自更改发动机号，降低排量申报。针对上述两例情况，天津局对涉及企业进行了约谈，并将相关情况及时上报总局处理，总局发布了警示通报。

*3. 多个直属局发现以旧充新车辆违规进口*

2015 年 3 月，天津局在对某公司申报的一辆某品牌越野车现场查验时发现，该车刹车盘有明显凹痕，轮胎胎面有严重磨损，散热器片上有虫胶附着，车辆底盘上有比较严重的锈迹。2015 年 10 月，上海局在对 1 辆某品牌旅居车进行资料审查及现场检验时发现，车辆 VIN 和生产厂存在问题，且车辆新旧部件混装情况严重。2015 年 11 月，辽宁局在对某公司进口两台某品牌越野车现场检验时，发现车辆刹车片有很明显的年轮状刹车划痕、减震器表面有泥土油污混合物、铝制的扇热网内有许多异物，且有部分扇热网格形状不规则。经调查，上述车辆均存在以旧充新进口的违规行为，相关直属局对上述车辆实施退运处理。

*4. 深圳局查获不合格轿车*

2015 年 6 月 9 日，某公司申请进口某品牌轿车，经深圳局检验发现：1、照明和信号装置安装不合格，没有安装前、后雾灯，违反了 GB7258-2012 中 4.3.14.1 的规定。2、没有永久保持的中文铭牌，不符合 GB7258-2012 中 4.1.2 的规定。3、汽车操纵件、指示灯及信号装置的图形标志不合格，不符合 GB4094-1999 中 5.1.6 和 5.1.8 的规定。在发现如上不合格项后，深圳局按规定不予签发相关证单，从根本上杜绝了不合格车辆流入国内市场。

*5. 云南、甘肃局发现假冒检验检疫单证案件*

2015 年 1 月云南省红河州车辆管理所的民警向云南局反应：在为一辆越野车办理登记注册手续过程中，发现车辆 VIN 号、海关货物进口证明书等资料和信息异常，希望云南局核实检验检疫相关信息。经该局检验员利用总局进口机动车 VIN 管理系统进行查询，无此车相关信息，随即与辽宁局取得联系，核对 210000111003767 号随车检验单信息，初步确认为假冒单证。云南局检验监管处与法制处，一起到红河州车辆管理所进行现场取证，并确认为一起涉嫌假冒检验检疫单证案件。

2015 年 10 月 28 日，甘肃局在办理进口汽车登检换业务审单时，发现车辆随车检验单编号为 310700114036776-17，按照报检号规则 114 即为 2014 年所出单证，但是随车检验单显示出证日期为 2011 年 3 月 3 日，随后该局人员通过“中国检验检疫进口机动车 VIN 管理系统”查询该车架号，发现 VIN 系统里随车检验单编号为 311000110115827-1 与实际随车单编号不符，进一步核查发现随车检验单显示车架号为 CKH004173，而 VIN 查询系统显示车架号为 CKH002634，后经与上海局同事联系核实该随车检验单为伪造假单证。但是由于该车几经转手，购车单位不在甘肃局辖区，车主也表示自己为受害者，该局无法对此进行行政处罚，对此，该局人员告知车主伪造单证情况，不予办理登检换证。

6. 河南、天津两局联手落实路虎汽车“三包”责任

3.15 晚会报道河南商丘车主反映路虎车质量安全问题后，河南局工作人员在进口路虎 4S 店现场调查时主动查找车主信息，电话询问具体情况。据车主反映，该车购买于 2014 年 5 月，9 月份发现变速箱持倒档亮灯无反应，正常行驶中无动力等现象，9 月、10 月先后在郑州 4S 店、徐州 4S 店两次更换变速箱后，故障并未消除。2015 年 1 月该车做了软件升级，但行驶中仍有严重的顿挫感。了解相关情况后，因车主在天津购车，工作人员主动联系天津局，请求协助调查和要求 4S 店落实“三包”责任。2015 年 5 月在河南、天津局的共同协调下，4S 店实施退车，退款。

7. 江苏局在闭环监管中发现并成功处置某品牌进口汽车倒车灯缺陷问题

江苏局在进口汽车闭环监管中发现某品牌进口汽车变速箱在高速行驶中换挡机构可以选入 R 挡，此时齿轮未啮合但倒车灯点亮，不符合我国强制性标准的要求。发现该问题后，江苏局立即展开消费者、4S 店、制造厂三个层次的调查，形成专题报告报送质检总局。报告得到质检总局高度重视，在第一时间组织专家组在江苏进行技术商讨，同时召集了多个进口品牌车辆进行现场实车试验。最终确认问题所在，相关责任企业对该情况进行有效整改。

8. 湖南局查处违反“三包责任规定”的案例

2015 年 06 月 18 日，湖南局监管人员在长沙某企业进行进口汽车后续监管抽查，在公司与消费者举行交车仪式后，监管人员对该车的随车附件进行了检查，发现没有该车的“三包凭证”，后查阅了公司的销售档案及售车合同，电话访问了 3 位在该公司购车的消费者，在随车附件中均没有“三包凭证”，售车合同中也未涉及“三包责任”，后经该公司多名销售员证实，该公司所售进口汽车都没有向客户提供“三包凭证”。2015 年 06 月 19 日，监管人员继续跟踪调查，并向公司负责人进行了情况了解，公司负责人承认所有公司售车未给消费者提供“三包凭证”属实。2015 年 06 月 22 日，该局监管人员与公司负责人进行约谈，当面指出，其公司的上述行为，违反了《家用汽车产品修理、更换、退货责任规定》（总局令第 150 号）第四条、第十二条相关之规定，未履行销售者的义务，并当即下发了《整改通知书》，要求限期整改。

9. 宁波局积极处理 12365 消费者投诉

2015 年 4 月 13 日，宁波局 12365 热线接到消费者顾先生咨询电话，顾先生反应：其于 14 年 8 月购买的进口某品牌车存在变速箱缺陷，行驶中后备箱异响等问题，在进口企业发布召回后，仅对其进行变速箱进行了升级，异响现象先后进行了五六次维修，但问题仍未解决，咨询该局是否可以进行召回。宁波局接到通知后与 4S 店和消费者进行了多次沟通，协调双方友好解决。

10. 陕西局对某品牌车辆后部车身高度下降问题进行调查

2015 年 3 月，针对部分车主反映的某品牌车辆后部车身高度下降问题。陕西局立即成立调查工作小组，制订督查计划，下发《缺陷汽车产品现场调查》任务通知书，派员到陕西地区的主要经营者陕西起亚进行现场调查核实情况。据了解，陕西地区销售相关车辆 1000 台左右，很多车主在使用中发现后车身下降情况，认为会对车辆的行驶性能包括乘车舒适性产生影响，并且担心会对其安全性造成影响。很多车主向总局缺陷产品管理中心、消费者协会和各新闻媒体进行投诉，还连同电台一起向汽车经销商进行申诉，各媒体争先报道，社会影响较大。对此，制造商代表不承认车辆设计及零部件使用存在问题，称此情况是由于后轮定位数据出现偏差所致，认为不影响车辆行驶性能包括乘车舒适性、转向感及对其安全性不会产生影响。针对此情况，该局检验监管人员向经销商宣读了总局汽

车后续监督管理工作规范的文件精神，并要求经销商做好相关售后服务工作。经多次协调，经销商同意对车辆的后轮罩和后轮中心距离进行测量，对后车身下降明显的（超过（445mm±10mm）），进行后轮定位调整，若仍超出参考值，更换左后 / 右后螺旋弹簧，然后再进行驾驶测试、调整后轮定位。至此，此次投诉问题基本得到解决。

# 第 7 部类

# 汽车后市场

DILIUBULEI | QICHEHOUSHICHANG

# 乘用车后市场

## 中国汽车后市场战略形势分析

北京嘉华基业投资有限公司 杨非

### 一、经济形势、产业政策、行业现状

1. 经济形势

2015-2025年潜在经济增长速度持续稳步下降，成为新常态。平均每年下降0.2，持续10年，呈L型。

2. 国家政策

汽车制造从跟踪战略向领先战略转变，解决核心技术掌握在跨国公司手中的问题，实现从汽车大国到汽车强国的战略转向。

《中国汽车产业强国发展战略》（2014-2025年）的落地，为2025年把我国基本建成汽车强国奠定了坚实的基础。

新能源汽车是实现汽车强国的必由之路。国家继续大力推进新能源汽车，通过自主研发，自主品牌扩大市场占有率，逐步收回被国外品牌占据的市场。

3. 行业现状

产能过剩，将进一步加剧4S集团的困境。多方数据显示：2015-2020年乘用车产能利用率80%；主机厂销售利润率、销售利润增长率大幅下降；合资乘用车增速减缓，整体规模、市场份额、销售利润将进一步被压缩。

### 二、汽车业反垄断，倒逼4S集团加快转型

1. 打破汽车行业的垄断

国家希望通过汽车行业反垄断，打破合资主机厂的垄断地位，开放行业，鼓励各种社会力量进入，解决跨国集团占领中国市场，利润外流的问题。

鼓励创新商业模式，扶植非授权体系通过市场竞争，逐步形成独立售后市场占主导地位的局面。

既然反垄断的目的是冲击合资主机厂垄断授权体系，4S集团的授权业务就必然受到冲击。国家不会考虑经销商的利益问题，考虑的是合资主机厂和经销商整体让出市场份额的问题，对此我们必须有清醒的认识。

2. 在新车销售领域，恶化的局面无望改善

国家希望解决中国市场合资乘用车价格过高的问题。车价高是合资外方与主机厂造成的，与流通企业无关。但是反垄断无法解决跨国集团在中国利用外方品牌、技术、专利、核心零部件垄断获得高额利润的状况，也很难触及外企品牌横向联合抬高在中国的市场价格，只能指向主机厂与中国经销商，错误地认为是这两个领域横向与纵向共谋，维持高价，削弱品牌间和品牌内竞争，最终导致消费者福利损失。

众所周知，中国乘用车授权体系没有独立经销商，只有主机厂授权的品牌连锁专营店，新车销售由主机厂控制经营（相当于直营）。直营连锁不应该有品牌内竞争，不存在促进横向与纵向共谋。这样解决问题

找错了方向。

后果是经销商雪上加霜，前面被主机厂剥夺了独立经销商的地位赔钱替主机厂卖车，结果恶性竞争，造成大量亏损，后面被国家定性为独立经销商，要求彼此之间加大充分竞争，尤其是品牌内部竞争，降低根本不存在的利润。产能过剩，行业竞争将进一步加剧经销商的困境。

我们一再寄希望于新的汽车销售管理办法出台，但是新的管理办法也没有真正解决问题的痛点，旧的汽车品牌销售管理实施办法错不足之处在于政府放权，企业揽政。把政府的行业规划权、准入权、管理权完全交给主机厂，而且不允许其他人进入竞争。造成主机厂极度强势，有权把经销商投资的4S店变成主机厂控制经营的连锁店，从经营层面消灭了独立经销商。

而新的汽车销售管理办法政府并没有收回自己的权利，没有从根本上解决造成主机厂强势垄断的根源，经销商仍然没有独立经营地位。所以即使新的管理办法实行，经销商的地位也只能从操作层面改善，不会有根本性的转变。

政府鼓励新型的商业模式，初衷是正确的，但是由于新车资源控制在主机厂手里，新型的商业模式只会冲击传统4S体系，不会冲击主机厂。

总之，在新车销售领域，反垄断和新型商业模式的冲击对主机厂是利润多少的问题，对不转型的4S集团是生死存亡的问题。

3. 充分评估反垄断对经销商集团售后业务的影响

反垄断的目标是在维修市场扶植非授权体系，通过市场竞争，逐步形成独立售后体系占主导地位的局面。多年来在授权体系垄断下伴生的独立售后市场目前是一个畸形的非正规市场体系，随着垄断被打破，它加快了向规范的市场体系转化。

于是中国汽车狭义后市场—维修市场出现了群雄逐鹿的局面。

原有的46万家修理厂、34万家配件供应商在转型中挣扎，各类新型的专业化连锁修理、连锁配件风起云涌，资本支持下的大批O2O企业充当了反垄断的先驱，主机厂决心进入独立售后纷纷布局，保险公司在改革中向主导事故修理挺近，大型电商利用互联网向C端客户渗透。

对授权体系，不能继续坚守靠垄断和封闭获得利润的经营模式，国家鼓励经销商从跟随主机厂垄断获利转向以满足消费者利益获利。在这个模式里，4S店的作用是确保客户正当利益，这就是转型的根本定义。

经销商正确选择是两个资源（主机厂、客户）的综合平衡利用，这就是我们目前转型策略的核心，也是我们相对非授权体系的竞争优势。

面对市场化的趋势，经销商内部的竞争，已经让位于不同经营主体，不同经营业态之间的竞争，内部竞争是利润多少的问题，业态竞争是生与死的问题，所以经销商之间的连横合纵时代已经到来，共同创新，打造新业态，联合进入市场竞争，是我们目前的新战略。

## 三、原有独立售后市场的经营主体必将逐步退出市场

由于法规支持授权经销商垄断经营，以及中国零部件工业的弱小，独立售后市场是一个非市场化的的环境，于是产生了不符合市场规律的经营业态。综合修理厂和配件分销体系是独立维修业态真正的痛点。

1. 对客户提供维修服务的综合修理厂没有市场竞争能力

以非市场化手段，保持了一批黏性客户，产生了修理万国车的错误业态。对非市场化手段依赖性大，维修技术没有竞争力，商业模式不可复制，缺少可以整合的资源，综合修理是真正的痛点，将让位于专业分工修理，特殊历史时期的产物没有长期生存的可能。

2. 配件生产厂建立分销体系是违反市场采购需求的产物

配件生产厂产品单一类别化和维修需求多样化是结构型矛盾，供需双方都呈现了碎片化的状态，从维修采购低价格，高效率的需求出发，全世界都产生了大型配件集成供应商。

中国的综合修理业态需求使矛盾更加凸显，由于各种历史条件的限制，中国没能出现大型配件集成供应商，国外大型配件集成供应商进入中国，都遭遇失败。

以国际品牌零部件生产体系为龙头的分销体系，通过分销商多品牌代理和汽配城调货完成了聚合和集成功能，通过配件零售终端贴身的保姆式服务满足综合修理厂的需求。形成一个相对牢固的战略联盟。暂时填补了这个空缺。汽配城是中国独特的历史产物。多层级没有成本与效率优势、碎片化没有规模优势、高成本、低效率，这是一个难以整合、无法复制的变异体系。互联网时代依靠信息不透明盈利无法持续。被符合市场规律的商业模式逐步替代是必然的趋势。

3. 汽配城配件供应体系分析

大 B：配件来源是核心，

中 B：聚合能力是核心，

小 B：客户资源是核心。

进口商　　大分销商（一批）大 B

生产商　　区域聚合商（二批）/ 批发中 B

城市调剂（三批）/ 零售小 B

| 进口商 | 大分销商 | 区域聚合商 | 零售服务商 |
|---|---|---|---|
| 进口、资金 | 计划、资金、分销 | 聚合、资金、批发 | 垫资、信息库 |
| 临时仓储 | 临时仓储象环生 | 仓储 | 囤货、调货 |
| 干线物流 | 干线物流 | 支线物流 | 配送、保姆式服务 |
| 汇率风险 | 计划风险 | 库存风险 | 讨债风险 |
| 进口风险 | 价格风险 | 利润风险 | 死库风险 |

金字塔的三层结构完成了需求信息的汇总和品类聚合的功能，专业细分的垂直体系经过多年实践积累的细分行业数据库，完成了上下游信息的转化，加上一个相互依存的各级的分库库存，分散了资金的压力和库存的风险。低频次配件的及时供应，是以配件商的库存风险甚至死库为代价的。

汽配城的聚合，横向连接了不同品种碎片化的配件供应商，完成了相互调货的功能，满足维修企业修理万国车及时性的需求。

保姆式的服务，信息查询、及时配送、试错、资金垫付构成小 B 零售服务商的核心竞争力。

但是要打破这个战略联盟非常困难，这是一个整体的系统工程，绝非单点单项突破可以扭转乾坤。看不到这个体系的合理性和特殊性，进入这个行业的变革力量会担负着巨大的风险。

## 四、连锁与联盟，不能成为独立售后市场的主导力量

1. 维修企业的变革

基本上沿着专业化分工和连锁的方向，高端专修连锁、钣金连锁、快修连锁、轮胎加保养连锁、维修连锁企业发展都遇到了瓶颈，没有大型集成配件连锁企业支撑维修连锁无法形成，形成了也难盈利，不能形成全国性业态。维修连锁企业自建配件品牌，看不到成功案例。

2. 汽配商的变革

基本上在走联合的道路，联合的本质应该是资源整合，但是资源的不可整合或不愿意整合以及难以整合是配件企业的痛点，所以联合的企业成功概率低，体量小，最终不足以成为改变业态的力量。

3. 配件集成供应连锁

依靠分销体系去革分销体系的命是最大的难点，产品停留在保养和易损的层面，利润无法支撑连锁的规模扩张和管理成本。规模不够无法经营全车件，无法替代汽配供应体系，始终处于一个僵持的局面。

## 五、颠覆独立售后市场变革力量—资本在失败中坚持

资本以互联网企业的形态进入维修、配件市场，被证明不可行。

1. 洗车是高频简单服务业

保养是中频通用技术行业，配件流通与技术服务并重，属于便捷微利行业。维修是低频专业技术行业，解决配件流通难度大于专业技术门槛，有利润但是有风险。三个行业门槛完全不同。以为能洗车就可以修车，完全是幻想。免费洗车终于把资本引流到一个低频、重资产、高技术的陷阱。

2. 配件行业是重资产行业，不符合互联网轻资产定位

配件行业是一个信息不透明的行业，目前互联网无能为力。配件行业是 B2 大 B 的行业，不符合 2C 的特点，扩张带来的是边际成本的递增而不是递减，是资产流动性降低和风险加大。

3. 资本找不到短期解决配件行业变革的途径

很多资本都把目标转向属于服务业的维修，纷纷投资维修连锁。他们犯了一个根本的错误，由于配件

与维修的共生性，不能单点打破现有格局。没有配件供应链为基本骨架的支撑，单纯的维修服务业是不可能形成规模化的连锁企业。

4. 互联网进入维修行业真正的切入点是线上诊断

只有解决了C端客户的故障诊断，解决了配件的信息匹配，才有可能实现配件销售。实时故障诊断是车联网真正的核心，但是诊断的核心技术在主机厂，这也是主机厂把控客户的核心技术。

## 六、主机厂进入独立售后市场核心资源是第二品牌配件供应链

主机厂进入独立售后市场的布局背后是他对于独立售后市场未来业态的判断和利益最大化的诉求。

1. 对于未来业态三个判断

第一．认为独立售后市场原来的主体力量将逐步退出。第二．进入的新兴力量还不成熟，不足以形成主导力量。第三．中国没有强大的零部件工业体系做支撑，现代化的配件供应链很难形成，造成了一个完全可能和必须进入的足够大的市场。零部件成为进入后市场博弈的核心资源。

2. 面对流失客户

主机厂的布局：在授权体系坚持用原厂件，保证主机厂利益最大化。同时在独立售后市场以提供第二品牌配件和主机厂品牌为核心资源开辟第二市场，掌控流失客户。

于是出现了上汽车享家1万家（车享配配件），通用车工坊300家（AC德科配件），德国大众1200家（德国第二配件），神龙汽车阳光工匠3000家（优联配配件），江铃携手福特“QuickLane”维修连锁（QuickLane配件），东风日产OKcare，广汽本田愉悦快修等等。

我们看到在日本后市场有成功经验的丰田JMS品牌，反而没有进入的实际行动，这是我们关注的重点。

3. 主机厂配件供应链的主要问题

由于供应链是一个垄断的、封闭的，非市场化的体系，弱化市场竞争力，降低服务质量。因此产业链中主机厂利益最大化，对于上游零部件生产厂和下游汽车经销商不是一个长期战略合作的业态，必然阻碍了产业链的良性发展。

## 七、保险公司的战略举措—自建配件供应体系

主导事故车的修理是保险公司的战略目标。保险公司的盈利诉求促使其从规模为主要目标转向以盈利为主要目标。为此，他们必须继续深化保费改革，加大独立销售保险，使非原厂配件赔付的保费差异化、非原厂配件认证化，自营保险的事故车修理、钣金喷漆外包、买保险送保养等，这一系列的措施的实施，加深了保险公司市场化的进程，使其从内部竞争开始走向外部竞争，全面主导事故车修理行业。

但保险公司目前遇到的困难主要是在配件定价体系没有正常业态可以支撑，采用非原厂零部件依靠谁来解决？零部件供应链制约了保险公司的业务发展。所以保险公司开始认证非原厂配件供应商，说明保险公司已经开始搭建自己的配件供应体系。

## 八、建立新型配件供应链是汽车经销商集团转型的必经之路

中国汽车经销商集团面临两个转型，第一，从主机厂控制经营的连锁体系加盟商转变为真正独立经销商。第二，从主机厂授权体系的售后服务商转变为独立的以客户需求为资源的经营服务体。

经销商集团最大的优势是拥有巨大的客户群体，但是最大的劣势是客户不断在流失。相关数据统计，在保期流失30%，出保后流失60%。流失最主要的原因是原厂零配件的高价格和偏高的工时费。所以反垄断鼓励授权经销商同时提供非原厂配件，满足消费者需求。4S店如果增加非原厂配件，供客户自由选择，保证客户的知情权、选择权、保障权，一定可以减少客户流失。

面对持续扩大的独立售后市场，面对4S集团过去的流失客户以及面对4S体系过剩的产能，经销商集团进军独立售后市场，变守为攻，变被动为主动，公平竞争是唯一正确的选择。

转型加大非授权业务，建立地域型的服务品牌快修连锁，建立独立钣喷中心，加大延保业务等等，问题在于没有第二品牌配件体系支撑，是进入独立市场的最大障碍。

面对客户流失，主机厂开始使用第二品牌配件在后市场争夺流失客户，经销商集团也应该利用自己的第二品牌配件进入独立售后市场满足消费者的需求。没有自己第二品牌配件的维修商，在汽车售后服务市场一定没有未来。

国际品牌配件供应体系目前不会放弃已经布局的分销体系，转而支持连锁体系。出路只有一条，发展自己的零部件供应体系。

# 汽车召回

## 2015 年全国汽车召回情况一览表

### 阿斯顿马丁拉共达（中国）汽车销售有限公司召回部分进口车辆

| 制造商 | 阿斯顿•马丁 | | | |
|---|---|---|---|---|
| 召回时间 | 2015-01-09 至 2016-07-09 | | | |
| 涉及数量 | 602 | | | |
| 车型 | 型号 | 年款 | VIN 范围 | |
| DB9 | DB9 Coupe | 2008-2015 | 起：SCFAD01A88GA09018<br>止：SCFFDAEM1FGA16454 | |
| DB9 | DB9 Volante | 2007 - 2014 | 起：SCFAD02A07GB07120<br>止：SCFFDABM9EGB16000 | |
| DBS | DBS Coupe | 2009 - 2012 | 起：SCFAB05DX9GE00098<br>止：SCFFDCBD2CGE03378 | |
| DBS | DBS Volante | 2010 - 2012 | 起：SCFFDCCD5AGE11437<br>止：SCFFDCCD7CGE13161 | |
| V8 Vantage | V8 Vantage Coupe | 2008 - 2015 | 起：SCFBF03B18GC08481<br>止： SCFEKBAK6FGC19173 | |
| V8 Vantage | V8 Vantage Roadster | 2008 - 2014 | 起：SCFBF04B88GD07572<br>止：SCFEKBBK4EGD17986 | |
| V8 Vantage S | V8 Vantage S Coupe | 2011 - 2015 | 起：SCFEKBDL5BGC15162<br>止：SCFEKBDL7FGC18795 | |
| V8 Vantage S | V8 Vantage S Roadster | 2011 - 2014 | 起：SCFEKBEL0BGD15538<br>止：SCFEKBEL4EGD17880 | |
| Virage | Virage Coupe | 2012 | 起：SCFEDEAN0CGG13639<br>止：SCFEDEAN3CGG14610 | |
| Virage | Virage Volante | 2012 | 起：SCFFDEDN8CGH13780<br>止：SCFFDEDN2CGH14598 | |
| 缺陷情况 | 由于燃油脉冲阻尼器的倒角半径低于标准，这样的阻尼器长期承受燃油压力脉冲后，会在倒角处产生疲劳断裂；在一些零件上，未经授权的消除过量铜焊材料的操作导致金属阻尼器局部过薄，长期承压后产生疲劳断裂。 | | | |
| 可能后果 | 当燃油系统加压时，有裂纹的阻尼器可能会导致出现燃油异味、渗漏或泄露，燃油泄露发生在火源附近可能会导致着火，存在安全隐患。 | | | |
| 维修措施 | 对于涉及缺陷的车辆，福特汽车（中国）有限公司为客户免费更换改进后的燃油管，从而消除隐患。库存车辆将在消除该缺陷后再交付。 | | | |
| 改进措施 | 改进燃油管。 | | | |

## 丰田汽车（中国）投资有限公司召回部分进口艾维龙汽车

<table>
<tr><td>制造商</td><td colspan="4">丰田汽车</td></tr>
<tr><td>召回时间</td><td colspan="4">2015-02-01 至 2016-01-31</td></tr>
<tr><td>涉及数量</td><td colspan="4">48</td></tr>
<tr><td>车型</td><td>型号</td><td>年款</td><td>VIN 范围</td><td></td></tr>
<tr><td>MCX20L-AEPGKA</td><td>艾维龙 (Avalon)</td><td>2002-2003</td><td>起：4T1BF28B3U273036<br>止：4T1BF28B3U326741</td><td></td></tr>
<tr><td>缺陷情况</td><td colspan="4">丰田汽车（中国）投资有限公司曾在 2014 年 3 月召回过上述车辆，原因是：进口丰田艾维龙 (Avalon) 车辆，由于空气囊控制 ECU 的耐电磁波性能不足，在使用过程中受车辆电动座椅相关电子零件产生的电磁波影响，有可能导致该 ECU 内的 IC 芯片受损。极端情况下，有可能出现空气囊在行驶过程中展开、或安全带预紧器误起动，或是两者均出现的情况。为了消除隐患，于 2014 年 4 月起对召回对象车辆的空气囊 ECU 上加装滤波器。 随后，丰田汽车公司发现在其他市场已实施召回修理（追加安装滤波器）的车辆上，出现同样故障再次发生的情况。因此，丰田汽车（中国）投资有限公司将对上述对象范围内车辆在加装滤波器的基础上追加更换空气囊 ECU，并回收零件调查。</td></tr>
<tr><td>可能后果</td><td colspan="4">有可能出现空气囊在行驶过程中展开、安全带预紧器误起动，或是两者均出现 的情况。</td></tr>
<tr><td>改进措施</td><td colspan="4">对所有对象车辆，更换新的空气囊 ECU 及追加安装滤波器，并回收零件进行故障原因调查。</td></tr>
<tr><td>维修措施</td><td colspan="4">2003 年 5 月以后生产的车型没有正式向中国进口。</td></tr>
</table>

## 神龙汽车有限公司召回部分东风雪铁龙 C4L1.6T 轿车

<table>
<tr><td>制造商</td><td colspan="4">神龙汽车 ( 东风雪铁龙 )</td></tr>
<tr><td>召回时间</td><td colspan="4">2015-01-19 至 2016-07-18</td></tr>
<tr><td>涉及数量</td><td colspan="4">27625</td></tr>
<tr><td>车型</td><td>型号</td><td>年款</td><td>VIN 范围</td><td></td></tr>
<tr><td>C4L</td><td>C4L1.6T</td><td>2012-2014</td><td>起：LDCC23143C1252569<br>止：LDCC23147E1046660</td><td></td></tr>
<tr><td>缺陷情况</td><td colspan="4">燃油泵出现异常电腐蚀磨损，导致其不能正常工作。</td></tr>
<tr><td>可能后果</td><td colspan="4">极端情况下燃油泵失效，存在安全隐患。</td></tr>
<tr><td>改进措施</td><td colspan="4">免费更换改进后的燃油泵。</td></tr>
<tr><td>维修措施</td><td colspan="4">装配改进后的燃油泵。</td></tr>
</table>

## 湖南江南汽车制造有限公司召回众泰 M300 汽车

| 制造商 | 江南汽车 | | | |
|---|---|---|---|---|
| 召回时间 | 2015-03-01 至 2016-09-30 | | | |
| 涉及数量 | 4898 | | | |
| 车型 | 型号 | 年款 | VIN 范围 | |
| 众泰 M300 | 众泰 M300 | 2010 - 2012 | 起：LJ8F2C5F9BC070100<br>止：LJ8H2C5F3AC003130 | |
| 缺陷情况 | 车辆在行驶的过程中突然会出现所有指针归零、指示灯点亮故障，1 秒钟之内恢复正常状态，但小计里程、时间归零。 在上述问题出现时，部分情况下还有可能存在近光灯、远光灯、前雾灯、后雾灯熄灭、中控锁自动打开的故障，1 秒钟之内恢复正常状态。极端情况下，存在极少数的车辆熄火故障。 | | | |
| 可能后果 | 仪表指针归零、指示灯亮、车灯瞬时熄灭会使驾驶员失去对车辆信息的正确判断，并造成驾驶员对道路、行人等驾驶环境的误判（尤其是夜间行车时），影响驾车安全。同时，中控锁非正常跳锁，影响乘客安全。 | | | |
| 维修措施 | 湖南江南汽车制造有限公司将为召回范围内的车辆免费更换新状态组合仪表，以消除安全隐患。 | | | |
| 改进措施 | 供应商对组合仪表进行了改进，重新开发供应商。 | | | |

## 福特汽车（中国）有限公司召回部分进口林肯汽车

| 制造商 | 福特汽车 | | | |
|---|---|---|---|---|
| 召回时间 | 2015-01-21 至 2016-01-21 | | | |
| 涉及数量 | 1892 | | | |
| 车型 | 型号 | 年款 | VIN 范围 | |
| 林肯 MKC | 林肯 MKC | 2015 | | |
| 缺陷情况 | 本次召回范围内的 2015 年款进口林肯 MKC 车辆配备了一键启动按键，此按键的位置在换挡按键的下部，一键启动按键在行驶中如果不小心被按到，安全带和安全气囊可能在出现撞击时无法正常工作。 | | | |
| 可能后果 | 在操作临近按键时，一键启动按键可能会被不小心按到，从而导致发动机熄火。增加人员受伤的风险。 | | | |
| 维修措施 | 福特汽车（中国）有限公司授权的林肯品牌进口车经销商将对召回范围内的车辆免费更换一键启动按键的位置。 | | | |
| 改进措施 | 同时经销商还将对动力系统控制模块进行重新编程，从而消除安全隐患。 | | | |

### 福建奔驰汽车工业有限公司召回部分奔驰威霆及凌特汽车

| 制造商 | 福建奔驰 | | | |
|---|---|---|---|---|
| 召回时间 | 2015-01-22 至 2016-01-21 | | | |
| 涉及数量 | 156 | | | |
| 车型 | 型号 | 年款 | VIN 范围 | |
| 奔驰威霆 636 系列及凌特 900 系列 | 奔驰威霆 636 系列及凌特 900 系列 | 2014 | | |
| 缺陷情况 | 本次召回范围内部分装配进口四缸柴油发动机车辆，可能在部分生产期间内使用了不同材料的正时链条张紧器密封衬垫，随着发动机运行时间增加，链条张紧器和发动机缸体之间的预张紧力下降。 | | | |
| 可能后果 | 长期使用后，发动机机油可能从正时链条张紧器周围处泄漏。当机油泄漏量达到一定程度时，仪表警示灯将被触发。继续行驶可能导致发动机熄火。此外，如果在漏油处出现火源，则可能导致车辆起火风险增加，存在安全隐患。 | | | |
| 维修措施 | 福建奔驰汽车工业有限公司将为召回范围内的车辆免费更换改进后的链条张紧器密封衬垫，以消除安全隐患。 | | | |

### 本田技研工业（中国）投资有限公司召回部分 2014 款进口讴歌汽车

| 制造商 | 本田汽车 | | | |
|---|---|---|---|---|
| 召回时间 | 2015-01-23 至 2016-01-22 | | | |
| 涉及数量 | 28 | | | |
| 车型 | 型号 | 年款 | VIN 范围 | |
| RLX | KC1 | 2014 | 起：JH4KC1695EC400068<br>止：JH4KC1691EC400116 | |
| RLX | KC2 | 2014 | 起：JH4KC2694EC00018<br>止：JH4KC2696EC400022 | |
| 缺陷情况 | 由于车辆前大灯内部的凸透镜反射膜镀膜速度较慢，导致成膜表面形成贯通孔隙，前大灯内水分、以及防雾涂层上产生的胺气从中穿过，随车辆使用在前大灯内温度上升时，可能会造成凸透镜原材料的聚碳酸酯分解变质，使反射膜的附着力降低，最终导致剥落。 | | | |
| 可能后果 | 灯光亮度不足、聚光效果减弱，不符合中国国标的前大灯光照度的规格。 | | | |
| 维修措施 | 对召回范围内的车辆进行检查，并将两侧前大灯总成进行免费更换。 | | | |
| 改进措施 | 零部件供应商措施：从 2014 年 11 月 1 日开始，零部件生产商开始对生产线上的前大灯内凸透镜的镀膜工艺强化生产管理。 | | | |

## 日产（中国）投资有限公司召回部分进口英菲尼迪汽车

| 制造商 | 日产汽车 | | | |
|---|---|---|---|---|
| 召回时间 | 2015-01-27 至 2016-01-27 | | | |
| 涉及数量 | 48 | | | |
| 车型 | 型号 | 年款 | VIN 范围 | |
| L50 | QX60 | 2014 | 起：5N1AL0MM4EC550151<br>止：5N1CL0MNXEC555937 | |
| 缺陷情况 | 生产线上的工具使用不规范，部分车辆的前轮轮毂螺栓没有按规定拧紧。 | | | |
| 可能后果 | 行驶中有可能发生异响和振动，最坏的情况是：制动力下降，轮毂损坏，影响转向控制，存在安全隐患。 | | | |
| 维修措施 | 针对存在缺陷的车辆，日产（中国）投资有限公司将对前轮轮毂螺栓进行检查，用合适的拧紧力矩对轮毂轴承进行紧固，同时检查相关部位，如发现异常，酌情更换零件，以消除故障隐患。 | | | |
| 改进措施 | 对生产线上紧固工具的使用方法进行了改进。 | | | |

## 一汽大众汽车有限公司召回部分装备有 3.0TFSI 发动机的汽车

| 制造商 | 奥迪汽车 | | | |
|---|---|---|---|---|
| 召回时间 | 2015-03-20 至 2016-03-19 | | | |
| 涉及数量 | 32371 | | | |
| 车型 | 型号 | 年款 | VIN 范围 | |
| A5 | Audi A5 Coupe 3.0T、A5 Sportback 3.0T | 2011-2012 | 起：WAU9GD8T4BA079000<br>止：WAU9GD8T9CA035589 | |
| A5 | S5 Cabriolet | 2011-2012 | 起：WAUCGB8FXBN020353<br>止：WAUCGB8F8CN008476 | |
| A7 | Audi A7 50TFSI | 2012 | 起：WAUSGD4G5CN007369<br>止：WAUSGC4G3CN123339 | |
| Q7 | Audi Q7 35 TFSI 、Audi Q7 40 TFSI | 2011-2012 | 起：WAUAGD4L5BD035038<br>止：WAUAGD4L1CD028556 | |
| A8L | Audi A8L 45 TFSI、Audi A8L 50 TFSI | 2011-2012 | 起：WAURGB4H9BN024685<br>止：WAURGB4H9CN028088 | |
| 缺陷情况 | 由于高压油轨支撑梁刚性不足可能导致在安装高压油轨模座时出现偏差。在个别情况下，间隔环与油轨模座接触不完整，无法保证间隔环足够的使用强度，影响密封环的密封效果。 | | | |
| 可能后果 | 可能导致车内出现燃油异味。在极端情况下，如遇火源有可能导致起火的隐患。 | | | |
| 维修措施 | 更换高压油轨总成和相关的密封件。 | | | |
| 改进措施 | 从 2012 年第 3 周全部 3.0T 发动机切换使用优化加强的支撑梁，增加了间隔环与模座的接触面。 | | | |

## 一汽大众汽车有限公司召回部分装备有 3.0TFSI 发动机的汽车（奥迪 A4L、A6L）

| 制造商 | 一汽奥迪 | | | |
|---|---|---|---|---|
| 召回时间 | 2015-03-20 至 2016-03-19 | | | |
| 涉及数量 | 2815 | | | |
| 车型 | 型号 | 年款 | VIN 范围 | |
| A4L | A4L 50 TFSI | 2011-2012 | 起：LFV6A28K8B3054956<br>止：LFV6A28K0C3011133 | |
| A6L | A6L 3.0 TFSI | 2011-2012 | 起：LFV6A24F6B3050851<br>止：LFV6A24F0C3037370 | |
| A6L | A6L 50 TFSI | 2011-2013 | 起：LFV6A24G7B3000078<br>止：LFV6A24G8C3018977 | |
| 缺陷情况 | 由于高压油轨支撑梁刚性不足可能导致在安装高压油轨模座时出现偏差。在个别情况下，间隔环与油轨模座接触不完整，无法保证间隔环足够的使用强度，影响密封环的密封效果。 | | | |
| 可能后果 | 可能导致车内出现燃油异味。在极端情况下，如遇火源有可能导致起火的隐患。 | | | |
| 维修措施 | 更换高压油轨总成和相应的密封件。 | | | |
| 改进措施 | 从 2012 年第 3 周全部 3.0T 发动机切换使用优化加强的支撑梁，增加了间隔环与高压油轨模座的接触面。 | | | |

## 大众汽车（中国）销售有限公司召回部分装备有 3.0TFSI 发动机的途锐汽车

| 制造商 | 大众汽车 | | | |
|---|---|---|---|---|
| 召回时间 | 2015-03-20 至 2016-03-19 | | | |
| 涉及数量 | 16725 | | | |
| 车型 | 型号 | 年款 | VIN 范围 | |
| 途锐 | 途锐 3.0TSI | 2011-2012 | 起：WVGAB97P0BD044285<br>止：WVGAB97PXCD042352 | |
| 途锐 | 途锐 3.0TSI 混合动力 | 2011-2012 | 起：WVGAD97P0BD047844<br>止：WVGAD97PXCD041924 | |
| 缺陷情况 | 由于高压油轨支撑梁刚性不足可能导致在安装高压油轨模座时出现偏差。在个别情况下，间隔环与油轨模座接触不完整，无法保证间隔环足够的使用强度，影响密封环的密封效果。 | | | |
| 可能后果 | 可能导致车内出现燃油异味，极端情况下，如遇火源可能导致车辆起火，存在安全隐患。 | | | |
| 维修措施 | 大众汽车（中国）销售有限公司将为召回范围内的车辆免费更换燃油喷射系统相关零件，以消除安全隐患。 | | | |
| 改进措施 | 更换高压油轨和相关的密封件。 | | | |

**保时捷（中国）汽车销售有限公司召回部分装备有 3.0TFSI 发动机的凯宴和帕纳美汽车**

| 制造商 | 保时捷汽车 | | | |
|---|---|---|---|---|
| 召回时间 | 2015-03-20 至 2016-03-19 | | | |
| 涉及数量 | 9135 | | | |
| 车型 | 型号 | 年款 | VIN 范围 | |
| 凯宴 | 凯宴 | 2011-2012 | 起：WP1AG2923BLA66154<br>止：WP1AG2928BLA67672 | |
| 凯宴 | 凯宴 S 混合动力 | 2011-2012 | 起：WP1AE2A22BLA94013<br>止：WP1AE2928CLA92854 | |
| 帕纳美拉 | 帕纳美拉 S 混合动力 | 2011-2012 | 起：WP0AD2A71CL045239<br>止：WP0AD2976CL045466 | |
| 缺陷情况 | 由于高压油轨支撑梁刚性不足可能导致在安装高压油轨模座时出现偏差。在个别情况下，间隔环与油轨模座接触不完整，无法保证间隔环足够的使用强度，影响密封环的密封效果。 | | | |
| 可能后果 | 可能导致车内出现燃油异味。在极端情况下，如遇火源有可能导致起火的隐患。 | | | |
| 维修措施 | 更换高压油轨和相关的密封件。 | | | |
| 改进措施 | 从 2012 年第 3 周全部 3.0T 发动机切换使用优化加强的支撑梁。 | | | |

**保时捷（中国）汽车销售有限公司召回部分进口 918 斯派德汽车**

| 制造商 | 保时捷汽车 | | | |
|---|---|---|---|---|
| 召回时间 | 2015-03-16 至 2016-03-16 | | | |
| 涉及数量 | 28 | | | |
| 车型 | 型号 | 年款 | VIN 范围 | |
| 进口 918 斯派德 | 进口 918 斯派德 | 2015 | 起：WP0CA2910FS800456<br>止：WP0CA291XFS800688 | |
| 缺陷情况 | 在本次召回范围内的车辆，由于生产过程中出现的错误，前桥上装配的某批次下控制臂的耐用性无法得到保证。 | | | |
| 可能后果 | 受影响部件可能会开始破裂，导致该部件断裂，从而影响车辆的操控性能。 | | | |
| 维修措施 | 保时捷将为所涉及的车辆免费更换受影响的部件，以消除安全隐患。出于安全方面的考虑，保时捷建议客户在完成必要的更换措施之前不要使用车辆。对于此次召回涉及的车主，保时捷将提供相应的方案来弥补因该问题给车主所带来的不便。 | | | |
| 改进措施 | 修正了生产工艺，确保后续生产的配件不存在缺陷。 | | | |

### 铃木（中国）投资有限公司召回部分进口凯泽西汽车

| 制造商 | 铃木汽车 | | | |
|---|---|---|---|---|
| 召回时间 | 2015-02-01 至 2016-01-31 | | | |
| 涉及数量 | 142 | | | |
| 车型 | 型号 | 年款 | VIN 范围 | |
| 进口凯泽西 | 凯泽西 2 驱手动版 凯泽西 2 驱自动版 凯泽西 2 驱运动导航版 凯泽西 4 驱运动导航版 | 2013-2014 | 起：JS2RE91S0E6100512<br>止：JS2RE91S5E6200041 | |
| 缺陷情况 | 由于发动机皮带及张紧器存在结构上的缺陷，皮带有时会脱落，从而导致水泵和发电机不工作。 | | | |
| 可能后果 | 皮带脱落，导致水泵和发电机不工作。在这种状态下继续行驶的话，车辆有可能会因水温过热导致发动机停止工作。 | | | |
| 维修措施 | 铃木（中国）投资有限公司将为召回范围内的车辆免费更换合格的发动机驱动皮带及张紧器，以消除安全隐患。 | | | |
| 改进措施 | 从 2014 年 12 月 3 日开始使用不会发生类似故障的合格的发动机驱动皮带及张紧器。该张紧器的张紧轮倾斜角度最大为 0.025°，在铃木可允许的最大倾斜角度范围之内，且材质为树脂，摩擦力大，即使有水介入皮带和张紧轮的接触面皮带也不会打滑。 | | | |

### 丰田汽车（中国）投资有限公司召回部分进口 FJ 酷路泽汽车

| 制造商 | 丰田汽车 | | | |
|---|---|---|---|---|
| 召回时间 | 2015-03-04 至 2016-03-03 | | | |
| 涉及数量 | 7 | | | |
| 车型 | 型号 | 年款 | VIN 范围 | |
| Toyota FJ CRUISER | FJ CRUISER | 2013 | 起：JTEBU11F9DK175746<br>止：JTEBU11F1DK176745 | |
| 缺陷情况 | 连接方向盘与转向机的转向中间轴的结合部位可能存在焊接不充分的情况，在这种状态下持续使用的话，该结合部位有可能发生损坏，导致无法正常转向操作，存在安全隐患。 | | | |
| 可能后果 | 在使用过程中该结合部位有可能发生损坏，导致无法正常转向操作。 | | | |
| 维修措施 | 对所有对象车辆更换合格的转向中间轴。 | | | |
| 改进措施 | 将转向中间轴焊接设备重新正确设定，确保充分焊接。 | | | |

## 保时捷（中国）汽车销售有限公司召回部分进口保时捷汽车

| 制造商 | 保时捷汽车 | | | |
|---|---|---|---|---|
| 召回时间 | 2015-04-20 至 2016-04-19 | | | |
| 涉及数量 | 14571 | | | |
| 车型 | 型号 | 年款 | VIN 范围 | |
| 凯宴 | 凯宴 S | 2011-2012 | 起：WP1AB2923BLA40586<br>止：WP1AB292XCLA43793 | |
| 凯宴 | 凯宴 涡轮增压 | 2011-2012 | 起：WP1AC2927BLA80506<br>止：WP1AC2924CLA81372 | |
| 帕纳美拉 | 帕纳美拉 | 2010-2012 | 起：WP0AA2971BL010311<br>止：WP0AA297XCL012964 | |
| 帕纳美拉 | 帕纳美拉 4 | 2010-2012 | 起：WP0AA2976BL010904<br>止：WP0AA297XCL012947 | |
| 帕纳美拉 | 帕纳美拉 S | 2010-2012 | 起：WP0AB2974AL060647<br>止：WP0AB2976CL060605 | |
| 帕纳美拉 | 帕纳美拉 4S | 2010-2012 | 起：WP0AB2979AL060157<br>止：WP0AB2978CL060640 | |
| 帕纳美拉 | 帕纳美拉 涡轮增压 | 2010-2012 | 起：WP0AC2978AL090084<br>止：WP0AC297XCL090364 | |
| 帕纳美拉 | 帕纳美拉 涡轮增压 S | 2010-2012 | 起：WP0ZZZ97ZCL080032<br>止：WP0AC2979CL090372 | |
| 缺陷情况 | 由于发动机凸轮轴调节器的固定螺栓存在问题，凸轮轴调节器上的固定螺栓可能会松脱甚至断裂。 | | | |
| 可能后果 | 在极端情况下，发动机可能因此无法启动或产生机械损坏，存在安全隐患。 | | | |
| 维修措施 | 更换凸轮轴调节器的固定螺栓，以消除安全隐患。 | | | |
| 改进措施 | 将 2011 年 8 月改进过的凸轮轴调节器投入生产线使用。 | | | |

## 广汽菲亚特汽车有限公司召回部分缺陷汽车

| 制造商 | 广汽菲亚特 | | | |
|---|---|---|---|---|
| 召回时间 | 2015-03-10 至 2016-03-09 | | | |
| 涉及数量 | 135697 | | | |
| 车型 | 型号 | 年款 | VIN 范围 | |
| 菲翔、致悦 | 菲翔、致悦 | 2012-2015 | | |
| 缺陷情况 | 本次召回范围内部分车辆由于燃油泵在高负载、大电流工况下会出现异常电腐蚀磨损现象。 | | | |
| 可能后果 | 可能导致燃油泵无法正常工作，极端情况下燃油泵失效，存在安全隐患。 | | | |
| 维修措施 | 广汽菲亚特汽车有限公司将为召回范围内的车辆免费更换改进后的燃油泵，以消除安全隐患。 | | | |

## 长城汽车股份有限公司召回部分缺陷汽车

| 制造商 | 长城汽车 | | | |
|---|---|---|---|---|
| 召回时间 | 2015-03-10 至 2016-03-09 | | | |
| 涉及数量 | 26,257 | | | |
| 车型 | 型号 | 年款 | VIN 范围 | |
| 哈弗 H5（4G63T） | 哈弗 H5（4G63T） | 2013-2014 | | |
| 缺陷情况 | 本次召回范围内部分车辆由于燃油泵在高负载、大电流工况下会出现异常电腐蚀磨损现象。 | | | |
| 可能后果 | 可能导致燃油泵无法正常工作，极端情况下燃油泵失效，存在安全隐患。 | | | |
| 维修措施 | 长城汽车股份有限公司将为召回范围内的车辆免费更换改进后的燃油泵，以消除安全隐患。 | | | |

## 北京汽车股份有限公司召回部分缺陷汽车

| 制造商 | 北京汽车 | | | |
|---|---|---|---|---|
| 召回时间 | 2015-03-10 至 2016-03-09 | | | |
| 涉及数量 | 9,915 | | | |
| 车型 | 型号 | 年款 | VIN 范围 | |
| 绅宝 D70 | 绅宝 D70 | 2013-2014 | | |
| 缺陷情况 | 本次召回范围内部分车辆由于燃油泵在高负载、大电流工况下会出现异常电腐蚀磨损现象。 | | | |
| 可能后果 | 可能导致燃油泵无法正常工作，极端情况下燃油泵失效，存在安全隐患。 | | | |
| 维修措施 | 北京汽车股份有限公司将为召回范围内的车辆免费更换改进后的燃油泵，以消除安全隐患。 | | | |

## 上海通用汽车有限公司召回部分 2015 年款雪佛兰新科鲁兹汽车

| 制造商 | 上海通用 | | | |
|---|---|---|---|---|
| 召回时间 | 2015-02-13 至 2016-02-12 | | | |
| 涉及数量 | 22508 | | | |
| 车型 | 型号 | 年款 | VIN 范围 | |
| 2015 年款雪佛兰新科鲁兹 | 2015 年款雪佛兰新科鲁兹 | 2015 | | |
| 缺陷情况 | 本次召回范围内部分车辆所配备的制动真空助力器在长期使用后，可能产生裂纹。 | | | |
| 可能后果 | 助力器壳体可能产生裂纹，极端情况下会导致车辆制动力下降，存在安全隐患。 | | | |
| 维修措施 | 上海通用汽车有限公司将为召回范围内的车辆免费更换制动真空助力器，以消除安全隐患。 | | | |

## 广州汽车集团乘用车有限公司召回部分传祺 GA3 轿车

| 制造商 | 广汽乘用车 | | | |
|---|---|---|---|---|
| 召回时间 | 2015-02-12 至 2016-02-11 | | | |
| 涉及数量 | 1,059 | | | |
| 车型 | 型号 | 年款 | VIN 范围 | |
| 传祺 GA3 | 传祺 GA3 | 2014 | | |
| 缺陷情况 | 本次召回范围内部分车辆由于供应商制造原因，安全气囊控制单元工作异常。 | | | |
| 可能后果 | 极端情况下，可能出现气囊警告灯点亮、安全气囊自爆或车辆达到起爆条件时不起爆等情况，存在安全隐患。 | | | |
| 维修措施 | 广州汽车集团乘用车有限公司将为召回范围内的车辆免费更换安全气囊控制单元，以消除安全隐患。 | | | |

**梅赛德斯 - 奔驰（中国）汽车销售有限公司召回部分进口奔驰 G 级汽车**

| 制造商 | 奔驰汽车 | | | |
|---|---|---|---|---|
| 召回时间 | 2015-03-09 至 2016-03-08 | | | |
| 涉及数量 | 705 | | | |
| 车型 | 型号 | 年款 | VIN 范围 | |
| 奔驰 G 级 | G500、G63 AMG 和 G65 AMG | 2014 | 起：WDCYC3GF2EX216513<br>止：WDCYC7EF1EX221017 | |
| 缺陷情况 | 由于供应商生产过程中的临时变化，在特定条件下，上述受影响车辆可能会在行驶过程中出现轻微的向右偏移。 | | | |
| 可能后果 | 在特定条件下，受影响车辆在行驶中可能会轻微的向右偏移，但是车辆仍然保持可驾控性。驾驶员稍作调整即可调整车辆的方向稳定性。 | | | |
| 维修措施 | 戴姆勒股份公司将通过梅赛德斯 - 奔驰授权经销商检查受影响车辆的转向传动装置，如果需要，将会进行更换。 | | | |
| 改进措施 | 从 2014 年 3 月起对生产流程做了改进。 | | | |

**梅赛德斯 - 奔驰（中国）汽车销售有限公司召回部分进口 E 级、CLS 级汽车**

| 制造商 | 奔驰汽车 | | | |
|---|---|---|---|---|
| 召回时间 | 2015-03-13 至 2016-03-12 | | | |
| 涉及数量 | 14241 | | | |
| 车型 | 型号 | 年款 | VIN 范围 | |
| 进口 E 级轿车 | E200, E260, E300, E350, | 2012-2013 | 起：WDDHF5FB5DA684556<br>止：WDDHF5KBXDA771200 | |
| 进口 CLS 级轿车 | CLS260, CLS300, CLS350, CLS 400 4MATIC, CLS 500 4MATIC,CLS 63 AMG, CLS 63 AMG S 4MATIC, CLS 63 AMG 4MATIC | 2012-2015 | 起：WDDLJ5FB3DA060893<br>止：WDDLJ6HB6FA143515 | |
| 缺陷情况 | 发动机舱隔热板上安装的橡胶密封条可能会在开启引擎盖时发生脱落。 | | | |
| 可能后果 | 在极端不利的情况下，当足够长度的橡胶密封条脱落进入发动机舱内，不能排除接触到排气系统的高温部件的可能性。 | | | |
| 维修措施 | 对受影响车辆的上述发动机舱密封条安装额外的固定夹子以确保牢固安装。 | | | |
| 改进措施 | 对生产线中车辆的上述发动机舱密封条安装额外的固定夹子以确保牢固安装。 | | | |

## 克莱斯勒（中国）汽车销售有限公司召回部分进口牧马人汽车

| 制造商 | 克莱斯勒 | | | |
|---|---|---|---|---|
| 召回时间 | 2015-03-02 至 2016-03-01 | | | |
| 涉及数量 | 14213 | | | |
| 车型 | 型号 | 年款 | VIN 范围 | |
| 牧马人 | 牧马人 | 2011-2013 | | |
| 缺陷情况 | 本次召回范围内的部分车辆在特定条件下，电加热后视镜线路的接线插头可能被腐蚀。 | | | |
| 可能后果 | 导致电加热后视镜功能失效，存在火灾隐患。 | | | |
| 维修措施 | 克莱斯勒（中国）汽车销售有限公司将为召回范围内车辆的后视镜供电线路增加独立的插头连接，并为现有的线路加装防水罩和绝缘涂层，以消除安全隐患。 | | | |

## 北京奔驰汽车有限公司召回部分国产 E 级汽车

| 制造商 | 北京奔驰 | | | |
|---|---|---|---|---|
| 召回时间 | 2015-03-13 至 2016-03-12 | | | |
| 涉及数量 | 112830 | | | |
| 车型 | 型号 | 年款 | VIN 范围 | |
| 北京奔驰 E 级车 | E 级 | 2012-2014 | 起：LE4HG3DB0FL179749<br>止：LE4HG9FBXEL182835 | |
| 缺陷情况 | 发动机舱隔热板上安装的橡胶密封条可能会在开启引擎盖时发生脱落。 | | | |
| 可能后果 | 在极端不利的情况下，当足够长度的橡胶密封条脱落进入发动机舱内，不能排除接触到排气系统的高温部件的可能性。 | | | |
| 维修措施 | 对受影响车辆的上述发动机舱密封条安装额外的固定夹子以确保牢固安装。 | | | |
| 改进措施 | 对生产线中车辆的上述发动机舱密封条安装额外的固定夹子以确保牢固安装。 | | | |

## 成都新大地汽车有限责任公司召回部分吉利 GX7、SX7 汽车

| 制造商 | 吉利汽车 | | | |
|---|---|---|---|---|
| 召回时间 | 2015-03-09 至 2016-03-08 | | | |
| 涉及数量 | 714 | | | |
| 车型 | 型号 | 年款 | VIN 范围 | |
| GX7 | GX7 1.8L- 5MT GX7 2.0L- 5MT GX7 2.0L-6AT GX7 2.4L-6AT | 2014 | 起：L108DBS50E1108213<br>止：L108DBZ5XE2122765 | |
| SX7 | SX7 1.8L- 5MT SX7 2.0L- 5MT SX7 2.0L-6AT SX7 2.4L-6AT | 2014 | 起：L108DBS50E1108213<br>止：L108DBZ5XE2122765 | |
| 缺陷情况 | 由于供应商制造原因，安全气囊控制单元工作异常，极端情况下，可能出现气囊警告灯点亮、安全气囊自爆等情况。 | | | |
| 可能后果 | 极端情况下，可能出现气囊警告灯点亮、安全气囊自爆等情况，存在安全隐患。 | | | |
| 维修措施 | 成都新大地汽车有限责任公司将为召回范围内的车辆进行免费检修，以消除安全隐患。 | | | |
| 改进措施 | 1、使用 NC122 机器撤换参数错误的 NC118 机器。 2、针对 Bosch 晶圆生产线的化学沉积阶段增加了硼磷比例的流量实时控制系统，以确保 BPSG 层硼磷比例符合规范要求； 3、针对 Bosch 晶圆生产线的设备变更管理新成立技术变更委员会以确保设备及程序的变更执行之前的技术验证。 | | | |

## 大众汽车（中国）销售有限公司召回部分进口夏朗汽车

| 制造商 | 大众汽车 | | | |
|---|---|---|---|---|
| 召回时间 | 2015-03-30 至 2016-03-30 | | | |
| 涉及数量 | 969 | | | |
| 车型 | 型号 | 年款 | VIN 范围 | |
| 夏朗 | 夏朗 | 2014-2015 | 起：SAJAA05M6DPS92720<br>止：SAJAA05M3EPU10711 | |
| 缺陷情况 | 由于供应商可能将错误的头枕杆安装到了头枕上，使得本次召回范围内部分车辆前部座椅的头枕杆在导轨中无法锁止。 | | | |
| 可能后果 | 导致头枕可能被人为的拔出，不符合国家强制性标准的有关规定。 | | | |
| 维修措施 | 大众汽车（中国）销售有限公司将免费为召回范围内的车辆进行检查，如有必要，将为车辆更换前部座椅头枕。 | | | |

## 上海通用汽车有限公司召回部分 2015 年款别克昂科拉和雪佛兰创酷汽车

| 制造商 | 上海通用 | | | |
|---|---|---|---|---|
| 召回时间 | 2015-03-12 至 2016-03-11 | | | |
| 涉及数量 | 1,214 | | | |
| 车型 | 型号 | 年款 | VIN 范围 | |
| 别克昂科拉 | 别克昂科拉 | 2015 | | |
| 雪佛兰创酷 | 雪佛兰创酷 | 2015 | | |
| 缺陷情况 | 本次召回范围内部分车辆所装配的转向柱在长期使用后，其内部线路可能出现异常磨损。 | | | |
| 可能后果 | 极端情况下会导致车辆转向助力下降，存在安全隐患。 | | | |
| 维修措施 | 上海通用汽车有限公司将为召回范围内的车辆免费检修转向柱，以消除安全隐患。 | | | |

## 克莱斯勒（中国）汽车销售有限公司召回部分进口自由光汽车

| 制造商 | 克莱斯勒 | | | |
|---|---|---|---|---|
| 召回时间 | 2015-03-26 至 2016-03-25 | | | |
| 涉及数量 | 14046 | | | |
| 车型 | 型号 | 年款 | VIN 范围 | |
| 自由光（Cherokee） | 自由光（Cherokee） | 2014-2015 | 起：1C4PJMDB5EW104857<br>止：1C4PJMBBXFW612682 | |
| 缺陷情况 | 在特定路况下因约束控制模块（ORC）翻滚标定参数过于敏感可能导致侧安全气帘和座椅气囊在不必要的情况下展开。 | | | |
| 可能后果 | 因约束控制模块（ORC）翻滚标定参数过于敏感可能导致侧安全气帘和座椅气囊在不必要的情况下展开。 | | | |
| 维修措施 | 克克莱斯勒（中国）汽车销售有限公司计划对部分 2014-2015 年款进口自由光发起主动召回，公司将为涉及车辆刷新安全气囊模块。 | | | |
| 改进措施 | 已采用软件更新后的安全气囊模块。 | | | |

## 日产（中国）投资有限公司召回部分进口英菲尼迪 JX35 汽车

| 制造商 | 日产汽车 | | | |
|---|---|---|---|---|
| 召回时间 | 2015-03-19 至 2016-03-18 | | | |
| 涉及数量 | 5245 | | | |
| 车型 | 型号 | 年款 | VIN 范围 | |
| 英菲尼迪 JX35 | JX35 | 2012-2013 | | |
| 缺陷情况 | 本次召回范围内的车辆，由于发动机罩锁第二道锁的解锁拉线的设定在锁和曲柄装车时短了约 3 毫米。 | | | |
| 可能后果 | 导致机舱上的锁钩和机罩上的锁扣不能完全啮合，第二道锁处于未完全锁闭位置，在发动机罩锁第一道锁由于误操作打开的情况下，行驶中发动机罩可能会打开，妨碍驾驶员的前方视野，存在安全隐患。 | | | |
| 维修措施 | 日产（中国）投资有限公司将为召回范围内的车辆采取以下维修措施：把第二道锁的拉杆的限位卡片向下弯曲，使第二道锁的拉杆向下移动碰到托架，缩短锁和曲柄之间的距离，使第二道锁完全锁住，以消除故障隐患。 | | | |

## 上海通用汽车有限公司召回部分进口雪佛兰沃蓝达汽车

| 制造商 | 上海通用 | | | |
|---|---|---|---|---|
| 召回时间 | 2015-03-20 至 2016-03-19 | | | |
| 涉及数量 | 49 | | | |
| 车型 | 型号 | 年款 | VIN 范围 | |
| 雪佛兰沃蓝达 | 雪佛兰沃蓝达 | 2012 | 起：1G1R96E46CU105188<br>止：1G1R96E42CU108668 | |
| 缺陷情况 | 车辆在电源打开状态下停放时，可能导致电池电量过低并自动启动汽油发动机，从而排放尾气。 | | | |
| 可能后果 | 汽油发动机自动启动后会排放尾气，若车辆停放在密闭环境中，极端情况下会导致环境中尾气浓度过高，存在安全隐患。 | | | |
| 维修措施 | 免费更新车身控制模块软件 | | | |
| 改进措施 | 2012 年款起生产的沃蓝达车辆，其车身控制模块软件已经得到了改进，新版软件设置了怠速时长限制功能，不存在类似问题。 | | | |

## 捷豹路虎中国主动召回部分进口路虎揽胜极光

| 制造商 | 路虎汽车 | | | |
|---|---|---|---|---|
| 召回时间 | 2015-03-19 至 2016-03-18 | | | |
| 涉及数量 | 36451 | | | |
| 车型 | 型号 | 年款 | VIN 范围 | |
| 路虎揽胜极光 | 路虎揽胜极光 | 2014 | 起：LV824476<br>止：LV955850 | |
| 缺陷情况 | 本次召回范围内的部分车辆，由于在某种使用情况下，可能会产生变速器故障灯亮，并出现换档性能下降等问题。 | | | |
| 可能后果 | 可能会产生变速器故障灯亮，并出现换挡性能下降、变速箱噪音等问题。 | | | |
| 维修措施 | 捷豹路虎中国将为涉及范围内所有车辆进行免费检测并进行软件升级，以优化九速自动变速器的性能。 | | | |

## 重庆长安汽车股份有限公司召回部分汽车

| 制造商 | 长安汽车 | | | |
|---|---|---|---|---|
| 召回时间 | 2015-03-31 至 2015-07-31 | | | |
| 涉及数量 | 121003 | | | |
| 车型 | 型号 | 年款 | VIN 范围 | |
| CS75 | CS75 2.0L MT 国四(H)、CS75 2.0L MT 国四(新)、CS75 2014 款 1.8T AT 国四、CS75 2014 款 1.8T AT 国五、CS75 2014 款 2.0L MT 国五 | 2015 | 起：LS4ASE2W8FJ100204<br>止：LS4ASE2W7FJ108794 | |
| CS35 | CS35 1.6L 5MT 国五、CS35 1.6L AT 国四、CS35 1.6L MT 国四、CS35 1.6L MT 京五 | 2014-2015 | 起：LS5A3DBE1EA201948<br>止：LS5A3DBE2FA015997 | |
| CX20 | CX20 1.4L IMT 国Ⅴ（二阶段）、CX20 1.4L IMT 国四 2014 款、CX20 1.4L MT 国Ⅴ（二阶段）、CX20 1.4L MT 国四 2014 款 | 2014-2015 | 起：LS5A3ABR0ED015236<br>止：LS5A3ASR5FD006016 | |
| 奔奔 mini | 奔奔 mini 1.0L MT 国四、奔奔 mini 1.0L 5MT 国五、奔奔 mini 1.0L AMT 国四 尊贵型、奔奔 mini 1.0L MT 国五 | 2014-2015 | 起：LS5A3BSD6ED006809<br>止：LS5A3BBD7FD005864 | |
| 悦翔 V7 | 悦翔 V7 1.6L AT 国四、悦翔 V7 1.6L AT 国五、悦翔 V7 1.6L MT STT 国四、悦翔 V7 1.6L MT STT 国五、悦翔 V7 1.6L MT 国四、悦翔 V7 1.6L MT 国五 | 2014-2015 | 起：LS5A2ABE6EA182332<br>止：LS5A2ABE5FA013484 | |

## 重庆长安汽车股份有限公司召回部分汽车（续）

| 睿骋 | 睿骋 1.8L AT 国四、睿骋 1.8T 6AT 国五（二阶段） | 2015 | 起：LS5A2AEW8FJ100008<br>止：LS5A2DEW8FJ101032 | |
|---|---|---|---|---|
| 致尚 XT | 致尚 XT 1.6L 4AT 国五（二阶段）、致尚 XT 1.6L 5MT 国五（二阶段）、致尚 XT 2013 款 1.5T 6AT 国四、致尚 XT 2013 款 1.6L 4AT 国四、致尚 XT 2013 款 1.6L 5MT 国四、致尚 XT 2013 款 1.6L 5MT 国四 STT | 2014-2015 | 起：LS5A3DBE9EA201762<br>止：LS5A3DBE2FA015367 | |
| 逸动 | 逸动 1.6L 4AT 国四、逸动 1.6L 5MT 国五（二阶段）、逸动 1.6L AT 国Ⅴ（二阶段）、逸动 1.6L MT CNG 国四、逸动 2014 款 1.5T 6AT 国四 | 2014-2015 | 起：LS5A2ABE0EA183525<br>止：LS5A2ABE5FA013338 | |
| 长安之星 2 | 长安之星 2 国Ⅳ C-1.0L 经济型、长安之星 2 国Ⅳ C-1.0L 经济型 5 人座、长安之星 2 国Ⅳ C-1.0L 囚车、长安之星 2 国Ⅳ C-1.0L 厢式运输车、长安之星 2 国Ⅳ G-1.3L、长安之星 2 国Ⅳ G-1.3L 救护车、长安之星 2 国Ⅳ 双燃料 C-1.0L、长安之星 2 国Ⅳ 双燃料 C-1.0L 5 人座、长安之星 2 国Ⅴ C-1.0L、长安之星 2 国Ⅴ C-1.0L 五人座、长安之星 2 国Ⅴ C-1.0L 厢式运输车、长安之星 2 京Ⅴ 1.0L、长安之星 2 京Ⅴ 1.0L 5 人座 | 2014-2015 | 起：LS4AAB3D7EA551203<br>止：LS4AAB3D0FA514592 | |
| 长安之星 3 | 长安之星 3 1.0L MT、长安之星 3 1.0L MT 五人座、长安之星 3 1.2L MT | 2014-2015 | 起：LS4AAB3R0EA549594<br>止：LS4AAB3D5FA515267 | |

| **缺陷情况** | 由于供应商生产批次的原因，本次召回范围内车辆的冷却液抗氧化能力不足。 |
|---|---|
| **可能后果** | 可能引起冷却性能下降，会影响冷却系统的冷却效果，极端情况可能造成水温升高，存在安全隐患。 |
| **维修措施** | 重庆长安汽车股份有限公司为上述召回范围内车辆的冷却系统进行免费清洗并更换冷却液，以消除安全隐患。 |
| **改进措施** | 已经切换为新批次的冷却液 |

## 克莱斯勒（中国）汽车销售有限公司召回部分 2014 年款进口大切诺基汽车

| 制造商 | 克莱斯勒 | | | |
|---|---|---|---|---|
| 召回时间 | 2015-04-20 至 2016-04-19 | | | |
| 涉及数量 | 8318 | | | |
| 车型 | 型号 | 年款 | VIN 范围 | |
| 进口大切诺基 | 进口大切诺基 | 2014 | | |
| 缺陷情况 | 本次召回范围内的车辆，由于约束控制模块（ORC）内部故障。 | | | |
| 可能后果 | 可导致安全气囊报警灯点亮及安全气囊等被动式安全系统失效。 | | | |
| 维修措施 | 克莱斯勒（中国）汽车销售有限公司将为召回范围内的车辆进行更换约束控制模块，以消除安全隐患。 | | | |

## 长城汽车股份有限公司召回部分风骏汽车

| 制造商 | 长城汽车 | | | |
|---|---|---|---|---|
| 召回时间 | 2015-04-03 至 2016-04-02 | | | |
| 涉及数量 | 49281 | | | |
| 车型 | 型号 | 年款 | VIN 范围 | |
| 风骏 | 风骏 | 2012-2013 | | |
| 缺陷情况 | 本次召回范围内车辆由于供应商生产制造问题，部分塑料加油口焊接强度不足，车辆在长期使用后，加油口可能会出现开裂。 | | | |
| 可能后果 | 极端情况下导致燃油蒸汽泄漏，存在安全隐患。 | | | |
| 维修措施 | 长城汽车股份有限公司将对召回范围内的车辆免费更换改进后的加油口总成，以消除安全隐患。 | | | |

## 捷豹路虎汽车贸易（上海）有限公司召回部分进口捷豹 XF 汽车

| 制造商 | 捷豹汽车 | | | |
|---|---|---|---|---|
| 召回时间 | 2015-04-03 至 2016-04-02 | | | |
| 涉及数量 | 106 | | | |
| 车型 | 型号 | 年款 | VIN 范围 | |
| 捷豹 XF | 捷豹 XF | 2012 | | |
| 缺陷情况 | 本次召回范围内的车辆，由于继电器安装遗漏，可导致发动机供油不足。 | | | |
| 可能后果 | 可能引发车辆在没有任何可检测警告信号的情况下熄火，存在安全隐患。 | | | |
| 维修措施 | 捷豹路虎汽车贸易（上海）有限公司将为召回范围内的车辆进行免费检查并按需安装继电器，以消除安全隐患。 | | | |

## 捷豹路虎汽车贸易（上海）有限公司召回部分进口路虎揽胜和路虎揽胜运动版汽车

| 制造商 | 路虎汽车 | | | |
|---|---|---|---|---|
| 召回时间 | 2015-04-03 至 2016-04-02 | | | |
| 涉及数量 | 16, 293 | | | |
| 车型 | 型号 | 年款 | VIN 范围 | |
| 路虎揽胜 | 路虎揽胜 | 2013—2014 | | |
| 缺陷情况 | 本次召回范围内的车辆，由于在装配过程中，制动真空助力管的布管并未正确按照操作指导书文件进行布管。 | | | |
| 可能后果 | 这可能导致制动真空助力管与前端附件传动系统 (FEAD) 皮带轮接触，使制动真空助力管磨破，并可能导致真空助力系统故障。这种情况将导致制动踏板发硬，车辆制动距离增加，有可能导致车辆发生碰撞。 | | | |
| 维修措施 | 捷豹路虎汽车贸易（上海）有限公司将为召回范围内车辆进行免费检修并更换磨破软管，以消除安全隐患。 | | | |

## 宝马（中国）汽车贸易有限公司召回部分进口 X3 车辆

| 制造商 | 宝马汽车 | | | |
|---|---|---|---|---|
| 召回时间 | 2015-04-13 至 2016-04-13 | | | |
| 涉及数量 | 53,317 | | | |
| 车型 | 型号 | 年款 | VIN 范围 | |
| X3 xDrive 20i,<br>X3 xDrive 28i,<br>X3 xDrive35i | X3 xDrive 20i,<br>X3 xDrive 28i,<br>X3 xDrive35i | 2011-2013 | 起：WBAWX7107CL499263<br>止：WBAWX3104E0G26437 | |
| 缺陷情况 | 本次召回范围内的车辆，电动燃油泵的供电线束与燃油输送单元上的压力调节阀可能有缺陷。 | | | |
| 可能后果 | 在车辆使用过程中，会导致线束损坏，特定情况下，可能产生内部短路。缺陷发生时，将导致发动机功率下降，抖动，不排除车辆熄火的可能，存在安全隐患。 | | | |
| 维修措施 | 宝马（中国）汽车贸易有限公司将为召回范围内车辆进行检查，为存在问题的车辆免费维修或更换燃油输送单元，以消除安全隐患。 | | | |
| 改进措施 | 目前正在生产的 X3 车辆上装备了改进后的燃油输送单元。 | | | |

## 三菱汽车销售（中国）有限公司召回部分进口汽车

| 制造商 | 三菱汽车 | | | |
| --- | --- | --- | --- | --- |
| 召回时间 | 2015-04-20 至 2016-04-19 | | | |
| 涉及数量 | 26610 | | | |
| 车型 | 型号 | 年款 | VIN 范围 | |
| 欧蓝德 EX 劲界 | 劲界豪华版、劲界精英版、劲界精英 GT 版、劲界时尚版、舒适版 | 20092010 | 起：JE3AS19W09Z000174<br>止：JE3AS89XXAZ000303 | |
| 蓝瑟 翼豪陆神 | 蓝瑟豪华运动版、蓝瑟舒适版、蓝瑟时尚运动版 | 20092010 | 起：JE3AE76V09U300669<br>止：JE3AE76VXAU300330 | |
| 蓝瑟 EX | 蓝瑟翼豪陆神标准版、蓝瑟翼豪陆神 BBS 特别版 | 2009 | 起：JE3AB26U09U300688<br>止：JE3AB26W89U300701 | |
| 缺陷情况 | 延时报警控制器内部变压电路（12V → 5V）中使用的电容器电阻值由于制造不良原因增大，从而使 ETACS-ECU 内部的电压发生变化。其結果造成监控延时报警控制器内部电压系统检出异常，从而停止了延时报警控制器的控制功能。 | | | |
| 可能后果 | 继续使用后，造成警示灯闪烁、发动机启动、前大灯闪灯、雨刷动作、转向灯闪灯故障等现象的发生。 | | | |
| 维修措施 | 确认延时报警控制器生产日期，涉及范围内的将更换为改善零件。 | | | |
| 改进措施 | 停止使用发生不良的导电性胶水，废除新增加的生产工序（包含引导板成型，干燥工序）。废除发生不良的新增加生产线，只使用有供货实绩，并确认无发生不良的生产线的电容器。 | | | |

## 东南（福建）汽车工业有限公司召回部分三菱翼神汽车

| 制造商 | 东南汽车 | | | |
| --- | --- | --- | --- | --- |
| 召回时间 | 2015-04-20 至 2016-04-19 | | | |
| 涉及数量 | 40146 | | | |
| 车型 | 型号 | 年款 | VIN 范围 | |
| | | | | |
| 缺陷情况 | 由于部分三菱翼神的 ETACS-ECU（延时报警控制器）内部的电容元件制造不良，可能导致 ETACS-ECU 控制功能异常，因此可能出现发动机无法启动、前大灯及雨刷无法开启等故障。 | | | |
| 可能后果 | 可能出现发动机无法启动、前大灯及雨刷无法开启等故障。 | | | |
| 维修措施 | 对召回范围内车辆的 ETACS-ECU 进行检查，涉及可能不良的将更换为改善零件。 | | | |
| 改进措施 | 2013 年 11 月 30 日起生产的车辆已使用改进后的零件。 | | | |

## 北京现代汽车有限公司召回部分 2009 至 2010 款 i30 汽车

| 制造商 | 北京现代 | | | |
|---|---|---|---|---|
| 召回时间 | 2015-04-21 至 2015-07-21 | | | |
| 涉及数量 | 142 | | | |
| 车型 | 型号 | 年款 | VIN 范围 | |
| i30 | i30 2.0 手动尊享型（国四）<br>i30 2.0 自动尊享型（国四） | 2009-2010 | 起：LBEFDBFB39Y000041<br>止：LBEFDBKBXAY020443 | |
| 缺陷情况 | 电子助力转向 (MDPS) 警告灯亮起，可能发生转向沉问题 | | | |
| 可能后果 | 电子助力转向 (MDPS) 警告灯亮起，可能发生转向沉问题 | | | |
| 维修措施 | 对受影响的车辆生产日期范围内和车架号范围内的车辆，按照维修程序为客户车辆免费进行 ECU 程序升级 | | | |
| 改进措施 | 修正传感器诊断逻辑 | | | |

## 东南（福建）汽车工业有限公司召回部分三菱翼神、风迪思汽车

| 制造商 | 东南汽车 | | | |
|---|---|---|---|---|
| 召回时间 | 2015-04-27 至 2016-04-26 | | | |
| 涉及数量 | 47173 | | | |
| 车型 | 型号 | 年款 | VIN 范围 | |
| 翼神 | 翼神 | 2009-2015 | 起：LDNM4GGT890000052<br>止：LDNB4GGT6F0097299 | |
| 风迪思 | 风迪思 | 2013 | 起：LDNA4GGT5D0080549<br>止：LDNA4GGT4D0088013 | |
| 缺陷情况 | 部分车辆由于供应商制造原因，离合器盘内花键部的润滑脂涂量不足，导致离合器盘与变速箱输入轴花键部滑动不畅，极端情况下会造成离合器分离不彻底，车辆换挡困难，影响正常驾驶，存在安全隐患。 | | | |
| 可能后果 | 离合器分离不彻底，存在换挡不顺的可能性，影响正常驾驶。 | | | |
| 维修措施 | 对召回车辆的离合器盘与手动变速箱的输入轴花键进行清洁，同时涂布足量的润滑脂。 | | | |
| 维修措施 | 离合器盘内花键涂布足量的润滑脂。 | | | |

### 通用汽车（中国）投资有限公司召回部分进口欧宝英速亚车辆

| 制造商 | 通用汽车 | | | |
|---|---|---|---|---|
| 召回时间 | 2015-07-08 至 2016-07-07 | | | |
| 涉及数量 | 650 | | | |
| 车型 | 型号 | 年款 | VIN 范围 | |
| 欧宝英速亚 | 欧宝英速亚 | 2012-2013 | 起：JE3AS59X0CU302648<br>止：JE3AS59XXCU304634 | |
| 缺陷情况 | 缺陷产生的原因是由于尾门左侧撑杆可能发生气体泄漏，导致尾门打开后支撑力不足，自动降落关闭。 | | | |
| 可能后果 | 客户如果不能及时发现潜在故障的发生，可能会被碰到。 | | | |
| 维修措施 | 通用汽车（中国）投资有限公司将为召回范围内的车辆免费更换尾门左侧撑杆，以消除安全隐患。 | | | |

### 捷豹路虎汽车贸易（上海）有限公司召回部分进口路虎发现 4 车辆

| 制造商 | 路虎汽车 | | | |
|---|---|---|---|---|
| 召回时间 | 2015-04-30 至 2016-04-30 | | | |
| 涉及数量 | 9909 | | | |
| 车型 | 型号 | 年款 | VIN 范围 | |
| 路虎发现 4 | 2015 年款路虎第四代发现 SDV6 柴油版 2015 年款路虎第四代发现 3.0 升 V6 SE 汽油版 2015 年款路虎第四代发现 3.0 升 V6 HSE 汽油版 2015 年款路虎第四代发现 3.0 升 V6 HSE Luxury 汽油版 | 2015 | 起：SALAN2F68FA731302<br>止：SALAN2F62FA761394 | |
| 缺陷情况 | 捷豹路虎注意到防抱死制动系统（ABS）中的一个软件出现了问题，该软件的发布是为了在 2015 年款的路虎第四代发现车型上引入一个新的集成监控单元。软件的设计意图是在每一次点火循环时，查看防抱死制动系统（ABS）以及有关网络的状况，确保没有任何故障，该项操作也被称为“系统完好性检查”；然而 2015 年款的路虎发现 4 车辆的防抱死制动系统（ABS）软件中没有正确安装该项功能。 | | | |
| 可能后果 | 车辆不会自动限制其最高速度，驾驶员不会收到限速信息；在这种情况下，动态稳定控制（DSC）没有发挥其应有的功能，车辆可能失去稳定性，增加撞车的风险 | | | |
| 维修措施 | 捷豹路虎将通知、指导车主将他们的车辆送到捷豹路虎授权经销商处，由经销商根据车间维修流程为车辆升级下载最新的软件 | | | |
| 改进措施 | 更新过的防抱死制动系统（ABS）软件，包括“系统完好性检查”功能，已经正式引入 Bosch 博世供应的电子控制单元，并从 SALAN2F62FA761395 车辆开始投入生产； | | | |

## 大众汽车（中国）销售有限公司召回部分进口汽车

| 制造商 | 大众汽车 | | | |
|---|---|---|---|---|
| 召回时间 | 2015-07-08 至 2016-07-07 | | | |
| 涉及数量 | 8 | | | |
| 车型 | 型号 | 年款 | VIN 范围 | |
| Golf 旅行轿车 | Golf 旅行轿车高配版 | 2015 | 起：WVWS64AU2FP506252<br>止：WVWS64AU8FP507390 | |
| 缺陷情况 | 本次召回范围内部分车辆由于供应商生产制造原因，部分批次内的燃油泵零部件的镀镍涂层不良，可能导致油泵运转时内部会产生过大的摩擦力，从而油泵可能出现工作异常，乃至失效。 | | | |
| 可能后果 | 故障发生时，车辆可能无法启动。极端情况下可能会导致车辆熄火。 | | | |
| 维修措施 | 大众汽车 ( 中国 ) 销售有限公司将对相关范围内车辆进行检查 , 并为涉及到此问题的车辆免费更换燃油输送单元总成。 | | | |
| 改进措施 | 正在生产的零件设计采用 OXB 涂层，而非 NiP 涂层。 | | | |

## 神龙汽车有限公司召回部分东风标致 408 轿车

| 制造商 | 神龙汽车 ( 东风标致 ) | | | |
|---|---|---|---|---|
| 召回时间 | 2014-02-22 至 2014-11-20 | | | |
| 涉及数量 | 19481 | | | |
| 车型 | 型号 | 年款 | VIN 范围 | |
| 东风标致 408 | 408 1.8L 自动领先版 408 1.8L 自动豪华版 408 1.8L 手动领先版 408 1.8L 自动豪华版 国五 408 1.8L 自动领先版 国五 408 1.8L 手动领先版 国五 408 1.6THP 自动尊贵版 408 1.6THP 自动至尊版 | 2014 | 起：LDC973Y4XE2195981<br>止：LDC973Y26E2295865 | |
| 缺陷情况 | 由于三角臂前托架紧固螺栓供应商制造原因，造成部分螺栓质量不符合要求，三角臂前托架紧固螺栓可能会出现断裂情况。 | | | |
| 可能后果 | 三角臂前托架紧固螺栓可能会出现断裂情况，导致前悬挂异响，车辆行驶过程中不稳、抖动，极端情况可能会出现跑偏，存在安全隐患。 | | | |
| 维修措施 | 更换为合格的三角臂前托架紧固螺栓并使用新的拧紧工艺拧紧。 | | | |
| 改进措施 | 使用合格的三角臂前托架紧固螺栓并采用新的拧紧工艺。 | | | |

## 一汽 - 大众汽车有限公司召回部分进口奥迪 A3 车型

| 制造商 | 奥迪汽车 | | | |
|---|---|---|---|---|
| 召回时间 | 2015-07-08 至 2016-07-07 | | | |
| 涉及数量 | 512 | | | |
| 车型 | 型号 | 年款 | VIN 范围 | |
| A3 | A3 Limousine 40TFSI 舒适型<br>A3 Limousine 40TFSI 豪华型 | 2014 | 起：WAUACJ8VXE1018442<br>止：WAUACJ8V0E1031801 | |
| 缺陷情况 | 本次召回范围内部分车辆由于供应商生产制造原因，部分批次内的燃油泵零部件的镀镍涂层不良，可能导致油泵运转时内部会产生过大的摩擦力，从而油泵可能出现工作异常，乃至失效。 | | | |
| 可能后果 | 故障发生时，车辆可能无法启动。极端情况下可能会导致车辆熄火。 | | | |
| 维修措施 | 一汽 - 大众汽车有限公司将为召回范围内的车辆进行检查，并为涉及到此问题的车辆更换燃油输送单元总成。 | | | |
| 改进措施 | 目前正在生产的车辆上装备了改进后的燃油输送单元。 | | | |

## 一汽 - 大众汽车有限公司召回部分国产奥迪 A3 车型

| 制造商 | 一汽奥迪 | | | |
|---|---|---|---|---|
| 召回时间 | 2015-07-08 至 2016-07-07 | | | |
| 涉及数量 | 972 | | | |
| 车型 | 型号 | 年款 | VIN 范围 | |
| A3 | A3 SPORTBACK 35TFSI 自动进取型 A3 SPORTBACK 35TFSI 自动时尚型 A3 SPORTBACK 35TFSI 自动舒适型 A3 SPORTBACK 35TFSI 自动豪华型 | 2014 | 起：LFV2B28V2E5001636<br>止：LFV2B28V0E5003109 | |
| 缺陷情况 | 本次召回范围内部分车辆由于供应商生产制造原因，部分批次内的燃油泵零部件的镀镍涂层不良，可能导致油泵运转时内部会产生过大的摩擦力，从而油泵可能出现工作异常，乃至失效。 | | | |
| 可能后果 | 故障发生时，车辆可能无法启动。极端情况下可能会导致车辆熄火。 | | | |
| 维修措施 | 一汽 - 大众汽车有限公司将为召回范围内的车辆进行检查，并为涉及到此问题的车辆更换燃油输送单元总成。 | | | |
| 改进措施 | 目前正在生产的车辆上装备了改进后的燃油输送单元。 | | | |

## 一汽 - 大众汽车有限公司召回部分高尔夫 A7 汽车

| 制造商 | 一汽大众 | | | |
|---|---|---|---|---|
| 召回时间 | 2015-07-08 至 2016-07-07 | | | |
| 涉及数量 | 4377 | | | |
| 车型 | 型号 | 年款 | VIN 范围 | |
| 高尔夫 Golf | 高尔夫 1.4T 手动舒适型 高尔夫 1.4T 自动舒适型 高尔夫 1.4T 自动豪华型 高尔夫 1.4T 自动旗舰型 | 2014 | 起：LFV2B15G3E5027677<br>止：LFV2B25G4E5033333 | |
| 缺陷情况 | 本次召回范围内部分车辆由于供应商生产制造原因，部分批次内的燃油泵零部件的镀镍涂层不良，可能导致油泵运转时内部会产生过大的摩擦力，从而油泵可能出现工作异常，乃至失效。 | | | |
| 可能后果 | 故障发生时，车辆可能无法启动。极端情况下可能会导致车辆熄火。 | | | |
| 维修措施 | 一汽 - 大众将对相关范围内车辆进行检查，并为涉及到此问题的车辆免费更换燃油输送单元总成。 | | | |
| 改进措施 | 目前正在生产的车辆上装备了改进后的燃油输送单元。 | | | |

## 上海通用汽车有限公司召回部分进口雪佛兰科帕奇手动档汽车

| 制造商 | 通用汽车 | | | |
|---|---|---|---|---|
| 召回时间 | 2015-09-30 至 2016-09-29 | | | |
| 涉及数量 | 6425 | | | |
| 车型 | 型号 | 年款 | VIN 范围 | |
| 科帕奇 | 2.4 手排 5 座舒适型 | 2008-2010 | 起：KL1CC53F48B175084<br>止：KL1AC5DF6AB106005 | |
| 缺陷情况 | 本次召回的车辆，在长时间使用后，点火锁内部可能会发生磨损。 | | | |
| 可能后果 | 当车辆熄火后，若钥匙仍置于点火锁芯内，极端情况下发动机可能自行启动，存在安全隐患。 | | | |
| 维修措施 | 上海通用汽车有限公司将对召回范围内的车辆采取免费更换点火锁芯的措施以消除隐患。 | | | |
| 改进措施 | 2011 年款起进口及国产的科帕奇车辆，不存在类似问题。 | | | |

## 梅赛德斯 - 奔驰（中国）汽车销售有限公司召回部分进口精灵汽车

| 制造商 | 奔驰汽车 | | | |
|---|---|---|---|---|
| 召回时间 | 2015-05-08 至 2016-05-07 | | | |
| 涉及数量 | 8456 | | | |
| 车型 | 型号 | 年款 | VIN 范围 | |
| smart fortwo | smart 52kw，smart 62kw，smart 75kw，smart 62kw 敞篷版，smart 52kw 敞篷版，smart fortwo 电动版 | 2014-2015 | 起：WMEEJ8AA6EK767048<br>止：WMEEJ9AA7FK812277 | |
| 缺陷情况 | 受影响车辆上用于将转向机与横梁连接的螺栓，由于出现氢脆化现象，在车辆使用期间内，如果同时受较高负荷和振动的作用，则存在发生断裂的可能性，此时驾驶员在驾驶时能够听到明显的噪音，方向盘的位置有可能发生倾斜，ESP 故障警告灯也可能点亮，故驾驶员能得到警示。 | | | |
| 可能后果 | 如果螺栓发生断裂，车辆的操控性会受到影响，将增加潜在发生事故的风险。 | | | |
| 维修措施 | 戴姆勒股份公司将通过授权经销商为受影响车辆更换转向机上的螺栓。 | | | |
| 改进措施 | 由于该问题是供应商生产过程中临时的质量偏差造成的，从 2014 年 8 月开始所生产的车辆不受影响。 | | | |

## 梅赛德斯 - 奔驰（中国）汽车销售有限公司召回部分进口奔驰 A180、B180 汽车

| 制造商 | 奔驰汽车 | | | |
|---|---|---|---|---|
| 召回时间 | 2015-05-20 至 2016-05-19 | | | |
| 涉及数量 | 10585 | | | |
| 车型 | 型号 | 年款 | VIN 范围 | |
| A 级 | A180 | 2012-2013 | 起：WDDBF4CB0DJ000856<br>止：WDDBF4CB0EJ142576 | |
| B 级 | B180 | 2012-2013 | 起：WDDMH4CB6CJ031725<br>止：WDDMH4CB2EN066807 | |
| 缺陷情况 | 戴姆勒股份公司发现，由于在在半轴外侧轴套的加注润滑脂过程中，轴套中的卡槽可能被填充了润滑脂，这样可能会减少卡环在卡槽内的保持力，受影响车辆上传动半轴外侧轴套中的卡环可能会脱开。极个别情况下，发动机的动力无法传输到车轮上，不能排除车辆动力输出中断的可能性。但是车辆仍然具备正常转向和刹车功能。。 | | | |
| 可能后果 | 极个别情况下，发动机的动力无法传输到车轮上，不能排除车辆动力输出中断的可能性。但是车辆仍然具备正常转向和刹车功能。 | | | |
| 维修措施 | 戴姆勒股份公司将通过梅赛德斯 - 奔驰授权经销商为受影响车辆更换两侧传动半轴外侧轴套的卡环。 | | | |
| 改进措施 | 对半轴外侧轴套的润滑脂加注工艺进行了改进，可以保证从 2013 年 7 月 1 日开始所生产的 A 级和 B 级车辆不受影响。 | | | |

## 天津一汽丰田汽车有限公司召回部分威驰、花冠汽车

| 制造商 | 天津一汽丰田 | | | |
|---|---|---|---|---|
| 召回时间 | 2015-06-12 至 2016-06-11 | | | |
| 涉及数量 | 302705 | | | |
| 车型 | 型号 | 年款 | VIN 范围 | |
| 威驰 | GL；GL-i；GLX-i；GLX-S | 2004200520062007 | 起：LTVBA423730052749<br>止：LFMAN42A770021292 | |
| 花冠 | DLX、GL；GL-i；GLX-i；GLX-iNAVI | 2004200520062007 | 起：LTVBR22E030001009<br>止：LFMAC22C970815254 | |
| 缺陷情况 | 2015 年，通过调查日本市场上回收的副驾驶席空气囊气体发生器，确认有气密不良的情况。车辆在长期使用过程中，空气中的水分有可能侵入气体发生器，使内部气体发生剂吸湿膨胀，空气囊展开时有可能会导致气体发生器破损。 | | | |
| 可能后果 | 空气囊展开时气体发生器有可能发生破损，导致碎片飞出，可能伤及车内人员，存在安全隐患。 | | | |
| 维修措施 | 对象车辆全数确认，更换副驾驶席空气囊气体发生器。 | | | |
| 改进措施 | 目前原因尚未查明，为安全起见，天津一汽丰田汽车有限公司将对使用同型号气体发生器的同年款车辆免费更换副驾驶席空气囊气体发生器，并回收调查。根据回收零件的调查结果，必要时采取恰当的举措以消除安全隐患。 | | | |

## 长安福特汽车有限公司召回新蒙迪欧汽车

| 制造商 | 长安福特 | | | |
|---|---|---|---|---|
| 召回时间 | 2015-06-22 至 2017-06-30 | | | |
| 涉及数量 | 172864 | | | |
| 车型 | 型号 | 年款 | VIN 范围 | |
| 新蒙迪欧 | 新蒙迪欧 1.5L GTDi180 舒适型 新蒙迪欧 1.5L GTDi180 时尚型 新蒙迪欧 2.0L GTDi200 时尚型 新蒙迪欧 2.0L GTDi200 豪华型 新蒙迪欧 2.0L GTDi240 豪华运动型 新蒙迪欧 2.0L GTDi240 至尊型 新蒙迪欧 2.0L GTDi240 旗舰型 | 2013-2015 | 起：LVSHFFAL4EF150004<br>止：LVSHFFALXEF998999 | |
| 缺陷情况 | 受影响车辆在使用融雪剂或其他高腐蚀环境中行驶，可能导致车辆转向机电机固定螺栓受到腐蚀。虽然电机本体不会从转向机上脱离，但有可能出现电机松动，或者从壳体中脱开，导致转向失去助力。但车辆机械转向功能不受到影响。 | | | |
| 可能后果 | 转向电机从壳体中脱开，将导致转向失去助力，这将引起转向沉重，特别在低速情况下，增加车辆碰撞风险。但不会出现车辆失去转向或者电机本体从转向机上脱离。车轮和路面间的机械连杆始终保持正常工作，转向系统会变成机械转向模式，以保证车辆可以被安全操控。 | | | |
| 维修措施 | 1， 如经检查电机固定螺栓出现裂痕或断裂，按照附件 2.2 中的步骤更换转向机，并用密封喷雾对特定位置进行密封喷涂。 2， 如经检查螺栓完好，按照附件 2.2 中的步骤更换转向机电机固定螺栓并用密封喷雾对特定位置进行密封喷涂。注意：附件 2.2 中的维修步骤是从北美获得的草稿版维修方案，这个草稿方案在正式方案确认时可能会有所改动。 我们会在北美发布正式维修方案的第一时间提供相同的正式维修方案 | | | |
| 改进措施 | 从 2015-3-25 日下午开始生产的新蒙迪欧汽车都对转向机易被腐蚀部位做过密封处理 | | | |

## 东风汽车有限公司召回部分缺陷汽车

| 制造商 | 东风日产 | | | |
|---|---|---|---|---|
| 召回时间 | 2015-07-13 至 2016-07-13 | | | |
| 涉及数量 | 238195 | | | |
| 车型 | 型号 | 年款 | VIN 范围 | |
| 阳光 | 阳光 | 2003 | | |
| 天籁 | 天籁 | 2004-2006 | | |
| 蓝鸟 | 蓝鸟 | 2003 | | |
| 缺陷情况 | 本次召回范围内部分车辆由于供应商原因，部分副驾驶席空气囊展开时，气体发生器容器可能发生损坏。 | | | |
| 可能后果 | 导致碎片飞出，可能伤及车内人员，存在安全隐患。 | | | |
| 维修措施 | 东风汽车有限公司将为召回范围内的车辆免费更换副驾驶席空气囊气体发生器，以消除安全隐患。 | | | |

## 日产（中国）投资有限公司召回部分缺陷汽车

| 制造商 | 日产汽车 | | | |
|---|---|---|---|---|
| 召回时间 | 2015-07-13 至 2016-07-13 | | | |
| 涉及数量 | 3168 | | | |
| 车型 | 型号 | 年款 | VIN 范围 | |
| 途乐 | 途乐 | 2004-2006 | | |
| 奇骏 | 奇骏 | 2004-2006 | | |
| 缺陷情况 | 本次召回范围内部分车辆由于供应商原因，部分副驾驶席空气囊展开时，气体发生器容器可能发生损坏。 | | | |
| 可能后果 | 导致碎片飞出，可能伤及车内人员，存在安全隐患。 | | | |
| 维修措施 | 日产（中国）投资有限公司将为召回范围内的车辆免费更换副驾驶席空气囊气体发生器，以消除安全隐患。 | | | |

## 郑州日产汽车有限公司召回部分缺陷汽车

| 制造商 | 郑州日产 | | | |
|---|---|---|---|---|
| 召回时间 | 2015-07-13 至 2016-07-13 | | | |
| 涉及数量 | 26053 | | | |
| 车型 | 型号 | 年款 | VIN 范围 | |
| 帕拉丁 | 帕拉丁 | 2004-2007 | | |
| 缺陷情况 | 本次召回范围内部分车辆由于供应商原因，部分副驾驶席空气囊展开时，气体发生器容器可能发生损坏。 | | | |
| 可能后果 | 导致碎片飞出，可能伤及车内人员，存在安全隐患。 | | | |
| 维修措施 | 郑州日产汽车有限公司将为召回范围内的车辆免费更换副驾驶席空气囊气体发生器，以消除安全隐患。 | | | |

### 福特汽车（中国）有限公司因前位灯缺陷召回部分进口林肯 MKZ 汽车

| 制造商 | 福特汽车 | | | |
|---|---|---|---|---|
| 召回时间 | 2015-05-16 至 2016-05-16 | | | |
| 涉及数量 | 1220 | | | |
| 车型 | 型号 | 年款 | VIN 范围 | |
| 林肯 MKZ | 林肯 MKZ | 2015 | 起: 1J4RR6GTXBC517205<br>止：1C4RJFB81EC292872 | |
| 缺陷情况 | 本次召回的车辆因车身控制模块的软件版本变更，导致车辆配备的前位灯光照强度超过了国家规定标准。 | | | |
| 可能后果 | 可能影响对向车辆驾驶员的视野，存在安全隐患。 | | | |
| 维修措施 | 该公司授权的林肯品牌进口车经销商将对召回范围内车辆的车身控制模块进行编程，从而消除安全隐患。 | | | |

### 福特汽车（中国）有限公司因转向机固定螺栓缺陷召回部分进口林肯 MKZ 汽车

| 制造商 | 福特汽车 | | | |
|---|---|---|---|---|
| 召回时间 | 2015-06-22 至 2016-06-22 | | | |
| 涉及数量 | 1220 | | | |
| 车型 | 型号 | 年款 | VIN 范围 | |
| 林肯 MKZ | 林肯 MKZ | 2015 | | |
| 缺陷情况 | 本次召回的车辆在高腐蚀环境中，转向机电机壳体连接处易受到腐蚀，可能使螺栓产生裂痕或断裂。 | | | |
| 可能后果 | 导致转向电机从壳体中脱开，使转向失去助力。 | | | |
| 维修措施 | 该公司授权的林肯品牌进口车经销商将对召回范围内的车辆进行缺陷鉴定检测，如经检查电机固定螺栓出现裂痕或断裂，经销商会为车辆免费更换转向机，从而消除安全隐患。 | | | |
| 改进措施 | 如经检查螺栓完好，经销商会为车辆更换电机固定螺栓并对螺栓连接区域增加密封喷涂，从而消除安全隐患。 | | | |

## 福特汽车（中国）有限公司召回部分进口锐界汽车

| 制造商 | 福特汽车 | | | |
|---|---|---|---|---|
| 召回时间 | 2015-06-26 至 2016-06-26 | | | |
| 涉及数量 | 1099 | | | |
| 车型 | 型号 | 年款 | VIN 范围 | |
| 锐界 2.0L | 锐界 2.0L | 2014 | | |
| 缺陷情况 | 本次召回的车辆由于供应商生产制造原因，燃油泵零部件上不合适的镀镍涂层引起的污染物，可能使燃油泵运转时内部产生过大的摩擦力。 | | | |
| 可能后果 | 导致燃油泵无法正常工作。故障发生时，车辆可能无法启动。极端情况下可能导致车辆熄火，增加碰撞风险，存在安全隐患。 | | | |
| 维修措施 | 该公司将免费为召回车辆进行检查并更换燃油模块，以消除隐患。 | | | |

## 福特汽车（中国）有限公司召回部分进口探险者汽车

| 制造商 | 福特汽车 | | | |
|---|---|---|---|---|
| 召回时间 | 2015-05-29 至 2016-05-29 | | | |
| 涉及数量 | 300 | | | |
| 车型 | 型号 | 年款 | VIN 范围 | |
| 探险者 3.5L | 探险者 3.5L | 2011-2013 | | |
| 缺陷情况 | 本次召回的车辆因一个或多个内侧车门把手回位弹簧保持架可能出现裂纹，车门把手回位弹簧离座，导致把手松动，无法回到完全关闭的位置。 | | | |
| 可能后果 | 当发生侧面碰撞事故时，离座的内侧车门把手回位弹簧可能使车门锁闩打开，增加了乘员受伤的风险，存在安全隐患。 | | | |
| 维修措施 | 该公司将对召回范围内的车辆免费检修内侧车门把手回位弹簧和回位弹簧保持架，并根据检查结果，安装回位弹簧保持支架加强块或更换更新后的内侧车门把手，以消除隐患。 | | | |

## 丰田汽车（中国）投资有限公司召回部分进口雷克萨斯 SC430 汽车

| 制造商 | 丰田汽车 | | | |
|---|---|---|---|---|
| 召回时间 | 2015-06-12 至 2016-06-11 | | | |
| 涉及数量 | 206 | | | |
| 车型 | 型号 | 年款 | VIN 范围 | |
| 雷克萨斯 | SC430 | 2005-2007 | | |
| 缺陷情况 | 本次召回的车辆因通过对回收的副驾驶空气囊气体发生器进行调查，确认气体发生器出现容器破损。 | | | |
| 可能后果 | 导致碎片飞出，伤及车内人员，存在安全隐患。 | | | |
| 维修措施 | 该公司将为召回范围内的车辆免费更换新的气体发生器。 | | | |
| 改进措施 | 并对涉及缺陷的副驾驶空气囊气体发生器进行回收调查。 | | | |

## 丰田汽车（中国）投资有限公司召回部分进口 RAV4 汽车

| 制造商 | 丰田汽车 | | | |
|---|---|---|---|---|
| 召回时间 | 2015-06-12 至 2016-06-12 | | | |
| 涉及数量 | 2580 | | | |
| 车型 | 型号 | 年款 | VIN 范围 | |
| RAV4 | RAV4 | 2003-2005 | | |
| 缺陷情况 | 本次召回的车辆因驾驶席所用安全气囊气体发生器存在气密性不良的情况，长期使用过程中可能出现大气中水分进入容器内部。 | | | |
| 可能后果 | 导致气体发生剂吸湿后，空气囊无法正常展开，增大驾驶员受伤的风险，存在安全隐患。 | | | |
| 维修措施 | 该公司将为召回车辆免费更换新的驾驶席空气囊气体发生器以消除隐患 | | | |
| 改进措施 | 并回收所有替换后的零件进行原因调查。 | | | |

## 一汽轿车股份有限公司召回部分国产 Mazda6 阿特兹轿车

| 制造商 | 一汽马自达 | | | |
|---|---|---|---|---|
| 召回时间 | 2015-05-18 至 2015-11-17 | | | |
| 涉及数量 | 28600 | | | |
| 车型 | 型号 | 年款 | VIN 范围 | |
| 马自达 6 阿特兹 | 马自达 6 阿特兹 2.0L 蓝天时尚版 马自达 6 阿特兹 2.0L 蓝天豪华版 马自达 6 阿特兹 2.0L 蓝天尊贵版 马自达 6 阿特兹 2.5L 蓝天尊崇版 马自达 6 阿特兹 2.5L 蓝天至尊版 | 2013-2015 | 起：LFPM4ACP8D1A48630<br>止：LFPM4ACP5F1A02286 | |
| 缺陷情况 | 燃油蒸汽胶管老化开裂。 | | | |
| 可能后果 | 极端情况下导致燃油蒸汽泄漏，存在安全隐患。 | | | |
| 维修措施 | 对召回范围内车辆，免费更换燃油胶管。 | | | |
| 改进措施 | 自 2015 年 1 月 14 日开始，FCC 工厂全部切换。 | | | |

## 广汽本田汽车有限公司召回部分雅阁汽车

| 制造商 | 广汽本田 | | | |
|---|---|---|---|---|
| 召回时间 | 2015-06-15 至 2015-12-14 | | | |
| 涉及数量 | 587 | | | |
| 车型 | 型号 | 年款 | VIN 范围 | |
| 雅阁 | 2014 款 3.0EXLN | 2014 | 起：LHGCR4649E8000002<br>止：LHGCR4647E8001598 | |
| 缺陷情况 | 本次召回范围内车辆电子预碰撞制动系统（以下简称 CMBS）程序设计不完善，在极特殊条件下 CMBS 系统可能会误启动。 | | | |
| 可能后果 | 意外制动减速，存在一定程度的安全隐患。 | | | |
| 维修措施 | 为对象范围内车辆免费进行程序升级。 | | | |
| 改进措施 | 使用升级后的程序。 | | | |

## 广汽三菱汽车有限公司召回部分三菱劲炫汽车

| 制造商 | 广汽三菱 | | | |
|---|---|---|---|---|
| 召回时间 | 2015-06-22 至 2015-12-21 | | | |
| 涉及数量 | 9771 | | | |
| 车型 | 型号 | 年款 | VIN 范围 | |
| 新劲炫 | 2.0L 手动两驱舒适版 | 2012-2014 | 起: LL66H2B04CB000079<br>止: LL66H2B09EB036935 | |
| 缺陷情况 | 离合器盘内花键部润滑脂涂布量不足，在使用过程中离合器盘与变速箱输入轴花键部件生锈、滑动不畅，造成换档时离合器分离不彻底，影响换档的平顺性。 | | | |
| 可能后果 | 手动变速箱挂档不顺畅 | | | |
| 维修措施 | 对召回车辆的离合器盘与手动变速箱输入轴花键部件进行清洁，同时按要求的量涂布指定润滑脂处理。 | | | |
| 改进措施 | 1、供应商导入自动定量润滑脂涂抹设备涂抹的离合器盘；2、广汽三菱于 2014 年 4 月 25 日开始使用自动定量润滑脂涂抹设备涂抹的离合器盘。 | | | |

### 三菱汽车销售（中国）有限公司召回部分进口蓝瑟 翼豪陆神汽车

| 制造商 | 三菱汽车 | | | |
|---|---|---|---|---|
| 召回时间 | 2015-07-06 至 2016-07-05 | | | |
| 涉及数量 | 219 | | | |
| 车型 | 型号 | 年款 | VIN 范围 | |
| 蓝瑟、翼豪陆神 | 蓝瑟、翼豪陆神 | 2006-2007 | | |
| 缺陷情况 | 该公司通过调查日本市场上回收的相同车型副驾驶席空气囊气体发生器，确认有气密不良的情况。 | | | |
| 可能后果 | 在车辆长期使用过程中，使内部气体发生剂吸湿，气体发生剂的密度下降，在安全气囊展开时气体发生器内压力过高，有可能不会正常展开，存在安全隐患。 | | | |
| 维修措施 | 该公司将对已经确认气密不良的 2006 年生产装载有相同型号副驾驶安全气囊车辆的气体发生器更换为新品，并且将更换零件全部回收并调查。 | | | |

### 三菱汽车销售（中国）有限公司召回部分进口伊柯丽斯汽车

| 制造商 | 三菱汽车 | | | |
|---|---|---|---|---|
| 召回时间 | 2015-06-08 至 2016-06-07 | | | |
| 涉及数量 | 326 | | | |
| 车型 | 型号 | 年款 | VIN 范围 | |
| 柯丽斯 | 柯丽斯 | 2009-2011 | | |
| 缺陷情况 | 该召回范围的车辆，ABS 液压系统内部阀门的表面处理（镀锌）和制动液发生化学反应，从而形成黏着物。 | | | |
| 可能后果 | 黏着物会积聚在阀门的可动机构和外框之间，妨碍可动机构的运转，ABS 因为卡滞造成无法切换到关闭状态。在 ABS 卡滞状态下，刹车踏板的行程增大，ABS 可能启动延迟，存在安全隐患。 | | | |
| 维修措施 | 三菱汽车销售（中国）有限公司计划对召回范围内车辆使用专用检查设备（MUT- III），对制动机油线路（含 ABS 液压系统内部）进行清洗，并更换制动液。清洗和更换制动液后，对 ABS 液压系统依旧发生问题（阀门卡滞）的车辆更换 ABS 液压系统单元。 | | | |
| 改进措施 | 以上操作完毕后，在用户手册和车辆上黏贴相关警告标签，提示用户使用规定型号的制动液避免发生故障，以消除缺陷。 | | | |

### 东风本田汽车有限公司召回 2004 款至 2006 款思威牌多用途乘用车

| 制造商 | 东风本田 | | | |
|---|---|---|---|---|
| 召回时间 | 2015-07-13 至 2016-07-12 | | | |
| 涉及数量 | 67141 | | | |
| 车型 | 型号 | 年款 | VIN 范围 | |
| 思威（CR-V） | 思威（CR-V） | 2004-2007 | | |
| 缺陷情况 | 本次召回范围内部分车辆副驾驶席前气囊在展开时，气体发生器容器可能发生损坏。 | | | |
| 可能后果 | 导致碎片飞出，可能伤及车内人员，存在安全隐患。 | | | |
| 维修措施 | 东风本田汽车有限公司将为召回范围内的车辆免费更换副驾驶席前气囊气体发生器，以消除安全隐患。 | | | |

### 本田技研工业（中国）投资有限公司召回部分进口 Stream( 时韵 )、 CIVIC（思域）汽车

| 制造商 | 本田汽车 | | | |
|---|---|---|---|---|
| 召回时间 | 2015-07-13 至 2016-07-12 | | | |
| 涉及数量 | 3621 | | | |
| 车型 | 型号 | 年款 | VIN 范围 | |
| Stream( 时韵 ) | Stream( 时韵 ) | 2003-2005 | | |
| CIVIC（思域） | CIVIC（思域） | 2003-2005 | | |
| 缺陷情况 | 本次召回范围内的车辆可能在副驾驶席安全气囊展开时，气体发生器壳体破损。 | | | |
| 可能后果 | 壳体碎片飞出等情况，可能伤及车内乘客，存在安全隐患。 | | | |
| 维修措施 | 作为预防措施，本田中国将对所有召回对象车辆免费更换副驾驶席安全气囊气体发生器，以降低安全风险，并调查分析气体发生器是否存在问题。 | | | |

### 丰田在中国市场召回部分进口 Lexus( 雷克萨斯 )NX200、NX200t 车辆

| 制造商 | 丰田汽车 | | | |
|---|---|---|---|---|
| 召回时间 | 2015-06-26 至 2016-06-25 | | | |
| 涉及数量 | 2801 | | | |
| 车型 | 型号 | 年款 | VIN 范围 | |
| Lexus NX | NX200 NX200t | 2015 | 起：JTJYERBZ9E2000785<br>止：JTJBARBZ8F2010906 | |
| 缺陷情况 | 本次召回范围内部分车辆由于特定供应商的制造原因，在部分批次内的制动防抱死系统（ABS）制动执行器的制造过程中，树脂异物可能进入油压控制阀。一旦此种情况发生，当防抱死系统启动时，油压控制系统工作可能会延迟，使得车辆稳定性下降，存在安全隐患。 | | | |
| 可能后果 | 当防抱死系统启动时，车辆稳定性下降，存在安全隐患。 | | | |
| 维修措施 | 对 ABS 执行器的序列号进行仔细检查，如果确认在缺陷零件对象范围内，经销商将会免费为顾客更换新的 ABS 执行器。 | | | |
| 改进措施 | 随后生产的车辆使用的是缺陷消除后合格的 ABS 制动执行器。 | | | |

**保时捷（中国）汽车销售有限公司 召回部分进口 918Spyder(斯派德）汽车**

| 制造商 | 保时捷汽车 | | | |
|---|---|---|---|---|
| 召回时间 | 2015-06-15 至 2016-06-14 | | | |
| 涉及数量 | 58 | | | |
| 车型 | 型号 | 年款 | VIN 范围 | |
| 918 Spyder | 918 Spyder | 2014-2015 | | |
| 缺陷情况 | 本次召回范围内的车辆发动机舱中的左后散热器风扇线束可能会接触碳纤维制成的导热板。 | | | |
| 可能后果 | 如果发生接触并产生摩擦，将会对线束或者线束中单独的线路绝缘层造成可见的损坏。该线束的逐渐损坏会导致散热器风扇停止工作，而且不能排除导热板会产生短路。在极端情况下可能会存在车辆起火的隐患。 | | | |
| 维修措施 | 保时捷（中国）汽车销售有限公司将免费为涉及的车辆维修受影响的部件，以彻底消除安全隐患。 | | | |

**斯巴鲁汽车（中国）有限公司召回部分 2005-2007 年款翼豹车辆**

| 制造商 | 斯巴鲁汽车 | | | |
|---|---|---|---|---|
| 召回时间 | 2015-09-21 至 2017-09-21 | | | |
| 涉及数量 | 1002 | | | |
| 车型 | 型号 | 年款 | VIN 范围 | |
| 翼豹 | 04MY2.0WRX 5MT 05MY2.0WRX 5MT 06MY2.0WRX 5MT 07MY2.5WRX-C 5MT 07MY 翼豹自动档 2.0R | 2004-2007 | 起：JF1GGALD34G024852<br>止：JF1GD99N07G080736 | |
| 缺陷情况 | 该当车型副气囊搭载了 SPI 型气体发生器。其火药晶片经过长时间发生变化，可能导致在安全气囊展开时过度燃烧。此种情况下，安全气囊展开时产生极端内部压力，会引起气体发生器破损。 | | | |
| 可能后果 | 当副驾驶安全气囊展开时，气体发生器可能异常破损，导致碎片飞出，可能伤及车内人员，存在安全隐患。 | | | |
| 维修措施 | 对召回范围内车辆更换副驾驶安全气囊气体发生器，回收旧件用于调查。 | | | |
| 改进措施 | 对象车辆已经停产。现在没有再使用该型号的副驾驶安全气囊气体发生器。 | | | |

## 克莱斯勒（中国）汽车销售有限公司召回部分进口自由客汽车

| 制造商 | 克莱斯勒 | | | |
|---|---|---|---|---|
| 召回时间 | 2015-06-15 至 2016-06-14 | | | |
| 涉及数量 | 4220 | | | |
| 车型 | 型号 | 年款 | VIN 范围 | |
| 自由客 | 自由客 | 2014 | | |
| 缺陷情况 | 本次召回范围内的车辆，由于车型设置了双卤素前照灯功能，使得车辆在远光灯模式下近远光灯丝可能同时被激活。 | | | |
| 可能后果 | 导致前照灯插头处电流过载，引起前照灯及其插头线束热受损，存在安全隐患。 | | | |
| 维修措施 | 克莱斯勒（中国）汽车销售有限公司将对召回范围内的车辆还原全集成式供电模块（TIPM）内的配置设置，并对前照灯及其线束进行免费检查维修，以消除隐患。 | | | |

## 四川一汽丰田汽车有限公司长春丰越公司 召回部分丰田 RAV4 汽车

| 制造商 | 一汽丰越 | | | |
|---|---|---|---|---|
| 召回时间 | 2015-06-03 至 2016-06-02 | | | |
| 涉及数量 | 7340 | | | |
| 车型 | 型号 | 年款 | VIN 范围 | |
| RAV4 | RAV4 | 2015 | | |
| 缺陷情况 | 本次召回范围内部分车辆由于供应商制造原因，轮胎压力监测系统传感器的螺母紧固力矩不足。 | | | |
| 可能后果 | 可能导致轮胎漏气，仪表警告灯点亮，存在安全隐患。 | | | |
| 维修措施 | 四川一汽丰田汽车有限公司长春丰越公司将为召回范围内车辆免费检修，以消除安全隐患。 | | | |

## 广汽本田汽车有限公司补充召回部分飞度、思迪及锋范轿车

| 制造商 | 广汽本田 | | | |
|---|---|---|---|---|
| 召回时间 | 2015-07-13 至 2016-07-12 | | | |
| 涉及数量 | 106722 | | | |
| 车型 | 型号 | 年款 | VIN 范围 | |
| 飞度（Fit）思迪（City）锋范（City） | 飞度（Fit）思迪（City）锋范（City） | 2008-2009 | | |
| 缺陷情况 | 本次召回范围扩大的原因是：部分车辆副驾驶席气囊在展开时，气体发生器容器可能发生损坏。 | | | |
| 可能后果 | 导致碎片飞出，可能伤及车内人员，存在安全隐患。 | | | |
| 维修措施 | 广汽本田汽车有限公司将为扩大召回范围内的车辆免费更换副驾驶席气囊气体发生器，以消除安全隐患。 | | | |

## 福特汽车（中国）有限公司召回部分进口玛斯丹汽车

| 制造商 | 福特汽车 | | | |
|---|---|---|---|---|
| 召回时间 | 2015-07-10 至 2016-07-19 | | | |
| 涉及数量 | 965 | | | |
| 车型 | 型号 | 年款 | VIN 范围 | |
| 玛斯丹 | （Mustang）2.3L | 2015 | | |
| 缺陷情况 | 本次召回范围内的车辆，当车辆燃油箱或燃油蒸汽管长期暴露在车辆底部高温下时，会引起相关部件老化，可能导致燃油渗漏。 | | | |
| 可能后果 | 此外，此情况也可能引起驻车制动拉索密封圈的老化，可能影响驻车制动功能。发生在火源附近的燃油渗漏会增加着火的风险，衰退的驻车制动功能会导致意外的车辆移动，存在安全风险。 | | | |
| 维修措施 | 福特汽车（中国）有限公司将为召回范围内的车辆免费更换油箱保护罩，在油箱和油箱保护罩上安装隔热块，安装驻车制动拉索隔热块，并安装燃油蒸汽管隔热卷，以消除隐患 | | | |
| 改进措施 | 库存车辆将在消除隐患后再对外销售。 | | | |

## 宝马（中国）汽车贸易有限公司补充召回部分进口 2 系、3 系及 M3 汽车

| 制造商 | 宝马汽车 | | | |
|---|---|---|---|---|
| 召回时间 | 2015-07-10 至 2016-07-09 | | | |
| 涉及数量 | 1643 | | | |
| 车型 | 型号 | 年款 | VIN 范围 | |
| 宝马 218i（旅行车）、220i（旅行车）、320i(GT)、335i(GT)、M3 汽车 | 宝马 218i（旅行车）、220i（旅行车）、320i（GT）、335i（GT）、M3 汽车 | 2014-2015 | | |
| 缺陷情况 | 部分车辆前排右侧座椅安全带存在制造缺陷。当温度在 0 摄氏度以下时，前排右侧座椅安全带可能很难拉出甚至无法拉出。 | | | |
| 可能后果 | 导致前排右侧乘客无法系上安全带，乘客失去安全带保护，存在安全隐患。 | | | |
| 维修措施 | 宝马（中国）汽车贸易有限公司将为扩大召回范围内的车辆进行检查，为存在问题的车辆免费更换前排右侧座椅安全带，以消除安全隐患 | | | |

## 华晨宝马汽车有限公司补充召回部分国产 2 系、3 系及 M3 汽车

| 制造商 | 华晨宝马 | | | |
|---|---|---|---|---|
| 召回时间 | 2015-07-10 至 2016-07-10 | | | |
| 涉及数量 | 1558 | | | |
| 车型 | 型号 | 年款 | VIN 范围 | |
| BMW 3 系 | BMW 316i BMW 316Li BMW 320i BMW 320Li BMW 328i BMW 328Li | 2015 | 起：LBV3M8109FMA93648<br>止：LBV3M0102FME04337 | |
| 缺陷情况 | 该召回为 2014 年 12 月公布的安全带召回的扩大。温度在 0 摄氏度以下时，前排右侧座椅安全带可能很难拉出甚至不能拉出。 | | | |
| 可能后果 | 温度在 0 摄氏度以下时，安全带很难或不能拉出，导致前排右侧乘客无法系上安全带。乘客失去安全带保护。 | | | |
| 维修措施 | 检查安全带生产批次，如为缺陷批次产品，则更换前排右侧（乘客侧）座椅安全带。 | | | |
| 改进措施 | 已对缺陷部件的生产设备保养时工人的操作进行了纠正，同时对工人重新进行了操作方法的指导，确保后续生产的安全带不存在缺陷。 | | | |

## 东风汽车有限公司召回部分新阳光、轩逸、新骐达和启辰 e30 汽车

| 制造商 | 东风日产 | | | |
|---|---|---|---|---|
| 召回时间 | 2015-08-25 至 2016-08-24 | | | |
| 涉及数量 | 38506 | | | |
| 车型 | 型号 | 年款 | VIN 范围 | |
| 启辰 e30 | 启辰 e30 晨风 KT 版 | 2014 | 起：LGB12YEA0DY001003<br>止：LGB12YEA3EY001305 | |
| 新阳光 | 阳光 N17 2011 款 1.5L XL 豪华版 MT 阳光 N17 2011 款 1.5L XL 豪华版 CVT | 2011 | 起：LGBP12E2XDY199530<br>止：LGBP12E07DY196406 | |
| 新骐达 | 骐达 2012 款 1.6L XL 手动 智能型 骐达 2012 款 1.6L XL CVT 智能型 骐达 2012 款 1.6L XL CVT 酷咖版 骐达 2012 款 1.6L XL-luxury CVT 豪华型 骐达 GTS（TURBO）2012 款 1.6 T XV MT 炫动版 骐达 GTS（TURBO）2012 款 1.6 T XV M-CVT 炫动版 骐达 GTS（TURBO）2012 款 1.6 T XV MT 致酷版 骐达 GTS（TURBO）2012 款 1.6 T XV M-CVT 致酷版 | 2012 | 起：LGBG22E01DY151815<br>止：LGBG22E00DY641923 | |
| 轩逸 | 轩逸 B17 2012 款 1.8L XL MT 豪华版 轩逸 B17 2012 款 1.8L XL CVT 豪华版 轩逸 B17 2012 款 1.8L XL CVT PSN 豪华导航版 轩逸 B17 2012 款 1.8L XV CVT 尊享版 | 2012 | 起：LGBH53E08DY018373<br>止：LGBH53E0XDY018567 | |
| 缺陷情况 | 因供应商制造原因，部分车辆的一键启动开关在受热后可能出现卡滞，无法回位。 | | | |
| 可能后果 | 开关不回位，无法启动，极端情况下部分车辆可能会出现熄火，存在安全隐患。 | | | |
| 维修措施 | 对召回对象车辆免费更换新的开关壳体。 | | | |
| 改进措施 | 对零件尺寸进行了改善。 | | | |

### 天津一汽丰田汽车有限公司召回部分缺陷汽车

| 制造商 | 天津一汽丰田 | | | |
|---|---|---|---|---|
| 召回时间 | 2015-09-25 至 2016-09-24 | | | |
| 涉及数量 | 166369 | | | |
| 车型 | 型号 | 年款 | VIN 范围 | |
| 花冠 | 1.8L | 2007-2008 | 起：LFMAC22C570815316<br>止：LFMAC22C170824448 | |
| 07 年款威驰 | 1.3L1.5L | 2007 | 起：LFMAM42AX70010256<br>止：LFMAM42A880026263 | |
| 花冠 EX | 1.6L | 2007-2008 | 起：LFMAP22C570002515<br>止：LFMAP22C680092422 | |
| 08 年款威驰 | 1.3L1.5L | 2008 | 起：LFMAP92A970001505<br>止：LFMAP90A680022719 | |
| 缺陷情况 | 虽尚未查明原因，但基于供应商的要求，对现在实施的副驾驶席空气囊气体发生器召回活动的车辆范围进行扩大，以实施危险预防和原因调查。 | | | |
| 可能后果 | 空气囊展开时气体发生器有可能发生破损，导致碎片飞出，可能伤及车内人员，存在安全隐患。 | | | |
| 维修措施 | 天津一汽丰田汽车有限公司将为召回范围内的使用同型号气体发生器的同年款车辆更换新品，并回收旧品调查。 | | | |
| 改进措施 | 目前原因正在调查，为安全起见，天津一汽丰田汽车有限公司将为召回范围内的使用同型号气体发生器的同年款车辆更换新品，并回收旧品调查。根据回收零件的调查结果，必要时采取恰当的举措以消除安全隐患。 | | | |

### 东风汽车有限公司补充召回部分天籁汽车

| 制造商 | 东风日产 | | | |
|---|---|---|---|---|
| 召回时间 | 2015-10-25 至 2016-10-24 | | | |
| 涉及数量 | 37722 | | | |
| 车型 | 型号 | 年款 | VIN 范围 | |
| 天籁 | 天籁 J31 2006 款 200JK 豪华版 天籁 J31 2006 款 230JM 尊贵版 天籁 J31 2008 款 230JM-S 科技版 天籁 J31 2008 款 350JK 旗舰版 | 2006-2008 | 起：LGBF1CE017R203592<br>止：LGBF1AE065R999032 | |
| 缺陷情况 | 副驾驶位气囊气体发生器存在气密不良的现象。在高温多湿环境下长期使用过程中，大气中的水分进入气体发生器内部，气体发生剂吸收湿气。 | | | |
| 可能后果 | 气囊展开时气体发生器容器有可能会发生破损、飞散，存在安全隐患。 | | | |
| 维修措施 | 对召回对象车辆免费更换新的气体发生器。 | | | |
| 改进措施 | 目前原因尚未查明。为安全起见，东风汽车有限公司将对使用同型号气体发生器的同年款车辆免费更换副驾驶位安全气囊气体发生器，消除安全隐患。 | | | |

### 三菱汽车销售（中国）有限公司召回部分进口蓝瑟翼豪陆神汽车

| 制造商 | 三菱汽车 | | | |
|---|---|---|---|---|
| 召回时间 | 2015-08-25 至 2016-08-24 | | | |
| 涉及数量 | 35 | | | |
| 车型 | 型号 | 年款 | VIN 范围 | |
| 蓝瑟 翼豪陆神 | 蓝瑟翼豪陆神标准版、蓝瑟翼豪陆神 BBS 特别版 | 2007 | 起：JE3AB86G17U301990<br>止：JE3AB86GX7U302751 | |
| 缺陷情况 | 目前原因尚未明查，由于气体发生器的气密不良及其气温等各种原因，造成从外部侵入湿气，在车辆长期使用过程中，使内部气体发生剂吸湿，气体发生剂的密度下降，在空气囊展开时气体发生器内压力过高，有可能不会正常展开。 | | | |
| 可能后果 | 气囊展开时气体发生器内压力过高，有可能不会正常展开。 | | | |
| 维修措施 | 免费更换副驾驶安全气囊气体发生器。 | | | |
| 改进措施 | 作为预防措施，将对装载有相同型号气体发生器的车辆更换为新品，并且将更换零件全部回收并调查。 | | | |

### 广汽丰田汽车有限公司召回部分缺陷雅力士汽车

| 制造商 | 广汽丰田 | | | |
|---|---|---|---|---|
| 召回时间 | 2015-09-25 至 2016-09-24 | | | |
| 涉及数量 | 22767 | | | |
| 车型 | 型号 | 年款 | VIN 范围 | |
| 雅力士 | 雅力士 | 2008 | 起：LVSHCAAEX9F428455 止：LVSHCFAE8AF605036 | |
| 缺陷情况 | 虽尚未查明原因，但基于供应商的要求，对现在实施的副驾驶席空气囊气体发生器召回活动的车辆范围进行扩大，以实施危险预防和原因调查。 | | | |
| 可能后果 | 空气囊展开时气体发生器有可能发生破损，导致碎片飞出，可能伤及车内人员，存在安全隐患。 | | | |
| 维修措施 | 广汽丰田汽车有限公司将为召回范围内的使用同型号气体发生器的同年款车辆更换新品，并回收旧品调查。 | | | |
| 改进措施 | 目前原因正在调查，为安全起见，广汽丰田汽车有限公司将为召回范围内的使用同型号气体发生器的同年款车辆更换新品，并回收旧品调查。根据回收零件的调查结果，必要时采取恰当的举措以消除安全隐患。 | | | |

### 丰田汽车（中国）投资有限公司补充召回部分进口雷克萨斯 SC430 汽车

| 制造商 | 丰田汽车 | | | |
|---|---|---|---|---|
| 召回时间 | 2015-07-31 至 2015-07-31 | | | |
| 涉及数量 | 72 | | | |
| 车型 | 型号 | 年款 | VIN 范围 | |
| Lexus SC430 | SC430 | 2007 | 起：JTHFN45Y779016220<br>止：JTHFN45Y979018440 | |
| 缺陷情况 | 关于副驾驶席空气囊的气体发生器（膨胀装置），尽管原因尚未明确，应丰田的要求，扩大实施中的雷克萨斯 SC 副驾驶席空气囊气体发生器的召回范围，推动预防措施和原因调查。 | | | |
| 可能后果 | 副驾驶空气囊在展开时，气体发生器可能发生壳体损坏，导致碎片飞出，伤及车内人员。 | | | |
| 维修措施 | 作为预防措施，更换所有对象车辆的副驾驶席空气囊气体发生器，此外，对更换的所有零件进行回收，调查导致容器破损的原因。 | | | |
| 改进措施 | 对象车辆已停产，现在没有使用该型号的副驾驶席空气囊气体发生器 | | | |

### 捷豹路虎汽车贸易（上海）有限公司召回部分进口捷豹 XK 汽车

| 制造商 | 捷豹汽车 | | | |
|---|---|---|---|---|
| 召回时间 | 2015-06-15 至 2016-06-15 | | | |
| 涉及数量 | 169 | | | |
| 车型 | 型号 | 年款 | VIN 范围 | |
| XK | XK 2012 款 XKR-S 5.0S/C 硬顶跑车 XK 2012 款 XKR 5.0L V8 机械增压硬顶跑车 XK 2012 款 XKR 5.0L V8 机械增压敞篷跑车 XK 2013 款 XKR 5.0V8 S/C Coupe XK 2013 款 XKR 5.0V8 S/C Convertible XK 2013 款 XKR-S 5.0V8 S/C Coupe XK 2013 款 XKR-S 5.0V8 S/C Convertible | 2012-2013 | 起：SAJAA43R8CMB44979<br>止：SAJAA43R0DMB49305 | |
| 缺陷情况 | 捷豹路虎注意到部分 2012 年款至 2013 年款的 Jaguar XK 车辆存在一个不合规问题，即前侧车灯在作为驻车灯使用时，会在点亮大约 5 分钟后错误地熄灭。 | | | |
| 可能后果 | 在这种情况下，不能正常工作的驻车灯，会增加车辆发生碰撞的风险 | | | |
| 维修措施 | 捷豹路虎将通知、指导车主将他们的车辆送到捷豹路虎授权经销商处，由经销商根据车间维修流程为车辆升级下载最新的软件 | | | |
| 改进措施 | 捷豹 XK 车辆现已停产。 | | | |

## 郑州日产汽车有限公司补充召回部分帕拉丁

| 制造商 | 郑州日产 | | | |
|---|---|---|---|---|
| 召回时间 | 2015-10-25 至 2016-10-24 | | | |
| 涉及数量 | 16652 | | | |
| 车型 | 型号 | 年款 | VIN 范围 | |
| 帕拉丁 | 帕拉丁 | 2007-2008 | | |
| 缺陷情况 | 副驾驶位气囊气体发生器存在气密不良的现象。在高温多湿环境下长期使用过程中，大气中的水分进入气体发生器内部，气体发生剂吸收湿气。 | | | |
| 可能后果 | 气囊展开时气体发生器容器有可能会发生破损、飞散，存在安全隐患。 | | | |
| 维修措施 | 对召回对象车辆免费更换新的气体发生器。 | | | |
| 改进措施 | 目前原因尚未查明。为安全起见，东风汽车有限公司将对使用同型号气体发生器的同年款车辆免费更换副驾驶位安全气囊气体发生器，消除安全隐患。 | | | |

## 日产（中国）投资有限公司补充召回部分进口奇骏汽车

| 制造商 | 日产汽车 | | | |
|---|---|---|---|---|
| 召回时间 | 2015-10-25 至 2016-10-24 | | | |
| 涉及数量 | 339 | | | |
| 车型 | 型号 | 年款 | VIN 范围 | |
| 奇骏 | 奇骏 | 2007 | 起：JN1BT05B77W110340<br>止：JN1BT05B07W110678 | |
| 缺陷情况 | 副驾驶位气囊气体发生器存在气密不良的现象。在高温多湿环境下长期使用过程中，大气中的水分进入气体发生器内部，气体发生剂吸收湿气。 | | | |
| 可能后果 | 气囊展开时气体发生器容器有可能会发生破损、飞散，存在安全隐患。 | | | |
| 维修措施 | 对召回对象车辆免费更换新的气体发生器。 | | | |
| 改进措施 | 目前原因尚未查明。为安全起见，东风汽车有限公司将对使用同型号气体发生器的同年款车辆免费更换副驾驶位安全气囊气体发生器，消除安全隐患。 | | | |

### 本田技研工业（中国）投资有限公司召回部分进口讴歌 MDX 汽车

| 制造商 | 本田汽车 | | | |
|---|---|---|---|---|
| 召回时间 | 2015-07-25 至 2016-07-24 | | | |
| 涉及数量 | 2422 | | | |
| 车型 | 型号 | 年款 | VIN 范围 | |
| 讴歌 MDX | 讴歌 MDX | 2014-2015 | | |
| 缺陷情况 | 本次召回范围内的进口讴歌MDX汽车的空调压缩机离合器驱动盘螺栓存在制造不良，可能会导致螺栓松脱、断裂从而引起空调离合器驱动盘脱落。 | | | |
| 可能后果 | 导致空调制冷功能失效，同时由于驱动盘脱落导致驱动盘会从车辆底部向外部掉落，可能会对后方正常行驶车辆造成影响，存在安全隐患。 | | | |
| 维修措施 | 本田技研工业（中国）投资有限公司将对所有召回对象车辆免费更换改善后的空调压缩机驱动盘螺栓，如有驱动盘脱落同时更换驱动盘，以消除该安全隐患。 | | | |

### 华晨宝马汽车有限公司召回部分国产 X1 车辆

| 制造商 | 华晨宝马 | | | |
|---|---|---|---|---|
| 召回时间 | 2015-08-10 至 2016-08-10 | | | |
| 涉及数量 | 4335 | | | |
| 车型 | 型号 | 年款 | VIN 范围 | |
| BMW X 系列 | BMW X1 | 2015 | 起：LBVVZ5102FMA85786<br>止：LBVUG7100FME26888 | |
| 缺陷情况 | 由于供应商制造原因，部分生产日期批次的燃油箱的燃油泵安装口处变形，引起密封不良。车辆燃油箱可能在加满燃油后发生泄漏。 | | | |
| 可能后果 | 车辆在加满燃油后可能发生燃油泄漏。 | | | |
| 维修措施 | 检查燃油箱生产批次，如为缺陷批次产品，则更换燃油箱。 | | | |
| 改进措施 | 已对生产设备进行了检修和调整，确保后续生产的燃油箱不存在缺陷。 | | | |

## 通用汽车（中国）投资有限公司召回部分进口欧宝安德拉汽车

| 制造商 | 通用汽车 | | | |
| --- | --- | --- | --- | --- |
| 召回时间 | 2015-07-31 至 2016-07-30 | | | |
| 涉及数量 | 219 | | | |
| 车型 | 型号 | 年款 | VIN 范围 | |
| 安德拉 | 安德拉前驱豪华型 安德拉前驱舒适型<br>安德拉四驱豪华型 安德拉四驱舒适型 | 2013-2014 | 起：W0LLB6E07DB087388<br>止：W0LLB6E07EB001871 | |
| 缺陷情况 | 燃油系统控制模块短路。 | | | |
| 可能后果 | 导致发动机启动困难或者在行驶过程中可能引起发动机熄火。 | | | |
| 维修措施 | 免费更换燃油系统控制模块 | | | |
| 改进措施 | 通用汽车（中国）投资有限公司在 2014 年 3 月 28 日之后已经停止进口欧宝安德拉车辆。 | | | |

## 上海通用汽车有限公司召回部分进口别克昂科雷汽

| 制造商 | 上海通用 | | | |
| --- | --- | --- | --- | --- |
| 召回时间 | 2015-10-01 至 2016-09-30 | | | |
| 涉及数量 | 23309 | | | |
| 车型 | 型号 | 年款 | VIN 范围 | |
| 昂科雷 | 3.6L 精英版 3.6L 旗舰版 | 2009-2012 | 起：5GAEV23DX9J118471<br>止：5GAKV7ED4CJ254227 | |
| 缺陷情况 | 本次召回范围内的车辆，在长期使用后，后举升门气压撑杆内可能有杂质颗粒进入，导致气压下降。 | | | |
| 可能后果 | 极端情况下，气压撑杆不足以将后举升门维持在全开状态。若人员忽视车辆的报警提示，并在后举升门开启区域内停留，可能存在安全隐患。 | | | |
| 维修措施 | 免费检修后举升门气压撑杆 | | | |
| 改进措施 | 从 2012 年 3 月起生产的昂科雷车辆，因为后举升门配重变化，气压撑杆的软件标定已经得到了改进。 | | | |

## 北京汽车股份有限公司召回部分北京 40 越野乘用车

| 制造商 | 北京汽车 | | | |
|---|---|---|---|---|
| 召回时间 | 2015-07-20 至 2016-07-19 | | | |
| 涉及数量 | 2090 | | | |
| 车型 | 型号 | 年款 | VIN 范围 | |
| 北京 40 | 北京 40 2.4L | 2013-2014 | 起：LNBRCDDH1EF014633<br>止：LNBRCDDH1EF014633 | |
| 缺陷情况 | 本次召回范围内部分车辆由于燃油泵在高负载、大电流工况下会出现异常电腐蚀磨损现象。 | | | |
| 可能后果 | 可能导致燃油泵无法正常工作，极端情况下燃油泵失效，存在安全隐患。 | | | |
| 维修措施 | 北京汽车股份有限公司将为召回范围内的车辆免费更换改进后的燃油泵，以消除安全隐患。 | | | |
| 改进措施 | 索赔 20 件 | | | |

## 奇瑞汽车股份有限公司召回部分 A5、瑞虎、G5、G6 汽车

| 制造商 | 奇瑞汽车 | | | |
|---|---|---|---|---|
| 召回时间 | 2015-07-22 至 2016-07-21 | | | |
| 涉及数量 | 297,476 | | | |
| 车型 | 型号 | 年款 | VIN 范围 | |
| A5、瑞虎、G5、G6 汽车 | A5、瑞虎、G5、G6 汽车 | 2005-2013 | | |
| 缺陷情况 | 本次召回范围内车辆的燃油泵法兰回油管支架可能会出现开裂。 | | | |
| 可能后果 | 导致燃油泄露，存在安全隐患。 | | | |
| 维修措施 | 公司将对上述召回范围内的车辆免费更换改进后的燃油泵，以消除安全隐患。 | | | |
| 改进措施 | 用户可与各自的授权经销商进行咨询，安排免费维修事宜。 | | | |

## 安徽江淮汽车股份有限公司召回部分宾悦、同悦、瑞鹰、和悦汽车

| 制造商 | 江淮汽车 | | | |
|---|---|---|---|---|
| 召回时间 | 2015-07-22 至 2016-07-21 | | | |
| 涉及数量 | 207964 | | | |
| 车型 | 型号 | 年款 | VIN 范围 | |
| 宾悦、同悦、瑞鹰、和悦汽车 | 宾悦、同悦、瑞鹰、和悦汽车 | 2007-2013 | | |
| 缺陷情况 | 本次召回范围内车辆的燃油泵法兰回油管支架可能会出现开裂 | | | |
| 可能后果 | 导致燃油泄露，存在安全隐患。 | | | |
| 维修措施 | 公司将对上述召回范围内的车辆免费更换改进后的燃油泵，以消除安全隐患。 | | | |

### 东风柳州汽车有限公司召回景逸 1.8L 汽车

| 制造商 | 东风柳州 | | | |
|---|---|---|---|---|
| 召回时间 | 2015-07-22 至 2016-07-21 | | | |
| 涉及数量 | 20512 | | | |
| 车型 | 型号 | 年款 | VIN 范围 | |
| 景逸 1.8L | 景逸 1.8L | 2007-2011 | | |
| 缺陷情况 | 本次召回范围内车辆的燃油泵法兰回油管支架可能会出现开裂 | | | |
| 可能后果 | 导致燃油泄露，存在安全隐患。 | | | |
| 维修措施 | 公司将对上述召回范围内的车辆免费更换改进后的燃油泵，以消除安全隐患。 | | | |

### 广汽长丰汽车股份有限公司召回的部分骐菱汽车

| 制造商 | 广汽长丰 | | | |
|---|---|---|---|---|
| 召回时间 | 2015-07-22 至 2016-07-21 | | | |
| 涉及数量 | 1170 | | | |
| 车型 | 型号 | 年款 | VIN 范围 | |
| 骐菱汽车 | 骐菱汽车 | 2007-2009 | | |
| 缺陷情况 | 本次召回范围内车辆的燃油泵法兰回油管支架可能会出现开裂 | | | |
| 可能后果 | 导致燃油泄露，存在安全隐患。 | | | |
| 维修措施 | 公司将对上述召回范围内的车辆免费更换改进后的燃油泵，以消除安全隐患。 | | | |

### 雷诺（北京）汽车有限公司召回部分进口科雷傲汽车

| 制造商 | 雷诺汽车 | | | |
|---|---|---|---|---|
| 召回时间 | 2015-07-22 至 2016-07-21 | | | |
| 涉及数量 | 451 | | | |
| 车型 | 型号 | 年款 | VIN 范围 | |
| 科雷傲 | 科雷傲两驱都市版 科雷傲两驱舒适版<br>科雷傲四驱舒适版 科雷傲四驱豪华版 | 2014 | | |
| 缺陷情况 | 车身右后 D 柱上的焊点焊接强度不够 | | | |
| 可能后果 | 产生异响、连接处腐蚀、局部焊点脱焊导致车身密封不良 | | | |
| 维修措施 | 对车身右后 D 柱重新加焊。 | | | |
| 改进措施 | 对自动焊接机器人实行质量监控，加强焊点的强度。重新更新点检表，班组及质检人员增加检查确认。 | | | |

### 北京奔驰汽车有限公司补充召回部分国产 E 级汽车

| 制造商 | 北京奔驰 | | | |
|---|---|---|---|---|
| 召回时间 | 2015-07-24 至 2016-07-23 | | | |
| 涉及数量 | 14208 | | | |
| 车型 | 型号 | 年款 | VIN 范围 | |
| E 级 | E180L（BJ7202EEL2）E200L（BJ7202EEL1）E260L（BJ7202EL1）E320L（BJ7302ETEL2）E320L 4MATIC（BJ7302ETEAL2） E400L 4MATIC（BJ7302ETAL2） E400L 混合动力（BJ7352EL2） | 2015 | 起：LE4HG3DB0FL193022<br>止：LE4HG3DB8GL210862 | |
| 缺陷情况 | 发动机舱隔热板上安装的橡胶密封条可能会在开启引擎盖时发生脱落。 | | | |
| 可能后果 | 在极端不利的情况下，当足够长度的橡胶密封条脱落进入发动机舱内，不能排除接触到排气系统的高温部件的可能性。 | | | |
| 维修措施 | 对受影响车辆的上述发动机舱密封条安装额外的固定夹子以确保牢固安装。 | | | |
| 改进措施 | 对生产线中车辆的上述发动机舱密封条安装额外的固定夹子以确保牢固安装。 | | | |

### 梅赛德斯 - 奔驰（中国）汽车销售有限公司召回部分进口梅赛德斯 - 奔驰汽车

| 制造商 | 奔驰汽车 | | | |
|---|---|---|---|---|
| 召回时间 | 2015-07-31 至 2016-07-30 | | | |
| 涉及数量 | 150 | | | |
| 车型 | 型号 | 年款 | VIN 范围 | |
| A 级 | A180（176042/BF4CB）； A200（176043/BF4DB）；A260（176044/BF4EB）； A45 AMG 4MATIC（176052/BF5CB） | 2014 | 起：WDDBF4CB8FV033647<br>止：WDDBF5CB3FJ323162 | |
| 缺陷情况 | 戴姆勒股份公司发现，个别于上述日期期间生产的车辆上，乘客侧内部保险丝盒中的保险丝可能没有正确地安装。车辆行驶时的震动和其他外界环境的影响可能造成保险丝电路接触不良。 | | | |
| 可能后果 | 如果保险丝失去应有的电路接触，则相应的部分系统功能可能会受到影响。包括前排乘客座椅乘员识别系统，乘客气囊指示灯，仪表盘和挡风玻璃雨刮器。若前排乘客座椅乘员识别系统或乘客气囊指示灯功能受到影响，则可能导致当车辆发生碰撞时，乘员受到伤害的风险增加；若仪表盘或挡风玻璃雨刮器功能受到影响，则可能增加车辆发生事故的风险。 | | | |
| 维修措施 | 戴姆勒股份公司将通过梅赛德斯 - 奔驰授权经销商免费为受影响车辆检查乘客侧内部保险丝盒的保险丝的安装位置和定位，如果必要，将更换保险丝盒。 | | | |
| 改进措施 | 供应商对生产过程进行了改进，可以保证从 2014 年 9 月 21 日开始所生产的车辆不受影响。 | | | |

## 捷豹路虎汽车贸易（上海）有限公司召回部分进口路虎揽胜系列汽车

| 制造商 | 路虎汽车 | | | |
|---|---|---|---|---|
| 召回时间 | 2015-08-05 至 2016-08-04 | | | |
| 涉及数量 | 19943 | | | |
| 车型 | 型号 | 年款 | VIN 范围 | |
| 路虎揽胜 | 路虎揽胜 | 2006-2012 | | |
| 缺陷情况 | 本次召回范围内的车辆因设计原因，可能出现前制动软管渗漏，制动液流失的情况。 | | | |
| 可能后果 | 将导致前制动回路故障或失效，车辆制动性能降低，制动距离增加，增加碰撞风险；车辆组合仪表上的红色警告三角灯将点亮，同时显示“检查制动液液位”文字。 | | | |
| 维修措施 | 该公司将对召回范围内的车辆免费更换前制动软管，以消除隐患。 | | | |

## 法拉利汽车国际贸易（上海）有限公司召回部分进口法拉利汽车 - 座椅头枕

| 制造商 | 法拉利汽车 | | | |
|---|---|---|---|---|
| 召回时间 | 2015-08-06 至 2016-08-05 | | | |
| 涉及数量 | 13 | | | |
| 车型 | 型号 | 年款 | VIN 范围 | |
| LaFerrari | LaFerrari | 2014 | 起：ZFF76ZHE8E0202241<br>止：ZFF76ZHE5E0203394 | |
| 缺陷情况 | 该车型配备的 L32 型座椅不符合 FMVSS 202a (USA) and UNECE 17(EEC) 标准 | | | |
| 可能后果 | 该缺陷可能导致以下结果：1）头枕在碰撞时不能吸收足够的能量；2）可能增加受伤的风险； | | | |
| 维修措施 | 免费为涉及召回的车辆更换座椅头枕并改进座椅靠背 | | | |
| 改进措施 | 从 2015 年 4 月起，生产过程已使用正确的产品 | | | |

## 一汽 - 大众汽车有限公司召回部分进口奥迪 SQ5 汽车

| 制造商 | 奥迪汽车 | | | |
|---|---|---|---|---|
| 召回时间 | 2015-08-06 至 2016-08-06 | | | |
| 涉及数量 | 886 | | | |
| 车型 | 型号 | 年款 | VIN 范围 | |
| SQ5 | SQ5 | 2014-2015 | 起：WAUCGD8R6EA023543<br>止：WAUCGD8R2FA106954 | |
| 缺陷情况 | 本次召回范围内车辆，在极个别情况下车辆的转向助力功能受到影响。 | | | |
| 可能后果 | 在极个别情况下，车辆可能出现转向沉重的问题。 | | | |
| 维修措施 | 对转向系统控制单元软件升级。 | | | |
| 改进措施 | 使用最新状态软件的零件。 | | | |

### 捷豹路虎汽车贸易（上海）有限公司召回部分进口路虎发现 4 车辆

| 制造商 | 路虎汽车 | | | |
|---|---|---|---|---|
| 召回时间 | 2015-08-07 至 2016-08-07 | | | |
| 涉及数量 | 1243 | | | |
| 车型 | 型号 | 年款 | VIN 范围 | |
| 路虎发现 4 | 2012 款 3.0SDV6 双涡轮增压柴油发动机 2012 款 5.0V8 汽油发动机 SE（自然进气汽油）2012 款 5.0VI 汽油发动机 HSE（自然进气汽油）路虎发现 2013 款 3.0 SDV6 183kW HSE 路虎发现 2013 款 5.0 V8 SE 路虎发现 2013 款 5.0 V8 HSE | 2012-2013 | 起：SALAN2F41CA642486<br>止：SALAN2F40CA647078 | |
| 缺陷情况 | 用于粘合全景天窗玻璃的底漆规格错误，导致粘贴不牢。 | | | |
| 可能后果 | 可能存在风噪声和漏雨的情况，极端情况下可能发生天窗脱落。 | | | |
| 维修措施 | 捷豹路虎将指导车主到路虎授权经销商店进行返修工作：在全景天窗总成上重新涂抹正确规格的底漆；此次维修对客户免费。 | | | |
| 改进措施 | 供应商已使用正确规格的底漆。 | | | |

### 上海大众汽车有限公司召回部分途安、途观汽车

| 制造商 | 上海大众 | | | |
|---|---|---|---|---|
| 召回时间 | 2015-08-07 至 2015-11-06 | | | |
| 涉及数量 | 134 | | | |
| 车型 | 型号 | 年款 | VIN 范围 | |
| 途安 | 途安 | 2013 | | |
| 途观 | 途观 | 2013 | | |
| 缺陷情况 | 极个别车辆驾驶员侧主气囊模块因供应商零件问题，可能导致车辆在发生碰撞时，驾驶员侧主气囊无法完全展开。 | | | |
| 可能后果 | 可能导致车辆在发生碰撞时，驾驶员侧主气囊无法完全展开。 | | | |
| | 免费为召回涉及的车辆更换驾驶员侧主气囊模块。 | | | |
| 维修措施 | 安全气囊供应商已采取改进措施。所有目前生产和销售的以及经销商库存中的车辆均不受上述问题影响。 | | | |

## 一汽 - 大众汽车有限公司召回部分宝来、速腾、高尔夫汽车

| 制造商 | 一汽大众 | | | |
| --- | --- | --- | --- | --- |
| 召回时间 | 2015-08-08 至 2016-08-07 | | | |
| 涉及数量 | 4281 | | | |
| 车型 | 型号 | 年款 | VIN 范围 | |
| 宝来 BORA | 全新宝来 1.4T 手动舒适型 全新宝来 1.4T 手动运动版 全新宝来 1.4T 自动豪华型 全新宝来 1.4T 自动舒适型 宝来 1.6L 出租车 全新宝来 1.6L 手动时尚型 全新宝来 1.6L 自动时尚型 | 2013-2014 | 起：LFV2A215XD3119151<br>止：LFV2A2154E3026028 | |
| 缺陷情况 | 极个别车辆驾驶员侧主气囊模块因供应商零件问题，可能导致车辆在发生碰撞时，驾驶员侧主气囊无法完全展开。 | | | |
| 可能后果 | 可能导致车辆在发生碰撞时，驾驶员侧主气囊无法完全展开。 | | | |
| 维修措施 | 免费为召回涉及的车辆更换驾驶员侧主气囊模块。 | | | |
| 改进措施 | 安全气囊供应商已采取改进措施。所有目前生产和销售的以及经销商库存中的车辆均不受上述问题影响。 | | | |

## 广汽丰田汽车有限公司召回部分丰田雅力士汽车

| 制造商 | 广汽丰田 | | | |
| --- | --- | --- | --- | --- |
| 召回时间 | 2015-09-25 至 2016-09-24 | | | |
| 涉及数量 | 83580 | | | |
| 车型 | 型号 | 年款 | VIN 范围 | |
| 雅力士 | 1.3 E 魅动版 手动档、1.3 E 魅动版 自动档、1.3E 舒适版、1.6 E 魅动版 手动档、1.6 E 魅动版 自动档、1.6 GS 锐动版、1.6 G 炫动版 手动档、1.6 G 炫动版 自动档、1.6E 舒适版、1.6G 精致版、1.6G 精致智能版、1.6RS 至尊版、1.6RS 至尊锐动版 | 2008-2011 | 起：LVGCV90398G001063<br>止：LVGCU903XBG078826 | |
| 缺陷情况 | 此次为高田气囊在全球实施的召回活动，通过在日本对市场回收零件进行调查，确认到部分驾驶席空气囊的气体发生器（膨胀装置）存在容器气密性不良。在长期使用过程中，空气中的水分有可能侵入气体发生器，使内部气体发生剂吸湿膨胀，空气囊展开时有可能会导致气体发生器破损。虽尚未查明原因，但应供应商的要求，基于原因调查的目的，作为预防措施，决定将驾驶席空气囊气体发生器回收调查对象车辆的生产日期范围扩大至 2011 年底，所以雅力士车型在本次对象范围内。 | | | |
| 可能后果 | 驾驶席空气囊展开时气体发生器有可能发生破损，导致碎片飞出，可能伤及车内人员，存在安全隐患。 | | | |
| 维修措施 | 广汽丰田汽车有限公司将为召回范围内的车辆免费更换驾驶席空气囊气体发生器，并回收旧品调查。 | | | |
| 改进措施 | 广汽丰田生产的雅力士车型已于 2013 年 11 月停产，目前生产的产品不存在该缺陷。 | | | |

### 双龙汽车（上海）有限公司召回部分进口享御和雷斯特汽车

| 制造商 | 双龙汽车 | | | |
|---|---|---|---|---|
| 召回时间 | 2015-08-17 至 2016-08-16 | | | |
| 涉及数量 | 72 | | | |
| 车型 | 型号 | 年款 | VIN 范围 | |
| 享御 | 享御 | 2007 | 起：KPTS0C19X7P053789<br>止：KPTS0C1947P058034 | |
| 雷斯特 | 雷斯特 | 2008 | 起：KPTG0B1978P268421<br>止：KPTG0B1999P275131 | |
| 缺陷情况 | 低速起步时后轮拉杆球头脱落 | | | |
| 可能后果 | 后轮拉杆球头脱落，车辆不能行驶 | | | |
| 维修措施 | 将通知车主将其车辆送到维修站，由维修站负责免费更换改善后的后轮拉杆球头 | | | |
| 改进措施 | 生产线已使用改善后的后轮拉杆球头 | | | |

### 双龙汽车（上海）有限公司召回部分进口爱腾、享御和雷斯特汽车

| 制造商 | 双龙汽车 | | | |
|---|---|---|---|---|
| 召回时间 | 2015-08-17 至 2016-08-16 | | | |
| 涉及数量 | 7749 | | | |
| 车型 | 型号 | 年款 | VIN 范围 | |
| 享御 | 享御 | 2006-2008 | 起：KPTS0B1F35P016094<br>止：KPTS0A1K38P093320 | |
| 爱腾 | 爱腾 | 2006-2008 | 起：KPTC0B1606P024773<br>止：KPTC0B1KX8P052516 | |
| 雷斯特 | 雷斯特 | 2006-2008 | 起：KPTG0B1F76P222672<br>止：KPTG0B1999P275131 | |
| 缺陷情况 | 经常行驶颠簸路车辆因球头异常磨损导致方向盘打死并起步时球头螺杆断裂 | | | |
| 可能后果 | 前轮下支臂球头螺杆断裂，车辆不能行驶． | | | |
| 维修措施 | 将通知车主将其车辆送到维修站，由维修站负责免费更换改善后的前轮下支臂球头 | | | |
| 改进措施 | 生产线已使用改善后的前轮下支臂球头 | | | |

## 捷豹路虎汽车贸易（上海）有限公司召回部分进口揽胜和揽胜运动汽车

| 制造商 | 路虎汽车 | | | |
|---|---|---|---|---|
| 召回时间 | 2015-08-14 至 2016-08-15 | | | |
| 涉及数量 | 50042 | | | |
| 车型 | 型号 | 年款 | VIN 范围 | |
| 新揽胜 | 新揽胜 2013 款 3.0 TDV6 Vouge 新揽胜 2013 款 3.0 TDV6 Vouge SE 新揽胜 2013 款 3.0 V6 SC Vouge 新揽胜 2013 款 3.0 V6 SC Vouge SE 新揽胜 2013 款 5.0 V8 NA Vogue 新揽胜 2013 款 5.0 V8 NA Vogue SE 新揽胜 2013 款 5.0 V8 SC Vouge SE 新揽胜 2013 款 5.0 V8 SC 创世尊崇版 新揽胜 2014 款 3.0 TDV6Vogue SE 创世加长版 新揽胜 2014 款 3.0 V6 SC Vogue SE 创世加长版 新揽胜 2014 款 5.0 V8 S/C AB 新揽胜 2014 款 5.0 V8 S/C Vogue SE 新揽胜 2014 款 5.0 V8 SC Autobiography 尊崇创世加长版 新揽胜 2014 款 TDV6 Vogue 新揽胜 2014 款 TDV6 Vogue SE 新揽胜 2014 款 V6 3.0 S/C Vogue 新揽胜 2014 款 V6 3.0 S/C Vogue SE 新揽胜 2015 款 3.0 V6 SC Vogue SE 创世加长版 新揽胜 2015 款 3.0 V6 SC Vogue 标准轴距 新揽胜 2015 款 5.0 V8 SC AB 尊崇创世加长版 新揽胜 2015 款 SDV6 Hybrid Vogue SE 混合动力创世加长版 | 2012-5-9 | 起：SALGA2FF6DA000161<br>止：SALGA2VF9FA223038 | |
| 新揽胜运动 | 新揽胜运动 2014 款 3.0 V6 SC AB 新揽胜运动 2014 款 3.0 V6 SC HSE 新揽胜运动 2014 款 3.0 V6 SC HSE Dyn. 新揽胜运动 2014 款 5.0 V8 SC AB Dyn. 新揽胜运动 2015 款 3.0 SDV6 HSE 新揽胜运动 2015 款 3.0 SDV6 HSE Dynamic 新揽胜运动 2015 款 3.0 SDV6 Hybrid HSE Dynamic 新揽胜运动 2015 款 3.0 V6 SC AB 新揽胜运动 2015 款 3.0 V6 SC HSE 新揽胜运动 2015 款 3.0 V6 SC HSE Dynamic 新揽胜运动 2015 款 5.0 V8 SC AB Dynamic | 2014-2015 | 起：SALWA2VF1EA300091<br>止：SALWA2VF0FA620147 | |
| 缺陷情况 | 部分 2013 至 2015 款新揽胜和 2014 至 2015 款新揽胜运动车辆的车门在关闭状态下不能锁定，在车辆运行时车门有可能开启。 | | | |
| 可能后果 | 车门看似关闭，但实际并未锁定，在车辆行驶过程中有可能会出现车门打开，增加撞车风险。 | | | |
| 维修措施 | 捷豹路虎将指导车主到路虎授权经销商店进行返修工作，下载最新软件来修复这一问题；针对部分车辆装配的 KVM（Keyless Vehicle Module）无钥匙进入系统设置为只读状态，维修方案为更换 KVM 模块。此次维修对客户免费。 | | | |
| 改进措施 | 捷豹路虎确保提供正确的软件 | | | |

## 克莱斯勒（中国）汽车销售有限公司召回部分进口道奇汽车

| 制造商 | 克莱斯勒 | | | |
|---|---|---|---|---|
| 召回时间 | 2015-08-30 至 2016-08-30 | | | |
| 涉及数量 | 2983 | | | |
| 车型 | 型号 | 年款 | VIN 范围 | |
| JCUV 酷威 | JCUV 酷威（2.7L） | 2009-2010 | 起：3D4PG6FD3AT159450<br>止：3D4GGH7DX9T581026 | |
| 缺陷情况 | 点火钥匙在运行（RUN）位置产生意外转动可能导致发动机熄火，产生安全隐患 | | | |
| 可能后果 | 可能导致发动机，转向助力等失去动力，产生安全隐患 | | | |
| 维修措施 | 克莱斯勒（中国）汽车销售有限公司计划针对 2009-2010 年款进口道奇酷威发起主动召回，公司将为涉及车辆更换防盗模块 . | | | |
| 改进措施 | 已使用不同供应商的点火开关模块；新的点火开关模块内的子组件已使用完全不同的设计 | | | |

## 沃尔沃汽车销售（上海）有限公司召回部分进口沃尔沃 XC90 汽车

| 制造商 | 沃尔沃汽车 | | | |
|---|---|---|---|---|
| 召回时间 | 2015-08-19 至 2016-08-18 | | | |
| 涉及数量 | 1352 | | | |
| 车型 | 型号 | 年款 | VIN 范围 | |
| 第二代 XC90 | T6 智雅版 -7 座 T6 智逸版 -7 座 T6 智尊版 -7 座 | 2016 | 起：YV1LFA2D0G0000491<br>止：YV1LFA2D0G0020394 | |
| 缺陷情况 | 在发生碰撞的情况下，第三排侧气帘可能不能按照设计要求展开，第三排乘员不能受到设计应有的保护，存在安全隐患（仅适用 7 座车）。 | | | |
| 可能后果 | 第三排乘员不能受到设计应有的保护（仅适用 7 座车）。 | | | |
| 维修措施 | 由授权经销商进行免费检查气帘固定带，并免费加装气帘导向挡块。 | | | |
| 改进措施 | 所有生产车辆已检查固定带并加装气帘导向挡块。 | | | |

## 法拉利汽车国际贸易（上海）有限公司召回部分进口法拉利汽车

| 制造商 | 法拉利汽车 | | | |
|---|---|---|---|---|
| 召回时间 | 2015-08-17 至 2016-08-16 | | | |
| 涉及数量 | 67 | | | |
| 车型 | 型号 | 年款 | VIN 范围 | |
| 458 | 458 | 2015 | 起：ZFF78VHE4F0208865<br>止：ZFF78VHE8F0210781 | |
| California | California T | 2015 | 起：ZFF77XJE3F0206940<br>止：ZFF77XJE1F0211117 | |
| F12 Berlinetta | F12 Berlinetta | 2015 | 起：ZFF74UHE5F0208928<br>止：ZFF74UHE5F0211196 | |
| FF | FF | 2015 | 起：ZFF73SKE0F0209145<br>止：ZFF73SKE0F0209145 | |
| 缺陷情况 | 安全气囊封皮粘合不正确， 并且安全气囊本身折叠不正确 | | | |
| 可能后果 | 该缺陷可能导致以下结果： 1）安全气囊激发时，封皮不能按照预设的撕裂线撕裂，安全气囊不能对称地展开； 2）可能增加受伤的风险。 | | | |
| 维修措施 | 免费为涉及召回的车辆更换驾驶员侧前安全气囊。 | | | |
| 改进措施 | 从 2015 年 6 月中起，生产过程已使用正确的零件。 | | | |

## 克莱斯勒（中国）汽车销售有限公司补充召回部分进口大切诺基车辆

| 制造商 | 克莱斯勒 | | | |
|---|---|---|---|---|
| 召回时间 | 2015-08-30 至 2016-08-29 | | | |
| 涉及数量 | 11088 | | | |
| 车型 | 型号 | 年款 | VIN 范围 | |
| 大切诺基 | （Grand Cherokee） | 2011-2013 | | |
| 缺陷情况 | 本次召回范围内的大切诺基（Grand Cherokee）汽车，车辆因全集成电源模块内的燃油泵继电器内接触弹簧过热等原因发生变形。 | | | |
| 可能后果 | 可能导致燃油泵继电器功能失效，车辆无法启动或熄火，存在安全隐患。 | | | |
| 维修措施 | 克莱斯勒（中国）汽车销售有限公司将为召回范围内车辆的全集成电源模块外部加装燃油泵继电器，以消除安全隐患。 | | | |

**北京奔驰汽车有限公司召回部分国产奔驰 GLA 汽车**

<table>
<tr><td>制造商</td><td colspan="4">北京奔驰</td></tr>
<tr><td>召回时间</td><td colspan="4">2015-09-01 至 2016-08-31</td></tr>
<tr><td>涉及数量</td><td colspan="4">1105</td></tr>
<tr><td>车型</td><td>型号</td><td>年款</td><td>VIN 范围</td><td></td></tr>
<tr><td>GLA 级</td><td>GLA200（BJ6447F）；GLA220 4MATIC（BJ6447FEA）；GLA260 4MATIC（BJ6447FA）；</td><td>2015</td><td>起：LE4TG4HB0FL003827<br>止：LE4TG4HB9FL005432</td><td></td></tr>
<tr><td>GLA 级</td><td>GLA200（BJ6447F）；GLA220 4MATIC（BJ6447FEA）；GLA260 4MATIC（BJ6447FA）；</td><td>2015</td><td>起：LE4TG4HB0FL003827<br>止：LE4TG4HB9FL005432</td><td></td></tr>
<tr><td>缺陷情况</td><td colspan="4">戴姆勒股份公司发现，个别于上述日期期间生产的进口车辆上，发动机舱保险继电器盒的供电装置上的螺栓的紧固力矩可能低于规范值。供电装置连接处的电阻可能会增大。或者当受到车辆行驶的振动作用时，供电连接可能会暂时中断接触。</td></tr>
<tr><td>可能后果</td><td colspan="4">上述情况可能会导致供电连接处的热量积聚和产生电弧放电。极端情况下，不能排除起火的风险。此外，如果发生供电接触中断，部分功能可能无法正常工作，包括发动机，车身电子稳定系统，大灯和雨刮器，由此会增加发生事故的风险。</td></tr>
<tr><td>维修措施</td><td colspan="4">戴姆勒股份公司将通过梅赛德斯 - 奔驰授权经销商检查受影响车辆的发动机舱保险继电器盒的供电连接装置的螺栓力矩，根据检查结果，重新拧紧力矩，并且根据需要，或更换发动机舱保险继电器盒。</td></tr>
<tr><td>改进措施</td><td colspan="4">供应商已经确认到工艺环节的差错并分析后进行了纠正，可以保证 2015 年 6 月 14 日以后生产的车辆不会存在该问题。</td></tr>
</table>

**梅赛德斯 - 奔驰（中国）汽车销售有限公司召回部分 CLS 级车辆**

<table>
<tr><td>制造商</td><td colspan="4">奔驰汽车</td></tr>
<tr><td>召回时间</td><td colspan="4">2015-09-07 至 2016-09-06</td></tr>
<tr><td>涉及数量</td><td colspan="4">22</td></tr>
<tr><td>车型</td><td>型号</td><td>年款</td><td>VIN 范围</td><td></td></tr>
<tr><td>CLS</td><td>CLS</td><td>2015</td><td>起：JN1AY25FXC9000080<br>止：JN1AY25F3D9010192</td><td></td></tr>
<tr><td>缺陷情况</td><td colspan="4">本次召回范围内部分车辆由于发动机燃油轨道上的燃油压力传感器的紧固方法不合适。</td></tr>
<tr><td>可能后果</td><td colspan="4">在发动机振动等状况下，少数燃油压力传感器的紧固可能会出现松动，导致燃油压力传感器螺纹处发生燃油泄漏，存在安全隐患。</td></tr>
<tr><td>维修措施</td><td colspan="4">东风汽车有限公司将为召回范围内车辆进行免费检修，加固燃油压力传感器的拧紧力，以消除安全隐患。</td></tr>
</table>

## 长安马自达汽车有限公司召回部分 CX-5、昂克赛拉汽车

| 制造商 | 长安马自达 | | | |
|---|---|---|---|---|
| 召回时间 | 2015-11-27 至 2016-07-31 | | | |
| 涉及数量 | 107912 | | | |
| 车型 | 型号 | 年款 | VIN 范围 | |
| CX5 | 2.0L SKYACTIVE-G 6AT 2WD i-stop 舒适型，2.0L SKYACTIVE-G 6AT AWD i-stop 精英型 / 尊贵型，2.0L SKYACTIVE-G 6MT 2WD 舒适型，2.5L SKYACTIVE-G 6AT AWD i-stop 豪华型 /i-ELOOP 旗舰型 | 2013-2015 | 起：LVRHDCACXDN010047<br>止：LVRHDCAC6FN102520 | |
| Mazda3 AXELA 昂克赛拉 | 2.0L SKYACTIV-G 6AT i-stop 运动型 /i-ELOOP 旗舰型 / 旗舰型 | 2014-2015 | 起：LVRHDFAC7EN300121<br>止：LVRHDAAC2FN352986 | |
| 缺陷情况 | 本次召回范围内部分车辆由于发动机燃油轨道上的燃油压力传感器的紧固方法不合适。 | | | |
| 可能后果 | 在发动机振动等状况下，少数燃油压力传感器的紧固可能会出现松动，导致燃油压力传感器螺纹处发生燃油泄漏，存在安全隐患。 | | | |
| 维修措施 | 日产（中国）投资有限公司将为召回范围内车辆进行免费检修，加固燃油压力传感器的拧紧力，以消除安全隐患。 | | | |
| 改进措施 | 对燃油压力传感器的紧固方法进行了改进。 | | | |

## 华晨宝马汽车有限公司召回部分国产 3 系汽车

| 制造商 | 华晨宝马 | | | |
|---|---|---|---|---|
| 召回时间 | 2016-02-01 至 2017-02-01 | | | |
| 涉及数量 | 13597 | | | |
| 车型 | 型号 | 年款 | VIN 范围 | |
| BMW 3 系 | 325i, 318i | 2003-2005 | 起：LBVAY97004SB00035<br>止：LBVEY970X4SA44834 | |
| 缺陷情况 | 车辆在高湿度的环境中使用较长时间后，因未知的原因，水气有可能进入到气体发生器内。 | | | |
| 可能后果 | 如果水分进入到气体发生器内部，气囊打开过程中，则可能在气体发生器内部产生过高的压力。在最极端的情况下，气囊不能正常打开，气体发生器的金属外壳会被撕裂，可能伤及前排乘客或其它车内人员。 | | | |
| 维修措施 | 免费更换新的驾驶员侧的正面安全气囊模块。 | | | |
| 改进措施 | 该车型已停产。 | | | |

## 宝马（中国）汽车贸易有限公司召回部分进口3系、5系、M系、X系汽车

| 制造商 | 宝马汽车 | | | |
|---|---|---|---|---|
| 召回时间 | 2016-02-01 至 2017-02-01 | | | |
| 涉及数量 | 2605 | | | |
| 车型 | 型号 | 年款 | VIN 范围 | |
| BMW 3 系 | BMW 318i, BMW 320d, BMW 325i, BMW 330i | 2002-2006 | 起：WBABN31050JW22028<br>止：WBABW31026PL22188 | |
| BMW 5 系 | BMW 520i, BMW 530i | 2002 | 起：WBADT61070CJ54453<br>止：WBADT21000GZ12733 | |
| BMW M 系列 | BMW M3 | 2002-2003 | 起：WBSBR92030EH77707<br>止：WBSBL91010JP87482 | |
| BMW X 系列 | BMW X5 | 2003 | 起：WBAFB31060LP12335<br>止：WBAFB31000LP14498 | |
| 缺陷情况 | 车辆在高湿度的环境中使用较长时间后，因未知的原因，水气有可能进入到气体发生器内。 | | | |
| 可能后果 | 如果水分进入到气体发生器内部，气囊打开过程中，则可能在气体发生器内部产生过高的压力。在最极端的情况下，气囊不能正常打开，气体发生器的金属外壳会被撕裂，可能伤及前排乘客或其它车内人员。 | | | |
| 维修措施 | 免费更换新的驾驶员侧的正面安全气囊模块。 | | | |
| 改进措施 | 所涉及车型已停产。 | | | |

## 沃尔沃（中国）投资有限公司召回部分进口沃尔沃牵引车和底盘

| 制造商 | 沃尔沃汽车 | | | |
|---|---|---|---|---|
| 召回时间 | 2015-09-07 至 2016-09-06 | | | |
| 涉及数量 | 211 | | | |
| 车型 | 型号 | 年款 | VIN 范围 | |
| 沃尔沃 FH、FM 牵引车 | 沃尔沃 FH、FM 牵引车 | 2014-2015 | | |
| 缺陷情况 | 本次召回范围内的部分车辆配置钢板弹簧悬架的单转向前桥，由于生产线装配问题，连接钢板弹簧和前桥的 U 型螺栓之紧固螺母可能松动 | | | |
| 可能后果 | 造成前桥移位和轮胎磨损，存在安全隐患。 | | | |
| 维修措施 | 沃尔沃（中国）投资有限公司将为召回范围内的车辆进行免费检查，对转向前桥 U 型螺栓螺母紧固扭矩小于校验值的车辆进行松开所有 U 型螺栓螺母并重新拧紧至标称扭矩，以消除安全隐患。 | | | |
| 改进措施 | 对转向前桥 U 型螺栓螺母紧固扭矩小于校验值的车辆进行松开所有 U 型螺栓螺母并重新拧紧至标称扭矩 | | | |

### 浙江豪情汽车制造有限公司召回部分 2016 款 XC60 及 S60L

| 制造商 | 沃尔沃亚太 | | | |
|---|---|---|---|---|
| 召回时间 | 2015-09-17 至 2016-09-16 | | | |
| 涉及数量 | 13232 | | | |
| 车型 | 型号 | 年款 | VIN 范围 | |
| S60L | T3 智行版、T4 智远版、T5 智驭版、T5 智越版 | 2016 | 起：LYVFD29A3GB085001<br>止：LYVFD41AXGB094723 | |
| XC60 | T5 智进版、T5 智行版、T5 智远版 | 2016 | 起：LYVDF40A7GB775005<br>止：LYVDF40A6GB817034 | |
| 缺陷情况 | 在车辆发动机自动起停系统工作时，启动机保险丝可能由于过载而失效。如果保险丝失效，车辆停止后，将在没有警告的情况下无法再次启动。 | | | |
| 可能后果 | 停车后，车辆无法再次启动。 | | | |
| 维修措施 | 由授权经销商进行免费更换大容量保险丝。 | | | |
| 改进措施 | 所有在生产车辆已使用大容量保险丝。 | | | |

### 沃尔沃汽车销售（上海）有限公司召回部分 2016 款 XC60，V60 和 S60 车

| 制造商 | 沃尔沃汽车 | | | |
|---|---|---|---|---|
| 召回时间 | 2015-09-17 至 2016-09-16 | | | |
| 涉及数量 | 915 | | | |
| 车型 | 型号 | 年款 | VIN 范围 | |
| S60 | S60 T5 个性运动版 | 2016 | 起：YV1FS40LDG1391032<br>止：YV1FS40LDG1397849 | |
| 缺陷情况 | 在车辆发动机自动起停系统工作时，启动机保险丝可能由于过载而失效。如果保险丝失效，车辆停止后，将在没有警告的情况下无法再次启动。 | | | |
| 可能后果 | 停车后，车辆无法再次启动。 | | | |
| 维修措施 | 由授权经销商进行免费更换大容量保险丝。 | | | |
| 改进措施 | 所有在生产车辆已使用大容量保险丝。 | | | |

### 东南（福建）汽车工业有限公司召回翼神汽车

| 制造商 | 东南汽车 | | | |
|---|---|---|---|---|
| 召回时间 | 2015-09-21 至 2016-09-20 | | | |
| 涉及数量 | 258 | | | |
| 车型 | 型号 | 年款 | VIN 范围 | |
| 翼神 | 2013 款 2.0L 致炫版 自动豪华型 B 款 2013 款 2.0L 致炫版 手动舒适型 B 款 2014 款致炫版舒适型 MT 2014 款致炫版旗舰型 CVT 新翼神 2.0L CVT 旗舰版 | 2013-2015 | 起：LDNH4GFK4C0063652<br>止：LDNH4GFK6F0097502 | |
| 缺陷情况 | 召回范围涉及车辆，由于 ECU 对节气门阀门开度的学习值设定问题，造成空气流量不足，严重时会造成停车前后发动机转数降低及熄火。 | | | |
| 可能后果 | 当停车前后造成进入空气流量不足时，发动机转数快速下降有可能造成熄火。 | | | |
| 维修措施 | 发动机 ECU 程序更新。 | | | |
| 改进措施 | 明确并确立积碳造成空气流量下降的试验方法，将「学习范围」的设定方法整理并书面体现。 | | | |

### 上汽通用汽车有限公司召回部分进口 2014 年款凯迪拉克 ATS

| 制造商 | 通用汽车 | | | |
|---|---|---|---|---|
| 召回时间 | 2015-09-21 至 2016-09-20 | | | |
| 涉及数量 | 7499 | | | |
| 车型 | 型号 | 年款 | VIN 范围 | |
| ATS | 2.0T Standard Sport 2.0T Standard Luxury 2.0T Elite 2.0T Premium | 2014 | 起：1G6A95SX5E0110893<br>止：1G6A95RX1E0188724 | |
| 缺陷情况 | 本次召回范围内的车辆，后窗除雾模块的控制软件不够完善。 | | | |
| 可能后果 | 后窗除雾模块可能会发生热熔，存在安全隐患。 | | | |
| 维修措施 | 免费更新后窗除雾模块控制软件。 | | | |
| 改进措施 | 美国通用公司目前生产的 ATS 车辆，后窗除雾模块控制软件已经得到了改进。改进后的软件会在车辆启动时监测实车状态，完成监测后再判断是否需要启动后窗除雾模块。 | | | |

### 上汽通用汽车有限公司召回部分国产 2015 年款凯迪拉克 ATS-L 车辆

| 制造商 | 上汽通用 | | | |
|---|---|---|---|---|
| 召回时间 | 2015-09-21 至 2016-09-20 | | | |
| 涉及数量 | 25117 | | | |
| 车型 | 型号 | 年款 | VIN 范围 | |
| ATS-L | 2.0T Comfort 2.0T Fashion 2.0T Elite 2.0T Luxury 2.0T Premium | 2015 | 起：LSGAR5AL9FH000030<br>止：LSGAR55L3FH221830 | |
| 缺陷情况 | 本次召回范围内的车辆，后窗除雾模块的控制软件不够完善。 | | | |
| 可能后果 | 后窗除雾模块可能会发生热熔，存在安全隐患。 | | | |
| 维修措施 | 免费更新后窗除雾模块控制软件。 | | | |
| 改进措施 | 从 2015 年 7 月 21 日起生产的 ATS-L 车辆，后窗除雾模块控制软件已经得到了改进。改进后的软件会在车辆启动时监测实车状态，完成监测后再判断是否需要启动后窗除雾模块。 | | | |

### 一汽轿车股份有限公司召回部分马自达 6 轿车

| 制造商 | 一汽马自达 | | | |
|---|---|---|---|---|
| 召回时间 | 2015-09-25 至 2016-03-24 | | | |
| 涉及数量 | 279266 | | | |
| 车型 | 型号 | 年款 | VIN 范围 | |
| 马自达 6 | 马自达 6 | 2003-2008 | 起：LFPH5ABC439010299<br>止：LFPM4ACC281E13273 | |
| 缺陷情况 | 安全气囊气体发生器在气囊展开时可能存在气体发生器因内部压力异常造成壳体破损。 | | | |
| 可能后果 | 导致气体发生器壳体碎片飞出，可能伤及车内人员，存在安全隐患。 | | | |
| 维修措施 | 对召回范围内车辆免费检查更换气体发生器，回收旧件用于调查。 | | | |
| 改进措施 | 目前原因还没有查明，做为预防措施，对涉及缺陷的安全气囊气体发生器进行回收调查。 | | | |

### 马自达（中国）企业管理有限公司召回部分进口 Mazda6 与 RX-8 车辆

| 制造商 | 马自达汽车 | | | |
|---|---|---|---|---|
| 召回时间 | 2015-09-29 至 2016-03-28 | | | |
| 涉及数量 | 679 | | | |
| 车型 | 型号 | 年款 | VIN 范围 | |
| Mazda 6 | Mazda6 旅行车 | 2002 | 起：JMZGY193731113888<br>止：JMZGY193731113957 | |
| Mazda 6 | Mazda6 轿跑车 | 2002~2004 | 起：JMZGG12F531102008<br>止：JM7GG443551160954 | |
| RX-8 | RX-8 跑车 | 2005-2008 | 起：JMZSE173460130515<br>止：JMZSE173X80150688 | |
| 缺陷情况 | 安全气囊气体发生器在气囊展开时可能存在气体发生器因内部压力异常造成壳体破损。 | | | |
| 可能后果 | 导致气体发生器壳体碎片飞出，可能伤及车内人员，存在安全隐患。 | | | |
| 维修措施 | 对召回范围内车辆免费检查更换气体发生器，回收旧件用于调查。 | | | |
| 改进措施 | 目前原因还没有查明，作为预防措施，对涉及缺陷的安全气囊气体发生器进行回收调查。 | | | |

### 北京现代汽车有限公司召回部分 2013-2015 款名图汽车

| 制造商 | 北京现代 | | | |
|---|---|---|---|---|
| 召回时间 | 2015-09-30 至 2016-03-29 | | | |
| 涉及数量 | 36484 | | | |
| 车型 | 型号 | 年款 | VIN 范围 | |
| 名图 | 名图 1.8 自动尊贵型（国四）、<br>名图 1.8 自动尊贵型（国五）、<br>名图 2.0 自动至尊型（国四）、<br>名图 2.0 自动至尊型（国五）、<br>名图 2.0 自动旗舰型（国四）、<br>名图 2.0 自动旗舰型（国五） | 2013-2015 | 起：LBECFAKD0DZ000001<br>止：LBECFAHC2EZ092891 | |
| 缺陷情况 | 带有电子稳定程序控制系统 (ESC) 式样的名图车辆刹车软管，长时间使用后，可能导致制动软管产生裂纹，极端情况下出现制动液渗漏，制动油量警告灯亮起，可能造成制动力下降。 | | | |
| 可能后果 | 极端情况下出现制动液渗漏，制动油量警告灯亮起，可能造成制动力下降。 | | | |
| 维修措施 | 对受影响的车辆生产日期范围内和车架号范围内的车辆，免费为客户车辆更换改善后的刹车软管。 | | | |
| 改进措施 | 变更作业方法，并装配改善后的刹车软管。 | | | |

## 东南（福建）汽车工业有限公司召回部分三菱翼神汽

| 制造商 | 东南汽车 | | | |
|---|---|---|---|---|
| 召回时间 | 2015-10-28 至 2016-10-27 | | | |
| 涉及数量 | 39788 | | | |
| **车型** | **型号** | **年款** | **VIN 范围** | |
| 翼神 | 1.8L 时尚版手动舒适型 1.8L 时尚版自动舒适型 1.8L 时尚版手动舒适型（选装皮椅） 1.8L 时尚版自动舒适型（选装皮椅） 1.8L 时尚版手动睿智型 1.8L 时尚版自动豪华型 2.0L 运动版手动豪华型 2.0L 运动版自动旗舰型 2.0L 运动版自动旗舰型（选装导航） 1.8L 致尚版自动豪华型限量款 1.8L 致尚版自动豪华型 1.8L 致尚版手动豪华型 2011 款 1.8L 时尚版手动舒适型 2011 款 1.8L 时尚版自动舒适型 2011 款 1.8L 手动贺岁版 2011 款 1.8L 自动贺岁版 2011 款 1.8L 时尚版手动睿智型 2011 款 1.8L 时尚版自动豪华型 2011 款 1.8L 致尚版自动豪华型 A 款 2011 款 1.8L 致尚版手动豪华型 2011 款 2.0L 致炫版手动豪华型 A 款 2011 款 2.0L 致炫版手动舒适型 2011 款 2.0L 致炫版自动旗舰型 A 款 2011 款 2.0L 致炫版自动豪华型（选装导航）A 款 2011 款 2.0L 致炫版自动豪华型（选装导航）B 款 | 200920102011 | 起：LDNH4GGT390000042<br>止：LDNM4GFT4B0039857 | |
| 缺陷情况 | 召回范围内的部分车辆加油软管和通气软管材料制造不良，极端情况下软管可能出现龟裂渗汽油，存在安全隐患 | | | |
| 可能后果 | 极端情况下软管可能出现龟裂渗油，存在安全隐患 | | | |
| 维修措施 | 更换改善后软管 | | | |
| 改进措施 | 软管的制造问题已经改善 | | | |

### 长安福特汽车有限公司召回部分翼虎汽车 - 手刹拉索

| 制造商 | 长安福特 | | | |
|---|---|---|---|---|
| 召回时间 | 2015-10-16 至 2017-10-15 | | | |
| 涉及数量 | 219307 | | | |
| 车型 | 型号 | 年款 | VIN 范围 | |
| 翼虎 | 翼虎 1.5GTDi AT 风尚型 ICA 翼虎 1.5GTDi AT 精英型 ICA 翼虎 1.5GTDi AT 舒适型 ICA 翼虎 1.6GTDi AT 风尚型 翼虎 1.6GTDi AT 精英型 翼虎 1.6GTDi AT 舒适型 翼虎 2.0GTDi AT 精英型 翼虎 2.0GTDi AT 尊贵型 翼虎 2.0GTDi AT 运动型 | 20132015 | 起：LVSHJCAB0CE038307<br>止：LVSHJCAL4EE855971 | |
| 缺陷情况 | 召回范围内部分车辆在剧烈颠簸路况下，手刹拉索与汽油滤清器进出油管之间可能产生干涉，长时间使用可能导致汽油滤清器进出油管磨损，在极端情况下，可能引起燃油渗漏。 | | | |
| 可能后果 | 在极端情况下，可能引起燃油渗漏，存在安全隐患。 | | | |
| 维修措施 | 长安福特汽车有限公司将为召回范围内的车辆免费检查并加装汽油滤清器进出油管保护套，或更换磨损的汽油滤清器进出油管，以消除安全隐患。 | | | |
| 改进措施 | 召回时间范围外生产的翼虎汽车，已使用新状态的汽油滤清器进出油管，此问题已经消除。 | | | |

### 四川一汽丰田汽车有限公司召回部分柯斯达牌客车

| 制造商 | 四川一汽丰田 | | | |
|---|---|---|---|---|
| 召回时间 | 2015-10-29 至 2016-10-28 | | | |
| 涉及数量 | 1415 | | | |
| 车型 | 型号 | 年款 | VIN 范围 | |
| 柯斯达 | 柯斯达豪华柴油车（SCT6703XZB53LEX） | 2011-2014 | 起：LFME15818BS000003<br>止：LFME15810ES000604 | |
| 缺陷情况 | 柴油车的燃油系统中，燃油滤清器强度不足，使用中可能会产生裂纹。在这种状况下继续使用，裂纹的发展将导致滤清器破损，最坏的情况下，存在燃料泄漏的风险 | | | |
| 可能后果 | 极端情况下，有可能引起燃油泄漏，存在安全隐患。 | | | |
| 维修措施 | 全部对象车辆，将无偿更换对策后燃油滤清器。 | | | |
| 改进措施 | 随后生产的车辆使用的是缺陷消除后合格的燃油滤清器。 | | | |

## 大众汽车（中国）销售有限公司召回部分进口宾利飞驰和欧陆汽车

| 制造商 | 大众汽车 | | | |
|---|---|---|---|---|
| 召回时间 | 2015-10-27 至 2016-10-26 | | | |
| 涉及数量 | 5906 | | | |
| 车型 | 型号 | 年款 | VIN 范围 | |
| 宾利飞驰，欧陆汽车 | 宾利飞驰，欧陆汽车 | 2011-2014 | | |
| 缺陷情况 | 本次召回范围内的部分车辆，其 12 伏电瓶的电线螺栓接头两侧的螺母有可能未按恰当的扭矩拧紧。 | | | |
| 可能后果 | 在车辆使用期间，极个别情况下这个接头两侧的螺母可能会松动。如果电瓶明显亏电，发电机会提供高强度的电流给电瓶充电，高强度的电流会导致松动的电瓶线螺栓接头过热，存在安全隐患。 | | | |
| 维修措施 | 对于涉及到此次召回的车辆，宾利品牌授权经销商将为涉及召回的车辆免费更换电瓶线接头螺母。 | | | |

## 广汽菲亚特克莱斯勒汽车有限公司召回部分进口菲亚特菲跃汽车

| 制造商 | 广汽菲亚特 | | | |
|---|---|---|---|---|
| 召回时间 | 2015-12-07 至 2016-12-07 | | | |
| 涉及数量 | 5325 | | | |
| 车型 | 型号 | 年款 | VIN 范围 | |
| 菲跃 | 2012 款菲跃 2.4 豪华版 2012 款菲跃 2.4 舒适版 2013 款菲跃 2.4 豪华版 2013 款菲跃 2.4 豪华导航版 2014 款菲跃 2.4 豪华版 2014 款菲跃 2.4 炫酷版 2014 款菲跃 2.4 豪华导航版 | 2012-2014 | 起：3C4PFABB5CT203345<br>止：3C4PFABB4ET258047 | |
| 缺陷情况 | 特定情况下，部分车辆的发动机饰罩发生错位，可能导致错位的发动机饰罩与三元催化器接触，可能产生起火风险 | | | |
| 可能后果 | 特定情况下，部分车辆的发动机饰罩发生错位，可能导致错位的发动机饰罩与三元催化器接触，可能产生起火风险 | | | |
| 维修措施 | 为涉及车辆发动机饰罩的固定方式进行改进，将其中一个球头销固定改为螺钉固定 | | | |
| 改进措施 | 2015-5-26 日之后生产的产品，不装配发动机饰罩 | | | |

## 克莱斯勒（中国）汽车销售有限公司召回部分进口道奇酷威汽车

| 制造商 | 克莱斯勒 | | | |
|---|---|---|---|---|
| 召回时间 | 2015-12-07 至 2016-12-07 | | | |
| 涉及数量 | 58643 | | | |
| 车型 | 型号 | 年款 | VIN 范围 | |
| JCUV<br>酷威 | JCUV 酷威（2.4L） Journey R/T 尊尚版 （2.4L） Journey Crossroad 旅行版（2.4L） | 2011201320142015 | 起：3D4BG4FB3BT567767<br>止：3C4PDCFB1FT724921 | |
| 缺陷情况 | 特定情况下，部分车辆的发动机饰罩发生错位，可能导致错位的发动机饰罩与三元催化器接触，可能产生起火风险 | | | |
| 可能后果 | 特定情况下，部分车辆的发动机饰罩发生错位，可能导致错位的发动机饰罩与三元催化器接触，可能产生起火风险 | | | |
| 维修措施 | 克莱斯勒会发起一次召回行动，为涉及车辆改进发动机饰罩的固定方式，将其中一个球头销固定改为螺钉固定 | | | |
| 改进措施 | 克莱斯勒会发起一次召回行动，为涉及车辆改进发动机饰罩的固定方式，将其中一个球头销固定改为螺钉固定 | | | |

## 广汽长丰汽车股份有限公司召回部分三菱帕杰罗汽车

| 制造商 | 广汽长丰 | | | |
|---|---|---|---|---|
| 召回时间 | 2015-11-09 至 2016-11-08 | | | |
| 涉及数量 | 9644 | | | |
| 车型 | 型号 | 年款 | VIN 范围 | |
| 帕杰罗 | 帕杰罗 V73 3.0L AT 帕杰罗 V73 3.0L MT | 2011 | 起：LL62H4C01BB000001<br>止：LL62HBC02BB009858 | |
| 缺陷情况 | 零部件厂家联络“根据其他公司市场回收件的调查结果，发现 2010 年之前生产的主驾驶安全气囊的 SDI 型气体发生器的火药推进剂密度波动大。” | | | |
| 可能后果 | 安全气囊展开时有可能发生异常 | | | |
| 维修措施 | 作为预防措施，将搭载的该型号的气体发生器更换成新件 | | | |
| 改进措施 | 已停产 | | | |

### 梅赛德斯 - 奔驰（中国）汽车销售有限公司召回部分进口 S 级轿车 - 安全带

| 制造商 | 奔驰汽车 | | | |
|---|---|---|---|---|
| 召回时间 | 2015-11-02 至 2016-11-01 | | | |
| 涉及数量 | 74 | | | |
| 车型 | 型号 | 年款 | VIN 范围 | |
| S 级 | S 500 4MATIC 轿跑车（217384/XJ8EB）； S 63 AMG 4MATIC 轿跑车（217378/XJ7JB） | 2014-2016 | 起：WDDXJ7JB2FA000420<br>止：WDDXJ7JB8FA007257 | |
| 缺陷情况 | 前排座椅左右侧的安全带可能安装在了相反的位置 ( 左右侧互换了 )。工人的错误可能是造成安装相反的原因。 | | | |
| 可能后果 | 如果安全带安装在了错误的位置，安全带的锁止表现将会受到影响，而且可逆式安全带收紧器将会激活错误的一侧。对互换位置安装了的安全带进行测试，并测量了当发生碰撞时安全带对乘员所施加的紧固力，结果是对乘员施加的紧固力与正确安装的安全带是没有差别的。 | | | |
| 维修措施 | 戴姆勒股份公司将通过梅赛德斯 - 奔驰授权经销商免费检查受影响车辆前排座椅安全带的安装位置，如果需要，对其安装位置进行更正。 | | | |
| 改进措施 | 车辆生产环节增加了质量检查，可以保证 2015 年 2 月 25 日以后生产的 S 级轿跑车不会存在该问题。 | | | |

### 梅赛德斯 - 奔驰（中国）汽车销售有限公司召回部分进口奔驰 S 63 AMG 汽车

| 制造商 | 奔驰汽车 | | | |
|---|---|---|---|---|
| 召回时间 | 2015-11-30 至 2016-11-29 | | | |
| 涉及数量 | 772 | | | |
| 车型 | 型号 | 年款 | VIN 范围 | |
| S 级 | S 63 L AMG 4MATIC （222178/UG7JB）； S 63 AMG 4MATIC 轿跑车 （217378/XJ7JB） | 2014-2016 | 起：WDDUG7JB2EA021283<br>止：WDDXJ7JB7GA013679 | |
| 缺陷情况 | 由于不稳定的怠速转速，发动机可能会在车辆即将停止前意外地熄火。例如在交通信号灯前的低速行驶状态。如果发生意外的熄火，可能会被错误当成 ECO 自动启停系统的按计划的熄火。发动机控制单元软件的程序问题可能造成发动机的熄火。 | | | |
| 可能后果 | 如果发生意外的熄火，可能会被错误当成 ECO 自动启停系统的按计划的熄火。但是松开刹车踏板后发动机无法自动重新启动，只能手动重启。车辆的临时停车会增加碰撞时受伤的风险。 | | | |
| 维修措施 | 戴姆勒股份公司将通过梅赛德斯 - 奔驰授权经销商免费为受影响车辆升级发动机控制单元软件。 | | | |
| 改进措施 | 新版本软件的使用，可以保证 2015 年 9 月 16 日以后生产的 S 级车辆不会存在该问题。 | | | |

### 玛莎拉蒂（中国）汽车贸易有限公司召回部分进口玛莎拉蒂总裁汽车

| 制造商 | 玛莎拉蒂 | | | |
|---|---|---|---|---|
| 召回时间 | 2015-11-02 至 2016-11-01 | | | |
| 涉及数量 | 319 | | | |
| 车型 | 型号 | 年款 | VIN 范围 | |
| Quattroporte（M156） | Quattroporte （M156） | 2014-2015 | 起：ZAMPP56EXE1069222<br>止：ZAMPP56E6E1126774 | |
| 缺陷情况 | 在车辆的使用过程中，发电机 / 起动机线束一直受到（来自发动机和底盘的）振动的冲击；在该线束与起动机正极连接处的绝缘保护罩位置不正确，且该线束和发动机控制线束未被正确固定的情况下，起动机正极可能会与发动机控制线束发生干涉，可能导致起动机正极接地。 | | | |
| 可能后果 | 上述起动机正极的接地，可能会导致发电机 / 起动机线束的损坏以及一些电气故障，如车辆无法启动和蓄电池亏电等；在极端状况下，还可能导致发动机舱内起火或因车辆行驶中发动机停止工作而增加的碰撞风险。 | | | |
| 维修措施 | 免费为涉及召回的车辆进行发电机 / 起动机线束的更换并确保正确安装，同时加强对发电机 / 起动机线束和发动机控制线束的固定。 | | | |
| 改进措施 | 发动机供应商在生产过程中确保发电机 / 起动机线束与起动机正极连接的末端的绝缘保护套的安装位置正确，并加强对发电机 / 起动机线束和发动机控制线束的固定。 | | | |

### 马自达（中国）企业管理有限公司召回部分进口马自达汽车

| 制造商 | 马自达汽车 | | | |
|---|---|---|---|---|
| 召回时间 | 2015-11-30 至 2016-05-15 | | | |
| 涉及数量 | 11107 | | | |
| 车型 | 型号 | 年款 | VIN 范围 | |
| Mazda 323 | Mazda 323（BG 型号） | 1992-1996 | 起：BG1062 131578<br>止：BG1062 175381 | |
| 缺陷情况 | 由于点火开关内部触点上涂有过剩的润滑油脂，在操作开关时产生电弧放电的热量，在固定触点与可动触点之间堆积碳化油脂，有开关内部绝缘性下降的现象。因此，继续使用的话触点间发生电流导通，使开关发热、冒烟，最坏的场合存在导致火灾的隐患。 | | | |
| 可能后果 | 使开关发热、冒烟，最坏的场合存在导致火灾的隐患。 | | | |
| 维修措施 | 全部对象车辆更换对策后新件。 | | | |
| 改进措施 | 已经停止生产 | | | |

## 捷豹路虎汽车贸易（上海）有限公司召回部分进口新揽胜和新揽胜运动汽车

| 制造商 | 路虎汽车 | | | |
|---|---|---|---|---|
| 召回时间 | 2015-11-13 至 2016-11-30 | | | |
| 涉及数量 | 551 | | | |
| 车型 | 型号 | 年款 | VIN 范围 | |
| 新揽胜 | 新揽胜 2015 款 3.0 V6 SC Vogue SE 创世加长版 新揽胜 2015 款 3.0 V6 SC Vogue 标准轴距 新揽胜 2015 款 5.0 V8 SC AB 尊崇创世加长版 新揽胜 2015 款 SDV6 Hybrid Vogue SE 混合动力创世加长版 | 2015 | 起：SALGA2VF2FA239176<br>止：SALGA2VF0FA241024 | |
| 新揽胜运动 | 新揽胜运动 2015 款 3.0 SDV6 HSE 新揽胜运动 2015 款 3.0 SDV6 HSE Dynamic 新揽胜运动 2015 款 3.0 SDV6 Hybrid HSE Dynamic 新揽胜运动 2015 款 3.0 V6 SC AB 新揽胜运动 2015 款 3.0 V6 SC HSE 新揽胜运动 2015 款 3.0 V6 SC HSE Dynamic 新揽胜运动 2015 款 5.0 V8 SC AB Dynamic 新揽胜运动 2015 款 3.0 SDV6 HSE 新揽胜运动 2015 款 3.0 SDV6 HSE Dynamic | 2015 | 起：SALWA2EFXFA538460<br>止：SALWA2VF2FA628976 | |
| 缺陷情况 | 部分 2015 年款 Range Rover 揽胜和 Range Rover Sport 揽胜运动车辆的带手动靠背调节机构的第二排座椅系统存在缺陷，其座椅靠背有可能无法有效地锁定。 | | | |
| 可能后果 | 在特定情况下，这部分车辆的第二排座椅靠背可能会自动向前翻折。如果第二排座椅靠背无法牢固锁止，在发生碰撞、车辆紧急制动或座椅后方行李箱装载物品未固定的情况下，座椅靠背可能会前倾，对第二排乘员构成安全隐患。 | | | |
| 维修措施 | 捷豹路虎将指导车主到路虎授权经销商店进行返修工作，检查第二排座椅系统，必要时更换座椅总成。此次维修对客户免费。 | | | |
| 改进措施 | 捷豹路虎确保提供正确的零部件用于生产； | | | |

## 保时捷召回部分 2015-2016 款进口迈凯汽车

| 制造商 | 保时捷汽车 | | | |
|---|---|---|---|---|
| 召回时间 | 2015-12-01 至 2016-12-01 | | | |
| 涉及数量 | 8654 | | | |
| 车型 | 型号 | 年款 | VIN 范围 | |
| Macan | Macan Turbo（迈凯 涡轮增压） | 2015 | 起：WP1AF2953FLB90072<br>止：WP1AF2950FLB47437 | |
| Macan | Macan S（迈凯 S） | 2015 | 起：WP1AB2950FLB50107<br>止：WP1AB295XFLB43925 | |
| Macan | Macan Turbo（迈凯 涡轮增压） | 2016 | 起：WP1AF2956GLB91203<br>止：WP1AF2958GLB93809 | |
| Macan | Macan S（迈凯 S） | 2016 | 起：WP1AB2957GLB40031<br>止：WP1AB2957GLB53698 | |
| 缺陷情况 | 涉及本次召回的车辆，由于燃油低压管的耐用性无法得到保证，可能导致燃油低压管到燃油分配管的连接处附近出现燃油泄漏的情况。 | | | |
| 可能后果 | 发动机舱内可能会出现燃油异味，在极端情况下，如遇火源可能导致车辆起火，存在安全隐患。 | | | |
| 维修措施 | 更换燃油低压管及卡箍。出于安全方面的考虑，如果用户在使用过程中闻到燃油异味，请立即停止使用并与保时捷授权服务中心取得联系。 | | | |
| 改进措施 | 从 2015 年 10 月起在生产线上使用经过优化的燃油低压管 | | | |

## 梅赛德斯 - 奔驰（中国）汽车销售有限公司召回部分进口奔驰汽车

| 制造商 | 奔驰汽车 | | | |
|---|---|---|---|---|
| 召回时间 | 2016-03-07 至 2017-03-07 | | | |
| 涉及数量 | 3057 | | | |
| 车型 | 型号 | 年款 | VIN 范围 | |
| 进口 C 级 | C 级 | 2008-2009 | | |
| 缺陷情况 | 本次召回范围内部分车辆的辅助约束系统控制单元（SRS）功能可能会发生系统故障，SRS 故障警告灯点亮。 | | | |
| 可能后果 | 极端情况下部分 SRS 功能可能会意外地启动，导致安全气囊意外展开，存在安全隐患。 | | | |
| 维修措施 | 梅赛德斯 - 奔驰（中国）汽车销售有限公司和北京奔驰汽车有限公司将为召回范围内的车辆免费更换改进后的 SRS 辅助约束系统控制单元，以消除安全隐患。 | | | |

## 天津中冶立仁物流有限公司召回部分进口劳什马斯丹汽车

| 制造商 | 福特汽车 | | | |
|---|---|---|---|---|
| 召回时间 | 2015-11-13 至 2016-11-30 | | | |
| 涉及数量 | 241 | | | |
| 车型 | 型号 | 年款 | VIN 范围 | |
| Mustang EcoBoost | Mustang EcoBoost | 2015 | 起：1FA6P8TH2F5300694<br>止：1FA6P8TH0F5364474 | |
| 缺陷情况 | 燃油箱或燃油蒸汽管长期暴露在车辆底部高温下， 会导致相关部件老化， 最终导致燃油渗漏。此外， 此情况也可能引起驻车制动拉索密封圈的老化， 可能影响驻车制动功能。 | | | |
| 可能后果 | 发生在外部火源附近的燃油渗漏会增加着火的风险。 衰退的驻车制动功能会导致意外的车辆移动， 可能增加乘员受伤的风险。 | | | |
| 维修措施 | 更换油箱保护罩并在油箱和油箱保护罩上安装 3 个隔热块。安装驻车制动拉索隔热块（仅 2.3L 车型）并安装 4 根燃油蒸汽管隔热卷。 | | | |
| 改进措施 | 1) 油箱总成扩大油箱前部隔热块面积，油箱后部加装隔热块，在油箱保护罩底部加装反射材料，在油箱保护罩和油箱之间加装额外的泡沫挡板。 2) 燃油蒸汽管加装隔热卷。 3) 驻车制动拉索在驻车制动拉索平衡器支架上安装隔热块 | | | |

## 北京奔驰汽车有限公司召回部分国产奔驰汽车

| 制造商 | 北京奔驰 | | | |
|---|---|---|---|---|
| 召回时间 | 2016-03-07 至 2017-03-06 | | | |
| 涉及数量 | 7501 | | | |
| 车型 | 型号 | 年款 | VIN 范围 | |
| 国产 C 级 | C 级 | 2008-2009 | | |
| 缺陷情况 | 本次召回范围内部分车辆的辅助约束系统控制单元（SRS）功能可能会发生系统故障，SRS 故障警告灯点亮。 | | | |
| 可能后果 | 极端情况下部分 SRS 功能可能会意外地启动，导致安全气囊意外展开，存在安全隐患。 | | | |
| 维修措施 | 梅赛德斯 - 奔驰（中国）汽车销售有限公司和北京奔驰汽车有限公司将为召回范围内的车辆免费更换改进后的 SRS 辅助约束系统控制单元，以消除安全隐患。 | | | |

### 广汽菲亚特克莱斯勒汽车有限公司召回部分菲翔汽车

| 制造商 | 广汽菲亚特 | | | |
|---|---|---|---|---|
| 召回时间 | 2015-11-20 至 2016-11-20 | | | |
| 涉及数量 | 42935 | | | |
| 车型 | 型号 | 年款 | VIN 范围 | |
| 菲翔系列 | 2012 款 1.4T120hp DDCT 悦享版、2012 款 1.4T120hp DDCT 畅享版、2012 款 1.4T120hp DDCT 劲享版、2012 款 1.4T150hp DDCT 尊享版、2012 款 1.4T150hp DDCT 周年纪念版、2014 款 1.4T120hp DDCT 悦享版、2014 款 1.4T120hp DDCT 畅享版、2014 款 1.4T120hp DDCT 劲享版、2014 款 1.4T150hp DDCT 尊享版 | 2012 | 起：LWVAA114XCA000359<br>止：LWVAA1522DA058797 | |
| 缺陷情况 | 换挡杆内部的执行杆和连接块配合不良，在极端情况下，换挡球头内部连接块从执行杆中脱出，从而导致换挡杆锁止功能失效，在不踩刹车和不按解锁按钮情况下，也可将换挡杆从 P 挡切换至其他挡位。 | | | |
| 可能后果 | 换挡杆 P 挡锁止功能发生故障，极端情况下可能造成车辆意外缓慢移动，存在安全隐患。 | | | |
| 维修措施 | 免费更换改进后的换挡杆球头 | | | |
| 改进措施 | 装配改进后的换挡杆 | | | |

### 东南（福建）汽车工业有限公司召回部分三菱君阁汽车

| 制造商 | 东南汽车 | | | |
|---|---|---|---|---|
| 召回时间 | 2015-12-21 至 2016-12-20 | | | |
| 涉及数量 | 7143 | | | |
| 车型 | 型号 | 年款 | VIN 范围 | |
| 三菱君阁 | 三菱君阁 | 2008-2011 | | |
| 缺陷情况 | 本次召回范围内部分车辆驾驶席气囊在展开时，气体发生器容器可能发生损坏。 | | | |
| 可能后果 | 导致碎片飞出，伤及车内人员，存在安全隐患。 | | | |
| 维修措施 | 东南（福建）汽车工业有限公司将为召回范围内的车辆免费更换驾驶席气囊气体发生器，以消除安全隐患。 | | | |

## 拓速乐汽车销售（北京）有限公司召回部分 Model S 汽车

| 制造商 | 特斯拉汽车 | | | |
|---|---|---|---|---|
| 召回时间 | 2015-12-04 至 2016-11-30 | | | |
| 涉及数量 | 7166 | | | |
| 车型 | 型号 | 年款 | VIN 范围 | |
| Model S | Model S | 2014-2015 | 起：5YJSA2DPXDFP22415<br>止：5YJSA7E27FF114726 | |
| 缺陷情况 | 前排座位的安全带有可能没有正确地固定到外侧膝部预紧器上 | | | |
| 可能后果 | 车辆发生碰撞时安全带不能提供全部的保护作用 | | | |
| 维修措施 | 检查所有车辆的前排驾驶员和乘客座位的安全带以确保座椅安全带和膝部预紧器的正确固定。如果前排安全带没有正确的固定，特斯拉技师将使用新的紧固螺栓和预紧器盖板进行重新安装。 | | | |
| 改进措施 | 在相应工位的作业指导书中增加了安全带安装前的预紧器安装情况检查程序以及后续的质量检查程序，上述检查程序确保了安全带被正确地固定到外侧膝部预紧器上。 | | | |

## 日野汽车（中国）有限公司召回进口牵引车

| 制造商 | 日野汽车 | | | |
|---|---|---|---|---|
| 召回时间 | 2015-12-01 至 2015-12-31 | | | |
| 涉及数量 | 1 | | | |
| 车型 | 型号 | 年款 | VIN 范围 | |
| HINO 700 牵引车<br>（国四） | 6×4 牵引车 | 2015 | 起：JHDSS1EK7F1S10552<br>止：JHDSS1EK7F1S10552 | |
| 缺陷情况 | 在 2015 年生产的后桥速比为 3.25 的 SS1EKS 型号 6×4 牵引车时，由于未同步将与终减速比 3.25 相匹配的参数值写入到 ECU 中，导致最高车速超过了车速表的车速指示范围。而这种情况则不能满足法规 GB15082-2008　3.2 的要求。 | | | |
| 可能后果 | 在车速表指示范围上限 140km/h 内，空车状态实车最高速度可达到 143km/h。但不会对车速表精度造成影响，也不会损坏车速表。 | | | |
| 维修措施 | 将与终减速比 3.25 相匹配的参数值写入 ECU 中，降低车辆的最高速度，使其符合车速表的正常表示范围。 | | | |
| 改进措施 | 对于现在生产中的车辆，已于 2015 年 9 月开始将与终减速比 3.25 相匹配的参数值写入到了 ECU 中。同时，为了预防将来同样的故障再发，在设计基准书及作业要领书中追加了相关事项的控制条款。 | | | |

### 东风特种汽车有限公司召回部分超龙客车

| 制造商 | 东风特种 | | | |
|---|---|---|---|---|
| 召回时间 | 2015-12-15 至 2016-03-15 | | | |
| 涉及数量 | 492 | | | |
| 车型 | 型号 | 年款 | VIN 范围 | |
| 超龙 | 公路客车（EQ6608LT3） | 2015-2016 | 起：LGF179GGXDF114816<br>止：LGF179GG2FF106793 | |
| 缺陷情况 | 座椅与车身连接固定件可能存在安全隐患。 | | | |
| 可能后果 | 当车辆受到重大撞击或其他类似情况时，乘客座椅与车身连接件可能发生变形、松脱，导致乘客跌倒造成伤害。 | | | |
| 维修措施 | 更换乘客座椅与车身固定连接材料，增加固定强度。 | | | |
| 改进措施 | 更换乘客座椅与车身固定连接材料，增加固定强度。 | | | |

### 马自达（中国）企业管理有限公司召回 MazdaCX-5 汽车

| 制造商 | 马自达汽车 | | | |
|---|---|---|---|---|
| 召回时间 | 2015-12-11 至 2016-06-10 | | | |
| 涉及数量 | 3229 | | | |
| 车型 | 型号 | 年款 | VIN 范围 | |
| CX-5 | CX-5 | 2012 | 起：JM7KE1976D0108702<br>止：JM7KE8975D0137763 | |
| 缺陷情况 | 从打完方向的状态向中心位置回舵时，由于在方向盘复原力回舵的状态下把手搭在方向盘上时，手指被方向盘后端盖部位划到。方向盘后端盖与方向盘的间隙部位存在段差，会刮到手指。 | | | |
| 可能后果 | 会刮到手指，严重时划伤手指。 | | | |
| 维修措施 | 全部对象车辆使用不会造成方向盘与周边部件产生损坏的工具，在组装状态下消除方向盘后端盖末端棱角的免费修理。 | | | |
| 改进措施 | ① 后端盖末端棱角部增加导角 R(0.3)，使之不会发生刮蹭。② 变更方向盘侧海绵形状，使之不会让手指接触到后端盖末端。以上对策实施日期 2013 年 6 月 13 日。 | | | |

## 玛莎拉蒂（中国）汽车贸易有限公司召回 GranTurismo 汽车

| 制造商 | 玛莎拉蒂 | | | |
|---|---|---|---|---|
| 召回时间 | 2015-12-11 至 2016-12-10 | | | |
| 涉及数量 | 14 | | | |
| 车型 | 型号 | 年款 | VIN 范围 | |
| GranTurismo | M145 BD | 2016 | 起：ZAMMM45E2G0169508<br>止：ZAMMM45E2G0169508 | |
| GranTurismo | M145 BL | 2016 | 起：ZAMGH45E6G0166838<br>止：ZAMGH45E7G0170803 | |
| 缺陷情况 | 右侧车门锁的强度不能满足标准要求（全锁紧位置的横向载荷冲击）。 | | | |
| 可能后果 | 可能会导致右侧车门在发生车辆事故时意外打开。 | | | |
| 维修措施 | 免费为涉及召回的车辆进行右侧车门锁的更换。 | | | |
| 改进措施 | 1）加强对车门锁供应商的监督，要求其确保所有批次产品生产流程的一致并加强出厂检验。2）对库存的所有右侧车门锁进行清点，并销毁所有不合格批次的右侧车门锁。 | | | |

## 法拉利汽车国际贸易（上海）有限公司召回部分进口 488 GTB、California T 汽车

| 制造商 | 法拉利汽车 | | | |
|---|---|---|---|---|
| 召回时间 | 2015-12-11 至 2016-12-10 | | | |
| 涉及数量 | 18 | | | |
| 车型 | 型号 | 年款 | VIN 范围 | |
| 488 | F142BBE | 2015-2016 | 起：ZFF79AME4G0213657<br>止：ZFF79AMEXG0214618 | |
| California | California T | 2015-2016 | 起：ZFF77XJE0G0213748<br>止：ZFF77XJE1G0214326 | |
| 缺陷情况 | 在该问题油管的生产过程中，在应用锌镍合金镀层前的除油环节中，由于除油不彻底，在金属表面留下残留造成接合不紧密进而导致在发动机启动阶段燃油压力升高的时候产生泄漏。 | | | |
| 可能后果 | 该缺陷可能导致以下结果：1）在发动机启动阶段可能产生微量燃油蒸汽泄漏 。2）可能引起冒烟或明火。 | | | |
| 维修措施 | 免费为涉及召回的车辆更换低压油管。 | | | |
| 改进措施 | 从 2015 年 11 月 12 起，生产过程已使用正确的零件。 | | | |

### 东风汽车有限公司召回部分启辰 R30 汽车

| 制造商 | 东风日产 | | | |
|---|---|---|---|---|
| 召回时间 | 2015-12-31 至 2016-12-31 | | | |
| 涉及数量 | 20038 | | | |
| 车型 | 型号 | 年款 | VIN 范围 | |
| 启辰 | R30 | 2014 | 起：LGB720C28ES001004<br>止：LGB720C25FS004914 | |
| 缺陷情况 | 由于供应商原因，部分车辆雨刮电机因水分进入产生动作不良，客户在使用过程中出现雨刮不工作情况。 | | | |
| 可能后果 | 可能导致驾驶员雨雪天行驶视野不清，存在安全隐患。 | | | |
| 维修措施 | 对召回对象车辆免费检修更换雨刮电机。 | | | |
| 改进措施 | 已采用改善后的零件。 | | | |

### 广汽三菱汽车有限公司召回部分三菱劲炫汽车

| 制造商 | 广汽三菱 | | | |
|---|---|---|---|---|
| 召回时间 | 2015-12-14 至 2016-12-13 | | | |
| 涉及数量 | 10448 | | | |
| 车型 | 型号 | 年款 | VIN 范围 | |
| 劲炫 | 2.0L CVT 四驱尊贵版 / 旗舰版 | 2012-2015 | 起：LL66HBB0XCB000166<br>止：LL66HBB01FB022366 | |
| 缺陷情况 | 在全景天窗的车辆生产过程中，有可能存在天窗玻璃底漆（强化全景天窗玻璃与车身间粘合作用的涂抹材料）未涂抹状态下进行安装。 | | | |
| 可能后果 | 在此状态下持续使用，可能引起粘合力的下降，严重时存在全景天窗玻璃脱落的风险。 | | | |
| 维修措施 | 对涉及车辆检查确认有无涂抹天窗玻璃底漆，如未涂抹，拆卸天窗玻璃，涂抹底漆后，重新装配天窗玻璃。 | | | |
| 改进措施 | 从 2015 年 4 月 13 日开始生产的车辆，对涂抹天窗玻璃底漆部位实施全检，拍照并保留检查记录。从 2015 年 8 月 17 日开始生产的车辆，在涂抹天窗玻璃底漆工位采用了防错装置，若遗漏涂抹底漆，将会报警。 | | | |

## 北京美福通汽车销售服务有限公司召回部分进口谢尔比野玛 2.3T 汽车

| 制造商 | 福特汽车 | | | |
|---|---|---|---|---|
| 召回时间 | 2015-12-30 至 2016-02-01 | | | |
| 涉及数量 | 58 | | | |
| 车型 | 型号 | 年款 | VIN 范围 | |
| SMTM/<br>MUSTANG 2.3T | 乘用车（福特改装车） | 2015 | 起：1FA6P8TH0F5337257<br>止：1FA6P8THXF5351408 | |
| 缺陷情况 | 在工作温度升高以后，燃油箱和燃油蒸汽管线及手刹拉线若长时间处于高温环境下会弱化 | | | |
| 可能后果 | 燃油泄漏，驻车制动失效 | | | |
| 维修措施 | 更换隔热罩，隔热块，隔热卷 | | | |
| 改进措施 | 消除这一车辆隐患后再行销售 | | | |

## 北京奇正汽车销售服务有限公司召回部分 2015 年款进口福特平行野玛 2.3T 汽车

| 制造商 | 福特汽车 | | | |
|---|---|---|---|---|
| 召回时间 | 2015-12-18 至 2016-09-30 | | | |
| 涉及数量 | 18 | | | |
| 车型 | 型号 | 年款 | VIN 范围 | |
| Mustang 2.3T | Mustang 2.3T | 2015 | 起：1FA6P8TH0F5299769<br>止：1FA6P8THXF5364725 | |
| 缺陷情况 | 燃油箱或燃油蒸汽管长期暴露在车辆底部高温下，会导致相关部件老化，最终导致燃油渗漏。此外，此情况也可能引起驻车制动拉索密封圈的老化，可能影响驻车制动功能。 | | | |
| 可能后果 | 发生在外部火源附近的燃油渗漏会增加着火的风险。衰退的驻车制动功能会导致意外的车辆移动，可能增加乘员受伤的风险。 | | | |
| 维修措施 | 更换油箱保护罩并在油箱和油箱保护罩上安装 3 个隔热块。安装驻车制动拉索隔热块（仅 2.3T 车型）并安装 4 根燃油蒸汽管隔热卷。 | | | |
| 改进措施 | 1) 油箱总成扩大油箱前部隔热块面积，油箱后部加装隔热块，在油箱保护罩底部加装反射材料，在油箱保护罩和油箱之间加装额外的泡沫挡板。 2) 燃油蒸汽管加装隔热卷。 3) 驻车制动拉索在驻车制动拉索平衡器支架上安装隔热块。 | | | |

**宝马（中国）汽车贸易有限公司召回部分进口劳斯莱斯幻影汽车**

| 制造商 | 宝马汽车 | | | |
|---|---|---|---|---|
| 召回时间 | 2015-12-18 至 2016-12-19 | | | |
| 涉及数量 | 3 | | | |
| 车型 | 型号 | 年款 | VIN 范围 | |
| 劳斯莱斯幻影 | 劳斯莱斯幻影 | 2015 | | |
| 劳斯莱斯幻影 | 劳斯莱斯幻影 | 2015 | | |
| 缺陷情况 | 召回的原因是车辆的侧部帘式安全气囊可能由于供应商装配失误。 | | | |
| 可能后果 | 导致当该帘式安全气囊装置被触发时，展开的位置可能与设计位置存在略微偏差。极端情况下，车辆发生事故时驾驶员及乘客可能无法获得完全的保护。 | | | |
| 维修措施 | 宝马（中国）汽车贸易有限公司称已经为上述3辆车免费检查侧部帘式气囊，发现均装配正确，不存在该安全隐患。 | | | |

**宝马（中国）汽车贸易有限公司召回部分进口迷你汽车**

| 制造商 | 宝马汽车 | | | |
|---|---|---|---|---|
| 召回时间 | 2016-02-01 至 2017-02-01 | | | |
| 涉及数量 | 626 | | | |
| 车型 | 型号 | 年款 | VIN 范围 | |
| MINI 系列 | MINI Cooper | 2002-2005 | 起：WMWRC31060TB84986<br>止：WMWRC31020TB95824 | |
| 缺陷情况 | 车辆可能失去转向助力 | | | |
| 可能后果 | 车辆装备的液压转向助力系统可能由于故障而暂时性或永久性失效。 | | | |
| 维修措施 | 免费检查车辆，如有必要，免费更换转向助力单元（及风扇）或更换线束。 | | | |
| 改进措施 | 所涉及车型已停产。 | | | |

## 正泰基业（天津）国际贸易有限公司召回部分进口斯伯特野玛汽车

| 制造商 | 福特汽车 | | | |
|---|---|---|---|---|
| 召回时间 | 2015-12-25 至 2016-07-21 | | | |
| 涉及数量 | 67 | | | |
| 车型 | 型号 | 年款 | VIN 范围 | |
| Sport Mustang2.3T | Sport Mustang2.3T | 2015 | 起：1FA6P8TH5F5342857<br>止：1FA6P8TH4F5361741 | |
| 缺陷情况 | 燃油箱或燃油蒸汽管长期暴露在车辆底部高温下，会导致相关部件老化，最终导致燃油渗漏。此外，此情况下可能引起驻车制动拉索密封圈的老化，可能影响驻车制动功能。 | | | |
| 可能后果 | 发生在外部火源附近的燃油渗漏会增加着火的可能。衰退的驻车制动功能会导致意外的车辆移动，可能增加乘员受伤的风险。 | | | |
| 维修措施 | 更换油箱保护罩并在邮箱和油箱保护罩上安装 3 个隔热块。安装制动拉索隔热块（仅 2.3T 车型）并安装 4 根燃油蒸汽管隔热卷。 | | | |
| 改进措施 | 1）油箱总成，扩大油箱前部隔热面积，油箱后部加装隔热块，在油箱保护罩和油箱之间加装额外的泡沫挡板 。2）燃油蒸汽管，加装隔热卷。 3）驻车制动拉索，在驻车制动拉索平衡器支架上安装隔热块。 | | | |

## 现代汽车（中国）投资有限公司召回部分进口劳恩斯酷派汽车

| 制造商 | 现代汽车 | | | |
|---|---|---|---|---|
| 召回时间 | 2016-01-01 至 2016-03-31 | | | |
| 涉及数量 | 128 | | | |
| 车型 | 型号 | 年款 | VIN 范围 | |
| 劳恩斯酷派 | 2.0 TCI MT | 2013-2015 | 起：KMHHT61D6DU083104<br>止：KMHHT61D6DU083104 | |
| 缺陷情况 | 车辆行驶中扭矩传递到后差速器上，后差速器固定到后横梁的部分装配螺丝可能松动，导致底盘有噪音或震动，此种情况下如果继续长时间行驶，松动的螺丝可能损伤，传动轴与后差速器的连接部位可能分离。 | | | |
| 可能后果 | 传动轴与后差速器的连接部位可能分离，车辆无法继续行驶，存在安全隐患。 | | | |
| 维修措施 | 现代汽车（中国）将对上述受影响的车辆生产日期范围内和车架号范围内的车辆，按照维修程序检查并更换后差速器螺丝，如果检查发现后差速器螺母扣损伤，再更换后差速器盖。 | | | |
| 改进措施 | 2015 年 4 月 6 日起，横梁上组装后差速器时，使用改善后的定位夹具和改善后的装配螺丝。从 2015 年 7 月起，中国区停止从韩国进口劳恩斯酷派车型。 | | | |

### 重庆长安汽车股份有限公司召回部分奔奔汽车

| 制造商 | 长安汽车 | | | |
|---|---|---|---|---|
| 召回时间 | 2015-12-26 至 2016-12-25 | | | |
| 涉及数量 | 30886 | | | |
| **车型** | **型号** | **年款** | **VIN 范围** | |
| 奔奔 | 奔奔 I AT 1.3L 国Ⅲ，奔奔 I AT 1.3L 国Ⅳ，奔奔 I MT 1.0L 国Ⅲ，奔奔 I MT 1.3L 国Ⅱ，奔奔 I MT 1.3L 国Ⅲ，奔奔 Love MT 1.3L 国Ⅲ，奔奔 Love MT 1.3L 国Ⅳ | 2006-2010 | 起：LS5A3CBR46A500039<br>止：LS5A3ADR1AA500462 | |
| 缺陷情况 | 本次召回范围内部分车辆所装配的转向柱在长期使用后，其内部线路可能出现异常磨损。 | | | |
| 可能后果 | 极端情况下会导致车辆转向助力下降，转向沉重，有可能无法正确操作转向，影响驾驶安全。 | | | |
| 维修措施 | 为召回范围内车辆免费更换转向柱总成，以消除安全隐患。 | | | |
| 改进措施 | 奔奔系列车型已在 2010 年 12 月停产。 | | | |

### 大众汽车（中国）销售有限公司召回部分进口 2015 年款甲壳虫汽车

| 制造商 | 大众汽车 | | | |
|---|---|---|---|---|
| 召回时间 | 2016-04-15 至 2017-04-14 | | | |
| 涉及数量 | 58 | | | |
| **车型** | **型号** | **年款** | **VIN 范围** | |
| 甲壳虫 | 甲壳虫 2.0TSI 豪华运动型 | 2015 | 起：WVWSP1162FM630746<br>止：WVWSP1166FM652443 | |
| 缺陷情况 | 对于本次召回范围内的部分车辆，其驱动高压油泵及真空泵的凸轮轴端部在极端情况下有可能因为高压燃油泵设置的峰值载荷过高，而从凸轮轴上折断。如果凸轮轴端部折断，高压燃油泵和真空泵将无法正常运转。发动机进入低速安全运行模式，并可能导致刹车变硬，存在安全隐患。 | | | |
| 可能后果 | 如果凸轮轴端部折断，高压燃油泵和真空泵将无法正常运转。发动机进入低速安全运行模式，并可能导致刹车变硬，存在安全隐患。 | | | |
| 维修措施 | 大众汽车（中国）销售有限公司将委托授权经销商为涉及召回的车辆免费更新软件，通过降低高压泵燃油压力从而减小高压油泵对凸轮轴的载荷，避免发生此类问题。在召回实施前，大众汽车（中国）销售有限公司将委托授权经销商采取临时措施，以降低风险。库存车辆将在消除缺陷后再交付车主。 | | | |
| 改进措施 | 2015 年 6 月凸轮轴端部进行了变更。 | | | |

马自达（中国）企业管理有限公司召回部分进口阿腾泽汽车

| 制造商 | 马自达汽车 | | | |
|---|---|---|---|---|
| 召回时间 | 2016-01-04 至 2016-07-03 | | | |
| 涉及数量 | 2011 | | | |
| 车型 | 型号 | 年款 | VIN 范围 | |
| 阿腾泽 | 阿腾泽 | 2012-2013 | 起：JM7GJ4S79D1100102<br>止：JM7GJ027XE1126482 | |
| 缺陷情况 | 车门窗框与后端的塑料保护条存在段差，当段差超过窗框的时候，在车门开闭时，段差棱角部存在划伤乘员的隐患。当车门窗框后端的塑料保护条发生脱落或是破损的话，还会使窗框后端的金属棱角露出，在车门开闭时，金属棱角部也存在划伤乘员的隐患。 | | | |
| 可能后果 | 造成人体划伤。 | | | |
| 维修措施 | 马自达 ( 中国 ) 企业管理有限公司将对全部对象车辆实施车门窗框不锈钢嵌条内侧边角贴片覆盖、和提高保护条与嵌条嵌合力的涂抹环氧胶的免费修理，消除上述问题所带来的不良隐患。 | | | |
| 改进措施 | 1）缩小窗框与保护条段差并对保护条追加导角公差管理。实施日期 2014/08/01。 2）不锈钢窗框与保护条结合部追加铆接构造。实施日期 2015/1/30。 | | | |

# 中国车联网概述

## 一、中国车联网市场概述

进入 2015 年，车联网的发展进入了一个新阶段，这个阶段的特点是互联网巨头进入车联网行业，在车联网的基础上出现了互联网汽车、汽车互联网及智能网联汽车概念，车联网的大数据、用户体验被关注，而大屏车载终端、后视镜导航、ADAS、互联网汽车、汽车互联网是这个阶段的热门关键词。

2015 年互联网巨头集体性进入车联网行业，2014 年阿里巴巴通过与上汽集团的战略合作直接进军互联网汽车，进入 2015 年，阿里巴巴通过智能操作系统 YunOS 和车载厂商全面合作，多家厂商推出了基于 YunOS 的车联网产品；腾讯推出了腾讯车联开放平台（Tencent Automotive Services），并发布了车联 ROM、车联 APP 以及通过微信、QQ 连接汽车的 MyCar 服务，已经和多家车载厂商和软件企业进行合作；百度除了继续推出 Carlife 的智能手机与车载终端互联方案之外，于 2015 年 12 月 10 日宣布，其无人驾驶汽车完成国内首次城市、环路及高速道路混合路况下的全自动驾驶；乐视车联网公司在2015广州车展上正式发布了手机车机互联系统 ecolink，并且已搭载于北汽新能源的EU260车型。

由于特斯拉、沃尔沃的XC90、英菲尼迪Q50都采用了大屏智能车载设备。在车载导航产品同质化严重、行业低门槛、竞争白热化的背景下，促使汽车后市场的车载终端厂商们积极跟进，迅速地推出了大屏智能车载设备。然而由于适配的车型少、技术上的不成熟，大屏智能车载设备在整个车载终端市场的占比很少，即便少部分公司有一定的出货量，但大多都不带联网功能。终端厂商将希望寄托在各类link上面，通过Link技术实现手机和终端的互联，或者采用手机作为WiFi热点，终端通过连接WiFi热点实现联网。

由于车载导航市场竞争加剧，运营成本高，利润低，产品同质化严重，为追求差异化路线，后视镜导航作为车联网的另一种产品形态应运而生。相对于车载导航产品，后视镜导航产品成本低、利润较高。对产品制造商而言，后视镜导航产品模具数量少，模具简单，研发及生产人员所产生的人工成本及产品的运营成本相对较低；目前后视镜导航产品大部分采用Android操作系统，且全部带有联网功能，因此，功能人性化，方便升级，可扩展性强。后视镜导航基本都内置行车记录仪，具备智能语音助手功能，也符合当下消费者的需求；后视镜导航产品安装简单方便、通用性好，不改变原车线路，能保持原车完整性。由于后视镜导航的通用性好，所以其产品形态适合各种车型，对经销商、代理商而言，经营后视镜导航产品无需针对某个车型备货，无需因为车型的销量问题而导致库存积压，这样减少库存，大大降低了专车专用车型繁多，需要大量库存的风险。

随着技术的不断发展、消费者安全意识的增强，最初仅用在豪华车上使用的ADAS技术逐渐被市场所接受，ADAS不再是国外企业独占市场，国内企业也开始加入到ADAS技术的研发队伍中，在国内企业的推动下，ADAS成本开始不断地下降，逐步向中低档车型渗透，也成为2015年车联网行业最热的话题之一。目前有ADAS功能的车辆只实现了单车的驾驶辅助，并没有通过车载自组网技术实现车辆与车辆之间、车辆与道路基础设施之间的互联互通。

2015年保监会启动了商业车险改革试点工作，在试点地区全面启用新版商业车险条款费率，标志着我国在车险政策方面迈出了重要的一步，保险车联网有望重启曙光。

经过近几年的不断发展，乘用车领域，车厂捆绑式的销售迅速地扩大了用户规模。另一方面后视镜导航产品以成本低、利润高、模具数量少、模具简单以及人工成本和产品的运营成本相对较低等特点在汽车后市场的爆发，急剧地增加了用户规模。主流的后视镜导航产品采用Android操作系统并带有联网功能，基于Wince操作系统的后视镜导航产品和部分车载导航产品也通过蓝牙的方式实现了一键通功能，这几类产品以低成本的方式迅速地扩大了用户量。汽车4S店逐渐所接受车联网方面的产品，4S店已经将隐蔽式的车载定位设备用于消费贷款购车的管理与监控。

## 二、中国车联网市场面临的挑战和机遇

虽然车联网的用户规模增速明显，但行业仍缺少有价值的应用，用户粘性低，脱网率高，也说明国内车联网目前依然处于初级阶段。车联网在发展过程中存在很多问题，主要表现在以下几个方面：车联网概念模糊、缺乏政策及标准、管道不够顺畅、缺少核心技术、无法获取整车数据以及商业模式不清晰。

从产品的发展历程来看，企业还不断地试错，国内的车联网仍然处于摸索阶段，尤其是乘用车市场，业界纠结于车联网的杀手级应用，但又很难找出杀手级的应用。服务内容的单一导致车主对车联网的认可程度不高，服务粘性不高，续费率很低。

从服务内容的角度分析，如果把乘用车车联网的服务内容做一个归纳，那大致分为三大类，分别为安全、便捷、舒适及娱乐。显然，安全是乘用车车联网最主要的服务内容。从目前服务商提供的内容看，离这个目标还有一定的差距。

从用户需求角度分析，在发展车联网的过程中，企业关注更多的是如何给汽车制造商或渠道或自身带来利益或价值体验，却很少去花时间去研究用户需求，满足用户的需求，不提用户体验，忘记了谁在使用车联网，这也是中国车联网的怪现象。

从道路交通安全及社会效益方面分析，我国的车联网发展与发达国家和地区差距更大，无法做到车路的有效协同，更谈不上人、车、路的有效协同。车联网是一个跨学科、跨行业的领域，关键技术的研发和落地需要多行业、多部门的组织协调，显然只有政府才能做好组织协调工作。由于没有相关的政策和法规做指导，政府没有做好有效地引导，因此，目前的现

状是仅靠科技企业在推动，汽车制造商作为最核心的角色，没有积极参与，大专院校和科研机构仅做车载自组网的理论研究。如果不改变目前的这种现状，就无法通过车联网来解决当前所面临的道路交通安全、交通拥堵以及尾气污染等问题。

端、管、云是构成车联网的三大要素，长期以来，标准化的车载终端制约着车联网发展，随着 Android 等智能操作系统在车载终端的应用，为解决终端的标准化逐步扫清了障碍。从 2G 到 3G，再到 LTE，随着无线通信技术的不断成熟与广泛运用，管道的问题也逐步得到了解决，语音识别等人工智能技术在车联网产品上的广泛应用，增强了用户体验。在车联网发展的基础环境不断完善的过程中，中国的车联网将迎来曙光。

# 中国汽车俱乐部行业现状

人们对汽车的需求与企盼不仅推动了汽车生产，同时推动汽车后服务市场的发展，为了满足车主不断隐性增加的服务需求，汽车俱乐部扮演了汽车后服务市场的专业车管家服务的主角。

随着汽车普及率的提高、汽车技术的复杂化、环保与排放要求的提高，汽车的日常保养、维修、年检、故障、事故处理等日常问题对车主应用汽车的能力要求越来越高。为了解决车主的这些烦恼，各类服务于广大车主的汽车俱乐部不断地涌现，并不断扩大经营规模和业务范围，在解决汽车应用的基本需求得到满足后，开始向金融、保险、租赁等纵深需求方面发展，同时有特殊爱好有车族的扩大使得各类主题汽车俱乐部应运而生。

## 一、汽车俱乐部的概述

### （一）汽车俱乐部的定义

汽车俱乐部是为车主提供出行保障、满足车主的用车及汽车生活的不同需求、争取车主消费权益并赢得自身发展的服务公司。它主要包含以下含义：

1. 汽车俱乐部主要的任务是为车主出行提供全方位保障，开发及提供各种满足车主需求和有价值的服务。

2. 在维护车主利益的同时，开展多种经营，扩大收益，促进汽车俱乐部组织的可持续发展。

### （二）汽车俱乐部的性质

1. 社会属性：汽车俱乐部的社会属性要求它为组织成员提供基本保障、社会归属和权益维护以及价值实现的需要。由此导致了它具有部分的公益性质，不仅要关心会员、为会员提供出行保障、争取会员权益，还要引导社会舆论增强政府公信力，进行安全驾驶教育，影响并促进汽车产业的健康发展。

2. 经济属性：在服务车主与社会的同时，结合市场和社会资源，通过技术手段及市场合作共赢为俱乐部本身的发展获得经济收益。

## 二、汽车俱乐部行业发展特点

1. 从区域化到全国化：覆盖全国的网络化服务是对汽车俱乐部最基本的要求，实现全国服务的“品牌联盟”。

2. 从简单化到多样化：从简单的保障性的服务到维护会员的权益性服务，引入其他社会服务行业给车主服务，实现“异业联盟”。

3. 从公益化走向商业化：在提供社会化的公益性服务，例如参与交通政策、汽车安全、环境保护等方面的公益活动，协助解决人、车以及社会的矛盾，维护社会和谐的同时，运用会员资源的巨大财富进行商业价值的开发，以此支持汽车俱乐部组织的正常运转。

4. 从国内化到国际化：汽车俱乐部业务突破疆域限制，在“一带一路” 国家战略下，促进不同国家汽车俱乐部之间的合作与交往，实现俱乐部会员享受全球服务的业务发展。三、汽车俱乐部会员需求分析

车主到底需要什么服务？

刚性排名　　　　　需求占比

车辆维修、保养、美容、洗车—39%

自驾游及同爱好交友活动　—26%

救援　　　　　—16%

代驾　　　　　—12%

其它　　　　　—7%

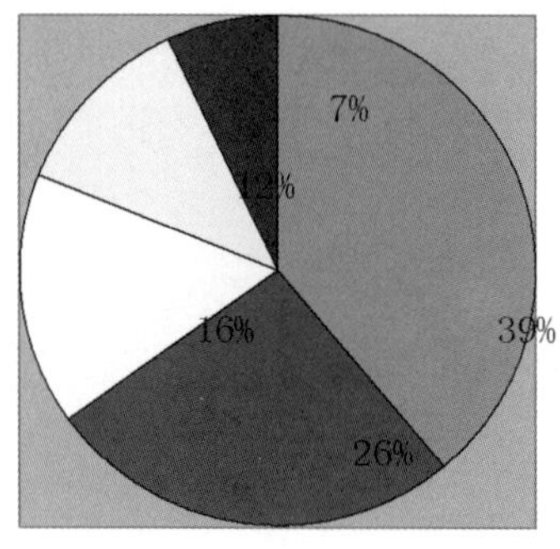


■ 车辆维修、保养、美容、洗车
■ 自驾游及同爱好交友活动
□ 救援
□ 代驾
■ 其他

及时放心解决用车无忧问题是车主需求本质，服务质量与优惠是车主需求的黏合剂.

最具吸引力的优惠项目

汽车维修优惠、车务代办优惠、保险优惠、汽车救援优惠占总体 75%，其它 25%。

最希望得到的免费服务项目

免费停车 15%

免费洗车占 37%

免费违章代办占 22%

免费紧急救援占 16%

免费代驾占 10%

阶段需求划分：

购车：车辆咨询、金融服务、汽车团购

用车：维修保养、加油美容、车务代办、出行服务、驾驶培训、二手车买卖

其他：公益活动、文化交流

马斯诺需求划分：

生理需求：汽车团购、车辆咨询、交通出行

安全需求：维修保养、驾驶培训、保险服务、汽车救援

社交需求：文化交流、自驾旅游

尊重需求：车务代办、特惠服务

自我实现需求：公益活动、情感交流、技术交流、消费指导、维权

从以上的统计数据分析，车主最需要的会员服务一定是跟车和车主有关系，所以俱乐部就要以车主实际需求为导向，提供有针对性的服务，从基础服务做起，根据自身的能力和资源，确定主攻方向，重点突破。

现价段，各汽车俱乐部的卖点整合起来内容大致如下：

| 服务项目 | | 内容 |
|---|---|---|
| 汽车服务 | 救援服务 | 送油服务 |
| | | 紧急救援（拖车服务、车辆泵电） |
| | | 拖带服务 |
| | | 更换备胎 |
| | | 蓄电池亏电 |
| | | 配钥匙 |
| | 车险服务 | 代办车辆保险 |
| | | 代办定损理赔 |
| | 维修保养 | 汽车检测（四轮定位、胎压、刹车系统、水箱等） |
| | | 车况技术鉴定 |
| | | 延保服务 |

| 服务项目 | | 内容 |
|---|---|---|
| 汽车服务 | 洗车 | 加盟商户消费优惠 |
| | 装饰美容 | 会员享受折扣 |
| | 团购优惠 | 消费优惠 |
| | 车辆买卖 | 新车推介、试乘试驾、咨询 |
| | | 二手车买卖、鉴定 |
| 车主服务 | 车务代办 | 违章缴费（电子违章提醒、违章缴费代办） |
| | | 上门取车送车 ( 去专业维修 ) |
| | | 代缴税费 |
| | | 补证审证 |
| | | 代办验车 |
| | 通行便利 | ETC 电子设备，自动扣费 |
| | 车务提醒 | 税费缴纳时间 |
| | | 验车时间 |
| | | 保险到期时间 |
| | | 换季保养 |
| | | 交通信息 |
| | 代驾服务 | 酒后代驾 |
| | | 接送服务 |
| | | 商务代驾 |
| | | 长途代驾 |
| | | 旅游代驾 |
| | 服务区服务 | 高速公路道路信息（道路维修、改道绕行等）公告 |
| | | 景区门票优惠（实体票、电子票） |
| | | 服务区专享服务（获赠咖啡、奶茶） |
| | | 印刷品免费取阅（旅游资料） |
| | | 服务区商务中心（WIFI 上网、传真、打印服务） |
| | | 网上服务（出行攻略、服务商家查询） |
| | | 微信、电子杂志 |
| | 培训指导 | 汽车培训班 |
| | | 专家技术指导 |
| 休闲服务 | 休闲旅游 | 会员活动（自驾、聚会、讲座、论坛） |
| | | 高端杂志资讯 |
| | | 酒店机票预订服务 |
| | | 会员打折优惠（景区、酒店、餐饮、休闲、购物） |
| | | 自驾旅游 |

从西方汽车俱乐部服务机构百年发展的痕迹，我们可以借鉴的经验：

1. 会员制是核心，驾车人只需缴纳不多的会费，便可享受到多种专业的服务；

2. 俱乐部是会员的权益代表，俱乐部要代表会员，维护驾车人、消费者的利益；

3. 集团式的机构，“事业单位 + 公司”的混合式的体制，是发展生存的需要，也是俱乐部在市场经济大环境下求得发展的必然结果；

4. 救援服务等围绕汽车后市场需求的各种服务仍是服务的主体，不断增加、不断与时俱进开发新的增值服务一方面满足了日益膨胀的服务需求，另一方面也是俱乐部求生存，赢得利益的所在。

5. 网络式服务体系已经形成，以修车网为依托，网络经济的运作模式，特约合作伙伴体系的建设，是当前西方发达国家汽车俱乐部普遍采用的运作模式。

6. 赢得服务就赢得了话语权。

7. 跨地区跨行业的强强联合是汽车俱乐部的主题。

## 四、中国汽车俱乐部现状分析

国内汽车俱乐部具有多样性的特点，但对汽车俱乐部的划分没有一个统一的标准。从汽车俱乐部的组建形式、服务内容以及运行特点等几个方面划分，目前大致有以下几类汽车俱乐部：

1. 专业汽车俱乐部

这类俱乐部按照国外汽车俱乐部的运营模式组建，为驾车人提供救援、保险、维修等专业汽车服务的汽车俱乐部组织。

2. 品牌汽车俱乐部

汽车经销商组织的品牌汽车俱乐部，由经销商出资，组织各类活动，开展特惠服务，以维护客户关系。

3. 网站汽车俱乐部

这类汽车俱乐部主要依托网站，既以网络为媒介发布各类信息，又以网络为手段组织各类活动。

4. 听众汽车俱乐部

以广播电台车友听众为对象组织起来的汽车俱乐部，尤其以各地的交通台为主。应各地的交通台拥有大量的在线听众，靠广播运营着汽车俱乐部。

5. 兴趣汽车俱乐部

由具有共同兴趣爱好的驾车人组成的汽车俱乐部，不以车型为主，以兴趣爱好而聚合。

6. 另类汽车俱乐部

一般规模较小，以简单的服务项目为主，以老会员为核心，是各类汽车俱乐部中难以扩大会员规模的汽车俱乐部。

存在的问题：

国内的汽车俱乐部多是只提供某些较有优势的单一服务。在服务范围和服务空间上存在很多的盲点和断层。而国外的许多汽车俱乐部却能够提供救援服务、旅游服务、金融服务、保险服务等各个领域全方位服务。

发展障碍：

1. 目前许多车主对汽车俱乐部的作用与意义缺乏认识，对俱乐部持观望态度 .

2. 许多汽车俱乐部的服务相对简单单一，还不足以吸引消费者。

3. 各俱乐部的经营理念不同，导致了这个行业的不规范，使人们对汽车俱乐部的认识很模糊，而整个汽车俱乐部市场的鱼龙混杂，服务质量良莠不齐也使有些车主对其不太信任。

4. 目前尚未出台真正的法规能对汽车俱乐部进行有效管理与引导，政府支持态度方面也模棱两可。

## 五、中国汽车俱乐部市场分析

目前在中国，经官方认可的各种形式的汽车俱乐部约有 15000 家，其中正式以汽车俱乐部命名并切实通过工商注册的有 400 余家，约有 20 家是注册资金千万人民币以上且会员数量超过 5 万的超级会员。其中 90% 以上的汽车俱乐部不能通过会费实现营利，而是通过延伸服务或者母公司的其他资源来支撑俱乐部的运行，95% 以上的俱乐部有融资的需求。

## 六、汽车俱乐部运营模式分析

俱乐部的发展模式，核心的焦点就在于会员发展优先还是服务拓展优先。纵观国内汽车俱乐部的发展模式，俱乐部要想发展，必须两头抓，一方面发展会员，一方面发展服务商网络。我们可以断定，谁握有大量优质的会员资源谁就主宰市场，而并非谁掌握服务商资源谁就主宰市场。

## 七、汽车俱乐部行业的机遇

作为汽车产业的衍生经济，汽车俱乐部在中国的发展具有广阔的前景。目前在国外成熟的汽车市场，整车销售的利润只占据汽车产业链利润的很小部分，而在汽车售后服务环节存在着较高的市场空间和利润空间。中国汽车工业的长足发展，不仅带动了与汽车生产相关产业的发展，也造就了汽车服务业的大市场。与汽车产品的生产及销售相比，汽车俱乐部行业的进入门槛低，存在着大量的潜在客户，市场还没有被真正挖掘出来。同时，汽车俱乐部的经营形式存在很大的可创新性，只要找准市场定位，抓住了客户的需求，独辟蹊径的经营活动方式，将吸引到大量的客户。目前我国汽车俱乐部在自驾车旅游和会员衍生经济等方面已经有了许多成功的尝试，汽车用户对这些活动的踊跃参与也展现出了汽车俱乐部市场的广阔前景。

# 中国房车行业市场概述

## 一、市场背景

### (一) 市场背景 - 中国房车行业现状

中国房车保有量与国际相差巨大，行业发展空间广阔。目前国内房车年销售量持续增长率在 50% 左右。预测截至 2020 年国内房车保有量将超过 10 万辆。 随着露营地的发展拖挂式房车销量将逐步与自行式房车平分秋色。

| | 营地数量（个） | 房车销量（辆） | 房车保有量（辆） |
|---|---|---|---|
| 中国 | 600+ | 6000+ | 3 万 |
| 美国 | 1.7 | 32 万 | 1020 万 |
| 欧洲 | 3 万 | 14.6 万 | 134 万 |
| 澳大利亚 | 1638 | 2 万 | 47.4 万 |
| 南非 | 1162 | 2302 | 10.8 万 |

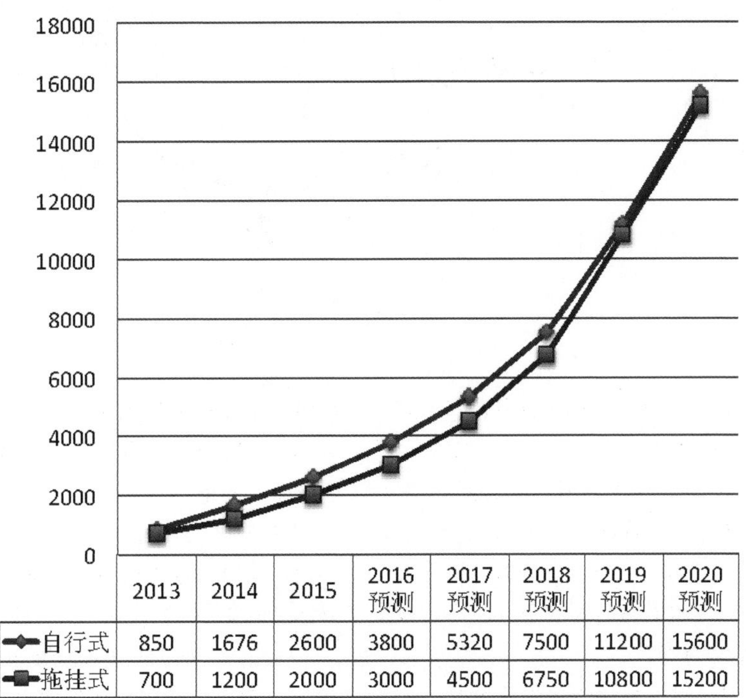


| | 2013 | 2014 | 2015 | 2016预测 | 2017预测 | 2018预测 | 2019预测 | 2020预测 |
|---|---|---|---|---|---|---|---|---|
| 自行式 | 850 | 1676 | 2600 | 3800 | 5320 | 7500 | 11200 | 15600 |
| 拖挂式 | 700 | 1200 | 2000 | 3000 | 4500 | 6750 | 10800 | 15200 |

图 1

（二）市场背景 - 国家政策促进房车发展

1. 国家战略推动汽车露营旅游发展

2009 年 12 月《国务院关于加快发展旅游业意见》，把旅游房车等旅游装备制造业纳入国家鼓励类产业目录。

2011 年 12 月《中国旅游公共服务“十二五”专项规划》规划推进建设一批自驾车旅游服务区、自驾车营地与汽车旅馆。

2011 年 12 月《中国旅游业“十二五”发展规划纲要》布局大力发展汽车营地、房车宿营地、汽车旅馆、汽车租赁等与休闲旅游新需求相适应的设施和服务。

2013 年 2 月《国民旅游休闲纲要》明确保障国民旅游休闲时间，加强带薪年休假落实情况的监督检查，支持汽车旅馆、自驾车房车营地等旅游休闲基础设施建设。

2014 年 8 月《关于促进旅游业改革发展的若干意见》国发（2014）31 号首次将房车露营产业提升至国家层面，“建立旅居全挂车营地和露营地建设标准，完善旅居全挂车上路通行的政策措施”。

2014 年 11 月 国务院印发关于加快发展体育产业第 46 号文件国发（2014）46 号，明确体育产业上升为“国家战略”，鼓励在有条件的地方制定专项规划，引导发展户外营地、徒步骑行服务站、汽车露营营地、航空飞行营地、船艇码头等设施。

2015 年 8 月 《关于进一步促进旅游投资和消费的若干意见》国办发（2015）62 号，明确提出：加快自驾车房车营地建设，制定全国自驾车房车营地建设规划和自驾车房车营地建设标准。

2. 国内生态大省、旅游强省，纷纷着眼于营地系统的政策梳理及规划编制

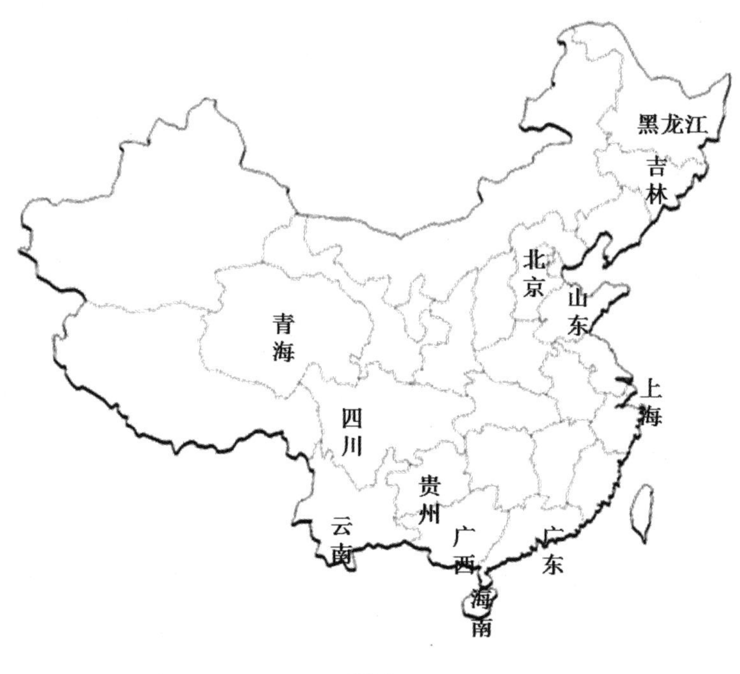


图 2

青海省 2007 年 6 月，着手开始编制《青海自驾车旅游总体规划》。

广西省 2007 年 9 月，编制了《广西汽车旅游营地发展规划》，批准了首批 15 家汽车营地。

贵州省 2007 年 9 月，举办“汽车国际露营论坛”，这是“国际汽车露营大会”在中国的首次会议，同时成立“贵州旅游协会露营旅游分会”。

海南省 2009 年 12 月，提出要建设中国特色的一流露营基地，发布了《海南省休闲农庄 ( 自驾游 ) 露营营地建设标准及服务规范海南地方标准 ( 征求意见稿 )》，计划用 3 年时间，创建 100 个具有浓厚地方特色的汽车旅游露营示范基地。

山东省 2010 年 1 月发布《山东省自驾车旅游总体规划(2010-2020)》,规划建设 180 余处国际标准的汽车营地，并随后制定《山东省汽车露营地旅游服务星级评定标准》。

云南省 2012 年 7 月，编制了《汽车旅游营地等级划分与评定》。与企业合作在全省范围内打造 100 个房车露营基地。

四川省2012年8月《四川自驾车旅游营地发展规划》。2012年9月举办中国国际汽车旅游交易博览会。发布消息称四川省第一批100个营地已计划在2年内建设完成。这些营地将分布在川藏318国道、317国道、108国道、成绵广等热门线路上。

广东省2012年10月，编制了《广东房车自驾游营地服务规范》。投资或合作建设首批30个房车自驾游营地并统筹运营与管理。

北京市2012年11月出台《关于促进北京汽车营地建设的指导意见》（京旅发〔2012〕132号），在标准制定、资金扶持、宣传推广、公共服务、外围设施等方面给予政策支持，到2015年规划建设80座汽车营地。2014年6月北京市旅游发展委员会关于印发《汽车旅游营地建设规范》的通知（京旅发〔2014〕175号）。

上海市2012年11月，上海市旅游局发布了《长三角房车旅游大纲》，提出上海未来将建14个重点房车营地。规划到2020年，整个长三角地区形成400-500家营地。

黑龙江省2013年2月《黑龙江自驾车旅游发展规划》。

吉林省2013年9月吉林省旅游局编制《吉林省旅游营地建设规划（2014-2020）》。布局建设旅游房车宿营地：在第五届东北亚博览会上签约旅游房车制造项目，投资10亿元，研发、生产、销售拖挂式、自行式旅游房车系列产品，规划建设30-50个具有不同特色和服务标准的旅游房车宿营地，形成房车旅游的支撑服务网络。

（三）市场背景 - 国内房车产品及企业数据（截至2016.4）

| 项目 | 数量 | 企业 | 备注 |
|---|---|---|---|
| 2012自行式旅居车公告 | 123 | 42 | 500 0 2013 2014 2015 2016 ■公告数量 ■制造企业 |
| 2013自行式旅居车公告 | 155 | 55 | |
| 2014自行式旅居车公告 | 256 | 65 | |
| 2014拖挂旅居车公告 | 21 | 8 | 长度集中在6.5-8米，6.5米左右车型占80%。 |
| 2014商务车公告 | 169 | 30 | 主要底盘奔驰（80个）、大通、江铃、大众、江淮、金杯、九龙等。 |
| 2016自行式旅居车公告 | 458 | 97 | 涵盖了国内主流轻卡类及厢式轻客类底盘，造型风格以驾驶室上卧铺的C型为主，A/B/C/皮卡/越野等国外主流车型风格均有涉猎，但整体平均制造工艺水平处于中等偏下。国五标准128个，国四标准230个。 |
| 2016年拖挂旅居车公告 | 59 | 25 | 长度集中在3.74-8.15米，5-8米左右车型占主流。 |
| 2016年商务车公告 | 275 | 53 | 国五标准73个，国四标准172个。 |

图3

## 二、国内总体销量对比（见图4）

## 三、市场分析

（一）市场概况

根据市场信息，2015年较2014年市场有了大幅提高：房车市场有40%左右的增长。其中自行式房车会有35%左右的增长；拖挂式房车有35-40%的增长。

1. 2015年国内主要品牌自行式房车销售情况：（见表1）

2. 进口房车销量对比 2015、9（万美元）（见图5）

数据为海关可统计数据，自行式房车以非载人及其他项目申报的进口房车不在统计之列。

（二）进口房车数据分析

拖挂式房车进口较2014年有所下降，美国拖挂式房车进口数量同比下降较大，欧洲拖挂式房车同比有所增加。整体下降的主要原因是国内企业露营地房车的供给增加，冲击了进口拖挂房车的露营地需求，进口拖挂房车个人购买数量在逐年增加，说明拖挂式房车随着国家

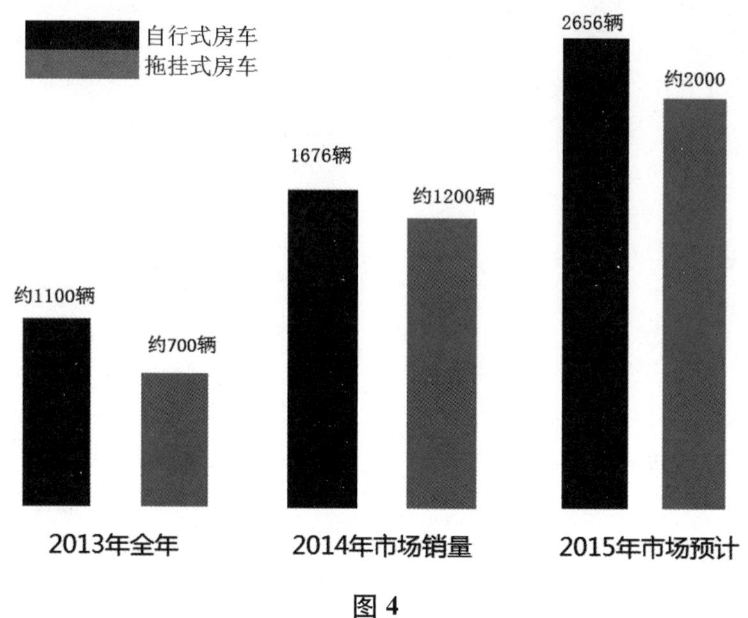


图 4

表 1

| 长城（皮卡） | 梦之旅（皮卡） | 顺旅（B 型） | 宇通（C 型） | 中意（C 型） | 中欧（B 型） | 亚特（C 型） | 中天（C 型） |
|---|---|---|---|---|---|---|---|
| 320-350 | 400-450 | 280-300 | 150-160 | 100 左右 | 150-200 | 50-55 | 180 |

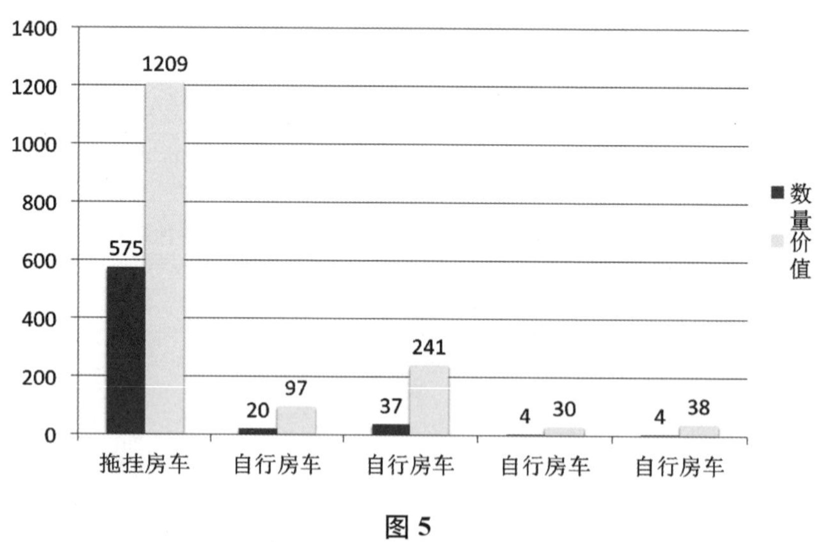


图 5

政策层面的不断扶持下，逐渐向好的方向良性发展。

自行式房车随着房车消费逐渐成熟以及欧洲车 VIN 码问题的逐步开放，小排量轻便美观的欧洲房车数量逐渐增加，美式大排量房车需求数量在逐渐降低。未来随着更多进口车辆的进入，价格将有一定量的下浮。

从目前国内市场销售进口车辆来看，自行式房车菲亚特底盘占绝对优势，其次是奔驰及福特底盘。

（三）*房车市场*

现在房车市场进入较快发展阶段，专业与非专业企业，规范企业与浑水摸鱼企业齐头并进，市场进入百家争鸣迷人眼阶段。前期的优势品牌及产品受到非主流企业及产品的低价冲击与花样功能冲击比较明显，后进入产品需要经过一段时间的验证才能判断未来的发展机会，但目前对非专业客户的冲击不可避免。

目前有意进入房车行业的大型企业都有较大的生产规划，信心和战略都比较明确，基本都倾向于国外成熟品牌合作，企业与企业之间的优势除现有品牌及口碑外，其他方面都可以被快速迭代完成，大型或大手笔投入的企业依靠资金规模及成熟产品引进可快速颠覆现有格局。目前大连华晨汽车已经将国外成熟菲亚特车型引入中国，2016 年实现全部散件组装生产，届时对进口及国产高端底盘房车均会造成冲击。

（四）可能的趋势

营地拖挂式产品：依然是目前的明星潜力产品，随着露营地规模的不断增加，拖挂式房车的小阳春越来越暖，因为制造门槛很低，价格竞争会越来越激烈。

中小型自行房车产品：随着经济积累的增加及老龄化的渐行渐近，有钱有闲有精神的退休人员越来越多，对易于操作、安全、功能实用、价格适中、人数不多的房车将产生较大需求。

个性化房车：需求随着房车市场逐渐成熟会同步增长，个性化产品将是追求利润的理想选择。

租赁型房车：个人市场还处于逐渐激发阶段，房车租赁等投资型市场具有突发性需求增加的可能。

欧洲进口房车：前期欧洲自行式房车因 VIN 码规则原因，还未能大面积进入中国。目前欧洲房车的 VIN 码已经解决，进口房车市场将面临更加激烈的竞争态势，同时较快冲击国内自行式房车销量（未来进口房车的价格将逐步逼近国产车价格）。最终产品性价比突出，销售网络基础好，售后能力强的代理企业将胜出，并逐步确立品牌走向良性经营。

随着市场逐渐成熟及国内政府与企业的推动，房车相关的上下游相关产业环节（露营地、房车租赁、房车配件、房车金融、托管服务等）将逐渐完善，并将以常规业态呈现出来。未来 3-5 年达到相对成熟并进入 。

# 第8部类

# 汽车物流

DIQIBULEI | QICHEWULIU

# 汽车整车物流

## 2015年汽车物流行业发展回顾

中国物流与采购联合会汽车物流分会 马增荣

### 一、汽车物流市场整体上保持平稳增长

汽车产销市场是汽车物流市场发展的根本。2015年汽车产销量呈现总体增长的态势，但增长速度低于往年，据中国汽车工业协会统计数据，2015年，我国汽车产业继续保持增长态势，汽车产销2450.33万辆和2459.76万辆，同比增长3.25%和4.68%，增速比上年同期减缓4.01个百分点和2.18个百分点。其中，乘用车市场增长速度明显下降，乘用车累计销售2114.63万辆，同比增长7.30%，增幅比上年回落2.59个百分点；商用车产销342.39万辆和345.13万辆，同比下降9.97%和8.97%，2015年，客车销量比上年略有下降，但保持了50万辆以上规模，共销售57.15万辆，同比下降0.07%，货车产销26.70万辆和26.91万辆，同比下降4.53%和3.61%。2015年汽车累计出口72.82万辆，比上年下降20%。其中乘用车出口42.77万辆，比上年下降19.8%；商用车出口30.05万辆，比上年下降20.4%；2015年我国进口汽车进口量106.73万辆，同比下滑25%。

汽车物流市场的发展不仅仅关联于汽车工业市场，2015年我国汽车物流市场在汽车产业链条中还呈现纵向和横向拓展的态势，汽车物流核心骨干企业的市场规模多数保持10%以上的高速增长。

### 二、汽车物流市场业务继续在纵横向两方面拓展

1. 汽车物流产业链的上下游纵向拓展

从行业核心企业的发展情况来看，在主要围绕汽车生产企业的零部件入厂、整车销售和售后服务备件三个环节提供物流服务的同时，上游正从零部件入厂物流向汽车零部件供应商的管理上延，下游从主机厂售后服务备件物流向更广义的维修保养和美容等后市场物流服务延长。

（1）整车后市场物流成为行业新的业务增长点

后市场物流服务主要体现在个人用车和二手车两个方面。个人用车的物流是由于个人旅游和探亲等情况产生的异地用车的需求，这类需求者希望能够将拥有的私家车运至目的地，供个人异地使用。这是一块新增的市场，由于人们对生活质量要求的提高，希望能够使用自己的车辆，并且减少行李的周转，能将行李放入后备箱中运至目的地，并且利用整车运输可以更加灵活地选择旅行线路，这部分需求越来越旺盛，为汽车物流行业提供了新的业务增长点。中铁特货、安吉、长久、长安民生等多家汽车物流企业都在发力异地用车需求的市场，帮助长途旅行或异地工作者提供整车物流服务，方便客户异地使用私家车需求。据中国汽车流通协会的数据统计，2015年1-12月，全国二手车市场累计交易量941.71万辆，相比2014年微增2.32%，二手车市场也保持着低速增长，而且二手

车异地交易呈现明显上升趋势，以北京二手车市场的交易情况为例，北京二手车外迁数量占北京市二手车总量的34.13%，这说明二手车物流已成为后市场物流的重要板块。

（2）汽车零部件供应商物流越来越受到行业关注

汽车零部件供应商的物流需求十分巨大，但是运作方式松散。以往汽车零部件物流的服务主要围绕主机厂开展，现在服务主体正在悄然发生前移，在汽车零部件供应商物流松散运作方式中，存在巨大的物流成本空间，这成为汽车物流企业新利润的源泉。

2. 汽车物流业务横向拓展

在横向业务拓展上，包括向国际市场和其他相关专业物流市场拓展。一方面，汽车物流领域的领军企业在向整个汽车产业链上下游延伸的同时，还在积极布局和拓展国际市场。例如，安吉跟随上汽集团海外布局在泰国设立了分公司；长久物流的汽车零部件服务已经延伸到德国，依托哈欧班列完成国际铁路运输，并且借此机会将公司的业务范畴扩展到工业品、消费品等其他物流领域。另一方面，2015年与汽车物流相关联的业务扩展取得实质性进展，包括向其他相关专业物流方向的拓展，除了传统商用车之外，汽车物流还延伸到与其物流特点相似的农用车及工程机械等轮式机械物流业务，2015年“时风”农用车成为中铁特货的新客户。

## 三、行业政策越加明朗，市场环境日趋规范

整车物流“全行业违规”、“超限”运作依然是2015年悬在整个中国汽车物流行业头上的“达摩克利斯之剑”。一方面，随着新标准的即将出台，以及由于部分地区车辆运输车恶性事故带来的区域整肃，都让国家有关政府部门和行业上下形成共识，行业的顽疾已经到了必须解决的时刻。另一方面，汽车物流企业在经过了多年违规运营之后，凸显出的“病态后遗症”及潜在事故都对企业运营和社会安全带来危害。例如，违规运作大幅度拉低了汽车物流行业的运价水平，使价格出现扭曲；公路的罚款执法愈演愈烈，让汽车物流及相关运输企业苦不堪言，加上在很多罚款不能抵扣进项成本的情况下，“营改增”的实施不啻于雪上加霜。在上述情况之下，汽车物流全行业期盼规范化运作，而行业协会也为此做出了积极的努力。

目前，2015年关于车辆运输车治理方案仍旧没有出台，但全行业对于新的车辆运输车标准形成了一致意见，行业协会也组织了汽车物流企业与国家部委进行对接，共同探讨了下一步在治理车辆运输车行业问题中的过渡性政策，有望在2016年初面向全社会颁布。

此外，在全行业整顿后，针对一些汽车物流企业尤其是中小汽车物流承运商所担心运价太低，置换车辆成本高等问题，也研究了三方面的保障措施。一是回归标准车量以后，尽管单车运输数量减少，但运输效率会提高；二是规范化运营之后，企业的罚款成本会降低；三是铁路和水运能力将得到进一步释放，综合运输体系的发展将会降低运输成本。综上所述，汽车整车物流企业及承运商不能单纯的比较双排车变单排车后运输数量上的变化，而要综合考虑成本上的变化。此外，中物联汽车物流分会也与交通部、公安部等政府部门沟通探讨，在方案出台后组织国内主要汽车生产企业的物流负责人，共同就汽车物流成本和价格问题进行沟通，中物联汽车物流分会也将就此开展相关行业指导性工作。

总而言之，2015年可以说是汽车物流标准和政策制订出台的重要孕育期，汽车物流企业普遍期待2016年的政策落地使全行业实现规范化发展。汽车物流行业政策趋于明朗，为这个行业公路运输的规范化经营带来了曙光。

## 四、汽车物流标准愈加完善

1. 车辆运输车标准取得突破性进展

2015年交通运输部、公安部、工信部、国家标准化委员会会同相关研究机构进行了广泛调研和深入研究，车辆运输车标准基本形成了一致意见，国家标准《道路车辆外廓尺寸、轴荷及质量限值》[GB1589-2004]已经通过审查会，进入报批阶段，GB1589中首次增加了中置轴车辆运输列车，并在车辆运输车的宽度等方面进行了调整。国家标准《车辆运输车通用技术条件》和《货运挂车系列型谱》已完成征求意见。车辆运输中置轴挂车列车技术指标基本制定完成，将会成为汽车公路运输的主要运载工具。

2. 汽车物流行业标准体系继续完善

在全国物流标准化技术委员会推动下，分会牵头的《商用车背车装载技术要求》、《汽车零部件物流器具分类及编码》两项行业标准正式发布。《汽车物流统计指标体系》、《汽车物流信息系统基础要求》两项国家标准进入报批阶段。《汽车整车出口物流标识规范》（20132702-T-469）国家标准已经完成征求

意见稿，正在面向全社会征询意见。

3.《深化标准化工作改革方案》出台利好汽车物流行业

2015 年 3 月，国务院关于印发深化标准化工作改革方案的通知，其中指出“通过改革，把政府单一供给的现行标准体系，转变为由政府主导制定的标准和市场自主制定的标准共同构成的新型标准体系。建立完善与新型标准体系配套的标准化管理体制”，并提出培育发展团体标准。在标准制定主体上，鼓励具备相应能力的学会、协会、商会、联合会等社会组织和产业技术联盟协调相关市场主体共同制定满足市场和创新需要的标准，供市场自愿选用，增加标准的有效供给。2015 年 6 月，中国物流与采购联合会获批成为团体标准第一批试点单位。2015 年是标准工作变化较大的一年，随着《深化标准化工作改革方案》的出台，为标准化工作提供了新的指导方向。根据《深化标准化工作改革方案》的要求，中物联汽车物流分会牵头展开了汽车物流团体标准工作，召开了《中置轴车辆运输车技术选型条件》团体标准的征询意见会议，与会单位针对中置轴车辆运输车的相关问题进行了研究与探讨。协会牵头组织团体标准制定意向征集工作，企业已上报十余个团体标准项目。团体标准作为标准工作的重要组成部分，以市场为主体，企业为核心，不仅在标准出台后能够更好地应用，同时也减少了标准宣贯工作的困难。

## 五、行业统计分析工作进一步深入

为了更好地了解汽车物流行业发展现状，分析行业发展中遇到的问题，2015 年首次开展了汽车物流全行业的数据调研工作，针对汽车物流企业进行年度数据收集，主要包括整车、零部件、售后服务备件三个方面的调研，调研根据《汽车物流统计指标体系》中指标进行数据采集，共涉及三大类 60 余项指标，调研完成后将对数据进行整理和分析。同时，完成了汽车物流 KPI 指标调查工作，除零部件物流 KPI 调查外，新增整车物流 KPI 和售后服务备件物流 KPI 调查。分会研究中心组织编写的《2015 中国汽车物流发展报告》于 10 月面向全国发售，此《报告》是汽车物流行业首次编写年度分析报告，其中涵盖了汽车物流调查报告、专题报告、创新报告等众多部分，对汽车物流年度的总结和发展起到了重要的意义。

## 六、汽车物流技术开发和管理水平不断创新

2015 年，我国汽车物流企业对技术表现出空前的关注，一方面，在企业内部管理上，随着劳动力成本越来越高，以及新进入市场的劳动力对工作环境要求越来越高等众多客观原因，汽车物流企业越来越多的用技术替代人力以减少用工成本，并通过技术来改善劳动者工作的环境和条件，减轻劳动力密集的传统行业特点；另一方面，借助于现代技术的应用，汽车产业出现了电子商务的发展和平台建设、供应链金融等新业态。2015 年，汽车物流行业的领军企业普遍关注新技术的应用，并且采取行动积极地开发和应用新技术，这也可以说是 2015 年我国汽车物流发展的新变化之一。2015 年，各汽车物流企业在行业创新方面又取得了一定的进步，在汽车整车物流、零部件入厂物流、售后服务备件物流、综合类等四个方面涌现出 35 个创新项目。

1. 汽车整车物流创新项目

2015 年，汽车整车物流创新项目主要围绕信息技术，管理模式等多个角度进行研究，其中信息技术包括智能管理系统开发应用，发运监测系统开发应用，整车物流 APP 的开发与应用，条码新技术应用、移动终端技术开发与应用等；管理模式的创新包括综合运输体系的管理与创新，自动配载方案的设计，整车物流计划评价体系的构建，海运集装箱的解决方案，整车物流定价模型的建立等，这些新技术、新理念的创新和应用，极大地提高了整车物流作业的效率，实现了运输仓储装备先进化，信息管理智能化，运营操作便利化。

2. 汽车零部件入厂物流创新项目

本年度汽车零部件入厂物流的项目创新较之前更加注重细节的优化，主要围绕技术创新，管理创新，信息应用，流程优化等几个方面开展，技术创新包括 AGV 技术在厂内配送物流的应用研究，TESD 爆胎应急安全装置的设计与应用，驶入式货架专用存储托盘的设计与应用，汽车车顶内装饰件包装箱的设计与应用；管理创新包括干线运输取货配车管理，仓储管理的优化与实践，基于“互联网 +”的 Milk-Run 取货确认管理，汽车物流岗位定额工时测算研究，汽车生产领域集配防差错管理创新等；信息应用主要包括发动机库信息化优化，车身车间焊接大总成流转管理系统应用，智能 APP 整合与提升传统取货管理技术解决方案，基于互联网的社区型运输协同平台汽车行业运输

中的应用；流程优化包括基于多种零件组合排序上线配送模式的实践，零部件生产及入库优化管理，基于JIT配送的物流排序拣选过程优化创新，降低生产零件追加订单比例的优化。这些项目的创新与应用更加注重细节，将其他领域的优秀技术和信息手段与汽车物流领域相结合，并探索适用于汽车零部件入厂物流发展的新模式，为其发展注射了一针强心剂。

3. 售后服务备件创新项目

售后服务备件创新项目主要围绕提高备件物流的效率和备件设施改进两个方面，例如，“构建备件极速物流体系的业务变革”，“华晨宝马中国售后配件配送中心定制项目”这两个项目。售后备件物流具有其自身的特点，在技术改进，项目创新道路上还有其挖掘和发展的空间。

4. 综合类汽车物流创新项目

此类技术创新可以应用到汽车物流全产业链当中，从宏观层面的研究到微观技术的开发，都有其创新点，例如，编写的《汽车制造物流管理》教材为培养专业汽车物流人才提供了理论与实践的学习资料，“以信息系统为载体的汽车航空物流企业市场营销管理模式创新”将航空运输纳入到汽车物流综合运输体系中来，“基于RFID的周转器具管理应用”在零部件入厂和售后服务备件物流中均发挥了重要的作用。

DIBABULEI | QICHEXIAOFEI

# 汽车金融

## 2015年中国汽车金融概述

中国汽车流通协会汽车金融分会

据中国汽车工业协会统计，2015年我国汽车产量、销量分别完成2450.33万辆和2459.76万辆，比上年分别增长3.3%和4.7%，产量、销量增速比上年分别下降4%和2.2%。2015年我国汽车销量创全球历史新高，连续七年蝉联全球第一。

汽车销售金融市场上提供金融服务的主体有：商业银行、汽车金融公司、融资租赁公司和互联网金融公司等。《德勤-2015中国汽车金融白皮书》显示：截至2015年，商业银行和汽车金融公司约占85%的市场份额；融资租赁公司、互联网金融公司等非银机构约占15%的市场规模。同时，根据中国银行业协会汽车金融专业委员会的初步测算，2015年我国汽车金融市场规模约为9000亿元左右，近三年的年复合增长率已超过33.6%，预测未来汽车金融市场规模还在以每年25%的速度持续扩张。2015年我国汽车金融整体渗透率为35%左右，同比增幅超过50%。而美国、日本等发达国家的汽车金融整体渗透率在50%以上，因此，我国未来汽车金融市场仍有较大发展空间。

### 一、2015年金融机构业务概述

1. 商业银行

根据《2015汽车金融公司行业发展报告》和《德勤-2015中国汽车金融白皮书》提供的相关数据，预测我国商业银行2015年底汽车销售金融业务贷款余额约为4200亿元左右。

我国商业银行的主要汽车金融产品有2种，分别是消费贷款和信用卡分期付款。《2015年中国汽车消费信贷专项调查报告》显示：汽车金融消费者选择汽车消费贷款的比率约占43.24%，信用卡分期付款的比率为35.14%。银行消费贷款一般需要通过银行介绍的中介机构申请贷款，贷款利率随国家利率调整有变动，另外还需要支付中介机构费用，缺点是手续复杂环节较多；信用卡分期付款是现在比较常用的贷款购车方案，通过向银行提供一些材料办理专门的信用卡并一次性缴付手续费，无利率，缺点是车型车价比较有限制。

从商业银行业绩考核和借款人使用资金的方便性来看，未来信用卡分期支付的比重将会持续加大。因为对于借款人而言，方便快捷、利率较低的方案更容易被接纳；对于商业银行而言，手续费收入为中间业务收入，较之于利息收入，手续费收入在商业银行业绩考核中权重更大。

2. 汽车金融公司

《2015汽车金融公司行业发展报告》显示：截至2015年年末，全国汽车金融公司获批25家，汽车金融业务贷款余额约为3891亿元，其中零售贷款业务占比78%，该业务同比增长28.69%。

这25家汽车金融公司的基本数据合计如下：总资产达到4190.06亿元，比上年末增加786.73亿元，同比增长23.12%，较上年同期约30%的增速有所回落；总负债规模为3510.71亿元，比上年末增加594.89亿元，同比增长20.40%；总净利润达74.01亿元，比2014年同期增长15.22亿元，同比增长25.89%，增速较2014年同期上升2.39%；行业平均资产利润率为1.95%，比2014年同期降低0.01%。

3. 融资租赁公司

《2015中国汽车金融报告》最新数据显示：2014年汽车租赁业总营业收入则达到420亿元，年复合增长率高达26%，按照该增长率，合理估计2015年汽车租赁业总收入约为530亿元。同时，该报告预测到2019年，汽车融资租赁市场规模将达到750亿元。另外报告同时披露：经营性租赁市场2014年车辆保有量达42万辆，新增渗透率0.6%，大型租赁公司以短租为主，占30%的市场份额；融资性租赁市场2014年融资租赁销量20.8万辆，预计以50%的符合增长率增长，到2019年将达到150万辆的规模和6%的渗透率。

德勤《2015中国汽车金融白皮书》最新研究数据显示：目前国内乘用车融资租赁渗透率约为2%，而在美国等成熟市场，该比率超过50%，国内汽车融资租赁市场渗透率较低，未来仍有巨大发展空间。

目前汽车融资租赁公司市场主要有4类融资租赁公司，分别为：银行系金融租赁公司、第三方融资租赁公司、整车厂系融资租赁公司和经销商系融资租赁公司。

4. 互联网金融公司

我国汽车互联网金融公司主营业务主要分为四类，分别是P2P网贷、消费金融、众筹以及互联网保险。目前互联网汽车金融公司在汽车的销售和售后环节覆盖的业务较多，销售环节业务品种包括：消费信贷、融资租赁、流动资金、周转融资、建店融资、营销类汽车众筹、平行进口车众筹等；售后环节业务品种包括：互联网保险、车辆融资、流动资金贷款、二手车众筹等。现阶段的汽车互联网金融公司主要的潜在客户是次优客户，即被商业银行和汽车金融公司拒绝发放购车融资款的经销商和个人。

我国汽车互联网金融公司2015年总体规模为7987.8亿元。其中，P2P网贷、众筹和互联网保险三种业务总规模合计1277.8亿元，同比增长超100%；消费金融业务单独合计6710亿元，同比增长50%。预计2016年我国互联网汽车金融的总市场规模可达到1.1亿元，2018年可达1.85亿元。

## 二、2015年汽车金融行业存在的困境和问题

1. 车辆抵押标准不一

因各地车管所标准不一，导致办理车辆抵押、解押成本巨大。首先，由于汽车金融公司贷款业务均需要办理贷款车辆的抵押工作，而全国各地不同车管所对需要办理车辆抵押业务的标准各不相同，这样就无形中大大增加了汽车金融公司办理抵押、解押的成本。其次，即便是同一个车管所，也有可能因为车管所自身原因（新系统上线、办理流程变更、频繁变更业务政策）导致汽车金融公司无法按时办理抵押，间接的增加了汽车金融公司的成本。最后，车管所人力不足以及城市限购政策等原因，导致汽车金融公司无法办理抵押或办理抵押效率低下等，也会进一步增加汽车金融公司的经营成本。

2. 租赁物权登记制度不统一

金融租赁公司属银监会管理，融资租赁公司属商务部管理，而央行和商务部同时设有相应系统对租赁动产的物权进行登记，这样就容易造成同一车辆在不同登记系统重复登记的情况，给出租人带来较大风险。

3. 风控能力有待提高

融资租赁公司、互联网金融公司并未被接入央行个人征信系统，对于开展个人车辆融资业务的金融机构而言，无法有效核实承租人的个人信用情况，给出租人业务经营带来较大风险。

4. 监管法律法规有待完善

特别是对于汽车互联网金融公司而言，我国目前尚未出台针对汽车互联网金融公司的相关法律法规，目前仅有的一部《关于促进互联网金融健康发展的指导意见》仅对个主管机关的职责进行了分工，并未有更加详细的监管内容，后续相关监管的法律法规有待完善。

## 三、2015年金融业务新亮点

1. 资产证券化

资产证券化由“审批制”改为“备案制”，汽车金融公司可“注册制”发行资产证券化产品的利好监管政策背景下，2015年是汽车金融公司资产证券化的“黄金一年”。2015年全年有10家汽车金融公司发行了资产证券化产品，总计发行规模达224亿元，其中2015年4月“注册制”实施后，总计发行195亿元，

占全年发行规模的87%。较之于2014年汽车金融公司发行资的资产证券化78亿元，2015年汽车金融公司资产证券化业务进入快速发展通道。

2. 金融机构产品创新

汽车金融公司领域：上汽通用汽车金融公司开拓农村汽车金融市场，推出全新的首个农户贷产品，只要客户有“农业”户籍，即可申请贷款。奇瑞徽银汽车金融有限公司提出了“简易贷”产品的升级版，一旦确定贷款购车意愿，客户仅需现场提供一张身份证，就可以现场办理完毕审批手续，最快可以当日批复当日提车。

融资租赁公司领域：为了进一步降低承租人月付租金的压力，期满后拥有更加灵活的选择权，多家融资租赁公司在产品上进行了创新尝试。广汇汽车推出了多种产品，可进一步降低承租人的首付比率和提高尾款比率（首付比率0-50%，期限1-5年，尾款0-70%），从而降低承租人的资金压力。奔驰租赁公司推出的以“每年行驶里程”选择租赁期限的新产品，将首付比率降低至10%，将租赁期限跟“每年行驶里程”关联，租赁期满后客户可选择置换升级、返还车辆、购买车辆等三项选择权。

互联网金融公司领域：各大商业银行和汽车金融公司等纷纷推出了O2O的服务系统、APP等，更加方便快捷的为客户提供多样化产品。，此外，融资租赁公司业纷纷开发互联网金融产品或选择跟互联网金融平台合作，来增加自身产品的竞争力和拓展销售渠道。例如，广汇汽车分别与阿里巴巴和汽车之家合作，实现了选车、贷款、车辆保险、二手车贷款等一体化服务，减少服务中间环节，缩减运营成本。

# 汽车产品投诉

## 2015年汽车投诉综述

中国消费者权益保护法学研究会 郝庆丰

### 一、2015年汽车投诉概况

据统计，2015年全年中国消费者协会系统共受理消费者投诉639,324例，解决545,727例，投诉解决率85.36%，为消费者挽回经济损失104,669万元。其中，因经营者有欺诈行为得到加倍赔偿的投诉4,962件，加倍赔偿金额3,299万元。

随着我国汽车保有量的增长，有关汽车的投诉也大幅攀升。2015年，全国消协组织共接到汽车类投诉30,529例，比上年增加6,891例，增幅达29.1%。主要问题表现在购车过程中合同不合理及合格证扣留问题、强制搭售保险挂牌等服务、部分经销商出售旧车、问题车、汽车质量、售后服务等问题。

2015年搜狐汽车投诉平台共收到汽车投诉案例4241例，其中有效投诉为3787例，质量投诉2452例，占比64.75%，服务类投诉占比24.16%，综合性投诉（同时有质量投诉和服务投诉）占比11.09%，投诉来自全国各地，车型包括进口品牌、合资品牌和自主品牌，涵盖国内目前所有主流汽车品牌。

质量投诉中，发动机系统占比最大，为25.78%，其次是车身附件系统，占比18.17%，变速箱系统占比15.38%。

从2015年投诉平台的投诉情况来看，消费者对商家诚信投诉513例，集中在经销商拖延交付合格证、销售违约、加价售车、扣压汽车节能补贴款、销售库存车、消费者交定金后无法提车、强制购买保险等方面。由于汽车销售利润下降，部分经销商售车时追求利益最大化，搭售保险及装饰等，侵害了消费者的选择权。

从2015年的投诉量来看，除去3月份消费者权益日的影响外，平均月投诉量在300例左右，夏季投诉重点在空调及车内异味问题；冬季投诉重点在发动机启动问题。

2015年投诉平台收到的有效投诉中，来自经济较发达地区的最多，东部地区高于西部地区，南方地区多于北方地区。山东地区的投诉量最大，占比11.12%，其次为江苏、广东、浙江等省。从分布比例来看，投诉量的多少与地区间汽车保有量及消费者的维权意识有一定关联。消费者投诉诉求为要求赔偿费用以补偿修车时所耽误的油费、时间精力等。

2015年由于新汽车三包政策的持续实施，汽车厂商对消费者投诉的重视程度有了一定提升，但厂商给出的解决方案并不能令所有消费者满意，也有个别厂商对消费者提出的诉求互踢皮球，使得消费者投诉无门。

## 二、汽车投诉具体分析：

### （一）质量投诉分析

2015年汽车投诉平台受理的汽车质量投诉中，主要有发动机、变速箱、离合器、转向系统、悬架系统、制动系统、传动系统、电子控制系统及车身附件等。汽车的异响问题比较普遍，主要表现为发动机异响、漏油、变速箱异响、离合器松合器异响、制动异响、底盘异响及车身异响等。安全问题主要涉及到轮胎、轮毂、汽车电路、安全气囊等，具体表现为爆胎、轮胎鼓包，汽车自燃等。

统计数据显示，消费者对发动机、变速箱、车身附件、电子控制系统的投诉最多，投诉比例分别为25.78%、15.38%、18.17%、15.48%，占投诉总量的75%左右。发动机系统在所有故障投诉中所占比例最高，集中在发动机异响、漏油、启动困难、发动机电控等。（见图1）

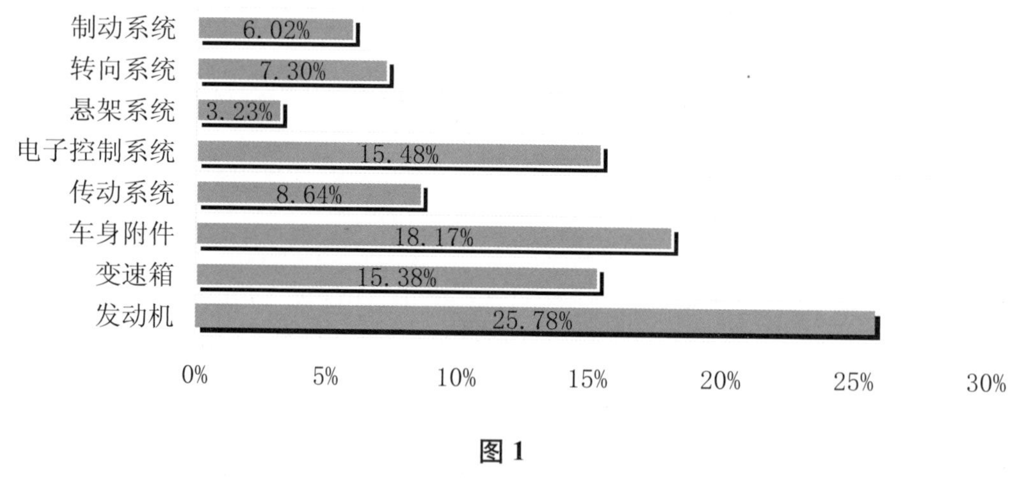


**图1**

2015年汽车投诉平台接到自燃案例35例，汽车自燃的原因很多，具体原因难以鉴定。即便进行第三方检测，也因为其不单方接受消费者的委托、费用高昂令消费者无法承担且检测结果厂家也不予认可，使消费者处于尴尬境地。如果消费者一直在厂家特约维修站做定期保养、未进行车辆改装、正常使用的情况下，汽车在行驶途中或在停车场中发生自燃，厂商理应承担起赔偿责任。但就了解到的自燃事件中，极少有厂商同意进行赔偿。

统计数据显示，2015年汽车投诉平台受理的合资品牌投诉高于自主品牌和进口品牌投诉之和，占总投诉量的67.5%，自主品牌投诉占比28.42%，进口品牌的投诉较少，占比4.08%。（见图2）

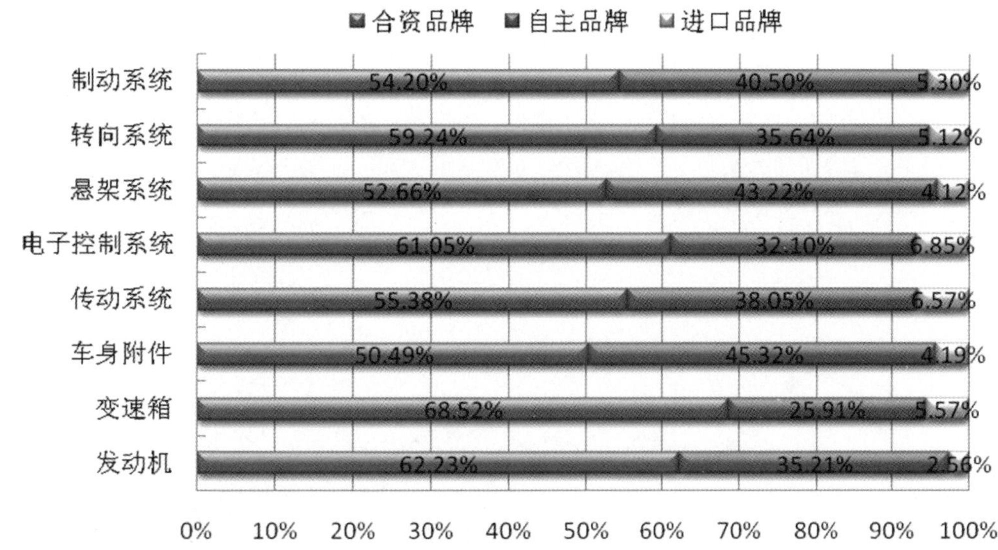


图 2

（二）服务投诉分析

2015 年汽车投诉平台受理的服务投诉 915 例，同比 2014 年减少 291 例，其中商家诚信的投诉比例较高，占服务投诉量的 56.07%，比上一年度增长 3%；保修纠纷的投诉占比 15.96%，服务态度、配件供应、服务收费、人员技术等也收到车主不同比例的投诉。（见图 3）

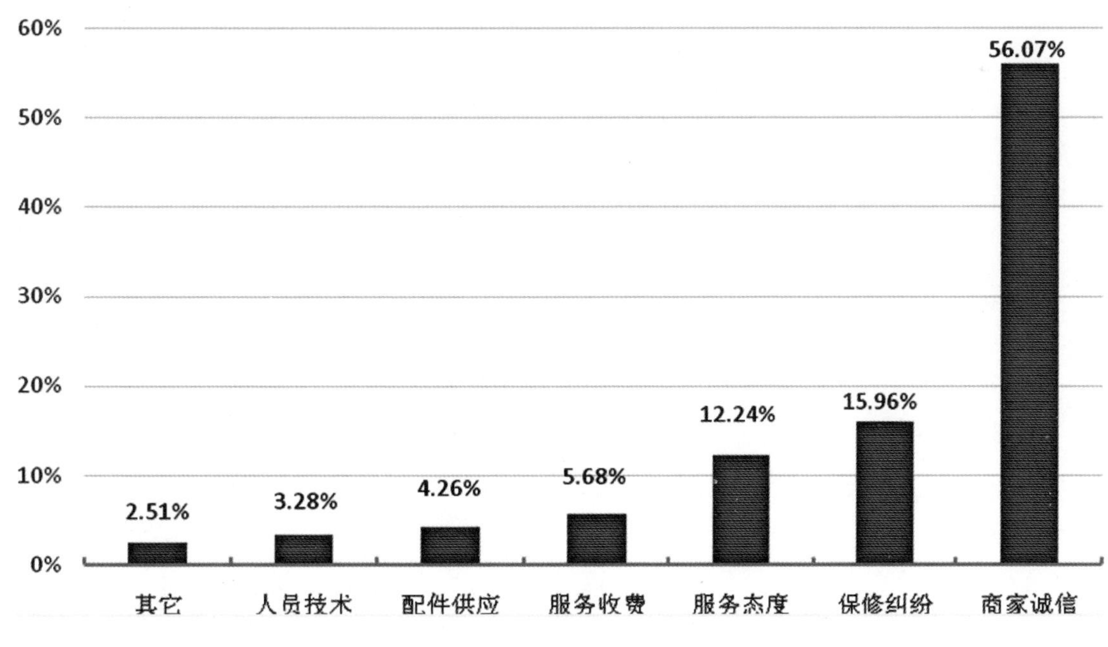


图 3

在商家诚信的投诉中，不给合格证、不退订金、销售库存车、事故车等问题依然是投诉的重点。不给合格证问题在服务投诉中占很大的比例，经销商拖延汽车合格证现象十分严重，应引起厂家的关注。在保修纠纷的投诉中，维修站多次维修同一故障始终不能得到解决，继而拖过质保期让消费者买单的现象时有发生。

分析显示，如果在售前服务满意的前提下，维修服务环节能够很好地解决消费者的首要需求——尽快把车修好、解决产品质量问题，服务投诉就会大幅度下降。厂商应加大对售后服务体系的投入、改善服务态度、提高服务效率、改进保养及维修质量、完善配件供应和管理等措施，将会大大提高消费者的满意度。

（三）投诉月度数量分析

分析表明，2015 年搜狐汽车投诉平台每月的投诉量基本保持平衡，因3.15影响，3月份的投诉起伏最大，形成一个波峰。（见图 4）

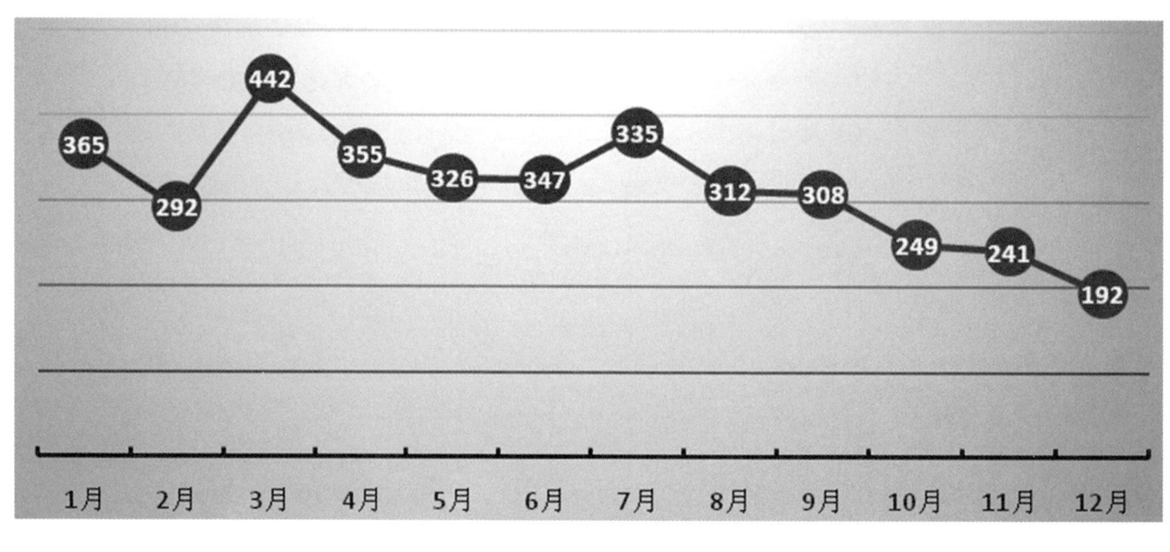


**图 4**

（四）车主的投诉要求

统计显示，2015 年搜狐汽车投诉平台消费者投诉提出的要求中，要求把车修理好的占比 24.25%，要求更换配件的占比 26.64%，要求退换车辆的占比 4.26%，要求召回车辆的占比 18.45%，要求赔偿的占比 19.46%。（见图 5）

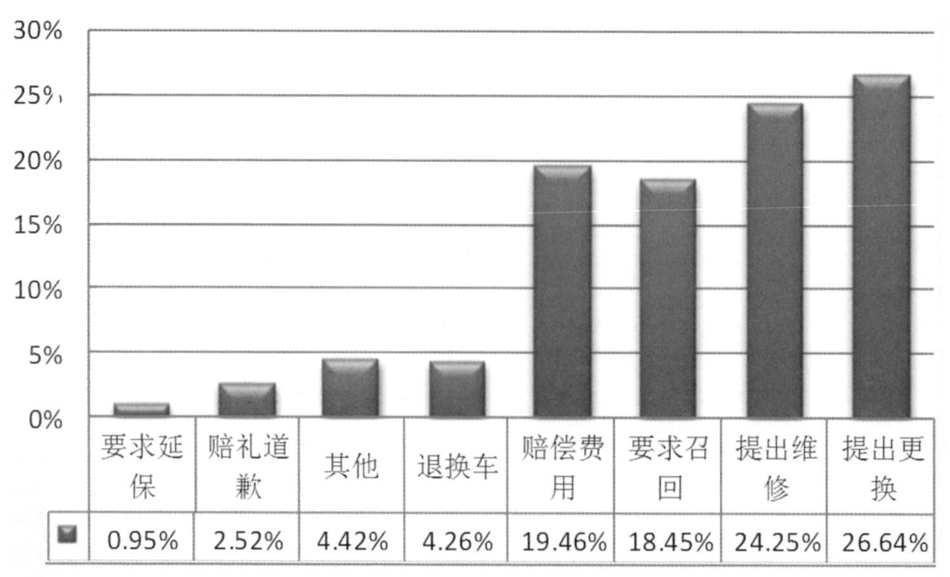


| | 要求延保 | 赔礼道歉 | 其他 | 退换车 | 赔偿费用 | 要求召回 | 提出维修 | 提出更换 |
|---|---|---|---|---|---|---|---|---|
| | 0.95% | 2.52% | 4.42% | 4.26% | 19.46% | 18.45% | 24.25% | 26.64% |

**图 5**

（五）按投诉汽车类型分析

统计数据显示，消费者投诉最多的是紧凑车型，占比 35.15%，同比 2014 年略有下降。SUV 车型和中级车型投诉分别占比 26.35% 和 15.32%，微型车占比 2.06%，高级车型占比 3.05%，其他车型占比 1.67%，小型车占比 14.2%。（见图 6）

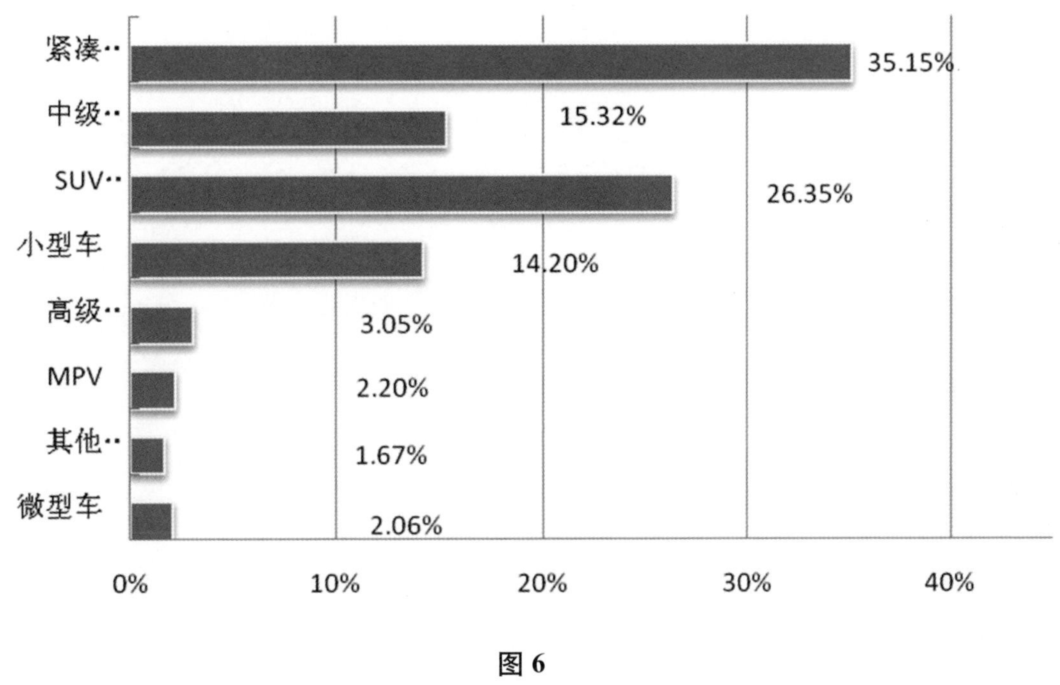


图 6

## 三、结语

通过平台的投诉可以发现产品质量、商家诚信是投诉的主要问题，合资品牌投诉量占比 67% 以上。大部分汽车企业能在收到投诉后及时联系车主协调处理，并快速反馈解决方案。超过 50% 的投诉能在 10 个工作日内获得解决方案。这些提升主要受益于汽车三包政策的实施，厂商加大了对服务的投入，完善服务流程，使得处理效率同比去年有了较大提升。服务投诉集中在销售欺诈、保养欺诈、汽车金融欺诈等各类欺诈行为，以及服务态度差、费用不合理、维修技术差等。服务投诉多是由质量问题或其它因素引发，如经销商对车辆故障多次维修，但始终无法给出故障原因和解决方案；对于很多同款型车辆出现的通病等，厂商不能正视问题所在，而以各种理由搪塞，最终导致了投诉的产生。如果企业能够在经销商的管理方面做得更好的话，相信可以减少不少的投诉纠纷。

# 第10部类

# 汽车生产

DIJIUBULEI | QICHESHENGCHAN

# 中国汽车工业生产综述

## 2015年中国汽车工业发展形势分析

中国汽车工业协会 陈士华 雷滨

2015年是“十二五”规划收官之年，面对复杂错综的国际环境和艰巨繁重的国内改革发展稳定任务，汽车行业贯彻落实中央决策部署，把握发展大势，坚持稳中求进工作总基调，主动适应经济发展新常态，扎实做好各项工作，总体实现了良好发展，行业整体运行平稳。2015年汽车产销量超过2450万辆，创全球历史新高，连续七年蝉联全球第一。总体而言，2015年汽车工业发展呈现以下特点：

### 一、2015年汽车工业产销形势分析

1. 产销呈现平稳增长，四季度回升较明显

2015年，汽车产销2450.33万辆和2459.76万辆，同比增长3.25%和4.68%，增幅比上年回落4.01个百分点和2.18个百分点。其中乘用车产销2107.94万辆和2114.63万辆，同比增长5.78%和7.30%，增幅比上年回落4.37个百分点和2.59个百分点；商用车产销342.39万辆和345.13万辆，同比下降9.97%和8.97%，降幅比上年扩大4.28个百分点和2.44个百分点。

从2015年全年汽车产销变化情况来看，总体呈现“中间低两头高”的特征，一季度产销保持稳定增长，增速分别达到5.26%和3.90%，二季度后产销增速呈快速回落，三季度产销双双呈现负增长，四季度后，受小排量优惠政策影响，乘用车市场恢复明显，因而四季度产销总体止跌回升，产销同比增长分别达到14.03%和16.11%，增速明显高于一季度。

2006-2015年，汽车产销年均增长分别达到14.44%和14.60%，其中“十一五”期间产销增速较快，“十二五”期间受产销高基数影响，增速有所放缓。2009年以来，我国汽车产销量一直保持全球第一，尽管2015年产销增速趋缓，但总体规模均超过2450万辆，与2006年相比，产销量分别净增1722.36万辆和1738.16万辆。

2. 乘用车产销呈稳定增长，SUV成为拉动乘用车市场增长主力

① 乘用车产销首次超过2000万辆，中国品牌市场占有率明显提高

2015年，乘用车产销首次超过2000万辆，占汽车产销比重分别达到86.03%和85.97%，分别高出上年2.06个百分点和2.10个百分点。随着乘用车所占比重的不断增大，行业内产品结构调整的步伐也逐步加快。其中基本型乘用车（轿车）近十年来产销首次出现下降，运动型多用途乘用车（SUV）则继续保持高速增长，此外，多功能乘用车（MPV）也逐渐转变了以前单纯的“商务”用车身份，开始融入家庭用车的主流，而交叉型乘用车仍处于“边缘化”，产品线向上突围的紧迫度进一步增强。与此同时，企业对于品牌建设的力度也明显加强，在“互联网+”、“智能汽车”等高科技不断发展的促进下，乘用车品牌技术改造和

变革逐步加快。

值得一提的是，在政府和企业的共同推动下，1.6 升及以下小排量乘用车品种依然占据市场主导。2015 年，该系列品种共销售 1450.86 万辆，同比增长 10.38%，占乘用车销售总量的 68.61%。

2015 年，凭着对于市场的敏锐把握以及产品质量的提升，中国品牌乘用车呈逆势增长，共销售 873.76 万辆，同比增长 15.27%，增幅高于上年 11.17 个百分点，高于同期行业增幅 7.97 个百分点；占乘用车销售总量的 41.32%，占有率比上年提高 2.86 个百分点。中国品牌在 2015 年的良好表现总体得益于运动型多用途乘用车（SUV）高速增长带动，而基本型乘用车（轿车）竞争能力仍然偏弱。

2015 年，外国品牌乘用车共销售 1240.58 万辆，同比增长 2.33%，占乘用车销售总量的 58.67%。其中德系品牌销售 399.82 万辆，同比增长 1.45%，占乘用车销售总量的 18.91%。日系品牌销售 336.43 万辆，同比增长 8.69%，占乘用车销售总量的 15.91%。美系品牌销售 259.57 万辆，同比增长 2.78%，占乘用车销售总量的 12.27%。韩系品牌销售 167.88 万辆，同比下降 4.94%，占乘用车销售总量的 7.94%。法系品牌销售 72.93 万辆，同比增长 0.31%，占乘用车销售总量的 3.45%。意系品牌所占比重最小，且同比明显下降，2015 年意系品牌销售 3.95 万辆，同比下降 42.01%，占乘用车销售总量的 0.19%。与上年同期相比，除日系乘用车品牌占有率略有增长外，其他外国品牌均呈下降。

2006 年，中国品牌乘用车销量首次超过 200 万辆，十年来平均增长 16.87%，增速略低于外国品牌，且市场占有率一直在 40% 左右，近年来还有所下降。与外国品牌相比，中国品牌自身品牌定位低、溢价能力差、单车规模小、成本分摊大以及品牌形象仍不高，这些都在很大程度上制约了中国品牌健康成长，未来发展依然任重道远。

② 基本型乘用车（轿车）销量有所下降，外国品牌稳居主导

2015 年，基本型乘用车（轿车）产销 1163.09 万辆和 1172.02 万辆，同比下降 6.84% 和 5.33%，近十年来产销首次呈现下降；占乘用车比重分别为 55.18% 和 55.42%，比上年继续下降。

尽管产销双降，但基本型乘用车（轿车）市场竞争依然激烈，中国品牌尤其受到较大冲击。2015 年，中国品牌轿车共销售 243.03 万辆，同比下降 12.50%，占轿车销售总量的 20.74%，占有率比上年下降 1.70 个百分点。在销量排名前十位的轿车品牌中，均为外国品牌，中国品牌自 2012 年以来没有一个品牌进入前十。

2015 年，轿车销量排名前十位的品牌依次是：朗逸、轩逸、英朗、速腾、桑塔纳、捷达、朗动、卡罗拉、科鲁兹和福克斯。其中德系品牌最多，共有 4 个，其次为美系，共有 3 个，日系有 2 个，韩系有 1 个。2015 年，上述十个品牌销量均超过 20 万辆，分别达到 37.91 万辆、33.41 万辆、29.02 万辆、27.99 万辆、27.62 万辆、27.49 万辆、26.71 万辆、25.43 万辆、24.61 万辆和 24.61 万辆，与上年同期相比，福克斯和桑塔纳销量下降较快，科鲁兹、捷达和速腾降幅略低，其他品牌呈一定增长，卡罗拉和英朗增速更快。2015 年，上述十个品牌共销售 284.80 万辆，占轿车销售总量的 24.30%，占外国品牌轿车销售总量的 30.67%。

2015 年，销量排名前十位的中国品牌轿车依次是：EC7、逸动、F3、悦翔、远景、奔腾、风云、速锐、D50 和金刚。分别销售 20.62 万辆、18.23 万辆、13.89 万辆、12.37 万辆、12.20 万辆、9.28 万辆、6.38 万辆、6.05 万辆、6.02 万辆和 5.74 万辆，与上年同期相比，金刚、速锐和奔腾销量有所下降，其他品牌各有增长，其中远景、风云和 D50 增速更为明显。2015 年，上述十个品牌共销售 110.78 万辆，占轿车销售总量的 9.45%，占中国品牌轿车销售总量的 45.58%。

从轿车分排量细分品种销售情况来看，1.6 升及以下品种依旧占最大比重，共销售 884.55 万辆，同比下降 2.22%，占轿车销售总量的 75.47%。1.6 升以上各系列品种比上年均呈较快下降。其中 1.6 升＜排量≤ 2.0 升系列共销售 256.48 万辆，同比下降 11.51%；2.0 升＜排量≤ 2.5 升系列共销售 27.58 万辆，同比下降 29.36%；2.5 升＜排量≤ 3.0 升系列共销售 3.19 万辆，同比下降 24.04%；3 升以上系列共销售 0.21 万辆，同比下降 20.44%。

③ 运动型多用途乘用车（SUV）保持快速增长势头，中国品牌表现依然突出

作为乘用车市场的“明星产品”，2015 年，运动型多用途乘用车（SUV）保持了快速增长势头，当年销量首次超过 600 万辆，达到 622.03 万辆，同比增长 52.39%，增幅比上年提升 15.95 个百分点，高于乘用车行业总体增幅 45.09 个百分点；占乘用车销量比重达到 29.42%，比上年提升 8.71 个百分点。

2015 年，中国品牌 SUV 市场占有率稳居第一，共销售 334.30 万辆，首次超过轿车，同比增长 82.76%，增幅高于上年同期 32.40 个百分点；占 SUV 销售总量的 53.74%，占有率比上年提升 8.93 个百分点。在销量排名前十位的 SUV 品牌中，中国品牌占据七席，优势明显。在外国品牌中，法系品牌销量增速仅次于中国品牌，共销售 20.10 万辆，同比增长 70.71%，占 SUV 销售总量的 3.23%；日系和美系品牌也呈较快增长，分别销售 101.68 万辆和 58.99 万辆，同比增长 30.29% 和 47.90%，占 SUV 销售总量的 16.35% 和 9.48%；德系和韩系品牌增速略低，分别销售 60.75 万辆和 45.40 万辆，同比增长 10.22% 和 12.23%，占 SUV 销售总量的 9.77% 和 7.30%。

2015 年，销量排名前十位的 SUV 品牌依次是：哈弗 H6、途观、瑞风 S3、瑞虎、CS75、幻速、CS35、哈弗 H2、奇骏和昂科威，分别销售 37.32 万辆、25.58 万辆、19.68 万辆、18.73 万辆、18.66 万辆、18.11 万辆、16.93 万辆、16.85 万辆、16.64 万辆和 16.30 万辆，与上年同期相比，瑞虎销量略有下降，其他品牌均呈增长，其中昂科威、瑞风 S3、CS75、哈弗 H2 和幻速增速更为显著。2015 年上述十个品牌共销售 204.80 万辆，占 SUV 销售总量的 32.92%。

2015 年，在 SUV 细分品种中，1.6 升及以下小型 SUV 品种继续保持迅猛增长，共销售 280.37 万辆，同比增长 1.2 倍，占 SUV 销售总量的 45.07%，比上年高出 13.88 个百分点。1.6 升＜排量≤ 2.0 升和 2.0 升＜排量≤ 2.5 升系列品种也呈稳定增长，但增速明显低于 1.6 升及以下品种。2015 年，上述两大系列品种分别销售 260.49 万辆和 73.05 万辆，同比增长 31.57% 和 10.62%。2.5 升以上品种需求则继续呈明显下降，共销售 8.12 万辆，同比下降 51.90%，降幅比上年扩大 39.21 个百分点。

近十年来，SUV 市场需求一直保持快速增长，年均增速达到 43.70%，明显高于乘用车行业增幅，市场占有率也逐年提升。

④ 多功能乘用车（MPV）增速回落，中国品牌稳居第一

2015 年，多功能乘用车（MPV）共销售 210.67 万辆，同比增长 10.05%，增速比上年回落 36.74 个百分点。中国品牌 MPV 共销售 186.58 万辆，同比增长 13.55%；占 MPV 销售总量的 88.56%，占有率比上年同期提升 2.73 个百分点。日系、美系和德系分别销售 12.44 万辆、7.90 万辆和 3.76 万辆，同比分别下降 14.02%、2.58% 和 17.28%，分别占 MPV 销售总量 5.90%、3.75% 和 1.78%。

在销量排名前十位的 MPV 品牌中，有 8 个为中国品牌，市场表现继续好于外国品牌。2015 年，销量排名前十位的 MPV 品牌依次是：五菱宏光、宝骏 730、威旺 M20、欧诺、菱智、小康风光、别克 GL8、瑞风、杰德和 Q26，分别销售 65.55 万辆、32.11 万辆、14.74 万辆、14.23 万辆、11.69 万辆、9.96 万辆、7.90 万辆、5.87 万辆、5.26 万辆和 4.64 万辆，与上年同期相比，瑞风、杰德和五菱宏光销量降幅居前，菱智和别克 GL8 小幅下降，宝骏 730、威旺 M20 和小康风光增速较明显。2015 年上述十个品牌共销售 171.95 万辆，占 MPV 销售总量的 81.62%。

2015 年，1.6 升及以下小排量 MPV 品种继续保持增长，共销售 176.68 万辆，同比增长 17.65%，占 MPV 销售总量的 84.34%，占有率比上年提升 5.89 个百分点。其他系列品种均呈下降，其中 1.6 升＜排量≤ 2.0 升系列销售 11.80 万辆，同比下降 21.27%；2.0 升＜排量≤ 2.5 升系列销售 19.79 万辆，同比下降 13.28%；2.5 升以上系列销售 2.41 万辆，同比下降 30.22%。

十年来，多功能乘用车（MPV）市场发生较大变化，以前高端商务用车为主流的市场逐渐缩小，取而代之的家用 MPV 正迅速扩大，尤其是 2013 年以后，一些交叉型乘用车生产企业产品线上移，使得 MPV 品种更是呈现快速增长势头。尽管 2015 年 MPV 市场需求增速放缓，但家用 MPV 市场未来预计依然会保持稳定增长。

⑤ 交叉型乘用车降幅依然明显，骨干企业保持较高占有率

2015 年，交叉型乘用车共销售 109.91 万辆，同比下降 17.47%，降幅比上年略有减缓。其中销量排名前十家的企业依次是：上汽通用五菱、长安汽车、东风汽车、金杯汽车、重庆力帆、北汽股份、一汽集团、昌河汽车、福建新龙马和北汽福田，分别销售 61.58 万辆、17.49 万辆、6.45 万辆、6.10 万辆、5.88 万辆、4.68 万辆、2.27 万辆、1.16 万辆、1.13 万辆和 1.03 万辆。与上年同期相比，金杯汽车、一汽集团和福建新龙马销量呈较快增长，表现较为突出。2015 年上述十家企业共销售 107.77 万辆，占交叉型乘用车销售总量的 98.05%。

从近十年交叉型乘用车销售情况来看，仅在2009年受当时鼓励政策刺激出现过高速增长，其他年份增速均较低，2011年以来则一直呈现负增长。2015年10月后，受小排量优惠政策影响，这一市场再度出现增长势头。行业内骨干企业借此机会进一步加快产品提升步伐，相信未来这一市场格局将会继续发生深刻变化。

3. 产销降幅同比加大，商用车发展势头依然乏力

① 商用车产销降幅总体呈逐季减缓，四季度产销略有好转

2015年，商用车产销降幅比上年有所加大。但从全年商用车市场表现来看，降幅总体呈逐季减缓态势，其中四季度各月产销环比均呈增长，略好于前三季度。2015年，商用车月均产销量分别为28.53万辆和28.76万辆，比上年减少3.16万辆和2.83万辆。

2015年，商用车销量排名前十家企业依次为：北汽福田、东风汽车、金杯汽车、上汽通用五菱、江铃控股、江淮股份、一汽集团、中国重型、重庆力帆和长安汽车，分别销售47.30万辆、39.87万辆、25.26万辆、24.24万辆、23.24万辆、23.18万辆、17.52万辆、15.82万辆、14.42万辆和14.34万辆。与上年同期相比，重庆力帆销量呈较快增长，上汽通用五菱和长安汽车增速略低，其他企业有所下降。2015年，上述十家企业共销售245.19万辆，占商用车销售总量的71.04%。

2015年，在商用车主要品种中，与上年相比，货车（含货车非完整车辆、半挂牵引车）降幅有所扩大。客车（含非完整车辆）结束增长，呈小幅下降。

从近十年商用车销售情况来看，商用车行业受宏观经济形势影响较为明显，2006-2010年总体保持年均10%以上快速增长，2010年销量超过430万辆，为历史最高，此后两年需求均有所下降，2013年虽有一定增长，但总量未超过2010年，2014年之后需求再次下降，且降幅有所扩大。

② 货车降幅比上年略有扩大，中、重型货车降幅依然明显

2015年，货车（含货车非完整车辆、半挂牵引车）共销售285.59万辆，同比下降10.32%，降幅比上年略有扩大。在四大类货车品种中，重型和中型货车降幅比上年均呈明显扩大，分别销售55.07万辆和20.04万辆，同比下降25.98%和19.14%，降幅比上年分别扩大22.09个百分点和5.54个百分点。轻型货车降幅有所减缓，共销售155.85万辆，同比下降6.26%，降幅比上年减缓6.61个百分点。微型货车保持小幅增长，共销售54.62万辆，同比增长3.07%，增幅比上年提升2.52个百分点。

2015年，货车骨干企业市场集中度依然保持较高水平。其中销量排名前十位的重型货车生产企业分别是：东风汽车、中国重型、一汽集团、陕汽集团、北汽福田、江淮股份、成都大运、安徽华菱、北奔重型和上汽红岩。分别销售11.72万辆、9.88万辆、8.62万辆、8.10万辆、7.49万辆、2.99万辆、1.52万辆、1.32万辆、0.91万辆和0.87万辆。与上年同期相比，除成都大运降幅略低外，其他企业降幅均超过两位数。2015年，上述十家企业共销售53.41万辆，占重型货车销售总量的96.99%。

销量排名前十位的中型货车生产企业分别是：东风汽车、一汽集团、重庆力帆、庆铃汽车、四川现代、江淮股份、成都大运、北汽福田、中国重型和唐骏欧铃。分别销售5.52万辆、4.28万辆、4.08万辆、1.58万辆、1.04万辆、0.80万辆、0.70万辆、0.61万辆、0.57万辆和0.33万辆。与上年同期相比，重庆力帆销量增速最快，成都大运略有增长，其他八家企业均呈下降，中国重型降幅更为显著。2015年，上述十家企业共销售19.51万辆，占中型货车销售总量的97.37%。

销量排名前十位的轻型货车生产企业分别是：北汽福田、江铃控股、江淮股份、金杯汽车、东风汽车、重庆力帆、长城汽车、庆铃汽车、长安汽车和中国重型。分别销售26.68万辆、16.92万辆、16.65万辆、13.76万辆、12.35万辆、10.33万辆、9.95万辆、6.42万辆、5.76万辆和5.17万辆。与上年同期相比，中国重型和重庆力帆销量增速较为明显，庆铃汽车和长安汽车小幅增长，其他企业有所下降。2015年，上述十家企业共销售123.99万辆，占轻型货车销售总量的79.55%。

销量排名前十位的微型货车生产企业分别是：上汽通用五菱、北汽福田、长安汽车、东风汽车、金杯汽车、山东凯马、一汽集团、奇瑞汽车、四川现代和广汽吉奥。分别销售24.24万辆、8.81万辆、8.57万辆、5.41万辆、1.90万辆、1.79万辆、1.56万辆、1.54万辆、0.40万辆和0.33万辆。与上年同期相比，金杯汽车销量增速最为明显，一汽集团和山东凯马增速也超过20%，表现总体好于其他七家企业。2015年，上述十家企业共销售54.56万辆，占微型货车销售总量的99.88%。

从近十年货车销售情况来看，与商用车表现类似，2006-2010年总体呈现较快增长，2011年以后需求有

所回落，其中重型和中型货车总体变化趋势与全行业接近一致。

③ 客车需求小幅下降，轻型客车回落较大

2015 年，客车（含客车非完整车辆）结束上年增长，呈小幅下降。共销售 59.54 万辆，同比下降 1.90%。在客车主要品种中，轻型客车结束上年快速增长势头，略有下降，共销售 43.20 万辆，同比下降 2.50%，比上年回落 16.60 个百分点。大型客车保持小幅增长，共销售 8.45 万辆，同比增长 0.33%，增幅比上年回落 2.82 个百分点。中型客车降幅比上年有所减缓，共销售 7.89 万辆，同比下降 0.95%，降幅比上年减缓 10.67 个百分点。

2015 年，大型客车销量排名前十位的生产企业依次是：郑州宇通、苏州金龙、金龙联合、厦门金旅、北汽福田、中通客车、安徽安凯、比亚迪汽车、扬州亚星和上海申龙，分别销售 2.70 万辆、1.17 万辆、0.88 万辆、0.68 万辆、0.56 万辆、0.56 万辆、0.30 万辆、0.28 万辆、0.25 万辆和 0.21 万辆。与上年同期相比，郑州宇通销量微降，其他企业呈不同程度增长，其中上海申龙、中通客车、苏州金龙和北汽福田增速更为明显。2015 年，上述十家企业共销售 7.58 万辆，占大型客车销售总量的 89.68%。

中型客车销量排名前十位的生产企业依次是：郑州宇通、东风汽车、苏州金龙、江淮股份、金龙联合、安徽安凯、一汽丰田、厦门金旅、比亚迪汽车和北汽福田，分别销售 2.80 万辆、0.93 万辆、0.68 万辆、0.60 万辆、0.41 万辆、0.34 万辆、0.30 万辆、0.26 万辆、0.26 万辆和 0.19 万辆。与上年同期相比，北汽福田销量呈较快增长，郑州宇通和江淮股份略增，比亚迪汽车持平，其他企业呈一定下降，东风汽车和金龙联合降幅居前。2015 年，上述十家企业共销售 6.76 万辆，占中型客车销售总量的 85.72%。

轻型客车销量排名前十位的生产企业依次是：金杯汽车、江铃控股、南京依维柯、东风汽车、北汽福田、保定长安、金龙联合、江淮股份、厦门金旅和上汽大通，分别销售 9.60 万辆、6.31 万辆、4.07 万辆、3.95 万辆、2.95 万辆、2.35 万辆、2.26 万辆、2.13 万辆、2.03 万辆和 1.90 万辆。与上年同期相比，保定长安、上汽大通和东风汽车销量呈两位数增长，金龙联合和厦门金旅增速略低，其他企业有所下降。2015 年，上述十家企业共销售 37.54 万辆，占轻型客车销售总量的 86.89%。

从近十年客车市场变化情况来看，总体表现好于货车，除 2008 年和 2015 年销量略有下降外，其他年份均呈稳定增长，其中轻型客车年均增速明显高于大型和中型客车。

4. 汽车企业出口形势依然严峻，出口量降幅同比明显扩大

2015 年，国际经济环境面临诸多不利，给汽车行业出口带来了更多困难。据中汽协会对行业内整车企业报送的出口数据统计，2015 年，汽车企业共出口 72.82 万辆，同比下降 20.01%，降幅比上年扩大 13.16 个百分点。其中乘用车共出口 42.77 万辆，同比下降 19.75%。在四大类乘用车出口品种中，与上年同期相比，多功能乘用车（MPV）唯一增长，其他三大类品种呈不同程度下降。2015 年，基本型乘用车（轿车）共出口 23.74 万辆，同比下降 24.61%；多功能乘用车（MPV）出口 0.78 万辆，同比增长 28.10%；运动型多用途乘用车（SUV）出口 12.64 万辆，同比下降 16.17%；交叉型乘用车出口 5.62 万辆，同比下降 8.35%。商用车共出口 30.05 万辆，同比下降 20.36%。在商用车主要出口品种中，半挂牵引车和客车非完整车辆出口呈一定增长，其他品种有所下降。2015 年，客车出口 6.92 万辆，同比下降 11.76%；货车出口 19.15 万辆，同比下降 24.63%；半挂牵引车出口 2.20 万辆，同比增长 1.56%；客车非完整车辆出口 0.12 万辆，同比增长 38.58%；货车非完整车辆出口 1.66 万辆，同比下降 25.58%。

2015 年，出口量位居前十位的企业依次是：奇瑞、华晨、上汽、北汽、力帆、江淮、东风、吉利、重汽和长安，分别出口 8.67 万辆、8.15 万辆、8.02 万辆、7.95 万辆、6.11 万辆、5.95 万辆、4.92 万辆、2.85 万辆、2.79 万辆和 2.45 万辆。与上年同期相比，重汽、北汽和江淮出口量有所增长，其他企业呈一定下降。2015 年，上述十家企业共出口 57.87 万辆，占汽车企业出口总量的 79.47%。

5. 新能源汽车产销保持迅猛增长

2015 年，在国家及地方大力推动下，新能源汽车产销总体保持了迅猛增长势头。据中汽协会根据企业上报的新能源汽车产销数据统计，截止 2015 年底，新能源汽车累计产销 34.05 万辆和 33.11 万辆，比上年分别增长 3.3 倍和 3.4 倍。其中纯电动汽车产销分别完成 25.46 万辆和 24.75 万辆，比上年分别增长 4.2 倍和 4.5 倍，占新能源汽车比重分别为 74.77% 和 74.75%。此外，插电式混合动力汽车也保持了高速增长势头，2015 年，

插电式混合动力汽车产销分别完成 8.58 万辆和 8.36 万辆，比上年分别增长 1.9 倍和 1.8 倍。

## 二、2015 年全国汽车商品进出口形势分析

2015 年，我国宏观经济增速放缓，国内有效需求不足，汽车商品进口同比出现自 2006 年以来首次下降，汽车整车进口降幅更为明显；从出口情况来看，由于国际经济增长预期放缓，一些地区政治形势波动加剧，也在很大程度了影响了汽车出口的增长。据中国汽车工业协会统计整理的海关总署汽车商品进出口数据显示，2015 年，汽车商品进出口总额 1573.72 亿美元，同比下降 13.96%。具体而言，2015 年汽车商品进、出口大致呈现以下特点。

### 1. 汽车商品进口情况分析

① 汽车商品进口金额同比降幅超过 20%，主导商品均呈快速下降

2015 年，汽车商品进口结束上年快速增长，呈明显下降。累计进口金额 773.26 亿美元，同比下降 21.58%。从全年汽车商品进口金额变化情况来看，各月进口同比降幅均达到两位数，其中 2 月、5 月、8 月和 10 月降幅更为明显。

在七大类汽车进口商品中，只有摩托车进口呈较快增长，累计进口金额继上年后再次超过 1 亿美元，同比增长超过 50%。其他六大类汽车商品均呈明显下降，其中汽车整车下降更快。

从近十年汽车商品进口情况来看，2006 年进口总额首次超过 200 亿美元，2014 年接近千亿美元，创历史新高，2015 年尽管下降，但十年来进口商品年均增速达到 15.66%，总体呈现快速增长势头。

② 汽车整车进口比上年明显下降，前十国进口量继续占最大比重

2015 年，受上年库存压力以及国内需求下降的影响，汽车整车进口同比呈明显下降。共进口 110.19 万辆，同比下降 22.73%；进口金额 450.88 亿美元，同比下降 25.98%。从各月汽车进口表现来看，1 月和 9 月进口量同比降幅略低，其他各月降幅均超过 10%，其中 2 月、5 月和 8 月降幅超过 30%。

2015 年，在汽车主要进口品种中，三大类汽车进口品种同比均呈明显下降。其中：越野车进口 47.18 万辆，同比下降 19.90%。在越野车细分品种中，1.0 升＜排量≤ 1.5 升系列汽油车和 2.5 升＜排量≤ 3.0 升系列柴油越野车增速略低，其他各系列越野车品种均呈下降。轿车进口 35.25 万辆，同比下降 24.95%。在轿车主要进口品种中，1.0 升＜排量≤ 1.5 升系列汽油车进口量呈较快增长，其他各系列汽油车品种有所下降。小型客车进口 26.43 万辆，同比下降 23.20%。在小型客车细分品种中，1.5 升及以下小排量汽油车品种呈迅猛增长，2.0 升以上各系列汽油车品种呈较快下降。2015 年，上述三大类汽车品种共进口 108.86 万辆，占汽车进口总量的 98.79%。

2015 年，汽车进口量位居前十位国家依次是：日本、美国、德国、英国、韩国、墨西哥、斯洛伐克、匈牙利、葡萄牙和法国，分别进口 26.31 万辆、26.06 万辆、21.88 万辆、9.68 万辆、5.52 万辆、5.07 万辆、2.70 万辆、1.93 万辆、1.70 万辆和 1.54 万辆。与上年相比，匈牙利进口量略有增长，其他国家均呈下降，其中英国、韩国、墨西哥和斯洛伐克降幅更为明显。2015 年，我国从上述十国共进口汽车 102.39 万辆，占汽车进口总量的 92.92%。

从近十年汽车整车进口情况来看，2006 年进口量仅有 20 万辆左右，2011 年首次超过百万，此后五年整车均保持百万辆规模，十年年均增长 19.13%，高于行业增幅。

③ 汽车零部件进口金额呈一定下降，发动机降幅居前

2015 年，汽车零部件进口也结束上年增长，呈一定下降。累计进口金额 320.65 亿美元，同比下降 14.61%。在汽车零部件主要品种中，与上年同期相比，四大类零部件品种均呈下降。其中发动机进口 68.13 万台，同比下降 15.94%，降幅比上年扩大 15 个百分点，进口金额 18.62 亿美元，同比下降 17.13%，降幅比上年扩大 11.66 个百分点。在发动机主要品种中，六大类品种进口量和金额均呈不同下降，其中所占比重最大的 1.0 升＜排量≤3.0 升汽油发动机共进口 66.32 万台，同比下降 15.29%，占发动机进口总量的 97.34%；进口金额 16.95 亿美元，同比下降 15.13%，占发动机进口总额的 91.03%。

汽车零件、附件及车身进口金额 267.92 亿美元，同比下降 14.97%，在中汽协会统计的七类主要细分品种中，电控燃油喷射装置进口金额呈较快增长，其他六类品种呈一定下降，其中所占比重最大的变速箱降幅最大。

汽车、摩托车轮胎进口金额 5.88 亿美元，同比下降 16.93%，其中汽车内胎降幅略低，其他品种降幅较

明显。

其他汽车相关商品进口金额 28.23 亿美元，同比下降 8.56%。

从近十年零部件进口金额变化情况来看，2006-2011 年保持较快增长，年均增速超过 18%，2012 年略有下降，2013-2014 年呈恢复性增长，2015 年降幅加大。总体而言，十年年均增速低于汽车整车。

④、汽车商品主要进口来源国依然保持较高占有率，前十国进口金额占比保持 90% 以上

2015 年，据海关统计，汽车商品进口金额排名前 50 位的国家（含地区）累计进口 773.03 亿美元，占汽车商品进口总额的 99.97%。其中进口金额排名前十位的国家（地区）依次是：德国、日本、美国、英国、韩国、墨西哥、斯洛伐克、匈牙利、法国和瑞典，分别进口 223.75 亿美元、142.71 亿美元、138.41 亿美元、68.79 亿美元、59.70 亿美元、20.18 亿美元、17.21 亿美元、11.56 亿美元、9.33 亿美元和 9.12 亿美元。与上年相比，瑞典进口金额呈较快增长，其他国家呈一定下降，其中斯洛伐克和英国降幅更为明显。2015 年，上述十国累计进口金额 700.76 亿美元，占汽车商品进口总额的 90.62%。

2. 汽车商品出口情况分析

① 汽车商品出口金额呈小幅下降，顺差超过 20 亿美元

2015 年，汽车出口形势依然较为严峻。从国际形势来看，世界经济复苏势头趋缓，发达国家增长率不如预期强劲，欧洲表现更为低迷，新兴市场和发展中国家增速也在放慢，一些地区政治紧张形势有所加剧，国际市场需求总体疲弱对中国出口形成较大冲击。另一方面，国内出口企业外贸综合成本居高不下，传统竞争优势继续削弱。受此影响，2015 年汽车商品出口总体呈一定下降，累计出口金额 800.46 亿美元，同比下降 5.06%。值得一提的是，由于同期进口降幅更大，因此出口总体结束了自 2010 年以来的逆差，再次出现顺差，2015 年，我国汽车出口对外贸易顺差为 27.20 亿美元，总体仍低于 2009 年以前水平。

从月度汽车商品出口金额同比增长变化情况来看，2 月呈快速增长，6 月增速略低，其他各月均呈下降，尽管四季度国家相继出台了一系列鼓励出口的优惠政策，但四季度各月降幅仍然超过 10%，出口严峻形势未得到有效缓解。

此外，从近十年汽车商品出口表现来看，2006-2008 年出口金额增速超过 20%，2009 年下降较快，2010-2011 年再次呈现明显增长，2012 年后增速趋缓。十年年均增速 12.32%，增幅低于进口。

② 汽车整车出口量降幅有所扩大，前十国出口量占比保持 50% 以上

2015 年，在诸多不利因素影响下，汽车整车出口受到较大冲击，与上年同期相比，出口量和金额双双下降，其中数量降幅更为明显。2015 年，汽车整车共出口 75.55 万辆，同比下降 20.25%，降幅比上年扩大 20.17 个百分点；出口金额 124.37 亿美元，同比下降 9.92%，结束上年增长。出口单价 1.65 万美元，高于上年 0.19 万美元。从月度汽车出口同比增长变化趋势来看，只有 2 月呈快速增长，其他各月均呈明显下降，其中 9 月后各月同比降幅超过 25%。

在汽车整车出口主要品种中，与上年相比，轿车降幅有所扩大，载货车和客车均结束增长，呈较快下降。2015 年，轿车共出口 30.80 万辆，同比下降 16.97%，降幅比上年扩大 4.36 个百分点。在轿车细分品种中，2 升及以上品种呈较快增长，共出口 2.16 万辆，同比增长 12.21%；1.5 升及以下品种依然呈现下降，共出口 16.98 万辆，同比下降 27.42%，降幅比上年扩大 5.02 个百分点。载货车出口 21.88 万辆，同比下降 26.18%。在载货车细分品种中，14 吨＜载重量≤ 20 吨柴油车系列品种呈快速增长，共出口 1.31 万辆，同比增长 63.95%；5 吨以下汽油车和柴油车降幅比上年明显扩大，分别出口 6.82 万辆和 5.65 万辆，同比下降 17.16% 和 51.76%，降幅比上年分别扩大 17.08 个百分点和 50.39 个百分点。客车共出口 11.84 万辆，同比下降 36.81%。在客车主要品种中，小型客车（9 座以下）出口量保持最大，但出口降幅明显扩大，共出口 5.92 万辆，同比下降 40.36%，降幅比上年扩大 36.73 个百分点。2015 年，轿车、载货车和客车等三大类整车品种共出口 64.52 万辆，占汽车出口总量的 85.40%，比上年有所下降。

2015 年，整车出口量排名前十位目的国分别是：伊朗、越南、委内瑞拉、智利、埃及、哥伦比亚、阿尔及利亚、秘鲁、沙特阿拉伯和孟加拉国，分别出口 10.84 万辆、7.23 万辆、3.96 万辆、3.95 万辆、3.86 万辆、3.13 万辆、3.10 万辆、2.67 万辆、2.45 万辆和 2.42 万辆。与上年相比，越南、委内瑞拉和孟加拉国呈较快增长，其他国家有所下降，其中阿尔及利亚和哥伦比亚降幅居前。2015 年，上述十国共出口 43.61 万辆，

占汽车出口总量的 57.73%。

从近十年汽车整车出口量变化来看，总体呈明显波动。2008 ～ 2010 年虽呈较快增长，但增速逐年回落。2009 年受国际金融危机影响，下降较快。2010-2012 年再次呈快速增长，但增幅依然呈逐年回落。2013 年后出口量同比再次下降。在 2012 年汽车出口量突破 100 万辆之后，并未延续增长势头，近些年面临的形势更为严峻。

③ 汽车零部件出口金额小幅下降，贸易顺差保持增长

2015 年，汽车零部件出口也结束上年增长，有所下降。累计出口金额 619.17 亿美元，同比下降 4.18%；占汽车商品出口总额的 77.35%，占有率比上年提升 0.71 个百分点。出口顺差达到 298.52 亿美元，比上年增加 27.86 亿美元。在四大类汽车零部件品种中，发动机出口金额比上年略有增长，其他三大类品种有所下降。

2015 年，发动机出口量结束增长，呈一定下降，共出口 338.68 万台，同比下降 7.52%；出口金额增幅有所减缓，共出口 17.83 亿美元，同比增长 6.12%，增幅比上年减缓 0.57 个百分点。在发动机主要品种中，1 升＜排量≤ 3.0 升系列汽油机品种呈较快增长，共出口 53.50 万辆，同比增长 30.52%；出口金额 9.24 亿美元，同比增长 60.19%。出口量所占比重最大的 250 毫升及以下汽油机品种有所下降，共出口 270.46 万辆，同比下降 10.84%；出口金额 3.19 亿美元，同比下降 19.98%。

汽车零件、附件及车身出口金额结束上年快速增长，略有下降，共出口 351.85 亿美元，同比下降 0.49%。在统计的七类主要细分品种中，变速箱和座椅安全带出口金额呈较快下降，驱动桥降幅略低，其他四类品种呈小幅增长。

汽车、摩托车轮胎和其他汽车相关商品出口金额分别达到 126.63 亿美元和 122.86 亿美元，同比分别下降 16.42% 和 1.14%。均结束上年增长。

另据近十年汽车零部件出口金额变化情况来看，除 2009 年和 2015 年出口金额有所下降外，其他年份均呈增长，总体表现好于整车。

④ 摩托车出口小幅下降，主导品种保持较高占有率

2015 年，摩托车出口继续呈小幅下降，降幅比上年略有扩大。本年累计出口 850.79 万辆，同比下降 8.28%，降幅比上年扩大 2.19 个百分点；出口金额 45.30 亿美元，同比下降 9.13%，降幅比上年扩大 3.77 个百分点。从全年摩托车出口情况来看，2 月、6 月、9 月和 12 月出口量月度同比有所增长，其他各月均呈下降，总体而言，下半年出口表现略好于上半年。

2015 年，在摩托车主导品种中，125ml ＜排量≤ 150ml 和 150ml ＜排量≤ 200ml 两大系列品种出口均结束上年下降，有所增长。分别出口 204.45 万辆和 56.69 万辆，同比增长 4.85% 和 11.72%。125 毫升以下各系列品种降幅均超过全行业。其中：100ml ＜排量≤ 125ml 系列共出口 457.01 万辆，同比下降 11.42%，降幅比上年扩大 11.12 个百分点；50ml ＜排量≤ 100ml 系列共出口 38.09 万辆，同比下降 19.65%，降幅比上年扩大 11.01 个百分点；排量≤ 50ml 系列共出口 77.33 万辆，同比下降 22.58%，降幅比上年扩大 7.50 个百分点。2015 年，上述五大系列品种共出口 833.47 万辆，占摩托车出口总量的 97.96%。

从近十年摩托车出口量变化情况来看，2006-2008 年总体保持增长，2008 年出口量首次超过千万辆，但 2009 年呈大幅下滑。2010-2011 年呈较快增长，且 2011 年出口量再超千万辆。2012 年出口明显下降，2013 年虽有所增长，但总量未超过千万。2014 年后出口量又呈下降趋势。总体而言，近十年摩托车平均出口 923.46 万辆，保持了世界第一的水平。

⑤ 前十位目的国汽车商品出口金额超过 50%，美国依然稳居第一

2015 年，汽车商品出口金额排名前 50 位的国家（含地区）累计出口 711.68 亿美元，占汽车商品出口总额的 88.91%。其中：出口金额排名前十位的国家依次是：美国、日本、韩国、越南、墨西哥、德国、伊朗、英国、俄罗斯和沙特阿拉伯，出口金额分别为 170.39 亿美元、61.37 亿美元、31.85 亿美元、27.05 亿美元、25.46 亿美元、24.28 亿美元、21.02 亿美元、18.29 亿美元、16.74 亿美元和 15.46 亿美元。与上年相比，俄罗斯出口金额下降最快，美国、日本、伊朗和英国小幅下降，其他国家呈不同程度增长，其中越南增速更为明显。2015 年，上述十个国家共出口金额 411.91 亿美元，占汽车商品出口总额的 51.46%。

## 三、汽车行业重点企业发展情况分析

### 1. 前十企业继续保持较高市场占有率

2015 年，在全行业产销增速放缓，企业经营面临

较大困难的情况下，汽车行业重点企业（集团）加大了产品改进和研发力度，创新营销策略，开发和拓展新市场，不仅巩固了自身地位，也为全行业稳定发展奠定了坚实的基础。2015 年，全行业市场集中度继续保持较高水平，其中汽车销量排名前十位的生产企业依次为：上汽、东风、一汽、长安、北汽、广汽、华晨、长城、江淮和吉利，分别销售 586.35 万辆、387.25 万辆、284.38 万辆、277.65 万辆、248.90 万辆、130.31 万辆、85.61 万辆、85.27 万辆、58.79 万辆和 56.19 万辆。与上年同期相比，一汽销量略有下降，其他企业呈一定增长，吉利和江淮增速更快。2015 年，十家企业共销售 2200.70 万辆，占汽车销售总量的 89.47%。

2015 年，上述十家企业共销售中国品牌汽车 948.53 万辆，占中国品牌汽车销售总量的 79.24%。其中共销售中国品牌乘用车 711.64 万辆，占中国品牌乘用车销售总量的 81.45%；共销售中国品牌商用车 236.88 万辆，占中国品牌商用车销售总量的 73.27%。

2. 2015 年汽车工业重点企业（集团）经济效益分析

2015 年，汽车工业重点企业（集团）营业收入略高于上年，利润、利税总额低于上年。具体情况如下：

① 工业经济效益综合指数低于上年

2015 年，汽车工业重点企业（集团）工业经济效益综合指数为 517.56，同比降低 21.78。从 2015 年工业经济效益综合指数的变动情况来看，一季度为 498.03；上半年最高，为 521.44，比一季度提高 23.41；前三季度有所下降，为 488.41，比上半年降低 33.03。全年为 517.56，比前三季度提高 29.15。从 2015 年各月累计经济效益综合指数来看，均低于上年同期水平。

从汽车工业重点企业（集团）工业经济效益综合指数的构成情况来看，与上年相比，总资产贡献率、流动资产周转率、成本费用利润率、全员劳产率等指标均低于上年水平；资产负债率、产销率、资产保值增值率高于上年水平。

② 工业增加值低于上年，工业总产值和工业销售产值小幅增长

2015 年汽车工业重点企业（集团）累计完成工业增加值 6851.04 亿元，同比下降 1.25%；累计完成工业总产值 27906.43 亿元，同比增长 0.27%；累计完成工业销售产值 27832.59 亿元，同比增长 1.33%。

从汽车工业重点企业（集团）工业增加值、工业总产值和工业销售产值增速变动图来看，一季度，工业增加值同比下降 4.11%、工业总产值和工业销售产值同比分别增长 2.48% 和 0.95%；上半年工业增加值、工业总产值和工业销售产值同比分别下降 5.64%、0.05% 和 0.79%；前三季度三项指标同比分别下降 6.77%、3.33% 和 2.63%。从降幅来看，上半年工业增加值比一季度扩大 1.53 个百分点；工业总产值和工业销售产值均由正增长变为负增长；前三季度三项指标降幅分别比上半年扩大 1.13、3.28 和 1.84 个百分点；全年累计增长率分别为 -1.25%、0.27% 和 1.33%，工业增加值降幅比前三季度收窄 5.52 个百分点；工业总产值和工业销售产值均由负增长变为正增长。

2015 年，汽车工业重点企业（集团）产销衔接良好，产销率为 99.74%。2015 年汽车工业重点企业（集团）产销率始终保持较高水平，各月累计产销率在 97.66% ～ 99.74% 之间。

③ 营业收入增长略高于上年

2015 年，汽车工业重点企业（集团）累计实现营业收入 31404.01 亿元，同比增长 0.51%。从 2015 年汽车工业重点企业（集团）营业收入增长率变动图来看，一季度增长率为 1.33%；上半年同比下降 1.14%，由一季度正增长变为负增长；前三季度同比下降 3.49%，降幅比上半年扩大 2.35 个百分点；从前三季汽车工业重点企业（集团）营业收入增长率走势来看，始终处于下降走势，且降福呈逐渐扩大趋势；进入四季度后下降幅度有所收窄，全年同比增长 0.51%，由负增长转为正增长。

从汽车工业重点企业（集团）实现营业收入的具体情况看，在 17 家重点企业（集团）中，12 家企业营业收入高于上年（上年为 14 家），5 家企业营业收入低于上年（上年为 3 家）。2015 年，营业收入排名前五位的企业依次为：上汽集团、一汽集团、东风公司、北汽集团和中国长安。从前五家企业的营业收入情况来看，除一汽集团外，其他 4 家企业均高于上年。从其余 12 家企业营业收入情况来看，广汽集团、华晨集团、吉利控股、江汽集团、东南汽车、金龙集团、宇通集团和比亚迪公司营业收入高于上年；奇瑞汽车、中国重汽、庆铃汽车和陕汽集团营业收入低于上年。

④ 利润、利税总额低于上年

2015 年，汽车工业重点企业（集团）利润、利税总额持续呈下降走势，利润、利税总额均低于上年。2015 年，汽车工业重点企业（集团）累计实现利润总

额3476.76亿元，同比下降2.91%。累计实现利税总额5567.38亿元，同比下降0.95%，其中：营业税金及附加为1064.32亿元，同比下降1.90%；应交增值税为1026.30亿元，同比增长7.50%。

2015年，汽车工业重点企业（集团）投资收益为1239.33亿元，同比增长7.18%，投资收益占重点企业（集团）利润总额的比重为35.65%。

从2015年汽车工业重点企业（集团）利润、利税总额增长率变动图来看，前三季度重点企业利润、利税总额均处于下降区间。一季度，利润、利税总额同比分别下降1.61%和2.03%；上半年，利润、利税总额同比分别下降3.28%和3.26%，降幅与一季度相比，分别扩大了1.67和1.23个百分点；前三季度，利润、利税总额同比分别下降6.91%和6.20%，降幅分别比上半年扩大3.63和2.94个百分点，2015年利润、利税总额同比分别下降2.91%和0.95%，降幅分别比前三季度收窄4和5.25个百分点。

2015年汽车工业重点企业（集团）利润、利税总额下降的主要原因：1.行业整体增速下滑，其中：商用车行业受宏观经济形势影响较为明显，重型和中型货车降幅比上年有所扩大，销售同比分别下降25.98%和19.14%，降幅比上年分别扩大22.09和5.54个百分点；2.企业新产品成本较高，研发费用投入加大。

从汽车工业重点企业（集团）实现利润总额的具体情况看，2015年，企业盈利水平下降明显。在17家重点企业（集团）中，有10家企业利润总额高于上年同期（上年为11家），实现利润总额为2114.90亿元；5家企业利润总额为负增长（上年为4家），实现利润总额为1365.71亿元；2家企业亏损，亏损额为3.84亿元。

⑤ 应收账款增速较高、产成品库存资金小幅增长

2015年末，汽车工业重点企业（集团）应收账款为2611.94亿元，同比增长39.48%，增加资金占用739.27亿元。2015年末，汽车工业重点企业（集团）产成品库存资金为961.23亿元，同比增长2.27%，增加资金占用21.32亿元。

2015年末，汽车工业重点企业（集团）应收账款、产成品库存资金占流动资产的比重为21.77%，比上年上升2.73个百分点。

# 2015 年中国汽车车企 TOP10 情况

根据中汽协市场营销研究分会数据，2015 年中国汽车生产销售保持较好势头，2015 年生产 2372.29 万台，同比增长 7.26%，销售 2349.19 万台，同比增长 6.86%。其中主力车企表现突出。

**【上通五菱】** 上通五菱 2015 年生产 200.52 万台，同比增长 11.21%，销售 204 万台，同比增长 12.97%。

**【上海大众】** 上海大众 2015 年生产 180.36 万台，同比增长 3.46%，销售 180.56 万台，同比增长 4.67%。

**【上海通用】** 上海通用 2015 年生产 172.89 万台，同比增长 -0.14%，销售 172.5 万台，同比增长 0.06%。

**【一汽大众】** 一汽大众 2015 年生产 163.68 万台，同比增长 -9.45%，销售 165.02 万台，同比增长 -7.34%。

**【长安汽车】** 长安汽车 2015 年生产 128.71 万台，同比增长 13.34%，销售 130.42 万台，同比增长 13.72%。

**【北京现代】** 北京现代 2015 年生产 105.2 万台，同比增长 -6.07%，销售 106.28 万台，同比增长 -5.11%。

**【东风日产】** 东风日产 2015 年生产 102.02 万台，同比增长 8.8%，销售 102.61 万台，同比增长 7.55%。

**【东风汽车】** 东风汽车 2015 年生产 89.61 万台，同比增长 -11.54%，销售 90.58 万台，同比增长 -9.22%。

**【长安福特】** 长安福特 2015 年生产 88.05 万台，同比增长 8.49%，销售 86.87 万台，同比增长 7.78%。

**【长城汽车】** 长城汽车 2015 年生产 86.96 万台，同比增长 19.03%，销售 85.27 万台，同比增长 16.68%。

**【神龙汽车】** 神龙汽车 2015 年生产 69.53 万台，同比增长 -3.26%，销售 71.07 万台，同比增长 0.95%。

**【东风悦达起亚】** 东风悦达起亚 2015 年生产 61.44 万台，同比增长 -4.16%，销售 61.61 万台，同比增长 -4.63%。

**【一汽丰田】** 一汽丰田 2015 年生产 60.67 万台，同比增长 3.31%，销售 61.01 万台，同比增长 4.23%。

**【江淮汽车】** 江淮汽车 2015 年生产 57.4 万台，同比增长 25.5%，销售 57.79 万台，同比增长 27.22%。

**【金杯汽车】** 金杯汽车 2015 年生产 56.2 万台，同比增长 8.1%，销售 56.85 万台，同比增长 8.83%。

**【广州本田】** 广州本田 2015 年生产 56.04 万台，同比增长 9.59%，销售 58.01 万台，同比增长 20.83%。

**【吉利汽车】** 吉利汽车 2015 年生产 55.7 万台，同比增长 29.79%，销售 56.19 万台，同比增长 31.96%。

**【奇瑞汽车】** 奇瑞汽车 2015 年生产 51.17 万台，同比增长 11.3%，销售 50.36 万台，同比增长 5.1%。

**【北汽福田】** 北汽福田 2015 年生产 48.7 万台，同比增长 -11.73%，销售 49.01 万台，同比增长 -11.72%。

**【比亚迪】** 比亚迪 2015 年生产 45.23 万台，同比增长 3.68%，销售 45.03 万台，同比增长 2.25%。

**【广州丰田】** 广州丰田2015年生产40.35万台，同比增长6.27%，销售40.31万台，同比增长7.75%。

**【东风本田】** 东风本田2015年生产38.86万台，同比增长20.63%，销售40.65万台，同比增长31.88%。

**【北汽银翔】** 北汽银翔2015年生产32.64万台，同比增长56.04%，销售28.81万台，同比增长44.72%。

**【江铃控股】** 江铃控股2015年生产30.24万台，同比增长-1.06%，销售30.59万台，同比增长-0.64%。

**【华晨宝马】** 华晨宝马2015年生产28.8万台，同比增长0.08%，销售28.75万台，同比增长2.96%。

**【重庆力帆】** 重庆力帆2015年生产28.42万台，同比增长20.47%，销售27.61万台，同比增长18.26%。

**【北京奔驰】** 北京奔驰2015年生产25.42万台，同比增长73.79%，销售25.02万台，同比增长71.99%。

**【一汽轿车】** 一汽轿车2015年生产23.03万台，同比增长-22.66%，销售23.6万台，同比增长-18.91%。

**【北汽乘用车】** 北汽乘用车2015年生产23.02万台，同比增长3.04%，销售25.13万台，同比增长19.18%。

**【众泰汽车】** 众泰汽车2015年生产22.15万台，同比增长32.24%，销售22.29万台，同比增长34.07%。

**【中国一汽】** 中国一汽2015年生产21.42万台，同比增长-20.15%，销售21.21万台，同比增长-21.25%。

**【广汽乘用车】** 广汽乘用车2015年生产18.92万台，同比增长37.19%，销售19.86万台，同比增长47.4%。

**【一汽海南】** 一汽海南2015年生产18.22万台，同比增长-2.58%，销售18.14万台，同比增长0.32%。

**【上汽依维柯】** 上汽依维柯2015年生产17.66万台，同比增长-30.3%，销售8.57万台，同比增长-30.89%。

**【长安马自达】** 长安马自达2015年生产15.33万台，同比增长48.53%，销售15.31万台，同比增长60.97%。

**【中国重汽】** 中国重汽2015年生产15.22万台，同比增长-10.8%，销售15.82万台，同比增长-10.17%。

**【长安铃木】** 长安铃木2015年生产12.03万台，同比增长-29.04%，销售12.02万台，同比增长-27.28%。

**【东风乘用车】** 东风乘用车2015年生产9.76万台，同比增长16.77%，销售9.46万台，同比增长18.13%。

**【昌河汽车】** 昌河汽车2015年生产9.68万台，同比增长-33.25%，销售10.01万台，同比增长-29.06%。

**【陕西汽车】** 陕西汽车2015年生产8.59万台，同比增长-20.04%，销售8.54万台，同比增长-20.13%。

**【上海汽车】** 上海汽车2015年生产8.42万台，同比增长55.29%，销售17万台，同比增长-5.56%。

**【庆铃汽车】** 庆铃汽车2015年生产8.01万台，同比增长-6.74%，销售8.37万台，同比增长0.73%。

**【东南汽车】** 东南汽车2015年生产7.51万台，同比增长9.64%，销售7.64万台，同比增长13.18%。

**【郑州宇通】** 郑州宇通2015年生产6.78万台，同比增长14.25%，销售6.72万台，同比增长9.48%。

**【华泰汽车】** 华泰汽车2015年生产6.61万台，同比增长22.26%，销售7.12万台，同比增长31.62%。

**【天津一汽】** 天津一汽2015年生产6.22万台，同比增长-11.03%，销售6.48万台，同比增长-10.01%。

**【东风裕隆】** 东风裕隆2015年生产6.03万台，同比增长11.19%，销售6.04万台，同比增长15.72%。

**【广汽三菱】** 广汽三菱2015年生产5.64万台，同比增长-15.52%，销售5.63万台，同比增长-10.89%。

【山东凯马】 山东凯马 2015 年生产 5.21 万台，同比增长 -13.25%，销售 5.23 万台，同比增长 -12.9%。

【山东唐骏】 山东唐骏 2015 年生产 4.27 万台，同比增长 6.07%，销售 4.26 万台，同比增长 6.39%。

【成都大运】 成都大运 2015 年生产 4.04 万台，同比增长 4.26%，销售 3.98 万台，同比增长 4.62%。

【广汽菲克】 广汽菲克 2015 年生产 4.01 万台，同比增长 -42.02%，销售 3.95 万台，同比增长 -42.01%。

【河北中兴】 河北中兴 2015 年生产 3.74 万台，同比增长 -27.16%，销售 3.79 万台，同比增长 -22.64%。

【厦门金龙】 厦门金龙 2015 年生产 3.58 万台，同比增长 2.27%，销售 3.55 万台，同比增长 1.33%。

【上汽大通】 上汽大通 2015 年生产 3.55 万台，同比增长 66.79%，销售 3.51 万台，同比增长 66.82%。

【北汽有限】 北汽有限 2015 年生产 3.45 万台，同比增长 3598.39%，销售 2.75 万台，同比增长 2867.96%。

【四川现代】 四川现代 2015 年生产 3.12 万台，同比增长 38.08%，销售 3.11 万台，同比增长 -3.08%。

【厦门金旅】 厦门金旅 2015 年生产 3.02 万台，同比增长 4.01%，销售 2.96 万台，同比增长 1.43%。

【苏州金龙】 苏州金龙 2015 年生产 2.79 万台，同比增长 9.08%，销售 2.79 万台，同比增长 8.8%。

【丹东黄海】 丹东黄海 2015 年生产 2.73 万台，同比增长 -17.62%，销售 2.79 万台，同比增长 -17.63%。

【长安 PSA】 长安 PSA2015 年生产 2.24 万台，同比增长 -16.67%，销售 2.45 万台，同比增长 6.27%。

【江铃汽车】 江铃汽车 2015 年生产 2.19 万台，同比增长 107.74%，销售 2.16 万台，同比增长 111.24%。

【四川汽车】 四川汽车 2015 年生产 2.08 万台，同比增长 139.81%，销售 1.58 万台，同比增长 81.36%。

【北汽制造】 北汽制造 2015 年生产 2 万台，同比增长 -31.3%，销售 1.89 万台，同比增长 -33.29%。

【浙江飞碟】 浙江飞碟 2015 年生产 1.71 万台，同比增长 -33.01%，销售 1.59 万台，同比增长 -37.65%。

【哈飞汽车】 哈飞汽车 2015 年生产 1.52 万台，同比增长 -80.34%，销售 0 万台，同比增长 -99.76%。

【观致汽车】 观致汽车 2015 年生产 1.42 万台，同比增长 66.39%，销售 1.42 万台，同比增长 104.49%。

【本田中国】 本田中国 2015 年生产 1.24 万台，同比增长 -45.83%，销售 1.22 万台，同比增长 -46.3%。

【安徽华菱】 安徽华菱 2015 年生产 1.23 万台，同比增长 -32.14%，销售 1.32 万台，同比增长 -29.78%。

【福建新福达】 福建新福达 2015 年生产 1.13 万台，同比增长 12.74%，销售 1.13 万台，同比增长 12.74%。

【莲花汽车】 莲花汽车 2015 年生产 1.1 万台，同比增长 -83.12%，销售 1 万台，同比增长 -84.21%。

【福建新龙马】 福建新龙马 2015 年生产 1.09 万台，同比增长 4.76%，销售 1.13 万台，同比增长 28.01%。

【中通客车】 中通客车 2015 年生产 1.07 万台，同比增长 59.32%，销售 1.07 万台，同比增长 59.32%。

【安徽安凯】 安徽安凯 2015 年生产 1.01 万台，同比增长 -1.64%，销售 1 万台，同比增长 -4.18%。

【广汽吉奥】 广汽吉奥 2015 年生产 0.99 万台，同比增长 -63.48%，销售 1.14 万台，同比增长 -55.43%。

【包头北奔】 包头北奔 2015 年生产 0.88 万台，同比增长 -26.03%，销售 0.91 万台，同比增长 -21.78%。

**【福建奔驰】** 福建奔驰 2015 年生产 0.84 万台，同比增长 -27.21%，销售 0.58 万台，同比增长 -48.94%。

**【湖北三环专用】** 湖北三环专用 2015 年生产 0.8 万台，同比增长 -18.25%，销售 0.81 万台，同比增长 -21.33%。

**【山东汽车】** 山东汽车 2015 年生产 0.62 万台，同比增长 30.32%，销售 0.62 万台，同比增长 30.32%。

**【桂林客车】** 桂林客车 2015 年生产 0.61 万台，同比增长 -0.11%，销售 0.62 万台，同比增长 -0.22%。

**【中国一拖】** 中国一拖 2015 年生产 0.6 万台，同比增长 -2.78%，销售 0.61 万台，同比增长 -2.51%。

**【南京徐工】** 南京徐工 2015 年生产 0.47 万台，同比增长 -7.98%，销售 0.52 万台，同比增长 1.06%。

**【扬州亚星】** 扬州亚星 2015 年生产 0.46 万台，同比增长 -2.1%，销售 0.45 万台，同比增长 -2.64%。

**【上海申龙】** 上海申龙 2015 年生产 0.27 万台，同比增长 76.95%，销售 0.26 万台，同比增长 69.66%。

**【广汽日野】** 广汽日野 2015 年生产 0.23 万台，同比增长 -25.08%，销售 0.17 万台，同比增长 -44.52%。

**【上海申沃】** 上海申沃 2015 年生产 0.21 万台，同比增长 -45.6%，销售 0.21 万台，同比增长 -45.6%。

**【东风南充】** 东风南充 2015 年生产 0.21 万台，同比增长 134.24%，销售 0.21 万台，同比增长 93.81%。

**【河南少林】** 河南少林 2015 年生产 0.18 万台，同比增长 -24.67%，销售 0.18 万台，同比增长 -30.42%。

**【恒通客车】** 恒通客车 2015 年生产 0.16 万台，同比增长 -7.65%，销售 0.17 万台，同比增长 4.62%。

**【北京北方】** 北京北方 2015 年生产 0.08 万台，同比增长 7.59%，销售 0.09 万台，同比增长 12.43%。

**【辽宁凌源】** 辽宁凌源 2015 年生产 0.04 万台，同比增长 -49.79%，销售 0.04 万台，同比增长 -49.79%。

**【贵航成功】** 贵航成功 2015 年生产 0.03 万台，同比增长 505.56%，销售 0.03 万台，同比增长 -77.03%。

**【湖北三江】** 湖北三江 2015 年生产 0.03 万台，同比增长 14.68%，销售 0.03 万台，同比增长 14.68%。

**【西安西沃】** 西安西沃 2015 年生产 0.02 万台，同比增长 -17.63%，销售 0.02 万台，同比增长 -17.63%。

**【广州汽车】** 广州汽车 2015 年生产 0.02 万台，同比增长 -71.51%，销售 0.03 万台，同比增长 -61.71%。

**【猛狮客车】** 猛狮客车 2015 年生产 0.02 万台，同比增长 6.67%，销售 0.02 万台，同比增长 5%。

**【湖北三环汉阳】** 湖北三环汉阳 2015 年生产 0.01 万台，同比增长 -3.31%，销售 0.01 万台，同比增长 -15.65%。

**【河北长征】** 河北长征 2015 年生产 0.01 万台，同比增长 5.26%，销售 0.01 万台，同比增长 5.33%。

**【中联重科】** 中联重科 2015 年生产 0.01 万台，同比增长 -47.17%，销售 0.01 万台，同比增长 -47.17%。

**【天汽美亚】** 天汽美亚 2015 年生产 0 万台，同比增长 -96.33%，销售 0 万台，同比增长 -96.07%。

**【精功镇江】** 精功镇江 2015 年生产 0 万台，同比增长 -100%，销售 0 万台，同比增长 -100%。

**【重庆川江】** 重庆川江 2015 年生产 0 万台，同比增长 -100%，销售 0 万台，同比增长 0%。

**【总计】** 总计 2015 年生产 2450.33 万台，同比增长 3.29%，销售 2459.76 万台，同比增长 0%。

## 2015 年乘用车品牌市场占有量

| 企业名称 | 品牌 | 生产 | 批发 | | |
|---|---|---|---|---|---|
| | | 2015 年 | 2015 年 | 增速 | 市场份额 |
| 上海大众 | 大众 | 1535021 | 1526171 | 6% | 8% |
| | 斯柯达 | 271792 | 279462 | -1% | 1% |
| 上海通用 | 别克 | 1047762 | 1035373 | 13% | 5% |
| | 凯迪拉克 | 53147 | 79990 | 17% | |
| | 雪佛兰 | 627143 | 636635 | -17% | 3% |
| 一汽 - 大众 | 奥迪 | 489414 | 509998 | -1% | 3% |
| | 大众 | 1147431 | 1140188 | -10% | 6% |
| 上通五菱 | 宝骏 | 487182 | 490722 | 212% | 2% |
| | 五菱 | 664661 | 678938 | -10% | 3% |
| | 雪佛兰 | 11888 | 12150 | -50% | |
| 北京现代 | 现代 | 1049137 | 1062826 | -5% | 5% |
| 东风日产 | 启辰 | 118236 | 120476 | 6% | 1% |
| | 日产 | 875206 | 880202 | 5% | 4% |
| 长安汽车 | 长安 | 937335 | 937980 | 32% | 5% |
| 长安福特 | 福特 | 876755 | 865702 | 8% | 4% |
| | 沃尔沃 | 1831 | 2975 | -32% | |
| 长城汽车 | 哈弗 | 674469 | 662475 | 54% | 3% |
| | 长城 | 92358 | 90755 | -50% | |
| 东风神龙 | 标致 | 396846 | 406738 | 6% | 2% |
| | 雪铁龙 | 292100 | 298080 | -7% | 1% |
| 东风悦达起亚 | 起亚 | 614374 | 616096 | -5% | 3% |
| 一汽丰田 | 丰田 | 603745 | 607090 | 4% | 3% |
| 广汽本田 | 本田 | 580971 | 596078 | 20% | 3% |
| | 理念 | 0 | 3521 | -23% | |
| 吉利汽车 | 帝豪 | 208930 | 208779 | 24% | 1% |
| | 吉利 | 39536 | 43372 | 61% | |
| | 康迪 | 21267 | 20390 | 1487% | |
| | 全球鹰 | 202423 | 206816 | 43% | 1% |
| | 英伦 | 57574 | 59191 | -30% | |

（续表 1）

| 企业名称 | 品牌 | 生产 | 批发 | | |
|---|---|---|---|---|---|
| | | 2015 年 | 2015 年 | 增速 | 市场份额 |
| 奇瑞汽车 | 开瑞 | 46501 | 48899 | | 0% |
| | 奇瑞 | 410206 | 404391 | -11% | 2% |
| | 瑞麒 | 3558 | 3627 | -47% | |
| | 威麟 | 2050 | 1920 | 151% | |
| 比亚迪 | 比亚迪 | 450985 | 452488 | 3% | 2% |
| 东风本田 | 本田 | 394564 | 404115 | 36% | 2% |
| | 思铭 | 1391 | 2354 | -79% | |
| 广汽丰田 | 丰田 | 403508 | 403088 | 8% | 2% |
| 江淮汽车 | 江淮 | 347561 | 346175 | 77% | 2% |
| 北京汽车 | 北京 | 11735 | 11972 | -29% | |
| | 北汽 | 14982 | 17385 | -77% | |
| | 绅宝 | 117600 | 123923 | 145% | 1% |
| | 威旺 | 144700 | 147415 | 90% | 1% |
| 华晨宝马 | 宝马 | 282922 | 287000 | 3% | 1% |
| 东风柳汽 | 东风 | 118843 | 115936 | -7% | 1% |
| | 东风风行 | 10625 | 10858 | | |
| | 风行 | 122723 | 125895 | 9% | 1% |
| 北京奔驰 | 奔驰 | 254178 | 250189 | 94% | 1% |
| 北汽银翔 | 幻速 | 265585 | 223327 | 164% | 1% |
| 众泰汽车 | 江南 | 2254 | 1984 | 14071% | |
| | 众泰 | 218773 | 220590 | 35% | 1% |
| 华晨金杯 | 华颂 | 9706 | 9996 | | |
| | 金杯 | 33257 | 32244 | 105% | |
| | 中华 | 158438 | 161691 | 17% | 1% |
| 广汽乘用车 | 传祺 | 181711 | 190123 | 63% | 1% |
| 上汽乘用车 | 名爵 | 70959 | 70377 | 35% | |
| | 荣威 | 102296 | 99639 | -22% | |
| 东风小康 | 风光 | 161173 | 159897 | 80% | 1% |

（续表 2）

| 企业名称 | 品牌 | 生产 | 批发 | | |
|---|---|---|---|---|---|
| | | 2015 年 | 2015 年 | 增速 | 市场份额 |
| 一汽轿车 | 奔腾 | 138356 | 143211 | -20% | 1% |
| | 红旗 | 5003 | 5022 | 90% | |
| | 欧朗 | 409 | 679 | -61% | |
| | 一汽 | 450 | 620 | -75% | |
| 长安马自达 | 马自达 | 151298 | 146122 | 43% | 1% |
| 重庆力帆 | 力帆 | 107224 | 133140 | -8% | 1% |
| 长安铃木 | 铃木 | 120307 | 120175 | -27% | 1% |
| 东风乘用车 | 风神 | 100842 | 100417 | 25% | |
| 郑州海马 | 海马 | 100095 | 99533 | 11% | |
| 一汽海马 | 海马 | 81549 | 81145 | -7% | |
| 一汽马自达 | 马自达 | 80804 | 80804 | -20% | |
| 东南汽车 | 道奇 | 0 | 0 | #DIV/0! | |
| | 东南 | 67833 | 67993 | 25% | |
| | 克莱斯勒 | 0 | 0 | #DIV/0! | |
| | 三菱 | 5103 | 6082 | -40% | |
| 荣成华泰 | 华泰 | 21137 | 25517 | -18% | |
| | 现代 | 44982 | 45655 | 110% | |
| 天津一汽 | 骏派 | 29656 | 29316 | 625% | |
| | 威志 | 6859 | 9122 | -36% | |
| | 夏利 | 25637 | 26658 | -51% | |
| | 一汽 | 0 | 0 | #DIV/0! | |
| 沃尔沃亚太 | 沃尔沃 | 66119 | 64019 | 339% | |
| 江铃汽车 | 江铃 | 20858 | 19887 | -27% | |
| | 陆风 | 42974 | 42867 | 27% | |
| 东风裕隆 | 纳智捷 | 60258 | 60315 | 16% | |
| 广汽三菱 | 三菱 | 56280 | 56317 | -11% | |
| 昌河汽车 | 昌河 | 28294 | 24871 | 8081% | |
| | 铃木 | 25096 | 28707 | -11% | |
| 昌河铃木 | 铃木 | 51748 | 50328 | -22% | |

（续表 3）

| 企业名称 | 品牌 | 生产 | 批发 | | |
|---|---|---|---|---|---|
| | | 2015 年 | 2015 年 | 增速 | 市场份额 |
| 广汽长丰 | 猎豹 | 45027 | 45027 | 113% | |
| 川汽野马 | 野马 | 40886 | 40783 | 231% | |
| 广汽菲亚特 | 菲亚特 | 31251 | 31481 | -54% | |
| | 吉普 | 8011 | 8005 | | |
| 郑州日产 | 东风 | 7848 | 9868 | -64% | |
| | 风度 | 14001 | 14226 | | |
| | 日产 | 9010 | 11159 | -49% | |
| 东风英菲尼迪 | 英菲尼迪 | 26699 | 25467 | 944% | |
| 广汽吉奥 | 吉奥 | 24529 | 23763 | -48% | |
| 长安标致雪铁龙 | 谛艾仕 | 22448 | 21451 | -18% | |
| 潍柴汽车 | 英致 | 20861 | 20805 | | |
| 中兴汽车 | 中兴 | 19204 | 17525 | 64% | |
| 观致汽车 | 观致 | 14238 | 14247 | 107% | |
| 一汽吉林 | 森雅 | 13559 | 14070 | -21% | |
| 上汽大通 | 大通 | 13642 | 13985 | 290% | |
| 青年莲花 | 青年 | 11869 | 11581 | -82% | |
| 永源汽车 | 永源 | 7195 | 6786 | 0% | |
| 北汽福田 | 福田 | 6152 | 6509 | -10% | |
| 福建戴姆勒 | 奔驰 | 7687 | 5081 | -51% | |
| 江铃福特 | 福特 | 4122 | 4950 | | |
| 丹东黄海 | 曙光 | 4550 | 4829 | -37% | |
| 比亚迪戴姆勒 | 腾势 | 3151 | 2888 | 2088% | |
| 天汽美亚 | 美亚 | 1 | 21 | -79% | |
| 哈飞汽车 | 哈飞 | 0 | 19 | -97% | |
| 美国通用 | 凯迪拉克 | 0 | 17 | -100% | |
| 本田中国 | 本田 | 0 | 0 | #DIV/0! | |
| 本田 | 本田 | 0 | 0 | -100% | |
| **总计** | | **20116430** | **20229732** | **9%** | **100%** |

**2015 年销量前 100 名轿车排名**

| 排名 | 企业名称 | 车型 | 2014 年销量 | 同期 | 占比 | 同比增速 |
|---|---|---|---|---|---|---|
| 1 | 上海大众 | 朗逸 | 37.9 | 37.2 | 3.2% | 1.91% |
| 2 | 东风日产 | 轩逸 | 33.4 | 30.0 | 2.8% | 11.34% |
| 3 | 上海通用 | 英朗 | 29.0 | 24.6 | 2.5% | 17.83% |
| 4 | 一汽大众 | 速腾 | 28.0 | 30.0 | 2.4% | -6.73% |
| 5 | 上海大众 | 桑塔纳 | 27.6 | 28.5 | 2.4% | -3.19% |
| 6 | 一汽大众 | 捷达 | 27.5 | 29.7 | 2.3% | -7.42% |
| 7 | 北京现代 | 朗动 | 26.7 | 25.2 | 2.3% | 5.84% |
| 8 | 一汽丰田 | 卡罗拉 | 25.4 | 17.1 | 2.2% | 48.29% |
| 9 | 上海通用 | 科鲁兹 | 24.6 | 26.8 | 2.1% | -8.17% |
| 10 | 长安福特 | 福克斯 | 24.6 | 39.2 | 2.1% | -37.19% |
| 11 | 上海通用 | 赛欧 | 21.7 | 25.3 | 1.8% | -14.49% |
| 12 | 长安福特 | 福睿斯 | 21.4 | 0.4 | 1.8% | 5677.95% |
| 13 | 北京现代 | 瑞纳 | 21.4 | 23.6 | 1.8% | -9.47% |
| 14 | 吉利汽车 | 帝豪 EC7 | 20.6 | 16.5 | 1.8% | 24.80% |
| 15 | 上海大众 | 帕萨特 | 20.6 | 21.8 | 1.8% | -5.75% |
| 16 | 一汽大众 | 宝来 | 20.4 | 22.3 | 1.7% | -8.26% |
| 17 | 一汽大众 | 高尔夫 | 19.4 | 19.3 | 1.6% | 0.29% |
| 18 | 上海大众 | 波罗 | 17.9 | 15.8 | 1.5% | 13.38% |
| 19 | 上海通用 | 凯越 | 17.6 | 29.3 | 1.5% | -39.87% |
| 20 | 东风悦达起亚 | 起亚 K2 | 16.4 | 15.5 | 1.4% | 5.65% |
| 21 | 东风悦达起亚 | 起亚 K3 | 15.6 | 17.4 | 1.3% | -10.39% |
| 22 | 一汽大众 | 迈腾 | 15.6 | 20.7 | 1.3% | -24.96% |
| 23 | 北京现代 | 名图 | 15.5 | 13.5 | 1.3% | 14.52% |
| 24 | 上海大众 | 明锐 | 15.0 | 12.1 | 1.3% | 24.50% |
| 25 | 一汽大众 | 奥迪 A6 | 14.8 | 16.6 | 1.3% | -11.11% |

**2015 年销量前 100 名轿车排名（续 1）**

| 排名 | 企业名称 | 车型 | 2014 年销量 | 同期 | 占比 | 同比增速 |
|---|---|---|---|---|---|---|
| 26 | 广州本田 | 雅阁 | 14.8 | 12.6 | 1.3% | 17.47% |
| 27 | 华晨宝马 | 宝马 5 系 | 14.7 | 13.8 | 1.3% | 6.69% |
| 28 | 比亚迪 | F3 | 14.3 | 11.0 | 1.2% | 30.06% |
| 29 | 广州丰田 | 凯美瑞 | 12.8 | 15.0 | 1.1% | -14.81% |
| 30 | 长安福特 | 蒙迪欧 | 12.6 | 12.2 | 1.1% | 3.20% |
| 31 | 广州丰田 | 雷凌 | 12.6 | 4.9 | 1.1% | 155.94% |
| 32 | 长安汽车 | 逸动 | 12.4 | 10.8 | 1.1% | 14.51% |
| 33 | 吉利汽车 | 远景 | 12.2 | 3.4 | 1.0% | 261.30% |
| 34 | 广州本田 | 凌派 | 11.7 | 15.7 | 1.0% | -25.73% |
| 35 | 一汽大众 | 奥迪 A4 | 11.5 | 12.0 | 1.0% | -4.20% |
| 36 | 一汽丰田 | 威驰 | 11.4 | 12.8 | 1.0% | -10.45% |
| 37 | 东风日产 | 天籁 | 11.2 | 10.9 | 1.0% | 2.27% |
| 38 | 上海通用 | 君威 | 11.1 | 11.1 | 0.9% | -0.55% |
| 39 | 神龙汽车 | 标致 408 | 10.7 | 6.4 | 0.9% | 67.53% |
| 40 | 上海大众 | 凌渡 | 10.4 | 0.0 | 0.9% | 359258.62% |
| 41 | 长安马自达 | 马自达 3 | 10.1 | 5.0 | 0.9% | 103.58% |
| 42 | 华晨宝马 | 宝马 3 系 | 9.9 | 9.4 | 0.8% | 5.27% |
| 43 | 神龙汽车 | 标致 308 | 9.8 | 9.4 | 0.8% | 3.72% |
| 44 | 广州本田 | 飞度 | 9.6 | 9.0 | 0.8% | 6.42% |
| 45 | 上海大众 | 朗行 | 9.4 | 11.5 | 0.8% | -18.35% |
| 46 | 神龙汽车 | 爱丽舍 | 9.4 | 12.6 | 0.8% | -25.95% |
| 47 | 东风日产 | 阳光 | 9.1 | 6.9 | 0.8% | 30.57% |
| 48 | 北京奔驰 | 奔驰 C 级 | 8.5 | 3.8 | 0.7% | 122.79% |
| 49 | 上海通用 | 君越 | 8.5 | 8.4 | 0.7% | 1.37% |
| 50 | 上海通用 | 迈锐宝 | 8.0 | 12.6 | 0.7% | -36.10% |

**2015 年销量前 100 名轿车排名（续 2）**

| 排名 | 企业名称 | 车型 | 2014 年销量 | 同期 | 占比 | 同比增速 |
|---|---|---|---|---|---|---|
| 51 | 北京现代 | 索纳塔 | 7.6 | 6.5 | 0.6% | 17.56% |
| 52 | 神龙汽车 | 世嘉 | 7.5 | 9.3 | 0.6% | -18.90% |
| 53 | 神龙汽车 | 标致 301 | 6.8 | 7.1 | 0.6% | -3.93% |
| 54 | 广州丰田 | 雅力士 | 6.5 | 7.3 | 0.6% | -11.70% |
| 55 | 一汽大众 | 奥迪 A3 | 6.4 | 3.2 | 0.5% | 100.89% |
| 56 | 奇瑞汽车 | 风云 2 | 6.4 | 4.3 | 0.5% | 47.79% |
| 57 | 比亚迪 | 速锐 | 6.3 | 7.3 | 0.5% | -14.45% |
| 58 | 东风悦达起亚 | 起亚 K4 | 6.2 | 2.7 | 0.5% | 132.76% |
| 59 | 北汽乘用车 | 绅宝 D50 | 6.0 | 4.3 | 0.5% | 41.38% |
| 60 | 北京奔驰 | 奔驰 E 级 | 6.0 | 4.4 | 0.5% | 37.51% |
| 61 | 一汽轿车 | 奔腾 B50 | 5.9 | 7.2 | 0.5% | -17.97% |
| 62 | 长安汽车 | 致尚 XT | 5.8 | 4.6 | 0.5% | 25.22% |
| 63 | 上海大众 | 昕锐 | 5.8 | 7.8 | 0.5% | -26.44% |
| 64 | 吉利汽车 | 金刚 | 5.7 | 7.9 | 0.5% | -27.26% |
| 65 | 上海汽车 | 荣威 350 | 5.2 | 10.0 | 0.4% | -47.59% |
| 66 | 东风日产 | 骐达 | 5.2 | 9.2 | 0.4% | -43.55% |
| 67 | 长安汽车 | 悦翔 V3 | 5.2 | 7.0 | 0.4% | -25.97% |
| 68 | 昌河汽车 | 北斗星 | 5.0 | 6.5 | 0.4% | -22.18% |
| 69 | 广州本田 | 锋范 | 5.0 | 4.5 | 0.4% | 10.82% |
| 70 | 上海通用 | 威朗 | 4.9 | 0.0 | 0.4% | #DIV/0! |
| 71 | 长安汽车 | 奔奔 | 4.7 | 5.3 | 0.4% | -10.57% |
| 72 | 长安汽车 | 悦翔 V7 | 4.7 | 0.0 | 0.4% | #DIV/0! |
| 73 | 一汽丰田 | 花冠 | 4.6 | 8.6 | 0.4% | -46.01% |
| 74 | 一汽海南 | 福美来 | 4.5 | 2.2 | 0.4% | 107.70% |
| 75 | 北京现代 | 悦动 | 4.3 | 13.2 | 0.4% | -67.72% |

**2015 年销量前 100 名轿车排名（续 3）**

| 排名 | 企业名称 | 车型 | 2014 年销量 | 同期 | 占比 | 同比增速 |
|---|---|---|---|---|---|---|
| 76 | 一汽轿车 | 阿特兹 | 4.2 | 2.6 | 0.4% | 63.92% |
| 77 | 法国 PSA | 雪铁龙 C4 | 4.1 | 6.6 | 0.4% | -37.46% |
| 78 | 华晨汽车 | 中华 H330 | 4.1 | 5.3 | 0.3% | -23.34% |
| 79 | 长安汽车 | 长安 CX20 | 4.0 | 4.2 | 0.3% | -5.01% |
| 80 | 东风悦达起亚 | 起亚 K5 | 3.8 | 5.5 | 0.3% | -30.93% |
| 81 | 奇瑞汽车 | 奇瑞 E3 | 3.8 | 6.7 | 0.3% | -43.78% |
| 82 | 长城汽车 | 长城 C30 | 3.4 | 5.2 | 0.3% | -35.18% |
| 83 | 东风本田 | 思域 | 3.3 | 5.2 | 0.3% | -36.99% |
| 84 | 吉利汽车 | 博瑞 | 3.3 | 0.0 | 0.3% | #DIV/0! |
| 85 | 一汽大众 | 大众 CC | 3.2 | 4.8 | 0.3% | -33.25% |
| 86 | 比亚迪 | 比亚迪秦 | 3.2 | 1.5 | 0.3% | 116.30% |
| 87 | 北汽乘用车 | 绅宝 D20 | 3.2 | 7.4 | 0.3% | -57.03% |
| 88 | 一汽海南 | 海马 M3 | 3.1 | 4.9 | 0.3% | -35.59% |
| 89 | 上海通用 | 凯迪拉克 ATSL | 3.1 | 0.8 | 0.3% | 287.39% |
| 90 | 东风日产 | 启辰 R50 | 2.9 | 6.0 | 0.2% | -51.00% |
| 91 | 一汽轿车 | 马自达 6 | 2.9 | 6.2 | 0.2% | -52.71% |
| 92 | 昌河汽车 | 利亚纳 | 2.9 | 3.2 | 0.2% | -9.78% |
| 93 | 东风日产 | 蓝鸟 | 2.8 | 0.0 | 0.2% | #DIV/0! |
| 94 | 一汽丰田 | 皇冠 | 2.6 | 1.5 | 0.2% | 74.85% |
| 95 | 沃尔沃亚太 | 沃尔沃 S60L | 2.5 | 0.7 | 0.2% | 247.07% |
| 96 | 长安铃木 | 奥拓 | 2.5 | 5.2 | 0.2% | -51.66% |
| 97 | 长安汽车 | 悦翔 | 2.5 | 4.3 | 0.2% | -42.55% |
| 98 | 东风悦达起亚 | 福瑞迪 | 2.5 | 6.6 | 0.2% | -62.54% |
| 99 | 上海汽车 | 荣威 360 | 2.5 | 0.0 | 0.2% | #DIV/0! |
| 100 | 上通五菱 | 宝骏 630 | 2.5 | 3.7 | 0.2% | -33.79% |
| 总计 | | | 1174 | 1243 | 100.0% | -5.59% |

# 2015 年新车型

| 大类 | 内部级别 | 车系 | 标准车型 | 厢式 | 标准企业 | 长 | 轴距 | 排量 | 升功率 | 变速箱 | 最低价 | 最高价 | 车型款数 |
|---|---|---|---|---|---|---|---|---|---|---|---|---|---|
| | | | 风神 E30 | | 东风乘用车 | 2995 | 2160 | | | AT | 15.98 | 19.98 | 2 |
| | A00 | 自主 | 康迪小电跑 | 两厢轿车 | 康迪车业 | 2900 | 2080 | 0.0L | 0 | AT | 15.08 | 15.08 | 1 |
| | | | | | 康迪车业 | 3598 | 2340 | | | AT | 15.28 | 15.28 | 1 |
| | | | 吉利知豆 | | 吉利汽车 | 2808 | 0 | | | AT | 15.88 | 15.88 | 1 |
| | | 美 | 乐风 | 厢式轿车 | 上汽通用 | 4205 | 2550 | | 55.3 | 4AT | 8.29 | 9.99 | 3 |
| | | | | | | | | 1.5L | | 5MT | 7.49 | 7.49 | 1 |
| | | | 英伦 SC5 | 三厢轿车 | 吉利汽车 | 4300 | 2461 | | 50 | 4AT | 6.19 | 6.39 | 2 |
| | A0 | | | | | | | | | 5MT | 4.99 | 5.59 | 3 |
| | | 自主 | 北汽 E 系电动 | 两厢轿车 | 北汽乘用车 | 4025 | 2500 | 0.0L | 0 | AT | 18.89 | 18.89 | 1 |
| | | | 凯翼 C3R | 两厢轿车 | 奇瑞汽车 | 3972 | 2510 | 1.5L | 53.3 | 5MT | 4.58 | 5.18 | 3 |
| | | | 宝骏 330 | 三厢 | 上通五菱 | 4300 | 2520 | | | 5MT | 5.58 | 5.98 | 2 |
| | | | 蓝鸟 | | 东风日产 | 4683 | 2700 | 1.6L | 58.1 | 5MT | 10.59 | 11.39 | 2 |
| | | 日 | | 三厢轿车 | | | | | | CVT | 12.39 | 14.39 | 3 |
| CAR | | | 哥瑞 | | 东风本田 | 4495 | 2600 | 1.5L | 64 | 5MT | 7.98 | 7.98 | 1 |
| | | | | | | | | | | CVT | 8.98 | 11.98 | 4 |
| | | | | | | | | 1.4T | 68.6 | 7DSG | 13.29 | 13.89 | 2 |
| | | | 桑塔纳 | 两厢轿车 | 上汽大众 | 4282 | 2603 | 1.6L | 50.6 | 5MT | 9.69 | 10.79 | 2 |
| | | | | | | | | | | 6AT | 10.69 | 12.69 | 3 |
| | | | | | | | | | 68.6 | 5MT | 14.59 | 14.59 | 1 |
| | | 德 | | | | | | | | 7DSG | 15.99 | 15.99 | 1 |
| | A | | 凌渡 | 三厢轿车 | 上海大众 | 4598 | 2656 | 1.4T | | 5MT | 16.99 | 16.99 | 1 |
| | | | | | | | | | 78.6 | 7DSG | 18.39 | 19.99 | 2 |
| | | | | | | | | 1.8T | 73.3 | 7DSG | 19.49 | 21.39 | 2 |
| | | | | 两厢 | | 4382 | 2662 | 1.5T | 82.7 | 7DCT | 16.59 | 20.59 | 3 |
| | | | | | | 4370 | 2662 | | | 6AT | 14.59 | 15.59 | 2 |
| | | 美 | 威朗 | | 上汽通用 | | | 1.5L | 58 | 6AT | 14.69 | 15.49 | 2 |
| | | | | 三厢轿车 | | 4718 | 2700 | | | 6MT | 13.59 | 14.49 | 2 |
| | | | | | | | | 1.5T | 82.7 | 7DCT | 16.29 | 19.99 | 4 |

**（续 1）**

| 大类 | 内部级别 | 车系 | 标准车型 | 厢式 | 标准企业 | 长 | 轴距 | 排量 | 升功率 | 变速箱 | 最低价 | 最高价 | 车型款数 |
|---|---|---|---|---|---|---|---|---|---|---|---|---|---|
| CAR | A | 欧 | 标致 308 | 两厢轿车 | 神龙汽车 | 4255 | 2620 | 1.2T | 83.3 | 6AT | 13.27 | 14.47 | 2 |
| | | | | | | | | 1.6L | 53.75 | 5MT | 11.27 | 12.47 | 2 |
| | | | | | | | | 1.6T | 76.88 | 6AT | 15.77 | 17.97 | 2 |
| | | | 世嘉 | 三厢 | 神龙汽车 | 4588 | 2610 | 1.2T | 83.3 | 5MT | 11.88 | 11.88 | 1 |
| | | | | | | | | | | 6AT | 13.98 | 15.38 | 2 |
| | | | | | | | | 1.6L | 53.7 | 5MT | 10.78 | 11.68 | 2 |
| | | | | | | | | | | 6AT | 11.98 | 12.88 | 2 |
| | | | | | | | | 1.6T | 76.9 | 6AT | 16.48 | 16.48 | 1 |
| | | 自主 | 风神 L60 | 三厢轿车 | 东风乘用车 | 4712 | 2710 | 1.6L | 53.7 | 5MT | 8.97 | 9.47 | 2 |
| | | | | | | | | 1.8L | 56.7 | 5MT | 9.77 | 9.77 | 1 |
| | | | | | | | | | | 6AT | 10.87 | 12.97 | 2 |
| | | | 海马 M6 | | 一汽海南 | 4700 | 2730 | 1.5T | 80 | 6MT | 7.68 | 9.38 | 4 |
| | | | | | | | | | | CVT | 9.08 | 10.28 | 3 |
| | | | 荣威 360 | | 上汽汽车 | 4579 | 2660 | 1.4T | 82.1 | 7DCT | 9.99 | 12.99 | 3 |
| | | | | | | | | 1.5L | 53.3 | 4AT | 8.39 | 8.99 | 2 |
| | | | | | | | | | | 5MT | 7.59 | 8.29 | 2 |
| | | | 奔腾 B30 | | 一汽轿车 | 4625 | 2630 | 1.6L | 50 | 5MT | 6.98 | 8.28 | 4 |
| | | | | | | | | | | 6AT | 8.28 | 9.28 | 3 |
| | B | | 博瑞 | | 吉利汽车 | 4956 | 2850 | 1.8T | 66.7 | 6AT | 14.68 | 17.88 | 2 |
| | | | | | | | | | 138.9 | 6AT | 12.98 | 17.68 | 4 |
| | | | | | | | | 2.4L | 87.5 | 6AT | 11.98 | 12.98 | 2 |
| | | | | | | | | 3.5L | 93.1 | 6AT | 22.98 | 22.98 | 1 |
| | | | 绅宝 D80 | | 北汽乘用车 | 4946 | 2830 | 1.8T | 72.2 | 5AT | 20.48 | 20.48 | 1 |
| | | | | | | | | 2.0T | 75 | 5AT | 23.18 | 23.18 | 1 |
| | | | | | | | | 2.3T | 80 | 5AT | 26.88 | 26.88 | 1 |
| | | | 力帆 820 | | 重庆力帆 | 4865 | 2775 | 1.8L | 54.4 | 5MT | 8.18 | 9.68 | 3 |
| | | | | | | | | 2.4L | 51.25 | 6AT | 10.98 | 11.98 | 2 |
| | | | 众泰 Z700 | 三厢 | 众泰汽车 | 5020 | 3000 | 1.8T | 72.2 | 5MT | 9.98 | 11.98 | 3 |
| | | | | | | | | | | 6DCT | 11.58 | 15.88 | 4 |
| | c | 美 | 金牛座 | 三厢 | 长安福特 | 4996 | 2949 | 2.0T | 90 | 6AT | 24.88 | 28.88 | 3 |
| | | | | | | | | 2.7T | 89.6 | 6AT | 29.88 | 34.88 | 2 |

（续 2）

| 大类 | 内部级别 | 车系 | 标准车型 | 厢式 | 标准企业 | 长 | 轴距 | 排量 | 升功率 | 变速箱 | 最低价 | 最高价 | 车型款数 |
|---|---|---|---|---|---|---|---|---|---|---|---|---|---|
| MPV | A0 | 自主 | 五菱宏光 | MPV | 上通五菱 | 4435 | 2720 | 1.2L | 54.2 | 5MT | 4.28 | 4.88 | 3 |
| | | | | | | | | 1.5L | 54.7 | 5MT | 4.58 | 5.18 | 3 |
| | | | 幻速 H2 | | 北汽银翔 | 4520 | 2810 | 1.5L | 55.3 | 5MT | 5.88 | 6.18 | 2 |
| | | | | | | | | | | 6AMT | 6.18 | 6.68 | 3 |
| | | | 力帆乐途 | | 重庆力帆 | 4350 | 2720 | 1.2L | 51.7 | 5MT | 3.98 | 4.58 | 3 |
| | | | | | | | | 1.5L | 72 | 5MT | 5.08 | 5.98 | 3 |
| | | | 威旺 M20 | | 北汽乘用车 | 4440 | 2790 | | 52 | 5MT | 4.58 | 4.58 | 2 |
| | | | | | | | | | 56.7 | 5MT | 5.38 | 5.38 | 2 |
| | | | 金杯 750 | | 华晨鑫源 | 4515 | 2725 | | 51.3 | 5MT | 5.38 | 6.38 | 4 |
| | | | 欧尚 | | 长安汽车 | 4465 | 2680 | | 56 | 5MT | 5.19 | 6.49 | 4 |
| | | | 开瑞 K50 | | 奇瑞汽车 | 4450 | 2755 | | 53.33 | 4AT | 6.48 | 6.98 | 2 |
| | | | | | | | | | | 5MT | 4.68 | 6.28 | 5 |
| | A | | 幻速 H3 | | 北汽银翔 | 4660 | 2800 | | 55.3 | 5MT | 5.58 | 6.28 | 3 |
| | | | 风行 S500 | | 东风柳州 | 4620 | 2750 | | 58.7 | 5MT | 6.09 | 7.59 | 6 |
| | | | | | | | | 1.6L | 56.3 | 5MT | 7.59 | 8.69 | 3 |
| | | | | | | | | | | 6CVT | 8.69 | 9.99 | 3 |
| | B | | 瑞风 M3 | | 江淮汽车 | 4645 | 2810 | | 55 | 5MT | 6.98 | 7.48 | 2 |
| | | | 华颂 7 | | 华晨汽车 | 5005 | 2990 | 2.0T | 67.5 | 6AT | 23.77 | 25.77 | 2 |
| | | | | | | | | | 80 | 6AT | 28.77 | 28.77 | 1 |
| | | | 艾瑞泽 M7 | | 奇瑞汽车 | 4730 | 2800 | 1.8L | 53.9 | 5MT | 7.99 | 9.69 | 3 |
| | | | | | | | | 2.0L | 51 | 7CVT | 9.99 | 10.79 | 2 |
| SUV | A0 | 日 | 维特拉 | SUV | 长安铃木 | 4175 | 2500 | 1.4T | 73.6 | 6AT | 12.68 | 15.98 | 3 |
| | | | | | | | | | | 6MT | 11.88 | 13.18 | 2 |
| | | | | | | | | 1.6L | 56.3 | 5MT | 9.98 | 9.98 | 1 |
| | | 韩 | 傲跑 | | 东风悦达起亚 | 4270 | 2590 | | 78.1 | 6AT | 13.18 | 15.68 | 3 |
| | | | | | | | | | | 6MT | 11.28 | 11.78 | 2 |
| | | | | | | | | | 100 | 7DCT | 15.98 | 18.68 | 2 |
| | | | | | | | | 2.0L | 80.5 | 6AT | 15.98 | 18.68 | 2 |

（续3）

| 大类 | 内部级别 | 车系 | 标准车型 | 厢式 | 标准企业 | 长 | 轴距 | 排量 | 升功率 | 变速箱 | 最低价 | 最高价 | 车型款数 |
|---|---|---|---|---|---|---|---|---|---|---|---|---|---|
| SUV | A | 自主 | 金杯 S30 | SUV | 华晨汽车 | 4025 | 2500 | 1.5L | 50 | 5MT | 5.98 | 7.38 | 5 |
| | | | 哈弗 H1 | | 长城汽车 | 3995 | 2383 | | 52 | 5MT | 5.49 | 6.69 | 4 |
| | | | | | | | | | | 6AMT | 6.29 | 7.09 | 3 |
| | | | 中兴 C3 | | 河北中兴 | 4160 | 2500 | | 55.3 | 5MT | 6.38 | 6.98 | 3 |
| | | | 中华 V3 | | 华晨汽车 | 4200 | 2570 | | 54.7 | 5AT | 7.97 | 8.37 | 2 |
| | | | | | | | | | | 5MT | 6.57 | 7.97 | 4 |
| | | | | | | | | | 73.3 | 5AT | 9.57 | 10.27 | 2 |
| | | | | | | | | | | 5MT | 8.17 | 8.17 | 1 |
| | | | 瑞风 S2 | | 江淮汽车 | 4135 | 2490 | | 55.3 | 5MT | 6.78 | 7.58 | 3 |
| | | | | | | | | | | CVT | 5.88 | 6.28 | 2 |
| | | | 绅宝 X25 | | 北汽乘用车 | 4110 | 2519 | | 56.7 | 4AT | 6.88 | 7.58 | 2 |
| | | | | | | | | | | 5MT | 5.58 | 6.38 | 3 |
| | | 德 | 奔驰 GLA | | 北京奔驰 | 4431 | 2699 | 1.6T | 0 | 7DCT | 26.98 | 28.98 | 2 |
| | | | | | | | | 2.0T | | 7DCT | 31.98 | 39.80 | 3 |
| | | 美 | 自由光 | | 广汽菲克 | 4649 | 2705 | 2.4L | 53.5 | 9AT | 22.98 | 31.58 | 5 |
| | | 欧 | 神行者 | | 奇瑞路虎 | 4599 | 2741 | 2.0T | 88.5 | 9AT | 36.8 | 51.80 | 4 |
| | | 自主 | 哈弗 H6 | | 长城汽车 | 4549 | 2720 | 2.0T | 72.5 | 6DCT | 15.18 | 17.18 | 3 |
| | | | | | | | | | | 6MT | 13.98 | 16.98 | 5 |
| | | | 猎豹 | | 广汽长丰 | （空白） | （空白） | 2.0T | 0 | 6MT | 9.68 | 12.58 | 4 |
| | | | 启辰 T70 | | 东风日产 | 4542 | 2630 | 1.6L | 55.6 | 5MT | 8.98 | 8.98 | 1 |
| | | | | | | | | 2.0L | 53 | 6MT | 9.88 | 11.08 | 2 |
| | | | | | | | | | | CVT | 10.98 | 12.78 | 3 |
| | | | 川汽 T70 | | 四川汽车 | 4555 | 2665 | 1.8L | 54.4 | 5MT | 7.98 | 9.58 | 3 |
| | | | | | | | | 1.8T | 65.6 | CVT | 10.88 | 11.88 | 2 |
| | | | 绅宝 X65 | | 北汽乘用车 | 4654 | 2670 | 2.0T | 65 | 5MT | 9.88 | 13.58 | 3 |
| | | | | | | | | | | 6AT | 11.98 | 14.98 | 3 |
| | | | 风度 MX6 | | 郑州日产 | 4625 | 2630 | 2.0L | 53 | 6MT | 12.28 | 14.28 | 2 |
| | | | | | | | | | | CVT | 13.98 | 16.98 | 4 |
| | | | 锐腾 | | 上汽汽车 | 4500 | 2650 | 1.5T | 82.7 | 6MT | 11.97 | 12.57 | 2 |
| | | | | | | | | | | 7DCT | 13.97 | 16.97 | 3 |
| | | | | | | | | 2.0T | 81 | 6DCT | 15.97 | 17.97 | 2 |
| | | | 传祺 GS4 | | 广汽乘用车 | 4510 | 2650 | 1.3T | 77.7 | 5MT | 9.98 | 12.98 | 4 |
| | | | | | | | | | | 7DCT | 11.58 | 14.68 | 4 |
| | | | 景逸 SUV | | 东风柳州 | 4348 | 2685 | 1.6L | 56.3 | 6CVT | 7.99 | 8.69 | 2 |

（续 4）

| 大类 | 内部级别 | 车系 | 标准车型 | 厢式 | 标准企业 | 长 | 轴距 | 排量 | 升功率 | 变速箱 | 最低价 | 最高价 | 车型款数 |
|---|---|---|---|---|---|---|---|---|---|---|---|---|---|
| SUV | B |  | 威旺 007 | SUV | 北汽乘用车 | 4595 | 2600 | 2.0L | 45 | 5MT | 8.98 | 8.98 | 1 |
|  |  |  |  |  |  |  |  | 2.0T | 70 | 6MT | 9.78 | 10.98 | 2 |
|  |  |  | 东南 DX7 |  | 东南汽车 | 4530 | 2700 | 1.5T | 76.7 | 5AT | 11.99 | 13.99 | 3 |
|  |  |  |  |  |  |  |  |  |  | 6MT | 9.69 | 12.99 | 5 |
|  |  |  |  |  |  |  |  | 2.0T | 71.5 | 5MT | 12.99 | 13.99 | 2 |
|  |  |  | 宝骏 560 |  | 上通五菱 | 4620 | 2750 | 1.8L | 56.1 | 5MT | 7.68 | 8.98 | 3 |
|  |  |  | 陆风 X7 |  | 江铃汽车 | 4420 | 2670 | 2.0T | 70 | 8AT | 12.98 | 14.78 | 3 |
|  |  |  | 大迈 X5 |  | 众泰汽车 | 4527 | 2680 | 1.5T | 73.3 | 5MT | 7.39 | 10.89 | 5 |
|  |  |  | 比亚迪宋 |  | 比亚迪 | 4565 | 2660 | 1.5T | 75.3 | 6MT | 9.69 | 11.69 | 3 |
|  |  |  |  |  |  |  |  | 2.0T | 75.5 | 6DCT | 11.69 | 14.69 | 4 |
|  |  |  | 幻速 S6 |  | 北汽银翔 | 4693 | 2700 | 1.5T | 73.3 | 5MT | 7.98 | 7.98 | 1 |
|  |  |  |  |  |  |  |  |  |  | 6MT | 8.88 | 10.58 | 3 |
|  |  | 日 | QX50 |  | 东风英菲尼迪 | 4744 | 2880 | 2.5L | 69.2 | 7AT | 34.98 | 44.98 | 4 |
|  |  |  | 五十铃 muX |  | 江西五十铃 | 4830 | 2845 | 2.5D | 40 | 5AT | 18.98 | 23.38 | 4 |
|  |  |  |  |  |  |  |  |  |  | 5MT | 17.88 | 17.88 | 1 |
|  |  |  |  |  |  |  |  | 3.0D | 43.3 | 5AT | 25.38 | 25.38 | 1 |
|  |  |  |  |  |  |  |  |  |  | 5MT | 23.48 | 23.48 | 1 |
|  |  | 德 | 奔驰 GLC |  | 北京奔驰 | 4661 | 0 | 2.0T | 67.5 | 9AT | 39.6 | 39.60 | 1 |
|  |  |  |  |  |  |  |  |  | 77.5 | 9AT | 42.8 | 44.30 | 2 |
|  |  |  |  |  |  |  |  |  | 90 | 9AT | 48.6 | 57.90 | 2 |
|  |  | 美 | 锐界 |  | 长安福特 | 4878 | 2850 |  | 90 | 6AT | 24.98 | 33.98 | 5 |
|  |  |  |  |  |  |  |  | 2.7T | 89.6 | 6AT | 39.98 | 42.98 | 2 |
|  |  |  | 撼路者 |  | 江铃汽车 | 4892 | 2850 | 2.0T | 90 | 6AT | 27.38 | 36.08 | 5 |
|  |  |  |  |  |  |  |  | 2.2T | 53.6 | 6MT | 26.58 | 30.98 | 2 |
|  |  | 欧 | 极光 |  | 奇瑞路虎 | 4355 | 2660 | 2.0T | 88.5 | 9AT | 44.8 | 58.28 | 4 |
|  |  | 自主 | 哈弗 H8 |  | 长城汽车 | 4806 | 2915 | 2.0T | 80 | 6AT | 20.18 | 25.68 | 6 |
|  |  |  | 萨瓦纳 |  | 北汽福田 | 4830 | 2790 | 2.0T | 0 | 0 | 12.58 | 13.58 | 2 |
|  |  |  |  |  |  |  |  | 2.8D |  |  | 13.58 | 14.58 | 2 |
|  |  |  | 比亚迪唐 |  | 比亚迪 | 4845 | 2720 | 2.0T | 75.5 | 6DCT | 51.88 | 51.88 | 1 |
|  |  |  |  |  |  | 4815 | 2720 | 2.0T | 75.5 | 6DCT | 27.98 | 27.98 | 1 |

# 第11部类

# 汽车报废

DISHIBULEI | QICHEBAOFEI

# 汽车报废政策及现状

## 中国报废汽车回收拆解行业现状分析

中国物资再生协会 龙少海

### 一、我国报废汽车回收拆解行业的发展概况

#### （一）我国汽车产业发展情况

报废汽车回收拆解行业的发展与汽车工业的发展，与社会汽车保有量不断积累等息息相关。2015 年我国汽车产销量分别达到2450.33万辆和2459.76万辆，同比增长 3.25% 和 4.68%；2015 年我国整车进出口净增量 33.73 万辆，同比下降 29.54%；国内汽车消费量 2493 万辆，同比增长 4.02%。

随着我国经济社会持续快速发展，群众购车刚性需求旺盛，汽车保有量继续呈快速增长趋势。截止 2015 年末全国民用汽车保有量达到 17228 万辆，同比增长 11.53%；新注册登记的汽车达 2385 万辆，同比增长 9%；保有量净增 1781 万辆，同比增长 4.34%。

我国汽车保有量近 10 年增速走势见图 1：

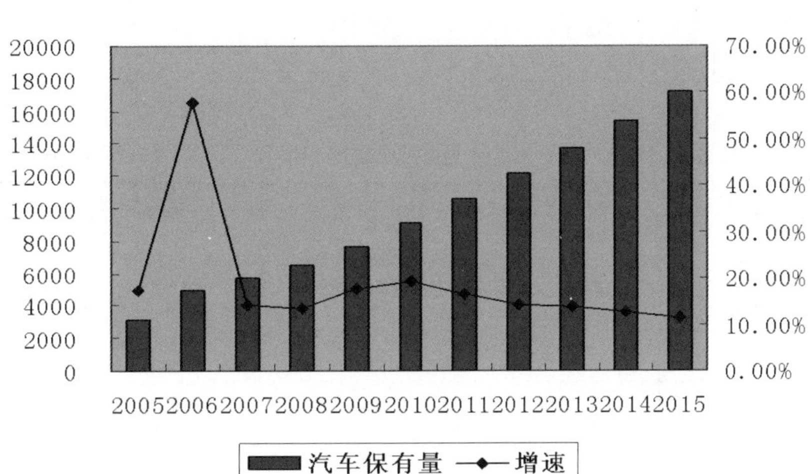


**图 1　我国汽车保有量近 10 年增速走势**

我国近十年汽车保有量增长 5.45 倍，平均复合增长率 18.48%，由此可见，我国近十年汽车保有量积累速度保持了高速发展。

2015 年我国汽车注销量 604 万辆，同比增长 25.57%，汽车注销量占全国民用汽车保有量的 3.51%，同比增长 0.5%。我国近 10 年汽车注销量及占比走势见图 2：

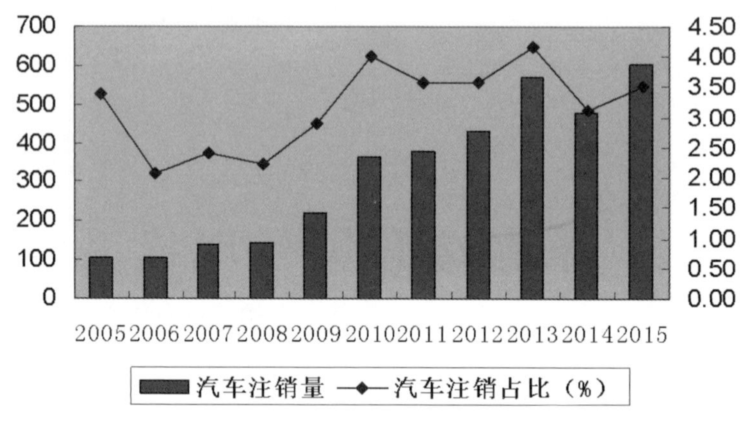


**图 2　我国近 10 年汽车注销量及占比走势**

2015 年我国汽车注销量占全国民用汽车保有量 3.51%，与发达国家占比达 6-8% 相比还有很大差距，其原因：一是我国汽车保有量近十年增加迅速，按照汽车使用寿命的周期还未达到汽车报废高发期；二是达到报废标准的汽车流失较为严重；三是社会上存留的“僵死”车辆也较为突出，导致汽车保有量数量失真。

（二）目前我国千人汽车保有量情况

千人汽车保有量是衡量一个国家经济发展水平和国家富有的一个重要标志。从我国千人汽车保有量情况分析，2015 年我国千人汽车保有量为 125 辆，同比增长 11%。 最多的省市是深圳市，达到 309 辆，在全国排列第一；北京市千人汽车保有量为 254 辆，低于厦门、天津市，排列第四；最低的省份千人汽车保有量仅为 50 辆。目前世界平均千人汽车保有量为 140 辆。比较西方发达国家，如美国千人汽车保有量达到 800 辆，日本平均达到 600 辆，日本最高的地区群马县，千人汽车保有量达到 851 辆，最低的地区是东京，千人汽车保有量 295 辆。我国目前的汽车消费者更多集中在城市，超过了 80% 比例，而美国、日本汽车消费者在城市消费不足 40%，60% 以上汽车消费是在城市郊区和乡村。

西方国家和日本部分地区及我国按区域划分千人汽车保有量情况见表 1：

**表 1　西方国家和日本部分地区及我国按区域划分千人汽车保有量情况**

| 国家（地区） | 千人拥有量 | 日本地区 | 千人拥有量 | 中国区域 | 千人拥有量 |
|---|---|---|---|---|---|
| 美国 | 812 | 群马 | 851 | 华北五省区市 | 164 |
| 新西兰 | 760 | 长野 | 848 | 华东六省市 | 131 |
| 意大利 | 660 | 枥木 | 810 | 东北三省 | 112 |
| 澳大利亚 | 639 | 富山 | 805 | 华南三省区 | 104 |
| 法国 | 602 | 京都 | 481 | 西北五省区 | 103 |
| 日本 | 600 | 大阪 | 392 | 西南五省区市 | 86 |
| 德国 | 593 | 东京 | 295 | 华中四省 | 83 |

从上表我国与发达国家比较，可见我国汽车产业发展还有很大发展空间，尤其是我国广大的城市郊区和乡村汽车消费水平还很低。如果再用 20 年的发展时间，预计我国千人汽车保有量能达到日本的一半，即千人汽车保有量为 300 辆，全国汽车保有总量要达到 4.5 亿辆，届时我国汽车保有量看似数量庞大，远远超过美国汽车保有量水平，但千人汽车保有量仅是世界的中等水平。因此，我国汽车产业的发展将会保持持续中高速发展势头。

（三）我国报废汽车回收拆解行业发展状况

1. 2015 年我国报废汽车回收拆解行业基本情况

2015 年我国报废汽车回收拆解行业发展稳步推进，全国获得拆解资质的企业数量 603 家，同比增加 1%；隶属回收网点 2358 个，同比下降 3%；从业人员 2.8 万人。报废汽车回收网点已覆盖全国 80% 以上的县级行政区域。全年回收拆解报废汽车 170.75 万辆，同比增加 26.5%，占汽车保有量的 0.99%，占汽车注销量的 28.15%。我国近几年报废汽车回收量及回收拆解企业数量增长情况见下图 3：

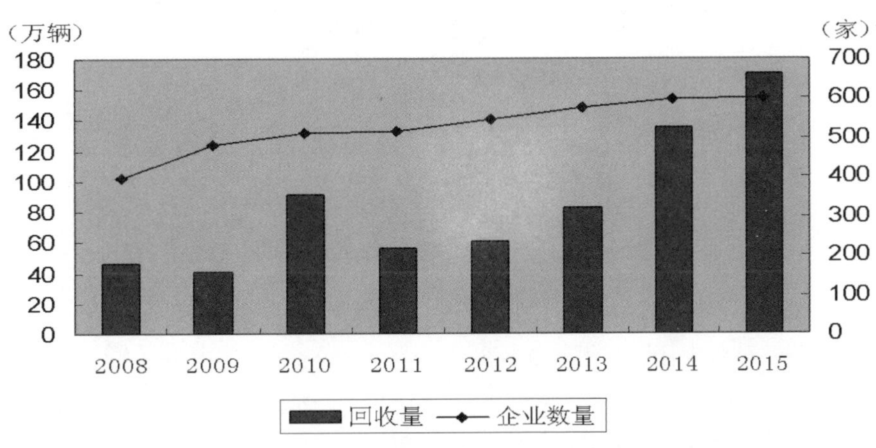


**图 3　我国近几年报废汽车回收量及回收拆解企业数量增长情况**

从我国按月份收购报废机动车统计数量分析，全国月均回收量 14.2 万辆，全年回收量最低的 2 月份受春节影响，仅收购报废汽车 4.2 万辆，回收量最高的 12 月份，月收购报废汽车 36.2 万辆，创历史新高。我国报废机动车按月份统计回收量情况见图 4：

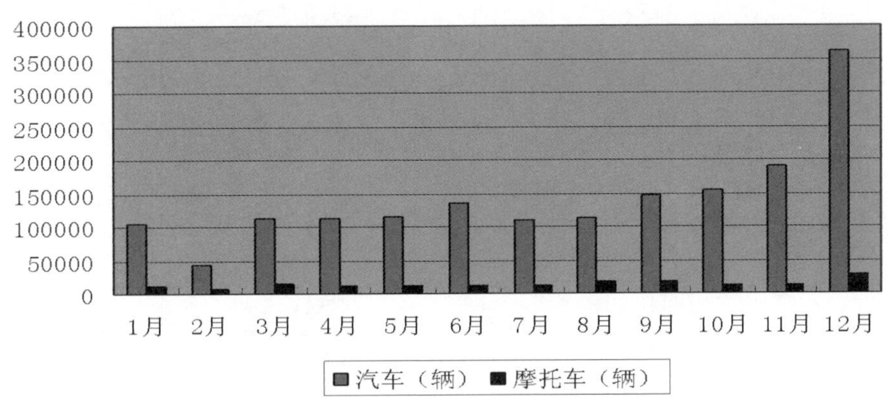


**图 4　我国报废机动车按月份统计回收量情况**

全国报废汽车回收量按月份回收统计波动很大，尤其是从 2015 年 4 季度开始，由于一些省市逐步加大了对黄标车提前报废资金补贴的力度，促使报废汽车回收数量大幅提升。

2015 年收购报废汽车按照车辆类型分，客车回收量 94.4 万辆，较上年增长 18.9%；货车 64 万辆，同比增长 54.4%；挂车 8.6 万辆，同比增长 72.5%；专项作业车 3.8 万辆，同比增长 38.9%。2015 年全国报废机动车分品种回收占比情况见图 5：

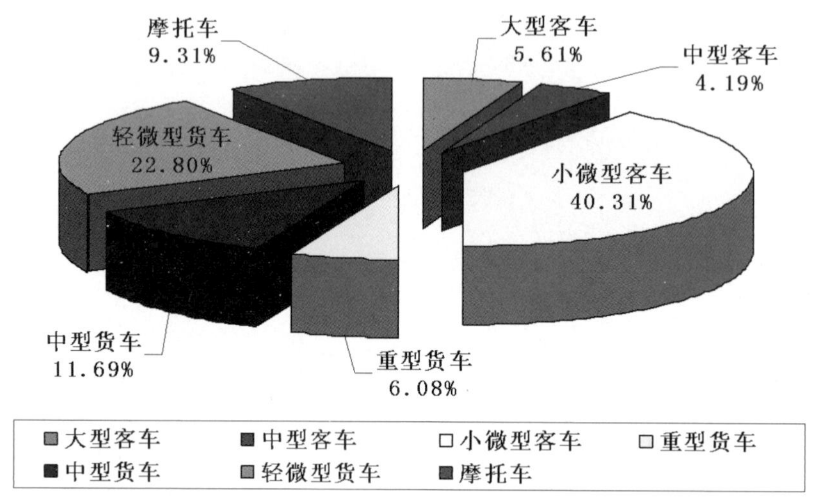


**图 5　2015 年全国报废机动车分品种回收占比情况**

报废机动车回收情况按品种占比看，小微型客车和轻微型货车回收量占比较大，达总回收量的 63% 以上，这主要与我国强制淘汰黄标车政策有关；摩托车回收量仅占摩托车保有量的 0.14%。

综上分析，近些年来我国报废汽车回收量的回收比率（当年报废汽车统计回收量与当年汽车保有量之比）一直未超过 1% 的回收量水平，2015 年仅为 0.99%，同比增长 12.91%。

全国汽车保有量超过 200 万辆的 11 个城市报废汽车回收量情况见表 2：

**表 2　全国汽车保有量超过 200 万辆的 11 个城市报废汽车回收量情况**

| 序号 | 城市 | 汽车保有量（万辆） | 回收量（万辆） | 回收率（%） |
|---|---|---|---|---|
| 1 | 北京 | 535 | 13.78 | 2.58% |
| 2 | 成都 | 366 | 2.02 | 0.55% |
| 3 | 深圳 | 315 | 4.13 | 1.31% |
| 4 | 上海 | 284 | 2.88 | 1.01% |
| 5 | 重庆 | 279 | 2.63 | 0.94% |
| 6 | 天津 | 273 | 5.95 | 2.18% |
| 7 | 苏州 | 269 | 4.58 | 1.70% |
| 8 | 郑州 | 239 | 2.87 | 1.20% |
| 9 | 杭州 | 224 | 4.16 | 1.86% |
| 10 | 广州 | 224 | 6.18 | 2.76% |
| 11 | 西安 | 219 | 0.86 | 0.39% |
|  | 全国 | 17228 | 170.58 | 0.99% |

如果全国报废汽车回收率都达到北京目前的水平，我国报废汽车回收量将超过 440 万辆，报废汽车回收拆解行业为国民经济发展贡献度将进一步增强。

依据公安部交管局统计公告的数据分析，2015 年我国汽车注销量为 604 万辆，同比增长 25.57%，汽车注销量占全国民用汽车保有量的 3.51%，同比增长 0.5%。而我国官方信息系统统计全年汽车回收量仅有 170.75 万辆，经对回收拆解企业调查发现，有相当数量的报废汽车收购时，由于车主不需要办理汽车注销手续而实施议价收购，这部分车辆约占回收总量的 1/3 企业没有录入官方信息系统，因此，我们测算我国回收拆解企业实际报废汽车回收量应当在 260 万辆左右，占全国民用汽车保有量的 1.51%，占汽车注销量的 43%，即使如此仍约有一半以上被注销的报废车辆非法流入社会。

2. 我国报废汽车回收拆解行业经营状况及经济效益情况

2015 年全国回收拆解报废机动车合计 277.53 万辆，同比增长 14.25%，其中报废汽车回收量 260 万辆，同比增长 18.18%，摩托车回收量 17.53 万辆，同比下降 23.70%。拆解再生资源总量合计 871.88 万吨，同比增长 45.43%（拆解再生资源总量与回收车辆的车型有关）。拆解材料利用率 84.13%，同比增长 0.30%。报废汽车回收拆解行业全年生产产值 145.59 亿元，同比下降 7.76%。缴纳税金 45.62 亿元，同比下降 8.55%。实现企业利润 54.45 亿元，同比下降 9.72%。报废汽车拆解再生资源材料构成见图 6：

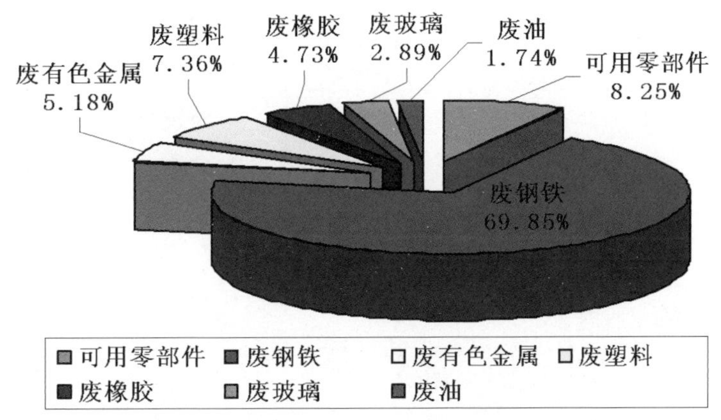


**图 6　报废汽车拆解再生资源材料构成图**

从行业经营效益看，我国报废汽车回收拆解行业基本属于微利行业，经营较为困难。主要原因在于：

一是拆解汽车的“五大总成”法律规定用于废金属销售，严禁用于零部件销售，拆解其它可回用零部件的销售比例低，报废汽车回收拆解企业 90% 经营利润依赖于废钢铁材料销售，企业利润完全受制于废钢铁市场的影响。由于近两年来废钢铁销售市场价格低迷，汽车拆解的废钢铁出现价格倒挂现象，报废汽车回收拆解企业也出现惜拆惜售现象；

二是目前汽车修理行业对汽车拆解可回用零部件需求状况不佳，且市场认知度不高，也导致汽车拆解企业其销售产值很低，直接影响了拆解企业的经济效益；

三是企业税负较重。按照财政部、国家税务总局关于印发《资源综合利用产品和劳务增值税优惠目录》的通知（财税 [2015]78 号），通知规定符合条件的资源综合利用企业自 2015 年 7 月 1 日起，执行按规定比例即征即退增值税政策。报废汽车拆解企业拆解出来的废钢铁用于炼钢炉料，销售给符合国家工信部颁布的《钢铁行业规范条件》或《铸造行业准入条件》并公告的钢铁企业或铸造企业，享受即征即退 30% 的增值税退税政策。在实际运作中，一方面，退税比例过低，企业退税后加上地方城建、教育附加综合税率仍达 11.91%，企业税负仍较重；另一方面，目前钢铁企业生产经营萎缩，支付货款困难，再加上公告的钢铁企业运送半径、供应量少等因素供需关系难以建立，直接影响退税政策的落实。

3. 我国报废汽车回收拆解企业回收量情况分析

2015 年，全国报废汽车回收拆解企业平均年回收量 2829 辆，同比增长 29.3%。在报废汽车回收拆解企业中，回收报废汽车数量超过 2 万辆的企业有 15 家，超过 1 万辆的回收拆解企业 43 家，远远超过 2014 年 30 家回收量达万辆以上的情况，其中深圳市报废车回收有限公司回收报废汽车连续两年超过 4 万辆，成为全国报废汽车回收拆解企业中的佼佼者。全行业年回收报废汽车在 1000 辆以下的回收拆解企业达 324 家，占拆解企业总数量的 53.73%，而回收量仅占总回收量的 7.8%。更突出的是年回收报废汽车在 400 辆以下的回收拆解企业达 172 家，仍占拆解企业总数量的 28.52%，也就是说平均每天回收报废汽车不足 1 辆。可见，目前我国报废汽车年回收量低，有的地区资源分散，回收拆解企业生产规模比较小，经济效益低是普遍现象。

2015 年回收报废汽车数量超过 2 万辆的前 15 家企业见表 3：

**表 3　2015 年回收报废汽车数量超过 2 万辆的前 15 家企业**

| 序号 | 企业 | 合计 | 报废汽车 | 摩托车 |
| --- | --- | --- | --- | --- |
| 1 | 深圳市报废车回收有限公司 | 41789 | 41,325 | 464 |
| 2 | 苏州市苏协报废汽车回收拆解有限责任公司 | 39281 | 38,983 | 298 |
| 3 | 广州市金属回收公司 | 35479 | 33,308 | 2,171 |
| 4 | 宁波市废旧汽车回收有限公司 | 33010 | 31,967 | 1,043 |
| 5 | 杭州经纬资源利用有限公司 | 28850 | 28,687 | 163 |
| 6 | 临沂市广发资源综合利用有限公司 | 26903 | 26,808 | 95 |
| 7 | 北京市大石河报废汽车解体厂 | 25568 | 25,470 | 98 |
| 8 | 金华市物资再生综合利用公司 | 24881 | 24,871 | 10 |
| 9 | 东莞市物资再生利用有限公司 | 24759 | 24,634 | 125 |
| 10 | 北京市汽车解体厂有限公司 | 23817 | 23,648 | 169 |
| 11 | 北京华新凯业物资再生有限公司 | 23471 | 23,231 | 240 |
| 12 | 烟台万通汽车回收拆解有限公司 | 22150 | 22,065 | 85 |
| 13 | 天津新能再生资源有限公司 | 21537 | 21,537 | 0 |
| 14 | 大连市报废汽车回收拆解有限公司 | 21418 | 21,341 | 77 |
| 15 | 成都兴原再生资源投资有限公司 | 23334 | 20,197 | 3,137 |

（四）“十二五”期间我国报废汽车回收拆解行业发展状况

1.“十二五”期间报废汽车回收拆解行业运营情况

2015 年是我国“十二五”发展规划的收官之年。“十二五”期间报废汽车回收拆解行业重点围绕企业升级，强制淘汰“黄标车”，在国家相关政策的指引下得到了长足发展，“十二五”时期我国汽车拥有量增长 1.9 倍，平均复合增长率为 13.65%；我国千人汽车拥有量增长 1.85 倍，平均复合增长率为 13.1%；我国报废汽车回收拆解企业增长 1.18 倍，平均复合增长率为 3.3%；我国报废汽车回收量增长 1.76 倍，平均复合增长率为 11.95%。五年报废机动车回收总量 940 万辆，比“十二五”时期报废机动车回收量增长 1.03 倍；拆解可利用再生资源 2460 万吨，比“十二五”时期拆解可利用再生资源增长 1.17 倍；行业产值达 483.8 亿元，比“十二五”时期行业产值增长 2.74 倍。

“十二五”期间我国汽车工业及报废汽车回收拆解行业相关指标完成情况见表 4：

“十二五”期间我国报废汽车回收拆解行业升级

**表 4 “十二五”期间我国报废汽车回收拆解行业相关指标完成情况**

| 年度 | 2011 年 | 2012 年 | 2013 年 | 2014 年 | 2015 年 |
|---|---|---|---|---|---|
| 汽车产量（万辆） | 1841.89 | 1927.18 | 2211.68 | 2372.29 | 2450.33 |
| 汽车销售量（万辆） | 1850.51 | 1930.64 | 2198.41 | 2349.19 | 2459.76 |
| 汽车进出口净增量（万辆） | 18.94 | 11.73 | 24.73 | 47.87 | 33.73 |
| 拥有量（万辆） | 10578 | 12089 | 13740 | 15447 | 17228 |
| 汽车保有量水平（辆 / 千人） | 78.51 | 89.28 | 100.98 | 112.93 | 125.33 |
| 汽车注销量（万辆） | 377.45 | 431.37 | 572.14 | 481.00 | 604.00 |
| 注销比例 (%) | 3.57 | 3.57 | 4.16 | 3.11 | 3.51 |
| 报废汽车回收量（万辆） | 118.6 | 110 | 135 | 220 | 260 |
| 回收比例 (%) | 0.53% | 0.91% | 0.98% | 1.42% | 1.51% |
| 企业数量（家） | 518 | 545 | 576 | 597 | 603 |
| 企业平均回收量（辆） | 2290 | 2018 | 2344 | 3685 | 4312 |
| 拆解可利用再生资源量（万吨） | 267 | 248 | 304 | 599.52 | 871.88 |

改造工作取得初步成效。自 2009 年商务部决定开展报废汽车回收拆解企业升级改造示范工程以来，各地商务主管部门督促试点企业严格按照《报废汽车回收拆解企业技术规范》（GB22128-2008）抓紧项目实施，认真落实升级改造的各项要求，在有关部门和企业的共同努力下，升级改造工作取得初步成效。到 2012 年，全国升级改造的企业达到总量的 1/3。商务部继续提出推动升级改造有关工作，培育报废汽车回收拆解骨干企业，支持具有规模优势的企业完善网点、完备设施、规范作业和管理、加快信息化和服务建设；提高专业化和回收利用水平，引导有条件的地区整合资源，建设区域性报废汽车破碎示范中心。

“十二五”期间后两年，回收拆解行业积极配合政府部门，把工作重点转向收购拆解“黄标车”工作。

2.“十二五”期间国家陆续出台的相关政策

“十二五”期间国家陆续出台的相关政策见表 5：

3. 企业兼并重组带动了行业的快速发展

**表 5 “十二五”期间国家陆续出台的相关政策**

| 序号 | 政策（文件）名称 | 时间文号 | 主管部门 |
|---|---|---|---|
| 1 | 2011 年老旧汽车报废更新补贴资金发放范围及标准 | 2011 年第 28 号公告 | 财政部、商务部 |
| 2 | 关于做好报废汽车回收拆解企业和二手 车交易市场升级改造示范工程试点有关工作的通知 | 商办建函 [2011]1154 号 | 商务部办公厅 |
| 3 | 2012 年老旧汽车报废更新补贴资金发放范围及标准 | 2012 年第 27 号公告 | 财政部、商务部 |
| 4 | 关于加大老旧汽车报废更新补贴工作力度的通知 | 财建 [2012]295 号 | 财政部、商务部 |

续表

| 序号 | 政策（文件）名称 | 时间文号 | 主管部门 |
| --- | --- | --- | --- |
| 5 | 关于开展报废汽车回收拆解专项整治的通知 | 商建发 [2012]295 号 | 商务部等六部门 |
| 6 | 关于 2012 年开展报废汽车回收体系建设示范工程试点工作的通知 | 商建函 [2012]349 号 | 商务部 |
| 7 | 《机动车强制报废标准规定》 | 2012 年第 12 号令 | 商务部等四部门 |
| 8 | 2013 年老旧汽车报废更新补贴资金发放范围及标准 | 2013 年第 70 号公告 | 财政部、商务部 |
| 9 | 关于印发中央财政促进服务业发展专项资金管理办法的通知 | 财建 [2013]4 号 | 财政部、商务部 |
| 10 | 关于进一步加强报废汽车回收拆解行业监督管理工作的通知 | 商办建函 [2013]59 号 | 商务部办公厅 |
| 11 | 关于做好《机动车强制报废标准规定》贯彻实施工作的通知 | 公交管〔2013〕109 号 | 公安部 |
| 12 | 关于开展机动车安全隐患大检查工作的通知 | 公交管〔2013〕387 号 | 公安部等六部门 |
| 13 | 2014 年老旧汽车报废更新补贴资金发放范围及标准 | 2012 年第 6 号公告 | 财政部、商务部 |
| 14 | 关于印发 2014 年黄标车及老旧车淘汰工作实施方案的通知 | 环发 [2014]130 号 | 环保部等六部门 |
| 15 | 关于进一步加强报废汽车回收拆解管理 促进黄标车、老旧车淘汰有关工作的通知 | 商办建函 [2014]606 号 | 商务部办公厅 |
| 16 | 关于印发《车辆购置税收入补助地方资金管理暂行办法》的通知 | 财建 [2014]654 号 | 财政部、交通部、商务部 |
| 17 | 关于印发 2015 年度车辆购置税收入补助地方资金用于交通运输节能减排、公路甩挂运输试点、老旧汽车报废更新项目申请指南的通知 | 财办建 [2015]13 号 | 财政部、交通部、商务部 |
| 18 | 关于全面推进黄标车淘汰工作的通知 | 环发 [2015]128 号 | 环保部等五部门 |
| 19 | 关于报废汽车回收拆解行业经营自律若干意见 | 物再协字 [2015]22 号 | 中国物资再生协会 |

受报废汽车回收拆解产业后市场看好的驱动，再生资源资本市场风起云涌，并购重组信息不断，天津、成都相继重组；玉成有限公司、新天地环境集团有限公司、中国再生资源开发有限公司、湖南万容科技有限公司、格林美股份有限公司、启迪桑德环境资源股份有限公司、东江环保股份有限公司、国投科技投资有限公司、中国节能环保集团、江苏天奇自动化工程股份有限公司等大型企业和上市公司领先进入报废汽车回收拆解产业的并购行列。随着报废汽车回收拆解行业兼并重组加剧，行业集中度进一步提高，推动行

业向规范化、有序化、现代化方向发展。

## 二、报废汽车回收拆解行业目前存在的问题

（一）机动车回收量低，外部环境秩序混乱

我国报废汽车回收率一直在低位徘徊。由于“准报废车”低廉的价格和监管力度不足，二手车商和非法经营企业变通手段灵活，大范围地高价收购报废车辆，滋长了报废车流向二手车市场的需求空间，报废车以“假转籍”、“假过户”等形式大量流入黑市。另外，报废汽车私拆滥解已是公开的秘密，目前全国各地都存在“地下”拆解市场，专门从事报废车辆收购、拆解、拼装、销售。这种触目惊心的报废汽车非法拆解经营愈演愈烈，汽车回收拆解业乱象环生。而导致报废汽车市场管理混乱的重要原因，是政府相关管理部门没有形成联动长效机制和有效监管报废车辆流失的有效措施，法律和监管存在严重缺位。

（二）回收拆解企业整体经营素质水平仍然较低

我国报废汽车回收拆解行业虽然近几年得到了较快发展，有少部分企业步入了现代管理时期，但与发达国家相比，我国报废汽车回收拆解行业整体发展水平仍然比较落后，企业仍多采取粗放式经营，管理方式、技术手段落后，设备简陋，回收拆解作业不规范、不环保、不节约等现象仍然存在。大多数企业由于规模小、效益差、资金短缺，普遍处于微利或保本经营状态，发展后劲不足，不能适应汽车消费市场快速发展的要求。

（三）企业经营模式不适应社会经济形势发展

我国报废汽车回收拆解企业因历史原因形成集回收、拆解、剪切破碎于一体的经营模式。这种经营模式重点不突出，企业仍以销售废钢铁为主要盈利目标，忽视零部件的附加值，零部件利用率较低，而且拆解的废钢铁大部分为轻薄料和统料废钢，拆解企业经过剪切、打包工序，耗时费力，销售价格和利用效果都不是很理想，基本属于粗放型经营模式。

（四）国家相关法规政策尚需完善

我国2001年颁布了《报废汽车回收管理办法》（国务院307号令），经过14年的发展历程，目前遇到了一些不可逾越的屏障，应当予以修订。

（五）企业税负较重，享受即征即退30%的增值税退税政策难以实现

从报废汽车拆解企业拆解材料（再生材料）对应税收政策（见表6）可以看出，企业拆解材料中仅有拆解的废钢铁销售给国家公告的钢铁企业或铸造企业，才能享受退税30%，但因实际存在的问题95%以上企业无法实现：一是大部分报废汽车拆解企业收购车辆少，产生废钢量就少，加之拆解下来的废钢轻薄料占比较大，因此，钢厂不愿与拆解企业签订废钢铁购销合同；二是拆解企业与国家公告的钢铁企业或铸造企业存在运送半径问题，往往是因路途太远运费太高；三是钢铁企业压质压价、拖欠货款严重等原因，致使国家在这方面的退税政策无法落实。

根据上述情况，报废汽车拆解企业无法享受国家

**表6　报废汽车拆解企业拆解材料（再生材料）对应财税〔2015〕78号税收政策**

| 拆解材料名称 | 占比 | 拆解企业可享受退税 | 利废企业享受退税 | 退税比例 |
|---|---|---|---|---|
| 废钢铁 | 36.5% | 交给指定钢铁企业或铸造企业 | | 30% |
| 废塑料 | 7.5% | | 再生塑料制品 | 50% |
| 废橡胶 | 4.5% | | 再生橡胶 | 50% |
| 废玻璃 | 4.5% | | 玻璃熟料 | 50% |
| 含有色金属废料、废线路板、废催化剂、废旧电池 | 5.2% | | 经冶炼、提纯生产的金属及合金 | 30% |
| 废矿物油 | 1.8% | | 润滑油基础油、汽油、柴油等工业油料 | 50% |
| 可用零部件 | 12.0% | | | |

给予的税收扶持政策，造成企业艰难运行。随着我国机动车保有量逐年增多，报废机动车大量产生，拆解再生材料也将会大幅增长，拆解企业渴望得到国家税收扶持政策的支持。

## 三、完善法规政策建议

### 1. 完善政策措施，创造良好的营商环境

国家修制订的报废机动车回收拆解管理办法应当尽快出台。各级政府相关部门要依法从报废汽车的强制报废、注销登记、回收拆解、道路行驶等多个环节，强化对报废汽车的监督管理，严防报废汽车、拼装车流向社会。建议国家相关部门（商务、环保、交通、公安、工商等）联合执法，并建立长效机制，加强对路面交通运营和拆解场地的联合执法，对“黑车”、拼装车、改装车、超标车（超过报废标准、不年检的车辆）、非法营运车辆、非法拆解行为依法治理，规范回收网点经营行为。去除“总量控制”的传统概念，实行准入退出机制，明确报废汽车拆解经营准入严格按照报废汽车回收拆解企业技术规范条件，不规范、不达标、不环保的报废汽车拆解企业应当退出，确保报废汽车拆解行业健康有序发展。

### 2. 制定有利于行业持续发展的税收政策

对进一步完善报废汽车回收拆解行业税收政策提出以下解决方案：

第一方案：将报废汽车拆解企业列入国家“营改增”行业范畴，实行小规模纳税人固定低税率 3% 扶持政策。

第二方案：对报废汽车拆解企业按销售品种利用性质规定：销售再生材料实行即征即退 80% 的扶持政策；销售可再用的零配件，可参照旧货经营增值税政策，按照 4% 的征收率减半征收增值税。

享受国家税收扶持政策的报废汽车拆解企业应当具备以下条件：

① 具有独立法人资格的营业执照；

② 具备省级商务主管部门同意设立报废汽车拆解经营的批复文件；

③ 符合《报废汽车回收拆解企业技术规范》（GB 22128—2008）和《报废机动车拆解环境保护技术规范》（HJ 348-2007）标准要求；

④ 没有违法经营行为记录。

通过国家税收扶持政策，弥补报废汽车拆解企业对拆解报废机动车产生的各类废弃物的处置费用，支持报废汽车拆解行业的健康发展。

### 3. 建立报废汽车回收保证金制度

为有效提高报废汽车的回收率，有必要借鉴发达国家的成功经验，采取汽车报废回收保证金（亦称押金）制度。押金制度体现了“污染者付费”的经济公平原则，汽车制造商销售新车和汽车消费者购买新车时，均应当按照一定比率以预支的形式为未来汽车报废可能产生的污染交纳押金；当车主通过合法渠道将报废汽车交售后，预先交纳的押金被退回车主。押金在一定程度上构成了对汽车车主的行为约束，如果车主不按规定把报废汽车交售给合法回收企业，就会产生押金的损失，这样就可以促使车主将报废汽车交售给合法的回收拆解企业，因此从根本上解决报废汽车流失或随意丢弃问题。这也符合贯彻落实国务院印发的《关于印发循环经济发展战略及近期行动计划的通知》（国发〔2013〕5 号）中明确：“研究建立强制回收产品和包装物、汽车、轮胎、手机、充电器生产者责任制。”文件精神。

随着我国社会钢铁积蓄量的逐年增多，废钢铁市场价格逐年疲软，而汽车报废量也将随着汽车保有量的增加而大量产生，估计不用多久我国报废汽车也会像日本在上世纪 90 年代末期，全国废钢铁资源大量产生，市场废钢铁供过于求，价格低迷，报废汽车没人再花钱收购，导致废旧汽车随意丢弃，成了社会环保问题。因此，我国应当借鉴日本的教训和经验，尽早研究制定建立生产者责任延伸制度，把报废汽车回收责任落到实处，促进我国社会的和谐发展。

### 4. 放宽报废汽车拆解的“五大总成”市场销售

报废汽车“五大总成”（发动机、方向机、变速器、前后桥、车架）也是商品，法律不应当约束商品的属性。法律规定拆解的“五大总成”只限于作为废金属，交售给钢铁企业作为冶炼原料，不符合国家倡导的节能减排、科学发展政策，严重地影响了社会效益和企业效益，这在任何国家都没有类似的法律限定。随着我国汽车保有量的逐年增加，报废汽车回收拆解行业也将迅速发展，如果长期限制报废汽车“五大总成”的市场销售，势必影响资源的合理有效利用。因此，建议完善修改条例条款，这也是落实国家倡导的节能减排的有效措施。

### 5. 改进监督解体方式

我国《道路交通安全法》规定：报废的大型客、货车及其他营运车辆应当在公安机关交通管理部门的

监督下解体。《报废汽车回收管理办法》（国务院令第 307 号）规定：“回收的报废营运客车，应当在公安机关的监督下解体。”法律赋予公安机关对报废的营运车辆进行监督下解体，意在避免回收拆解企业“整车”销售。以上法律法规对出售报废机动车已有明确的处罚规定，但如何“监督下解体”法律没有具体规定。各地区在执法实施中大部分采取发动机钻孔、车体压扁、大梁切割等手段，以示“监督下解体”，但这种解体方式不利于拆解零配件的合理利用。报废车辆的解体应当坚持“先利用、后回炉”的循环经济发展理念，减少破坏性的解体。拆解企业应当与所在地公安机关交通管理部门协商争取支持，逐步过渡到实施利用电子监视系统，对报废营运车辆整车进场、检查登记、预处理、拆解等各个环节实施全程监控，并将监控录像资料按日单独建档保存，公安机关交通管理部门可随时抽查。改进监督解体方式，解决目前存在的监销等待时间长、程序复杂、监销车辆范围扩大和采取破坏性监销的方式等问题，提高社会效益和企业经济效益。

6. 建立报废汽车回收拆解信息化平台

建立全国报废汽车回收拆解企业拆解信息电商平台，实现企业拆解零部件信息全国销售网络，同时通过互联网，报废汽车回收拆解企业将与再制造企业、维修行业联网，利用信息购销网络推动汽车回用零部件的销售市场。实现报废汽车回用件销售、监督、管理的信息化。

同时，引进物联网技术、GPS 技术等先进管理技术，实现报废汽车从回收、运输、拆解、利用等环节的全过程实时监控和信息分析，做到行业全程可监控、实时可分析，这不仅可以提高行业统筹管理能力，而且还降低了企业管理成本。

# 第12部类

# 统计资料

DISHIYIBULEI | TONGJIZILIAO

表 1 2015 年全国公路线路年末里程（按地区） （单位：公里）

| 地区 | 总计 | 等级公路 | | | | | | 等外公路 |
|---|---|---|---|---|---|---|---|---|
| | | 合计 | 高速 | 一级 | 二级 | 三级 | 四级 | |
| **总 计** | **4577296** | **4046290** | **123523** | **90964** | **360410** | **418237** | **3053157** | **531005** |
| 北 京 | 21885 | 21885 | 982 | 1393 | 3361 | 4021 | 12128 | |
| 天 津 | 16550 | 16550 | 1130 | 1260 | 3224 | 1272 | 9664 | |
| 河 北 | 184553 | 178597 | 6333 | 5408 | 19656 | 19429 | 127770 | 5957 |
| 山 西 | 140960 | 137844 | 5028 | 2535 | 15158 | 18717 | 96406 | 3116 |
| 内蒙古 | 175374 | 163767 | 5016 | 6010 | 14607 | 30909 | 107225 | 11607 |
| 辽 宁 | 120365 | 106514 | 4195 | 3581 | 18132 | 31828 | 48778 | 13851 |
| 吉 林 | 97326 | 90087 | 2630 | 2027 | 9300 | 10665 | 65465 | 7239 |
| 黑龙江 | 163233 | 136325 | 4346 | 1930 | 11308 | 33833 | 84908 | 26908 |
| 上 海 | 13195 | 13195 | 825 | 468 | 3463 | 2708 | 5731 | 0 |
| 江 苏 | 158805 | 151459 | 4539 | 12687 | 22944 | 15862 | 95427 | 7346 |
| 浙 江 | 118015 | 115568 | 3917 | 6018 | 10041 | 8026 | 87566 | 2447 |
| 安 徽 | 186940 | 182877 | 4249 | 3166 | 10667 | 18920 | 145875 | 4063 |
| 福 建 | 104585 | 87494 | 4813 | 788 | 9507 | 8251 | 64134 | 17092 |
| 江 西 | 156625 | 129948 | 5058 | 1952 | 10148 | 11586 | 101204 | 26676 |
| 山 东 | 263447 | 262445 | 5348 | 10045 | 25242 | 25105 | 196706 | 1002 |
| 河 南 | 250584 | 200470 | 6305 | 2113 | 26215 | 19807 | 146029 | 50114 |
| 湖 北 | 252980 | 240936 | 6204 | 5231 | 21555 | 10812 | 197134 | 12044 |
| 湖 南 | 236886 | 213512 | 5653 | 1292 | 12606 | 5618 | 188343 | 23374 |
| 广 东 | 216023 | 201456 | 7021 | 10936 | 19213 | 18662 | 145624 | 14567 |
| 广 西 | 117993 | 105019 | 4288 | 1079 | 11147 | 8269 | 80236 | 12974 |
| 海 南 | 26860 | 26302 | 803 | 360 | 1704 | 1561 | 21874 | 558 |
| 重 庆 | 140551 | 112889 | 2525 | 694 | 7861 | 5371 | 96437 | 27663 |
| 四 川 | 315582 | 266064 | 6020 | 3326 | 13971 | 13111 | 229637 | 49518 |
| 贵 州 | 186407 | 120613 | 5128 | 489 | 6159 | 7520 | 101317 | 65794 |
| 云 南 | 236007 | 197071 | 4006 | 1152 | 10860 | 8286 | 172768 | 38936 |
| 西 藏 | 78348 | 58416 | 38 | 0 | 1033 | 8298 | 49048 | 19932 |
| 陕 西 | 170069 | 153845 | 5094 | 1260 | 8523 | 15190 | 123779 | 16224 |
| 甘 肃 | 140052 | 120447 | 3522 | 368 | 7928 | 13484 | 95145 | 19604 |
| 青 海 | 75593 | 64640 | 2662 | 460 | 6985 | 5033 | 49499 | 10952 |
| 宁 夏 | 33240 | 33045 | 1527 | 1637 | 3411 | 6523 | 19946 | 195 |
| 新 疆 | 178263 | 137012 | 4316 | 1302 | 14482 | 29560 | 87351 | 41252 |

**表 2 全国公路营运汽车拥有量（2015 年底）（按地区）**

| 地区 | 合计（辆） | 载客汽车 | | 载货汽车 | | | |
|---|---|---|---|---|---|---|---|
| | | 辆 | 客位 | 辆 | # 普通载货汽车 | 吨位 | # 普通载货汽车 |
| **总 计** | **14731192** | **839287** | **21485793** | **13891905** | **10118719** | **103665006** | **49824986** |
| 北 京 | 250836 | 66136 | 703583 | 184700 | 156286 | 950308 | 648416 |
| 天 津 | 178388 | 8509 | 336656 | 169879 | 119563 | 1088205 | 326191 |
| 河 北 | 1424651 | 25180 | 684387 | 1399471 | 785552 | 12837757 | 3537983 |
| 山 西 | 515878 | 14012 | 379146 | 501866 | 287933 | 5102877 | 1794283 |
| 内蒙古 | 331365 | 12149 | 407233 | 319216 | 217231 | 2445946 | 1203756 |
| 辽 宁 | 817271 | 31615 | 879361 | 785656 | 597173 | 5132695 | 2583569 |
| 吉 林 | 372838 | 14332 | 454039 | 358506 | 285129 | 2437006 | 1511969 |
| 黑龙江 | 494084 | 16443 | 528150 | 477641 | 383454 | 3500033 | 2090440 |
| 上 海 | 238957 | 27156 | 567416 | 211801 | 103373 | 2282127 | 713560 |
| 江 苏 | 774189 | 46685 | 1623065 | 727504 | 508848 | 6224058 | 3018787 |
| 浙 江 | 459749 | 26587 | 912585 | 433162 | 324546 | 2790464 | 1258823 |
| 安 徽 | 669790 | 29429 | 833188 | 640361 | 439064 | 5185429 | 2657150 |
| 福 建 | 269217 | 16708 | 478991 | 252509 | 178697 | 1991540 | 790699 |
| 江 西 | 380204 | 16760 | 466502 | 363444 | 242513 | 3316807 | 1443171 |
| 山 东 | 969205 | 26938 | 891441 | 942267 | 493028 | 10279947 | 3494977 |
| 河 南 | 1167575 | 46799 | 1405371 | 1120776 | 779495 | 8212287 | 3484749 |
| 湖 北 | 428831 | 39479 | 858228 | 389352 | 294890 | 2567141 | 1458390 |
| 湖 南 | 426350 | 47867 | 1143768 | 378483 | 328803 | 2261210 | 1514070 |
| 广 东 | 766061 | 39169 | 1604079 | 726892 | 546718 | 5024136 | 2285769 |
| 广 西 | 514014 | 34320 | 966313 | 479694 | 420638 | 2891239 | 2106330 |
| 海 南 | 63202 | 6162 | 180674 | 57040 | 52070 | 233529 | 161136 |
| 重 庆 | 285975 | 19946 | 516165 | 266029 | 236123 | 1682658 | 1348331 |
| 四 川 | 560518 | 50765 | 1180377 | 509753 | 452479 | 2990338 | 2224014 |
| 贵 州 | 278423 | 30058 | 645597 | 248365 | 232950 | 1071929 | 956639 |
| 云 南 | 635289 | 49204 | 813564 | 586085 | 562301 | 2429013 | 2103026 |
| 西 藏 | 49897 | 5183 | 105711 | 44714 | 41901 | 300442 | 268942 |
| 陕 西 | 430021 | 25609 | 583889 | 404412 | 329159 | 2444495 | 1483165 |
| 甘 肃 | 305811 | 19876 | 448259 | 285935 | 256554 | 1383109 | 1025237 |
| 青 海 | 90231 | 3044 | 79136 | 87187 | 77963 | 470817 | 337505 |
| 宁 夏 | 119656 | 5499 | 162121 | 114157 | 78518 | 939649 | 473052 |
| 新 疆 | 462716 | 37668 | 646798 | 425048 | 305767 | 3197815 | 1520857 |

注：1. 从 2013 年起，公路营运载客汽不再包含公路运输管理部门管理并注册登记的公共汽车和出租汽车，统计口径发生调整，数据与上年同期不可比。

2. 从 2013 年起，公路营运载货汽车包括货车、牵引车和挂车，统计口径发生调整，数据与上年同期不可比。

表 3 2015 年全国民用汽车拥有量（一）（按地区） 单位：辆

| 地区 | 民用汽车 | 载客汽车 | | | | |
|---|---|---|---|---|---|---|
| | | | 大型 | 中型 | 小型 | 微型 |
| **总 计** | **162844501** | **140958811** | **1400729** | **896642** | **135804833** | **2856607** |
| 北 京 | 5338081 | 4981282 | 55075 | 86134 | 4806083 | 33990 |
| 天 津 | 2736183 | 2442186 | 25391 | 14392 | 2355382 | 47021 |
| 河 北 | 10750339 | 9233310 | 52456 | 22882 | 8738960 | 419012 |
| 山 西 | 4689722 | 4094053 | 27651 | 14520 | 3890782 | 161100 |
| 内蒙古 | 3736092 | 3220350 | 24457 | 10309 | 3096204 | 89380 |
| 辽 宁 | 5825013 | 4960891 | 68729 | 53764 | 4759305 | 79093 |
| 吉 林 | 3137351 | 2710290 | 35925 | 16444 | 2582389 | 75532 |
| 黑龙江 | 3517503 | 2886922 | 45761 | 24553 | 2753824 | 62784 |
| 上 海 | 2822314 | 2562636 | 45243 | 30866 | 2475009 | 11518 |
| 江 苏 | 12409085 | 11435703 | 100289 | 61660 | 11146267 | 127487 |
| 浙 江 | 11205820 | 10124578 | 62070 | 41230 | 9888054 | 133224 |
| 安 徽 | 4987030 | 4081562 | 44097 | 26900 | 3968348 | 42217 |
| 福 建 | 4353735 | 3677895 | 31511 | 30037 | 3560075 | 56272 |
| 江 西 | 3389397 | 2764815 | 25575 | 17550 | 2685370 | 36320 |
| 山 东 | 15108119 | 13391219 | 95932 | 43245 | 12802183 | 449859 |
| 河 南 | 9520119 | 8170640 | 69068 | 38589 | 7834810 | 228173 |
| 湖 北 | 4986342 | 4246956 | 52511 | 34553 | 4127408 | 32484 |
| 湖 南 | 5078752 | 4378120 | 46770 | 47805 | 4227607 | 55938 |
| 广 东 | 14714008 | 12905714 | 153062 | 87211 | 12562489 | 102952 |
| 广 西 | 3638229 | 3025615 | 33330 | 16821 | 2902757 | 72707 |
| 海 南 | 832925 | 700652 | 12794 | 6255 | 675997 | 5606 |
| 重 庆 | 2786101 | 2394274 | 29773 | 13308 | 2341125 | 10068 |
| 四 川 | 7671313 | 6739115 | 68988 | 27044 | 6425628 | 217455 |
| 贵 州 | 2926147 | 2403502 | 23238 | 21812 | 2323621 | 34831 |
| 云 南 | 4842262 | 4001681 | 26447 | 26254 | 3842694 | 106286 |
| 西 藏 | 331772 | 208756 | 44035 | 10063 | 151760 | 2898 |
| 陕 西 | 4381212 | 3830307 | 33199 | 21674 | 3674600 | 100834 |
| 甘 肃 | 2393609 | 1675459 | 21382 | 12239 | 1623088 | 18750 |
| 青 海 | 781799 | 631616 | 7116 | 5419 | 612177 | 6904 |
| 宁 夏 | 1009404 | 757731 | 9159 | 4709 | 736295 | 7568 |
| 新 疆 | 2944723 | 2320981 | 29695 | 28400 | 2234542 | 28344 |

**表 4 2015 年全国民用汽车拥有量（二）（按地区）** 单位：辆

| 地区 | 载货汽车 | | | | | 其他汽车 |
|---|---|---|---|---|---|---|
| | | 重型 | 中型 | 轻型 | 微型 | |
| **总 计** | **20656218** | **5300546** | **1488706** | **13757928** | **109038** | **1229472** |
| 北 京 | 305917 | 62669 | 31115 | 212131 | 2 | 50882 |
| 天 津 | 276254 | 53262 | 12476 | 208023 | 2493 | 17743 |
| 河 北 | 1466413 | 503913 | 47119 | 909305 | 6076 | 50616 |
| 山 西 | 571789 | 219743 | 17851 | 328452 | 5743 | 23880 |
| 内蒙古 | 492265 | 137506 | 11578 | 340412 | 2769 | 23477 |
| 辽 宁 | 826639 | 235496 | 48209 | 541269 | 1665 | 37483 |
| 吉 林 | 409959 | 124332 | 28133 | 256038 | 1456 | 17102 |
| 黑龙江 | 603118 | 184324 | 55443 | 361281 | 2070 | 27463 |
| 上 海 | 194932 | 86548 | 43215 | 65136 | 33 | 64746 |
| 江 苏 | 903860 | 355649 | 114178 | 432686 | 1347 | 69522 |
| 浙 江 | 1039966 | 152831 | 39049 | 833777 | 14309 | 41276 |
| 安 徽 | 875638 | 303728 | 36759 | 532816 | 2335 | 29830 |
| 福 建 | 654994 | 103154 | 31005 | 516264 | 4571 | 20846 |
| 江 西 | 599587 | 180339 | 51930 | 366341 | 977 | 24995 |
| 山 东 | 1650590 | 492056 | 80618 | 1073897 | 4019 | 66310 |
| 河 南 | 1297191 | 426097 | 69610 | 797052 | 4432 | 52288 |
| 湖 北 | 701571 | 154895 | 70021 | 475479 | 1176 | 37815 |
| 湖 南 | 673971 | 131126 | 66515 | 474952 | 1378 | 26661 |
| 广 东 | 1748981 | 263616 | 128972 | 1322001 | 34392 | 59313 |
| 广 西 | 587148 | 135069 | 58343 | 387274 | 6462 | 25466 |
| 海 南 | 126586 | 11872 | 11829 | 102589 | 296 | 5687 |
| 重 庆 | 374163 | 98632 | 34111 | 241388 | 32 | 17664 |
| 四 川 | 895703 | 206299 | 109358 | 578463 | 1583 | 36495 |
| 贵 州 | 503297 | 73120 | 52468 | 376851 | 858 | 19348 |
| 云 南 | 817192 | 114990 | 79692 | 621568 | 942 | 23389 |
| 西 藏 | 120547 | 14706 | 26654 | 76665 | 2522 | 2469 |
| 陕 西 | 514201 | 146472 | 36067 | 330031 | 1631 | 36704 |
| 甘 肃 | 453877 | 93979 | 35950 | 323443 | 505 | 264273 |
| 青 海 | 142446 | 25896 | 7693 | 108489 | 368 | 7737 |
| 宁 夏 | 241072 | 53615 | 10543 | 176196 | 718 | 10601 |
| 新 疆 | 586351 | 154612 | 42202 | 387659 | 1878 | 37391 |

表 5 2015 年全国私人车辆拥有量（一）（按地区） 单位：辆

| 地区 | 民用汽车 | 载客汽车 | | | | |
|---|---|---|---|---|---|---|
| | | | 大型 | 中型 | 小型 | 微型 |
| **总 计** | **140991037** | **127372286** | **82673** | **288896** | **124322579** | **2678138** |
| 北 京 | 4393304 | 4293854 | 2475 | 48330 | 4210675 | 32374 |
| 天 津 | 2346842 | 2142722 | 1055 | 5085 | 2092746 | 43836 |
| 河 北 | 9786484 | 8732308 | 4359 | 7222 | 8311704 | 409023 |
| 山 西 | 4146778 | 3744520 | 691 | 3278 | 3588569 | 151982 |
| 内蒙古 | 3348959 | 2982795 | 1254 | 3338 | 2893619 | 84584 |
| 辽 宁 | 4789390 | 4373499 | 5897 | 20689 | 4274240 | 72673 |
| 吉 林 | 2752135 | 2452012 | 4497 | 5432 | 2370928 | 71155 |
| 黑龙江 | 2991111 | 2565008 | 6229 | 9789 | 2492766 | 56224 |
| 上 海 | 2086480 | 2082159 | 922 | 7814 | 2062560 | 10863 |
| 江 苏 | 10701248 | 10222220 | 613 | 19947 | 10080744 | 120916 |
| 浙 江 | 9769906 | 9104022 | 743 | 11077 | 8974937 | 117265 |
| 安 徽 | 4113569 | 3670696 | 837 | 6980 | 3622767 | 40112 |
| 福 建 | 3779473 | 3308677 | 732 | 7540 | 3246439 | 53966 |
| 江 西 | 2862137 | 2504060 | 326 | 3400 | 2467859 | 32475 |
| 山 东 | 13518331 | 12435482 | 5450 | 14713 | 11988094 | 427225 |
| 河 南 | 8367319 | 7513676 | 1376 | 8439 | 7292691 | 211170 |
| 湖 北 | 4283095 | 3796713 | 770 | 9106 | 3756253 | 30584 |
| 湖 南 | 4577872 | 3999636 | 1186 | 10923 | 3935348 | 52179 |
| 广 东 | 12926823 | 11812887 | 5249 | 43486 | 11666666 | 97486 |
| 广 西 | 3141190 | 2742788 | 248 | 3975 | 2670577 | 67988 |
| 海 南 | 706935 | 603311 | 558 | 2091 | 595460 | 5202 |
| 重 庆 | 2316366 | 2118172 | 133 | 1333 | 2107488 | 9218 |
| 四 川 | 6760855 | 6145072 | 787 | 5212 | 5935943 | 203130 |
| 贵 州 | 2544064 | 2148605 | 331 | 1921 | 2113885 | 32468 |
| 云 南 | 4298569 | 3608854 | 390 | 3220 | 3507283 | 97961 |
| 西 藏 | 267395 | 166738 | 33400 | 8433 | 122310 | 2595 |
| 陕 西 | 3860205 | 3460464 | 584 | 3041 | 3363272 | 93567 |
| 甘 肃 | 1711184 | 1396610 | 229 | 2003 | 1383271 | 11107 |
| 青 海 | 631196 | 527914 | 88 | 1142 | 521330 | 5354 |
| 宁 夏 | 888658 | 685690 | 208 | 1420 | 677108 | 6954 |
| 新 疆 | 2323164 | 2031122 | 1056 | 8517 | 1995047 | 26502 |

**表 6 2015 年全国私人车辆拥有量（二）（按地区）** 单位：辆

| 地区 | 载货汽车 | | | | | 其他汽车 |
|---|---|---|---|---|---|---|
| | | 重型 | 中型 | 轻型 | 微型 | |
| **总 计** | **13306504** | **1738625** | **866167** | **10607025** | **94687** | **312247** |
| 北 京 | 89577 | 8579 | 4009 | 76987 | 2 | 9873 |
| 天 津 | 198776 | 20539 | 6573 | 170480 | 1184 | 5344 |
| 河 北 | 1034078 | 234325 | 36044 | 758267 | 5442 | 20098 |
| 山 西 | 393407 | 107281 | 12861 | 268260 | 5005 | 8851 |
| 内蒙古 | 356784 | 62868 | 8546 | 283027 | 2343 | 9380 |
| 辽 宁 | 406525 | 54732 | 23934 | 326662 | 1197 | 9366 |
| 吉 林 | 294454 | 64207 | 21226 | 207798 | 1223 | 5669 |
| 黑龙江 | 419209 | 83480 | 40174 | 293823 | 1732 | 6894 |
| 上 海 | 2537 | 517 | 536 | 1482 | 2 | 1784 |
| 江 苏 | 455539 | 142698 | 49503 | 262250 | 1088 | 23489 |
| 浙 江 | 657573 | 27219 | 12172 | 605868 | 12314 | 8311 |
| 安 徽 | 432142 | 33303 | 15412 | 381491 | 1936 | 10731 |
| 福 建 | 464115 | 27890 | 17864 | 414047 | 4314 | 6681 |
| 江 西 | 352045 | 27674 | 26088 | 297469 | 814 | 6032 |
| 山 东 | 1054128 | 108443 | 46901 | 895116 | 3668 | 28721 |
| 河 南 | 830038 | 99856 | 48698 | 677787 | 3697 | 23605 |
| 湖 北 | 473513 | 59388 | 46463 | 366776 | 886 | 12869 |
| 湖 南 | 565071 | 82219 | 56004 | 425613 | 1235 | 13165 |
| 广 东 | 1093159 | 80649 | 67517 | 913283 | 31710 | 20777 |
| 广 西 | 389878 | 51019 | 38336 | 294748 | 5775 | 8524 |
| 海 南 | 101644 | 6806 | 10354 | 84221 | 263 | 1980 |
| 重 庆 | 194085 | 5633 | 10687 | 177744 | 21 | 4109 |
| 四 川 | 602299 | 62453 | 63693 | 474715 | 1438 | 13484 |
| 贵 州 | 388779 | 31560 | 35302 | 321123 | 794 | 6680 |
| 云 南 | 680196 | 70150 | 64080 | 545156 | 810 | 9519 |
| 西 藏 | 99739 | 10577 | 24806 | 62769 | 1587 | 918 |
| 陕 西 | 387541 | 75760 | 29125 | 281236 | 1420 | 12200 |
| 甘 肃 | 308724 | 40711 | 23485 | 244130 | 398 | 5850 |
| 青 海 | 100563 | 9199 | 5555 | 85534 | 275 | 2719 |
| 宁 夏 | 198194 | 34496 | 8753 | 154298 | 647 | 4774 |
| 新 疆 | 282192 | 14394 | 11466 | 254865 | 1467 | 9850 |

表 7 2015 年全国各地区全社会货运量 单位：万吨

| 地区 | 总计 | 铁路 | 公路 | 水运 |
|---|---|---|---|---|
| **总 计** | **4175886** | **335801** | **3150019** | **613567** |
| 北 京 | 20078 | 1034 | 19044 | |
| 天 津 | 48779 | 8378 | 30551 | 9850 |
| 河 北 | 198024 | 17843 | 175637 | 4544 |
| 山 西 | 161765 | 70509 | 91240 | 16 |
| 内蒙古 | 175112 | 55612 | 119500 | |
| 辽 宁 | 202021 | 16442 | 172140 | 13439 |
| 吉 林 | 43333 | 4432 | 38708 | 193 |
| 黑龙江 | 54478 | 9033 | 44200 | 1245 |
| 上 海 | 90893 | 496 | 40627 | 49770 |
| 江 苏 | 198998 | 5304 | 113351 | 80343 |
| 浙 江 | 201231 | 3887 | 122547 | 74797 |
| 安 徽 | 345756 | 10158 | 230649 | 104949 |
| 福 建 | 111041 | 2820 | 79802 | 28419 |
| 江 西 | 130349 | 4019 | 115436 | 10894 |
| 山 东 | 261849 | 19191 | 227934 | 14724 |
| 河 南 | 192859 | 9969 | 172431 | 10459 |
| 湖 北 | 153904 | 4135 | 115801 | 33968 |
| 湖 南 | 199716 | 4407 | 172248 | 23061 |
| 广 东 | 339225 | 8117 | 255995 | 75113 |
| 广 西 | 149714 | 5779 | 119194 | 24741 |
| 海 南 | 22287 | 779 | 11279 | 10229 |
| 重 庆 | 103833 | 1862 | 86931 | 15040 |
| 四 川 | 154597 | 7287 | 138622 | 8688 |
| 贵 州 | 84540 | 5736 | 77341 | 1463 |
| 云 南 | 107608 | 5108 | 101993 | 507 |
| 西 藏 | 2125 | 48 | 2077 | |
| 陕 西 | 140900 | 32951 | 107731 | 218 |
| 甘 肃 | 58251 | 5936 | 52281 | 34 |
| 青 海 | 15962 | 2729 | 13233 | |
| 宁 夏 | 42626 | 5631 | 36995 | |
| 新 疆 | 70673 | 6168 | 64505 | |
| 不分地区 | 93363 | | | 16864 |

注：不分地区数据包括民航完成 629.2942 万吨，管道完成 75870 万吨。

**表 8 2015 年各地区全社会货物周转量** 单位：亿吨公里

| 地区 | 总计 | 铁路 | 公路 | 水运 |
|---|---|---|---|---|
| **总 计** | **178355.90** | **23754.31** | **57955.72** | **91772.45** |
| 北 京 | 901.41 | 745.06 | 156.36 | |
| 天 津 | 2519.22 | 444.81 | 345.20 | 1729.21 |
| 河 北 | 12007.28 | 3633.01 | 6821.48 | 1552.79 |
| 山 西 | 3438.55 | 2063.73 | 1374.76 | 0.05 |
| 内蒙古 | 4190.30 | 1950.34 | 2239.96 | |
| 辽 宁 | 11711.92 | 898.07 | 2850.68 | 7963.17 |
| 吉 林 | 1425.35 | 373.53 | 1051.22 | 0.59 |
| 黑龙江 | 1545.35 | 607.95 | 929.27 | 8.13 |
| 上 海 | 19495.88 | 10.79 | 289.56 | 19195.54 |
| 江 苏 | 8270.23 | 310.52 | 2072.96 | 5886.75 |
| 浙 江 | 9869.72 | 213.16 | 1513.92 | 8142.64 |
| 安 徽 | 10402.25 | 739.39 | 4721.87 | 4940.99 |
| 福 建 | 5447.49 | 128.72 | 1020.25 | 4298.52 |
| 江 西 | 3753.48 | 497.20 | 3022.72 | 233.56 |
| 山 东 | 8418.04 | 1161.18 | 5876.99 | 1379.88 |
| 河 南 | 6948.05 | 1700.09 | 4542.67 | 705.29 |
| 湖 北 | 5674.13 | 762.59 | 2380.62 | 2530.91 |
| 湖 南 | 3895.53 | 761.70 | 2553.52 | 580.30 |
| 广 东 | 14882.21 | 258.88 | 3108.81 | 11514.52 |
| 广 西 | 4061.82 | 674.53 | 2122.60 | 1264.69 |
| 海 南 | 1181.73 | 12.14 | 78.66 | 1090.93 |
| 重 庆 | 2709.53 | 158.22 | 851.23 | 1700.08 |
| 四 川 | 2387.44 | 723.41 | 1480.58 | 183.45 |
| 贵 州 | 1379.00 | 561.27 | 782.47 | 35.26 |
| 云 南 | 1500.27 | 409.95 | 1077.89 | 12.44 |
| 西 藏 | 119.64 | 23.54 | 96.10 | |
| 陕 西 | 3263.52 | 1435.91 | 1826.80 | 0.80 |
| 甘 肃 | 2225.81 | 1313.62 | 912.14 | 0.06 |
| 青 海 | 445.58 | 223.45 | 222.13 | |
| 宁 夏 | 816.93 | 245.08 | 571.85 | |
| 新 疆 | 1772.94 | 712.48 | 1060.46 | |
| 不分地区 | 21695.30 | | | 16821.88 |

注：不分地区数据包括民航完成 208.07 亿吨公里，管道完成 4665.35 亿吨公里。

表 9 2015 年各地区全社会客运量 单位：万人

| 地区 | 总计 | 铁路 | 公路 | 水运 |
|---|---|---|---|---|
| **总 计** | **1943271** | **253484** | **1619097** | **27072** |
| 北 京 | 62849 | 12918 | 49931 | |
| 天 津 | 18345 | 4054 | 14219 | 72 |
| 河 北 | 53274 | 9706 | 43563 | 5 |
| 山 西 | 29612 | 7418 | 22085 | 109 |
| 内蒙古 | 16125 | 5108 | 11017 | |
| 辽 宁 | 73692 | 12919 | 60269 | 504 |
| 吉 林 | 36359 | 7158 | 29013 | 188 |
| 黑龙江 | 42869 | 9865 | 32632 | 372 |
| 上 海 | 13844 | 9692 | 3766 | 386 |
| 江 苏 | 138308 | 16116 | 119800 | 2392 |
| 浙 江 | 111369 | 15224 | 92304 | 3841 |
| 安 徽 | 86810 | 8553 | 78072 | 185 |
| 福 建 | 51646 | 9256 | 40394 | 1996 |
| 江 西 | 62418 | 8458 | 53687 | 273 |
| 山 东 | 60356 | 11397 | 46960 | 1999 |
| 河 南 | 125015 | 12200 | 112535 | 280 |
| 湖 北 | 102035 | 13508 | 87953 | 574 |
| 湖 南 | 131311 | 10511 | 119266 | 1534 |
| 广 东 | 123926 | 23149 | 98050 | 2727 |
| 广 西 | 49101 | 7046 | 41522 | 533 |
| 海 南 | 13728 | 1651 | 10363 | 1714 |
| 重 庆 | 62282 | 3994 | 57556 | 732 |
| 四 川 | 135969 | 9207 | 124014 | 2748 |
| 贵 州 | 87541 | 4901 | 80621 | 2019 |
| 云 南 | 48794 | 3949 | 43688 | 1157 |
| 西 藏 | 1092 | 221 | 871 | |
| 陕 西 | 69680 | 7866 | 61436 | 378 |
| 甘 肃 | 40453 | 3123 | 37240 | 90 |
| 青 海 | 5602 | 936 | 4596 | 70 |
| 宁 夏 | 9300 | 661 | 8444 | 195 |
| 新 疆 | 35948 | 2719 | 33229 | |
| 不分地区 | 43618 | | | |

注：不分地区数据为民航完成客运量 43618 万人。

**表 10 2015 年各地区全社会旅客周转量** 单位：亿人公里

| 地区 | 总计 | 铁路 | 公路 | 水运 |
|---|---|---|---|---|
| **总 计** | **30058.90** | **11960.60** | **10742.66** | **73.08** |
| 北 京 | 279.43 | 149.31 | 130.12 | |
| 天 津 | 252.30 | 170.47 | 81.70 | 0.14 |
| 河 北 | 1213.21 | 944.43 | 268.44 | 0.34 |
| 山 西 | 380.05 | 215.42 | 164.53 | 0.09 |
| 内蒙古 | 371.14 | 210.80 | 160.34 | |
| 辽 宁 | 923.76 | 604.71 | 313.09 | 5.97 |
| 吉 林 | 430.31 | 252.22 | 177.82 | 0.27 |
| 黑龙江 | 487.54 | 257.58 | 229.56 | 0.41 |
| 上 海 | 215.21 | 88.95 | 125.45 | 0.81 |
| 江 苏 | 1453.69 | 625.54 | 825.45 | 2.70 |
| 浙 江 | 1092.53 | 541.93 | 544.76 | 5.84 |
| 安 徽 | 1218.22 | 642.95 | 574.88 | 0.38 |
| 福 建 | 575.48 | 305.34 | 267.29 | 2.84 |
| 江 西 | 953.81 | 668.72 | 284.74 | 0.35 |
| 山 东 | 1147.32 | 664.31 | 471.37 | 11.64 |
| 河 南 | 1630.59 | 886.14 | 743.91 | 0.54 |
| 湖 北 | 1218.68 | 726.06 | 489.29 | 3.32 |
| 湖 南 | 1527.52 | 888.82 | 635.64 | 3.07 |
| 广 东 | 1796.52 | 751.08 | 1034.94 | 10.50 |
| 广 西 | 731.75 | 318.22 | 410.82 | 2.71 |
| 海 南 | 112.93 | 30.18 | 79.29 | 3.46 |
| 重 庆 | 533.55 | 151.03 | 376.45 | 6.08 |
| 四 川 | 987.76 | 313.51 | 671.63 | 2.63 |
| 贵 州 | 658.23 | 229.92 | 422.79 | 5.52 |
| 云 南 | 456.58 | 123.87 | 330.21 | 2.50 |
| 西 藏 | 38.28 | 14.09 | 24.20 | |
| 陕 西 | 758.30 | 464.44 | 293.23 | 0.64 |
| 甘 肃 | 619.65 | 370.74 | 248.75 | 0.17 |
| 青 海 | 119.18 | 74.44 | 44.65 | 0.09 |
| 宁 夏 | 115.52 | 47.37 | 68.04 | 0.11 |
| 新 疆 | 477.29 | 228.02 | 249.27 | |
| 不分地区 | 7282.55 | | | |

注：不分地区数据为民航完成旅客周转量 7282.55 亿人公里。

表 11 2015 年民用汽车新注册情况（一）（按地区） 单位：辆

| 地区 | 民用汽车 | 载货汽车 | | | | |
|---|---|---|---|---|---|---|
| | | | 大型 | 中型 | 小型 | 微型 |
| **总 计** | **2043257** | **454979** | **72274** | **1513773** | **2231** | **71435** |
| 北 京 | 39103 | 5383 | 1580 | 32139 | 1 | 2341 |
| 天 津 | 42938 | 7200 | 893 | 33513 | 1332 | 2098 |
| 河 北 | 159075 | 55562 | 2502 | 101003 | 8 | 3870 |
| 山 西 | 50693 | 19677 | 552 | 30463 | 1 | 1192 |
| 内蒙古 | 28686 | 3117 | 408 | 25161 | | 979 |
| 辽 宁 | 45190 | 11709 | 1762 | 31716 | 3 | 1589 |
| 吉 林 | 26672 | 5918 | 469 | 20282 | 3 | 1346 |
| 黑龙江 | 40565 | 8047 | 1478 | 31039 | 1 | 1597 |
| 上 海 | 30554 | 14682 | 4420 | 11451 | 1 | 6551 |
| 江 苏 | 86288 | 30109 | 8560 | 47614 | 5 | 4891 |
| 浙 江 | 145743 | 24290 | 4924 | 116464 | 65 | 4123 |
| 安 徽 | 89771 | 24024 | 2590 | 63155 | 2 | 2051 |
| 福 建 | 57900 | 7419 | 1222 | 49256 | 3 | 1343 |
| 江 西 | 53830 | 12717 | 1506 | 39605 | 2 | 3463 |
| 山 东 | 202783 | 55617 | 4482 | 142682 | 2 | 4720 |
| 河 南 | 126356 | 30606 | 1913 | 93831 | 6 | 3404 |
| 湖 北 | 63997 | 15138 | 3155 | 45699 | 5 | 3308 |
| 湖 南 | 58998 | 11950 | 2178 | 44870 | | 2376 |
| 广 东 | 228041 | 42802 | 13805 | 170923 | 511 | 4511 |
| 广 西 | 54334 | 10695 | 1984 | 41650 | 5 | 1470 |
| 海 南 | 12499 | 1051 | 742 | 10704 | 2 | 422 |
| 重 庆 | 36908 | 9326 | 1467 | 26113 | 2 | 1301 |
| 四 川 | 77638 | 13694 | 3005 | 60937 | 2 | 2150 |
| 贵 州 | 43570 | 4410 | 841 | 38319 | | 1696 |
| 云 南 | 63100 | 5852 | 1214 | 56033 | 1 | 1835 |
| 西 藏 | 15200 | 1769 | 1625 | 11541 | 265 | 316 |
| 陕 西 | 41837 | 8015 | 816 | 33006 | | 2546 |
| 甘 肃 | 43577 | 4322 | 785 | 38470 | | 1402 |
| 青 海 | 14440 | 1579 | 284 | 12577 | | 560 |
| 宁 夏 | 24526 | 2367 | 241 | 21918 | | 487 |
| 新 疆 | 38445 | 5932 | 871 | 31639 | 3 | 1497 |

表 12 2015 年民用汽车新注册情况（二）（按地区） 单位：辆

| 地区 | 载客汽车 | | | | | 其他汽车 |
|---|---|---|---|---|---|---|
| | | 重型 | 中型 | 轻型 | 微型 | |
| **总 计** | **23317507** | **21202815** | **191034** | **67080** | **20862002** | **82699** |
| 北 京 | 543464 | 502020 | 5421 | 6048 | 489500 | 1051 |
| 天 津 | 226070 | 181034 | 4009 | 1133 | 174943 | 949 |
| 河 北 | 1636383 | 1473438 | 14514 | 2604 | 1445635 | 10685 |
| 山 西 | 602358 | 550473 | 2771 | 1087 | 542404 | 4211 |
| 内蒙古 | 395279 | 365614 | 1588 | 748 | 361901 | 1377 |
| 辽 宁 | 673188 | 626409 | 7193 | 1415 | 616561 | 1240 |
| 吉 林 | 392291 | 364273 | 2475 | 916 | 360031 | 851 |
| 黑龙江 | 422355 | 380193 | 3861 | 1598 | 374211 | 523 |
| 上 海 | 449341 | 412236 | 6084 | 2100 | 403587 | 465 |
| 江 苏 | 1851835 | 1760656 | 17035 | 2766 | 1736852 | 4003 |
| 浙 江 | 1509927 | 1360061 | 10634 | 4601 | 1333985 | 10841 |
| 安 徽 | 879030 | 787208 | 5491 | 2879 | 777731 | 1107 |
| 福 建 | 604248 | 545005 | 5023 | 2084 | 536370 | 1528 |
| 江 西 | 578208 | 520915 | 2172 | 1416 | 515044 | 2283 |
| 山 东 | 2044532 | 1837029 | 15776 | 3791 | 1800388 | 17074 |
| 河 南 | 1532347 | 1402587 | 11474 | 4592 | 1381863 | 4658 |
| 湖 北 | 917610 | 850305 | 6022 | 3332 | 839814 | 1137 |
| 湖 南 | 852575 | 791201 | 5642 | 4955 | 777393 | 3211 |
| 广 东 | 2088691 | 1856139 | 25912 | 3620 | 1821960 | 4647 |
| 广 西 | 516058 | 460254 | 3785 | 1632 | 454508 | 329 |
| 海 南 | 125444 | 112523 | 1640 | 460 | 110268 | 155 |
| 重 庆 | 502930 | 464721 | 2603 | 1299 | 460159 | 660 |
| 四 川 | 1246479 | 1166691 | 6687 | 2200 | 1156345 | 1459 |
| 贵 州 | 498719 | 453453 | 2735 | 2362 | 447909 | 447 |
| 云 南 | 669453 | 604518 | 2847 | 1797 | 597920 | 1954 |
| 西 藏 | 43308 | 27792 | 8162 | 688 | 18876 | 66 |
| 陕 西 | 625193 | 580810 | 3538 | 2255 | 573613 | 1404 |
| 甘 肃 | 333975 | 288996 | 2354 | 913 | 281870 | 3859 |
| 青 海 | 109227 | 94227 | 621 | 376 | 93059 | 171 |
| 宁 夏 | 136454 | 111441 | 950 | 174 | 110153 | 164 |
| 新 疆 | 310535 | 270593 | 2015 | 1239 | 267149 | 190 |

表 13 机动车及汽车驾驶员情况（2015 年底）　　单位：人

| 地区 | 机动车驾驶员 | #汽车驾驶员 |
|---|---|---|
| **总 计** | **328530456** | **280129937** |
| 北 京 | 9775930 | 9735472 |
| 天 津 | 3892464 | 3885759 |
| 河 北 | 17463053 | 16801468 |
| 山 西 | 7639245 | 7457987 |
| 内蒙古 | 6280854 | 5711963 |
| 辽 宁 | 11342241 | 10542224 |
| 吉 林 | 6515476 | 5834351 |
| 黑龙江 | 7256735 | 6853062 |
| 上 海 | 6506686 | 6310930 |
| 江 苏 | 23856160 | 20724977 |
| 浙 江 | 17760872 | 16320563 |
| 安 徽 | 11218189 | 9774453 |
| 福 建 | 10145201 | 7435776 |
| 江 西 | 11373941 | 8221841 |
| 山 东 | 24675242 | 23404464 |
| 河 南 | 19967984 | 18139867 |
| 湖 北 | 12849495 | 10583298 |
| 湖 南 | 12396738 | 9579590 |
| 广 东 | 28747452 | 23797274 |
| 广 西 | 12057498 | 7681755 |
| 海 南 | 2049766 | 1451607 |
| 重 庆 | 6607670 | 4961515 |
| 四 川 | 17913885 | 13625968 |
| 贵 州 | 6991887 | 4773117 |
| 云 南 | 11159390 | 7397867 |
| 西 藏 | 273620 | 253013 |
| 陕 西 | 8853558 | 8079673 |
| 甘 肃 | 4895634 | 3810622 |
| 青 海 | 1319052 | 1130421 |
| 宁 夏 | 1756996 | 1528321 |
| 新 疆 | 4987542 | 4320739 |

**表14 2015年进口汽车保有量（一）（按地区）** 单位：辆

| 地区 | 民用汽车 | 载客汽车 | | | | |
|---|---|---|---|---|---|---|
| | | | 大型 | 中型 | 小型 | 微型 |
| **总 计** | **7794809** | **7752665** | **11965** | **22023** | **7643189** | **75488** |
| 北 京 | 559798 | 555663 | 833 | 1128 | 548627 | 5075 |
| 天 津 | 128005 | 126718 | 186 | 386 | 124165 | 1981 |
| 河 北 | 224951 | 223822 | 288 | 399 | 220573 | 2562 |
| 山 西 | 144775 | 144185 | 395 | 465 | 141353 | 1972 |
| 内蒙古 | 192500 | 191458 | 304 | 349 | 189838 | 967 |
| 辽 宁 | 339877 | 337565 | 791 | 910 | 334171 | 1693 |
| 吉 林 | 122006 | 121214 | 253 | 368 | 119976 | 617 |
| 黑龙江 | 151806 | 150162 | 424 | 621 | 148561 | 556 |
| 上 海 | 315676 | 312500 | 627 | 934 | 309136 | 1803 |
| 江 苏 | 617931 | 615857 | 676 | 2055 | 600804 | 12322 |
| 浙 江 | 854914 | 852862 | 462 | 1513 | 839124 | 11763 |
| 安 徽 | 128049 | 127665 | 152 | 385 | 126087 | 1041 |
| 福 建 | 291037 | 289661 | 303 | 1144 | 284368 | 3846 |
| 江 西 | 93806 | 92967 | 149 | 221 | 91627 | 970 |
| 山 东 | 398609 | 397060 | 580 | 1388 | 390466 | 4626 |
| 河 南 | 254490 | 253677 | 411 | 953 | 251616 | 697 |
| 湖 北 | 189924 | 189178 | 266 | 677 | 187214 | 1021 |
| 湖 南 | 211513 | 210627 | 231 | 528 | 208446 | 1422 |
| 广 东 | 1051232 | 1045709 | 1021 | 2270 | 1034226 | 8192 |
| 广 西 | 131449 | 130697 | 242 | 524 | 128465 | 1466 |
| 海 南 | 48490 | 48278 | 168 | 317 | 47423 | 370 |
| 重 庆 | 168349 | 167757 | 91 | 245 | 166824 | 597 |
| 四 川 | 357554 | 355789 | 311 | 685 | 351127 | 3666 |
| 贵 州 | 94755 | 94375 | 78 | 249 | 93303 | 745 |
| 云 南 | 202804 | 201290 | 253 | 893 | 196993 | 3151 |
| 西 藏 | 18614 | 18426 | 1645 | 90 | 16678 | 13 |
| 陕 西 | 219090 | 218063 | 190 | 602 | 215677 | 1594 |
| 甘 肃 | 71243 | 70792 | 130 | 425 | 69933 | 304 |
| 青 海 | 28538 | 28185 | 105 | 261 | 27783 | 36 |
| 宁 夏 | 50243 | 49609 | 96 | 184 | 49167 | 162 |
| 新 疆 | 132781 | 130854 | 304 | 854 | 129438 | 258 |

表 15 2015 年进口汽车保有量（二）（按地区） 单位：辆

| 地区 | 载货汽车 | | | | | 其他汽车 |
|---|---|---|---|---|---|---|
| | | 重型 | 中型 | 轻型 | 微型 | |
| **总 计** | **30107** | **12277** | **512** | **17290** | **28** | **12724** |
| 北 京 | 2795 | 3 | 36 | 2755 | 1 | 1623 |
| 天 津 | 930 | 501 | 24 | 405 | | 357 |
| 河 北 | 972 | 247 | 16 | 709 | | 165 |
| 山 西 | 447 | 135 | 6 | 306 | | 143 |
| 内蒙古 | 851 | 80 | 8 | 763 | | 192 |
| 辽 宁 | 1811 | 366 | 40 | 1402 | 3 | 865 |
| 吉 林 | 632 | 33 | 8 | 590 | 1 | 169 |
| 黑龙江 | 1289 | 436 | 37 | 816 | | 367 |
| 上 海 | 413 | 247 | 22 | 144 | | 2763 |
| 江 苏 | 1467 | 876 | 8 | 583 | | 607 |
| 浙 江 | 1888 | 1134 | 14 | 738 | 2 | 164 |
| 安 徽 | 304 | 152 | 4 | 148 | | 80 |
| 福 建 | 1206 | 798 | 9 | 399 | | 170 |
| 江 西 | 660 | 509 | 1 | 150 | | 179 |
| 山 东 | 1079 | 268 | 16 | 792 | 3 | 471 |
| 河 南 | 609 | 102 | 10 | 494 | 3 | 204 |
| 湖 北 | 552 | 182 | 8 | 362 | | 194 |
| 湖 南 | 589 | 323 | 11 | 254 | 1 | 300 |
| 广 东 | 4685 | 3681 | 76 | 923 | 5 | 838 |
| 广 西 | 362 | 164 | 15 | 183 | | 390 |
| 海 南 | 92 | 12 | 0 | 80 | | 120 |
| 重 庆 | 478 | 115 | 1 | 362 | | 114 |
| 四 川 | 1489 | 398 | 24 | 1066 | 1 | 276 |
| 贵 州 | 246 | 49 | 7 | 190 | | 134 |
| 云 南 | 1285 | 629 | 40 | 616 | | 229 |
| 西 藏 | 166 | 9 | 24 | 126 | 7 | 23 |
| 陕 西 | 766 | 165 | 6 | 595 | | 266 |
| 甘 肃 | 227 | 28 | 2 | 197 | | 224 |
| 青 海 | 192 | 9 | 5 | 177 | 1 | 161 |
| 宁 夏 | 496 | 121 | 5 | 370 | | 138 |
| 新 疆 | 1129 | 505 | 29 | 595 | | 798 |

**表 16 2015 年全国进出口汽车市场统计**

| 国家（地区） | 数量（辆） | 金额（美元） | 国家（地区） | 数量（辆） | 金额（美元） |
|---|---|---|---|---|---|
| **合计** | **2,364,167** | **56,783,231,562** | 泰国 | 6,055 | 142,845,240 |
| **出口合计** | **1,261,315** | **11,855,280,835** | 土耳其 | 9,284 | 25,915,049 |
| 巴林 | 1,379 | 22,613,889 | 阿联酋 | 39,924 | 261,951,903 |
| 孟加拉国 | 24,186 | 54,849,173 | 也门 | 56 | 532,146 |
| 文莱 | 342 | 4,989,098 | 越南 | 62,445 | 1,308,932,514 |
| 缅甸 | 21,332 | 426,814,568 | 台湾省 | 985 | 26,947,311 |
| 柬埔寨 | 856 | 20,963,135 | 东帝汶 | 112 | 5,344,772 |
| 塞浦路斯 | 87 | 355,951 | 哈萨克斯坦 | 2,826 | 84,046,509 |
| 朝鲜 | 8,809 | 152,106,207 | 吉尔吉斯斯坦 | 753 | 39,967,829 |
| 香港 | 2,188 | 290,116,499 | 塔吉克斯坦 | 1,125 | 44,474,705 |
| 印度 | 18,840 | 56,027,120 | 土库曼斯坦 | 1,485 | 18,442,887 |
| 印度尼西亚 | 4,069 | 71,721,652 | 乌兹别克斯坦 | 1,668 | 48,845,868 |
| 伊朗 | 107,523 | 1,110,702,816 | 阿尔及利亚 | 32,066 | 298,195,026 |
| 伊拉克 | 8,634 | 90,168,904 | 安哥拉 | 5,197 | 80,898,766 |
| 以色列 | 4,885 | 96,086,970 | 贝宁 | 507 | 14,031,321 |
| 日本 | 2,639 | 64,332,895 | 博茨瓦纳 | 21 | 870,578 |
| 约旦 | 371 | 6,577,641 | 布隆迪 | 11 | 354,454 |
| 科威特 | 3,970 | 75,459,609 | 喀麦隆 | 371 | 16,548,075 |
| 老挝 | 8,181 | 95,635,329 | 加那利群岛 | 1 | 7,228 |
| 黎巴嫩 | 2,834 | 10,745,496 | 佛得角 | 44 | 464,056 |
| 澳门 | 332 | 23,807,290 | 中非 | 6 | 82,350 |
| 马来西亚 | 6,864 | 119,337,256 | 乍得 | 166 | 9,226,705 |
| 马尔代夫 | 162 | 2,085,736 | 科摩罗 | 40 | 230,795 |
| 蒙古 | 687 | 40,509,183 | 刚果（布） | 296 | 31,549,491 |
| 尼泊尔联邦民主共和国 | 210 | 998,730 | 吉布提 | 1,815 | 74,376,150 |
| 阿曼 | 3,675 | 61,530,068 | 埃及 | 40,437 | 230,155,027 |
| 巴基斯坦 | 5,875 | 70,793,128 | 赤道几内亚 | 273 | 11,098,280 |
| 巴勒斯坦 | 33 | 22,169 | 埃塞俄比亚 | 4,195 | 171,225,410 |
| 菲律宾 | 14,215 | 359,543,541 | 加蓬 | 170 | 4,773,209 |
| 卡塔尔 | 4,294 | 167,917,096 | 冈比亚 | 20 | 177,478 |
| 沙特阿拉伯 | 30,975 | 592,447,104 | 加纳 | 4,322 | 71,207,385 |
| 新加坡 | 1,178 | 51,292,884 | 几内亚 | 255 | 12,183,999 |
| 韩国 | 3,941 | 22,344,425 | 科特迪瓦 | 1,357 | 40,780,400 |
| 斯里兰卡 | 8,970 | 58,650,969 | 肯尼亚 | 1,395 | 46,093,009 |
| 叙利亚 | 373 | 9,142,913 | 利比里亚 | 212 | 6,856,248 |

表 16 （续 1）

| 国家（地区） | 数量（辆） | 金额（美元） | 国家（地区） | 数量（辆） | 金额（美元） |
|---|---|---|---|---|---|
| 利比亚 | 601 | 1,659,523 | 德国 | 32,328 | 69,394,020 |
| 马达加斯加 | 923 | 8,739,669 | 法国 | 15,582 | 43,182,211 |
| 马拉维 | 18 | 1,370,809 | 爱尔兰 | 886 | 6,246,660 |
| 马里 | 239 | 11,859,221 | 意大利 | 8,462 | 24,909,205 |
| 毛里塔尼亚 | 128 | 3,947,794 | 荷兰 | 26,581 | 15,726,131 |
| 毛里求斯 | 254 | 3,915,094 | 希腊 | 1,021 | 1,355,285 |
| 摩洛哥 | 330 | 7,475,285 | 葡萄牙 | 364 | 650,779 |
| 莫桑比克 | 863 | 43,729,528 | 西班牙 | 8,018 | 11,121,863 |
| 纳米比亚 | 187 | 25,196,857 | 阿尔巴尼亚 | 14 | 63,036 |
| 尼日尔 | 242 | 14,549,907 | 奥地利 | 1,139 | 5,239,669 |
| 尼日利亚 | 3,737 | 116,327,023 | 保加利亚 | 650 | 1,752,358 |
| 留尼汪 | 435 | 158,915 | 芬兰 | 7,523 | 21,777,232 |
| 卢旺达 | 187 | 5,467,267 | 直布罗陀 | 16 | 102,688 |
| 圣多美和普林西比 | 1 | 50,213 | 匈牙利 | 593 | 528,184 |
| 塞内加尔 | 1,319 | 37,090,475 | 冰岛 | 107 | 690,450 |
| 塞舌尔 | 41 | 345,688 | 马耳他 | 14 | 48,616 |
| 塞拉利昂 | 323 | 20,934,080 | 挪威 | 2,151 | 1,071,102 |
| 索马里 | 47 | 1,677,629 | 波兰 | 2,209 | 3,589,687 |
| 南非 | 7,661 | 94,763,363 | 罗马尼亚 | 288 | 605,882 |
| 苏丹 | 3,049 | 64,641,854 | 瑞典 | 11,180 | 21,444,853 |
| 坦桑尼亚 | 1,071 | 70,011,176 | 瑞士 | 953 | 620,029 |
| 多哥 | 693 | 7,255,925 | 爱沙尼亚 | 671 | 1,458,247 |
| 突尼斯 | 102 | 21,110,955 | 拉脱维亚 | 1,297 | 1,779,788 |
| 乌干达 | 584 | 29,469,061 | 立陶宛 | 533 | 478,012 |
| 布基纳法索 | 142 | 6,752,753 | 格鲁吉亚 | 390 | 6,327,943 |
| 刚果（金） | 673 | 28,994,333 | 亚美尼亚 | 47 | 5,749,534 |
| 赞比亚 | 889 | 48,160,385 | 阿塞拜疆 | 2,019 | 25,719,610 |
| 津巴布韦 | 713 | 28,565,111 | 白俄罗斯 | 606 | 6,205,380 |
| 莱索托 | 3 | 33,045 | 摩尔多瓦 | 72 | 82,515 |
| 厄立特里亚 | 321 | 29,834,951 | 俄罗斯联邦 | 42,166 | 222,690,074 |
| 马约特 | 19 | 7,047 | 乌克兰 | 4,489 | 15,455,130 |
| 南苏丹共和国 | 185 | 43,943,879 | 斯洛文尼亚 | 722 | 1,677,308 |
| 比利时 | 3,562 | 43,910,487 | 克罗地亚 | 217 | 489,027 |
| 丹麦 | 2,822 | 2,251,026 | 捷克 | 2,998 | 8,213,651 |
| 英国 | 27,722 | 70,031,966 | 斯洛伐克 | 455 | 116,362 |

表 16 （续 2）

| 国家（地区） | 数量（辆） | 金额（美元） | 国家（地区） | 数量（辆） | 金额（美元） |
|---|---|---|---|---|---|
| 前南马其顿 | 59 | 121,736 | 波多黎各 | 50 | 178,379 |
| 波黑 | 15 | 769,388 | 圣卢西亚 | 4 | 150,580 |
| 塞尔维亚 | 167 | 1,001,317 | 圣马丁岛 | 27 | 159,893 |
| 黑山 | 116 | 6,598,368 | 圣文森特和格林纳丁斯 | 9 | 30,061 |
| 安提瓜和巴布达 | 21 | 97,556 | 萨尔瓦多 | 949 | 5,241,369 |
| 阿根廷 | 13,825 | 63,302,339 | 苏里南 | 124 | 4,691,244 |
| 阿鲁巴 | 121 | 1,175,021 | 特立尼达和多巴哥 | 299 | 3,912,069 |
| 巴哈马 | 119 | 693,800 | 特克斯和凯科斯群岛 | 25 | 161,786 |
| 巴巴多斯 | 46 | 636,999 | 乌拉圭 | 15,438 | 95,446,972 |
| 伯利兹 | 294 | 3,237,751 | 委内瑞拉 | 38,532 | 845,847,349 |
| 多民族玻利维亚国 | 9,123 | 103,275,445 | 英属维尔京群岛 | 18 | 208,204 |
| 巴西 | 12,767 | 60,116,248 | 圣其茨和尼维斯 | 12 | 85,178 |
| 开曼群岛 | 15 | 98,000 | 荷属安的列斯群岛 | 267 | 2,186,923 |
| 智利 | 50,049 | 328,033,594 | 加拿大 | 9,774 | 16,940,772 |
| 哥伦比亚 | 33,044 | 193,674,470 | 美国 | 193,684 | 343,604,501 |
| 多米尼克 | 74 | 596,225 | 百慕大 | 3 | 52,287 |
| 哥斯达黎加 | 2,845 | 52,678,445 | 澳大利亚 | 21,808 | 125,467,151 |
| 古巴 | 6,834 | 228,286,469 | 库克群岛 | 81 | 532,558 |
| 库腊索岛 | 7 | 68,466 | 斐济 | 534 | 14,664,177 |
| 多米尼加共和国 | 1,663 | 18,892,610 | 瑙鲁 | 1 | 8,681 |
| 厄瓜多尔 | 13,280 | 95,518,243 | 新喀里多尼亚 | 405 | 2,346,698 |
| 格林纳达 | 68 | 35,752 | 瓦努阿图 | 37 | 1,281,741 |
| 瓜德罗普 | 135 | 173,691 | 新西兰 | 4,370 | 35,842,451 |
| 危地马拉 | 3,480 | 11,751,546 | 巴布亚新几内亚 | 504 | 13,588,568 |
| 圭亚那 | 9 | 129,480 | 社会群岛 | 4 | 20,990 |
| 海地 | 304 | 4,038,782 | 所罗门群岛 | 78 | 3,409,631 |
| 洪都拉斯 | 1,673 | 7,096,740 | 汤加 | 32 | 1,609,985 |
| 牙买加 | 124 | 4,065,004 | 萨摩亚 | 6 | 111,719 |
| 墨西哥 | 25,247 | 54,623,172 | 基里巴斯 | 37 | 721,541 |
| 蒙特塞拉特 | 12 | 9,044 | 密克罗尼西亚联邦 | 3 | 112,020 |
| 尼加拉瓜 | 1,375 | 10,417,223 | 马绍尔群岛 | 22 | 239,566 |
| 巴拿马 | 2,023 | 13,108,398 | 帕劳 | 27 | 1,096,888 |
| 巴拉圭 | 5,999 | 56,950,974 | 法属波利尼西亚 | 229 | 1,360,931 |
| 秘鲁 | 29,333 | 231,540,994 | 大洋洲其他国家(地区) | 5 | 38,250 |

表16（续3）

| 国家（地区） | 数量（辆） | 金额（美元） | 国家（地区） | 数量（辆） | 金额（美元） |
|---|---|---|---|---|---|
| **进口合计** | **1,102,852** | **44,927,950,727** | 葡萄牙 | 16,994 | 419,026,397 |
| 印度 | 30 | 6,951,634 | 西班牙 | 8,596 | 121,698,632 |
| 印度尼西亚 | 844 | 18,180,568 | 奥地利 | 9,726 | 387,623,098 |
| 日本 | 262,947 | 6,920,734,999 | 芬兰 | 12,067 | 256,732,031 |
| 科威特 | 10 | 341,020 | 匈牙利 | 19,307 | 520,228,282 |
| 老挝 | 4 | 84,432 | 挪威 | 5 | 4,801,828 |
| 马来西亚 | 689 | 105,061,682 | 波兰 | 8 | 469,884 |
| 韩国 | 55,191 | 1,102,417,768 | 罗马尼亚 | 3 | 57,621 |
| 泰国 | 11 | 559,931 | 瑞典 | 9,166 | 520,810,511 |
| 土耳其 | 16 | 1,120,249 | 白俄罗斯 | 2 | 52,958 |
| 阿联酋 | 10 | 89,304 | 俄罗斯联邦 | 1 | 3,670 |
| 越南 | 3 | 3,730 | 斯洛文尼亚 | 24 | 1,131,465 |
| 中华人民共和国 | 389 | 3,075,274 | 捷克 | 9 | 417,785 |
| 台湾省 | 357 | 568,041 | 斯洛伐克 | 27,033 | 1,520,953,466 |
| 阿尔及利亚 | 1 | 160,111 | 阿根廷 | 61 | 2,007,412 |
| 南非 | 2 | 58,517 | 巴西 | 42 | 2,637,429 |
| 比利时 | 10,635 | 202,813,578 | 厄瓜多尔 | 8 | 174,003 |
| 英国 | 96,874 | 6,541,320,725 | 墨西哥 | 51,333 | 1,251,346,188 |
| 德国 | 218,346 | 12,178,861,076 | 加拿大 | 12,427 | 318,546,580 |
| 法国 | 15,415 | 183,294,927 | 美国 | 262,151 | 11,700,778,770 |
| 意大利 | 5,451 | 501,496,830 | 澳大利亚 | 1 | 798,852 |
| 荷兰 | 6,663 | 130,459,469 | | | |

表 17 2015 年各地区进出口汽车统计

| 省市 | 数量（辆） | 金额（美元） |
|---|---|---|
| **合计** | **2,364,167** | **56,783,231,562** |
| **出口合计** | **1,261,315** | **11,855,280,835** |
| 北京 | 52,906 | 1,129,850,375 |
| 天津 | 2,394 | 121,167,430 |
| 河北 | 29,803 | 278,102,046 |
| 山西 | 701 | 15,566,518 |
| 内蒙古自治区 | 20,722 | 160,855,350 |
| 辽宁 | 23,390 | 307,909,781 |
| 吉林 | 17,659 | 177,657,824 |
| 黑龙江 | 389 | 31,722,843 |
| 上海 | 68,183 | 620,271,476 |
| 江苏 | 72,730 | 732,247,481 |
| 浙江 | 408,142 | 368,856,471 |
| 安徽 | 133,920 | 1,527,706,928 |
| 福建 | 21,538 | 507,650,110 |
| 江西 | 22,814 | 261,081,446 |
| 山东 | 64,226 | 1,126,246,886 |
| 河南 | 11,634 | 649,825,515 |
| 湖北 | 19,467 | 428,566,814 |
| 湖南 | 30,231 | 608,890,203 |
| 广东 | 24,912 | 672,805,128 |
| 广西壮族自治区 | 33,827 | 604,012,364 |
| 海南 | 840 | 11,692,324 |
| 重庆 | 162,421 | 803,305,204 |
| 四川 | 6,776 | 149,999,535 |
| 贵州 | 144 | 3,839,262 |
| 云南 | 11,382 | 112,868,697 |
| 陕西 | 15,952 | 302,770,848 |
| 甘肃 | 267 | 1,876,406 |
| 青海 | 19 | 432,109 |
| 宁夏回族自治区 | 8 | 349,904 |
| 新疆维吾尔自治区 | 3,918 | 137,153,557 |

表 17 （续）

| 省市 | 数量（辆） | 金额（美元） |
|---|---|---|
| **进口合计** | **1,102,852** | **44,927,950,727** |
| 北京 | 613,468 | 23,092,156,813 |
| 天津 | 154,522 | 6,409,276,947 |
| 河北 | 990 | 50,071,088 |
| 山西 | 6 | 1,010,476 |
| 内蒙古自治区 | 7 | 545,750 |
| 辽宁 | 7,431 | 404,911,889 |
| 吉林 | 45,959 | 2,526,917,487 |
| 黑龙江 | 246 | 15,508,515 |
| 上海 | 232,104 | 11,103,466,049 |
| 江苏 | 2,195 | 146,121,669 |
| 浙江 | 1,537 | 75,346,418 |
| 安徽 | 19 | 1,741,369 |
| 福建 | 4,796 | 175,573,334 |
| 江西 | 3 | 95,552 |
| 山东 | 2,002 | 105,622,479 |
| 河南 | 105 | 7,998,931 |
| 湖北 | 5,417 | 101,662,835 |
| 湖南 | 493 | 45,134,971 |
| 广东 | 4,529 | 292,188,551 |
| 广西壮族自治区 | 417 | 15,021,174 |
| 海南 | 82 | 995,214 |
| 重庆 | 985 | 50,625,994 |
| 四川 | 25,391 | 273,309,853 |
| 云南 | 103 | 2,485,547 |
| 陕西 | 17 | 3,467,501 |
| 青海 | 5 | 4,801,828 |
| 新疆维吾尔自治区 | 23 | 21,892,493 |

**表 18 2015 年全国进出口汽车类型统计**

| 商品 | 数量（辆） | 金额（美元） |
|---|---|---|
| **合计** | **2,364,167** | **56,783,231,562** |
| **出口合计** | **1,261,315** | **11,855,280,835** |
| 装有柴油发动机的机坪客车 | 66 | 15,645,631 |
| 柴油机客车，座位≥ 30 座 | 18,738 | 1,663,667,839 |
| 柴油机客车，20 座≤座位≤ 29 座 | 2,796 | 143,302,749 |
| 柴油机客车，10 座≤座位≤ 19 座 | 16,050 | 252,910,490 |
| 其他机动客车，座位≥ 30 座 | 423 | 38,253,998 |
| 其他机动客车，20 座≤座位≤ 29 座 | 404 | 18,194,570 |
| 其他 10 座≤座位≤ 19 座的机动客车 | 20,694 | 179,061,483 |
| 全地形高尔夫球机动车 | 479,606 | 408,329,805 |
| 其他高尔夫球机动车及类似机动车辆 | 47,189 | 144,770,763 |
| 雪地行走专用机动车 | 8,292 | 6,227,773 |
| 汽油型小轿车，排量≤ 1000ml | 14,349 | 67,667,737 |
| 汽油型小客车，排量≤ 1000ml | 2,566 | 9,723,474 |
| 汽油小轿车，1000ml ＜排量≤ 1500ml | 155,431 | 1,004,927,155 |
| 汽油越野车（4 轮驱动）1000ml ＜排量≤ 1500m | 2 | 30,844 |
| 汽油小客车，1000ml ＜排量≤ 1500ml | 31,868 | 172,661,806 |
| 其他汽油型载人机动车，1000ml ＜排量≤ 1500ml | 652 | 3,916,778 |
| 汽油小轿车，1500ml ＜排量≤ 2000ml | 116,602 | 1,347,359,373 |
| 汽油越野车（4 轮驱动）1500ml ＜排量≤ 2000m | 1,277 | 27,761,524 |
| 汽油小客车，1500ml ＜排量≤ 2000ml | 20,136 | 188,653,254 |
| 其他汽油型载人机动车，1500ml ＜排量≤ 2000ml | 356 | 5,331,083 |
| 汽油小轿车，2000ml ＜排量≤ 2500ml | 17,474 | 356,909,388 |
| 汽油越野车（4 轮驱动）2000ml ＜排量≤ 2500ml | 804 | 11,529,503 |
| 汽油小客车，2000ml ＜排量≤ 2500ml | 3,548 | 48,252,017 |
| 其他汽油型载人机动车，2000ml ＜排量≤ 2500ml | 599 | 5,443,155 |
| 汽油小轿车，2500ml ＜排量≤ 3000ml | 68 | 4,298,667 |
| 汽油越野车（4 轮驱动）2500ml ＜排量≤ 3000ml | 241 | 10,472,958 |
| 汽油小客车，2500ml ＜排量≤ 3000ml | 3 | 79,829 |
| 其他汽油型载人机动车，2500ml ＜排量≤ 3000ml | 1 | 22,491 |

表 18 （续 1）

| 商品 | 数量（辆） | 金额（美元） |
| --- | --- | --- |
| 汽油小轿车，3000ml ＜排量≤ 4000ml | 2,177 | 66,820,080 |
| 汽油越野车（4 轮驱动）3000ml ＜排量≤ 4000ml | 199 | 10,132,836 |
| 汽油小客车，3000ml ＜排量≤ 4000ml | 1 | 14,394 |
| 汽油小轿车，排量＞ 4000ml | 339 | 44,920,561 |
| 汽油越野车，排量＞ 4000ml | 171 | 13,146,583 |
| 汽油小客车，排量＞ 4000ml | 9 | 496,165 |
| 柴油小轿车，1000ml ＜排量≤ 1500ml | 2 | 25,014 |
| 柴油小客车，1000ml ＜排量≤ 1500ml | 6 | 55,299 |
| 其他柴油型载人机动车，1000ml ＜排量≤ 1500ml | 2 | 19,750 |
| 柴油小轿车，1500ml ＜排量≤ 2000ml | 4 | 53,460 |
| 柴油越野车，1500ml ＜排量≤ 2000ml | 19 | 646,571 |
| 柴油小客车，1500ml ＜排量≤ 2000ml | 590 | 7,564,516 |
| 其他柴油型载人机动车，1500ml ＜排量≤ 2000ml | 22 | 366,006 |
| 柴油小轿车，2000ml ＜排量≤ 2500ml | 1,543 | 24,388,286 |
| 柴油越野车，2000ml ＜排量≤ 2500ml | 65 | 2,949,130 |
| 柴油小客车，2000ml ＜排量≤ 2500ml | 101 | 1,865,172 |
| 其他柴油型载人机动车，2000ml ＜排量≤ 2500ml | 135 | 2,445,081 |
| 柴油越野车，2500ml ＜排量≤ 3000ml | 216 | 6,792,943 |
| 柴油小客车，2500ml ＜排量≤ 3000ml | 411 | 6,418,788 |
| 其他柴油型载人机动车，2500ml ＜排量≤ 3000ml | 1,017 | 13,570,583 |
| 柴油小客车，3000ml ＜排量≤ 4000ml | 1 | 28,400 |
| 柴油越野车，排量＞ 4000ml | 26 | 1,704,000 |
| 柴油小客车，排量＞ 4000ml | 2 | 93,694 |
| 其他柴油客车，排量＞ 4000ml | 195 | 9,313,427 |
| 未列名载人机动车 | 49,708 | 100,942,919 |
| 电动轮非公路用货运自卸车 | 474 | 19,918,448 |
| 其他非公路用货运机动自卸车 | 4,263 | 368,958,944 |
| 其他柴油货车，车总重≤ 5 吨 | 68,244 | 581,077,512 |
| 其他柴油货车，5 吨＜车总重＜ 14 吨 | 44,225 | 538,310,083 |
| 其他柴油货车，14 吨≤车总重≤ 20 吨 | 13,055 | 296,031,089 |

**表 18 （续 2）**

| 商品 | 数量（辆） | 金额（美元） |
|---|---|---|
| 其他柴油货车，车总重＞ 20 吨 | 36,505 | 1,540,329,472 |
| 其他汽油货车，车总重≤ 5 吨 | 56,532 | 318,047,627 |
| 其他汽油货车，5 吨＜车总重≤ 8 吨 | 27 | 440,507 |
| 其他汽油货车，车总重＞ 8 吨 | 88 | 1,448,386 |
| 未列名货运机动车辆 | 129 | 7,085,633 |
| 最大起重量≤ 50 吨全路面起重车 | 449 | 41,147,719 |
| 50 吨＜最大起重量≤ 100 吨全路面起重车 | 95 | 19,133,617 |
| 最大起重量＞ 100 吨全路面起重车 | 44 | 32,648,064 |
| 最大起重量≤ 50 吨其他起重车 | 2,109 | 260,965,376 |
| 50 吨＜最大起重量≤ 100 吨其他起重车 | 657 | 161,342,941 |
| 最大起重量＞ 100 吨其他起重车 | 37 | 22,681,221 |
| 机动钻探车 | 59 | 10,360,457 |
| 装有云梯的救火车 | 8 | 419,633 |
| 其他机动救火车 | 1,118 | 54,846,948 |
| 机动混凝土搅拌车 | 6,481 | 384,409,700 |
| 无线电通信车 | 16 | 3,619,362 |
| 机动放射线检查车 | 3 | 278,591 |
| 机动环境监测车 | 8 | 10,689,752 |
| 机动医疗车 | 134 | 11,647,546 |
| 航空电源车（频率为 400Hz） | 17 | 1,390,376 |
| 其他机动电源车 | 295 | 9,541,688 |
| 飞机加油车、调温车、除冰车 | 52 | 11,383,039 |
| 道路（包括跑道）扫雪车 | 7 | 131,134 |
| 石油测井车、压裂车、混沙车 | 94 | 55,613,291 |
| 混凝土泵车 | 675 | 160,035,576 |
| 未列名特殊用途的机动车辆 | 4,754 | 412,200,686 |
| 非公路用自卸车装有发动机的底盘 | 182 | 3,331,726 |
| 装有发动机货车底盘，车总重≥ 14 吨 | 142 | 4,701,000 |
| 装有发动机货车底盘，车总重＜ 14 吨 | 1,286 | 19,047,163 |
| 装有发动机的座位≥ 30 座的机动客车底盘 | 1,290 | 39,228,408 |
| 汽车起重车底盘，装有发动机 | 250 | 1,588 |
| 品目 8701 至 8705 所列其他车辆装有发动机的底盘 | 315 | 2,656,737 |

表 18 （续 3）

| 商品 | 数量（辆） | 金额（美元） |
| --- | --- | --- |
| **进口合计** | **1,102,852** | **44,927,950,727** |
| 装有柴油发动机的机坪客车 | 61 | 11,034,677 |
| 柴油机客车，座位≥ 30 座 | 1 | 467,075 |
| 柴油机客车，10 座≤座位≤ 19 座 | 6 | 472,731 |
| 其他机动客车，座位≥ 30 座 | 1 | 176,426 |
| 其他机动客车，20 座≤座位≤ 29 座 | 2 | 83,026 |
| 其他 10 座≤座位≤ 19 座的机动客车 | 828 | 35,335,881 |
| 全地形高尔夫球机动车 | 1,644 | 17,552,850 |
| 其他高尔夫球机动车及类似机动车辆 | 878 | 4,720,029 |
| 雪地行走专用机动车 | 727 | 2,592,508 |
| 汽油型小轿车，排量≤ 1000ml | 17,234 | 199,938,207 |
| 汽油小轿车，1000ml ＜排量≤ 1500ml | 52,301 | 1,087,463,415 |
| 汽油越野车（4 轮驱动）1000ml ＜排量≤ 1500m | 3,710 | 43,694,588 |
| 汽油小客车，1000ml ＜排量≤ 1500ml | 9,085 | 146,548,689 |
| 其他汽油型载人机动车，1000ml ＜排量≤ 1500ml | 1 | 17,818 |
| 汽油小轿车，1500ml ＜排量≤ 2000ml | 168,052 | 4,958,248,846 |
| 汽油越野车（4 轮驱动）1500ml ＜排量≤ 2000m | 96,084 | 4,052,917,053 |
| 汽油小客车，1500ml ＜排量≤ 2000ml | 134,732 | 3,783,188,520 |
| 其他汽油型载人机动车，1500ml ＜排量≤ 2000ml | 28 | 1,378,067 |
| 汽油小轿车，2000ml ＜排量≤ 2500ml | 32,389 | 855,453,827 |
| 汽油越野车（4 轮驱动）2000ml ＜排量≤ 2500ml | 63,808 | 1,309,066,648 |
| 汽油小客车，2000ml ＜排量≤ 2500ml | 50,554 | 1,272,709,414 |
| 汽油小轿车，2500ml ＜排量≤ 3000ml | 71,954 | 5,418,130,604 |
| 汽油越野车（4 轮驱动）2500ml ＜排量≤ 3000ml | 225,992 | 13,093,722,206 |
| 汽油小客车，2500ml ＜排量≤ 3000ml | 40,011 | 1,368,695,785 |

表 18 （续 4）

| 商品 | 数量（辆） | 金额（美元） |
|---|---|---|
| 其他汽油型载人机动车，2500ml ＜排量≤ 3000ml | 4 | 235,689 |
| 汽油小轿车，3000ml ＜排量≤ 4000ml | 7,506 | 800,264,243 |
| 汽油越野车（4 轮驱动）3000ml ＜排量≤ 4000ml | 47,724 | 1,916,824,009 |
| 汽油小客车，3000ml ＜排量≤ 4000ml | 18,337 | 648,828,019 |
| 其他汽油型载人机动车，3000ml ＜排量≤ 4000ml | 4 | 301,183 |
| 汽油小轿车，排量＞ 4000ml | 2,878 | 474,137,223 |
| 汽油越野车，排量＞ 4000ml | 7,818 | 642,714,856 |
| 汽油小客车，排量＞ 4000ml | 403 | 33,826,063 |
| 其他汽油型载人机动车，排量＞ 4000ml | 10 | 888,598 |
| 柴油小轿车，1000ml ＜排量≤ 1500ml | 1 | 11,582 |
| 柴油越野车，1000ml ＜排量≤ 1500ml | 1 | 22,578 |
| 柴油小轿车，1500ml ＜排量≤ 2000ml | 9 | 259,400 |
| 柴油越野车，1500ml ＜排量≤ 2000ml | 97 | 2,072,217 |
| 柴油小客车，1500ml ＜排量≤ 2000ml | 3,980 | 98,764,925 |
| 柴油越野车，2000ml ＜排量≤ 2500ml | 188 | 7,251,258 |
| 柴油小客车，2000ml ＜排量≤ 2500ml | 7,204 | 166,662,369 |
| 其他柴油型载人机动车，2000ml ＜排量≤ 2500ml | 34 | 1,560,226 |
| 柴油小轿车，2500ml ＜排量≤ 3000ml | 1 | 63,219 |
| 柴油越野车，2500ml ＜排量≤ 3000ml | 26,337 | 1,589,634,208 |
| 柴油小客车，2500ml ＜排量≤ 3000ml | 19 | 1,030,221 |
| 其他柴油型载人机动车，2500ml ＜排量≤ 3000ml | 63 | 4,129,979 |
| 柴油小轿车，排量＞ 4000ml | 136 | 3,014,402 |
| 柴油越野车，排量＞ 4000ml | 22 | 1,102,146 |
| 柴油小客车，排量＞ 4000ml | 3 | 109,628 |
| 未列名载人机动车 | 2,692 | 201,981,185 |

表 18 （续 5）

| 商品 | 数量（辆） | 金额（美元） |
| --- | --- | --- |
| 其他非公路用货运机动自卸车 | 39 | 13,765,444 |
| 其他柴油货车，车总重≤ 5 吨 | 103 | 4,116,152 |
| 其他柴油货车，5 吨＜车总重＜ 14 吨 | 108 | 8,409,938 |
| 其他柴油货车，14 吨≤车总重≤ 20 吨 | 135 | 11,159,596 |
| 其他柴油货车，车总重＞ 20 吨 | 1,140 | 126,933,922 |
| 其他汽油货车，车总重≤ 5 吨 | 3,295 | 141,119,347 |
| 其他汽油货车，5 吨＜车总重≤ 8 吨 | 32 | 1,388,601 |
| 其他汽油货车，车总重＞ 8 吨 | 64 | 3,258,692 |
| 未列名货运机动车辆 | 8 | 3,260,762 |
| 最大起重量＞ 100 吨全路面起重车 | 4 | 7,890,703 |
| 装有云梯的救火车 | 8 | 9,093,898 |
| 其他机动救火车 | 20 | 12,286,619 |
| 机动混凝土搅拌车 | 2 | 716,019 |
| 机动放射线检查车 | 1 | 335,000 |
| 机动医疗车 | 15 | 1,156,491 |
| 航空电源车（频率为 400Hz） | 2 | 75,587 |
| 飞机加油车、调温车、除冰车 | 43 | 15,985,926 |
| 道路（包括跑道）扫雪车 | 40 | 15,168,980 |
| 石油测井车、压裂车、混沙车 | 26 | 38,095,422 |
| 混凝土泵车 | 1 | 126,653 |
| 未列名特殊用途的机动车辆 | 49 | 22,747,854 |
| 装有发动机货车底盘，车总重≥ 14 吨 | 2 | 240,111 |
| 装有发动机货车底盘，车总重＜ 14 吨 | 328 | 14,755,673 |
| 装有发动机的座位≥ 30 座的机动客车底盘 | 1,817 | 215,983,339 |
| 品目 8701 至 8705 所列其他车辆装有发动机的底盘 | 16 | 581,682 |

## 表 19 2015 年全国进出口汽车贸易方式统计

| 贸易方式 | 数量（辆） | 金额（美元） |
|---|---|---|
| **合计** | **2,364,167** | **56,783,231,562** |
| 出口合计 | 1,261,315 | 11,855,280,835 |
| 一般贸易 | 1,163,902 | 9,163,957,575 |
| 国家间、国际组织无偿援助和赠送的物资 | 1,440 | 47,281,306 |
| 来料加工装配贸易 | 1,026 | 239,239,376 |
| 进料加工贸易 | 81,484 | 1,655,781,461 |
| 边境小额贸易 | 5,234 | 266,596,245 |
| 对外承包工程出口货物 | 3,636 | 291,808,228 |
| 租赁贸易 | 78 | 27,475,014 |
| 保税监管场所进出境货物 | 422 | 17,170,012 |
| 海关特殊监管区域物流货物 | 3,312 | 126,976,732 |
| 其他贸易 | 781 | 18,994,886 |
| 进口合计 | 1,102,852 | 44,927,950,727 |
| 一般贸易 | 1,021,596 | 41,106,152,859 |
| 来料加工装配贸易 | 1,073 | 145,402,313 |
| 进料加工贸易 | 1,032 | 93,669,454 |
| 租赁贸易 | 2 | 667,599 |
| 保税监管场所进出境货物 | 94 | 1,343,014 |
| 海关特殊监管区域物流货物 | 77,834 | 3,536,450,247 |
| 其他贸易 | 1,221 | 44,265,241 |

## 表 20 2015 年全国汽车工业进度统计数据

### 一、产量、销量

单位：万辆、%

| 类别 | 车型 | 产量 | 同比增长 | 销量 | 同比增长 |
|---|---|---|---|---|---|
| 汽车 | **总 计：** | **2450.33** | **3.25** | **2459.76** | **4.68** |
| | 其 中：1、乘用车 | 2107.94 | 5.78 | 2114.63 | 7.30 |
| | （1）基本型乘用车（轿车） | 1163.09 | -6.84 | 1172.02 | -5.33 |
| | （2）多功能乘用车（MPV） | 212.53 | 7.73 | 210.67 | 10.05 |
| | （3）运动型多用途乘用车（SUV） | 624.36 | 49.65 | 622.03 | 52.39 |
| | （4）交叉型乘用车 | 107.96 | -16.92 | 109.91 | -17.47 |
| | 其 中：2、商用车 | 342.39 | -9.97 | 345.13 | -8.97 |
| | （1）客车 | 59.09 | -2.69 | 59.54 | -1.90 |
| | 其中：客车非完整车辆 | 7.06 | -9.11 | 7.05 | -8.93 |
| | （2）货车 | 283.30 | -11.35 | 285.59 | -10.32 |
| | 其中：半挂牵引车 | 24.84 | -13.35 | 25.02 | -10.33 |
| | 货车非完整车辆 | 34.17 | -26.61 | 34.92 | -23.62 |
| 摩托车 | **总 计：** | **1883.22** | **-11.57** | **1882.30** | **-11.71** |
| | 其 中：1、二轮 | 1661.73 | -12.24 | 1660.59 | -12.42 |
| | 2、三轮 | 221.49 | -6.15 | 221.71 | -5.99 |
| 低速汽车 | **总 计：** | **302.35** | **3.33** | **301.10** | **2.99** |
| | 其 中：1、低速货车 | 43.24 | 2.04 | 42.81 | 1.29 |
| | 2、三轮汽车 | 259.11 | 3.54 | 258.29 | 3.28 |

### 二、汽车商品进出口

单位：万辆、万台、亿美元、%

| 类别 | 车型 | 数量 | 同比增长 | 金额 | 同比增长 |
|---|---|---|---|---|---|
| 进口 | **总 计：** | | | **773.26** | **-21.58** |
| | 其中：1、整车 | 110.19 | -22.73 | 450.88 | -25.98 |
| | （1）轿车 | 35.25 | -24.95 | 137.97 | -34.41 |
| | （2）越野车 | 47.18 | -19.90 | 226.54 | -20.30 |
| | 2、车用发动机 | 68.13 | -15.94 | 18.62 | -17.13 |
| | 3、汽车零部件 | — | — | 267.92 | -14.97 |
| 出口 | **总 计：** | | | **800.46** | **-5.06** |
| | 其中：1、整车 | 75.55 | -20.25 | 124.37 | -9.92 |
| | 2、汽车零部件 | — | — | 351.85 | -0.49 |
| | 3、摩托车 | 850.79 | -8.28 | 45.30 | -9.13 |

**表 20 （续）**

三、固定资产投资

单位：亿元、%

| 指标名称 | 本期累计 | 同期累计 | 同比增长 |
|---|---|---|---|
| **固定资产投资总计：** | **11859.03** | **10384.52** | **14.20** |
| 其中：汽车整车制造业 | 2728.75 | 2339.93 | 16.62 |
| 改装车制造业 | 530.41 | 531.48 | -0.20 |
| 汽车零部件制造业 | 8203.43 | 7134.91 | 14.98 |
| 摩托车整车制造业 | 128.70 | 138.19 | -6.87 |
| 摩托车零部件制造业 | 267.74 | 240.01 | 11.55 |

四、汽车重点企业经济指标

单位：亿元、%

| 指标名称 | 重点企业（17 家） | |
|---|---|---|
| | 金额 | 同比增长 |
| 营业收入 | 31404.01 | 0.51 |
| 利润总额 | 3476.76 | -2.91 |
| 利税总额 | 5567.38 | -0.95 |
| 工业增加值 | 6851.04 | -1.25 |
| 工业总产值 | 27906.43 | 0.27 |
| 工业销售产值 | 27832.59 | 1.33 |

五、汽车全行业经济指标

单位：亿元、%

| 指标名称 | 全行业（12918 家） | |
|---|---|---|
| | 金额 | 同比增长 |
| 资产总计 | 60172.43 | 11.10 |
| 负债总计 | 34187.18 | 11.85 |
| 利润总额 | 6274.96 | 1.74 |
| 利税总额 | 9931.78 | 2.93 |
| 主营业务收入 | 73159.32 | 4.73 |

**表 21 2015 年乘用车分品牌销量统计**

| 序号 企业名称 | 车型 | 销量（辆） | | 同比增长 (%) |
|---|---|---|---|---|
| | | 2015 年 | 2014 年 | |
| 1、一汽轿车 | 一汽轿车 合计 | 236003 | 291033 | -18.91 |
| | 马自达 6 | 29141 | 61640 | -52.72 |
| | 马自达 6 2.0L | 29141 | 61640 | -52.72 |
| | 马自达 6 2.3L | 0 | 0 | |
| | 奔腾 | 81996 | 100009 | -18.01 |
| | 奔腾 B50 1.6L | 60815 | 72327 | -15.92 |
| | 奔腾 B70 1.8L | 2052 | 7019 | -70.77 |
| | 奔腾 B90 1.8L | 1363 | 3771 | -63.86 |
| | 奔腾 B50 1.8L | 555 | 1064 | -47.84 |
| | 奔腾 B90 2.0L | 23 | 178 | -87.08 |
| | 奔腾 B70 2.0L | 17188 | 15648 | 9.84 |
| | 奔腾 B90 2.3L | 0 | 2 | -100.00 |
| | 睿翼 | 3538 | 7102 | -50.18 |
| | 睿翼 2.0 | 3538 | 6711 | -47.28 |
| | 睿翼 2.5 | 0 | 391 | -100.00 |
| | 欧朗 | 1936 | 6933 | -72.08 |
| | 红旗 H7 | 5037 | 2708 | 86.00 |
| | 红旗 V501 | 7 | 0 | |
| | 阿特兹 | 42141 | 26402 | 59.61 |
| | 阿特兹 2.0 | 33904 | 18788 | 80.46 |
| | 阿特兹 2.5 | 8237 | 7614 | 8.18 |
| | 奔腾 B30 | 10770 | 0 | |
| | 奔腾 D015 | 0 | 0 | |
| | J5LA | 0 | 0 | |
| | 马自达 8 | 1715 | 3577 | -52.05 |
| | 奔腾 X80 | 55131 | 79444 | -30.60 |
| | 马自达 CX-7 | 4591 | 3218 | 42.67 |

表 21 （续 1）

| 序号 企业名称 | 车型 | 销量（辆） 2015 年 | 2014 年 | 同比增长 (%) |
|---|---|---|---|---|
| 2、一汽大众 | 一汽大众 合计 | 1650185 | 1780887 | -7.34 |
| | 捷达 | 274932 | 296960 | -7.42 |
| | 宝来 | 0 | 0 | |
| | 宝 来 1.9 | 0 | 0 | |
| | 宝 来 1.6L | 0 | 0 | |
| | 宝 来 1.8L | 0 | 0 | |
| | 宝 来 1.8T | 0 | 0 | |
| | 速腾 | 279892 | 300082 | -6.73 |
| | 速腾 1.4T | 112119 | 130328 | -13.97 |
| | 速腾 1.6L | 167497 | 167629 | -0.08 |
| | 速腾 1.8T | 14 | 334 | -95.81 |
| | 速腾 2.0T | 0 | 0 | |
| | 速腾 2.0L | 262 | 1791 | -85.37 |
| | 迈腾 | 155507 | 207243 | -24.96 |
| | 迈腾 1.4T | 2 | 0 | |
| | 迈腾 1.8T | 125715 | 166358 | -24.43 |
| | 迈腾 2.0L | 0 | 0 | |
| | 迈腾 2.0T | 29757 | 39868 | -25.36 |
| | 迈腾 3.0L | 33 | 1017 | -96.76 |
| | 新宝来 | 204275 | 222663 | -8.26 |
| | 新宝来 1.4T | 9577 | 16504 | -41.97 |
| | 新宝来 1.6L | 194698 | 206159 | -5.56 |
| | 新宝来 2.0T | 0 | 0 | |
| | 奥迪 A4L | 115148 | 120193 | -4.20 |
| | 奥迪 A4L 1.8T | 5187 | 7147 | -27.42 |
| | 奥迪 A4L 2.0T | 109935 | 113039 | -2.75 |
| | 奥迪 A4L 3.0L | 26 | 7 | 271.43 |
| | 高尔夫 A6 | 10 | 25115 | -99.96 |
| | 高尔夫 A6 1.4T | 6 | 1658 | -99.64 |
| | 高尔夫 A6 1.6L | 0 | 22986 | -100.00 |
| | 高尔夫 A6 2.0T | 4 | 471 | -99.15 |
| | CC | 31970 | 47892 | -33.25 |

表 21 （续 2）

| 序号 企业名称 | 车型 | 销量（辆） | | 同比增长 (%) |
|---|---|---|---|---|
| | | 2015 年 | 2014 年 | |
| 2、一汽大众 | CC 1.8T | 21103 | 29317 | -28.02 |
| | CC 2.0T | 10672 | 17067 | -37.47 |
| | CC 3.0T | 195 | 1508 | -87.07 |
| | 奥迪 C7 | 147977 | 166463 | -11.11 |
| | 奥迪 C7 1.8T | 1129 | 7 | |
| | 奥迪 C7 2.0T | 90247 | 92836 | -2.79 |
| | 奥迪 C7 2.5 | 47253 | 63572 | -25.67 |
| | 奥迪 C7 2.8 | 7395 | 7712 | -4.11 |
| | 奥迪 C7 3.0 | 1953 | 2336 | -16.40 |
| | 高尔夫 A7 | 193602 | 167932 | 15.29 |
| | 高尔夫 A7 1.2T | 2381 | 0 | |
| | 高尔夫 A7 1.4T | 121988 | 104337 | 16.92 |
| | 高尔夫 A7 1.6L | 68035 | 63595 | 6.98 |
| | 高尔夫 A7 2.0T | 1198 | 0 | |
| | 奥迪 A3 | 64353 | 32034 | 100.89 |
| | Q5 | 114000 | 106999 | 6.54 |
| | Q3 | 68519 | 87311 | -21.52 |
| 3、天津一汽 | 天津一汽 合计 | 64849 | 72059 | -10.01 |
| | 夏利 | 26659 | 53848 | -50.49 |
| | N3 | 13939 | 28375 | -50.88 |
| | N5 | 9567 | 15744 | -39.23 |
| | N7 | 3153 | 9729 | -67.59 |
| | 威姿 | 0 | 0 | |
| | 威乐 | 0 | 0 | |
| | 威志 | 7796 | 12441 | -37.34 |
| | 威志 V2 | 1086 | 1729 | -37.19 |
| | 骏派 D60 | 29308 | 4041 | |
| 4、一汽丰田 | 一汽丰田 合计 | 607090 | 582177 | 4.28 |
| | 威驰 | 0 | 0 | |
| | 花冠 | 46340 | 85835 | -46.01 |
| | 皇冠 | 26017 | 14881 | 74.83 |
| | 锐志 | 23689 | 40782 | -41.91 |

表 21 （续 3）

| 序号 企业名称 | 车型 | 销量（辆） | | 同比增长 (%) |
|---|---|---|---|---|
| | | 2015 年 | 2014 年 | |
| 4、一汽丰田 | 普锐斯 普混 | 408 | 1288 | -68.32 |
| | 卡罗拉 | 254301 | 171487 | 48.29 |
| | 新威驰 | 114467 | 127827 | -10.45 |
| | 新威驰 1.3L | 50070 | 56814 | -11.87 |
| | 新威驰 1.5L | 64397 | 71013 | -9.32 |
| | 特锐 | 0 | 0 | |
| | 陆地巡洋舰 | 1406 | 2760 | -49.06 |
| | 普拉多 | 23731 | 12637 | 87.79 |
| | RAV4 | | | |
| | RAV42.0L | | | |
| | RAV42.4L | | | |
| | 全新 RAV4 | 116731 | 124680 | -6.38 |
| | 全新 RAV42.0L | 96083 | 88595 | 8.45 |
| | 全新 RAV42.5L | 20648 | 36085 | -42.78 |
| 5、一汽海南 | 一汽海马 合计 | 70617 | 87562 | -19.35 |
| | 福美来 | 49422 | 54969 | -10.09 |
| | 海马 3 | 0 | 0 | |
| | 丘比特 | 1589 | 4370 | -63.64 |
| | 丘比特 1.3 | 1496 | 3799 | -60.62 |
| | 丘比特 1.5 | 93 | 571 | -83.71 |
| | M8 | 512 | 438 | 16.89 |
| | 普力马 | 337 | 2207 | -84.73 |
| | 骑士 | 18757 | 25578 | -26.67 |
| 6、一汽集团 | 一汽集团 合计 | 36864 | 35450 | 3.99 |
| | 幸福使者 | 0 | 0 | |
| | 自由风 | 0 | 8 | -100.00 |
| | 高原骑兵 | 0 | 0 | |
| | 森雅 | 14159 | 17666 | -19.85 |
| | 佳宝 | 22705 | 17776 | 27.73 |

表 21 （续 4）

| 序号 / 企业名称 | 车型 | 销量（辆） | | 同比增长 (%) |
|---|---|---|---|---|
| | | 2015 年 | 2014 年 | |
| 7、上海通用 | 上汽通用 合计 | 1724976 | 1723939 | 0.06 |
| | 凯迪拉克 | 53086 | 39922 | 32.97 |
| | 别克荣御 | 0 | 0 | |
| | 别克君威 | 0 | 0 | |
| | 别克君威 2.0 | 0 | 0 | |
| | 别克君威 2.5 | 0 | 0 | |
| | 别克君威 3.0 | 0 | 0 | |
| | 凯越 | 176242 | 293098 | -39.87 |
| | 凯越两厢 1.6L | 0 | 0 | |
| | 凯越两厢 1.8L | 0 | 0 | |
| | 凯越三厢 1.5L | 176242 | 293096 | -39.87 |
| | 凯越三厢 1.6L | 0 | 2 | -100.00 |
| | 凯越三厢 1.8L | 0 | 0 | |
| | 凯越旅行车 1.6L | 0 | 0 | |
| | 赛欧 | 0 | 0 | |
| | 赛欧两厢 1.6L | 0 | 0 | |
| | 赛欧三厢 1.6L | 0 | 0 | |
| | 雪佛兰乐骋 | 0 | 0 | |
| | 雪佛兰乐风 | 0 | 0 | |
| | 雪佛兰景程 | 1 | 16000 | -99.99 |
| | 君越 | 0 | 0 | |
| | 君越 2.4 | 0 | 0 | |
| | 君越 3.0 | 0 | 0 | |
| | 别克林荫大道 | 0 | 6 | -100.00 |
| | 别克林荫大道 2.8L | 0 | 0 | |
| | 别克林荫大道 3.0L | 0 | 5 | -100.00 |
| | 别克林荫大道 3.6L | 0 | 1 | -100.00 |
| | 别克新君威 | 110637 | 111245 | -0.55 |
| | 别克新君威 1.6T | 55260 | 31097 | 77.70 |

**表 21 （续 5）**

| 序号 / 企业名称 | 车型 | 销量（辆） | | 同比增长 (%) |
|---|---|---|---|---|
| | | 2015 年 | 2014 年 | |
| 7、上海通用 | 别克新君威 2.0L | 52726 | 73625 | -28.39 |
| | 别克新君威 2.0T | 2651 | 4546 | -41.68 |
| | 别克新君威 2.4 | 0 | 1977 | -100.00 |
| | 雪佛兰科鲁兹 | 246088 | 265993 | -7.48 |
| | 雪佛兰科鲁兹 1.4T | 7532 | 4503 | 67.27 |
| | 雪佛兰科鲁兹 1.5L | 231514 | 88351 | 162.04 |
| | 雪佛兰科鲁兹 1.6L | 9 | 109350 | -99.99 |
| | 雪佛兰科鲁兹 1.6T | 0 | 1 | -100.00 |
| | 雪佛兰科鲁兹 1.8L | 3 | 36394 | -99.99 |
| | 科鲁兹二厢 1.6L | 6383 | 23820 | -73.20 |
| | 科鲁兹二厢 1.6T | 647 | 3574 | -81.90 |
| | 别克新君越 | 85005 | 83858 | 1.37 |
| | 新君越 2.0T | 20244 | 17370 | 16.55 |
| | 新君越 2.4 | 64753 | 65495 | -1.13 |
| | 新君越混合动力 | 0 | 44 | -100.00 |
| | 新君越 3.0 | 8 | 949 | -99.16 |
| | 别克英朗 XT | 20510 | 50373 | -59.28 |
| | 英朗 XT1.6L | 20128 | 47692 | -57.80 |
| | 英朗 XT1.6T | 382 | 2680 | -85.75 |
| | 英朗 XT1.8L | 0 | 1 | -100.00 |
| | 雪佛兰新赛欧 | 216545 | 253341 | -14.52 |
| | 赛欧电动车 | 68 | 37 | 83.78 |
| | 新赛欧二厢 1.2L | 230 | 2796 | -91.77 |
| | 新赛欧二厢 1.4L | 2872 | 4744 | -39.46 |
| | 新赛欧三厢 1.2L | 66 | 136758 | -99.95 |
| | 新赛欧三厢 1.3L | 118340 | 7386 | |
| | 新赛欧三厢 1.4L | 34933 | 94490 | -63.03 |
| | 新赛欧三厢 1.5L | 60036 | 7130 | |
| | 别克英朗 GT | 269703 | 195932 | 37.65 |

表 21 （续 6）

| 序号 / 企业名称 | 车型 | 销量（辆） | | 同比增长 (%) |
|---|---|---|---|---|
| | | 2015 年 | 2014 年 | |
| 7、上海通用 | 英朗 GT 1.4T | 20244 | 0 | |
| | 英朗 GT 1.5L | 223354 | 0 | |
| | 英朗 GT 1.6L | 25811 | 185857 | -86.11 |
| | 英朗 GT 1.6T | 22 | 1389 | -98.42 |
| | 英朗 GT 1.8L | 272 | 8686 | -96.87 |
| | 雪佛兰爱唯欧 | 5943 | 29912 | -80.13 |
| | 爱唯欧二厢 1.4L | 519 | 648 | -19.91 |
| | 爱唯欧二厢 1.6L | 26 | 709 | -96.33 |
| | 爱唯欧三厢 1.4L | 5371 | 27659 | -80.58 |
| | 爱唯欧三厢 1.6L | 27 | 896 | -96.99 |
| | 雪佛兰迈锐宝 | 80222 | 125547 | -36.10 |
| | 迈锐宝 1.6T | 6353 | 19798 | -67.91 |
| | 迈锐宝 2.0 | 71582 | 92494 | -22.61 |
| | 迈锐宝 2.4 | 2287 | 13255 | -82.75 |
| | 威朗 | 49336 | 0 | |
| | 威朗二厢 1.5L | 408 | 0 | |
| | 威朗二厢 1.5T | 1045 | 0 | |
| | 威朗三厢 1.5L | 32221 | 0 | |
| | 威朗三厢 1.5T | 15662 | 0 | |
| | 乐风 RV | 4544 | 0 | |
| | 别克 GL8 | 38985 | 42429 | -8.12 |
| | 新别克 GL8 | 40000 | 38047 | 5.13 |
| | 雪佛兰科帕奇 | 32357 | 32525 | -0.52 |
| | 科帕奇二驱 2.4L | 9290 | 12949 | -28.26 |
| | 科帕奇四驱 2.4L | 23067 | 19576 | 17.83 |
| | 别克昂科拉 | 82013 | 82346 | -0.40 |
| | 昂科拉二驱 1.4T | 81770 | 80627 | 1.42 |
| | 昂科拉四驱 1.4T | 243 | 1719 | -85.86 |
| | 雪佛兰 Trax | 50736 | 43682 | 16.15 |
| | 雪佛兰 Trax 二驱 1.4T | 50287 | 40900 | 22.95 |
| | 雪佛兰 Trax 四驱 1.4T | 449 | 2782 | -83.86 |
| | 昂科威 | 163023 | 19683 | |

表 21 （续 7）

| 序号 企业名称 | 车型 | 销量（辆） 2015 年 | 销量（辆） 2014 年 | 同比增长 (%) |
|---|---|---|---|---|
| 8、上海大众 | 上海大众 合计 | 1805633 | 1725006 | 4.67 |
| | 桑塔纳 | 12 | 22001 | -99.95 |
| | 帕萨特 | 0 | 0 | |
| | 帕萨特 1.8T | 0 | 0 | |
| | 帕萨特 2.0L | 0 | 0 | |
| | 帕萨特 2.8L | 0 | 0 | |
| | 波罗 | 163958 | 138975 | 17.98 |
| | 波罗两厢 1.4L | 0 | 0 | |
| | 波罗两厢 1.6L | 0 | 0 | |
| | 波罗三厢 1.4L | 0 | 0 | |
| | 波罗三厢 1.6L | 0 | 0 | |
| | 波罗两厢劲情 1.4L | 0 | 0 | |
| | 波罗两厢劲情 1.6L | 0 | 0 | |
| | 波罗三厢劲取 1.4L | 0 | 0 | |
| | 波罗三厢劲取 1.6L | 0 | 0 | |
| | 新波罗两厢 1.4L | 98927 | 81053 | 22.05 |
| | 新波罗两厢 1.6L | 63903 | 55546 | 15.05 |
| | POLO GTI | 1128 | 2376 | -52.53 |
| | 高尔 | 0 | 0 | |
| | 高尔二门 | 0 | 0 | |
| | 高尔四门 | 0 | 0 | |
| | 帕萨特领驭 | 0 | 1 | -100.00 |
| | 帕萨特领驭 1.8T | 0 | 1 | -100.00 |
| | 帕萨特领驭 2.0L | 0 | 0 | |
| | 帕萨特领驭 2.8L | 0 | 0 | |
| | 明锐 | 24214 | 47821 | -49.37 |
| | 明锐 1.4T | 18 | 3200 | -99.44 |
| | 明锐 1.6L | 24191 | 43116 | -43.89 |
| | 明锐 1.8T | -1 | 156 | -100.64 |
| | 明锐 2.0L | 6 | 1337 | -99.55 |
| | 明锐 2.0T | 0 | 12 | -100.00 |
| | CROSS POLO | 14909 | 18784 | -20.63 |

表 21 （续 8）

| 序号 企业名称 | 车型 | 销量（辆） | | 同比增长 (%) |
|---|---|---|---|---|
| | | 2015 年 | 2014 年 | |
| 8、上海大众 | 朗逸 | 2 | 4982 | -99.96 |
| | 朗逸 1.4T | 0 | 0 | |
| | 朗逸 1.6L | 2 | 4982 | -99.96 |
| | 朗逸 2.0L | 0 | 0 | |
| | 晶锐 | 4396 | 19465 | -77.42 |
| | 晶锐 1.4L | 3271 | 16460 | -80.13 |
| | 晶锐 1.6L | 1125 | 3005 | -62.56 |
| | 速派 | 13113 | 29646 | -55.77 |
| | 速派 1.4T | 6547 | 14063 | -53.45 |
| | 速派 1.8T | 6482 | 14979 | -56.73 |
| | 速派 2.0T | 84 | 604 | -86.09 |
| | 新帕萨特 | 205794 | 218343 | -5.75 |
| | 新帕萨特 1.4T | 11226 | 10521 | 6.70 |
| | 新帕萨特 1.8T | 181771 | 182259 | -0.27 |
| | 新帕萨特 2.0T | 12514 | 24378 | -48.67 |
| | 新帕萨特 3.0V6 | 283 | 1185 | -76.12 |
| | 新朗逸 | 379067 | 366980 | 3.29 |
| | 新朗逸 1.2T | 0 | 0 | |
| | 新朗逸 1.4T | 47562 | 81129 | -41.37 |
| | 新朗逸 1.6 | 331505 | 285851 | 15.97 |
| | 全新桑塔纳 | 255966 | 285293 | -10.28 |
| | 昕锐 | 57568 | 78256 | -26.44 |
| | 朗行 | 93763 | 114840 | -18.35 |
| | 昕动 | 13364 | 18222 | -26.66 |
| | 新明锐 | 125814 | 72688 | 73.09 |
| | 新明锐 1.4T | 10176 | 5997 | 69.68 |
| | 新明锐 1.6L | 115638 | 66691 | 73.39 |
| | 凌渡 | 104214 | 29 | |
| | 新晶锐 | 12677 | 0 | |
| | 新晶锐 1.4L | 10005 | 0 | |
| | 新晶锐 1.6L | 2672 | 0 | |
| | 新桑塔纳浩纳 | 20241 | 0 | |

表 21 （续 9）

| 序号 企业名称 | 车型 | 销量（辆） | | 同比增长 (%) |
|---|---|---|---|---|
| | | 2015 年 | 2014 年 | |
| 8、上海大众 | 新速派 | 5335 | 0 | |
| | 新速派 1.4T | 2256 | 0 | |
| | 新速派 1.8T | 2972 | 0 | |
| | 新速派 2.0T | 107 | 0 | |
| | 途安 | 32481 | 34984 | -7.15 |
| | 途安 1.4T | 24337 | 34984 | -30.43 |
| | 途安 1.6L | 8144 | 0 | |
| | 途安 1.8T | 0 | 0 | |
| | 途安 2.0L | 0 | 0 | |
| | 新途安 | 13 | 0 | |
| | 途观 | 255751 | 237404 | 7.73 |
| | 途观二驱 1.4 | 149 | 504 | -70.44 |
| | 途观二驱 1.8 | 204032 | 154504 | 32.06 |
| | 途观四驱 1.8 | 39102 | 54277 | -27.96 |
| | 途观四驱 2.0 | 12468 | 28119 | -55.66 |
| | 野帝 | 22981 | 16292 | 41.06 |
| 9、广汽本田 | 广汽本田 合计 | 580068 | 480060 | 20.83 |
| | 雅阁 | 128122 | 108489 | 18.10 |
| | 雅阁 2.0L | 111294 | 68102 | 63.42 |
| | 雅阁 2.4L | 16716 | 39990 | -58.20 |
| | 雅阁 3.0L | 112 | 396 | -71.72 |
| | 雅阁 3.5L | 0 | 1 | -100.00 |
| | 飞度 | 95974 | 84702 | 13.31 |
| | 飞度两厢 1.3L | 0 | 5250 | -100.00 |
| | 飞度两厢 1.5L | 95974 | 79452 | 20.79 |
| | 飞度三厢 1.3L | 0 | 0 | |
| | 飞度三厢 1.5L | 0 | 0 | |
| | 思迪 | 0 | 0 | |
| | 思迪 1.3L | 0 | 0 | |
| | 思迪 1.5L | 0 | 0 | |
| | 锋范 | 50302 | 45393 | 10.81 |
| | 锋范 1.5L | 50302 | 45391 | 10.82 |

表 21（续 10）

| 序号 / 企业名称 | 车型 | 销量（辆） | | 同比增长 (%) |
|---|---|---|---|---|
| | | 2015 年 | 2014 年 | |
| 9、广汽本田 | 锋范 1.8L | 0 | 2 | -100.00 |
| | 歌诗图 | 13329 | 22325 | -40.30 |
| | 歌诗图 2.4 | 12883 | 20955 | -38.52 |
| | 歌诗图 3.0 | 446 | 645 | -30.85 |
| | 歌诗图 3.5 | 0 | 725 | -100.00 |
| | 理念 S1 | 3514 | 4547 | -22.72 |
| | 理念 S1 1.3L | 3514 | 3699 | -5.00 |
| | 理念 S1 1.5L | 0 | 848 | -100.00 |
| | 凌派 | 116759 | 157207 | -25.73 |
| | 奥德赛 | 45230 | 34839 | 29.83 |
| | 缤智 | 126838 | 22558 | 462.28 |
| | 缤智二驱 1.5L | 43249 | 4 | |
| | 缤智二驱 1.8L | 83589 | 22554 | 270.62 |
| 10、东风神龙 | 东风神龙 合计 | 710696 | 704016 | 0.95 |
| | 富康 | 0 | 0 | |
| | 富康 1.4L 两厢 | 0 | 0 | |
| | 富康 1.6L 两厢 | 0 | 0 | |
| | 富康 1.4L 三厢 | 0 | 0 | |
| | 富康 1.6L 三厢 | 0 | 0 | |
| | 爱丽舍 | 93655 | 126479 | -25.95 |
| | 赛纳 | 0 | 0 | |
| | 标致 307 | 322 | 5908 | -94.55 |
| | 标致 307 1.6L | 1 | 0 | |
| | 标致 307 2.0L | 1 | 0 | |
| | 标致 307 1.6L 二厢 | 320 | 5908 | -94.58 |
| | 标致 307 2.0L 二厢 | 0 | 0 | |
| | 标致 206 | 0 | 0 | |
| | 标致 206 1.4L | 0 | 0 | |
| | 标致 206 1.6L | 0 | 0 | |
| | 毕加索 | 0 | 0 | |
| | 凯旋 | 0 | 0 | |
| | C2 | 0 | 1 | -100.00 |

表 21 （续 11）

| 序号 企业名称 | 车型 | 销量（辆） | | 同比增长 (%) |
|---|---|---|---|---|
| | | 2015 年 | 2014 年 | |
| 10、东风神龙 | C21.4L | 0 | 0 | |
| | C21.6L | 0 | 1 | -100.00 |
| | 世嘉 | 67589 | 92517 | -26.94 |
| | 世嘉 1.6L | 1268 | 5968 | -78.75 |
| | 世嘉 2.0L | 1 | 3 | -66.67 |
| | 世嘉三厢 1.2T | 80 | 0 | |
| | 世嘉三厢 1.6L | 65209 | 84487 | -22.82 |
| | 世嘉三厢 2.0L | 1031 | 2059 | -49.93 |
| | 标致 207 | 4 | 11510 | -99.97 |
| | 标致 207 1.4L 三厢 | 2 | 6898 | -99.97 |
| | 标致 207 1.6L 三厢 | 1 | 1 | 0.00 |
| | 标致 207 1.4L 二厢 | 0 | 4611 | -100.00 |
| | 标致 207 1.6L 二厢 | 1 | 0 | |
| | C5 | 21699 | 33872 | -35.94 |
| | C5 三厢 1.6T | 10194 | 5354 | 90.40 |
| | C5 三厢 1.8T | 833 | 0 | |
| | C5 三厢 2.0L | 10381 | 23709 | -56.21 |
| | C5 三厢 2.3L | 291 | 4808 | -93.95 |
| | C5 三厢 3.0L | 0 | 1 | -100.00 |
| | 标致 408 | 107088 | 63921 | 67.53 |
| | 标致 408 1.2T 三厢 | 18557 | 0 | |
| | 标致 408 1.6L 三厢 | 1069 | 9811 | -89.10 |
| | 标致 408 1.6T 三厢 | 4749 | 6929 | -31.46 |
| | 标致 408 1.8L 三厢 | 82693 | 24044 | 243.92 |
| | 标致 408 2.0L 三厢 | 20 | 23137 | -99.91 |
| | 标致 508 | 16648 | 24679 | -32.54 |
| | 标致 508 1.6T | 9000 | 0 | |
| | 标致 508 1.8T | 3404 | 621 | 448.15 |
| | 标致 508 2.0L | 4202 | 20459 | -79.46 |
| | 标致 508 2.3L | 42 | 3599 | -98.83 |
| | 标致 308 | 87359 | 94466 | -7.52 |
| | 标致 308 1.6L 三厢 | 87347 | 94329 | -7.40 |

表 21 （续 12）

| 序号 企业名称 | 车型 | 销量（辆） | | 同比增长 (%) |
|---|---|---|---|---|
| | | 2015 年 | 2014 年 | |
| 10、东风神龙 | 标致 308 2.0L 三厢 | 12 | 137 | -91.24 |
| | C4L | 41209 | 65896 | -37.46 |
| | 标致 301 | 67970 | 70753 | -3.93 |
| | 风神 L60 | 5878 | 0 | |
| | 标致 308S | 10617 | 0 | |
| | C4 世嘉 | 7441 | 0 | |
| | 标致 3008 | 67501 | 67791 | -0.43 |
| | 标致 2008 | 49229 | 44977 | 9.45 |
| | C3-XR | 66487 | 1246 | |
| 11、东风悦达 | 东风悦达 合计 | 616094 | 646036 | -4.63 |
| | 千里马 | 0 | 0 | |
| | 千里马 1.3L | 0 | 0 | |
| | 千里马 1.6L | 0 | 0 | |
| | 远舰 | 0 | 0 | |
| | 远 舰 1.8L | 0 | 0 | |
| | 远 舰 2.0L | 0 | 0 | |
| | 赛拉图 | 10906 | 17615 | -38.09 |
| | 赛拉图 1.6 | 10906 | 17615 | -38.09 |
| | 赛拉图 1.8 | 0 | 0 | |
| | 赛拉图 5 门 1.6 | 0 | 0 | |
| | 瑞欧 | 0 | 3275 | -100.00 |
| | 瑞欧 1.4 | 0 | 3275 | -100.00 |
| | 瑞欧 1.6 | 0 | 0 | |
| | 福瑞迪 | 24641 | 65943 | -62.63 |
| | 福瑞迪 1.6L | 24641 | 65943 | -62.63 |
| | 福瑞迪 2.0L | 0 | 0 | |
| | 秀尔 | 1494 | 9009 | -83.42 |
| | 秀尔 1.6L | 1494 | 9009 | -83.42 |
| | 秀尔 2.0L | 0 | 0 | |
| | K5 | 27221 | 55474 | -50.93 |
| | K5 2.0L | 27214 | 55454 | -50.93 |
| | K5 2.4L | 7 | 20 | -65.00 |

**表 21 （续 13）**

| 序号 / 企业名称 | 车型 | 销量（辆） | | 同比增长 (%) |
|---|---|---|---|---|
| | | 2015 年 | 2014 年 | |
| 11、东风悦达 | K2 | 164114 | 155331 | 5.65 |
| | K2 1.4L 两厢 | 10261 | 14109 | -27.27 |
| | K2 1.6L 两厢 | 257 | 2846 | -90.97 |
| | K2 1.4L 三厢 | 148623 | 122612 | 21.21 |
| | K2 1.6L 三厢 | 4973 | 15764 | -68.45 |
| | K3 | 147157 | 154978 | -5.05 |
| | K3 1.6L | 147144 | 154855 | -4.98 |
| | K3 1.8L | 13 | 123 | -89.43 |
| | K3S | 8874 | 20735 | -57.20 |
| | K4 | 62147 | 26700 | 132.76 |
| | K4 1.6L | 3216 | 557 | 477.38 |
| | K4 1.8L | 58696 | 25919 | 126.46 |
| | K4 2.0L | 235 | 224 | 4.91 |
| | 华骐电动车 | 30 | 30 | 0.00 |
| | 新 K5 | 11095 | 0 | |
| | 嘉华 | 0 | 0 | |
| | 狮跑 | 29461 | 40474 | -27.21 |
| | 狮跑 2.0L | 29461 | 40474 | -27.21 |
| | 狮跑 2.7L | 0 | 0 | |
| | 智跑 | 81522 | 96472 | -15.50 |
| | 智跑二驱 2.0L | 81501 | 96237 | -15.31 |
| | 智跑四驱 2.0L | 0 | 0 | |
| | 智跑四驱 2.4L | 21 | 235 | -91.06 |
| | KX3 | 47432 | 0 | |
| | KX3 二驱 1.6 | 45744 | 0 | |
| | KX3 二驱 2.0 | 1688 | 0 | |
| 12、东风有限 | 东风日产 合计 | 1026145 | 954151 | 7.55 |
| | 蓝鸟 2.0L | 0 | 0 | |
| | 阳光 2.0L | 0 | 0 | |
| | 天籁小计 | 0 | 0 | |
| | 天籁 2.0L | 0 | 0 | |
| | 天籁 2.3L | 0 | 0 | |

表 21 （续 14）

| 序号 企业名称 | 车型 | 销量（辆） | | 同比增长 (%) |
|---|---|---|---|---|
| | | 2015 年 | 2014 年 | |
| 12、东风有限 | 天籁 3.5L | 0 | 0 | |
| | 颐达 | 0 | 0 | |
| | 骐达 | -1 | 0 | |
| | 轩逸 | 138289 | 107135 | 29.08 |
| | 骊威 | -1 | 128 | -100.78 |
| | 新天籁 | 0 | 47 | -100.00 |
| | 新天籁 2.0L | 0 | 9 | -100.00 |
| | 新天籁 2.5L | 0 | 35 | -100.00 |
| | 新天籁 3.5L | 0 | 3 | -100.00 |
| | 玛驰 | 1166 | 6926 | -83.16 |
| | 新阳光 | 90582 | 69372 | 30.57 |
| | 新骐达 | 52198 | 92465 | -43.55 |
| | 新骐达 1.6L | 51994 | 92273 | -43.65 |
| | 新骐达 1.6T | 204 | 192 | 6.25 |
| | 启辰 | 55404 | 114035 | -51.41 |
| | 启辰 D50 1.6L | 17251 | 39468 | -56.29 |
| | 晨风纯电动车 | 1127 | 582 | 93.64 |
| | 启辰 R30 1.2L | 7734 | 14208 | -45.57 |
| | 启辰 R50 1.6L | 29292 | 59777 | -51.00 |
| | 新轩逸 | 195798 | 192923 | 1.49 |
| | 新轩逸 1.6 | 189015 | 178976 | 5.61 |
| | 新轩逸 1.8 | 6783 | 13947 | -51.37 |
| | 新世代天籁 | 111774 | 109243 | 2.32 |
| | 新世代天籁 2.0 | 98770 | 83936 | 17.67 |
| | 新世代天籁 2.5 | 13004 | 25307 | -48.62 |
| | 新骊威 | 23675 | 57320 | -58.70 |
| | 英菲尼迪 | 17413 | 2441 | |
| | 新蓝鸟 | 27844 | 0 | |
| | 骏逸 | 0 | 1 | -100.00 |
| | 逍客 | 38264 | 87448 | -56.24 |
| | 逍客 1.6L | 5914 | 16417 | -63.98 |
| | 逍客二驱 2.0L | 32232 | 70919 | -54.55 |

**表 21（续 15）**

| 序号 企业名称 | 车型 | 销量（辆） | | 同比增长 (%) |
|---|---|---|---|---|
| | | 2015 年 | 2014 年 | |
| 12、东风有限 | 逍客四驱 2.0L | 118 | 112 | 5.36 |
| | 奇骏 | 0 | 3716 | -100.00 |
| | 奇骏 2.0L 四驱 | 0 | 935 | -100.00 |
| | 奇骏 2.5L 四驱 | 0 | 2781 | -100.00 |
| | 楼兰 | 12421 | 208 | |
| | 新奇骏 | 166385 | 110743 | 50.24 |
| | 新奇骏 2.0L 二驱 | 105232 | 65201 | 61.40 |
| | 新奇骏 2.5L 二驱 | 61153 | 45542 | 34.28 |
| | 启辰 T70 | 65072 | 0 | |
| | QX50L | 8054 | 0 | |
| | 新逍客 | 21808 | 0 | |
| 13、郑州日产 | 郑州日产 合计 | 33186 | 50635 | -34.46 |
| | 御轩 | 1 | 184 | -99.46 |
| | 帅客 | 8899 | 26737 | -66.72 |
| | NV200 | 7961 | 18474 | -56.91 |
| | 帕拉丁小计 | 1704 | 3341 | -49.00 |
| | 帕拉丁 2 驱 2.4L | 643 | 1119 | -42.54 |
| | 帕拉丁 4 驱 2.4L | 1061 | 2222 | -52.25 |
| | 帕拉丁 4 驱 3.3L | 0 | 0 | |
| | 奥丁 | 111 | 499 | -77.76 |
| | 奥丁二驱 | 111 | 499 | -77.76 |
| | 奥丁四驱 | 0 | 0 | |
| | 风度 | 13257 | 0 | |
| | 锐骐 电动车 | 98 | 43 | 127.91 |
| | 俊风新 CVO3 | 1155 | 1357 | -14.89 |
| 14、东风本田 | 东风本田 合计 | 406468 | 308215 | 31.88 |
| | 思域 | 32686 | 51869 | -36.98 |
| | 思铂睿 | 22955 | 5783 | 296.94 |
| | 思铭 | 2354 | 11014 | -78.63 |
| | 哥瑞 | 13077 | 0 | |
| | 艾力绅 | 7404 | 7634 | -3.01 |
| | JADE | 52636 | 63210 | -16.73 |
| | 东风本田 CRV | 156607 | 168179 | -6.88 |
| | 炫威（XRV） | 118749 | 526 | |

表 21 （续 16）

| 序号 企业名称 | 车型 | 销量（辆） | | 同比增长 (%) |
|---|---|---|---|---|
| | | 2015 年 | 2014 年 | |
| 15、柳汽 | 东风柳汽 合计 | 250678 | 240899 | 4.06 |
| | 景逸 S50 | 7603 | 0 | |
| | 菱智 | 116896 | 125230 | -6.65 |
| | 景逸 | 32034 | 115669 | -72.31 |
| | S500 | 10021 | 0 | |
| | 景逸 X3 | 52427 | 0 | |
| | 景逸 X5 | 31697 | 0 | |
| 16、东风小康 | 东风小康 合计 | 223211 | 204960 | 8.90 |
| | 东风小康风光 | 99622 | 81066 | 22.89 |
| | 风光 F360 | 41255 | 7749 | 432.39 |
| | 风光 370 | 19019 | 0 | |
| | 东风小康 K 系 | 48586 | 88436 | -45.06 |
| | 东风小康 V 系 | 403 | 2534 | -84.10 |
| | 东风小康 C 系 | 14326 | 25175 | -43.09 |
| 17、北京现代 | 北京现代 合计 | 1062826 | 1120048 | -5.11 |
| | 索纳塔 | 69154 | 54946 | 25.86 |
| | 索纳塔 1.6L | 36328 | 0 | |
| | 索纳塔 2.0L | 23744 | 29102 | -18.41 |
| | 索纳塔 2.4L | 9082 | 25844 | -64.86 |
| | 伊兰特 | 13204 | 32236 | -59.04 |
| | 伊兰特二厢 1.6 | 13204 | 32236 | -59.04 |
| | 伊兰特三厢 1.6 | 0 | 0 | |
| | 伊兰特 1.8 | 0 | 0 | |
| | 雅绅特 | 0 | 0 | |
| | 悦动 | 42721 | 132363 | -67.72 |
| | 悦动三厢 1.6L | 42721 | 132355 | -67.72 |
| | 悦动三厢 1.8L | 0 | 8 | -100.00 |
| | 领翔 | 0 | 0 | |
| | 领翔 2.0 | 0 | 0 | |
| | 领翔 2.4 | 0 | 0 | |
| | I30 | 0 | 1 | -100.00 |
| | I30 1.6 | 0 | 1 | -100.00 |

表 21 （续 17）

| 序号 企业名称 | 车型 | 销量（辆） | | 同比增长 (%) |
|---|---|---|---|---|
| | | 2015 年 | 2014 年 | |
| 17、北京现代 | I30 2.0 | 0 | 0 | |
| | 名驭 | 6713 | 9587 | -29.98 |
| | 名驭 1.8 | 6496 | 9209 | -29.46 |
| | 名驭 2.0 | 217 | 378 | -42.59 |
| | 瑞纳 | 213678 | 236024 | -9.47 |
| | 瑞纳 1.4 | 211539 | 227850 | -7.16 |
| | 瑞纳 1.6 | 2139 | 8174 | -73.83 |
| | 朗动 | 267085 | 252338 | 5.84 |
| | 朗动三厢 1.6L | 266989 | 252071 | 5.92 |
| | 朗动三厢 1.8L | 96 | 267 | -64.04 |
| | 首望电动车 | 100 | 0 | |
| | 名图 | 154597 | 134997 | 14.52 |
| | 途胜 | 7439 | 26107 | -71.51 |
| | 途胜 2.0 | 7439 | 26107 | -71.51 |
| | 途胜 2.7 | 0 | 0 | |
| | IX35 | 105872 | 145304 | -27.14 |
| | IX35 2.0 | 105639 | 144097 | -26.69 |
| | IX35 2.4 | 233 | 1207 | -80.70 |
| | 新胜达 | 33355 | 71424 | -53.30 |
| | 新胜达 2.0 | 19312 | 8012 | 141.04 |
| | 新胜达 2.4 | 14043 | 63412 | -77.85 |
| | IX25 | 102755 | 24721 | 315.66 |
| | IX25 1.6 | 96217 | 20943 | 359.42 |
| | IX25 2.0 | 6538 | 3778 | 73.05 |
| | 新途胜 | 46153 | 0 | |
| | 新途胜 1.6 | 44521 | 0 | |
| | 新途胜 2.0 | 1632 | 0 | |

表 21 （续 18）

| 序号 / 企业名称 | 车型 | 销量（辆） | | 同比增长 (%) |
|---|---|---|---|---|
| | | 2015 年 | 2014 年 | |
| 18、北京奔驰 | 北京奔驰 合计 | 250188 | 145468 | 71.99 |
| | 奔驰 -E | 60102 | 53544 | 12.25 |
| | 奔驰 E1.8 | 55505 | 45299 | 22.53 |
| | 奔驰 E2.5 | 0 | 0 | |
| | 奔驰 E3.0 | 4458 | 7439 | -40.07 |
| | 奔驰 E3.5 | 0 | 0 | |
| | 奔驰 E4.0 | 139 | 806 | -82.75 |
| | 奔驰 -C | 85080 | 35468 | 139.88 |
| | 奔驰 C1.6 | 22392 | 8669 | 158.30 |
| | 奔驰 C1.8 | 61136 | 26342 | 132.09 |
| | 奔驰 C2.5 | 0 | 0 | |
| | 奔驰 C3.0 | 1552 | 457 | 239.61 |
| | 奔驰 -GLK | 56826 | 56456 | 0.66 |
| | 奔驰 -GLA | 42661 | 0 | |
| | 奔驰 -GLC | 5519 | 0 | |
| 19、北汽有限 | 北汽有限 合计 | 8123 | 11310 | -28.18 |
| | BJ2032 系列 | 34 | 89 | -61.80 |
| | BJ6030 系列 | 0 | 0 | |
| | 2031 二代车 | 0 | 0 | |
| | BJ2025 系列 | 0 | 0 | |
| | BJ2020JC 系列 | 440 | 1049 | -58.06 |
| | BJ6466 系列 | 1141 | 281 | 306.05 |
| | 交叉乘用车 | 6508 | 9891 | -34.20 |
| 20、北汽福田 | 福田 合计 | 17055 | 7262 | 134.85 |
| | 蒙派克 | 5429 | 6460 | -15.96 |
| | 迷迪 | 120 | 738 | -83.74 |
| | 萨瓦纳 | 1184 | 7 | |
| | 伽途 | 10322 | 57 | |

表 21 （续 19）

| 序号 / 企业名称 | 车型 | 销量（辆） | | 同比增长 (%) |
|---|---|---|---|---|
| | | 2015 年 | 2014 年 | |
| 21、奇瑞 | 奇瑞 合计 | 484329 | 461225 | 5.01 |
| | 旗云 2 | 5804 | 8807 | -34.10 |
| | QQ3 | 10793 | 48194 | -77.61 |
| | QQ3 0.8L | 170 | 9511 | -98.21 |
| | QQ3 电动车 | 6885 | 7816 | -11.91 |
| | QQ3 1.0L | 1785 | 19342 | -90.77 |
| | QQ3 1.1L | 1953 | 11525 | -83.05 |
| | 东方之子 | 2 | 195 | -98.97 |
| | 东方之子 1.9L | 0 | 0 | |
| | 东方之子 1.8L | 0 | 5 | -100.00 |
| | 东方之子 2.0L | 2 | 190 | -98.95 |
| | 东方之子 2.4L | 0 | 0 | |
| | 旗云 3 | 3695 | 14463 | -74.45 |
| | 旗云 3 1.5 | 0 | 360 | -100.00 |
| | 旗云 3 1.6 | 720 | 0 | |
| | 旗云 3 1.8L | 0 | 0 | |
| | 旗云 3 2.0 | 2975 | 14103 | -78.91 |
| | 旗云 1 | 0 | 91 | -100.00 |
| | 旗云 1 1.0L | 0 | 91 | -100.00 |
| | 旗云 1 1.1L | 0 | 0 | |
| | 旗云 1 1.2L | 0 | 0 | |
| | 旗云 1 1.3L | 0 | 0 | |
| | A1 | 7327 | 7041 | 4.06 |
| | A3 | 16325 | 7497 | 117.75 |
| | A3 1.6L | 45 | 955 | -95.29 |
| | A3 1.8L | 16280 | 6248 | 160.56 |
| | A3 2.0L | 0 | 0 | |
| | A3 两厢 1.6L | 0 | 293 | -100.00 |
| | A3 两厢 1.8L | 0 | 0 | |
| | A3 两厢 2.0L | 0 | 1 | -100.00 |
| | 瑞麒 M1 | 0 | 165 | -100.00 |

表 21 （续 20）

| 序号 企业名称 | 车型 | 销量（辆） | | 同比增长 (%) |
|---|---|---|---|---|
| | | 2015 年 | 2014 年 | |
| 21、奇瑞 | 瑞麒 M1 二厢 1.0L | 0 | 0 | |
| | 瑞麒 M1 电动车 | 0 | 165 | -100.00 |
| | 瑞麒 M1 二厢 1.1L | 0 | 0 | |
| | 瑞麒 M1 二厢 1.3L | 0 | 0 | |
| | 瑞麒 M1 三厢 1.3L | 0 | 0 | |
| | 风云 | 63769 | 40595 | 57.09 |
| | 风云 1.5L | 5362 | 6302 | -14.92 |
| | 风云 两厢 1.5L | 58407 | 34293 | 70.32 |
| | 瑞麒 G5 | 0 | 18 | -100.00 |
| | E5 | 7020 | 8997 | -21.97 |
| | B12 瑞麒 | 11 | 58 | -81.03 |
| | A22 瑞麒 | 3 | 339 | -99.12 |
| | A22 1.3 | 0 | 0 | |
| | A22 1.6 | 3 | 339 | -99.12 |
| | A22 1.8 | 0 | 0 | |
| | 旗云 5 | 0 | 0 | |
| | B16 | 0 | 0 | |
| | 艾瑞泽 7 | 22593 | 22620 | -0.12 |
| | E3 | 37745 | 60026 | -37.12 |
| | 新 QQ | 19522 | 10546 | 85.11 |
| | 艾瑞泽 3 | 15473 | 5074 | 204.95 |
| | 凯翼 C3 | 23448 | 0 | |
| | 艾瑞泽 5 | 0 | 0 | |
| | 威麟 V5 | 4541 | 128 | |
| | 威麟 V5 1.9L | 0 | 0 | |
| | 威麟 V5 1.8L | 2310 | 36 | |
| | 威麟 V5 2.0L | 2231 | 92 | |
| | 威麟 V5 2.4L | 0 | 0 | |
| | 开瑞优雅 | 0 | 4797 | -100.00 |
| | 优翼 | 13 | 0 | |
| | 开瑞优雅二代 | 1283 | 853 | 50.41 |
| | Q26 | 46402 | 0 | |

**表 21 （续 21）**

| 序号 企业名称 | 车型 | 销量（辆） | | 同比增长 (%) |
|---|---|---|---|---|
| | | 2015 年 | 2014 年 | |
| 21、奇瑞 | 瑞虎 | 120357 | 104064 | 15.66 |
| | 瑞麒 M1 小吉普 | 3618 | 8559 | -57.73 |
| | X5（威麟） | 1864 | 391 | 376.73 |
| | 瑞虎 5 | 66980 | 92317 | -27.45 |
| | Q21 开瑞优派 | 0 | 0 | |
| | Q22 开瑞优优 | 5239 | 13614 | -61.52 |
| | Q21D 优胜 | 5 | 1216 | -99.59 |
| | Q21E 优胜 2 代 | 497 | 560 | -11.25 |
| 22、南汽集团 | 南汽集团 合计 | 0 | 0 | |
| | MG-7 | 0 | 0 | |
| | MG-7 1.8L | 0 | 0 | |
| | MG-7 2.5L | 0 | 0 | |
| | MG-3 | 0 | 0 | |
| | MG-3 1.4L | 0 | 0 | |
| | MG-3 1.8L | 0 | 0 | |
| | MG TF | 0 | 0 | |
| | 荣威 350 | 0 | 0 | |
| | 荣威 750 | 0 | 0 | |
| | 荣威 750 1.8L | 0 | 0 | |
| | 荣威 750 1.8L 混和动力 | 0 | 0 | |
| | 荣威 750 2.5L | 0 | 0 | |
| | MG750 | 0 | 0 | |
| | MG350 | 0 | 0 | |
| | MG-5 | 0 | 0 | |
| | MG GT | 0 | 0 | |
| | 荣威 360 | 0 | 0 | |
| | 新雅途两驱 | 0 | 0 | |
| | 荣威 W5 | 0 | 0 | |
| | 优尼柯 | 0 | 0 | |

表 21 （续 22）

| 序号 / 企业名称 | 车型 | 销量（辆） | | 同比增长 (%) |
|---|---|---|---|---|
| | | 2015 年 | 2014 年 | |
| 23、吉利 | 吉利 合计 | 561853 | 432881 | 29.79 |
| | 自由舰 | 10717 | 18991 | -43.57 |
| | 金刚 | 57387 | 80282 | -28.52 |
| | 远景 | 121969 | 38317 | 218.32 |
| | 熊猫 | 24586 | 26890 | -8.57 |
| | TX4 | 1804 | 2788 | -35.29 |
| | 海景 | 4646 | 26281 | -82.32 |
| | EC7 | 206226 | 165239 | 24.80 |
| | EC8 | 2553 | 3186 | -19.87 |
| | 博瑞 | 32562 | 0 | |
| | K10 电动车 | 12133 | 7108 | 70.69 |
| | K17 电动车 | 1945 | 0 | |
| | D1 | 17581 | 0 | |
| | D2 | 7814 | 0 | |
| | GX7 | 59930 | 63799 | -6.06 |
| 24、哈飞 | 哈飞 合计 | 9 | 2001 | -99.55 |
| | 赛马 | 9 | 293 | -96.93 |
| | 赛马 1.3L | 0 | 0 | |
| | 赛马 1.5L | 9 | 293 | -96.93 |
| | 赛马 1.6L | 0 | 0 | |
| | 路宝 | 0 | 400 | -100.00 |
| | 路宝 1.0L | 0 | 0 | |
| | 路宝 1.1L | 0 | 400 | -100.00 |
| | 赛豹 | 0 | 0 | |
| | 悦翔 | 0 | 0 | |
| | 交叉乘用车 | 0 | 1308 | -100.00 |
| | 民意 | 0 | 0 | |
| | 路尊 | 0 | 239 | -100.00 |
| | 中意 | 0 | 0 | |
| | S460 | 0 | 0 | |
| | 骏意 | 0 | 0 | |
| | 新民意 | 0 | 410 | -100.00 |
| | HF16 | 0 | 659 | -100.00 |

表 21 （续 23）

| 序号 企业名称 | 车型 | 销量（辆） | | 同比增长 (%) |
|---|---|---|---|---|
| | | 2015 年 | 2014 年 | |
| 25、昌河 | 昌河 合计 | 89144 | 127783 | -30.24 |
| | 北斗星 | 38398 | 64673 | -40.63 |
| | 北斗星 1.0L | 17325 | 29089 | -40.44 |
| | 北斗星 1.4L | 21073 | 35584 | -40.78 |
| | 爱迪尔 | 0 | 304 | -100.00 |
| | 利亚纳 | 18600 | 31816 | -41.54 |
| | 派喜 | 0 | 453 | -100.00 |
| | 福瑞达 M50 | 20579 | 7637 | 169.46 |
| | 交叉乘用车 | 11567 | 22900 | -49.49 |
| | 福瑞达 1.1L | 11003 | 21878 | -49.71 |
| | 浪迪 1.2L | 564 | 1022 | -44.81 |
| | 浪迪 1.4L | 0 | 0 | |
| 26、东南 | 东南 合计 | 75010 | 65611 | 14.33 |
| | 菱帅 | 0 | 0 | |
| | 蓝瑟 | 2022 | 3481 | -41.91 |
| | 戈蓝 | 113 | 93 | 21.51 |
| | 菱悦 | 20025 | 33367 | -39.99 |
| | 蓝瑟·翼神 | 3259 | 5283 | -38.31 |
| | 菱致 | 15792 | 17306 | -8.75 |
| | 菱仕 | 2328 | 3707 | -37.20 |
| | 风迪思 | 381 | 782 | -51.28 |
| | 菱绅 | 0 | 0 | |
| | 克莱斯勒大捷龙 | 0 | 0 | |
| | 道奇 凯领 | 0 | 0 | |
| | 富利卡 | 0 | 0 | |
| | 君阁 | 305 | 417 | -26.86 |
| | DX7 | 29835 | 0 | |
| | 菱利 | 0 | 0 | |
| | 希旺 | 950 | 1175 | -19.15 |

表 21 （续 24）

| 序号 / 企业名称 | 车型 | 销量（辆） | | 同比增长 (%) |
|---|---|---|---|---|
| | | 2015 年 | 2014 年 | |
| 27、江淮 | 江淮 合计 | 346175 | 195570 | 77.01 |
| | 宾悦 | 0 | 0 | |
| | 宾悦 2.0L | 0 | 0 | |
| | 宾悦 2.4L | 0 | 0 | |
| | 同悦 | 11902 | 8997 | 32.29 |
| | 和悦 | 15975 | 28435 | -43.82 |
| | 和悦 1.5L | 15975 | 28435 | -43.82 |
| | 和悦 1.8L | 0 | 0 | |
| | 悦悦 | 1910 | 4119 | -53.63 |
| | 和悦 A30 | 4615 | 11265 | -59.03 |
| | 江淮瑞风 | 58706 | 71267 | -17.63 |
| | 瑞鹰 | 0 | 0 | |
| | 瑞风 S5 | 29570 | 21031 | 40.60 |
| | 瑞风 S3 | 196779 | 50456 | 290.00 |
| | 瑞风 S2 | 26718 | 0 | |
| 28、华晨 | 华晨 合计 | 603436 | 517874 | 16.52 |
| | 中华 | 331 | 2231 | -85.16 |
| | 中华 1.8 | 115 | 2209 | -94.79 |
| | 中华 2.0L | 216 | 21 | |
| | 中华 2.4L | 0 | 1 | -100.00 |
| | 宝马 3 系 | 98625 | 93932 | 5.00 |
| | 宝马 5 系 | 147200 | 138484 | 6.29 |
| | 骏捷 | 6330 | 22664 | -72.07 |
| | 骏捷 1.6L | 348 | 1018 | -65.82 |
| | 骏捷 1.8 | 306 | 385 | -20.52 |
| | 骏捷 2.0L | 0 | 1 | -100.00 |
| | 骏捷 2.4L | | | |
| | 骏捷 FRV | 3569 | 800 | 346.13 |
| | 骏捷 FSV | 1900 | 18736 | -89.86 |
| | 骏捷 WAGON | 0 | 17 | -100.00 |
| | 骏捷 CROSS | 207 | 1707 | -87.87 |
| | 酷宝 | 0 | 3 | -100.00 |

**表 21 （续 25）**

| 序号 企业名称 | 车型 | 销量（辆） | | 同比增长 (%) |
|---|---|---|---|---|
| | | 2015 年 | 2014 年 | |
| 28、华晨 | H530 | 2916 | 8939 | -67.38 |
| | H230 | 4470 | 13649 | -67.25 |
| | H330 | 40828 | 47258 | -13.61 |
| | 之诺电动车 | 448 | 123 | 264.23 |
| | H220 | 3018 | 10413 | -71.02 |
| | 宝马 2 系 | 9 | 0 | |
| | 中华豚 | 860 | 0 | |
| | 阁瑞斯 | 12014 | 15041 | -20.12 |
| | 华颂 7 | 10007 | 0 | |
| | 金杯 750 | 25178 | 0 | |
| | 霸道 | 0 | 10 | -100.00 |
| | S50 | 0 | 688 | -100.00 |
| | X1 | 41249 | 46719 | -11.71 |
| | V5 | 28505 | 32782 | -13.05 |
| | S30 | 43674 | 32645 | 33.78 |
| | V3 | 76790 | 0 | |
| | 海星 | 60984 | 52293 | 16.62 |
| 29、长安汽车 | 长安 合计 | 1113317 | 973337 | 14.38 |
| | 奔奔 | 47277 | 52864 | -10.57 |
| | 志翔 | 0 | 0 | |
| | 悦翔 | 123712 | 113395 | 9.10 |
| | CX30 | 0 | 100 | -100.00 |
| | CX20 | 40366 | 42493 | -5.01 |
| | 逸动 | 182332 | 154885 | 17.72 |
| | 睿骋 | 7918 | 8989 | -11.91 |
| | CM8 | 0 | 0 | |
| | 杰勋 | 0 | 0 | |
| | 欧诺 | 142344 | 137961 | 3.18 |
| | 欧力威 | 37522 | 46002 | -18.43 |
| | 欧尚 | 972 | 0 | |
| | CS35 | 169332 | 100571 | 68.37 |
| | CS75 | 186623 | 53031 | 251.91 |
| | CS15 | 40 | 0 | |

表 21 （续 26）

| 序号 / 企业名称 | 车型 | 销量（辆） | | 同比增长 (%) |
|---|---|---|---|---|
| | | 2015 年 | 2014 年 | |
| 29、长安汽车 | 交叉乘用车 | 174879 | 263046 | -33.52 |
| | 长安之星 II | 94651 | 134756 | -29.76 |
| | 长安星光 | 18291 | 21011 | -12.95 |
| | 金牛星 | 23084 | 31301 | -26.25 |
| | 新长安之星 | 17084 | 46278 | -63.08 |
| | 长安之星 | 0 | 29700 | -100.00 |
| | 长安之星 3 | 21769 | 0 | |
| 30、长安福特 | 长安福特 合计 | 868677 | 805988 | 7.78 |
| | 嘉年华 | 0 | 0 | |
| | 蒙迪欧小计 | 6067 | 12543 | -51.63 |
| | 蒙迪欧 2.0L | 0 | 0 | |
| | 蒙迪欧 - 致胜 2.0L | 0 | -2 | -100.00 |
| | 蒙迪欧 - 致胜 2.3L | 6067 | 12545 | -51.64 |
| | 蒙迪欧 2.5L | 0 | 0 | |
| | 福克斯 | 40223 | 121780 | -66.97 |
| | 新嘉年华 | 15799 | 62519 | -74.73 |
| | 新嘉年华二厢 1.0L | 781 | 2203 | -64.55 |
| | 新嘉年华二厢 1.3L | 0 | 0 | |
| | 新嘉年华二厢 1.5L | 10249 | 40311 | -74.58 |
| | 新嘉年华三厢 1.3L | 0 | 2 | -100.00 |
| | 新嘉年华三厢 1.5L | 4769 | 20003 | -76.16 |
| | 沃尔沃 S80 | 2975 | 4385 | -32.16 |
| | 沃尔沃 S80 2.0L | 2970 | 3610 | -17.73 |
| | 沃尔沃 S80 2.5L | 0 | 0 | |
| | 沃尔沃 S80 3.0L | 5 | 775 | -99.35 |
| | 新福克斯 | 205862 | 270001 | -23.76 |
| | 新致胜 | 120202 | 109806 | 9.47 |
| | 福睿斯 | 214362 | 3710 | |
| | 金牛座 | 6376 | 0 | |
| | S-MAX | 0 | 603 | -100.00 |
| | 翼虎 | 135194 | 135998 | -0.59 |
| | 翼博 | 56465 | 84643 | -33.29 |
| | 锐界 | 65152 | 0 | |

表 21 （续 27）

| 序号 企业名称 | 车型 | 销量（辆） 2015 年 | 2014 年 | 同比增长 (%) |
|---|---|---|---|---|
| 31、长安铃木 | 长安铃木 合计 | 120175 | 165268 | -27.28 |
| | 羚羊 | 2495 | 13547 | -81.58 |
| | 雨燕 | 21860 | 35068 | -37.66 |
| | 雨燕 1.3L | 0 | 0 | |
| | 雨燕 1.5L | 21860 | 35068 | -37.66 |
| | 天语 | 14915 | 21115 | -29.36 |
| | 新奥拓 | 25049 | 51818 | -51.66 |
| | 启悦 | 20494 | 794 | |
| | 锋驭 | 30812 | 42926 | -28.22 |
| | 维特拉 | 4550 | 0 | |
| 32、江铃汽车 | 江铃 合计 | 73523 | 59100 | 24.40 |
| | D100 电动车 | 5268 | 0 | |
| | 风尚 | 226 | 318 | -28.93 |
| | 驭胜 | 19651 | 27099 | -27.48 |
| | 陆风 | 43373 | 31683 | 36.90 |
| | 撼路者 | 5005 | 0 | |
| 33、比亚迪 | 比亚迪 合计 | 444888 | 437857 | 1.61 |
| | 福莱尔 | 0 | 0 | |
| | 秦川福莱尔 0.8L | 0 | 0 | |
| | 秦川福莱尔 1.1L | 0 | 0 | |
| | F3 | 138944 | 110296 | 25.97 |
| | F3 二厢 1.5L | 0 | 3 | -100.00 |
| | F3 二厢 1.6L | 0 | 0 | |
| | F3 三厢 1.5L | 133988 | 104660 | 28.02 |
| | F3 三厢 1.6L | 4956 | 5633 | -12.02 |
| | F6 | 0 | 0 | |
| | F6 1.8L | 0 | 0 | |
| | F6 2.0L | 0 | 0 | |
| | F6 2.4L | 0 | 0 | |
| | F0 | 16028 | 38179 | -58.02 |
| | F3DM | 0 | 0 | |
| | S8 | 0 | 0 | |

表 21（续 28）

| 序号/企业名称 | 车型 | 销量（辆） | | 同比增长 (%) |
|---|---|---|---|---|
| | | 2015 年 | 2014 年 | |
| 33、比亚迪 | G3 | 1521 | 2854 | -46.71 |
| | G3 二厢 1.5 | 0 | 60 | -100.00 |
| | G3 二厢 1.8 | 0 | 0 | |
| | G3 三厢 1.5 | 0 | 1882 | -100.00 |
| | G3 三厢 1.8 | 1521 | 912 | 66.78 |
| | E6 电动车 | 8125 | 3560 | 128.23 |
| | L3 | 9907 | 54531 | -81.83 |
| | L3 1.5L | 9907 | 54531 | -81.83 |
| | L3 1.8L | 0 | 0 | |
| | G6 | 552 | 8112 | -93.20 |
| | G6 1.5T | 451 | 5071 | -91.11 |
| | G6 2.0L | 101 | 3041 | -96.68 |
| | 速锐 | 60481 | 73269 | -17.45 |
| | 思锐 | 250 | 7865 | -96.82 |
| | 秦 插电混 | 29707 | 14747 | 101.44 |
| | G5 | 17246 | 12687 | 35.93 |
| | 腾势 电动车 | 2958 | 132 | |
| | E5 电动车 | 1426 | 0 | |
| | M6 | 2420 | 6356 | -61.93 |
| | 商 插电混 | 0 | 0 | |
| | T3 电动车 | 66 | 0 | |
| | S6 | 18439 | 98720 | -81.32 |
| | S6 二驱 1.5T | 6816 | 13540 | -49.66 |
| | S6 二驱 2.0L | 10070 | 51443 | -80.42 |
| | S6 二驱 2.4L | 1553 | 33737 | -95.40 |
| | S7 | 105080 | 6549 | |
| | 唐 插电混 | 18169 | 0 | |
| | 宋 | 13569 | 0 | |
| 34、江南 | 湖南江南 合计 | 222899 | 166252 | 34.07 |
| | 江南奥拓 | 0 | 0 | |
| | 江南奥拓 0.8L | 0 | 0 | |
| | 江南奥拓 1.1L | 0 | 0 | |

表 21 （续 29）

| 序号 企业名称 | 车型 | 销量（辆） | | 同比增长 (%) |
|---|---|---|---|---|
| | | 2015 年 | 2014 年 | |
| 34、江南 | 江南精灵 | 0 | 0 | |
| | 江南精灵 0.8L | 0 | 0 | |
| | 江南精灵 1.1L | 0 | 0 | |
| | 江南 | 9188 | 13686 | -32.87 |
| | 江南 0.8L | 9188 | 13686 | -32.87 |
| | 江南 1.3L | 0 | 0 | |
| | 江南 1.5L | 0 | 0 | |
| | Z200 | 0 | 244 | -100.00 |
| | Z300 | 14292 | 46331 | -69.15 |
| | 众泰 Z100 | 6260 | 19502 | -67.90 |
| | 众泰 E20 电动车 | 6385 | 7341 | -13.02 |
| | 众泰云 100 电动车 | 15467 | 2311 | |
| | 众泰 Z500 | 16831 | 3753 | 348.47 |
| | 众泰云 TTEV 电动车 | 1984 | 14 | |
| | 芝麻 E30 | 572 | 0 | |
| | 梦迪博朗 | 0 | 0 | |
| | 朗悦 | 0 | 1 | -100.00 |
| | 众泰 2008 | 0 | 0 | |
| | 众泰 T200 | 1553 | 6059 | -74.37 |
| | 众泰 TD100 电动车 | 0 | 0 | |
| | T600 | 126121 | 64383 | 95.89 |
| | 大迈 X5 | 23921 | 0 | |
| | 众泰 V10 | 325 | 2627 | -87.63 |
| 35、贵航青年 | 贵航青年 合计 | 9017 | 62125 | -85.49 |
| | 竞速 | 0 | 0 | |
| | 竞悦 | 0 | 0 | |
| | 莲花 L3 | 4985 | 35707 | -86.04 |
| | 莲花 L3 1.5 三厢 | 1351 | 9192 | -85.30 |
| | 莲花 L3 1.6 三厢 | 0 | 0 | |
| | 莲花 L3GT 1.6 三厢 | 1056 | 8187 | -87.10 |
| | 莲花 L3 1.5 两厢 | 1304 | 9769 | -86.65 |
| | 莲花 L3 1.6 两厢 | 0 | 122 | -100.00 |

表 21 （续 30）

| 序号 / 企业名称 | 车型 | 销量（辆） | | 同比增长 (%) |
|---|---|---|---|---|
| | | 2015 年 | 2014 年 | |
| 35、贵航青年 | 莲花 L3GT 1.6 两厢 | 1274 | 8437 | -84.90 |
| | 莲花 L5 | 4032 | 26418 | -84.74 |
| | 莲花 L5 1.6 三厢 | 802 | 5733 | -86.01 |
| | 莲花 L5 1.8 三厢 | 1377 | 7810 | -82.37 |
| | 莲花 L5 1.6 两厢 | 682 | 5483 | -87.56 |
| | 莲花 L5 1.8 两厢 | 1171 | 7392 | -84.16 |
| 36、华泰 | 华泰 合计 | 71172 | 54073 | 31.62 |
| | 华泰 B11 | 595 | 104 | 472.12 |
| | 路盛 E70 | 17122 | 14145 | 21.05 |
| | 特拉卡 | 1459 | 181 | |
| | 圣达菲 | 9019 | 20299 | -55.57 |
| | 宝利格 | 6341 | 17686 | -64.15 |
| | 新圣达菲 | 36636 | 1658 | |
| 37、中兴 | 中兴 合计 | 38 | 439 | -91.34 |
| | 旗舰 | 0 | 0 | |
| | 驰野 | 0 | 0 | |
| | 中兴无限 | 38 | 439 | -91.34 |
| 38、上汽通用五菱 | 上汽通用五菱 | 1797608 | 1586384 | 13.31 |
| | 乐驰 | 0 | 0 | |
| | 乐驰 0.8L | 0 | 0 | |
| | 乐驰 1.0L | 0 | 0 | |
| | 乐驰 1.2L | 0 | 0 | |
| | 宝骏 630 | 24646 | 37222 | -33.79 |
| | 宝骏乐驰 | 12150 | 24275 | -49.95 |
| | 五菱宏光 | 655531 | 750019 | -12.60 |
| | 宝骏 730 | 321069 | 120089 | 167.36 |
| | 五菱征程 | 23407 | 1009 | |
| | 宝骏 560 | 145007 | 0 | |
| | 交叉乘用车 | 615798 | 653770 | -5.81 |
| | 五菱兴旺 | 0 | 0 | |
| | 五菱之光 | 227995 | 308668 | -26.14 |
| | 五菱鸿途 | 1 | 1 | 0.00 |
| | 五菱荣光 | 193661 | 345101 | -43.88 |
| | 宏光 V | 194141 | 0 | |

**表 21 （续 31）**

| 序号 企业名称 | 车型 | 销量（辆） 2015 年 | 2014 年 | 同比增长 (%) |
|---|---|---|---|---|
| 39、长城 | 长城 合计 | 753230 | 612486 | 22.98 |
| | 精灵 | 0 | 0 | |
| | 炫丽 | 0 | 0 | |
| | 酷熊 | 0 | 0 | |
| | 凌傲 | 0 | 0 | |
| | 凌傲 1.3L | 0 | 0 | |
| | 凌傲 1.5L | 0 | 0 | |
| | 长城 C30 | 34005 | 52463 | -35.18 |
| | 长城 C20R | 92 | 1701 | -94.59 |
| | 长城 C50 | 20081 | 38611 | -47.99 |
| | 长城 V80 | 0 | 266 | -100.00 |
| | 哈弗 H5 | 23212 | 45945 | -49.48 |
| | 长城 M | 36577 | 90117 | -59.41 |
| | 哈弗 H6 | 373229 | 315881 | 18.15 |
| | 哈弗 H8 | 8985 | 0 | |
| | 哈弗 H2 | 168467 | 49351 | 241.36 |
| | 哈弗 H1 | 74571 | 13049 | 471.47 |
| | 哈弗 H9 | 14011 | 5102 | 174.62 |
| 40、郴州吉奥 | 广汽吉奥 合计 | 6896 | 14518 | -52.50 |
| | E 美 | 158 | 199 | -20.60 |
| | 星朗 | 3494 | 8848 | -60.51 |
| | GS50 | 0 | 0 | |
| | GX5 | 195 | 969 | -79.88 |
| | GX6 | 774 | 184 | 320.65 |
| | 帅舰 | 0 | 9 | -100.00 |
| | 奥轩 | 66 | 722 | -90.86 |
| | 星旺 | 2209 | 3587 | -38.42 |
| 41、天汽美亚 | 天汽美亚 合计 | 0 | 1 | -100.00 |
| | 骑兵 | 0 | 1 | -100.00 |
| | 顺风 | 0 | 0 | |
| 42、庆铃 | 竞技者 | 1687 | 1287 | 31.08 |

表 21 （续 32）

<table>
<tr><th rowspan="2">序号 / 企业名称</th><th rowspan="2">车型</th><th colspan="2">销量（辆）</th><th rowspan="2">同比增长 (%)</th></tr>
<tr><th>2015 年</th><th>2014 年</th></tr>
<tr><td rowspan="4">43、浙江飞蝶</td><td>浙江飞蝶</td><td>4056</td><td>1880</td><td>115.74</td></tr>
<tr><td>UFO</td><td>1342</td><td>1829</td><td>-26.63</td></tr>
<tr><td>UFO 电动车</td><td>0</td><td>4</td><td>-100.00</td></tr>
<tr><td>五星</td><td>2714</td><td>47</td><td></td></tr>
<tr><td rowspan="3">44、四川工业</td><td>四川野马合计</td><td>15784</td><td>8703</td><td>81.36</td></tr>
<tr><td>野马牌 F 系</td><td>3161</td><td>8703</td><td>-63.68</td></tr>
<tr><td>T70</td><td>12623</td><td>0</td><td></td></tr>
<tr><td rowspan="21">45、重庆力帆</td><td>重庆力帆 合计</td><td>131948</td><td>147847</td><td>-10.75</td></tr>
<tr><td>力帆 520</td><td>4</td><td>478</td><td>-99.16</td></tr>
<tr><td>力帆 520 1.3</td><td>4</td><td>411</td><td>-99.03</td></tr>
<tr><td>力帆 520 1.5L</td><td>0</td><td>8</td><td>-100.00</td></tr>
<tr><td>力帆 520 1.6</td><td>0</td><td>59</td><td>-100.00</td></tr>
<tr><td>力帆 520i</td><td>6</td><td>183</td><td>-96.72</td></tr>
<tr><td>力帆 520i 1.3L</td><td>5</td><td>175</td><td>-97.14</td></tr>
<tr><td>力帆 520i 1.5L</td><td>1</td><td>7</td><td>-85.71</td></tr>
<tr><td>力帆 520i 1.6L</td><td>0</td><td>1</td><td>-100.00</td></tr>
<tr><td>力帆 620</td><td>4181</td><td>16618</td><td>-74.84</td></tr>
<tr><td>力帆 620 1.3L</td><td>0</td><td>0</td><td></td></tr>
<tr><td>力帆 620 1.5</td><td>4178</td><td>5988</td><td>-30.23</td></tr>
<tr><td>力帆 620 1.6</td><td>1</td><td>128</td><td>-99.22</td></tr>
<tr><td>力帆 620 1.8</td><td>2</td><td>10502</td><td>-99.98</td></tr>
<tr><td>力帆 320</td><td>7320</td><td>7863</td><td>-6.91</td></tr>
<tr><td>力帆 720</td><td>3708</td><td>7683</td><td>-51.74</td></tr>
<tr><td>力帆 530</td><td>521</td><td>5457</td><td>-90.45</td></tr>
<tr><td>力帆 820</td><td>9216</td><td>0</td><td></td></tr>
<tr><td>X60</td><td>28226</td><td>50010</td><td>-43.56</td></tr>
<tr><td>X50</td><td>19955</td><td>0</td><td></td></tr>
<tr><td>力帆丰顺</td><td>58811</td><td>59555</td><td>-1.25</td></tr>
<tr><td>46、陕西飞机</td><td>福家</td><td>94</td><td>115</td><td>-18.26</td></tr>
<tr><td rowspan="5">47、广州丰田</td><td>广汽丰田 合计</td><td>403088</td><td>374108</td><td>7.75</td></tr>
<tr><td>凯美瑞</td><td>20021</td><td>49922</td><td>-59.90</td></tr>
<tr><td>凯美瑞 2.0L</td><td>20021</td><td>49922</td><td>-59.90</td></tr>
<tr><td>凯美瑞 2.4L</td><td>0</td><td>0</td><td></td></tr>
<tr><td>雅力士</td><td>0</td><td>1</td><td>-100.00</td></tr>
</table>

**表 21 （续 33）**

| 序号 企业名称 | 车型 | 销量（辆） | | 同比增长 (%) |
|---|---|---|---|---|
| | | 2015 年 | 2014 年 | |
| 47、广州丰田 | 雅力士 1.3 | 0 | 0 | |
| | 雅力士 1.6 | 0 | 1 | -100.00 |
| | 新凯美瑞 | 108025 | 100389 | 7.61 |
| | 新凯美瑞 2.0L | 94500 | 75237 | 25.60 |
| | 新凯美瑞 2.5L | 6770 | 19483 | -65.25 |
| | 新凯美瑞 2.5 普混 | 6755 | 5669 | 19.16 |
| | 致炫 | 64724 | 73298 | -11.70 |
| | 致炫 1.3 | 11522 | 32578 | -64.63 |
| | 致炫 1.5 | 53202 | 40720 | 30.65 |
| | 雷凌 | 125699 | 49112 | 155.94 |
| | 雷凌 1.6 | 110578 | 39602 | 179.22 |
| | 雷凌 1.8 | 11955 | 9510 | 25.71 |
| | 雷凌 1.8L 普混 | 3166 | 0 | |
| | 逸致 | 9414 | 16896 | -44.28 |
| | 逸致 1.6 | 0 | 0 | |
| | 逸致 1.8L | 9414 | 16896 | -44.28 |
| | 逸致 2.0L | 0 | 0 | |
| | 汉兰达 | 75205 | 84490 | -10.99 |
| | 汉兰达 2.0T | 70496 | 0 | |
| | 汉兰达 2.7 | 2661 | 80726 | -96.70 |
| | 汉兰达 3.5 | 2048 | 3764 | -45.59 |
| 48、本田中国 | 本田(中国)合计 | 12182 | 22685 | -46.30 |
| | 爵士 | 0 | 5475 | -100.00 |
| | 爵士 1.2L | 0 | 2486 | -100.00 |
| | 爵士 1.4L | 0 | 1759 | -100.00 |
| | 爵士 1.5L | 0 | 1230 | -100.00 |
| | 雅阁 | 12182 | 17210 | -29.22 |
| 49、丹东黄海 | 丹东黄海 合计 | 4767 | 7616 | -37.41 |
| | 领航者 | 0 | 0 | |
| | 翱龙 | 0 | 0 | |
| | 挑战者 | 1152 | 1306 | -11.79 |
| | 旗胜 | 1477 | 2960 | -50.10 |
| | 旗胜 V3 | 2138 | 3350 | -36.18 |

表 21 （续 34）

| 序号 / 企业名称 | 车型 | 销量（辆） | | 同比增长 (%) |
|---|---|---|---|---|
| | | 2015 年 | 2014 年 | |
| 50、上海股份 | 上海股份 合计 | 170017 | 180018 | -5.56 |
| | 荣威 750 | 128 | 1027 | -87.54 |
| | 荣威 750 1.8 | 114 | 1000 | -88.60 |
| | 荣威 750 1.8 混合动力 | 4 | 22 | -81.82 |
| | 荣威 750 2.5L | 10 | 5 | 100.00 |
| | 荣威 550 | 17146 | 13189 | 30.00 |
| | MG6 | 2584 | 11619 | -77.76 |
| | MG550 | 1 | 0 | |
| | MG750 | 31 | 315 | -90.16 |
| | MG3 | 14692 | 27867 | -47.28 |
| | 荣威 950 | 1548 | 2365 | -34.55 |
| | 荣威 E50 电动车 | 412 | 168 | 145.24 |
| | MG7 | 2 | 38 | -94.74 |
| | 荣威 350 | 51294 | 97941 | -47.63 |
| | MG350 | 1097 | 2018 | -45.64 |
| | MG5 | 1676 | 7686 | -78.19 |
| | MG GT | 7745 | 5010 | 54.59 |
| | 荣威 360 | 24697 | 0 | |
| | 荣威 W5 | 3286 | 10775 | -69.50 |
| | MG GS 锐腾 | 43678 | 0 | |
| 51、海马商务 | 福仕达 2 | 768 | 3861 | -80.11 |
| 52、东风乘用车 | 东风集团股份乘用车公司 | 94628 | 80107 | 18.13 |
| | 风神 S30 | 5720 | 25590 | -77.65 |
| | 风神 H30 | 2777 | 12983 | -78.61 |
| | 风神 H30 1.6L | 2 | 32 | -93.75 |
| | 风神 H30crossover1.6 | 2775 | 12951 | -78.57 |
| | 风神 A60 | 11975 | 23192 | -48.37 |
| | 风神 A30 | 11621 | 10037 | 15.78 |
| | E30 电动车 | 598 | 178 | 235.96 |
| | 风神 AX7 | 61573 | 8127 | |
| | 风神 AX3 | 364 | 0 | |
| 53、航天圆通 | 航天新星 | 342 | 1280 | -73.28 |

表 21 （续 35）

| 序号 企业名称 | 车型 | 销量（辆） 2015 年 | 2014 年 | 同比增长 (%) |
|---|---|---|---|---|
| 54、海马轿车 | 海马轿车 | 110061 | 89447 | 23.05 |
| | 海马王子 | 2313 | 4102 | -43.61 |
| | M3 | 31482 | 48875 | -35.59 |
| | M6 | 11040 | 0 | |
| | S5 | 65226 | 36470 | 78.85 |
| 55、福建戴姆勒 | 福建奔驰 | 5081 | 10439 | -51.33 |
| 56、广汽乘用车 | 唯雅诺 | 1600 | 3790 | -57.78 |
| | 威霆 | 3481 | 6649 | -47.65 |
| | 广汽乘用车 | 198574 | 134716 | 47.40 |
| | 传祺 GA5 | 2334 | 4059 | -42.50 |
| | 传祺 GA3 | 21173 | 36944 | -42.69 |
| | 传祺 GA6 | 9764 | 10 | |
| | 传祺 GS5 | 5615 | 70299 | -92.01 |
| | 奇兵 | 0 | 1313 | -100.00 |
| | 黑金刚 | 624 | 4094 | -84.76 |
| | CS6 | 2 | 291 | -99.31 |
| | 飞腾 | 5 | 427 | -98.83 |
| | 黑金刚标准版 | 1202 | 9713 | -87.62 |
| | 飞腾 C5 | 85 | 29 | 193.10 |
| | Q6 | 607 | 2536 | -76.06 |
| | 传祺 GS5 速博 | 21439 | 5001 | 328.69 |
| | C3 | 614 | 0 | |
| | C5 | 1927 | 0 | |
| | CS10 | 1930 | 0 | |
| | 传祺 GS4 | 131253 | 0 | |
| 57、北汽股份 | 北汽股份 | 251330 | 210889 | 19.18 |
| | E13/D20 | 49584 | 83175 | -40.39 |
| | 电动车 | 16482 | 5233 | 214.96 |
| | D20 1.3L | 15775 | 30629 | -48.50 |
| | D20 1.5L | 17327 | 47313 | -63.38 |
| | D70 | 1862 | 3827 | -51.35 |
| | D70 电动车 | 249 | 0 | |
| | D70 1.8L | 721 | 974 | -25.98 |

表 21（续 36）

| 序号 企业名称 | 车型 | 销量（辆） | | 同比增长 (%) |
|---|---|---|---|---|
| | | 2015 年 | 2014 年 | |
| 57、北汽股份 | D70 2.0L | 706 | 2442 | -71.09 |
| | D70 2.3L | 186 | 411 | -54.74 |
| | D50 | 60244 | 42622 | 41.34 |
| | D80 | 18 | 0 | |
| | 威旺 M20 | 84606 | 3039 | |
| | B40V | 934 | 6748 | -86.16 |
| | 绅宝 X25 | 5753 | 0 | |
| | 绅宝 X55 | 1502 | 0 | |
| | 威旺 306 | 46827 | 71478 | -34.49 |
| 58、东风裕隆 | 东风裕隆 | 60405 | 52200 | 15.72 |
| | 纳智捷 5 | 7852 | 6937 | 13.19 |
| | 纳智捷 CEO | 54 | 29 | 86.21 |
| | 纳智捷大 MPV | 576 | 1031 | -44.13 |
| | 纳智捷 | 3958 | 9572 | -58.65 |
| | 纳智捷优 6 | 47965 | 34631 | 38.50 |
| 59、东风股份 | 俊风 CVO3 | 11 | 1097 | -99.00 |
| 60、广汽菲亚特 | 广汽菲亚特克莱斯勒 | 39488 | 68090 | -42.01 |
| | 菲翔 | 21399 | 47651 | -55.09 |
| | 致悦 | 10082 | 20439 | -50.67 |
| | 自由光 | 8007 | 0 | |
| 61、广汽三菱 | 广汽三菱 | 56317 | 63199 | -10.89 |
| | 帕杰罗 | 0 | 2325 | -100.00 |
| | 劲炫 | 50781 | 55420 | -8.37 |
| | 劲畅 | 5536 | 5454 | 1.50 |
| 62、北汽银翔 | 北汽银翔 | 287966 | 196523 | 46.53 |
| | 威旺 M20 | 62793 | 87401 | -28.16 |
| | 幻速 H2 | 18818 | 0 | |
| | 幻速 H3 | 17537 | 0 | |
| | 幻速 | 181089 | 84696 | 113.81 |
| | 幻速 S6 | 5883 | 0 | |
| | 威旺 205 | 308 | 23229 | -98.67 |
| | 威旺 206 | 1538 | 1197 | 28.49 |

表 21 （续 37）

| 序号 企业名称 | 车型 | 销量（辆） | | 同比增长 (%) |
|---|---|---|---|---|
| | | 2015 年 | 2014 年 | |
| 63、长安马自达 | 长安马自达 | 153122 | 95123 | 60.97 |
| | 马自达 3 | 6752 | 7054 | -4.28 |
| | 马自达 3 二厢 1.6L | 1653 | 1624 | 1.79 |
| | 马自达 3 二厢 2.0L | 141 | 899 | -84.32 |
| | 马自达 3 三厢 1.6L | 4734 | 4011 | 18.03 |
| | 马自达 3 三厢 2.0L | 224 | 520 | -56.92 |
| | 马自达 2 | 152 | 996 | -84.74 |
| | 昂科塞拉 | 97608 | 38988 | 150.35 |
| | 昂科塞拉 二厢 1.5L | 5962 | 3459 | 72.36 |
| | 昂科塞拉 二厢 2.0L | 3495 | 3369 | 3.74 |
| | 昂科塞拉 三厢 1.5L | 76290 | 22203 | 243.60 |
| | 昂科塞拉 三厢 2.0L | 11861 | 9957 | 19.12 |
| | CX-5 | 48610 | 48085 | 1.09 |
| 64、长安标致雪铁龙 | 长安标致雪铁龙 | 24451 | 23008 | 6.27 |
| | DS5 | 6648 | 19264 | -65.49 |
| | DS6 | 17803 | 3744 | 375.51 |
| 65、福建新龙马 | 启腾 M70 | 11257 | 8534 | 31.91 |
| 66、观致汽车 | 观致汽车 | 14247 | 6967 | 104.49 |
| | 观致 3 | 6630 | 6786 | -2.30 |
| | 观致 3 SUV | 7617 | 181 | |
| 67、上汽商用车 | 上汽大通 | 16103 | 5065 | 217.93 |
| | 大通 G10 | 13985 | 3380 | 313.76 |
| | 大通 V80 | 2118 | 1685 | 25.70 |
| 68、潍柴汽车 | 潍柴汽车 | 26612 | 0 | |
| | 英致 737 | 12030 | 0 | |
| | 英致 G3 | 14582 | 0 | |
| 69、北汽集团越野车 | 北汽集团越野车分公司 | 3783 | 927 | 308.09 |
| | B40V | 2776 | 927 | 199.46 |
| | B80 | 1007 | 0 | |
| 70、北汽（广州） | 北汽（广州）汽车 | 23730 | 0 | |
| | D60F | 1342 | 0 | |
| | 绅宝 X65 | 22388 | 0 | |
| 71、江西五十玲 | 五十铃 | 2070 | 0 | |
| | 合计 | 21146320 | 19707677 | 7.30 |

表 22 2015 年分月汽车销售完成情况表

| 产品名称 | 1 月 | 2 月 | 3 月 | 4 月 | 5 月 | 6 月 |
|---|---|---|---|---|---|---|
| **汽车总计** | **2319611** | **1593301** | **2240556** | **1994507** | **1903774** | **1803090** |
| 其中：国内制造 | 2308467 | 1582394 | 2214829 | 1970526 | 1878003 | 1779782 |
| CKD | 11144 | 10907 | 25727 | 23981 | 25771 | 23308 |
| **总计中：乘用车** | **2038003** | **1396733** | **1870357** | **1668824** | **1609274** | **1511439** |
| 其中：柴油汽车 | 10020 | 8442 | 8389 | 6803 | 5833 | 6098 |
| 汽油汽车 | 2019411 | 1380003 | 1849436 | 1651430 | 1590734 | 1489617 |
| 其他燃料汽车 | 8572 | 8288 | 12532 | 10591 | 12707 | 15724 |
| 其中：基本型乘用车 ( 轿车 ) | 1221887 | 808983 | 1072839 | 932022 | 906992 | 846214 |
| 多功能乘用车（MPV） | 225503 | 158008 | 199325 | 166999 | 140478 | 125998 |
| 运动型多用途乘用车（SUV） | 487345 | 330726 | 474075 | 461558 | 459271 | 448229 |
| 交叉型乘用车 | 103268 | 99016 | 124118 | 108245 | 102533 | 90998 |
| **总计中：商用车** | **281608** | **196568** | **370199** | **325683** | **294500** | **291651** |
| 其中：柴油汽车 | 196821 | 132367 | 275473 | 241081 | 208605 | 201956 |
| 汽油汽车 | 79244 | 61234 | 89111 | 79344 | 79809 | 81831 |
| 其他燃料汽车 | 5543 | 2967 | 5615 | 5258 | 6086 | 7864 |
| 其中：客车 | 48665 | 32676 | 51842 | 48349 | 50240 | 50868 |
| 其中：客车非完整车辆 | 5581 | 2696 | 5114 | 6084 | 5963 | 5743 |
| 货车 | 232943 | 163892 | 318357 | 277334 | 244260 | 240783 |
| 其中：半挂牵引车 | 14655 | 10560 | 30474 | 26447 | 24294 | 20510 |
| 货车非完整车辆 | 28106 | 18511 | 43707 | 36679 | 30576 | 31298 |

**表 22（续）**

| 产品名称 | 7月 | 8月 | 9月 | 10月 | 11月 | 12月 |
|---|---|---|---|---|---|---|
| **汽车总计** | **1503017** | **1664489** | **2024788** | **2221565** | **2508764** | **2785513** |
| 其中：国内制造 | 1478411 | 1645616 | 1999508 | 2197767 | 2482255 | 2757008 |
| CKD | 24606 | 18873 | 25280 | 23798 | 26509 | 28505 |
| **总计中：乘用车** | **1268597** | **1418462** | **1751215** | **1936875** | **2196773** | **2442126** |
| 其中：柴油汽车 | 5400 | 6113 | 6918 | 6298 | 8748 | 11584 |
| 汽油汽车 | 1248534 | 1398455 | 1723570 | 1906459 | 2157147 | 2379409 |
| 其他燃料汽车 | 14663 | 13894 | 20727 | 24118 | 30878 | 51133 |
| 其中：基本型乘用车（轿车） | 688668 | 761567 | 951626 | 1054393 | 1170590 | 1280885 |
| 多功能乘用车（MPV） | 112572 | 132679 | 161289 | 192843 | 218385 | 272650 |
| 运动型多用途乘用车（SUV） | 393054 | 453170 | 566511 | 622018 | 716195 | 793959 |
| 交叉型乘用车 | 74303 | 71046 | 71789 | 67621 | 91603 | 94632 |
| **总计中：商用车** | **234420** | **246027** | **273573** | **284690** | **311991** | **343387** |
| 其中：柴油汽车 | 163151 | 170665 | 192016 | 198838 | 208837 | 238247 |
| 汽油汽车 | 64170 | 66700 | 71286 | 72837 | 82479 | 75352 |
| 其他燃料汽车 | 7099 | 8662 | 10271 | 13015 | 20675 | 29788 |
| 其中：客车 | 43723 | 44594 | 47946 | 48267 | 56939 | 74336 |
| 其中：客车非完整车辆 | 6117 | 6512 | 6685 | 6882 | 7346 | 5736 |
| 货车 | 190697 | 201433 | 225627 | 236423 | 255052 | 269051 |
| 其中：半挂牵引车 | 16770 | 16133 | 20313 | 24299 | 23452 | 22797 |
| 货车非完整车辆 | 23585 | 22545 | 25492 | 29073 | 27975 | 31400 |

说明：由于调整的数据在累计中体现，故各月数据相加与全年累计略有出入。

**表 23 2015 年全国二手车交易经营情况**

单位：辆、万元

| 车种 | | 交易金额 | 交易数量 | | | | | 使用性质 | | 产地 | | 使用年限 | | |
|---|---|---|---|---|---|---|---|---|---|---|---|---|---|---|
| | | 1—12 月 | 1—12 月 | 直接交易 | 委托交易 | 本地过户 | 转籍 | 公车 | 私车 | 国产车 | 进口车 | 3 年以内 | 3—10 年 | 10 年以上 |
| 总计 | | **55353992.5** | **9417088** | **7614890** | **1806097** | **7612118** | **1808869** | **620134** | **8800853** | **8868285** | **552702** | **1480064** | **7201143** | **739780** |
| 乘用车 | 基本型 | 33336771.61 | 5641412 | 4537747 | 1103665 | 4478164 | 1163248 | 271287 | 5370125 | 5317744 | 323668 | 796621 | 4347889 | 496902 |
| | MPV | 2845453.898 | 354856 | 217460 | 137396 | 268438 | 86418 | 42597 | 312259 | 318693 | 36163 | 86975 | 233298 | 34583 |
| | SUV | 6989177.655 | 472859 | 419502 | 53357 | 352791 | 120068 | 20700 | 452159 | 361272 | 111587 | 100753 | 349801 | 22305 |
| | 交叉型 | 915417.8619 | 307673 | 282532 | 25141 | 215491 | 92182 | 5729 | 301944 | 304307 | 3366 | 47785 | 243215 | 16673 |
| 商用车 | 货车 | 4429052.938 | 1068628 | 862122 | 206506 | 918800 | 149828 | 144577 | 924051 | 1050509 | 18119 | 208931 | 803662 | 56035 |
| | 客车 | 5636470.432 | 1176462 | 972305 | 204157 | 1034443 | 142019 | 91332 | 1085130 | 1125926 | 50536 | 159812 | 932353 | 84297 |
| 其它车型 | | 634962.1751 | 113171 | 97291 | 15880 | 94623 | 18548 | 16875 | 96296 | 107379 | 5792 | 15605 | 85716 | 11850 |
| 低速载货汽车、三轮汽车 | | 31717.12218 | 16362 | 13766 | 2596 | 15180 | 1182 | 783 | 15579 | 16132 | 230 | 4380 | 10620 | 1362 |
| 挂车 | | 361061.4366 | 84249 | 64772 | 19477 | 70574 | 13675 | 18736 | 65513 | 83251 | 998 | 16453 | 64346 | 3450 |
| 摩托车 | | 222106.3819 | 185315 | 147393 | 37922 | 163614 | 21701 | 7518 | 177797 | 183072 | 2243 | 42749 | 130243 | 12323 |

**表 24 2015 年二手乘用车分区域交易经营情况**

单位：辆

| 省份 | 总计 | 乘用车合计 | 其中：基本型乘用车 | 其中：多功能型 MPV | 其中：运动型多用途 SUV | 其中：交叉型乘用车 |
|---|---|---|---|---|---|---|
| **总计 算** | **9420987** | **12257167** | **5641412** | **354856** | **472859** | **307673** |
| *华北地区* | *1840653* | *1296433* | *1113817* | *47523* | *86527* | *48566* |
| 北京 | 677800 | 568919 | 513010 | 19032 | 32381 | 4496 |
| 天津 | 195084 | 147879 | 128867 | 5171 | 7965 | 5876 |
| 河北 | 583578 | 298214 | 263545 | 14106 | 14487 | 6076 |
| 山西 | 205950 | 170715 | 120470 | 4411 | 22128 | 23706 |
| 内蒙古 | 178241 | 110706 | 87925 | 4803 | 9566 | 8412 |
| *东北地区* | *698183* | 574315 | 387672 | 61899 | 90189 | 34555 |
| 辽宁 | 389881 | 300549 | 232905 | 6390 | 45779 | 15475 |
| 吉林 | 161150 | 146954 | 68877 | 50298 | 24629 | 3150 |
| 黑龙江 | 147152 | 126812 | 85890 | 5211 | 19781 | 15930 |
| *华东地区* | *3048847* | *2333405* | *1923206* | *138351* | *168976* | *102872* |
| 上海 | 418113 | 346366 | 276510 | 56859 | 10809 | 2188 |
| 江苏 | 732313 | 686171 | 576131 | 17088 | 63966 | 28986 |
| 浙江 | 669799 | 480758 | 414577 | 25481 | 27932 | 12768 |
| 安徽 | 196026 | 144529 | 97373 | 664 | 21347 | 25145 |
| 福建 | 167415 | 128393 | 118053 | 1212 | 5200 | 3928 |
| 江西 | 189918 | 141495 | 104926 | 11330 | 11622 | 13617 |
| 山东 | 675263 | 405693 | 335636 | 25717 | 28100 | 16240 |
| *中南地区* | *1881218* | *1306773* | *1087948* | *74717* | *75980* | *68128* |
| 河南 | 422822 | 238663 | 225025 | 7254 | 5585 | 799 |
| 湖北 | 199806 | 171105 | 118112 | 5871 | 20262 | 26860 |
| 湖南 | 108062 | 86134 | 74161 | 3090 | 8218 | 665 |
| 广东 | 940218 | 675229 | 560151 | 49224 | 35344 | 30510 |
| 广西 | 160129 | 103089 | 85062 | 6201 | 3935 | 7891 |
| 海南 | 50181 | 32553 | 25437 | 3077 | 2636 | 1403 |
| *西南地区* | *1467770* | *926795* | *839021* | *13910* | *31001* | *42863* |
| 重庆 | 252142 | 154891 | 149833 | 194 | 1668 | 3196 |
| 四川 | 727259 | 487057 | 458419 | 4165 | 11946 | 12527 |
| 贵州 | 191762 | 150168 | 102884 | 6932 | 15034 | 25318 |
| 云南 | 285896 | 127384 | 124410 | 820 | 410 | 1744 |
| 西藏 | 10711 | 7295 | 3475 | 1799 | 1943 | 78 |
| *西北地区* | *480417* | *339079* | *289748* | *18456* | *20186* | *10689* |
| 陕西 | 205419 | 154613 | 138359 | 6471 | 3012 | 6771 |
| 甘肃 | 62207 | 39878 | 25432 | 4301 | 7890 | 2255 |
| 青海 | 41020 | 23083 | 21563 | 504 | 1013 | 3 |
| 宁夏 | 66179 | 43799 | 34022 | 3987 | 4130 | 1660 |
| 新疆 | 105592 | 77706 | 70372 | 3193 | 4141 | 0 |

**表25 2015年二手商用车及其他车辆分区域交易经营情况** 单位：辆

| 省份 | 总计 | 商用车合计 | 其中：货车 | 其中：客车 | 其它车 | 低速载货汽车和三轮汽车 | 挂车 | 摩托车 |
|---|---|---|---|---|---|---|---|---|
| **总计算** | **9420987** | **3999846** | **1068628** | **1176462** | **113171** | **16362** | **84249** | **185315** |
| *华北地区* | *1840653* | *490334* | *222457* | *267877* | *21609* | *1833* | *35305* | *2538* |
| 北京 | 677800 | 102709 | 34358 | 68351 | 12235 | 342 | 754 | 240 |
| 天津 | 195084 | 44864 | 23934 | 20930 | 707 | 0 | 1626 | 8 |
| 河北 | 583578 | 252069 | 109546 | 142523 | 4592 | 872 | 27330 | 501 |
| 山西 | 205950 | 27756 | 20094 | 7662 | 2116 | 104 | 5104 | 155 |
| 内蒙古 | 178241 | 62936 | 34525 | 28411 | 1959 | 515 | 491 | 1634 |
| *东北地区* | *698183* | *108279* | *60662* | *47617* | *5951* | *1363* | *6941* | *1334* |
| 辽宁 | 389881 | 77257 | 41150 | 36107 | 4623 | 708 | 5926 | 818 |
| 吉林 | 161150 | 13040 | 9985 | 3055 | 686 | 176 | 224 | 70 |
| 黑龙江 | 147152 | 17982 | 9527 | 8455 | 642 | 479 | 791 | 446 |
| *华东地区* | *3048847* | *594441* | *277457* | *316984* | *25856* | *4823* | *28221* | *58601* |
| 上海 | 418113 | 50273 | 33235 | 17038 | 5037 | 25 | 5189 | 11223 |
| 江苏 | 732313 | 42064 | 11427 | 30637 | 2449 | 0 | 1600 | 29 |
| 浙江 | 669799 | 173814 | 60352 | 113462 | 3864 | 79 | 1689 | 9595 |
| 安徽 | 196026 | 36667 | 13411 | 23256 | 1576 | 150 | 6282 | 6822 |
| 福建 | 167415 | 31215 | 15016 | 16199 | 2650 | 30 | 1028 | 4099 |
| 江西 | 189918 | 35170 | 28637 | 6533 | 4755 | 1359 | 4669 | 2470 |
| 山东 | 675263 | 225238 | 115379 | 109859 | 5525 | 3180 | 7764 | 24363 |
| *中南地区* | *1881218* | *470106* | *200269* | *269837* | *45879* | *5404* | *6639* | *46417* |
| 河南 | 422822 | 157806 | 48270 | 109536 | 23671 | 346 | 215 | 2121 |
| 湖北 | 199806 | 24981 | 11806 | 13175 | 2027 | 62 | 494 | 1137 |
| 湖南 | 108062 | 13671 | 7098 | 6573 | 250 | 216 | 129 | 7662 |
| 广东 | 940218 | 213389 | 104862 | 108527 | 16465 | 3727 | 4334 | 27074 |
| 广西 | 160129 | 44529 | 20168 | 24361 | 3317 | 983 | 1420 | 6791 |
| 海南 | 50181 | 15730 | 8065 | 7665 | 149 | 70 | 47 | 1632 |
| *西南地区* | *1467770* | *462209* | *235956* | *226253* | *9000* | *591* | *721* | *68454* |
| 重庆 | 252142 | 67629 | 45835 | 21794 | 2245 | 0 | 175 | 27202 |
| 四川 | 727259 | 215605 | 104570 | 111035 | 2813 | 382 | 431 | 20971 |
| 贵州 | 191762 | 37286 | 28910 | 8376 | 2268 | 114 | 108 | 1818 |
| 云南 | 285896 | 138342 | 53544 | 84798 | 1674 | 93 | 2 | 18401 |
| 西藏 | 10711 | 3347 | 3097 | 250 | 0 | 2 | 5 | 62 |
| *西北地区* | *480417* | *119721* | *71827* | *47894* | *4876* | *2348* | *6422* | *7971* |
| 陕西 | 205419 | 45413 | 32577 | 12836 | 791 | 419 | 2318 | 1865 |
| 甘肃 | 62207 | 14309 | 9632 | 4677 | 2170 | 913 | 1735 | 3202 |
| 青海 | 41020 | 17347 | 8444 | 8903 | 106 | 177 | 246 | 61 |
| 宁夏 | 66179 | 16467 | 12822 | 3645 | 1804 | 811 | 1985 | 1313 |
| 新疆 | 105592 | 26185 | 8352 | 17833 | 5 | 28 | 138 | 1530 |

**表 26 历年二手车分车型交易经营情况**

单位：辆

| 车型 \ 年份 | | 2007 | 2008 | 2009 | 2010 | 2011 | 2012 | 2013 | 2014 | 2015 |
|---|---|---|---|---|---|---|---|---|---|---|
| 乘用车 | 基本型 | 1100980 | 1427009 | 1718402 | 2098245 | 2354787 | 2731601 | 3049402 | 3514309 | 5641412 |
| | MPV | 194290 | 95983 | 120355 | 148748 | 169484 | 189009 | 224699 | 278754 | 354856 |
| | SUV | 53816 | 48924 | 64215 | 71186 | 78150 | 110873 | 166847 | 203328 | 472859 |
| | 交叉型 | 64453 | 44122 | 59561 | 68836 | 78226 | 75371 | 83390 | 121528 | 307673 |
| 商用车 | 货 车 | 580079 | 416178 | 572219 | 596086 | 640673 | 654750 | 668186 | 767389 | 1068628 |
| | 客 车 | 455436 | 507212 | 567776 | 623415 | 703882 | 784405 | 773975 | 902688 | 1176462 |
| 其它车型 | | 45514 | 54650 | 83306 | 81744 | 119454 | 85533 | 75259 | 90774 | 113171 |
| 低速载货汽车、三轮汽车 | | 16100 | 21473 | 21941 | 17439 | 20945 | 13950 | 10520 | 9730 | 16362 |
| 挂 车 | | 14984 | 15049 | 24127 | 30485 | 42745 | 39843 | 45233 | 36812 | 84249 |
| 摩托车 | | 131935 | 106658 | 106696 | 115696 | 123968 | 106033 | 105790 | 127587 | 185315 |
| **总计** | | **2657587** | **2737258** | **3338598** | **3851880** | **4332314** | **4791368** | **5203300** | **6052899** | **9417088** |

# 第13部类

# 政策法规

DISHIERBULEI | ZHENGCEFAGUI

# 交通运输部关于加快推进新能源汽车在交通运输行业推广应用的实施意见

（交运发〔2015〕34号）

各省、自治区、直辖市、新疆生产建设兵团交通运输厅（局、委）：

为深入贯彻落实《国务院办公厅关于加快新能源汽车推广应用的指导意见》（国办发〔2014〕35号，以下简称《指导意见》），加快推进新能源汽车在交通运输行业的推广应用，现提出以下实施意见：

一、总体要求

1.深刻领会《指导意见》的精神实质。

新能源汽车作为战略性新兴产业，代表汽车产业的发展方向，发展新能源汽车，对我国改善能源消费结构、减少空气污染、推动汽车产业和交通运输行业转型升级具有积极意义。中央、国务院高度重视新能源汽车产业发展，将发展新能源汽车确定为国家战略。《指导意见》针对我国新能源汽车发展现状，明确了推进新能源汽车发展的指导思想、基本原则、发展政策和保障机制，是加快新能源汽车推广应用的重要纲领。交通运输行业是新能源汽车推广应用的重要领域之一，是在公共服务领域推广应用的主力军，各级交通运输主管部门要认真学习领会《指导意见》的精神实质，认真进行贯彻落实。要以加快转变交通运输发展方式为主线，以服务绿色交通建设为目标，以优化交通运输能源消费结构为核心，创新推广应用模式、落实扶持政策、完善体制机制，加快推进新能源汽车在交通运输行业的推广应用。

2.基本原则。

——坚持政策引导。完善和落实对新能源汽车推广应用的扶持政策，营造有利于新能源汽车在交通运输行业推广应用的政策环境，引导交通运输企业主动、更多选择新能源汽车。

——坚持市场主导。坚持企业的主体地位，发挥市场配置资源的决定性作用，创新推广应用模式，规范市场运行规则，努力降低新能源汽车购买、运营、维护、电池回收的全寿命成本，激发企业积极性，实现新能源汽车在交通运输行业的可持续应用。

——坚持重点推进。车型选择上，重点推广应用插电式(含增程式)混合动力汽车、纯电动汽车，积极推广应用燃料电池汽车，研究推广应用储能式超级电容汽车等其他新能源汽车。行业选择上，重点在城市公交、出租汽车和城市物流配送领域，并积极拓展到汽车租赁和邮政快递等领域。

——坚持因地制宜。在地方人民政府领导下，结合交通运输运营组织的实际情况和发展需要，做好新能源汽车技术选型论证及相关工作，积极稳妥地推进新能源汽车在交通运输行业的推广应用工作。

3. 总体目标。

至2020年，新能源汽车在交通运输行业的应用初具规模，在城市公交、出租汽车和城市物流配送等领域的总量达到30万辆；新能源汽车配套服务设施基本完备，新能源汽车运营效率和安全水平明显提升。具体体现在：

——应用规模显著扩大。新能源汽车占城市公交车、出租汽车和城市物流配送车辆的比例显著提升，充换电配套设施服务更加完善。公交都市创建城市新增或更新城市公交车、出租汽车和城市物流配送车辆中，新能源汽车比例不低于30%；京津冀地区新增或更新城市公交车、出租汽车和城市物流配送车辆中，新能源汽车比例不低于35%。到2020年，新能源城市公交车达到20万辆，新能源出租汽车和城市物流配送车辆共达到10万辆。

——使用效果显著提升。新能源汽车在交通运输行业的运营效率明显提升，纯电动汽车运营效率不低于同车长燃油车辆的85%。投入交通运输行业的新能源汽车可靠性显著增强，车辆故障率明显降低。

——可持续发展能力显著提升。新能源汽车在交通运输行业推广应用的法规政策和标准规范体系基本建立，可持续发展的机制比较完善；新能源汽车购买、运营、维护成本显著下降，交通运输企业购买使用新能源汽车的主动性明显增强。

## 二、主要任务

4. 加强规划引领。

结合城市经济社会发展特点、城市交通发展和居民出行需要，将新能源汽车推广应用纳入城市公共交通规划和城市综合交通运输体系规划，明确新能源汽车推广应用目标、技术路线、重点任务和配套政策，并按照“适度超前、科学布局”的原则，提出充换电设施总量和布局需求。要积极配合有关部门，将必要的充换电设施纳入城市电力发展规划和城市电网的建设与改造规划。

5. 完善实施方案。

按照“统筹规划、分步实施”原则，编制交通运输行业新能源汽车推广应用实施方案和年度实施计划，并合理确定车型和运力规模。鼓励集约化程度高、管理制度完善、运营规范的交通运输企业投资使用新能源汽车和建设充换电设施。根据新能源汽车技术特点、本地实际和运营需求，优化运营调度和设施布局，提高新能源汽车的运营效率。

6. 严格新能源汽车技术选型。

结合本地城市交通通行和公交线网、出租汽车车型结构、城市物流配送通行管理状况，科学选择新能源汽车车型。新能源汽车必须符合国家有关技术标准，新能源公交车还应满足《公共汽车类型划分及等级评定》(JT/T888-2014)，配置安全监控管理系统、电池箱专用自动灭火装置等安全设备；车辆内饰及地板阻燃性能符合国家和行业相关标准要求。新能源城市物流配送车辆还应满足《城市物流配送汽车选型技术要求》(GB/T29912-2013)。新能源汽车整车及关键部件(电机及其控制器、电池及管理系统、车载充电设备等)质量保证期不低于 3 年，并通过 15000km 可靠性检测；核定成员数不低于同车长燃油车辆的 85%；动力电池系统总质量与整车整备质量的比值不大于 20%，质保期内电池容量衰减率不超过 15%，整车动力电池组循环寿命达到 1000 次以上。优先选择续驶里程长、可靠性高的新能源汽车，对纯电动公交车(超级电容、钛酸锂快充纯电动公交车除外)，原则上应选择续驶里程不低于 200km 的汽车车型。鼓励新能源汽车生产企业研究开发适合交通运输运营组织需要的新能源汽车专用车型。

7. 推动完善充换电设施。

积极争取城市人民政府支持，在旧城改造和新城规划建设时，结合城市公交车、出租汽车、城市物流配送和邮政快递车辆的实际需求，配合有关部门加快配套建设必要的充换电设施。在规划建设城市综合客运枢纽、公交枢纽、出租汽车运营站、城市物流配送中心和服务区、快递物流园区时，要根据需求配建快速充换电设施；在规划建设城市公交停车场、保养场、维修厂、出租汽车停车场时，要考虑配建“慢充为主、快充为辅”的充电设施。对现有城市公交、出租汽车、城市物流配送场站，符合配建条件的，结合实际需求，加快建设完善充换电设施。鼓励和支持社会资本进入交通运输行业新能源汽车充换电设施建设和运营、整车租赁、电池租赁和回收等服务领域。

8. 推动落实扶持政策。

积极配合同级财政、税务等部门，做好车辆购置税优惠政策落实工作，在 2014 年 9 月 1 日至 2017 年 12 月 31 日间，对纯电动汽车、插电式(含增程式)混合动力汽车和燃料电池汽车免征车辆购置税。要积极配合同级财政、发展改革部门，制定本地区新能源汽车推广应用的支持政策，在新能源汽车购置补贴、贷款贴息、运营补贴、充换电基础设施维护、推广应用宣传及科研补助等方面给予必要的支持。要配合做好城市公交车成品油价格补贴政策改革，积极落实相关政策要求，将补贴额度与新能源公交车推广目标完成情况相挂钩，形成鼓励新能源公交车应用、限制燃油公交车增长的机制。积极配合有关部门，推动落实新能源汽车车船税优惠政策、消费税政策、充换电设施用地政策和用电价格优惠政策。

9. 完善新能源汽车运营政策。

城市公交车、出租汽车运营权优先授予新能源汽车，并向新能源汽车推广应用程度高的交通运输企业倾斜或成立专门的新能源汽车运输企业。争取当地人民政府支持，对新能源汽车不限行、不限购，对新能源出租汽车的运营权指标适当放宽。

10. 创新推广应用模式。

在交通运输行业研究完善新能源公交车“融资租赁”、“车电分离”和“以租代售”等多种运营模式。鼓励纯电动汽车生产企业或专门的充换电设施运营企业，推行纯电动公交车电池租赁；鼓励新能源汽车生产企业或融资租赁经营企业，推行新能源公交车整车租赁，降低公交企业一次性购买支出。

11. 加强安全和应急管理。

督促相关交通运输企业落实安全生产主体责任，切实加强对所属驾驶员、乘务员和车辆的管理。加强新能源汽车运营安全监控，纳入城市交通智能化运营监控平台，并完善新能源汽车基础信息。督促相关交通运输企业在新能源公交车、出租汽车上加快安装实时监控装置，对车辆运行技术状态、充电状态、电池单体进行实时监控和动态管理，并建立新能源汽车运行数据采集和统计分析系统，为新能源汽车安全运行提供基础支撑。督促交通运输企业建立健全新能源汽车定期检查、维护和修理制度，加强新能源汽车技术管理，建立新能源汽车全生命周期运营档案。制定新能源汽车抛锚、运营周转不畅、恶劣天气、客流激增下的应急处置程序和措施，提高应急处置能力。

## 三、保障措施

12. 加强组织领导。

按照各地新能源汽车推广应用工作联席会议制度的有关要求，主动作为，加强协调配合，推动细化新能源汽车在交通运输行业推广应用的支持政策和配套措施，形成多方合力，推进政策落实。紧密结合当地实际，加快制定交通运输行业贯彻落实《指导意见》的具体实施意见和行动计划，明确工作要求和时间进度，推进新能源汽车在交通运输行业的健康发展。

13. 加强法规制度和标准规范建设。

积极推动城市公共交通、出租汽车和城市物流配送相关法规制度建设，为新能源汽车推广应用的方案编制、设施建设、车辆准入、驾驶员培训、安全管理和政策支持提供法制保障。加强新能源汽车推广应用技术支撑，研究制定新能源公交车、出租汽车、城市物流配送和邮政快递车辆技术准入和退出的标准规范、车辆和特有部件（电池等）维修服务规范等，建立完善新能源汽车使用环节的技术标准规范体系。

14. 加强技术保障。

按照国家和行业有关标准要求，加强新能源汽车日常维护工作，保障车辆技术性能。加强城市公交线路布局、充换电设施配置、车线匹配等方面的研究，提高车辆运营效率。充分利用物联网、云计算等新技术，加强对新能源汽车运行数据的采集和分析，建立交通运输行业新能源汽车应用效果评估和反馈机制。积极协调有关部门，建立新能源汽车召回机制，及时召回故障率高，可靠性差的新能源汽车。引导新能源汽车生产企业加快建设售后服务体系，为新能源汽车正常运营提供及时高效的维修服务和必要的技术支撑。

15. 加强人才保障。

重视发展职业教育和岗位技能培训，加大新能源汽车工程技术人员和专业技能人才的培养。开展对经营管理、车辆驾驶、维修保养、运营调度、应急管理等从业人员的专业技术培训，为新能源汽车的安全运营和管理提供人才保障。

16. 加强监督检查。

各省级交通运输主管部门要加强对本辖区内各城市新能源公交车、出租汽车、城市物流配送车辆的推广应用情况的监督检查，全面评价推广应用目标完成情况、基础设施网络配套情况，并分别于每年 6 月底和 12 月底前向部报送新能源汽车推广应用情况（含分类保有量、分类新增数量及采取的主要措施）。部将适时组织对各省、自治区、直辖市在交通运输行业推广应用新能源汽车的情况进行监督检查。

17. 加强舆论宣传和引导。

开展多层次、多样化的宣传活动，充分发挥媒体的舆论导向作用，大力宣传新能源汽车推广应用在环境改善、能源节约等方面的显著效果和重大作用。组织专家解读新能源汽车全寿命周期成本优势，提高公众对交通运输行业推广应用新能源汽车的认知度和接受度，形成有利于新能源汽车大规模推广应用的良好氛围。

交通运输部

2015 年 3 月 13 日

# 财政部 科技部 工业和信息化部 发展改革委 关于 2016 － 2020 年新能源汽车推广应用财政支持政策的通知

财建〔2015〕134 号

**各省、自治区、直辖市、计划单列市财政厅（局）、科技厅（局、科委）、工业和信息化主管部门、发展改革委：**

**新能源汽车推广应用工作实施以来，销售数量快速增加，产业化步伐不断加快。为保持政策连续性，促进新能源汽车产业加快发展，按照《国务院办公厅关于加快新能源汽车推广应用的指导意见》（国办发〔2014〕35 号）等文件要求，财政部、科技部、工业和信息化部、发展改革委（以下简称四部委）将在 2016-2020 年继续实施新能源汽车推广应用补助政策。现将有关事项通知如下:**

## 一、补助对象、产品和标准

四部委在全国范围内开展新能源汽车推广应用工作，中央财政对购买新能源汽车给予补助，实行普惠制。具体的补助对象、产品和标准是：

（一）补助对象。

补助对象是消费者。新能源汽车生产企业在销售新能源汽车产品时按照扣减补助后的价格与消费者进行结算，中央财政按程序将企业垫付的补助资金再拨付给生产企业。

（二）补助产品。

中央财政补助的产品是纳入“新能源汽车推广应用工程推荐车型目录”（以下简称“推荐车型目录”）的纯电动汽车、插电式混合动力汽车和燃料电池汽车。

（三）补助标准。

补助标准主要依据节能减排效果，并综合考虑生产成本、规模效应、技术进步等因素逐步退坡。2016 年各类新能源汽车补助标准见附件 1。2017 － 2020 年除燃料电池汽车外其他车型补助标准适当退坡，其中：2017 － 2018 年补助标准在 2016 年基础上下降 20%，2019 － 2020 年补助标准在 2016 年基础上下降 40%。

## 二、对企业和产品的要求

新能源汽车生产企业应具备较强的研发、生产和推广能力，应向消费者提供良好的售后服务保障，免除消费者后顾之忧；纳入中央财政补助范围的新能源汽车产品应具备较好的技术性能和安全可靠性。基本条件是：

（一）产品性能稳定并安全可靠。

纳入中央财政补助范围的新能源汽车产品应符合新能源汽车纯电动续驶里程等技术要求，应通过新能源汽车专项检测、符合新能源汽车相关标准。其中，插电式混合动力汽车还需符合相关综合燃料消耗量要求。纳入中央财政补助范围的新能源汽车产品技术要求见附件 2。

（二）售后服务及应急保障完备。

新能源汽车生产企业要建立新能源汽车产品质量安全责任制，完善售后服务及应急保障体系，在新能源汽车产品销售地区建立售后服务网点，及时解决新能源汽车技术故障。

（三）加强关键零部件质量保证。

新能源汽车生产企业应对消费者提供动力电池等储能装置、驱动电机、电机控制器质量保证，其中乘用车生产企业应提供不低于 8 年或 12 万公里（以先到者为准，下同）的质保期限，商用车生产企业（含客车、专用车、货车等）应提供不低于 5 年或 20 万公里的质保期限。汽车生产企业及动力电池生产企业应承担动力电池回收利用的主体责任。

（四）确保与《车辆生产企业及产品公告》保持一致。

新能源汽车生产企业应及时向社会公开车辆基本性能信息，并保证所销售的新能源汽车与《车辆生产企业及产品公告》（以下简称《公告》）及“推荐车型目录”内产品一致。

## 三、资金申报和下达

（一）年初预拨补助资金。

每年 2 月底前，生产企业将本年度新能源汽车预计销售情况通过企业注册所在地财政、科技、工信、发改部门（以下简称四部门）申报，由四部门负责审核并于 3 月底前逐级上报至四部委。四部委组织审核后按照一定比例预拨补助资金。

（二）年度终了后进行资金清算。

年度终了后，2 月底前，生产企业提交上年度的清算报告及产品销售、运行情况，包括销售发票、产品技术参数和车辆注册登记信息等，按照上述渠道于 3 月底前逐级上报至四部委。四部委组织审核并对补助资金进行清算。

## 四、工作要求

各地要科学制定地方性扶持政策，进一步加大环卫、公交等公益性行业新能源汽车推广支持力度，和中央财政支持政策形成互补和合力，加快完善新能源汽车应用环境。四部委将加强对新能源汽车推广情况的监督、核查。有下列情形之一的，四部委将视情节给予通报批评、扣减补助资金、取消新能源汽车补助资格、暂停或剔除“推荐车型目录”中有关产品等处罚措施：

（一）提供虚假技术参数，骗取产品补助资格的；

（二）提供虚假推广信息，骗取财政补助资金的；

（三）销售产品的关键零部件型号、电池容量、技术参数等与《公告》产品不一致的。

**五、实施期限及其他**

本政策实施期限是2016－2020年，四部委将根据技术进步、产业发展、推广应用规模、成本变化等因素适时调整补助政策。

对地方政府的新能源汽车推广要求和考核奖励政策将另行研究制定。

附件：

1. 2016年新能源汽车推广应用补助标准
2. 纳入中央财政补助范围的新能源汽车产品技术要求
3. 单位载质量能量消耗量评价指标说明

财政部 科技部 工业和信息化部 发展改革委 2015年4月22日

**附件1：**

# 2016年新能源汽车推广应用补助标准

**纯电动乘用车、插电式混合动力（含增程式）乘用车推广应用补助标准**（单位：万元/辆）

| 车辆类型 | 纯电动续驶里程R（工况法、公里） | | | |
|---|---|---|---|---|
| | 100≤R＜150 | 150≤R＜250 | R≥250 | R≥50 |
| 纯电动乘用车 | 2.5 | 4.5 | 5.5 | / |
| 插电式混合动力乘用车（含增程式） | / | / | / | 3 |

**纯电动、插电式混合动力等客车推广应用补助标准**　（单位：万元/辆）

| 车辆类型 | 单位载质量能量消耗量（Ekg，Wh/km·kg） | 标准车（10米＜车长≤12米）<br>纯电动续驶里程R（等速法、公里） | | | | | |
|---|---|---|---|---|---|---|---|
| | | 6≤R＜20 | 20≤R＜50 | 50≤R＜100 | 100≤R＜150 | 150≤R＜250 | R≥250 |
| 纯电动客车 | Ekg<0.25 | 22 | 26 | 30 | 35 | 42 | 50 |
| | 0.25≤Ekg<0.35 | 20 | 24 | 28 | 32 | 38 | 46 |
| | 0.35≤Ekg<0.5 | 18 | 22 | 24 | 28 | 34 | 42 |
| | 0.5≤Ekg<0.6 | 16 | 18 | 20 | 25 | 30 | 36 |
| | 0.6≤Ekg<0.7 | 12 | 14 | 16 | 20 | 24 | 30 |
| 插电式混合动力客车（含增程式） | | / | / | 20 | 23 | 25 | |

注：上述补助标准以 10-12 米客车为标准车给予补助，其他长度纯电动客车补助标准按照上表单位载质量能量消耗量和纯电动续驶里程划分，插电式混合动力客车（含增程式）补助标准按照上表纯电动续驶里程划分。其中， 6 米及以下客车按照标准车 0.2 倍给予补助；6 米＜车长≤8 米客车按照标准车 0.5 倍给予补助；8 米＜车长≤10 米客车按照标准车 0.8 倍给予补助；12 米以上、双层客车按照标准车 1.2 倍给予补助。

纯电动、插电式混合动力（含增程式）等专用车、货车推广应用补助标准：按电池容量每千瓦时补助 1800 元，并将根据产品类别、性能指标等进一步细化补贴标准。

**燃料电池汽车推广应用补助标准** （单位：万元 / 辆）

| 车辆类型 | 补助标准 |
|---|---|
| 燃料电池乘用车 | 20 |
| 燃料电池轻型客车、货车 | 30 |
| 燃料电池大中型客车、中重型货车 | 50 |

**附件 2：**

# 纳入中央财政补助范围的新能源汽车产品技术要求

一、新能源汽车纯电动续驶里程要求（单位：km）

<table>
<tr><th>类 别</th><th>乘用车</th><th>客车</th><th>货车</th><th>专用车</th><th>测试方法</th></tr>
<tr><td>纯电动</td><td>≥ 100</td><td>≥ 150</td><td>≥ 80</td><td>≥ 80</td><td>M1、N1 类采用工况法，其他暂采用 40km/h 等速法。</td></tr>
<tr><td rowspan="2">插电式混合动力（含增程式）</td><td>≥ 50（工况法）</td><td rowspan="2">≥ 50</td><td rowspan="2">≥ 50</td><td rowspan="2">≥ 50</td><td rowspan="2">M1、N1 类采用工况法或 60km/h 等速法，其他暂采用 40km/h 等速法。</td></tr>
<tr><td>≥ 70（等速法）</td></tr>
<tr><td>燃料电池</td><td>≥ 150</td><td>≥ 150</td><td>≥ 200</td><td>≥ 200</td><td>M1、N1 类采用工况法，其他暂采用 40km/h 等速法。</td></tr>
</table>

注：1. 超级电容、钛酸锂等纯电动快充客车不按上表续驶里程要求执行。

2. M1 类是指包括驾驶员座位在内，座位数不超过九座的载客车辆。

N1 类是指最大设计总质量不超过 3500kg 的载货车辆。

**二、纯电动乘用车最高车速要求**

纯电动乘用车 30 分钟最高车速应不低于 100km/h。

**三、插电式混合动力汽车综合燃料消耗量要求**

（一）插电式混合动力乘用车综合燃料消耗量（不计电能消耗量）与现行的常规燃料消耗量国家标准中对应目标值相比小于 60%；

（二）插电式混合动力商用车（含货车、客车）燃料消耗量（不含电能转化的燃料消耗量）与现行的常规燃料消耗量国家标准中对应限值相比小于 60%。

**附件 3:**

# 单位载质量能量消耗量评价指标说明

为更科学地评价纯电动客车技术水平，特提出“单位载质量能量消耗量（Ekg）”指标，单位 Wh/km·kg，四舍五入至小数点后两位。计算公式如下：

$$E_{kg} = \frac{E}{M}$$

E 表示电能消耗率，试验检测项。电动汽车 GB/T 18386《电动汽车能量消耗率和续驶里程试验方法》试验中消耗的电能除以行驶里程所得的值，单位 Wh/km。

M 表示附加质量，车辆基本参数。GB/T 18386 检测试验中的所需附加质量，单位 kg，具体计算如下：

1. 最大允许装载质量小于或等于 180kg，附加质量 = 最大允许装载质量；
2. 最大允许装载质量大于 180kg，但小于 360kg，附加质量 =180kg；
3. 最大允许装载质量大于或等于 360kg，附加质量 =1/2 最大允许装载质量。

注：按 GB/T 3730.2《道路车辆 质量 词汇和代码》中定义：

最大允许装载质量 = 最大允许总质量 - 整车整备质量。

# 关于节约能源 使用新能源车船车船税优惠政策的通知

财税〔2015〕51 号

**各省、自治区、直辖市、计划单列市财政厅(局)、地方税务局、工业和信息化主管部门，西藏、宁夏自治区国家税务局，新疆生产建设兵团财务局、工业和信息化委员会：**

**为促进节约能源，鼓励使用新能源，根据《中华人民共和国车船税法》及其实施条例有关规定，经国务院批准，现将节约能源、使用新能源车船的车船税优惠政策通知如下：**

一、对节约能源车船，减半征收车船税。

(一)减半征收车船税的节约能源乘用车应同时符合以下标准：

1. 获得许可在中国境内销售的排量为 1.6 升以下(含 1.6 升)的燃用汽油、柴油的乘用车(含非插电式混合动力乘用车和双燃料乘用车);

2. 综合工况燃料消耗量应符合标准，具体标准见附件 1;

3. 污染物排放符合《轻型汽车污染物排放限值及测量方法(中国第五阶段)》(GB18352.5-2013)标准中 I 型试验的限值标准。

(二)减半征收车船税的节约能源商用车应同时符合下列标准：

1. 获得许可在中国境内销售的燃用天然气、汽油、柴油的重型商用车(含非插电式混合动力和双燃料重型商用车);

2. 燃用汽油、柴油的重型商用车综合工况燃料消耗量应符合标准，具体标准见附件 2;

3. 污染物排放符合《车用压燃式、气体燃料点燃式发动机与汽车排气污染物排放限值及测量方法(中国 III，IV，V 阶段)》(GB17691-2005) 标准中第 V 阶段的标准。

减半征收车船税的节约能源船舶和其他车辆等的标准另行制定。

二、 对使用新能源车船，免征车船税。

(一)免征车船税的使用新能源汽车是指纯电动商用车、插电式(含增程式)混合动力汽车、燃料电池商用车。纯电动乘用车和燃料电池乘用车不属于车船税征税范围，对其不征车船税。

(二)免征车船税的使用新能源汽车(不含纯电动乘用车和燃料电池乘用车，下同)，应同时符合下列标准：

1. 获得许可在中国境内销售的纯电动商用车、插电式(含增程式)混合动力汽车、燃料电池商用车；

2. 纯电动续驶里程符合附件 3 标准；

3. 使用除铅酸电池以外的动力电池；

4. 插电式混合动力乘用车综合燃料消耗量（不计电能消耗）与现行的常规燃料消耗量国家标准中对应目标值相比小于 60%; 插电式混合动力商用车（含轻型、重型商用车）燃料消耗量（不含电能转化的燃料消耗量）与现行的常规燃料消耗量国家标准中对应限值相比小于 60%;

5. 通过新能源汽车专项检测，符合新能源汽车标准，具体标准见附件 3。

免征车船税的使用新能源船舶的标准另行制定。

三、符合上述标准的节约能源乘用车、商用车，以及使用新能源汽车，由财政部、国家税务总局、工业和信息化部不定期联合发布《享受车船税减免优惠的节约能源 使用新能源汽车车型目录》（以下简称《目录》）予以公告。

四、汽车生产企业或进口汽车经销商（以下简称企业），生产或进口符合上述标准的汽车的，可自愿向工业和信息化部提出将其产品列入《目录》的书面申请，并按照有关要求填写书面报告（报告样本见附件 4、5)，通过工业和信息化部节能汽车税收优惠目录申报系统、新能源汽车税收优惠目录申报系统提交申报资料。申请人对申报资料的真实性负责。

五、财政部、国家税务总局、工业和信息化部组织有关专家对企业申报资料进行审查，并将审查结果在工业和信息化部网站公示 5 个工作日，没有异议的，纳入《目录》，予以发布。对产品与申报材料不符，产品性能指标未达到标准，或者企业提供其他虚假信息的，应及时从《目录》中撤销该车型，并依照相关法律法规对该企业予以处理。

六、本通知发布后，列入《目录》的节约能源、使用新能源汽车，自《目录》公告之日起，按《目录》和本通知相关规定享受车船税减免优惠政策；《目录》公告后取得的节约能源、使用新能源汽车，属于第一批、第二批《节约能源 使用新能源车辆减免车船税的车型目录》，但未列入《目录》的，不得享受相关优惠政策；《目录》公告前，已取得的列入第一批、第二批《节约能源 使用新能源车辆减免车船税的车型目录》的节约能源、使用新能源汽车，不论是否转让，可继续享受车船税减免优惠政策。

七、本通知自发布之日起执行。《财政部 国家税务总局 工业和信息化部关于节约能源 使用新能源车船车船税政策的通知》（财税〔2012〕19 号）同时废止。

财政部 国家税务总局 工业和信息化部

2015 年 5 月 7 日

附件：

1. 节约能源乘用车综合工况燃料消耗量限值标准
2. 节约能源重型商用车综合工况燃料消耗量限值标准
3. 新能源汽车纯电动续驶里程及专项检验标准
4. 节约能源车型报告（略）
5. 使用新能源车型报告（略）

**附件 1：**

# 节约能源乘用车综合工况燃料消耗量限值标准

| 整车整备质量（CM）<br>kg | 具有两排及以下座椅<br>L/100 km | 具有三排或三排以上座椅<br>L/100 km |
|---|---|---|
| CM ≤ 750 | 4.7 | 5.0 |
| 750 ＜ CM ≤ 865 | 4.9 | 5.2 |
| 865 ＜ CM ≤ 980 | 5.1 | 5.4 |
| 980 ＜ CM ≤ 1090 | 5.3 | 5.6 |
| 1090 ＜ CM ≤ 1205 | 5.6 | 5.9 |
| CM ＞ 1205 | 5.9 | 5.9 |

**附件 2：**

# 节约能源重型商用车<br>综合工况燃料消耗量限值标准

**表 2.1　节约能源货车综合工况燃料消耗量限值标准**

| 最大设计总质量（GVW）<br>kg | 燃料消耗量限值<br>L/100km |
|---|---|
| 3500 ＜ GVW ≤ 4500 | 12.4a |
| 4500 ＜ GVW ≤ 5500 | 13.3a |
| 5500 ＜ GVW ≤ 7000 | 15.2 |
| 7000 ＜ GVW ≤ 8500 | 18.1a |
| 8500 ＜ GVW ≤ 10500 | 20.4a |
| 10500 ＜ GVW ≤ 12500 | 23.8a |
| 12500 ＜ GVW ≤ 16000 | 26.6 |

（续表）

| 最大设计总质量（GVW）<br>kg | 燃料消耗量限值<br>L/100km |
|---|---|
| 16000 ＜ GVW ≤ 20000 | 29.9 |
| 20000 ＜ GVW ≤ 25000 | 35.6 |
| 25000 ＜ GVW ≤ 31000 | 40.9 |
| 31000 ＜ GVW | 43.2 |
| a 对于汽油车，其限值是表中相应限值乘以 1.2 的数值圆整（四舍五入）至小数点后一位。 | |

**表 2.2　节约能源半挂牵引车综合工况燃料消耗量限值标准**

| 最大设计总质量（GCW）<br>kg | 燃料消耗量限值<br>L/100km |
|---|---|
| GCW ≤ 18000 | 31.4 |
| 18000 ＜ GCW ≤ 27000 | 34.2 |
| 27000 ＜ GCW ≤ 35000 | 36.1 |
| 35000 ＜ GCW ≤ 40000 | 38.0 |
| 40000 ＜ GCW ≤ 43000 | 39.9 |
| 43000 ＜ GCW ≤ 46000 | 42.8 |
| 46000 ＜ GCW ≤ 49000 | 44.7 |
| 49000 ＜ GCW | 45.6 |

**表 2.3　节约能源客车综合工况燃料消耗量限值标准**

| 最大设计总质量（GVW）<br>kg | 燃料消耗量限值<br>L/100km |
|---|---|
| 3500 ＜ GVW ≤ 4500 | 11.9a |
| 4500 ＜ GVW ≤ 5500 | 12.8a |
| 5500 ＜ GVW ≤ 7000 | 14.3a |
| 7000 ＜ GVW ≤ 8500 | 15.7 |
| 8500 ＜ GVW ≤ 10500 | 17.6 |
| 10500 ＜ GVW ≤ 12500 | 19.0 |
| 12500 ＜ GVW ≤ 14500 | 20.4 |
| 14500 ＜ GVW ≤ 16500 | 21.4 |
| 16500 ＜ GVW ≤ 18000 | 22.8 |
| 18000 ＜ GVW ≤ 22000 | 23.8 |
| 22000 ＜ GVW ≤ 25000 | 26.1 |
| 25000 ＜ GVW | 28.0 |
| a 对于汽油车，其限值是表中相应限值乘以 1.2 的数值圆整（四舍五入）至小数点后一位。 | |

表 2.4　节约能源自卸汽车综合工况燃料消耗量限值标准

| 最大设计总质量（GVW）<br>kg | 燃料消耗量限值<br>L/100km |
|---|---|
| 3500 < GVW ≤ 4500 | 14.3 |
| 4500 < GVW ≤ 5500 | 15.2 |
| 5500 < GVW ≤ 7000 | 16.6 |
| 7000 < GVW ≤ 8500 | 19.5 |
| 8500 < GVW ≤ 10500 | 21.9 |
| 10500 < GVW ≤ 12500 | 24.2 |
| 12500 < GVW ≤ 16000 | 26.6 |
| 16000 < GVW ≤ 20000 | 32.3 |
| 20000 < GVW ≤ 25000 | 41.3 |
| 25000 < GVW ≤ 31000 | 44.7 |
| 31000 < GVW | 46.6 |

表 2.5　节约能源城市客车综合工况燃料消耗量限值标准

| 最大设计总质量（GVW）<br>kg | 燃料消耗量限值<br>L/100km |
|---|---|
| 3500 < GVW ≤ 4500 | 13.3 |
| 4500 < GVW ≤ 5500 | 14.7 |
| 5500 < GVW ≤ 7000 | 16.6 |
| 7000 < GVW ≤ 8500 | 18.5 |
| 8500 < GVW ≤ 10500 | 21.4 |
| 10500 < GVW ≤ 12500 | 24.7 |
| 12500 < GVW ≤ 14500 | 29.0 |
| 14500 < GVW ≤ 16500 | 32.3 |
| 16500 < GVW ≤ 18000 | 35.6 |
| 18000 < GVW ≤ 22000 | 39.0 |
| 22000 < GVW ≤ 25000 | 43.2 |
| 25000 < GVW | 46.6 |

附件 3：

# 新能源汽车纯电动续驶里程及专项检验标准

**表 3.1　新能源汽车纯电动续驶里程标准**　　单位：km

| 类　别 | 乘用车 | 客车 | 货车 | 专用车 | 测试方法 |
|---|---|---|---|---|---|
| 纯电动 | | ≥ 150 | ≥ 80 | ≥ 80 | M1、N1 类采用工况法，其他暂采用 40km/h 等速法。 |
| 插电式（含增程式）混合动力 | ≥ 50（工况法）<br>≥ 70（等速法） | ≥ 50 | ≥ 50 | ≥ 50 | M1、N1 类采用工况法或 60km/h 等速法，其他暂采用 40km/h 等速法。 |
| 燃料电池 | | ≥ 150 | ≥ 200 | ≥ 200 | M1、N1 类采用工况法，其他暂采用 40km/h 等速法。 |

注：1. 超级电容、钛酸锂快充纯电动客车无纯电动续驶里程要求。

2. M1 类是指包括驾驶员座位在内，座位数不超过九座的载客车辆。

N1 类是指最大设计总质量不超过 3500kg 的载货车辆。

**表 3.2　新能源汽车产品专项检验标准目录**

| 序号 | 标准编号 | 标准名称 |
|---|---|---|
| 1 | GB/T 4094.2-2005 | 电动汽车操纵件、指示器及信号装置的标志 |
| 2 | GB/T 18384.1-2001 | 电动汽车安全要求 第 1 部分：车载储能装置 |
| 3 | GB/T 18384.2-2001 | 电动汽车安全要求 第 2 部分：功能安全和故障防护 |
| 4 | GB/T 18384.3-2001 | 电动汽车安全要求 第 3 部分：人员触电防护 |
| 5 | GB/T 18385-2005 | 电动汽车动力性能试验方法 |
| 6 | GB/T 18386-2005 | 电动汽车能量消耗率和续驶里程试验方法 |
| 7 | GB/T 18387-2008 | 电动车辆的电磁场辐射强度的限值和测量方法宽带 9kHz-30MHz |
| 8 | GB/T 18388-2005 | 电动汽车定型试验规程 |
| 9 | GB/T 18488.1-2006 | 电动汽车用电机及其控制器 第 1 部分：技术条件 |
| 10 | GB/T 18488.2-2006 | 电动汽车用电机及其控制器 第 2 部分：试验方法 |

续表

| 序号 | 标准编号 | 标准名称 |
|---|---|---|
| 11 | GB/T 19750-2005 | 混合动力电动汽车定型试验规程 |
| 12 | GB/T 19751-2005 | 混合动力电动汽车安全要求 |
| 13 | GB/T 19752-2005 | 混合动力电动汽车动力性能试验方法 |
| 14 | GB/T 19753-2013 | 轻型混合动力电动汽车能量消耗量试验方法 |
| 15 | GB/T 19754-2005 | 重型混合动力电动汽车能量消耗量试验方法 |
| 16 | GB/T 19755-2005 | 轻型混合动力电动汽车污染物排放测量方法 |
| 17 | GB/T 19836-2005 | 电动汽车用仪表 |
| 18 | GB/T 20234.1-2011 | 电动汽车传导充电 充电连接装置 第 1 部分：通用要求 |
| 19 | GB/T 20234.2-2011 | 电动汽车传导充电 充电连接装置 第 2 部分：交流充电接口 |
| 20 | GB/T 20234.3-2011 | 电动汽车传导充电 充电连接装置 第 3 部分：直流充电接口 |
| 21* | GB/T 24347-2009 | 电动汽车 DC/DC 变换器 |
| 22* | GB/T 24549-2009 | 燃料电池电动汽车安全要求 |
| 23 | GB/T 24552-2009 | 电动汽车风窗玻璃除霜除雾系统的性能要求及试验方法 |
| 24* | GB/T 24554-2009 | 燃料电池发动机性能试验方法 |
| 25* | GB/T 26779-2011 | 燃料电池电动汽车加氢口 |
| 26* | GB/T 26990-2011 | 燃料电池电动汽车车载氢系统 技术条件 |
| 27* | GB/T 26991-2011 | 燃料电池电动汽车 最高车速 试验方法 |
| 28 | GB/T 27930-2011 | 电动汽车非车载传导式充电机与电池管理系统之间的通信协议 |
| 29 | GB/T 28382-2012 | 纯电动乘用车技术条件 |
| 30* | GB/T 29126-2012 | 燃料电池电动汽车车载氢系统 试验方法 |
| 31* | GB/T 29307-2012 | 电动汽车用驱动电机系统可靠性试验方法 |
| 32 | GB/Z 18333.2-2001 | 电动道路车辆用锌空气蓄电池 |
| 33 | QC/T 741-2006 | 车用超级电容器 |
| 34 | QC/T 743-2006 | 电动汽车用锂离子蓄电池 |
| 35 | QC/T 744-2006 | 电动汽车用金属氢化物镍蓄电池 |
| 36* | QC/T 838-2010 | 超级电容电动城市客车 |
| 37* | QC/T 895-2011 | 电动汽车用传导式车载充电机 |
| 38* | QC/T 925-2013 | 超级电容电动城市客车 定型试验规程 |

注：1. 序号中加“*”标准实施时间以工业和信息化部《车辆生产企业及产品公告》要求的实施时间为准。

2. 本目录将根据新能源汽车标准变化情况进行调整。

# 关于完善城市公交车成品油价格补助政策加快新能源汽车推广应用的通知

财建 [2015]159 号

**各省、自治区、直辖市、计划单列市财政厅（局）、工业和信息化主管部门、交通运输厅（局、委），新疆生产建设兵团财务局、工业和信息化委员会、交通局：**

按照《国务院关于印发节能与新能源汽车产业发展规划（2012 － 2020 年）的通知》（国发〔2012〕22 号）、《国务院关于印发大气污染防治行动计划的通知》（国发〔2013〕37 号）、《国务院办公厅关于加快新能源汽车推广应用的指导意见》（国办发〔2014〕35 号）等文件要求，为进一步加快新能源汽车推广应用，促进公交行业节能减排和结构调整，实现公交行业健康、稳定发展，经国务院批准，从2015年起对城市公交车成品油价格补助政策进行调整。有关事项通知如下：

## 一、充分认识城市公交车成品油价格补助政策调整的重要意义

2006 年起实施的成品油价格补助政策，促进了石油价格形成机制的不断完善和城市公交行业的稳定发展。但成品油价格补助政策的长期执行，实际形成了鼓励购买和使用燃油公交车、阻碍新能源公交车推广应用的不良机制，不利于优化公交行业能源消费结构，与国家节能减排、大气污染防治和发展新能源汽车的工作要求不相符，迫切需要发挥价格机制的调节作用，建立鼓励新能源公交车应用、限制燃油公交车增长的新机制。

## 二、总体思路和基本原则

通过完善城市公交车成品油价格补助政策，进一步理顺补助对象和环节，加快新能源公交车替代燃油公交车步伐。一方面还原燃油公交车的真实使用成本，遏制燃油公交车数量增加势头，另一方面调动企业购买和使用新能源公交车的积极性，鼓励在新增和更新城市公交车时优先选择新能源公交车，推动新能源公交车规模化推广应用，促进公交行业节能减排，为大气污染防治做出贡献。

（一）总体思路。

统筹考虑各类城市公交车购置和运营成本，在对城市公交行业补助总体水平相对稳定的前提下，调整优化财政补助支出结构，平衡传统燃油公交车和新能源公交车的使用成本，逐步形成新能源汽车的比较优势。循序渐进，分类实施，推动形成有利于城市公交行业节能减排和新能源汽车产业发展的政策环境，确保公交行业平稳转型、健康发展。

（二）基本原则。

一是统筹兼顾，突出重点。统筹考虑城市用油、用气、新能源等公交车一定期限内购置及运营成本，调整现行成品油价格补贴政策，加大对新能源公交车支持力度，及时研究制订用气公交车支持政策。

二是总量稳定，结构优化。在对城市公交行业补助总体规模稳定的前提下，通过逐年降低城市公交车成品油价格补助和增加新能源公交车运营补助，加大对新能源公交车支持力度，逐步形成新能源公交车的比较优势，优化城市公交车辆产品结构。

三是分类实施，循序渐进。对现行城市公交车成品油价格补助中因税费改革产生的补助（即2008年国务院实施成品油价格和税费改革时，对因取消公路养路费等六项收费后提高汽柴油消费税形成的涨价给予的补助，以下简称费改税补助）和成品油价格上涨产生的补助（以下简称涨价补助）区别对待。费改税补助，以2013年实际执行数为基数予以保留。涨价补助与新能源公交车推广完成情况挂钩，补助金额逐步减少。

四是绩效考核，有奖有罚。对各省（区、市）新能源公交车推广情况进行考核，完成新能源公交车推广目标的，给予新能源公交车运营补助；对未完成目标的，按照一定比例扣减本省（区、市）成品油价格补助中的涨价补助。

三、政策措施

（一）调整现行城市公交车成品油价格补助政策。

1. 现行城市公交车成品油价格补助中的费改税补助作为基数保留，不作调整。2015－2019年，费改税补助数额以2013年实际执行数作为基数予以保留，暂不做调整。

2. 现行城市公交车成品油价格补助中的涨价补助以2013年作基数，逐年调整。2015－2019年，现行城市公交车成品油价格补助中的涨价补助以2013年实际执行数作为基数逐步递减，其中2015年减少15%、2016年减少30%、2017年减少40%、2018年减少50%、2019年减少60%，2020年以后根据城市公交车用能结构情况另行确定。

（二）涨价补助数额与新能源公交车推广数量挂钩。

2015-2019年，城市公交车成品油价格补助中的涨价补助数额与新能源公交车推广数量挂钩。其中，大气污染治理重点区域和重点省市（包括北京、上海、天津、河北、山西、江苏、浙江、山东、广东、海南），2015－2019年新增及更换的公交车中新能源公交车比重应分别达到40%、50%、60%、70%和80%。中部省（包括安徽、江西、河南、湖北、湖南）和福建省2015－2019年新增及更换的公交车中新能源公交车比重应分别达到25%、35%、45%、55%和65%。其他省（区、市）2015－2019年新增及更换的公交车中新能源公交车比重应分别达到10%、15%、20%、25%和30%。达到上述推广比例要求的，涨价补助按照政策调整后的标准全额拨付。未能达到上述推广比例要求的，扣减当年应拨涨价补助数额的20%。新能源公交车推广考核具体办法由工业和信息化部、交通运输部、财政部另行制订。

（三）调整后的城市公交车成品油价格补助资金由地方统筹使用。

调整后的城市公交车成品油价格补助资金由地方统筹用于城市公交车补助。各省（区、市）财政、工业和信息化、交通运输等部门根据本地实际制定具体管理办法。城市公交车补助问题由地方政府通过增加财政补助、调整运价等方式予以解决，确保公交行业稳定。

（四）中央财政对完成新能源公交车推广目标的地区给予新能源公交车运营补助。

为加快新能源公交车替换燃油公交车步伐，2015-2019 年期间中央财政对达到新能源公交车推广目标的省份，对纳入工业和信息化部“新能源汽车推广应用工程推荐车型目录”、年运营里程不低于 3 万公里（含 3 万公里）的新能源公交车以及非插电式混合动力公交车，按照其实际推广数量给予运营补助。具体标准见附件。2020 年以后再综合考虑产业发展、成本变化及优惠电价等因素调整运营补助政策。

**四、资金申请和拨付**

（一）城市公交车成品油价格补助。

调整后的城市公交车成品油价格补助资金将采取年初预拨、年度清算的资金拨付方式，即：

1. 在每年 4 月底前，中央财政将各省（区、市）当年应享受的全部费改税补助资金和 80% 的涨价补助资金，提前拨付给省级财政部门（2015 年度补助资金将在政策发布后一个月内拨付地方）。

2. 剩余 20% 的涨价补助资金，在下一年度 4 月底前，对该省（区、市）的新能源公交车推广工作核查后，向符合条件的省（区、市）进行拨付，不符合条件的将不予拨付。具体的申报、核查程序以及时间要求如下：

（1）由县、市级交通运输部门和道路运输管理机构组织力量，对本辖区城市公交企业新增及更换公交车数量、新能源公交车实际推广使用数量、新能源公交车行驶里程及车辆购置发票等相关证明材料进行统计、整理、汇总，经核实并公示无异后，于每年 2 月 10 日前，逐级上报至省级交通运输部门，同时抄报同级财政、工业和信息化、审计部门。

（2）省级交通运输部门收到下级交通运输部门上报的车辆信息及相关证明材料后，经审核和重点抽查，将本省（区、市）新增及更换公交车数量、新能源公交车实际推广数量、新能源公交车运营里程等情况整理汇总，于每年 2 月底前，上报至交通运输部，并抄送同级财政、工业和信息化、审计部门及财政部驻当地财政监察专员办事处。

（3）交通运输部会同工业和信息化部对各省（区、市）公交车推广情况进行整理、汇总和分析，核定各省（区、市）新能源公交车推广数量和占新增及更换的公交车的比例，确定各省（区、市）是否完成相应的新能源汽车推广任务，将审核报告于每年 3 月底前提交至财政部。

（4）财政部根据交通运输部、工业和信息化部审核结果，向符合条件的省（区、市）拨付剩余 20% 的城市公交车成品油价格补助资金。

3. 省级财政部门收到财政部下达的补助资金（包括预拨资金和清算资金）后，应当会同同级交通运输、工业和信息化部门逐级下拨资金。基层财政、交通运输和工业和信息化部门应当及时将补助资金发放到补助对象。

（二）新能源公交车运营补助。

新能源公交车运营补助资金将采取存量部分年初拨付、增量部分年终清算的方式，即：

1. 在每年 4 月底前，中央财政对以前年度（从 2015 年 1 月 1 日起）已购买并上牌，且在正常运行（年运营里程不得低于 3 万公里）的新能源公交车，按照附件中确定的补助标准，将运营补助资金拨付给省级财政部门，与城市公交车成品油价格补助预拨资金一并下达。

2. 当年新投入运营的新能源公交车，中央财政将于下一年度 4 月底前，向符合条件的省（区、市）拨付运营补助资金，与城市公交车成品油价格补助清算资金一并下达；不符合要求的将不予拨付。

补助资金应当专款专用，全额用于补助实际用油者和新能源公交车的运营，不得挪作他用。

**五、保障措施**

城市公交车成品油价格补助政策调整涉及城市公交企业和广大群众切身利益，实施新能源汽车替代燃油车是一个系统工程，各地区要统一思想，精心组织，周密部署，做好有关工作，确保顺利实施。

（一）加强组织领导。

城市公交车成品油价格补助政策调整以省（区、市）为单位实施，财政部、工业和信息化部、交通运输部分工协作，共同督促地方政府加强领导，精心部署，切实做好政策调整的组织实施工作。财政部牵头负责政策制订和调整、组织实施并具体负责中央财政补助资金的管理。工业和信息化部负责采取切实有效措施打破地方保护，督促企业加大新能源公交车生产供应和提高质量安全保障等。交通运输部负责对各地新能源公交车替代燃油公交车工作的考核、监督与指导。

（二）加强监督检查。

各省级财政、工业和信息化、交通运输部门要联合有关部门加强对城市公交车成品油价格补助政策调整工作的监督检查，规范补助资金的申请和发放程序，加强资金管理。对弄虚作假、套取补助资金的公交企业，一经查实，追回上年度补助资金，并取消下年度补助资格；对虚报瞒报新能源公交车推广数量和推广比例、扩大范围发放补助资金、截留挪用补助资金的部门和管理人员，一经查实，将严肃处理，并追究相关责任人的责任。

（三）做好政策宣传。

财政部、工业和信息化部、交通运输部会同有关部门和行业协会、企业做好宣传工作，加强舆论引导，及时回应社会关切，争取社会各方理解和支持，确保政策调整平稳实施。地方各级人民政府要结合本地实际情况，加强舆论引导。

（四）维护行业稳定。

各省（区、市）要加强公交行业动态信息监控，及时掌握改革动态；要充分考虑公共财政保障能力、公众承受能力和企业运营成本，加快建立城市公交成本票价制度，消化补助政策调整给企业增加的运营成本，维护城市公交行业健康稳定发展。

（五）做好政策衔接。

地方政府及相关部门应当按照本通知要求，尽快完善补助资金的发放管理制度，并将调整后的补助程序、补助对象、补助标准和金额等内容及时向社会公布。

本通知自2015年1月1日起实施。2009年财政部、交通运输部联合发布的《城乡道路客运成品油价格补助专项资金管理暂行办法》（财建〔2009〕1008号）中关于城市公交的内容同时废止。

附件：节能与新能源公交车运营补助标准（2015-2019年）

财政部 工业和信息化部 交通运输部

2015年5月11日

**附件：**

**节能与新能源公交车运营补助标准（2015-2019年）** 单位：万元/辆/年

| 车辆类型 | 车长L（米） | | |
|---|---|---|---|
| | 6≤L＜8 | 8≤L＜10 | L≥10 |
| 纯电动公交车 | 4 | 6 | 8 |
| 插电式混合动力（含增程式）公交车 | 2 | 3 | 4 |
| 燃料电池公交车 | 6 | | |
| 超级电容公交车 | 2 | | |
| 非插电式混合动力公交车 | 2 | | |

# 中华人民共和国工业和信息化部公告

**2015年第38号**

为保护生态环境，提高资源综合利用效率，促进汽车行业生产方式、消费模式向绿色低碳清洁安全转变，提高产品的国际竞争力，依据《中华人民共和国环境保护法》第四十条、《中华人民共和国清洁生产促进法》第十九条、《中华人民共和国循环经济促进法》第十九条等规定，工业和信息化部制定了《汽车有害物质和可回收利用率管理要求》，现予以公告。

附件：汽车有害物质和可回收利用率管理要求

工业和信息化部

**2015年6月1日**

附件：

# 汽车有害物质和可回收利用率管理要求

**一、汽车生产企业作为污染控制的责任主体，应积极开展生态设计，遵循易拆解性和可回收利用性的设计原则，采用合理的结构和功能设计，选择无毒无害或低毒低害的绿色环保材料和易于拆解、利用的部件，应用资源利用效率高、环境污染小、易于回收利用的绿色制造技术；积极构建绿色供应链，在全产业链控制有害物质使用、落实材料标识要求。**

**二、各级汽车零部件和材料供应商应如实提供产品的材料和有害物质使用信息，以利于汽车生产企业对汽车有害物质和可回收利用率的跟踪与分析。**

**三、自 2016 年 1 月 1 日起，对总座位数不超过九座的载客车辆（M1 类）有害物质使用和可回收利用率实施管理。**

（一）新产品有害物质使用、可回收利用率计算方法应分别符合国家标准《汽车禁用物质要求》、《道路车辆 可再利用性和可回收利用性计算方法》的要求，并纳入《车辆生产企业及产品公告》（以下简称《公告》）管理。在生产车延后 24 个月执行。

（二）汽车生产企业应在申请新产品《公告》时，报送《汽车有害物质信息表》（见附表，电子版可在工业和信息化部节能与综合利用司网站下载），并在获得《公告》6 个月内，通过适当的途径和方式，向回收拆解企业提供《汽车拆解指导手册》。对于未按要求提供上述材料和信息的，责令限期改正，或将名单予以公布。

（三）工业和信息化部根据行业现状和发展水平，适时、逐步扩大产品类别实施范围。

**四、工业和信息化部每年发布汽车行业绿色发展年度报告，公布汽车有害物质使用和可回收利用率等信息，对汽车生产企业制度建设、绿色供应链管理等情况进行总结和评估。**

# 中华人民共和国国家发展和改革委员
# 中华人民共和国工业和信息化部令
# 《新建纯电动乘用车企业管理规定》

**2015年第27号**

《新建纯电动乘用车企业管理规定》业经国务院同意，现予以发布，自2015年7月10日起施行。

附件：新建纯电动乘用车企业管理规定

国家发展改革委主任：徐绍史

工业和信息化部部长：苗圩

2015年6月2日

附件：

## 新建纯电动乘用车企业管理规定

### 第一章　总则

**第一条**　为促进新能源汽车产业发展，发挥市场主体的作用，支持社会资本和具有技术创新能力的企业参与纯电动乘用车科研生产，根据《中华人民共和国行政许可法》及《政府核准投资项目管理办法》、《汽车产业发展政策》等有关法律、法规和规章，制定本规定。

**第二条**　本规定适用于在中国境内投资新建独立法人纯电动乘用车生产企业（以下简称“新建企业”）。

**第三条**　本规定所称“纯电动乘用车”，包括纯电动和增程式（具备外接充电功能的串联式混合动力）乘用车，分别指国家标准GB/T 19596-2004《电动汽车术语》中第31111款和第311121款所定义的车辆。“乘用车”包含轿车和其他乘用车，是指整车（含底盘）为自制的、国家标准GB/T 37301-2001《汽车和挂车类型的术语和定义》中第2111款至第21110款所定义的车辆。

**第四条**　国家发展改革委、工业和信息化部在各自职责范围内负责新建企业投资项目和车辆生产企业及产品准入的监督管理。

## 第二章　投资管理

**第五条**　新建企业投资项目应执行《国务院关于发布政府核准的投资项目目录（2014 年本）的通知》（国发〔2014〕53 号）和《汽车产业发展政策》有关规定。

**第六条**　新建企业投资项目的投资总额和生产规模不受《汽车产业发展政策》有关最低要求限制，由投资主体自行决定。

新建企业可生产纯电动乘用车，不能生产任何以内燃机为驱动动力的汽车产品。

**第七条**　新建企业的投资主体应按照《政府核准投资项目管理办法》有关要求编制投资项目申请报告，并向国家发展改革委提供投资项目申请企业的企业概况、基础能力、试制样车说明及证明材料（见附件一）。

**第八条**　新建企业的投资主体应具备以下基本条件：

（一）在中国境内注册，具备与项目投资相适应的自有资金规模和融资能力。

（二）具有纯电动乘用车产品从概念设计、系统和结构设计到样车研制、试验、定型的完整研发经历。具有专业研发团队和整车正向研发能力，掌握整车控制系统、动力蓄电池系统、整车集成和整车轻量化方面的核心技术以及相应的试验验证能力，拥有纯电动乘用车自主知识产权和已授权的相关发明专利。

（三）具有整车试制能力，具备完整的纯电动乘用车样车试制条件，包括车身及底盘制造、动力蓄电池系统集成、整车装配等主要试制工艺和装备。

（四）自行试制同一型式的纯电动乘用车样车数量不少于 15 辆。提供的样车经过国家认定的检测机构检验，在符合汽车国家标准和电动汽车相关标准的前提下，在安全性、可靠性、动力性、整车轻量化、经济性等方面达到规定的技术要求（见附件二）。

**第九条**　新建企业投资项目申请报告应包括以下内容：

（一）具备纯电动乘用车整车正向开发能力的研发机构。至少具备整车及动力系统匹配、整车管理系统、车载能源管理系统、车辆轻量化、车辆安全等关键技术的设计开发能力、试验检测能力以及对整车产品运行状态的监控能力。

（二）与生产纲领、产品结构相适应的车身成型、涂装、总装等整车生产工艺和装备，以及动力蓄电池系统集成等关键部件的生产能力和一致性保证能力。

（三）纯电动乘用车产品的销售及售后服务体系。

（四）新建企业要有履行保障消费者权益等社会责任的承诺和措施，并提供担保企业和经公证的担保期不低于 5 年（以项目建成投产为起始点）的担保合同。

**第十条**　国家发展改革委应当依据《政府核准投资项目管理办法》有关规定对新建企业投资项目申请进行审查，并征求工业和信息化部的意见。

**第十一条**　国家发展改革委应当对新建企业投资项目申请组织专家进行评估，由纯电动乘用车行业专家库中的专家组成投资项目评审委员会，对投资项目申请企业提供的附件一和附件二的真实性和符合性进行审查，并在30个工作日内出具评审意见。

纯电动乘用车行业专家库由国家发展改革委会同工业和信息化部负责组建。

## 第三章　准入管理

**第十二条**　投资项目完成建设后，新建企业及产品按照工业和信息化部《乘用车生产企业及产品准入管理规则》和《新能源汽车生产企业及产品准入管理规则》的相关要求，通过考核后列入《车辆生产企业及产品公告》，并按单独类别管理。

**第十三条**　新建企业生产的纯电动乘用车产品应使用该企业拥有所有权的注册商标和品牌，且符合乘用车、电动汽车相关国家标准和行业标准的要求，所采用动力蓄电池单体和系统应当是符合汽车动力蓄电池行业规范条件的企业生产的产品。新建企业须提交对纯电动乘用车电池、电机、电控系统等核心部件的质保承诺，质保承诺的内容应符合国家支持新能源汽车推广应用的相关规定。

**第十四条**　新建企业列入《车辆生产企业及产品公告》的纯电动乘用车产品有效期为3年，有效期届满前30日可提出延期申请，审查通过可以延长有效期，每次延期不超过3年。

**第十五条**　新建企业应建立生产一致性管理体系，保证实际生产的产品与列入《车辆生产企业及产品公告》的产品相符。对企业生产未经许可或不符合标准的产品，依照《道路交通安全法》和工业和信息化部《车辆生产企业及产品一致性监督管理办法》有关规定进行处理。

**第十六条**　工业和信息化部对新建企业承诺履行情况、售后服务保障情况、产品安全性和一致性等方面开展评价，评价结果向社会公开。

**第十七条**　工业和信息化部对新建企业准入条件保持情况进行抽查，对不能保持生产准入相关条件或已经破产的企业，依法撤销、注销或暂停其《车辆生产企业及产品公告》。暂停期间，企业不得办理更名、迁址等变更手续。

## 第四章　附　则

**第十八条**　新建企业投资项目和准入管理的监管及法律责任，按照国家有关法律法规以及《政府核准投资项目管理办法》等规定执行。

**第十九条**　本规定由国家发展和改革委员会、工业和信息化部负责解释。

**第二十条**　本规定自2015年7月10日起施行。

# 中华人民共和国国家发展和改革委员会
# 中华人民共和国工业和信息化部
# 中华人民共和国财政部
# 公　告

**2015 年第 15 号**

根据《财政部 国家发展改革委关于开展“节能产品惠民工程”的通知》（财建 [2009]213 号）和《财政部 国家发展改革委 工业和信息化部关于印发“节能产品惠民工程”节能汽车（1.6 升及以下乘用车）推广实施细则的通知》（财建 [2010]219 号）以及《财政部 发展改革委 工业和信息化部关于开展 1.6 升及以下节能环保汽车推广工作的通知》（财建 [2013]644 号）的要求，国家发展改革委、工业和信息化部、财政部组织对各地上报的节能环保汽车推广申请报告及相关材料进行了审核，并将审核结果进行了公示。现将“节能产品惠民工程节能环保汽车（1.6 升及以下乘用车）推广目录（第二批）”予以公告，自发布之日起开始实施，消费者购买目录中的产品可以享受中央财政补贴。

附件：节能产品惠民工程节能环保汽车（1.6 升及以下乘用车）推广目录（第二批）（略）

国家发展改革委

工业和信息化部

财　政　部

2015 年 7 月 27 日

# 交通运输部关于修改《机动车维修管理规定》的决定

**中华人民共和国交通运输部令 2015 年第 17 号**

**《交通运输部关于修改〈机动车维修管理规定〉的决定》已于 2015 年 7 月 23 日经第 10 次部务会议通过，现予公布。**

**部长　杨传堂**

**2015 年 8 月 8 日**

附件：

# 交通运输部关于修改《机动车维修管理规定》的决定

交通运输部决定对《机动车维修管理规定》（交通部令 2005 年第 7 号）作如下修改：

一、第五条新增一款，作为第二款。内容为："托修方有权自主选择维修经营者进行维修。除汽车生产厂家履行缺陷汽车产品召回、汽车质量'三包'责任外，任何单位和个人不得强制或者变相强制指定维修经营者。"

二、将第十六条第二款修改为："机动车维修经营者应当在取得相应工商登记执照后，向道路运输管理机构申请办理机动车维修经营许可手续。"

三、将第二十六条第四款修改为："机动车生产厂家在新车型投放市场后六个月内，有义务向社会公布其维修技术信息和工时定额。具体要求按照国家有关部门关于汽车维修技术信息公开的规定执行。"

四、将第二十七条第一款修改为："机动车维修经营者应当使用规定的结算票据，并向托修方交付维修结算清单。维修结算清单中，工时费与材料费应当分项计算。维修结算清单标准规范格式由交通运输部制定。”

五、将第三十一条第二款修改为：“机动车维修配件实行追溯制度。机动车维修经营者应当记录配件采购、使用信息，查验产品合格证等相关证明，并按规定留存配件来源凭证。”

新增一款，作为第三十一条第三款。内容为：“托修方、维修经营者可以使用同质配件维修机动车。同质配件是指，产品质量等同或者高于装车零部件标准要求，且具有良好装车性能的配件。”

六、将第三十四条修改为：“机动车维修经营者应当建立机动车维修档案，并实行档案电子化管理。维修档案应当包括：维修合同（托修单）、维修项目、维修人员及维修结算清单等。对机动车进行二级维护、总成修理、整车修理的，维修档案还应当包括：质量检验单、质量检验人员、竣工出厂合格证（副本）等。

机动车维修经营者应当按照规定如实填报、及时上传承修机动车的维修电子数据记录至国家有关汽车电子健康档案系统。机动车生产厂家或者第三方开发、提供机动车维修服务管理系统的，应当向汽车电子健康档案系统开放相应数据接口。

机动车托修方有权查阅机动车维修档案。”

七、将第三十六条修改为：“道路运输管理机构应当加强对机动车维修经营的质量监督和管理，采用定期检查、随机抽样检测检验的方法，对机动车维修经营者维修质量进行监督。

道路运输管理机构可以委托具有法定资格的机动车维修质量监督检验单位，对机动车维修质量进行监督检验。”

八、第四十五条新增一款，作为第二款。内容为：“道路运输管理机构应当依法履行对维修经营者所取得维修经营许可的监管职责，定期核对许可登记事项和许可条件。对许可登记内容发生变化的，应当依法及时变更；对不符合法定条件的，应当责令限期改正。”

九、将第五十三条第（八）项修改为：“机动车维修经营者未按规定建立电子维修档案，或者未及时上传维修电子数据记录至国家有关汽车电子健康档案系统的；”

十、将第六条、第四十七条中“交通部”改为“交通运输部”，将条文中所有“交通主管部门”统一改为“交通运输主管部门”。

本决定自 2015 年 8 月 8 日起施行。

《机动车维修管理规定》根据本决定作相应修正，重新发布。

# 机动车维修管理规定

**（2005 年 6 月 24 日交通部发布 根据 2015 年 8 月 8 日《交通运输部关于修改〈机动车维修管理规定〉的决定》修正）**

## 第一章　总 则

**第一条**　为规范机动车维修经营活动，维护机动车维修市场秩序，保护机动车维修各方当事人的合法权益，保障机动车运行安全，保护环境，节约能源，促进机动车维修业的健康发展，根据《中华人民共和国道路运输条例》及有关法律、行政法规的规定，制定本规定。

**第二条**　从事机动车维修经营的，应当遵守本规定。

本规定所称机动车维修经营，是指以维持或者恢复机动车技术状况和正常功能，延长机动车使用寿命为作业任务所进行的维护、修理以及维修救援等相关经营活动。

**第三条**　机动车维修经营者应当依法经营，诚实信用，公平竞争，优质服务。

**第四条**　机动车维修管理，应当公平、公正、公开和便民。

**第五条**　任何单位和个人不得封锁或者垄断机动车维修市场。

托修方有权自主选择维修经营者进行维修。除汽车生产厂家履行缺陷汽车产品召回、汽车质量“三包”责任外，任何单位和个人不得强制或者变相强制指定维修经营者。

鼓励机动车维修企业实行集约化、专业化、连锁经营，促进机动车维修业的合理分工和协调发展。

鼓励推广应用机动车维修环保、节能、不解体检测和故障诊断技术，推进行业信息化建设和救援、维修服务网络化建设，提高机动车维修行业整体素质，满足社会需要。

**第六条**　交通运输部主管全国机动车维修管理工作。

县级以上地方人民政府交通运输主管部门负责组织领导本行政区域的机动车维修管理工作。

县级以上道路运输管理机构负责具体实施本行政区域内的机动车维修管理工作。

## 第二章　经营许可

**第七条**　机动车维修经营依据维修车型种类、服务能力和经营项目实行分类许可。

机动车维修经营业务根据维修对象分为汽车维修经营业务、危险货物运输车辆维修经营业务、摩托车维修经营业务和其他机动车维修经营业务四类。

汽车维修经营业务、其他机动车维修经营业务根据经营项目和服务能力分为一类维修经营业务、二类维修经营业务和三类维修经营业务。

摩托车维修经营业务根据经营项目和服务能力分为一类维修经营业务和二类维修经营业务。

**第八条** 获得一类汽车维修经营业务、一类其他机动车维修经营业务许可的，可以从事相应车型的整车修理、总成修理、整车维护、小修、维修救援、专项修理和维修竣工检验工作；获得二类汽车维修经营业务、二类其他机动车维修经营业务许可的，可以从事相应车型的整车修理、总成修理、整车维护、小修、维修救援和专项修理工作；获得三类汽车维修经营业务、三类其他机动车维修经营业务许可的，可以分别从事发动机、车身、电气系统、自动变速器维修及车身清洁维护、涂漆、轮胎动平衡和修补、四轮定位检测调整、供油系统维护和油品更换、喷油泵和喷油器维修、曲轴修磨、气缸镗磨、散热器（水箱）、空调维修、车辆装潢（蓬布、坐垫及内装饰）、车辆玻璃安装等专项工作。

**第九条** 获得一类摩托车维修经营业务许可的，可以从事摩托车整车修理、总成修理、整车维护、小修、专项修理和竣工检验工作；获得二类摩托车维修经营业务许可的，可以从事摩托车维护、小修和专项修理工作。

**第十条** 获得危险货物运输车辆维修经营业务许可的，除可以从事危险货物运输车辆维修经营业务外，还可以从事一类汽车维修经营业务。

**第十一条** 申请从事汽车维修经营业务或者其他机动车维修经营业务的，应当符合下列条件：

（一）有与其经营业务相适应的维修车辆停车场和生产厂房。租用的场地应当有书面的租赁合同，且租赁期限不得少于1年。停车场和生产厂房面积按照国家标准《汽车维修业开业条件》（GB/T16739）相关条款的规定执行。

（二）有与其经营业务相适应的设备、设施。所配备的计量设备应当符合国家有关技术标准要求，并经法定检定机构检定合格。从事汽车维修经营业务的设备、设施的具体要求按照国家标准《汽车维修业开业条件》（GB/T16739）相关条款的规定执行；从事其他机动车维修经营业务的设备、设施的具体要求，参照国家标准《汽车维修业开业条件》（GB/T16739）执行，但所配备设施、设备应与其维修车型相适应。

（三）有必要的技术人员：

1. 从事一类和二类维修业务的应当各配备至少 1 名技术负责人员和质量检验人员。技术负责人员应当熟悉汽车或者其他机动车维修业务，并掌握汽车或者其他机动车维修及相关政策法规和技术规范；质量检验人员应当熟悉各类汽车或者其他机动车维修检测作业规范，掌握汽车或者其他机动车维修故障诊断和质量检验的相关技术，熟悉汽车或者其他机动车维修服务收费标准及相关政策法规和技术规范。技术负责人员和质量检验人员总数的 60% 应当经全国统一考试合格。

2. 从事一类和二类维修业务的应当各配备至少 1 名从事机修、电器、钣金、涂漆的维修技术人员；从事机修、电器、钣金、涂漆的维修技术人员应当熟悉所从事工种的维修技术和操作规范，并了解汽车或者其他机动车维修及相关政策法规。机修、电器、钣金、涂漆维修技术人员总数的 40% 应当经全国统一考试合格。

3. 从事三类维修业务的，按照其经营项目分别配备相应的机修、电器、钣金、涂漆的维修技术人员；从事发动机维修、车身维修、电气系统维修、自动变速器维修的，还应当配备技术负责人员和质量检验人员。技术负责人员、质量检验人员及机修、电器、钣金、涂漆维修技术人员总数的 40% 应当经全国统一考试合格。

（四）有健全的维修管理制度。包括质量管理制度、安全生产管理制度、车辆维修档案管理制度、人员培训制度、设备管理制度及配件管理制度。具体要求按照国家标准《汽车维修业开业条件》（GB/T16739）相关条款的规定执行。

（五）有必要的环境保护措施。具体要求按照国家标准《汽车维修业开业条件》（GB/T16739）相关条款的规定执行。

**第十二条** 从事危险货物运输车辆维修的汽车维修经营者，除具备汽车维修经营一类维修经营业务的开业条件外，还应当具备下列条件：

（一）有与其作业内容相适应的专用维修车间和设备、设施，并设置明显的指示性标志；

（二）有完善的突发事件应急预案，应急预案包括报告程序、应急指挥以及处置措施等内容；

（三）有相应的安全管理人员；

（四）有齐全的安全操作规程。

本规定所称危险货物运输车辆维修，是指对运输易燃、易爆、腐蚀、放射性、剧毒等性质货物的机动车维修，不包含对危险货物运输车辆罐体的维修。

**第十三条** 申请从事摩托车维修经营的，应当符合下列条件：

（一）有与其经营业务相适应的摩托车维修停车场和生产厂房。租用的场地应有书面的租赁合同，且租赁期限不得少于 1 年。停车场和生产厂房的面积按照国家标准《摩托车维修业开业条件》（GB/T18189）相关条款的规定执行。

（二）有与其经营业务相适应的设备、设施。所配备的计量设备应符合国家有关技术标准要求，并经法定检定机构检定合格。具体要求按照国家标准《摩托车维修业开业条件》（GB/T18189）相关条款的规定执行。

（三）有必要的技术人员：

1. 从事一类维修业务的应当至少有 1 名质量检验人员。质量检验人员应当熟悉各类摩托车维修检测作业规范，掌握摩托车维修故障诊断和质量检验的相关技术，熟悉摩托车维修服务收费标准及相关政策法规和技术规范。质量检验人员总数的 60% 应当经全国统一考试合格。

2. 按照其经营业务分别配备相应的机修、电器、钣金、涂漆的维修技术人员。机修、电器、钣金、涂漆的维修技术人员应当熟悉所从事工种的维修技术和操作规范，并了解摩托车维修及相关政策法规。机修、电器、钣金、涂漆维修技术人员总数的 30% 应当经全国统一考试合格。

（四）有健全的维修管理制度。包括质量管理制度、安全生产管理制度、摩托车维修档案管理制度、人员培训制度、设备管理制度及配件管理制度。具体要求按照国家标准《摩托车维修业开业条件》（GB/T18189）相关条款的规定执行。

（五）有必要的环境保护措施。具体要求按照国家标准《摩托车维修业开业条件》（GB/T18189）相关条款的规定执行。

**第十四条** 申请从事机动车维修经营的，应当向所在地的县级道路运输管理机构提出申请，并提交下列材料：

（一）《交通行政许可申请书》；

（二）经营场地、停车场面积材料、土地使用权及产权证明复印件；

（三）技术人员汇总表及相应职业资格证明；

（四）维修检测设备及计量设备检定合格证明复印件；

（五）按照汽车、其他机动车、危险货物运输车辆、摩托车维修经营，分别提供本规定第十一条、第十二条、第十三条规定条件的其他相关材料。

**第十五条** 道路运输管理机构应当按照《中华人民共和国道路运输条例》和《交通行政许可实施程序规定》规范的程序实施机动车维修经营的行政许可。

**第十六条** 道路运输管理机构对机动车维修经营申请予以受理的，应当自受理申请之日起15日内作出许可或者不予许可的决定。符合法定条件的，道路运输管理机构作出准予行政许可的决定，向申请人出具《交通行政许可决定书》，在10日内向被许可人颁发机动车维修经营许可证件，明确许可事项；不符合法定条件的，道路运输管理机构作出不予许可的决定，向申请人出具《不予交通行政许可决定书》，说明理由，并告知申请人享有依法申请行政复议或者提起行政诉讼的权利。

机动车维修经营者应当在取得相应工商登记执照后，向道路运输管理机构申请办理机动车维修经营许可手续。

**第十七条** 申请机动车维修连锁经营服务网点的，可由机动车维修连锁经营企业总部向连锁经营服务网点所在地县级道路运输管理机构提出申请，提交下列材料，并对材料真实性承担相应的法律责任：

（一）机动车维修连锁经营企业总部机动车维修经营许可证件复印件；

（二）连锁经营协议书副本；

（三）连锁经营的作业标准和管理手册；

（四）连锁经营服务网点符合机动车维修经营相应开业条件的承诺书。

道路运输管理机构在查验申请资料齐全有效后，应当场或在5日内予以许可，并发给相应许可证件。连锁经营服务网点的经营许可项目应当在机动车维修连锁经营企业总部许可项目的范围内。

**第十八条** 机动车维修经营许可证件实行有效期制。从事一、二类汽车维修业务和一类摩托车维修业务的证件有效期为6年；从事三类汽车维修业务、二类摩托车维修业务及其他机动车维修业务的证件有效期为3年。

机动车维修经营许可证件由各省、自治区、直辖市道路运输管理机构统一印制并编号，县级道路运输管理机构按照规定发放和管理。

**第十九条** 机动车维修经营者应当在许可证件有效期届满前30日到作出原许可决定的道路运输管理机构办理换证手续。

**第二十条** 机动车维修经营者变更许可事项的，应当按照本章有关规定办理行政许可事宜。

机动车维修经营者变更名称、法定代表人、地址等事项的，应当向作出原许可决定的道路运输管理机构备案。

机动车维修经营者需要终止经营的，应当在终止经营前30日告知作出原许可决定的道路运输管理机构办理注销手续。

## 第三章 维修经营

**第二十一条** 机动车维修经营者应当按照经批准的行政许可事项开展维修服务。

**第二十二条** 机动车维修经营者应当将机动车维修经营许可证件和《机动车维修标志牌》（见附件1）悬挂在经营场所的醒目位置。

《机动车维修标志牌》由机动车维修经营者按照统一式样和要求自行制作。

**第二十三条** 机动车维修经营者不得擅自改装机动车，不得承修已报废的机动车，不得利用配件拼装机动车。

托修方要改变机动车车身颜色，更换发动机、车身和车架的，应当按照有关法律、法规的规定办理相关手续，机动车维修经营者在查看相关手续后方可承修。

**第二十四条** 机动车维修经营者应当加强对从业人员的安全教育和职业道德教育，确保安全生产。

机动车维修从业人员应当执行机动车维修安全生产操作规程，不得违章作业。

**第二十五条** 机动车维修产生的废弃物，应当按照国家的有关规定进行处理。

**第二十六条** 机动车维修经营者应当公布机动车维修工时定额和收费标准，合理收取费用。

机动车维修工时定额可按各省机动车维修协会等行业中介组织统一制定的标准执行，也可按机动车维修经营者报所在地道路运输管理机构备案后的标准执行，也可按机动车生产厂家公布的标准执行。当上述标准不一致时，优先适用机动车维修经营者备案的标准。

机动车维修经营者应当将其执行的机动车维修工时单价标准报所在地道路运输管理机构备案。

机动车生产厂家在新车型投放市场后六个月内，有义务向社会公布其维修技术信息和工时定额。具体要求按照国家有关部门关于汽车维修技术信息公开的规定执行。

**第二十七条** 机动车维修经营者应当使用规定的结算票据，并向托修方交付维修结算清单。维修结算清单中，工时费与材料费应当分项计算。维修结算清单标准规范格式由交通运输部制定。

机动车维修经营者不出具规定的结算票据和结算清单的，托修方有权拒绝支付费用。

**第二十八条** 机动车维修经营者应当按照规定，向道路运输管理机构报送统计资料。

道路运输管理机构应当为机动车维修经营者保守商业秘密。

第二十九条　机动车维修连锁经营企业总部应当按照统一采购、统一配送、统一标识、统一经营方针、统一服务规范和价格的要求，建立连锁经营的作业标准和管理手册，加强对连锁经营服务网点经营行为的监管和约束，杜绝不规范的商业行为。

## 第四章　质量管理

**第三十条**　机动车维修经营者应当按照国家、行业或者地方的维修标准和规范进行维修。尚无标准或规范的，可参照机动车生产企业提供的维修手册、使用说明书和有关技术资料进行维修。

**第三十一条**　机动车维修经营者不得使用假冒伪劣配件维修机动车。

机动车维修配件实行追溯制度。机动车维修经营者应当记录配件采购、使用信息，查验产品合格证等相关证明，并按规定留存配件来源凭证。

托修方、维修经营者可以使用同质配件维修机动车。同质配件是指，产品质量等同或者高于装车零部件标准要求，且具有良好装车性能的配件。

机动车维修经营者对于换下的配件、总成，应当交托修方自行处理。

机动车维修经营者应当将原厂配件、副厂配件和修复配件分别标识，明码标价，供用户选择。

**第三十二条**　机动车维修经营者对机动车进行二级维护、总成修理、整车修理的，应当实行维修前诊断检验、维修过程检验和竣工质量检验制度。

承担机动车维修竣工质量检验的机动车维修企业或机动车综合性能检测机构应当使用符合有关标准并在检定有效期内的设备，按照有关标准进行检测，如实提供检测结果证明，并对检测结果承担法律责任。

**第三十三条**　机动车维修竣工质量检验合格的，维修质量检验人员应当签发《机动车维修竣工出厂合格证》（见附件 2）；未签发机动车维修竣工出厂合格证的机动车，不得交付使用，车主可以拒绝交费或接车。

机动车维修竣工出厂合格证由省级道路运输管理机构统一印制和编号，县级道路运输管理机构按照规定发放和管理。

禁止伪造、倒卖、转借机动车维修竣工出厂合格证。

**第三十四条**　机动车维修经营者应当建立机动车维修档案，并实行档案电子化管理。维修档案应当包括：维修合同（托修单）、维修项目、维修人员及维修结算清单等。对机动车进行二级维护、总成修理、整车修理的，维修档案还应当包括：质量检验单、质量检验人员、竣工出厂合格证（副本）等。

机动车维修经营者应当按照规定如实填报、及时上传承修机动车的维修电子数据记录至国家有关汽车电子健康档案系统。机动车生产厂家或者第三方开发、提供机动车维修服务管理系统的，应当向汽车电子健康档案系统开放相应数据接口。

机动车托修方有权查阅机动车维修档案。

**第三十五条** 道路运输管理机构应当加强对机动车维修专业技术人员的管理，严格执行专业技术人员考试和管理制度。

机动车维修专业技术人员考试及管理具体办法另行制定。

**第三十六条** 道路运输管理机构应当加强对机动车维修经营的质量监督和管理，采用定期检查、随机抽样检测检验的方法，对机动车维修经营者维修质量进行监督。

道路运输管理机构可以委托具有法定资格的机动车维修质量监督检验单位，对机动车维修质量进行监督检验。

**第三十七条** 机动车维修实行竣工出厂质量保证期制度。

汽车和危险货物运输车辆整车修理或总成修理质量保证期为车辆行驶20000公里或者100日；二级维护质量保证期为车辆行驶5000公里或者30日；一级维护、小修及专项修理质量保证期为车辆行驶2000公里或者10日。

摩托车整车修理或者总成修理质量保证期为摩托车行驶7000公里或者80日；维护、小修及专项修理质量保证期为摩托车行驶800公里或者10日。

其他机动车整车修理或者总成修理质量保证期为机动车行驶6000公里或者60日；维护、小修及专项修理质量保证期为机动车行驶700公里或者7日。

质量保证期中行驶里程和日期指标，以先达到者为准。

机动车维修质量保证期，从维修竣工出厂之日起计算。

**第三十八条** 在质量保证期和承诺的质量保证期内，因维修质量原因造成机动车无法正常使用，且承修方在3日内不能或者无法提供因非维修原因而造成机动 车无法使用的相关证据的，机动车维修经营者应当及时无偿返修，不得故意拖延或者无理拒绝。

在质量保证期内，机动车因同一故障或维修项目经两次修理仍不能正常使用的，机动车维修经营者应当负责联系其他机动车维修经营者，并承担相应修理费用。

**第三十九条** 机动车维修经营者应当公示承诺的机动车维修质量保证期。所承诺的质量保证期不得低于第三十七条的规定。

**第四十条** 道路运输管理机构应当受理机动车维修质量投诉，积极按照维修合同约定和相关规定调解维修质量纠纷。

**第四十一条** 机动车维修质量纠纷双方当事人均有保护当事车辆原始状态的义务。必要时可拆检车辆有关部位，但双方当事人应同时在场，共同认可拆检情况。

**第四十二条** 对机动车维修质量的责任认定需要进行技术分析和鉴定，且承修方和托修方共同要求道路运输管理机构出面协调的，道路运输管理机构应当组织专家组或委托具有法定检测资格的检测机构作出技术分析和鉴定。鉴定费用由责任方承担。

**第四十三条** 对机动车维修经营者实行质量信誉考核制度。机动车维修质量信誉考核办法另行制定。

机动车维修质量信誉考核内容应当包括经营者基本情况、经营业绩（含奖励情况）、不良记录等。

**第四十四条** 道路运输管理机构应当建立机动车维修企业诚信档案。机动车维修质量信誉考核结果是机动车维修诚信档案的重要组成部分。

道路运输管理机构建立的机动车维修企业诚信信息，除涉及国家秘密、商业秘密外，应当依法公开，供公众查阅。

## 第五章 监督检查

**第四十五条** 道路运输管理机构应当加强对机动车维修经营活动的监督检查。

道路运输管理机构应当依法履行对维修经营者所取得维修经营许可的监管职责，定期核对许可登记事项和许可条件。对许可登记内容发生变化的，应当依法及时变更；对不符合法定条件的，应当责令限期改正。

道路运输管理机构的工作人员应当严格按照职责权限和程序进行监督检查，不得滥用职权、徇私舞弊，不得乱收费、乱罚款。

**第四十六条** 道路运输管理机构应当积极运用信息化技术手段，科学、高效地开展机动车维修管理工作。

**第四十七条** 道路运输管理机构的执法人员在机动车维修经营场所实施监督检查时，应当有 2 名以上人员参加，并向当事人出示交通运输部监制的交通行政执法证件。

道路运输管理机构实施监督检查时，可以采取下列措施：

（一）询问当事人或者有关人员，并要求其提供有关资料；

（二）查询、复制与违法行为有关的维修台帐、票据、凭证、文件及其他资料，核对与违法行为有关的技术资料；

（三）在违法行为发现场所进行摄影、摄像取证；

（四）检查与违法行为有关的维修设备及相关机具的有关情况。

检查的情况和处理结果应当记录，并按照规定归档。当事人有权查阅监督检查记录。

**第四十八条** 从事机动车维修经营活动的单位和个人，应当自觉接受道路运输管理机构及其工作人员的检查，如实反映情况，提供有关资料。

## 第六章 法律责任

**第四十九条** 违反本规定，有下列行为之一，擅自从事机动车维修相关经营活动的，由县级以上道路运输管理机构责令其停止经营；有违法所得的，没收违法所得，处违法所得 2 倍以上 10 倍以下的罚款；没有违法所得或者违法所得不足 1 万元的，处 2 万元以上 5 万元以下的罚款；构成犯罪的，依法追究刑事责任：

（一）未取得机动车维修经营许可，非法从事机动车维修经营的；

（二）使用无效、伪造、变造机动车维修经营许可证件，非法从事机动车维修经营的；

（三）超越许可事项，非法从事机动车维修经营的。

**第五十条** 违反本规定，机动车维修经营者非法转让、出租机动车维修经营许可证件的，由县级以上道路运输管理机构责令停止违法行为，收缴转让、出租的有关证件，处以2000元以上1万元以下的罚款；有违法所得的，没收违法所得。

对于接受非法转让、出租的受让方，应当按照第四十九条的规定处罚。

**第五十一条** 违反本规定，机动车维修经营者使用假冒伪劣配件维修机动车，承修已报废的机动车或者擅自改装机动车的，由县级以上道路运输管理机构责令改正，并没收假冒伪劣配件及报废车辆；有违法所得的，没收违法所得，处违法所得2倍以上10倍以下的罚款；没有违法所得或者违法所得不足1万元的，处2万元以上5万元以下的罚款，没收假冒伪劣配件及报废车辆；情节严重的，由原许可机关吊销其经营许可；构成犯罪的，依法追究刑事责任。

**第五十二条** 违反本规定，机动车维修经营者签发虚假或者不签发机动车维修竣工出厂合格证的，由县级以上道路运输管理机构责令改正；有违法所得的，没收违法所得，处以违法所得2倍以上10倍以下的罚款；没有违法所得或者违法所得不足3000元的，处以5000元以上2万元以下的罚款；情节严重的，由许可机关吊销其经营许可；构成犯罪的，依法追究刑事责任。

**第五十三条** 违反本规定，有下列行为之一的，由县级以上道路运输管理机构责令其限期整改；限期整改不合格的，予以通报：

（一）机动车维修经营者未按照规定执行机动车维修质量保证期制度的；

（二）机动车维修经营者未按照有关技术规范进行维修作业的；

（三）伪造、转借、倒卖机动车维修竣工出厂合格证的；

（四）机动车维修经营者只收费不维修或者虚列维修作业项目的；

（五）机动车维修经营者未在经营场所醒目位置悬挂机动车维修经营许可证件和机动车维修标志牌的；

（六）机动车维修经营者未在经营场所公布收费项目、工时定额和工时单价的；

（七）机动车维修经营者超出公布的结算工时定额、结算工时单价向托修方收费的；

（八）机动车维修经营者未按规定建立电子维修档案，或者未及时上传维修电子数据记录至国家有关汽车电子健康档案系统的；

（九）违反本规定其他有关规定的。

**第五十四条** 违反本规定，道路运输管理机构的工作人员有下列情形之一的，由同级地方人民政府交通运输主管部门依法给予行政处分；构成犯罪的，依法追究刑事责任：

（一）不按照规定的条件、程序和期限实施行政许可的；

（二）参与或者变相参与机动车维修经营业务的；

（三）发现违法行为不及时查处的；

（四）索取、收受他人财物或谋取其他利益的；

（五）其他违法违纪行为。

## 第七章 附则

**第五十五条** 外商在中华人民共和国境内申请中外合资、中外合作、独资形式投资机动车维修经营的，应同时遵守《外商投资道路运输业管理规定》及相关法律、法规的规定。

**第五十六条** 机动车维修经营许可证件等相关证件工本费收费标准由省级人民政府财政部门、价格主管部门会同同级交通运输主管部门核定。

**第五十七条** 本规定自 2005 年 8 月 1 日起施行。经商国家发展和改革委员会、国家工商行政管理总局同意，1986 年 12 月 12 日交通部、原国家经委、原国家工商行政管理局发布的《汽车维修行业管理暂行办法》同时废止，1991 年 4 月 10 日交通部颁布的《汽车维修质量管理办法》同时废止。

# 交通运输部、环境保护部、商务部、国家工商行政管理总局、国家质量监督检验检疫总局、中国国家认证认可监督管理委员会、国家知识产权局、中国保险监督管理委员会关于印发《汽车维修技术信息公开实施管理办法》的通知

（交运发〔2015〕146 号）

各省、自治区、直辖市、新疆生产建设兵团交通运输厅（局、委）、环境保护厅（局）、商务厅（委）、工商行政管理局、市场监督管理部门、质量技术监督局、知识产权局、保监局：

为深入贯彻党的十八大和十八届三中全会精神、《大气污染防治法》规定、《国务院关于促

**进市场公平竞争　维护市场正常秩序的若干意见》（国发〔2014〕20号）以及交通运输部等十部委联合印发《关于促进汽车维修业转型升级　提升服务质量的指导意见》（交运发〔2014〕186号）有关要求，交通运输部、环境保护部、商务部、国家工商总局、国家质检总局、国家认监委、国家知识产权局、中国保监会联合制定了《汽车维修技术信息公开实施管理办法》（以下简称《办法》），现予以发布，并将有关实施要求通知如下：**

一、　充分认识实施《办法》的重要意义

汽车维修业是重要的民生服务业。建立实施汽车维修技术信息公开制度，是贯彻落实国务院有关文件要求的重要举措，是在我国进入汽车社会新形势下深化汽车维修行业改革、促进汽车维修市场公平竞争、推动汽车维修技术进步、保护消费者合法权益的重要措施，对于保障全社会汽车维修质量、改善道路交通安全、促进大气污染防治具有重要作用，也有利于我国汽车维修业市场监管与国际接轨。各有关部门要充分认识建立实施汽车维修技术信息公开制度的重要意义，高度重视维修技术信息公开工作，各司其职，各负其责，齐抓共管，认真做好《办法》贯彻实施工作。

二、认真贯彻实施《办法》各项规定

贯彻实施《办法》是我国汽车市场的一项重要制度设计，各相关部门、企业及协会要认真贯彻落实《办法》要求，组织做好《办法》实施工作。

（一）认真组织开展《办法》宣贯工作。

建立实施汽车维修技术信息公开制度，做好《办法》贯彻实施工作，是一项系统工程，政策性强、影响面广、社会关注度高。各相关部门要结合各自职责和任务分工，认真做好《办法》宣贯工作，确保《办法》准确理解、有效实施。要组织编写发布《办法》和《汽车维修技术信息公开目录》宣贯材料，举办面向汽车、零部件等企业的《办法》宣贯培训，使汽车企业（即汽车生产者）、零部件企业及广大汽车维修企业全面、正确理解《办法》规定，确保汽车维修技术信息制度有效实施。

（二）严格贯彻落实《办法》各项规定和市场监管措施。

各汽车企业要认真贯彻落实《办法》规定，制定本企业维修技术信息公开工作规范，明确责任部门，将有关信息公开工作嵌入企业管理制度和工作流程；要结合企业实际，建立（或委托建立）本企业网络维修技术信息公开系统，及时有效公开本企业车型维修技术信息。交通运输部要依据《办法》，加强对汽车企业实施维修技术信息公开制度情况的监管，对未公开或未有效公开维修技术信息的，交通运输部将会同国家认监委依法予以处罚。

（三）有效开展便民服务。

交通运输部要按照《办法》规定，委托有关技术支持单位，有效开展维修技术信息公开监督与服务工作；抓紧建立完善汽车维修技术信息公开监督与服务网络平台，提高市场监管服务的信息化水平，为汽车、零部件、维修、保险等企业以及广大消费者等提供权威、便利的信息服务；会同国家质检总局、国家认监委尽快建立有关汽车企业、车型目录等信息的共享机制，减轻企业信息备案负担；建立交通运输部门与汽车企业及相关市场主体的工作沟通交流机制，及时广泛听取企业意见，不断改善市场监管服务工作。各有关行业协会要切实加强行业自律，充分发挥桥梁作用，积极服务会员企业，不断规范和改进维修技术信息公开工作。

**三、实施汽车维修技术信息公开制度的时间要求**

为积极、稳妥实施汽车维修技术信息公开制度，对于各类型汽车车型的具体实施时间按下列规定执行。

（一）各汽车生产者应在 2015 年 12 月 31 日前，向交通运输部备案其汽车维修技术信息公开的有关信息。

（二）对于“新定型”车型的规定。汽车生产者自 2016 年 1 月 1 日起，对于取得 CCC 认证的乘用车和客车，要在车型上市之日起 6 个月内公开维修技术信息；自 2017 年 1 月 1 日起，对于取得 CCC 认证的货车和半挂牵引车，要在车型上市之日起 6 个月内公开维修技术信息。

对于“老车型”的规定。汽车生产者要在 2017 年 1 月 1 日前，公开 2008 年 7 月 1 日后取得 CCC 认证并上市销售的乘用车和客车的维修技术信息，同时公开 2015 年 1 月 1 日后取得 CCC 认证并上市销售的货车和半挂牵引车的维修技术信息。

（三）截至 2016 年 12 月 31 日前，单一车型累计销售量未达到 1000 辆（不含）的乘用车，以及单一车型累计销售量未达到 200 辆（不含）的客车、货车、半挂牵引车，可以向交通运输部申请不上网公开相关车型维修技术信息，但应以纸质文件、数据光盘等媒介形式公开，并以公众便于知晓的方式公布索取方式。

交通运输部（章）
环境保护部（章）
商务部（章）
国家工商行政管理总局（章）
国家质量监督检验检疫总局（章）
中国国家认证认可监督管理委员会（章）
国家知识产权局（章）
中国保险监督管理委员会（章）
2015 年 9 月 14 日

# 汽车维修技术信息公开实施管理办法

## 第一章 总 则

**第一条** 为贯彻落实《大气污染防治法》，贯彻落实《国务院关于促进市场公平竞争 维护市场正常秩序的若干意见》（国发〔2014〕20号），推进、规范汽车维修技术信息公开工作，促进汽车维修市场公平竞争，保障汽车维修质量和运行安全，保护消费者使用、维修汽车的合法权益，根据有关法律法规规定，制定本办法。

**第二条** 在中国境内销售的汽车车型的维修技术信息公开及其监督管理，适用本办法。

**第三条** 汽车维修技术信息公开应当遵循公平公正、诚实守信、自主公开、方便用户、保护知识产权的原则。

汽车生产者应以可用的信息形式、便利的信息途径、合理的信息价格，向所有维修经营者及消费者无差别、无歧视、无延迟地公开所销售汽车车型的维修技术信息；不得通过设置技术壁垒排除、限制竞争，封锁或者垄断汽车维修市场。汽车生产者同时应向社会有关信息用户公开车型维修技术信息。

**第四条** 交通运输部负责汽车维修技术信息公开的指导、协调和监督管理。环保、商务、工商、质检、认证认可、知识产权、保险等有关部门分别在各自职责范围内负责相关监督管理工作。

交通运输部会同有关部门组建汽车维修技术信息公开实施工作专家委员会，负责履行开展汽车维修技术信息公开制度实施中的政策咨询、标准审议、技术鉴定、争议调解等职责；采取政府购买服务的方式，委托技术支持单位，开展汽车维修技术信息公开的具体工作。

## 第二章 汽车维修技术信息公开要求

**第五条** 汽车生产者应制定本企业汽车维修技术信息公开工作规范，明确责任部门及职责，负责公开本企业获得国家CCC认证并且已上市销售汽车车型的维修技术信息。汽车生产者应对所公开信息的真实性、准确性、完整性负责。

**第六条** 汽车生产者应向交通运输部备案以下工作信息。

（一）汽车生产者基本信息；

（二）本企业已上市销售汽车车型目录；

（三）信息公开方式，即汽车生产者自行组织或委托第三方机构进行信息公开，包括信息公开的方式、渠道、网站名称、网址等信息。由第三方机构承担信息公开的，还应提供其有关信息及联系方式；

（四）汽车生产者关于依法履行汽车维修技术信息公开义务，并保护商业秘密、专利、商标等知识产权权利的声明；

（五）用于政府部门监管、可免费登录信息公开网站的监管账号和密钥。

企业备案信息发生变化的，汽车生产者应及时更新备案。汽车生产者应按年度向交通运输部报告本企业维修技术信息公开情况。

**第七条** 汽车维修技术信息用户分为直接用于汽车维修目的的用户和用于其他经营目的的用户，前者包括各类维修经营者和消费者，后者包括维修诊断工具及设备制造商、零部件制造商、出版商、保险企业、培训机构等。

**第八条** 汽车生产者应公开的汽车维修技术信息的具体内容及要求按照附录《汽车维修技术信息公开目录》执行，公开内容原则上应采用中文表述，并在有关信息发生变化时及时更新。

汽车生产者在制作、生成整车维修技术信息过程中，需要整车生产配套零部件供应商提供有关零部件信息的，零部件供应商应配合提供。

交通运输部可根据汽车技术发展和维修市场需求，对信息公开目录进行动态管理。

**第九条** 汽车生产者可以免于公开以下信息，但必要时应向交通运输部作出说明。

（一）涉及车辆防盗控制系统（含汽车钥匙芯片）编程、设置等操作的信息。但经汽车生产者授权、可以开展汽车防盗控制系统维修的经营者除外；

（二）用于防止车辆动力总成及排放控制系统原程序、原标定数据以及车载诊断系统（OBD）原始数据记录被擦写、篡改的相关系统底层控制和操作的信息；

（三）涉及汽车生产者及零部件供应商的商业秘密，影响其依法运用知识产权规则的有关信息；

（四）受国家法律法规保护的其他有关信息。

**第十条** 汽车维修技术信息公开实行网上信息公开方式。汽车生产者原则上应通过直接或者授权委托第三方机构设立网络信息公开系统（含网站、网上信息检索阅览系统）的方式，向用户提供维修技术信息。

受汽车生产者委托承担汽车维修技术信息公开的第三方机构，应遵守双方约定，按照本办法规定及时、准确、充分地公开有关信息，不得影响用户正常使用。

**第十一条** 汽车生产者应采取必要措施，以确保信息公开系统具备以下功能，可提供有关服务，并符合有关要求：

（一）具备中文版，具备用户注册、信息索引、查询及在线打印、在线支付等功能，确保用户能够通过车型年款或车辆识别代号（VIN）等信息快速、准确地关联、查询有关车型及其维修技术信息；

（二）安全可靠，确保用户信息安全，能够向用户提供稳定、不间断的信息访问服务；

（三）明示可用于访问、浏览网站所需的计算机终端的最低硬件配置和软件要求；需要软件客户端或相关阅读软件浏览信息的，应免费提供软件客户端，或推荐采用较为普遍使用的文档浏览、阅览软件；

（四）明示网站所刊载汽车维修技术信息的版权、有偿使用规则以及侵权法律责任；

（五）明示可为信息用户提供的信息服务项目、资费标准及付费方式，以及开展相关维修操作所应具备的技术基础；

（六）明示、标记修改或调整过的维修技术信息项目或内容，提醒用户及时了解有关信息更新更正，防止信息被错用、误用，导致严重后果；

（七）提供网站使用说明和必要的使用帮助；

（八）提供汽车生产者和信息提供者的联系地址、电话、邮箱等联系方式；

（九）具备用户投诉、建议等交互式服务功能；

（十）支持与交通运输部汽车维修技术信息公开监督与服务网络平台、第三方网站的相互链接。

除不可抗力导致的情况外，信息公开网站如因故障或系统升级改造造成无法正常访问的，汽车生产者应及时向社会公告。

**第十二条** 汽车生产者应为信息用户提供可选择的，能够满足临时、短期或长期等不同信息使用需求的用户访问权限（即信息服务项目）。不同的用户访问权限除可有效连接网站、使用网站信息的时间长度权限不同外，所访问、浏览的信息内容应确保一致。

基于各类用户访问权限，信息用户均应能够检索、查询、浏览网站上公开的所有车型的维修技术信息，且每次登录可打印不超过限量的技术文件。汽车生产者应确保其售后服务授权者与其他汽车维修经营者所访问、浏览的网站信息内容一致。

**第十三条** 汽车生产者可以对汽车维修经营者、消费者实行有偿服务，对不同访问权限的信息用户设定相应收费标准，但不得根据用户检索、使用车型信息的数量另行收费。

汽车生产者可以依法对维修技术信息自主定价，价格应公平、合理。汽车生产者的有关价格行为应遵守《价格法》规定。

汽车生产者应在其网络信息公开系统中设立相应服务模块（版块），免费向消费者公开各车型的车辆维护技术信息，具体内容按照附录《汽车维修技术信息公开目录》有关要求执行。

**第十四条** 对于汽车维修经营者、消费者之外的其他信息用户，需要获取维修技术信息的，应与汽车生产者订立书面合同，信息价格由双方协商议定，但应保持公平、公正、合理。

**第十五条** 自本办法实施之日起取得CCC认证的汽车车型，汽车生产者应在该车型上市之日起6个月内公开维修技术信息，并在信息公开网站上公布相关车型上市时间。

车型上市之日的计定，以相关车型获得CCC认证日期为准。

预计同一型号车型年销售量在500辆以下的乘用车车型以及年销售量在50辆以下的客车、货车、半挂牵引车车型，可以纸质文件、光盘等媒介形式公开有关维修技术信息，同时应以公众便于知晓的方式公布索取方式。

对于上述免于上网公开的乘用车车型累计销售量达到1000辆的，或者免于上网公开的客车、货车、半挂牵引车车型累计销售量达到200辆的，有关车型的维修技术信息应转至网上公开。

**第十六条** 各车型的维修技术信息应当自该车型上市之日起10年内保持公开状态；超过10年的，汽车生产者可以将相关车型信息存档，但应公布相关车型信息的索取方式。

**第十七条** 鼓励汽车生产者及零部件供应商采用直接或委托第三方机构的方式，积极向各类维修经营者提供维修技术培训，提高维修经营者有效获取、正确使用维修技术信息的能力。

**第十八条** 汽车生产者破产、合并、分立、变更的，其车型维修信息公开责任和义务按照有关法律法规规定执行。

## 第三章 信息用户的责任和义务

**第十九条** 各类维修经营者应按照《机动车维修管理规定》要求，建立健全汽车维修质量管理制度，依法履行维修质量责任。维修经营者应按照国家、行业标准以及汽车生产者提供的维修技术信息开展维修作业，确保维修质量；按规定签发《机动车维修竣工出厂合格证》，履行机动车维修质量保证期责任。

**第二十条** 维修诊断工具及设备制造商、零部件制造商应积极运用维修技术信息，研发、生产各类汽车维修诊断工具、设备及合格配件，为维修经营者、消费者提供充分的市场选择。

**第二十一条** 所有信息用户、承担维修技术信息公开的第三方机构，应遵守国家知识产权保护的有关法律法规，不得以任何形式侵犯汽车生产者的维修技术信息版权。信息用户应遵守相关约定，不得超出汽车生产者规定范围使用信息。未经汽车生产者授权，信息用户不得将所获取的维修技术信息用于转售、出版、公开或其他商业用途。

## 第四章 监督检查及市场监管

**第二十二条** 汽车维修技术信息公开监督管理，应当公平、公正、公开、便民、依法监管，促进市场公平竞争和知识产权保护。

**第二十三条** 交通运输部应加强汽车维修技术信息公开监督管理，建立完善监督检查制度，不定期对维修技术信息公开实施情况进行抽查，定期对信息公开实施效果进行评估；应充分运用信息化技术，建立完善汽车维修技术信息公开监督与服务网络平台，为社会提供权威、方便的信息服务，提高信息公开主体监管水平。

省级交通运输主管部门受交通运输部委托，可以就本行政区内的汽车生产者履行维修技术信息公开义务情况进行监督管理。

**第二十四条** 有关汽车制造行业协会应当加强行业自律，督促汽车生产者贯彻落实汽车维修技术信息公开制度；应当积极发挥桥梁纽带作用，搜集整理汽车生产者的意见建议，并向有关部门及时反映，维护汽车生产者合法权益。

汽车维修、汽车保修设备、汽车保险等有关行业协会及第三方机构认为有关汽车生产者维修技术信息公开工作存在问题或不足的，可以向汽车生产者提出意见建议，由其改进完善；也可以向交通运输部提出意见建议。

**第二十五条** 汽车维修档案管理实行电子化档案管理制度。交通运输部应运用信息化技术，建立完善全国汽车电子健康档案系统平台，为健全修车记录、提升维修质量、透明市场服务、促进汽车“三包”及缺陷汽车产品召回、保护消费者合法权益提供有效手段和依据。

**第二十六条** 交通运输部会同国家质检总局、国家认监委建立汽车产品CCC认证及售后服务信息共享机制，就汽车生产者备案、汽车电子健康档案有关信息与汽车产品CCC认证、缺陷汽车产品召回、汽车“三包”管理有关信息实施共享，提升对汽车生产者的监管和服务水平。

**第二十七条** 交通运输部、环境保护部应就涉及汽车污染物排放控制技术信息和污染控制、汽车检测与维护制度实施等工作加强协调，建立信息共享机制，及时共享汽车排气及噪声污染控制装置维修电子数据记录信息，促进汽车污染物排放治理。

**第二十八条** 各级工商行政管理、市场监管部门在查处汽车及零部件经营中的有关不正当竞争、消费侵权案件时，可以利用汽车生产者公开的汽车维修技术信息。

各级质量技术监督部门应充分运用汽车生产者公开的汽车维修技术信息，依法打击生产假冒伪劣、不合格以及不符合CCC认证要求的零部件产品的行为。

**第二十九条** 交通运输部、中国保监会应指导有关汽车维修行业协会、保险行业协会及保险企业，运用汽车生产者公开的汽车维修技术信息，科学测算、公布事故汽车维修工时信息，规范事故汽车维修和理赔；加强同质配件使用推广，促进保险企业依据维修技术信息、同质配件使用精确定损，降低维修成本和保险费用，保护消费者利益。

**第三十条** 国家知识产权局及相关知识产权管理部门，应依法加强对汽车维修技术信息公开所涉及知识产权的保护。

**第三十一条** 对于汽车生产者未有效执行本办法规定，存在下列行为之一的，由交通运输部或者省级交通运输主管部门责令改正。

（一）未制定汽车维修技术信息公开工作规范的；

（二）未及时备案、如期更新汽车生产者有关信息的；

（三）未按照规定目录和要求有效公开维修技术信息的；

（四）未按照规定方式、途径公开维修技术信息，或信息公开系统功能和服务能力达不到规定要求的；

（五）违反本办法规定的其他行为。

**第三十二条** 对于汽车生产者未按规定公开车型维修技术信息的，由交通运输部责令整改。整改不合格的，由交通运输部依法予以通报、罚款等处罚，并抄送国家认监委，由国家认监委指定的认证机构依据相关规定作出处理。交通运输部会同国家认监委建立违规企业、车型抄送处置制度。

**第三十三条** 对汽车维修后存在维修质量争议、纠纷的，按照《机动车维修管理规定》规定的程序处理。对因维修不当或使用假冒伪劣配件造成汽车维修质量问题的，维修经营者应依法承担责任；对因汽车生产者所公开的维修技术信息不当或存在错误造成维修不当、质量问题的，汽车生产者应承担法律责任。

对维修质量纠纷涉及相关维修技术信息提供、使用，需要专家委员会做出技术鉴定、纠纷调解的，可以向专家委员会提出申请，由专家委员会按照规定程序受理、处理。

**第三十四条** 各级交通运输主管部门及有关行政部门应依法受理涉及汽车维修技术信息公开或滥用的有关投诉、举报，并按规定程序调查、处理。

汽车生产者、各类信息用户等相关方应当积极配合调查，如实反映情况，提供调查所需要的有关资料。

**第三十五条** 各有关部门、机构及其工作人员对履行本办法规定所知悉的商业秘密负有保密义务。

从事汽车维修技术信息公开监管工作的人员，在相关工作中有滥用职权、玩忽职守、徇私舞弊等情形的，依法给予行政处分；构成犯罪的，依法移交司法机关处理。

## 第五章 附 则

**第三十六条** 摩托车及其他机动车的维修技术信息公开，可参照本办法执行。仅用于军事目的、用途车辆的维修技术信息公开管理不适用本办法。

**第三十七条** 本办法所称汽车，是指国家标准《汽车和挂车类型的术语和定义》（GB/T 3730.1）定义的汽车。

汽车生产者，是指在中国境内依法设立的生产汽车产品并以其名义颁发产品合格证的企业。从中国境外进口汽车产品到境内销售的企业，视为汽车生产者。

汽车维修技术信息，是指汽车在使用过程中，为维持或恢复汽车出厂时的技术状况和工作能力，延长汽车使用寿命，确保汽车符合安全、环保使用要求所进行的汽车诊断、检测、维修作业必需的技术信息资料的总称。

汽车维修技术信息公开，是指为确保市场公平竞争，提升汽车维修质量，保障消费者安全、合理使用汽车的合法权益，由汽车生产者履行义务，通过设立一定信息渠道，向维修经营者、消费者及相关经营者（包括维修诊断工具及设备制造商、零部件制造商、出版商、保险企业、培训机构等）提供其所销售汽车的维修技术信息的活动。

**第三十八条** 本办法由交通运输部会同各有关部门负责解释。

**第三十九条** 本办法自 2016 年 1 月 1 日起实施。此前有关文件规定与本办法不一致的，以本办法为准。

附件：汽车维修技术信息公开目录（2015 年版）(略)

# 关于减征 1.6 升及以下排量乘用车车辆购置税的通知

财税 [2015]104 号

各省、自治区、直辖市、计划单列市财政厅（局）、国家税务局，新疆生产建设兵团财务局：

经国务院批准，现就减征 1.6 升及以下排量乘用车车辆购置税有关事项通知如下：

一、自 2015 年 10 月 1 日起至 2016 年 12 月 31 日止，对购置 1.6 升及以下排量乘用车减按 5% 的税率征收车辆购置税。

二、本通知所称乘用车，是指在设计和技术特性上主要用于载运乘客及其随身行李和（或）临时物品、含驾驶员座位在内最多不超过 9 个座位的汽车。具体包括：

（一）国产轿车：“中华人民共和国机动车整车出厂合格证”（以下简称合格证）中“车辆型号”项的车辆类型代号（车辆型号的第一位数字，下同）为“7”，“排量和功率（ml/kw）”项中排量不超过 1600ml，“额定载客（人）”项不超过 9 人。

（二）国产专用乘用车：合格证中“车辆型号”项的车辆类型代号为“5”，“排量和功率（ml/kw）”项中排量不超过 1600ml，“额定载客（人）”项不超过 9 人，“额定载质量（kg）”项小于额定载客人数和 65kg 的乘积。

（三）其他国产乘用车：合格证中“车辆型号”项的车辆类型代号为“6”，“排量和功率（ml/kw）”项中排量不超过 1600ml，“额定载客（人）”项不超过 9 人。

（四）进口乘用车。参照国产同类车型技术参数认定。

三、乘用车购置日期按照《机动车销售统一发票》或《海关关税专用缴款书》等有效凭证的开具日期确定。

四、购置符合本通知规定的车辆，已按全额缴纳车辆购置税的，多征税款可按有关规定予以退还。

五、新能源汽车车辆购置税政策按照《财政部 国家税务总局 工业和信息化部关于免征新能源汽车车辆购置税的公告》（财政部 国家税务总局 工业和信息化部公告 2014 年第 53 号）执行。

请遵照执行。

财政部　国家税务总局

2015 年 9 月 29 日

# 国务院办公厅关于加快电动汽车充电基础设施建设的指导意见

国办发〔2015〕73号

**各省、自治区、直辖市人民政府，国务院各部委、各直属机构：**

**充电基础设施是指为电动汽车提供电能补给的各类充换电设施，是新型的城市基础设施。大力推进充电基础设施建设，有利于解决电动汽车充电难题，是发展新能源汽车产业的重要保障，对于打造大众创业、万众创新和增加公共产品、公共服务“双引擎”，实现稳增长、调结构、惠民生具有重要意义。近年来，各地区、各部门认真贯彻落实国务院决策部署，积极推动电动汽车充电基础设施建设，各项工作取得积极进展，但仍存在认识不统一、配套政策不完善、协调推进难度大、标准规范不健全等问题。为加快电动汽车充电基础设施建设，经国务院同意，现提出以下意见：**

一、总体要求

（一）指导思想。

全面贯彻落实党的十八大和十八届二中、三中、四中全会精神，按照国务院决策部署，坚持以纯电驱动为新能源汽车发展的主要战略取向，将充电基础设施建设放在更加重要的位置，加强统筹规划，统一标准规范，完善扶持政策，创新发展模式，培育良好的市场服务和应用环境，形成布局合理、科学高效的充电基础设施体系，增加公共产品有效投资，提高公共服务水平，促进电动汽车产业发展和电力消费，方便群众生活，更好惠及民生。

（二）基本原则。

统筹规划，科学布局。加强充电基础设施发展顶层设计，按照“因地制宜、快慢互济、经济合理”的要求，根据各地发展实际，做好充电基础设施建设整体规划，加大公共资源整合力度，科学确定建设规模和空间布局，同步建设充电智能服务平台，形成较为完善的充电基础设施体系。

适度超前，有序建设。着眼于电动汽车未来发展，结合不同领域、不同层次的充电需求，按照“桩站先行”的要求，根据规划确定的规模和布局，分类有序推进建设，确保建设规模适度超前。

统一标准，通用开放。加快制修订充换电关键技术标准，完善有关工程建设、运营服务、维护管理的标准。严格按照工程建设标准建设改造充电基础设施，健全电动汽车和充电设备的产品认证与准入管理体系，促进不同充电服务平台互联互通，提高设施通用性和开放性。

依托市场，创新机制。充分发挥市场主导作用，通过推广政府和社会资本合作（PPP）模式、加大财政扶持力度、建立合理价格机制等方式，引导社会资本参与充电基础设施体系建设运营。鼓励企业结合“互联网＋”，创新商业合作与服务模式，创造更多经济社会效益，实现可持续发展。

（三）工作目标。

到2020年，基本建成适度超前、车桩相随、智能高效的充电基础设施体系，满足超过500万辆电动汽车的充电需求；建立较完善的标准规范和市场监管体系，形成统一开放、竞争有序的充电服务市场；形成可持续发展的“互联网＋充电基础设施”产业生态体系，在科技和商业创新上取得突破，培育一批具有国际竞争力的充电服务企业。

## 二、加大建设力度

（四）加强专项规划设计和指导。

各地要将充电基础设施专项规划有关内容纳入城乡规划，完善独立占地的充电基础设施布局，明确各类建筑物配建停车场及社会公共停车场中充电设施的建设比例或预留建设安装条件要求。要以用户居住地停车位、单位停车场、公交及出租车场站等配建的专用充电设施为主体，以公共建筑物停车场、社会公共停车场、临时停车位等配建的公共充电设施为辅助，以独立占地的城市快充站、换电站和高速公路服务区配建的城际快充站为补充，形成电动汽车充电基础设施体系。原则上，新建住宅配建停车位应100%建设充电设施或预留建设安装条件，大型公共建筑物配建停车场、社会公共停车场建设充电设施或预留建设安装条件的车位比例不低于10%，每2000辆电动汽车至少配套建设一座公共充电站。鼓励建设占地少、成本低、见效快的机械式与立体式停车充电一体化设施。

（五）建设用户居住地充电设施。

鼓励充电服务、物业服务等企业参与居民区充电设施建设运营管理，统一开展停车位改造，直接办理报装接电手续，在符合有关法律法规的前提下向用户适当收取费用。对有固定停车位的用户，优先在停车位配建充电设施；对没有固定停车位的用户，鼓励通过在居民区配建公共充电车位，建立充电车位分时共享机制，为用户充电创造条件。

（六）建设单位内部充电设施。

具备条件的政府机关、公共机构和企事业单位，要结合单位电动汽车配备更新计划以及职工购买使用电动汽车需求，利用内部停车场资源，规划建设电动汽车专用停车位和充电设施。各地可将有关单位配建充电设施情况纳入节能减排考核奖励范围。

（七）建设公共服务领域充电设施。

对于公交、环卫、机场通勤等定点定线运行的公共服务领域电动汽车，应根据线路运营需求，优先在停车场站配建充电设施，沿途合理建设独立占地的快充站和换电站。对于出租、物流、租赁、公安巡逻等非定点定线运行的公共服务领域电动汽车，应充分挖掘单位内部停车场站配建充电设施的潜力，结合城市公共充电设施，实现高效互补。

（八）建设城市公共充电设施。

公共充电设施建设应从城市中心向边缘、从城市优先发展区域向一般区域逐步推进。优先在大型商场、超市、文体场馆等建筑物配建停车场以及交通枢纽、驻车换乘（P+R）等公共停车场建设公共充电设施。鼓励在具备条件的加油站配建公共快充设施，适当新建独立占地的公共快充站。鼓励有条件的单位和个人充电设施向社会公众开放。

（九）建设城际快速充电网络。

充分利用高速公路服务区停车位建设城际快充站。优先推进京津冀鲁、长三角、珠三角区域城际快充网络建设，适时推进长江中游城市群、中原城市群、成渝城市群、哈长城市群城际快充网络建设，到 2020 年初步形成覆盖大部分主要城市的城际快充网络，满足电动汽车城际、省际出行需求。

三、完善服务体系

（十）完善充电设施标准规范。

加快修订出台充电接口及通信协议等标准，积极推进充电接口互操作性检测、充电服务平台间数据交换等标准的制修订工作，实现充电标准统一。开展充电设施设置场所消防等安全技术措施研究，及时制修订相关标准。完善充换电设备、电动汽车电池等产品标准，明确防火安全要求。制定无线充电等新型充电技术标准。完善充电基础设施计量、计费、结算等运营服务管理规范，加快建立充电基础设施的道路交通标志体系。

（十一）建设充电智能服务平台。

大力推进“互联网＋充电基础设施”，提高充电服务智能化水平，提升运营效率和用户体验，促进电动汽车与智能电网间能量和信息的双向互动。鼓励围绕用户需求，运用移动互联网、物联网、大数据等技术，为用户提供充电导航、状态查询、充电预约、费用结算等服务，拓展平台增值业务。

（十二）建立互联互通促进机制。

组建国家电动汽车充电基础设施促进联盟，配合有关政府部门严格充电设施产品准入管理，开展充电设施互操作性的检测与认证。构建充电基础设施信息服务平台，统一信息交换协议，有效整合不同企业和不同城市的充电服务平台信息资源，促进不同充电服务平台互联互通，为制定实施财税、监管等政策提供支撑。

（十三）做好配套电网接入服务。

各地要将充电基础设施配套电网建设与改造项目纳入配电网专项规划，在用地保障、廊道通行等方面给予支持。电网企业要加强充电基础设施配套电网建设与改造，确保电力供应满足充换电设施运营需求；要为充电基础设施接入电网提供便利条件，开辟绿色通道，限时办结。电网企业负责建设、运行和维护充电基础设施产权分界点至电网的配套接网工程，不得收取接网费用，相应资产全额纳入有效资产，成本据实计入准许成本，并按照电网输配电价回收。

（十四）创新充电服务商业模式。

鼓励探索大型充换电站与商业地产相结合的发展方式，引导商场、超市、电影院、便利店等商业场所为用户提供辅助充电服务。鼓励充电服务企业通过与整车企业合作、众筹等方式，创新建设充电基础设施商业合作模式，并采取线上线下相结合等方式，提供智能充放电、电子商务、广告等增值服务，提升充电服务企业可持续发展能力。

**四、强化支撑保障**

（十五）简化规划建设审批。

各地要按照简政放权、放管结合、优化服务的要求，减少充电基础设施规划建设审批环节，加快办理速度。个人在自有停车库、停车位，各居住区、单位在既有停车位安装充电设施的，无需办理建设用地规划许可证、建设工程规划许可证和施工许可证。建设城市公共停车场时，无需为同步建设充电桩群等充电基础设施单独办理建设工程规划许可证和施工许可证。新建独立占地的集中式充换电站应符合城市规划，并办理建设用地规划许可证、建设工程规划许可证和施工许可证。

（十六）完善财政价格政策。

加大对充电基础设施的补贴力度，加快制定“十三五”期间充电基础设施建设财政奖励办法，督促各地尽快制定有关支持政策并向社会公布，给予市场稳定的政策预期。在产业发展初期通过中央基建投资资金给予适度支持。对向电网经营企业直接报装接电的经营性集中式充换电设施用电，执行大工业用电价格，2020年前暂免收取基本电费；其他充电设施按其所在场所执行分类目录电价。允许充电服务企业向用户收取电费及服务费，对不同类别充电基础设施，指导各地兼顾投资运营主体合理收益与用户使用经济性等，及早出台充电服务费分类指导价格，并在总结各地经验基础上，逐步规范充电服务价格机制。

（十七）拓宽多元融资渠道。

各地要有效整合公交、出租车场站以及社会公共停车场等各类公共资源，通过PPP等方式，为社会资本参与充电基础设施建设运营创造条件。鼓励金融机构在商业可持续原则下，创新金融产品和保险品种，综合运用风险补偿等政策，完善金融服务体系。推广股权、项目收益权、特许经营权等质押融资方式，加快建立包括财政出资和社会资本投入的多层次担保体系，积极推动设立融资担保基金，拓宽充电基础设施投资运营企业与设备厂商的融资渠道。鼓励利用社会资本设立充电基础设施发展专项基金，发行充电基础设施企业债券，探索利用基本养老保险基金投资支持充电基础设施建设。

（十八）加大用地支持力度。

各地要将独立占地的集中式充换电站用地纳入公用设施营业网点用地范围，按照加油加气站用地供应模式，根据可供应国有建设用地情况，优先安排土地供应。供应新建项目用地需配建充电基础设施的，可将配建要求纳入土地供应条件，允许土地使用权取得人与其他市场主体合作，按要求投资建设运营充电基础设施。鼓励在已有各类建筑物配建停车场、公交场站、社会公共停车场、高速公路服务区等场所配建充电基础设施，地方政府应协调有关单位在用地方面予以支持。

（十九）加大业主委员会协调力度。

制定全国统一的私人用户居住地充电基础设施建设管理示范文本。各地房地产行政主管部门、街道办事处和居委会要按照示范文本，主动加强对业主委员会的指导和监督，引导业主支持充电基础设施建设。业主大会、业主委员会应依据示范文本，结合自身实际，明确物业服务区域内建设管理充电基础设施的流程。

（二十）支持关键技术研发。

依托示范项目，积极探索充电基础设施与智能电网、分布式可再生能源、智能交通融合发展的技术方案，加强检测认证、安全防护、与电网双向互动、电池梯次利用、无人值守自助式服务、桩群协同控制等关键技术研发。充分发挥企业创新主体作用，加快推动高功率密度、高转换效率、高适用性、无线充电、移动充电等新型充换电技术及装备研发。

（二十一）明确安全管理要求。

各地要建立充电基础设施安全管理体系，完善有关制度和标准，加大对用户私拉电线、违规用电、不规范建设施工等行为的查处力度。依法依规对充电基础设施设置场所实施消防设计审核、消防验收以及备案抽查，并加强消防监督检查。行业主管部门要督促充电基础设施运营使用的单位或个人，加强对充电基础设施及其设置场所的日常消防安全检查及管理，及时消除安全隐患。

## 五、做好组织实施

（二十二）落实地方主体责任。

各地要切实承担起统筹推进充电基础设施发展的主体责任，将充电基础设施建设管理作为政府专项工作。建立由发展改革（能源）部门牵头、相关部门紧密配合的协同推进机制，明确职责分工，完善配套政策。2016 年 3 月底前发布充电基础设施专项规划，制定出台充电基础设施建设运营管理办法，并抓好组织实施。

（二十三）加大示范推广力度。

各地要结合新能源汽车推广应用需要，针对充电基础设施发展的重点和难点，开展充电基础设施建设与运营模式试点示范。建立“示范小区与单位”、“示范城市与区县”、“城际快充示范区域”三级示范工程体系。在示范项目中要充分发挥现有公共设施的作用，加强政企合作，创新城市充电基础设施建设与运营模式，完善相关标准规范与配套政策，探索各种先进适用充电技术，总结形成可复制、可推广的充电基础设施发展经验，促进充电基础设施加快普及。

（二十四）营造良好舆论环境。

各有关部门、企业和新闻媒体要通过多种形式加强对充电基础设施发展政策、规划布局和建设动态等的宣传，让社会各界全面了解充电基础设施，吸引更多社会资本参与充电基础设施建设运营，同时加强舆论监督，曝光阻碍充电基础设施建设、损害消费者权益等行为，形成有利于充电基础设施发展的舆论氛围。

（二十五）形成合力协同推进。

发展改革委、能源局要会同工业和信息化部、住房城乡建设部、国土资源部等有关部门，依托节能与新能源汽车产业发展部际联席会议制度，加强部门协同配合，强化对各地的指导与监督，及时总结推广成功经验和有效做法，重大情况及时向国务院报告。能源局要从严格标准执行、理顺价格机制、加强供电监管、促进互联互通、引入社会资本等方面加快完善充电服务监管；住房城乡建设部、国土资源部、公安部要分别从规划建设标准、设施用地、消防安全和交通标志等方面为充电基础设施建设运营创造有利条件；财政部、银监会、保监会要通过加大财政支持、强化金融服务与保障等方式，增强社会资本信心。国管局、国资委要分别指导政府机关、公共机构和国有企事业单位率先在内部停车场建设充电基础设施。其他相关部门要按照各自职责分工，做好协同配合工作。

国务院办公厅
2015 年 9 月 29 日

# 关于印发《电动汽车充电基础设施发展指南（2015-2020 年）》的通知

**发改能源 [2015]1454 号**

各省、自治区、直辖市、新疆生产建设兵团发展改革委（能源局）、工业和信息化主管部门、住房城乡建设厅（委、局），国家电网公司、南方电网公司：

为落实《国务院办公厅关于加快新能源汽车推广应用的指导意见》（国办发〔2014〕35 号），科学引导电动汽车充电基础设施建设，促进电动汽车产业健康快速发展，我们组织编制了《电动汽车充电基础设施发展指南（2015-2020 年）》，现予印发，请认真贯彻执行。

附件：电动汽车充电基础设施发展指南（2015-2020 年）

国家发展改革委
国 家 能 源 局
工业和信息化部
住房城乡建设部
2015 年 10 月 9 日

附件：

# 电动汽车充电基础设施发展指南（2015-2020 年）

一、前言

随着我国经济社会发展水平不断提高，汽车保有量持续攀升。大力发展电动汽车，能够加快燃油替代，减少汽车尾气排放，对保障能源安全、促进节能减排、防治大气污染、推动我国从汽车大国迈向汽车强国具有重要意义。

充电基础设施主要包括各类集中式充换电站和分散式 充电桩，完善的充电基础设施体系是电动汽车普及的重要保障。进一步大力推进充电基础设施建设，是当前加快电动汽 车推广应用的紧迫任务，也是推进能源消费革命的一项重要战略举措。

为落实国务院关于加快新能源汽车推广应用的战略部 署，根据《节能与新能源汽车产业发展规划 (2012-2020 年)》 (国发〔2012〕22 号), 特制定本指南，期限为 2015-2020 年。

二、发展基础

“十二五”以来，我国充电基础设施发展取得了突破，积累了经验，为下一步发展奠定了基础。

设施建设稳步推进。为落实国家新能源汽车示范推广应 用工作有关要求，各级政府和相关企业积极开展充电基础设施建设。建设主体呈现多元化发展态势，除部分大型央企外，地方国企、民营企业、外资企业也逐步参与到充电基础设施的建设。截至 2014 年底，全国共建成充换电站 780 座，交 直流充电桩 3.1 万个，为超过 12 万辆电动汽车提供充换电服 务。

充电网络逐步形成。结合新能源汽车示范推广，在深圳、 杭州、合肥等地已建成较大规模的城市充电服务网络，在苏 沪杭地区已初步建成城际充电服务网络，在京沪、京港澳、 青银等高速公路沿线已基本建成省际充电服务网络。

技术水平不断提高。交直流充电桩、双向充放电机、电 池快速更换系统等设备已实现国产化，无线充电、移动充电等新型充电技术已开展试点运营；充电基础设施监控、计量、 计费及保护等技术日趋成熟；充电基础设施的信息化和自动 化水平不断提高；充电基础设施与新能源、智能电网及智能交通等技术融合已开展试点应用。

标准体系逐步完善。我国已基本建立充电基础设施标准 体系，包括术语、动力电池箱、充电系统及设备、充换电接口、换电系统及设备、充 / 换电站及服务网络、建设与运行、 附加设备等 8 个部分，约 60 项标准，在国际标准制定中的影响力逐步增强。

支持政策陆续出台。国家不断加大对充电基础设施的政 策支持力度，印发了《国务院办公厅关于加快新能源汽车推广应用的指导意见》(国办发〔2014〕35 号),有关部门抓紧 制定配套支持政策,已出台充电价格、财政奖励等文件,其 他政策将陆续发布。一些省市地方政府也相继出台了充电基础设施财政补贴、充电服务指导价格等配套支持政策。

三、问题挑战

充电基础设施在国内外均处于起步阶段,由于涉及城市 规划、建设用地、建筑物及配电网改造、居住地安装条件、投资运营模式等方面,利益主体多,推进难度大。

电动汽车及其充电技术的不确定性大。电动汽车产业尚 处于发展初期,动力电池及充电等关键技术发展日新月异,不同技术方案对应的充电需求存在较大差异,增加了充电基 础设施建设与管理的难度,加大了投资运营风险,影响了社 会资本参与的积极性。

充电基础设施与电动汽车发展不协调。在电动汽车产业 发展过程中,普遍存在注重车而不注重充电基础设施的问题,有车无桩、有桩无车现象并存。一方面,部分地区电动 汽车增长较快,但充电基础设施建设规模不足;另一方面,由于用户对电动汽车接受度不高以及地方保护等原因,使得 电动汽车增长总体低于预期,加上部分充电基础设施建设布 局不合理,以及设施通用性较差等问题,造成充电基础设施 利用率较低。

充电基础设施建设难度较大。充电基础设施建设需要规 划、用地、电力等多项前提条件,在实施过程中涉及多个主管部门和相关企业。在社会停车场所建设充电基础设施,面 对众多分散的利益主体,协调难度大。在私人乘用车领域,大量停车位不固定的用户不具备安装条件;对于具备安装条 件的用户,存在业主委员会不支持和物业服务企业不配合的现象。此外,由于充电基础设施还涉及公共电网、用户侧电 力设施、道路管线等改造,也增加了建设难度。

充电服务的成熟商业模式尚未形成。在部分城市的公 交、出租等特定领域,通过实行燃油对价、峰谷电价、充电服务费等措施,商业模式探索取得一定进展,但仍不具备大 范围推广应用的条件。在面向社会公众的公共充电服务领域,商业模式探索处于起步阶段,由于电动汽车数量少、设 施利用率低、价格机制不健全等原因,充电服务企业普遍亏 损。

充电基础设施标准规范体系有待完善。充电基础设施设 备接口、通信协议等技术标准亟需完善。已颁布的部分技术 标准未严格执行,造成不同品牌的电动汽车与不同厂商的充 电基础设施不兼容,充电便利性大大下降。充电基础设施相关工程建设标准有待进一步完善。充电基础设施与充电服务 平台的通信协议、结算体系等标准不统一,充电服务平台的 服务能力和质量未能满足用户需求。

配套支持政策仍需加强。部分地方政府对充电基础设施 发展的重视程度不够,缺少配套支持政策,在城市建设及相 关规划中对充电基础设施考虑不足,对充电基础设施的长期 用地政策有待进一步明确和细化,充电基础设施财税支持政 策与电动汽车支持政策不匹配,对社会资本吸引力不足,对 居民区、社会停车场等安装困难的场所协调推动不够。

## 四、需求预测

根据我国在公交、出租、环卫与物流等专用车、公务与 私人乘用车等领域的汽车增长趋势，结合国家新能源汽车推广应用相关政策要求和规划目标，经测算，到 2020 年全国 电动汽车保有量将超过 500 万辆，其中电动公交车超过 20 万辆，电动出租车超过 30 万辆，电动环卫、物流等专用车 超过 20 万辆，电动公务与私人乘用车超过 430 万辆。

根据各应用领域电动汽车对充电基础设施的配置要求，经分类测算，2015 年到 2020 年需要新建公交车充换电站 3848 座，出租车充换电站 2462 座，环卫、物流等专用车充 电站 2438 座，公务车与私家车用户专用充电桩 430 万个，城市公共充电站 2397 座，分散式公共充电桩 50 万个，城际快充站 842 座。

在北京、天津、河北、辽宁、山东、上海、江苏、浙江、 安徽、福建、广东、海南等电动汽车发展基础较好，雾霾治 理任务较重，应用条件较优越的加快发展地区，预计到 2020 年，推广电动汽车规模将达到 266 万辆，需要新建充换电站 7400 座，充电桩 250 万个。

在山西、内蒙古、吉林、黑龙江、江西、河南、湖北、 湖南、重庆、四川、贵州、云南、陕西、甘肃等示范推广地 区，预计到 2020 年，推广电动汽车规模将达到 223 万辆，需要新建充换电站 4300 座，充电桩 220 万个。 在广西、西藏、青海、宁夏、新疆等尚未被纳入国家新 能源汽车推广应用范围的积极促进地区，预计到 2020 年，推广电动汽车规模将达到 11 万辆，需要新建充换电站 400 座，充电桩 10 万个。

## 五、指导思想与原则

### （一）指导思想

全面贯彻国家新能源汽车发展战略部署，加强规划指 导，因地分类实施；完善标准体系，强化政策引领；鼓励社 会参与，创新发展模式，发挥市场作用；系统科学地构建高 效开放、与电动汽车发展相适应的充电基础设施体系，保障 和促进电动汽车产业健康快速发展。

### （二）基本原则

整体谋划、系统推进、适度超前。加强我国充电基础设 施发展的顶层设计，将充电基础设施放在更加重要的位置，从发展全局的高度进行整体统筹。建立政府有关部门与相关 企业各司其职、各尽所能、群策群力、合作共赢的系统推进 机制，按照“桩站先行”的原则，适度超前建设，推进充电基础设施科学发展。

因地制宜、分类实施、经济合理。根据各地区电动汽车 发展阶段和应用特点，紧密结合不同领域、不同层次的充电需求，遵循“市场主导、快慢互济”的技术导向，科学把握发 展节奏，分类有序实施，加大交通、市政、电力等公共资源 整合力度，合理布局充电基础设施，降低建设成本，节约土 地资源。

统一标准、规范建设、通用开放。坚持按照国家标准建 设充电基础设施，加快完善充换电标准体系，为“车行天下” 提供有力保障。规范充电基础设施建设运营，理顺管理流程，健全管理机制。实现充电服务平台之间的互联互通，提高充 电服务的通用性和开放性。

创新思路、市场主导、示范引领。鼓励地方政府与企业 发挥创新主体作用，持续开展充电基础设施建设与运营模式创新。加快完善政策环境，发挥市场主导作用，鼓励引导社 会资本参与，激发市场活力。加强示范推广，为充电基础设 施发展探索新途径，积累新经验。

加强领导、协同推动、加快发展。落实地方政府充电基 础设施发展的主体责任，建立由各地发展改革委（能源局）牵头，相关主管部门紧密配合的协同推进机制。加强宣传引导和项目协调，充分调动企业和社会各方积极性，形成合力，加快发展。

## 六、发展目标

### （一）总体目标

根据需求预测结果，按照适度超前原则明确充电基础设 施建设目标。到 2020 年，新增集中式充换电站超过 1.2 万座，分散式充电桩超过 480 万个，以满足全国 500 万辆电动汽车 充电需求。

优先建设公交、出租及环卫与物流等公共服务领域充电 基础设施，新增超过 3850 座公交车充换电站、2500 座出租 车充换电站、2450 座环卫物流等专用车充电站。

积极推进公务与私人乘用车用户结合居民区与单位停 车位配建充电桩，新增超过 430 万个用户专用充电桩，以满 足基本充电需求。鼓励有条件的设施对社会公众开放。

合理布局社会停车场所公共充电基础设施，按照适度超 前原则，新增超过 2400 座城市公共充电站与 50 万个分散式 公共充电桩，以满足临时补电需要。

结合骨干高速公路网，建设“四纵四横”的城际快充网络，新增超过 800 座城际快充站，以满

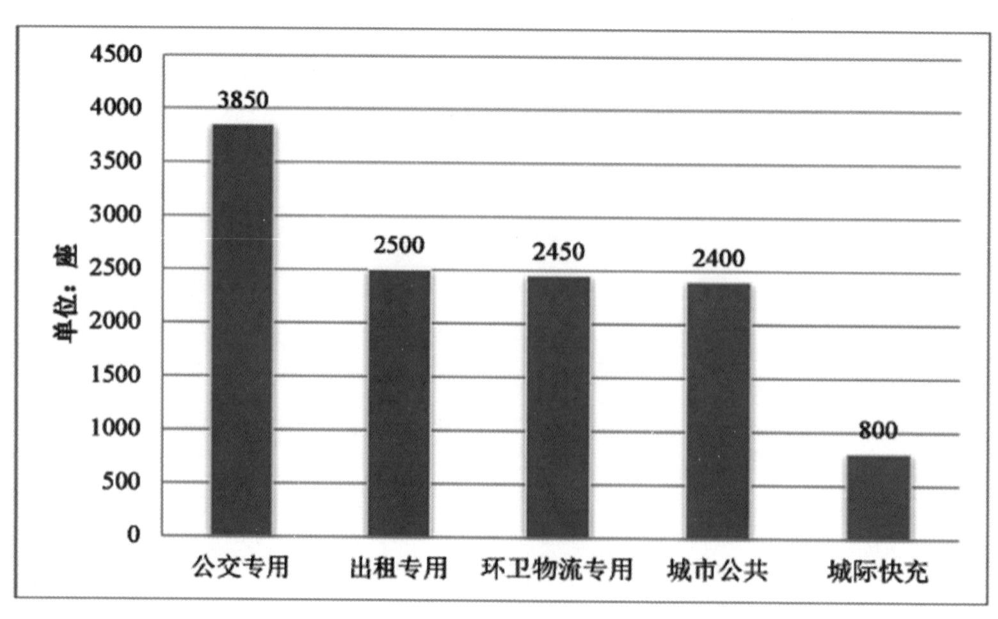


图 1a　集中式充换电站

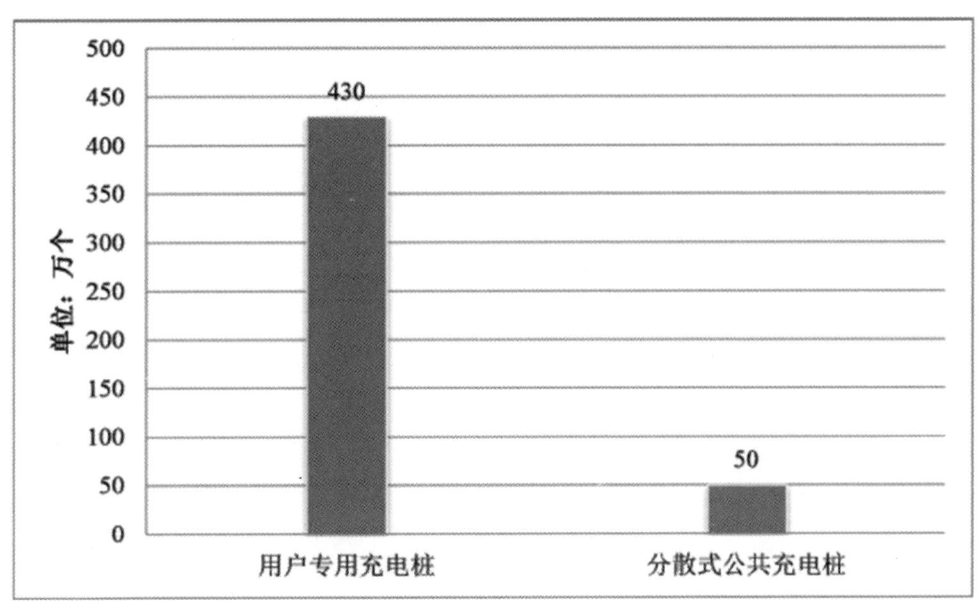


图 1b　分散式充电桩

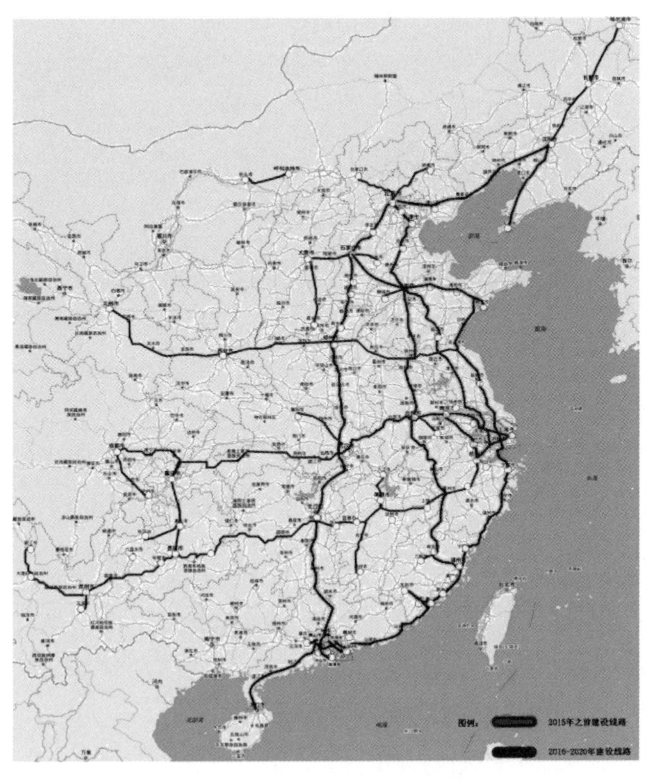


图 2　全国城际快充网络规划图

足城际出行需要。

（二）分区域建设目标

1. 加快发展地区

到 2020 年新增集中式充换电站超过 7400 座，分散式充 电桩超过 250 万个，以满足超过 266 万辆电动汽车充电需求。

在新能源汽车推广应用城市，公共充电桩与电动汽车比 例不低于 1:7，城市核心区公共充电服务半径小于 0.9 公里；其他城市公共充电桩与电动汽车比例力争达到 1:12，城市核 心区公共充电服务半径力争小于 2 公里。

率先建成京津冀、长三角、珠三角三个雾霾防治重点区 域的城际快充网络，各主要城市间实现互联互通。

2. 示范推广地区

到 2020 年新增集中式充换电站超过 4300 座，分散式充 电桩超过 220 万个，以满足超过 223 万辆电动汽车充电需求。

在新能源汽车推广应用城市，公共充电桩与电动汽车比 例不低于 1:8，城市核心区公共充电服务半径小于 1 公里；其他城市公共充电桩与电动汽车比例力争达到 1:15，城市核 心区公共充电服务半径力争小于 2.5 公里。

加强与加快发展地区的互联互通，以高速公路网为基 础，逐步推进全国范围的城际快充网络建设。

3. 积极促进地区

到 2020 年新增集中式充换电站超过 400 座，分散式充 电桩超过 10 万个，以满足超过 11 万辆电动汽车充电需求。

省会等主要城市公共充电桩与电动汽车比例不低于 1:12，城市核心区公共充电服务半径小于 2 公里。

按需开展城际快充网络建设。

（三）分场所建设目标

1. 结合公交、出租、环卫与物流等公共服务领域专用 停车场所，适当补充独立占地的充换电站，新建超过 3850 座公交车充换电站，超过 2500 座出租车充换电站，超过 2450 座环卫与物流等专用车充电站。

2. 在居民区，建成超过 280 万个用户专用充电桩。鼓 励有条件的设施对社会公众开放。

3. 在公共机构、企事业单位、写字楼、工业园区等单 位内部停车场，建成超过 150 万个用户专用充电桩。鼓励有条件的设施对社会公众开放。

4. 在交通枢纽、大型文体设施、城市绿地、大型建筑物配建停车场、路边停车位等城市公共停车场所，建成超过 2400 座城市公共充电站与 50 万个分散式公共充电桩。

5. 在城际高速公路服务区，2015 年之前初步形成“四纵两横三环”（四纵：京沪高速、京港澳高速、沈海高速、京台 高速，两横：青银高速、沪蓉高速，三环：京津冀、长三角、 珠三角）的城际快充网络，建成超过 500 座城市快充站；2020 年之前形成“四纵四横”（四纵：沈海、京沪、京台、京港澳，四横：青银、连霍、沪蓉、沪昆）城际快充网络，建成超过 1000 座城市快充站。

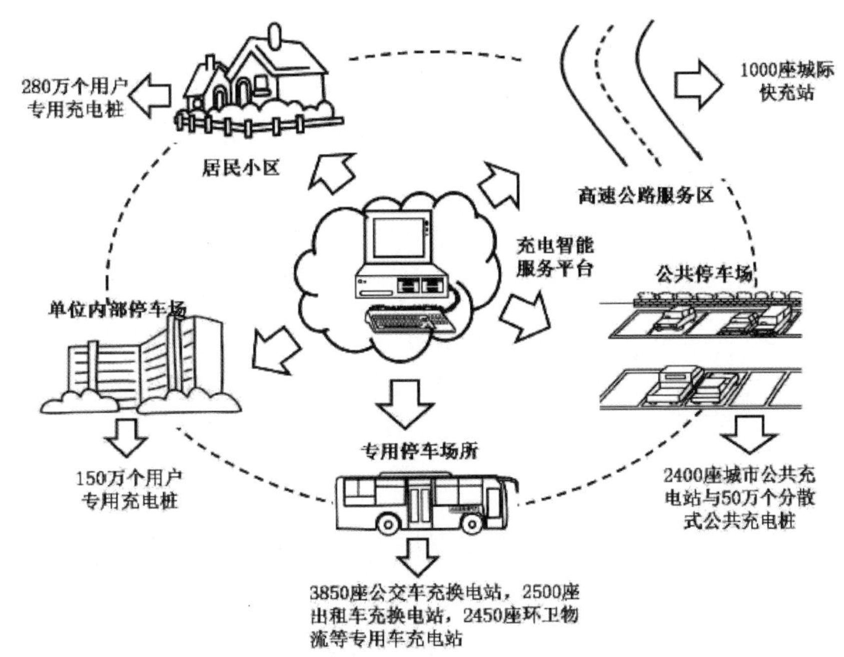


图 3　到 2020 年充电基础设施分场所建设目标

七、重点任务

(一)推动充电基础设施体系建设

以用户居住地停车位、单位内部停车场、公交及出租等 专用场站配建的专用充电基础设施为主体，以城市公共建筑物配建停车场、社会公共停车场、路内临时停车位配建的公 共充电基础设施为辅助，以独立占地的城市快充站、换电站 和高速公路服务区配建的城际快充站为补充，以充电智能服 务平台为支撑，加快建设适度超前、布局合理、功能完善的 充电基础设施体系。

1. 着力推进公共服务领域充电基础设施建设 对于公交、环卫、机场通勤等定点定线运行的公共服务领域电动汽车，应根据线路运营需求，优先结合停车场站建 设充电基础设施；可根据实际需求，建设一定数量独立占地 的快充站与换电站。对于出租、物流、租赁、公安巡逻等非定点定线运行的公共服务领域电动汽车，应充分挖掘有关单 位内部停车场站配建充电基础设施的潜力，同步推进城市公 共充电基础设施建设，通过内部专用设施与公共设施的高效 互补提高用车便捷性。

2. 加快推动用户居住地充电基础设施建设

对于有固定停车位的用户，优先结合停车位建设充电 桩。对于无固定停车位的用户，鼓励企业通过配建一定比例 的公共充电车位，建立充电车位的分时共享机制，开展机械 式和立体式停车充电一体化设施建设与改造等方式为用户 充电创造条件。引导充电服务、物业服务等相关企业参与居 民区的充电基础设施建设与运营，鼓励企业统一开展停车位 改造和直接办理报装接电手续，允许企业在不违反相关法规的前提下向用户适当收费，建立合理反映各方“责、权、利” 的市场化推进机制，切实解决居民区充电基础设施建设面临的“最后一公里”难题。

3. 积极开展单位内部停车场充电基础设施建设

具备条件的政府机关、公共机构及企事业单位，要结合 单位电动汽车配备更新计划以及职工购买使用电动汽车需求，利用单位内部停车场资源，规划电动汽车专用停车位，配建充电桩。各地可将有关单位配建充电基础设施情况纳入 节能减排考核奖励范围。

4. 加快推进城市公共充电网络建设

优先结合大型商场、文体场馆等建筑物配建停车场，以 及交通枢纽、驻车换乘（P+R）等社会公共停车场开展城市 公共充电基础设施建设，鼓励在具备条件的加油站配建公共快充设施，适当新建独立占地的公共快充站。公共充电基础 设施布局应按照从城市中心到边缘、优先发展区域向一般区 域逐步推进的原则，逐步增大公共充电基础设施分布密度。 鼓励有条件的单位和个人充电基础设施向社会公众开放。结 合实际需求，推广占地少、成本低、见效快的机械式与立体 式停车充电一体化设施，提高土地利用效率。

5. 大力推进城际快充网络建设 依托高速公路服务区停车位，建设城际快充网络。优先推进京津冀鲁、长三角、珠三角区域的城际快充网络建设并 实现区域间互联；适时推进长江中游城市群、中原城市群、 成渝城市群、哈长城市群城际快充网络建设;2020 年底前初 步形成覆盖大部分主要城市的城际快充网络，满足电动汽车城际、省际出行需求。

6. 同步构建充电智能服务平台

充电智能服务平台建设要与充电基础设施建设同步考 虑，融合互联网、物联网、智能交通、大数据等技术，通过“互联网＋充电基础设施”，积极推进电动汽车与智能电网间的能量和信息互动，提升充电服务的智能化水平。鼓励围绕用 户需求，为用户提供充电导航、状态查询、充电预约、费用结算等服务，拓展增值业务，提升用户体验和运营效率。

（二）加强配套电网保障能力

1. 加强配套电网建设

各地要将充电基础设施配套电网建设与改造项目纳入 当地配电网专项规划，并与其他相关规划相协调，在用地保 障、廊道通行等方面给予支持，切实做到“设施建设、电网先 行”。根据各类建筑物配建充电基础设施需求，合理提高各类 建筑物用电设计标准，加强相关标准与规范的制修订工作。

电网企业要加强充电基础设施配套电网建设与改造，保障充电基础设施无障碍接入，确保电力供应的“畅通无阻”，满足 充换电设施运营需求。

2. 完善供电服务

电网企业要为充电基础设施接入电网提供便利条件，开 辟绿色通道，优化流程，简化手续，提高效率，限时办结。 充电基础设施产权分界点至电网的配套接网工程，由电网企 业负责建设和运行维护，不得收取接网费用，相应资产全额 纳入有效资产，相应成本据实计入准许成本，纳入电网输配 电价回收。

（三）加快标准完善与技术创新

1. 加快推进充电标准化工作

加快修订出台充电接口及通信协议等标准，积极推进充 电接口互操作性检测及服务平台间数据交换等标准的制修订，开展已有充电基础设施改造，加快实现充电标准的统一，实现不同厂商充电设备与不同品牌电动汽车之间的兼容互 通。进一步完善充电基础设施相关工程建设标准与管理规 范，以及计量、计费、结算等运营标准与管理规范。进一步 开展电动汽车充电基础设施设置场所消防等安全技术措施 的研究，及时制修订完善相关标准；完善充换电设备、电动 汽车电池等产品标准，明确防火安全要求。加快建立充电基 础设施的道路交通标识体系和相关规范。

2. 积极支持关键技术的研发应用

充分发挥企业创新主体作用，加快高功率密度、高转换 效率、高适用性、无线充电、移动充电等新型充换电技术及装备研发。加强检测认证、安全防护、与电网双向互动、电 池梯次利用、无人值守自助式服务、桩群协同控制等关键技 术研究。依托示范项目，积极探索充电基础设施与智能电网、 分布式可再生能源、智能交通融合发展的技术方案。

（四）探索可持续商业模式

1. 积极引入社会资本 各地应有效整合公交、出租场站以及社会公共停车场等 各类公共资源，通过政府与社会资本合作 (PPP) 等方式培 育市场主体，引入社会资本建设运营公共服务领域充电基础 设施、城市公共充电网络及智能服务平台。加快形成私人用 户居住地与单位内部停车场充电基础设施建设运营的市场机制。构建统一开放、竞争有序的充电服务市场。

2. 鼓励拓展多种商业模式

鼓励探索大型充换电站与商业地产相结合的发展方式，引导商场、超市、电影院、便利店等商业场所为用户提供辅助充电服务。鼓励充电服务企业与整车企业在销售和售后服 务方面创新商业合作模式。充分利用融资租赁、特许经营权 质押等融资模式，借鉴合同能源管理等业务模式，推进商业 模式创新。大力推动“互联网 + 充电基础设施”相关商业模式与 服务创新，引入众筹、线上与线下相结合等新兴业务模式，积极拓展智能充放电、电子商务和广告等增值服务，吸引更多社会资源参与，提高企业可持续发展能力。

（五）开展相关示范工作

1. 开展建设与运营模式示范

各地要结合新能源汽车推广应用需要，按照因地制宜、 适度超前原则，针对不同层次和不同领域充电基础设施发展 的重点和难点，从城市与区县充电基础设施体系建设、居民区与单位配建充电设施、城际快充网络建设等方面，积极开 展建设与运营模式示范。通过示范项目，理顺充电基础设施 建设运营管理机制，探索系统化的支持政策以及可行的商业 模式，以点带面，加快充电基础设施建设整体进程，提高发展质量、速度和效益。在示范项目中积极探索无人值守自助 式服务、无线充电、移动充电、智能电网等新技术的应用。

2. 加强示范经验总结与交流推广

建立多层次的充电基础设施示范经验交流推广机制，通 过多种形式开展示范工作经验交流，提升示范效果，发挥带 动作用。各地要加强对充电基础设施示范工作的总结，积极 加强与其他地区的经验交流。对示范工作中的成功经验要加 大推广力度，对暴露出来的一些共性问题要及时解决，建立 有效机制，完善政策法规，为下一步普及推广打好基础。

**八、保障措施**

（一）加强规划指导。

各地要将充电基础设施专项规划的有关内容纳入城乡规划，完善独立占地的充电基础设施布局，明确各类建筑物配建停车场及社会公共停车场中充电设施的建设比例或预留条件要求。原则上，新建住宅配建停车 位应 100% 建设充电基础设施或预留建设安装条件，大型公 共建筑物配建停车场、社会公共停车场建设充电基础设施或 预留建设安装条件的车位比例不低于 10%，每 2000 辆电动 汽车应至少配套建设一座公共充电站。有关部门和地方应将城际快充网络纳入相关高速公路规划，明确在高速公路服务 区配建充电基础设施的要求。

（二）加大用地支持力度。

各地要将独立占地的集中式充换电站用地纳入公用设施营业网点用地，按照加油加气站 用地供应模式，根据可实施供应的国有建设用地情况，优先 安排土地供应。新建项目用地需配建充电基础设施的，可将 配件要求纳入土地供应条件，允许土地使用权取得人与其他 市场主体合作，按要求投资建设运营充电基础设施。鼓励在已有各类建筑物配建停车场、公交场站、社会公共停车场与 高速公路服务区等场所配建充电基础设施，地方政府应协调 有关单位在用地方面予以支持。

（三）简化规划建设审批。

各地要减少充电基础设施的规划建设审批环节，加快办理速度。个人在自有停车库、停 车位，各居住区、单位在既有停车泊位安装充电设施的，无 需办理建设用地规划许可证、建设工程规划许可证和施工许 可证。建设城市公共停车场（楼）时，无需为同步建设充电 桩群等充电基础设施单独办理建设工程规划许可证和施工许可证。新建单独占地的集中式充、换电站应符合城市规划，并办理建设用地规划许可证、建设工程规划许可证和施工许 可证。

（四）强化安全管理。

各地要建立充电基础设施安全管理体系，完善有关制度标准，加大对用户私拉电线、违规用 电、建设施工不规范等行为的查处力度。依法依规对充电基础设施设置场所实施消防设计审核、消防验收以及备案抽 查，并加强消防监督检查。行业主管部门要督促充电基础设 施运营使用的单位或个人，加强对充电基础设施及其设置场 所的日常消防安全检查及管理，及时消除安全隐患。

（五）加大物业协调力度。

制定全国统一的私人用户居住地充电基础设施建设管理示范文本。各地房地产行政主管 部门、街道办事处和居委会应按照示范文本，主动加强对业 主委员会的指导和监督，引导业主支持充电基础设施建设。业主大会、业主委员会应当依法履行自治管理职责，依据示范文本，结合自身实际，明确物业服务区域内建设管理充电 基础设施的流程，并将相关内容纳入物业服务合同。对拒不 配合或阻挠充电基础设施建设的物业服务企业，各地房地产 行政主管部门应制定相应的处罚措施，扣减相关企业和负责 人的信用信息评分。

（六）加强供用电监管力度。

各级电力监管部门应对充电基础设施供用电环节加强监管。电网企业和充电基础设施 运营企业应配合监管部门进行监督检查，按规定和要求提供 真实完整的信息。对于电网企业服务不合规、充电基础设施运营企业和个人违规用电等情况，依法依规进行查处，并视 情节予以处罚。

（七）完善财政价格政策。

加大对充电基础设施补贴力度，加快制定“十三五”充电基础设施建设的财政奖励办法，督促各地尽快制定有关支持政策并向社会公布，给予市场稳 定的政策预期。在产业发展初期给予中央基建投资资金适度 支持。允许充电服务企业向电动汽车用户收取电费及服务费 两项费用，对向电网经营企业直接报装接电的经营性集中式 充换电设施用电，执行大工业用电价格，2020 年前暂免收基 本电费；其他充电设施按其所在场所执行分类目录电价。针对不同类别充电基础设施，兼顾投资运营主体合理收益与用 户使用经济性等，指导各地及早出台充电服务费分类指导价格，在总结各地经验基础上，逐步规范充电服务价格机制。

（八）强化金融服务支撑。

鼓励金融机构在商业可持续原则下，创新金融产品和保险品种，综合运用风险补偿等政 策，完善金融服务体系。推广股权、项目收益权、特许经营 权等质押融资方式，加快建立包括财政出资和社会资本投入 的多层次担保体系，积极推动设立融资担保基金，拓宽充电 基础设施投资运营企业与设备厂商的融资渠道。鼓励利用社会资本设立充电基础设施发展专项基金，发行充电基础设施 企业债券，探索利用基本养老保险基金投资支持充电基础设施建设。

（九）落实地方主体责任。

各地政府要切实承担起统筹推进充电基础设施发展的主体责任，将充电基础设施建设管 理作为政府专项管理内容，建立由发展改革（能源）部门牵 头、相关部门紧密配合的协同推进机制，明确职责分工，完 善配套政策，在 2016 年 3 月底前发布充电基础设施专项规 划，制定出台充电基础设施建设运营管理办法，并抓好组织 实施。

（十）建立互联互通促进机制。

设立国家电动汽车充电基础设施促进联盟，配合有关政府部门严格充电基础设施产 品准入管理，开展充电基础设施互操作性的产品检测与认证。构建充电基础设施信息服务平台，统一信息交换协议，有效整合不同企业和不同城市的充电服务平台信息资源，促 进不同服务平台之间的互联互通，为制定实施财政、监管等 政策提供支撑。

（十一）营造良好舆论环境。

各有关部门、企业和新闻媒体要通过多种形式加强充电基础设施发展政策、规划布局 和建设动态等的宣传，让社会各界全面了解充电基础设施，吸引更多社会资本参与充电基础设施的建设运营，引导消费 者购买使用电动汽车。加强舆论监督，曝光阻碍充电基础设 施建设、损害消费者权益等行为，形成有利于充电基础设施发展的舆论氛围。

# 交通运输部关于贯彻执行国务院办公厅有关专项督查黄标车淘汰工作以及做好环境保护部、公安部等五部委有关全面推进黄标车淘汰工作的通知

**交运函〔2015〕755号**

各省、自治区、直辖市、新疆生产建设兵团交通运输厅（局、委）：

**国务院高度重视大气污染防治、黄标车淘汰工作。《国务院关于印发大气污染防治行动计划的通知》（国发〔2013〕37号）和今年国务院《政府工作报告》明确要求，2015年全部淘汰2005年底前注册运营的黄标车。今年8月，国务院办公厅印发《关于对黄标车淘汰工作进行专项督查的通知》（国办发明电〔2015〕11号，以下简称《国办通知》）。今年10月，环境保护部、公安部、财政部、商务部和我部联合印发《关于全面推进黄标车淘汰工作的通知》（环发〔2015〕128号，以下简称《五部委通知》）。为贯彻执行好《国办通知》和《五部委通知》要求，开展好今年的营运黄标车淘汰工作，现就有关工作要求通知如下：**

## 一、高度重视营运黄标车淘汰工作

今年国务院《政府工作报告》明确的工作目标是全部淘汰2005年底前注册运营的黄标车。淘汰黄标车工作是减少移动污染源排放、保护大气环境的重要举措。各级交通运输主管部门和道路运输管理机构务要高度重视，全面贯彻落实《国办通知》和《五部委通知》要求，进一步增强责任感和紧迫感，在地方人民政府领导下，积极配合有关部门，专题研究部署，确保完成全年营运黄标车淘汰的目标任务。

## 二、工作要求

（一）强化督促检查。

各地交通运输部门和道路运输管理机构要严格按照《国办通知》和《五部委通知》要求，在地方政府领导下，积极开展营运黄标车集中清理工作，深入运输企业开展排查，建立健全在用营运黄标车辆明细台账，统计各车辆的注册登记年份、发放道路运输证时间、车主联系方式等基本

信息，摸清营运黄标车辆底数，督促企业及时淘汰 2005 年底前注册登记的营运黄标车。综合运用道路运输班线资质审批及复核、道路运输证年度审验、道路运输车辆技术等级评定及复核等手段，督促经营业户按规定及时报废更新车辆。对达到汽车强制报废标准的营运车辆，各地交通运输部门和道路运输管理机构要督促运输企业按时依规做好报废工作。各地要在 2015 年 12 月底前完成年度黄标车淘汰相关工作任务，并在 2016 年 1 月 15 日前完成黄标车淘汰有关工作材料归档工作。

（二）加强政策引导。

各地交通运输部门和道路运输管理机构要按照《五部委通知》要求，积极会同环保、财政等部门出台经济激励政策措施，加大营运黄标车淘汰补贴力度，尤其是对大型客货车、出租车、公交车进行补贴，引导车主积极报废更新车辆。

（三）建立通报机制。

各地交通运输部门和道路运输管理机构要积极配合有关部门，建立营运黄标车信息定期通报机制。在 2015 年底前，定期向地方政府、环保等部门报送、提供有关营运车辆道路运输证发放情况、2005 年底前注册登记的营运车辆及其报废信息，存在相关问题要及时通报处理。

（四）强化宣传教育。

各级交通运输部门和道路运输管理机构要按照《五部委通知》要求，充分利用各类新闻媒体广泛宣传黄标车高污染、高排放的危害性和治理淘汰的相关政策，争取运输企业业户的理解、支持和配合，有效防范和化解矛盾风险，确保行业稳定、社会稳定。要通过印发张贴宣传品、发送短信提示等方式，提醒运输业户按规定交售、报废已到达国家报废标准的营运黄标车。

## 三、工作督查

（一）专项督促检查。

各省级交通运输部门和道路运输管理机构要在地方人民政府领导下，积极配合有关部门，层层分解落实任务和责任，明晰车辆台账、工作进度，落实责任目标，确保全年任务按时完成；组织对各地市营运黄标车淘汰工作进行专项督查督办，对工作中发现的问题以及进展缓慢的，要予以通报处理，积极督促整改，确保任务落实到位。工作中发现伪造数据、虚报情况的，依法追究有关单位和人员责任。

（二）工作总结报送。

各省级交通运输部门要在今年 12 月 20 日前，将今年本省市开展黄标车淘汰工作的总结材料（包括贯彻落实《国办通知》和《五部委通知》情况，本地开展黄标车淘汰工作的任务分工以及工作完成情况，工作经验和存在问题等）报交通运输部（运输服务司）。

交通运输部（章）

2015 年 11 月 3 日

# 国家质检总局2015年第176号总局令《缺陷汽车产品召回管理条例实施办法》

第176号

《缺陷汽车产品召回管理条例实施办法》已经2015年7月10日国家质量监督检验检疫总局局务会议审议通过，现予公布，自2016年1月1日起施行。

局 长

2015年11月27日

# 缺陷汽车产品召回管理条例实施办法

## 第一章 总 则

**第一条** 根据《缺陷汽车产品召回管理条例》，制定本办法。

**第二条** 在中国境内生产、销售的汽车和汽车挂车(以下统称汽车产品)的召回及其监督管理，适用本办法。

**第三条** 汽车产品生产者(以下简称生产者)是缺陷汽车产品的召回主体。汽车产品存在缺陷的，生产者应当依照本办法实施召回。

**第四条** 国家质量监督检验检疫总局(以下简称质检总局)负责全国缺陷汽车产品召回的监督管理工作。各级产品质量监督部门和出入境检验检疫机构依法履行职责。

**第五条** 质检总局根据工作需要，可以委托省级产品质量监督部门和出入境检验检疫机构(以下统称省级质检部门)，在本行政区域内按照职责分工分别负责境内生产和进口缺陷汽车产品召回监督管理的部分工作。

质检总局缺陷产品召回技术机构(以下简称召回技术机构)按照质检总局的规定承担缺陷汽车产品召回信息管理、缺陷调查、召回管理中的具体技术工作。

## 第二章　信息管理

**第六条**　任何单位和个人有权向产品质量监督部门和出入境检验检疫机构投诉汽车产品可能存在的缺陷等有关问题。

**第七条**　质检总局负责组织建立缺陷汽车产品召回信息管理系统，收集汇总、分析处理有关缺陷汽车产品信息，备案生产者信息，发布缺陷汽车产品信息和召回相关信息。

质检总局负责与国务院有关部门共同建立汽车产品的生产、销售、进口、登记检验、维修、事故、消费者投诉、召回等信息的共享机制。

**第八条**　地方产品质量监督部门和各地出入境检验检疫机构发现本行政区域内缺陷汽车产品信息的，应当将信息逐级上报。

**第九条**　生产者应当建立健全汽车产品可追溯信息管理制度，确保能够及时确定缺陷汽车产品的召回范围并通知车主。

**第十条**　生产者应当保存以下汽车产品设计、制造、标识、检验等方面的信息：

(一) 汽车产品设计、制造、标识、检验的相关文件和质量控制信息；

(二) 涉及安全的汽车产品零部件生产者及零部件的设计、制造、检验信息；

(三) 汽车产品生产批次及技术变更信息；

(四) 其他相关信息。

生产者还应当保存车主名称、有效证件号码、通信地址、联系电话、购买日期、车辆识别代码等汽车产品初次销售的车主信息。

**第十一条**　生产者应当向质检总局备案以下信息：

(一) 生产者基本信息；

(二) 汽车产品技术参数和汽车产品初次销售的车主信息；

(三) 因汽车产品存在危及人身、财产安全的故障而发生修理、更换、退货的信息；

(四) 汽车产品在中国境外实施召回的信息；

(五) 技术服务通报、公告等信息；

(六) 其他需要备案的信息。

生产者依法备案的信息发生变化的，应当在 20 个工作日内进行更新。

**第十二条**　销售、租赁、维修汽车产品的经营者 (以下统称经营者) 应当建立并保存其经营的汽车产品型号、规格、车辆识别代码、数量、流向、购买者信息、租赁、维修等信息。

**第十三条**　经营者、汽车产品零部件生产者应当向质检总局报告所获知的汽车产品可能存在缺陷的相关信息，并通报生产者。

## 第三章　缺陷调查

**第十四条**　生产者获知汽车产品可能存在缺陷的，应当立即组织调查分析，并将调查分析结果报告质检总局。

生产者经调查分析确认汽车产品存在缺陷的，应当立即停止生产、销售、进口缺陷汽车产品，并实施召回；生产者经调查分析认为汽车产品不存在缺陷的，应当在报送的调查分析结果中说明分析过程、方法、风险评估意见以及分析结论等。

**第十五条**　质检总局负责组织对缺陷汽车产品召回信息管理系统收集的信息、有关单位和个人的投诉信息以及通过其他方式获取的缺陷汽车产品相关信息进行分析，发现汽车产品可能存在缺陷的，应当立即通知生产者开展相关调查分析。

生产者应当按照质检总局通知要求，立即开展调查分析，并如实向质检总局报告调查分析结果。

**第十六条**　召回技术机构负责组织对生产者报送的调查分析结果进行评估，并将评估结果报告质检总局。

**第十七条**　存在下列情形之一的，质检总局应当组织开展缺陷调查：

（一）生产者未按照通知要求开展调查分析的；

（二）经评估生产者的调查分析结果不能证明汽车产品不存在缺陷的；

（三）汽车产品可能存在造成严重后果的缺陷的；

（四）经实验检测，同一批次、型号或者类别的汽车产品可能存在不符合保障人身、财产安全的国家标准、行业标准情形的；

（五）其他需要组织开展缺陷调查的情形。

**第十八条**　质检总局、受委托的省级质检部门开展缺陷调查，可以行使以下职权：

（一）进入生产者、经营者、零部件生产者的生产经营场所进行现场调查；

（二）查阅、复制相关资料和记录，收集相关证据；

（三）向有关单位和个人了解汽车产品可能存在缺陷的情况；

（四）其他依法可以采取的措施。

**第十九条**　与汽车产品缺陷有关的零部件生产者应当配合缺陷调查，提供调查需要的有关资料。

**第二十条**　质检总局、受委托的省级质检部门开展缺陷调查，应当对缺陷调查获得的相关信息、资料、实物、实验检测结果和相关证据等进行分析，形成缺陷调查报告。

省级质检部门应当及时将缺陷调查报告报送质检总局。

**第二十一条**　质检总局可以组织对汽车产品进行风险评估，必要时向社会发布风险预警信息。

**第二十二条**　质检总局根据缺陷调查报告认为汽车产品存在缺陷的，应当向生产者发出缺陷汽车产品召回通知书，通知生产者实施召回。

生产者认为其汽车产品不存在缺陷的，可以自收到缺陷汽车产品召回通知书之日起 15 个工作日内向质检总局提出书面异议，并提交相关证明材料。

生产者在 15 个工作日内提出异议的，质检总局应当组织与生产者无利害关系的专家对生产者提交的证明材料进行论证；必要时质检总局可以组织对汽车产品进行技术检测或者鉴定；生产者申请听证的或者质检总局根据工作需要认为有必要组织听证的，可以组织听证。

**第二十三条** 生产者既不按照缺陷汽车产品召回通知书要求实施召回，又不在 15 个工作日内向质检总局提出异议的，或者经组织论证、技术检测、鉴定，确认汽车产品存在缺陷的，质检总局应当责令生产者召回缺陷汽车产品。

## 第四章　召回实施与管理

**第二十四条** 生产者实施召回，应当按照质检总局的规定制定召回计划，并自确认汽车产品存在缺陷之日起 5 个工作日内或者被责令召回之日起 5 个工作日内向质检总局备案；同时以有效方式通报经营者。

生产者制定召回计划，应当内容全面，客观准确，并对其内容的真实性、准确性及召回措施的有效性负责。

生产者应当按照已备案的召回计划实施召回；生产者修改已备案的召回计划，应当重新向质检总局备案，并提交说明材料。

**第二十五条** 经营者获知汽车产品存在缺陷的，应当立即停止销售、租赁、使用缺陷汽车产品，并协助生产者实施召回。

**第二十六条** 生产者应当自召回计划备案之日起 5 个工作日内，通过报刊、网站、广播、电视等便于公众知晓的方式发布缺陷汽车产品信息和实施召回的相关信息，30 个工作日内以挂号信等有效方式，告知车主汽车产品存在的缺陷、避免损害发生的应急处置方法和生产者消除缺陷的措施等事项。

生产者应当通过热线电话、网络平台等方式接受公众咨询。

**第二十七条** 车主应当积极配合生产者实施召回，消除缺陷。

**第二十八条** 质检总局应当向社会公布已经确认的缺陷汽车产品信息、生产者召回计划以及生产者实施召回的其他相关信息。

**第二十九条** 生产者应当保存已实施召回的汽车产品召回记录，保存期不得少于 10 年。

**第三十条** 生产者应当自召回实施之日起每 3 个月向质检总局提交一次召回阶段性报告。质检总局有特殊要求的，生产者应当按要求提交。

生产者应当在完成召回计划后 15 个工作日内，向质检总局提交召回总结报告。

**第三十一条** 生产者被责令召回的，应当立即停止生产、销售、进口缺陷汽车产品，并按照本办法的规定实施召回。

**第三十二条** 生产者完成召回计划后，仍有未召回的缺陷汽车产品的，应当继续实施召回。

**第三十三条** 对未消除缺陷的汽车产品，生产者和经营者不得销售或者交付使用。

**第三十四条** 质检总局对生产者召回实施情况进行监督或者委托省级质检部门进行监督，组织与生产者无利害关系的专家对消除缺陷的效果进行评估。

受委托对召回实施情况进行监督的省级质检部门，应当及时将有关情况报告质检总局。

质检总局通过召回实施情况监督和评估发现生产者的召回范围不准确、召回措施无法有效消除缺陷或者未能取得预期效果的，应当要求生产者再次实施召回或者采取其他相应补救措施。

## 第五章 法律责任

**第三十五条** 生产者违反本办法规定，有下列行为之一的，责令限期改正；逾期未改正的，处以 1 万元以上 3 万元以下罚款：

（一）未按规定更新备案信息的；

（二）未按规定提交调查分析结果的；

（三）未按规定保存汽车产品召回记录的；

（四）未按规定发布缺陷汽车产品信息和召回信息的。

**第三十六条** 零部件生产者违反本办法规定不配合缺陷调查的，责令限期改正；逾期未改正的，处以 1 万元以上 3 万元以下罚款。

**第三十七条** 违反本办法规定，构成《缺陷汽车产品召回管理条例》等有关法律法规规定的违法行为的，依法予以处理。

**第三十八条** 违反本办法规定，构成犯罪的，依法追究刑事责任。

**第三十九条** 本办法规定的行政处罚由违法行为发生地具有管辖权的产品质量监督部门和出入境检验检疫机构在职责范围内依法实施；法律、行政法规另有规定的，依照法律、行政法规的规定执行。

## 第六章 附 则

**第四十条** 本办法所称汽车产品是指中华人民共和国国家标准《汽车和挂车类型的术语和定义》规定的汽车和挂车。

本办法所称生产者是指在中国境内依法设立的生产汽车产品并以其名义颁发产品合格证的企业。

从中国境外进口汽车产品到境内销售的企业视为前款所称的生产者。

**第四十一条** 汽车产品出厂时未随车装备的轮胎的召回及其监督管理由质检总局另行规定。

**第四十二条** 本办法由质检总局负责解释。

**第四十三条** 本办法自 2016 年 1 月 1 日起施行。

# 商务部 工业和信息化部 海关总署 国家认监委公告

2015 年第 72 号

公布 2016 年度符合申请汽车、摩托车、非公路用两轮摩托车及全地形车出口许可证条件企业名单

为做好汽车、摩托车产品出口管理工作，根据《商务部工业和信息化部 海关总署 质检总局 国家认监委关于进一步规范汽车和摩托车产品出口秩序的通知》（商产发 [2012]318 号），商务部、工业和信息化部、海关总署、国家认监委审核确定了 2016 年度符合申领汽车和摩托车产品出口许可证条件的企业名单，现予以公布。

附件：1．2016 年度符合申领汽车出口许可证条件企业名单（略）

2．2016 年度符合申领摩托车出口许可证条件企业名单（略）

3．2016 年度符合申领非公路用两轮摩托车及全地形车出口许可证条件企业名单（略）

商 务 部

工业和信息化部

海 关总署

国家认监委

2015 年 12 月 15 日

# 中华人民共和国工业和信息化部
# 公　告

**2015 年 第 78 号**

根据《工业和信息化部关于建立汽车行业退出机制的通知》（工信部产业〔2012〕349 号）的规定，现将《特别公示车辆生产企业（第 2 批）》予以公告，特别公示期从 2015 年 12 月 1 日起，至 2017 年 11 月 30 日止。特别公示期间，不受理被特别公示企业的《车辆生产企业及产品公告》新产品申报。被特别公示的企业经考核符合准入条件的，取消特别公示，恢复受理其新产品申报。特别公示期满后，未申请准入条件考核、考核不合格的企业，暂停其《车辆生产企业及产品公告》，且不得办理更名、迁址等基本情况变更手续。

附件：特别公示车辆生产企业（第 2 批）

2015 年 12 月 2 日

附件：

## 特别公示车辆生产企业

（第 2 批）

一、汽车整车生产企业

1. 北京中大燕京汽车有限公司
2. 中信机电制造公司
3. 中顺汽车控股有限公司
4. 上海电车厂
5. 猛狮客车有限公司
6. 湖南汽车制造有限责任公司
7. 东风新疆汽车有限公司

二、客车及运输类专用车生产企业

1. 北京京驼伟业挂车有限公司
2. 天津市天挂车辆有限公司
3. 天津伊利萨尔客车制造有限公司
4. 河北宏大专用汽车制造有限责任公司
5. 河北冀川实业总公司

6. 内蒙古腾驰重汽专用汽车有限公司
7. 大连装卸工程机械厂
8. 大连冰山集团金州重型机器厂
9. 沈阳市万事达汽车改装厂
10. 大连兴达挂车制造有限公司
11. 四平市长江客车有限公司
12. 一汽延边现通汽车有限责任公司
13. 辽源市汽车改装有限公司
14. 长春三友专用汽车制造有限公司
15. 长春金马特种车有限公司
16. 吉林市济源特种车辆有限公司
17. 哈尔滨林业机械厂
18. 上海卢湾客车厂
19. 上海化工机械一厂
20. 上海交通汽车修配厂
21. 上海交通装卸机械厂
22. 上海申宝汽车有限公司
23. 上海杨园压力容器有限公司
24. 上海通利厢车有限公司
25. 南京汽车改装有限公司
26. 南京天界机械股份有限公司
27. 南汽吴江跃进客车厂
28. 连云港东堡专用车有限公司
29. 无锡神舟汽车制造有限公司
30. 南京中大金陵双层客车制造有限公司
31. 张家港韩中深冷科技有限公司
32. 无锡四达专用汽车制造有限公司
33. 连云港五洲专用车制造有限公司
34. 昆山美川专用汽车制造有限公司
35. 张家港圣汇气体化工装备有限公司
36. 江苏天明机械集团有限公司
37. 温州专用汽车总厂
38. 宁波三新特种汽车有限公司
39. 黄山市奇峰专用汽车有限公司
40. 安徽省池州市大田专用汽车有限公司
41. 福建凯鲍汽车制造有限公司
42. 重汽集团福建专用车有限公司
43. 江西省南方专用汽车有限公司
44. 青岛太平洋客车有限公司
45. 中国人民解放军第 4808 工厂
46. 众城集团山东龙口汽车改装厂
47. 山东文登黑豹汽车有限公司
48. 山东昊宇车辆有限公司
49. 泰安古河随车起重机有限公司
50. 河南亚隆专用车有限公司
51. 漯河车辆总厂
52. 商丘安畅挂车制造有限公司
53. 武汉神骏专用汽车制造股份有限公司
54. 中国人民解放军第三三零三工厂
55. 湖北省谷城汽车改装厂
56. 东风(十堰)特种商用车有限公司
57. 韶关新宇建设机械有限公司
58. 深圳凯丰特种汽车工业有限公司
59. 鹤山圣宝汽车有限公司
60. 重庆重型汽车集团专用汽车有限责任公司
61. 四川空分设备(集团)有限责任公司
62. 四川邮政设备厂
63. 贵州兴黔汽车厂
64. 云南第一汽车工贸有限公司
65. 西安市畜牧乳品机械厂
66. 兰州真空设备有限责任公司
67. 中环动力(北京)重型汽车有限公司
68. 中集车辆(辽宁)有限公司
69. 中集陕汽重卡(西安)专用车有限公司
70. 上海中集专用车有限公司

**三、摩托车生产企业**

1. 常州美田兰翔摩托车有限公司

2. 天津邦德工业股份有限公司
3. 上海幸福摩托车有限公司
4. 湖南光阳摩托车有限公司
5. 轻骑集团宁波力弘摩托车有限公司
6. 山东华日摩托车股份有限公司
7. 浙江星月车业有限公司
8. 广州市川井车业有限公司
9. 上海达众北方摩托车有限公司
10. 台州市川铃摩托车制造有限公司
11. 涛涛集团有限公司
12. 重庆银翔晓星摩托车有限公司
13. 上海嘉陵车业有限公司
14. 深圳建设摩托车有限公司
15. 江门市中港宝田摩托车实业有限公司

DISHISANBULEI | MINGLU

# 汽车流通协会

**中国汽车流通协会**
地址：北京市月坛北街 25 号 2 号楼 2501
邮编：100843
电话：010—68392501、68392551
传真：010—68392585—20

**天津市汽车流通行业协会**
地址：天津市南开区长江道 495 号（奥迪 4S 店院内后院一楼）
邮编：300110
电话：022—27651386、58269972
传真：022—27651386

**上海市汽车服务行业协会**
地址：上海市徐汇区东安路 239 号四楼
邮编：200032
电话：021—64181869
传真：021—64181869

**重庆市汽车商业协会**
地址：重庆市渝北区红锦街 2 号加州总商会大厦 11 － 8
邮编：401147
电话：023—68808116 / 68702880
传真：023—68702880

**黑龙江省汽车流通行业协会**
地址：黑龙江哈尔滨市道里区经纬五道街 16 号
邮编：150018
电话：0451—84227211
传真：0451—84227211

**吉林省汽车流通协会**
地址：吉林省长春市皓月大路 1058 号
邮编：130062
电话：0431—81087327
传真：0431—81087327

**沈阳汽车流通协会**
地址：沈阳市浑南新区三义街 6—1 号（天水 E 城 1603）
邮编：110013
电话：024—23663298
传真：024—23663298

**河北省汽车流通行业协会**
地址：河北省石家庄市建华北大街 69 号泰得国际大楼 D 座 507
邮编：050031
电话：85665630

**河南省二手车流通协会**
地址：郑州市任寨北街 2 号院 1 号楼 228 室
邮编：450003
电话：0371—63698589
传真：0371—63930789

**山东省汽车流通协会**
地址：山东省济南市经十西路 239 号
邮编：250117
电话：0531—87985346/87527720
传真：0531—87985346

**山西省汽车流通商会**
地址：太原市小店区长风街 125 号百盛大厦 A 坐 30 层
邮编：30006
电话：0351—7998328
传真：0351—7998328

**江苏省汽车交易管理协会**
地址：江苏省南京市秦淮区中山东路 402 号新时代大厦六楼
邮编：210002
电话：025—84519696
传真：025—84519060

**杭州市二手车流通行业协会**
地址：杭州市石祥路 589 号旧车市场 53009 室
邮编：310015
电话：0571—28938667
传真：0571—28887389

**湖北省汽车流通协会**
地址：武汉市江汉北路 8 号金茂大楼 1404 室、武汉市江岸区解放大道 1511 号化工大厦 1103
邮编：430015
电话：027—85803330
传真：027—85794167

**湖南省汽车商会**
地址：长沙市蔡锷南路 119 号五号楼 511 室
邮编：410002
电话：0731—84406562
传真：0731—84406562

**福建省汽车流通协会**
地址：福建省福州市鼓楼区东浦路湖前大井 138 号
邮编：350003
电话：0591—87725717/
0591—83402884
传真：0591—87725716/83402884

**广东省汽车流通协会**
地址：广州市水荫路 52 号大院 1 号楼 501 室
邮编：510075
电话：020—37600270
传真：020—37608331

**广西汽车流通协会**
地址：南宁市白沙大道 30 号
邮编：530022
电话：(0771)4892611
传真：(0771)4892622

**贵州省汽车汽配行业商会**
地址：贵阳市南明区四方河山水黔城七组团 8—1—604 号
邮编：550029
电话：0851—5101868
传真：

**陕西省汽车行业协会**
地址：陕西省西安市高新区沣惠南路 20 号华晶广场 B 座 1106 室
邮编：710038
电话：029—62669075
传真：029—62669076

**青海汽车流通协会**
地址：青海省西宁市海晏路 2 号国贸大厦 17 楼 1702 室
邮编：810001
电话：0971—6366090
传真：0971—6366090

**乌鲁木齐市新市区汽车流通商会**
地址：新疆乌鲁木齐市鲤鱼山北路 1 号赛博特国际汽车城 E 区 6 栋 304 号
邮编：830011
电话：0991—6678906
传真：0991—6678906

**海南省汽车行业协会**
地址：海南省海口市国贸路 49 号中衡大厦 17 层 D 段
邮编：570125
电话：0898—68557267
传真：0898—68557367

**上海市二手车交易管理协会**
地址：上海市嘉定区安亭镇墨玉南路 1000 号 403 房间
邮编：201805
电话：021—69502357
传真：021—69502357

**上海市汽车销售行业协会**
地址：上海市虹口区唐山路 535 号 2 楼
邮编：200082
电话：021—65370515
传真：021—65370515*801

**重庆市二手车流通协会**
地址：重庆市沙坪坝区马家岩二手车交易市场
邮编：400031
电话：023—61721565
传真：023—61721565

**黑龙江省汽车商会**
地址：哈尔滨市道外区先锋路 2 号 6 号楼百强车管所 3 层
邮编：150056
电话：0451—84227211
传真：0451—84227211

**鸡西市汽车流通行业协会**
地址：黑龙江省鸡西市鸡冠区兴国东路 147 号
邮编：158100
电话：4672656869
传真：4672675550

**长春市汽车流通协会**
地址：长春市普阳街 3083 号
邮编：130000

**白山市汽车流通协会**
地址：吉林省白山市北安大街 362 号
邮编：134300
电话：0439—3235566
传真：0439—3235566

**大连市汽车流通协会**
地址：辽宁省大连市沙河口区中山路 480 号
邮编：116001
电话：0411—39795990
传真：0411—39795990

**潍坊市汽车协会**
地址：山东省潍坊市胜利东街 287 号
邮编：261041
电话：0536—8566360

**寿光市汽车行业协会**
地址：山东省潍坊市寿光市圣城西街 666 号
邮编：262702
电话：0536—5500060
传真：0536—5675111

**河北省旧机动车流通协会**
地址：石家庄市石获南路 219 号
邮编：50081
电话：0311—83636386
传真：0311—83636828

**太原市汽车流通行业协会**
地址：山西省太原市新建路 68 号
邮编：030009
传真：0351—4220496

**太原市旧车交易管理办公室**
地址：山西省太原市兴华街九丰路汇丰苑 168 号
邮编：030027
电话：0351— 6295190
传真：0351— 6295190

**湖北省二手车交易行业协会**
地址：湖北武汉国际会展中心东门二楼
邮编：430022
电话：027—87400345
传真：027—85794167

**杭州市二手车流通行业协会**
地址：杭州市石祥路 589 号旧车市场 53009 室
邮编：310015
电话：0571—28938667
传真：0571—28887389

**宁波市汽车流通协会**
地址：浙江省宁波市和济街 69 号 1215 室
邮编：315040
电话：0574—87333730

**广州市汽车服务业协会**
地址：广州市黄浦大道西 668 号赛马场汽车城东区 22 号 2 楼
邮编：510060
电话：020—22224388、66、77
传真：020—37584039

**深圳市汽车经销商商会**
地址：广东省深圳市深南大道 3007 号国际科技大厦 1807—1808
邮编：518033
电话：0755—83279667
传真：0755—83279645

**珠海汽车流通协会**
地址：广东省珠海大道南屏科技园华科汽车展览中心二楼
邮编：519000
电话：0756—8917111
传真：0756—8917111

**佛山市汽车流通协会**
地址：广东省佛山市禅城区佛山大道中 38 号佛山车城主楼 2 楼
邮编：528000
电话：0757—83816608
传真：0757—83816608

**三明市汽车流通协会**
地址：福建省三明市乾龙新村 229 幢闽中汽车城综合楼三楼
邮编：36500
传真：0598—8298808

**贵阳市私协二手车交易分会（贵阳金阳二手车市场有限公司）**
地址：贵州省贵阳市白云区云峰大道龙井路
邮编：550014
电话：0851—4488579
传真：

**桂林二手车流通协会**
地址：广西桂林市秀峰区两江机场路巾山路口往西 100 米广西桂林市两江国际机场路老收费站北侧
邮编：541002

# 大型汽车交易市场

**亚运村汽车交易市场**
地址：北京市昌平区北七家镇东三旗北
邮编：102209
电话：010-61766659

**北京市旧机动车交易市场**
地址：北京市丰台区南四环西路123号
邮编：100071
电话：010-51118888

**中联汽车交易市场**
地址：北京市海淀区玲珑路
邮编：100080
电话：010-82611129

**北方汽车交易市场**
地址：北京市丰台区丰管路甲1号
邮编：100071
电话：010-63824466

**北方车辆大世界**
地址：北京市丰台区南三环洋桥西1号
邮编：100077
电话：010-67579658

**北京国际汽车贸易园区**
地址：北京石景山区古城大街1号
邮编：100043
电话：010-88921508

**天津空港国际汽车园**
地址：天津空港加工区环河西路8号
电话：022-84909532

**天津运达二手车交易市场**
地址：天津市河东区卫国道185号
邮编：300151
电话：022-24589112

**天津市汉沽区旧机动车交易市场**
地址：天津市汉沽区河西街道河西二经路
邮编：300480
电话：022-25691234

**河北工茂旧机动车交易市场**
地址：石家庄市石获南路（新华西路）219号
邮编：050080

**太原市旧机动车交易中心**
地址：太原市胜利桥西兴华街汇丰苑小区
邮编：030027
电话：0351-6285147

**大同市汽车交易市场**
地址：大同市大庆路16号
邮编：037008
电话：0352-5093081

**内蒙古旧机动交易市场**
地址：呼和浩特市海拉尔东路
邮编：010051
电话：0471-6553322

**沈阳二手车交易市场**
地址：沈阳市苏家屯区金宝台
邮编：110101

**大连二手汽车交易市场**
地址：大连市甘井子区南路柳河街18号
邮编：116031

**丹东曙光汽车贸易公司机动车交易市场**
地址：辽宁省丹东市振兴区花园路51-18号
邮编：118002

**吉林省汽车交易市场**
地址：长春市斯大林大街80号
邮编：130041

**哈尔滨百强国际汽车城**
地址：哈尔滨市道外区先锋路2号
邮编：150056
电话：0451-53918166

**上海外高桥汽车交易市场**
地址：上海市外高桥保税区富特西一路459号
电话：021-58667055

**上海市旧机动车交易市场**
地址：上海市普陀区中山北路2907号
邮编：200062
电话：021-62168802

**上海杨浦汽车交易市场**
地址：上海市周家嘴路1688号
邮编：200082
电话：021-65951118

**南京旧机动车交易市场**
地址：南京市光华门大校场路55号
邮编：210007
电话：025-81619880

**浙江省旧机动车交易市场**
地址：杭州市沈半路245号
邮编：310015
电话：0571-88015358

**浙江方林汽车城有限公司**
地址：浙江省台州市路桥西迎宾大道1号
邮编：318000
电话：0576-2518888

**安徽国际汽车城世联旧机动车交易市场**
地址：安徽国际汽车城办证中心南侧
邮编：230011
电话：0551–4223558

**福建亚太旧机动车交易市场**
地址：福州市连江北路 51–119 号
邮编：350011

**福建紫阳旧机动车交易市场**
地址：福州市长乐路 117 号
邮编：350011

**福州海峡旧机动车交易市场分市场**
地址：福州市仓山区城门镇高速公路入口
邮编：350007

**厦门马垅汽车交易市场**
地址：厦门石鼓山立交桥旁
邮编：361000
电话：0592–6025918

**江西国际汽车城二手车交易市场**
地址：南昌市庐山南大道 2166 号
邮编：330038
电话：0791–3821116

**江西省旧机动车辆交易市场**
地址：南昌市洪都北大道 1218 号
邮编：330006
电话：0791–8602075

**江西省二手车交易大市场**
地址：南昌市红谷滩新区新建汽车广场 B 区
电话：0791–3721689

**山东汽车城旧机动车交易中心**
地址：济南市北园大街 69 号
电话：0531–83168519

**青岛市机动车辆交易市场**
地址：青岛市燕儿岛路 3 号
电话：0532–85879475

**山东胶东汽车交易市场**
地址：山东临沂市解放路 129 号
邮编：276004
电话：0532–3871016

**烟台汽车交易广场**
地址：烟台市机场路 389 号
电话：0535–2112178

**威海市旧机动车辆交易市场**
地址：威海市青岛中路 196–198 号
电话：0631–5926782

**河南汽车交易市场**
地址：郑州市金水区
邮编：450053

**安阳市旧机动车辆交易市场**
地址：安阳市铁西路南段 198 号
邮编：455000
电话：0372–3932737

**武汉竹叶山汽车市场**
地址：武汉市江岸区金桥大道特 1 号
邮编：430000
电话：027–82610862

**长沙汽车交易市场**
地址：长沙市四方坪丽臣路 371 号
邮编：410007
电话：0731–2368888

**湖南汽车城有限公司**
地址：长沙市东风路 226 号湖南汽车城
邮编：410008
电话：0731–4518162

**湖南旧机动车交易市场**
地址：长沙市马王堆远大一路 550 号
邮编：410001
电话：0731–4719661

**广州 AEC 汽车城**
地址：广州市天河区黄埔大道东 668 号
邮编：510660
电话：020–82564265

**三鹰汽车城**
地址：广州市黄埔大道西赛马场三鹰汽车城
邮编：510660

**华南汽车交易市场**
地址：广东省深圳市罗湖区保安北路
邮编：518001
电话：0755–81225885

**湛江汽车交易市场**
地址：广东省湛江市人民大道北路 57 号
邮编：524001
电话：0759–3630015

**天地南宁人旧机动车交易市场**
地址：南宁市城北区科园大道 8 号
邮编：530001
电话：0771–3986868

**柳州市金星汽车交易市场**
地址：柳州市西环路 10 号
邮编：545007

**海南海口亚奥汽车交易市场**
地址：海南省海口市龙昆南路 102 号
邮编：570206
电话：0898–66788818

**重庆汽博中心二手车交易**
地址：重庆北部新区金渝大道 99 号
电话：400-887-7776

**重庆市马家岩二手车交易市场**
地址：重庆市沙坪坝区天马路
邮编：400030
电话：023-61721210

**重庆市旧车交易市场**
地址：重庆市南岸区江南大道
邮编：400060
电话：023-62600226

**成都西部汽车城**
地址：成都市外南红牌楼
邮编：610041
电话：028-85060394

**贵州汽车城**
地址：贵阳经济技术开发区中曹司
邮编：550006
电话：0851-3810271

**云南汽车交易市场**
地址：昆明市二环西路 639 号
电话：0871-3172253

**西安市东部旧机动车交易市场**
地址：西安新城区府庄 91 号
邮编：710016

**宁夏国际汽车城**
地址：银川市清河北街（北门金三角）
邮编：750001
电话：0951-3888918
传真：0951-6736695

**新疆赛博特旧机动车交易市场**
地址：乌鲁木齐市鲤鱼山路 20 号
邮编：830000
电话：0991-6180004

# 汽车零配件市场

**北京西郊汽车配件城**
地址：北京市海淀区昆明湖南路 51 号
邮编：100089
电话：010-88462988
传真：010-88462988
网址：www.xjqpc.com

**北京四元桥汽车配件市场**
地址：北京市朝阳区北四环东路北侧
邮编：100102
电话：010-64393155
传真：010-64393311

**北京大南郊汽车配件市场**
地址：北京市房山区良乡地区东沿村
邮编：102488
电话：010-61351668
传真：010-61351668

**北京十八里店汽配城**
地址：北京市朝阳区十八里店大洋路商业街
邮编：100023
电话：010-67473868
传真：010-67476067

**北京市回龙观北郊汽车配件市场**
地址：北京市昌平区回龙观二拨子开发区
邮编：102208
电话：010-80798936
传真：010-80798938

**北京草桥汇丰汽车配件市场**
地址：北京市丰台区草桥东路 27 号
邮编：100068
电话：010-51751999
传真：010-51751234

**北京市小武基汽配市场**
地址：北京市朝阳区东四环南路小武基桥西侧
邮编：100023
电话：010-67365981
传真：010-67387445

**天津市汽车配件城**
地址：天津市河西区解放南路
邮编：300221
电话：022-88240349
传真：022-88240349

**天津滨海汽配城**
地址：天津市塘沽区津塘公路 4912 号
邮编：300454
电话：022-25352621

**天津市世纪汽配城**
地址：天津市空港物流加工区汽车园内
邮编：300461
电话：022-60406669
传真：022-60406675

**天津北方汽贸园**
地址：天津市北辰区铁东北路
邮编：300400
电话：022-86879555
传真：022-86879963

**石家庄市机动车配件中心批发市场**
地址：石家庄市北外环路 88 号
邮编：050041

电话：0311–86837015
传真：0311–86836875
网址：www.car.sc.cnnc.info

**邯郸市中原汽车配件商城**
地址：河北省邯郸市渚河路 137 号
邮编：056001
电话：0310–3162111
传真：0310–3162102

**石家庄南二环汽车配件大市场**
地址：石家庄市翟营南大街 658 号
邮编：051430
电话：0311–87693222
传真：0311–87693222

**石家庄建北汽配市场**
地址：石家庄市建北大街 194 号
邮编：050041
电话：0311–86992073

**河北唐齿汽配城**
地址：河北省唐山市胜利路 2 号
邮编：063001
电话：0315–7235556
传真：0315–5930115

**山西蓝海汽车配件大世界**
地址：太原市许坦西街 118 号
邮编：030006
电话：0351–7635160
传真：0351–7635011

**山西海天汽配城**
地址：太原市五龙口街 666 号
邮编：030043
电话：0351–4687111
传真：0351–4687378

**山西汽配市场**
地址：太原市建设南路 145 号
邮编：030006
电话：0351–7057481

**盘锦华联汽配城**
地址：辽宁省盘锦市兴隆台区兴隆台街 125 号
邮编：124010
电话：0427–7266911
传真：0427–7266911

**沈阳东北机动车配件批发市场**
地址：沈阳市皇姑区昆山西路 238 号
邮编：110035
电话：024–86051555
传真：024–86051555
网址：www.sydbqp.com

**大连北市汽车城**
地址：大连市甘井子区南关岭街道 777 号
邮编：116037
电话：0411–82135953
传真：0411–86510404

**长春汽车产业开发区**
地址：长春市东风南街 777 号
邮编：130000
电话：0431–85731960
传真：0431–85731800

**大庆北方汽配城**
地址：黑龙江省大庆市让胡路区西强路 40 号
邮编：163458
电话：0459–6515551
传真：0459–5966556

**齐齐哈尔市德丰汽车配件城**
地址：黑龙江齐齐哈尔市南苑开发区 456 号
邮编：161005
电话：0452–6164111
传真：0452–6164111

**黑龙江鸡西市汽贸城**
地址：黑龙江省鸡西市金三角开发区
邮编：158100
电话：0467–2438888
传真：0467–6101088

**上海东方汽配城**
地址：上海市曹安路 1926 号
邮编：201824
电话：021–59184868
传真：021–59184868
网址：www.posway.com.cn

**上海吴中汽配城**
地址：上海市闵行区吴中路 1099 号
邮编：201103
电话：021–54476500
传真：021–54865212
网址：www.sh–liaoshen.com

**上海嘉定汽配科技城**
地址：上海市嘉定区宝安公路 3799 号
邮编：201801
电话：021–59150909
传真：021–59154668

**上海国际汽配贸易中心**
地址：上海安亭国际汽车城嘉安公路 3333 号
邮编：201805
电话：021–69573033
传真：021–69573168

**上海新阳光汽配市场**
地址：上海市宝山区逸仙路 1611 号
邮编：200439
电话：021–65427211

**上海黎安汽摩配市场**
地址：上海市闵行区七莘路 1149 号
邮编：201100
电话：021–54530636

**上海凯斯汽车用品批发市场**
地址：上海市闵行区（吴中路）新镇路 1733 号

邮编：201101
电话：021-64795813
传真：021-54796020

**上海国际汽车城汽车市场**
地址：上海市嘉定区安亭镇墨玉路29号
邮编：201805
电话：021-59569111
传真：021-59569747

**上海曹安汽车用品（汽配）市场**
地址：上海市江桥曹安路2738弄
邮编：201812
电话：021-51048000
传真：021-51048008

**上海鑫世纪汽配城**
地址：上海市古浪路1681号
邮编：200331
电话：021-63637603

**上海奉贤汽车配件市场**
地址：上海市奉贤南桥运河路376号（环城东路1028号）
邮编：201400
电话：021-57424799
传真：021-57417962

**上海吴中汽配用品全球采购中心**
地址：上海市黎安路859号
邮编：201800
电话：021-51516177

**常州市中凉亭汽摩配件交易市场**
地址：江苏省常州市中凉亭立交桥
邮编：213001
电话：0519-6667711
传真：0519-8810588

**南京宁南国际汽配城**
地址：南京市雨花台区宁南大道9号
邮编：210012
电话：025-66618999
传真：025-66618666

**苏北车市**
地址：江苏省沭阳市杭州路1号
邮编：223600
电话：0527-3515088
传真：0527-3515111

**泰州锦天汽配港**
地址：江苏省姜堰市经济开发区职业介绍中心大楼5楼
邮编：225300
电话：0523-2077666
传真：0523-2072616

**常熟国际汽配城**
地址：江苏省常熟市青墩塘路198号
邮编：215500
电话：0512-52308902
传真：0512-52308901

**南通永兴国际车城**
地址：江苏省南通市城港路187号
邮编：226005
电话：0513-85601456
传真：0513-85600377
网址：www.checheng.com

**南京新伊汽配商城**
地址：南京市玄武区墨香路9号
邮编：210028
电话：025-85356908
传真：025-85436577

**徐州汽配城**
地址：江苏省徐州市三环东路“古州飞虹”雕塑北800米
邮编：221008
电话：0516-83362616
传真：0516-83362001

**无锡市广益商城汽配市场**
地址：江苏省无锡市江海东路58号
邮编：214011
电话：0510-82458788
传真：0510-82406065

**中国·义乌汽车用品汽车配件专业街**
地址：浙江省义乌城北路205号
邮编：322000
电话：0579-5598506
传真：0579-5631132

**杭州汽车城**
地址：杭州市石祥路589号杭州国际会展中心
邮编：310015
电话：0571-28879576
传真：0571-28879578

**绍兴圆通汽车汽配城**
地址：杭州市沈半路195号
邮编：310000
电话：0575-88019398
传真：0575-88017598

**嘉兴市汽车商贸园**
地址：浙江省嘉兴市中环南路999号
邮编：314000
电话：0573-2670333
传真：0573-2670333

**宁波国际汽车城**
地址：宁波市江南路346-355号
邮编：315040
电话：0574-87908892
传真：0574-87908892

**杭州浙江汽配城**
地址：浙江省杭州市新塘北路353-361号
邮编：310021
电话：0571-86454579

传真：0571–86467788
网址：www.atuto518.com

**合肥汽配城**
地址：安徽省合肥市长江东路 714 号
邮编：230011
电话：0551–4228890
传真：0551–4228890
网址：www.hfqipeicheng.com

**福州亚太汽配市场**
地址：福建省福州市福新中路 278 号 A 幢 302 室
邮编：350011
电话：0591–83671066
传真：0591–83671066

**江西省洪城汽车配件城**
地址：江西省南昌市迎宾中大道 1399 号
邮编：330200
电话：0791–5760066
传真：0791–5760088
网址：www.jxhcm.com.cn

**九江市汽车配件城**
地址：江西省九江市长虹大道 1128 号
邮编：332000
电话：0792–8171596
传真：0792–8171597

**青岛汽车配件城**
地址：青岛市四方区洛阳路 1 号
邮编：266042
电话：0532–84961496
传真：0532–84961496
网址：www.china–qp.com

**山东段店汽车配件城**
地址：济南市济兖路 66 号
邮编：250022
电话：0531–87515588
传真：0531–87518681

**山东临沂汽摩配城**
地址：临沂市工业大道北段
邮编：276000
电话：0539–8370288
传真：0539–8352935

**山东潍坊汽车配件商城**
地址：潍坊市奎文区鸢飞路 480 号
邮编：261041
电话：0536–8806244
传真：0536–8809893

**滕州市汽车配件城**
地址：山东省滕州市荆河西路西转盘
邮编：277500
电话：0632–25676313
传真：0632–5551860
网址：www.tzxysy.com

**淄博市鲁中汽车配件市场**
地址：山东省淄博市张店区张房路 1 号（市人防办办公楼）
邮编：255000
电话：0533–2722851
传真：0533–2722851

**山东聊城天昊置业服务有限公司汽车服务中心**
地址：聊城市建设西路西首
邮编：252000
电话：0635–8465969
传真：0635–8223306

**威海韩国之窗汽配广场**
地址：山东省威海市文登经济开发区汕头路 8 号
邮编：264400
电话：0631–3907597

**潍坊北王汽配城**
地址：山东省潍坊市潍洲路
邮编：261041
电话：0536–2115555

**山东汽车配件城**
地址：济南市张庄路 132 号
邮编：250023
电话：0531–85557058
传真：0531–85968888
网址：www.9A.com.cn

**河南汽车配件物流贸易园**
地址：郑州市老 107 国道与南三环交叉口
邮编：450009
电话：0371–66891018
传真：0371–66891018
网址：www.hnqpw.com

**郑州国产汽车配件市场**
地址：河南省郑州市管城区南曹乡姚庄
邮编：450009
电话：0371–66736111
传真：0371–65389999
网址：www.sunnyatuto.com

**武汉万国汽配城**
地址：武汉市东西湖区东西湖大道 146–148 号
邮编：430040
电话：027–83897770
传真：027–83897770
网址：www.wanguoqp.com

**武汉太平洋汽车配件城**
地址：武汉市硚口区解放大道 545 号
邮编：430033
电话：027–83883196
传真：027–83883196

**中国（十堰）汽配城**
地址：湖北省十堰市白浪中路 50 号
邮编：442013
电话：0719-8255878
传真：0719-8319893
网址：www.qpcity.com.cn

**武汉万泰汽配城**
地址：武汉市硚口区解放大道 665 号
邮编：430032
电话：027-83888735
传真：027-83987663

**长沙市高桥友谊汽配大市场**
地址：湖南省长沙市二环线赤新路立交桥西南角
邮编：410014
电话：0731-2613797
传真：0731-5380995

**中南汽车世界**
地址：湖南省长沙经济技术开发区博览路 1 号
邮编：410100
电话：0731-4088011
传真：0731-4088599
网址：www.atutocar.com.cn

**湖南星沙汽车配件城**
地址：湖南省长沙市世界之窗斜对面
邮编：410100
电话：0731-4065798
传真：0731-4065798

**湖南省三湘南湖大市场汽配城**
地址：湖南省长沙市芙蓉区五里牌
邮编：410001
电话：0731-4711812
传真：0731-4711812

**湖南马王堆汽配市场**
地址：长沙市远大一路 428 号新和村部
邮编：410001
电话：0731-4712931
传真：0731-4757065

**广州市广源湛隆汽配广场**
地址：广州市广园中路 283 号
邮编：510405
电话：020-86562988
传真：020-86572188
网址：www.zlqp.com

**佛山市粤丰汽车配件批发市场**
地址：佛山市南海区桂丹路（乐安）即广佛高速谢边出口旁
邮编：528226
电话：0757-86489115
传真：0757-86489115
网址：www.yfqp.com.cn

**广州汽车配件用品全球采购港**
地址：广东省广州经济技术开发区宝石路 11 号留学人员广州创业园
邮编：510500
电话：020-62682265
传真：020-62682279

**广州三元汽配城**
地址：广州市三元里大道 715 号
邮编：510403
电话：020-62852289
传真：020-62852233

**广州倚云汽车用品广场**
地址：广州市永福路 79 号
邮编：510070
电话：020-87725772
传真：020-87705115

**广园致友汽配城**
地址：广州市广园东路 1540 号大院管理处
邮编：510405
电话：020-37222677
传真：020-37223333

**广州永福国际汽车用品广场**
地址：广州市永福路 35 号之二
邮编：510070
电话：020-61313136
传真：020-61313996

**深圳劲力汽配城**
地址：深圳市宝安新城广深路劲力大厦
邮编：518126
电话：0755-7494168-2768
传真：0755-7497378

**深圳市深南汽配专业大市场**
地址：深圳市福田区农林路
邮编：518040
电话：0755-3707089
传真：0755-3543129

**南充机动车配件批发市场**
地址：四川省南充市嘉陵区耀目路 66 号
邮编：637000
电话：0817-2807581
传真：0817-2807581

**成都市三九佛兰汽车汽配商城**
地址：成都市红牌楼永丰场街 222 号（川藏路旁）
邮编：610041
电话：028-86486370
传真：028-82956593

**成都东大街汽车百货商城**
地址：成都市东大街 18 号
邮编：610021
电话：028-86677153
传真：028-86715236-39

**贵州太慈桥汽车配件城**
地址：贵阳市太慈桥花溪大道北 466 号
邮编：550003
电话：0851-5101868
传真：0851-5101868

**昆明东聚汽车配件城**
地址：昆明市官渡区关雨路晓东村
邮编：650214
电话：0871-7369701

**滇东北汽车配件市场万世达汽配城**
地址：云南省曲靖市环东路珠街路口万世达汽配城
邮编：655000
电话：0874-3147388
传真：0874-3146478

**西安汽车配件市场**
地址：西安市环城西路北段 368 号(原玉祥门外建华路 10 号)
邮编：710082
电话：029-83100019
传真：029-88624820

**兰州汽车配件城**
地址：兰州市城关区排洪南路 313 号
邮编：730000
电话：0931-4860541
传真：0931-4860541

**西宁市昆仑汽车配件城**
地址：西宁市昆仑路 37 号
邮编：810001
电话：0971-6143095

**宁夏国际汽车城**
地址：银川市清河北街(北门金三角)
邮编：750001
电话：0951-3888918
传真：0951-6736695

**银川汽配城**
地址：银川市丽景南街汽配城 1-1，1-2 号
邮编：750004
电话：0951-4095688
传真：0951-4080318

**新疆华凌国际汽车用品(配件)进出口中心**
地址：乌鲁木齐市河滩北路 38 号
邮编：830000
电话：0991-5181000
传真：0991-4694885

**新疆赛伯特国际汽车城**
地址：乌鲁木齐鲤鱼山路 20 号
邮编：830000
电话：0991-6180008

# 汽车生产企业

## 北京市

**北京汽车工业控股有限责任公司**
地址：北京市朝阳区东三环南路 25 号
邮编：100021
电话：010-67699888
传真：010-87664048
网址：www.bqkgdjw.com
电子信箱：ccn-0411@163.com

**北京奔驰－戴姆勒·克莱斯勒汽车有限公司**
地址：北京市亦庄经济开发区博兴路 8 号
邮编：100176
电话：010-67824888
传真：010-67711363
网址：www.bbdc.com.cn
电子信箱：bbdc@bbdc.com.cn

**北京现代汽车有限公司**
地址：北京市顺义区林河工业开发区顺通路 18 号
邮编：101300
电话：010-89490088、89498100
传真：010-89498260
网址：www.beijng-hyundai.com.cn
电子信箱：office@beijing-hyundai.com.cn

**北汽福田汽车股份有限公司**
地址：北京市昌平区沙河镇沙阳路
邮编：102206
电话：010-69738888
传真：010-80716402
网址：www.foton.com.cn
电子信箱：jsyjy@foton.com.cn

## 天津市

**天津汽车工业(集团)有限公司**
地址：天津市和平区烟台道 78 号
邮编：300040
电话：022-23399926
传真：022-23310858
网址：www.china-tjam.com
电子信箱：Master@china-tjam.com

**一汽华利(天津)汽车有限公司**
地址：天津市西青区杨柳青李楼南

邮编：300380
电话：022-27950915
传真：022-27950901
网址：www.huali.com
电子信箱：huali@huali.com.cn

**天津一汽夏利汽车股份有限公司**
地址：天津市西青区中北斜乡李楼南
邮编：300380
电话：022-80715000、87915010
传真：022-28010878、87915226
网址：www.TJFAW.com
电子信箱：ga020006@autoinfo.gov.cn

**天津一汽丰田汽车有限公司**
地址：天津市经济开发区第九大街81号
邮编：300457
电话：022-66230666
传真：022-66231364、66230250
网址：www.tftm.com.cn

## 河北省

**河北长征汽车制造有限公司**
地址：邢台市钢铁路131号
邮编：054000
电话：0319-2677777
传真：0319-2674439
网址：www.hbcz.net
电子信箱：czyxz@126.com

**河北中兴汽车制造有限公司**
地址：保定市建国路860号
邮编：071000
电话：0312-3313800、2190511
传真：0312-2190508
网址：www.zxauto.com.cn
电子信箱：tyjszx@263.net

**长城汽车股份有限公司**
地址：保定市朝阳南大街2266号
邮编：071051
电话：0312-2197888
传真：0312-2197600
网址：www.gwm.com.cn
电子信箱：news@gwm.com.cn

## 山西省

**山西省汽车工业集团有限责任公司**
地址：太原市体育路215号
邮编：030006
电话：0351-7689031
传真：0351-7040541

## 内蒙古自治区

**包头北方奔驰重型汽车有限责任公司**
地址：包头市2号信箱
邮编：014032
电话：0472-3117690、3648264
传真：0472-3118377、3636370
网址：www.northbenz.com
电子信箱：bfbcxgs@northbenz.com

## 辽宁省

**沈阳金杯车辆有限公司**
地址：沈阳经济技术开发区沧海路4号
邮编：110015
电话：024-24823523、24821574
传真：024-24824209、24820020
网址：www.jinbei-auto.com
电子信箱：jbcl@jinbei-auto.com

**沈阳沈飞日野汽车制造有限公司**
地址：沈阳经济技术开发区开发大路2号
邮编：110027
电话：024-25816116
传真：024-25814738
网址：www.shenfeiriye.com

**沈阳飞机工业（集团）有限公司**
地址：沈阳市皇姑区陵北街1号
邮编：110034
电话：024-86595919
传真：024-86896689
网址：www.sac.com.cn
电子信箱：pub@sac.com.cn

**沈阳华晨金杯汽车有限公司**
地址：沈阳市大东区东望街39号
邮编：110044
电话：024-31666666
传真：024-31661370
网址：www.brilliance-auto.com

**华晨宝马汽车有限公司**
地址：沈阳市大东区山嘴子路14号
邮编：110044
电话：024-84556000
网址：www.bmw-brilliance.cn
电子信箱：servicecenter@bnw.com.cn

**沈阳中顺汽车有限公司**
地址：沈阳市苏家屯区迎春街甲77号
邮编：110101
电话：024-31489959、31489123
传真：024-31489012、31489969
网址：www.polarsunmotor.com
电子信箱：info@polarsunmotor.com

## 吉林省

**中国第一汽车集团公司**
地址：长春市绿园区东风大街83号
邮编：130011

电话：0431-85736138
传真：0431-87614780
网址：www.faw.com.cn
电子信箱：tlx-ghb@faw.com

**一汽客车有限公司**
地址：长春市经济开发区昆山路 3969 号
邮编：130011
电话：0431-84626519、84629650
传真：0431-84626519、84629050
网址：www.fawbcc.com.cn
电子信箱：zxf-kc@faw.com.cn

**一汽－大众汽车有限公司**
地址：长春市绿园区东风大街 149-1 号
邮编：130011
电话：0431-85990888、85750151
传真：0431-85750888、85990130
网址：www.faw-volkswagen.com
电子信箱：vw@crm.faw-volkswagen.com

**一汽解放汽车有限公司**
地址：长春市绿园区迎春路 617 号
邮编：130011
电话：0431-87666666、85732013
传真：0431-85909761、85732009
网址：www.truck.faw.com.cn

**一汽轿车股份有限公司**
地址：长春市高新技术产业开发区蔚山路
邮编：130012
电话：0431-85781503
传真：0431-85781000
网址：www.fawcar.com.cn
电子信箱：fawcar@faw.com.cn

**一汽专用汽车有限公司**
地址：长春市经济开发区兴隆山
邮编：130102
电话：0431-84599111
传真：0431-84592727
网址：www.fawzq.com.cn
电子信箱：xsf-zfc@faw.com.cn

**一汽吉林汽车有限公司**
地址：吉林高新区恒山东路子 18 号
邮编：132013
电话：0432-4641301、4648009
传真：0432-4648016、4648010
网址：www.fawjlqx.com
电子信箱：webadmin@fawjlqx.com

**延边华泰现代汽车有限公司**
地址：延吉市河南街 69 号
邮编：133001
电话：0433-2914907
传真：0433-2914918
网址：www.ht-group.com.cn
电子信箱：hbjyn@hotmail.com

## 黑龙江省

**中国第一汽车集团哈尔滨轻型车厂**
地址：哈尔滨市动力区星光街 10 号
邮编：150046
电话：0451-83195213
传真：0451-82681987、82921054
网址：www.yqhq.com
电子信箱：hqscb@163.com

**哈飞汽车股份有限公司**
地址：哈尔滨市平房区烟台路 1 号
邮编：150060
电话：0451-86589130、86587855
传真：0451-86587822
网址：www.hafeiauto.com.cn
电子信箱：export@hfmotor.cn

## 上海市

**上海汽车工业（集团）总公司**
地址：上海市武康路 390 号
邮编：200041
电话：021-24011000、22011888
传真：021-24011111、22011777
网址：www.saicgroup.com
电子信箱：saicgroup@saicgroup.com

**上海汇众汽车制造有限公司**
地址：上海市浦东南路 1493 号
邮编：200122
电话：021-58201188
传真：021-58204570
网址：www.shac.com.cn
电子信箱：yongxialiu@shac.com.cn

**上海汽车股份有限公司**
地址：上海市张江高科技园区松涛路 563 号 A 幢 5 层
邮编：201203
电话：021-50803808
传真：021-50803780
网址：www.china-sa.com
电子信箱：saicyac@saic.com

**上海通用汽车有限公司**
地址：上海市浦东金桥申江路 1500 号
邮编：201206
电话：021-28902890、28941923
传真：021-50319099
网址：www.shanghaigm.com
电子信箱：xinhua-jin@shanghaigm.com

**上汽汽车制造有限公司**
地址；上海市浦东新区宁桥路 615 号 3 栋
邮编：201206
电话：021-58999522
传真：021-58999577
电子信箱：GX090264@autoinfo.gov.cn

**上海大众汽车有限公司**
地址：上海市安亭洛浦路 63 号

邮编：201805
电话：021-59561888
传真：021-59572815
网址：www.csvw.com
电子信箱：wangjugang@csvw.com

## 江苏省

**南京汽车集团有限公司**
地址：南京市中央路 331 号
邮编：210037
电话：025-83437788
传真：025-83433526
网址：www.nanqi.com.cn
电子信箱：nac@nanqi.com.cn

**南京长安汽车有限公司**
地址：南京市中央门外窨上村 139 号
邮编：210028
电话：025-57424888
传真：025-57219888
电子信箱：gx101006@autoinfo.gov.cn

**南京依维柯汽车有限公司**
地址：南京市玄武区黑墨营路 100 号
邮编：210028
电话：025-85417711、85402923
传真：025-85402794
网址：www.naveco.com.cn
电子信箱：contact@naveco.com.cn

**南京春兰汽车制造有限公司**
地址：南京市雨花台区铁心桥镇
邮编：210012
电话：025-52891691、52891223
传真：025-52891795
网址：www.chunlan.com
电子信箱：njac@chunlan.com

**跃进汽车股份有限公司**
地址：南京市江宁区方山天元东路 1068 号
邮编：211100
电话：025-52702288
传真：025-85502552、52701610
网址：www.yjmotors.cn
电子信箱：yjqq@publicl.ptt.js.cn

**南京菲亚特有限公司**
地址：南京市江宁区高新技术工业园
邮编：211100
电话：025-85521039、52102288
传真：025-85513463
网址：www.fiat.com.cn

**上海汽车股份有限公司仪征分公司**
地址：江苏仪征汽车工业园区南路 8 号
邮编：211400
电话：0514-3641304、3641344
传真：0514-3641420
网址：www.saicmotor.com
电子信箱：shanghaiautomotive@126.com

**常州长江客车集团有限公司**
地址：常州市常新路 138 号
邮编：213002
电话：0519-6751874
传真：0519-6752177
电子信箱：cjkcj@public.cz.js.cn

**常州依维柯客车有限公司**
地址：常州市常新路 138 号
邮编：213002
电话：0519-6767111
传真：0519-6750750
网址：www.cbc-iveco.com

**一汽客车（无锡）有限公司**
地址：无锡市惠山区金惠路 569 号
邮编：214177
电话：0510-82250888
传真：0510-82250889
网址：www.taihubus.com.cn
电子信箱：thbus@publicl.wx.js.cn

**南汽集团无锡新雅途分公司**
地址：无锡市惠山经济开发区金惠路 199 号
邮编：214177
电话：0510-83591210、83597888
传真：0510-83597459、83596427
网址：www.soyat.com.cn
电子信箱：service@soyat.com.cn

**金龙联合汽车工业（苏州）有限公司**
地址：苏州工业园苏虹东路 288 号
邮编：215123
电话：0512-62581815
传真：0512-62582150
网址：www.kinglong-sz.com.cn
电子信箱：export@kinglong-sz.com.cn

**东风悦达起亚汽车有限公司**
地址：盐城市通榆南路 75 号
邮编：224002
电话：0510-8882000、8333808-8211
传真：0510-8224210
网址：www.dyk.com.cn
电子信箱：gx100012@autoinfo.gov.cn

**亚星－奔驰有限公司**
地址：扬州市江阳东路 155 号
邮编：225001
电话：0514-7811481、7810817
传真：0514-7811466
网址：www.yaxingbenz.com
电子信箱：yang.delian@yaxingbenz.com

**江苏亚星客车集团扬州亚星客车股份有限公司**
地址：扬州扬子江中路 188 号
邮编：225009
电话：0514-7866131
传真：0514-5118886

网址：www.yaxingkeche.com
电子信箱：yzyx@pub.yz.jsinfo.net

## 浙江省

**东风杭州汽车有限公司**
地址：杭州市中山北路 588 号东风大厦
邮编：310014
电话：0571-88172730、88173324
传真：0571-88754397、88175837
网址：www.dfhmc.com
电子信箱：dfha@mail.hz.zj.cn

**东风日产柴汽车有限公司**
地址：杭州市沈半路 171 号
邮编：310015
电话：0571-88010092
传真：0571-88011997
网址：www.df-nissandiesel.com
电子信箱：dnd@df-nissandiesel.com

**浙江吉利控股集团有限公司**
地址：杭州市滨江区江陵路 1760 号
邮编：310051
电话：4008-86-9888
传真：0571-87766843
网址：www.geely.com

**浙江豪情汽车制造有限公司**
地址：浙江省临海市
邮编：317000
电话：0576-5161188
传真：0576-5126073
电子信箱：gx110002@autoinfo.gov.cn

## 安徽省

**安徽江淮汽车集团有限公司**
地址：合肥市东流路 176 号
邮编：230022
电话：0551-2296666
传真：0551-2296999
网址：www.jac.cn
电子信箱：jtzlb@jac.com.cn

**安徽江淮汽车股份有限公司**
地址：合肥市东流路 176 号
邮编：230022
电话：0551-2296666
传真：0551-2296999
网址：www.jac.com.cn
电子信箱：GX120006@autoinfo.gov.cn

**安徽安凯汽车股份有限公司**
地址：合肥市葛淝路 97 号
邮编：230051
电话：0551-2297706
传真：0551-2297710
网址：www.ankai.com
电子信箱：ankai@ankai.com

**奇瑞汽车有限公司**
地址：芜湖经济开发区长春路 8 号
邮编：241009
电话：0553-5923002
传真：0553-5923838、5951289
网址：www.chery.cn
电子信箱：chery-bd@mychery.com

**奇瑞商用车（安徽）有限公司**
地址：芜湖经济开发区长春路 16 号
邮编：241009
电话：0553-5842130
传真：0553-5842425
电子信箱：jfb5145@vip.163.com

## 福建省

**东南（福建）汽车工业有限公司**
地址：福州市闽候县青口东南汽车城
邮编：350119
电话：0591-22766566
传真：0591-22766568
网址：www.soueast-motor.com
电子信箱：gx130006@autoinfo.gov.cn

## 江西省

**江铃汽车集团公司**
地址：南昌市迎宾大道 509 号
邮编：330001
电话：0791-5266000
传真：0791-5266677
网址：www.jmc.com.cn
电子信箱：gsb@jmc.com.cn

**江铃控股有限公司**
地址：南昌市迎宾中大道 319 号
邮编：330200
电话：0791-3806666
传真：0791-5980990
网址：www.landwind.com

**江铃汽车股份有限公司**
地址：南昌市迎宾北大道 509 号
邮编：330001
电话：0791-5266000
传真：0791-5209747
网址：www.jmc.com.cn
电子信箱：gg@jmc.com.cn

**江铃陆风汽车有限责任公司**
地址：南昌市昌北经济技术开发区
邮编：330013
电话：0791-5216666、5211996
传真：0791-5211996
网址：www.landwind.com
电子信箱：CRM@landwind.com

**江西昌河铃木汽车有限责任公司**
地址：景德镇市新厂东路 208 号

邮编：333002
电话：0798-8446688、8462929
传真：0798-8466088
网址：www.changhe-suzuki.com
电子信箱：gx140008@autoinfo.gov.cn

**江西昌河汽车股份有限公司**
地址：景德镇市108信箱
邮编：333002
电话：0798-8462044
传真：0798-8466200
网址：www.changheauto.com
电子信箱：clsjs@publicl.jd.jx.cn

## 山东省

**中国重型汽车集团公司**
地址：济南市英雄山路165号
邮编：250031
电话：0531-85582000
传真：0531-85586000
网址：www.cnhtc.com.cn
电子信箱：jnatcwyg@sohu.com

**中通客车控股股份有限公司**
地址：聊城市建设东路10号
邮编：252000
电话：0635-8322705
传真：0635-8322705
网址：www.zhongtong.com
电子信箱：gx150212@autoinfo.gov.cn

**山东时风商用车有限公司**
地址：高唐县时风路1号
邮编：252800
电话；0635-3992570
传真：0635-3992845
电子信箱：GX150302@autoinfo.gov.cn

**北汽福田公司诸城车辆厂**
地址：诸城市密州路西首
邮编：262200
电话：0536-6439665
传真：0536-6439667
网址：www.foton.com.cn
电子信箱：zccys@foton.com.cn

**上海通用东岳汽车有限公司**
地址：烟台经济开发区长江路118号
邮编：264006
电话：0535-6966666
传真：0535-6398300
网址：www.shanghaigm.com

**荣成华泰汽车有限公司**
地址：荣成市荣山大道中段
邮编：264300
电话：0631-7554888
传真：0631-7558619
网址：www.htqc.cn
电子信箱：rchtqc@htqc.cn

**一汽解放青岛汽车厂**
地址：青岛市李沧区娄山路2号
邮编：266043
电话：0532-84913615、84913528
传真：0532-84816687
网址：www.qdfaw.com

## 河南省

**郑州日产汽车有限公司**
地址：郑州经济开发区航海东路1405号
邮编：450004
电话：0371-66322448、66033666
传真：0371-66321108
网址：www.zznissan.com.cn
电子信箱：xxz@zznissan.com.cn

**郑州宇通客车股份有限公司**
地址：郑州市十八里河
邮编：450016
电话：0371-66718855
传真：0371-66806000
网址：www.yutong.com
电子信箱：ytjszx@yutong.com

**中国一拖集团有限公司**
地址：洛阳市涧西区建设路154号
邮编：471004
电话：0379-64968909
传真：0379-64978214
网址：www.yituo.com.cn
电子信箱：qichebu@yituo.com.cn

## 湖北省

**东风汽车公司**
地址：武汉市建设大道747号中信银行大厦
邮编：430015
电话：027-84285013
传真：027-84285123
网址：www.dfmc.com.cn
电子信箱：qccpgg@dfmc.com.cn

**武汉中誉汽车有限公司**
地址：武汉市经济技术开发区2号工业区枫树四路
邮编：430034
电话：027-84258888
传真：027-84258866
网址：www.zhongyugroup.com
电子信箱：houys@yeah.net

**东风本田汽车有限公司**
地址：武汉市经济开发区车城东道283号
邮编：430056
电话：027-84286000
传真：027-84891840
网址：www.dongfenghonda.com.cn

电子信箱：rrz@wdhac.com.cn

**东风汽车股份有限公司**
地址：武汉汉阳经济开发区创业路136号
邮编：430056
电话：027-84287900
传真：027-84287988、84287801
网址：www.dfac.com
电子信箱：luf@dfac.com

**神龙汽车有限公司**
地址：武汉市汉阳区郭茨口
邮编：430056
电话：027-84299725
传真：027-84299724
网址：www.dpca.com.cn
电子信箱：dtecsvhren@dpca.com.cn

**湖北三江航天万山特种车辆有限公司**
地址：孝感市北京路69号
邮编：432000
电话：0712-2959682
传真：0712-2959646
网址：www.wstech.com.cn
电子信箱：ws@wstech.com.cn

**三江雷诺汽车有限公司**
地址：孝感市长征路219号26信箱
邮编：432100
电话：0712-2315040
传真：0712-2326845
电子信箱：xgdpls@public.xg.hb.cn

**东风汽车有限公司**
地址：十堰市
邮编：442001
电话：0719-8204371
传真：0719-8223891
网址：www.dfl.com.cn
电子信箱：kjb-kjglc@dfmc.com

## 湖南省

**湖南长丰汽车制造股份有限公司**
地址：长沙市芙蓉中路2段111号华菱大厦
邮编：410011
电话：0731-2881800
传真：0731-2881861
网址：www.cfmotors.com
电子信箱：cfa@cfmotors.com

## 广东省

**广州汽车工业集团有限公司**
地址：广州市东风中路448号成悦大厦19-21楼
邮编：510030
电话：020-83150406、83151145
传真：020-83150335
网址：www.gaig.com.cn

**广州本田汽车有限公司**
地址：广州市黄埔区广本路1号
邮编：510700
电话：020-82270620、82277789
传真：020-82270620、82270626
网址：www.guangzhouhonda.com.cn
电子信箱：ghac@vip.163.com

**广州丰田汽车有限公司**
地址：广州市南沙区黄阁镇市南公路黄阁段8号
邮编：511455
电话：020-39398888
传真：020-39398889
网址：www.guangzhoutoyota.com.cn
电子信箱：c-master@gtmc.com.cn

**深圳东风汽车有限公司**
地址：深圳市福田区燕南路30号
邮编：518031
电话：0755-83360857
传真：0755-83216604、27525315
网址：www.dfl.com.cn
电子信箱：szdfshi@126.com

**东风日产乘用车公司**
地址：广州市花都区风神大道8号
邮编：518500
电话：020-86888888
传真：020-86871930
网址：www.dongfeng-nissan.com.cn

## 广西壮族自治区

**桂林客车工业集团有限公司**
地址：桂林市空明东路12号
邮编：541003
电话：0773-5836863
传真：0773-5849399
电子信箱：glmotor@gl.gx.cn

**东风柳州汽车有限公司**
地址：柳州市屏山大道286号
邮编：545005
电话：0772-3281316
传真：0772-3833041
网址：www.dflzm.com

**上汽通用五菱汽车股份有限公司**
地址：柳州市河西路18号
邮编：545007
电话：0772-3750656
传真：0772-3719805
网址：www.sgmw.com.cn
电子信箱：sales@sgmw.com.cn

## 海南省

**一汽海马汽车有限公司**
地址：海口市金盘工业开发区

邮编：570216
电话：0898-66820333
传真：0898-66820505
网址：www.hnmazda.com
电子信箱：office@hnmazda.com

## 重庆市

**长安汽车（集团）有限责任公司**
地址：重庆市江北区建新东路 260 号
邮编：400023
电话：023-67591167
传真：023-67870261
网址：www.changan.com.cn
电子信箱：gx221012@autoinfo.gov.cn

**庆铃汽车（集团）有限公司**
地址：重庆市九龙坡区中梁山协兴村 1 号
邮编：400052
电话：023-65262233
传真：023-68830397
网址：www.qingling.com.cn
电子信箱：qinglingqc@163.com

**重庆力帆汽车有限公司**
地址：重庆市北碚区梨园村 72 号
邮编：400700
电话：023-68295015
传真：023-68863806
网址：www.beiquan.com.cn
电子信箱：beiquan@cta.cq.cn

**重庆红岩汽车有限责任公司**
地址：重庆市双桥区建设村 1 号
邮编：400900
电话：023-49636343、49638263
传真：023-49638278、49638263
网址：www.chy.cn
电子信箱：hyqc@public.cta.cq.cn

**长安福特马自达汽车有限公司**
地址：重庆市北部新区长福西路 1 号
邮编：401120
电话：023-67458888
传真：023-67458910、67457017
网址：www.ford.com.cn
电子信箱：lful@ford.com

**重庆长安铃木汽车有限公司**
地址：重庆市巴南区鱼洞镇
邮编：401321
电话：023-66283285
传真：023-66288616
网址：www.changansuzuki.com
电子信箱：lcl@changansuzuki.com

## 四川省

**四川汽车工业集团有限公司**
地址：成都市经济技术开发区（龙泉驿区）北京路
邮编：610041
电话：028-85052391
传真：028-85089335、85063906
网址：www.yemaauto.com
电子信箱：yemaauto@163.com

**四川一汽丰田汽车有限公司**
地址：成都市成华区跳蹬河南路 9 号
邮编：610051
电话：028-84717126
传真：028-84712783
网址：www.sftm.com.cn
电子信箱：sctmqh@mail.china.com

## 云南省

**一汽红塔云南汽车制造有限公司**
地址：曲靖市南宁北路
邮编：655000
电话：0874-3140718、3143485
传真：0874-3141990、3140723
网址：www.faw-hongta.com.cn
电子信箱：qjfaw@faw-hongta.com.cn

## 贵州省

**贵州青年云雀汽车有限公司**
地址：贵阳市经济技术开发区锦江路 110 号（贵阳市 38 信箱）
邮编：550009
电话：0851-8317231
传真：0851-8317214
网址：www.gaic.com.cn
电子信箱：office@gaic.com.cn

## 陕西省

**陕西汽车集团有限责任公司**
地址：西安市幸福北路 39 号
邮编：710043
电话：029-83388331
传真：029-82527664
网址：www.sxqc.com
电子信箱：jhc@sxqc.com

**西安西沃客车有限公司**
地址：西安市阎良经济开发区
邮编：710089
电话：029-86851616
传真：029-86203710
网址：www.silverbus.com
电子信箱：wang.yongwei@silverbus.com

**比亚迪汽车有限公司**
地址：西安市高新区新型工业园亚迪路 2 号
邮编：710119
电话：029-88889999
传真：029-88888899
网址：www.bydauto.com

# 汽车质量检验、认证机构

## 国家汽车新产品强制性检验机构

**天津汽车检测中心**
地址：天津市河东区程林庄道天山南路 10 号信箱
邮编：300162
电话：022-84771806
传真：022-24375350

**长春汽车检测中心**
地址：长春市创业大街 1063 号
邮编：130011
电话：0431-85788315
传真：0431-87677111

**国家汽车质量监督检验中心（襄樊）（襄樊达安汽车检测中心）**
地址：湖北省襄樊市高新技术开发区汽车试验场
邮编：441004
电话：0710-3310965
传真：0710-3310964
网址：www.nast.com.cn
电子信箱：bhb@mail.nast.com.cn

**国家重型汽车质量监督检验中心（重庆汽车检测中心）**
地址：重庆市石桥铺陈家坪朝田村 101 号
邮编：400039
电话：023-68821302
传真：023-68966987
网址：www.ccari.com
电子信箱：office@ccari.com

**国家客车质量监督检验中心**
地址：重庆市南岸区五公里
电话：400067
电话：023-62653145
传真：023-62653152

**国家消防装备质量监督检验中心**
地址：上海市闵行区莘庄西环路 391 号
邮编：201100
电话：021-64924047
传真：021-54959909
网址：www.xfjyzx.com
电子信箱：fireshnc@sh163.net

**国家机动车产品质量监督检验中心（上海）**
地址：上海市嘉定区安亭镇于田南路 68 号
邮编：201805
电话：021-69502008
传真：021-69502009
网址：www.smvic.com.cn
电子信箱：smvic@smvic.com.cn

**国家工程机械质量监督检验中心**
地址：北京市延庆县东外大街 55 号
邮编：102100
电话：010-69101140
传真：010-69101140
网址：www.syc.org.cn
电子信箱：syczjzx@sohu.com

## 国家汽车试验场

**海南汽车试验研究所**
地址：海南省琼海市加积镇富海横南 13 号
邮编：571400
电话：0898-62923841
传真：0898-62923673
网址：www.hnpg.net
电子信箱：hns@vip.163.com

**交通部公路交通试验场**
地址：北京市通州区大杜社乡
邮编：101103
电话：010-61585025
传真：010-61585024

**中国定远汽车试验场**
地址：安徽省定远县汽车试验场
邮编：233210
电话：0550-4931446
传真：0550-4938580
网址：www.zgdingyuan.com

## 国家摩托车新产品强制性检验机构

**天津摩托车技术中心**
地址：天津市南开区卫津路 92 号（天津大学内）
邮编：300072
电话：022-27406447
传真：022-27470806
网址：www.ticeri.com
电子信箱：tmtcwh@publict.tpt.tj.cn

**国家摩托车质量监督检验中心**
地址：西安市灞桥区米秦路 6 号
邮编：710032
电话：029-86795288
传真：029-86795296
网址：www.cnmtc.com.cn
电子信箱：cnmtc@cnmtc.com.cn

**上海摩托车质量监督检验所**
地址：上海市嘉定区安亭于田南路 68 号

邮编：201805
电话：021-69502222
传真：021-69502111
网址：www.smvic.net

**南昌摩托车质量监督检验所**
地址：江西省南昌市新溪桥
邮编：330024
电话：0791-8448694
传真：0791-8430119
网址：www.ncmtc.com.cn

## 农用运输车新产品检验机构

**国家农机具质量监督检验中心**
地址：北京市德胜门外北沙滩1号37信箱
邮编：100083
电话：010-64882637
传真：010-64873702
网址：www.caams.org.cn
电子信箱：txs@caams.org.cn

**国家拖拉机质量监督检验中心**
地址：河南省洛阳市涧西区西苑路39号
邮编：471039
电话：0379-62690111
传真：0379-64967099
网址：www.tractorinfo.com.cn

**机械工业拖拉机农用运输车产品质量检测中心**
地址：长春市人民大街5988号
邮编：130022
电话：0431-85095369
传真：0431-85095806

## 其他质量检验机构

**国家环保总局机动车排污监控中心**
地址：北京市安外大羊坊8号中国环境科学研究院
邮编：100012
电话：010-84934896
传真：010-86934896-18
网址：www.vecc-sepa.org.cn

**国家安全玻璃及石英玻璃质量监督检验中心**
地址：北京市朝阳区管庄东里1号
邮编：100024
电话：010-51167363
网址：www.csgc.org .cn

**北京市产品质量监督检验所**
地址：北京市朝阳区育慧南路3号
邮编：100029
电话：010-84654179
传真：010-84639720
电子信箱：zjs@jtsb.gov.cn
网址：www.bqi.gov.cn

**中国安全生产科学研究院安全生产检测技术中心**
地址：北京市朝阳区惠新西街17号
邮编：100029
电话：010-64941340
传真：010-64937212
网址：www.chinasafety.ac.cn

**国家橡胶轮胎质量监督检验中心**
地址：北京市海淀区阜石路甲19号
邮编：100039
电话：010-51338171
传真：010-88622963
网址：www.tyretest.com.cn
电子信箱：office@tyretest.com.cn

**国家安全防范报警系统产品质量监督检验中心（北京）**
地址：北京2808信箱47分箱
邮编：100044
电话：010-88513375
传真：010-68420993

**北京劳保所噪声与振动控制产品检验中心**
地址：北京市宣武区陶然亭路55号
邮编：100054
电话：010-63524194
传真：010-63524194
网址：www.bmilp.com
电子信箱：bjzjzx@126.com

**北方汽车质量监督检验鉴定试验所**
地址：北京市丰台区槐树岭4号院
邮编：100072
电话：010-83808542
传真：010-83809707
网址：www.noveri.com.cn
电子信箱：dx010006@autoinfo.gov.cn

**北京理工大学汽车排放质量监督检验中心**
地址：北京市海淀区中关村南大街5号
邮编：100081
电话：010-68912035
传真：010-68948486

**交通部公路科学研究院公路交通试验中心**
地址：北京市海淀区西土城路8号
邮编：100088
电话：010-61585018
传真：010-62014130
网址：www.rioh.cn
电子信箱：tcpgmocw@public3.bta.net.cn

**交通部汽车运输行业能源利用监测中心**

地址：北京市海淀区西土城路8号
邮编：100088
电话：010-62079180
传真：010-62079180

**中国机动车辆安全鉴定检测中心**

地址：北京市经济开发区荣昌大街甲1号
邮编：100116
电话：010-67806585
传真：010-67805611
网址：www.chinacvic.com

**国家玻璃钢制品质量监督检验中心**

地址：北京市二六一信箱监督中心
邮编：102101
电话：010-61162014
传真：010-69132140

**北京中汽寰宇机动车检验中心**

地址：北京市大兴区北臧村镇工业区天荣街16号
邮编：102609
电话：010-66418592
传真：010-66412672

**天津车轮实验中心**

地址：天津市南开区雅安道资阳路30号
邮编：300190
电话：022-27033089
传真：022-27033276

**天津汽车质量监督检验鉴定试验所**

地址：天津市南开区天拖北道15号
邮编：300190
电话：022-27030793
传真：022-27030701

**河北省机械产品质量监督检验总站**

地址：石家庄市新华区合作路81号
邮编：050051
电话：0311-87041628
传真：0311-87811933
网址：www.hbmt.net
电子信箱：hbmt@hbmt.net

**机械工业车轮产品质量监督检测中心**

地址：河北省秦皇岛市开发区嫩江西道1号
邮编：066004
电话：0335-5910220
传真：0335-5910220

**国家玻璃质量监督检验中心**

地址：河北省秦皇岛市河北大街西段91号
邮编：066004
电话：0335-5911501
传真：0335-8051865

**山西省产品质量监督检验所**

地址：太原市长治路222号
邮编：030012
电话：0351-7241042
传真：0351-7227690
网址：www.sx-zj.cn
电子信箱：sxzj@vip.sina.com

**国家蓄电池质量监督检验中心**

地址：辽宁省沈阳市铁西区北二中路33号
邮编：110026
电话：024-85610109
传真：024-85610109

**大连汽车综合性能检测中心有限公司汽车性能检测实验室**

地址：辽宁省大连市干井子区华北路411号
邮编：116033
电话：0411-86600210
传真：0411-86600210
电子信箱：dlzxzjsc@sina.com.cn

**瓦房店轴承集团有限责任公司检测试验中心**

地址：辽宁省瓦房店市北共济街1段1号
邮编：116300
电话：0411-85509888
传真：0411-85509239
电子信箱：zwz@zwz-bearing.com

**丹东客车质量监督检验鉴定试验所**

地址；辽宁省丹东市振兴区黄海大街544-546号
邮编：118008
电话：0415-6272814
传真：0415-6272814

**吉林大学车辆产品检测实验室**

地址：长春市人民大街5988号
邮编：130025
电话：0431-85095369
传真：0431-85695947
电子信箱：nx070008@autoinfo.gov.cn

**国家汽车零部件产品质量监督检验中心（长春）**

地址：长春市南湖大路6888号
邮编：130012
电话：0431-85519315
传真：0431-85531668

**国家安全防范报警系统产品质量监督检验中心（上海）**

地址：上海市岳阳路76号1305室
邮编：200031
电话：021-64336810-1305
传真：021-64745197

**上海电子仪表质量审核所**
地址：上海市永嘉路 627 号
邮编：200031
电话：021-64318322
传真：021-64715086
网址：www.eiqa.com.cn

**国家内燃机质量监督检验中心**
地址：上海市军工路 2500 号
邮编：200438
电话：021-65741418
传真：021-65748132

**交通部中通汽车质检鉴定试验所**
地址：南京市水西门大街 223 号
邮编：210017
电话：025-86520901
传真：025-86654813

**南京汽车质量监督检验鉴定试验所**
地址：南京市红山路 128 号
邮编：210028
电话：025-85420892、85417538
传真：025-85401136

**江苏汽车质量监督检验鉴定试验所（江苏大学车辆产品实验室）**
地址：镇江市学府路 301 号
邮编：212013
电话：0511-8780220
传真：0511-8780220
电子信箱：qms@ujs.edu.cn

**江苏省丹阳市产品质量监督检验所车灯实验室（江苏省镇江质量技术监督车用灯具产品质量检验站）**
地址：丹阳市新桥镇中心路 18 号
邮编：212322
电话：0511-6357899
传真：0511-6357899

**无锡市产品质量监督检验所**
地址：江苏省无锡市东亭迎宾北路 6 号
邮编：214101
电话：0510-88202376
传真：0510-88204261
网址：www.wxzjs.com
电子信箱：wxt@wxzjs.com

**公安部交通安全产品质量监督检测中心**
地址：江苏省无锡市钱荣路 88 号
邮编：214151
电话：0510-85511602
传真：0510-85503152
网址：www.ctstc.com.cn
电子信箱：jczx@ctstc.org.cn

**浙江省质量技术监督检测研究院**
地址；杭州市天目山路 222 号
邮编：310013
电话：0571-85128864
传真：0571-85121983

**浙江方圆检测集团股份有限公司**
地址：杭州市天目山路 222 号方圆检测大楼
邮编：310013
电话：0571-85026216
网址：www.fytest.com

**万向集团汽车零部件实验室**
地址：浙江省杭州市萧山区宁围镇万向路 18 号
邮编：311215
电话：0571-82832999
传真：0571-82607213

**宁波市天普汽车部件有限公司橡胶和汽车胶管检测实验室**
地址：浙江省宁波市宁海县新兴工业园 C 区金龙路 5 号
邮编：315600
电话：0574-65332990-8019
传真：0574-65332996
电子信箱：tip@nbtip.com

**浙江钱江摩托股份有限公司检测中心**
地址：浙江省温岭市太平街道横山头锦屏新厂区
邮编：317500
电话：0576-6192029
传真：0576-6192113
电子信箱：qjiangdq@163.com

**福建省中心检验所**
地址：福州市杨桥西路 121 号
邮编：350002
电话：0591-83714525
传真：0591-83710867
网址：www.fcii.net
电子信箱：xz@fcii.net

**福建省汽车产品质量监督检测站**
地址：福州市华林路 212 号
邮编：350003
电话：0591-87830614
传真：0591-87879478

**厦门市产品质量检验所**
地址：福建省厦门市湖滨南路 170 号
邮编：361004
电话：0592-2699789
传真：0592-2699797

**济南汽车检测中心**
地址：济南市英雄山路 165 号
邮编：250002
电话：0531-85586171
传真：0531-85586176
电子信箱：jantc@sohu.com

**山东省内燃机产品质量监督检验站**
地址：济南市燕子山西路 40 号
邮编：250014

电话：0531-88601738
传真：0531-88601738

**山东省农业机械科学研究所产品质量检测中心**
地址：济南市桑园路 19 号
邮编：250100
电话：0531-88623868
传真：0531-88962251
网址：www.nongji-info.com

**山东省产品质量监督检验院**
地址：济南市山大北路 81 号
邮编：250100
电话：0531-88118753
传真：0531-88118790
网址：www.sd-qualitynet.org

**青岛市产品质量监督检验所**
地址: 山东省青岛市高科园李山东路19号
邮编：266061
电话：0532-88918158

**青岛致鉴检验有限公司**
地址：山东省青岛市 308 国道 602 号乙(青岛高科园韩丰包装厂院内)
邮编：266101
电话：0532-87972218
传真：0532-87972217

**国家齿轮产品质量监督检验中心**
地址：郑州市嵩山南路 81 号
邮编：450052
电话：0371-67973021
传真：0371-67973021
电子信箱：gjcjzx-cn@sina.com

**洛阳西苑车辆与动力检验所有限公司**
地址：河南省洛阳市涧西区西苑路 39 号
邮编：471039
电话：0379-62690108
传真：0379-64967099
网址：www.tractorinfo.com.cn

**国家轴承研究所质量监督检验中心**
地址：河南省洛阳市吉林路 1 号
邮编：471039
电话：0379-64881596
传真：0379-64881523
电子信箱：bic@chinabearing.com.cn

**武汉汽车车身附件质量监督检验站**
地址：武汉市江岸区解放大道 2855 号
邮编：430011
电话：027-82318175
传真：027-82302973

**机械工业专用汽车产品质量检测中心**
地址：武汉市汉阳区龟北路 3 号
邮编：430050
电话：027-84716403
传真：027-84716562
网址：www.hyspv.com.cn
电子信箱：zhanbin@hyspv.com.cn

**东风汽车质量监督检验所**
地址：湖北省襄樊市汽车产业开发区
邮编：441004
电话：0710-3394860
传真：0710-3310964

**长沙汽车电器检测中心**
地址：湖南省长沙市长沙经济技术开发区盼盼路 29 号
邮编：410100
电话：0731-8883941
传真：0731-2798491
网址：www.caetc.com
电子信箱：caetc@126.com

**化学工业力车胎质量监督检验中心**
地址：广州市工业大道中 270 号
邮编：510280
电话：020-84351770
传真：020-84128611

**广州橡胶工业制品研究所实验室**
地址：广州市工业大道中 270 号
邮编：510280
电话：020-84340049
传真：020-84128611

**广州电器科学研究院气候试验中心**
地址：广州市新港西路 204 号
邮编：510300
电话：020-84190675
传真：020-84461745
网址：www.gzwtc.com

**中国嘉陵工业股份有限公司(集团)技术中心检测站**
地址：重庆市双碑自由村 100 号
邮编：400032
电话：023-65194235
传真：023-65194392

**中国石化集团重庆一坪高级润滑油公司研究所检测中心**
地址：重庆市九龙坡区渝州路 62 号
邮编：400039
电话：023-68799401
传真：023-68799333
电子信箱：yiping@public.cta.cq.cn

**四川省产品质量监督检验检测院**
地址：成都市东门街 2 号
邮编：610031
电话：028-86257363
传真：028-86635992
网址；www.spqi.com

**云南省交通科学所汽车产品及维修质量检验实验室**

地址：昆明市拓东路石家巷 9 号
邮编：650011
电话：0871-3163895
传真：0871-3169721
电子信箱：ynjks@ynjtt.com

**贵州省机电产品质量监督检测站**

地址：贵阳市乌金路 58 号
邮编：550003
电话：0851-5952687
传真：0851-5952161

**国家非金属矿制品质量监督检验中心**

地址：陕西省咸阳市滨河路 5 号
邮编：712021
电话：029-33324543
传真：029-33313596
电子信箱：shangxinchun@tom.com

**国家橡胶密封制品质量监督检验中心**

地址：陕西省咸阳市西华路 2 号
邮编：712023
电话：029-33621350
传真：029-33621360
网址：www.fastrubber.com

**新疆汽车产品质量监督研究院**

地址：乌鲁木齐市新华南路 32 号
邮编：830002
电话：0991-4648052
传真：0991-2817437

## 强制性产品认证机构

**中国质量认证中心**

地址：北京市南四环西路 188 号 9 区
邮编：100070
电话：010-85622233、83886666
传真：010-83886443、83886282
网址：www.cqc.com.cn
电子信箱：cqcsc@cqc.com.cn

**中国安全技术防范认证中心**

地址：北京市宣武区莲花池东路 102 号天莲大厦 10 层
邮编：100055
电话：010-63345560
传真：010-63345545
网址：www.csp.gov.cn

**中国建筑材料检验认证中心**

地址：北京市朝阳区管庄东里 1 号
邮编：100024
电话：010-51167389
传真：010-65761715
网址：www.csgc.org.cn

**北京中化联合质量认证有限公司**

地址：北京市朝阳区亚运村安慧里 4 区 16 号楼
邮编：100723
电话：010-84885047
传真：010-84885414
网址：www.cciq.net

**公安部消防产品合格评定中心**

地址：北京市丰台区方庄芳群园 4 区金城中心 1205 室
邮编：100078
电话：010-87679978
网址：www.cccf.com.cn

**中汽认证中心**

地址：北京市西城区宣武门西大街乙 97 号尚座大厦 4 层
邮编：100031
电话：010-66418591
传真：010-66412670
网址：www.cccap.org.cn

# 车联网联盟 (IOVA) 成员企业

（按地区排序）

**合肥维天运通信息科技股份有限公司**

地址：合肥市高新区黄山路 626 号高新集团三层 B 座
网址：http://www.gcb56.com/
电子信箱：gepeipei@yehoo.com.cn

**北京邮电大学**

地址：北京市海淀区西土城路 10 号
网址：http://www.bupt.edu.cn/
电子信箱：zhihan@bupt.edu.cn

**国机汽车股份有限公司**

地址：北京市海淀区中关村南三街 6 号中科资源大厦北楼
网址：http://www.sinomach-auto.com/
电子信箱：huanghe@ctcai.com

**中国电信集团公司**

地址：中国北京市西城区金融大街 31 号
网址：http://www.chinatelecom.com.cn/
电子信箱：/

**中国联合网络通信集团有限公司**

地址：北京市西城区金融大街 21

号中国联通大厦
网址：http://www.chinaunicom.com.cn/
电子信箱：gufei@chinaunicom.cn

**中国软件测评中心**
地址：北京市海淀区紫竹院路 66 号赛迪大厦
网址：http://www.cstc.org.cn/
电子信箱：xufk@cstc.org.c

**工业和信息化部电信研究院**
地址：北京市海淀区花园北路 52 号
网址：http://www.catr.cn/
电子信箱：tanglibo@ritt.cn

**北京四维图新科技股份有限公司**
地址：北京市朝阳区曙光西里甲 5 号北京凤凰置地广场 A 座写字楼 16-17 层
网址：http://www.navinfo.com/
电子信箱：yujing@navinfo.com

**北京航空航天大学**
地址：北京市海淀区学院路 37 号
网址：http://www.buaa.edu.cn/
电子信箱 ypwang@buaa.edu.cn

**交通运输部公路科学研究院**
地址：北京市海淀区西土城路 8 号
网址：http://www.rioh.cn/
电子信箱：yangqi@itsc.com.cn

**中国人工智能学会**
地址：北京市海淀区西土城路 10 号
网址：http://www.caai.cn/
电子信箱：hlqcheng@126.com

**中国通信标准化协会**
地址：北京海淀区花园北路 52 号
网址：http://www.ccsa.org.cn/
电子信箱：liuyang@ccsa.org.cn

**WirelessCar 中国**
地址：北京朝阳区景华南街 5 号远洋光华中心 C 座 22 层
网址：http://www.wirelesscar.com/china/
电子信箱：shen.li@volvo.com

**高德软件有限公司**
地址：北京市朝阳区望京阜通东大街方恒国际中心 A 座 16 层
网址：http://www.autonavi.com/
电子信箱：jie.sun@autonavi.com

**北京车网互联科技股份有限公司**
地址：北京海淀区学院南路 12 号京师科技大厦 A 座 10 层
网址：http://www.carsmart.cn/
电子信箱：lixu@che08.com

**北京九五智驾信息技术股份有限公司**
地址：北京市海淀区西直门外北京交通大学西门交大知行大厦 9 层
网址：http://www.95190.com/
电子信箱：hanjuan@95190.com

**北京车音网科技有限公司**
地址：北京市东城区和平里东街 11 号航星园 2 号楼东段 1 层
网址：http://www.vcyber.cn/
电子信箱：fangjian@vcyber.cn

**中国科学院自动化所复杂系统管理与控制国家重点实验室**
地址：北京市海淀区中关村东路 95 号
网址：http://www.compsys.ia.ac.cn/
电子信箱：gang.xiong@ia.ac.cn

**大唐电信科技产业集团**
地址：北京市海淀区学院路 40 号
网址：http://www.datanggroup.cn/
电子信箱：xuhr@datanggroup.cn

**中国移动通信集团公司**
地址：北京市西城区金融大街 29 号
网址：http://www.10086.cn/
电子信箱：qinrui@chinamobile.com

**中兴通讯股份有限公司**
地址：北京市海淀区花园东路 19 号中兴大厦
网址：http://www.zte.com.cn/
电子信箱：wang.dong6@zte.com.cn

**中国机械工业集团有限公司**
地址：北京市海淀区丹棱街 3 号
网址：http://www.sinomach.com.cn/
电子信箱：songzhiming@sinomach.com.cn

**中国物流技术协会**
地址：北京市西城区月坛北街 25 号
网址：http://www.clta.org.cn/
电子信箱：wjx@edit56.com.cn

**北京福田智科信息技术有限公司**
地址：北京市昌平区沙河镇沙阳路
网址：http://www.foton.com.cn/
电子信箱：honbozhou@gmail.com

**中国进口汽车贸易公司**
地址：北京市海淀区中关村南三街 6 号
网址：http://www.ctcai.com.cn/
**电子信箱：shenrui@ctcai.com**

**中国国机重工集团有限公司**
地址：北京朝阳区广顺北大街 16 号华彩大厦
网址：http://www.sinomach-hi.com/
电子信箱：xj@sinomach-hi.com

**北京捷易联科技有限公司**
地址：北京市朝阳区朝阳北路 237 号复星国际中心 9 层
网址：/
电子信箱：Yj3140@joynav.cn

**中华全国工商业联合会汽车经销商商会**
地址：北京市海淀区阜成路 115 号北京印象 5 号楼 4 门 223
网址：http://www.acfic.org.cn/
电子信箱：13810277366@163.com

**北京兴科迪科技有限公司**
地址：北京市海淀区茶棚路 2 号
网址：/
电子信箱：xiaomi.shi@tianquan.com.cn

**恒安嘉新（北京）科技有限公司**
地址：北京市海淀区花园路 2 号 3 号楼 3 层
网址：http://www.eversec.com.cn/
电子信箱：lirui@eversec.cn

**国采物流股份有限公司**
地址：北京朝阳区建外 SOHO 西区 18 号楼 21 层
网址：/
电子信箱：joseji1964@gmail.com

**北京迪信通商贸股份有限公司**
地址：北京市海淀区北洼西里颐安商务楼 3-4 层
网址：http://www.dixintong.com/
电子信箱：mengjie@dixintong.com

**爱立信（中国）通信有限公司**
地址：北京市朝阳区利泽东街 5 号爱立信大厦
网址：http://www.ericsson.com/cn/
电子信箱：ying.yang@ericsson.com

**华为技术有限公司**
地址：海淀区中关村北清路 156 号实创科技示范园华为公司 Q10
网址：http://www.huawei.com/cn/
电子信箱：zhenjun.wang@huawei.com

**易卡耐特（北京）车联网信息技术有限公司**
地址：北京市中关村科学院南路 2 号融科资讯中心 C 座南楼
网址：www.ecarnet.com.cn
电子信箱：Wxh@ecarnet.com.cn

**北京图新智盛信息技术有限公司**
地址：北京市海淀区长春桥路 11 号 1 号楼 5 层 510 室
网址：www.sinomach-info.com
电子信箱：liugang@sinomach-info.com

**德电（中国）通信技术有限公司**
地址：北京朝阳区东三环北路霞光里 18 号佳程大厦 B 座 10 层 B/C 单元
网址：http://www.t-systems.cn/
电子信箱：Steven.Chu@t-systems.com

**东风日产乘用车公司**
地址：广州市花都区风神大道 8 号
网址：http://www.dongfeng-nissan.com.cn/nissan
电子信箱：weiqh@dfl.com.cn

**深圳市比亚迪汽车有限公司**
地址：深圳市坪山新区坪山横坪公路 3001、3007 号
网址：http://www.bydauto.com.cn/
电子信箱：xie.pingsheng@byd.com

**金蝶软件（中国）有限公司**
地址：深圳市高新技术产业园南区科技南十二路 2 号金蝶软件园
网址：http://www.kingdee.com/
电子信箱：qiang_xukingdee.com

**石家庄开发区天远科技有限公司**
地址：中国河北省石家庄高新技术开发区黄河大道 227 号
网址：/
电子信箱：shizhongkai@tycmc.net

**南京丹维软件技术有限公司**
地址：江苏省南京市建邺区兴隆大街 188 号 6 楼 20
网址：http://dnavi.cn/
电子信箱：chenyong@dnavi.cn

**江苏中科天安智联科技有限公司**
地址：无锡市新区菱湖大道 200 号中国传感国际创新园
网址：http://www.cas-tian.com/
电子信箱：xushuping@cas-tian.com

**江苏南亿迪纳数字科技发展有限公司**
地址：江苏省南京市秦淮区中山南路 414 号投资大厦 16 楼 D 座
网址：http://www.cpsdna.com/
电子信箱：puydq@cpsdna.com

**同济大学**
地址：上海市四平路 1239 号
网址：http://www.tongji.edu.cn/
电子信箱：wuzhizhou@tongji.edu.cn

**公安部第三研究所**
地址：上海市岳阳路 76 号
网址：http://www.trimps.ac.cn/
电子信箱：jkmbj@qq.com

**华东师范大学软件学院**
地址：上海市中山北路 3663 号
网址：http://www.sei.ecnu.edu.cn/
电子信箱：chenzl@fudan.edu.cn

**中国太平洋财产保险股份有限公司**
地址：上海市银城中路 190 号 8 楼
网址：http://www.cpic.com.cn/cpic/
电子信箱：jacklij@cpic.com.cn

**上海智绘汽车服务有限公司**
地址：上海市淮海西路 55 号申通信息广场
网址：/
电子信箱：shenjing@telematics-china.com.cn

**上海宝朗电子信息有限公司**
地址：上海市宝山区环镇南路 858 弄 18 号
网址：www.shbaolang.com
电子信箱：wlspap@hotmail.com

## 汽车科研机构

**中国汽车工业经济技术信息研究所**
地址：北京市阜成路 46 号
邮编：100036
电话：010-88121615
网址：www.cnauto.com.cn

**中国北方车辆研究所**
地址：北京市 969 信箱 11 号
邮编：100072
电话：010-83803108
传真：010-83803129
网址：www.noveri.com.cn
电子信箱：office@noveri.com.cn

**机械工业农用运输车发展研究中心**
地址：北京市德外北沙滩 1 号 37 信箱
邮编：100083
电话：010-64882169

**清华大学汽车研究所**
地址：北京市海淀区清华园
邮编：100084
电话：010-62772515

**北京市汽车研究所**
地址：北京市丰台区成寿寺于家坟 85 号
邮编：100078
电话：010-67625111

**北京特种机械研究所**
地址：北京市 3903 信箱
邮编：100039
电话：010-68386082

**中国汽车技术研究中心**
地址：天津市河东区程林庄道天山路口
邮编：300162
电话：022-84771318
网址：www.catarc.ca.cn

**天津一汽夏利股份有限公司产品开发中心 / 天津汽车研究所**
地址：天津市南开区天拖北道 15 号
邮编：300190
电话：022-27030700

**天津市内燃机研究所**
地址：天津市南开区卫津路 92 号
邮编：300072
电话：022-27406447

**汽车工业规划设计研究院**
地址：天津市河东区程林庄道天山路口
邮编：300162
电话：022-84771405

**中国第一汽车集团公司技术中心**
地址：长春市创业大街 35 号
邮编：130011
电话：0431-5905005

**机械工业第九设计研究院**
地址：长春市创业大街 58 号
邮编：130011
邮编：0431-7671334

**长春汽车车轮研究所**
地址：长春市青年路 4 号
邮编：130062
电话：0431-2633017

长春汽车散热器研究所
地址：长春市朝阳区东风大街越野路
邮编：130011
电话：0431-5906607

**长春市汽车工艺装备设计研究所**

地址：长春市绿园区锦城大街
邮编：130011
电话：0431-5901616

**长春汽车工程研究发展中心**
地址：长春市人民大街114号吉工大内
邮编：130025
电话：0431-5705443

**上海汽车工业总公司工程研究院**
地址：上海市逸仙路50号
邮编：200437
电话：021-65315097

**上海交通大学内燃机研究所**
地址：上海市华山路1954号
邮编：200030
电话：021-64075359

**泛亚汽车技术中心有限公司**
地址：上海市浦东龙东大道3999号
邮编：201201
电话：021-58991333

**汉阳专用汽车研究所**
地址：武汉市汉阳区龟北路3号
邮编：430050
电话：027-84712246
传真：027-84716245
网址：www.hyspv.com.cn

**武汉市汽车研究所**
地址：武汉市汉阳二桥东村67号
邮编：430051
电话：027-84885003

**武汉市汽车车身附件研究所**
地址：武汉市汉口堤角边135号
邮编：430001
电话：027-82318175

**武汉汽车标准件研究所**
地址：武汉市洪山区关山一路325号
邮编：430074
电话：027-87801178

**东风汽车工程研究院/东风汽车有限公司商用车研发中心**
地址：湖北省十堰市东城西路5号
邮编：442001
电话：0719-8226783

**东风汽车公司工艺研究所**
地址：湖北省十堰市东城西路2号
邮编：442001
电话：0719-8221073

**东风汽车科技信息研究所**
地址：湖北省十堰市张湾
邮编：442001
电话：0719-8224207

**沈阳轻型汽车研究所**
地址：沈阳市铁西区兴工北街67号
邮编：110025
电话：024-25863412

**丹东客车研究所**
地址：辽宁省丹东市振兴区黄海大街548号
邮编：118008
电话：0415-6272411

**中国重型汽车集团公司技术发展中心**
地址：济南市英雄山路165号
邮编：250002
电话：0531-5586111

**青岛重型专用汽车研究所**
地址：山东省青岛市瑞昌路144号
邮编：266031
电话：0532-4855594

**临清汽车举升装置研究所**
地址：山东省临清市龙山路
邮编：252609
电话：0635-2317241

**山东省内燃机研究所**
地址：济南市燕子山西路40号
邮编：250014
电话：0531-2967032-3934

**中国联合工程公司（机械工业第二设计研究院）**
地址：浙江省杭州市石桥路338号
邮编：310022
电话：0571-88137083

**杭州汽车摩擦材料研究所**
地址：浙江省杭州市朝晖路126号
邮编：310004
电话：0571-86725888-8050

**重庆大学机械工程学院汽车摩托车**
工程技术研究中心
地址：重庆市沙坪坝
邮编：400044
电话：023-65102527

**重庆汽车研究所**
地址：重庆市高新区陈家坪朝田村101号
邮编：400039
电话：023-68824060
传真：023-68821361
网址：www.ccari.com
电子信箱：office@ccari.com

**长沙汽车电器研究所**
地址：湖南省长沙市岳麓大道685号
邮编：410013
电话：0731-8887835

**广西汽车拖拉机研究所**
地址：柳州市河西路18号

邮编：545007
电话：0772-3750108

**中国第一汽车集团公司无锡油泵油嘴研究所**
地址：江苏省无锡市钱荣路 15 号
邮编：214063
电话：0510-5518741

**山西车用发动机研究所**
地址：山西省大同市 22 号信箱
邮编：037036
电话：0352-4088609

**洛阳拖拉机研究所**
地址：河南省洛阳市涧西区西苑路 39 号
邮编：471039
电话：0379-4270001

**广西汽车拖拉机研究所**
地址：柳州市河西路 18 号
邮编：545007
电话：0772-3750108

# 开设汽车类专业的高等院校

**清华大学汽车工程系**
地址：北京市海淀区清华园
邮编：100084
电话：010-62772515
传真：010-62785708
网址：www.tsinghua.edu.cn
设置汽车类专业：车辆工程

**北京交通大学机械与电子控制工程学院**
地址：北京市海淀区上园村 3 号
邮编：100044
电话：010-62256622
传真：010-62245827
网址：www.njtu.edu.cn
电子信箱：cnc@center.njtu.edu.cn
设置汽车类专业：热能与动力工程

**北京理工大学机械与车辆工程学院**
地址：北京市海淀区中关村南大街 5 号
邮编：100081
电话：010-68944115
传真：010-68944487
网址：www.bit.edu.cn
电子信箱：office@bit.edu.cn
设置汽车类专业：车辆工程

**北京航空航天大学汽车工程系**
地址：北京市海淀区学院路 37 号
邮编：100083
电话：010-82316330
传真：010-82316331
网址：www.buaa.edu.cn
电子信箱：webmaster@buaa.edu.cn
设置汽车类专业：车辆工程

**中国农业大学车辆与交通工程系**
地址：北京市海淀区清华东路 17 号
邮编：100083
电话：010-62736673
传真：010-62732713
网址：www.cau.edu.cn
电子信箱：xbxxa@cau.edu.cn
设置汽车类专业：车辆工程

**北京信息科技大学（筹）机械工程系**
地址：北京市海淀区清河小营东路 12 号
邮编：100085
电话：010-82426906
传真：010-82426906
网址：www.bim.edu.cn
电子信箱：office@bim.edu.cn
设置汽车类专业：车辆工程

**北京吉利大学汽车学院**
地址：北京市昌平区
邮编：102202
电话：010-60758478
传真：010-60751040
网址：www.bgeelyu.com
电子信箱：admin@bgeelyu.com
设置汽车类专业：机械类新专业

**河北工业大学机械学院车辆工程系**
地址：天津市红桥区
邮编：300130
电话：022-60204559
传真：022-26564559
网址：www.hebut.edu.cn
电子信箱：wym6312@hebut.edu.cn
设置汽车类专业：车辆工程

**天津大学机械工程学院**
地址：天津市南开区卫津路 92 号
邮编：300072
电话：022-27406842
传真：022-27383362
网址：www.tju.edu.cn
电子信箱：webmaster@tju.edu.cn
设置汽车类专业：热能与动力工程

**中国人民解放军军事交通学院**
地址：天津市河东区东局子 1 号
邮编：300161

电话：022-84656114-56000
设置汽车类专业：车辆运用工程

**东北大学机械工程与自动化学院**
地址：沈阳市和平区文化路 3 号巷 11 号
邮编：110004
电话：024-83684564
传真：024-23906969
网址：www.neu.edu.cn
电子信箱：webmaster@mail.neu.edu.cn
设置汽车类专业：车辆工程

**沈阳工业大学机械工程学院**
地址：沈阳市铁西区兴华南街 58 号
邮编：110023
电话：024-25691488
传真：024-25691718
网址：www.sut.edu.cn
电子信箱：zhangm@sut.edu.cn
设置汽车类专业：车辆工程

**大连交通大学交通运输工程学院**
地址：大连市沙河口区黄河路 794 号
邮编：116028
电话：0411-84106969
传真：0411-84606139
网址：www.djtu.edu.cn
电子信箱：yzb@djtu.edu.cn
设置汽车类专业：车辆工程

**长春汽车工业高等专科学校**
地址：长春市创业大街 1959 号
邮编：130011
电话：0431-85902539
传真：0431-88568827
网址：www.caii.edu.cn
电子信箱：zhgl-pxzx@faw.com.cn
设置汽车类专业：车辆工程

**吉林大学汽车工程学院**
地址：长春市人民大街 5988 号
邮编：130012
电话：0431-85094027
传真：0431-85682227
网址：www.jlu.edu.cn
电子信箱：cae@jlu.edu.cn
设置汽车类专业：车辆工程

**上海交通大学机械与动力工程学院**
地址：上海市华山路 1954 号
邮编：200030
电话：021-54740000
传真：021-62821369
网址：www.sjtu.edu.cn
电子信箱：xiaoban@situ.edu.cn
设置汽车类专业：车辆工程

**上海理工大学机械工程学院**
地址：上海市军工路 516 号
邮编：200093
电话：021-55270456
传真：021-55274059
网址：www.usst.edu.cn
电子信箱：jxxy@mail.usst.edu.cn
设置汽车类专业：车辆工程

**上海工程技术大学汽车工程学院**
地址：上海市仙霞路 350 号
邮编：200336
电话：021-62759779
传真：021-62758481
网址：www.sues.edu.cn
电子信箱：gcd@sues.edu.cn
设置汽车类专业：机械设计制造及其自动化（汽车工程）、交通运输（汽车运用工程）、市场营销（汽车营销）

**同济大学汽车学院**
地址：上海市长安路 4800 号
邮编：201804
电话：021-69589204
传真：021-69589978
网址：www.tongji.edu.cn
电子信箱：haochenk@online.sh.cn
设置汽车类专业：车辆工程、动力工程

**南京航空航天大学**
地址：南京市白下区御道街 29 号
邮编：210016
电话：025-84892448
传真：025-84892482
网址：www.nuaa.edu.cn
电子信箱：office@nuaa.edu.cn
设置汽车类专业：车辆工程

**南京理工大学机械工程学院**
地址：南京市孝陵卫 200 号
邮编：210094
电话：025-84315114
传真：025-84431339
网址：www.njust.edu.cn
电子信箱：nustnc@mail.njust.edu.cn
设置汽车类专业：车辆工程、交通工程

**东南大学机械工程系**
地址：南京市东南大学路 2 号
邮编：210096
电话：025-83792452
传真：025-83792593
网址：www.seu.edu.cn
设置汽车类专业：车辆工程

**浙江大学机械与能源工程学院**
地址：杭州市浙大路 38 号
邮编：310027
电话：0571-87951466
传真：0571-87951874
网址：www.cmee.zju.edu.cn
电子信箱：yuxl@zju.edu.cn
设置汽车类专业：机械工程及自动化

**安徽工业大学机械工程学院**
地址：马鞍山市湖东中路
邮编：243002
电话：0555-2311857
传真：0555-2471263
网址：www.ahut.edu.cn
电子信箱：xiaoban@ahut.edu.cn
设置汽车类专业：车辆工程

**福州大学机械工程及自动化学院**
地址：福州市工业路 523 号
邮编：350002
电话：0591-87893080
传真：0591-87893261
网址：www.fzu.edu.cn
电子信箱：mechanic@fzu.edu.cn
设置汽车类专业：车辆工程

**江西蓝天学院**
地址：南昌市瑶湖高校园区
邮编：330098
电话：0791-8138784
传真：0791-8138800
网址：www.jxbsu.com
电子信箱：xujiagaowei@126.com

**山东大学机械工程学院**
地址：济南市经十路 73 号
邮编：250061
电话：0531-88395114
传真：0531-88565167
网址：www.sdu.edu.cn
电子信箱：ljf@sdu.edu.cn
设置汽车类专业：车辆工程

**山东德州汽车摩托车专修学院**
地址：德州市经济开发区
邮编：253000
电话：0534-2552668
传真：0534-2552616
网址：www.qmxy.com
电子信箱：qmxyyz@188.com

**山东理工大学交通与车辆工程学院**
地址：淄博市张店区张周路 12 号
邮编：255049
电话：0533-2786837
传真：0533-2786837
网址：www.sdut.edu.cn
电子信箱：xbdas@sdut.edu.cn
设置汽车类专业：车辆工程

**哈尔滨工业大学汽车工程学院**
地址：山东省威海市文化西路 2 号
邮编：264209
电话：0631-5687021
传真：0631-5687212
网址：www.whhit.com
电子信箱：autohit2003@yahoo.com.cn
设置汽车类专业：车辆工程、机械设计制造及自动化、热能与动力工程、交通运输、交通工程

**河南科技大学车辆与动力工程学院**
地址：洛阳市西苑路 48 号河南科技大学校本部 77 号
邮编：471003
电话：0379-64231480
传真：0379-64278955
网址：www.haust.edu.cn
电子信箱：zhk@mail.haust.edu.cn
设置汽车类专业：车辆工程、动力机械及工程

**海军工程大学**
地址：武汉市解放大道 717 号海军工程大学
邮编：430033
电话：027-83661005
传真：027-83443262
设置汽车类专业：内燃机

**武汉理工大学汽车工程学院**
地址：武汉市武昌区理工大学马房山校区
设置汽车类专业：热能与动力工程（汽车、汽车发动机、内燃机方向）

**长安大学汽车学院**
地址：西安市南二环中段
邮编：710065
电话：029-82334458
传真：029-82334476
网址：www.xahu.edu.cn
设置汽车类专业：车辆工程、交通运输（汽车运用工程）、热能与动力工程（汽车机电一体化）、汽车服务工程

**兰州交通大学机电工程学院**
地址：兰州市安宁区安宁西路 88 号
邮编：730070
电话：0931-4938023
传真：0931-4938884
网址：www.lzjtu.edu.cn
电子信箱：lzjdlg@163.com
设置汽车类专业：车辆工程、热能与动力工程

# 汽车报刊

## 报纸

**《中国汽车报》**
地址：北京市海淀区阜成路 115 号
邮编：100036
电话：010-88130794
传真：010-88130794
网址：www.cnautonews.com
电子信箱：service@cnautonews.com

**《中国工业报·汽车周报》**
地址：北京市西城区月坛南街 26 号
邮编：100825
电话：010-68589193
传真：010-68531033
网址：www.autoweekly.com.cn
电子信箱：ad@autoweekly.com.cn

**《中国商报·汽车导报》**
地址：北京市西城区报国寺 1 号
邮编：100053
电话：010-63038648
传真：010-63045029
网址：www.cb-h.com
电子信箱：momol@163.net

**《经济日报·汽车周刊》**
地址：北京市宣武区白纸坊东街 2 号
邮编：100054
电话：010-58392621
网址：bkdy.ce.cn

**《中国消费者报·汽车周刊》**
地址：北京市海淀区阜成路北三街 8 号
邮编：100054
电话：010-68905710
网址：www.ccn.com.cn
电子信箱：business@ccn.com.cn

《北京汽车报》
地址：北京市朝阳区东三环南路 25 号
邮编：100021
电话：010-87665790
网址：www.banews.com.cn
电子信箱：banews@banews.com.cn

**《北京青年报·汽车时代》**
地址：北京市朝阳区白家庄东里北京青年报大厦 8 层
邮编：100026
电话：010-65901166
网址：www.bjyouth.ynet.com
电子信箱：webmaster@ynet.com

**《现代司机报》**
地址：北京市朝阳区安华西里 3 区 18 号楼 5 层
邮编：100011
电话：010-64266722
传真：010-51660806
网址：www.siji.com

**《车友报》**
地址：北京市东城区安定门外大街 58 号
邮编：100011
电话：010-84280303
传真：010-84280801
电子信箱：chenyoubao@126.com

**《上海汽车报》**
地址：上海汽车工业大厦 2011-2012 室
邮编：200041
电话：021-22011563
传真：021-62554802
网址：www.shautonews.com
电子信箱：shqcb@163.com

**《第一汽车集团报》**
地址：长春市锦程大街 30 号
邮编：130011
电话：0431-85768442
网址：www.faw.com.cn

**《重型汽车报》**
地址：济南市英雄山路 159 号
邮编：250002
电话：0531-85586138
传真：0531-85586008
电子信箱：zxqczz@126.com

**《东风汽车报》**
地址：湖北省十堰市张湾青年广场
邮编：442001
电话：0719-8223197

**《南汽报》**
地址：南京市中央路 331 号
邮编：210037
电话：025-8366588
传真：025-8366588

**《汽车导报》**
地址：广东省深圳市福田区深圳商报社大厦 10 楼
邮编：518034
电话：0755-83521780
传真：0755-83522811

网址：www.autonewscn.com
电子信箱：autonewscn@autonewscn.com

## 杂志

**《中国汽车界》**
地址：北京市广安门外大街甲 397 号
邮编：100055
电话：010-63329431
传真：010-63490211
网址：www.china-motor.com.cn
电子信箱：yinzhenhua-cn@yahoo.com.cn

**《中国汽车画报》**
地址：北京市海淀区阜成路 46 号
邮编：100036
电话：010-88132024
传真：010-88115354

**《汽车观察》**
地址：北京市海淀区紫竹院 581 号人济山庄 C 栋 1806 室
邮编：100089
电话：010-88597330
传真：010-88554731
电子信箱：auto@vip.sohu.net.

**《汽车知识》**
地址：北京市亚运村加利大厦 E 座 406 室
邮编：100101
电话：010-64936949
传真：010-64939104-18
电子信箱：autoknowledge@sohu.com

**《汽车制造业》**
地址：北京市西城区白云路 1 号 11 层
邮编：100045
电话：010-63326090-98
传真：010-63326099
网址：www.vogel-automedien.de
电子信箱：automobile@vogel.com.cn

**《汽车导购》**
地址：北京市德外北沙滩 1 号 16 信箱
邮编：100083
电话：010-64882177
传真：010-64870803
电子信箱：carguide@vip.sina.com

**《汽车与运动》**
地址：北京市海淀区阜成路 115 号（北京印象）1 号楼 2 门 4 层
邮编：100036
电话：010-88138426
传真：010-88135447
电子信箱：zlj@anews.com.cn

**《汽车测试报告》**
地址：北京市朝外大街 18 号丰联广场 A 座 19 层
邮编：100020
电话：010-65886161-604
传真：010-65886200

**《汽车进口情况反映》**
地址：北京市阜成路 33 号
邮编：100037
电话：010-68426043
传真：010-88561149

**《汽车族》**
地址：北京市北三环东路 36 号环球贸易中心 A 座 8 层
邮编：100013
电话：010-58256931
传真：010-58256868
网址：www.motortrend.com.cn

**《中国汽车工业产销快讯》**
地址：北京市西城区三里河路 46 号
邮编：100823
电话：010-68594196
传真：010-68594186

**《中国汽车工业（摩托车部分）综合信息》**
地址：北京市西城区三里河路 46 号
邮编：100823
电话：010-68594196
传真：010-68594186

**《汽车工程》**
地址：北京市西城区白云路 1 号 1202 室
邮编：100045
电话：010-63287786
传真：010-63280627
电子信箱：sae860@sae-china.org

**《汽车之友》**
地址：北京市西城区白云路 1 号 1202 室
邮编：100045
电话：010-63286179
网址：www.autofan.com.cn
电子信箱：autofan@china.com

**《商用汽车》**
地址：北京市德胜门外北沙滩 1 号 16 信箱
邮编：100083
电话：010-64883609
传真：010-64882329
网址：www.bjcv.com.cn
电子信箱：syqczz@sina.com

**《汽车维修与保养》**
地址：北京市海淀区中关村南大街 2 号数码大厦 A 座 3215 室
邮编：100086

电话：010-51727066
传真：010-51727131
网址：www.motorchina.com

《车》
地址：北京市东城区建国门内大街22号华厦大厦6层
邮编：100005
电话：010-65235020
传真：010-65235021
网址：www.carandmotor.com.cn
电子信箱：carandmotor@gichina.cn

《车王》
地址：北京市朝阳区西坝河168号恒川公寓O座
邮编：100028
电话：010-64473462
传真：010-64473461
网址：www.chewang.com.cn
电子信箱：editor@chewang.com.cn

《汽车与安全》
地址：北京市宣武区核桃园西街36号
邮编：100053
电话：010-63036589
传真：010-63036507
网址：www.cnautonews.com
电子信箱：service@cnautonews.com

《汽车与社会》
地址：北京市海淀区北土城西路165号
邮编：100083
电话：010-62355497
网址：www.auto-society.com.cn
电子信箱：Qiche_shehui@263.net

《世界汽车》
地址：北京市丰台区南四环西路188号2区7号楼703室
邮编：100070
电话：010-63702970
传真：010-63702978
网址：www.worldauto.com.cn
电子信箱：worldauto@catarc.ac.cn

《驾驶园》
地址：北京市6589信箱
邮编：102218
电话：010-64121925
传真：010-64121925
网址：www.jiacheren.com
电子信箱：webmaster@jiacheren.com

《城市车辆》
地址：北京市海淀区车公庄西路乙20号
邮编：100044
电话：010-68459870
传真：010-68414610
网址：www.cuauto.com.cn
电子信箱：chengshicheliang@sohu.com

《时尚·座驾》
地址：北京市朝阳区光华路9号时尚大厦20层
邮编：100020
电话：010-65871611
传真：010-65871638

《交通世界》
地址：北京市朝阳区惠新里240号
邮编：100029
电话：010-64970313
传真：010-64970313
电子信箱：transpow@iicc.com.cn

《节能与环保》
地址：北京市安定门外小关东里甲2号
邮编：100029
电话：010-64917355
传真：010-52052653
网址：www.jnhb.net

《轮胎工业》
地址：北京市西效半壁店北京橡胶工业研究院
邮编：100039
电话：010-68228465
传真：010-68156717
网址：www.rubbertire.com.cn
电子信箱：rubbertire@263.com

《橡胶工业》
地址：北京市西效半壁店北京橡胶工业研究院
邮编：100039
电话：010-68228465
传真：010-68156717
网址：www.rubbertire.com.cn
电子信箱：rubbertire@263.com

《摩托车》
地址：北京市崇文区夕照寺街14号
邮编：100061
电话：010-67133541
传真：010-67137641
网址：www.mtcm.com.cn
电子信箱：info@mtcm.com.cn

《摩托车趋势》
地址：北京市海淀区阜成路115号1号楼4层
邮编：100036
电话：010-88136839
传真：010-88136482
网址：www.motorcycletrend.com.cn
电子信箱：Lxh@anews.com.cn

《北京汽车》
地址：北京市丰台区方庄南路9号院

邮编：100078
电话：010-67625111-3506
传真：010-67629458

**《汽车与配件》**
地址：上海市朝阳路 510 号 9 楼
邮编：200040
电话：021-62440190
传真：021-62164866

**《轿车情报》**
地址：上海市朝阳路 510 号 9 层
邮编：200041
电话：021-51082244
传真：021-62164866
电子信箱：sophia@oauto.com

**《上海汽车》**
地址：上海市逸仙路 50 号
邮编：200437
电话：021-65315097
传真：021-65313561

**《车迷》**
地址：上海市钦州南路 71 号
邮编：200235
电话：021-64848125
传真：021-64848126
网址：www.carandmotor.com
电子信箱：carmotor@eastday.com

**《轻型车技术》**
地址：南京市红山路 128 号
邮编：210028
电话：025-83431394
传真：025-83431394

**《汽车维护与修理》**
地址：南京市黄埔路 2 号黄埔花园 1 幢 109 室
邮编：210016
电话：025-84803820
传真：025-84804002
电子信箱：njjtwwj@ulonline.com

**《小型内燃机与摩托车》**
地址：天津市南开区卫津路 92 号 天津大学天津内燃机研究所
邮编：300072
电话：022-27406452

**《汽车情报》**
地址：天津市河东区程林庄道天山路口
邮编：300162
电话：022-84771576
传真：022-24375347
网址：www.autoinfo.gov.cn
电子信箱：penghong.cx@tom.com

**《中国汽车工业年鉴》**
地址：天津市河东区程林庄道天山路口
邮编：300162
电话：022-84771231
传真：022-84771701
网址：www.autoyearbook.com.cn
电子信箱：autoyb@catarc.ac.cn

**《汽车运用》**
地址：天津市河东区程林庄路东局子号
邮编：300161
电话：022-84658656

**《汽车标准化》**
地址：天津市河东区程庄道天山路口
邮编：300162
电话：022-84771502

**《天津汽车》**
地址：天津市南开区天拖北道 15 号
邮编：300190
电话：022-27030751
传真：022-27030701

**《摩托车技术》**
地址：天津市河东区程林庄道天山路口
邮编：300162
电话：022-84771229
传真：022-84771230
网址：www.cycleinfo.com.cn
电子信箱：cycleinfo@catarc.ac.cn

**《汽车工业研究》**
地址：长春市锦城大街 30 号
邮编：130011
电话：0431-85907709
传真：0431-85901098

**《汽车工艺与材料》**
地址：长春市创业大街 1063 号
邮编：130011
电话：0431-85789860
传真：0431-85789858
电子信箱：qbk-gyc@faw.com.cn

**《汽车技术》**
地址：长春市创业大街 1063 号
邮编：130011
电话：0431-85789856
传真：0431-85789810

**《汽车文摘》**
地址：长春市创业大街 1063 号
邮编：130011
电话：0431-85789858
传真：0431-85789810

**《汽车维修》**
地址：长春市锦城大街 30 号
邮编：130011
电话：0431-5901097
传真：0431-5901097

**《大众汽车》**
地址：长春市人民大街4646号
邮编：130021
电话：0431-85635181
传真：0431-85635181
电子信箱：dzqc@public.ce.cl.cn

**《汽车维修技师》**
地址：沈阳市和平区十一纬路25号
邮编：110003
电话：024-23284373
传真：024-23284539
网址：www.chinaauto.net
电子信箱：auto@mail.lnpgc.com.cn

**《客车技术》**
地址：辽宁省丹东市黄海大街546号
邮编：118008
电话：0415-6272441
传真：0415-6272418
电子信箱：kechejishubianjibu@sina.com

**《润滑油》**
地址：大连市沙河口区连山街123号A座503室
邮编：116023
电话：0411-84678975
传真：0411-84678974

**《重型汽车》**
地址：济南市英雄山路165号
邮编：250002
电话：0531-85586138
传真：0531-85586000

**《拖拉机与农用运输车》**
地址：河南省洛阳市涧西区西苑路39号
邮编：471039
电话：0379-62690123
传真：0379-62690002
网址：www.ytjszx.com.cn
电子信箱：ytjszx@ytjszx.com.cn

**《专用汽车》**
地址：武汉市汉阳区龟北路3号
邮编：430050
电话：027-84716461
传真：027-84716542
网址：www.hyspv@public.wh.hb.cn
电子信箱：hyspv@public.wh.hb.cn

**《汽车电器信息》**
地址：湖南省长沙市东风路57号
邮编：410005
电话：0731-4424716
网址：www.djdqxh.com

**《汽车科技》**
地址：武汉市经济技术开发区东风大道10号
邮编：430056
电话：027-84283755
传真：027-84283757
电子信箱：qichekeji@dfl.com.cn

**《汽车电器》**
地址：湖南省长沙市经济技术开发区盼盼路29号
邮编：410100
电话：0731-2798408
传真：0731-2798406

**《摩托车信息》**
地址：重庆市渝中区长江二路77号
邮编：400042
电话：023-68691136
传真：023-68811227
网址：www.chmotor.com
电子信箱：chmotor@cta.cq.cn

**《汽车博览》**
地址：成都市致民路36号锦江新园1105室
邮编：610021
电话：028-85452665
传真：028-85452665
网址：www.autocnw.com
电子信箱：leno@lenomedia.com

**《汽车时尚周刊》**
地址：成都市乡农市街59号金港商城B座2单元6楼
邮编：610031
电话：028-87670186
传真：028-68116677

**《汽车杂志》**
地址：成都市永陵路23号
邮编：610031
电话：028-87739287
传真：028-87739287

**《车用发动机》**
地址：山西省大同市第22号信箱
邮编：037036
电话：0352-4088609

**《汽车驾驶员》**
地址：西安市南二环路中段西安公路交通大学712信箱
邮编：710064
电话：029-82334382
传真：029-82334536

**《摩托车世界》**
地址：西安市灞桥区米秦路6号
邮编：710032
电话：029-86795288
传真：029-86795296
网址：www.cnmtc.com.cn
电子信箱：mtcsj@126.com

# 第15部类 附录

DISHISIBULEI | FULU

# 附录

FULU

# 汽车展览

## 2015 年主要汽车展览简介

**【中国西部惠民汽车巡回展】** 1 月 23 日，首届中国西部惠民汽车巡回展在重庆奥林匹克体育中心广场隆重开幕。本次巡展以“服务厂商、惠及百姓”为主旨、瞄准西部二三线城市，以展促销，以展拉动汽车消费，帮助国内外汽车生产厂家和汽车销售企业把汽车产品更快更加直接地推向西部城市和广大乡村，让西部更多的家庭尽早过上有车的生活。

展会以年为届、每届以重庆为首站并辗转至西部各省的二三线城市巡回举办，展会以专业管理团队和规范模式运营，并不断总结经验、创新模式，将在巡展的适当场次同时举办大型开幕式明星慈善演唱会，并将演出净收益的 20% 捐助地方慈善事业。将适时开办西部汽车研讨会，组织专家学者和业界精英为西部汽车行业献计献策，使汽车展与文化、学术和慈善活动有效结合，努力使巡回展跻身国内品牌展会行列。

展会由中国汽车流通协会主办，庞大汽贸集团股份有限公司协办，九龙坡区政府大力支持。

**【第十届中国汽车用品暨改装汽车展览会】** 3 月 14 日，第十届中国汽车用品暨改装汽车展览会在全国农业展览馆圆满落幕。

本届展会是北京雅森国际展览有限公司成功举办的第十届专业级汽车用品暨改装汽车展览会，展会为期三天。截止 14 日闭馆，观众人次达到 126842 名，注册参观的国内观众数量达到 83647 名，其中重庆、贵州、安徽、四川、黑龙江、山西、山东、温州、台州、兰西、宾县、天台等地商会都组织了买家团参观展会；注册的国际观众 742 名，分别来自美国、南非、东南亚各国、西欧中部各国、韩国、日本等国以及香港、台湾等地，展会观众的数量比上届超过 100% 的增长幅度；展会成交额高达 125 亿 , 比上届同期增长 108%; 参展面积 8 万 6 千平方米（加室外），比上届同期增长 94.8%; 参展企业 2089 家 , 比上届增长 85%; 行业热门展品 68000 件 , 比上届同期增长 94%; 首次亮相新品 4000 余件 , 比上届增长 98%，成为目前为止汽车用品行业最大规模的展览会。

本届展会除了在规模上占据行业之首，品牌以及国际性也是独占鳌头。参展名企众多，飞歌、威固、美光、3M、欧华、漫步者、恒源祥、强生、龟牌、光彩、快美特、上海妙声、威威、史班哲、德国德卫宝、德国派晶亮、以色列哈尼塔、日本美装、台湾高匠化工、香港隆美基、追得、安程、卡莱斯、青海藏羊、东太利、八发、美鹰、凯越、广州淇淇、广州诗蒂尔、广州欧芭、等行业耳熟能详的企业和品牌几乎全部到场，共同演绎了一场行业盛会。

**【第十六届上海国际汽车工业展览会】** 4 月 21 日至 4 月 29 日，2015 年第十六届上海国际汽车工业展览会在上海新国际博览中心举办。本届车展的主题定为“创新•美好生活”。

本届上海国际车展共吸引来自18个国家和地区近2000家国内外知名企业踊跃参展，全球首发车109辆，跨国车企亚洲首发车44辆，新能源车103辆(国内车企51辆，合资以及国外车企52辆)，概念车47辆，共计将有1343辆汽车参展。展出总面积超过35万平方米，启用国家会展中心(上海)全部13个室内展馆，其中乘用车8个馆(1H、2H、4.1H、5.1H、6.1H、7.1H、7.2H、8.2H)；商用车展区1个馆(3H)；汽车零部件展区3个馆(4.2H、5.2H、6.2H)；媒体参展区和新闻中心为8.1H馆。

由中国汽车工业协会、中国国际贸易促进委员会、中国贸促会汽车行业分会主办，上海市国际展览有限公司承办的AUTOShanghai上海国际汽车展，创办于1985年，历经29年的打磨和历炼，已为全球汽车企业搭起了一座尽情展示的舞台，成为中外汽车行业广泛交流与合作的重要平台，成为引领产业发展、促进汽车消费的重要载体，成为全球汽车工业最欣欣向荣，活力四射，蕴涵潜力的贸易平台之一。

**【2015第十六届中国国际天然气汽车、加气站设备展览会暨高峰论坛】** 5月7日，2015第十六届中国国际天然气汽车、加气站设备展览会暨高峰论坛在北京新国展隆重召开。本次展会由亚太天然气汽车协会、中国天然气汽车产业协会、中国天然气汽车专业委员会、中国交通运输协会、中国道路运输协会、危险货物运输工作委员会主办，北京企发展览服务有限公司承办，来自30多个国家和地区的500家企业参展，展出面积为70000平方米。

参展范围包括天然气汽车(船)、天然气商用车(天然气载重卡车、牵引车等)、天然气乘用车、特种天然气汽车、天然气专用车、天然气汽车零部件、零部件及专用装备、燃料转换系统、加气站设备、净化设备、控制元器件等，汇聚了业内前沿技术与设备，充分体现了21世纪国际天然气汽车、加气站设备产业最新动态及发展趋势。

历届中国国际天然气汽车、加气站设备展览会暨高峰论坛忠实记录了中国天然气汽车产业发展的历程，充满生机并战胜各种挑战持续发展的中国天然气汽车事业，正在为中国治理严峻的雾霾污染作出越来越大的贡献。现今已超过300万辆且种类齐全的中国天然气汽车保有量，预示着我国天然气汽车产业将有新的腾飞！

**【2015北京国际道路运输、城市公交车辆及零部件展览会】** 5月11日至13日，2015北京国际道路运输、城市公交车辆及零部件展览会（以下简称：道路运输车辆展）在北京国家会议中心隆重举行。由交通运输部科学研究院、中国公路学会客车分会、中国道路运输协会城市客运分会和北京市贸促会、北京华运展交通科技发展中心等单位共同承办，展出面积40,000平方米。

本届展会以“新能源：客车发展的机遇与挑战”为主题，聚焦当今世界客车技术发展的最新动向，集中展示与新能源及节能减排技术相关的客车及零部件产品，努力将道路运输车辆展打造成为全球最新客车技术与产品展示的窗口，着力搭建客车行业科技成果转化与商务交流的最佳平台。除新能源客车之外，展会还开展客车安全技术与产品、环保技术与产品、车联网技术与产品、智能公交技术与产品等多项展示及技术交流活动。

**【2015第十四届青岛国际车展】** 5月15日至20日，2015第十四届青岛国际车展在青岛国际会展中心举行。展会以“绿色，未来之路”为主题，展厅面积为47300平方米，新能源车为展示的重点。

本届展会由中国汽车工程学会、山东省汽车行业协会主办，由山东省汽车工程学会、青岛嘉路博国际会展有限公司、青岛嘉时代文化传媒有限公司共同承办。

始于2002年的青岛国际车展今年已经走过了十三个年头。十三年的不断发展，青岛国际车展目前已跻身全国顶级汽车展览会行业，是全球汽车制造商公认的顶级汽车行业盛会，是长江以北除北京车展之外规模最大、档次最高、最权威的国际汽车展览盛会，是中国五大国际车展之一，是中国第一绿色主题展。

**【2015第十四届中国沈阳国际汽车工业博览会】** 6月26日至7月1日，2015第十四届中国沈阳国际汽车工业博览会在沈阳国际展览中心成功举办。展会以“跨越发展，畅想未来”为主题，启用沈阳国际展览中心室内外全部展览面积，展出面积高达18万平方米，有近200家中外厂商参展，近千款车型悉数到场，包括6余款东北首发车型及两款全球限量车型首次亮相东北。

本届展会由中国机械工业集团有限公司、中国汽车工业国际合作有限公司主办，中国汽车工业国际合作有限公司、辽宁中汽会展有限公司承办，沈阳国际展览中心协办。目前沈阳国际汽车博览会已经成为东北地区规模最大、参展品牌最多、文化活动最为丰富、贸易交易最活跃的国际性汽车展会。

**【2015 年第十二届中国（长春）国际汽车博览会】** 7 月 10 日至 19 日，2015 年第十二届中国（长春）国际汽车博览会在长春国际会展中心举办。本届展会以“互联汽车，引领未来”为主题；以“实践汽车互联，探索汽车技术，弘扬汽车文化，引领汽车未来”为宗旨；定位于更加突出长春汽博会国际性、引领性、观赏性、体验性、综合性特征。

本届展会总展出面积达到 20 万平方米，吸引参展企业 137 家，参展车辆 1226 台，参展品牌 146 个。展期内，观众累计达到 67.2 万人次，现场销售车辆 28627 台，成交额达 57.25 亿元。参展企业实现了效益好、宣传广、影响大的参展目标。

**【2015 第六届中国自主品牌汽车博览会】** 7 月 24 至 27 日，2015 第六届中国自主品牌汽车博览会 ( 以下简称“2015 自主车展”) 在北京国家会议中心拉开帷幕。展会以“绿动科技智享未来”为主题 ，中国汽车业界及社会各界聚焦展会，共同鉴赏中国本土自主车企在探索创新发展之路上的丰硕成果。

2015 自主车展展出面积 11000 平方米。展会得到了全国汽车生产企业尤其是自主品牌生产企业的高度重视与支持，参展企业包括北汽、长安、广汽、华晨、江淮、宝骏、众泰、东风风行、东南、常隆、亚市新能源车、威利斯汽车、高端自主房车等十四家自主汽车企业，共带来参展汽车 120 辆。其中，小排量汽车达到了参展汽车总量的 40%，新能源汽车占参展汽车总量的 20%，包括电动车及混合动力车在内，今年新能源展车的展出规模和数量都达到历届展会之最，成为展会最大的亮点。

2015 年自主车展是由中国机械工业联合会和中国欧洲经济技术合作协会联合举办的专业车展。展会旨以中国自主品牌汽车博览会为依托，在剖析和研讨自主品牌汽车发展的同时，集中展示自主品牌汽车核心科技成果，为需求方和供应方搭建一个近距离交流和深入了解的平台，进一步促进我国自主品牌汽车的发展。

**【2015 年（第十八届）成都国际汽车展览会】** 9 月 5 日至 13 日， 2015 年（第十八届）成都国际汽车展览会在成都世纪城新国际会展中心举行。本届车展以“缤纷车展 • 炫动蓉城”为主题，吸引了国内外 106 个汽车品牌参展，展会面积达 15 万平方米。展出车辆约 1320 辆，其中有 71 款新车在本届车展首发，12 辆不同概念车型展示了未来汽车科技。为期 10 天的车展预计接待观众超过 68 万人次。

本届成都车展由成都世纪城新国际会展公司和汉诺威米兰展览（上海）公司承办。成都车展已经举办了十八届。十八年来的茁壮成长，让成都车展从国内众多二线城市车展中脱颖而出，成为继北京、上海和广州之后的中国第四大车展。如今，在“一带一路”的国家战略下，成都车展不仅要作为车企提升品牌、角逐市场的重要阵地，还要承担起促进西部汽车市场发展的重任。

**【第五届中国（杭州）国际新能源汽车产业展览会】** 9 月 18 日至 20 日，第五届中国（杭州）国际新能源汽车产业展览会在杭州世贸国际展览中心举办。展会总展出面积超过 15000 平米，展位总数 500 余个。

本届展会以各整车企业为核心，以上下游零部件及关联产品制造企业、充电桩及基础设施企业为重要展商组成部分，本次展会开放 3 个馆，1 号馆，5 号馆以整车、电池、电机、电控、充换电设施等企业为主，2 号馆为会议区，1 － 5 号馆中间是大客车展区。展会同期辅以“2015 新能源汽车市场化推动高峰论坛”、“新能源汽车示范推广与商业模式创新研讨会”、“公交新能源推广应用及可持续发展论坛”等同期活动，吸引更多业内人士到会参观交流，让展商取得满意的展览效果。

**【2015 中国（沈阳）国际汽车展览会】** 10 月 21 日至 26 日，2015 中国（沈阳）国际汽车展览会（以下简称沈阳车展）在沈阳国际展览中心举行。 本届沈阳车展以“悦未来、驾无限”为主题，以“品鉴世界名车、繁荣汽车市场、传播汽车文化、引导汽车消费、发展汽车经济”为宗旨。以展示各类汽车、零部件、汽车用品、汽车相关产品为主，集贸易洽谈、技术交流和文化活动为一体，体现当今汽车领域最高科技成果和发展趋势的大型展会。

总展出规模达 16 万平方米，有 130 家国际国内汽车厂商参展， 121 个国际国内品牌参展，参展车辆超过1100辆，其中概念车、新能源车及混合动力车型超过30辆。另外，此次汽车展也是新车型参展最多的一次，展出新款车数量达85%。奔驰、宝马、奥迪、华晨等分别以1000多平米的规模出展，除展出全部市场在售车型外，携多款概念车、新能源车及动力总承，充分体现了对本届展览会的重视程度。

2015中国（沈阳）国际汽车展览会是经国家贸促会批准；由中国汽车流通协会、辽宁省贸促会主办的国际性、综合性大型汽车展会，为了更好地发挥车展的引领和示范作用，主办方在展会主题、展示内容、展览形式、展会规模、活动执行等多方面进行了全新的策划和塑造，更加向国际化、高品质、高标准靠拢。

**【2015中国国际节能环保汽车展览会暨节能与新能源汽车产业发展规划成果展览会】** 10月21日至24日，2015中国国际节能环保汽车展览会暨节能与新能源汽车产业发展规划成果展览会在北京国家会议中心举办。本届展会以“选择•行动——未来从现在开始”为主题，全方面覆盖节能汽车、环保汽车、纯电动汽车、混合动力汽车、插电式混合动力和燃料电池汽车，以及电池、电机、电控等关键零部件和充电设施等产品，众多国际知名汽车企业、零部件和充电设施供应商、代理商也将携旗下新品参展。

本届展会分设整车展区、关键零部件展区、充电设施展区、推广应用城市展区和试乘试驾区域，24家新能源汽车产业技术创新工程参与企业，携25个项目上百项技术和产品首次集中亮相，全面展示节能与新能源汽车产业发展的最新成果。其中，自主品牌以绝对优势占据了绝大部分席位。

本届展会由国家工业和信息化部支持，科学技术部、中国国际贸易促进委员会批准，是贯彻落实国务院《节能与新能源汽车产业发展规划（2012—2020年）》，推动我国节能与新能源汽车产业发展的重要举措之一。

**【第八届郑州国际汽车展览会】** 11月5日，第八届郑州国际汽车展览会在郑东新区会展中心开幕。本届车展启用郑州国际会展中心一、二层共计11个室内展厅及室外广场，展出总面积9万平方米。本届车展携手近80个汽车品牌为中原市民打造一场品牌最多、车型最全、优惠最大的车市盛会，100%主流品牌全线入驻，国际超豪跑车闪耀登场，各类品牌新车云集发布，同时还引进极具亮点的高端品牌概念车、新能源汽车，让市民在优惠、便捷购车之余获得前所未有的观展体验。在为期五天的展会中，共计吸引了32万人次观展，累计销售汽车8129台。

本届车展由中国汽车流通协会、中国汽车工程学会、中国汽车工业国际合作有限公司等单位共同主办。历经八年的郑州国际汽车展览会已成为中原地区规模最大、档次最高、品牌最全的大型车市盛会。

**【2015中国国际商用车展】** 11月12日，2015中国国际商用车展在武汉开幕。本届展会以“新常态、新机遇”为主题，展出面积8万平方米，参展商包括国内外主流卡车、客车、专用车及零部件企业，产品覆盖重卡、中卡、轻卡、专用车、特种车、房车、客车、新能源汽车等众多车型及零部件。展会延续上届亮点，精心设计了更多更丰富的展会同期活动。

本届展会在工业和信息化部的支持下，由湖北省人民政府、武汉市人民政府、中国国际贸易促进委员会汽车行业分会主办。该展会是国内唯一一个国家级的商用车展会，也是目前国内及亚洲规模最大的商用车展会。从本届展会开始，该展会将与具有百多年历史的、全球最大的商用车展——德国汉诺威商用车展（IAA）形成合作、互动机制，在商用车最发达地区和商用车最大的市场形成两大商用车展的格局。

**【第十三届中国（广州）国际汽车展览会】** 11月20日，第十三届中国（广州）国际汽车展览会在广州中国进出口商品交易会展馆正式开幕。本届广州汽车展以“新科技、新生活”为主题，聚焦环境保护、节能降耗，将绿色车辆技术与可持续发展理念相融合，汇聚行业力量。参展规模达22万平方米，参展企业达603家，其中乘用车企业85家，电动车企业22家，汽车零部件及用品企业496家，共展出车辆1000台，全球首发车36台，其中跨国公司首发车7台。1730家海内外媒体的8491名记者参与报道了展会盛况。

在中国汽车产业进入新常态的形势下，作为全国三大顶级国际汽车展之一，被誉为“中国汽车市场风向标”的广州汽车展受到了国内外车企的高度重视，各大车企纷纷以集团形式参展，带来最前沿、最重量级的汽车产品，展示了各种先进的智能互联车辆技术，为汽车市场的健康发展注入持续的动力。

# 汽车运动赛事

## 2015 年主要汽车运动赛事

**【“图雅诺杯”第七届福田奥铃中国勒芒轻卡耐力赛】** 3 月 29 日，“图雅诺杯”－2015（第七届）福田奥铃中国勒芒轻卡耐力赛在北京京启动。由中国汽车联合会主办、江苏省汽车摩托车运动联合会承办。

作为中国轻卡第一赛事，“中国勒芒轻卡耐力赛”已经成功举办六届。通过六届赛事的坚持与积累，参赛总人数累计已经超过 140 万。相较于往届大赛，本届奥铃勒芒赛首次被冠名“图雅诺杯”。“图雅诺”即福田汽车即将推出的欧系大 VAN 品牌。

据了解，本届赛事是 2014-2015 跨年度赛事的延续，以物流企业直接组队参加大区决赛的形式为主。大赛于北京启动，将在全国设立南、北两大赛区。其中，北部大区决赛于 5 月在西安举行，南部大区决赛于 6 月在福州举行，两大区的冠亚军队伍将直接晋级 2015 全国总决赛。总决赛将于 11 月在上海举行，届时将有 2014 年东南、西南、西北三大赛区的 6 支冠亚军队伍与今年南北两大赛区的 4 支冠亚军队伍，共计 10 支队伍 30 人参加 2015 年勒芒赛的全国总决赛。除赛制有所升级外，本届赛事还将带来更多的线下体验活动，增强参与者的体验感受。

**【2015 年“蓉城之光城市广场”杯湖南桂阳 • 中国汽车拉力锦标赛 (CRC)】** 5 月 31 日，2015 年“蓉城之光城市广场”杯湖南桂阳 • 中国汽车拉力锦标赛 (CRC) 在桂阳开幕。这次桂阳站的比赛为 2015 中国汽车拉力锦标赛的揭幕之战，十分让人关注。

比赛将于 6 月 1 日正式打响。首日将会在长汾和太和两个赛道进行总共 5 个赛段的角逐，其中长汾赛段长 20.92 公里，设 SS1/3/5；太和赛段长 13.32 公里，设 SS2/4；当天车手们总共要完成 89.4 公里的特殊赛段。在第一天的比赛中，车队总共有四次进行弹性维修的机会，分别是在 SS2、SS4 和 SS5 之后。

6 月 2 日，赛段移师高山和坪石岭，高山赛段长 13.34 公里，设 SS6/8；坪石岭赛段长 20.91 公里，设 SS7/9，当日特殊赛段距离长 68.5 公里。

中国汽车拉力锦标赛历经 10 余年发展，目前已成为国内规模最大、水平最高的顶级汽车赛事。本站比赛共有 24 支车队、78 辆赛车、156 名赛车手报名参赛。冠军车手韩寒、“超级外援”马克希金斯、湖南郴州本土车手雷海林都将参加本站角逐。

**【2015 第二届环青海湖 ( 国际 ) 电动汽车挑战赛】** 6 月 16 日，2015 第二届环青海湖 ( 国际 ) 电动汽车挑战赛在西宁国际会展中心拉开帷幕。本届电动汽车挑战赛的比赛线路延伸到了门源、祁连两县。挑战赛为期三天，首日比赛车队自西宁出发，途径门源，前往祁连县。这一赛段将进行环湖测评赛，对电动车的续航能力、充电效能、节电能力、极速性能、加速性能、制动性能、静音效果、操控性能、科技配置、车内空间、视觉设计等进行详尽的深度评测。17 日赛程为祁连至二郎剑，其中将增加短道拉力赛，最后一天（18 日）返回西宁。

本届挑战赛有五大亮点：世界首次电动汽车环湖专业拉力赛；世界第一档海拔最高的自驾竞技活动；世界首次由专业机构提供权威评测的电动汽车赛事；活动将关注“人与自然”永恒环保主题；赛事将穿越最美花海、最美雪山、最美草原、最美沙漠、最美湖泊、最美岛屿。青海省省长郝鹏在开幕式上表示，今年举办的第二届环青海湖（国际）电动汽车挑战赛，进一步优化了比赛线路，丰富了活动内容，提升挑战难度和竞技水平，提高参与度、关注度和观赏性，着力把挑战赛打造成为具有国内外重要影响的赛事和电动汽车发展的重要标志。

**【2015 年“张掖农商银行”杯张掖·中国汽车拉力锦标赛（CRC）】** 历时三天的 2015 年“张掖农商银行”杯张掖·中国汽车拉力锦标赛（CRC）于 7 月 24 日在张掖展开。本届比赛是今年 CRC 的第二站，也是张掖自 2011 年以来连续第五次举办 CRC 赛事。

本次张掖站比赛分为两个阶段进行。第一阶段第一部分比赛于 24 日进行，当天除了举行开幕式参赛车手需完成两个赛段的较量。其中 SS1 从神沙窝开始，赛段全长 21.53 公里；SS2 是超级赛段，在张掖国家沙漠公园展开。第一阶段第二部分比赛将在 25 日开始，比赛移师平山湖地质公园，在红湾和丹霞两个赛段进行两次竞赛。第二阶段比赛于 26 日打响，当日分别进行平山湖和银河两个赛段的拼争，其中平山湖赛段要跑两次。当天下午迎接所有完赛车手的是闭幕仪式。本届赛事总里程 700 公里，其中特殊赛段总长 221.80 公里。

张掖站一直被誉为 CRC 赛历中最具挑战性且风景最为优美的赛站之一，因此每年这里的比赛都成为拉力赛圈内的兵家必争之地。本届赛事也不例外，共吸引了来自海内外的 37 支车队、118 辆赛车报名参赛。在竞争最为激烈的国家四驱组中，一汽一大众、斯巴鲁、上海大众斯柯达及北京汽车四个厂商将会为全场冠军展开拼争。

**【2015 环塔拉力赛】** 6 月 20 日至 7 月 1 日，2015 年环塔拉力赛在新疆和硕县的金沙滩发车，在阿勒泰闭幕收车。比赛为期 12 天，9 个赛段，全长 5500 公里，特殊赛段 3000 公里，其中超长马拉松赛段预计达 600 公里。比赛区域途经南疆、东疆、北疆地区。环塔参赛的组别分为汽车组、卡车组、摩托组、ATV 组，同时新增挑战组。本次赛事首次尝试贯穿新疆的南北疆区域，其中沙漠赛段占 30%，近 1000 公里。哈弗车队从开赛起就一直保持领跑优势，经受了沙丘、戈壁等各种路况的考验，尽管途中遭遇翻车等惊险，但最终获得 7 个赛段冠军，展现了哈弗车队强大的综合实力。

环塔拉力赛创办于 2005 年，是国家 A 级体育运动比赛项目，自 2011 年起，环塔拉力赛已经正式升级成为国际级赛事，现已成功举办 10 届，是亚洲第一、国内最大的汽车、摩托车、卡车同场竞技的权威品牌越野国际赛事。

**【2015 丝绸之路中国越野拉力赛】** 8 月 29 日，2015 丝绸之路中国越野拉力赛（简称“大越野”）在十三朝古都、古丝路的起点西安拉开战幕！比赛历时 14 天，跨越陕西、甘肃、内蒙等省市自治区，总行程近 6000 余公里，包含十余个特殊赛段，在丝绸之路古城敦煌收车。作为中国首个自主知识产权品牌的长距离越野赛事，是目前中国境内越野赛事中路线最长、穿越省份最多、比赛环境最艰苦、赛段难度最高的越野拉力赛事。中国越野拉力赛的成功举办，已经成功提升了中国汽车运动在国际上的影响力，加快了中国汽车运动自身的国际化进程，拓展了各行业各领域的赛事参与空间，积极探索出中国越野拉力赛对于衍生产业链市场的推动作用。

**【2015 中国—东盟国际汽车拉力赛暨中国—东盟媒体汽车拉力赛】** 2015 中国—东盟国际汽车拉力赛暨中国—东盟媒体汽车拉力赛于 9 月 7 日－29 日成功举办，共计 23 天，全程约 10000 公里。9 月 7 日上午举行发车仪式，9 月 29 日晚举行颁奖晚会。

本届赛事车辆规模为 24 辆，其中，参赛车为 18 辆（其中国外车 4 辆）、工作车 6 辆，参赛人员共 107 人。国内记者 10 家共 12 人，国外记者 5 家共 6 人。国外车手来自越南、泰国、马来西亚、柬埔寨、印度尼西亚等国家，国内车手来自广西、广东、河南、安徽、陕西、福建等省区。

本届拉力赛的主题是“21 世纪海上丝绸之路”，通过精选“海丝”相关城市作为重点站点，如马六甲、新加坡、巴淡、曼谷等地，将重点宣传“一带一路”以及广西作为“一带一路”有机衔接重要门户的地位，并致力于将该赛事打造成为中国与东盟国家体育、文化、经贸等领域友好交流合作的“新丝绸之路”。